国家社会科学基金重点项目"习近平关于红船精神的重要论述研究"
（项目编号：18ADJ007）
浙江省高校重大人文社科攻关计划项目"红船精神的深刻内涵、历史地位与新时代意义研究"
（项目编号：2018GH031）

列宁主义在中国早期传播史料长编
（1917—1927）

（上）

嘉兴学院中国共产党革命精神与文化资源研究中心
嘉兴学院红船精神研究中心 编
浙江省中国共产党创建史研究中心

康文龙　主编

武汉大学出版社

图书在版编目(CIP)数据

列宁主义在中国早期传播史料长编:1917—1927:全三卷/嘉兴学院中国共产党革命精神与文化资源研究中心,嘉兴学院红船精神研究中心,浙江省中国共产党创建史研究中心编.—武汉:武汉大学出版社,2019.10
ISBN 978-7-307-19623-0

Ⅰ.列… Ⅱ.①嘉… ②嘉… ③浙… Ⅲ.列宁主义—传播—历史—中国—1917-1927 Ⅳ.A82

中国版本图书馆 CIP 数据核字(2018)第 301046 号

责任编辑:文 诗　　责任校对:李孟潇 汪欣怡　　版式设计:马 佳

出版发行:**武汉大学出版社**　　(430072　武昌　珞珈山)
(电子邮箱:cbs22@whu.edu.cn 网址:www.wdp.com.cn)
印刷:武汉市金港彩印有限公司
开本:787×1092　1/16　印张:139.75　字数:3305 千字　插页:10
版次:2019 年 10 月第 1 版　　2019 年 10 月第 1 次印刷
ISBN 978-7-307-19623-0　　定价:980.00 元(全三卷)

版权所有,不得翻印;凡购买我社的图书,如有质量问题,请与当地图书销售部门联系调换。

列宁主义在中国早期传播史料长编
（1917—1927）

编 委 会

顾　　问	李　捷　李忠杰　王炳林　杨金海
主　　任	吕延勤
副 主 任	康文龙
委　　员	吕延勤　康文龙　段治文　田子渝　赵金飞　彭冰冰
	汪浩鸿　李云波　刘俊峰　杨晓伟　马建强　曾银慧
主　　编	康文龙
策　　划	田子渝

凡　　例

一、本书稿辑录的时间：1917年5月—1927年12月，分为上、中、下三卷。

二、本书稿辑录的资料，按类别主要有：新闻报道、文件、著作、论文、书信、广告等。

三、本书纪年，除所引用史料原文外，其余皆用公元纪年，包括所引史料的原始出处。文章一般按照时间顺序，其背景材料、论争文章相对集中。书中篇目的序号基本按时间顺序排列，部分类型相近的篇目为方便阅读，则放在一起，并非按年份排列。部分文章仅存目录，省去了正文。

四、本书稿力求录入原始文本。由于译文、语境的时代性，不少人名（如马克思、恩格斯等）、地名（如彼得格勒等）、专用名词（如德谟克拉西、苏维埃、布尔什维克等），在不同时段、不同著述中有不同的译文，本书稿尊重原文，不求统一，个别容易产生歧义的，用"今译"加以说明。有些字、词用法与当今不同，字如"底（的、地、得）""他（她、它）""原（源）""辨（辩）""那（哪）""板（版）""狠（很）""谭（谈）"等；词如"智（知）识""共（公）同""平和（和平）""计画（计划）""争斗（斗争）""发见（现）""反影（映）"等，则按照当时的用语，不作改动。

五、本书稿标点符号有两种情况，一是选自原始文本的，标点符号一般不作改动。一是选自当代编撰的文集、文选、文献、文稿、汇编等资料性图书的，标点符号遵照所选图书。

六、对原文错衍漏等处，则加以审慎校勘。错别字用[ ]更正；漏字或漏符号用【 】标出；衍文或多余符号用<>标出；英文错字，如能确定其错，用[ ]更正；有的文字不通，又无法判断，用"原文如此"。

序 一

李忠杰[①]

马克思主义在中国的早期传播，既包括马克思恩格斯学说的传播，也包括列宁学说的传播。把这两方面的历史事实挖掘和梳理清楚，对于深化中国共产党创建史、思想史的研究是很有帮助的。

嘉兴学院红船精神研究中心经过多年努力，现在编出了《列宁主义在中国早期传播史料长编（1917—1927）》（以下简称《史料长编》），这是一件值得肯定和祝贺的事情。这部书是我国第一部系统汇集列宁主义在中国早期传播专题史料的资料书，也可以说是可供研究者们参考利用的工具书。

列宁主义主要是列宁的学说。但列宁主义一词是列宁去世后才在正面的意义上使用的。所以，严格来说，1917年之后的几年中，还没有列宁主义的概念。不过，由于列宁学说在中国最初传播时，既包括列宁本人的论著，也包括他人对列宁学说的阐述和发挥，还包括中国人对列宁和苏维埃俄国情况的转述介绍，所以，总体上把它们称为列宁主义在中国的早期传播是可以的。

以往，列宁主义在中国早期传播的史料文献散见于当时的报刊上，或者早期传播者的文集、年谱、传记中。有些综合性文献和专题史料也收录了一些早期传播的内容。但把这些散见于各种载体的所有早期传播史料汇编成册并公开出版，这还是第一次。

编纂这样一部书，并不是一件容易的事。史料的搜集、整理都是耗时费力的工作。《史料长编》的编纂团队以高度的责任感和坚持不懈的精神，持续了30余年。编纂者们反复来往于北京、上海、广东、湖南、湖北、四川等保存现代史资料丰富的省市，在各级图书馆、档案馆、博物馆和大专院校图书馆穷搜网罗；到美国、日本、新加坡等国以及中国台湾、香港地区的图书馆寻觅淘宝，终于有不小收获。此前，他们已经出版了《马克思主义在中国早期传播史料长编（1917—1927）》一书，现在又进一步编撰出《史料长编》，说明他们的工作又取得了可喜的进步。

我翻阅这部长编，觉得有几个特点值得强调一下：

第一，范围广泛，内容丰富。《史料长编》辑录各类媒体有代表性的文章800余篇，涉及80多种媒体，有些媒体为百年后首次跟读者见面；收录重要著作56部，其中15部

[①] 李忠杰，中共党史学会副会长、原中央党史研究室副主任。

为全文辑录，包括《列宁传》《列宁的帝国主义观》《新俄游记》《共产党礼拜六》《劳农政府之成功与困难》《马克思列宁主义者的列宁》《新俄国之研究》《资本制度浅说》《劳农会之建设》《第三国际议案及宣言》《帝国主义浅说》《马克思主义浅说》《列宁主义概论》和《社会主义浅说》，其他著作提供了书名、作者、译者、出版社、价格、出版时间、序言、目录等信息；辑录了大量列宁逝世后的纪念资料；提供了与传播史相关的重要日记信件；选编了28种《革命历史文件汇集》有关中共党团的早期资料；提供了有关媒体对著作文章的评论反映；提供了重要的书籍广告，这些广告不仅提供了著作出版的信息，还对它们的内容作了精炼的概括。

第二，史料珍贵，原始客观。《史料长编》中有许多资料是首次在当代公开亮相。如，1924年1月21日，列宁在莫斯科逝世，中共以缅怀列宁为契机，有计划、有组织地开展纪念活动，进一步传播列宁学说。这是对列宁主义的大众化、中国化作的初步探索。在国共两党的推动下，我国出现了悼念列宁的热潮，广州、上海、北京、武汉、长沙等地广泛开展纪念活动。北京国民追悼大会编辑的《列宁纪念册》，上海的《上海追悼列宁大会特刊》等纪念册相继出版，进一步推动了列宁主义的广泛传播。这些纪念册集中反映了列宁主义中国化的广度和深度，可惜这些材料过去很少为人所知，而《史料长编》全文辑录，提供了原始客观的资料。

第三，深入挖掘，厘清真相。由于重大史料的出现，从而改写历史，这是历史研究经常出现的情况。这部《史料长编》选登的一些新史料，改写了不少早期传播史的记录。如，长期以来，学界对《新青年》杂志在列宁主义传播中的地位和作用关注较高，而对《东方杂志》在这方面的贡献了解不够。《史料长编》用可靠的史料证明，在《新青年》第八卷第一期出版之前，1917年5月至1920年8月间，《东方杂志》至少刊登了27篇与俄国社会相关的文章，远远高于同期其他媒体。《东方杂志》上刊登的文章涉及俄国十月革命后社会发展情况的方方面面，为中国人了解、把握俄国革命提供了较丰富的资讯。《东方杂志》可以说是列宁主义在中国早期传播的主阵地之一。

总之，《列宁主义在中国早期传播史料长编（1917—1927）》是一部很有价值的书，它的编辑出版，对于列宁主义在中国早期传播历史的研究大有裨益，对马克思列宁主义传播史、马克思主义中国化史、中共创建史、中西文化交流史、中国近代新闻出版史等研究，也会很有帮助。谢谢编纂者们所做的工作。

序 二

吕延勤[①]

马克思主义在中国的传播给中国人送来观察时代、解读时代、引领时代的强大思想武器，确立了中华民族精神主动的基础。马克思主义在中国的传播中，列宁主义的传播具有重要地位。之所以如此，是因为：一是十月革命第一次将社会主义在一国变成了现实，开启了世界的新纪元，启发了在苦苦寻找道路的中国人。二是列宁主义是帝国主义时代的马克思主义，对世界无产阶级革命与东方民族解放运动有着巨大的指导意义。三是列宁主义在中国传播，将中国民族解放运动纳入世界无产阶级革命的范畴，成为具有中国革命特点的革命理论——毛泽东思想的直接思想来源之一。

通过对列宁主义在中国早期传播史料的搜集、整理和分析研究，还原传播的复杂图景，回答中国先进分子缘何在数以百计的"主义"中选择马克思列宁主义，他们又是选择和传播了马克思列宁主义的哪些内容，产生了何种积极的结果，进而揭示和归纳出列宁主义传播中所固有的规律性东西，对于深入研究马克思主义在中国传播具有重要意义。更重要的是，列宁主义对中国革命具有非同寻常的价值，可以这样说，不了解列宁主义的传播，就无法讲清楚有中国特色的新民主主义革命理论体系，无法讲清楚有中国特色的社会主义革命建设与改革的理论体系。

遗憾的是，长期以来，对列宁主义在中国早期传播的研究还很不够，只有一些零星的研究，而缺乏整体性的研究，特别是列宁主义早期传播史料亟待搜集整理。

第一，《列宁主义在中国早期传播史料长编（1917—1927）》（以下简称《史料长编》）是我国第一部列宁主义在中国传播专题史料的大型工具书，将搜集、整理、辑录大量"早期传播"的基础资料，为列宁主义在中国传播保存大量珍稀的原始文献。

《史料长编》辑录史料的类别主要包括：

（1）新闻报道。一是涉及列宁主义在中国早期传播的背景资料，如十月革命、五四运动、中共创建、五卅运动等资料。二是有关传播的信息，包括专栏、传播团体、传播渠道、传播活动、出版社相关报刊书讯等。《史料长编》收录150多种各种新闻报道。

（2）档案资料。改革开放以来，许多珍贵的档案公布，为《史料长编》的编撰提供了前所未有的条件。20世纪90年代，俄罗斯国家档案管理机构开放了大量罕见的有关共产国

[①] 吕延勤，嘉兴学院党委副书记、嘉兴学院中国共产党革命精神与文化资源研究中心主任。

际的档案资料,其中有中国共产党与共产国际的早期档案,不少涉及"早期传播",如共产国际二大、三大、四大、五大,均有传播马克思列宁主义的文献。这些档案无疑极大地推动了中共早期历史与传播史的研究。《中共中央文件选集》《建党以来重要文献选编(1921—1949)》(该时期有4册)提供了权威性史料,具有很高的学术价值。需要特别指出的是,20世纪80年代,中央档案馆与各省档案馆内部发行了《革命历史文件汇编》,资料之多,前所未有,特别是中共党团早期资料非常珍贵,其中不少提供了早期传播信息,此次《史料长编》收录了28种各种档案材料。

(3)著述文本。列宁主义著述文本是列宁主义传播的最基础最可靠的文化载体,由著作与论文两部分组成,然而从整体上研究"早期传播"的文本,在我国学界还没有展开,以往的研究多为个案研究,《史料长编》弥补了这方面的不足。从已面世的著作中精选56本,构成了《史料长编》的亮点。"早期传播"的著作文本由四个部分组成:一是列宁的经典,如《讨论进行计划书》(今译《论无产阶级在这次革命中的任务》)、《无产阶级政治》《劳农政府之成功与困难》(今译《苏维埃政权的成就与困难》)、《帝国主义浅说》(《帝国主义是资本主义的最高阶段》前六章)等;二是国外马克思列宁主义者对列宁主义的诠释本,如《列宁传》《共产主义的ABC》《列宁主义概论》(今译《论列宁主义基础》)、《列宁的帝国主义观》《俄国革命运动史》等;三是我国马克思列宁主义者对列宁主义的解读文本,如《苏俄新经济政策》《革命后之俄罗斯》《社会进化史》《劳农俄国之考察》等;四是早期列宁主义中国化的文本,如《中国革命问题论文集》《国民革命与中国共产党》《中国共产党五年来之政治主张》等。其中《列宁传》《列宁的帝国主义观》《新俄游记》《共产党礼拜六》《劳农政府之成功与困难》《马克思列宁主义者的列宁》《新俄国之研究》《资本制度浅说》《劳农会之建设》《第三国际议案及宣言》《帝国主义浅说》《马克思列宁主义浅说》《列宁主义概论》和《社会主义浅说》等全文辑入;《社会主义与中国》等摘录第一章"中国社会主义之过去及将来";其他文本刊登书名、作者、译者、出版社、页码、价格、出版时间、序言、目录等,读者可以按图索骥,找出原著。不少图书是很少见到的,如《俄国革命纪实》《劳农政府与中国》等,这些为研究者与读者提供了文本线索。

论文文本构成了《史料长编》的主体,约收入800篇,其中绝大多数提供了全文。其中一半以上是首次与当代作者见面。"早期传播"各个阶段有代表性的文章基本辑录,涉及80多种报刊。

(4)广告。广告作为现代媒体的经济支点,是媒体生存与发展的生命线。《史料长编》收录了10余份图书广告,透露出许多鲜为人知的信息,这亦构成了本书的另一个亮点。这一时期,以丛书的形式出版社会主义马克思列宁主义的书籍是"早期传播"的一大特色。《史料长编》提供的丛书有"列宁丛书""新青年丛书""中国青年社丛书""向导丛书""新文化丛书""共学社丛书""新智识丛书""新文化运动丛书""康民尼斯特丛书""社会经济小丛书""经济丛书""东方文库"等。值得一提的是,迄今从丛书的角度研究马克思列宁主义传播还没有展开,丛书信息的提供,无疑将拓展传播史研究的视角。《社会经济丛书第一期出版预告》(1920年6月)与《"新时代丛书"编辑缘起》(1921年6月)两则广告,记录了中共早期组织传播马克思列宁主义的印迹,1921年9月人民出版社在媒体上第一次亮相,就突出了传播马克思列宁主义的色彩。这份刊登在《新青年》第九卷第五号上的"通告",宣布人民出版社计划出版"列宁全书"14种,"康民尼特斯丛书"(共产主义译音)11种,"其他"《马克斯学说理论的体系》等9种。

图书广告大部分刊登在媒体上,有的分布在图书的封一、封二、封底插页、补白版权页等处,《史料长编》细心地将这些容易被人们忽略的资料挖掘出来,从文化"边界"进一步推动马克思列宁主义传播史研究;广告中的著作摘要十分重要,它们或由作者撰写,或由编辑拟订,准确地介绍了著作的精髓,可作为读者阅读的指南。在大革命时期,《共产主义的ABC》与《列宁主义概论》是有巨大影响的著作,也是列宁主义在中国早期传播的经典之一。前者是俄共(布)早期著名政治家理论家布哈林对1919年3月俄共(布)第八次代表大会党纲的解读本;后者是斯大林1924年诠释列宁主义的经典。这两本书之间存在怎样的联系?为什么被读者热捧?《向导》的一份广告作了说明:《列宁主义概论》"是一部列宁主义言简而意赅的书,读过《共产主义的ABC》后,必须读此书,对于世界共产主义之理论和实际才能有完全的概念;但亦必须读过《共产主义的ABC》,懂得若干原则和术语之后,读此书才能懂得这一部走遍全世界的著作"。

(5)书信。书信这个交流感情与思想的工具,成为"早期传播"的渠道之一。《史料长编》辑录了蔡和森与毛泽东的通信、彭述之关于中共四大的信,凸显出五四时期列宁主义传播的一个重要方面。

第二,《史料长编》在搜集列宁主义在中国早期传播资料已有成果的基础上,汇编更为完备的"早期传播"实录,呈现出列宁主义早期传播的阶段性。

(1)从1917年5月至1920年8月,为列宁主义在中国自发传播阶段。列宁主义自发的传播阶段开始于1917年5月19日。这一天中文媒体上海《民国日报》和北京的《晨钟报》同时出现了"列宁"的名字。上海《民国日报》刊登《最近俄国内部纷扰之传闻》一文,文章提道:"尼哥拉斯烈银一派,极端反对战争,主张'超革命主义'","烈银一派回国,偶然惹起社会党内讧,延而至此发生纷扰"。"尼哥拉斯烈银"和"烈银"即列宁。上海《民国日报》的这篇报道,被俄国学者亚历山大·潘佐夫指认为"中国第一次提到了列宁的名字"。[①]

中国期刊上使用"列宁"译名的最早记录出现在《新青年》第三卷第四号。1917年6月1日,《新青年》第三卷第四号刊登《社会党与媾和运动》,其中提道:"急进社会党首领列宁氏,新自瑞士归来,纠合同志,鼓吹媾和甚力。"如果考虑到《新青年》是月刊,它报道列宁的消息应该是与上海《民国日报》和北京的《晨钟报》基本同时的。

第一份中文列宁的生平介绍出现在《东方杂志》第十五卷第三号。1918年3月15日,《东方杂志》第十五卷第三号刊登从善斋根据日本《东京日日新闻》布施胜治的通信编译的《述俄国过激派领袖李宁》。该文第一次介绍了列宁的生平,介绍了列宁组织彼得堡"工人阶级解放斗争协会"及其领导俄国1905年、1917年革命的事迹。该报还附有列宁的照片。

---

① [俄]亚历山大·潘佐夫:《"五四"运动与布尔什维主义在中国的传播》,安东译,见郝斌、欧阳哲生:《五四运动与二十世纪的中国》(下),北京:社会科学文献出版社2001年版,第1398页。

列宁著作的最早中译文出现在《时事新报》上。1919年5月15—19日，《时事新报》刊登Nicholas Lenine（即列宁）著，Robert Ciozier Lorg译，金侣琴转译的《俄国问题》。可以看出，这篇文章是由英文转译的。4个月后，金侣琴翻译了列宁的《鲍尔雪佛克之排斥与要求》（今译《俄国的政党和无产阶级的任务》的节译）。该文刊登在1919年9月1日创刊的《解放与改造》创刊号上，这是我国第一次直接翻译列宁著作。

国内第一本全面介绍苏俄革命与建设的图书《劳农政府与中国》，1920年6月由汉口新文化共进社刊印，上海泰东图书局出版。该书由张冥飞编，小32开本，共172页，定价5角。特别值得注意的是，这该书的总论最后提道："希望我们中国的一班人听得劳农政府在那里实行人类的共同自己生活的办法，渐渐的减少那种荒谬糊涂的心理，对于自私自利的误解渐渐的明白过来，那么我们中国的人也可以走到人的道路上去了。"这也许是编者的期待。我们可以很清晰地看到一条重要信息：中国要走俄国人的道路。

1920年8月，邵飘萍编著的《新俄国之研究》出版，该书对苏俄道路高度认可，书中指出："俄国今日所实行之社会主义，非独在俄国之政治与社会中为空前之创举，实世界历史上之一新纪元。今后果见社会主义之成功，其影响与世界将较诸美国独立、法国革命之威力为尤著。然则为我国朝野无论在外交上有研究俄事之必要，而对此世界空前之奇剧，生活于此世界中之国民，胥不可不具正确之理解，又岂待言。"

可以说，经过五四的洗礼以及中国知识分子对十月革命后俄国了解的加深，实践形态的俄国道路已经在中国初步形成。中国共产党早期组织在上海成立标志着俄国道路的基本形成，列宁主义传播进入有组织的传播阶段。

列宁主义的自发传播阶段有以下几个特点：一是新闻性的报道较多，参与的媒体较多，其中密切关注俄国动态的报纸主要有：《民国日报》《晨钟报》《晨报》《时事新报》《顺天时报》，以及《大公报》《申报》等。由于有些报道往往没有新闻记者亲自到场，因而有明显的错误。如1918年9月5日《时事新报》刊登列宁已因伤致死消息，说：一日哥本海琴电，彼得格洛来电称，列宁已因伤致死。

二是以俄国的社会变迁为中心，涉及俄国十月革命后各个方面的变化，主要的媒体是《东方杂志》《星期评论》《劳动》《解放与改造》。《新青年》第五卷第五号刊登的《庶民的胜利》和《BOLSHEVISM的胜利》两篇文章有风向标的意义，到达了当时中国思想界的顶峰。俄国革命前后社会生活各方面积极的变化，深深地吸引着关注中国前途命运的知识分子。正如1919年11月1—26日北京《晨报》连续刊登《劳农政府治下之俄国——实行社会共产主义之俄国真相》，其中指出："把俄国现在所实行的社会，共产主义的政治给我们国人看看是必要的。"

虽然这一时期，在文章中使用的不是"列宁主义"的概念，有"过激主义""劳农政府""李宁政府"等各种五花八门的概念，不过，总括起来，人们关注的重点都是俄国革命的道路及其成效。

三是列宁的著作、思想涉及较少，特别缺乏系统性的介绍。这一时期对列宁著作的翻译较少，除了上面提到的两篇之外，还有《新中国》杂志第一卷第八期刊登郑振铎翻译的《俄罗斯之政党》（《俄国的政党与无产阶级的任务》的节译）以及1920年7月《少年世界》

月刊第七号(妇女号)刊登了叔愚节译的《伟大的创举》,标题为《李宁对于俄罗斯妇女解放的言论》,该文为最早传入中国的关于为列宁的妇女解放思想的文献。其他的基本都是属于间接介绍,系统性、整体性不足。这一现象在有组织传播阶段得到了根本的改变。

(2)从1920年9月起到1927年大革命失败止,为有组织的传播阶段。这一阶段又可以以列宁逝世为分界。

1920年9月,中国共产党上海早期组织成立,列宁主义进入以中国共产党有组织的传播阶段。这一阶段有一系列出版列宁主义的重大事件发生。

(1)《新青年》性质发生根本性变化,由北京同人刊物变成中共上海早期组织的同人刊物。《新青年》第八卷第一号开始,列宁主义传播开始成为《新青年》的主题之一,表现就是开设了"俄罗斯研究"专栏。从这一号到《新青年》第九卷第六号(1922年7月1日)暂停,共12号,以"俄罗斯研究"等专栏共发文35篇,其他与苏俄有关的有15篇。主要内容有:一是列宁著作和演说,是列宁主义的直接文本。如《民族自决》《无产阶级政治》。二是关于列宁主义和苏俄制度和政策的诠释,如《过渡时代的经济》《我们要从那里做起》等。三是介绍苏俄建设的情况,这方面的文章占绝大的比例,内容广泛,有经济、军事、文化、教育、卫生妇女等。四是介绍苏维埃政权建设,如苏维埃政府机构、劳农政府召集经过情况、全俄职工联合会、劳农协社、苏维埃俄罗斯劳动组织等。五是宣传苏俄的制度与政策,如《苏维埃政府的经济政策》《俄国底社会教育》《劳农俄国底农业制度》等。

在中国早期共产党人选择了"以俄为师"后,急需让中国人民了解一个真实的苏俄,以唤醒民众。"俄罗斯研究"专栏正是宣传苏俄革命与建设的这样一个窗口。正是因为《新青年》等媒体集中强力的宣传,使得中国人民逐渐认识到列宁主义以及苏俄所走革命道路的意义和价值,苏俄社会主义欣欣向荣的发展态势,促使正在寻求振兴中华的中国人民坚定地走向社会主义道路。

(2)1920年11月7日,《共产党》月刊出版。1920年11月,上海共产主义小组创办的半公开的《共产党》月刊,其秘密性、政治性较强,《共产党》月刊共出版了6期,加上短言,总共52篇文章,共计50万字左右,在每月的7日出版一次。从1920年11月7日到1921年7月7日,共出版了6本,以李达为主编,为16开本。这6期《共产党》月刊的任务就是通过对俄国共产党的发展历程、俄国的社会主义制度的介绍,以及在驳斥无政府主义、机会主义的过程中旗帜鲜明地回答"建设什么样的党""如何建设党""半殖民地半封建的中国社会往何处去"等一系列的问题,其最为鲜明、突出的特点就是立场鲜明地宣传了马克思主义关于无产阶级政党的基本理论和基本知识,以引领中国人民走十月革命道路。1921年5月1日,在《新青年》杂志上刊登了以"共产党月刊社"为名义的广告,在中国第一次公开亮出了"共产党"的旗帜。

《共产党》月刊第一号短言指出:"吾人生产方法除资本主义及社会主义外,别无他途。资本主义在欧美已经由发达而倾于崩坏了,在中国才开始发达,而他的性质上必然的罪恶也照例扮演出来了。代他而起的自然是社会主义的生产方法,俄罗斯正是这种方法最大的最新的试验场。……我们要逃出奴隶的境遇,我们不可听议会派底欺骗,我们只有用阶级战争的手段,打倒一切资本阶级从他们手抢夺来政权;并且用劳动专政的制度,拥护劳动者底政权，建设劳动者的国家以至于无国家，使资本阶级永远不至发生。"① 同期的第一篇文章《俄国共产政府成立三周年纪念》中明确指出："我们既然要达目的，就不得不用俄国劳农政府的方法，来适用于中国了。"② 同期发表的《第三国际党（即国际共产党大会）的缘起》进一步明确："国际共产党联盟的主旨就是实行革命的社会主义，由群众运动发展为革命，至于革命的手段，最重要是采用无产阶级专政。现在国际共产党代表国际社会主义的权威，世界的共产主义者们，让我们着朝着这个目标前进吧！"③

《共产党》第一号刊登了《列宁的著作一览表》，这是列宁重要著作第一次在中国被集中介绍，共19种，目录如下：

①《俄罗斯的社会民主党问题》（1897年出版，The Problems of the Russian Social-Democrats，今译《俄国社会民主党人的任务》）。④

②《俄罗斯的资本制度发达史》（1899年在圣彼得堡出版，The Development of Copitalism in Russia，今译《俄国资本主义的发展》）。

③《经济的剖记和论文》（1899年在圣彼得堡出版，Economic Monographs and Articles，今译《经济札记和论丛》）。

④《要做什么》（1902年在德国出版，What Is to Be Done? 今译《怎么办?》）。

⑤《告贫乏的农民》（1903年在瑞士由俄国革命的社会民主党出版，To the Peasant Poor，今译《给农村贫民》）。

⑥《进一步退两步》（1904年在瑞士出版，One Step Forward, Two Steps Backward，今译《进一步退两步》）。

⑦《民主革命中的社会民主党两个政策》（1905年在瑞士由俄国社会民主工党出版，Two Policies of the Social-Democrats During A Democratic Revolution，今译《社会民主党在民主革命中的两种策略》）。

⑧《社会民主实业史略的大纲》（1917年在彼得格拉出版，A Page from the History of the Social-Democratic Agrarine Program，今译名待查）。

⑨《解散旧国会和无产阶级的目的》（1906年在俄国出版，The Dissolution of the Duma and the Aims of the Proletariat，今译《杜马的解散和无产阶级的任务》）。

⑩《1905年至七年俄罗斯第一次革命中的俄国社会民主的大纲》（1907年著，1917年在彼得格拉出版，The Agrarian Program of the Russian Social Democrats During First Revolution, 1905-1907，今译《社会民主党在1905—1907年俄国第一次革命中的土地纲领》）。

⑪《经验批评主义的唯物哲学》（1910年出版，The materialistic Philosophy and Emperiocrtlicism [Empirical Criticism] Critical Notes on a Reactionary Philosophy，今译《唯物主义和经验批判主义》）。

---

① 《短言》，载《共产党》1920年第1期，第1页。
② 无懈：《俄国共产政府成立三周年纪念》，载《共产党》1920年第1期，第11~12页。
③ 胡炎：《第三国际党（即国际共产党大会）的缘起》，载《共产党》1920年第1期，第15页。
④ 后文著作英文原文照录。

⑫《帝国主义是资本主义的末日》(1915年著,1917年在彼得格拉出版,*Imperialism, the Latest of Capitalism*,今译《帝国主义是资本主义的最高阶段》)。

⑬《俄国的政党和无产阶级的目的》(1917年在彼得格拉出版,*Political Parties in Russia and the Aim of the Proletariat*,今译《俄国的政党和无产阶级的任务》)。

⑭《论进行方法的文书》(1917年在彼得格拉出版,*Letters on Tactics*,今译《论策略书》)。

⑮《革命的教训》(1917年在彼得格拉出版,*The Lessons of the Revolution*,今译《革命的教训》)。

⑯《农业中资本发达律的新论据》(卷一《论美国农务经济中的资本主义》,1917年彼得格拉出版,*New Data Regarding the Law of Capitalist Development in Agricalture Vo1. I Capitalism in the Rural Economy of the United States*,今译《关于农业中资本主义发展规律的新材料》第一编《美国的资本主义和农业》)。

⑰《国家与革命》(1917年在彼得格拉出版,*The State and Revoluta[i]on*,今译同名)。

⑱《苏维埃政府的要图(即苏维埃实现)》[1918年在彼得格拉出版,*The Immediate at Problems of the Soviet Government (the Soviets at Work)*,今译《苏维埃政权的当前任务》]。

⑲《无产阶级的革命与靠斯基汉奸》(1918年在彼得格拉出版,*The Proletarian Revolution and the Renegade Kautsxy*,今译《无产阶级革命和叛徒考茨基》)。

(3)列宁著作的翻译和出版。在《新青年》杂志改版,第八卷第一号出版的差不多时间,列宁著作的翻译和出版工作也在紧锣密鼓地推进。1921年9月《新青年》第九卷第五号刊布了《人民出版社通告》,计划出版有关列宁的图书14种:《列宁传》(张亮译)、《国家与革命》(康明烈译)、《劳农会之建设》(李立译)、《无产阶级革命》(张空明译)、《现在的重要工作》(成则人译)、《劳工专政与宪法会议选举》(成则人译)、《讨论进行计划书》(成则人译)、《写给美国工人的一封信》(孔剑明译)、《劳农政府之成功与困难》(李墨耕译)、《共产主义左派幼稚病》(张空明译)、《苏共中央、资本主义的末局》(罗慕敢译)、《第二国际之崩坏》(孔剑明译)、《共产党星期六》(王崇译)、《列宁文集》(孔剑明译)等。以上图书,由于各种原因,没有出齐,1922年之前出版"列宁全书"5种,具体如下表:

著作	作者	译者	出版社	出版时间	备注
劳农会之建设(今译《苏维埃政权的当代任务》)	列宁	李立	人民出版社	1921年12月	《列宁全书》第1种。共54页,定价1角6分
讨论进行计划书(今译《论无产阶级在这次革命中的任务》,又名《四月提纲》)	列宁	成则人(沈泽民)	人民出版社	1921年12月	《列宁全书》第2种。共27页。定价1角
共产党礼拜六(今译《伟大的创举》)	列宁	王静	人民出版社	1922年1月	《列宁丛书》第3种。共36页,定价1角2分

续表

著作	作者	译者	出版社	出版时间	备注
劳农政府之成功与困难（今译《苏维埃政权的成就与困难》）	列宁	墨耕（李梅羹）	人民出版社	1922年2月	《列宁全书》第5种。共61页，定价4角

中共领导的新青年社、人民出版社等出版社共出版了列宁主义经典8本，如：《劳农会之建设》（1921年12月）、《列宁经济学》（1924年7月）、《帝国主义浅说》（1925年2月）等。另外，对列宁主义的诠释性文本有40本，其中最经典的是《共产主义的ABC》与《列宁主义概论》。

1924年1月21日，列宁在莫斯科逝世，中共以缅怀列宁为契机，有计划、有组织地开展纪念活动，进一步传播列宁主义，开展了以纪念活动为主的大众化、中国化的初步探索。在国民党"一大"期间举行的追悼大会上，共产国际代表鲍罗廷在演讲中说："列宁虽死，列宁主义万岁。"次日广州《民国日报》刊登了鲍罗廷《列宁之为人》的演讲，褒义用法的"列宁主义"一词就这样首次出现在中国报刊上。① 在国共两党的推动下，我国出现了悼念列宁的热潮，广州、上海、北京、武汉、长沙等地广泛开展了纪念活动。如《列宁纪念册》《上海追悼列宁大会特刊》《列宁纪念册》《兵工厂周刊追悼列宁号》《新民国报特刊李宁号》《纪念列宁》等纪念册相继出版，进一步推动了列宁主义的广泛传播。

（4）传播列宁主义的主要阵地形成。《新青年》是传播列宁主义的先锋杂志，它先是刊发了"共产国际号"（1923年6月），发表阐释列宁东方革命理论的文章就有6篇；而后刊发了"列宁号"（1925年4月），发表列宁的《专政问题的历史观》《第三国际及其在历史上的位置》《社会主义国际的地位和责任》3篇。在《新青年》的9期中，发表列宁的文章9篇，诠释列宁主义的文章25篇，以上两项占9期《新青年》文章的34%，如果加上介绍苏俄革命建设的文章，就占到46%。其中《新青年》季刊第四期出版，刊登了列宁的《民族与殖民地问题》《中国战争》（今译名《中国的战争》）、《亚洲的醒悟》（今译名《亚洲的觉醒》）、《革命后的中国》《落后的欧洲与先进的亚洲》（今译名《落后的欧洲和先进的亚洲》）等文章；且第一次在媒体上刊登了斯大林的《列宁主义之民族问题的原理》，以及托洛斯基的《东方革命之意义与东方大学的职任》《第三国际第二次大会关于民族与殖民地问题的议案》。

1923年6月，《新青年》改为季刊，正式成为中国共产党的理论刊物，由党中央宣传委员瞿秋白任主编。瞿秋白设计了封面，亲自题写刊名。新封面是在外国一幅宣传画的基础上修改而成的：封面的中心是监牢的铁窗，一只有力的手从铁窗中伸出，手中握着鲜红的、飘展的绸带。铁窗下写着"革命党自狱中庆祝革命之声"。第一期为"共产国际号"，

---

① 《列宁主义》一词始见于1903年俄国社会民主工党第二次代表大会后，在以往"列宁主义"为反对者攻击列宁思想使用的贬义概念。

指出"共产主义派的社会运动是现代最新进最革命的一派无产阶级思想之代表。此派之政治的组织是各国共产党,他们联合而成共产国际(Communist International)存在已经4年,《新青年》重加整顿,特为出一特号,以资研究"。"共产国际号"翻译了共产国际四大通过的《关于东方问题的总提纲》《共产国际第四次大会统观》等文献,进一步阐释了东方革命的理论,指出东方民族解放运动必须与先进国家的无产阶级结成反对帝国主义的联盟。该号鲜明地高举列宁主义旗帜,除了发表列宁的《俄罗斯革命之五年》的文章外,还发表了《新青年之新宣言》《世界的社会改造与共产国际》《现代劳资战争与革命》《东方文化与世界革命》等12篇文章,都是诠释列宁主义的文献。

1925年,《新青年》(不定期刊)第一号出版,编辑者广州新青年社,发行者同前。该号为"列宁号"。内封刊发列宁的浮雕像,反面印:"我们的旗帜——列宁 我们的武器——列宁主义 我们的任务——全世界革命。"杂志还发表了《中国共产党第四次大会对于列宁逝世一周年纪念宣言》;翻译了列宁的《专政问题的历史观》《第三国际及其在历史上的位置》《社会主义国际的地位和责任》;组织了《列宁殖民地民族与帝国主义》《列宁与职工运动》《列宁与农民》《列宁与青年》等文章;刊登了蒋光赤的《在伟大的墓之前》和《列宁年谱》,以示列宁逝世一周年纪念。瞿秋白首次节译的斯大林名著《列宁主义概论》(今译《论列宁主义基础》),科学、全面地阐释了列宁主义,特别是东方革命理论。

此外,《政治生活》《新学生》《向导周刊》《中国青年》《工人之路》《武汉评论》等刊物或出版专号,或发表纪念文章。上海《民国日报》《晨报》等大报发表《世界与列宁及列宁主义》《列宁——理论家》等文章,节译了列宁的著作《国家与革命》《帝国主义》(今译《帝国主义是资本主义的最高阶段》),推动了列宁主义在中国传播的第二个浪潮的涌起。

在列宁主义在中国传播的第二阶段中,列宁主义主要是民族殖民地理论、帝国主义理论,有了广泛传播并开始了初步的中国化进程。

总之,列宁主义的传入启蒙了中国共产党人对中国特殊的国情革命的认知,使得中国共产党人认识到中国不同于欧美的资本主义社会,初步摸索到中国特殊的半殖民地半封建社会的一般规律,制定了适合中国革命的战略战术策略等,从而使历经苦难的中华民族在精神上获得了主动,指明了其前进的方向。

第三,挖掘新史料,厘清"早期传播"的历史真相。重大史料的出现,从而改写人们的历史认识,是历史研究的任务和魅力所在。

作为一个广泛传播的概念,正面意义上的"列宁主义"出现在1924年,在此之前"列宁主义"是反对派用来批评列宁思想的。列宁逝世之后,为了纪念列宁,斯大林重新阐释了列宁主义,指出:"列宁主义是帝国主义和无产阶级革命时代的马克思主义。"从此,列宁主义获得了全新的意义。

长期以来,对于《东方杂志》在列宁主义在中国早期传播中的地位和作用关注不够。有翔实的史料可以证明:在自发传播阶段,如果要评选涉及面广、影响大的传播列宁主义期刊,《东方杂志》当仁不让。在《新青年》到第八卷第一期出版之前,《东方杂志》至少刊登有27篇与俄国社会相关的文章,详情见下表:

文章名	卷、号	发表时间
《俄国大革命之经过》	《东方杂志》第十四卷第五号	1917年5月15日
《外事大事记》	《东方杂志》第十四卷第十二号	1917年12月15日
《续记俄国之近状》	《东方杂志》第十五卷第一号	1918年1月15日
《俄国现在之政党》	《东方杂志》第十五卷第二号	1918年2月15日
《述俄国过激派领袖李宁》	《东方杂志》第十五卷第三号	1918年3月15日
《俄国社会主义运动之变迁》	《东方杂志》第十五卷第四号	1918年4月15日
《俄法革命异同论》	《东方杂志》第十五卷第八号	1918年8月15日
《俄国之土地分给问题(续)》	《东方杂志》第十五卷第九号	1918年9月15日
《大战终结后国人之觉悟如何》	《东方杂志》第十六卷第一号	1919年1月15日
《过激派之理想及其失败》	《东方杂志》第十六卷第五号	1919年5月15日
《过激思想与其防止策》	《东方杂志》第十六卷第六号	1919年6月15日
《俄国过激派统治之内容》	《东方杂志》第十六卷第七号	1919年7月15日
《社会主义之真诠》	《东方杂志》第十六卷第七号	1919年7月15日
《俄国分裂之原因》	《东方杂志》第十六卷第八号	1919年8月15日
《过激主义与民主主义之对抗》	《东方杂志》第十六卷第八号	1919年8月15日
《俄国波尔失委克之真相》	《东方杂志》第十六卷第十一号	1919年11月15日
《鲍尔希维克政府之产业政策》	《东方杂志》第十七卷第二号	1920年1月25日
《俄国人民及苏维埃政府》	《东方杂志》第十七卷第三号	1920年2月10日
《俄国之真相及其将来》	《东方杂志》第十七卷第三号	1920年2月10日
《IWW与过激主义》	《东方杂志》第十七卷第三号	1920年2月10日
《劳农政府治下之俄国》	《东方杂志》第十七卷第五号	1920年3月10日
《俄国新政府之过去现在未来》	《东方杂志》第十七卷第十号	1920年5月25日
《俄国劳农政府之农业政策》	《东方杂志》第十七卷第十一号	1920年6月10日
《劳农俄罗斯之劳动军》	《东方杂志》第十七卷第十二号	1920年6月25日
《劳农俄罗斯之改造状况》	《东方杂志》第十七卷第十四号	1920年7月25日
《劳农俄国之婚姻法》	《东方杂志》第十七期第十五号	1920年8月10日
《劳农政府之讲和提议》	《东方杂志》第十七期第十六号	1920年8月25日

从目录中可以看出,《东方杂志》上刊登的文章涉及俄国十月革命后社会发展情况的方方面面,为中国人了解、把握俄国革命提供了较丰富的资讯,一条实践形态的俄国道路已经初步呈现。可以说,中国先进知识分子之所以对十月革命后俄国有较全面的了解,并最终选择走俄国道路,《东方杂志》是有贡献的。

目 录

一九一七年 ·· 1
  1. 《最近俄国内部纷扰之传闻》 ··· 1
  2. 《再志俄局之平衡》 ·· 2
  3. 《俄京纷乱之主动者》 ·· 2
  4. 《社会党与媾和运动》 ·· 2
  5. 《俄国政局之将来》 ·· 2
  6. 俄国十月革命爆发 ··· 2
  7. 《五日俄京电》 ·· 3
  8. 《七日伦敦电》 ·· 3
  9. 《六日俄京电》 ·· 3
  10. 《突如其来之俄国之政变》 ··· 3
  11. 伦敦电 ··· 4
  12. 《俄京之时局》 ··· 4
  13. 《俄国又革命——克伦斯基内阁倒》 ······································ 5
  14. 关于俄国革命的系列消息 ··· 5
  15. 《俄国大政变之情形》 ··· 6
  16. 《俄国政局之现状》 ··· 6
  17. 《兵工党委员会之布告》 ··· 6
  18. 《俄国之时局》(11月11日) ·· 7
  19. 《舰队拥护兵工委员会》 ··· 7
  20. 《俄京变动之情形》 ··· 7
  21. 《俄国大政变之混乱》 ··· 8
  22. 《十一日俄京电》 ··· 8
  23. 《俄国政潮之观测》 ··· 8
  24. 俄国革命后政局情况消息 ··· 8
  25. 《革命后之俄罗斯政变》 ··· 9
  26. 《俄京真相未分明》 ·· 11
  27. 《俄国之时局》(11月15日) ·· 11
  28. 《俄国之时局又变》 ·· 11
  29. 俄国革命相关消息 ·· 12

1

30. 《俄京二次政变记》 ………………………………………… 12
31. 《克安司吉已入俄京》 ……………………………………… 13
32. 《俄京近事》 ………………………………………………… 13
33. 《俄国大局之混乱》 ………………………………………… 13
34. 《俄国之公电》(11月22日) ……………………………… 15
35. 《俄国之公电》(11月24日) ……………………………… 15
36. 《俄国之公电》(11月26日) ……………………………… 15
37. 《锐进党之妄动》 …………………………………………… 15
38. 《俄京通讯》 ………………………………………………… 16
39. 《俄乱之最近情形》 ………………………………………… 16
40. 《俄国单独媾和问题》 ……………………………………… 16
41. 《俄国政变中心之兵工委员会》 …………………………… 16
42. 《俄国之内患外忧》 ………………………………………… 17
43. 《俄国停战中之内外情形》 ………………………………… 18
44. 布尔什维克政府消息 ………………………………………… 18
45. 俄国过激派政府与德国停战消息 …………………………… 18
46. 《关于俄德单独媾和之重要文书》 ………………………… 19
47. 《外事大事记》 ……………………………………………… 19
48. 《俄国革命之原因》 ………………………………………… 19
49. 《蓝宁政府抵赖债务》 ……………………………………… 20
50. 劳兵会议消息 ………………………………………………… 20
51. 俄国过激党消息 ……………………………………………… 20
52. 《俄国过激派之媾和条件》 ………………………………… 21

一九一八年 …………………………………………………………… 22
1. 新年社论 ……………………………………………………… 22
2. 《俄德奥媾和之进行》 ……………………………………… 22
3. 斯托克呼姆来电 ……………………………………………… 22
4. 《续记俄国之近状》 ………………………………………… 23
5. 《俄国与四国团续开谈判杂讯》 …………………………… 26
6. 《俄国内乱之蔓延》 ………………………………………… 26
7. 过激派消息 …………………………………………………… 26
8. 俄国国会消息 ………………………………………………… 26
9. 《俄内乱又炽》 ……………………………………………… 27
10. 俄国过激派政府 ……………………………………………… 27
11. 《俄国现在之政党》 ………………………………………… 28
12. 《俄过激派政府之现状》 …………………………………… 30

13.	《土崩瓦解之俄德媾和》	30
14.	《俄国求和时之内哄外患》	31
15.	《俄德和约已签字》	31
16.	《述俄国过激派领袖李宁》	31
17.	《欧战与劳动者》	33
18.	《劳兵会反对过激派》	34
19.	《扰到支那人的清梦》	34
20.	《俄德讲和了》	34
21.	《内田日使俄因谈》	35
22.	《俄国社会主义运动之变迁》	35
23.	《俄罗斯社会革命之先锋李宁事略》	38
24.	《俄国过激派施行之政略》	41
25.	《俄过激派之对德态度》	45
26.	《俄国复辟昨讯》	45
27.	《过激党解散议会》	45
28.	《俄国复辟三志》	46
29.	《俄国复辟四志》	46
30.	《俄国新旧党激战详情》	46
31.	《俄过激派与协商国关系隔阂》	47
32.	《过激派宣布铁道独立》	47
33.	《反过激派军事如破竹》	48
34.	《俄列宁政府谴责驻外领事》	48
35.	《俄国最近之政象》	48
36.	《布尔扎维克检查书信》	49
37.	《反过激派着着胜利》	49
38.	《反过激派军容大振》	49
39.	《农民反抗过激派》	50
40.	《过激派军之形势》	50
41.	《这就是广义的革命》	50
42.	《李宁之解剖》	51
43.	《俄过激派占领恰克图后情形》	54
44.	《过激派审讯俄皇》	55
45.	《哈尔滨过激派之野蛮举动》	55
46.	《俄国外交代表对外之表示》	56
47.	《人民不满意于布尔察维克政府》	57
48.	《俄国帝制复活》	57
49.	《俄国最近宣布远东政策》	57

50. 俄国数省发生粮食暴动消息（5月29日） ... 58
51. 俄国数省发生粮食暴动消息（5月30日） ... 58
52. 《俄过激派军队东进》 ... 58
53. 《过激派又败》 ... 59
54. 《俄国各镇反对过激派》 ... 59
55. 《过激派收留被逐之人》 ... 59
56. 《俄过激派侵入乌梁海》 ... 59
57. 《协约国对俄方针决定》 ... 60
58. 《俄新旧党之形势观》 ... 60
59. 《过激派声明不侵我境》 ... 60
60. 《过激派表好意于日本》 ... 60
61. 《俄新旧党之近状》 ... 61
62. 《过激派治俄之现状》 ... 61
63. 全俄劳兵农大会消息 ... 62
64. 《俄过激派已起内讧》 ... 63
65. 列宁政府与协约国关系 ... 63
66. 《过激派之恐慌》 ... 63
67. 《俄过激派要求引渡谢霍》 ... 64
68. 《俄露斯革命之真相》 ... 64
69. 《法俄革命之比较观》 ... 64
70. 《俄局愈纷扰》 ... 66
71. 《过激派之失势》 ... 67
72. 《过激派势力失坠》 ... 67
73. 《过激派将无立足地》 ... 68
74. 《请看列宁之治俄》 ... 68
75. 《西比利亚与俄局（二）》 ... 69
76. 《西比利亚形势与俄局（三）》 ... 70
77. 《俄局志要》 ... 71
78. 《俄国之大纷乱》 ... 71
79. 《某外交家之俄局谈》 ... 71
80. 《过激派内之暗潮》 ... 71
81. 《革命军各地蜂起》 ... 72
82. 《西比利亚形势与俄局》 ... 72
83. 《莫斯科形势重大》 ... 72
84. 《俄国之新政》 ... 72
85. 蔡和森给毛泽东的信 ... 72
86. 《列宁政府之哀鸣》 ... 73

87. 孙中山致电苏维埃政府和列宁 ······ 73
88. 《西比利亚各派之近状》 ······ 73
89. 《俄国革命又起》 ······ 73
90. 《俄法革命异同论》 ······ 73
91. 《俄国过激派政府之运命》 ······ 74
92. 《俄国列宁政府之崩溃》 ······ 74
93. 《黎宁被刺》 ······ 74
94. 里宁已因伤致死消息 ······ 74
95. 《黑暗时代之俄京》 ······ 74
96. 俄国革命系列消息 ······ 75
97. 《呜呼，李宁》 ······ 75
98. 《俄国之土地分给问题》 ······ 75
99. 俄国大局消息 ······ 81
100. 过激派政府消息 ······ 82
101. 华盛顿电 ······ 82
102. 俄国兵工会议通告 ······ 82
103. 《庶民的胜利》 ······ 83
104. 《BOLSHEVISM 的胜利》 ······ 85
105. 《俄国之土地分给问题（续）》 ······ 88
106. 《俄国革命之老妇——普勒西可夫士耶女士自述》 ······ 93
107. 《西比利亚反过激军大捷》 ······ 96
108. 《德过激派阴谋失败》 ······ 96

一九一九年 ······ 97
1. 《社会革命——俄国式的革命》 ······ 97
2. 红旗军消息 ······ 98
3. 外交总长毕动氏演说消息 ······ 98
4. 《俄罗斯之混沌状态》 ······ 98
5. 《新纪元》 ······ 98
6. 俄国过激党政府消息 ······ 100
7. 《俄国包围过激派之运动》 ······ 100
8. 莫斯科消息 ······ 100
9. 《黑暗之俄都》 ······ 100
10. 《列宁被捕》 ······ 101
11. 《大战终结后国人之觉悟如何》 ······ 101
12. 《俄过激派之革命传播运动》 ······ 105
13. 过激主义消息 ······ 105

14. 《过激派与列国政治家》 105
15. 过激党妇女政策 106
16. 《欧战之目的及和约之基础》 106
17. 《过激派之国际阴谋》 106
18. 《协约国与德国过激派》 107
19. 《布尔塞维克扰及中东路》 107
20. 《过激派之自暴自弃》 107
21. 《德过激派首领惨死续报》 108
22. 《布尔塞维克之世界的计画》 108
23. 《布党有侵入印度波斯消息》 108
24. 《布尔塞维克与华工》 109
25. 《战后之世界潮流——有血的社会革命与无血的社会革命》 109
26. 《□过激派之面面观》 111
27. 《劳兵会与莫斯科政府龃龉》 112
28. 《俄国过激派之大策划》 112
29. 《俄罗斯之研究》 112
30. 《过激派的引线》 112
31. 《俄国过激派首领列宁》 113
32. 《过激派治下之俄都》 113
33. 《过激派又潜入我国》 114
34. 《过激党之主义政策及历史》 114
35. 《过激派对外愈强硬》 115
36. 《过激派仇法最深》 115
37. 《过激派征服世界之计画》 115
38. 《俄匈过激派之共鸣》 116
39. 《过激派在新疆之近状》 116
40. 《俄过激派首脑列宁》 116
41. 《劳农政府治下之俄》 117
42. 《列宁政府基础巩固》 119
43. 《俄国过激派 Bolsheviki 之研究》 119
44. 《名著新译 俄国革命史（绪论）》 119
45. 《二十世纪俄罗斯的革命》 120
46. 《布尔塞维克派之将来》 120
47. 《美国与列宁政府》 121
48. 《过激主义（Bolshevism）与普及教育》 121
49. 《过激派之兵力大增》 121
50. 《过激派之理想及其失败》 121

51.《俄国问题》	122
52. 列宁之激励演说	123
53.《布尔札维克党之第一日》	123
54.《俄都实情目击录》	124
55.《过激思想与其防止策》	124
56.《俄局最近之真相》(《晨报》,6月27日)	124
57.《俄国新宪法》	125
58.《俄局最近之真相》(《民国日报》,6月30日)	126
59.《译论——民主主义——社会主义——布尔塞维克主义》	127
60.《名著新译——俄国革命史(三十九)》	132
61.《俄国的土地法》	133
62.《什么叫做过激派?》	136
63.《俄国过激派统治之内容》	137
64.《社会主义之真诠》	137
65.《俄过激派之建设能力》	137
66.《俄国遗产制度之废止》	137
67. 介绍俄国革命以后法令方面的情况	139
68.《俄国的新银行法》	140
69.《民主主义—社会主义—布尔塞维克主义》	141
70.《过激主义与民主主义之对抗》	141
71.《俄国分裂之原因》	145
72.《西洋之社会运动者黎宁》	148
73.《从虚伪的德莫克拉西到真正的德莫克拉西》	150
74.《鲍尔雪维克之所要求与排斥》	150
75.《列宁与脱洛斯基之人物及其主义之实现》	154
76. 介绍俄国革命以后教育方面的情况	158
77.《欧美事情—俄国方面》	160
78.《李宁的谈话》	161
79.《世界的时代精神与民族的适应》	162
80.《布尔札维克党之第一日》	163
81.《所谓过激派者》	164
82.《俄国革命之哲学的基础》(下)	164
83.《布尔雪维克是什么?》	165
84.《欧俄之真相》	167
85.《过激政府之新政策》	167
86.《广义派之建设》	167
87.《劳农政府治下之俄国——实行社会共产主义之俄国真相》	168

- 88.《鲍尔锡维克主义底研究》 168
- 89.《俄国波尔失委克之真相》 168
- 90.《布尔塞维克派提议讲和》 173
- 91.《协约国与布尔塞维克》 173
- 92.《布尔塞维克派再提出和议》 174
- 93.《俄国的近况与联合国的对俄政策》 174
- 94.《过激派与世界和平》 175
- 95.《俄罗斯之政党》 175
- 96.《布尔塞维克将谋和》 176
- 97.《布尔塞维克侵入英国》 177
- 98.《布尔塞维克之大宣传运动》 177
- 99.《社会主义与军国主义势力之比较》 177

一九二〇年 179

- 1.《红色的新年》 179
- 2.《I. W. W. 概要》 180
- 3.《鲍尔希维克政府之产业政策》 180
- 4.《布党与各国通商之条件》 182
- 5. 国务院公函第二百五十六号 182
- 6.《俄国之真相及其将来》 183
- 7.《俄国人民及苏维埃政府》 188
- 8.《美国 IWW 与过激主义》 191
- 9.《现代的社会改造运动》 191
- 10.《列宁之人物》 192
- 11.《"波尔雪勿克"攻击日本》 194
- 12.《俄国形势概观》 194
- 13.《劳农政府治下的俄国》 195
- 14.《波希微党 Bolshevik 之教育计划》 195
- 15.《劳农政府治下之俄国》 196
- 16.《李宁最近之时局谈》 203
- 17.《建设中的苏维埃》 203
- 18.《苏维脱（Russian Sovlet Republic）各方面的观察》 210
- 19.《俄国实地观察记》 211
- 20. 苏俄政府第一次对华宣言 212
- 21.《俄罗斯联邦社会主义共和国政府对中国人民和中国南北政府的宣言》 213
- 22.《布尔塞维克的俄罗斯》（《晨报》，3月31日，4月1日、2日、3日） 213
- 23.《劳农政府对于中国人民及南北政府宣言》 213

24.《布尔塞维克主义》	214
25.《中国政党问题及今后组织政党的方针》	215
26.《俄罗斯劳农政府给我们中国人民的通告》	215
27.《俄国劳农政府通告的真义》	217
28.《强盗阶级(The Robber Caste)》	219
29.《布尔塞维克的俄罗斯》(《东方杂志》,4月25日)	221
30."共学社丛书"广告	221
31.《社会主义与中国》	222
32.《俄罗斯苏维埃联邦共和国劳动法典》	234
33.《劳农政治之成败观》	234
34.《列宁与马克思》	235
35.《俄国新政府之过去现在未来》	239
36.《社会主义在中国应该怎么样运动》	244
37.《新俄罗斯建设的初步》	248
38.《俄国劳农政府之农业政策》	257
39.《每日新闻特派员与里宁之问答》	258
40.《劳农俄罗斯之劳动军》	259
41.《列宁最近之时局谈》	260
42.《劳农政府与中国》	261
43.《太平洋问题呵!布尔雪维克问题呵!》	263
44.《李宁对俄罗斯妇女解放的言论》	263
45.《劳农俄罗斯之改造状况》	264
46.《拯救俄罗斯须在她的妇女》	269
47.《劳农俄国之婚姻法》	274
48.蔡和森给毛泽东的信	275
49.《布尔塞维克的批判》	278
50.《劳农政府之讲和提议》	281
51.《对于发起俄罗斯研究会的感言》	284
52.《新俄国之研究》	286
53.《新青年》复刊	324
54.《本志特别启事》	325
55.《新青年》的新图案	325
56."俄罗斯研究"	326
57.《我在俄罗斯的生活》	326
58.《俄罗斯同业组合运动》	332
59.《列宁与特洛次基》	337
60.《罗素游俄之感想(六)》	338

61. 《劳农政府之土地改革》 338
62. 《湖南之俄罗斯研究会》 339
63. 蔡和森致毛泽东的信 340
64. 《劳农政府之立法观》 345
65. 《劳农共和国与理想社会》 347
66. 《劳农俄国之真相》 348
67. 《综合研究 各国社会思潮》 349
68. 《游俄之感想》 349
69. "俄罗斯研究"专栏 363
70. 《苏维埃共和国底产妇和婴儿及科学家》 363
71. 《罗素眼中苏维埃的俄国》 366
72. 《劳农俄国之一瞥（六）》 366
73. 《罗素的新俄观》 367
74. 《罗素的新俄观（续）》 367
75. 《评论罗素游俄之感想》 367
76. 《经济史观序言》 367
77. 《欧洲政治思想小史》 369
78. 《欧洲政治思想小史》广告 371
79. 《社会主义史》 372
80. 《民族自决》 378
81. 《罗素论苏维埃俄国》 380
82. "俄罗斯研究"专栏 385
83. 《列宁 最可恶的和最可爱的》 385
84. 《罗素眼中苏维埃的俄罗斯——一九二〇年》 387
85. 《布尔札维克与世界政治》 394
86. 《俄罗斯的新问题》 395
87. 《俄国共产政府成立三周年纪念》 400
88. 《列宁的著作一览表》 409
89. 《列宁的历史》 410
90. 《为列宁》 412
91. 《俄国共产党的历史》 414
92. 《俄罗斯之共产党》 416
93. 《布尔失委克与世界政治（第四次）续》 416
94. 《旧治更新》 418
95. "俄罗斯研究"专栏 419
96. 《过渡时代的经济》 419
97. 《文艺和布尔塞维克》 424

目录

    98.《苏维埃教育之成绩》……………………………………………………… 425
    99.《时代思潮的杂评》…………………………………………………………… 426
    100.《共产主义是什么意思》…………………………………………………… 432
    101.《俄国劳动革命史略》……………………………………………………… 434
    102.《李宁之乌托邦》…………………………………………………………… 436
    103.《俄国苏维埃制度之真相》………………………………………………… 436
    104.《过渡时代之经济》………………………………………………………… 437
    105.《俄罗斯之女劳动家》……………………………………………………… 441
    106.《俄国无产阶级的十月革命》……………………………………………… 442

一九二一年 ………………………………………………………………………… 448
    1.《苏维埃政府底保存艺术》…………………………………………………… 448
    2."俄罗斯研究"专栏 …………………………………………………………… 449
    3.《劳农俄国底劳动联合》……………………………………………………… 449
    4.《俄国与女子》………………………………………………………………… 456
    5.《劳农俄国底农业制度》……………………………………………………… 464
    6.《劳农俄国一瞥》……………………………………………………………… 470
    7.《劳农政府对内外政策之两面》……………………………………………… 471
    8. 中国记者致俄国工人和新闻工作者呼吁书 ………………………………… 472
    9.《对俄通商问题与我国》……………………………………………………… 473
    10.《中国工人的状况和他们对俄国的期望》………………………………… 473
    11.《游俄观察谈》……………………………………………………………… 477
    12.《议会制与社会主义》……………………………………………………… 478
    13.《过激党真相》……………………………………………………………… 478
    14.《鲍雪维主义底研究和批评》……………………………………………… 478
    15.《列宁与俄国进步》………………………………………………………… 480
    16.《劳农俄国底结婚制度》…………………………………………………… 482
    17.《俄罗斯》…………………………………………………………………… 488
    18.《俄国农民阶级斗争史》…………………………………………………… 490
    19.《圣彼得堡之选举》………………………………………………………… 497
    20.《赤军及其精神》…………………………………………………………… 500
    21.《中国与俄国》……………………………………………………………… 502
    22.《共产党的出发点》………………………………………………………… 503
    23.《无产阶级的哥萨克兵忠告世界的工人》………………………………… 505
    24.《波兰共产党忠告世界工人》……………………………………………… 507
    25.《莫斯科第一次工人的自由市府》………………………………………… 508
    26.《将死的第二国际和将兴的第三国际》…………………………………… 509

27. 《俄罗斯的儿童问题》 … 514
28. 《社会问题详解》 … 515
29. 《劳农制度研究》 … 516
30. 《各团体答复文》 … 521
31. 《国家与革命》 … 527
32. 《俄国青年之运动》 … 530
33. 《我们为甚么主张共产主义？》 … 533
34. 《无政府主义之解剖》 … 537
35. 《告劳兵农》 … 544
36. 《劳农俄国的教育》 … 551
37. 《劳农俄国的妇女》 … 554
38. 《列宁在共产党大会之演说》 … 555
39. 《列宁又向共产党演说》 … 556
40. 《俄罗斯的产业自治》 … 556
41. 《劳农政府之经济政策》 … 557
42. 《布尔什维主义底心理》 … 558
43. 《布尔什维主义底心理》广告 … 560
44. 《无产阶级政治》 … 560
45. 《列宁底妇人解放论》 … 562
46. 《马克思派社会主义》 … 563
47. 《列宁之新经济论文》 … 570
48. 《我们要怎么样干社会革命？》 … 572
49. 《夺取政权》 … 587
50. 《共产主义之人间化》 … 592
51. 《劳动政府之经济策(续)》 … 614
52. 《共产主义与智识阶级》 … 615
53. "俄罗斯研究"专栏 … 619
54. 《俄罗斯革命的过去及现在》 … 619
55. 《劳农俄国的电气化》 … 633
56. 《劳农俄国的妇女解放》 … 635
57. 《列宁之国家主义谈》 … 646
58. 《资本主义世界和共产党的世界联盟》 … 647
59. 《劳农俄国东方政策之成功》 … 654
60. 《新思想与新文艺-鲍尔希维克下的俄罗斯文学》 … 656
61. 《苏维埃研究》 … 658
62. 《苏维埃俄罗斯之经济问题》 … 658
63. 《社会主义研究》介绍 … 674

64.《劳农俄国之观察》 676
65.《苏维埃俄国下的艺术》 678
66.《第三次国际共产党大会之经过及各国劳动运动之现在地位》 681
67.《列宁述现在应取方针·共产党之第二次退步》 684
68.《俄国近时的经济地位》 685
69.《列宁最近之演说》 692
70.《俄国苏维埃制度之真相》 693
71.《布尔塞维克底思想——在北京女子高师学生自治会讲演廷谦笔记》 694
72.《社会主义发达的经过》 697
73.《劳农会之建设》 700
74.《讨论进行计划书》 720
75.《共产党底计划》 720
76.《赞 lenin》 721
77.《苏维埃俄罗斯的现在》 721

一九一七年

5月

19日（星期六）

1.《最近俄国内部纷扰之传闻》（上海《民国日报》，5月19日）

"列宁"的名字同时出现在中文媒体上海《民国日报》和北京的《晨钟报》，其中上海《民国日报》的报道，被俄国学者亚历山大·潘佐夫指认为："中国第一次提到了列宁的名字。"[①]

上海《民国日报》刊登《最近俄国内部纷扰之传闻》一文，文章提道，"尼哥拉斯烈银一派，极端反对战争，主张'超革命主义'"，"烈银一派回国，偶然惹起社会党内讧，延而至此发生纷扰"。"尼哥拉斯烈银"和"烈银"即列宁。详细如下：

……俄社会党原各有派别，革命以前被逐放于西伯利亚者自为一派，即吉瑟凯廉斯基、斯哥培列夫及慈耶列狄里诸氏是也。此辈均为俄国革命主动者。别有一派，则系亡命于法国、瑞士及欧西诸国者。而其中又分各派，其主义自不相同。如卜列哈诺夫氏与法社会党同一意见；主张最后胜利说；而另一方则有尼哥拉斯烈银一派，极端反对战争，主张"超革命主义"。烈银一派回国，偶然惹起社会党内讧，延而致发生此次之纷扰。

▲烈银氏之回国　俄国临时政府自成立以来，颇容纳社会党主张，宣言不侵略领土。于是该党专为国际的和平运动。斯时适有烈银氏由瑞士回国，主张中止战争，与劳动党提携谋对德单独媾和。固是扰乱各派社会党，惹起骚乱。而尤可注意者，则烈银与德国有无关系是也。

▲德国与烈银氏　革命之初，英法两国政府，均路〔将〕俄国亡命客中反对战争者抑留，只许赞成继续战争者从速回国。期有以抑压俄国内反对战争运动。旋德国探闻此事，即唆使俄国亡命客之主张平和者，由瑞士经过德国回俄。烈银氏即其一也。烈氏首途时，德国当局极力款待，其用意可知。烈氏回国后，劳动党机关报《伊斯威斯吉阿报》及社会党机关报极力攻击英法两国政府及俄国外相米利约哥夫氏，不遗余力，无非烈氏暗中活跃，有以致此。

（《民国日报》，1917年5月19日）

[①] ［俄罗斯］亚历山大·潘佐夫：《"五四"运动与布尔什维主义在中国的传播》，安东译，见郝斌、欧阳哲生主编：《五四运动与二十世纪的中国》（下），社会科学文献出版社2001年版，第1398页。

2.《再志俄局之平衡》(《晨钟报》，5月19日)

　　北京的《晨钟报》"紧要新闻"栏目《再志俄局之平衡》一文中提及"俄国平和派，以黎宁氏为最着，而黎宁氏即于俄国革命后由德国新回俄国者也"，其中所谓"黎宁"，指的就是列宁。

21日(星期一)

3.《俄京纷乱之主动者》(上海《民国日报》，5月21日)

　　上海《民国日报》"要闻"栏目刊登《俄京纷乱之主动者》，其中也提到与北京的《晨钟报》"紧要新闻"栏目《再志俄局之平衡》相近的内容。

6月
1日(星期五)

4.《社会党与媾和运动》(《新青年》，6月1日)

　　《新青年》第三卷第四号刊登《社会党与媾和运动》，其中提道："急进社会党首领列宁氏，新自瑞士归来，纠合同志，鼓吹媾和甚力。"这也许是中国期刊上使用"列宁"译名的最早记录。

9月
1日(星期六)

5.《俄国政局之将来》(《晨钟报》，9月1日)

　　北京的《晨钟报》刊登《俄国政局之将来》，用"黎凌"称谓列宁。

11月
7日(星期三)

6. 俄国十月革命爆发(消息，11月7日)

　　俄国十月革命爆发。十月革命改变了世界政治格局，从此世界进入无产阶级革命的时代。正如毛泽东所言:"十月革命一声炮响,给我们送来了马克思列宁主义。"以此为开端,特别是经过五四运动,马克思列宁主义在中国开始了真正有意义的传播。

8日(星期四)

7.《五日俄京电》(《时事新报》,11月8日)

《时事新报》刊登《五日俄京电》,如下:

> 本邑兵工委员要求该处守兵,谓一切命令,非经委员会承认,皆一概拒绝,勿为奉行云云,预料临时政府将与之奋斗,以保其最高职权云。
> (《时事新报》,1917年11月8日)

9日(星期五)

8.《七日伦敦电》(《时事新报》,11月9日)

《时事新报》刊登《七日伦敦电》,如下:

> 据昨晚俄京来电,称俄京区内参谋部及兵工代表革命军事委员之争端,至今日而愈剧……委员会命令各军队勿奉政府征调之命。……
> (《时事新报》,1917年11月9日)

9日

9.《六日俄京电》(上海《民国日报》,11月9日)

上海《民国日报》刊登《六日俄京电》,如下:

> 克伦斯基氏今日在临时国会演说,谓暴烈党如图占夺大权拟即遏制之,请国会赞助此举。又论及军工代表会干事部图占大权,谓该部以军械分给工人,故政府现视俄京之一部分已在叛乱中,而不得不设法应付之。左党至是以嘲笑之呼声乱其语……
> (上海《民国日报》,1917年11月9日)

10日(星期六)

10.《突如其来之俄国之政变》(上海《民国日报》,11月10日)

上海《民国日报》刊登《突如其来之俄国之政变》,报道了十月革命的新闻:

▲八日伦敦电：路透电社接俄京官交通信社电。谓美克齐美尔党占据都城，已四出拘捕大员。此次主谋者为里林氏。现里林氏要求即行休战媾和。军工代表会革命军务委员会发表宣言书，谓俄京已入其掌握，并谓赖戍军之协助，因得不流血而告成专断政略，实可感慰。新政府即将提出公正之和议，并分土地与农民，及召集民选国会。昨日下午军工代表会开特别会议，会长特罗兹基氏宣称，临时政府不复存在，大员数人已被逮捕，临时国会业经解散。里林氏演说提出俄国民治三大问题，（一）即行结束战局，新政府必须向交战国提议休战；（二）以土地给还农民；（三）解决经济困难。听者大为欢呼。全会继乃通过决议案，主张从速解决此数问题。会议将毕，军工代表会中美克齐美尔党代表宣读一文。不赞成专断政略，并宣告脱离彼得格勒军工代表会。

(上海《民国日报》，1917年11月10日)

10 日

11. 伦敦电(《申报》，11月10日)

《申报》报道：

伦敦电：路透电社俄京官立通信社电报谓，美克齐美尔党占据都城，已四出拘捕大员。此次主谋者为里林氏（即列宁——引者注）。现里林氏要求即行休战媾和。军工代表会、革命军务委员会发表宣言书，谓俄京已入其掌握，并谓赖戍军之协助，因得不流血而成专断政略，实可感慰。新政府即将提出公正之和议，并分土地与农民，及召集民选国会。昨日下午军工代表会开特别会议。会长特罗兹基氏（即托洛茨基——引者注）宣称，临时政府不复存在。大员数人已被逮捕。临时国会业经解散。里林氏演说提出俄国民治三大问题：（一）即行结束战局，新政府必须向交战国提议休战。（二）以土地给还农民。（三）解决经济困难。听者大为欢呼。全会继乃通过决议案，主张从速解决此数问题。会议将毕，军工代表会中之美克齐美尔党代表宣读一文，不赞成专断政略，并宣告脱离彼得格勒军工代表会。① （8日）

(《申报》，1917年11月10日)

10 日

12. 《俄京之时局》(《顺天时报》，11月10日)

《顺天时报》刊登《俄京之时局》，如下：

---

① 最后一段话可能有误，退出彼得格勒工兵代表苏维埃大会的是孟什维克和社会革命党的代表，而不是布尔什维克。

帕塔格勒区之参谋官与兵士代表之军务董事会抵触之势，本晚益增剧烈。故关于整顿参谋势力之商议已经作罢。董事会探悉，是夜帕塔格勒区长由郊外调入军队，故谕各队不听政府命令。午后五时长官传谕截断工人住所与都城中区交通之桥梁，并停止电车，该城由军官保护云云。

(《顺天时报》，1917年11月10日)

10日

13.《俄国又革命——克伦斯基内阁倒》(《时事新报》，11月10日)

《时事新报》刊登《俄国又革命——克伦斯基内阁倒》，如下：

俄国忽又起革命，急进党推倒内阁，捕获阁员，亦可谓大变矣。

(《时事新报》，1917年11月10日)

14. 关于俄国革命的系列消息(《时事新报》，11月10日)

11月10日，刊登关于俄国革命的系列消息，如下：

八日伦敦无线电　俄公报称，彼得格勒守兵及平民已推倒克伦斯基所组织之政府。

七日彼得格勒电　武装海军由麦克新党人指挥，已占据俄官立新闻社，并占中央电报局、国家银行、及麻里官，即前临时国会开会之处。该会亦已停止，惟尚未闻有何种扰乱。

八日伦敦电　路透社访员得有官立彼得格勒电报机关来电，称麦克新党人已占据彼得格勒城，并逮捕政府中人及阁员数人。此次举事首领利宁氏，要求立即休战，商榷媾和。□兵工代表军事革命委员发出通告，谓彼得格勒已入其手，须感谢其地守兵之赞助。今以实力，故此次政变，得不血刃而定。并宣言称，新政府将立即提议公允之和局，将以国家土地交平民农夫，而从速召集正式国会云云。昨日午后兵工代表团特别会议，议长德洛士基声称，临时政府已不复存在；阁员数人业已被捕，临时国会亦已解散云云。利宁氏起立演说，座中欢呼雷动，久而始息。利氏因将重要之三问题向俄民略陈一二。所谓三问题者，一立即结束战事，为媾和计，新政府将先向各交战国提出休战；二将国中土地交付农民；三解决经济之恐慌。于是议会议决赞成从速解决该三项问题。……

(《时事新报》，1917年11月10日)

11日(星期日)

15.《俄国大政变之情形》(上海《民国日报》,11月11日)

上海《民国日报》刊登《俄国大政变之情形》,如下:

八日伦敦 电俄国无线电报称,军工代表会干事部宣布现由革命军委员会暂握政权,俟军工代表会政府成立,再行让交之。军队现当严密注视司令之行动,各军官不即明白附和革命者,应加拘捕,视为仇敌。军工代表会现计议以下数事:(一)即行造成民治的和局;(二)即以产主之田地分给农民;(三)以行政全权交与军工代表会;(四)召集公正之民选国会。全国革命军,不得准宗旨未明之军队由前线开至京城,初当加以劝谕,劝谕无效,则当以武力拒之,勿加宽恕。电文诘语曰:军人乎,其宝爱和平,宝爱面包,宝爱土地,宝爱民权。该文乃由革命军务委员会签名。路透电社俄京访员七月电称,俄京迄今未起流血事端,于中仅小有冲突,大局殊形混沌。全俄军工代表大会已到代表四百八十五人,内有三百三十五人属美克齐美尔党会。波罗的海、黑海舰队宣布,赞成军工代表会掌握大权。……俄京通信社发出电文,谓全俄军工代表大会,已命各省军工代表会以大权付托军务委员会,免除政府委员职务,开释被拘之农务会会员,逮捕前拘农务会会员之官吏,废除死刑,恢复前敌谈论政治之自由,开释前因干预政治被拘之革命军将士,拘捕前任阁员柯洛伐洛夫等诸人,克伦斯基氏业已逃逸,各军奉命搜捕之,如与克氏同谋则当以大逆不道论罪。

(上海《民国日报》,1917年11月11日)

16.《俄国政局之现状》(《顺天时报》,11月11日)

11月11日,刊登《俄国政局之现状》,如下:

(东京九日电)俄国京城因激烈派之骚扰,克伦斯基政府有已被推倒消息,惟该尚未得确报。关于此项消息据此间有识者之观察,假令即为事实,激烈派一时虽握政权果能永续与否,尚属疑问。切恐中等阶级与哥萨克团必至联合对抗激烈派之天下,亦不过一时幻影。若谓从此以后俄国即至根本动摇。则万无此事云云。

(《顺天时报》,1917年11月11日)

17.《兵工党委员会之布告》(《顺天时报》,11月11日)

11月11日,刊登《兵工党委员会之布告》,如下:

俄京通信电社发一报告云,俄国全境兵工党委员会播传布告于各省兵工党委员会，委权柄与兵工地方董事会卸，政府监督之职任，论释放被拘之农务委员并擒拿前拘捕彼等者，废死刑，再准阵地政治上机关之自由，令释放反动之兵士，彼等囚犯所称政治上之罪名被拘。又谕擒捕前阁员葛衲瓦洛氏等。又据宣布云，克安士吉氏逃走，军队已奉谕缉捕克氏。凡与克氏有关系均以为叛逆云云。

(《顺天时报》，1917年11月11日)

18.《俄国之时局》(《顺天时报》，11月11日)

11月11日，刊登《俄国之时局》，如下：

据云路透社派驻帕塔格勒之访员自报告帕塔格勒已入极进党掌握之后，毫无通电消息。又云兵工委员军务董事会布告云，帕塔格勒现归其掌握，乃防御队相助之力，俾得更变政体，并未流血。董事会又布告云，新政府将提出即行订立公平之和议，移交土地于农民，并召集选举之国会。十一月七日下午，兵士委员开非常会议，会长杜士揩氏宣告临时政府现不存在，内阁员半已就捕，暂行之国会亦已解散。黎宁氏大受欢呼。宣言略述对俄国民主党所陈之三种办法：（一）即行解决停止战事，新政府应向各交战国提议息战；（二）移交土地与农民；（三）解决经济上危急之问题，后议会通过议案，赞成急应解决此种办。会场将闭会时，诵读兵工委员会极进派代表之宣言书。谓彼等不赞成变政并决退出兵工委员之帕塔格勒会议云云。又据俄国无线电之消息云，兵工委员会宣告军务董事会执行政权，候设立兵工委员之政府。又请军人严行监视司会等之行动，凡军官不与联合者指为敌人，即行拘捕云云。

(《顺天时报》，1917年11月11日)

12日

19.《舰队拥护兵工委员会》(《顺天时报》，11月12日)

《顺天时报》刊登《舰队拥护兵工委员会》，如下：

(帕塔格勒八日电)据赫佛尔电称，波罗的海军舰队与陆军队委员会通过议案，申明其依附俄京兵工委员会及革命党董事会，彼等准备极力拥护，卢佛尔革党董事会员已占领各紧要地点云云。

(《顺天时报》，1917年11月12日)

20.《俄京变动之情形》(《顺天时报》，11月12日)

11月12日，刊登《俄京变动之情形》，如下：

（帕塔格勒八日电）地方兵工委员星期二晚起事，颇为严慎，占据电报局与通信社，星期三日见无与抵抗即占领都城全境，政府仍在冬宫各部与参谋部仍然办公。但午前十时，革党布告政府之推倒。星期二夜，克安士吉氏在参谋部各事务所颇为忙碌，至早晨七点逃逸。现谣言云，克氏已往阵地唔会各军队，此即表见拥护政府之军队甚少，日前尚巡阅铁甲军车等，表示其势力，至哥克萨兵却不拥护临时政府，数转运队由克安司达开到之时，其势最剧，以水师立即投入极进党，巡舰亚乌拉号炸击冬宫。星期二早三时投降俄京表面上极为平静，人民对于所发生之事无甚感觉云云。

（《顺天时报》，1917年11月12日）

13日（星期二）

21.《俄国大政变之混乱》（上海《民国日报》，11月13日）

22.《十一日俄京电》（上海《民国日报》，11月13日）

11月13日，《民国日报》刊登《十一日俄京电》，如下：

军工代表大会批准没收大地产及寺院田产，示文俟民选国会召集时，交与农民委员会。示文中又称，凡矿产悉属国有，及平民所有之地以一人不作工而自能耕种之力为限。

（上海《民国日报》，1917年11月13日）

14日（星期三）

23.《俄国政潮之观测》（《顺天时报》，11月14日）

11月14日，《顺天时报》刊登《俄国政潮之观测》，如下：

（东京十二日电）俄京来电　关于激烈派推倒政府行动，各地方劳兵会亦陆续通电反对，不久当有反动爆发云云。

（《顺天时报》，1917年11月14日）

24. 俄国革命后政局情况消息（《晨钟报》，11月14日）

《晨钟报》刊登俄国革命后政局情况消息，如下：

俄国自鼎革以还，政局无日不在风雨飘摇之中，识者固早知祸至之无日，乃最近果有大乱发作。……

(《晨钟报》1917年11月14日)

15日（星期四）

25.《革命后之俄罗斯政变》(《太平洋》，11月15日)

《太平洋》第一卷第八号，沧海发表《革命后之俄罗斯政变》，详细报道1917年7月至10月（旧历），俄国临时政府到十月革命的政变史，全文如下：

俄自大革命后、政局所演、瞬息千变。惟因各日报所记、漫无系统、不相联续、海外期刊、抵此甚迟、复以潜艇妨害、时有中途丧失者、遂令此波诡云谲之活剧、不获窥其全幕。然即此断续不完之传说中、亦不无蛛丝马迹之可寻。概括言之、其势盖日趋于险恶。持极端社会主义者、得寸思尺、得尺思丈、气焰愈张、几有不能抑制之概。与吾国政变之情状恰为正反对。夫俄国此次帝政之倾倒也、原非社会工党一派之力、盖实由立宪进步派、据其在政治上已得之地位为基础、与社会工人派因时而得之群众势力相需而成耳。故当旧政府倾覆后、其临时政府之组织、各派领袖、大都皆被纲罗于其中。如所谓十月党之恰可夫、所谓立宪民主党(Cadets)之米里可夫、所谓进步党之喀罗瓦洛夫、社会工党之克林斯基、皆为重要之阁员。乃未几而有所谓兵士工人代表会者出焉。渐与临时政府相轧轹、几有不可驾驭之势。俄军自革命后、久取守势。七月初、忽于东南战场、获一胜仗。英法各邦皆为俄军贺。乃此所谓兵士工人代表会者、内制当局之时、外则煽惑军队、使不从令。加里西亚之败耗、忽而传来。(即在七月后旬)自此、政治、军事、两面、皆生一大变化。军事上则更迭一总司令。以可尼洛夫、代蒲留西洛夫。(革命后、初任总司令者为名将亚力塞夫、嗣因亚力塞夫于政见上有所发表、乃以蒲留西洛夫代之、加里西亚之败、实为兵士不服从命令之咎、非司令之罪、虽以可尼洛夫代之、兵士之违抗命令如故、未几遂有利牙失守之报)政治上则更迭一临时政府之首长。里华夫Prince Lvoff辞职、遂以克林斯基Kerensky代之。里华夫辞职之理由、传说不一。或谓其与阁员中之社会主义派不合。社会主义派之阁员、欲即时正式、宣告共和不俟、国民会议之议决。里华夫因之辞职。或谓其意见不合之点、尚不在是。实因社会主义派、欲采土地平分主义也。然不问其意见不同之点何在。以克林斯基代里华夫而长临时政府。其为社会工党势力增进、难于控制、则为彰彰然之事实也。

克临斯基以勇于任事、临机敏捷、见誉于时者也。虽为社会工党之领袖、然亦颇能持大体、而不趋于极端。在兵士工人代表会、以为克氏固持社会平等主义者、必能与己辈同政策。在其他各党、以为克氏足以控制兵士工人委员会、而又不趋于极端、实为应时要之人才。故自克氏继任临时政府首长后。万目集注于其一身。视为俄国之救主。乃持极端主义者、以克氏仍与温和派（大都为工商资本家及地主之代表）联络提携、于战事仍主继续、维持军纪、恢复势力、遂大不慊于怀。雷林 Lenin 氏持兵士工人代表会为傀儡、肆其煽惑。克氏几不安其位。未几而利牙之败耗至矣。（在九月初旬）利牙者、俄海上有名之要塞也。去夏几至陷落。卒以防守之严、保持至今。使非革命后军纪废弛、必不至于失守。乃兵士工人代表会、既与临时政府抗衡于内、对于军事为二重之牵制。复于战场肆其鼓吹、使长官之命令不能行。则安往而不败。利牙陷落后、前敌总司令可尼诺夫、愤国事之不可为、因与克林斯基大起龃龉、遂至挺而走险、向克氏提出严重之要求、思以强力取得中央政权。实行的克推脱。(Dictator) 克氏以其及其根本、即免可尼洛夫之职、而反动之革命起矣。（在九月中旬）幸赖克氏毅然英断、不畏强御、可尼洛夫卒归失败。克氏遂于此时乘机正式宣告共和并谋政府之改组。

可尼洛夫失败后、所谓兵士工人代表会者、其气焰乃愈张。对于新政府之改组、坚持以社会工党员独占阁员。其与可尼洛夫派有关系者、固必遂出于新政府之外。即凡代表工商资本及地主之中流团体、亦不许其于新政府中、得占一席。盖彼辈以立时停战、土地均分资本剥夺为唯一之目的。若令所谓中流团体之代表、于新政府中得占一席、则其主义不能立时实现也。幸克林斯基氏不为彼辈所动、坚持联立内阁之旨、以去就争之、卒于十月初旬、组成一联立内阁。克氏以内阁首长兼总司令。阁员中社会党员共六人、其他所谓中流人士团体之代表。共十一人。此可谓克氏之大成功矣。

然旬日以来、所谓兵士工人代表会者、攻击克氏之声、又复时有所闻。新政府中、又有挂冠而去者。据日昨报端之所传、则俄都之暴动复起。并闻克氏亦在被捕之宣告中矣。主动者、即为极端派首领之雷林。克林斯基果终不能镇服此辈与。则法兰西大革命之覆辙、杀人流血之惨剧、恐终不获免。而俄事愈不可问矣。

夫俄国此次之革命、最初内幕中、原为缓进派与急进派之通力合作。其结果则缓进派之势力渐被逐出。即急进派中之较为温和者、亦有不能见容之。吾国之革命、最初之主持者、原为急进派。倒袁之役、则以缓进派与急进派之通力合作成之。其结果则急进派之势力、皆被逐出。即缓进派之较持进步主义者、亦有不能见容之势。癸丑之事既如此矣、今日之事虽未即至若此、然恐终亦不能幸免于此。俄在今日为极端急进派势力发动最烈之时。吾国今日则为极端守旧派势力发动最盛之时。故曰与吾国政变之情状恰为正反对也。然所以呈此正反对之现象者、则又因社会情势有根本差异之点存焉。俄民以处于极端贵族专制政体之下、阶级嫉视之观念已深。晚近新兴工商业渐渐发达、资本家与劳动社会相互嫉视。阶级观念又复增强一度。欧战发生以来、军需品经营之资本家、有相缘之生之特别利益。而劳动兵士社会、则苦境愈深。阶级嫉视之观念又复更强一度。嫉忌之观念蕴蓄益深、其破烈之势必欲烈。不遇破裂则已、一遇破裂其势遂不可收拾。昔也、苦无集合组织之机会、今则以战事为自然集合之组织。故所谓兵士工人代表会者、虽以工党领袖强干精敏之克林斯基氏、亦不足以控制之、而成今日极端急进之势焉。吾邦昔日、固为专制之政。然专制政府维持之基础、乃在放任以为治。无大地主大资本家、故乏阶级嫉视之观念。革命之起、乃以迫于外力之侵逼、以种族情感为发动之机。……社会一般之平民、遂以为无事矣。其所希望者、仍为恢复放任为治各安生业之旧。政权操自何人、非一般愚民之所欲问。故以新进派与保守派战新进派、虽有改良社会之根本目的、在社会一般常民视之、仍无异隔壁王大娘之事与己不相干。况新进派中、又复不无争夺私利之嫌、故不能得普通人民之助力。而旧派则据其已得之武力以相临。此所以成今日武夫、官僚专政之势也。

仆今有欲为新进之士告者。则速求与普通社会之常、民生切密切之关系或尽力教育启迪之事业。(不限于当教员办学校)或尽力于工商之事业、于不知不觉中成为工商社会之领袖。此为异日政府活动之根本立足之地也。

更有欲为今日之武夫、官僚告者。吾国人民。本乏阶级嫉视之观念。观今日汝辈之行动若急欲造成阶级嫉视之观念者。曰吾某系也、彼某系也。某省督军必属吾人、某部枢机必属吾人。互植爪牙。互竞权势。敛财如丘山。役众如犬马。搜括不足、出卖国权。膏脂既竭、流亡愈众。久而久之、阶级嫉视之观念渐深。社会所感之痛苦愈极。昔日之为种族革命者、其终将流为社会之革命。彼时人人皆挥红色旗。家家皆藏爆裂弹。汝辈虽手握军符肘悬印绶、其如彼辈之不听命。何谓予不信、则请质诸俄国今日之蒲留西洛夫、可尼洛夫、与克林斯基、必足以证予言之不诬也。

(《太平洋杂志》第一卷八号，1917年11月15日，署名 沧海)

26.《俄京真相未分明》(《顺天时报》，11月15日)

《顺天时报》刊登《俄京真相未分明》，如下：

(东京十三日电)据哈尔滨来电云、克伦斯弟氏已占领俄京、然尚未得确实消息。

(《顺天时报》，1917年11月15日)

27.《俄国之时局》(《顺天时报》，11月15日)

刊登《俄国之时局》，如下：

(哥卑纳给十三日电)据旅客由俄国行抵哈巴安塔证实克安司吉氏击破极进党徒之报告，又云克氏与将军加扎丁氏、克尼罗佛氏在帕塔格勒已组成三权分治之政体。俄京各队军兵现均拥护克氏。前克氏之内阁员除两人外、均已释放。据云蓝宁氏已就捕云。

(《顺天时报》，1917年11月15日)

28.《俄国之时局又变》(《顺天时报》，11月15日)

刊登《俄国之时局又变》，如下：

（伦敦十一日电）昨日俄国无线电消息披露其时局之变，前传至国外各处之消息来自蓝宁之徒，但克安司吉氏一击而驱蓝宁党徒之力于扎司谷，无线电局之外，克氏对于时局始开露其光明。又据访员电云，蓝宁党徒现已崩溃，人民盼望克安司氏执权，然不能不再战云云。

（《顺天时报》，1917年11月15日）

29. 俄国革命相关消息（《晨钟报》，11月15日）

《晨钟报》刊登俄国革命相关消息，如下：

俄国总理克兰斯克誓师讨逆后，各地军民响应景从，内乱渐就镇定。……兹据瑞典某国使馆十二日接俄都电称，克总理军队与乱党首领卜尔扎维部下战于俄都近地，官军大获胜利。又据某国旅客十三日行抵哈巴安塔，证实克总理击退社会党徒之报告。据谈云……黎林已就捕。

……据路透社伦敦十三日来往电称，据俄国无线公电十二日……叛军首领杜持司克现为兵工委员会会长，经黎林指派兼充外务部长云。

（《晨钟报》，1917年11月15日）

17日（星期六）

30.《俄京二次政变记》（长沙《大公报》，11月17日）

长沙《大公报》刊登《俄京二次政变记》，如下：

俄国变乱以后政局极为纠纷，一般无政府党暗中受德人之嗾使，时思煽惑工人军队以谋达其推翻政府之目的。政府复过事优容不肯早为之，所由是该党愈益明目张胆，昌言无忌。留心俄事者早知酝酿既久，革命之旗帜必将再现于伯格塔勒之城头。果也。近日以来二次革命之狂潮竟有垄涌俄京之势。据最近各方面消息，无政府党首领林莲氏刻已拘捕阁员，占据公署，并有直向德人单独讲和之计划。此事将来之影响何若，目前虽不可知，然当此强邻压境之秋，而一再发生此种扰天撼地之波澜，不得谓非俄人之劫运，而欧战中之一大变局也。兹将关于俄事消息分志于下：

（一）京津泰晤士报消息　据伦敦电云　俄国反对党现已占据俄京电局及京城全部，将各阁员拿捕。反对党首领林莲氏为主动，并拟即时停战媾和。又闻俄京内之防军及兵队现亦一致反对克兰基内阁云。

（二）东方社消息　据东京电云　俄国京城因激烈派之扰，克伦斯弟政府有已被推倒消息。惟刻尚未得确报。关于此项消息，据此间有识者之观察，假令即有事实，激烈派一时把握政权，果能永续与否，尚属疑问。窃恐中等阶级与哥萨克团等必至联合对抗激烈派。则是,激烈派之当国亦不过为一时噩梦。若谓从此以后俄国即根本动摇,则万无此事云云。

(三)共同社消息 总合近日各方面之电报,义军大败之后,复继之以俄国之政变。盖劳兵会欲推倒克兰其政府,是以大起扰乱。柏格塔勒已陷于混乱之状态,此次扰乱之魁首为林莲氏,一[此]派若能将克政府推倒,彼即可联合社会党直向德国开始交涉单独嫌和。……

(四)伯塔格勒电报社云 军工代表议会告示全国各省军工委员,授彼等以全权推倒现任政府,释放被捕各农工,捕擒前掳农工之党人,取消政治犯死刑,继续在前敌传道,释放因政治革命被捕各军官,严拿某等五阁员云。又闻俄总理克伦斯基氏已得逃脱,目下四处严拿……

(长沙《大公报》,1917年11月17日)

31.《克安司吉已入俄京》(《顺天时报》,11月17日)

《顺天时报》刊登《克安司吉已入俄京》,如下:

(司德各尔摩十三日电)据瑞典多数新闻通信社由哈巴安达探得消息云,克安司吉氏已入帕塔,又云军队投之云云。

(《顺天时报》,1917年11月17日)

19日(星期一)

32.《俄京近事》(《顺天时报》,11月19日)

《顺天时报》刊登《俄京近事》,如下:

无线电接俄国公文,云帕塔格勒革军司令将军莫拉维氏谕令吉寺纳地方委员会释放其同人。彼等因反叛临时政府拘因于吉寺纳。莫将军云,现政府已废。以上俄京无线电公文及数日来俄国第一次传来之直接信息,表见反对克安司氏各军队占据扎尔司谷无线电局云云。

(《顺天时报》,1917年11月19日)

20日(星期二)

33.《俄国大局之混乱》(上海《民国日报》,11月20日)

上海《民国日报》刊登《俄国大局之混乱》的报道。

▲克伦斯基氏之失败

▲十六日伦敦电：路透电社俄京访员十三日电称：克伦斯基氏之军已向巴夫洛夫斯基及加乞拉方面退走。美克齐美尔党宣布已占据萨斯柯塞洛镇【。】哥萨克兵于亚力山特罗夫斯基车站附近之战事。死伤者一千五百人。美克齐美尔党死伤者仅二十人。自十一日至今。萨斯柯塞洛镇已易手两次。克伦斯基氏小战后占据该地进至距京五英里之处。亚力克特罗夫斯基一役。据美克齐美尔党声称。有属于克军之武装汽车一辆。发炮与机关枪。毫无效果。哥萨克军团于浦尔柯伐进击党人之后。即为武装陆军与机关枪所阻。美克齐美尔党斥堠队报称：克氏之哥萨克军为数无多。彼等出战之时仅能留小队防守萨斯克塞洛。铁路罢工于双方谈判之际，暂时中止。莫斯科有暴动流血事闻 民人死于非命者共约二千人。士官生军团之住屋被攻。被杀多人。

▲十六日丹麦京城电：据哈巴兰达未征[证]实之电报声称：芬兰希尔新福于十三日起罢工延及全境。通俄京之铁路已被阻断。希尔新福之社会党藉俄兵之助占据电局。解散两院并命旧日社会党议会。从速召集参议院。摒除中级社会电行召集。

▲十七日伦敦电：路透电社 俄京访员十二日电称：铁路联合党已开始谈判。志在造成容纳各社会党及美克齐美尔党之政府且建议于内国休战三日。其致各社会之宣言书主旨。乃重和平云。驻俄京英国大使电称一八五九年一月十二日签订之英俄商约须至明年十月二十四日满期。本年十月二十四日，俄政府因战争发生之经济状况之故。已取消该约。

▲十八日伦敦电：路透电社俄京访员星期五日电称：美克齐美尔党之兵已占据加乞拉。克伦斯基氏之参谋等悉被拘。克氏得脱。现已由无线电报下令缉拿。该访员星期六日又来电谓莫斯科战事已停。所议条件。业已拟定。即克伦斯基氏之白衣卫队均缴出军械公安会解散是也。美克齐美尔党加入社会党混合政府之条件。内有节制彼得格勒与莫斯科之军队。全国工人一律给予武装二条。前外交总长里拉士夫氏设法保存与协约国所订之签约文件后。避匿失踪。美克齐美尔党业已下令缉捕，及被查所失文件。美克齐美尔党委员会宣布许俄罗斯有自决政体之权且可另行建设独立国，美克齐美尔党要求以里林及特罗斯基二人加入任何社会党混合政府及以党员居外交内务工业者诸任。美克齐美尔党委员会已于土莱封闭俄罗斯瑞典边界。

▲十七日俄京电：闻政府之兵。约一个军团。奉陆军委员会之命令入京平定内乱及消除美克齐美尔党。现已开抵鲁加。乌克兰议会已宣布乌克兰独立。闻克伦斯基氏之哥萨克兵仅有三百人。

▲十八日伦敦电：俄国官报云：俄京发表示示文。署名者为杜克化林氏。文内谓：彼已暂就总司令之职。并命军队停止入京除关于前敌战事者外。运输军队概在禁列。

（上海《民国日报》，1917年11月20日）

22 日（星期四）

34.《俄国之公电》(《顺天时报》，11月22日)

《顺天时报》刊登《俄国之公电》，如下：

> ……据俄京路透访员本月十四日电云，克安司吉氏之失败总因其无定见，徒托空言，不达事理，暴徒猖獗之时，克安司吉氏始以少数哥萨克兵及龙骑兵大炮等抵御，可望恢复秩序。本月十二日极进党已统辖帕塔格勒陆军学校，学生坚持到底，惨受杀戮，其尸骸抛弃之河中。又电云，组织社会党内阁乃以议和为宗旨，极进党于内阁占最优势之势力。社会党均欲免国内流血之事，惟极进党公然表露其战事到底之意云云。

（《顺天时报》，1917年11月22日）

24 日（星期六）

35.《俄国之公电》(《顺天时报》，11月24日)

《顺天时报》刊登《俄国之公电》，如下：

> （伦敦廿一日电）据无线电接俄国电布公告云，俄国全国工兵委员会谕令国民议会之委员执行政权，并向各交战国提议即行停战，意欲开议订立和约……以上公电系经兵工委员会会长兰宁氏与外交杜司克氏署名云云。

（《顺天时报》，1917年11月22日）

26 日（星期一）

36.《俄国之公电》(《顺天时报》，11月26日)

11月26日，《顺天时报》刊登《俄国之公电》，如下：

> 据无线电接俄国公电云蓝丁氏署名之宣布云，现经决定裁减陆军，即行免除千八九九年所征募之国民军……

（《顺天时报》，1917年11月26日）

37.《锐进党之妄动》(《顺天时报》，11月26日)

11月26日，《顺天时报》刊登《锐进党之妄动》，如下：

  大臣萨师氏与路透访员晤谈云，萨氏不信俄国锐进党之举动实表人民之意见，且此举直接破坏千九十四年之协约，意以为协约国于战事进行之际公然反对而脱离其同盟之交战国也。倘俄国人民认可施行此事，则将摈绝其于欧洲会议藩篱之外。

（《顺天时报》，1917年11月26日）

27日（星期二）

38.《俄京通讯》（《晨钟报》，11月27日）

《晨钟报》刊登《俄京通讯》，如下：

  俄京通讯云，当初激烈派之发难势极猛厉，克伦斯基与临时共和会议方急图镇抚之策，而激烈派早将守备兵运动成熟，又占领市会，并解散临时共和会议。至如邮政局、国立银行、电报局、军械厂种种军略上之重要机关，无不完全归其掌握。未几而临时政府官员悉幽闭于冬宫矣。冬宫早经激烈派占领，故无绝大损害而克奏全功。

（《晨钟报》，1917年11月27日）

30日（星期五）

39.《俄乱之最近情形》（《晨钟报》，11月30日）

12月
2日（星期日）

40.《俄国单独媾和问题》（《晨钟报》，12月2日）

《晨钟报》刊登《俄国单独媾和问题》，如下：

  俄国自过激党盘踞要津，形势每况愈下。据连日外电所载，过激派竟公然以政府名义，令前敌总司令辍战，对德开始媾和。一面并将此旨通告俄京外交团，恬然不以为耻。德国诡谋得逞，接此消息欣喜自在意中。……

（《晨钟报》，1917年12月2日）

6日（星期四）

41.《俄国政变中心之兵工委员会》（长沙《大公报》，12月6—7日）

12月6—7日，长沙《大公报》连载《俄国政变中心之兵工委员会》，如下：

此次俄国事变之原动力厥为兵工委员会(或译劳兵会)，我国人尚多未悉此会之历史。此会现在俄国最占优势，盖非今日突然发生之团体，其起源在距今十余年前一九零五年至一九零六年。一劳动党首领苦尔士达利俄甫始组织劳动大会于俄京，渐于全国各都市创设支部，完成全国总同盟罢工之机关。前皇帝尼古拉士之裁可，召集议会，该团体之强迫与有力焉。当时首相槐特氏知带动大会势力之伟大，曾不惜屈节与苦氏及劳动党代表者会见，为种种协议。为时无几，该团体于全国十二大都市设立支部置劳动委员及农民委员，又于军队所在地添加兵卒委员，渐次握俄国之实权而卓然不可拔之势以成。

　　然至一九一六年六月大赦令发表，顿起一种反动的运动，劳动团体之运动根本动摇。创旧者苦尔士达利俄甫失踪，举莫明其所在。但该团体之运动依然秘密继续。逮今年三月革命突发，前此埋没之兵工会势力蓬蓬如飓风而起，遂致议会政府离□[开]团体之势力则百事不能为矣。

　　然兵工会原以乌合之众结集而成，无何等政策，亦无何等命令权。对联合国又不为何等之条约与协定。其委员一千五百名(中有妇人五名)凌杂淆乱，徒弄过激之言论，反对克伦斯基之联立内阁，欲置全俄于兵工会指挥之下。其中列宁一流之过激尤久。欲藉俄京爆动破坏克伦斯基之政府，取得政权而代之。七月中旬曾一度试之而失败。而临时政府之基础更时常动摇，克伦斯基之内阁屡濒于危。固由政府之威信内外失坠所致，实则政府每为此会过激派所苦，不能对之取断然之手段，反与彼派以遂行阴谋之机会。先是三月革命时克伦斯基率俄国全社会党提携兵工会势力极伟，惟该会列宁一派则素不相容。七月骚动以来兵工会声望堕地，有志者耻与共事。会长期赫侧氏宣告脱会，干部员减少三分之一，仅余农相期尔诺甫一人，余悉归于列宁派。克伦斯基见此形势，知兵工会不可恃，乃亟与答尔科甫之立宪民主党相结托。及科洛尼甫将(军)事件发生，立宪民主党处于嫌疑之地位，列宁一派势力复振，而克伦斯基乃渐陷于孤立无援之境。克氏意志高洁，敏于雄辩，又为极富于名誉心之人，艰苦支撑，前月四日联立内阁幸视成立。然克氏弃曾糟糠之妻，匿一著名女优，因此物望顿减。列宁派乘于阴谋愈急。前月下旬代行议会开幕，克氏与外相德连西琴科氏茌院为热烈之演说，欲诉诸俄国军队之爱国心，回复战斗力。其时俄京日显不安之象。列宁率兵工会要求平和，谋为示威运动，定期本月四日起事，迫胁克氏让出政权。一时风声鹤唳，人心汹汹。……乃至八日，过激派之大示威运动忽焉爆发。俄京军管区司令官与政府始冀竭力镇压，不期守备兵忽附和爆徒，而起颠覆政府，逮捕阁员，似致如有连日外电所传之大暴动。

(长沙《大公报》，1917年12月6—7日)

7日(星期五)

42.《俄国之内患外忧》(《晨钟报》，12月7日)

《晨钟报》刊登《俄国之内患外忧》，如下：

▲革军占领参谋本部……革军司令克兰谷氏通告过激党政府云,彼已率领大军开入莫希里夫,包围参谋总部,敌军不战而降,和议最后之障碍(指参谋部)已经破除……

▲农民要求土地分配　俄国农民日前开会反对和议,已志本报。彼等关于对外问题,颇不满于过激党之举动,惟对内问题则一味赞成附和,盖过激党共产主义之主张,最足歆动彼等之心理也。据俄京无线电消息云,农民委员全体顷日开大会,对于土地分配问题通过一种议案,大抵谓克兰斯克恶政府对于土地分配之怠惰行动,实属违法。该会要求凡有耕种价值之地亩,以及属于农家之牲口、仓舍、器具等,若该农家非由劳力所得者,则应将其所有移交于地亩委员会,以为分配与农民云云。

▲停战委员会之议决　……决定暂时专议停战问题,关于和议一事,应俟欧洲会议解决……

(《晨钟报》,1917年12年7日)

11日(星期二)

43.《俄国停战中之内外情形》(上海《民国日报》,12月11日)

上海《民国日报》刊登《俄国停战中之内外情形》,如下:

八日伦敦电　每日电报新闻俄京访员电称,六日发表命令,布告外债废除,利息停付。又一命令,所有法庭与律师一概撤废,而以革命党公判处代之。李林氏破坏合法国会之谋今已完成,盖今已施行地方议会,有权随时改造国会代表之制度也。美克齐美尔党机关报声言,将以武力对待士官党,谓该党中人宜以杜柯宁将军之命运为鉴。

(《民国日报》,1917年12月11日)

12日(星期三)

44. 布尔什维克政府消息(《时事新报》,12月12日)

《时事新报》刊登布尔什维克政府消息,如下:

九日伦敦电　俄无线电公报称,柏尔斯维克政府,业已下令,命将国中土地……一律收归国有……废除土地私有制度。

(《时事新报》,1917年12月12日)

13日(星期四)

45. 俄国过激派政府与德国停战消息(上海《民国日报》,12月13日)

上海《民国日报》刊登俄国过激派政府与德国停战消息,如下:

俄国过激派政府与德国停战，协商国驻俄公使会议对付之政策。……现下俄国内乱纯为阶级战争数百年酝酿之祸源，一旦迸发其势不可遏止。各国对之，均将助其可得胜利之阶级，若不察此间事情，而定对俄政策，极为危险。

(上海《民国日报》，1917年12月13日)

14日(星期五)

46.《关于俄德单独媾和之重要文书》(《晨钟报》，12月14日)

《晨钟报》刊登《关于俄德单独媾和之重要文书》，如下：

▲关于俄国单独媾和事述详。本报昨接驻俄访友寄到俄国国民外务委员脱禄次基氏致协约暨中立驻俄各使照会原文各一□[件]。又随俄大本营协商国武员长等致俄统帅杜霍尼纳照会原文一件。阅之足知此事真相，特亟译志于左以供参考。

▲俄国国民外务委员脱禄次基致协商驻俄各使照会……现兵工议事会全俄大会……对于停战及民主和平、不占土地、不索赔偿之建议，明文业经表决，应请贵使注意，并请贵使对于该项文件即视为各战线立时休战及立即开始议和之明确建议。……

▲俄国国民外务委员脱禄次基致中立国驻俄各使照会……请贵使竭力设法，俾使敝国对于停战并媾和之建议得正式达知敌国之政府，并望鼎力以全俄兵工会所组之政府为注重和平所施种种方法完全布告贵国政府，并付诸贵代表之人民舆论……

(《晨钟报》，1917年12月14日)

15日(星期六)

47.《外事大事记》(《东方杂志》第十四卷第十二号，12月15日)

《东方杂志》在1917年第十四卷第十二号中报道了十月革命的消息。"俄京急烈分子。由麦克新党人指挥。推翻克伦斯基政府。设新政府新国会。京城颇形纷扰。"

16日(星期日)

48.《俄国革命之原因》(《晨钟报》，12月16日)

《晨钟报》刊登《俄国革命之原因》，如下：

日本英文广知报云，欲明俄京此次政变之真相，不可不究诘军工委员会中急烈党势力之起源。急烈党奉李宁为领袖，受其指挥。李宁者向以煽乱著名，新由德归，德人贿之，使运动单独议和。其时俄京漫无秩序，军队杂乱，人闻其说多以为然。而其最动人者，则俄民方困于食物问题。李宁曰，欲解决之，其道在停战议和。故俄之无职农民均听之。当今年六月踏罗波西方俄军猛攻敌人而将成功也，急烈党于俄京组织会社，图谋乱事。其时彼辈于军工委员会中犹未占大势力，乃以无线电误传消息，前敌军士以为急烈党已据俄京，于是各军有开关迎敌者，而俄军全体因之遁逃。柯尼罗夫时为全军总司令，请颁布死刑，故南部俄军犹有所畏不敢稍退，得免于敌军之蹂躏。柯氏见其计之有效，请顽其计划于全国，以促进军纪而振士气。时有不允者，克伦司基遂开会于莫斯科，冀以调和两方，功未告竣而俄京又起革命。……急烈党以武装工人一事于军工委员会中渐占势力，且骎骎日上。克伦司基置而不顾，迪达兹与齐理特理又退出军工委员会，于是李宁与特罗斯基等乘机而入，是皆袒德者也。

(《晨钟报》，1917年12月16日)

18日（星期二）

49.《蓝宁政府抵赖债务》(《晨钟报》，12月18日)

《晨钟报》刊登《蓝宁政府抵赖债务》，如下：

蓝宁政府意欲抵赖国家所负之债务，上星期内俄京新闻报各具一说，此事先经极进党新闻社登载，然至今既未正式证实，不无否认该报云云。

(《晨钟报》，1917年12月18日)

50. 劳兵会议消息(《晨钟报》，12月18日)

12月18日，《晨钟报》刊登劳兵会议消息，如下：

……劳兵会议决定由资产阶级征收一万五千卢布以上至二万七千卢布之革命税。

(《晨钟报》，1917年12月18日)

22日（星期六）

51. 俄国过激党消息(《晨钟报》，12月22日)

《晨钟报》刊登俄国过激党自接中国最后通牒消息，如下：

二十日哈尔滨电，俄国过激党自接我国最后通牒后，即用中东铁路总管霍中将名义答复,略谓已传知过激派各领袖,允照中国主张办理,惟解除武装交还铁路两层,请稍展缓办理。

(《晨钟报》,1917年12月22日)

23日(星期日)

52.《俄国过激派之媾和条件》(《晨钟报》,12月23日)

《晨钟报》刊登《俄国过激派之媾和条件》,如下:

> 过激派外交总长林罗基氏向德国提出之媾和条件如左:
> (一)不可强行并合;
> (二)任国民之自由意思以决命运;
> (三)撤退军队;
> (四)殖民地军队亦行撤退;
> (五)由战争所生损失就资产阶级招募国际墓金以偿之。
> 以上条件德国方面似不同意云。

(《晨钟报》,1917年12月23日)

一九一八年

1 月
1 日（星期二）

1. 新年社论（上海《民国日报》，1 月 1 日）

上海《民国日报》发表社论："吾人对于此近邻的大改革，不胜其希望也。"

3 日（星期四）

2.《俄德奥媾和之进行》（上海《民国日报》，1 月 3 日）

上海《民国日报》刊登《俄德奥媾和之进行》，如下：

  三十一日伦敦电 英国各报之记载，从无称美过激党者，而《每日新闻》今忽有此记载，该报通信员兰塞姆氏，离俄京三月后，近回抵该处，日者来电，谓城中自归过激党管理后秩序更佳，过激党政府极有实力，办事坚决。电中并否认过激党不许民选国会开会之说……
  三十日俄京电 今晨十时，过激党结队游行庆祝和平，内有携械之军队及红旗卫队。农民大会干事部、军工代表会中央总部挟持民选国会联合会，曾协同发表宣言书，请人民勿参与此举。书中否认过激党之治权，并宣布民选国会之尊严。兵士若干闯入挟持国会联合会，悉拘会中之人而去。

（上海《民国日报》，1918 年 1 月 3 日）

4 日（星期五）

3. 斯托克呼姆来电（《时事新报》，1 月 4 日）

《时事新报》刊登斯托克呼姆来电消息，如下：

  三日东京电，斯托克呼姆来电云，俄国政府于十二月二十九日以新闻电报劝协商国加入媾和谈判。……

（《时事新报》，1918 年 1 月 4 日）

15日（星期日）

4.《续记俄国之近状》(《东方杂志》第十五卷第一号，1月15日）

《东方杂志》第十五卷第一号，发表《续记俄国之近状》，文中对列宁领袖地位和基本主张作了简要介绍。摘要如下：

> 俄国柯尼洛甫将军。惩于俄国军政之废弛。与劳兵团之跋扈。于九月上旬。率其所部哥萨克兵。进迫彼得格勒。（详去年十二号本志）冀推翻克伦斯基内阁。嗣以所恃为后援之各战线司令官。及中产阶级。势力过于薄弱。遂至失败。退守摩奇甫。九月十四日。摩奇来甫之卫戍兵。全部归顺于政府。柯氏遂遭拘禁。其所企图。悉归泡影。而劳兵团之气焰。因之愈益伸张。其时过激派之社会主义者。盛唱共和主义说。以煽动民众。临时政府鉴于事态之危急。乃由克伦斯基氏于九月十四日在莫斯科议会。宣布国体定为共和制。并宣言以维持秩序恢复战斗力为目的。当任五名之执政官。以处理国政。且广罗各阶级人才。以为阁员。俄国之国体及政体。本当由十二月十一日召集之宪法制定会议决定之。非临时政府权能之所及。惟立宪民主党系暨社会党中之过激派。实居俄国国民之大多数。彼等咸主张共和制。故临时政府遂毅然为决行共和之宣言。冀以杜绝纷乱。同时并组织由五名执政官而成之军事内阁。以克氏及外务总长德里斯臣哥邮递总长尼基丁陆军总长威尔好斯基海军总长惠尔得列乌斯基五人任之。嗣为劳兵团所干涉。不能成立。当克氏之宣布共和制度也。劳兵团亦发布宣言书。其大致：（一）确定民主共和制。（二）废止土地所有权，给与贫困农民以农业上之需要品。（三）生产分配权归于劳动者，石油石炭金属暨其他重要工业。悉归公有，重课资本家及财产之捐税，行战时利益之没收。此外复提出急需实行之政策数条。除第一项共和制已由克氏宣布外，其他各项，均非俄国现势所能行，且为立宪民主党等之中产阶级所不能容认[忍]。克氏虽恃劳兵团为声援。然对于是等要求，殊难允许。九月下旬，劳兵会大会对于克氏，投不信任票。克氏遂辞去该会委员之职，与中产阶级提携，以蕲维持将坠之势力。克氏本主张广罗各党人材以为阁员者，其时适内务劳动司法外交各总长均先后辞职，遂拟乘此机会，改组联合内阁。九月二十八日，俄都开民主团体大会，提议内阁问题。过激派代表者，主张排斥中产阶级，组织纯粹的社会党内阁。社会民主党中则有赞成联合内阁而拒绝立宪民主党员之加入者，亦有谓立宪民主党未尝不可加入者。社会革命党则希望中产阶级之加入阁员。各党争论至为激烈。对于联合内阁问题，十月二日最后之投票，多数否决，旋由稳和派向各方疏通。三日再投票之结果，赞成者七百八十六票，否认者六百八十八票。联合内阁案，始克告成。嗣经克伦斯基氏与中产阶级各派协商后，于十月八日发表阁员。其中虽有立宪民主党员三四人，然内阁实权，仍操诸社会党系之手也。联合内阁既成立，因国事之临机处置，不可无代表民意之机关。而宪法会议之开会，尚须日时。临时政府乃决定开设假国会，十月十五日公布俄罗斯共和国假国会条例。其主要之条项：议

员人数四百五十名，中有资产阶级百二十名，俄历十月七日（普通历十月二十日）开会，宪法会议开会之一周前闭会。届期开会于亚林斯基宫。举亚扶克塞采夫为议长。然过激派则以此假国会，谓非合法的国家机关。不过为无责任假政府个人之会合，拒绝列席。溯自柯尼洛甫失败后，劳兵团中李宁氏一派之过激派，声势陡张，动辄以该党之政策，强迫政府以实行。克氏患之，曾拟迁都莫斯科，以避该派之干涉。经改派激烈反对，事不果行，克氏既辞该团干事之职。其中央会会长崔意什氏。亦不以过激派举动为然，与该团脱离关系。继任者为脱洛脱斯基氏，由是劳兵团之全权，悉在过激派之手中。该派既反对假国会，以后即与假政府立于对抗之地。十一月六日，劳兵团革命军事委员向俄都军管区司令部要求兵权让与。两方遂开惨烈之争斗。俄都守备队及海军，袒助劳兵团。八日午前三时，假国会所在地亚林斯基宫，为过激派所占领，并占俄国官立通信社电报总局官银行。内阁阁员，大多数均被拘捕。克氏先于七日假装水兵，逃出都城。彼得格勒遂为劳兵团所占据，同时莫斯科亦起争乱，波罗的海舰队及利维尔之劳兵团等，皆先后响应。过激派既占俄都，其首领李宁氏，提出三大问题。（一）新政府当先令战争终止，向交战各国提议休战。（二）土地分配于农民。（三）亟当讨论现下国内经济的危机之解决法。并以劳兵团中央会之名义，颁布宣言书于各地之劳兵团。其大旨：（一）委政权于过激派。（二）免除政府吏员之职掌。（三）释放曩日被逮之农民委员，而拘捕曩日逮捕农民委员之吏员。（四）全废死刑。（五）确保战线上之政治运动自由。（六）释放因政治而被捕之革命派将卒。（七）缉捕前阁员某某诸氏，此外更发命令，通缉克伦斯基。同时克氏则于浦斯可夫设立总司令部。十一日率领军队，进攻彼得格勒。初时颇占胜利。在距离俄京三十八英里之加乞那镇暨萨斯柯塞洛两地，击退过激派之军队，进至距京五英里之某地方，嗣以过激派军队麇至，共约一万六千人。而克氏所率之哥萨克兵，仅六千五百人。遂为过激派军队所击败，向巴夫洛夫斯基及加乞那方面退走。莫斯科暨基斯夫地方，亦有战事。过激派既击退克军，即在俄京组织政府。李宁氏掌握政权，任劳兵团中央会长脱洛脱斯基为外交总长。主张与德国构和，以公文通告驻俄各国公使，建议各战地立即停战，以便磋商不兼并土地不要索赔款之和局。并以前敌总司令杜柯林将军，不允提议停战，罢免其职，而以克里伦柯继之。且解散赞助社会党代表之军人委员会，设立革命党公判处。撤废法庭与律师，而以该公判处代之。

宣言所有田地耕畜农具农场之产品及建筑物，皆作为国家产业。民间不许私置田地。地主之房屋，改作公共学校医院休憩所及剧场。时适全俄开始选举，过激派宣言，苟该派不占多数，则国会必被解散。杜柯林将军虽被罢免，然不允交出前敌总司令之权，克里伦柯氏乃率兵前往围困司令部。十二月初旬，在摩希勒夫激战。杜柯林氏被伐，于是前敌乃开议与德停战。双方代表，在特文斯克府附近会晤，议定七日至十七日之时期，暂停战事，嗣又展至七年一月十四日。罗国军队，初不赞成，旋为在罗境俄军所敦迫，遂亦与敌人定停战之约。惟俄国国内各地，时有战争，杜柯林氏之司令部，虽被降伏，然该军有冲锋队九千人，于司令部被围之先，由摩希勒夫开往高加索。在比尔哥洛特附近，与过激党之军队交战。又柯尼洛夫将军，本拘禁于布柯夫城。十二月二日，由高加索兵救援出狱。柯氏即率哥萨克兵四百名，逃至哇沙，号召军队，得混成队三千人，在唐恩境内宣告备战。于比尔哥特附近，与劳兵团之军交绥。而在乌拉尔境内之杜吐夫将军、乌克兰境之喇达将军、高加索之加拉夫将军、均拥兵与过激党将军队抵抗。

太玛洛加哇伦堡唐恩等地方，时起冲突。且俄罗斯南部，尚在统带哥萨克军队之加里定将军势力之下。加里定氏现方布置一切，拟以武力与过激党相见，且闻将与柯尼洛夫氏合力进行。故俄国国内战事，尚虽宁静，而各党派对于李宁之过激派，亦多不赞成。社会党大多数，欲避免流血，且反对单独构和。农夫党亦以停战为非是。

即劳兵团中之温和派，亦不以同团中之激烈举动为然。当过激派占领俄都发表三天问题时，温和派曾表示不能赞同，宣告脱离。而中产阶级及立宪民主党，更无论矣。协约国中有宣示不能承认过激派之政府者。俄国驻在外国官员，亦多反对之意见。即德人亦有愿与民选议会议和，而不愿接受过激党代表之说。近更传言西比利亚拟独立，组织政府，与俄京过激党政府脱离，不允以接济品运入俄境。乌克兰省，亦宣布独立，为新俄罗斯联邦民国之一部分，其国会则否认过激党为俄罗斯民国之政府。就种种现象观之，俄国前途之俶扰，尚未有艾也。

俄自革命以来，其政权已三易矣。初为罗翔柯氏米留柯夫氏立宪派所掌握，其后则归诸缓和激烈两派混合之社会派，前总理克伦斯基实代表之。近更由混合派而移于过激派之手，即所谓李宁党是也。夫国家当革命之后，政权屡易，事所恒有。第观诸俄国政权移易之现象，则不能无下乔入谷之慨焉。俄人希图革命，非一日矣。十九世纪以还，国内志士，凡具有民治之思想，洞明世界之趋势者，无不欲推翻专制，以求政治之刷新。而虚无党均富党之主张，尤为激烈。今兹革命所以克告成功者，皆此辈筚路蓝缕之结果也。虽然，革命之事业，可以激烈手段取得之，不能以激烈手段治理之。故革命后之建设，赖有温和之政策，尤赖有稳健之人才。第一届掌握政权之立宪派，为俄国有智阶级中产阶级。与夫有政治经验者，所融合而成，实为俄民之中坚，亦为俄国收拾时局较宜之人物。苟能久操政柄，俄国内治，虽不能遽见安谧，亦不至若斯之纷乱也。乃未几而社会派显露头角。立宪派遂卸政权，而劳兵会亦乘时崛起。一切施措，均含有社会主义之色彩。其尤著者，为铲除阶级，废止死刑，因之前敌军士，均不奉其上官之命令。自由干预政治，军纪荡然。然证诸克伦斯基之主张混合内阁，网罗各党之人才。与夫整饬军纪调和党派之文告，固未尝不欲兼持稳健之主义也。不幸过激派声势赫奕，克氏被摈，于是俄国现象，遂入于飘摇风雨之中。夫俄国之农奴制度，诚为苛政。然除弊宜渐，决非一蹴所能几。彼邦先哲之主张开放农奴者，亦仅以给予土地而止。未尝主张没收地主其他之产业也。……他国之政治。与宗教相离。故虽政治解纽。犹得藉宗教之约束。以补救一二。俄国皇帝。既为政治之元首。亦为宗教之教主。帝制既倒。宗教之根本。亦受动摇。于是道德与信念。均不足维持人心。以弥其缺点。此又俄国现状混乱之一因也。

(《东方杂志》第十五卷第一号，1918年1月15日)

5.《俄国与四国团续开谈判杂讯》(上海《民国日报》,1月15日)

上海《民国日报》刊登《俄国与四国团续开谈判杂讯》,如下:

  十三日伦敦电 俄国军工农代表会中央干事部下令,准各分会遇国会议员未表示工党意见之各案时,有重行选举,并取消集议员之权。过激党通信社谓此令乃志在取消或重选反对过激党之议员。第十二军农民大会决议取消所选举社会革命党议员三人,且有多省亦决议照此办理。

(《民国日报》,1918 年 1 月 15 日)

16 日(星期三)

6.《俄国内乱之蔓延》(上海《民国日报》,1月16日)

上海《民国日报》刊登《俄国内乱之蔓延》,如下:

  十四日伦敦电 每日纪闻瑞典京城访员电,驻俄英国大使布克伦爵士,已抵该处。据其告客云,俄国政治一时当无变动,盖目下无一党有推翻过激党之力故也。特罗资基氏运动德军,已稍获胜利。彼意俄国今后决定不致活动参与战争。路透电社俄京通信员预料俄京将重有惨烈之战争,盖众信过激党拟宣布以未来之军工代表会大会为国会以代民选国会部故也。

(上海《民国日报》,1918 年 1 月 16 日)

20 日(星期日)

7. 过激派消息(《顺天时报》,1月20日)

《顺天时报》刊登过激派消息,如下:

  ……按过激派乃俄国一大政党,以工场劳动者为其基础,祖述加尔氏及马尔库斯氏之社会主义,务以激烈手段实行。一九〇三年社会民主党分裂,其多数派即为过激派,列宁为领袖。

(《顺天时报》,1918 年 1 月 20 日)

22 日(星期二)

8. 俄国国会消息(上海《民国日报》,1月22日)

上海《民国日报》刊登俄国国会消息,如下:

二十日俄京电　国会业已解散。国会开会之际，兹里台里氏（氏在社会革命党中殆可称最得众之领袖）诋责过激党之僭权，并主张俄国人民大权委托国会。于是社会革命党欢呼，至为兴奋。过激党总司令克里伦柯氏等，大声叱曰，叛贼恶汉其速去。社会革命党领袖乞洛夫氏，谓须设法处置阻挠国会议事之人。克里伦柯即呼曰：何不行之？尔之奉命已尽矣。当时会场，至为纷乱，散会之后，过激党即下解散国会命令。

（《民国日报》，1918年1月22日）

29日（星期日）

9.《俄内乱又炽》（上海《民国日报》，1月29日）

上海《民国日报》刊登《俄内乱又炽》，如下：

　　二十五日俄京电　军工代表大会昨夜在陶里特宫开会①，共到代表六百二十五人。过激党领袖特罗资基氏宣称，彼信西欧劳动界行将辅助俄国行事，解散国会之举，甚为正当。盖国会议员志在设立上议院之故。过激党为社会革命更高之体制计，极当以劳动界之狄克推多而代普及选举制（众大欢呼）。会中复举定里林氏、特罗资基氏、斯比里杜洛伐氏、里白克莱克氏、亚特勒氏为名誉议长。特罗资基演说时，并称外国同志之抵会，足证欧美古时之资本主义制已为公共所反对，普及选举制业已陈旧，劳动界之狄克推多制为唯一救世方法云。军工代表会大会，已举定格拉塞台琴氏为名誉会长。

（上海《民国日报》，1918年1月29日）

2月
15日（星期五）

10. 俄国过激派政府（《申报》，2月15日）

《申报》报道：

　　哈尔滨电　俄国过激派政府，于俄历一月二十五日公布公文声明凡过激派政府以前之政府所缔结之一切国际条约，限于1918年1月末日以后概行作废。（十四日）

（《申报》，1918年2月15日）

---

①　此即全俄工农代表苏维埃三次大会，1918年1月10日于得格勒塔夫利达宫幕，1月18日闭幕。

11.《俄国现在之政党》(《东方杂志》第十五卷第二号,2月15日)

《东方杂志》第十五卷第二号发表君实的《俄国现在之政党》,如下:

俄国现在之政党政派。有属于旧有者。有新近成立者。但均在革命后生不少之变化。兹根据去年十月俄京刊行之"俄国政党一览。"略述如左。以供研究俄国现时政治者之一助焉。

一、反动主派 又译为反动派领袖团。为纯正之俄帝复辟派。以俄帝与神与希腊正教国民之合致为理想。反抗一九〇五年革命的开放运动而起之同盟团体也。戴杜布洛文为首领。由士族、商人〈、〉及其他犹太人排斥者等之反动主义者所组织。创立时设支部于俄国各地。一九〇八年以后。以猛烈之运动方法废止之。至于最近。废"俄国国民同盟"之旧名。而用"圣露西亚"之新名称。尚继续存在于政界之里面。

二、反动派 此派之根本主张。谓以俄国土地之广大。种族之复杂。无统一之文化。统一之国民意志。而不识字之民又众。不可无强有力之中心势力。存在于国中。依此理由。故必需世袭君主政体。其秘密组织。即始于一九一七年三月革命勃发之际。随革命事变之扩大而益固其团结。至于最近。则旧官僚、有产阶级之大头目、士族之地主、僧侣、将校、哥萨克等。连翩加盟。上下两院议员颇多。如敦促柯尼洛夫将军之出山。多此派之力也。其两大根据地为俄京及乞瓦。

三、进步国民党 此派在主张于历史有根柢之君主政体。并确立基础于法律之个人权利。三月革命以后。此党支派之进步的国民派。尽力逆抗一般政界之大势。而团结其主张。四月间创设一政治俱乐部于乞瓦。派中著名之士。为修理根氏、波布林汔氏、议员普理细开维乞氏、曼司勒夫公等。

四、地主同盟 本同盟之主张。谓俄国之幸福。基础于村落经济。村落经济发达之基础。在土地私有之确保。以农民土地问题之解决与实行。保持其主张。其组织起于一九一七年四月。第一次全国大会开于七月。领袖为黎华夫、谷尔确、薛烈沛诸氏、[,]及伯爵胡拉洛夫等。

五、共和中央党 以恢复秩序确立政权为急务。主张继续战争。与联合国协同。获最后之胜利。一九一七年六月组织于俄京。其领袖为伊萨夫教授、尼古拉夫斯乞、腓尼索夫诸氏。

六、自由共和党 主张以共和政体。保持俄国之统一权威伟大。即旧十月党之新组织者。领袖为谷汔柯夫、洛祥柯、萨维乞诸氏。党员包有自由主义之士族、有产阶级之巨魁等。

七、共和民主党 主张移政党于国民。确保一切自由。三月革命后。由旧十月党中分离者、与他稳健进步主义者所合同组织。党中有力者〈、〉为杜弥脱略柯夫、谷劳波夫、廖都、夹珊诸氏。

八、国民自由党 立宪民主党之后身也。以祖国与其幸福、发展、独立、名誉、为本领。以自由为理想。党之组织。在一九〇五年十一月十二日。继续存立于第一至第四之四期议会中。在此次革命前。党中实有三派。即属于麦克拉柯夫、普罗脱颇抛夫二氏之国民自由派、属于米寮柯夫之中央派〈、〉及属于尼克劳索夫、华尔柯夫二氏之急进民主派〈、〉是也。革命以后。因党之改名。结合为一大政党。总理为米寮柯夫氏。名士及雄辨家。有维奈威尔氏、柯考西根氏、麦克拉柯夫氏、奈波柯夫氏、沛脱伦概维乞氏、拉迪崔夫氏、莘茄略夫氏等。

九、有产劳动派　为小产劳动、农民阶级之一团。主张革命之完成。需严正之立法〈、〉及民主的之国家组织。一九一七年八月在莫斯科组织成立。

一〇、急进民主党　其主张以为一切政权。当在国民之掌握。故以人权民权之确立为要务。其政治的理想。在于民主的联邦共和国之建造。三月革命后结党。党员以爱甫勒摩夫、伯尔玺尼柯夫、汜脱夫、鲁都司几教授等为主要人物。

一一、进步社会主义同盟　企图科学的、精神的俄国之文化发展。为理想的社会主义者之集团。盖联结进步民主派与稳健社会民主者之两间者也。以谷伦司几教授、波黎威理霍夫氏等为首领。党员为旧加迪脱之一部及海兵团兵之一部。

一二、全俄农民同盟　为标揭"土地与自由"之全俄农民团。有土地应归劳动的农民所有之主张。一九〇五年五月莫斯科农民会开会时。决定组织。同年七月第一次开会。(二十二县、出席员百名〈、〉)十一月第二次开会。(二十七县、百八十名〈、〉)一九〇六年三月第三次开会。(十八县〈、〉)尔后被禁。至一九一七年三月革命后复活。是岁八月。开全俄大会于莫斯科。制定规约。同盟总代表者为斯忒洛们柯氏。

一三、劳动国民社会党　本党为第一议会时(一九〇六年)加迪脱党中之急进分子所组织。当初党中有劳动派、社会派等支派。前者以布拉谟逊、华突复索夫二氏为首领。后者以亚尼锡摩夫、阿茄诺夫斯几氏等为首领。两派于一九一七年六月之大会合并。

一四、社会革命党　以性、宗教、民族、为无差别的。以行自由平等、亲爱、为政治之主眼。其标语曰"尔等以奋斗获自己之权利"。一九〇一年以来。时开大会。至于现在。自其主张上。分为三派。第一稳健派。(克伦斯基、布勒细柯、普勒细柯夫司加夫人等〈、〉)第二国际的稳健派。(采尔诺夫、柯都、鲁撒诺夫等〈、〉)第三左翼派。(斯庇利陀诺瓦女士、加谟柯夫等、)革命党中著名之普勒哈诺夫。属于第一派。

一五、社会党过激派　主张个人之利益。完全调和之诸方面个人的发达。一九〇五年开第一次总会。次年十一月制定党规。创立人梭柯洛夫氏。为斯脱尔拼暗杀事件关系者之一人。

一六、俄国党会民主劳动党　以"各国之劳动者团结"为标语。一八九八年创设以来。有几多之历史。目下有五支派。如李宁、日诺夫爱甫诸氏。组织李宁派。亦为本党中之一派。

一七、基督教主义无政府党　此为托尔斯泰主义者之集团。以邻尔脱柯夫、脱莱谷普夫诸氏为中心。

一八、无政府党 以"无神无君主"为标语。胚[脱]胎于克颇都经、巴枯宁等之无政府主义。

(《东方杂志》第十五卷第二号，1918年2月15日，署名 君实)

19日（星期二）

12.《俄过激派政府之现状》(《晨钟报》，2月19日)

《晨钟报》刊登《俄过激派政府之现状》，如下：

俄国乱事影响中国甚大，政府昨接到哈尔滨谍报员报告，俄过激派之现状甚详誌之如下：

刻下过激派政府，以復有转机状态。前此彼等，与德国左布列司克地方开议和谈判无结果。德国遂单独与芬兰乌克安尼订立和约，然过激派因上次与德人抗议，颇受人民欢迎，以为不丧国权不失国。士非为乌克兰尼亚之自叛祖国者比。又奥士等国近将派代表来俄京，与过激派政府接洽，磋商脱离德国羁绊单独议和等事。刻正选择适中地方为谈判之所云

现时各□宣布自主地方经前次乌克安尼之劝告，多附和从逆，惟近察德人于占领地强制行为较□专制□府尤甚，故近来依顺新政府者颇众云。

(《晨钟报》，1918年2月19日)

27日（星期三）

13.《土崩瓦解之俄德媾和》(《时事新报》，2月27日)

《时事新报》刊登《土崩瓦解之俄德媾和》，摘要如下：

二十四日伦敦电，俄国无线电称德国于二十一日答复，十九日俄国之媾和提议，示意愿依下列条件议和：(一)德俄宣布两国最战状态已由此消灭；(二)〈甲〉在白里斯里托夫斯克指示俄代表之界线，其迤西一常之旧属于俄者，已不复在俄国领土保护之下，……(三)俄军及红衣卫队当立刻退出里伏尼与伊桑尼，由德国警察代任守卫，至得宪法之保障再行撤退；(四)俄国当与乌克兰议和，退出乌克兰及芬兰；(五)俄国当竭力维持东安那都里之边境，以之归还土耳其；(六)俄军完全解除动员；(七)俄舰队及协约国军舰在俄者，于全局和议告成之前，须留泊俄国港内或解除武装；……

俄国官电称，麦肯沁党领袖里宁，脱洛士基已致电柏林政府，承认德国之议和条件，并派代表赴白里斯里托伏斯克。

(《时事新报》，1918年2月27日)

3月
1日（星期五）

14.《俄国求和时之内哄外患》（上海《民国日报》，3月1日）

上海《民国日报》刊登《俄国求和时之内哄外患》，如下：

> 二十四日俄京电　军工代表会干事部在陶里达官开会，承认德国提出之媾和条件。里林氏力主承认，谓俄国之地位已无希望，故必媾和，休养兵力，俾可准备抵敌中等社会与帝制主义。末谓全球劳动社会他日必起助吾人，则吾人复可续战云。国际职工组合会领袖玛土夫氏起争，所议媾和条件实有害俄国革命与军工代表会之权力。
>
> 二十五日伦敦电　里林氏之政策显在屈服德国，以止德军进至俄京，推翻过激党之治权。俄京发来数电，谓过激党正在集师抗拒德军，此实掩人耳目之言。……盖过激党之志惟在维持革命，其他国务均不屑计也。……
>
> （上海《民国日报》，1918年3月1日）

6日（星期三）

15.《俄德和约已签字》（上海《民国日报》，3月6日）

上海《民国日报》刊登《俄德和约已签字》，如下：

> 三日伦敦电　德国公报云，现因和约签定，德军已在大俄罗斯止进。
> ……
> 又据某外报载称，上月二十三日俄国政府对德承认之和议已签字者共有七条云。一俄国重炮尽应交出；二黑海舰队全部应交德国；三德货运俄免税十五年；四俄货运入英法须经过德国；五俄对于中欧同盟国并中立国，永远不可干涉；六俄对于联合国当表示威之运动；七德对俄当必要时应保留提取重炮以外炮械之权利。
>
> （上海《民国日报》，1918年3月6日）

15日（星期五）

16.《述俄国过激派领袖李宁》（《东方杂志》第十五卷第三号，3月15日）

《东方杂志》第十五卷第三号刊登从日本《东京日日新闻》转译的《述俄国过激派领袖李宁》，第一次介绍了列宁的生平，他介绍了列宁组织彼得堡"工人阶级解放斗争协会"及其领导俄国 1905 年、1917 年革命的事迹。该文附有列宁的照片。

该文由善斋根据日本《东京日日新闻》刊载的布施胜治的通信编译而成，文中对列宁的生平和政治活动作了简要介绍。全文如下：

> 日前过激社会党首领李宁氏等。经由德国而向俄京进行之际。当时之外务卿米刘谷夫。闻报之下。大惊失色。米氏惊骇之理由。观于其后之事实。足以表明之。迨李氏一经出现于俄国京城。战线中之俄德两兵。即互相交欢。战线内兵士之潜逃者。络绎不绝。古梯谷夫、米刘谷夫两氏。即被逐出内阁。多数人士皆鼓吹不合并不赔款主义之平和论。劳动者与兵士皆大张威势。俄国全境陷于无政府状态。凡此皆李宁部下之过激派实为之主动。于是"李宁者、德国放射于俄军背后之毒气炮也"。"李宁者、德之间谍也。""吾人宜扑杀此獠"等之声浪。乃嚣然四起。然李宁则若无其事。泰然为今日劳兵政府之首相。李宁果为如何人物？谅读者甚欲知之。兹略述之于后。
>
> 千八百七十年。李宁诞生于辛皮尔斯克地方。其父尼古拉佛区氏。为该处国民学校校长。李宁幼年时代。尝慨叹国民教育之不振。民众之愚昧。下层人民之贫穷。咒诅俄皇之专制政治。其兄亚历山大。于千八百八十七年。为与暗杀亚历山大三世之阴谋有关系而处死刑。是时李宁年十七。其受刺戟之如何深刻。可以想见。同年李宁亦以鼓吹社会主义之罪。逐出喀尚大学。千八百九十二年。李宁至京城彼得恪勒。竭力鼓吹社会主义。煽动劳动团体。千八百九十五年。组织俄国最先发现之劳动机关。名曰"劳动阶级释放同盟会"。而自为之首领。
>
> 是时李宁年二十五。当时俄国社会党之大部分。偏倾于中产阶级。故其党略。对于他阶级取妥协态度。李宁排斥偏倾中产及妥协党略。而唱道[导]最激烈之纯粹社会主义。是年十二月。李宁被逮入狱。处二年间之惩役。后更被放逐于东部西伯利亚。千八百九十八年。"劳动阶级释放同盟会"改组为"社会民主劳动党"。李宁在东部西伯利亚之配所。遥指挥本党之方策。其后流刑期满。奔走于西欧。由各种机关杂志。发表其言论。鼓吹其主义。当时又出版浩瀚之著作多种。千九百零五年。李宁归国。当是时李宁已为社会党及革命运动最有力之指导者。屡于国会议员之选举。及其他之政治。及社会运动。暗中大显其神通。千九百零七年。革命失败之后。再出国门。自是遂为万国社会党本部党员。而从事于世界的社会运动。同时由俄京发刊之《泊罗达》《泊洛才斯崔尼安》两机关杂志。将己之主义宣传于故国。自欧战发生以后。李宁时以俄德法三国文字。对于各交战国中稳和社会党之妥协政策与其社会帝国主义（Social imperialism）大加掊击。又为急进社会党万国会议发起人之一。且为该会最左派之领袖。大鼓吹其主义。于是俄国及欧洲各国〈其中尤以瑞典法国德国为最〉社会党中之最左派。无不崇拜李宁。而各国政府。因是遂集怨于李宁之一身。本年（一九一七）三月。俄国革命后。李宁欲归国。为英法两政府所阻止。不得达其目的。旋依瑞士社会党员迫辣登氏之周旋。始得与同行者三十二人。共由德国归俄。李宁回国（一九一七年四月）后。一时大放其二十年来郁结而未发之气焰。曰推倒帝国主义。曰开辟劳兵之天下。曰排斥临时政府。曰打破资本团银行。曰掠夺土地。竭力发表类

似无政府主义之过激社会主义。与时尚有几分爱国精神之劳动家及兵士等。大为之倾倒。然是年七月。所谋完全失败。李宁及其部下。皆受德国间谍罪卖国罪之嫌疑。其声望一时失坠殆尽。李宁因有身命之危险。偕其弟子奇拿翠氏深匿不出。俄国人士。因其避匿不出。对于彼之行为。愈怀疑义。是时舆论。竟唱扑杀李宁党之说。彼之所以被德国间谍与卖国奴之恶名者。实因彼之回国。曾假道德国。受德国之庇护。而始能达回国之目的。而德人亦以彼之回国为有利于德也。然不能直以德国间谍或卖国奴目李宁者。征诸李宁过去之经历。足为其左证。李宁之为人。生平抱定宗旨。始终不变更其主义者也。为实行其主义起见。无论若何危险。皆不足以使彼屈服。彼实社会党中最活动之奋斗分子之首领。彼不独以俄国社会党总理自任。且以全世界社会主义指挥者自居。彼所怀抱之主义。范围至广。不分畛域。故不独故国之观念甚为薄弱。其眼中且并无德国。彼之尽力于社会主义也。惟知有目的。不选择手段。故假借帝国主义之德国之金钱势力。以鼓吹本国之平和主义。在彼宁以为快心之事。至其部下。人多品杂。或有真正之德国间谍。真正之卖国奴。利用之以营私利。不能谓其必无。但不能因此而疑及李宁之志愿也。此次俄国第二次革命发生。李宁突然出现。即被举为新劳兵政府之首相。第二次革命之黑幕中。实李宁为之主动。可不待言。由此观之。其潜势力之在过激派及该派势力范围内之劳兵间者。至为伟大。第二次革命告成。李宁当国。组织劳兵政府。第一日即发表平和速成之宣言。第二日发表土地收用之宣言。而劳动家监督工业权。及每日八小时劳动权乃继之而设定。最近所发表之民族自主宣言书中。声明凡在俄国国境以内之诸民族。皆得完全自治独立。任意为之。然政府各机关之运转已完全停顿。政令不行。战场之兵卒。与德兵交欢。或自由脱逃。即实行第一日平和速成之宣言也。各地平民占据地主之房产。任意瓜分其土地。政府不加干涉。则第二宣言亦已实行。至扩张劳动者之权限。更不待言。各民族之自主。则芬兰首先实行。小俄罗斯、辣得伊瓦西等亦先后实行。……

于是乎曩闻李宁归国而大惊失色之前任外务卿未刘谷夫泫然流涕曰：俄罗斯终将为过激主义之捕房矣。（日本布施胜治由俄京通信，见大正六年十二月十八十九二十日《东京日日新闻》）

(《东方杂志》第十五卷第三号，1918年3月15日)

20日（星期三）

17.《欧战与劳动者》(《劳动》第一卷第一号，3月20日)

《劳动》第一卷第一号刊登劳人《欧战与劳动者》，如下：

【六俄罗斯劳动者之两度革命】去年之春。彼得格勒饥民因争夺面包，突起革命，不两日而专制大魔皇退位，各省附从革党，成立临时政府。夫数十年以来，俄国无日不在革命中，无人不慨此黑暗大国革命之难，至此又无不惊其革命之易。不知彼中劳动界实为中坚，军人助之遂如反掌。

旧政府既倒，一切国务，遂悉操诸兵工协会之手。兵工协会者，革命之军人与劳动者结合之大团体也。此外尚有俄罗斯农民大会，其势力亦足以左右新俄罗斯。盖至是而，俄国已为农工世界，无复官僚绅士富人教士之立足地。

临时政府内阁总理克伦斯基氏，执政于革命后，主张与德人战争到底。其他行政类不满劳动者之意。是年之秋，复起二次革命，主其事者为劳动党领袖之李宁氏。革命军以无政府党、虚无党、社会党之激烈派、劳动党、农民等组合而成，世人目之曰过激党。其所标揭之主义：1、无政府共产；2、自由平等博爱。其所抱之目的：1、无政府；2、废私产；3、废宗教；4、停战。当其起事，先在首都。故不半日而克伦斯基逃，政府亦倒。三四日间，各省响应。六七日而归附者十省。克氏逃后，集合哥萨克兵还攻，两军血战多时，而前任战地统帅之哥尼罗夫亦纠合大军，作难西北，以与过激党相持。半载以还，若辈之大目的完全达到者为停战一事。自余各问题，尚在准备实行中，徒以党派过多，局势之变幻亦甚，时事又复杂，国际间尤多牵制，故至今犹是纷扰未宁也。

(《劳动》第一卷第一号，1918年3月20日，署名 劳人)

18. 《劳兵会反对过激派》(《劳动》第一卷第一号，3月20日)

《劳动》第一卷第一号刊登《劳兵会反对过激派》，如下：

这回过激派与德言和。实在屈辱得太过难当，因此劳动者与兵士的协会(简称劳兵会)对于主张肯和之过激派大不满意，纷纷反对。过激派没法，到得联同德人，抵住他们的反抗。此刻正在相持不下。

(《劳动》第一卷第一号，1918年3月20日)

19. 《扰到支那人的清梦》(《劳动》第一卷第一号，3月20日)

20. 《俄德讲和了》(《劳动》第一卷第一号，3月20日)

《劳动》第一卷第一号刊登《世界时报》消息之《俄德讲和了》，如下：

俄国实行社会革命的时候一面与德国休战讲和。可恶的德政府，乘机提出很苛辱的条件。俄人不允，中经决裂，德人更逞野蛮，大兵入俄。俄人无力抵抗，三月十九日遂将和约双方签字。

(《劳动》第1卷第一号，1918年3月20日)

4月
1日（星期一）

21.《内田日使俄因谈》（上海《民国日报》，4月1日）

上海《民国日报》刊登《内田日使俄因谈》，如下：

俄日使内田子爵日前撤回俄都，首途回国，现已安抵日本。昨据内田大使云，……俄国政变波谲云诡，瞬息万变，出人意表，故列宁政府之前途，亦非意料所能及。当该政府成立之初，内外均以为支持不能出一月。讵继续迄今三阅月矣，现在尚无瓦解之形势。按该政府成立以来，遇事果断，积极进行，大有非将旧政府积弊一扫而空不已之概。其行事之痛快，虽不必谓为代表一亿七千万俄民者，然似能合于多数国民之意向。现在俄国国民望和如渴，过激派亦能洞悉底蕴，以为设令牺牲一切，得以恢复和平即足矣。所谓国民对于政府之信用较形巩固也。德国蓄意甚险，行将推倒过激派政府，恢复帝制。惟国民信用如此，则此种阴谋恐难成功。

夫过激派政府之宗旨，实资以社会主义风靡全世界，是以在媾和未成立以前、早已与德国社会党互通声气。现在西比利亚之德奥俘虏，亦有为社会主义所染之形迹，业经插血订盟，他日回国后，必将起而反对国内之旧机关。由此以观，过激派势力似乎遽不可侮。

……（内田大使自谓）是时初与列宁相见，其为人沈鸷果断，精力绝伦，现正锐意处理国政。外相杜鲁基米曾相识。该政府对于日本感情甚佳，当余撤退俄京时，妥为照料，保护极为周到云云。

（《民国日报》，1918年4月1日）

15日（星期五）

22.《俄国社会主义运动之变迁》（《东方杂志》第十五卷第四号，4月15日）

《东方杂志》第十五卷第四号刊登君实译自日本《外交时报》的《俄国社会主义运动之变迁》，如下：

俄国之革命。多与法国革命相似。惟其间有绝不相同者。则俄国革命颇带社会的革命之色彩也。或谓法国革命时。亦尝有共产主义之唱导。似不可谓不同。然今日之社会主义。与当时之共产主义。其意迥殊。所谓社会主义者。乃产业革新之产物也。虽法国革命。亦尝呈近似社会的革命之状。然而社会主义的革命之出现。实以今日之俄国革命为嚆矢。此不可谓非世界文明史上最宜注意之重大事变也。著者既执是以观俄国革命。故对于俄国社会运动之发展史。不得不加以重视。本篇所述。即为著者研究之一端。窃谓俄国社会运动之历史。略可分为三期。一为宣传主义时代。（一八六〇至一八七八年）二为恐怖主义时代。（一八七九至一八八三年）三为结党时代。（一八八三年以后）此为著者一人之私信。所用名称。不过便于说明而止。即其年代。亦仅指大体之倾向已耳。

一　宣传主义时代

一八六一年。俄国开放农奴。是即其国中自由思想发展之一现象也。此自由思想。实受法国革命之影响。以前俄国青年。或醉心于刺华叶及孔士坦德之自由主义。或趋于德意志哲学之研究。当此之际。忽有与时异趣。抱西蒙氏之遗籍而得其烦闷之解决者。则赫善氏（Herzen）是也。赫氏固非祖述西蒙之人。然其社会主义的思想。实受西蒙氏之启发。尝谓观俄国之社会组织。而知其所抱之理想。必可见之于实行。所谓俄国之社会组织者。盖指农村组合（Mir）之制度而言。农村组合之土地共有制度。即社会主义理想中共产主义之雏形。而生育其间之农民。即社会主义者。特若辈未尝自觉其有若何之使命而已。设加之开发。导以建设新社会之大使命。则理想社会之实现。必可预期。于是遂深信启导人民为俄国社会运动之真谛。赫氏既倡其说。巴枯宁（Bakunin）氏。又徒而实行之。即世所谓虚无主义（Nihilism）是也。虚无云者。盖表其否定一切传说一切权威之意。但亦不过略变西欧之社会主义为俄式而已。当此之时。仅力主个人之绝对的开放。犹未达于国际的运动之域也。

赫善及巴枯宁。皆出身贵族。然继其后之崔涅许斯克。乃为农民出身僧侣之子。此亦可注目之事也。自是以后。俄国之社会运动。渐次脱离贵族。而入于智识阶级（Intelligenzia）之手。赫善等之虚无主义者。对于西蒙之根本思想。尚未完全排斥。及至崔氏。则唾弃西蒙之宗教的倾向。力唱新社会万不可以宗教的为基础。于是遂变为热心之富里主义（Fourierism）者。尝著小说一部。描写将来社会主义的社会之状态。盖俄国社会主义家中说将来理想的社会之元祖也。崔氏亦与赫氏同以农村组合为新社会之根据。其言曰。"西欧名地。因定有无限制之私有财产制度。故欲加改革。不可无多大之牺牲。社会问题之所以嚣然不宁。盖原于此。至于吾俄。则以有此农村组合故。可不致有类是之困难。"崔涅许斯克与富里之信仰者。同皆私淑于乌文。（Owen）富里乌文。皆理想家。而崔氏亦为纯粹之理想家。彼等之理想。以为建设新社会。使人类咸知正义。斯为已足。此理想之胜利与其宣传。乃其社会运动之真髓也。既以理性为世界之制服者。则为人类之自由与幸福而战。自不得不属于知识阶级。故宣传主义时代之战士。皆系知识阶级之人。其目的则在树立启发人民之旗帜而已。

一八七三年至一八七四年。彼等旅行国内。向人民游说新社会之福音。所谓"行于人民"运动是也。一八七六年至一八七九年间。则游说与人民共同起居之土地与自由。为农民自身之问题。所谓"土地与自由"党（Zemlya i Volya）是也。凡若此者。皆以同一之主张。由同一之人士所行之社会运动也。

二　恐怖主义时代

知识阶级之启发运动。未能奏十分满足之成功。于是彼等遂以为非由革命党掌握政权。不能成真正之社会革命。然革命党员之数甚少。欲以此少数之党员。收成功之效。惟有从事破坏以剿灭反动主义者。乃可树新社会之基础。且以为西欧诸国。其国家立于资本家之基础。是以难于推倒。若俄之国家。则尚悬于空中。政府虽似有强力。而实则等于无力。其首先发此思想者。实为勃兰基(Auguste Blanqui)氏。一八八一年亚历山大第二。即倒于此派之手者也。

此非常手段，因受政府之压迫。不能生存。乃入于其后之结党时代。但酌此主义余流之社会革命党。后至一九〇二年时。复采用之。特其主张。不无稍殊。在恐怖主义时代。以为即可用此手段建设新社会。而社会革命党之主张。则与之不同。其言曰。"吾等之目的。在使群民尽化为革命党员。吾等虽要求武装的示威运动。然此事殊未易达到。至恐怖主义。不过为暂时的经过的之事。特吾人今日所能行者。亦惟有此途耳。"一九一二年四月适比干(Sipiaghin)之被杀。即彼等所为。然不出数年。因受政府秘密侦探之罗织。有力党员。多皆丧失。其势遂衰。

要之恐怖主义。可视为过信个人之力之知识阶级。受政府压迫而失其思虑平衡之暂时的发作也。

三　结党时代

第一第二之方法。既均以失败终。于是始悟从前之运动。皆不免为空想的。少数之革命家。究不足以推翻政府而开放人民。开放人民。必赖人民之自能觉醒。而社会党组织之必要。乃因此而见。此实俄国社会运动史可特记之时期也。

一八八三年。因运动"人民自由"(Narodnaya Volya)而失败之亡命客。始在瑞士为社会民主党之组织。命名"劳动开放党。"(Osvobojdemie Truda)其首领为著名之泼勒哈诺夫。(Plekhanov)泼氏纯粹为马尔克司之祖述者。于其所撰之党纲中宣言曰。"专制之支持者。乃无智无能之农民也。革命之主动者。乃工场劳动者而非农夫也。劳动者掌握政权。即可以防反动。故劳动者须先握政治上之实权。而革命之成功。则在劳动者之自觉。"既而其所采之方针。渐生异论。终至分裂。泼氏之意见。虽以劳动者之自觉为前提。然其自觉。有相当之顺序。若妄动的革命。反足破坏此顺序。而延迟理想实现之时期。主张过激论而与之反对者。则为李宁(Lenin)氏。于一九〇三年大会时。发生冲突。卒为李宁派所胜。于是李宁派为多数派。而泼派为少数派。此次革命中过激派与温和派(社会革命党、概属后者)之争斗。在当时既呈其朕兆矣。

劳动开放党组织后。一八八五年。勃拉柯夫(Blagove)及却理吐诺夫(Charitonov)之徒。继述泼勒哈诺夫之思想。组织团体。一八九一年之饥馑。为马尔克司主义之讴歌。自一八九二年至一八九六年间。俄国都中之劳动团体。风发潮涌。接踵而与。其最可注意者。此等劳动团体。与智识阶级。未尝有所关系。而皆发于劳动者自身之意。成于劳动者自身之手。劳动者以政治犯而就捕缚。盖始于此时。

翻观社会民主党之党内。其外周虽为劳动者。而其中核。则悉为知识阶级。(外周二字、系爱哥洛夫 Egorov 之用语）然至于此时期。劳动及新进之知识阶级。对于握党中实权之知识阶级。群抱不平。冀自能左右其党。知识阶级与劳动者之内哄。盖始于此。此亦劳动者之自觉上可特记之点也。

一八九七年迄一八九九年之饥馑。与一八九九年之杜兰斯哇战争。因工业资本之缺乏。致增多劳动者之解雇。于是劳动者之视资本家。遂与专制政治无异。前之主张政治的革命者。至此更深信社会的革命之尤要。

社会民主党。在劳动者方面。既得势力。而于农民方面之革命的宣传。亦渐次现其萌芽。于是始觉组织抵抗政府压迫之大团体。为不可缓。乃结合"人权拥护团""农民社会党"等诸团体。成一社会革命党。此党与社会民主党之不同。社会革命党。并主宣传革命思想于农民。而得之为战士。而社会民主党。则以为革命非可一蹴而及。当与其他事象。渐进的显出。此主张之差异。常为两派之争点。社会革命党之意见。以为可调和两派者。惟私有财产之废止与土地及大工业之国有而已。故社会革命党。与西欧之社会党。无直接之关系。宣传时代之思潮。竟随时代之趋势。而成为结党组织。实践以农民为革命主动者之主张。此亦俄国社会状态之特种现象也。

工业之发达与人智之开发。使社会增其势力。进于自觉之域之劳动者。渐次离知识阶级之手。而为真意味之群民运动。一九〇五年之革命。其一证也。于第一第二议会中社会党之占优势。可以想见俄国社会中社会主义的倾向之郁勃。于第二议会中关于农民问题之法案。可以察知社会的革命之端绪。然遇一九〇七年司徒列宾之反动政策而脆败。尚可见人民无彻底的社会的之自觉。尔来十年。美国式大工业之勃兴。与农村生活之困难。遂使俄国国民。群皆倾向于革命。而社会党之雌伏于假面的宪法政治之下而怠于活动者。卒于此次之战争。再露头角。最初以立宪民主党为骨髓之临时政府时代。其革命仅带政治的革命之色彩。及克伦斯基实行废止死刑时。始稍显社会革命之倾向。其宣言非并吞非赔偿。树立共和制。明明为社会革命之事。然尚在温和派势力之下渐进的而行者也。及克伦斯基被逐。成为过激派之天下。遂以其奋迅之势。实行其社会的理想矣。今过激派之权势。究能继续至于何时。尚属疑问。至于此急激之社会的革命。果能否告成。亦在不可知之数。要之俄国社会党发达之经过。则大抵如是而已。至其社会主义之是非。则为另一问题。非本篇所能及也。

（《东方杂志》第十五卷第四号，1918 年 4 月 15 日）

20 日（星期三）

23.《俄罗斯社会革命之先锋李宁事略》（《劳动》第一卷第二号，4 月 20 日）

《劳动》第一卷第二号发表持平著《俄罗斯社会革命之先锋李宁史略》，全文如下：

现在我们中国的比邻俄国。已经光明正大的做起贫富一班齐的社会革命来了。社会革命四个字。人人以为可怕。其实不过是世界的自然趋势。现在社会不善的原因。以后处处皆要发现的。毫不稀奇。但有一层。像这样大的事。俄国又当前门有狼。后门有虎的时候。竟能敢作敢为。绝不顾忌。是则俄人魄力。实在可骇。说到此处。不得不将他们这回事体的后果前因。以及这里头为首的人物。写了出来。以便大家研究研究。

他们的里头。有一个最著名最有势力的人。大家已经知道的。就是叫做李宁（Lenin）的这位先生。他的号叫佛里野罗夫。（Voleyalov）。别号一宁（Enin）。一千八百七十年。生在俄国辛皮尔斯克地方。李宁年少的时候。即不满意于俄国的教育。因他的父亲。曾充本地国民小学校长。所以他于教育上的事。知之最详。其兄亚历山大。在一千八百八十七年。因与暗杀皇帝一案有关。受了死刑。李宁那时已十七岁了。伤兄之余。痛恨俄帝。于是鼓吹社会主义。在喀尚大学。退学出来。往圣彼得堡。组织一个破天荒的"劳动阶级解释同盟会"这是一千八百九十五年的事。他已经是廿五岁了。鼓吹主义。非常激烈。是年十二月。李宁被拿下狱。禁锢二年。后来放逐在东西伯利亚。一千八百九十八年。又把从前组织的同盟会。改为"社会民主劳动党"到了流刑期满。李宁更到西欧各地。大发表他的主义。并且著了好多本的书。一直到了一千九百零五年的时候。李宁就回国。运动革命。而对于盟会选举议员的时候。尤为激烈。因为这个时候。可以向各方面的人会面。所以比平常不同一点。到一千九百零七年。革命失败。遂又跑出国外。入了万国社会党的本部。做一个会员。此时更进而为世界革命之运动。未几复在俄京发行《泊劳达》与《劳泊奇》两种机关报。迨欧战既开之后。李宁常用俄法德的文字。发表他一己意思。对于那些半通不通的各国的稳和派。及社会帝国党们。……大加攻击。所以欧西各国政府。恨之如仇敌。而各国主张社会主义的人。则歌功颂德。崇拜李宁。

后来复因革命关系，亡命瑞士。居于酒立希府。等到俄国首次革命成功。大赦令发了出来。那时他回国的心思很热。然而协约国方面。知道他是急进的社会主义的人。当时就阻止他经过协约国的地方。后来不得已，请托瑞西社会党员迫辣氏。运动了德国。才得与同志二十二人。坐了掩丝合缝的一点儿都看不见外面的火车。经过德国的境内。回到国中。一路辛苦。且不必说。这时已是一千九百十七年四月的事体。

谁知这在李宁未回去之先。俄国政府中人。因为怕他回到国内。一定是不赞成他们组织的这临时政府。定然本其平日所见。说这政府不过是改皇帝为总统。与小百姓是毫无益处的。所以当时政府中人。大家反对李宁回国。尤以外交总长。米刘谷夫。为最激烈。所幸其中有一个司法总长。兼海陆军总长。克伦斯基。不以为然。以为政府既发出了大赦的命令。何得因一二人的关系。变更国家政令。于是大家争论不了。米刘谷夫氏。以为自己的主张。既是通不过去。只得辞职。然后李宁始得自由回国。

李宁是素来主张大同主义的最热心家。所以一到国内，见当时所建的政府。所行所为。无非仍是权贵的资本的（保护财产家欺压平民的）政府。若再徘徊不顾。听当局的官僚。盲人骑了瞎马。替大家（俄国人）来引路。与革命前的皇帝政治。所高也无多少。于是逞其苦口。劝戒执政的大家们。"第一战争停止。速筹世界平和的方法。以求人类的幸福。""第二富人所独占的财产。从速与贫人等均分。以救暂时的贫富阶级。"以上均记在当时的泊劳达（真理）新闻上的。并且也曾拿这种的主张。常常的对大家演说。然而总觉得徒说空话不如实行的为佳。而况那不合人民思想的临时政府。所行的事。已经频受人民的攻击。李宁遂将前皇后的离宫。作为自己的寓处。以示其抵抗强权的发端。李宁对于这狭小的祖国。爱国的主义。固毫不介意。只晓得人类的幸福。是要这地球上的人来做成的。所以他以为他自己的执业。就是"求人类的幸福"。别的什么这个国。与那个国有甚么关系。妄分国界。各私其私。他都是全不理会的。因他原是这样的人。那一班利禄熏心的官僚。见他的同志，日见增加。势力是好像那潮水涨上来的样子。有增无减的。于是就四出造谣。说"他能经过德国的原因。就是受了德国的金钱。来作侦探的"。又说"□们的同志。是什么无经验的理想家。又是什么强盗。什么贼。以后要弄人民做奴隶的。要饿死的"。还有多少说不上来的话。总之不外那政党攻击政党的话。好像我们每天在报纸上所见的。北方政府的人。说南方的人不会治国。中国是眼睁睁的就要亡了。说得中国好像只有他们几个人。是身家性命都不要的。在那里忙国利民福。南方人也是照这样的话。说北方的人。把这些可怜的老百姓。弄得莫名其妙。这就是他们政党惯用的手段。不足奇仍。所以李宁也就好像是没有听见的样子。仍是劳动他的主义。

……

李宁斯时以为劳兵会既得了势力。就四处演说。运动停战。岂知那些反对派。就说他得了贿赂有几百万金钱。回来卖国。谣言所播。致李宁几有性命之忧。李宁见大势非佳。暂且携同学生奇拿吹君。隐退出京。以避危险。而克伦斯基。正与那大将的尔里罗夫互争权利。迫是年八月廿五日。在莫斯科开全国人民大会。预备取决国家大计。才开会议。那知道会场上的派别太多。争论不了。到了第二天（廿六日）忽又电车工人罢工。以为会中一派的声应。那时有□代无政府的老祖克鲁泡特金先生。出来演说。劝导大众说"中等阶级与下等阶级的诸君。大家要互相辅助。以图进步。切勿互相自杀。而背人道"。这会刚闭了之后。随即发现复辟之重案。捕了许多政治上的重要人物。九月三日。前敌军人。又把那最重要的口岸里加（Higa）失守了。那一时国内的人民。怨恨政府（克伦斯基政府）的声浪愈高。欢迎李宁的人。日多一日。到了十一月六日的夜里。在莫斯科的"劳兵团革命军事委员会"的军队与反对派。忽然开仗。克伦斯基装了水兵逃走了。十一月十七日。劳兵团就公举了托罗斯基（现在外交代表）为团长。九日就请李宁出来组织人民代表委员会。于是李宁复返京城。大家举他做了会长。后来的事。暂且不谈。以上所说的。就是李宁之为人。以及与俄国这回革命的关系。至于人家说他这回事做的是好不好。记者是不敢附和。也不敢诋毁的。但有一件。李宁这个人。以后是失败。是成功。是好。是坏。我们姑且不必去论。就关着他的来历。以及他所做的事迹看起来。可以奉赠他七个字。叫做"适合了物理人情"。赠他这几个字的道理。就是因为他所抱的主义。是要这世界的人。男女同一样。贫富一班齐。诸位可知道这世界上的人。现在除了俄国人刚要享着了这两句话的福之外。其余各国的人。所行所为。没有不是远背了这物理人情的。诸君如若不信。请在那天要亮的时候用手扶着心头想一想。就可以明白了。

(《劳动》第一卷第二号，1918年4月20日，署名 持平)

24.《俄国过激派施行之政略》(《劳动》第一卷第二号，4月20日)

《劳动》第一卷第二号刊登一纯的《俄国过激派施行之政略》，如下：

近来俄国，更闹得纷乱，他们希望和平，上了德政府的当。如今弄得四分五裂，国势岌岌。就日报所载，真是悲观极了。但是究竟如何，吾人不可不探其真相。……其实俄人做的，系世界的革命，社会的改革，……所以研究俄事，不可不以新眼光观察之。但是他们的事，复杂异常，近来交通不便，真确消息，尤不易得。这真是憾事。今试就过激派之举动，与其反应之事实，略寻头绪，拉杂书之。……

一、解散政宪议会　议会在立宪国家，说是代表民意的机关，其实只好说是富贵社会的代表罢了，我们大百姓那敢与闻。故在平民世界之日，议会是没有用的。俄罗斯第一次革命之初，本由议会发难，故第二次社会革命之后，人民念其前劳，不忍摈弃，故宪法会议诸公，仍是安安稳稳，过他的日子，无如彼等原是富贵社会中的人，前时自命为人民师表，豪耀于众，今则社会革命，人人平等，大人先生，必不心愿。故稍稍得势，便捣鬼作怪，盘据议会，借口新国体问题，及议和问题，要由他们解决。窥其用意，无非想组织上院，恢复他们已失之权势。但是过激派人，正以社会革命自任，岂肯任他"头顶乌缎马桶身穿燕尾袈裟"之徒，胡涂乱闹。所以去年十二月十一日的时候，宪政会议开会，李宁先生即当众宣言，谓他们是富贵社会的人，断不能代表新俄罗斯之民众，于是极力制止之。会议卒无结果。今年一月十八那天，他们议员先生，又开会议于俄都"他不到宫殿"，且组织拥护队，威劫过激派，自以为计出万全，莫为予毒。岂知因此就激起过激派的怒，立派武装水兵，携野炮机关枪等，分往会场，通路防守，和宪法会议的卫队冲突起来。过激派乃以武力压倒之。李宁托罗滋基二氏出席会议，当众解说，不料宪法议员群起攻击，骂过激派当权，劳动者专制，借改革旧社会的美名，不过把旧社会的阶级翻转倒置罢了。过激派人听不过了，懊【恼】了起来。一时群起辩驳，秩序大乱，议长老爷下令制止，过激派乃斥之曰亏汝老面皮，你知道吗，你们的时代已经过了，汝也和我们斗嘴吗？于是大家相率退出，到第二天，李宁氏乃下解散宪法会议之令。

……议员散后，在西伯利一带捣鬼。近闻有组织共和政府的消息。

二、召集农工兵大会解决国体及和战问题　宪法会议，既以非真正民意代表的缘故，一月十九日被人民委员会以武力解散。过了几天，仍于原来会场，召集全国农夫劳动者军人，开一大会，以解决和战国体等等问题。外交委员托罗斯基出席宣言曰，吾人革命为广义的革命，西欧诸国之劳动者必常振起，援助吾人，吾人亦当量力以援助之。……会于一月末日闭幕。关于国体问题之决议如下：

俄罗斯帝国，东起白令海，西迄波罗的海，奄有欧亚二州，为世界独一无二的大国，国内民族极多，非常复杂。初时各自聚族，独立分居，不过后来，因野心的帝皇，用武力把他们次第征服，强迫他们伏属宇内，作他不征不二之臣。但是各民族的心中，好不输服，都是敢怒而不敢言。如今一旦革命成功，各人有各人的自由，各族有各族的自由，以后的国家，无论组织如何，当然不能如前一统，只好听各家民族自由决定，或分而独立，或合而组成，皆听其便。但是自由向决一语，并非以有产阶级为主体，乃以俄罗斯各民族中之"劳动者"为主体，听凭劳动者之自由意志，以决定其去就也。至于俄罗斯之旧国，泱泱大观，在国家主义看来，自应设法保存，使永永不替。但是进化人类眼光自有不同。从前时候，人民为国家之个体，到了如今，则人民为社会之分子，国家如何，了无关系。故吾俄罗斯同胞，不惜为大大的牺牲，破无量数小国，亦所不恤。此各个小国之中，组织如何，亦各凭其民族之自决，总不外为劳动的共和国。此诸小的国群之中，得由自由意志，以为友谊的联结。

这便是该会议国体论的结果。至于议和问题，他们还有一种主张，今再述之如后：

国际的战争，驱两国劳动者以相攻杀，故为人类之敌。我们恶之，甚于战场上的敌人。盖敌人杀我，原非敌人的本心——我与他素世无仇，他为何把我杀害——皆因被敌人的长官，驱他出战。所以驱我出战场者，简直捉赴死地，绝我的生机，且教我犯杀人的大罪。所以我们不能为之原谅。今欧洲战争，继续打了五年，我们从前的大梦，从今醒了，国际战争是决不能继续再打的了。劳农政府（即过激派政府）新宣布之议案，以不割地不赔款，向同盟国议和，向协约国劝导，是我们极端赞成的。即使协约国不肯，我们也要单独媾和了。但是德奥方面提出条件，遗背民主主义，真是无理之尤，不独我们不承认，恐怕同盟国的社会党，也不肯承认呢……

三、新制施行　新施行之事甚多，今杂记一二如下：

农工大会之后，劳农政府，即向德国提出单独议和"详见下文"，已稍有头绪。且前敌军士，已饱酿自由之理想，早有自由休战之势。所以政府从人民之请，将前敌兵队逐渐解散，释放自由。但为贯彻革命主义计，非采用武力，恐无速效。故编练赤旗军，全由劳动者自由组成，以非军队之编制，而确有军队之效力，抑且过之者也。

俄罗斯人民，素来迷信有一定的国教。……此次革命既起，打破经济问题，同时又推翻宗教，许人民信仰自由，限至三月十三之后，永永不得与教堂来往。断绝关缘，从今以后，"黑袍曳地十字垂胸"之怪物，恐怕要绝迹于俄罗斯了。

……

克伦斯基当国之时，因欲继续战争，与地主资本家，及外国资本家、企业者，募集公债外债甚巨，皆附有绝大的保证物业。此次革命之后，经由农工兵大会议决，把所有公债外债，一律作废，附于公债的保证，各处私有银行，已悉数收没，移归公有。

四、普及广义的革命　俄国过激派，其在国内，为国民委员会，而不取政府的组织。但外人从习惯上呼之，仍曰政府，他也不能自讳，故自称曰劳农政府，以别于普通政府。其所倡之革命，自称为广义的革命，盖示别于普通之革命，不区区以政治自划，国界自划，将由政治而及于经济，由内国而及于全球。故对于外国，亦欲普及其革命之思想，而助之实行。这回革命之后，即纷纷遣人，投入中欧西欧诸国，分向运动，又召集万国社会党大会于瑞典，即为此事。后为各国政府所阻，而无结果。但是秘密运动，已百出不穷。前回德奥境内皆有很大很大的罢工，皆是由俄人之外交运动所致。盖俄人这回革命，系争个人的自由，正大光明，谁不羡之？德奥国人，非无脑根者，岂有不见猎心喜的道理？外间传说，俄德间未议和已前，彼此两军虽在前敌，已无斗心，休战之时，互相往来，共同游戏，有如好友。即此可见其中必有钩通结合之人。而德人已受俄人感化，行见满载革命种子贩回祖国，倒戈与"该杀"相见矣。日本驻俄大使内田康哉，返国演说，谓过激派之主义，已浸入德国内部，故德国无论如何，非但不能遏阻俄人之主张，且足以能发德奥两国共同的大祸。此言可谓能窥察入微。……

五、革命运动之外交　过激派之劳农政府，既欲把广义的革事主义，对外鼓吹，其普及的方法，分为二种：一秘密的派人分往各国，结纳原有的社会党劳动党，一公开的把原有俄国驻外公使一律取消，另行改派，使与各国人民接洽一切。……

……十二月二十六日的公报上，有一篇通告发表，此刻把他抄在下面，给大家看看。"我们革命，为平民革命，万国的无产劳动家，当以劳动同胞主义，结一国际的联合。这是第一要紧的事。对于帝国主义的抗争，应当取国际的规模，方才可以取得胜利，所以我人民委员，对于各国的劳动者，一视同仁，绝无异视。凡金钱上以及其他种种助力，我们无不量力帮助。无论为俄罗斯之敌国，或为同盟之朋友，为中立的国人，皆无以异。今欲实行此种目的，特先拨款二百万留布，交驻外国各外交代表，分别施行之。国民委员代表李宁，外交委员托罗斯基，主任玻鲁唯滋，书记吾鲁蒲那夫。"

……

七、对德奥议和　第一次革命的时候，克伦斯基一派，掌握政权继续战争，国人大不满意，不久便闹出社会革命的风潮。所以和战问题，很关紧要，在俄国大势，占一重大的位置。当改革之初，即由农工兵大会取决议和。协约国方面，一定不肯，只得与同盟国，单独媾和。革命政府是去年十一月九日成立的，不到十一月廿六日，李宁氏即用无线电,通告德国,开始交涉和议。这单独媾和的意见,德奥政府,是很欢迎的。因为德人被俄国牵制,不能专力攻击英法,此刻正好借俄人媾和的时候,俾得专力西向。而且对俄方面,亦利用俄人厌战心理,一面详与议和,一面暗中规划,以便多得利益。所以二十九日那天,即已彼此应允停战,至十二月五日,由中欧四国派出代表,与俄过激派代表开始谈判。俄代表的主张,是依照万国劳动党所定的条件,"不割地不赔款",为议和原则,而德奥方面,则纯为私利起见,所定条款,非常严刻,绝无利益于俄国。俄人非不知之,但是俄人爱好和平厌弃战争的心理,已普及全国,且改革社会整理内务,煞费功夫,若一面对外战争,必无余力解决经济上政治上的大事,而完成其社会革命的功劳。所以对于敌人,虽然少少吃亏,亦所不计。十二月十五日那天,再与德奥定立延长停战日期之约,声明定约之后,彼此如有中变,须于七日之前,予先通知。此时和议,可谓大体粗具。过激派政府,于是一面与德奥代表研究议和条件;一面顺从前线军人的要求,下令复员,逐渐解散军队;一面专力整理内务,解决国体问题,听人民之自由去就,各自组织小俄诸国,皆得独立。到了二月九日的时候,乌其连等处,与德奥缔结和约。而法奥方面,则因双方条件,尚未协妥。德人的外交,素性狡诈,这回和议,毫无诚心,虚与俄人周旋,借延时日。及至二月十八日那天,停战期满,俄人方欲与之继续交涉。德人乃以迅雷不及掩耳的手段,通告俄国,说和议无效,即日再行开始战争。俄人大怒,托罗斯基乃提出抗议……但是德人对于此种抗议,置之不答,一味派兵进攻,渡多诺河而占领多惟斯克,又联给[合]乌其连,进兵哥费尔地方,以为畸[犄]角,强占亚兰群岛。俄国前线军队,已多半解散,一时措手不及,无可抵抗,遂被德人连打胜仗,进迫京城。俄政府无可如何,乃遣人往德交涉,责其背约。德政府乃提出严格的条件,强迫俄人,俄人无可奈何,只得交劳兵会委员,会议彻宵,谈论结果,赞成者多,反对者少,屈让的和约,可决通过。但是时德军,已节节进取,北面由斗儿岛对岸上陆,中路直迫莫斯科,南面占领罗脑地方,农劳政府,无可抵敌,为目前计,乃以劳兵会之决议案,通告德军。不料德人到了此时,旨高意扬,得陇望蜀,双方和约,故意迁延,俄境德军,仍然猛进,直到二月廿八日,和约始成。然已在俄境内,多取了无限利益。俄政府为势所迫,不得不签定和约。其中有一部分人,非常愤激,全国汹汹,宁愿把平生服膺之和平计划,暂时牺牲,要求与德人再决死战。农劳政府乃下令全国动员。其言曰:"德政府惧吾革命政府,势将发展,为帝制主义不利,欲使中产阶级,复见于俄国,故此次以和平骗我,以战争胁我,而我国之中产社会,又希望德人为之恢复其已过之时代,内外交迫,故我政府,遂为所卖。今多数小团体,于各村落通衢小道之中,截击已入吾境之敌人,务使德人侵略政策,无可继续,以此之故,我人民委员会,敢竭诚恳请全国壮丁,一致动员,以扫外氛,而绝中产者之妄念"云云。迩来电报,迭萨一带地方,已有被赤军克复的消息到了。

(《劳动》第一卷第二号,1918年4月20日,署名 一纯)

25.《俄过激派之对德态度》(《晨钟报》,4月20日)

《晨钟报》刊登《俄过激派之对德态度》(上海《民国日报》1918年4月22日转载),如下:

据由俄都所达日本官边之消息云,刻列宁、托罗兹奇等过激派首领扬言,谓吾等武力虽败于德意志,而主义思想颇可征服德意志以打破其军国主义。此际虽值革命混乱之秋,亦拟设立学校,教育青年,并派传道师赴德意志及各国宣传该主义。在德意志之社会主义者目下虽尚屏息于军国主义压力之下,但与列宁等同一主义思想,一方以战争之悲剧压制军国主义之感情,倍觉强而有力,则彼等征服德意志国民之思想非可只以空言而蔑视云云。

(《晨钟报》,1918年4月20日)

5月
1日(星期三)

26.《俄国复辟昨讯》(《晨钟报》,5月1日)

《晨钟报》刊登《俄国复辟昨讯》,如下:

伦敦二十九日电关于俄国复辟事 彼得格勒此后无消息到来,路透社最近所接之四月二十三日该地发来电报,尚未能证实复辟之说。据瑞典和俄人观察以为,此乃德国方面之故为吹听者。又一消息,则谓俄国国内目下,确有复辟之阴谋,并有德国为之后援。惟此举恐难成功云云。

(《晨钟报》,1918年5月1日)

2日(星期四)

27.《过激党解散议会》(《晨钟报》,5月2日)

《晨钟报》刊登《过激党解散议会》,如下:

据海参威电云 布尔扎维克已解散沿海各省地方议会,红防营兵占据该会所云。

(《晨钟报》,1918年5月2日)

28.《俄国复辟三志》(《晨钟报》,5月2日)

《晨钟报》刊登《俄国复辟三志》,如下:

  俄国复辟消息已两志本报 日来俄国内乱甚为剧烈,该项消息必非传之无因,而据昨日所得二十九日伦敦来电,德国方面业已传播殆遍。据云,德政府已得瑞典报社恢复帝制及彼得格勒扰乱之报告,德国外交次长电致莫斯科德公使述及瑞典之报告,又彼得格勒十三日来函,云君主政体之宣布即在目前,大公爵亚力哲夫等均在彼得格勒云云。并闻,德国外交次长已电致莫斯科德公使详询细情云。

(《晨钟报》,1918年5月2日)

3日(星期五)

29.《俄国复辟四志》(《晨钟报》,5月3日)

《晨钟报》刊登《俄国复辟四志》,如下:

  尚未证实
  据路透俄京访员之报告 俄国复辟之说尚未证实,据瑞典各俄人推测,系德人之捏造。又法国各报谓,谣传俄国恢复帝制或系德人之阴谋,以毁俄国袒护协约国各重要人物之名誉。各报又云,此实德国之利益以彼得格勒发生乱事德国即可出而干涉。据此闻所揣度德国向莫斯科代表询查关于彼得格勒,发生之事乃一种掩饰之法,因德人早知彼得格勒发生之事故为吹听云。

(《晨钟报》,1918年5月3日)

6日(星期一)

30.《俄国新旧党激战详情》(《晨钟报》,5月6日)

《晨钟报》刊登《俄国新旧党激战详情》,如下:

  昨日政府接鲍黑督来电报,告新旧党激战情形,略谓谢队进攻激党情形。业于敬宥两日电陈顷。据驻满司令□电,称据参谋,王烈报告奉令查视。新旧两党战况俭日三时过大乌里谢队北进。已数日,只留华兵十余人。电报手数人战闻该队已于敬日占领哈尔诺烈,行至八十六号小站,遇南下之赤十字,车内载伤病者二千余人。据询称，波里金斯克正在激战。晚十二时到波站，该车战斗业已结局查。是役新党千余人，炮七门，扼守该站东南高地一带，并筑有防御工程，谓□共俄装华兵千六百人，哥骑六百骏马及机关枪各一百。俭日，早向新党开始攻击一面饬别队，将波站以西铁道破坏，双方夹击新党不支遂向北方退却。谢队占领波站当饬骑兵及机关枪共两百余人，带同铁路技师向前追击，本队仍在波站扼守。激党首领已退至窝里源。此次战斗，以华兵机关枪最为得力，谢队伤七人死五人，激党死二十人伤五六人，获机关枪一架，火车百辆，步枪子弹无算。据谢称，贝尔加附近山地甚险，并有德奥人八百在内。该站如能攻下，窝里源不难获得。日人黑木参谋等四人亦在谢军，又今晚八时在斜拉米站，遇俄统领阿尔罗夫斯军队北上共千余人。总此各方面情形，窝站附近二三日内必有大战。谢队连站皆捷，士气颇振，激党归附者已有百余人等。语随饬随时探报外谨以奉闻云云。

(《晨钟报》，1918年5月6日)

7日（星期二）

31.《俄过激派与协商国关系隔阂》(《晨钟报》，5月7日)

《晨钟报》刊登《俄过激派与协商国关系隔阂》，如下：

俄国过激派与协商国关系，现更愈形隔阂。故内田驻俄大使之任大致于近日亦不能实行云。

（以上六日俄京电）

(《晨钟报》，1918年5月7日)

8日（星期三）

32.《过激派宣布铁道独立》(《晨钟报》，5月8日)

《晨钟报》刊登《过激派宣布铁道独立》，如下：

据尼谷尔司电云 布尔扎维克已宣布东清公司之乌苏里司克铁道全线独立，此等议决商界人民亦为恐慌。因该路之布尔扎维克人员或将占据海参威出口之码头，而地方铁道人员以该码头应由东清铁道管理可保无虞云。

（以上六日哈尔滨电）

(《晨钟报》，1918年5月8日)

9 日（星期四）

33.《反过激派军事如破竹》(《晨钟报》，5 月 9 日)

《晨钟报》刊登《反过激派军事如破竹》，如下：

俄将军谢米诺夫前在满洲里击退过激派之军队，已见前报。兹据外人方面消息，谢将军日前自满洲率队前进，现已行抵恩洪河，距满站约有百英里左右，闻该军近来甚形得手云。

（《晨钟报》，1918 年 5 月 9 日）

10 日（星期五）

34.《俄列宁政府谴责驻外领事》(《晨钟报》，5 月 10 日)

《晨钟报》刊登《俄列宁政府谴责驻外领事》，如下：

四月二十九日太晤士报驻东京访员电云，据朝日新闻社驻莫斯科访员报告云，过激派外交委员呈文日英法美四国总领事，指其为参预某阴谋反抗俄政府，并确称该各国驻海参崴与北京代表现磋商再举复旧之革命……

（《晨钟报》，1918 年 5 月 10 日）

35.《俄国最近之政象》(《晨钟报》，5 月 10 日)

《晨钟报》刊登《俄国最近之政象》，如下：

复辟说系德人捏造

据挪京太晤士访员报告云按 瑞典荷兰传来之俄国消息，过激派政府推翻之谣言毫无根据，或因地方委员会行政之事近，时有所整顿，多尔司克所表示，强逼之办法，其影响几使民党委员与乱党交战。即如前科兰司克之政府，应当攻击过激派之党徒，设立新陆军外最要之举动，即科兰司克时代之人员又行出山。于是秩序恢复，且能支配粮食及其他之事。此事前虽经劝勉，人民均不肯遵从。近日竟然实行，俄国人民之方面更觉痛恨德人。太晤士报论挪京之报告云，协约国对于俄人将来之信仰不至失望，其人民心理之更变无不受协约国欢迎者，德国外交家反以自行解决，及无吞并之主义。为分裂俄国之境界，驾御乌克安尼，可为德国信实亲睦之殿鉴，其使俄国人心更变实无所骇异。太平洋两岸之希望，俄国得获幸福者，其责任显系应尽其权力，相助其再造国家之大事。实此等协助本无权利，但为俄国之利益，俄国为各国联盟中之紧要份子，幸协约国中独有一国，现能相助且愿于为力。后藤男爵近日之宣言表示，日本若得正式之通告，定不推却担负该责任。欧美两洲未有政府，人民梦想合日本出面担负，但协约国及美洲探知，设日本担负此事，其将以高尚眼光最远之政策行之云。

(《晨钟报》，1918年5月10日)

12日（星期日）

36.《布尔扎维克检查书信》(《晨钟报》，5月12日)

《晨钟报》刊登《布尔扎维克检查书信》，如下：

据伊尔库次克逃氏云 布尔扎维克委员会现严行检查，由满洲发往俄国之函件，凡信内提及远东政治之形势均将收没。

(《晨钟报》，1918年5月12日)

37.《反过激派着着胜利》(《晨钟报》，5月12日)

《晨钟报》刊登《反过激派着着胜利》，如下：

俄国新旧党之激战情形迭经报告兹悉 俄国旧党首领谢米诺夫仍率队前进，吉黑两省均有电报告此事。鲍黑督庚日（八号）电，略谓据满司令电称，谢米诺夫江日占领窝里源。该处铁桥被新党破坏，另筑浮桥，由美人包办，两星期后方可通军等语，除饬仍侦察具报外，谨闻又孟吉督佳日电，略谓据探报称，谢米诺夫鱼日早七时占领阿克，新党退至蒙古，惟谢军毫无损失，仍前进攻等语。

(《晨钟报》，1918年5月12日)

15日（星期三）

38.《反过激派军容大振》(《晨钟报》，5月15日)

《晨钟报》刊登《反过激派军容大振》，如下：

俄将军谢答诺夫前由满洲率队前进，行抵恩诺河一节，本社前已报告，兹闻谢军日来颇形得手，复由恩诺河西进约一百英里，抵阴多高河，距乞达不远。云按乞达为满洲里边界要镇，该处若为谢军所得，则谢军在西伯利亚之势力即可稳固矣。

(《晨钟报》，1918年5月15日)

16 日（星期四）

39.《农民反抗过激派》(《晨钟报》，5月16日)

《晨钟报》刊登《农民反抗过激派》，如下：

> 据可靠报告云 伊尔库次克之布尔扎维克执政致电赤塔城，云彼等未能再派军人援助其陆军，以抗森穆诺夫。因地方居民及农民等将反叛抗拒地方委员云云。（以上十四日哈尔滨电）

(《晨钟报》，1918年5月16日)

18 日（星期六）

40.《过激派军之形势》(《晨钟报》，5月18日)

《晨钟报》刊登《过激派军之形势》，如下：

> 据满洲里车站来电云 塞门诺夫之军队，因行军之理由稍为退后，又据塞门诺夫公布，云布尔扎维克欲向阿鲁威拉进攻，已被其大炮驱退，擒其兵士。塞门诺夫之骑队，在德尔巴附近攻击红防营。该营稍与抵抗后逃走，死伤甚多，其所用之器械均旧式快枪。又云前数日间，大队哥萨兵等又联入其军队云。

(《晨钟报》，1918年5月18日)

20 日（星期一）

41.《这就是广义的革命》(《劳动》第一卷第三号，5月20日)

《劳动》第一卷第三号刊登《这就是广义的革命》，如下：

> 日本报说李宁、托罗兹奇等过激派首领，扬言谓吾人等武力，虽败于德意志，而主义思想，颇可征服德意志，以打破其军国主义。斯际虽值革命混乱之秋，亦拟设立学校，教育青年，并派传道师赴德意志及各国，宣传吾人主义。在德意志之社会主义者，且下虽尚屏息于军国主义压力之下，但与李宁等同一主义思想，一方以战争之悲剧，压制军国主义之感情，倍觉强而有力。则彼等征服德意志国民之思想，末可以空言而蔑视之。"俄人主义，确已首先感化德奥俘虏，德国无线官电报云："俄罗斯战争俘虏营内，闻有组织革命干事会之说，尤以哇姆斯克，及姆斯克，爱加特堡数处为最。……"又俄国致德国外交部无线电报，"现已设法使西比利亚东部俘虏即速离

境"。德政府利用俄党反对战争，遂以强力压服俄国，不知德民已经染了革命气息。威廉不久便要去西伯利亚与尼古拉斯（俄皇）相持而哭的，并无假话。且看下文——某某通信社电，羁留俄境及西伯利亚之德奥俘虏约十四万人，多数已表同情于社会革命党。近日确有组织革命干事会之讯。德政府忙向俄国交涉……然而迟矣。

(《劳动》第一卷第三号，1918年5月20日)

42.《李宁之解剖》(《劳动》第一卷第三号，5月20日)

《劳动》第一卷第三号发表"劳人"的《李宁之解剖》，如下：

俄国革命之真相

法兰西一革命。乃孕育十九世纪之文明。俄罗斯一革命。将转移二十世纪之世同。故其震动寰球。有不容不细心研究者。本志所为一再推等其真相。当亦读者所不厌求详者也。

本志前号之"李宁事略"。意在揭发此役之主要人物。以饷读者。"俄国过激派实行之政略"一篇。搜采其进行现状尤□。愿皆就事记述。初未以扫除各方面读者之疑云。在曾有盗贼革命。帝王革命。（多见于吾国历史）。有种族革命。政治革命。方今勃发者为社会革命。（克鲁栢紧每好于法国变政史中。爬出许多社会组织变革之痕迹。故彼认定法国之政治革命时代。实含有多少社会革命性质。）俄国今番之大众。态度鲜明。当然系社会革命。无可致疑。

方其举宁也。率先废除政府。（俄国至今只有国民委员会。各国人头脑中多未尝有"无政府"观念。故仍目之曰"李宁政府"。曰"广义派政府"。曰"过激党政府"。未见其为当。）收没私产。故主张"无政府共产"的一派人。以为李宁派即无政府派。而国内外报纸上所电传。常见有"某日某地俄国无政府党与李宁党（成过激党）小战"云云。于是疑云大起。莫名其妙。

世固有社会民主党一流。主张以国家权力行社会主义者。初以为李宁派即其同□。则欲引而亲之。而李派行动。又大不类。且对于社会民主党人。甚至加以杀害。（前月海参威亦发见一案。见本志前号）。是固两不相容。而各国之社会民主党（或国案社会党）遂甚不高兴。

国主改革社会。而有政府的社会主义与无政府的社会主义。毫□千里。自巴枯宁马格斯以来。□举□分。初非可得而泥作一潭者。况俄事已入实行时代。尤非仅为理喻上之辨争。夫是以不可不潜心□察。今从四面推勘。仅乃确定李派实由社会民主党分出而偏近于无政府共产党者也。要之经济革命。阶级战争。□□百年。俄事只为开□□鼓。自今以往。舞台之光怪陆离。厥状何若。有识者固不待揭幕而后知。要必于派系学说。多所研究趋势进行。悉心体察。斯有以立不移之方针。而为潮流之应付。日本驻俄公使内田康哉。以政治家外交家之头脑。亦经俄民□喝省悟。发为隔靴挠痒之言。(见本志前号)吾人讵尚可昏天黑地如无闻见也耶。

吾□奥□之官僚。其学识仅高于小学生无疑。固闻内田大使之言而脑中尚未了了。中下等社会。不问世故。又所当然。独惜所谓主持舆论指导国民者流。独是作其"光绪式"之论调。不曰"俄乱"。则曰"俄□"。呜呼。祸乱云乎哉。私产制度经济组织之末日也。

吾尝冗矣。请述社会党何伦 H E Huhuncl 氏之言。盖杂述李宁派对德媾和之意义。与夫李宁之言行者。□合近状。俄事真相庶乎得之。

何伦氏曰。当吾第一次演说俄人暴举发作。吾即□□中吾意见。书其革命不过始除开场。由今局势观之。吾人者之□见。全无差□——现□确非相对的革命。有如各处报纸所□述。实乃进行间之理谕实现也。

读□派(即过激派)现行政略与其原来之□□。完全□合原无□趋。吾人苟一回愿去年(一九零七)之万国社合党大会。即见李宁对于战同。曾与德领波兰代表卢森堡氏俄代表马讬甫氏联同提出附论。常经表决今俄国社会党特取而实行之耳。

当时大会所先表决云。反对军伦主义之战争□与一般的阶级战争(社会革命)携手并进。凡战争皆以经济的原因面状。故凡战争直皆可谓为资本主义之天性。欲其停止。惟有待资本制度推翻。否则或俟人命财产之牺牲。其额与所增加之军械军实数相等。然后人民起而革命。扫除资本主义。无少遗留。斯战争可止也。劳动界之被征入伍。或被骗而制做专供牺牲之军械者。咸极反对战事。故战事乃与劳动者最高目的。至为反对者也——其最高目的在根据社会党之理喻各国互助而建成经济的秩序。李宁虚卢森堡马讬甫三人所提出之附加论文云。战端既开。社会党人既不能制止。则各国党人。亦应速令其移结。更当"利用因战而起之经济的政治的争端。群起扫荡资本家之压制"。其在俄罗斯之社会党。今即循此法以行。军队亦联同抵拒若辈尤足令人惊讶者。

更上溯一九一四之八月。俄社会党曾联合反对俄国加入战争。是年有此表示之后。虽政府岸然不恤。而俄民则大致皆表同情于党人之非战政策。是岁八月之初。社会党仍严行其万国主义。Internationat□□l 时正与意大利党人不谋而合。八月八日。考斯讬夫独代表社会党两□。向议会宣读论文。谓战祸既作。全球人民悉□大灾。故交战国双方之劳动者。皆一致反对。战争目的。不外治人者扩张其权力。不民自当抵拒侵袭。保障文明。今各国平民。虽无力免战。致返平野蛮之域。而劳动者仍觉"万国互助"之法。足以早复和平。且所附和平也者。要平民主持之非复由外交政客所操继也。由今观之此战已足令全欧平民。人人张目。洞明自己身受之压抑强暴一切正确原因。既知其所由来。斯知所以防制野蛮之观。当临末日矣乎。

考斯讬夫之言论。唤醒议会中之籍□社会党劳动党者后此提议战事公债。两党议员皆置不理。自是以后。"非战政策"及"万国亲善"为俄党人坚执之态度。今日李宁之政略独是一脉相承。所谓与其原来□□。完全吻合。

复次请述李宁之为人。而彼一派人之性状亦具见。今俄国之所谓广义派主义。Bolshcrism 实即马格斯主义 Marxism(均产主义)一九零三年。李宁即隐然为倡导此主义之魁首。在巴黎发行之俄文某报会尝言。"李宁革家家也……其所造诣必臻极地。

断不中途而废……是有强劲如铁之性行者天然为□盟之领袖人群之头目。"

一八九五年——二十二年前——李宁著一书行世。书言经济的。是书之力已举帝制政府降服于一己之下。而其一生大著作。则以一八九九年刊行。书名"俄罗斯资本主义之演进"。此为生平最有价值之著述。一九零一年复主任社会党报《火花》于巴黎。俄政府虽列该报为禁品。然销行于俄中。绝多政府无法则规定野蛮之律例。有私藏一纸《火花》者处以禁锢之形[刑]。而该报风行如故也。

一九〇五年。李宁当选为候补国会议员。卒不成功。又二年(一九〇七。)斯德格举行万国社会一大会。李宁充委员。即与卢森堡马讬夫联同提出非战之论。经会众表决。今日俄党政略即贯彻当日之主张也。欧战初开。李宁适在奥□波兰之克拉科。奥人以其为敌国籍民而拘留之。未几运动释放。遂走巴黎。更走瑞士。自是颠播[簸]流离。至于去年归国革命。

余曾在纽约会见一俄人。谓余曰。"吾甚反对李宁其人者。且不特吾一人。俄人反对之者尚众。然吾终竟□服其所为，虽非为德人用，乃为社会主义而为如彼所谓万国利益也。"又李宁亦自表明其主张。谓彼所要求系使农民恢复"土地□有"制 Commnnel ownership of Iand 而非相对的革命一艘之罗俄斯社会党。固主张共和者。而李宁则曰。"吾人不要现在各处所行之共和。彼之共和有官吏。有警察。有军队如我国现政府亦一资本家政府。吾最反对。然世人疑我反对政权者又是错误。我承认政权为必要的，但我意则政权须在晨工兵委员之手耳。"关于此而知李宁决非无政府派。若无政府派则绝对反对政权。Authority 者也。李宁之所适造厥为社会党共和 Socialist Republic 而非中级社会之共和 □ourgoois Republic.

至如李宁论战。其言曰"世人谓我专欲单独媾和是直□言耳。我不过认定此战为全世界之资本家所造成。于劳动者绝对无益。故我辈须破坏之吾且请问协国之秘密外交公文。何以不能公开？吾知世人不能答我则深知所谓秘约之内容。盖英法谋瓜分支那知计划也。我窃主张征服资本家政府而彼政府则以谋吞他国而开战。故我确知此次大战。决无有不併土地而复和之希望。然则欲此战之终。结无□法门。只有全世界劳动者一齐革命。而后资本家政府不能复战且可从此扫除之。"

有人问李宁曰。"设如德国社会党。依君主张将。政权移诸工人兵士之手。而威廉则仍蹯踞德国又将如何？"李宁答曰。"前年一九一六时。吾已言之。如果于战期之内政权得归诸工人兵士之手。战争当然可了然。吾不谓即时能了也。苟威廉不倒。则吾人仍战。特为□灭专制而战。非为资本家併地求财战耳。战之期间久暂无定以全球大革命而止——所谓不併土地。即不准资本家私有疆界之谓"此论未发表之先有人疑李宁为亲德者。闻此始释然。且尤有风行万国之 Avanti 报。为意大利之社会党报。其皆亦足取证。该报谓"李宁在此世中有至疾恶之一人。即德国社会民主党首领苏德曼 Sol□ldemann 是也。李宁谓万国亲善之目的一时未达良。由各国领袖人物之奸狡德国尤著。苏氏又其甚者。故李宁对于人之以社会民主党称彼者概谢绝之彼意。宜废绝社会民主党之名。恢复马格斯一八四八年所采定。"革命的共产党"之老名。为合李本此意。曾于瑞士境内联同卢森堡氏及德国社合党少数派之美□氏刊行"共产党"一书。其最近标示之格言则曰。"国际战争宜一变而为阶级战争"又曾宣言"各国之平民——尤以德国平民为特要——应当拒绝兵役。转其锋□以各向其内敌。盖与他族平民战。徒为高贵社会取胜而达其野心愿望耳。至于阶级战争。亦非谓可穷年份扮此不过解决政治骚扰之一种方法。社会党的共和成立世界和和平稳当可以止矣"。观此而知李宁所求为世界幸福。不知有国何有于亲德耶。"

有人问公正之和平究可得否？李宁著论答之。刊于其机关报Pruvdn同时并破亲德之谣。其言曰。"公正之和平乎可得也。何以得之法。惟取资本家手中之政权转入于各国劳动者之手可也。"又曰"同志乎！工人乎！各国之劳动者乎！流血亦已足矣。公正之和平也者不併地不霸产之和平也。然吾人决不与德国窃贼之资本家成群之强盗商量之。"

观此尚可谓其为亲德耶？抑尤有李宁之演说。谓俄国此番变乱。有两大国不久随之者。一曰德。二曰法。然则所谓亲德者。亲□之民。则有之政府则无论何国在所必排者也。

革命初期之际。李宁又曾演说。谓"一九〇五年时。英法曾于俄帝有财政上之助力。使得以平革命之难。这一九一七年。则又助革党以推倒俄帝。迹其反覆行为。无非为中级社会于中取利耳。我国初次政治革命告成。彼所谓临时政府者。如米留谷夫辈，直英法银行之传记。为之营运金钱使延长帝者之战争而已。故平民革命求和平也。求面包与自由也。和平面包自由不可以望诸政府。惟在我农民工人兵士合力以求之。今则帝者之战争。一变而为国内战争矣。要其所以致此即亦彼过□之战局所促成。吾以为此特革命之第一步耳。米留谷夫克伦斯基等之政府。公然宣告尊重前皇手立之国际条约。不思此正强盗之贼□。独欲战至必胜。以遂其征服他族之愿。是岂能出我人民于饥饿之苦难中者。政府与地产资本关系过深。无论其许我以何等自由。彼终受资本家之挟制。无权力以予我也。"观此而社会革命之真义解剖了然矣。

有为何伦氏之谈话颇病错杂无次。然俄事真相。已可钩稽得之。试撮采如次。

一 李宁仍实贵政权决非无政府党。

二 李宁不主张以国家权力推行社会政策。决非社会民主党。

三 李宁政策□政权归诸劳动者之手。是进乎方今发展之"直接行动"主义。

四 李宁之所谓政权非用以压制他人掠夺大利之权。乃推行其主义之权力。

（《劳动》第一卷第三号，1918年5月20日，署名 劳人）

23 日（星期四）

43.《俄过激派占领恰克图后情形》（长沙《大公报》，5月23日）

长沙《大公报》刊登《俄过激派占领恰克图后情形》（原载《浦洲日日新闻》），如下：

据恰克图通讯云，过激派占领恰克图，即多罗意兹哥沙威司库市后，业经二十日矣。抢劫横行，想无贵重物品之遗留耳。凡居住室内所储存之铁器、家财、食料、衣服料、杂货等件，及仓库内，迄地下室所隐匿之多额物件，均没收一空如斯。抢劫之外,复强制征发物件,汽车、马车日日积载如山,搬入前此赤卫军所占领大街公园前角之斯多罗夏仓库内,其情形极为壮快。盖该地原为俄蒙国境贸易商埠中最有名声、最有历史之地也。过激派当局获得多量之物品,大有如桃太郎征伐鬼岛凯旋归来,极为得意之情形耳。

市民之中,均视赤卫军如蛇蝎,俗称为盗贼。一闻其来袭之传说,即纷纷越国境,避难逃亡蒙古境内……富豪者流均战战兢兢,有何时受其来袭之惧,终日愁眉不解。……盖彼等(指布什维克-注)之魔手不惟不及中产家以下,而打破上下阶级,律以朋相称,互相亲睦。不惟向来价值百卢布以上之女靴可以二十五六卢布购得,即牛肉面包石油及其他一切日常食料品等,在过激派政府施政之下,均以极廉价卖买。农民、佃民本为市民之多数,今日却有喜过激派占领之形象。赤卫军亦比较温顺者,多富于友情,无演滥肆掠夺暴行等事。想象其迄今次第布施善政,大有欲买市农夫欢心之用意云。

(长沙《大公报》,1918年5月23日)

24日(星期五)

44.《过激派审讯俄皇》(《晨钟报》,5月24日)

《晨钟报》刊登《过激派审讯俄皇》,如下:

> 场地在莫斯科
> 据莫斯科传来报告云 过激派兵工委员会由海军少尉克兰谷氏主席令,传讯前俄皇帝,加以激动政变,更改国会选举法及违法支用公款等罪名,现派里的枪队至杜巴尔司押解俄皇前来莫斯科云。

(《晨钟报》,1918年5月24日)

26日(星期日)

45.《哈尔滨过激派之野蛮举动》(《晨钟报》,5月26日)

《晨钟报》刊登《哈尔滨过激派之野蛮举动》,如下:

> 哈尔滨二四电云 俄国南部英美烟公司雇员但尔里氏行即哈埠述,称该处凄惨情形,里氏因铁路停车,逗留哀家得乐两个月,目睹布尔察维克党徒夺取该城。该处临时军队均系军官所组织,迫于军火缺乏,因之弃城,彼等均遭杀戮。布尔察维克军队搜检各医院,屠杀受伤各兵士,看护妇亦遭其害。但又见其贵族人员之尸首三十具与

看护妇尸首，裸体身无完骨，陈列以示众。布尔察维克军队各携布袋，以备掠掳。其司令官三人酣饮于旅馆，而不知□内一人云，余不知何故，不得为总司令。其第二人云，此事即当解决。于是持起快枪，击死两人后自称为总司令。但氏乘四等车离开哀家得乐，其行李在各车站均受查验。至某车站见车上有一青年俄国看护妇，行李内检出手枪一支，布尔察维克党徒决定应当枪毙，即擒至铁路平台。时有人民数百知，无庸辩论，该看护妇正立，毫无摇动。布尔察（维）克先截断其右臂，后断其左臂，后有一兵隔断其咽喉。此看护妇尸首倒跌后，又受刺刀乱刺。据行刑某兵对但氏云，该看护妇于行刑时不动声色云云。

（《晨钟报》，1918年5月26日）

27日（星期一）

46.《俄国外交代表对外之表示》（上海《民国日报》，5月27日）

上海《民国日报》刊登《俄国外交代表对外之表示》，如下：

戊午编译社云，数星期前俄外交代表曾因更易领事问题特发布告，厥中于中美日三国之关系均有所表示，即讥诮日本，称扬美国，表友善于中国也。……其大意于下：

"莫斯科外交代表之布告"去岁十一月二十二日曾以命令废去不服从人民代表官吏之公使领事，其继任者在能选举享有自主官吏政策之行政董事之较大俄国属地，如满洲、蒙古及东土耳其等处，可指定之，但须将继任者及其资格报告于莫斯科政府官吏，以资证明。其属地区域之较小者，可由附近该处之政府官吏委任之，亦须将其资格呈送于莫斯科，以资证明。……

此项命令应以其所在地语言宣示于附近居民，俾资传布。关于中国，应致馈遗于北京政府，使其不迫压民意。……其南方人士则为筹划联合革命，与吾国民同此目的者。而北方官吏则多专制思想，实行其北京之完全垄断者也……

对于日本，亦应有所馈赠于其历史上多数守旧之日本政府，以其富有夺掠之野心性也。

美国于我政府向表同情，我政府对之亟应表示友善。盖与美握手，则美可暗示我以日本每次之企图，并可因引起居间外人之目的，全体注意日本之挑拨行为。

东华铁路（即东洋铁路）我可宣言承认一千八百九十六年之条约，中国系存其监督、防护铁路驶行地界之最高权利，而不干涉铁路之经营，及我政府之本身，并允许我于重要居留地企图俄人及中国劳动界与农民代理人之民治主义。

中国人民欲营敌日本及欧洲之资本家及压制者之强暴与不公平之危害，当以亲密联合俄国平民为宜。因俄人为拯救陷于束缚者之最良者也。倘与我国相友善，则可免去外人之蚕食与官吏之横暴，而我国必于此东方人民新建筑中，占居首席焉。

（《民国日报》，1918年5月27日）

47.《人民不满意于布尔察维克政府》(《晨钟报》,5月27日)

《晨钟报》刊登《人民不满意于布尔察维克政府》,如下:

> 据哈巴尔斯克电云 人民不满意,于布尔什维克政府,日见其盛。五月二十日,大队人民聚集于该镇中区,后赴军务委员会,要求即行开释。近日因政治事故逮捕之国民云云。
> 森穆诺夫将军已抵哈尔滨云云。

(《晨钟报》,1918年5月27日)

28日(星期二)

48.《俄国帝制复活》(《晨钟报》,5月28日)

《晨钟报》刊登《俄国帝制复活》,如下:

> 法国新军报乌克安尼亚访员电云 乌克安尼亚又行帝制,报社被封禁者,数家乌克安尼亚重要人员均被拘捕。畿辅与其他五政府宣战,乌克安尼亚国会禁止开会,农民议会会员共有四千人,前曾极力抵抗。国外各政府代表干涉乌克安尼亚国内竞争事件亦经解决。现由斯谷巴斯克管治之拥护者,只有反对革命之资本家等寥寥无几云云。(以上荷京二十四日电)

(《晨钟报》,1918年5月28日)

29日(星期三)

49.《俄国最近宣布远东政策》(《晨钟报》,5月29日)

《晨钟报》刊登《俄国最近宣布远东政策》,如下:

> 十八日东京时事新报海参崴特派极通信云,俄政府近以外务卿斯哀林氏及极东局长富渥士奈逊司基氏之名,向西伯利亚各地劳兵会下关于极东诸国外交方针之训令如次:
> 凡不承认雷银政府之各领事馆员,依去年十二月五日之法令,悉行罢免。
> 海参崴劳兵会当掌管天津芝罘以及上之交涉关系,……须注意以平和宣言书中之主义与诸邻国交涉,此宣言书宜翻译为各国文,以公布其主义。若论现在之北京政府,则颇难认为中国国民之代表。……千八百九十七年之中俄条约,我政府承认之,即中国迄今亦无抗议,故依然保有其效力。而中国既不干涉铁道之经营及俄国自治机关,则于租借地内之最高权及守备铁道之义务仍保有之。今我政府与中国协议以后,

正提议欲以铁道经营及自治机关使同化于民主,故于各地拟设一中俄劳农代表会,此事中国亦大致赞成。又俄国人民当宣布我等之主义于中国劳动社会,借以防止各国之野心及中国政府之压制。各劳兵会宜向极东诸国民晓谕,俄政府自今以后与各国民已全然入于新关系,且宜令诸国民与我一致协力,图脱日本欧美各国之占领野心及种种压迫,以救极东诸国民族于水火也云云。

(《晨钟报》,1918年5月29日)

50. 俄国数省发生粮食暴动消息(上海《民国日报》,5月29日)

上海《民国日报》刊登俄国数省发生粮食暴动消息,如下:

二十六日莫斯科电,俄国数省发生粮食暴动,尼施尼洛夫哥罗尤为激烈,该处索摩伏厂之工人万名同盟罢工一日,重申恢复国会之要求。

(上海《民国日报》,1918年5月29日)

30日(星期四)

51. 俄国数省发生粮食暴动消息(上海《民国日报》,5月30日)

上海《民国日报》刊登俄国数省发生粮食暴动消息消息,如下:

二十七日莫斯科电,劳兵会干事会自[因]农民不肯供输粮食,各村中等社会反对政府日见增甚,特开会议。议长史佛洛夫氏谓政府当煽动贫民以抗富农,引起内讧,俾止农民与中等社会联为一体增长势力。史氏建议今宜速以武装供给农民,以抗乡间之中等社会,即经干事会采纳。

二十七日丹京电,据瑞典某报载称,乌拉尔与西比利亚发生反对革命之激烈运动,哥萨克军领袖杜土夫氏已聚集大军与过激党战于萨拉士夫。

(上海民国日报》,1918年5月30日)

31日(星期五)

52.《俄过激派军队东进》(《晨钟报》,5月31日)

《晨钟报》刊登《俄过激派军队东进》,如下:

俄国激烈派军队已将稳健派压迫,渐次东进,激烈派兵力约八千,水兵七百,德奥俘虏三千三百,义国兵六百,炮三十尊,机关枪四十架,其对抗之谢军尚不满二千。(二十九日哈尔滨电)

(《晨钟报》,1918年5月31日)

53.《过激派又败》(《晨钟报》,5月31日)

《晨钟报》刊登《过激派又败》,如下:

据哈尔滨策成勒新报接得消息云 布尔察维克兵士一队欲渡恩运河,攻击谢米诺夫部下哥萨克兵,现已被哥萨克兵击退云云。

(《晨钟报》,1918年5月31日)

6月
1日(星期六)

54.《俄国各镇反对过激派》(《晨钟报》,6月1日)

《晨钟报》刊登《俄国各镇反对过激派》,如下:

谢米诺夫陈地形势,现在无甚变更。俄国电线现已断绝,据闻电线断绝之原因,系为俄国各镇交战,以反抗布尔察维克所致云云。

(《晨钟报》,1918年6月1日)

55.《过激派收留被逐之人》(《晨钟报》,6月1日)

《晨钟报》刊登《过激派收留被逐之人》,如下:

据哈尔滨各报接得消息云 干事部人员近日被霍尔瓦特将军驱逐满洲境外者,至哥洛加布车站,大受布尔察维克党徒欢迎,被逐之人现已安置于乌苏尔斯克铁路云云。

(《晨钟报》,1918年6月1日)

2日(星期日)

56.《俄过激派侵入乌梁海》(《晨钟报》,6月2日)

《晨钟报》刊登《俄过激派侵入乌梁海》,如下:

政府昨据乌里雅苏古专员急电报称,俄过激派军队已侵入乌梁海地方,情势甚为迫急,请飞饬已开至乌得之军队□速前往镇压。藉卫商民云云,政府当将此电交外交□军两部会□办理矣。

(《晨钟报》,1918年6月2日)

7日（星期五）

57.《协约国对俄方针决定》(上海《民国日报》，6月7日)

上海《民国日报》刊登《协约国对俄方针决定》，如下：

华盛顿二十八日电云，联合国英法及美国对于俄国已决定不出兵干涉，但以经济物资从旁援助。该三国政府现已公式照会日本，并声明联合国政府所以有此决定者，并非对于日本有所顾忌，实因政策上之必要，故而出此云云。

（上海《民国日报》，1918年6月7日）

8日（星期六）

58.《俄新旧党之形势观》(《晨钟报》，6月8日)

《晨钟报》刊登《俄新旧党之形势观》，如下：

昨据哈埠电讯称，连日谢米诺夫军队在伊尔库斯克与过激党激战伊城。至海参威电报已断决。不过后贝加尔洲之战况尤急，谢军已隔失败地位。又海参威之集斯克军队，已宣言与红衣军立于协同地位。因是此间已传说谢军不能复战且有霍中将行将下野之传言，按此种消息，俄旧党在西比利亚东部及北满一带，已显然处于失败形势，然于谢氏不堪复战及霍中将下野之传言吾人则深望其不确也。

（《晨钟报》，1918年6月8日）

12日（星期三）

59.《过激派声明不侵我境》(《晨钟报》，6月12日)

《晨钟报》刊登《过激派声明不侵我境》，如下：

俄新党战败旧党消息 迭经报告，据黑督鲍贵卿青日来电，略谓据驻满张司令称，俄新党进占阿退克图屯。谢队哥兵退至扎兰诺尔查阿屯，与我蒙古卡密迩当经派队驻守，并据新党向其声明，决不闯入我境等语谨闻云云

（《晨钟报》，1918年6月12日）

60.《过激派表好意于日本》(《晨钟报》，6月12日)

《晨钟报》刊登《过激派表好意于日本》，如下：

西比利亚过激派对于日人颇表好意，目下监禁在伊鲁库斯克之日人三名，亦许其与杉野领事自由面谈。又被宣告死刑之日人妻，俄国妇人亦尚未执行。

(《晨钟报》，1918年6月12日)

19日（星期三）

61.《俄新旧党之近状》(长沙《大公报》，6月19日)

长沙《大公报》刊登《俄新旧党之近状》，如下：

稳建派大会之决议　二十一日哈尔滨电称，六月十八日在俄国革命党及社会党开联合大会，议决请求日本出兵援助，联合国已决定由霍尔瓦特将军转恳联合国驻京俄国大使，再由驻京俄使电达在大会列席之党员中属于左党者，从前在西伯利亚克伯烈循所谓支持西伯利亚者，现今已全然与之断绝关系。其他共和主义者、社会主义者已脱离右大会讨论别项问题再□。联合大会二十一日又复开会决议仍旧。

又电现与日前拥护祖国大会，脱离关系别树一帜，研究时局问题之社会党员、革命党员二十一日开会决议仍与大会一致要求日本出兵及协商国联合救助。

(长沙《大公报》，1918年6月19日)

20日（星期四）

62.《过激派治俄之现状》(《晨钟报》，6月20日)

《晨钟报》刊登《过激派治俄之现状》，如下：

俄德单独讲和后，过激派政府特派代表伯特罗氏齐和约正式文书赴德国。氏于三月二十日抵柏林，曾与德国民主社会党某为一段之谈话，经德国报揭载其问答之词，特译于次，亦足以窥见俄国现状之一班也。德民主党员问：现今俄国之政治如何组织？

伯特罗氏答：政权全在兵工会之手，各地之兵工会选代议员一人派赴类于德国帝国议会之中央政治委员会各代表员至少须有二千五百票方可当选。而中央政治委员会成于千人以上之代表议员目下方在莫斯科开会，其目的在于决定内阁应采用之主义方针，内阁人员悉由此政治委员会中选定，中产阶级之人在政治委员会虽无何等公式之政党，惟各个人及各地兵工无论选举何人，均无限制。德民主党员问：然则俄国中产阶级之人及资本家岂全然无有权利乎？

伯特罗氏答：俄国无论何人皆有同一之权利。

德民主党员问：闻俄国所有资本悉被没收充公果有其事否？

伯特罗氏答：资本并非充公，惟为防富者滥用其资本起见，政府特设规定禁止银行存款，每周不得取出二百五十羌帖以上，且禁止五百羌帖以上出于国境。

德民主党员问：然则俄国前政府对于英法所负之债务如何？

伯特罗氏答：一切外债均由过激派政府破汇，此乃正当之办法。盖千九百五年革命之际〈业〉曾宣言新俄国对于前政府之外债不负责任。而加盟于此宣言者，全俄国之农民社会主义及立宪民主党员也。当时世人见此宣言付之一笑，救济俄国实在此点。

德民主党员问：同过激派政府与资本家之关系如何？

伯特罗氏答：资本家一时同盟罢业工场闭锁银行停业，为保护工人起见，政府乃实行管理工场及银行。现在工场从事于所有平和用品之制造，铁路运农具及材料于农业地又运谷物于都市，经济上最重之农工业的连络至是确实恢复。

德民主党员问：芬兰、库尔兰、得里瓦危亚乌克莱因等之分离运动，俄国政府对此见解如何？

伯特罗氏答：吾人在原则上承认民族自决主义。惟关于乌克莱因，该国代表者在讲和、会议主张无代表。该民族之权限本来中央议会系兵工会所创之性质，原应与全俄政治委员会连络，乃彼等（指乌克莱因）方中央议会解散之时，并不别开国民大会，咨询民意。对于过激派军队应否仰奥德之助力即与中欧帝国（即德国）先成和议，其结果国土虽为中欧帝国军队所占领，国民却希望并合于大俄国。又乌克莱因政府虽成立，其住民则宁认俄国政府。对于此等行动，吾人现力所不能及吾人惟专心欲与一切领国平和而已。

德民主党员问：中欧帝国之俘虏在俄国生活如何？

伯特罗氏答：德奥之俘虏极为自由，其大部分已由西比利亚归还。欧俄彼等住于都市，在工场作工，与俄国工人得同一之工资，又与俄国工人等同样出席于政治的集会。吾人望交换俘虏之举早日实行，我政府一切准备均已就绪，即刻开始交换亦无不可。

(《晨钟报》，1918年6月20日)

63. 全俄劳兵农大会消息(《劳动》第一卷第四号，6月20日)

《劳动》第一卷第四号刊登全俄劳兵农大会消息，如下：

俄罗斯自革命以来，国体问题因各方面之争议，迄未解决。现闻全俄劳兵农大会于前月十八（日）开会决定为俄罗斯社会主义劳动联合共和国，即以社会党之红旗为国徽焉。

(《劳动》第一卷第四号，1918年6月20日)

21日（星期五）

64.《俄过激派已起内讧》(《晨钟报》,6月21日)

《晨钟报》刊登《俄过激派已起内讧》,如下:

新闻招待处宣布云据俄无线电消息 俄国中央行政委员会通过议案宣告云,该国四面受吞并主义之徒所攻击,故须驱逐社会革党及中央各政党代表出会该委员会。又拟驱逐彼等又不能充入地方议会,因其与卓尼区将军、加速亭岛尔斯将军、卓陶夫及西比利亚谢米诺夫将军等阴谋反叛,且近来又与乞开斯拉夫等谋叛云云。

（以上十八日哈尔滨电）

(《晨钟报》,1918年6月21日)

25日（星期二）

65. 列宁政府与协约国关系(《晨钟报》,6月25日)

《晨钟报》刊登列宁政府与协约国关系消息,如下:

……列宁一派现握俄国全权。彼对于出兵问题前此极力反对,并宣言宁为德国牺牲,不愿为协约国利用。……协约国前此对于列宁政府极其污蔑,至今日似渐觉悟,知欲抵抗德国,非与列宁政府联合不可。观近来协约国政府对于列宁政府组织新军一事,甚为注意。可见协约国政府颇有与列宁政府重谛邦交之诚意,三国协商不久必见复活云云……

(《晨钟报》,1918年6月25日)

66.《过激派之恐慌》(《晨钟报》,6月25日)

《晨钟报》刊登《过激派之恐慌》,如下:

谢米诺夫部下参谋等六月二十二日宣布,云据各代表由敌军阵地报告,布尔扎维克阵地内因西比利亚西喜应发生问题大为恐慌,布尔扎维克参谋迫于撤退军兵,数队速将派往库伊卜次克。因该处地方委员会已行解散,观乞开斯拉夫民族现在形势之管辖该处,吾人乘敌军撤退兵队之时,击退敌人前卫队于卜尔扎云。

(《晨钟报》,1918年6月25日)

26日（星期三）

67.《俄过激派要求引渡谢霍》（《晨钟报》，6月26日）

《晨钟报》刊登《俄过激派要求引渡谢霍》，如下：

顷据外交界消息，近日满洲里谢军屡战失利，满站迤西五里，源江桥一带已连有激烈战事，该桥被过激派炸毁三次。谢军已退至满站邻近，过激派则进据离满三十华里之小站。我国驻满司令部已派兵士一营开至满西十六里之七十二号小站，严为防守。过激派日前照会满洲里司令部，请引渡谢米诺夫、霍尔瓦特，声明不侵入中国境地，已被该司令部严词拒绝云。

（《晨钟报》，1918年6月26日）

6月

68.《俄露斯革命之真相》（《青年进步》第十四册，6月）

7月
1日（星期一）

69.《法俄革命之比较观》（《言治》季刊第三册，7月1日）

《言治》季刊第三册发表李大钊的《法俄革命之比较观》，摘录如下：

俄国革命最近之形势，政权全归急进社会党之手，将从来之政治组织、社会组织根本推翻。一时泯棼之象，颇足致觇国者①之悲观。吾邦人士，亦多窃窃焉为之抱杞[杞]忧者。余尝考之，一世纪新文明之创造，新生命之诞生，其机运每肇基于艰难恐怖之中，征之历史，往往而是。方其艰难缔造之初，流俗②惊焉，视此根本之颠覆，乃为非常之祸变，抑知人群演进之途辙，其最大之成功，固皆在最大牺牲、最大

---

① 觇国者觇国，观察国情。《礼记·檀公下》："阳门之介夫死，司城子罕入而哭之哀。晋人之觇宋者，反（返）于晋侯曰：'阳门之介夫死，而子罕哭之哀，而民说（悦），殆不可伐也。'孔子闻之曰：'善哉，觇国乎！'"觇国者指研究国情、国运的人士。又指窥伺帝位者。宋蔡绦《铁围山丛谈》卷二："当是时，上密报鲁公，则已有觇国之意矣。"此处，指观察、思考国情、国运者。
② 流俗指凡碌平庸、识见短浅、随俗浮沉的人。《汉书·司马迁传》："仆之先人非有剖符丹书之功，文史星历近乎卜祝之间，固主上所戏弄，倡优畜之，流俗之所轻也。"宋李如箎《东园丛书·坡词》："愚每举此一事，而为人言，莫以为然。此可与深于词者语，岂流俗之所能识也哉？"

痛苦之后。俄国今日之革命，诚与昔者法兰西革命同为影响于未来世纪文明之绝大变动。在法兰西当日之象，何尝不起世人之恐怖、惊骇而为之深抱悲观。尔后法人之自由幸福，即奠基于此役。岂惟法人，十九世纪全世界之文明，如政治或社会之组织等，罔不胚胎于法兰西革命血潮之中。二十世纪初叶以后之文明，必将起绝大之变动，其萌芽即茁发于今日俄国革命血潮之中，一如十八世纪末叶之法兰西亦未可知。今之为俄国革命抱悲观者，得毋与在法国革命之当日为法国抱悲观者相类欤。

……俄罗斯之革命是二十世纪初之革命，是立于社会主义上之革命，是社会的革命而并着世界的革命之采色者也。时代之精神不同，革命之性质自异，故迥非可同日而语者。法人当日，固有法兰西爱国的精神，足以维持其全国之人心；俄人今日，又何尝无俄罗斯人道的精神，内足以唤起其全国之自觉，外足以适应世界之潮流，倘无是者，则赤旗飘飘举国一致之革命不起。且其人道主义之精神，入人之深，世无伦比。数十年来，文豪辈出，各以其人道的社会的文学，与其专擅之宗教政治制度相搏战。迄今西伯利亚荒寒之域，累累者固皆为人道主义牺牲者之坟墓也。此而不谓之俄罗斯人之精神殆不可得。不过法人当日之精神，为爱国的精神，俄人之今日精神，为爱人的精神。前者根于国家主义，后者倾于世界主义①；前者恒为战争之泉源，后者足为和平之曙光，此其所异者耳。

由文明史观之，一国文明，有其畅盛之期，即有其衰歇之运。欧洲之国，若法若英，其文明均已臻于熟烂之期，越此而上之进步，已无此实力足以赴之。德之文明，今方如日中天，具支配世界之势力，言其运命，亦可谓已臻极盛，过此以往，则当入盛极而衰之运矣。俄罗斯虽与之数国者同为位于欧陆之国家，而以与上述之各国相较，则俄国文明之进步，殊为最迟，其迟约有三世纪之久。溯诸历史，其原因乃在蒙古铁骑之西侵，俄国受其蹂躏者三百余载，其渐即长育之文明，遂而中斩于斯时，因复反于蛮儌之境而毫无进步。职是之故，欧洲文艺复兴期前后之思想，独不与俄国以影响，俄国对于欧洲文明之关系遂全成孤立之势，正惟其孤立也，所以较欧洲各国之文明之进步为迟，亦正惟其文明进步较迟也，所以尚存向上发展之余力。

由地理之位置言之，俄国位于欧亚接壤之交，故其文明之要素，实兼欧亚之特质而并有之。林士②论东西文明之关系，有曰"……俄罗斯之精神，将表现于东西二文

---

① 世界主义 Cosmopolitannism，近代从西方传人的一种与国家主义、帝国主义等相对的思潮。《新文化辞书》(1923)：世界主义"是反对那只顾本国的安宁、幸福，不顾别国的安宁、幸福的国家主义、帝国主义、军国主义，而以企图全人类底幸福安宁为理想的一种主义。世界主义的理想，是个人道德和自由，所以，这思想的基础，是注重个人和自由底道德。把这样的道德思想应用于政治上，在内治方面为自由主义，在外交方面为世界主义。""自由主义、世界主义以人民自己统治为理想；反之，帝国主义、军国主义以一国民统治别国民为理想，反对自治，否定人类平等的思想，蔑视个人的自由，一以并吞别国为职志。其特别的，是为帝国主义之一变形的军国主义，不顾国民幸福，竭一国财源以供侵略外国之用。总之，世界主义和自由主义所倡导的是自由贸易、平和政策、军备撤废或减少、经费节省、平民政治、殖民地自治、个人自由、国际平和等等；而一贯这许多主张的，是自由底精神。"

② Paul S. Reinsch.

明之间，为二者之媒介而活动。果俄罗斯于同化中国之广域而能成功，则东洋主义，将有所受赐于一种强健之政治组织，而助之以显其德性于世界。二力间确实之接触，尚在未来，此种接触，必蓄一空前之结果，皆甚明显也。"① 林氏之为此言，实在一九〇〇年顷。虽尔[迩]来沧桑变易，中国政治组织之变迁，转在俄国革命之前，所言未必一一符中，而俄罗斯之精神，实具有调和东西文明之资格，殆不为诬。原来亚洲人富有宗教的天才，欧洲人富有政治的天才。世界一切之宗教，除多路伊德教外，罔不起源于亚洲，故在亚洲实无政治之可言，有之皆基于宗教之精神而为专制主义之神权政治也。若彼欧洲及其支派之美洲，乃为近世国家及政治之渊源，现今施行自由政治之国，莫不宗为式范，流风遐被，且延及于亚洲矣。考俄国国民，有三大理想焉："神"也，"独裁君主"也，"民"也，三者于其国民之精神，殆有同等之势力。所以然者，即由于俄人既受东洋文明之宗教的感化，复受西洋文明之政治的激动，"人道"、"自由"之思想，得以深中乎人心。故其文明，其生活，半为东洋的，半为西洋的，盖犹未奏调和融会之功也。今俄人因革命之风云，冲决"神"与"独裁君主"之势力范围，而以人道、自由为基础，将统制一切之权力，全收于民众之手，世界中将来能创造一兼东西文明特质、欧亚民族天才之世界的新文明者，盖舍俄罗斯人莫属。

历史者，普遍心理表现之纪录也。故有权威之历史，足以震荡亿兆人之心，而惟能写出亿兆人之心之历史，始有震荡亿兆人心之权威。盖人间之生活，莫不于此永远实在之大机轴中息息相关。一人之未来，与人间全体之未来相照应，一事之朕兆，与世界全局之朕兆有关联。法兰西之革命，非独法兰西人心变动之表征，实十九世纪全世界人类普遍心理变动之表征。俄罗斯之革命，非独俄罗斯人心变动之显兆，实二十世纪全世界人类普遍心理变动之显兆。桐叶落而天下惊秋，听鹃声而知气运。历史中常有无数惊秋之桐叶、知运之鹃声唤醒读者之心。此非历史家故为惊人之笔遂足以耸世听闻，为历史材料之事件本身实足以报此消息也。吾人对于俄罗斯今日之事变，惟有翘首以迎其世界的新文明之曙光，倾耳以迎其建于自由、人道上之新俄罗斯之消息，而求所以适应此世界的新潮流，勿徒以其目前一时之乱象遂遽为之抱悲观也。

(《李大钊全集》第二卷，北京：人民出版社，2013年，第225-228页)

2日(星期二)

70.《俄局愈纷扰》(《晨钟报》，7月2日)

《晨钟报》刊登《俄局愈纷扰》，如下：

......彼得格勒新报又登载惊骇之报告，谓克里丁将军等率德兵占领莫斯科，推翻

---

① 见 World Politics, Chapter m, The Meeting of. Orient and Occident.

过激派,并宣布立尼哥拉司大公爵为帝,列宁氏与杜特司克氏已逃往莫尔孟海滨。无论其真实形势如何,但过激派之权势似在俄国内日见衰颓云。

(《晨钟报》,1918年7月2日)

71.《过激派之失势》(《晨钟报》,7月2日)

《晨钟报》刊登《过激派之失势》,如下:

海参威六月三十日电云 乞开兵队已于六月廿九日解散地方委员会,而铁路车站火药库及局署等均被乞开兵队,及英日水师占据江防营战后投降,过激派在海参威之权力由是消绝云云。

(六月三十日海参威电)

(《晨钟报》,1918年7月2日)

3月(星期三)

72.《过激派势力失坠》(《晨钟报》,7月3日)

《晨钟报》刊登《过激派势力失坠》,如下:

西比利亚余民之觉醒

海参威三十日电云,星期六早乞开斯拉夫司令官递哀的美敦书于地方委员会,云奥德武装俘囚援助过激派军兵,阻止西伯利亚部之乞开斯拉夫族民越境前来海参威。且该委员会已有反抗乞开斯拉夫族民族之举动。故司令官深以应尽之职务,提出此等办法,竭力协助其同胞,并决定其首要办法即系卸去过激派之武装。该书限于半小时内答复。嗣因未接答书故,实行卸其军械,亦无抵抗之举动。水师六百名已卸去器械,余则投降,惟铁路车站附近稍有冲突。是晚乞开斯拉夫兵占领该处稍有死伤,但过激派及德兵等均受重大损失,英日兵队巡逻各街道,凡各国领事署界内实行中立。中美两国战舰后亦派兵登岸,援助旧时选举之行政人员。被过激派黜退者又执政权,将来政府问题尚未决定,现秩序平复,对于过激派之推倒均表满意云云。

又塔尔巴哈台六月十九日电,电述俄属西域之形势,云六月十五日,拯救西域免受过激派侵吞之委员,派兵一队,擒捕乌尔达扎境内之过激派党徒,并未遇何等抵抗。其第二队军兵稍与接战,后亦击退过激派之党徒,于蒙古边界附近之巴克狄地方,擒捕其全队及谷力克氏暨红队营等。谷氏意欲联合该营进取塔尔巴哈台,俄国领事署委员会所属各兵队,拟即行解卸境内过激派之军装,后则开往萨吉岛普等三处,卸去该处过激派之军装。于是即可救援七河省西域委员会已得塔尔巴哈台,俄国殖民地第一次之经济援助,但彼等现尚缺乏军械金钱。过激派党徒在齐桑淖尔乌司丹孟谷司克帕甫罗达尔城等七处均已败溃,其地方董事会亦经推翻,首领拘捕,又云乌穆司克与七河省之电报交通断绝云云。

(《晨钟报》，1918年7月3日)

5日(星期五)

73.《过激派将无立足地》(《晨钟报》，7月5日)

《晨钟报》刊登《过激派将无立足地》，如下：

> 西比利亚形势一变
> 捷克军各地蜂起，六月二十九日谢将军布告云，六月二十七二十八两日战，敌军计骑兵三队步兵六队，运来大炮十二尊机关枪三十枝，敌兵迫于退走，其死伤之损失甚重。谢军擒掠俘囚甚多，铁甲炮车数辆形势极为满意。据伊尔库次克传来可靠消息云，该镇又归乞开斯拉夫管辖，已占领铁路车站及各重要局所。冈米谷夫将军巡队，现仍攻击过激派哨兵于谷德瓦车站附近。因之过激派领袖中甚形恐慌，答覆伊尔库次克所请谓无余兵可派，又据六月三十日谢将军布告云，谢将军阵地毫无变动。双方因天气不佳未能进攻，按海参威传来之可靠消息，云乞开斯夫几能主提大局，即可动兵向尼尔谷司克进发，海参威之过激派势力将见灭绝。又按西伯利亚消息，乞开斯夫兵队势益扩张，多数农民及各稳固会社之代表，现〈与〉联合邦瓦尼谷拉司克、乞开斯拉夫军兵，又得居民相助，解散地方委员会。关于西伯利亚政府人员，设法反抗布尔扎维克之举动，据俄国重要人员适由西伯利亚抵哈谈，云该政府对于组织军队反抗过激派之事毫无关系云云。

(《晨钟报》，1918年7月5日)

6日(星期六)

74.《请看列宁之治俄》(《晨钟报》，7月6日)

《晨钟报》刊登《请看列宁之治俄》，如下：

> ▲以此俄人讴歌之 今日过激派势力在西比利亚虽日渐凋谢，而在俄国本土则仍然惟我独尊，无与匹敌，此其必有所以存立之原因。兹将最近接受之过激派机关报所载列宁政府施政方针节译如下。所言虽不免近夸，亦足以灼见今日大多数俄人心理之一斑也。
> ▲创业之三大问题 列宁政府外招列国之恶感，内受反对派之咀罟，目下正在四面楚歌之中。顾彼不饶不屈，仍着力实行其所谓社会共产主义。其对内标榜之方针有三：(一)事业之创造；(二)阶级之打破；(三)政体之制定。所谓创造事业，即指生产及生产之平均分配，此问题目下最难实行。第二问题现已在进行，帝政党、民主党

各派，凡反对过激派者，列宁政府靡不加以压迫，此举似颇见成效。第三问题，目下全国军警司法行政全权虽归兵工会掌管，而政体如何制定，行政机关如何组织，尚无端倪，此列宁政府所引憾事者也。

▲社会主义之难关 列宁政府所描写之生产力增进方法，事实上实办不到。盖积极的工业政策与社会主义根本不能相容，生产增进之结果必致酿成资本主义之景象，此实无可逃之原则。而列宁政府既好以社会主义博人民之欢心，又希望生产增进，救百姓之穷苦 宜其不可行也。

▲财政经济政策之卤莽 目下俄国物价腾涨，纸币滥发，实其主因欲恢复财政信用，自以发行公债，撤销纸币为上策。乃列宁政府先自悔弃公债，此策自不可行，穷极之余，乃发行新纸币，以与旧纸币兑换。查其兑换方法，达一定金额给以旧纸币同数之新纸币，过此定额则概行没收。兑换时政府出示普告国人，嘱将旧纸币持往官署吏兑换，其所谓兑换定额究属若干，殊不明了。惟据列宁政府所声言，每人至多不能过五千卢布乃至一万卢布。新旧纸币兑换完竣，则纸币流通额数减少，价值自然增高。此列宁理想之财政经济政策也。

(《晨钟报》，1918 年 7 月 6 日)

8 日（星期一）

75.《西比利亚与俄局（二）》(《晨钟报》，7 月 8 日)

《晨钟报》刊登《西比利亚与俄局（二）》，如下：

▲俄国之分崩瓦解 按莫斯科六月十九日电述，多尼谷邦尔政府已订协约，担保互相援助，反抗过激派乱党，并宣告俄国南部联邦之形势。俄国之危机窘迫已极，俄国中部及乌法等处亦有反抗之举，地方委员会已经驱散会员被捕云。

▲德军黑海登陆 据云，德军一队已在黑海谷邦海岸登陆云。

▲西比利亚之临时政府 西比利亚临时政府已设于那瓦尼谷拉司克，据恰克图七月二日电云，过激派通信社宣告，云尼诺丁司克境内形势极关重要，银行及过激派之机关现均由伊尔库次克迁至威尔尼丁司克云。

▲过激派败溃确讯 阿尔泰六月十六日电云，中国边界附近之札新及西伯利亚他镇地方委员会已于六月十八日推倒，会员被拘，经队亦已却去军装，内有一队，计二百名。曾筹备侵入华境阿尔泰，亦解卸军械。据报告云，斜米帕拉廷斯克省内现有反抗过激派之举动云云。

▲海参威已归捷克管辖 按可靠消息，海参威现归捷开斯拉夫兵队管辖，彼等曾与敌兵交战，后占领里萨耶山铁路车站。过激派党徒现向尼谷司克逃走，势甚狼狈，捷克斯拉夫兵追击云云。

▲协约国不干涉战事 海参威协约国舰队派兵登岸，但不干涉战事，其登岸之原

因，系保护各国人民之生命财产。据最近时报云，该镇秩序业经恢复，各处平静。又电云地方陆军执政，对于西伯利亚及海参崴所发生之事，应当乘机会联力进攻，并请反抗过激派参与战事云。

▲伊市过激派扫清　伊鲁库斯克市至四日下午二时，过激派一部分逃走，大部分均被逮捕，该派已全部一扫，日下市政由市台执行云。

▲德奥俘抵抗捷克　三日，捷克军已到尼哥尼斯古南方二里半地点，过激派与两千德奥俘，目下有从各方面陆续集合，尼哥里斯古消息云。

▲美国并无出兵事　美国政府准铁路总机师史孙氏所请，已派军队于西伯利亚之报告，业经切实拒驳云云。

(《晨钟报》，1918年7月8日)

9日（星期二）

76.《西比利亚形势与俄局(三)》(《晨钟报》，7月9日)

《晨钟报》刊登《西比利亚形势与俄局(三)》，如下：

▲俄人欢迎捷克军　据可靠消息，云狄理师将军部下，捷克斯拉夫兵士已进尼司谷克，城镇居民热心欢迎，地方委员会人员逃逸，秩恢复，铁路交通亦将复，其原状因布尔扎维克党徒疾退走时，不及炸破桥梁木早□士德司克将军由哈埠首途赴加尔德谷瓦因布尔扎维克，未能忍受两方之逼击。彼等失其秩序纪律一战即可平复嗣加米夫将军，即能与乞开新拉夫兵队联合云云。

▲霍谢两军之进攻　霍尔瓦特将军之兵队两方并进，甚为得势，一面有谢米诺夫之兵队由西部阵地击退布尔扎维克兵于白海。一面有加米谷夫之兵队与敌兵大战后占领加尔得谷瓦车站云云。

▲奥德俘囚之逃逸　据海参崴电云，奥德武装俘囚被捷克斯拉夫逼击，现逃逸于新疆伊犁，然毫不滋扰地方。华官筹备以防不测，近日中日军务会议所订协力抗敌之办法可信，应当施行云云。

▲米海尔大公之称帝　顷有米海大公自称皇帝，目下正向莫斯科进军，消息惟当轴尚无此项报告，真伪不明，但大公与非过激派共同活动确为事实。

又据德国方面消息，俄国密尔大公爵已立为俄皇，进攻莫斯科一节纯系捏造之辞云云。

▲过激派之背城借一　列宁政府现举定革命党军务委员会，以便指挥战事。反抗乞开斯拉夫军队前总司令麦伯维少将，又率领事军队社会党军与密那孟社会党在军营内已起冲突分裂，因其屏绝于中央行政之外云云。

(《晨钟报》，1918年7月9日)

11 日（星期四）

77.《俄局志要》(《晨钟报》，7 月 11 日)

《晨钟报》刊登《俄局志要》，如下：

▲革军进攻畿辅 革命军七万五千人军装完备，现由法司卓夫向畿辅进发，只隔四十里之远，德兵向畿辅撤退，乌德萨至畿辅之交通断绝云云。

▲莫斯科革党失败 据俄国无线电，云社会党在莫斯科起事反叛，业经压迫被捕者数百人云云。

▲过激派见绝于德人 俄国新报登载报告，云布尔札维克在巴谷种种残忍之举动，谓德人应当占据该区一节颇有关系云云。

▲过激派对协约国之威赫 莫斯科电云，按布尔扎维克机关报委员司报之言论，协约国若干涉俄国之事，则以武力抵抗云云。

(《晨钟报》，1918 年 7 月 11 日)

12 日（星期五）

78.《俄国之大纷乱》(《晨钟报》，7 月 12 日)

《晨钟报》刊登《俄国之大纷乱》，如下：

暨自西比利亚捷克军崛起以来，俄国内过激派中已现土崩瓦解之象。最近驻俄德使被社会党戕杀一事，即为过激派自相摧残之证据。兹续得巴黎八日电云，莫斯科现已陷于攻围之形势。本早过激派已由社会党徒夺回铁路、车站、邮电局，各处社会党员被捕时声称，驻俄德使系彼党暗杀，意在废止贝勒里达之和约(俄德和约)云云。俄人间盛传彼得格勒等处亦起叛乱，但过激派政府否认兹事云。

(《晨钟报》，1918 年 7 月 12 日)

79.《某外交家之俄局谈》(《晨钟报》，7 月 12 日)

14 日（星期日）

80.《过激派内之暗潮》(《晨钟报》，7 月 14 日)

81. 《革命军各地蜂起》(《晨钟报》，7月14日)

《晨钟报》刊登《革命军各地蜂起》，如下：

  据各方面报告云，莫斯科市战仍甚剧烈，革命党已围扎帝国戏园，并驾机关炮于窗户以击过激派军队。又据德国报社云，尤克尼南方等处霍乱暴发，现蔓延于匈牙利境内云云。
  ▲柯尼洛夫之发难 莫斯科电云，柯尼洛夫布告承认地方委员会之主权，并督率陆军反击德人，并与协约国磋商协助抗敌。柯氏又通告领大队已行抵拉司卓伏邻近，请丹尼人民接应云云。

(《晨钟报》，1918年7月14日)

16日(星期二)

82. 《西比利亚形势与俄局》(《晨钟报》，7月16日)

17日(星期三)

83. 《莫斯科形势重大》(《晨钟报》，7月17日)

20日(星期六)

84. 《俄国之新政》(《劳动》第一卷第五号，7月20日)

《劳动》第一卷第五号刊登《俄国之新政》，如下：

  俄国农劳政府，近以命令宣布者二事。
  一、凡俄国境内之重要实业，连同资本产业，均归公有。
  二、组织农村贫民委员会，凡富农之隐匿谷物，不公众有者，得征收之。

(《劳动》第一卷第五号，1918年7月20日)

21日(星期日)

85. 蔡和森给毛泽东的信(文献消息，7月21日、24日)

  24日，蔡和森在给毛泽东的信中，提出要仿效列宁，加倍放大列宁之所为。

29 日（星期一）

86.《列宁政府之哀鸣》(《晨钟报》，7 月 29 日)

《晨钟报》刊登《列宁政府之哀鸣》，如下：

> ▲列宁氏在莫斯科演说云，共和之形势因国际交涉之纷乱，加以反动革命之阴谋，粮食之危机，故益形紧急。俄国革命固易于起事，然甚难于维持而至成功。全国工人应当联合团体一致进行，以期革命之奏成云。

（《晨钟报》，1918 年 7 月 29 日）

同年夏

87. 孙中山致电苏维埃政府和列宁(《孙中山全集》第四卷，夏)

孙中山在上海致电苏维埃政府和列宁：

> 中国革命党对于贵国革命党所进行的艰苦斗争，表示十分钦佩，并愿中俄两党团结共同奋斗。

（《孙中山全集》第四卷，北京：中华书局，1985 年，第 500 页）

8 月
4 日（星期日）

88.《西比利亚各派之近状》(《晨钟报》，8 月 4 日)

14 日（星期三）

89.《俄国革命又起》(《晨钟报》，8 月 14 日)

15 日（星期四）

90.《俄法革命异同论》(《东方杂志》第十五卷第八号，8 月 15 日)

22 日（星期四）

91.《俄国过激派政府之运命》(《晨钟报》，8 月 22 日)

24 日（星期六）

92.《俄国列宁政府之崩溃》(长沙《大公报》，8 月 24 日)

9 月
5 日（星期四）

93.《黎宁被刺》(《晨钟报》，9 月 5 日)

《晨钟报》刊登《黎宁被刺》之消息，如下：

伦敦来电 黎宁已被革命党暗杀云。

(《晨钟报》，1918 年 9 月 5 日)

94. 里宁已因伤致死消息(《时事新报》，9 月 5 日)

《时事新报》刊登里宁已因伤致死消息，如下：
一日哥本海琴电，彼得格洛来电称，里宁已因伤致死。

(《时事新报》，1918 年 9 月 5 日)

11 日（星期三）

95.《黑暗时代之俄京》(《晨钟报》，9 月 11 日)

《晨钟报》刊登《黑暗时代之俄京》，如下：

▲暗无天日之莫斯科荷京八日电云，莫斯科电云该处现仍形恐慌，各处社会革命党员均被拘捕，前军官等现亦拘留为质，枪毙者实不乏人，内有督教一名。据《路加兰扎新报》探得的确消息云，俄国屠杀人民之报告，多属张大之词，然彼得格勒起事之时枪毙者约五百人，而关于近日暗杀之案又枪毙多人。又据《达格报》驻莫斯科访员报告云，各中立国政府联合向过激派政府提出抗议，谓倘再施行其残暴之政，则将驱逐过激派党徒出境，且特行反抗其屠杀官民之举动。据《克鲁士报》云，彼得格勒访员报告云，占陂农民叛乱势甚剧烈，暴徒向彼得革勒前进，占据占陂至加扎那铁路

各车站云云。又伦敦七日电云,莫斯科城显系处于过激派肆行残害最悲惨之时,按荷京传来之莫斯科报告,多数社会党员及牧师等已在莫斯科被捕。据称彼等与英人之阴谋亦有关系。因九月五日发令命拘捕社会革党及中等社会各代表与以前之军兵,倘察出又有反抗过激派之阴谋,即将枪毙。现正法者,颇不乏人云云。

……据前意国委员长云,黎宁氏及谷尼洛夫将军已死,而俄国皇后及其儿女或未遇害云云。

(《晨钟报》,1918年9月11日)

12日(星期四)

96. 俄国革命系列消息(《晨钟报》,9月12日)

14日(星期六)

97.《呜呼,李宁》(广东《中华新报》,9月14日)

广东《中华新报》刊登《呜呼,李宁》,称:"露西亚俄国之有李宁,而历史上顿增一种异彩。"

15日(星期一)

98.《俄国之土地分给问题》(《东方杂志》第十五卷第九号,9月15日)

《东方杂志》第十五卷第九号刊登君实译自日本《国家学会杂志》的《俄国之土地分给问题》,如下:

> 俄国大革命之内容含有二种要素。其一为政治革命。颠覆君主政治而成民主政治是也。其一为经济革命。推翻旧日以资本家为本位之社会而代以最新之共产社会是也。盖俄国革命之运动。受此两种之动机所发动者。已数十年。固非始于今日。特此次之革命。此两种动机较为显然呈露而已。
>
> 自罗曼诺夫朝既倒。政治革命之目的。则已达矣。经济革命之理想。更何由而实行乎。革命勃发以来。政府当局所怀抱之具体计划。迄未公表于世。顾俄国经济革命之首唱者。向多以农业为起点。所谓土地分给之问题。即征收贵族之土地而分配于农民之计画也。彼优柔寡断之克伦斯基。亦尝以此公言于时。鼓舞战线前之士气。至于李宁更不惮大胆而公言之。今日李宁之所以掌握政权。虽原因不一。而发表土地分给之政纲以收揽多数农民之人心。实为有力之理由。此后俄国之政局。虽波澜重叠。曲折綦多。然无论何人秉政。何党擅权使于土地分给之问题。不得适当之解

决。则断不能久于其位。此固熟悉俄国事情者之公言也。兹举此问题已往现在之事实叙述于次。

第一　历史上土地分给之事实

　　使仅就土地分给之理想。为皮相之观察。似不过土地兼并达于极点之俄罗斯国中。多数农民对于少数大地主因羡望反感而生一种空想而已。顾回溯过去之历史。而讨寻其思想之由来。则土地分给者。固不仅为抽象的构成之革命思想。而实为于历史有根据于过去有先例之具体的事实。一八六一年亚历山大第二所实施之农奴解放。即其事也。

　　农奴之解放。自政治一方面观之。可谓与农民以自由。自经济一方面观之。可谓与农民以土地。在一八六一年以前。农民在贵族之领地。无迁居之自由。不得任意选择业务。即结婚及其他身分之关系。亦须奉其领主之命。甚至在特定之范围。领主有刑罚之权利。而耕作领主之土地。除输纳极重之租金外。并限一定之期日。为领土服役。不给工资。征诸此等事实。当时之农民。殆与奴隶无择。称之为农奴。固甚当也。

　　前世纪之中叶。西欧之文明。渐渍于俄国之社会组织。使悲惨之农民。感受痛切之刺激。革命思想之动机。遂发生于是。克里米亚之战。俄国败报传布全国。民心解体。国势濒危。俄皇于是毅然实行解放农奴。撤废向来所有贵族对于农民之特权。使农民享完全之自由。同时割贵族领有土地之几部。分给农民。各贵族奉命之后。反对农民之解放者。尚不甚众。而对于土地之分给。则一致为猛烈之反对。俄皇因特设委员会。就实行土地分给之方法。为几多之调查。卒乃议定条件。减小分给之土地面积。增多农民偿出之金额。以缓和贵族之反抗。因是之故。农民不特不能收得生活上必要之土地。

　　且负过多之偿金。而亚历山大第二土地分给之思想。遂不免有功亏一篑之憾。

　　土地分给之方法。先定每农民之一户最多最少之面积。在此限度以内。分给土地。其限度随地方而异。大约自五俄顷至十俄顷。（每俄顷约合中国十七亩零）此项田亩。分给时须由农民奉偿金于贵族。偿金之计算方法。则将农民每年输纳于领主之地租。作为利息六厘。由此推算本资。为农民应出之偿金。当时由农民出偿金十分之二。其余十分之八。则由政府代农民即时偿付于贵族。农民于五十年以内。按年偿还政府。并加利息五厘。受此项土地之分给者。不仅为个人之农民。有村落公有地之自治团体。亦同受此分给。以其所受之地。附加于公有地。解放时分给之土地。自治团体。且占其大部分。据高富曼之调查。自治团体。占分给土地六分之七。据普勒耶之调查。则谓分给地几全归村落之公有云。

　　土地之分给。先就贵族之土地实行。以次及于国有地及皇室御地。其办法一律。

　　依上法分给之土地。共一万一千六百万俄顷。此钜额之土地。或直接为农民之私有地。或为村落公有地。间接以供农民之使用。不特农奴之解放。对于农民为最可尊重之福音。而其经济上之效果。亦不得谓非近世史上所稀见也。

虽然。农奴解放与土地分给之施设。自其理想上言之。可称为社会政策之实行。惟其方法。不免有种种之缺陷。其最主要者。即前述分给土地之面积过少。农民不能以之为生活之本据是已。顾生活本据所必要之土地面积。究须几何。此问题欲随地方而异。惟至少每户五俄顷。则固普通之见解也。据阳生氏之调查。每一农户依土地收获以维持生活之面积。在黑土地方。以五俄顷为最低之标准。其他地方。则须八俄顷。然当时分给之土地。多未达其半额。据普勒耶氏之俄罗斯农业改革论所载。各州分给地之平均面积如左。

分给之平均面积
十俄顷以上
七俄顷至十俄顷
五俄顷至七俄顷
四俄顷至五俄顷
三俄顷至四俄顷
三俄顷以下

由此观之。分给土地之面积过小。盖可想见。此外如土地偿金之过昂。亦经前述。因偿金过重之故。致欠缴者逐年增加。贵族乃可利用农民之穷困。得低廉之劳力。以耕作自己所有地。故转喜其欠缴。政府知而悯之。乃于一八八一年。下令各州平均减免百分之二十七。自此以后。屡有减免按年偿还金之令。观于此等事实。足见农民之负担偿金。实不免于过重。且贵族当分给土地之际。往往以硗瘠及不整正之地。与之农民。复于丈量时施其诈伪。致农民受莫大之损失。故自解放以后。关于丈量之诉讼。累几不绝。迄于今兹。犹未已也。此可以见俄国贵族之不仁矣。

第二　经济上关于土地分给之理论

奴隶解放。而小农阶级之创设。于是乎始。今欲叙此社会阶级之境遇。请先详述俄国土地兼并之事实。薛载概瓦臬司。于所著俄罗斯之经济事情一书。根据政府统计。说明前世纪九十年初土地分配之状况。其中所述土地所有者之分类如左。

私有地　九三、三八一、一七〇俄顷
村落公有地　一三一、二七二、四五七
国有地　一五〇、四〇九、九七七
皇室御地　七、三六七、七四〇
其他　八、五七二、六二二

上表私有地中。系贵族所有者。约七千三百万俄顷。系农民所有者。仅五百万俄顷。此外为商工业等及属于各种社会阶级者之所有。又依高富曼氏在本世纪初期之调查。私有地约一万零三百万俄顷。其中仅有二千万俄顷。属于小农之所有。即贵族及其他大地主之所有。约占十分之八。而小农之所有。仅十分之二也。又亚勒几沁斯基氏于所著近世俄罗斯一书。亦常举关于土地兼并有力之事实。依一九〇五年政府之调查。国中大地主十三万八千人。共有土地七千九百万俄顷。即每人有平均面积五百七十五俄顷也。观于上举之各种统计。足以推知土地兼并之事实。盖俄国私有地之太半。均在贵族等之掌中。其属于小农之所有者。不过其最小一部分。然农民之数。实占全国人口十分之八。虽其中尚有领有村落公有地之自治团体之住民。及略有私有土地之个人。然此辈之多数。在解放之当时。大抵均不能得有生活上必要之土地。固可断言。迨解放以后。农民所得之土地。虽有增加。然农民人口之增加。亦复显著。自平均分配上观之。殊不见有增加之事实。况如前所述。解放时农民所得之土地。概属下劣。则农民之生计。又安得不穷乏乎。

且俄罗斯农业技术之进步。极为迂缓。西欧诸国耕作之方法。非若辈所能梦见。据亚勒几沁斯基之调查。英德法俄各国每一英亩所获小麦之比较。其数如左。

英吉利　三〇.八
德意志　一九.三
法兰西　一七.〇
俄罗斯　七.七

又据薛载概瓦枭司之调查。在同面积土地之收获。俄比之美国。约四分之一云。由此等事实观之。俄国农业技术之幼稚。可以概见。加以沟洫之未完。农器之窳劣。粪壅之不周。遂致水旱不时。饥馑频仍。不能借人事以弭天变。要而言之。皆其国民教育未普及农人知识卑下之故也。

更观农民负担之状况。如土地偿金之过重。既详前述。而租税之负担。自前世纪之末叶。不特因国防军备之国费。逐岁增加。且因保护奖励工商业之故。所支出之国费。不可胜计。此项财源。政府虽非直接诛求于农民。然依消费税之方法。究归占国民多数之农民所负担。小农之困穷。因之益甚。是以本世纪之初期。贵族大地主。一唱宪政运动。多数之农民。即翕然应之。非无故也。

研究俄罗斯农民之事情。小农之外。尚不可不明佃人之状况。佃人之中。亦可分为两种。其一纯为受人之田而耕者。其一则略有己田者。今概括述之。

俄国私有地之若干部分为佃作地。无精细之统计可征。大抵贵族所有地之大部分。当为佃作地。近年以来。贵族之佣雇农夫。就其所有地而经营大规模之农业者。数渐加多。在贫乏佃人较多之处。地主因免征收佃租之烦累。多执此方针。在南部地方。糖蔗之栽培甚盛。其势尤为普及。亦有依地方之状况。发生一种大佃户之倾向者。即受贵族之土地。佣雇农夫以经营大规模之农业也。但贵族之所有地。究以归小佃承受耕种之佃作地。占其大部分耳。此等佃人对于地主之关系。不能与工业中工人对于资本家之关系。相提并论。夫今日欧洲之工业。尚略存农奴之遗风。故农业中佃人之多数。全与农奴之境遇同一。无足深怪。加以人口日增。土地因而缺乏。无私有地之农民。则争求佃田而耕。即已受土地分给之农民。亦不得不代人佃作。以补充其生计之缺陷。故受田代耕之条件。悉惟地主之命。虽甚严酷。亦不得不甘受之。其条件中。如租地多以一年为期。短者甚至一收获为期。且地主得随时解约。佃人对于土地所加之改良工作及他种工事。不得向地主索资。佃租之缴纳。有缴金缴物二种。随地方而异。大抵贫弱农民较多之地方。盛行缴物。否则以缴金为多。然无论缴金缴物。要莫非地主占其利而已。高富曼曰。多数之佃人。除佃租及资本之利息外。殆无何等之收入。农夫之窘迫如此。则土地又安得不尽归于地主乎。惟上之所述。乃佃种贵族所有地者之状况。若夫国有地及皇室御地之佃人。则其地位较优。条件既宽。佃租亦低。故生计安固资力丰富者为多。

夫俄国农民之状态。既如此其悲惨。彼等虽愚。胡为不蹶然奋起。反抗地主。以求改善其地位乎。此无他。俄国村落公有地之制度。足以为彼等慰安休养之资也。考村落公有地之制度。其来颇古。今俄国所行者。即划分村落公有之土地。以分赋于住民。限期使之耕作。其土地所有权。永归于村落。而住民对之。则有收益之权利。当初本用共同耕作之方法。由各人协力合作。而以其所获者分配于各人。至后始行划地耕作之法。其法先将公有地平均划分为各区。依种种之标准。以分赋于住民。分赋之标准。有两种区别。其一随消费之必要而定者。其一随生产之能力而定者。均按各地方之习惯。或以家族之人数为标准。或仅以男子为标准。或分配于男女。或限于有劳动能力之男子。或对于老幼与以成年者之半。残废略加减少。或不问家族之人数。参酌其所有之农具家畜资产状态。推定劳动能力。设为等差。无一定也。分赋之区别。更有全部变更与部分变更二种。全部变更。每过一定之期间变更之。部分变更。则于必要之际。随时变更。全部变更之期间。亦随习惯而异。普通约三年至十年。亦有至二十年以上者。住民须住居其地至一定年限以上者。始有受土地分赋之权利。既有此权利者。若离此土地至一定之年限以上。亦失此权利。又其人既受分配之土地。若荒而不耕。即将其土地没收。分配于他之住民。住民对于公有地耕作之方法。须依自治团体之规定。为一定之措置。不得行自己单独之行为。如强制特定肥料之使用等是。盖住民之耕作。既受一定期间之制限。不免有施行掠夺耕作之毁损将来之地味等弊。故不得不以此防之。一面更为促进农事之改良计。并定对于耕作优良者。在分赋变更之际。仍与以旧地。不加变更。或变更时给以相当之津贴。以偿其改良之工作焉。

村落公有地之制度。本为欧洲古代之农业制度。广行于各国。特各国因农业进步。此制度渐归消灭。而土地私有制。起而代之。今惟德国之南部及瑞士之一部。以亚尔们德之名称。留其遗迹。而俄国竟岿然独存。且其施行之范围极广。此中理由。学者有种种之异说。其主要者可分为二说。一说系家族制度之结果。一说系本于财政之事情。前说为哈基司赫仁及拉夫烈所主张。其论旨以为家族制度。今尚存在于东欧诸国。而俄国为尤著。与西欧诸国之个人制度。适成绝好之对照。盖家族制度。以财产归家族共有为原则。故家族制度与此共有观念之存续。乃村落公有地所以能久存之故也。后说为司乞斯采林及科斯洛所主张。据其所说。一七七二年。彼得大帝施行人头税之始。当时因科税之便宜上。令自治团体内之住民。负联带之责任。住民中有贫困而不能负担此税者。因他住民既负连带责任。遂发生分担之义务。故不若留存村落公有地之制度。分赋土地于贫民。依其收益以尽纳税之义务。而渐归颓败之村落公有地制度。乃因此税制影响而复活。

村落公有地制度之要旨及起原。如右所述。可见一斑。此制度至最近司徒列宾之农政改革。广行于各地方。中央部尤为普及。农奴解放时。贵族之分给地。村落公有者占其大部分。及九十年时。此共有地之面积。达一万万俄顷以上。均详前述。兹不更赘。

夫村落公有地之制度。仅自国民经济之见地观察之。则农民耕作无所有权之土地。于农事之改良、收获之改良等。自觉多所缺陷。但征诸社会问题之见地。则多数农民。因此而得生活之本据。有安全之地步。固无容疑也。虽然。此事实亦惟土地广大而人口稀薄之时代为然耳。若夫人口渐增。而土地之供给。不能随之俱增。以分赋于各住民。则各人所耕之土地面积。逐渐减少。不能用之为生活之本据矣。当解放农奴之时。村落公有地之分配。虽已达于土地人口比例未能适当之程度。但亦尚可迁就。自是以来。人口之增加愈速。而农民乃不能依其所分赋之公有土地。以营安全之生活。无论公有土地或个人私有地。均以土地缺乏为苦。此时农民遂不得不向贵族起土地分给之要求。

第三　政府关于土地分给之施设

夫农民之困惫。既若是其甚。则对于土地分与之愿望。自然增高其热度。当此之时。政府为若何之施设。亦吾人急欲讲究之问题也。

政府施设之第一步。为一八八二年之创设农民银行。农民银行之创设。系财政大臣庞概之主张。专为农民便于资金之融通。作解放时购买土地之用。其放款方法。将借款数目定一最高限度。个人私有者。每户不得过五百卢布。村落公有者。每户不得过一百二十五卢布。又农民之买入土地者。至少须自出买价十分之一。借诸银行者。以九分为标准。然自此以后。银行营业方针。迭有变更。其一八九五年以法律改正者。大略如左。

(1) 增加银行之资本。计五千万卢布。
(2) 银行得以自己之计算。买入土地。得随时出卖或出租。
(3) 银行得承继附带于买入之土地之义务。
(4) 银行得干涉卖买契约之内容。
(5) 农民得以由银行经手而买入之土地为担保。向银行借贷押款。
(6) 借款以地价之九成为标准。有时亦得全借之。
(7) 撤废从前借款数目最高限度之规定。但依家族之劳力。而定可耕之土地面积。

此次改正之后。银行之业务。大为扩张。惟当时因节省银行事务费起见。农民银行之要员。由贵族银行之人员兼任。致农民银行。渐次偏重贵族之利益。而忽于小农。因银行有买入土地之权能。故对于贵族之土地。恒以时价以上之高价购入。不特贵族因此得不正当之利益。即一般之地价。亦由是而腾贵。与当时设立银行之旨大谬。且贵族所欲出卖者。类皆下劣之地。而为农民之所不欲购。银行买入以后。无从脱售。故营业上之损失。亦复甚巨。其后至一九〇六年。又有银行制度之改正。使银行得一种调拨借款之特权。从前银行放款之资金。系用债券募集。迨日俄战争时。债券之募集困难。故是岁特用明令规定。准银行买入土地时。得以证券代现金之用。此证券分为两种。一为利息五厘之无记名证券。一为利息六厘之记名证券。任土地卖主之自择。而银行之营业方针。亦于是岁起种种之变更。从前营业方针。以放款为主。而自营土地之买卖。系其附属之事业。是岁以后。一反前之所为。渐次带营业的性质。于创立之本旨。相去远矣。

其次之施设。为拓殖事业之奖励。俄国领土虽广。但对于农民。实行土地分给之计画。则不得不开拓新领土。奖励殖民。此为当局者所熟审。然自农奴解放后数十年间。政府于拓殖事业。殊少施设。此其故实因秉政之贵族。力加阻抑使然。盖虑拓殖事业一经发展。则农民减少。工资增贵。于彼等大有不利。故一八八九年。虽有奖励殖民之法律制定。卒因贵族之反对牵制。不克实行。及一八九三年西比利亚铁路开工。俄罗斯之殖民政策。始受一极大之激刺。俄皇特组织西比利亚铁路委员会。审议关于铁路之事项。并定奖励殖民于西比利亚之政策。一八九三年至一九〇三年间。政府对于奖励殖民支出之经费。共三千万卢布。殖民总数。约达百万人。但此等殖民。不愿永住于西比利亚。归国者次第加众。据高富曼之调查。前世纪之末叶。西比利亚殖民。年约二十万。至本世纪之始。仅六万至八万。日俄战争后。则减少三万。其中原因。虽有种种。而最主要者。则殖民类多贫乏。虽有政府之补助金。仍不足支出开垦之费用。加以农民之智识程度至低。致经营之法失宜。良田减少。新至之殖民失望。且初至者多耕作于旧有农村之近旁。及人口增加。不得不深入内地。而内地多为森林地带。土地硗确。水利不便。施力较难。他如人口增加。而工资低减。物价腾贵。生计因之困难。亦为一重要之原因。俄政府有鉴于此。遂于一九〇四年六月。颁布命令。更定保护奖励殖民之法。拓殖事业。较形进步。且是时贵族对于殖民之态度。亦复稍变。盖深知农民之反抗。次第增高。非分给土地。无以抑制其不平。故不若藉奖励殖民以防止之。因是之故。至一九〇六年。西比利亚殖民之数。复达二十二万。翌年更至五十四万之多。其效果大为显著。然而俄国每年人口之增加率。在百五十万至二百万以上。此区区殖民之数。究未足以解决殖民问题。况殖民加多。政府支出之经费。亦必更增。财政上尤不免于困难。而西比利亚适于耕作之土地面积。亦有一定之限度。近日已有土地缺乏之势。然则拓殖之前途。亦未可乐观也。(未完)

(《东方杂志》第十五卷第九号，1918年9月15日，署名 君实)

17日（星期二）

99. 俄国大局消息(《时事新报》，9月17日)

《时事新报》刊登俄国大局消息，如下：

十三日伦敦电，路透社自官场方面探悉，俄国大局甚为危急，过激派政府已渐分裂。闻里宁、脱洛士基早于一月前准备出奔瑞士，并搜刮大宗金钱以为个人之用云。

(《时事新报》，1918年9月17日)

18 日（星期三）

100. 过激派政府消息（《时事新报》，9月18日）

《时事新报》刊登过激派政府消息，如下：

十四日华盛顿电，公众探访委员会发表德意志帝国政府与俄罗斯过激派政府及过激（派）间往来之文件若干。此项报告系一九一七年至一九一八年驻俄特派代表伊特茄氏送交委员会长乔治克利尔者。内述过激派政府领袖里宁、脱洛士基等，皆系德国之代理人，过激派之革命，由德国参谋总部预为布置，并由德意志帝国银行及其他财政机关供给费用。白里斯里托伏斯克条约，即德国代理人里宁、脱洛士基之所以愚弄俄民者。……故现在之过激派政府完全非俄国之政府，实德国之政府，其行事纯为德国利益起见。如卖俄天然之同盟国而独利德意志政府，即其证明也。

（《时事新报》，1918年9月18日）

24 日（星期二）

101. 华盛顿电（上海《民国日报》，9月24日）

上海《民国日报》刊登华盛顿电，如下：

二十一日华盛顿电 美政府命驻中立国及协约国大使公使各向所驻在之政府，询明愿否会同，即以文明世界厌忌俄人狂乱行为之意告知过激党。据所接消息，彼得格勒与莫斯科等，处已有安分之俄人数千名，未经审讯，即加枪决。各监狱均已人满云。

（上海《民国日报》，1918年9月24日）

10 月
3 日（星期四）

102. 俄国兵工会议通告（《时事新报》，10月3日）

《时事新报》刊登俄国兵工会议通告消息，如下：

一月廿二日俄国兵工会议，再通告于柏林维也纳工人会议。其通告内曰：……乃我工界同志在柏林、维也纳及其他城市，组织工人会议，全体罢工，表示其反对德奥政府对于俄国之侵掠政策，俄国兵工会议闻之不胜欢悦，德奥工党，虽有资本家之抵抗，深信必获胜利。……

(《时事新报》，1918年10月3日)

15日（星期二）

103.《庶民的胜利》(《新青年》第五卷第五号，10月15日)

《新青年》第五卷第五号①出版，时间疑有争议，该号发表李大钊的《庶民的胜利》②，如下：

> 我们这几天庆祝战胜、实在是热闹的狠[很]。可是战胜的、究竟是那一个？我们庆祝、究竟是为那个庆祝？我老老实实讲一句话、这回战胜的、不是联合国的武力、是世界人类的新精神。不是那一国的军阀或资本家的政府、是全世界的庶民。我们庆祝、不是为那一国或那一国的一部分人庆祝、是为全世界的庶民庆祝。不是为打败德国人庆祝、是为打败世界的军国主义庆祝。
>
> 这回大战、有两个结果、一个是政治的、一个是社会的。
>
> 政治的结果、是"大……主义"失败、民主主义战胜。我们记得这回战争的起因全在"大……主义"的冲突。当时我们所听见的、有什么"大日尔曼主义"咧、"大斯拉夫主义"咧、"大塞尔维主义"咧、"大……主义"咧。我们东方、也有"大亚细亚主义"、"大日本主义"等等名词出现。我们中国也有"大北方主义"、"大西南主义"等等名词出现。"大北方主义"、"大西南主义"的范围以内、又都有"大……主义"等等名词出现。这样推演下去、人之欲大、谁不如我？于是两大的中间有了冲突、于是一

---

① 该卷印刷出版时间为1918年10月15日，与第五卷第四卷时间一样，显然印错，应为11月15日。据考证该卷出版时间实际时间应为1919年1月15日。以此类推第五卷第六号出版时间1919年2月15日；第六卷第一至五号的出版时间分别为1919年3月15日、4月15日、5月15日、6月15日。见陆米强《〈新青年〉杂志编辑出版史实考略》，《上海革命史资料与研究》第5辑，上海：上海古籍出版社，2005年版，第146~160页。

② 关于《庶民的胜利》，过去认为是一九一八年十一月十五日或十六日在天安门的演说。从现在查阅到的材料看，这篇演说发表的时间不是一九一八年十一月十五日或十六日，而是一九一八年十一月末或十二月初；地点不是在天安门前，而是在中央公园（即中山公园）。一九一八年十一月十五、十六两日，北京大学在天安门前举行的讲演大会上，发表演说的有蔡元培等十一人，其中没有李大钊。一九一八年十一月二十七日《北大日刊》头版头条刊载《本校特别启事》，谓："本月二十八日至三十日为庆祝协约国战胜日期，本校拟于每日下午开演说大会（地点在中央公园内外，俟择定后再行通告），各科教职员及学生有愿出席演说者，望即选定演题，通知文牍处，以便先行刊印，散布听众。"以后，《北大日刊》自十二月三日至二十四日，共发表了七个人的演说词。其中，十二月五日刊载了陶孟和的《欧战后之政治》，并标明"陶履恭教授在中央公园之演说"；十二月六日刊载了《庶民的胜利》，并标明"李大钊主任在中央公园之演说"。（参见朱乔森、黄真：《关于〈庶民的胜利〉的发表和〈Bolshevism的胜利〉的写作》，1980年8月15日《历史研究》第四期）

大与众小的中间有了冲突、所以境内境外战争迭起、连年不休。

"大……主义"就是专制的隐语、就是仗着自己的强力蹂躏他人欺压他人的主义。有了这种主义、人类社会就不安宁了。大家为抵抗这种强暴势力的横行、乃靠着互助的精神、提倡一种平等自由的道理。这等道理、表现在政治上、叫作民主主义、恰恰与"大……主义"相反。欧洲的战争、是"大……主义"与民主主义的战争。我们国内的战争、也是"大……主义"民主主义的战争。结果都是民主主义战胜、"大……主义"失败。民主主义战胜、就是庶民的胜利。社会的结果、是资本主义失败、劳工主义战胜。原来这回战争的真因、乃在资本主义的发展。国家的界限以内。不能涵容他的生产力。所以资本家的政府想靠着大战、把国家界限打破、拿自己的国家作中心、建一世界的大帝国、成一个经济组织、为自己国内资本家一阶级谋利益。俄德等国的劳工社会、首先看破他们的野心、不惜在大战的时候、起了社会革命、防遏这资本家政府的战争。联合国的劳工社会、也都要求平和、渐有和他们的异国的同胞取同一行动的趋势。这亘古未有的大战、就是这样告终。这新纪元的世界改造、就是这样开始。资本主义就是这样失败、劳工主义就是这样战胜。世间资本家占最少数、从事劳工的人占最多数。因为资本家的资产、不是靠着家族制度的继袭、就是靠着资本主义经济组织的垄断、才能据有。这劳工的能力、是人人都有的、劳工的事情、是人人都可以作的、所以劳工主义的战胜、也是庶民的胜利。

民主主义、劳工主义既然占了胜利、今后世界的人人都成了庶民、也就都成了工人。我们对于这等世界的新潮流、应该有几个觉悟。第一、须知一个新命的诞生、必经一番苦痛、必冒许多危险。有了母亲诞孕的劳苦痛楚、才能有儿子的生命。这新纪元的创造、也是一样的艰难。这等艰难、是进化途中所必须经过的、不要恐怕、不要逃避的。第二、须知这种潮流、是只能迎、不可拒的。我们应该准备怎么能适应这个潮流、不可抵抗这个潮流。人类的历史、是共同心理表现的记录。一个人心的变动、是全世界人心变动的征几。一个事件的发生、是世界风云发生的先兆。一七八九年的法国革命、是十九世纪中各国革命的先声。一九一七年的俄国革命、是廿世纪中世界革命的先声。第三、须知此次平和会议中、断不许持"大……主义"的阴谋政治家在那里发言、断不许有带"大……主义"臭味、或伏"大……主义"根蒂的条件成立。即或有之、那种人的提议和那种条件、断归无效。这场会议、恐怕必须有主张公道破除国界的人士占列席的多数、才开得成。第四、须知今后的世界、变成劳工的世界。我们应该用此潮流为使一切人人变成工人的机会、不该用此潮流为使一切人人变成强盗的机会。凡是不作工吃干饭的人、都是强盗。强盗和强盗夺不正的资产、也是一种〈的〉强盗、没有什么差异。我们中国人贪惰性成、不是强盗、便是乞丐、总是希图自己不作工、抢人家的饭吃、讨人家的饭吃。到了世界成一大工厂、有工大家作、有饭大家吃的时候、如何能有我们这样贪惰的民族立足之地呢？照此说来、我们要想在世界上当一个庶民、应该在世界上当一个工人。诸位呀！快去作工呵！

(《新青年》第五卷第五号，1918年10月15日，署名 李大钊)

104.《BOLSHEVISM 的胜利》(《新青年》第五卷第五号，10月15日)

《新青年》第五卷第五号发表李大钊的《BOLSHEVISM 的胜利》，全文如下：

"胜利了！胜利了！联军胜利了！降服了！降服了！德国降服了！"家家门上插的国旗，人人口里喊的万岁，似乎都有这几句话在那颜色上音调里隐隐约约的透出来。联合国的士女，都在街上跑来跑去的庆祝战胜。联合国的军人，都在市内大吹大擂的高唱凯歌。忽而有打碎德人商店窗子上玻璃的声音；忽而有拆毁"克林德碑"砖瓦的声音；和那些祝贺欢欣的声音遥相应对。在留我国的联合国人那一种高兴，自不消说。我们这些和世界变局没有狠大关系似的国民，也得强颜取媚：拿人家的欢笑当自己的欢笑；把人家的光荣做自己的光荣。学界举行提灯。政界举行祝典。参战年余未出一兵的将军，也去阅兵，威风凛凛的耀武。著《欧洲战役史论》主张德国必胜后来又主张对德宣战的政客，也来登报，替自己作政治活动的广告；一面归咎于人，一面自己掠功。像我们这种世界上的小百姓，也只得跟着人家凑一凑热闹，祝一祝胜利，喊一喊万岁。这就是几日来北京城内庆祝联军战胜的光景。

但是我辈立在世界人类中一员的地位，仔细想想：这回胜利，究竟是谁的胜利？这回降服，究竟是那个降服？这回功业，究竟是谁的功业？我们庆祝，究竟是为谁庆祝？想到这些问题，不但我们不出兵的将军，不要脸的政客，耀武夸功，没有一点趣味；就是联合国人论这次战争终结是联合国的武力把德国武力打倒的，发狂祝贺，也是全没意义。不但他们的庆祝夸耀，是全无意味；就是他们的政治运命，也怕不久和德国的军国主义同归消亡！

原来这次战局终结的真因，不是联合国的兵力战胜德国的兵力；乃是德国的社会主义战胜德国的军国主义。不是德国的国民降服在联合国武力的面前；乃是德国的皇帝、军阀、军国主义降服在世界新潮流的面前。战胜德国军国主义的，不是联合国，是德国觉醒的人心。德国军国主义的失败，是 Bolshevism 家（德国皇家）的失败，不是德意志民族的失贩[败]。对于德国军国主义的胜利，不是联合国的胜利；更不是我国徒事内争托名参战的军人，和那投机取巧卖乖弄俏的政客的胜利；是人道主义的胜利；是平和思想的胜利；是公理的胜利；是自由的胜利；是民主主义的胜利；是社会主义的胜利；是 Holenyollern 的胜利；是赤旗的胜利；是世界劳工阶级的胜利；是廿世纪新潮流的胜利。这件功业，与其说是威尔逊（Wieson）等的功业；毋宁说是列宁（Lenine）【、】陀罗慈基（Trotzky）【、】郭冷苔（Collontay）的功业；是列卜涅西（Liebknecht）【、】夏蝶曼（Scheidemann）的功业；是马客士（Marx）的功业。我们对于这椿世界大变局的庆祝，不该为那一国那些国里一部分人庆祝应该为世界人类全体的新曙光庆祝；不该为那边的武力把那一边的武力打倒而庆祝，应该为民主主义把帝制打倒，社会主义把军国主义打倒而庆祝。

Bolshevism 就是俄国 Bolsheviki 所抱的主义。这个主义，是怎样的主义？狠难用一句话解释明白。寻他的语源，却有'多数'的意思。郭冷苔(Collontay)是那党中的女杰，曾遇见过一位英国新闻记者，问他 Bolsheviki 是何意义？女杰答言："问 Bolsheviki 是何意义，实在没用；因为但看他们所做的事，便知这字的意思。"据这位女杰的解释，"Bolsheviki 的意思只是指他们所做的事。"但从这位女杰自称他在西欧是 Revolutionary Socialist 在东欧是 Bolshevika 的话，和 Bolsheviki 所做的事看起来，他们的主义，就是革命的社会主义；他们的党，就是革命的社会党；他们是奉德国社会主义经济学家马客士(Marx)为宗主的；他们的目的，在把现在为社会主义的障碍的国家界限打破，把资本家独占利益的生产制度打破。此次战争的真因，原来也是为把国家界限打破而起的。因为资本主义所扩张的生产力，非现在国家的界限内所能包容；因为国家的界限内范围太狭，不足供他的生产力的发展；所以大家才要靠着战争，打破这种界限；要想合全球水陆各地成一经济组织，使各部分互相联结。关于打破国家界限这一点，社会党人也与他们意见相同。但是资本家的政府企望此事，为使他们国内的中级社会获得利益，依靠战胜国资本家一阶级的世界经济发展，不依靠全世界合于人道的生产者合理的组织的协力互助。这种战胜国，将因此次战争，由一个强国的地位进而为世界大帝国。Bolsheviki 看破这一点，所以大声疾呼，宣告：此次战争是 Cgar 的战争，是 Kaiser 的战争，是 Kings 的战争，是 Emperors 的战争，是资本家政府的战争，不是他们的战争。他们的战争，是阶级战争，是合世界无产庶民对于世界资本家的战争。战争固为他们所反对；但是他们也不恐怕战争。他们主张一切男女都应该工作。工作的男女都应该组入一个联合。每个联合都应该有的中央统治会议。这等会议，应该组织世界所有的政府。没有康格雷，没有巴力门，没有大总统，没有总理，没有内阁，没有立法部，没有统治者。但有劳工联合的会议，什么事都归他们决定。一切产业都归在那产业里作工的人所有，此外不许更有所有权。他们将要联合世界的无产庶民，拿他们最大最强的抵抗力，创造一自由乡土：先造欧洲联邦民主国，做世界联邦的基础。这是 Bolsheviki 的主义。这是世廿[廿世]纪世界革命的新信条。

伦敦《泰晤士报》曾载过威廉氏(Harold Williams)的通讯，他把 Bolshevism 看做一种群众运动，和前代的基督教比较，寻出二个相似的点：一个是狂热的党派心；一个是默示的倾向。他说："Bolshevism 实是一种群众运动，带些宗教的气质。我曾记得遇见过一个铁路工人，他虽然对于至高的究竟抱着怀疑的意思，犹且用耶典的话，向我极口称道 Bolshevism 可以慰安灵魂。凡是晓得俄国非国教历史的人，没有不知道那些极端的党派将要联成一大势力，从事于一种新运动的。有了 Bolshevism 于贫苦的人是一好消息，于地上的天堂是一捷径的观念；他的传染的性质和权威，潜藏在他那小孩似的不合理的主义中的，可就变成明显了。就是他们党中的著作家演说家所说极不纯正的话，足使俄国语言损失体面的，对于群众，也仿佛有一种教堂里不可思议的仪式的语言一般的效力。"这话可以证明 Bolshevism 在今日的俄国，有一种宗教的权威；成为一种群众的运动。岂但今日的俄国，廿世纪的世界，恐怕也不免为这种宗教的权威所支配，为这种群众的运动所风靡。

哈利逊氏（Hrederic Harrison）也曾在《隔周评论》上说过："猛厉，不可能，反社会的，像 Bolshevism 的样子，须知那也是狠坚、狠广、狠深的感情的发狂。——这种感情的发狂，有很多的形式。有些形式，是将来必不能避免的。"哈氏又说："一七八九年的革命，唤起恐怖，唤起过激革命党的骚动，但见有鲜血在扫荡世界的革命潮中发泡，一种新天地，就由此造成。Bolshevism 的下边，潜藏着一个极大的社会的进化，也与一七八九年的革命同是一样，意大利、法兰西、葡萄牙、爱尔兰、不列颠都怵然于革命变动的暗中激奋。这种革命的暗潮，将殃及于兰巴地和威尼斯，法兰西也难幸免。过一危机，危机又至。爱尔兰独立运动，涌出狠多的国事犯。就是英国的社会党，也只想和他们的斯堪的那维亚、日耳曼、俄罗斯的同胞握手。"

陀罗慈基在他著的《Bolsheviki 与世界平和》书中，也曾说过："这革命的新纪元，将由无产庶民社会主义无尽的方法，造成新组织体。这种新体，与新事业一样伟大。在这枪炮的狂吼、寺堂的破裂、豺狼性成的资本家爱国的怒号声中，我们应先自而进从事于此新事业。在这地狱的死亡音乐声中，我们应保持我们清明的心神，明了的视觉。我们自觉我们将为未来唯一无二创造的势力。我们的同志，现在已有狠多。将来似可更多。明日的同志，多于今日。后日更不知有几千万人跃起，隶于我们旗帜的下边。有数千万人，就是现在，去共产党人发布檄文已经六十七年，他们只须丢了他们的绊锁。"从这一段话，可知陀罗慈基的主张，是拿俄国的革命做一个世界革命的导火线。俄国的革命，不过是世界革命中的一个，尚有无数国民的革命将连续而起。陀罗慈基既以欧洲各国政府为敌，一时遂有亲德的嫌疑。其实他既不是亲德，又不是亲联合国，甚且不爱俄国。他所亲爱的，是世界无产阶级的庶民；是世界的劳工社会。他这本书，是在瑞士作的。着笔在大战开始以后，主要部分，完结在俄国革命勃发以前。书中的主义，是在陈述他对于战争因果的意见。关于国际社会主义与世界革命，尤特加注意。通体通篇，总有两事放在心头：就是世界革命与世界民主。对于德奥的社会党，不惮厚加责言，说他们不应该牺牲自己本来的主张，协助资本家的战争；不应该背弃世界革命的信约。

以上所举，都是战争终结以前的话，德奥社会的革命未发以前的话。到了今日，陀氏的责言，已经有了反响。威哈二氏的评论，也算有了验证。匈奥革命。德国革命。勃牙利革命。最近荷兰瑞典西班牙也有革命社会党奋起的风谣。革命的情形，和俄国大抵相同。赤色旗到处翻飞，劳工会纷纷成立。可以说完全是俄罗斯式的革命。可以说是廿世纪式的革命。像这般滔滔滚滚的潮流，实非现在资本家的政府所能防遏得住的。因为廿世纪的群众运动，是合世界人类全体为一大群众。这大群众里边的每一个人一部分人的暗示模仿，集中而成一种伟大不可抗的社会力。这种世界的社会力，在人间一有动荡，世界各处都有风靡云涌山鸣谷应的样子。在这世界的群众运动的中间历史上残余的东西——什么皇帝咧，贵族咧，军阀咧，官僚咧，军国主义咧，资本主义咧——凡可以障阻这新运动的进路的，必挟雷霆万钧的力量摧拉他们。他们遇见这种不可当的潮流，都像枯黄的树叶遇见凛冽的秋风一般，一个一个的飞落在地。由今以后，到处所见的，都是 Bolshevism 战胜的旗。到处所闻的，都是 Bolshevism 的凯歌的声。人道的警钟响了！自由的曙光现了！试看将来的环球，必是赤旗的世界！

我尝说过："历史是人间普遍心理表现的记录。人间的生活，都在这大机轴中息息相关，脉脉相通。一个人的未来，和人间全体的未来相照应。一件事的朕[征]兆，和世界全局的朕[征]兆有关联。一七八九年法兰西的革命，不独是法兰西人心变动的表征，实是十九世纪全世界人类普遍心理变动的表征。一九一七年俄罗斯的革命，不独是俄罗斯人心变动的显兆，实是廿世纪全世界人类普遍心理变动的显兆。"俄国的革命，不过是使天下惊秋的一片桐叶罢了。Bolshevism 这个字，虽为俄人所创造；但是他的精神，可是廿世纪全世界人类人人心中共同觉悟的精神。所以 Bolshevism 的胜利，就是廿世纪世界人类人人心中共同觉悟的新精神的胜利！

（《新青年》第五卷第五号，1918 年 10 月 15 日，署名 李大钊）

12 月
15 日（星期日）

105.《俄国之土地分给问题（续）》（《东方杂志》第十五卷第十二号，12 月 15 日）

《东方杂志》第十五卷第十二号刊到君实译自日本《国家学会杂志》的《俄国之土地分给问题（续）》，如下：

关于土地分给最近之施设而最有力者。一九〇六年司徒列宾之农政改革也。此农政改革之主眼。在村落公有地之解散。今先述其来历于后。

司徒列宾之农政改革以前。俄人对于村落公有地制度得失利害之议论。断断不定。政府当局。亦无一定之方针。就立法之沿革征之一八九三年六月。规定有村落公有地之自治团体。分赋其土地于住民。年限须十二年以上。其方法则以自治团体会议三分之二以上可决为条件。土地之分赋。全部同时行之。一部之分赋。除左列事项外。不得辄行。

(1) 住民之死亡、放逐、踪迹不明。
(2) 任意抛弃权利。
(3) 债务、公课之延滞、或不纳。

又对于土地为排水给水及其他改良之工事者。行分赋之变更。增给其土地。不得已时。为相当之赔偿。或减轻其负担。

依此法律之规定。显有尊重村落公有地制度及维持之之精神。在此制度之范围内。力图减少耕作者之变更。以冀农事之改良。

然同年十二月。更有关于村落公有地法律之制定。凡住民欲收得其耕作土地之所有权时。随时可以缴纳地价而取得之。但须自治团体会议三分之二以上之同意。更经县知事之认可。若地价在五百留以上者。须经内务财政两部认可。

此法律规定将村落公有地归私人所有之方法。显有解散村落公有地之意。与同年制定之法律。其立法之理由。殆相反对。殊足令人诧异。当此之时。有力之政治家。对于村落公有地之思想。渐归一致。如维的氏。从前不但主张此制度之维持。并以之为扩张地方自治之手段。其后渐变其说。卒为反对此制度之人。柯林弥金氏。本亦主张保存此制。其后亦赞成废止。司徒列宾氏。对于此制度。持绝对反对之态度。政治家对于村落公有地之思想。所以有如此之变化者。盖此制度。历来不特因征收租税。住民负联带责任。于财政上有多大之便宜。且足使富于保守思想之农民。涵养土著之观念。故政治家之多数。主张保存。然自一九〇二年以后。农民之革命运动。多勃发于行此制度之地方。于是在朝政治家。反对此制度者渐众。

一九〇二年设立关于村落公有地之调查会。以维的氏为主裁。一九〇五年。此调查会废止。另有新调查会之组织。至一九〇六年司徒列宾为相。始据其调查所得之结果。制定一九〇六年十一月关于解散公有地之制度。其内容大略如左。

（1）前此二十年间不行土地之分赋者。现耕作之土地。当然作为私有。

（2）前此二十年间行土地之分赋者。住民得向自治团体。要求将其耕作之土地。作为私有。不出地价。

（3）前项要求私有者。如正在第二次分赋之际。其耕作地之面积应减少者。须将其应减之额。交还自治团体。或缴相当之价值。否则不得作为私有。

关于村落公有地之应存应废。双方各有主张。说详下文。兹先就立法时讨论本法内容之要旨。略述之。因公有地之废止。以一定之制度。规定各人应得之土地之面积。此为人人所同意。惟面积之多寡。以何者为标准。则有种种之议论。或谓宜以各户可供耕作之劳力为标准。或谓宜以各户消费之程度为标准。或谓宜依农奴解放时之标准。前二者因测定困难。未能采用。而农奴解放时之标准。则为五十年以前之事实。现在亦难实行。于是始定现在耕作之部分。归耕作者之所有。

一九〇六年法律之要旨。既如右述。至一九一〇年。又制定改正法。于法律之本质。无所变更。惟于实行之方法。略加改良而已。

此等法律之结果。至一九一二年。被分割之土地。其面积约一千六百万俄倾。受此分割之农户。约一百九十万户。

村落公有地之解散。当司徒列宾制定法律时。群议纷起。舆论不归一致。至今朝野之间。分为赞成反对两派。概言之。保守派人皆赞成。属于社会主义者多反对。立宪民主党则赞成反对各半。今列举双方之主张于下。

赞成解散村落公有地者之论据如左。

（1）为谋农业之进步。不可不解散。

俄国之农业。最可忧者。在农业之技术极其幼稚。而耕作之方法过于疏放。试以一定面积中收获之多寡。与西欧诸国相比较。殆不可同日而语。土地分给之问题。非不重要。然苟欲以充分之土地。供给农民。势不得不迫大地主之割让。实行之究非易易。况土地之面积有限。而人口之增加无限。则实行此法。不免渐趋于困难。今苟能随农业之进步。而增加土地之收益。则土地缺乏及于农民生计之弊害。自可略就缓和。故自社会问题上观察之。农业之进步。大有关系。而农事之改良。固在普及国民教育。谋农业知识之增进。以及其他一切必要之施设。然村落公有地之解散。实亦先决问题之一。盖农民耕作无所有权之土地。经过一定之期间。必须交还。则其对于土地。不但缺周密之注意。甚或陷于掠夺耕作之弊害。又村落公有地制度。关于耕作。有一定之制限。住民对于耕作之方法。不仅不能随一己之意志。适用新式之工夫。且因对于土地无所有权故。不能以土地为担保。而得改良农事所需之资本。因此之故。在此制度之下。难期农事之改良。技术之进步。征诸各国农业上之历史。大抵公有制度仆。私有制度起。而农业始有发达之象。故俄国亦宜随此世界之大势。解散村落公有地。而代以土地私有之制度。此谋农事进步之要务也。

（2）为阻止过小农业。并创定适宜之中小农。不可不解散。

土地之兼并。固属可虑。同时过小农业之弊害。亦不可忽。俄国之农业。此两极端之事实。不幸乃俱有之。而欲阻止过小农业。则村落公有地。实不可不解散。盖村落公有地之制度。如前所述。每于一定之期间。以土地分赋于住民。其分赋之标准。虽有种种。而皆与村落之人口数。有密切之关系。故在人口稀薄之时代。此分赋额止于适当之程度。农民尚足以之为生活之根据。然此分赋之土地。随人口之增加。渐次减少其面积。终至成为过小农业。司徒列宾之改革。以其土地之所有权。与现在之耕作者。亦属不得已之办法。现在已陷于过小农业之地方。已无如之何。则欲防止将来此趋势之增进。固不得不为紧急之施设也。

（3）为助长农民转住于都市。并减少农民之人口。不可不解散。

土地缺乏之事实。自他面言之。农民过剩而已。俄国之领土虽大。但因风土气候等自然之事情。适于耕作之土地面积。自不免有一定之限度。然而农民之数。乃占人口总数十分之八。揆于供求相称之原则。土地之缺乏。自为必至之事实。故助长农民转住之趋势。俾农民之几部分。转变为工业劳动者。实为解决土地问题之要务。西欧诸国。以阻止农民之转住。为主要之农业政策。在俄国则宜反其道而行之。始可以谋农民之进步。今村落公有地之制度。实有阻止此趋势之力。盖行此制度之农村。其住民恒不愿轻离其土地。彼等之心理状态。大都求为一小地主。即暂时迫于生计之必要。或为改良地位之欲望所驱。而转住于都会。惟恐归住之后。失耕作之权利。而丧其生活之根据。故往往生急于归住之倾向。况工场之劳动。不能必生计之安固。目击老废不堪执业者及彷徨于道途之穷民。益促其归住之心。故村落公有地之制度。实足阻止农民之转住。必先解散村落公有地。乃可以助长农民之转住。减少农民之人口。而解决土地缺乏之问题也。

（4）为防止社会主义之传播。不可不解散。

村落公有地之制度。以土地公有为基础。故可认为农业上社会主义之模范。且因此制度之存在。凡转住于都会而为工业劳动者。其归住于村落之时。因已感受都会中社会主义之空气。不免将社会主义传播于农村。此等事实。见不一见。而保守派政治家。于此节尤所注重。说者谓司徒列宾决行改革之动机。实以此为主。殆不诬也。

反对解散村落公有地者之论据如左。

(1) 村落公有地之解散。助长土地兼并之弊害。

俄国土地兼并之极端。各国罕见其比。村落公有地之存在。实为黑暗世界中一线之曙光。此国之农民。因缺乏土地陷于悲惨之境遇。而尚得苟延其残喘者。全赖有村落公有地之城郭。足以障御土地兼并之趋势也。今苟破坏此制。多数之农民。一时欲博小地主之美名。必咸谋达到对于其土地之欲望。一遇凶岁。彼等因生活之必要上。势不得不脱售。而收得之者。非贵族即富豪。将至土地兼并之趋势。靡所底止。或谓可制定西欧所行之家产法。以防止此弊。然家产法之效果。不特尚为未决之问题。而在以贵族为政权中枢之俄国。欲制定此种保护小农利益之法律。亦非所能。故村落公有地之解散。乃助长土地之兼并。在社会政策上。实有害无利之施设也。

(2) 村落公有地之解散。使工业劳动者失其在农村之生活根据。

村落公有地之制度。使在都会之工业劳动者。在农村村落公有地之制度。在农村中有生活之根据。得安固之地盘。赞成论者固承认之。此实俄国社会特征之一。而于社会问题之解决。有至大之关系者也。此制度若一旦废止。则转住于都会之多数劳动者。与农村之联络。完全隔绝。而成为纯然之都会住民。一旦遇工业界之否运。彼等早不能归住于农村。不免成为失业劳动者。而加入于穷民之伍。其老废不堪执业者。亦必陷于同一之运命。此种工业上之社会问题。将必与西欧各国。同其归趣。实为大可忧虑之一事。彼主张废止此制者。但知农业方面不顾工业方面。实大误也。

(3) 村落公有地之解散。激成农民转住之趋势。使都会之劳力供给。倾于过剩。

赞成论者。徒汲汲于减少农民之人口。而望农民转住急激之进步。是可谓不通观社会问题之大势。且偏于农业一局部之僻见也。俄国产业之中心。尚在农业。观农民占全国人口十分之八。即其明证。故都会工业所可吸收之劳动者。其数自有一定之制限。今若废止村落公有地。已经转住之农民。固仅可永居于都会。而逐年增加之农民。因无复获得土地之望。亦相率而谋转住。加以土地兼并之牺牲者。舍移住外亦无他途。然而工业之发展。未能以非常之速力而跃进。此等骤然增加之劳动者。供过于求。所不待言。则都会之工业劳动者。失业者将接踵而起。陷于悲惨之境遇。

关于村落公有地制度存废之辨论。既如右述。要而言之。皆抽象上之论难。而未尝征诸解散地方之事实也。司徒列宾之改革。于土地问题之解决。其效果实至微。彼等之主张。欲因农事之改良。增加生产。因农民之转住。减少农民。而用以缓和土地缺乏之声。未始不持之有故。言之成理。然而农事之改良。非暂时之岁月所能达其目的。不能不有待于农民知识程度之增进。转住之激成。徒求减少农民。而工业之消化力不能随之以进。是驱无辜之农民而投于穷民之陷阱也。故主张废止者。实不免有盲于事实之识。卒也此改革实施以后。公有地之解散。仅十分之一而已。

司徒列宾之农政改革。小村落公有地之废止为其主眼。此外尚有他种施设。其重要者。如国有地招买及招租之处分与耕地整理之制定是也。

国有地之招买。依一九〇六年之规定。对于小农行之。欲买者。先照地价缴纳五厘。其余九分五厘。则于五十五年以内。分年缴纳。至一九一一年。依此规定出售之国有地。共三二九、〇〇五俄顷。其地价为三二、五四二、二八〇留。购地之农户。五七、二九三户。国有地之招租。亦同年所规定。从前国有地招租之方法。系由政府租国有地于自治团体。更由自治团体分赋于住民。而自治团体之出租。以资力之多少为标准。故不免有贫富不均之弊。此次改正之规定。则政府不经自治体团之手。直接租与农民。随农民所需土地之程度为分配。与从前之方法迥异。

一九〇六年。定耕地整理之计划。先对于村落公有地。加以劝诱。至一九一一年。有耕地整理法之制定。注重于土地之分合。而为耕地整理。对于私有地亦行之。且加以强制。于是耕地整理之范围扩大。而实行亦渐易。

第四　政党各派关于土地分给之党纲

前章所述。政府对于土地分给之施设。苦心焦虑之迹。历历可征。然无论如何。政府对于问题中心之贵族所有地。终不肯直接加以斧钺。而同情于农民之政党各派。则皆以坚决之态度。主张对于贵族所有地之处分。一九〇六年在第一次议会提出之土地国有法案。在俄国农政史上。可特笔大书之事实也。此法案系代表农民之劳动党所提出。经各派社会党及一部立宪民主党之赞成。其内容实发表俄国农民多年之要求。全以实现农业上之社会主义为目的。兹述其要旨如次。

(1)废止关于土地之私有制度。悉归国有。

(2)俄国之臣民。对于国有土地。有使用收益之平等权利。此权利或有一定之期限。或永久保有之。

(3)应分配于各人之土地面积。以其人与其家族能耕作者为限。

(4)无论何人。不得以其分配所得之土地。租借于他人。

(5)村落公有地。保存之。

此法案仅示关于土地国有理想之大纲。至于实行之方法。各政党间意见不一。然本案提出后。政府惊愕无措。立表反对之意。议会不愿政府反对。将法案移交委员会。一意进行。未几。议会解散。此法案卒未议决。

此后此种法案。虽不复重现于议会。然社会党与劳动党。不绝以此方针为标榜。立宪民主党。亦多助之。今将各派政党关于土地分给问题之主张。述其大要如下。

(1)立宪民主党

此党亦主张强制征收贵族等所管之土地。惟仅主限于土地极缺乏之地方。而不必普及于全国。对于土地之强制征收。则谓宜付给相当之赔偿金。不用没收之方法。而用购买之方法。政府将征收之土地。出售于小农。其所有权即归小农。但在必要时。则租借于小农。此等立宪民主党之主张。大抵在恢复农奴解放时实行之土地分给法。其思想稳健。其方法亦颇切实。保守派政治家中。如柯林弥金等与之同意者颇众。

(2)劳动党及农民协会

此党之主张。对于贵族等之土地。行强制征收。与立宪民主党同。所异者。其主张强制征收。以为宜普及于全国。并将征收之土地。归其所有权于小农。不收代价。惟对于此强制征收。应否赔偿。其意见尚未定也。

(3) 社会党各派

俄国之社会党。有社会民主党与社会革命党两派。其于社会主义之理想。大体相同。惟社会民主党。恪守马克斯之学说。而以工业劳动者为运动之中枢。社会革命党。虽亦本于马氏学说。而稍加变通。集合他社会主义之思想。务以农民为其运动之主力。至对于土地问题。两派之主张相同者。即行全国土地之强制征收。对于地主。不给赔偿是也。其政党与立宪民主党大异。而比诸劳动党。关于赔偿有无之主张。亦属不同。若夫两派之异点。则在征收土地之处分。盖社会民主党。恪守马克斯之学说。故主张大农之经营。而社会革命党之主张。则颇似德国社会党一派之福尔买及达维特等。左袒小农之经营。社会民主党之计划。欲将强制征收之土地。与他之工业等。同作为政府之事业。依大农之经营。将所有农民。悉作为官业劳动者。由政府佣使之。社会革命党。则谓此等土地。仍宜分配于农民。所有权归国家。而使用收益之权利。则归农民。使农民行各自独立之经营而社会革命党之一部。亦有主张所有权不归国家。而归自治团体。由自治团体分给于居民。如村落公有地之形式者。惟其所异仅在所有权之主体。而于小农经营之根本观念。则固同也。

农民对于上述各派政纲之态度。左袒立宪民主党之主张者甚少。盖以其不免中产阶级之思想。而取姑息之手段也。劳动党迩来渐失势力。党中人员。多有投入社会党之倾向。而农民协会。则社会主义之思想。亦渐渐沁入。故农民之多数。颇赞同社会党之主张。而于社会党之两派中。则赞成社会革命党者尤多。盖社会民主党之政党。其理论虽极透彻。然与小农多年希望土地分给之思想不合。惟社会革命党之政纲。最能应时势之要求。顺农民之希望。故最为农民所欢迎。克伦斯基政府与李宁政府。大抵皆依此方针者。此后革命政府。无论掌握政权者为谁。恐不能出此政纲之范围以外也。

(《东方杂志》第十五卷第十二号，1918年12月15日)

27日（星期五）

106.《俄国革命之老妇——普勒西可夫士耶女士自述》(《晨报》，12月27—31日)

至31日，《晨报》连载约瑟译的《俄国革命之老妇——普勒西可夫士耶女士自述》，全文如下：

予怀抱革命主义。不知起于何年何月。然回顾前尘。确有数十年春秋矣。予何以醉心革命。予自身亦不上知。惟幼时对于弱者。即深表同情。尝见大地主贵族之子女。恃势侵凌贫民。农夫之小儿女以为快。辄私心痛之。吾父母与予同调。生平极爱农人。吾家亦大地主之一人。然吾父母则与人异。当时所谓农人。几与奴隶无异。吾父母对之但有哀怜之心。绝无轻蔑之念。吾父母以为人类价值之标准。不在社会的阶级之如何。而在其性质之良否。此吾父母所以羞与蔑视同胞之地主为伍。而辛为善良农人之友也。吾母当吾幼时。教予以基督之博爱。及诸伟人舍身殉道诸事敦敦不倦。及予年长。益恶地主及贵族之横暴。此恐之待农人。直同牛马。苟非目击之者。几不能想像其残酷。间有不堪其虐。起而反抗之者。此恐益横施鞭挞务使就我衡轭而后已嗟乎。欧洲虽广吾恐俄国以外不能见此种野蛮状态也。当时西欧诸国。攻击此种蛮风甚烈。而国中识者亦多持解放农奴之论。皇帝亚历山大二世遂□□论所动。敕放农奴。时千八百六十一年。予年十七矣。

予初闻农奴解放为之欣喜异常。然予之观喜如薄雾因风不转瞬而消失矣。何着解放以后。虽有新制发生。然此种制度。犹不足以解除大地主之束缚。盖新制所定颁与农奴业。土地甚小。不足以维持其生活。故渠辈仍在大地主农蓄之列也。予于是知救济农民。不可任诸政府。非自行救济之不可。救济之法。在使农民经济上有独立之地位。而一方则对于此辈广施教育。俾得享人世之快乐。

于是予决然以红闺虚弱之身。出而与贫民农人之同游。为之兴办学校。以教育其子女。并为设公社金融机关。以纾其贫困。此种事业皆着着奏效。当时吾之愉快。几不可名状。而农人贫民于局天踏地之中。忽得此极乐世界。亦欣悦异常。何谓好事多磨事。竟有出人意料者。盖予是时始集农民等痛论俄国官僚大地主贵族之横暴。事为大地主官僚所闻。遂不许予居住故乡。而所办之学校金融机关等。亦因此破坏无余。迄今思之。犹为悲从中来。

予被逐以前。十九岁时曾与吾舟旅行圣彼得。堡冀与当世政界名流相接其议论。途中忽与一少年绅士邂逅于火车中。少年绅士系由西伯利亚公毕返都者。渠之思想议论。迥不犹人。予大为感动。谈次与予言及俄国政治之黑阁专制。不觉大声痛斥其非。对吾母及侍婢在侧颇为踌躇不安。低声谓吾等曰。汝等不畏人来乎。此少年绅士。即俄国革命主动者克罗彼特□公。尔此时印象人人至深。至今思之犹历历在目也。予被逐以。后思想为之一变。予以为予在故乡。为农人贫民谋精神上物质上之幸福其效果颇微。且俄国政府。百方为难。非破坏吾之事业不止。此际何如聚精会神。专与民贼为敌。此事一朝解决。其余自迎刃而解矣。予之有志革命。自此时时。予怀此志赴屹府及圣彼得堡。遍求同志。颇得多人。且多负有时望者。予与斯特芳洛斐齐君。历游各地。宣传革命。游慈拉特保罗城时。遇罗马尼亚族妇女多人。结队而行。面部皆覆以罗纱。惟两目在外。予与斯特芳洛斐齐君。亦效其装束。杂其中宣传革命主义。

予时忽遇警官一人。将一罗马尼亚妇人手中所持纸币夺去。斯特芳洛斐齐君见此情景。不禁大怒欲击之。予急止之曰。勿怒。君忘吾辈身处危地乎。时予与斯君身上所藏改革政治改革社会之传单颇多。故云。

后复旅行慈拉持保罗乡间。传布革命演说。为避官僚大地主之耳目。多择农人之家行之。是处既无天棚。复无地板□□极□。然乡关之男女老幼。皆乐听予等演说。每一开会。未尝不人满为患也。

予等演说。革命之辞。□□盖陈□过高。则农人极难了辞也。然比混沌未击之农人。问于吾等演说□□□□文□未尝不衷心赞美予等。每闻此纯洁无私之赞词。□勇气百倍。凡演说数夜殆□而之他。临行复为编何为革命一书分赠之。此种册子收□之。大几与吾等冒险演说之功相等。此种小册既为秘密出版。印刷费用较普通印刷物为高。吾辈为此将多年珍藏之书籍。及宝石衣类概行当尽后集会一次。发动募捐。□以供运动费。乐捐之士。颇不乏人。故吾等活动所需未尝有所乏也。然政府压迫吾等日甚。一日同志陆续被逮。千八百七十四年。政府大索革命党人同志二千被逮。予亦就捕。时年三十矣。

千八百七十四年九月。与与斯特芳洛斐齐君。旅行波特里亚之慈尔金地方。鼓吹革命。后斯君因事过屺府。予一人留旅舍中。一日上市买物。归途见马车一辆从后驰来。予颇起戒心。刚驱欲齐避。而马车已驰过予前。一警官从车上飞下。阻吾归路。询予曰汝从何来。予答以从阿尔罗甫县来。渠复询曰。护照何在。予答以在旅舍中。渠当语予云。同往旅舍一行。随拉予上车。俄而车声辚辚。已至旅舍门前矣。

及予抵旅舍时。早有高等警官居吾室中。盖吾行李中所藏地图印刷物之类颇多。旅舍之侍婢等见之颇以为奇。互相传说。不意飞短流长。此事竟为警官所闻矣。至予之居停主人。误以予受窃盗之嫌。代为辩明颇力。而高等警官毫不之听。令将予之行李概行取出检查。及将吾所著小册子检出时。高等警官忽发奇声如狼。掷置于予前曰。此何也。予至此知。逮捕已万无可免。即抗声而答曰。此吾辈宣传主义之书也。俄而法官僧侣亦至旅舍。一时大形杂沓查询之后。渠等以予为危险人物。而送致于圣彼得堡。吾辈同志所居未决。监狱之□□□至今犹历历在目。监房长横九尺。高七尺。空气流通。室内清洁异常。床为钢铁。声□□色之毛毡—设备之整饬周到。已过寻常百姓家百倍。予当时自思。若一二日即行释放。则借此休息未尝不可。何意年复一年。而法庭丝毫未传讯也。

吾等政治犯人所居大概一人一室居之既久吾辈几视此未决监狱为一种俱乐部盖吾辈虽分居各室不能谋面然借各房相同之铁管暗传消息亦是互慰寂寥其法于深夜叩铁管作□吾辈所用暗号即以响声断续为记故谈话议论均可借此铁管相通至所居远隔不能闻声者即托居中者转达予久未用此暗号最初用之不无讹传及行之既久遂为监内最敏速之传信者矣吾辈用此暗号互通消息以来始知监内收容之同志共二百余人各人所居何号皆一一知之惟不能谋面耳而一种悲剧即由此发生盖同志之中妇女占三分之一其中男女因用暗号通信致恋爱关系成立者颇多故深□□□□□之中频有爱人之称此等暗号之传达即予亦屡当其局惟此等男女互未识而即其后长流西伯利亚不无各不相识一别终天者言念及此不禁为吾同志悲矣。

予居未决监四年始被法廷【庭】传讯其时犹余残喘者仅百九十三人法官略讯一天即处流刑吾辈所流之地为西伯利亚之加拉其地先以产金著名今则已成废墟矣居是闻者官吏以外即为囚人囚人之中越人余货者有之戕官杀吏者有之而最多数则为政治犯人而最受虐待者亦政治犯人予长流西伯利亚以后为狱卒解送物件备尝艰苦若千八百九十六年被赦归国惟予之身心经此磨折以来威武艰苦皆不能相屈故归国未几又从事革命千九百七年再被逮长流西伯利亚此次被逮亦为九月与从前相同噫九月岂为予之厄月耶此后十年之间多则寒威砭骨夏则炎暑逼人久已无生还之望昨年革命成功克伦斯克始电促予

归后过激派当局遂遭幽闭故一时有传予被杀者今幸逃出故国安抵日本将由此再往美国行吾所志也。

(《晨报》，1918年12月28日—31日)

31日（星期一）

107.《西比利亚反过激军大捷》(《晨报》，12月31日)

《晨报》刊登《西比利亚反过激军大捷》，全文如下：

海参崴二十六日电　西伯里亚军队反过激派军队已占陂孟，并捕过激派党徒人八千名。又据二十八日电云，西伯里亚军队击退过激派党徒于陂孟，协约国军队并未援助。此战激动本埠绝大之热诚，且可激励共组织新军。据报电云，此次击败过激派，实为最大之胜利。陂孟各街市多以短兵相击，剧战数小时后，过激派党徒完全败溃，主张战事之平民代表亦已逃避法国。教士接得消息云，西伯里亚军队捕获红卫队一万八千名，火车机一百架，火车四十辆，枪炮六十架，并多数机关枪军需品等云。

(《晨报》，1918年12月31日)

108.《德过激派阴谋失败》(《晨报》，12月31日)

《晨报》刊登《德过激派阴谋失败》，全文如下：

▲颠覆政府不成

▲毕竟德人犹有天良

德国内阁自陆外两部长相继辞职后，阁员全部均为社会党人物，宜若可以相安无事。顾目下德国社会党亦有稳健与激烈两派，首相亚博尔氏即属稳健派之一人，过激派对之每怀恶感。连日柏林变乱，均系过激派从中作祟，希图作颠覆中央政府，完全以已派代之。据伦敦二十三日，电柏林形势仍不明了，各街坊确有战斗之事。过激派要求共和政府各领袖应全数以该党接充政府，若不允准，柏林恐不免糜烂云云。又□□兰方面消息，则谓过激派暴动业已陆续扑灭。据云，柏林形势自本月二十四日起，颇见平静。因各防队已由陂司丹开到都城，该兵队进队示威，开至水兵大营之外，据云水兵因之开炮攻击时，防队同击。于是官院等毁伤甚重。过激派首领到场演说，斥责其由时司丹召来军队之举，以此实为同胞相□□。即□任委员会讨论海军兵联合之根据，后水兵降服，据被擒之军官二十人云，彼等开炮之时，原以该防队为复旧之叛党云。

(《晨报》，1918年12月31日)

一九一九年

1月
1日(星期三)

1. 《社会革命——俄国式的革命》(《新潮》创刊号，1月1日)

《新潮》创刊号发表孟真(即傅斯年)的《社会革命——俄国式的革命》，全文如下：

　　一年以来，我对于俄国的现状，绝不抱悲观。我以为这是现代应当有的事情，将来无穷的希望都靠着他做引子。今年六月我的《读书记》里有一段说到他。且把他抄在下面。

　　昨晚又与子骏谈及俄国现在情形，将吾半年以来所怀之意见重说一番。吾于俄国状态绝不抱悲观，以为近世史之精神全在思想自由。自"文艺复兴"而后，此思想之自由，一现于"宗教改革"试验之者，德意志列邦也。德国为此试验损失至大，数世不竟。然世界竟借此试验之结果，精神上脱离宗教专制：其供献于文化之演进，为不少矣。再现于政治革命：试验之者，法国也。法国为此试验，乱八十年，国势上之损失至巨。然世界竟以此试验之结果，重建政府，世谓真国家者，美列邦独立，法国革命以后之新生产，不为虚言。凡此二种运动皆文明史上应有之阶级：凡为此试验之两国进化之先锋也。今步此二种运动之后，更待改革者何事乎？社会而已。凡今日之社会，本其历史上之遗传性质组织多有不适于现在者；或有仅有形式，更无灵性者；或有许多罪恶，凭传之而行者。推翻之另建新者，理想上所有事也。俄国既为此第三度改革之试验，自不能不有绝大牺牲。若俄党人择术不谨，固势逼处此，无足怪者。将来经数十年之试验，得一美满结果，人类进化，更进一层矣。吾辈批评时事：犹之批评史事，岂容局于一时耶。又俄国现在情形，分崩离析，恰似当年西班牙属地之独立；将来西伯利亚一带，必多生若干共和国。与其统于一大专制政府之下，何如分建自治之邦？彼南北美之独立，岂不优于在英国西班牙葡萄牙之下耶？世恒诟南美以多乱国；吾则以为若南美犹在西班牙政府下者。其乱象当烈于今日，其人民之疾苦，尤甚于今日也。波兰芬兰本非已有，独立宜也。西伯利亚分建列邦，宜也。将来俄国于文明史上，非同等闲。德哲人尼采谓俄独有兼并一切之能力：吾则谓俄之兼并世界，将不在土地国权而在思想也。

　　现在看来，我这话总算一部分说对了。中欧各国起了社会革命了！俄国式的革命，到了德意志了。从此法国式的革命——政治革命——大半成了过往的事；俄国式的革命——社会革命——要到处散布了。但是不知到未来的"一八四八年"还是就在今年呢？还【是】要等到明年呢？

(《新潮》创刊号，1919年1月1日，署名 孟真)

4 日（星期六）

2. 红旗军消息（上海《民国日报》，1月4日）

上海《民国日报》刊登红旗军消息，如下：

  三十一日巴黎电　某报载彼得格勒函称，莫斯科区之农民，曾图大举抗拒过激党，为红旗军所制，未能成事，红旗军仍任意焚杀以泄忿。

（上海《民国日报》，1919年1月4日）

3. 外交总长毕动氏演说消息（上海《民国日报》，1月4日）

5 日（星期日）

4.《俄罗斯之混沌状态》（《每周评论》第三号，1月5日）

5 日（星期日）

5.《新纪元》（《每周评论》第三号，1月5日）

《每周评论》第三号发表李大钊的《新纪元》，文中指出：十月革命照亮了中国人民前进的道路。全文如下：

  新纪元来、新纪元来、[。]
  人生最有趣味的事情、就是送旧迎新、因为人类最高的欲求、是在时时创造新生活。
  今日是一九一九年的新纪元、现在的时代又是人类生活中的新纪元、所以我们要欢欣庆祝。
  我们今日欢祝这新纪元、不是像那小儿女们喜欢过年、喜欢那灯光照旧明、爆竹照旧响、鱼肉照旧吃、春联照旧帖、恭喜的套话照旧说、新衣新裳照旧穿戴。那样陈陈相因的生活、就过了百千万亿年、也是毫无意义、毫无趣味、毫无祝贺的价值。人类的生活、必须时时刻刻、拿最大的努力、向最高的理想、扩张传衍、流转无穷、把那陈旧的组织、腐滞的机能一一的扫荡摧清、别开一种新局面。这样进行的发轫、才能配称新纪元。这样的新纪元、才有祝贺的价值。一个人的一生、包舍无数的新纪元、才算能完成他的崇高的生活。人类全体的历史、联结无数的新纪元、才算能贯达这人类伟大的使命。

一九一四年以来世界大战的血、一九一七年俄国革命的血、一九一八年德奥革命的血、好比作一场大洪水【——】诺阿以后最大的洪水——洗来洗去、洗出一个新纪元来。这个新纪元带来新生活新文明新世界、和一九一四年以前的生活文明世界、大不相同、仿佛隔几世纪一样。

看呵、从前讲天演进化的、都说、是优胜劣败、弱肉强食、你们应该牺牲弱者的生存幸福、造成你们优胜的地位、你们应该当强者去食人、不要当狗者当人家的肉。从今以后都晓得这话大错。知道生物的进化、不是靠着竞争、乃是靠着互助。人类若是想求生存想享幸福、应该互相友爱、不该仗着强力互相残杀。从前研究解决人口问题的、都是说马尔查士说过、人口的增加是几何的、食物的增加是算术的、人日〔口〕的增加没有限制、地球的面积、只有这一定的大小、若不能自节生殖不是酿成疾疫、就是惹起战争。这也是无可如何的事情。所以强、大的国家都要靠着兵力、扩张领土、自尊的民族、也多执着人种的偏见、限制异种的工人入境。种种不公平背人道的事情、都起于这个学说。从今以后、大家都晓得生产制度如能改良、国家界线如能打破、人类都〈都〉得一个机会同去作工、那些种种的悲情穷困疾疫争夺、自然都可以销灭。人类的衣食、没有少数强盗的侵夺暴掠、自然也可以足用了。从前的战争靠着单纯腕力、所以皇家贵族军阀地主资本家、可以拿他们的不正势力、驱使几个好身手的武士、作他们的爪牙。造出一个特别阶级、压服那些庶民。庶民也没法子可以制裁他们。只有受他们的蹂躏。从今以后、因为现代的战争、要靠着工业知识所以、那些皇家贵族等等、一旦争斗起来、非仰赖劳工阶级不可。从前欺凌他们侮辱他们、现在都来谄媚他们。夺去他们的工具、把武器授与他们。他们有了武器在手、就要掉过头来、拥护劳工的权利、攻击他们的公敌。劳工阶级有了自卫的方法、那些少数掠夺的工剩余的强盗、都该匿迹销声了。从前在资本主义的生产制度之下、一国若想扩充他那一国中资本阶级的势力、都仗着战争把国界打破、合全世界作一个经济组织、拿他一国的资本家的政府去支配全世界。从今以后、生产制度、起一种绝大的变动。劳工阶级要联合他们全世界的同胞、作一个合理的生产者的结合、去打破国界、打倒全世界资本的阶级。总同盟罢工、就是他们的武器。从前尚有几个皇帝军阀、残存在世界上、偷着作鬼祟的事情。秘密外交是他们作鬼的契约、常备兵是他们作鬼的保障、他们总是戴着一副鬼脸、你猜我忌的阴谋怎么吞并虐待那些小的民族。虽然也曾组织过什么平和会议、什么仲裁裁判、但在那里边、仍旧去规定些杀人灭国的事情。从今以后、人心渐渐觉醒。欧洲几个先觉、在那里大声疾呼、要求人民的平和、不要皇帝、不要常备兵、不要密秘外交。要民族自决、要欧洲联邦、做世界联邦的基础。美国威总统、也主张国际大同盟。这都是差人意的消息。这些消、息都是这新纪元的曙光。在这曙光中、多少个性的屈枉、人生的悲惨、人类的罪恶、都渴望像春冰遇着烈日一般、消灭渐净。多少历史上遗留的偶像、如那皇帝军阀贵族资本主义、军国主义、也都像枯叶经了秋风一样、飞落在地。这个新纪元是世界革命的新纪元是人类觉醒的新纪元。我们、在这黑暗的中国、死寂的北京、也仿佛分得那曙光的一线、好比在沉沉深夜中得一个小小的明星照见新人生的道路。我们应该趁着这一线的光明、努力前去为人类活动作出一点有益人类工作。这点工作、就是贺新纪有[元]的纪念。

一九一九年元旦

(《每周评论》第三号，1919年1月5日，署名 李大钊)

6日(星期一)

6. 俄国过激党政府消息(上海《民国日报》，1月6日)

12日(星期日)

7.《俄国包围过激派之运动》(《每周评论》第四号，1月12日)

《每周评论》第四号刊登《俄国包围过激派之运动》，如下：

> 自乌拉山以东至海参崴既全隶属于奥姆斯克政府(即谷却克将军)下。却克及其他军队之势力更节节西向，进迫过激派，西南两方面及反对过激派之活动也大发展波罗的沿岸之一州埃斯索尼亚(Esthonia)借芬兰财政上军械上的帮助抵抗过激派。西进的军队，高加索一带。距黑海东岸六英里也组织反对过激派政府。有整齐的军队与谷却克将军相呼应。他们的目的是直捣莫斯哥、彼得格勒。破过激派的中坚。看现在的景况。反对过激派的势力渐渐的联合一致著著进行。不是以先涣散争权夺势的样子了。我们盼望这反对过激派的政府是代表人民派政府。过激派错处是用平民压制中等社会，残杀贵族及反对者。反对过激派的千万不要用中等社会压制平民残杀平民才是。若是压制残杀的政府也万不能长久的。

(《每周评论》第四号，1919年1月12日)

8. 莫斯科消息(上海《民国日报》，1月12日)

9.《黑暗之俄都》(《晨报》，1月12日)

《晨报》刊登《黑暗之俄都》，如下：

> 丹国公使署人员自彼得格勒来，据谈英国文武官员囚禁于莫斯科者，现受虐待。彼得格勒实操权柄者乃一妇人，年二十二岁，名曹谷伯里瓦充，反对复旧革命委员长，其凶悍残忍实自有史以来所未见者。日来街坊饥饿致死者甚多，而居民已减至八十万或等于前数之四分三。商店均已关闭，电车路停止，煤炭告磬，电光每日只许开

用二小时。屯于彼得格勒之红防营计五万名云。

(《晨报》，1919年1月12日)

10.《列宁被捕》(《晨报》，1月12日)

15日(星期三)

11.《大战终结后国人之觉悟如何》(《东方杂志》第十六卷第一号，1月15日)

《东方杂志》第十六卷第一号刊登了伧父的《大战终结后国人之觉悟如何》，摘录如下：

战期亘四年三个月之久。交战国至二十八国之多。动员至四千三百万人之众。杀伤千二百万人。耗财三千万万圆。如此空前且希望其绝后之大战争。今日已告终结。其结果则德意志帝政崩坏。奥匈联合国解体。俄罗斯帝国分裂。欧洲遂增出多数之新共和国。二十世纪前期之大震动。乃如此伟烈。虽百世以下。读此时期之历史。犹将惊心骇目。况吾侪并世之人乎。而今而后。新时代之真相。将揭示于吾人之眼前。若国际同盟。外交公开。民族自决。军备减缩。公海自由。弱小国拥护诸问题。既列举于美总统在国会宣布之十四条教书中。将为此次讲和条件之基础。吾人对此时局。自不能不有一种之觉悟。即世界人类。经此大决斗与大牺牲以后。于物质精神两方面。必有一种之大改革。凡立国于地球之上者。决不能不受此大改革之影响。此种觉悟。吾国人之稍稍留意世事者。殆无不同之。即如吾国之南北战争。本以参战为诱因。近以受此影响。退兵罢战。可知吾国人于时局上已有若干之觉悟。但觉悟之程度如何。与吾国将来。对于世界之大改革。能否适应。至有关系。故吾人亟欲以大战争影响之所及。告我国人。以促国人之觉悟焉。

此次凡尔塞宫讲和会议。其主人翁果谁氏乎。美总统威尔逊氏。或国务卿蓝辛乎。英首相路德乔治乎。法总理克莱门沙乎。此固表面上有数人物。为世人所知名者也。然从其里面观察之。则讲和之主动者。实为各国之下层人民。其数甚众。其名亦无可指。去年万国社会党。开和平会议。交战各国之社会党。皆提出和平条件。以代表下层人民之意思。其条件大同小异。美总统威尔逊氏之十四条教书。大都采取万国社会党协定之条件而成。当时各国社会党所提条件。皆以设立国际的最高机关。为最置重之一事。(英国社会党声明以设立对于各国有命令权之主权为最重、美国社会党条件中、有全欧为合众国及创设主宰国际关系之机关二条、德国社会党条件、声明万国平和会议之必要、且云社会之下层人民、宜尽其全力、监督自己之政府、维持和平、向各国政府、使确立其有无加入万国和平会之决意、如拒绝或设遁辞、不声明加入之政府、不得信任之、当力与之争、此运动之企图及扩张、当为万国社会党之第一目的、下层人民之团体、不加入此运动者、不认之为社会党、)故此次会议不能仅视为交战国两方之讲和会议实为世界各国之和平会议即含有国际的最高议事机关之意而此议事机关之背面实有一种原动力存在不可忽视者也。

交战国之讲和会议。实际上为世界各国之和平会议。固已然此犹皮相之论也。更切实言之。则此国际战争之讲和会议实已变为阶级战争之讲和会议。盖自俄国革命以后过激派社会党掌握政权。虽西伯里亚地方。非过激派已回复势力。而欧俄则尚为过激派及劳兵会之势力中心。德国革命。出于社会党诸派之联合势力。德皇退位以后。温和派社会党即多数社会党握政权以爱倍尔为政府首领。然急进派社会党即少数社会党之人物。革命后大赦出狱。到处欢迎。多数派将变为少数派。将来德国政权。或落于急进派之手。亦未可知。奥匈破坏以后。各建立独立自治之新政体。若民族之独立完成。亦不免与过激派同化。百年以前神圣同盟之俄德奥三国。今忽为过激的改革党之根据地。协约国对于俄国。既援助捷克军以当过激派。对于德奥亦虑其革命以后。趋于极端。此外比利时荷兰西班牙诸国。社会民主主义之勃兴。亦有牵入旋涡之势。故以打破军国主义拥护民主主义为鹄的之战争因改革气运之进行过于剧烈反不能不和缓之限制之以维持秩序。且各国社会党所主张各国政府所是认之民族自决一事。其适用之范围。若过于广泛。在英法意日诸国政府。亦不能容。况如过激派之主张。凡从前之独立国。为帝国主义之牺牲者。皆欲努力救援其国民。以恢复其独立。此种主张。尤非前列诸国之所能是认。又如军备缩小一事。虽为世人之所共同赞许。而其限度果至于如何。若如社会党之所主张。欲完全废撤军备其难于实行。亦自与前者相等。然则此次会议不过将社会党对于现在社会改革至若何程度现在社会对于社会党之要求容许至若何程度为一种之协定谓为阶级战争之讲和会议讵不可乎。

国际战争之讲和会议。实际上为阶级战争之讲和会议。固已然以为讲和会议。则必一方面战胜、一方面战败、或两方面均无胜败。而后弃战而言和。今则两方面皆为战胜者以国际战争言英美法意战胜俄德奥战败。然以阶级战争言则俄德奥社会党实战胜其国之帝王官僚军阀而新造其国家战败者乃俄德奥三国之前皇及其党与而已故今日喧腾众口之。"自由战胜公理战胜"云云实为最公平之观念。由此观念推之。则英美法意等二十三国固战胜俄德奥匈保加利亚等亦战胜虽谓之全世界战胜可也。全世界皆战胜战败者特过去之旧世界耳今之人或因于旧世界之思想。以为德军在西欧方面。迭次退走要求讲和。交出军械战舰以后已无战斗之能力。不得不谓之战败。不知在社会党欲贯彻其和平之主张。以求理想上之胜利。为胜而败为和而走军械战舰彼等不但视为无用之长物且视为不祥之凶器。去之惟恐其不尽出之惟恐其不速此正社会党胜利之成绩谓之战败适相反矣又或因于旧世界之思想。以为理想上之胜利。终不免于事实上之屈辱。则当俄德停战时德皇固以事实上之胜利。迫压俄国使承认屈辱之条件者。当时笃伦斯基曾言"吾人虽败于战争。当以理想征服世界"。迫德国革命骤发。德皇爽然自失曰。"俄罗斯之大兵。未经宣战。已越吾国境矣。"盖叹俄国过激派之社会主义已流入于德国也。社会主义无国界之可言。英美自参战以来。其政治上已显然现社会主义之色彩。英国行将举行总选举。社会党议员。必倍增于前英美二国之情势如斯。则今后各国政府。若犹有恃其军械战舰。以迫压他国扰乱和平者。其政府必至于颠覆俄德奥皇家之殷鉴固不远也。是以此次之胜利为全世界确实的胜利吾人于此不禁有日月重新之感想焉。

当欧战发生时。世人已有欧洲现代文明没落之想象。欧洲劳动界之轮调。以为"现战争所消费者。不仅社会之安宁。人类之生命。世界之蓄财而已。为现代文明根蒂之社会组织。亦将归于死灭。哺食于此组织中之政治组织。亦当然死灭"。夫旧文明死灭云者。即新文明产生之意义。今大战终结实为旧文明死灭新文明产生之时期旧文明者。即以权利竞争为基础之现代文明。而新文明者即以正义公道为基础之方来文明也但此在欧洲言之则然若就我国言之则当易为新文明死灭旧文明复活之转语盖我国今日固以权利竞争为新文明而以正义人道为旧文明也我国近二十年来之纷扰实以权利竞争为之厉阶皆食此所谓新文明者之赐与欧洲国际间纷扰之祸根实为同物。欧洲所竞争者为国家权利。故发生国际战争吾国人所竞争者为个人权利，故发生国内战争范围之大，小虽殊因果之关系则一且此种竞争。初非为事实所迫而然。乃出于一种游戏之心理。某社会主义者。曾评论欧洲战争之心理。为"膨胀的游戏欲"我国之国内战争实亦由此政党借国会为游戏各出其阴谋，权诈运动收买之手段。以比较技术之高下。武人藉和战为游戏各施其操纵向背诱引劫制之手段。以比较博进之多寡演之既久乃驱于狂热之态度。不能自已故我国之国内战争实欧洲国际战争之缩影也。我国贫苦之人民。无欧洲下层社会之团结能力与其组合方法不能禁阻此武人政客使终止其竞争之游戏，然固有文明之固结于吾人心底者固与欧洲多数民众之和平思想。忻合无间盖民本主义与大一统主义乃吾国民传统思想之最著者。故对于欧洲之平民政治与其世界和平运动不少。共鸣之感，我国之政客武人苟不欲与国民心理背驰向世界大势逆进者。则当知今日已为游戏终局之期曩日。所视同生命之权利竞争，今日不可不使之死灭。方来之国内和平会议宜与世界和平会议，以同一公正之目的成同一高贵之事业，威尔逊之所谓美国精神，今已照耀于世界吾中国当亦有所谓中国精神夫岂不能表见于国境以内乎吾国之政客武人果有此觉悟者。则此次国内和平会议。不必为枝节之调停。不必为含糊之妥协。若法律问题。即新旧国会存废问题。事实问题。即南北政权分配问题。均可以不烦言而自解。盖今日之新旧国会不过，为双方政客阴谋权、诈之演习场无一可代表民众之意思者。南北政权悉为武人所占据皆以诱引劫制而得之无一可为民众所承认者，苟各出其良心。将以诚意以求和平，则为政客者亟宜，解散其党与退归田里。听国民以自由之意志另行选举其代表之人物为武人者亟宜，裁汰其所拥骄悍之军队。安静守职不干与国家政治及地方事务此皆人人心中之所共喻口中之所欲言者。循民意而行之，则与新世界共其光荣返民意而行之。则与旧世界同归消灭。何去何从宜猛省焉。

吾国人欲适应世界之新文明。固以抛弃权利竞争，保国内之和平为先务之急。其次则宜励行社会政策。以苏下层人民之苦痛。徐东海之就职宣言书。有"适用民生主义。悉力扩张实业"之语。且解释民生主义。以"使人人有以资生"为说。既与扩张实业对举。则其民生主义。非丰民财厚民生之意。实社会主义之异称。政治上适用社会主义。即所谓社会政策也。此种政策，欧美诸国在战前已力行之。于战时则尤注全力于此。日本近时。因米骚动之故，又鉴于俄德诸国革命之故。亦注意于社会政策。我国古来虽无社会政策之名词。然所谓"仁政"云者实包涵社会政策于其中孟子所言，文王治岐之仁政在欧美人之眼光中。即视为社会政策之别开蹊径者欧美所谓社会政策。若劳动者保险制度。工厂保护法律。以及食料品由政府管理。限制日用品之最高价等。其方法未必能直接适用于吾国。然其意义则不外乎于物质及精神上。救助贫者弱者。兼限制富者强者。使不能以其资力。侵害贫者弱者之生活。此固至公至平之政策。凡属贤明之政府。皆当奉为榘矱者也。大战争终结以后。各国必大扩张其工商事业。以恢复战时之损失。东亚大陆。将起剧烈之经济战争。欧洲之社会党。虽亦有一二派。反对经济上之侵略者。然大多数则不过要求资本之公有。利益之平均分配。使劳动界生活之向上而已。其主张之世界和平仅及于军事范围。与我国儒家之大同理想。究不相同将来之经济战争杀伤之多。或比西欧之战场为甚一事业之失败受其。累者辄千万人饥寒疾病之交加妇孺老弱当其冲父母冻馁妻子啼号骨肉流离之惨痛。固不如战死沙场之为愈也。各国今后之经济战争，不外乎收求原料品及广售其工业品之二事原料之需要急则衣食之价必贵，工业品之供给多则奢侈之风。必长国中少数之有产业能供给原料品者及贩运工业品以图中买之利益者，虽得分取其一部分之胜利。而多数之无产业以产生，原料品者及固有工业新起工业之立于战线上者必全遭失败。此少数胜利者与多数失败者之间。贫富悬绝一方摹拟欧美之富豪。一方则为乞丐囚徒流氓土匪之类。调剂于此两方面之社会政策对于胜利者。重其担负以警其奢侈对于失败者。与以救济以保其生存自为。当然之举而根本上之调剂则宜防止原料品之过度输出如米谷棉花之类。为国民衣食所必须者。若输出过多致国内储蓄空乏。则必骤起恐慌发生骚乱。其次则日用必须之工业品宜奖励之补助之使劳动者可以得业奢侈之工业品如烟酒及装饰物等。宜加以抑制而与此政策有关系之海关税。及交通机关决不可听其。操纵于外人之手。此皆政府所宜尽之责任也。然戒奢侈恤贫，虽仅仅出于政府之政策不由国民以仁心与义气实力行之。则收效有限故社会主义行之于国家之政治上不如。行之于国民之精神上为善精神上之社会主义即欧美人所称为基督教社会主义者也。

大战终结后社会主义之勃兴。其影响必及于吾国此固吾人所窃窃欣喜者，而窃窃忧虑者。亦莫甚于是欣喜者喜吾国之政客武人。或鉴于世界之大势有所觉悟，终止其权利竞争而注意于社会政策也至所忧虑者，非如日本之官僚派目社会主义为危险思想。惧其侵袭以妨害其官僚政治第以吾国急进之徒于欧美人之思想行为有所感触辄不顾国情之如何欲强移植之于吾国即如民主主义与竞争思想。输入吾国以后。纷扰既若干年。迄今国体虽定而真共和仍未实现。政客武人攘夺权利。兵匪充斥国民之颠连困苦已不可尽言设于此时复以社会主义激起下层人民之感情，鼓吹其暴动则大乱之。发将于汉之赤眉唐之黄巢明之献闯清之发捻无异。我国下层人民。与欧美情势不同。欧美之下层人民。大多数为劳动者且有完备之劳动组合。皆以有学识道德之人。为之领袖对于社会改革之思想。已深虑数熟考。具有定见党中行动。有一定之步骤其实行改革之手段。惟在于政治上经济上渐占势力。非恣意于破坏者。我国下层人民劳动于农业工业者，不过小半数大半数为现无职业。欲劳动而不可得，或不肯劳动者。农工业所组合之团体。虽可为我国社会之中坚而范围甚隘。并不抱有若何改革之思想。无职业者所结团体未离秘密性质。实为我国社会中不安定之分子。其耳目所濡染意念。所积蓄者不过小说中劫富济贫，轻财仗义之类，虽其根柢上与欧美之社会主义非无近似之处而学问道德思想行动与欧美社会党之程度相差尚远，平时愤懑不平对于现社会抱一种恶感。一有所发泄则杀戮焚烧奸淫抢掠无非野蛮性之发作物质欲之冲动而已，故我国急进之徒若欲乘世界之潮流率此下层人民中之无职业者。贸贸然企图改革社会之事业则必使吾全国之社会陷于覆亡之境遇此实我全体国民所宜兢兢注意者，现时欧美社会党。方欲联合结各国之下层人民。以推广其主义，如洪水之四溢如飞火之延烧。各国浪人。或抱怀过激主义者。方以引起他国之骚乱促其覆没为快我国之有志者。当此时会一方面当劝勉国人实行政治上精神上之社会主义。以纾未来之祸。一方面当留意于世界改革之大势。明其真相悉其主旨详其利害。以为适应之预备切勿盲从轻信摘未熟之果掘未长之苗以贻害于无穷焉。

(《东方杂志》第十六卷第一号，1919年1月15日，署名 伧父)

16日（星期四）

12.《俄过激派之革命传播运动》(《晨报》，1月16日)

《晨报》刊登《俄过激派之革命传播运动》，如下：

柏林电称近来俄国工党大多数崇拜过激派，日前曾持灯行列，拟将革命主义传播于中国及印度云。

(《晨报》，1919年1月16日)

18日（星期六）

13. 过激主义消息(上海《民国日报》，1月18日)

19日（星期日）

14.《过激派与列国政治家》(《晨报》，1月19日)

《晨报》刊登的《过激派与列国政治家》，全文如下：

自俄国革命后。过激派势力披靡全欧。列国政治家。惟恐危险思想之侵入。无不希望两国过激派之失败。庶稳健派得出而收拾时局。使彼危险主义。不至滋蔓难图。故此次德政府决然以武力压服过激派。卒使大局略归静稳。未始非列国之所赞成。然该派根株非能绝灭。难保无卷土重来之时。至俄国则该派势力尤盛。列国果欲防止过激主义。势非与俄德稳健派携手合力不可。依前日外电所传。法首相屈勒曼索氏。主倡此说最力。英国亦同此见解。且谓法英已协商办法。暗中实行。又依本日外电所载。丹麦前驻俄公使与路透社员之谈话。谓非亟将过激派剿灭。则俄局永无希望。世界永无宁日。其言颇堪注目。再现瑞典瑞士方面。则因国境与俄德毗连。现已实行铲除手段。(参阅本日新闻)上述各节不过历举过激派之现状。与列国政治家态度之一斑。究竟该派是否可以根本扑灭。以及该主义是否与世界政治现势。绝不相容。此则大有研究之价值。容专篇论之。

(《晨报》，1919年1月19日)

21日（星期二）

15. 过激党妇女政策（上海《民国日报》，1月21日）

22日（星期三）

16.《欧战之目的及和约之基础》(《北京大学日刊》，1月22—23日)

23日，《北京大学日刊》刊登叶景莘《欧战之目的及和约之基础》，如下：

......及新政府之势力渐移于社会党之手，于是为对外之宣言，以"非兼并无赔偿"为和议之基础，盖与前帝国之政策相背驰矣。试更观社会党檄告国民之纲领如左：

"一、俄国军人及工党委员干部，反对各国政府所顽守之侵略主义，期将解决和战问题之权收于吾人之手，而纠合世界同志以促其决议。

二、吾人对于我最高枢府所执之侵略政策，亦断然拒绝之，极望全欧人士与吾人取同一之态度，为和平努力。

三、俄国之革命，当不屈首于征服者刀锯之前，亦不甘受外力之压迫。

(《北京大学日刊》，1919年1月22至23日，署名 叶景莘)

23日（星期一）

17.《过激派之国际阴谋》(《晨报》，1月23日)

《晨报》刊登《过激派之国际阴谋》，全文如下：

▲资金五千万卢布
▲瑞士亦下逐客令

▲威总统之独具双眼

此番德国二次革命,过激派接济军火资金援助甚力。该派近来阳与国外社会党急进派联合,内外策应,为大规模之鼓吹。据瑞典消息,俄国过激派政府最近通过议案,以五千万卢布专资该派国外传播之用。瑞士政府现不堪其扰,已逐驱过激派党徒出境云。列国政治家为抵抗过激派主义侵入起见,皆拟以武力对付。闻威总统颇不谓然,以为过激派势力所以披靡全欧,实因为欧洲食粮竭匮,民生穷困,所以致。故接济食粮乃为目下最紧要之问题,民生既裕,则过激派主义当然沈灭云。

(《晨报》,1919年1月23日)

18.《协约国与德国过激派》(《晨报》,1月23日)

23日,《晨报》刊登《协约国与德国过激派》,全文如下:

巴黎电联军总司令佛司□军为防阻德国过激派之蔓延请释放协约国俘囚营内之德国老兵发还德国相助建造之工程海军上将毕德又谕令德国各船厂进行七十五艘潜艇之建造□可免几辅威亨札及贝勒孟各船厂工人之失业然其所派之船只后亦当炸毁

(《晨报》,1919年1月23日)

27日(星期二)

19.《布尔塞维克扰及中东路》(《晨报》,1月27日)

《晨报》刊登《布尔塞维克扰及中东路》,全文如下:

▲路线用地雷炸毁

俄新党近渐侵及中东路线,闻该路之驿马河北铁桥一段路轨及电线,前面十五日骤为布党用地雷炸毁,以致日兵伤亡六十余名,华商亦有六七名受伤。驿北河上之车不通已有多日,目前该路乌苏里沿线防务颇为紧急。又伯利等处自美兵撤后日参谋部疑与华军商办填驻之法云云。

(《晨报》,1919年1月27日)

28日(星期二)

20.《过激派之自暴自弃》(《晨报》,1月28日)

《晨报》刊登的《过激派之自暴自弃》,全文如下:

据瑞典传来俄都消息，过激派政府决意退出彼得格勒。所有贵重物品现经运往莫斯科，彼得格勒各银行账簿均被焚毁，意在消绝证迹。目下兵士难民横行，俄都到处掠劫，过激派政府又下令禁止瑞典国民离俄，将拘之为质云。

(《晨报》，1919年1月28日)

21.《德过激派首领惨死续报》(《晨报》，1月28日)

《晨报》刊登《德过激派首领惨死续报》，全文如下：

▲卢森堡女士生存说
▲李卜勒德尚未取埋

德国过激派首领李卜勒德及卢森堡女史[士]遭难惨死，情形及二氏生平事迹已详纪本报。兹据德政府公布消息，李氏之死已经证实，惟尸体迄今未发见，有谓被路人投弃于河中者，政府极力搜寻，卒不可得。又卢森堡女史[士]惨死之传说，德国官宪方面尚极力否认之云。

(《晨报》，1919年1月28日)

29日（星期三）

22.《布尔塞维克之世界的计画》(《晨报》，1月29日)

《晨报》刊登《布尔塞维克之世界的计画》，全文如下：

据特尼金军司令部传出之消息，谓布尔塞维克军队今后之作战计画已决定下列六条为实行之纲要，其计画如下：（一）于本年三月以前歼灭特尼金军以占领高加索；（二）于本年六月以前覆灭波斯阿富汗及印度；（三）在上述之期间中对于波兰及罗马尼亚完成其大规模之宣传并准备其覆灭之手段；（四）如此则足占领全俄，造成进略东方之基础，而后大举攻击波兰及罗马尼亚；（五）于上述全时期中为覆灭英法意之举，而对于德国则苟与其过激派不能妥协，则以次覆灭之；（六）依照上述之计画进行也，自能得美国之承认云。

(《晨报》，1919年1月29日)

30日（星期四）

23.《布党有侵入印度波斯消息》(《晨报》，1月30日)

《晨报》刊登《布党有侵入印度波斯消息》，全文如下：

▲自称无敌天下

旧金山无线电云　据由俄国瓦萨传至伦敦之消息，布党骑兵现已侵入印度及波斯云。又华盛顿电云，布党委员马尔顿告上院审查委员会，谓俄国布党足以抵抗世界而有余，盖彼现有四万万至无万万食磅，将用之在外国购买必须品云云。

(《晨报》，1919年1月30日)

24.《布尔塞维克与华工》(《晨报》，1月30日)

《晨报》刊登《布尔塞维克与华工》，全文如下：

哈尔冰二十七日电云　布党办事员现在西比利亚东部及沿中国铁路之地异常活动，谣传已有中国工人与俄国工人结合，为布尔塞维克的活动，但秩序如常。当地官吏亦无恐惊之象，现在各方面之报告较之从前尤多矛盾云。

(《晨报》，1919年1月30日)

2月
7日（星期五）

25.《战后之世界潮流——有血的社会革命与无血的社会革命》(《晨报》，2月7—9日)

《晨报》改版(第七版)，增加了以介绍"新修养、新知识、新思想"的"自由论坛"和"译丛"两栏，以全新的面貌出现在读者面前，一度成为宣传新文化运动和社会主义思想的主流媒体之一。改版第一天刊登李大钊的《战后之世界潮流——有血的社会革命与无血的社会革命》一文，全文如下：

在这回世界大战的烈焰中间，突然由俄国冲出了一派滚滚的潮流，把战焰的势子挫了一下。细查这派潮流的发源，并不在俄国，乃是在德国。果然，不久在他的渊源所在也澎澎湃湃的涌现出来。这烈火一般的世界战祸，可就从此消灭了！这是什么？这是什么？这就是社会革命的潮流！

这回德国的失败，不是败于外部的强敌，乃是败于内部的国民。这回民主主义的胜利，不是从前英、美式民主主义的胜利，乃是新发生的德、俄式社会民主主义的胜利。若是单讲武力，德国纵然稍稍退却，决不至一败涂地若此。这都是经济学者、军事家所证明的。

这种社会革命的潮流，虽然发轫于德、俄，蔓延于中欧，将来必至弥漫于世界。德国革命未发以前，就有一位哈利孙(Harrison)氏，曾在《隔周评论》上说过："一七八九年的革命，引起了恐怖，引起了过激革命党的骚动，但见有鲜血在那扫荡世界的革命潮中发泡，一种新世界就在那里边造成。Bolshevism 的下边，也潜藏着一个极大的社会进化，与一七八九年的革命同是一样，意大利、法兰西、葡萄牙、爱尔兰、不列颠都怵然于革命变动的暗中激奋。这种革命的暗潮，将与一种灾殃于兰巴地和威尼斯，法兰西也难幸免，过一危机，又一危机。爱尔兰的独立运动，涌出了很多的国事犯。就是英国的社会党，也只想和他们的斯堪的那威亚、日尔曼、俄罗斯的同胞握手。"日本有一位陆军中将佐藤钢次郎，是一个宣传军国主义的人，人称他为日本的伯伦哈的，他最近也有一篇《皇室中心的社会主义》的论文在《日本评论》上发表。其中有一段说："这回德国的革命，是过激派的势力在德国愈益扩张的结果。德国在俄国扩张过激派的势力，也曾尽过狠大的力量。这回他的本国，也陷于同一的运命了。这过激派的势力，今后益将弥漫于世界。意大利非常危险，因为他的国民性狠容易感染这种思想。我想英国也是不大稳当，从雷德乔治的演说可以看出他们严加警戒的口气来。美国虽然原来是个民主国，由过激派的立场看起来，也有令人可以想得到他有惹起什么社会的大变革的理由。因为美国有叫做黄金阀的一阶级，非常跋扈，近来渐有失却 Democracy 实质的样子。实在讲起来，最近的美国和把最大幸福给多数国民 Democracy 的本旨一点儿也不相合。多数国民苦于金权的压迫，想把他打破，过激派是最所必要的。那么，过激派的思想，也怕自然要弥漫于美国。"这些话，都可以证明今日的世界，大有 Bolsheviki 化的趋势。就是我们近邻的日本，也难保没有这种的危机。彼邦评论家茅原华山氏，最近也在《日本评论》上说过："世界的平和来，日本的不平和来，经济上、政治上的台风，都要一涌而至。若问给日本国民生活怎么样的影响变化，不能不把劳工阶级与中流阶级分开想一想。劳工阶级将出许多失业的人，无论何人都已首肯，到处失业的人，已经层见迭出了。这些失业的人，并不求何职业，求也是没有，也不定规。政府仿佛也不作像英、美、法、意诸国关于怎么使那些还乡的军人就职的研究，倒有一种乐观的样子。若问这些失业的人，不求职求什么呢？简直的说，他们正在想怎么暴动，正在感染上一种 Bolshevism 了。将来骚动、暴动、烧打的事情，我们预知是不能免的。或者比'米暴动'不同，有更深刻的举动，也难计算。'米暴动'从一种意思讲起来，也可以说是有了成功，在一般的民心上造了一种印象，仿佛一有暴动，米和金钱就可从天降下似的。失业的人一旦穷了，就要拿从前成过功的东西再来求一回成功，也是自然的势子。若想得一个大成功，必须起一回更大的暴动，这种的感想，也难保不发生。"他又说："俄、德的革命，决不限于二国。英、法、意及其它欧洲诸国，固然也不能免，或者也不刚是欧洲与亚洲大陆的事情，这易受暗示习于模仿的日本，突然起了这种变动，也未可知。我所以说日本有土崩瓦解之势，就是这个原故。"

现在社会革命的潮流，已经遍布于中央欧罗巴一带，由乌拉山至亚尔布士山，其间的城市，大半成了社会主义的根据。虽然有些反过激军崛起，但是反过激军不必定是反社会主义军，就像捷克斯拉瓦克军，他们虽然反对过激派，其中却有什之四是社会党员呢。现在不过开始活动,将来的结果难以预测。但是这种革命,决不止于中欧一隅,可以断言,久而久之,必将袭入西欧,或者渡过大西洋到美国去观观光,或者渡过印度海、中国海访问访问日本。我们中国也许从西北的陆地,东南的海岸,望见他的颜色。

  我从前侨居日本的时候,正逢着樱岛爆发那一线的喷火。虽然出自小小的一个樱岛,日本全境火山几乎都有山鸣谷应的样子,飞出来的灰几乎落遍了三岛。今日社会革命的潮流,也同那火山爆发一样。中欧好比作樱岛,世界上都与这种潮流有脉络相通的关系,仿佛各火山系与喷火的地方遥相呼应的样子,就是没有火山的地方,也要沾染点灰焰。

  世界上有了这样大的变动,那有宪政经验的国家,没有不早作准备的。可是他们的准备,不是准备逆着这个潮流去抵抗他,乃是准备顺着这个潮流去迎合他。像英国那样素以"无血革命"自夸的国民,又想拿出他们宪政的天才来顺应这种世变,求得一个无血的社会革命,就是他们说的那由上起的革命(Revolution from haboue)。英国近来设了一个"改造部"(Miminister of Reconstruetin),专去调查怎么可以成就这无血的革命,这改造部大臣任命的委员长调查的结果,曾印成小册子公之当世。《伦敦夕刊》曾选录过那小册子中的一文,题目是《关于成年者教育的产业及社会状况》,对于改善劳工生活的方法特为注意,仿佛是一种温情主义的工党首领撰的一样。听说雷德·乔治等要把这个方法加入政纲,这次选举既然大获胜利,第一着实行的必是这条政纲,因为他可以创造一个"新英国",可以使这好几年英国国民直接间接在战场上的牺牲不至白白的没有意义。这就叫"沉默的革命","调和的革命"。英国国民若能在风平浪静的中间,完成了这一大使命,世界上有政治天才的国民,真算英人为第一了。

  日本的朝野近来也都注意及此,"无血革命"、"第二维新"的声浪一天高似一天,什么"愠情主义"咧,"三益主义"咧,也常常挂在研究社会问题的口上。这都是对着这世界潮流的未雨绸缪。

  但是,我们要知道这样大的问题,都是因为分配而起的。我们要知道,有生产才有分配,有生产的劳工才有分配的问题。像我们这种大多数人只想分配不想生产的国民,只想了抢饭不愿作工的社会,对于这种世界潮流,应该怎么样呢?那些少数拿他们辛辛苦苦终年劳作的汗血,供给大多数闲人吮括的老百姓,应该怎么样呢?这大多数游手好闲不作工专抢干饭的流氓,应该怎么样呢?望大家各自拿出自己的良心来想一想!

(《晨报副刊》,1919年2月7、8、9日,署名 守常)

13日(星期四)

26.《□过激派之面面观》(上海《民国日报》,2月13日)

22 日（星期六）

27.《劳兵会与莫斯科政府龃龉》（上海《民国日报》，2 月 22 日）

26 日（星期三）

28.《俄国过激派之大策划》（《晨报》，2 月 26 日）

《晨报》刊登《俄国过激派之大策划》，全文如下：

美国方面消息云，俄国过激派力谋将过激派主义传□于中国及印度方面，业将多数中国人编入军队。上月初，即将特别保护中国人条例特加优遇用以招募军队，并在莫斯科设立中国局，以中国人为长官，经中央亚细亚陆续遣送入国云。

（《晨报》，1919 年 2 月 26 日）

3 月
1 日（星期六）

29.《俄罗斯之研究》（《晨报》，3 月 1 日）

《晨报》发表若愚投稿的《俄罗斯之研究》（四），指出："这回俄罗斯革命。总算是二十世纪一桩大事。那些过激派的举动。究竟是祸是福。总应该大家细细的研究。要是过激派的主义果然有些真理。我们可以采纳一二。要是过激派的主义毫无道理。我们亦可辩驳一二。这种责任差不多全负在新闻记者身上。不幸我国的报章。对于国外新闻。大概都取材于路透电、日本报纸、上海英文报及数家通信社，其中以翻译日本报纸为拿手好戏。列位想想，这素抱帝国主义的日本人口中的过激派，已非真正的过激派。我们根据这种消息断定过激派的主义行为，未免牛头不对马嘴了。"

2 日（星期日）

30.《过激派的引线》（《每周评论》第十一号，3 月 2 日）

《每周评论》第十一号，刊登冥冥的《过激派的引线》，如下：

昨天我接了一封美国朋友的信，中间有几句话，讲欧洲现在和议的情形和过激派的关系，虽然是激烈一点，却着实有理，等我把他写出来，请大家共闻。他说：

近日和议将开。□协商国的守旧党，忽又一齐出台。既要德国债还各国战费，又要割土让地，且极反对国际联盟的办法。威尔逊□到欧洲以来，也是到处"疏通"。十四条究竟几条能见实行，颇属疑问，吾意□这□□固东西的办法□去也好：盖不如此，则过激主义将限于俄国及东欧一带，不能传布于英法，顽固党又将延长其寿命也。

这话我想一点也不错。过激主义的是非，和过激的人行为的对不对，我们暂且不论。但是过激主义种子，实在是因为社会上不满意的事太多，才生产的。既有这个种子，那社会上的一切不平，不安稳，不公道的事体，就是他的肥料。既□了肥料，又要他不生长，那可□点办不到。所以世界政府中的顽固党，都怕过激主义，但是都在那里培植过激主义。

还有一层，就是怕过激主义过甚的，动辄拿来安在不相干的人身上，这也是有一种最有力的引线。前几天听见几个与政府有关系的人，看了几篇思想新一点，议论希奇一点的文字，他们就动色相□的说道，"你们不看见过激主义已经到我们国来了吗？"实在讲起来，现在我们国内最新的议论，不晓得过激主义，还差几千里呢？再过进一步说，他们这些怕过激主义的人，何尝知道过激主义，是甚么一回事呢？不晓得过激主义是甚么一回事体，偏要拿来说人，岂不是"疑心生暗鬼"吗？

这种"疑心生暗鬼"的惧怕心，何以能为过激主义作引线呢？我晓得有位朋友，平常是不信过激主义的。所以对于过激主义的行动，他总是不大看得起。后□听了这几位先生的议论，他说为开通他们这一班人起见，倒不可不译几本过激派的著作出来，给他们看。这种书果然译出来，看得见的，可就不止那几位怕过激主义的人。

(《每周评论》第十一号，1919年3月2日，署名 冥冥)

24日（星期一）

31.《俄国过激派首领列宁》(《晨报》，3月24日)

25日（星期二）

32.《过激派治下之俄都》(《晨报》，3月25日)

《晨报》刊登《过激派治下之俄都》，全文如下：

▲创办文艺杂志
▲开设共产食堂
▲剧场依旧繁昌

▲学校照常授课

　　□自亦卫军与西伯里亚军在乌拉尔战线交战以来俄国东部则西伯里亚之交通□全断□消息异常沉寂□犹往来于战线者尚不乏入俄都及莫斯科□之状况得忽略悉一二据传目下俄都会较诸一年前列宁组织政府时秩序业已恢复劳兵极力维持公安市内亦殊平静列宁政府因宣传社会主义之必要近来颇取奖励出版事业之方针特筹经费设立中央出版局并任果尔基为局长果氏亦振刷精神锐意监□文艺物及通俗教育书籍等之出版其同情于劳农政府之交士多为文艺评论投诸果尔基杂志此杂志为今俄国唯一之大杂志从从前所出之杂志业皆停版又俄都之生活虽有不平不满之声然市民亦皆相安无事如剧场电影馆等一日亦未歇业并极为繁昌其新闻之小剧场亦颇不少又大剧场有名角出演时常有人满之患其盛况亦可概见矣又劳兵会组织劳动文明协会以谋下级劳工教育之普及其各种高等学校及大学校亦均照常上课青年劳动者中学虽未卒业然新颁之条令亦许可入高等学校肄业又去年兵卒水兵往来街□会合毫无纪律可言最近此等现象已不常见惟现在俄都最感苦痛者厥为粮食问题面包之缺乏虽较前稍苏然仍不免有米贵之叹各高等学校由学生组织共同食堂一饭约费四卢布虽无美食然亦得果腹劳兵会则于市内各处设立共同食堂对于一般市民贱价售与此等共同食堂俗称为共产食堂其面包俱系黑色面包粗糙不堪下咽又因牛乳缺乏最可怜者厥为乳儿又在劳兵会统治之下俄都对于远东问题非常注意俄都所得远东之消息与外国所得俄本国之消息同属荒谬无稽劳农政府最高军事指挥官杜落基氏刻为作战便宜上已将其干部移于杜氏毁誉褒贬参半然对于杜氏之手腕与毅力皆非常佩服云

(《晨报》，1919 年 3 月 25 日)

28 日(星期五)

33.《过激派又潜入我国》(《晨报》，3 月 28 日)

《晨报》刊登《过激派又潜入我国》，全文如下：

▲在□租界开会说

　　据外人消息云，俄过激派潜入上海租界开秘密会议，即京津方面亦时有踪迹，亦据以通知，吾国闻当局已密饬京外各机关严密取缔矣。

(《晨报》，1919 年 3 月 28 日)

3 月

34.《过激党之主义政策及历史》(《新教育》第一卷第二期，3 月)

4月
1日(星期二)

35.《过激派对外愈强硬》(《晨报》,4月1日)

《晨报》刊登《过激派对外愈强硬》,全文如下:

▲与匈牙利协力煽乱

▲拘捕外人为质

巴黎一十五日电 俄国布尔扎维克执政以电话请匈牙利过激派政府拘禁卜达佩斯之法国委员。急在将以交换过激派之委员,据卜达佩斯消息云,前任总理威克尔氏已被拘捕。又据伦敦二十五日电,探悉英国委员已由过激派政府发给安行护照,送往莫斯科,因多数英国官民被布尔扎维克擒捕,现正磋商按交换俘因之办法,双方同时释放云。

(《晨报》,1919年4月1日)

2日(星期三)

36.《过激派仇法最深》(《晨报》,4月2日)

《晨报》刊登《过激派仇法最深》,全文如下:

法委员尚留为质

伦敦二十七日电云,路透电社探悉匈牙利政府已释放协约国委员会之人员,只留法人为质,因法国拘捕布尔扎维克党徒甚多云。

(《晨报》,1919年4月2日)

3日(星期四)

37.《过激派征服世界之计画》(《晨报》,4月3日)

《晨报》刊登《过激派征服世界之计画》,全文如下:

▲英政府有确讯

外相罗邦那氏在下议院声言,政府得确实报告,谓布尔扎维克现由瑞典之代表分发资金，以为运动世界各部叛乱之用。英政府当即行设法将俄国布尔扎维克党徒驱逐出境，现正极力查究以便防范云。

(《晨报》，1919年4月3日)

4日（星期五）

38.《俄匈过激派之共鸣》(《晨报》，4月4日)

《晨报》刊登《俄匈过激派之共鸣》，全文如下：

▲列宁得意扬扬

此次匈牙利过激派新政府系于三月十二日成立，闻新政府执政之第一日即由劳兵会委员卜拉康氏电知列宁，列氏当即亲到电报局，与之通电，其时间约有半句钟之久。拉康氏先报告匈牙利新政府之成立情形，并无声称：（一）采用无资产阶级独裁制度；（二）推列氏为世界贫民首领；（三）匈牙利社会党与列宁政府抟为一团，与有产阶级宣战；（四）匈牙利政府与列宁政府订攻受同盟云云。列宁得电后首先贺匈牙利过激派政府之成立，并称匈牙利新政府之提议已报告于俄国共产党大会，业经彼等全体赞成云云。

(《晨报》，1919年4月4日)

6日（星期日）

39.《过激派在新疆之近状》(《晨报》，4月6日)

《晨报》刊登《过激派在新疆之近状》，全文如下：

据新疆伊宁县消息云，俄属西域布尔扎维克党徒现得地方官长默许，又由该处华商采买大宗粮食，而该华商之大股东，据云即系镇守使及其秘书长等。此事业经陈述于政府，然毫无效果，但请布尔扎维克派代表何柏斯克氏退回俄国。何代表登程时地方官长恭诚送行，且镇守使之秘书与其偕行，至于边界，又派有中国骑兵队三十名护送。自何代表离境之后，伊犁与布尔扎维克之贸易依然如故，并未断绝云。

(《晨报》，1919年4月6日)

10日（星期四）

40.《俄过激派首脑列宁》(《时事新报》副刊"学灯"，4月10日)

《时事新报》副刊"学灯"发表《俄过激派首脑列宁》。

41.《劳农政府治下之俄》(《晨报》，4月10—26日)

至26日，《晨报》刊登《劳农政府治下之俄》(《民国日报》1919年4月12日—5月4日转载)，如下：

"土地国有" 俄国的革命，对于农业问题，是有狠重意大的意味，所以劳农政府成立以后，就把一切土地废止私有，以无赔偿收回国有。……劳农政府在各地方设个土地委员会，掌理农业产物的生产和分配，会中置土地清册，按照各村落土地的大小去分配农夫。这个委员会，又管理山林事务，并且征收土地的租钱，按期缴交中央政府。村土地委员会隶属于郡土地委员会，由郡土地委员会选出县土地委员会，由县土地委员会，组织全俄土地委员会本部。这个本乡[部]，可以选出代表，列席全俄劳农总会，和农业委员会……

……劳农政府处分土地，是有十条约办法。第一，土地的私有权，是永久废止的，不许有买卖让受典押等等的行为。……第二，土地的内部，所包含的矿物、煤油、煤炭、盐、山林、水利等等，都是归国家独占的。但是如小小的河川湖林等等，是归地方自治体所有的。……第六，凡是俄国的人民，以自己的劳力，或得家族的助力，或得他农夫的协力，要耕种土地的人，无论男女，均许他们使用土地，但是不许雇用他人的劳力……

……这一种的办法，从前的人，多半是笑为空想的，并且断定是不能实行的。然而今天俄国居然实行起来，并且不独实行大多数的国民，都讴歌劳农政府起来……

"行政组织" 劳农政府的行政组织，是最有趣味的事实……劳农政府是以最小村落为一个行政组织的单位。每村落的住民，每百人可选出代表者一人，组织村落劳农会。村落劳农会属于郡劳农会，郡劳农会属于县劳农会，县劳农会可以选出代表，组织全俄劳农大会。……中央执行委员会，是由全俄劳农大会选出的。其人数不得超过二百人以上。中央执行委员会对于全俄劳农大会，要负责任。全俄劳农大会，是俄罗斯民主国的最高权力所在的机关。凡在开会期以外的时期，中央执行委员会，可以代表这一种最高权力。中央执行委员会之中，又分设十一个的行政部……这十一个行政部中，又选出小委员若干人组织人民委员会。所以中央执行委贝会，就是常设的国会，人民委员会，就是普通的内阁。

以上所说的就是现在俄罗斯民主国的行政组织的大纲。你说这一种的组织，岂不是狠近我们的理想么？你看人家都骂劳农政府是一个狠凶暴的政府。然而我们看他这一种建设的怀抱，是狠不凡的，是狠有手腕的。所以我们不宜学欧美资本家的口吻，去漫骂他们，也不宜学官僚军阀的脑筋，去仇视他们。他们的主张，他们的行为，我们是要细心去考究的。我们有了考究，然后才可以下一个公正的批评。这是我们必要的态度。诸君应当都是狠表同意的。

……

"**产业政策**" 俄国革命以后，克伦斯基政府的时代，就制定工人本位的工厂法出来，然而还有几分不彻底的地方。到了列宁政府的时代，俄国的工业，才完全采用社会主义的精神。他们工厂法的内容有六大纲领。(一)工厂国有。(二)共同经营。(三)供求调和。(四)八小时劳动。(五)工钱公定……工厂监督，是由各工厂的工厂委员担任。工厂委员是由各工厂中的劳动者组合选出来的。工厂委员管理工钱工时，及其他一切事务，以保护劳动者的利益。工厂国有的办法，是把组织股份公司的大工厂，取归国有，由国家再移交劳动者组合，由劳动者共同经营，所获的利益，分配给全体劳动者。但是就现状说出来，俄国还有许多工厂，仍在资本家手里，他们还是经营者，不过他们所有者的权利是剥夺了，他们的利益，是有极严酷的限制的。……列宁的主义，以为一国的工业，没有使他发达到国民需要以上的必要。如果政府去奖励剩余生产(一国国民消费不了的生产，叫做剩余生产)，那么非在国外求个销路不可。这就是资本主义的帝国主义勃兴的原因，国民间战争的祸根，不是我们人类理想的社会现象，所以我们工业的生产，能够满足我们国民的需要，就可以了。这一种的意见，并不是列宁独创的，是社会主义的主张，由他实行了。

……

"**银行国有**" 列宁政府攻击资产阶级的第一炮，是土地国有，第二炮是工场国有，他于一九一七年十二月二十七日，又放攻击的第三炮。这三个大炮，不独把俄国资产阶级打得粉碎，简直是把地球都打个大震动了。这第三个大炮是甚么东西呢？就是银行国有令。……

劳农政府发布这个命令之后第二天早晨，就派许多赤卫军占领市内各种银行，拘捕许多有名的银行家，实行没收合并。无论从前甚么"财界重镇"金融大家，到了那天，都要算帐了。这种银行国有的办法，也是社会主义的一种主张。但是劳农政府实行手续，似有点太急烈，所以我们很有不能赞成的地方。

"**国债废弃**" 列宁政府还有"国债废弃令"也是很震动世界一个法令：大要如下：(一)俄国地主及资产阶级的政府，所缔结的一切国债，自去年十二月起，不付利息。(二)地主及资产阶级的政府，所赋与各种企业、各公署及各公司的保证，一律废弃。(三)外国国债全部、绝对、无条件废弃。(四)凡小资产者所有的内债，在一万卢布以下的人，可以换给俄罗斯社会联邦民主国新债票，每年由国家给与同额的利息。……(八)凡五千卢布以下的存款，如系非由劳动获得的时候，该委员有否认的权利。

就这种法令看起来，可见得劳农政府处处保护小资产者无产者的精神了。……列宁曾在某处演说道，我们布尔塞维克派的本领，就是把多年资产阶级所劫夺劳动阶级东西，取还原主而已。这一句话而得其要领，把布尔塞维克主义的内容，都形容出来了。我以上所举他们各种打破资产阶级也法令，没有一个不是根据这种精美而来的列宁的主义。我们能否全部赞成，姑且不论，然而他总算得一个知行合一的人了。

……

……那么布尔塞维克主义究竟是甚么东西呢？由我的意见说出来，我是认他作马克思的社会主义。我这种断定,并不是武断,也不是妄断。因为我研究他们的政策,和马克思社会的主义非常相近。他们主义的根底,是从马克思的学说萌芽发育出来的。所以我们真要了解布尔塞维克主义的精神,还要去考究马克思的学说,不然的话,我们对于布尔塞维克主义,是不能下批评的,也不能够表示赞否的意见的。……马克思的学说在现代各种社会新思潮中,可算得最稳健的主张,最有科学的基础。就是资产阶级的国家,也才不多。没有一国不参酌马克思的学说,去处理他们的社会问题(这种政策是不彻底的,我们不能赞成的),可见得马克思的学说,是包含许多真理了。那么布尔塞维克主义,既然是马克思的社会主义,何以人家都骂他做过激派呢?我以为这有两个原因。第一是布尔塞维克派的实行方法,太过急然。第二是俄国无教育的人太多,党派又纷歧,所以经此社会的大改革,全国秩序都纷乱了。

(《晨报》,1919年4月10—26日)

11日(星期五)

42.《列宁政府基础巩固》(《晨报》,4月11日)

《晨报》刊登《列宁政府基础巩固》,如下:

荷兰来电云,莫斯科之列宁政府最初仅有中国苦力军队三万人,及强制的征募俄人军三四万人,其势力甚为薄弱。最近据确实消息所传,谓列宁政府已编成八十万国军,而武器完备者,亦有三十万余人。从前俄国高级将校及优秀参谋将校均渐归列宁部下。各种行政机关亦可得相当人材就职。是以军事内政两方面成绩骤佳,政府基础因之渐固。唯财政支绌,现在发行纸币以维持之。列宁政府对于官吏军人均以相当之薪俸,是以政府关系者毫无物质之不足之感。凡在该政府势力范围内居住者,不独不反对列宁政府,且欲以或种方法维持该政府,以保障其生活之安全云。

(《晨报》,1919年4月11日)

43.《俄国过激派 Bolsheviki 之研究》(《北京国民公报》,4月11日—5月10日)

19日(星期六)

44.《名著新译 俄国革命史(绪论)》(《晨报》,4月19日)

7月30日,《晨报》连续刊登塞克著,志希译《名著新译 俄国革命史》。"绪论"如下:

我做这本书的意思、就是要使美国人民、知道在俄国一九一七年三月大革命以前的种种革命运动、所以酝酿大革命的缘由、及大革命以后至于现在的期间内俄国情形之发展。

　　一九一七年三月大革命的最初起源、在于一世纪以前、其时正当拿破仑战争之后。自此人民思想、逐渐转移、至于今日。俄国第一次革命暴发、在一八二五年十月十四日。名曰"十二月党"之乱、为一小部分少年军官所组织、因为他们从事拿破仑战争、在法国巴黎受了许多革命空气的缘故。十二月党的乱事。不久平定。一班党人、或被杀戮、或被□入西伯利亚。当时俄国大诗家卜司金 Pushkin 欢送他们、他们只回答他说"星星之火、可以燎原"。现在果然这句话说中了！一八二五年不过是少数理想家反对专制的小团体、至一九〇五年居然有开始攻击"沙尔主义"Trarism 的大团体、至一九一七年则全部人民、一齐奋起、成功了最迅速而不流血的大革命以为俄国开一个民主国家的新纪元。

　　在这个时候、俄国虽然有暂时的解体、这也是每个国家从专制转入民主时代不可免的现状。我们做朋友的不要看到这种情形、就抱悲观。俄国现在并不是精疲力尽、趋于老死、乃是同小孩子初学独自行走的状况。若是有好朋友的帮助、他希丁克恶意脱离危险。

　　（未完）

(《晨报》，1919年4月19日)

20 日（星期日）

45. 《二十世纪俄罗斯的革命》(《每周评论》第十八期，4月20日)

　　《每周评论》第十八期刊登陈独秀《二十世纪俄罗斯的革命》一文，文中指出：十月革命是"人类社会变动和进化的大关键"。在《各国劳农界的势力》一文中，指出"自俄国布尔札维克主义战胜后，欧洲劳农两界，忽生最大的觉悟，人人出力和资本家决斗。他们的势力，已经征服了好几国。因为这种革命，在政治史上算得顶有价值的事体。"

24 日（星期四）

46. 《布尔塞维克派之将来》(《晨报》，4月24日)

　　《晨报》刊登《布尔塞维克派之将来》，如下：

　　瑞典京城来电云 据最近来瑞之俄人谈云，俄国大文学家柯里基评论布尔塞维克派之将来，略谓布尔塞维克在南俄已获大成功，罗马尼亚、勃牙利、匈牙利已受该主义之感化矣。中欧诸国欲以饥饿政策威迫俄国，恐其结果适足以增加布尔塞维克之同情者而已。法国之伪爱国者、英国之资本家日趋死境，状殊可笑。德国实行布尔塞维克主义之期当亦不远矣云云。

(《晨报》,1919年4月24日)

26日(星期六)

47.《美国与列宁政府》(上海《民国日报》,4月26日)

上海《民国日报》刊登《美国与列宁政府》,如下:

纽育十二日转来巴黎电云,威总统极力主张立即承认列宁政府,因英法两国反对颇烈,故已决定俟讲和条约成立后再议。各国对于列宁提议尚未答覆。闻威总统决不因此抛弃其承认列宁政府之方针,且已决定先以五十万吨粮食供给列宁政府云。

(上海《民国日报》,1919年4月26日)

4月

48.《过激主义(Bolshevism)与普及教育》(《新教育》第一卷第三期,4月)

5月
2日(星期五)

49.《过激派之兵力大增》(《晨报》,5月2日)

《晨报》刊登《过激派之兵力大增》,全文如下:

据海参崴来电,过激派军去年末之兵力步兵不过二十五师,骑兵亦不过十八乃至二十团,至本年四月上旬,乌拿两方面约有十一师,岛仲西方面有师半,黑海方面有五师,里海方面有三师,合计有三十一师。此□再加目下编成中之八师共计达三十九师云。

(《晨报》,1919年5月2日)

15日(星期四)

50.《过激派之理想及其失败》(《东方杂志》第十六卷第五号,5月15日)

51.《俄国问题》(《时事新报》,5月15—19日)

《时事新报》刊登 Nicholas Lenine(即列宁)著 Robert Ciozier Lorg 译,金侣琴转译的《俄国问题》,如下:

俄国革命欲解决一切重大问题,惟有尽量应用阶级战争之原则,盖此等原则为真正社会主义之基础也。然此所谓基础者,非指门希维克首领泼来克汉讷夫及采来德里之首鼠两端的社会主义,乃代表民众之真正平民的社会主义也。

……

俄国革命,一阶级战争也,不至无地无食无工可作无家可归之各阶级完全胜利,则俄国革命断不能得政治上成功之结局。

故仅废一皇帝,去一朝代,革命非遂可告终焉。此乃革命之初步耳。……至于革命之潮,必且进行无已,直至俄国国富分配于全国民众,与经济状况不再如向者之悬殊为止。

土地问题为俄国贫困之根本,即都会的贫乏问题亦土地问题存以致之。考其原因,则俄非同西欧诸国,仅有衰败之农民一阶级,而无固定的工厂劳役之一阶级。而此种农民,因不能借土地以谋生,遂麇集于都市中。此等往往半为农民,半为工厂之劳动昔,一方虽被雇于制造业之城市中,而同时仍保持其本乡之关系。然既不能为成功之农夫(因无充分之土地),复不能为成功之实业界的劳动者(因无充分之技能)。

俄国之社会党,必当实行私有土地之直接完全抛弃,以解决此问题。……俄国农民至穷极苦之境况,非一般人民意想之所及,然此问题已为数十百之官厅报告所诠释证明。而此类报告中之所言者,彼资产阶级亦不得不承认者也。

……

农民之所真正需要者,非为协同动作之联合,与国家生活之隔绝。彼所需要者,乃联合都市之劳动者,与富者相激战耳。盖乡村中之主要势力为金钱,有金钱的农民与无金钱的农民毫无利益相共之处,而有金钱的农民之压制与金钱的农民,其心之忍与地主无□焉。

然则结论如何?结论曰:

(一)可耕作之土地六二〇〇〇〇〇〇亩中二九七〇〇〇〇〇〇亩,属于五〇〇〇〇〇家一日,则俄国一日不能逃于贫困。六〇〇〇〇家而占地一七〇〇〇〇〇〇亩一日,则俄国亦一日不能免于贫困。

(二)若一〇〇〇〇〇〇〇农民中一五〇〇〇〇〇,准其占存土地全面积之半,马及家畜总额之半,及储蓄金总额之过半数,则俄国终不能免于贫困。此农民中之中级社会,不能任其日臻富庶,压制中等与贫苦之农民,以高利剥削及佣工等方法而欺骗之。

（三）若国中处理土地与处理其他事务同，仍以金钱为主要之势力，则俄国终不能逃出贫困之状态。

补救之道，则：

（一）凡现在存在之法律，予农民以特殊之地位，而隔绝之为一特别阶级者，立即废除之。

（二）凡农民对于国家土地银行及其他私人，因求得土地而发生之债务，一律取消之。

（三）凡教堂与寺院之土地，一律没收之。

（四）凡地主之土地，一律没收之。但从巨大资产者着手，没收后移交于代表平民之自治机关手中，以分配于无土地之农民。

此乃俄国真正社会党直接进行之纲领，但非所语于温和派社会党也。求政治革命之镇定，则此纲领之实施，为唯一之方法。自由与秩序二者，为政治革命中之自然产物，欲使此二者持久，亦必以此纲领之实施为独一无二之方法者也。

列宁此文虽论俄国问题，然实世界之大问题。我国将来亦必有土地问题之发生，读者幸勿以隔岸观火视之。

（《时事新报》，1919年5月15日至19日）

20日（星期二）

52. 列宁之激励演说（《晨报》，5月20日）

《晨报》刊登《列宁之激励演说》，如下：

俄国劳农政府总理列宁发表其最近之演说大意谓："布尔塞维克主义者之事业虽已完成一半，对于中产阶级获得胜利而最困难之后半事业，仅启其端绪而已。布尔塞维克主义能战胜帝国主义，而后世界革命始可得而成就也。"云云。

（《晨报》，1919年5月20日）

5月

53.《布尔札维克党之第一日》(《新中国》第一卷第一号，5月)

《新中国》第一卷第一号，刊登缩克思的《布尔札维克党之第一日》。

6月
2日（星期二）

54.《俄都实情目击录》（上海《民国日报》，6月2日）

《民国日报》刊登《俄都实情目击录》，如下：

> 五月二十七日大坂每日新闻载，五月十五该报特派员布施胜治，由芬兰首府海尔新霍司所发特电云……
> 据沿途所闻俄国布尔塞维克派之基础，日益巩固，外间所传列宁政府将濒危机，金属风说，毫无根据。然布尔塞维克之内忧外患，固未一时或息也，……

（上海《民国日报》，1919年6月2日）

15日（星期日）

55.《过激思想与其防止策》（《东方杂志》第十六卷第六号，6月15日）

27日（星期五）

56.《俄局最近之真相》（《晨报》，6月27日）

《晨报》刊登《俄局最近之真相》，如下：

> ▲俄都方面俄都陷落之报，日日振荡吾人之耳鼓，然据最近确报，此说系英国方面之谣传，彼得格拉依然在列宁政府管下……
> ▲东部战线乌拉尔方面之战况较之俄都方面，过激派更占优势……
> ▲北俄方面更观北俄方面，捷哥斯基攻府与联合军参战成绩更无可观，目下已同于休战状态……
> ▲南俄方面反过激派军队在南俄方面，近日颇为振作，小俄一带地域渐尽恢复……
> ▲列宁善战列宁政府际兹四面楚歌之时，能以孤军敌众，其作战计划与欧战中德国之军略颇相仿佛。彼所有兵力不过八十万，然能按战况之缓急善为配置，故虽遭重围，终能支持到今。

（《晨报》，1919年6月27日）

29日（星期日）

57.《俄国新宪法》（《每周评论》第二十八号，6月29日）

《每周评论》第二十八号刊登慰慈《俄国新宪法》，如下：

近来大战以后，欧洲产生了许多新宪法……此数种新宪法之中，俄国的宪法最有研究的价值，因为此宪法根据于许多最新的政府组织及政治哲学的最新思潮。该宪法原名为"俄国社会联合共和国的根本法律"，是一千九百十八年七月十号第五次全俄大会议决的。……

差不多全宪法的三分之一，是讲到这种为"会议共和国"所根据的主义。就此一层，俄国总算是在政治史上开一破天荒的事业。宪法上规定，把私人所有土地、森林、矿产、水力、农器、银行，完全收归国有。所有制造及运输等事，归工人直接管理。……无论什么人，必须要工作，工作者须有当兵义务。不工作的人，不能用军器，免得他们出来复回资本家的制度。

俄国宪法有一最特别的地方，就是关系外交上的规定……

（一）反对秘密条约。

（二）主张和平条约，不能有赔款及并吞土地。

（三）不承认侵夺属地人民。

（四）赞成芬兰独立，撤退驻在波斯的外国兵。

（五）主张取消外债。

（六）所有条约须由"全俄会议"赞同。

……

大凡政治学者，讨论一国宪法，所最注意的，就是下列的几条：

（一）这条宪法是什么样发生？

（二）修改宪法的法子。

（三）政府的组织。……

（四）政府各机关的权限。

（五）人民自由权为宪法所保护而政府不能侵犯的。

（六）公民的资格。

（七）选举权。

如果我们把俄国的宪法，照上列的几条研究起来，所得的结果如下：

……

五、人民自由权为宪法所规定的，有教堂与国家分离，教堂与学堂分离；信仰自由、言论自由（包括把印刷品作为社会的，与自由散布各种各样的印刷品）、集会自由（包括会场、灯光、热气，须由政府供给）；农民与工人可以藉政府的力量、组织起来；人民有受义务教育的权利；工人有带军器的权利；外国人可以来避政治及宗教上的压制，并可得俄国政府的保护；除弃所有一切种族上及阶级上的种种区别。俄国人民的自由权包括甚广，不过对于现在欧美各立宪国所注意的，如出庭状、裁判及惩罚的种种方法与私人财产的保护法均没有明文的规定。

六、地方会议有权承认无论什么做工的人为俄国国民。

七、无论何人，不分男女，年及十八岁，现做生产的并与社会有益的工，或在"会议"、海军或陆军服务的，或因受伤不能工作的，均有选举权与被选权。居留在俄国的外国人，如是工人也能享政治上各种权利。但是下列几项人民不得有选举权：

（一）利用他人工作的人。

（二）不做工而有进款的人。

（三）商人。

（四）警察的差配人。

（五）从前皇族的子孙。

（六）被保护的人。

（七）有神经病的人。

（八）政治权利暂时为"会议"夺去的人。

选举的时候由会议决定，举出的代表随时可以由会议撤回，撤回后须另外召集一选举会。所以举出的代表只能照会议的意思行事，不能自出主意。

（《每周评论》第二十八号，1919年6月29日，署名 慰慈）

30 日（星期一）

58.《俄局最近之真相》（上海《民国日报》，6月30日）

《民国日报》刊登《俄局最近之真相》，如下：

……协约国之策，卤莽灭裂，可谓完全失败。其初协约国蔑视列宁政府，以谓单纯武力必可解决。嗣见出兵顿挫，过激派防战甚力，乃从美国之提议召集俄国各派于地中海之布林设斯岛屿，欲以恩威并加之手段，解决俄局。不意协约国妥协之提议，俄党竟若充耳无闻。至是协约国大穷，乃更不得不复归于武力解决之方策。然驻俄联军士气本甚不振，益以英法圈内社会党反对出征，声浪日高，协约国乃欲使西比利亚渥木斯府为统一俄局之中心，而有承认西比利亚之提议，以上为英法两国对俄政策之实情。至美国地位不同虽未必步英法所为，然而态度亦见磊落光明，以一方面声称同情列宁政府，一方面又与协约共同出兵；一方面声明对俄不偏不党，一方面又赞成西比利亚政府。要之俄局所以迄今飘摇不定，俄人固不能辞责，而协约国对俄政策之误谬，亦不能不分尸其咎也。

协约国既不能承认列宁政府，则最后之解决，仍唯有武力之一途。然处今日时势，此果事实所可能乎。……武力既不可行，是协约国政策终无达成之望有断然也。

更察列宁政府方面彼统治俄局已历年余,财政尚无破产之兆,内部团结亦固,国防军且逐渐增加……近观反过激派势力则微微不足称数……更有一事可以注意者,即俄国各地反过激派军队近来渐被过激派浸化默移,两者日合为一,如素奉帝制主义者今且讴歌列宁杜洛斯基。据此以观将来,反过激派与过激派难保无融洽之日。诚然则协约国又不能不改方针转而承认列宁政府……

(上海《民国日报》,1919年6月30日)

7月
1日(星期二)

59.《译论——民主主义——社会主义——布尔塞维克主义》
(《晨报》,7月1—3日)

《晨报》刊登日本吉野著、晨曦译的《译论——民主主义——社会主义——布尔塞维克主义》,全文如下:

政界的主力。现在都□到国民生活要怎样安固充实这一个问题上去了。这现象。是社会主义之兴盛使然。有了这现象。又足以促社会主义之流行。这是很明白的事实。这问题。与其说是资本的支配阶级问题。不若说是无产阶级 proletariav 问题。即如社会主义之所由起。也不过是无产阶级发生的结果。

此处。少不得要把 proletariav 加以说明。Proletariav 是小孩子多名的意思。就是指除抚养儿女外。再没有什么捧给国家的贫民而言。可见这个名词的本来意义。是说贫民。但今日所说 proletariav。却有所谓贫民社会一种固定阶级的意义。并不是说单纯贫民而已。

穷人与富户。自古有之。然在古时。这两色人。不是固定的社会阶级。单是很贫穷的人。若果奋勉起来。便成富户。到了今日。却不是这样哩。今日若不幸托生做了贫穷人家的儿子。便要永久贫穷。任凭你怎样勤劳克苦。还是子子孙孙世代穷人,法律上虽没有明文规定,然而穷人不得移入富户阶级。恰与那平民不得入士族同样。为甚么缘故。贫民成了这种阶级。这样固定哩。不必说。就是近代产业革命的结果。昔之贫民问题。说到动俭贮蓄。纵不能完全解决。总可以解决一点。今日无论如何勤俭。仍不能获有贮蓄之余裕。因此之故。社会组织的根柢。不能不令人怀□。那贫民阶级。也就猛然向这不良的社会组织。发出反抗之声来。

照这样看起来。国民生活安固充实问题。和社会主义的主张。当初便都是无产阶级的问题。至今还不变哩。

这问题。一方面观察。像是特殊阶级的问题。他方面观察。又像是社会全体问题。到底应当看作阶级问题。抑或看作社会全体问题哩。吾等议论之出发点。就在这里。

　　国民生活怎样安固充实。这个问题。毕竟就是怎样使社会主义里边怎样绝灭"贵"这样东西的问题。远自古代起。这问题曾时时烦恼政治家的头脑。古之政治家。多半碰见过这问题。他们研究解决之法。差不多不约而同采取一种共产主义。试观希腊这学者之说及支那古代的经书。自然历历明白。而主张最显明的。更要数英国的毛亚 Jhomas More 就说日本罢。古时也有这种思想流行。不过像这样古时的共产主义。只是大家漠然想着应当这么样才好。并没有什么科学上的根据。我们想叫他做简陋共产主义。到了十九世纪。无产阶级发生。贫困问题之解决。越发要紧。一天急似一天。关于这问题的科学的研究。陡然盛起来。于是有许多挪他学作根据的解决案。提给我们。什么温情主义啦。社会改良主义啦。各算一种。这个当儿。那古时原有的共产思想。也就得了新的合理根据。立下基础。以社会主义之名。显于我们之前了。把科学根据给与共产主义有很大功劳的人。就是马克思。马氏虽然厌□社会主义之名！列宁所唱 Socialism 语句。当时实系辞社会改良主义的！而固执共产主义之名称。其实他所说共产主义。就是今日所说的社会主义。所以马氏。也算是社会主义中兴之祖。

　　长此看来。社会主义的主张。就是共产主义。他的理想。就是社会之共产的改造。可是这理想。怎样才能够实现哩。他们最初采用的实行方法。是 Propaganda（可以译作游说鼓吹）以及小规模试验的实行。像这样迂远方法。毕竟没有达到社会改造大目的的希望。于是他们就主张无产阶级执政。今日社会主义在实际政界显出来的特色。就是这个。所以论今日社会主义。

　　单单着眼在共产主义那种单纯理想。是不行的。须得更将劳动者执政那种事情。加入考究之。因此之故。就实际问题而论。不能说凡认许共产主义的。都是社会主义者。就是自己不承认为社会主义者的人。内中也有认许共产主义的。此点。世人有很多的误解。所以我特求读者注意。

　　说到社会主义之认无产阶级执政。为其理想实现之第一捷径。第一方策。我们便不能忘却近代民主主义的影响。Propaganda 啦。小规模试验的实行啦。都不中用了。非得无产阶级掌握天下。万不能达到目的云云。这些个。也无非是从法兰西革命后的"德谟克拉西"（Gemscracy）运动。领受的教训。因为这种关系。所以最初社会主义之实际运动。和民主主义之政治运动。相并而进。法兰西二月革命。就是这两者提携的一个最显而易见的例子。

　　此处。我们不能不就民主主义的主张的变迁。略为说一说。主观的说起来。民主主义的精神。自从法兰西革命以前。一直到今日。是一贯的立于同一根柢之上。随时劳进步。益益发挥其真义。客观的说起来。他的主张和实际运动的形式。是随时变迁。专就这一点说。他们最初的主张和实际运动。原是有产阶级 Bourgeois 对于贵族政治 Aristocracy 之反抗。夺回后者的权力给与前者。两时有产阶级夺权政权的表面口实。还是藉国民全体之名。只问到实际上的结果。便是把贵族政治的政权。移到有产阶级而已。这个。本算是一大进步。可是去民主主义本来的要求。却甚远了。此处一转。便为怎样更将有产阶级的权力政权。移到无产阶级之手的问题。十九世纪中叶的民主主义。往往为无产阶级活动。今日的民主主义。可是主张不应再存此阶级的偏见。居国民多□之无产阶级。固然占有优越地位。然而他是在包括各种阶级的全体有机组中。占优越。这是不可不知道的。

思想之变迁。在社会主义里边。也是一样有的。社会主义。原来以"勃诺利他利阿推"为理想实现的唯一手段。前头业经说过。可是这唯一手段。动辄做了第二次目的。因为实际的见地。他们那根本目的。倒反忘却了。这里。我试说一说社会主义的实际运动。研究怎样实现"勃诺利他利阿推"执政这个问题。

关于这个问题。今日社会主义。给了两样解答。因此今日的社会主义者。就实行手段上。又分为两派。一方是立宪主义 Parliamentalism 他方是革命主义。Reuolitoinlism 革命主义。主张"无产主义"—绝对支配。而实现这个主张。须得将资本支配阶级全行扑灭。原来今日的政治组织。由资本阶级作成。由资本阶级盘踞。所以认许现在的政治组织达自家希望。实属不可能。这一点。就是革命的特色。至若和这相反的立宪主义。在立于议会万能根柢上的现代立宪制之下。达"无产阶级"之希望。并非不可能。因为他们占国民中的最大多数故也。只是要这么着 须得备有两个条件。都完备。在议会里边占多数。自然没有和资本家阶级吵闹之必要。他们对资本家的态度。是征服。不是绝对扑灭。征服也好。扑灭也好。结果本是相同。只达到那结果中间所经的过程。是否认革命的手段。事实上便大有径庭了。看这两主义历史上的关系。从来各国社会党。议论都是革命主义的。实际行动。却是立宪主义。为什么哩。因为他们现在都作政党。送议员到议会里去。毕竟是和资本家阶级共同讨议国务也。然而他们有一种癖。每年逢年会有所决议的时候。往往发许多个和立宪主义不相容的议论。就大体倾向说起来。他们实在已由资本家扑灭主义移入资本资家政府主义。这一点。正和民本主义之变迁相应。

我们于今且把德国社会民主党之事说一说。指出社会主义实际政治运动变迁的一个例子来。德国社会民主党相传一八七五年发生。其实社会主义的政治组织。一八六三年便已经有了。那个是专取立宪主义。与他相前后更有革命主义的团体。革命主义和立宪主义。实际运动。本来不能互相提携。然而有一般人说。既是以资本资本支配阶级为共同之敌。毕竟以合并为较妥。这说到底占胜。所以他两派。结果仍然实现合并了。实际运动。应要尽照理论的要求。本是不行的。然而最忠于革命主义的极端理想派。毕竟不会加入这合并。这是要注意的。像这样当社会主义者组织一政党大大活跃之际。尚有少数持极端理想者。不在其内。我们不可忽略。这又不仅德国一国为然了。

理论上势难两立的两派。虽然合并。后来社会党里头。仍不免有两主义反目争论的事。德国社会党。有干部派和 syndicalist 劳动自决主义者就是因为这个。英国劳动党中。有名之"克阿所帕尔迭伊"。亦时当有难干部妥协的态度。要之这些现象。大体上无非是表明立宪主义。虽是在活动。革命主义的暗流。也是和当强盛的。社会党里头最过激的革命主义者。既然像这样不满意干部的行动。一定是和党外的布尔塞维克共抱不平。他们说。微温的妥协的态度。实系主义实现的最大障碍。祸不在敌人而在号称与吾同主义者之中云云。由是他们对于社会主义的政党运动。渐渐抱起猛烈反感来了。这就时过激思想之所由起。所以布尔塞维克思想。不起于资本家最逞横暴之日。而起于社会主义有相当势力之时。

这次战争。因为种种事情。竟给了多年□仰的过激派一个勃然突出社会表面的机会。加之各国通有社会的缺陷。又给这思想以蔓延的机会。所以布尔塞维克思想现在差不多有风靡全世界之概。世人都说今后恐怕更要利害。然而照我们的见地。这个到底不过是特别时代发生的特别产物。

他们的立场。端在藉无产阶级执政之即时实现。以达他们的希望。因而他们对于现在的政治组织。全然不相信。这一点。他们的政治观。是有根本错误处。

他们看政治是怎样哩。他们看政治。是资本支配阶级间的游戏。什么普通选举啦。责任内阁啦。毕竟不外资本家彼此争夺权利。于无产阶级的休戚利害。全然不相干。像这种政治。想藉他谋无产阶级的利益幸福。丰不是根本谬误吗。这谬误。我们不可不觉醒。我们是不能靠政治的云云。这就是他们的政治观。在那十九世纪前半代的政治。这样政治观。本用得着。现代的政治。可是大不同了。现代政治。把民本主义作□子来□□。决不是加对于社会党的妥协态度。素怀反感。所以今日仍抱旧时代的政治观。对于政治。总□不了极端的污蔑和不信。我们日本。有被此说感染的人。动辄说普通选举责任内阁。都不能够解决国民的紧急问题。又说政治的民主主义时代。这些个话。我们实在苦于索解。

我们并非是说蔑视现代政治组织用革命的那样方法最适当。自由议论之差。专藉政治的民本主义之彻底。万不能远达这目的。现在并没有证据。这是我确信的。况且政治的民本主义之彻底。不但用来国达谋民生活安固充实。是有意义。即如确立国民各人的政治人格。那个积极的意义，他自身里面。不也就有吗。

对于现代政治的侮蔑声。近顷又有从那和布尔塞维克思想极端反对的方面起来的哩。四月下旬。大□每日新闻□田中博士一篇论文。标题"民主政治之限界"。绍介英人马诺沧克近著。内中所说的话。就是我适才所说这种侮蔑声的绝好代表。马氏的思想。见得能够达近代政治之目的就是国民生活之安固充实的。是寡头政治。马氏说。把今日民众政治认作民主主义的政治。便错了。今日实系寡头政治。因为甚么哩。因为少数声明者。立出一定计画。使多数者赞同故也。至若说什么少数者知道么。那种事实。和纯粹民众政治。实在不相容。多数者陈述未熟的意见。强少数者依从。实际决不可能。这就是纯粹民众政治之所以不能行。今日的政治。外观近于民主主义。其实寡头政治也云云。马氏把今日民众政治看作寡头政治。又从而读美寡头政治。这是他两重谬误。(中略)总之马氏说话。抹杀多数者和少数者精神的相互关系。表示其对于现代政治组织之不信任。给和布尔塞维克主义相同。

于今我们所主张的民本主义。正从上述剪短急进派和保守的反动派双方受攻击哩。这两极端派。因为同以民本主义为敌。所以时而又结合之事。据我看起来。他这两派。谁也没有真理藏出里□。

民主主义和布尔塞维克主义不相容。已如上述。至于他和社会主义。又是怎样哩。他两个都是以立宪主义为根据。就这一点。可以两立。社会主义。主张普通选举为理想实现的手段。这一点。可以和民本主义两立。但是任民本主义。伴于普通选举之施行。政权之普及。其他种种政治的形式的整顿。那些个事情自身。便是目的。不是拿他做达别种目的的手段。这一点。和社会主义不同。民本主义之单独政治的形式整顿。我们想给他唤做民本主义的纯政治的要求。其关于国民生活的实质整顿。我们想给他唤做民本主义的社会的要求。所以我们常说民本主义的主张。有两种内容啦。又其关于国民生活实质的方面。也可以分为两种。一则关于精神生活。一则关于物质生活。应于前者之要求。便是广义文化政策。如言论自由。信教自由。教育制度之类。应于后者之要求。便是广义的社会政策。在这广义的社会政策方面。有唱什么社会改良主义的。又有主张社会改良到共产主义那个程度的。因人而殊。各执一样。就这一点。所谓社会主义。在民本主义广义的社会政策项目中。占得当然之地位。

如此说来。民本主义者。不必定为社会主义者。便为社会主义者。也不妨。可是断断乎不会为布尔塞维克主义者。

因此。这里又有个问题发生。同是热中于社会问题之解决者。何故一方为社会主义者。他方为布尔塞维克主义者。简直是立于不可两立的两极端哩。这个根本仍然归到无产阶级。认相手方资本家为自家的同类与否上来。若果说资本家那种人。对于劳动者。全没有同情。无论怎样的开导。怎样的训戒。他终不肯为公益牺牲私益。那么除非扑灭了他们。便没有实现无产阶级执政之途。若果像那确信精神主义的人。说资本家无论怎样贪欲。他和我毕竟同是人类。他们和我们之间。总不无血脉之相通。开导之训戒之。他们终有了解之一日。那么无论如何。决不肯取扑灭相手方那种过激手段。毕竟这两者。因为是否取唯物的人生观。(人类全然受其物质的境遇之支配)那个最初出发点不同。所以生出千里之差了。我们所以不能赞同布尔塞维克主义的原故。也就在这里。

从来资本家态度顽冥龌龊于拥护阶级的利益。那些个事实。我们决不能够说是没有的。布尔塞维克主义。毕竟也是为那些事实而起。所以我们一面反对布尔塞维克主义。一面仍不得忘却他们指出社会的缺陷。况且那缺陷没有人不认为应当早些去掉的。

总之近顷风靡世界的布尔塞维克主义。不是由社会进化当然顺序而起。是一时之反动的产物。例如就俄罗斯观之。我们须不忘该国社会的缺陷产生之大才。有立于他方极端的托尔斯泰。毕竟握俄罗斯永久生命者。托尔斯泰乎。列宁乎。凡于现代文化史曾有精密考察者。想是狠容易判断的。(完)

(《晨报》，1919年7月1日—3日)

3日（星期四）

60.《名著新译——俄国革命史（三十九）》(《晨报》第一百九十九号，第七版，1919年7月3日)

《晨报》第一百九十九号第七版刊登塞克著，志希译的《名著新译——俄国革命史（三十九）》，全文如下：

第七章 社会-革命党里战斗组织的活动

不久政府大怒，滥施威权。克夫大学学生暴发，尤为政府所不容，致有学生一百八十三人判决罪名，划充私家兵役。巴耳马虚夫也在其内，他从先充过领袖，当然不能幸免。

一九〇一年九月巴耳虚夫重入克夫大学。联合同班，组织"克夫社会党协会"Kiev so□alist Union。在一九〇一年内正式磋商以后，该会加入克夫社会-革命党之执行部。这就是战斗组织的起源-这就是激烈分子的中心点。

就在当年九月之内，战斗组织宣言内务总长施本金和宗教会议大监察坡比多罗斯泽夫的死刑。这两个人都是俄皇左右的守旧反抗派。

一九〇二年二月中旬巴耳马虚夫秘密离开沙那拖夫，于三月二十四入圣彼得堡。他浑入内务部，等施本金进去的时候，他就实行暗杀，一击而中。当时他穿了军官的制服，所以事前没有被检查出来。

事后被捕他就慷慨就义。警察总监多耳罗和Dournovo倒暗中请他低首下心，请俄皇宽刑。他答道："你会绞人，还不及我会死，我不受你之惠，我请你一根绳子，因为你不知道正当绞人的方法。

一九〇二年五月五日巴氏临刑。

终尼古拉斯第二之位。学生暴动，警察无暇。大学中社会主义与革命事业的发展，如火如荼。学生或被革，或被囚，或被流入西伯利亚，而他们的精神，无论何时，均永远存在，可以号召大众。一八九九年，因为圣彼得堡警察，答辱一个学生，同时一万三千学生，一律□课要求。俄皇下令将所要求的学生，个个捕去，罚充军役。莫斯科圣彼得堡各大学里稍抱新思想的教员，都被逐去，一九〇〇年克夫大学暴动一千学生参与，五百学生被捕。二百人严惩，其余被革。其他城里，也有同等暴动。哥萨克马兵疲于奔命。以极不仁慈的手□，对待学生。在圣彼得堡嘉由教堂之前，有六个男学生一个女学生被杀。其余的都受重伤，警察和哥萨克马兵的威武，自不消说了。佳耳彼微夫是一个学生，身刺教育总长波哥勒坡夫，因为波氏是这次惨杀案的罪魁祸首。当时人民，也大动公愤。凡是做母亲的，做着作家的，做教授的，以及种种有知识的人，都回政府抗议力争。工人□赴嘉由礼拜堂前，列队前行，大评

"推翻专制！"狂风巨浪，自此□□！

（《晨报》，1919年7月3日）

6日（星期日）

61.《俄国的土地法》（《每周评论》第二十九号，7月6日）

《每周评论》第二十九号，刊登慰慈的《俄国的土地法》，如下：

  大多数的人、听见"俄国"这两个字、就觉得非常的害怕、因为俄国是"布尔塞维克"主义出产的地方、恐怕这种主义传出来扰乱世界。大家差不多把俄国看作世界人民的公敌。至于俄国内里究竟是什么样一种情形、布尔塞维克究竟是什么样一种主义、十个人之中恐没有一人能够懂得明白。

  上一期的本报已经把俄国的新宪法、约略记述出来、使大家知道俄国并不是在一个无政府的地位、并且他的宪法之中、实在有几种最新式的政治组织法、如果能够试验有效、将来也许有别国摹仿。例如政治权利限于工作的人民和把工业团体作为代议的根据、这两条就有大可研究的价值。这两条的重要之处、是（一）承认现今国家的经济根本在于劳动；（二）想把政治的组织与实在的社会组织相应合。各国的工党在政治上活动的宗宣部不□是想实行这两条主义。无论我们是否赞成这种主义、我们不能不承认这种新式的政治思想应该使我们把从前的政治思想再来估一估价、看究竟还有没有价值。

  俄国现在的新法律、最重要的是土地收归国有的法律。这法律是从一千九百十八年九月实行。土地究竟应该公有或私有、是另外一问题、出于本篇范围之外。本篇不过记述俄国怎样置处这个在别国尚没有解决的土地问题。

  俄国的新土地法起首就说"所有在俄国境内的土地、矿产、水、树林、与各种天然物的私产权、一概取消"。接下去又说、"所有土地供全国工作人民之用、从前的地主、不得要求赔偿"。这样的白纸上写了黑字之后、俄国就把数千年传下来神圣不可侵犯的私产制度完全取消。但是取消私产制度、并不能就算把这土地问题解决了。他们所最信任的公产制度或集产制度、也不是容易实行的。内里有许多问题必须先行解决之后、才可把这制度实行。例如土地收归国有之后、什么样的人可以用俄国的土地？国家的土地是怎样分配于人民的？用土地的权利怎样可以取消？这几条是实行公产或集产制度的几个最难解决的问题。这新制度究竟能通行与否、全在乎用什么法子去实行。因为土地归了国有之后、国家不过是一种无形的观念、至于耕种土地的事、仍须人民去做。我们可以把俄国土地法里边关于解决这几条问题记出来、看他想用什么法子去实行公产主义。

  （A）什么样的人可以用俄国的土地？

  我们须时时记牢俄国土地的所有权是属于全体人民的、但是各机关团体或个人、为能于法律无侵犯、须用土地的时候、可以向政府的土地部请□暂时用土地的权利。第二十条说明"如有下列各项社会的或私人的需要、下列各种机关团体、或个人可以用俄国的土地：

（甲）为文化的与教育的

一、国家（就是中央、区域、省、县、乡"会议"的机关。）

二、社会的团体、为地方"会议"所核准及管理者。

（乙）为农事的

三、农业的村庄。

四、农业的团体。

五、乡村上的机关。

六、个人或家族。

（丙）为建筑的

七、各"会议"的机关。

八、社会的团体、个人或家族、（为该建筑不为营利起见）。

九、工业、商业、运输的事业、（为"会议"所特别核准及管理者）。

（丁）为建筑交通道路的

十、中央、区域、省县、乡"会议"的各机关、照路之紧要与否、一定建筑之次序。

以上所规定的、指明什么样的机关、团体、个人为什么样的事、可以有权利用俄国国家所有的土地。但是立法的人恐怕还有人要用土地的时候、不能得到、所以在第八节第三十七条又说明为什么样的事可以有权利用俄国的土地。该一条所包括的如下：

甲、为教育的事、（须于社会有用的）。

乙、为农业的事、（须个人工作的）。

丙、为建造的事、（一）社会的建筑物、（二）住房、（三）为住家所须要的。

丁、为造道路的、（须公众所急需的。）

（B）国家的土地是怎样分配于人民的？

规定什么样的人、为什么样的事、可以有用土地的权利以后、第二个问题是国家的土地用什么样的法子分配于人民。因为上列的几项的事、缓急不同、必须有一机关有权决定什么样的事是最紧要的、什么样的事是次要的、并且可以照此次序以分配土地。在俄国这机关是附属于"会议"的一个土地部。该部的重要职务、是平等分配土地于农民、及善用天然物产。分配的法子是根据于个人的耕种能力、使每人尽其力之所能、作有用之工作、但同时不得使各人有所缺需。至于不能工作的农民及其众族、则可由"会议"机关给与供养。关于用土地权利的次序、法律的规定如下：

（一）地必须给那些为社会而工作的、并不是为私利而工作的人。

（二）为个人农业所须的土地、共发给次序如下：

（甲）地方上的农民以前没有得到土地或只得到小部份而不够用者；

（乙）土地收为国有后、新迁来的农民；

（丙）除农民之外、其余各级人等所需用的土地、须照他们在土地部挂号的次序、先后发给。

（三）为种植、渔牧、森林的事、只有下列几种土地、可以发给

（甲）不能耕种的土地。

（乙）能耕种的土地、惟因其所处的地位不便之故、不宜用于耕种的。

（四）为建筑事须用的土地、其发给次序由地方"会议"决定。

个人分得的土地、以谷食用为限、但是不能过一定的标准。这标准的计算法、第一步先把全俄国分作若干区、每区又分作若干部份、每部份的田地数目及种类、以亩计算。第二步再算每区域内的人民多少。人民分作两种、第一种是不能工作的、第二种是能工作的。不能工作的人民包括、

（一）女孩子、十二岁以下的。

（二）男孩子、十二岁以下的。

（三）男人　　六十岁以上的。

（四）女人　　六十岁以上的。

其余因废疾或神经病而不能工作者须另外登记。能工作的人包括、

（一）男子　　从十八岁至六十岁、他们工作的能力作为一个单位。

（二）女子　　从十八岁至六十岁、0、八单位。

（三）男孩　　从十二岁至十六岁、0、五单位。

（四）女孩　　从十二岁至十六岁、0、五单位。

（五）男孩　　从十六岁至十八岁、0、七五单位。

（六）女孩　　从十六岁至十八岁、0、六单位。

把一区内的工作的单位去除区内的田地、其结果就作为该区内每工作单位应得田地的亩数。

（C）用土地的权利怎样可以取消？

俄国的土地、是不能由买卖、租借、荫传、或别种私人交际的关系、得到的。土地为国家所有、人民只能得国家的许可、暂时有权利耕种或利用一块土地。但是这种权利、国家随时可以收回。俄国法律规定如犯下列各项事情、用土地的权利须立即取消：

（一）用土地的机关之宗旨不合法律。

（二）用土地的机关、团体、等已经解散。

（三）用土地的个人不能耕种该块土地或该个人同时无须靠耕种生活、例如得到一种恤金之类。

（四）用土地的个人已死或他的自由权被法庭剥夺了。

（五）用土地的人民正式宣言不要用了。

(六)用土地的人民不愿意耕种。
(七)把土地作为不正当的用度。
(八)利用土地作营业的事。
(九)与他人有妨碍的事。

以上所述、不过是俄国新土地法的大概。这种的法律究竟是好是歹、一时不能下断语、须俟该法律试验出来的结果究竟是什么样、几可以说句公道话。但是我们要明白世界上最没有公道的事就是这个神圣不可侵犯的私产制度。为什么生在穷的人家的子弟、须一世为人牛马、尚不能得一饱暖？为什么生在富的人家的子弟、就可以不工作、一生吃不尽用不完呢？其中不公平的事、平当的人往往不张开眼来看一看、想一想、他们以为只能维持社会、自己有得吃有得用就好了。至于别人的苦处、他们看惯了、以为都是自然应有的、俄国的土地法、里边不妥当的地方、自然很多、不过狠可以使大多数的人细细儿想一想现在社会上的制度、我们还是要维持种种不公平的事、还是想一个法子来改良改良呢？

(《每周评论》第二十九号，1919年7月6日，署名 慰慈)

12日（星期六）

62.《什么叫做过激派？》(《时事新报》，7月12日)

《时事新报》刊登张剑光著《什么叫做过激派？》，如下：

……过激派到底是什么东西，请看：

第一、过激派的历史　过激派的领袖，是列宁及其徒多斯格。他们拿这种无资产、无阶级的主义相号召。你想工党中人，听了没有阶级等种种片语，那有不欣然色喜的。其革命的传布，如风卷残云，不可一世，于一千九百十七年十一月以后，此主义盛行，竟越俄国境而入德奥贯土耳其浸浸而蔓延于他国。某国工党全体罢工，某国工人同盟罢工，也是受了这过激派的影响。

第二、过激派的组织　他们拿马格斯一句"最下等工人的握权"为他们的口头禅，他们以为惟有这个工党，可以创造财富，应许他有操纵政治的权力。故只有工党的男妇得有投票选举权，得有陆海军及其他的职务，得为组织国家的真正分子。所以现在除手工业外，凡有职业及一切"中级社会"资本家，都不能算组织的分子。总之，他们的组织，是"非民主"的。其军队编练的目的，不是为保卫俄土，不过拥护工党的势力，是清除一切足以危害工党的势力。简单说起来，就是工党抵制资本家的军队。

(《时事新报》，1919年7月12日，署名 张剑光)

15 日（星期二）

63.《俄国过激派统治之内容》(《东方杂志》第十六卷第七号，7月15日)

64.《社会主义之真诠》(《东方杂志》第十六卷第七号，7月15日)

19 日（星期六）

65.《俄过激派之建设能力》(《晨报》，7月19日)

《晨报》刊登《俄过激派之建设能力》，如下：

巴黎时报俄国访员罗多君前在俄都，因攻击列宁政府，身处监禁。本年二月，该氏放免归国，对俄问题一变前此论调，力言协约国应与列宁政府妥协之必要。该氏意见曾登载《巴黎时报》兹述其要领如下。

夫协约国干涉俄激党之用意，原为对德战略必尔要而发，乃今德国既已降服，此举实无必要。兼之俄国形势近来大为变幻，协约国若不从速觉悟，犹墨守旧见，则必大招失败。所谓形势之变幻惟何？可数者有：（一）俄都秩序现已逐渐恢复，过激派之设施颇为多数人民所谅解，国中社会党无论为稳和派，为急进派，皆讴歌列宁，愿予援助。又宪法会议议员，社会主义党员十占其九，即此可见过激派实为今日俄人大多数之代表。……（三）语及过激派人，但知其富于破坏力，斯乃大谬，彼等在过渡时期内，攘夺骗窃诚所不免，然近来组织能力逐日显著，此非徒托空言。余（该报记者自称）在莫斯科数年间躬所目击，即以国防军一事而论，列宁政府所组织者数量虽甚微微，然其精神之旺盛，已较昔日军队实远过之，此即过激派有建设能力之一证也。……

(《晨报》，1919年7月19日)

20 日（星期日）

66.《俄国遗产制度之废止》(《每周评论》第三十一号，7月20日)

《每周评论》第三十一号，刊登慰慈的《俄国遗产制度之废止》，如下：

俄国实行土地国有、取消私产制度之后、这遗产制度当然不能存在。一千九百十八年四月二十七号、俄国政府就宣布了一条法律、把这遗产制度完全废止。

"遗产制度、无论照法律或照遗嘱所规定的、均一概废止。产主死了之后、所有一切财产、无论是动产或不动产、均为俄国政府所有。"这是俄国废止遗产制度法律的第一条、这就是该法律所规定的当则。但是照这法律所规定的死板板实行起来、是万万□不到的。产主死了之后、他的家里也许有许多人不能工作度日的、例如未成年的子女、及年老的父母或妻子。如果因为产主死了、把他们日常依靠吃饭的产业充公、叫他们一班人怎样过活呢？俄国立法的人也明白其中种种困难情形、所以虽规定遗产制度之废止、同时立了许多例外。

该法律第二条就说"产主的亲属如兄妹妻之类、如没有最低度之养活费而并不能工作者、可以从遗产之中取得费用"。至于数目的多少、由政府里边的社会事部决定之；在莫斯科与彼得堡、由工人与农人"会议"、会同各该亲族、决定之。如他们不能同意、可由地方法庭决定之。

如遗产不够养活妻子及所有亲戚、则最穷困者必须最先供给。如遗产不过一千罗币、或只不过一间农房、平常器具、及工具之类（在城或在乡）、则妻子与亲族可以直接管理。至于怎样分配、可由妻子与亲族两方协定。他们不能同意的时候、由法庭处置。

所有遗产、除分配于妻子与亲族、作为养活费用之外、其余一切产业、均归地方"会议"管理。至于分配遗产的次序、该法律规定如下：第一、关于管理此项财产的费用、必须最先提出。第二、妻子与亲族的养活费用。第三、债主的款项。

这是俄国拟定的解决遗产问题的法子。我们要晓得近来欧美各国大多数的经济学家政治家均以为承继遗产制度是一种极不公平的制度。欧战以前就有许多学者讨论废止这种制度、不过当时大多数的人、总以为这样主张未免太激烈一些、一时万难实行。以后有许多人想了一个执中的法子、暂时试用、这个法子就是遗产税。现在大多数的欧美各国均有这样一项税。这种税的用意是要想把贫民对于国家担负减轻、同时把富人的担负加重。照现在各国通行的法子、遗产愈多、抽税愈重；承继人的血统愈远、税亦加重。所以遗产税的宗旨、虽则不是把遗产完全充公、也要想拿一部份的遗产、归入公家。

我们时常听见人家说、这种废止遗产制度的结果、必致全国人民没有一个肯工作生产。他们的意思以为一个人、专为子孙工作□、专为子孙、积蓄金钱的、如果一个人死了之后。他的子孙不能承继他所积蓄的钱、他是一定不肯工作、一定不肯积蓄金钱的。这个意思、大多数的人以为很对的、不过细细想一想、是差□□了、人家工作的原动力是非常复杂的。有许多人不工作就没有饭吃、所以他们不得不工作。还有许多人觉得工作之中、有许多乐处、他们工作就是他们的一种消遣法子、例如□工、发明家、学者等。这种人如果叫他们吃饭不做事、是万万不能的、他们有一种天然的才能、非做出一些事业来不可。还有一种好名的人、叫他们坐在家里、过空闲日子、也是做不到的、他们觉得既经做了一个人、一定要做出一些事业出来、使大家晓得在世界上有他这样一个人、万不能同一只猫一只狗吃了一世、死了就算了。世界上有许多大商家、大实业家、他们的金钱已经积蓄了不少、但是他们依旧工作、不想停止、为什么呢？有几个是没有子孙的、难道为子孙么？他们所想的、不过是一种从作事中所能得到的快乐而已。至于专为子孙而作事作工的人。全人群之中、居一极少的数目。这一部少数人的思想、将来是很容易改变的。

可见得普通人反对废止遗产制度的议论是极容易打破的。这承继遗产制度、其中不公平的情形、早为学者所承认、不过大家没有这□子去完全废止他、所以用了抽税的法子、想渐渐儿减少这制度的害处。此次俄国的革命、完全是一种社会革命、他们的宗旨是想把现在社会上种种不公平不道德的事、完全废弃、重新改造一个新社会。这承继遗产制度、当然在废弃之列。此刻俄国是一个极好的政治试验场、看他这种法子试验出来结果何如。

(《每周评论》第三十一号，1919年7月20日，署名 慰慈)

21日（星期一）

67. 介绍俄国革命以后法令方面的情况（《时事旬刊》第一卷第十八期，7月21日）

《时事旬报》第一卷第十八期，在"欧美事情"栏目刊登"俄国方面"介绍俄国革命以后法令方面的情况，如下：

　　一　俄国方面

（1）列宁政府之法令　最近美国国际平和协会、搜集俄国列宁政府成立以来所发布之重要法令。都为一册。公诸世人。凡宪法、土地法、银行国有法、结婚及离婚法、八时间劳动法、相续废止法、谷物管理法、新保险法、物价管理法、阶级爵位废止法等。皆网罗无遗闻其宪法第十八条、有非劳动不得饮食之规定、而所谓劳动者。专指手足劳动而言。选举权亦仅限于手足劳动者。至土地法、则规定凡属土地、皆为自然所赋与。绝对不许私有、一律无赔偿收归国有云云。谷物管理法、则规定谷物所有者之贮藏。不得超过一普德（约四十斤）以上。如超过此限时。应将一年分家族所需要分量、及翌年作种子用之分量、除去外。所剩分量。报告政府。违者没收。并严禁用谷物酿酒。犯者全部没收。且处十年以上之禁锢。及没收财产。其结婚及离婚法、则规定用宗教上仪式、及户籍上手续。结婚后。姓由夫妇协议。或取夫姓。或取妇姓。或合夫妇两姓而用之。均无不可。又从来结婚前所生子女。户籍上皆冠以利生儿之名。今则悉废此种差别又相续废止法、则规定凡主人死时。遗产全部悉归国有。如家族有不能生活时。由国家给予相当年金云云。此外各法令条文甚多。俟本会觅得全文时。再一一披露。以供研究俄事者之参考。

（2）南俄过激军之败讯　据伦敦方面消息丹尼景将军现在俄国南部、（自里海至阿扎威海）一带进攻。又大获胜利。过激派军队无甚抵抗。扎里津（在倭尔加河下流之右岸）方面之义勇军、击破过激派第十军团。该军团约损失十分之七。五多尼河中部之过激派第十四师、与第二十三师。均被击散。其第十六师亦大受损失。该处之哥隆克兵已将过激军截为两段。并分兵万二千五百名援助尼景将军。协击过激军。大获胜利。过激军之第十二师已败溃。该处重要之煤铁矿场。全被丹军占领。丹尼景将军自进兵以来。已得土地九万方哩。共捕获俘虏三万二千名。大炮三百四十八尊。机关枪五百五十架。铁甲车十一辆。又得多数军需。内快枪五万枝转运之小车一千二百辆云云。

（3）芬兰共和国成立 巴黎电云。设立芬兰共和国之法案。业经国会通过。赞成者一百六十五票。反对者二十二票。执政官孟诺亨将军。将被举为大总统云云。

（4）列强尚未承认渥政府之原因 列强之于承认渥木斯克政府。早已提出交换条件。该政府亦曾明举自愿实行之各条款。世人多谓列强对渥政府之正式承认。可计日而待。实则时机尚未成熟。盖德国签约以后。协约国对于中欧之事业已告一段落。嗣后独有对俄问题。承认渥政府固列强同一之主义。只因英法两国在俄国之利害。适相反对。遂致承认渥政府问题。亦受其影响。而不得不迟延也。若就英国而论。其对俄政策。向从政治经济两方面、同时并进。俄国分立、政府益多。英国益占便利。渥政府果能统一全俄。于英国政策反为不利。至于法国。则全然与之相反。战前法国曾投莫大之资于俄。迫列宁政府成立。俄国分裂。法之债权尽失。此次自不得不以恢复债权为承认渥政府之条件。而渥政府苟不能统一全俄。自不能负此义务。故在法则急于全俄之统一。而在英则反望其分裂。此乃英法利害冲突之大因。而渥政府承认问题所以顿生波折也。更就日本言之。其意专注东俄。于欧俄方面概无干系。故欲勾结俄人。以期活跃于西伯利亚方面。近日且竭力斡旋于协约国间。为渥政府运动承认。此盖媚俄以求亲。而其主要目的。固在乎西伯利亚之特权也。至于美国。对兹态度。以有美日国际关系。尚不欲遽表示其真意。若意大利则因与己国无甚切近关系。故不甚注意只视外交之变化为转移耳。所谓和会五大强国态度既如是不一致。则渥政府之承认问题。盖亦甚难矣。

(《时事旬刊》第一卷第十八期，1919年7月21日，署名WPF生)

22日（星期二）

68.《俄国的新银行法》(《每周评论》第三十二号，7月22日)

《每周评论》第三十二号，刊登"心"的《俄国的新银行法》，如下：

俄国新政府成立以后、就宣布一条法律、把银行事业改为国家专利。所有一切私立银行并合于国家银行、他们的财产收没于国家银行、他们的债务也由国家银行担负。所以俄国的银行事务完全集中于一个国家银行。照这法律所说、设立这国家银行的宗旨、是为全俄人民及一班贫穷百姓的利益起见，同时并想把从前私人银行所做的种种弊端——例如投机事业及剥削小民之类——都一齐除尽。

银行的东家自然是大资本家、他们平时作孽也作够了、钱也积得不少了、此刻把他们的事业收为国家专利、把他们的不动产充公、他们仍旧可以逃到外国去做富家翁。但是一个银行里、总有无数的小款存户、他们是全靠这几个钱过日子的、如果把他们的钱也连带充公、岂不是使他们不能过活吗？俄国的立法人、也想到这一层、所以说银行的债务、由国家银行担任、并且法律的末一条又特别声明"小款存户的利益须特别保护"。我们要晓得银行事业与人民生计有绝大的关系、因为此刻大多数人均与银行有直接或间接的关系。但是银行家的宗旨完全是一种营利的性质、他们不管人民的利益怎样、只晓得他们自己怎样才可多赚几个钱、为他们自己的利益起见、所以他们想做的事、往往与社会的利益相反。因为这种种的关系、政府不能完全听他们自由行动、使人民受种种经济上的痛苦、所以各国均有极详细的法律、监督银行的营业、保护存户的利益。俄国新银行法、更进一步、想一个根本解决的方法、把银行变为国家的机关、为全国人民谋幸福、并不为一二个资本家谋私利。

（《每周评论》第三十二号，1919年7月22日，署名 心）

7月

69.《民主主义—社会主义—布尔塞维克主义》(上海《民国日报》副刊《觉悟》，7月)

上海《民国日报》副刊《觉悟》登载《民主主义—社会主义—布尔塞维克主义》。

8月

15日（星期五）

70.《过激主义与民主主义之对抗》(《东方杂志》第十六卷第八号，8月15日)

《东方杂志》第十六卷第八号刊登君实译日本《新公论》杂志的《过激主义与民主主义之对抗》，如下：

一

　　过激主义。在今日之世界。已有一方之势力。今日以前。为民主主义与保守主义对抗之世界。至于今日。则为过激主义与民主主义对抗之世界。而今日以后之世界。此过激主义与民主主义对抗之关系。必为支配世界之主要潮流。故欲理解民主主义。理解今日及今后之世界。对于过激主义。不可不有充分之理解与知识。

二

　　欲知民主主义与过激主义之关系。不可不先明此两者非同一之主义。而为两种相对抗之主义。今世之憎恶民主主义者。恒以过激主义为民主主义之一派。此即其人对于民主主义并过激主义无知识之证。今日统称民主主义之中。而实违背真民主主义之精神者。即此过激主义并政治的自由主义之二者。所谓政治的自由主义。即法兰西革命时当加以民主主义之名者。今日英美之政治家及批评家。尚多以政治的自由主义为民主主义者。然此政治的自由主义。其别名为布尔若亚（Bourgeois）主义。布尔若亚。译言中等阶级。故政治的自由主义。不过为中等阶级要求自由。并非为全体之人民要求自由要求平等之机会。其所以与民主主义之不合。即在于此。盖不特非民主主义。而实为一种特权主义、阶级主义。即奥都克拉西（Autocracy 独裁政治）也。过激主义之非民主主义而为一种奥都克拉西。近已渐为世人所公认。百伦（Bern 瑞士京城）之国际社会党会议。以台模克拉西（Democracy 民主主义）之名义。排斥过激主义。此在真实民主主义者之地位。最为适切。然则过激主义。何故非民主主义而为其反对之主张乎。欲知此点。必须先明民主主义之为何物。并过激主义之为何物。关于民主主义之说明。容另述于他篇。兹专就过激主义言之。

三

今日世界最足为过激主义之代表者。当推俄罗斯之鲍尔希维士姆。（Bolshevism）主张此鲍尔希维士姆者。人人皆知为李宁及脱洛斯基。此主义之初生。为一九〇三年俄罗斯社会民主党分裂之时。故鲍尔希维士姆。可谓为由社会民主主义而生。此俄罗斯之社会民主主义。为柏勒哈诺夫、杜维斯杞、萨斯李杞诸人所唱导。其势力之分布。以都会之工场劳动者间为主。即社会革命党。占势力于农民之间。而社会民主党。则占势力于都会工厂劳动者之间。故其结果。比之社会革命党。态度更为激烈。俄罗斯第一次议会。乃一九〇五年革命之结果所召集者。当时此鲍尔希维克。独反对之。对于他劳动阶级代表之参加于议会。发布宣言。谓议会乃布尔若亚之政治组织。彼等之主张。反对一切之布尔若亚。反对布尔若亚之政治制度、产业制度、社会制度。而议会制度。亦为布尔若亚政治制度之一。故亦在反对之列。彼等要求革命。排斥一切之妥协。革命不特为彼等之战术。且为彼等主张之根本。与布尔若亚妥协。为彼等主张所竭力排斥。占彼等主张中最主要之部分者。实惟革命。此点即鲍尔希维克与门希维克分裂之根本理由所在。在此态度彼等始终一贯。未尝或变。世传其领袖尼古拉斯李宁。对于"柴"之政府。曾结有一种秘密之关系。威尔各克斯氏。尝于一九一八年四月之隔周评论中指摘之。然此事实。足证鲍尔希维克当面之敌。实为布尔若亚阶级。故其憎恶布尔若亚阶级。较憎恶"柴"之政府为甚。不能以此作为鲍尔希维克之妥协的态度。此革命主义之点。即鲍尔希维克第一之特色所在也。

四

较此更为重要之点。则鲍尔希维克。不仅主张劳动阶级之革命。且更进而要求劳动阶级之霸权。盖所谓鲍尔希维克者。劳动阶级之鲍尔希维克也。依据于劳动阶级之鲍尔希维克也。故不能不为劳动阶级要求霸权。欲明其情况。观诸脱洛斯基所著《吾等之革命》与李宁所著《俄罗斯之政党》二书。可以知之。《吾等之革命》始终主张宣传革命及要求劳动阶级之霸权。而李宁之《俄罗斯之政党》比之脱洛斯基之《吾等之革命》较为具体的。书中阐明鲍尔希维克与他诸政党之比较。及鲍尔希维克之为何物。颇为周至。第一论鲍尔希维克系主张共产党。其答俄国各政党代表何者之问曰。一、保守党代表地主。二、立宪民主党代表布尔若亚阶级即资本家。三、社会民主党及社会革命党。代表小企业家小农及屈服于布尔若亚之劳动阶级。四、鲍尔希维克。代表有阶级意识之劳动者、日雇劳动者、及贫困之农民。第二述俄国诸政党与社会主义之关系。一、立宪民主党无条件反对社会主义。二、社会民主党及社会革命党。虽亦主张社会主义。但以为今日尚非其时。三、鲍尔希维克。则全然为社会主义而行动。第三述俄国各政党要求如何之政府。一、保守党要求君主立宪制。二、立宪民主党要求布尔若亚代议政的共和制。三、社会民主党及社会革命党。要求布尔若亚代议政的共和制。及为劳动者及农民之改革。四、鲍尔希维克要求劳动者、兵士、农民代表会议之共和制。由此观之。鲍尔希维士姆者。第一立于社会主义之地位。第二与其谓为社会主义。毋宁谓为共产主义。较多真实之表现。此共产主义。于鲍尔希维克极关重要。固无待言。然自此等各点而言。则于鲍尔希维克与民主主义之关系更为重要者。实在要求劳动阶级之霸权一点。即李宁所谓鲍尔希维克在要求职工、兵卒、农民代表会议之共和国者是。盖其所注目者。惟有职工兵卒农民。欲仅于此阶级之上。组织社会、政治、产业。即欲由此阶级之意思。以支配一切之政治、社会、产业。故仅注目于劳动阶级。欲由劳动阶级支配一切。是则鲍尔希维克之主张。在使劳动阶级为支配阶级也明矣。申言之。若辈不仅以解放劳动阶级今日被征服之状态为满足。更进而要求劳动阶级之霸权。此即过激主义与民主主义关系最重要之点也。

五

今日之世界。有为贵族所支配者。有为布尔若亚所支配者。其为贵族所支配而由贵族掌握霸权者。是为贵族政治。(Aristocracy)为布尔若亚所支配而由布尔若亚掌握霸权者。是为富人政治。(Plutocracy)此二者。支配者之阶级各异。其相争甚为剧烈。然其相争。不过此二者互争霸权。故等于鸡虫之得失。于民主主义之争。无所关系。所异者布尔若亚之阶级。在人口一端。较多于贵族阶级而已。因此布尔若亚之阶级。即被称为公民之人。乃此人口之优越一点。以反对贵族之特权。卒能打破其贵族之特权。而建设近代布尔若亚之世界。然所谓布尔若亚人口多于贵族之人口问题。不过人口之比较的数量之问题。其最大多数之最大幸福说。虽经成立。然其根本甚为薄弱。不见何等之真理。盖自吾人观之。无论由布尔若亚掌握支配权。或由贵族掌握支配权。要皆不免于特权之维持。故皆属于专制政治。(Autocracy)而不可称之为民主主义。第四阶级主义。即由反对此特权而生。对于贵族之特权。对于布尔若亚之特权。咸在反对之列。盖以一切阶级之掌握特权。皆有背于人类在社会生活自由平等之大义。民主主义。即生于此自由平等之要求上。而为人类生活之本能的道德的要求。此民主主义。反对一切之特权。以凡言特权。皆足破坏自由与平等故。是以民主主义之反对贵族与布尔若亚。乃反对此等之特权也。以其特权与民主主义要素之自由平等不两立而反对之也。故其所反对者。不仅贵族及布尔若亚之特权。实反对一切之特权。反对一切之霸权。即劳动者自身之霸权。亦所当反对者也。

六

然则过激主义与民主主义之冲突。盖可见矣。夫过激主义。反对贵族及布尔若亚之霸权。而转要求劳动者之霸权。依劳动者之霸权以支配一切。乃过激主义最大之特色。是以此过激主义之所要求。非真实自由平等之要求。仅为劳动者自由平等之要求。质言之。实劳动者利己心之要求。劳动者欲因此利己心以支配政治、社会、产业。故只可称为阶级的支配之要求。特权主义之要求。非与一切众人以自由平等之机会。乃欲由比较的多数之众人。压迫比较的少数之众人。即其所注目者。非全体之社会。非全体之人类。而仅为一部之劳动阶级。此劳动阶级之人口。虽曰占全人口百分之九十九。但无论如何。终非人口之全部。而不能不称之为一部。故劳动阶级霸权之要求。不过由多数者依其利益而为支配。其他一面。即有少数之人口。在不利益不自由之状态。其结果社会仍分为两阶级。即征服阶级与被征服阶级。特权阶级与奴隶阶级是也。夫如是。则其社会。仍为专制政治之社会。仍为民主主义不得不继续其战斗之社会。

七

萨克氏于其所著之《俄罗斯民主主义之诞生》。……即谓埋葬尼克拉斯第二之治政而迎来尼古拉斯李宁之治政也。所谓尼古拉斯第二之专制政治。即少数人之专制政治。而尼古拉斯李宁之专制政治。则多数者之专制。假威硕辅氏之言以明之。则尼古拉斯李宁之地位。乃多数者专制(Majority tyrany)之地位。不特其地位仍为专制政治之地位。且与少数者之专制政治相比。为愈不合理之专制政治。盖就事实征之。大抵多数为愚钝。而少数为贤明。故多数者之支配。愚钝者之支配也。愚者支配而贤者受支配。其结果不但违反真理。且往往成为暴民政治。贤圣之士屏息。而拥暴力与煽动力者。大占胜利。于是文明与道德。悉被破坏。若艺术及发明等需天才之事。悉就颓废。故此多数者之支配。实违背一切进化之法则。破坏文明之精神。葬送人类之精神的道德的生活。其害恶之大。远出君主专制、贵族专制、布尔若亚专制之上。今日战栗于少数者专制政治之民主主义。对于过激主义。尤感更较深刻之恐怖。盖过激主义。乃一种之恐怖主义。(Terrorism)观俄国过激派政府尽下柯柯锡金、辛嘉略夫、杜柯恪夫等民主主义者于狱中。即可想见。是知过激主义。不特非民主主义之一派。而实其正面之敌也。

八

著者主张民主主义者也。民主主义之研究与其宣传。在今后之世界。为唯一重要之事。反对民主主义之研究与宣传者。惟官吏富豪之辈。此辈为利己之故。而反对民主主义。大足阻害人类全体之利益幸福进步。不仅为民主主义之敌。实为人类全体之敌。虽然。排斥虚伪之民主主义。乃健全之民主主义者重要之义务。吾人所要求者。系真实之民主主义。为要求真实之民主主义。不可不先排斥虚伪之民主主义。……第二过激主义。即劳动阶级霸权之要求。此二者皆在当反对之列。今日世界之表面。实为此两种虚伪之民主主义飞扬跋扈之时。代表前面为英美政治家之英美的民主主义。代表后者。为俄罗斯之鲍尔希维士姆。布尔若亚之自由主义。可视为对于贵族的特权政治之反动。过激主义。可视为对于布尔若亚的特权政治之反动。反动之生。乃自然之势。然决非置在正当之地位。而当然有重要之缺陷。吾人欲得真实之民主主义。不可不排斥所有之缺陷也。

(《东方杂志》第十六卷第八号，1919年8月15日)

71.《俄国分裂之原因》(《东方杂志》第十六卷第八号，8月15日)

《东方杂志》第十六卷第八号发表碌碌译自英国《Coontemporary Review》Edward Foord 的《俄国分裂之原因》，全文如下：

自欧战开始以来。四年之中。惊天动地之事。纷至沓来。使人耳不暇听。目不暇给。顾此则失彼。欲悉行注意难矣。是以吾人对于各国大事之忽过而未加研究者甚多。在英国人民心目中。时时关心者。非为日耳曼帝国之骤衰耶。溯其十阅月之前。声势赫赫。如火如荼。疆场获胜。似已可操左券。亦无怪关心时局者之全神贯注。而视其他为不足与论。此外奥国哈布斯堡朝之衰亡。本为吾人所料及。实无悉心研究之价值。故未几而吾人亦未尝视为饶有趣味之大事矣。至俄国之分裂。则非在吾人意料之中。即在实现之后。吾人亦尚未敢遽信也。夫俄罗斯立国数千年。屡经大风潮而屹然不动。能幸免拿破仑之并吞于前。力拒德国之摧残于后。以其抵抗之能力而言。固无敢信其顷刻而至分裂者。孰知竟因革命之乱。不数月间。遂至四分五裂。兵连祸结。受尽世人之讥笑耶。第吾人将俄国民族之组合情形。从根本上详加研究。则可知俄国现在之惨象。实为天然之结果。而万不能免者。何也。即以一千九百十四年之情形论之。俄国民族中。实有亚利安族及非亚利安族两种分子。然此节与本篇之关系不甚密切。似当从略。而俄国民族除此分别外。更有斯拉夫族及非斯拉夫族之分。两族人数以比例言。斯拉夫族占百分之七十五。而非斯拉夫族则占百分之二十五。非斯拉夫族中所含之种类不一。即其宗教风俗。以及归附俄国之原因。亦各不同。如高加索省之乔其民族。其名称虽亡之已久。然其遗俗固犹未受同化。致不能与其他俄人相合。详其习俗。更有传自数千年前俄国犹未立国时者。其后虽因天然之自保性。归入版图。而其劳守旧习。不受同化。则今昔犹一也。此外如芬兰以及其他各处之归附。大都由力征经营而得。简言之。各小民族之归附俄国者。多能实获其益。而于俄国本身。则反种无穷之祸因。盖诸小民族与俄国帝国政府无密切之关系。无良好之感情。苟政府略有动摇。彼等即纷纷乘势脱离其羁绊。此事证诸历代史记。事之类此者。历历可指。如罗马帝国中央政府权势既衰。版图以内之自治国或半自治国。即接踵而起。与中央政府脱离关系。其一例也。又如古代英国之对于罗马。宣布独立非一次矣。罗马帝国当加利欧诺斯皇在位时。几于无一省不各有其专制暴虐之主。彼等之与中央脱离关系。固不必因与中央不能相容。而大都为本地思想过盛。有以致之。此种情形。凡混合多数民族成一国者。其情形大概相同。当时罗马帝国边境上之小国。如奥地纳苏斯与齐奴比亚。其富于本地思想。显而易见。此外如西罗马帝国末叶。衣其特斯国之崛起于西恩河畔。其间显有高罗罗马思想为之主动。又如一千二百零四年间。东罗马帝国之都城君士但丁堡为西方人攻破。而帝国分裂后。其中小邦。固无不各有其特别之国家思想者。中如爱批列斯国。显为阿尔巴尼亚思想所主动。如达拉伯孙国。其主国柄者虽为高米尼脑斯人。而实在则为古时拉齐加国之中兴。综观以上种种先例。则此次俄国之分裂。各异族与斯拉夫族之脱离。实无可怪。然而足使吾人诧异者。则为斯拉夫族本族之分裂是也。在吾人心目之中。非斯拉夫族之与中央脱离关系。固在情理之中。如此次波兰人之极力运动独立。显系由于两种民族之旧怨未泯。以及宗教不同之所致。其事为天然应有之结果。不足深异。惟以为斯拉夫族本族必仍能团结如旧。则事竟有大谬不然者。是非吾人意料之所能及矣。顾吾人倘将俄国内部情形详加考察。即可知其本族之分裂。固自有其因。夫俄国全国。在表面上观之。民情似颇一致。而实则犹未入于统一国家之程度。考其全国人民。约可分为三种。种各有其语言文字。种各有其特别国家思想。情势迥殊。万不能合而为一。此三种中。居于国之中部。而视莫斯科为中心者。实为现代大俄罗斯人之中心核。而其语言文字。与西部之白种俄罗斯人以及乌克兰省之小俄罗斯人。异点甚多。因之俄国之著作名人如华利斯实为斯基。竟有大俄罗斯人本非斯拉夫族而实为受斯拉夫族软化之芬兰族及其他蒙古族人之论调。此说曾为克鲁巴金王爵所驳斥。然而俄国北部及东北部之显有芬兰族人之遗风。则非可掩饰者也。伏尔格河畔之人民。亦多含蒙古族之原质。虽至今日。依然未受斯拉夫族之软化。南部及西南部之小俄罗斯人。或可称为较近于俄罗斯土人。然而其不纯粹。亦正与他国之混合民族同。俄国南部多由他处移来之客民。其情形大多数未受俄国土人之软化。而仍保守其本性。故其思想之异特甚。总言之。大俄罗斯人与小俄罗斯人。彼此相异之点甚多。而与西部之白种俄罗斯人。亦各不相同者也。上述三种俄人。因语言文字之不同。当其强迫混合之时。固已种分裂之基。益以俄人本性原少团结力。吾人如读历代史记之所载。即可知斯拉夫族人之富有分裂思想。实较之欧洲其他各民族为甚。当六世纪斯拉夫族人渡多恼河而侵入罗马帝国时。其最显著之特性。即为政治上之混乱。其政治组织之程度。以与西罗马帝国进步最迟之条顿族相较。犹瞠乎其后。斯拉夫族人聚数千百人。自成一部落。即视为满志。不再望与其他部落相联合而扩充其势力。即其侵入罗马帝国。亦非由于侵略疆土。扩充版图之思想所促成。实因他人在后迫逐。不得已而前进耳。故遇罗马军队后。虽曾奋力相敌。而其实本无仇怨之可言。且无预定殖民之计划。故略获疆土。即惴惴自保。不思前进。尤可异者。彼族人始终劳守闭关主义。不与邻近部落相往来。至若以政治关系而联合。尤绝无其事。其间虽有一二枭雄之主。如塞尔维亚雷斯嘉之尼门雅斯皇。运其威力。强迫各小邦归附版图者。然历时未几。即已分裂。从未有能统一至数十百年者。即如塞尔维亚。表面上虽若统一。然斯梯芬特香皇方崩。国内小邦已纷纷崛起。波斯尼亚及克罗西之联合。其命运尤为短促。上述诸邦。犹属南方斯拉夫族中之较有团结力。进化较速者。其情形已如此散漫。至若中部之斯拉夫族。则更卑卑不足道矣。吾人偏察斯拉夫族之各部落。其情形无不如是。其中仅保加利亚。表面上似不能与上所言者一律。第吾人倘将保加利亚人之习尚。加以研究。则可知其名为属于斯拉夫族者。以语言文字相同耳。至其思想主义则实非斯拉夫族。自从保加利亚人现身于历史以来。无一事不显其好战斗。而嗜侵略。故史家咸视之为毁坏文化之野人。以为其野蛮正不下于马扎儿族及巴其纳斯族。观其专好与斯拉夫族开衅。而对于土耳其。则俯首帖耳。自愿充其国之偏兵。巴尔干半岛各国封土国独立时。又惟保加利亚迟迟不发。则知保加利亚人之本属半亚洲种无疑矣。吾人之作是说。并非因其开国者之为鞑靼人种。吾人应知保加利亚人所占据之地。人种份子最为混杂。蒙古族之拦入境内者。尤居多数。在十四世纪时。保国军队中鞑靼种人几十居其九。即以现在论。保国人中。亦大半为鞑靼种也。不特性情习惯与南部斯拉夫族。不同之点甚多。即其状貌亦迥不相同。要而言之。则保加利亚人实非纯粹斯拉夫族。而为一特别情形所造成之混杂人种。其情形正与普鲁士之非完全日耳曼族相同也。

　　上述南部斯拉夫族之本来含有分裂思想。实足以代表俄罗斯全国之情形。夫俄罗斯国者。其实系喜战斗而好侵略之斯干迪乃维亚族。即所谓维金斯族者所造成。立国之后。其权势较大之一族。能压伏第聂珀尔流域之平民者。其名似即为罗斯。故今遂有俄罗斯国之称。而其并非为斯拉夫族。则甚显明。当时东罗马君士但丁波发罗奇尼多斯皇之著作中。即将俄罗斯及斯拉夫两族明白分析。其所述俄罗斯人之事迹。实皆斯堪迭奈维亚族之事迹耳。斯拉夫族与此富于战斗性之族混合后。至凡尔迪默皇第一世时。居然有造成斯拉夫帝国之景象。无如其分裂性太强。故再传以后。已渐现瓦解之势。至后竟一发不可收拾。当十三世纪。蒙古族侵入俄境时。其势竟如破竹。虽亡国已在眼前。而斯拉夫族终不肯合群以自卫。至既被蒙古族蹂躏之后。依然毫无感觉。不知湔拔其捣乱旧习。以图恢复。幸罗列哥惟基朝代出英主。费数十年之苦心。始渐将分崩离析之邦。联为一体。诸皇以莫斯科为中心。力行其统一计划。经过无数波折。乃仅仅成功。其间虽多用残暴无人理之诡计。而其目的则伟大无伦。当十四世纪末叶。莫斯科皇特密脱唐斯古华与马麦亚汗战于何德各时。居然能使各小邦之主。群起响应。共同作战。此实俄国历史中。各小邦联合之破天荒第一遭也。自是以后。波折屡经。统一之基。始渐渐巩固。然而旧有之离心力。固犹未能尽灭。至依梵皇之世。犹不得不出残酷手段。以对付其叛臣。此事骤观之固惨无人道。顾考其究竟。亦不过欲保全国之统一耳。是后统一政策。渐能实行无阻。惟终不十分明显。迨宗教思想渐盛。于是俄皇始有所凭藉。以统一其人民。然莫斯科政府权势略有动摇。各省即跃跃欲动。而其主动之潜势。则地方思想以及捣乱劣性而已。直至七年之战。俄国之国家思想。仍在幼稚时代。故当时某军事著作家于述及俄兵时。不称之为同伴。而呼为同宗教者。盖当时所设统一。实宗教之统一。而非政治之统一也。时俄民皆信从希腊正教。而以俄皇为正教之教主。当彼得大帝变政之时。俄民所以反对之者。即因其有背正教之宗旨也。俄国既有服从宗教首领之思想。乃由此渐生信从俄皇为政治首领之观念。而国家思想亦于是时发其萌芽。如一千八百十二年之抵抗拿破仑。最足以证此半宗教半国家之思想。至于十九世纪之所谓大斯拉夫主义。则仅为少数爱国志士之所传布。限于一隅。不足以代表全国也。

　　综观上述之历史。可知斯拉夫族人之天然趋势。实向分裂捣乱而行。而所以然者。则以缺乏政治能力故也。是故俄国非有强有力之中央政府。决不能运用其权力。而此强有力之政府一去。则分崩之象。亦接踵而来。如十二世纪设都于开夫之罗列哥惟基朝衰败之后。国中群雄割据。各霸一方。竟延长至三百年之久。又如十七世纪俄皇波利斯哥独诺夫崩后。费两代之经营。方得恢复统一。即以现在之情形论。其所以四分五裂者。亦因君统骤倾。外患危迫之故。由历史上求之。其原因固极为简单也。

从前俄国之所以能统一者。实其历代帝皇之力。虽行事多不理于人口。而其能将各小邦抟控为一。使国内互相残杀之景象。外敌乘机侵犯之机会。一旦消灭。其有造于俄国者。实非浅鲜。彼历代皇帝。以数百年之经营。御外侮。扩属土。去乱象。立法治。虽政治上筚路蓝缕。缺点滋多。然恶政府犹胜于无政府。其在文化较低之国。固未尝非救时之良药也。此次不幸分裂之祸又现。显为俄人旧有劣性之所促成。且可断言为俄人缺乏自治思想之故。是以用历史的眼光观察俄国。其陡然分崩。殊无可诧异。盖其国势之分合。常规中央政府之强弱为转移。中央政府强。则全国服从。稍有摇动。即立时瓦解矣。况斯拉夫族人。富于地方思想。而民族份子又极混杂。又何怪其时一旦分裂耶。

当俄国尚未分裂。与协约国力抗德奥之时。余曾谓改革政体。决无益于俄国。果使采用民主制度。不过使少数智识阶级乘机攫权。于国家毫无裨益。讵知现在之景象。竟更甚于所料。此少数智识阶级。不但无力以统治全国。而且反为一二狂妄者所利用。以致全国分崩。生灵涂炭。现在俄国因中央政府衰败。全国已陷于无政府之境。中部之鲍尔希维克党。（即过激党）虽略具统治能力。而其残酷不仁。则实为俄国史上所未有。若乌克兰省。则全属乱民。无丝毫法治之可言。至该省所设之民主政府。则恰如著者预料。为少数智识阶级及武人所把持。徒知用其权势以欺压平民而已。夫一国而欲采用民主政治。必其选举人智识优良教育充足而后可。顾俄国则犹未臻此境。以俄人勇敢耐劳。秉性强固。使努力进行。未尝不可成为强国。然今则因未受政治训练之故。茧茧之民。椎鲁无知。著者敢断言俄国亦徒供野心家之利用而已。非以君主政治。建设强有力之中央政府。其国内乱事。决无平靖之希望。今日之俄国。盖不啻主人远行而使恶鬼护家。迫其返也。见屋中器具。捣毁净尽。于是大呼负负。然于事则已无济矣。从前俄人极力反对其皇帝。视为恶魔。不惜掷金钱性命以驱逐之。无如一魔既去。而七魔接踵而来。是欲求自由而反受无穷之惨祸耳。其愚拙不亦甚哉！

（《东方杂志》第十六卷第八号，1919年8月15日）

26日（星期六）

72.《西洋之社会运动者黎宁》(《晨报》，8月26—27日)

《晨报》刊登筑山醉翁译《西洋之社会运动者黎宁》，如下：

黎宁者，白热的急进论者也，一八七〇年生于新比尔斯古。其父里可辣委奇，为国地国民学校长。黎氏幼时，尝叹国民教育之不振，民众之愚昧，下层人民之贫穷，极力咀咒次亚尔之专制政治。

一八八七年，其兄亚历山大(Alexandor)关系于历山三世暗杀阴谋，被处死刑。当时氏年十七，此一出悲剧，与何等深刻的刺戟于彼之心情。同年氏亦以社会主义煽动罪，被逐于加让大学(Kassan)。

一八九二年氏来于彼得堡(Petersburg)，注力于社会主义之鼓吹，劳动者之煽动。一八九四年蒲勒哈洛夫一派之社会主义者，于彼得堡组织"劳动者解放同盟"的团体，氏亦为其一员。此团体以马克思派社会主义为理想，其作战计画，在指摘工场的弊害，暴露劳动者的惨状，从理论诉于事实，图劳动者的煽动。同时此团体排斥秘密与直接行动，公然采取"合法手段"，倾注全力于立法部的活跃，及职工组合之组织。当时黎宁已信奉马克思之说，惟氏看破俄国的状态，以寻常一样的方法，到底不能实现社会主义。

氏批难所谓"合法手段"的迂拙，力说应时诉于激烈秘密手段的必要，排斥团体之党略，攻击干部之弱昧。一八九五年十二月，氏被捕投狱，处二年惩役后，更护送于东部西北利亚。

一八九八年二月，蒲勒哈洛夫一派之社会主义者解散，"苏动者解放同盟，"新组织"社会民主党"，在明斯克(Minsk)举行结党式。社会主义之名士参加者不乏其人，黎宁亦远在西北利亚之配所，参与其计画。

同年夏间，政府下令解散新政党，其干部或被监禁，或被放逐。于是社会民主党的首唱者，设本部于瑞西，不绝与内地团体保秘密联络，依此方法，厉行社会主义之宣传。

于此之间，黎宁流刑期满，自西北利亚而高翔于西欧，在各类之机关杂志，大张笔舌之阵。又就经济学农民问题等，公布若干浩瀚的著述，从此声名顿高，动则有夺蒲勒哈洛夫的地位之势，因是两者益相反目。

……

一九〇三年七月于伦敦开俄国社会民主党第二回大会，其冲突益成表现的事实。黎宁对于蒲勒哈洛夫加猛烈的攻击，出席者多倾向于黎氏。此后黎氏的革命主张，直左右党之方策。黎宁一派称Bolshevik(多数派所谓过激派)；蒲勒哈洛夫一派称Menshevik(少数派即所谓温和派)。

一九〇五年俄日战争，当时黎宁归国为革命的首领，暗中试其飞跃。一九〇七年革命大失败之后，再亡命于外国，此后为万国社会党本部员，立于世界的社会运动之阵头。同时在俄国发行之自党机关报普乐达，(在今日为过激派政府之御用报发行部数超四十万)频频宣传自己的主张。

此次大战开始以来。氏对于各交战国的温和派社会党猛烈攻击。痛骂社会爱国主义。同时劝诱各国革命派。社会党。鼓吹非战的万国运动。于是氏之声誉。不但在俄国。于他之欧洲诸国。就中如瑞西、法国、德国之同主义者间。亦被扬溢……

……

黎宁之人物，一言备之，勇断决行之权化是也。氏之学力，固拔出于党内，其如火的情热，如魔的意力，乃氏所以为革命家而成功的大原因。氏之思想所到，即手腕所到，而一旦着手实行之事，无论可能与否，猛然前进，无论是非，必求贯彻……
……

黎氏虽持急进沦，决非无政府主义者。故图革命发展承认中央政府之必要，惟不置重所谓民主共和之国家机关，专依赖武装团结的运动者之实力，以实现其理想。氏于讲和条件提倡左之六条：

一、不承认俄皇或资本阶级所缔结之一切条约。
二、革命政府当直公表是等之掠夺的条约。
三、对各交战者当直提议公然休战。
四、一切殖民地被却压服的人民之解放。
五、对于一切资本家政府不信任之宣言，是等政府之颠覆诉于劳动阶级。
六、资本阶级之军事负债仅使资本家支拂。

氏提如是之主张入于俄都，攻击克伦斯基政府之软弱，煽动战线之脱走与敌兵之交欢。而克伦斯基政府，以信赖联合国而失败之故，对于氏之主张与以绝大的口实。

黎宁视联合国的民主主义与德国的专制主义皆为同穴之貉。氏之最初之信念曰"彼等皆资本主义也，帝国主义也，自由之敌也，革命之仇也。我等不能信赖德国官僚，同样不能信赖联合国政府。克伦斯基以信赖联合国而失败，我等有前车之鉴，不可不与现存一切之政府绝缘。我等惟一之希望，在世界的民众之叛逆，而此叛逆第一最有望者，德意志也。我等若于此际，率先排除一切之妥协，敢然起而断行社会革命，则德意志的民众，将必起而呼应之"。

黎氏一派之主张，与克伦斯基政府之失败，为逆比例，益益得物望。遂于昨年十月以兵火强夺其政权，至于今日。黎宁政府，着着实施其宿论。

（《晨报》，1919年8月26日—27日）

26日（星期六）

73.《从虚伪的德莫克拉西到真正的德莫克拉西》（上海《民国日报》副刊《觉悟》，8月26日）

9月
1日（星期一）

74.《鲍尔雪维克之所要求与排斥》（《解放与改造》第一卷第一期，9月1日）

《解放与改造》第一卷第一期刊登李宁著，金侣琴译《鲍尔雪维克之所要求与排斥》（今译《俄国的政党和无产阶级的任务》的节译），摘录如下：

此文原题为 N. Lenine Tells What Bolsheviki want and What they oppose 为 Crozier Long 氏译成英文。余以鲍尔雪维克之主张，具见于是，凡研究鲍尔雪维克及俄国国情者，均不可不读也，故将 Long 氏译本译为汉字，以饷国人。至鲍尔雪维克一字或译过激派，或译广义派，均不甚妥善，试从音译，俄国最重要而亦唯一之真正问题为，鲍尔雪维克派之战胜其它代表阶级，资本主义，帝国主义，民族侵略主义等反对原素。俄国人之不明事理者，竟亦以为中级社会即有资产有知识各阶级与代表劳动者之社会民主党之间，必有明了之抗争。殊不知俄国之社会民主党，不能协同一致，以反抗资本家军阀与中级社会者。盖社会民主党之大部分，非代表劳动者一方虽宣言社会主义，而与真正民党即鲍尔雪维克相接近，然同时往往与资本主义帝国主义中级社会结不仁无耻之契约。

俄国各派中之唯一党派，对于任何形式之国家的及经济的侵略主义，一律反对，而无调和之余地者，为鲍尔雪维克派。

凡欲知鲍尔雪维克派何以为俄国唯一之进步的分子者，不可可先知俄国党派之情形。俄国之党派有四，余称之为俄国之四原素也。

（一）反对党—地主

俄有一极端之反对党，拥护立宪民政党或中等阶级派之权利。党员大半为大地主，然亦间有中等阶级之退步分子。彼等主张恢复君主国，而立一所谓宪法。换言之，即官吏与警察仍为真正权威之一种国家。彼等心中颇欲罗马诺夫朝之复辟，但又不敢公然发布此要求。

反对党主张维持俄国之常备军，恢复已失效力之警察，而反对鲍尔雪维克废除官吏阶级之要求。其理由固极明了，盖彼等即属于此级，而其亲族亦补充于此级者也。

反对党主张战争，其主旨则彼等及其家族可因战争而获利，而劳动之民众，则因战争而失其结合之力也，彼等袒护秘密条约，对于前皇尼古拉斯与协约国所缔结之劫掠土地的条约，反对其公布，对于资本家政府国际间之黑暗阴谋彼等惟恐其有光明之一日。彼等实主张兼并主义者，然对于威廉第二及德国资本家之劫掠土地，则竭力反对之。至于冤转呼号于尼古拉斯苛政下之各异族，则欲保持其从属之地位。且俄若战胜，则极欲尽其力之所能，以兼并他国之土地焉。

凡土地实业之专利及其它资本之伟大集合，民众应直接取有之，此为鲍雪尔维克之所要求，而反对党所自然反对者。盖从彼等之资本与土地占有的目光观之，此意见自不能免也，此为俄国四党中最守旧之一党，即余所谓反对党者之党纲之大要也，

（二）自由党 Cadets

俄国之第二政治原素为自由党。此党由人所习闻之 Cadets 而成，（是即所谓平民自由党）莫斯科实业团之一部，国家民主党员，一般有见产的 lnteeigentsiya 亦属此派。

当吾人以此派列入反对党时，彼等往往大骇不已，以为反对党者，乃少数之主张独裁政治者，大俄罗斯主义之狂热者，以及利诱犹太人之政治家耳。而凡此种种，固

正直之自由党员所闻而却步者也，此二派虽组织分离，且向者互相仇视，然已因革命而联为一党矣。彼等进行之纲领既同，而对于上述各问题之意见，又几乎完全一致【，】其表面上之异点，则在君主国抑民主国只一问题耳。三月革命以后，自由党在米娄可夫教授 Miliukoff 及前陆军总长葛墟可夫 GutChkfkf 指挥之下，其第一要务为宣布君主国，以皇位贡献于俄皇之弟米奇尔 Michael 迨见俄国人心已去，不容再有任何形式之皇帝存在，始行宣告为民主党。至于政权问题，自由党与反对党之意见相同，其所异者，则在自由党不要求皇帝或军事专权者之存在，但政权当仍留于资本家之手中焉。

革命后自由党竭力阻止民意之表示，延缓选民会之召集，反对党的大学教授与律师为 Cadets 与其他自由党之中心人物者，均尽其力之所能以延缓其召集，对于战争问题，自由党心中之所主张，与反对党之侵掠主义，毫无二致。不过自由党公言争自由及废黜暴君威廉第二，为俄战之目的，藉以欺惑愚民而已，彼等主张迫令德国退还侵地，但德国所被征服之殖民地，则又力主保守也。

对于土地所有权问题，自由党之主张，殊不忠实，彼等心中实欲保全地主之土地，前财政总长与鞒里夫 Shin garieff 将属于俄皇及大公之土地，一律夺取。但请其夺取贵族地主之土地时，则惊惶不知所措。

国际社会党联合会，为废止战争实现同情博爱的国际联合之唯一方法。然自由党对之，亦无忠实之态度彼等宣言赞成国际联合会，但主张控制国际联合会之社会党，当属与现今资本家政府步趋一致之和平派社会党。夫国际联合会，建立于如此之基础上，非诬即妄耳。交战国兵士间之友爱，实为国际联合会之第一步，且为一不可不经之阶级，而自由党则反对之。是尤足以证明其不忠实者也。

(三) 和平派社会党—孟雪维克 Menshevik

俄国之第三原素为和平派社会党，是即所谓孟雪维克，或称之为稳健派社会党。因其亦自称社会党，故为真正社会党所最难攻击指摘者也。然就其组成之阶级论，实非社会党，盖此非代表劳动之民众，而代表境况甚好之农民，与工人，细商，小资本家，及若干大资本家，而难以若干堕落中流社会网中之易欺的真正平民耳。

此党自言与鲍尔雪维克见解相同，而手段有异耳。其政策自以为稳和而察机变。但事到实行，则此和平派社会党，往往柔顺温和，服从资本家及帝国主义者之督率。

孟雪维克布告主张一纯正社会主义的国家。但又谓俄国欲实现此目的，不可不静心以侍【，】革命起后，彼等即布告仅有社会党，必不足以治理俄国。故耳伏夫 Prince Lvoff 之资产的政府与克伦斯基 Kerensky 之多少带有资本主义色彩的政府，不可不任其握权。而真正社会的国会，即劳兵代表会，则屏诸政府之外，仅得建议于政府，备政府之咨询而已。盖和平派社会党以为劳兵代表会若有全权，则必陷于无政府之地位。故前耳伏夫及克伦斯基之临时政府，彼等实赞助之。

关于选民会问题，自由党亦竭力调解，彼等日日讨论此会及召集之必要，然终不能决心力行，此实召集所以延期之一重要原因也。

对于军队与警察之问题，和平派社会党力为调和，而进退不定。彼等反对常备军之废止,以为此种剧烈之改革,今日行之实为过早。并反对官吏阶级之立即废除,以为此问题之解决,今日尚非其时。军队官吏,应由普通兵士选举之。此和平派社会党之所宣布,而与鲍尔雪维克相同意者也。但对于兵士有无罢免官吏之权之重大问题,则彼等又踌躇莫决矣。彼等之主张,则兵士罢免官吏之前应得代表会之同意。

(四)受帝国主义者之愚

对于帝国主义的战争,和平派社会党宣言反对,与鲍尔雪维克同。但彼曹[遭]受资本家与帝国主义者之愚,革命后,彼曹赞助一纯粹帝国主义的战争,而此战争为狂暴的帝国主义者如米娄可夫与葛墟可夫等所宣布者也。秘密劫掠的条约,彼等公言反对。但此等条约之公布,则又不赞成。彼等公言反对兼并,且自信以为出于至诚之反对,然又主张与资本家组织的政府相调和,且布告此等资本家的政府,将宽宏大量,从事放弃一切兼并矣。

和平派社会党反对土地问题之直接解决,银行及一切产业,应移交于人民手中。此为鲍尔雪维克之所要求面,和平派社会党所亦赞成者,但彼文坚执此计划之实现决不可以过早。

和平派社会党,赞成敌国军队间之友爱。然此种友爱,现在行之,究适当否。对此问题,彼等自当踌躇莫决焉。彼辈主张一国际社会党联合会之伟人思想,然彼等又摆动于国家主义式的爱国主义与纯正鲍尔雪维克的世界主义之间,摇曳而不定也。因社会主义统一之名义,故国际联合会,彼等以为当由一切原素所组成。德国尔段孟 Scheidemann 俄国泼来克汉讷夫 Plokhinoff 等,虽为主战派社会党式之爱国者,亦当容纳之。

吾党之要求

鲍尔雪维克以一不可调和之顺序,与不可调和策之政,反抗贵族中的主战派与自欺的懦弱社会党三派,鲍尔雪维克知彼等之要求,且有权力以得之者也。

然则何谓鲍尔雪维克?其所要求者何物?鲍尔雪维克,一社会共产党。代表(一)日工者,(二)俄人所谓沙士达得尔尼,Soznatelniye 即工人中之有阶级的与政治的充分觉悟者,(三)无土地或近乎无土地之农民。

此等阶级主张社会主义之立即实现,其社会主义的观念,则为一劳兵农代表会所治理之共和国。彼等反对任何形式之君主国,且除寄托于代表会手中之权威外,反对任何形式之政治权威。反对耳伏夫及克伦斯基政府式之一切政府。彼等欲使二万万俄民预备,受治于代表会之政府。

彼等反对耳伏夫及克伦斯基执政是代政时之分裂。是即指中级社会的与资本家的国务员,托辞于受外界社会党机关之控制,而得任职政府也。故政权当完分在社会的手中,且得直接行使。凡国中一切行政机关,均当由代表会指挥运行。

召集选民会为鲍尔雪维克所要求。斯会之真相职务,在增加代表会之主权,与组织劳动的民众,而给之以武装。

废去常备军,亦为鲍尔雪维克所要求。但此际一切官吏;当由兵士直接选举。兵士得藉彼等之委员会,监督管辖高低各级官吏之动作与命令,无须诉之于外力,而罢免其官吏。兵士除此种直接选举之官吏外，可不服从任何官吏。

平民须武装

俄国既不须常备军，复不须警察。彼所须者，武装的平民耳。其顺序则当立即使人民武装，且当普遍'如此则可组成一伟大之国民军，当工人服兵役时，雇主当照常付给工银。

今所存在之官吏阶级与官吏品位，当完全废除。国中人民直接选举与罢免其国之官吏。高官得大俸之制度，将为此新造之国所废除。俄国中之复好官吏，与最好之工人，将得同等之俸给。

鲍尔雪维克之纲领与帝国的主义战争及宣告此种战争之一切资本家组织的政府绝对的反对。

鲍尔雪维克反对任何形式之兼并，且资本家政府所宣布之反对兼并的布告，亦概不承受。盖使资产政府放弃兼并之唯一方法，在灭绝一切资产政府而已。

资产政府不能发表民意，故启发民众与警告民众，为吾辈尔鲍雪维克之天职。

对于世界上一般君主国问题，鲍尔雪维克拒绝和平派社会党之政策不以威廉退免为暂时可以满足。鲍尔雪维克以为革命不能期待，故不信任期待的革命党，一切国家之君主当即刻迫令退位，毫无例外者也。

农民当得土地

对于土地问题，鲍尔雪维克不承受任何调停。一切土地，必须立刻没收，移交于农民。食料必须立刻从事增加，兵士必须有更优之供给。劳工代表会，银行及其它民政机关之佣工代表会，必须准备使一切银行立即联合无一国家银行。此一步实行后，当即确立劳工代表会管辖一切资本家产业之权。

鲍尔雪维克之国际联盟会与和平派社会党之国际联盟联完全不同。鲍尔雪维克之国际联盟会，由真正革命党与真正平民组织之而保守之。盖能使国家之可怖极恶的屠戮，不再发生者，独彼等耳。能救人类于资本家压制之下者，亦唯彼等耳。如今日憔悴呻吟于狱中之德国社会党里白讷希特 Liebneoht 等，即此类也。彼等自己之资产政府中级社会及和平派社会党的爱国者及国家主义者，奋勇搏战，百折不回，故能确立一真实有效，保证各民族间之治安与和协之国际联盟者，唯彼等耳。

……

(《解放与改造》第一卷第一期，1919年9月1日)

15日（星期一）

75.《列宁与脱洛斯基之人物及其主义之实现》(《解放与改造》第一卷第一至二期，9月15日)

《解放与改造》第一卷第一至二期，刊登刊登令井政吉著，超然和空空译的《列宁与杜尔斯基之人物及其主义之实现》一文，摘录如下：

□俄罗斯政权自归列宁与脱洛斯基之手以来,既一年有半矣,罗曼诺夫朝颠覆后所组织之革命政府,其人□□□□主义之铮铮者,仅能支持八个月之政局而已(由一九一七年三月至十一月),以视今日广义派政□□□支持一年有半者,则广义派之政府决不得谓为短命矣,此因时势要求列宁与脱洛斯基□?抑其人之政治足以镇压俄罗斯也。要之此二人者,固不失为革命产生之英杰

列宁非其人之真名,其名本为乌拉朱米路维利也那夫,其兄名亦为维利也那夫,为急进革命者之一人;千八百八十七年三月一日谋杀亚力山大三世不成,被捕处死。列宁是年十七岁,革命之热血既沸腾于彼血管中,入加散大学为学生。此大学曾表同情于农人之悲境,而尝计划不稳之行为者。列宁受学于此,故足令其革命思想更加发达,其后祸卒及身,放逐出校。遂献其一生于社会主义之传播。牢狱也,西比利亚之放逐也,亡命于海外也,彼备尝之。政府之压迫愈甚,彼怨恨俄皇也愈深。千九百十五年日俄战争后,革命之机会偶动,彼即回国,暗谋颠覆皇朝。故其兄弟均仇视俄皇,若不共戴天之仇者。然世之批评列宁者,固不可以寻常革命党人视之。方彼之亡命瑞士,适为马克思主义全盛时代,彼亦尝力为研究,其造诣颇深,且于俄国农民生活之研究,与俄国自治制之调查,均颇精确。当时俄政府于农民状态之报告,每杜撰而公布,谓农村如何改良,农民如何向上以冀欺社会改良者及社会革命者之耳目。故其对于列宁之坦白的农民研究。视为有碍而压迫之,迫亦以此。然列宁固不因是而变其所怀抱之主义也。千九百十七年俄国二次革命陡起,列宁由德返,始终努力于其主义之传播。是年十一月政权归彼党之手,广义派政府成立,遂实现彼之主义。当初内阁之一部,有反对者连袂辞去八人,列宁不以为意,一若以为辞者自辞,诸事均有脱洛斯基与彼二人主持即足。由此可见列宁之意,固将欲以其主义收拾纷纠之俄罗斯也。

脱洛斯基者列宁信任极深,参与广义派政府之帷幕,于本派之声望足以凌驾列宁之人也。脱洛斯基亦非其真名,本名为布朗斯丁,非纯粹之俄罗斯人,实为犹太人,故富于犹太人之机谋,为忠于其主义之列宁之援,改造帝国主义之俄罗斯为广义派主义之俄罗斯,实斯人之功也。

方革命未成功,彼以奉广义主义之故,不得不逋逃海外,以遂其放浪之生涯。十九世纪末与布列哈那夫及列宁在瑞士发行杂志,名曰"鞭爆",与反对社会民主主义神髓之异端为猛烈之论战。方俄国革命突发之前,彼在美洲为杂志记者。此革命政府府立,则与列宁先后归国。盖在外多年,沈机观变之彼二人,至是而知实现其主义之时期已至矣。当时国中占势力之人,有非社会主义之自由主义者,即同为社会主义,然与彼等异派之社会革命党及社会民主党之温和派等等,故广义派实无伸展羽翼之余地。然彼二人则与加美诺夫,地那比耶夫等窃为谋划。其他日之大成,实因其传宣其主义于劳动者及海陆军人之间之故。然彼二人之行动各异,脱洛斯基既归国即出席劳兵会,与会内之异份子争长势力,列宁则殊不欲骤为露面,惟暗中飞跃从事鼓吹。克兰斯机内阁时,常谋捕列宁一党之人。列宁闻风先匿,脱洛斯基则坦然受警官之囚。

155

入狱未久,即缴二千卢布之保证金出狱,于列宁潜伏时,代为统率其广义派之党众,逐渐扩张其势力,将劳兵会归其掌握。至十一月即推倒克兰斯机出阁,而代执其政权。及广义派政府一立,脱氏即就任当时以为最烦杂之外交总长一席,将所有秘密外交文书尽行暴露结"布利斯得里得夫士孤"条约与德国媾和,实行广义派之政纲,不顾世界之非难,彼手腕之明敏于斯可见矣。俄国革命于克兰斯机时代,所作为类多矛盾。至是纯为广义派色彩所蔽。以俾德格勒莫斯科为中心点诸地,非持广义派主义者则无容身之所。纵素持非难主义者,亦须貌为信服方能生息于其间也。

今请进言广义主义之为何,列宁与脱洛斯基二氏本祖述马克思主义之人,观俄国社会民主党之组织;可知其思想实近马克思一派。彼之见解与马克思同,以为政治组织若不更变,则社会制度与生产组织亦不能望其更变。俄罗斯"撒"(Czar)之政治经三月之革命,完全消灭,政治革命告一段落。迨十一月政权入广义派之手,更进一步而实行社会革命。

广义派观察现组织之根本的大缺憾,以为在因国家之存在为经济上独立单位,拥护资本家之利益满足帝国主义者之野心故。国与国间,不惜为强盗与破坏之行为,不得常保和平,欧战即其实例,欧战之导火线,不在塞尔维亚民族之自奋,实由英德帝国主义之冲突。法兰西革命之后,资本主义勃兴,生产力渐示超越国境之倾向。然一切利益独为资本家所垄断。资本家之态度,亦即欲藉此维持社会之秩序,于此可知资本家无实行社会革命之能力也。实际之生产者(即世界之劳动阶级),固不能与彼等引为同调,以拥护今所谓国家,正宜协力打破资本家之经济组织,以建设世界的经济,然后世界和平得以实现。是乃作广义派之社会观。是广义派主义首与资本家及帝国主义者挑战,以世界之劳动阶级必宜互相提携。以建设世界共和国为理想,故谓俄国之广义派主义纯粹之大同主义可也。今布耳扎维克驱逐资本家,一扫知识阶级,政权握于劳动者之手,已实现其纯粹之主义之政治。惟彼等并不以此自满,方将宣播其主义于全球,网罗世界之劳动阶级。其大同主义之运动于此可见。

广义派为求达以上目的,故采革命手段,是为其一特征。所谓社会改良者,其所提倡政策,如轻减间接税,裁撤税关,及其他于议会上调和资本家与劳动阶级代表者之冲突而已。凡此抱广义派主义者绝不为,彼等以为此种态度徒令社会主义者堕入帝国主义之黑幕中。彼等为社会革命故。务求与封建制度之遗物如军阀,地主,资本家等等挑战。调停为其所最不喜。惟撤底的主张劳动阶级之权利。俄之广义派于此点最显著。克兰司机内阁时代开宪法制定议会,土地问题之研究大有进步,然过激派不欢迎之。及彼派握政权后,未尝表示开宪法制定议会之意。可见彼派目中,固无劳动阶级外之阶级也。各派代表者会集,议制定宪法,决定政体,即不啻表示其主义之交让,绝非彼派所乐为。即同为社会主义者,中如社会革命党及社会民主党之温和派,均不能与彼相融洽,而集于反对者之旗帜下,其原因亦即在此。

广义主义绝对主张劳动阶级之世界,亦即排斥劳动阶级以外之阶级,故与广义之民主主义不同。俄语布尔扎维克,不译为广义派或多数派而译为过激派,未尝无误。然彼于实现其主义之际,较之其他之社会主义者,主张流于极端,比较的谓为过激,亦非无故也。

广义派对于其主义之将来，颇抱乐观。劳动阶级之都会生活，初以为足以疲劳其身心，不堪任社会之竞争者"乃于今次之战争知其不然"。劳动阶级与资本家帝国主义者相对抗而占优胜，且得与世界劳动阶级成立一脉之关系，此盖俄国革命实与以绝好之机会也。据彼等观察，以为俄国革命成功以来，英国劳动党之地盘更固，法国之山支克利深复原，德国之社会民主党还其本来面目，世界之劳动阶级联络一致，其主义风靡世界之时代必将不远。向来轻蔑劳动阶级之资本家，亦不禁骇然于形式上之变迁，此俄罗斯广义派之引以为自豪者也。其得意可想矣！

苟欲将广义派主义具体的理解之，则莫如观于彼派握政权后所发表之政纲。彼派所标示和平之条件。

第一，非赔偿非并合。第二，各民族之自决权。第三，撤除王政无常备军，封建式阶级制度。秘密外交，而建说欧洲合众共和国。又千九百十八年一月广义派发表之政纲有左列各项：

一. 俄国必须为劳农兵代表者组织之共和政治。俄国之共和政治，由各民族之自由结合而成。

二. 今后实行左列诸事：

（甲）禁土地私有，凡土地皆为民众之财产，分配之于实际劳动者而不取值。森林水利家畜及农业之企业，均为国有。

（乙）为确定所有企业上劳动者之力故，使劳动者制定约束之法律。

（丙）凡银行财产均为劳动级府之所有。此为令劳动者脱离桎梏之重要条件也。

（丁）使经济生活为秩序的，创强制劳动之制度，以防游民阶级之发生。

（戊）劳动者均为武装，编成劳动之赤卫军，以安固劳动者之地位，并防叛乱之发生。

以上所述，广义派之主义之谓何？广义派抱如何目的？已略言之矣。更进言广义派之事迹。

由劳动阶级实际支配之政治，本为社会主义者向来企划之事，而未尝实现者。一若视此为"乌托邦"的社会主义者未尝无人。今由列宁与脱洛斯基等将此计划：现于俄国，纵令其为一时的；不得永久持续，然现之事实终不可诬。世人以惊异之眼光注视其成效不稍忽者亦以此故。然广义派之政治，将于俄罗斯得最后之胜利与否，实为疑问，恐亦一时过渡时期之现象而已。然即不能久持，广义派之势力，必经多少变榕存留于俄国之历史无疑 彼派称为"撒"之专制政治，于其治下完全扑灭。设其势力失坠，专制主义亦必无复现之日。

观之俄国往史，革命失败后，专制政治每因反动的而加酷，千九百〇五年第一次革命为其明证。当时以煽动及援助革命为罪名，虐杀犹太人甚众，此即官权与革命主义者互激而成变，革命运动勃发之后，专制主义亦益烈专制愈烈，则革命反动亦愈大，如此反复酝酿而成之俄国革命主义，因广义派之成功而变易其趣，其成功殊出乎想像之外。广义派主义之弥漫于俄民亦殊平昔，故纵彼派失败，亦必不能复活"撒"

之专制主义。复活既不成为事实,更无加酷之余地矣。不以反正合三段进化之论理言之,则专制主义为正,过激主义为反,于是由正反而生合,以改造建设俄罗斯社会。若不拘于郗那,旷观远册,则俄罗斯现状方将经都历史的过程之一节。有正斯

(《解放与改造》第一卷第一至二期,1919年9月15日)

21 日(星期日)

76. 介绍俄国革命以后教育方面的情况(《时事旬刊》第一卷第二十四期,9月21日)

《时事旬报》第一卷第二十四期,在"欧美事情"栏目刊登"俄国方面"介绍俄国革命以后教育方面的情况,如下:

(1)列宁政府之教育方针　列宁政府迩来对于教育事业颇为留意。本年五月下旬莫斯科曾开过激派教育大会议。列宁为主席。演说教育方针。并谓过激派执政。于兹一年有半。其间最为注重者莫如教育事业。而政绩最著者。亦莫如教育事业云云。查过激派教育方针之第一步。即打破从前贵族式教育。执政之初。即将公私大中小各学校。一律闭锁。所有教职员。一律解职。先将旧制度扫荡廓清之后。乃颁布政教分离命令。各校教室所悬挂之圣像。均被焚毁。新学制颁布之后。无论公私大中小学校。统称曰统一劳动学校。不拘何种阶级。均得自由入学。乃至目不识丁者。亦得入大学听讲。学生入学后。即为学校主人翁,对于校规课程。均有参预之权。学生决议事件。教员不得反对。校中仆役。亦有自主之权。其势力且在教员以上。往往教员因反对仆役决议而致。免职者有之。学生不仅在校内有自治权。在校外亦得以公民资格为社会的活动。各校学生组织联合俱乐部以为研究游散之地。学校每逢星期四日休息学生或往郊外游散。或赴公会听过激派讲演政治。各学校一律不取学费。中小学且由政府供给茶饭。当兹食粮竭匮之时。贫民子弟皆人人入校。曾无一日缺课者。各生不拘大中小学校皆得自由入学。惟关于地点学生无选择之权。须听劳农政府教育部长分配。

列宁政府初拟实行男女混合教育。顾此理想终难实现。至去年腊月。乃毅然颁布男女转学命令。迫令男校学生转学女校。女校学生转学男校。此命令颁布之后。大中小各校男女混合教育。卒见实行。各校学科均设有"社会主义学"新科目。大中学无论。即小学亦以此为主要科目。从前历史教科书。全部改篡新编宗旨以劳动阶级与资本阶级抗争为眼目,就中小学儿童之社会主义教育。当局尤为注意。务使儿童尽忘却从前教育。将新思潮完全输入。新教育实施之初。教员与学生甚感其苦,迄今一年有半。尚觉自然。儿童学生对于社会观人生观之研究。颇感兴味。顽固之父兄。见此甚为忧虑。每斥其子弟为狂。易劳动学校毕业学生。守旧派称之曰癫狂学士。

过激派执政以来。四面受敌。殊陷逆境。顾列宁以下激党人物。对于本国前途。

甚抱乐观。常称俄国为社会主义祖国。凡所以培育国民者。皆以此主义为方针。以故激党主义浸入儿童脑里决非一朝一夕所能推翻。列宁一派纵使失败。后继之者必尚有人。此研究俄局者不可不注意者也。

  (2)渥政府最近之形势　西伯利亚方面之渥政府军队。一时颇占优势。协约各国。乃欲乘机承认渥政府。使其统一全俄。顾今日形势大变。渥政府内部时起冲突。大有傺然不可终日之势。据九日海参威特电。高尔哲执政官。因国中形势不稳。为镇定人心起见。对于农民兵士等阶级。曾为第二次之劝慰。其大要云。第一余之政府。对于所有土地。认为有分配与劳动者之必要。故前业经布告。农民兵士等。宜确信此项布告。勿为过激派所惑。第二在南部之过激派。已失其面包石炭铁之产地。故向西伯利亚开发生路。以压迫我军。现我军正冒艰险。以与对抗。而疆场上我军之衣类食物等军需品。实为诸君购买安宁幸福之代价。务宜协力一致以拥护祖国云云。观此则渥政府之穷状。已可想见。以近日渥军战况。亦甚不如意。乌拉尔方面激军大振。现已占领伯伦。距乌拉尔日近。因此协约国甚为悬念。故有重要会议。出现于渥木斯克。该地之各联合国使节。如法之奇那氏。英之爱利脱氏。美之莫利斯氏。及其他各国之外交委员。皆出席与议。席间高尔哲执政官曾为陈情之演说。略谓余于此艰难之日。负执政之重任。原基于联合国之怂恿与劝告。而对于过激派之竞争。联合国虽尤予以相当之援助。然自余执政以来。联合各国亦未见有若何援助之处。兹时机已迫深望联合各国能实践前言。力为援助。否则余恐不能久居斯职。亦不能负与过激派持续战争之责任。不久将以余之全责。委诸副执政官丹尼景将军云云。英法代表对于高氏之陈述。虽深表同情。奈事与愿违。国中罢工风潮日炽。英国工党方面。且提出哀的美敦书。要求政府对俄撤兵。可怜渥政府日日呼援。而协约国之援兵不惟不至。旧有军队且将撤回。美国方面已声称不干预俄乱。态度更为消极。独别具野心之日本政府。颇欲乘此时机。有所发展。藉口捷克军归还之后。西伯利亚形势空虚。愿出大军承乏盖一方面对于联合国可藉此以索取各种条件。而他方面对于中国。可以诱引共同出兵。以偿其宿愿。此观日本某当局之言。可以证明其然也。据日本某当局云。"日本苟执消极政策。则西伯利亚全境。必将任过激派横行。是从来出兵之目的。悉成泡影。倘执积极政策。则须调动大军。既动大军。必须出多额之经费。深恐又招外国之反对。是以日本对此问题。亟须审慎行之。由与西伯利亚接境之中国。其所蒙之影响。实为最大。决非山东问题可比。故必须共出积极的行动。结局中立两国。应以该问题之利害与共。亟须出同一步调为要云云。"观上所言。可见日本之诱引我国出兵者。无所不用其极。惟今日日本国内情形与前大异罢工纷起。全国骚然。出兵之举。虽军阀一部赞成。国人未必首肯。即让一步。出兵政策。可以遂行。然今日协约国已知俄激党不可力征经营。希望日本出兵。已不如前之热烈。美国方面。且实有反对之表示。果尔则日本出兵一事。亦恐未必能成事实。深望我当局审慎持重勿再与时势背驰。自投入此漩涡之内也。

  (《时事旬刊》第一卷第二十四期，1919年9月21日，署名WPF生)

77.《欧美事情—俄国方面》(《时事旬刊》第一卷第二十四期，9月21日)

《时事旬刊》第一卷第二十四期发表WPF生的文章《欧美事情—俄国方面》，全文如下：

（1）渥木斯克政府之近状　西伯利亚激党。近日颇形得利。渥木斯克政府。势日穷促。闻过激军前线。现已达培托罗拍乌罗大斯克。距渥都只有五十余里。并以一军屯马斯普斯喀雅。向渥都取包围之势。渥都地势平坦。既无险要可守。势必东迁而据乞里亚宾斯克一带新防线。以为冬令固守之计。果尔。则西伯利亚全境。恐非渥政府所得而有矣。揆此次渥政府失败之原因。厥有三端。兹列举如下。

（一）内部之涣散

渥政府之内容。甚形复杂。领袖虽多。而无人统治。以致意见纷[分]歧。一切措置。诸多失当。兼以军心涣散。弹药缺乏中级社会之人。多被召入伍。此等中级社会。一无爱国之思想。绝不愿从征作战。一到紧急之时。辄弃甲往投敌军。故虽最有势力之西方军。卒因众寡不敌而败走也。

（二）财政之奇窘

曩者协约国关于西伯利亚铁路管理费。拟借资四千万元。卒以英美两国。不肯参加。致无结果。渥政府因之窘迫异常。最近又屡为过激军所败兵械两空。无法筹补乃频向协约国哀求借款。现在海参崴外交团。关于此事。正在审议之中。其金额及抵押品。均未能决定。结果能达到目的与否。尚未敢卜。更观国民经济状况。亦非常穷窘。各种人民。不知从生产上着想。多相牵为投机之事业。以致工业凋零。物价腾贵。且自俄乱以后。难民逃入渥木斯克者。络绎不绝。至今人数愈多。居屋几有难容之势。一入冬令。燃料势必告竭。故纵无过激军之来迫。亦不能持至一年云。

"宪法应行宣誓"言毕、总统起立。秘书官以宪法之誊本进。总统接以右手。郑重致词曰。"余以薄德。忝膺重寄。兹谨以德意志大总统资格。保证德国军民之安全。而除去一切危害。余誓竭其全力。尽其良心。卫护此宪典。及其他德国之法律。以尽余之职责。"其声低微而甚明了。言毕、乐声复作。议长又起立致词曰。"威麦尔国民会议。值兹国家危难之秋。力任艰巨。卒能成兹宪典。而有今日大总统之誓言。诚国家无疆之庆也。次由民主党首领包威尔。代表全体议员。对总统及议长。述其感谢之词。乐三奏。总统退席。余人亦继退。当总统宣誓时。大众齐呼万岁。军乐所奏之曲。曰《祖国》。此德人所最喜听者也。

（2）德国政界之两大暗潮　柏林电云。德国政界自国民会议闭会后。发生两大暗潮。即极左党（非政府党）与极右党（政府党）之开始政治运动是也。极右党之运动。虽无甚可观。然有多数之赞成者。不过实际尚未达于形成政党之域耳。德国国民党关于内政与外交。各怀意见。全党不能一致。国防部长那司克所属一派。虽亦属于右派。然与上述之右党。则异其政治上之见解。现二党皆取不即不离态度。以维持其部分的关系。至于抟三派为一团。组织一大政党计划。只可视为一种之理想耳。再就极左党之运动观之。其煽党的运动。亦未见有何实力。既无资本。又无武器。当然不能得何等效果。一般劳动者。近亦日渐冷淡。去极左党而皈依社会主义。独立社会党(属于极左党之利卡尔德氏、及苗礼、尔氏一派。与斯巴达卡团之德米氏及布吉氏之一派之间。则有不可越之鸿沟。故左党各派之联合。亦甚为困难。当前总统选举之时。政府大声疾呼拥护劳动者之利益。而终获胜利。今也政府则忽受其态度。在戒严名义之下。对左派极力压迫。至其影响如何一时尚难预断。)

中央党目下则极力求合民意。至于能否收拾民心。则殊未敢卜。社会民主党(属于极右党)为政府之中坚。舆论颇不以为然。然平心而论。任以何人代之。亦未见其能胜于社会民主党也。

要之、右党左党目下均无实力。故政府根基虽薄弱。尚可维持至总选举。目下政府惟一之难关则在冬季。煤炭及粮食之缺乏。及俘虏回国后应如何处置两事。此两问题之如何解决。即现内阁兴废之最大关头也。

(3)德国经济力之减缩　美国经济学家泰斗佐治拍希氏。调查德国目下之生产力与其对外贸易之力。甚为详悉。据云、协约国若不设法救济。使德国得以重兴一切实业。则可断定协约国对德国所要求之赔款数额万难如愿而偿云云。其所举之理由有种种。兹转录如下。

(一)德国目下金货缺乏。所有者亦须为继续发行大宗纸币之准备金。倘其国家银行所存之金货。悉数取出。则纸币将立止其流通。而工商业亦全停顿矣。欧战之前。德人握有外国担保品甚多。然大半为俄奥土勃四国之物今皆无价值之可言。其余或于战时售出。或因德国在全世界之企图均已停歇之故。此等担保品之价值。亦毁坏殆尽。故现在德人所握之外国担保品。极乎有限。且此区区者。亦将用为协约接济粮食之代价也。

(二)德国之商船几全得协约国所没收。于商业上实大受影响。或谓德国原料甚多。可作赔款代价。殊不知原料亦须从事生产。况彼所有原料。显然需用以交换外国食物及彼所需外国之原料。战时德国因短缺本国必需之原料。如棉花羊毛生丝等类。所受损失已巨。今又因协约国物价昂贵。德之马克低跌。则以原料易原料。其中吃亏亦匪浅也。从前德人拥有商船队时。其航业收入。实占出口之重要部分。今则购买外国食物及原料。须付外国商船以运费。一转移间。昔之收入者。今乃变为支出矣。

(三)德国因属地被割。丧失煤铁及食粮不少。查波兰上西里西亚、及阿罗两州。前属德国时所产之煤。占全国产额三分之一。所产之铁。占全国产额百分之七十二。所产之锌。占全国百分之七十五。而米谷山薯之产出。且超过全国销费之数额。今骤失此三地其损失之巨可知。

……

(《时事旬刊》第一卷第二十四期，1919年9月21日，署名WPF生)

78.《李宁的谈话》(《星期评论》第十六号，9月21日)

28日（星期日）

79.《世界的时代精神与民族的适应》(《星期评论》第十七号，9月28日)

《星期评论》第十七号，刊登戴季陶的《世界的时代精神与民族的适应》，实际上提出了马克思主义的民族性的问题。全文如下：

马克斯以前，许多社会主义的河流都流到"马克斯"这一个大湖水里面。有许多时候，好象说起社会主义，就是指马克斯主义，讲马克斯主义，就无异是说社会主义。所以大家都承认这马克斯是社会主义的"集大成者"，是社会主义的"科学根据"的创造者。

马克斯的社会主义，由学理的发明与实务的努力两相配合，经过许多困难，打破许多偶像，在德国里面竟自得了政治上社会上的优胜旗。社会民主党的发达一日千里，一千八百九十八年的总选举，得票数便加到二百十万票。那晓得这马克斯主义政治上的胜利，就是马克斯主义信奉者中破裂的机会。胜利的结果便产生出德国社会民主党的修正派。但是一方面更使马克斯正统派的结束，格外巩固，格外激烈，变成今天斯巴达加斯团的运动。

马克斯主义是世界的，不是国家的，这一点是人人都看到。马克斯的活动也是世界的不是国家的，更是人人都知道。所以信奉马克斯主义的人遍布全世界。在德国发生了"修正派"和斯巴达加斯团。在法国便产生出"劳动组合主义(SyndiCalism)"。最近在俄国方面，有"多数派(Bolshe vi Sm)"的发展，把马克斯的教义变成"苏域(Sovyet)的组织"。在英国呢？便把他传统的惯习主义和自由主义，加上马克斯主义的色彩，造成"组合社会主义(Guild Socialism)"。把这几种主张总合起来，可以叫作"马克斯主义的分化"。为甚么会有这样的分化发生出来呢？不用说，这就是各民族历史的精神及现代境遇不同的结果了。

"社会主义"这个主义，照我看来并不是一个严格的主义，只是一个世界的时代精神。这一个时代精神，是普遍的照住全世界。全世界的民族各有各的历史的精神，各有各的现在境遇，于是便各有各所理想的世界。这各民族特殊的质性，在世界的时代精神笼照下面，都各自自由发展起来，去迎合这世界的时代精神。所取的趋向虽是在世界的协同进化，所用的方法就是——进行的途径——却是都现出一种差别的形体。好象同是一种的"达利亚花"，培植在欧洲的就现出欧洲的色采，培植在亚洲的，就现出亚洲的色采。同是一样的鲈鱼，生在松江的就是松江的特殊形体，生在日本的就现出一种日本的特殊形体。全时代精神的进化，是社会进化的真意义。一民族适应全时代精神的进化，是社会进化部分的过程。离开了全时代的精神，便失却向上的反射力。除却了适应的方法，一切动作都变成无意识的盲动。

中国人今天大家都有一点觉悟了，都晓得特权主义国粹主义是死人坟里的殉葬物，一切的生活问题靠他是不能解决的了。大家都在若有识若无识的当中随着世界的新潮流走。这个当口，恰被一个向右转的德谟克拉西，向左转的梭霞里士姆，卷到潮流的漩涡里，漩到头眼昏花。究竟向右呢？向左呢？自己也分别不出来。好容易有聪明的人，在自由和平等的交流点上，发现出一个社会民主主义来，以为这是一条可以走的路了，谁知刚上了路，就看见前途横着几条分歧的大路。向那一条走好呢？法国人向那里去了，英国人向那里去了，德国人俄国人都各有各的路去了。顾得东来顾不得西，可怜这睡眼朦胧的中国人，竟变成一个中心无主的迷路儿了。

国民啊！你看不要把眼望花了，也不要自己怨自己的无能，叹自己的孤寂了。你们且回头望一望自己的弟兄是怎么样的？自己的田庐是怎样的？自己的村落自己的社会是怎样的？他们各国人所走的路，都是由他们自由选择的力量开辟出来的。我们如果要向着世界的时代精神求进取的生活，我们所能走的路还得要我们自己开。开得一步才〈才〉走得一步，自己开辟的才是自己的正路。

迷路儿呀！你们还是自己开自己的路罢！不要白白的耽误自己的时间了！

（《星期评论》第十七号，1919年9月28日，署名 季陶）

9月

80.《布尔札维克党之第一日》（《新中国》第一卷第一号，9月）

《新中国》第一卷第一号刊登缩克思的《布尔札维克党之第一日》，如下：

当怯连斯克（Kerensky）政府崩溃前一夕，俄京彼得格勒（Petrograd）已呈不安之象，人人皆知将必有大变发生，而不可或免矣。……盖当时一般政客，已四出活动，希图一逞。列宁（Lenine）自斯剥尼（Smolny）通告党徒，谓劳兵会（Soviet）统治之日已至，可以乘时举事。其徒多斯克（Trotsky）四处演说，以相呼应。溥体洛夫兵工（Putiloff Munitior Works）其工人已骚然有同盟罢工之势……及革命事起，拿华（Neva）河上之桥一通，电车停，而人人相传怯连斯克已逃亡矣。……虽马敛斯克（Mariwsky）官已陷，不久将至圣伊索礼拜堂（St. Lssals Cathedral），然前日革命最苦名战舰之奥洛拉（Aurora）尚停泊拿华河，与冬官遥遥相对，驻扎冬官之娘子军皆锐意死守〔娘沪军为自由而战，此时已身疲力倦矣〕，而驻居其地之陆军学校学生，复极力拥护。……卒之同日下午三时，冬官亦陷，娘子军为"红队"勒令解散回家，斯时陆军学生尚表示反抗，布尔礼[札]维克党往说之曰："同胞，此种举动实亦无用，今日执政诸人已降，吾党回家去矣。"陆军学生闻言，亦缴械投诚。当时美国新闻访员入官观察，见秩序如常，毫无抢掠情形，即入夜亦然。此次死者八十人。布尔札维克革命第一日，实际言之，殆可谓无流血之战命。然令人最可注意者，其所革命，不独怯连斯克政府，而世界上一切生活、一切文化、一切经济，皆从兹而大变焉。

……布尔札维克党既获取政权，社会上遂发生一种革命新势力，其势力所及，利以之兴，害亦以之长。盖布尔札维克主义，目无庶民政治，所取手段，皆与前日专制政府无异，其势力之行使，不以庶民会议为依归，而实陈为两人所专擅，仅付之以所委派之党徒。彼言吾人只知有一目的，至达其目的所用之手段如何，一唯其利便是视，他非所计也。自一九一七年十一月以后，布尔朴[札]维克主义盛行，竟越俄国境而入德奥，贯土耳其，浸浸焉有蔓延他国之势……

布尔札维克主义，须备二要件：一，有多数散乱饥饿之工人；二，政治革命。有此二者，然后布尔札维克之破坏乃有用也。布尔札维克主义本于卡尔马斯（Karj Marx），谓西欧社会，有此二种阶级：一曰资本家，二曰劳动家。资本家向敲剥世界财富，敲剥人类，敲剥天然力以自肥，擅用势力以为利器，而拥护专制主义，然被敲剥之劳动家近世以来，日向之争论，而屡得其让步矣。今且进而握执大权，并资本家之财产亦取而有之。一往直前，不稍退让，非特尽夺资本家前日之所有，尽夺资本家前日所以得势之凭藉，尽夺资本家前日所以骄奢淫逸之权力，并且扑灭之而不留余地焉。自政治上观之，布尔札维克主义不承认庶民政治，盖"一切权力属之劳兵会"一语，殆成彼党之口头惮。而劳兵会之会员，仅限于兵士、工人与农民。故也，从前富厚之家，今且变为贫窭，甚至对于少数者之权利，亦不能享有，一切权利皆不得与闻，殆成孤立无援之人矣。布尔札维克党之有此种行事，盖出于一种反动作用，而布尔札维克主义所以缺略庶民政治者，实为俄国文化之特质。盖俄国人民常视政府为专制之物，专制之暴政，他国所不能堪者，彼甘受之而不辞也。且马斯（Marxism）社会主义，而今观之，盖主张专权政府者。彼以为政府之职务，非特限于今日东西各国所同认之范围，并且一般所认为非政府分内事者，亦得理之。如身体自由，在庶民政治之下，所谓神圣不可侵犯者……唯马斯社会主义则不认有此，谓吾人仅为人类之仆役，人类依国家之力而划定个人之权利，此种划定，个人无反对之余地焉。

据吾等所闻，布尔札维克党现实行妇女国有制度，由亲炙布尔札维克党行事之人观之，必谓此种谣言，毫无根据。然由予观之，未必无几分之真确。盖彼党以为国家，非特对外须保持不为人所灭亡，并对内须保持不致自为灭亡，故惧人口之衰落，令妇人增加生产，犹防人口之过盛，令其限制生产，乃事理之自然者也。……

（《新中国》第一卷第一号，1919年9月）

81.《所谓过激派者》（《新中国》第一卷第一号，9月）

82.《俄国革命之哲学的基础》（下）（《新青年》第六卷第五号，9月）

《新青年》第六卷第五号刊登（英）Angelo S. Rapoport 著，起明译《俄国革命之哲学的基础》（下），如下：

　　……
　　一八八四年 Plakhanov, Vera Sassoulitsh, Deutsh, Axelbrod 四个激烈派，在瑞士

发起了社会民主党。他们传道的新法，是从 Marx 与 Engels 直接得来的。他们在劳动界传播 Marx 学说，豫备经济的战争。从一八九一至一八九四年，在俄国中部莫斯科、圣彼得堡等处，连续行了许多次的罢工。一八九五年在圣彼得堡 Lenin 与 Martov 为头，又起了大同盟罢工，有工人三十五万名与闻这件事。

……

一九〇七年社会民主党在伦敦开大会，因为党员意见不合，便生了分裂。这党分作两派：一是多数派（Bolsheviki），Lenin 为头；一是少数派（Menshoviki），首领是 Plekhanov, Martov, Dahn 三人。多数派不愿与开明的中产阶级联络，说他们有君主的倾向。又攻击 Plekhanov 一派，说他们对付中产阶级及贵族士官，过于宽大。少数派则主张说，俄国如不先将西欧通行的政治社会制度实现，革命便不能成；在这革命运动中，开明的中产阶级，也是很有用的分子。倘将这一部分国民的同情失去，逼得他们投入反动里去，那是很危险的，这两派都各有他的主张，依了俄国人的特性，各各走往极端，至今还没有解决。

（《新青年》第六卷第五号，1919 年 9 月出版）

10 月
10 日

83. 《布尔雪维克是什么?》（《民风》第二十一号，10 月 10 日）

《民风》第二十一号，刊登 Ross Luxemburg 著，雷声译的《布尔雪维克是什么?》，摘录如下：

现在世界革命的声浪日高一日了！将来的结果怎样？我可决定是实行社会主义罢了。劳动阶级欲贯彻他们的主张，所以首先要取得国家之政权，以为过渡之桥梁。而后方可把工业制度从根本上改造。

现在所有的土地、器械、工场均为少数的贵族和资本家所占据。大多数的劳动者，仅得些少的薪金藉以维持生活。每日作工十多时，异常劳苦，绝无一点人生乐趣。反之怠惰的贵族和资本家，不必作工，便可享安富尊荣的幸福。这就是现在社会的不良组织了。所以革命的劳动阶级便要出来创造一种新社会的制度。

将社会的财产——土地、矿山——和生产机关——工场，器械——向掠夺者——资本家——之手取回，而奉还之人民全体所公有，这是劳动革命团唯一之责任啦！凡属国有的机关，亦要收回社会所支配，而成为一有系统的组织。

现在各生产机关均为资本家个人所私有，和他人没有甚么相联系，所以生产之物，怎样浪费，都由资本家一人自行支配，以为劳力是没有要紧的，视工人不过一种活动的机器罢了。

但是社会主义的国家，便不同了。生产机关不是要来供个人享幸福的，乃是用来出产品以供给劳动者所需要的。所以工场、器械、田庄等均收为人类全体所公有，唯作工者不得享用之。

生产机关是要来供给食物衣服和其他之生产物，以保护人米全体之生存。这时候劳力所得的出产品，定然很丰富。田庄多大五谷，工场则利用科学之发达而出产较多，荒芜的地方亦必尽行开辟。所以社会主义之进行，足以促进工业和农业之兴盛。对于自食其力的小农，或工人，他所私有一小块土地或工店，则听其自由使用，亦不没收之。俟实行社会主义达到最高程度时，所有私产完全废止，他亦必愿以之归还于社会。

所以社会上人人都要尽力作工，方得享受消费之幸福。……对于有能力的怠惰者，则实行强迫作工，若是遇没有能力作工的人，如儿童，废疾者，年老者则由社会扶助之。……

由生产力和工作之权能，所生产之物，是为公众谋幸福的，这是最为经济最为合理的社会。这时候没有荒芜未开垦的地方，没有军械局和战具，因为社会主义的国家是没有战争的。种种没有用的工作，都以有益于人生的事业代之。徒供富人娱乐的贵重品，一一毁弃了，禁止为个人服役，人人均节省无益之劳力，以从事于正当之工作。

我们的劳动国是人人都为公众谋幸福而从事于生产的事业，改良工作的制度。因为现在工场和田主作工的人，皆因迫于饥寒，希图得些少薪金以维持其生活。但是在社会主义的国家当中，人人共同工作，可享美满的享福，适宜的卫生。作工乃出于各人良心上之自然，所以觉得有一种乐趣，且作工时间极短，每日不过四五时。其余的时间则可为种种的游艺。人人以工作为娱乐，所以各能尽责任。

改革的能成功不？由于人类有创造的能力没有？今日的资本家手拿鞭杆，立于工人背后，以驱之。工人因为忍不自[住]饥寒的痛苦，便要跑到工场去，为资本家的奴役。主人对于视如牛马，不许有一刻休息，不许浪用物产，只愿他们"鞠躬尽瘁死而后已"，也不怜恤了。

在社会主义的国家，是没有暴虐的资本家，所有工人皆立于平等的地位，自由工作以谋公家之幸福，所以人人对于社会服务为一己的天职。各种生产机关均由熟练该种事业的人管理，故能异常灵动。所有制作均利用机器，以节省人力。这时候人人意志自由，不特没有冲突和纷扰，且秩序异常整齐。

总而言之，社会主义的工业国没有资本家和监督者，各人欲作哪种工，均可自由选择，成绩必定很优美，且乐于勤工。这是智力上和道德上的自然。而且人人有自尊之心，必能重其责任。

……

不必待至世纪或数十年使其自然成功。现在的战争足与工人一大教训。即如协约国既已战胜德国，工人所得的幸福有多少呢？德国便不消说了。我们既已觉悟，便要组成一大团体，推翻资本制度的社会，而组织共同劳动互相协助的社会。

劳动的同胞呵！社会革命是你们的神圣事业呢，快快联合！解除你们的镣铐，——政府资本家——这是你们唯一的责任啦！

(《民风》第二十一号，1919年10月10日)

15日

84.《欧俄之真相》(《东方杂志》第十六卷第十至十二期，10月15日、11月15日、12月15日)

27日

85.《过激政府之新政策》(上海《民国日报》，10月27日)

10月

86.《广义派之建设》(《解放与改造》第一卷第四号，10月)

《解放与改造》第一卷第四号，刊登堺利彦著，寿凡译的《广义派之建设》。摘录如下：

广义派改造社会之基础，以设立劳动阶级的国家，为第一要件。盖在劳动阶级的国家内，由劳动阶级，施行一时的独裁政治也。……

劳动阶级之独裁政治，视为实现理想之活动机关，有三种之职能，兹述如左：

(甲)凡属绅阀之政权，悉废灭之，或由劳动阶级，掌握国家之权力，一时的利用绅阀之政治势力。且因欲达此目的。遂采二种之方法。(一)剥夺绅阀经济的实力。(二)不许绅阀参与一切之政治，但因改造社会之程序，若认为有益之生产者，而吸收绅阀时，则可使绅阀(视为劳动者)再行参与政治。

(乙)一时的改造政策(即应急政策)之施行也。夫由资本家制度，移于社会主义制度，乃一个进化的程序，非一朝一夕所能成就，此固社会主义者所共认。特因进化的程序之性质，遂生有派别。如稳和派社会主义，欲于资本制度及绅阀的国家之基础上，施行此程序。质言之，即于资本制度之中，渐次浸润社会主义也。然仅施行小绅阀的社会主义，及国家的资本制度，决不能产生真正之社会主义。故广义派欲以劳动阶级的国家为基础，而施行此程序。……

(丙)如上所述，防止产业解体，一时的应急之策，固可以资本主义为主，亦可以社会主义为主。然劳动独裁政治所行之诸政策，则决属社会主义者也。

(《解放与改造》第一卷第四号，1919年10月)

11月
1日（星期六）

87.《劳农政府治下之俄国——实行社会共产主义之俄国真相》
（《晨报》，11月1日至26日）

至26日北京《晨报》连续刊登《劳农政府治下之俄国——实行社会共产主义之俄国真相》，如下：

　　一九一七年十月列宁一派获得了政权的时候，世间有许多人都嗤笑他们，以为这不过如昙花一现，不久就要消灭的。然而在嬉笑怒骂之中所产生出来的劳农政府，现在是维持了一年有半的天下，往后还要维持多少的日子，固然是不能预测的，以现在形势看起来，空[恐]怕这个劳农政府是可以维持他的政权与世同休的。……不过因为现在世界各国与俄国几乎是交通断绝，所以俄国的真相外间都不知道的，就有知道的，也是以讹传讹，不免有许多误会的地方，所以把俄国现在所实行的社会，共产主义的政治给我们国人看看是必要的，一方【面】可以知道究竟俄国现在是怎么样子，一方面又可以知道世人所谓过激派政府所实行的政治到底是怎么东西，空[恐]怕说起来我们的政府还要害羞呵。

（《晨报》，1919年11月1日至26日）

88.《鲍尔锡维克主义底研究》（《国民》第二卷第一号，11月1日）

15日（星期六）

89.《俄国波尔失委克之真相》（《东方杂志》第十六卷第十一号，11月15日）

《东方杂志》第十六卷第十一号转载了巴黎通信社稿《俄国波尔失委克之真相》，全文如下：

　　关于全俄事情。本社第一期社稿。曾详志之。惟独波尔失委克之真相。因言各异词。且传述者又各有用意。未敢轻易介之国人。协约国防止波尔失委克之传布极严。凡关于此项消息。皆不能为常例之传递。且协约国近来扼阻俄人之粮食益甚。大有不惜以一万七千万俄人为波尔失委克牺牲之意。凡吾人所遇之俄人。无论其是否波尔失委克。无不同声谓协约封锁波尔失委克之成绩极佳。盖俄人已渐就死亡矣。凡有怀恻悯之心。欲赴俄一察者。皆以不得护照而止。近忽有瑞士人比鲁果夫君。新自俄国来法。比君在俄。因事几游遍其全境。故全俄近况。皆极熟悉。吾人就之长谭。因得介绍波尔失委克之真相于读者。兹纪比君所谭于下。

余(比君自谓)于谈话之先。有应预为声明者。余非党人。所言皆系实况。无所偏袒。计余飘流俄土。共五月。回忆去时。全由好奇心之鼓动。借红十字会之名义。保护病人而往。一入俄境。满目荒凉。所保护之俄国伤兵。沿途死亡相继。致车中发生传染病。极为危险。不得已乃下车步行。因而时得入俄人之家。然大都十室九空。即有存者。亦奄奄无生气。余于途中。遇红旗守卫兵极多。待予等均甚和蔼。余等亦常与波尔失委克政府人遇谈。彼等意见。虽不与余尽同。然余以此而渐知各国报纸所传之波尔失委克消息不确矣。即如数月前。吾瑞士报纸。盛传托尔斯泰之墓。已被波尔失委克践踏。乃余在途中。遇托氏旧日书记。详询之。乃知全系传闻之误。余初抵莫斯哥。即知生活奇昂。乃趋[驱]车往访一友人家居之。即如车资。战前一罗布者。今与之十罗布。车夫尚有不悦之色。余到后生活尚增涨不已。初时一罗布尚可得一餐。三月以后。欲图一饱。则非三十罗布不办。粮食缺乏。生活腾贵。虽由协约封锁之故。然其大半原因。系由于火车不通。交通梗阻。(火车因缺乏净油及其他准备品、故不能运动、各工厂亦多因此停工)远地虽有粮食。亦艰于输送。即如食盐一项。缺乏尤甚。竟有不能寻得一勺者。居民皆相率淡食。此外之生活必需品虽贵。尚可设法购置。至于嗜好品奢侈品。则贵不可言。故富人尤极感痛苦。波尔失委克政府。待遇工人极优。凡作工者。无论老少男女。每日皆有购买五百格兰姆面包之权利。而社会之看待。亦比任何人优异。故富人出外。皆素服粗装。与工人等。不敢露其纨绔富有之像。因之莫斯科社会。皆一律紫色粗装。不见有奢华之习俗。不觉有贫富之分别矣。

俄人业农者。有百分之八十五。大概可分为贫农富户及小康之家。平时此三种农民之生活。皆互相倚靠。颇有密切之关系。至波尔失委克执政。贫农既已认为真正之平民。社会待遇。反高出富户及小康之上。彼小康富户。既受一种重税。而社会待遇。又远出贫民之下。此所谓今日之最上级。往日之最下流也。波尔失委克政府。为经费计。对于人民。亦收赋税。税额亦并不低少。惟其直接征课者。多属富室。但亦不强迫征课。被课之家。尚可邀律师向税务司争辩。辩若得直。尚可减轻。业造纸者。忽为政府征以一万三千罗布之重年税。彼不服。向税务司请减轻。税务司乃为酌减为一万罗布。伊仍不服。又减为五千罗布。仍不服。不能输上。谓其每年收入。除生活必须品外。只能办二千罗布。税务司谓之曰。请将君家之收支会计表开来。于此可见波政府之征税。专注目于拥有资产而坐享厚利者。若吾造纸友人所入。仅敷生活开支。审查得实。盖可一钱不征也。

因战时之需要。波政府除征税外。尚征用牲畜。尤需平均。但四口之家。得留一牛。以代力田。过于四口者。更可益马。以代运输。或竟与两牛。其不足四口之家。则雇单身之人。共同操作。政府征牛马。仍照价给钱。故人民一无所苦。但微觉兽粪不足。肥料受影响而已。

在波尔失委克之下。欲单独闲居之生活。几不可能。不工作。不合群。势且饿死。现在俄国。无论智识阶级以至工商界。无不有消费组合及劳动团体。此种组合团体。均无一定程规。皆各就其情境。自定一共守之约。波政府为提倡此种组织计。对于各界之消费组合。皆给与以廉价之证券。购物较之寻常。几减其半。波政府亦知共产主义之实行。不可以徒事强迫。故竭力提倡共同生活之各种组织。使人知共产主义之可能。而且有利。又久习成惯。则实现益易也。

至于田野工作之组织。则有"并耕模范社"。集合多数社员。实行并耕而食。使农人渐知并耕之利。远过独耕。遂能渐相仿效。波政府实欲俄国全境农村。遍设此种并耕农社。提倡不遗余力。但事实上进步仍缓。因此种组织。勇于公利服劳有恒之社员。尚不可多得也。

波政府对于宗教之态度。为世所最注目者。据余所知。波政府对于宗教。虽势在反对之列。然以俄民对于宗教道德。观念素深。虽在现时。宗教颇尚有一方面势力。故波尔失委克政府。对于彼尚无一定宗旨。亦不生何种关系。惟对于教会之公益设置。并不加以禁止。一则因俄人对于宗教。信仰素深。一则此种公益设置。与波政府之宗旨。亦不大相背谬也。

波尔失委克虽尚澈底改革。然亦知完全实行其主义之先。当经一种过渡时期。故至今所行之政策。对内对外。多取柔和手段。(即以柔和方法、在国内国外、推行其主义之谓)即如对于富翁或资本家。不取其他过激手段。但根本取消其以银为资本之制度。则彼等富力。自然消灭。其主张之贯澈。乃反易遂。脱洛斯基曾谓。"余对于目前之滥发纸币一事。颇抱乐观。不如此。不足以损其银行钞票之价值。余深愿各国之赞成余等主义者。亦从而大发纸币。则资本及货币制度。自然根本解体。盖资本家虽在各大国间。握有最大权力。然金融一紊。则彼等威力。自然扫地矣。"

现时商人之资本多者。皆失其选举权。惟工作者。则皆有之。个人经商之资本。不得过万卢布。营实业者。不得过十万卢布。若超过此数。则收归社会公有。波尔失委克政府。对于有技艺之工人。看待特优。并特厚予工资。以提倡之。余此次归时。同行有瑞士工人，曾在莫斯科充工程师六年。伊所处之厂。系一不满百万之小工厂。自波尔失委克执政以来。其工资竟增为每月二万卢布。伊之艺尚非最精者。其优待工艺者可想见矣。

前此滞俄之外国人。经此番变动之后。回国者极多。其故因谣言极众。常起无味之恐慌。且自国领事。又多方劝其国人离俄。因此之故。表面上之观察者。遂据以为种种之推测。其实归者皆不外上述两种原因。皆非其本身有不得已之原因。余同行之工程师。与余言时。尚有不忍离弃莫斯科之意。

余起身时。得读一有名之俄报。上载一论文。题曰《恐怖时期已终了》。文中略谓革命战胜以来。至今已入第二时代。恐怖之时期已去。来日幸福方长。愿大众皆努力于工作。贵族之政治。既已消亡。贵族之生活。决不能使其存在。现在作工之时期已开始。愿大众努力。

外间传言波尔失委克对俄国智识阶级。待遇异常酷虐。自今观之。事实上有不尽然。智识阶级大约为三种。第一种系朋白。与波尔失委克立于反对地位者。波尔失委克对之。自无所爱惜。自波政府成立后。此中大半已逃往塞尔维亚及协约各国矣。第二种既不反抗。又不愿作工。日惟戟手向天。以咀波尔失委克之灭亡。第三种则愿出智力以谋公利者。对于波尔失委克之公共设置。颇尽力赞助。社会对之。多表满意。所得报酬亦优。皆能维持其生活而有余。

虽大别三种。然内中颇有变更。有初反对而继赞成者。有由赞成而热心赞助者。此类颇多主张。一经变更之后。波政府亦不仇视。此种人余所知者甚多。余在莫斯科时。识一俄人。彼前曾留居瑞士。人极聪颖好学。拉桑大学之有名化学博士也。革命起时。彼以为波尔失委克必致亡国之祸。专由瑞士归国。扶助专制政府。反抗波尔失委克。继见专制政府。不足有为。乃一变其宗旨。扶助波尔失委克。现充莫斯科化学总院之化学师。得薪资甚丰。近来波政府又聘其助译百科全书。许以三百万卢布之酬金。余又遇一女子。其人为社会革命党党员。且素有健者之称。自与波尔失委克对立。然彼近在莫斯科。为李宁效力。余整装时。李宁方命其为平民图书馆之创设人。故此女对于伊兰人之境地。已极称满足云。

医生在莫斯科营业而获厚利者甚多。因四境封锁。起居需要品不足。故城中疾病甚盛。第一即胰皂缺乏。（无油质制造）手巾稀少。洁净二字。已说不到。平时大多数人。皆每周一浴。此时已不可能。战前一浴之价。不过五戈比克。现在则须三卢布多。波政府正竭力研究。以他种物制造代用。正由沙子造成一种。但尚不甚适用。

俄国土地之大。经此次巨变之烈。一般人对于波尔失委克政府政权之统一。必想像以为至难。殊不知波尔失委克。并不采中央集权制。而实行地方分权。新俄罗斯组织。系一纯粹之民族联治式。又略似瑞典之联邦。（大部分略相似）但各区法律之性质。与其实施。颇不相同。现波尔失委克政府。对于司法方面。尚无统一规定。且极尊重人民意思。凡一法令颁布之后。若发现不良之点。或人民有不满意处。立刻改订。至不惜前后冲突。现已专有一种法学湛深之人。专为政治研究及解释法令。使一般人不生误会或误触。此后法令毁改之处。已渐少矣。波政府之一切政治法令。皆取决于国会。然后颁布。至司法之组织。其暂设之检察审判机关。即有平民裁判所。与初级审判所。设所长一人。多系著名法学长者。此外更增设陪审员甚多。内中有兵士。有工人。有农民。陪审时有所见到。均可发言。由审判长裁择采用。审判时皆取公开制。无论何人。皆可往旁听。无论与案情有无关系。随时均可替人自由辩护。案件判决时。皆一律详叙事实及理由书。俄国文艺形势。近已极见重于世。经此番变更。文艺正随之改进。俄人本素好文艺。余赴彼邦时。于研究彼等之精神生活。兴趣极浓。自波尔失委克改制以来。对教育及艺术。颇加注意。提倡亦力。然能注意于文与艺之调和。便能慰藉人民之精神。于丧败颠沛之中。尤为难得。至教育方面。则将宗教与学校。严立界限。不使互相庞杂凭倚。公立学校。其中教授上或气味与宗教稍生关系者。均完全废止。并完全采用新历。其尤有令人注意而可志者。则有各种教育之设施。皆聘有学者。研究俄文之改革。减略其繁复。及不适用于普通之处。使俄文一新面目。各学校皆重职工。均加有手工功课。学生必习。管理之事。则由学生自任之。凡关于高深学问。教授处皆不取资。无论何人。胥可往听。学生之成绩特佳者。

有在校享午餐之权。

至艺术则特重实习。与近代艺术之趋向。颇相吻合。艺术学校。到处皆是。设置极普遍。入学者亦踊跃异常。其美术图画。亦多所变更。图画方面之革新。尤为显著。现时立体画颇占优势。闻陆那荼斯基个人最反对之无条理之悬想派。现正竭力提倡。颇能使近代文艺之精神呈异观。凡学生之成绩及各种新美术品。皆一一列之博物馆中。使人参观评判。

戏园亦甚发达。每夜皆卖满座。多演散文剧。极受一般社会欢迎。其最常演者。多为马德南易卜生哲各夫阿斯秃克等名家之剧。每晚并有贫民演说团。到处开讲新主义及新设施之利益。文学研究会。亦到处皆是。无论何人。皆可自由加入谭论。忆余在莫斯科时。有演说共产主义者。因善于词令。极为动人。听者津津有味。不忍离去。且更每夜逐听。兴会极浓。

私产问题。注意者多。余今再为君等一谭。现在俄人所有之私产。皆归经租总会支配。每区皆有经租分会。此种机关。一面与警察厅接洽。一面与产主接洽。更管理分布。购买粮食执照。时时与富户往还议论。使伊等渐渐解共产之利益。互助之效果。富户习闻而感动。于是实施新制时。遂减少许多困难。此会之效力。诚可谓大矣。大商店亦多改为公有。店中雇人。仍旧供职。店主若不绝对反对新制者。则仍留作店主。为公众经营此事业。计工酬资。所得亦颇不恶。大工厂收归国有者有之。然仍继续工事。不过煤铁缺乏。无米难炊耳。凡关于工作应改良之处。有工会随时审查。无论厂主技师工头工人。凡赞成新制者。皆一律留供旧职。薪资且更加优。余对于工厂。曾略为调查。厂主反对新制者。实占少数。故更换者极少。大都照常工作。且多较前勤勉。盖昔之作工。惟具有谋生观念。今则除生计观念外。皆知为社会尽力。为人道尽忠矣。

余综观波尔失委克政府一切设置。皆使民众知善而从。不加强迫。而见效遂如彼其速。益知压制实远不如开放也。资本家因私利之故。虽多不满意。然目睹共产主义之成绩。及消费公社之便利。亦不能不渐表赞成矣。

吾人又询比君对于托尔斯泰主义之态度。比君答谓波尔失委克之于托尔斯泰主义。颇表同情。余个人即深信托尔斯泰主义者。常与友人到处演说。并刊行托尔斯泰主义之日报与杂志。波政府不但不加干涉。并代为传播。故托尔斯泰主义。在俄国较从前为盛。而信托尔斯泰主义者。亦以波尔失委克之主义及设施。并不出于托尔斯泰主义之外。且托氏主义。专重社会服务。不与人争政权。故波尔失委克对于此点。颇为赞成。波尔失委克之所以不惜与他派奋斗者。因他派积极欲争得俄国之政权耳。

波政府为传播其主义计。所有印刷所。政府皆有特权。以便印刷报纸书籍。及多数之小册。其特色在新出版物。皆令托尔斯泰主义者任意批评。故抱托尔斯泰主义者之兴高采烈。远过于往时。波政府之教育总长陆那茶斯基氏。一少年学者耳。而对托氏主义。乃异常赞成。最近竟赠一百五十万卢布与印刷处。及传播托氏主义者之哲洛夫氏。氏为托氏之密友。与陆总长善。余甚愿其与波主义调和相辅进行也。

比君言毕。又历述其旅行时之种种困苦。并笑而指其面部曰。君等观吾满面风尘。即可知余所历之艰苦。然得一见新天地。使吾思想进步不少。虽受困亦殊值得也。

(《东方杂志》第十六卷第十一号，1919年11月15日，署名 巴黎通信社稿)

19日（星期三）

90.《布尔塞维克派提议讲和》(《晨报》，11月19日)

《晨报》刊登《布尔塞维克派提议讲和》，全文如下：

  伦敦八日电　云布尔塞维克派已对联合国提出讲和条件。要求联合国于十一月十五日答覆，并请联合国不必将其讲和提议转达中欧各国云云。
  伦敦九日电　云列宁已向联合国提出讲和条件。要点约有三条：（一）布尔塞维克派承诺领土之让渡。（二）规定关于承认国债之条件。（三）保障不宣传布尔塞维克主义，云云。闻美国已有与布尔塞维克派开始谈判之意云。

(《晨报》，1919年11月19日)

91.《协约国与布尔塞维克》(《晨报》，11月19日)

《晨报》刊登巴黎通信社九月十五日稿的《协约国与布尔塞维克》，全文如下：

  ▲英法干涉之中阻
  ▲英法舆论之倾向
  ▲讲和条件之披露
  ▲布尔塞维克之将来
  ▲布尔塞维克致中国之传单
  停战以来，协约国对于布尔塞维克操纵压迫极波谲云诡之观，致使世人观察不明，判断难确，坐令二十世纪新改革蒙受经年之炮火，但心与愿违，今不但未遭扑灭，而反较前稳固，协约人民亦深【知】政府之处置不当，舆论日沸，经怨此有力之压迫。于是英法两政府之武力铲除主义不能不蒙受其影响。最近英相雷德乔治来法，英报多谓系与巴黎协约最高委员会商议却干涉俄乱之计画。而各报论测其原因则多谓：（一）系因英议院反对之激烈。（二）则因汉得孙选举胜利之故，颇足以警告乔治称霸一时之痴梦。（三）则同业斯多里诸小邦现已有与布尔塞维克有单独媾和之事，而颇露哥尔萨克又屡次败北，英法政府前后资助哥尔萨克之一十七万万又四千六百万佛郎之钜费，已不能收尺寸之功。故乔治有不能不改变其计画之势。英若变计，法必随之，美亦必无异词言和之期或不远矣。又最近伦敦泰晤士报亦谓协约国最高委员会议解决放弃干涉俄乱之计画之消息甚确，且同时又知业斯多里已联合巴尔干各小邦与

彼政府言和，似此则乔治氏布尔塞维克罪不可宥之言或将稍变。盖业斯多里各小邦与俄比邻关系至深，不能久待，协约国之承认方承认之云云。则大势趋向已不可掩，而巴黎时报亦论此事，且更进而为方法上之商榷，谓协约对外俄国之布尔塞维克与反布尔塞维克皆当取同一之态度，此不待论。然此同一态度颇难以明了，譬如现时空言放弃干涉政策亦属暧昧，盖不干涉之程度与手段同，可随意伸缩也。故协约政府不但应取同一态度，且于施行上亦当有所改更。如言弃却干涉俄国内乱，则将同时联合与俄国以自由云云。时报持论素稳健，莫言如此，则多数之心理可知矣。
……

(《晨报》，1919年11月19日)

20日(星期四)

92.《布尔塞维克派再提出和议》(《晨报》，11月20日)

《晨报》刊登《布尔塞维克派再提出和议》，全文如下：

伦敦十日电 云马伦上佐受布尔塞维克政府之委托，有再向联合国提出以前由美国驻俄派员巴方德所提出和议之权能。关于此事勃拿□在下院陈述曰"政府于议会讨论本问题之前无与列宁杜洛斯基开始交涉之意思"，且反驳异意乔治及查奇尔之演说殊多矛盾云云。

(《晨报》，1919年11月20日)

30日(星期日)

93.《俄国的近况与联合国的对俄政策》(《星期评论》第二十六号，11月30日)

《星期评论》第二十六号发表(戴)季陶的《俄国的近况与联合国的对俄政策》，文中指出：

中国的人，一般都是糊里糊涂。一点也不去研究俄国的劳农政治、究竟是怎样一个东西，只是瞎排斥，瞎害怕。看见有研究这个问题的人，就当作是危险的人，听见讲这个问题的话，就当作是危险的话。……这样关系密切的国家里面所发生的【的】一个亘古未有的大变动，姑无论其是非利害如何，那里可以不研究呢？……我总是希望中国人大家鼓起一个人道的同情心来，平心静气去研究俄国的问题，讨论对俄国的政策，决定对俄国的方针。我们两国都是农业国，在近代文化史上努力的时代，都在一个水平线上的。

(《星期评论》,1919年11月30日,署名 季陶)

12 月
1 日(星期一)

94.《过激派与世界和平》(《新青年》第七卷第一号,12月1日)

《新青年》第七卷第一号,"随感录"刊登独秀的《过激派与世界和平》,全文如下:

> 俄国 Lenin 一派的 Bolsheviki 的由来,乃是从前俄国的社会民主党在瑞典都城 Stockholm 开秘密会议的时候,因为要不要和 Bourgeoisie(工商社会)谋妥协的问题,党中分为两派,Lenin 一班人不主张妥协的竟占了多数,因此叫做 Bolsheviki,英文叫做 major group(多数派),乃是对于少数派(英文叫做 lesser group)Men-sheviki 的名称,并非是什么过激不过激的意思。日本人硬叫 Bolsheviki 做过激派,和各国的政府资本家痛恨他,都是说他扰乱世界和平。Bolsheviki 是不是扰乱世界和平,暂且不去论他;痛恨 Bolsheviki 的各强国,天天在那里侵略弱小国的土地利权,是不是扰乱世界和平,我们暂且也不去论他;那第一叫我们觉悟叫我们注意的有两件事:(一)反对 Bolsheviki 的渥木斯克政府,居然无理拿大炮来打我们的军舰,又拿中俄蒙条约来抗议蒙古取消自治。(二)反对李普克内希所创斯巴达苦司党(他们的主张,和 Bolsheviki 相同,都是马克司派,都想建设劳农政府。)的德国的现政府,又在那里鼓吹德意志帝国主义,又在那里讨论扩充海军预算等。扰乱世界和平,自然是极大的罪恶,Bolsheviki 是不是扰乱世界和平,全靠事实证明,用不着我们辩护或攻击;我们冷眼旁观的,恐怕正是反对 Bolsheviki 的先生们出来扰乱世界和平!换一方面说:Bolshevikism 的内容,和他们如果得志思想上有无变迁,能不能叫世界和平,固然没有人能够断定;但是现在反对他们的人,还仍旧抱着军国侵略主义,去不掉个人的一阶级的一国家的利己思想,(日本压迫朝鲜,想强占青岛的土地和山东的经济利权,就是一个显例。)如何能够造成世界和平呢?

(《新青年》第七卷第一号,1919年12月1日,署名 独秀)

15 日(星期一)

95.《俄罗斯之政党》(《新中国》第一卷第八期,12月15日)

北京出版的《新中国》杂志第一卷第八期,刊登了郑振铎译列宁的《俄罗斯之政党》

(《俄国的政党与无产阶级的任务》的节译），后附《对战争之解释》一文。

《俄罗斯之政党》，全文如下：

广义派，此党应称为共产党，而现时则号曰"俄罗斯社会民主劳工党与中央委员会联合之党"；

(代表)有阶级觉悟之工人、日工者、及农民之较贫阶级之附于此者(半无产阶级)；

赞成社会主义。劳兵会宜立即求其主义之实现；

由劳兵代表会执政的共和国家，废常备军及警察制度而代以武装的平民。官吏皆由民选，且得由人民罢黜之，其俸给不得过于一良工人之所得；

(国家)全部政权宜执于劳工代表会之手，一切传道会、政治运动及一切人民之组织均宜立即使之趋于此鹄；

否认彼资本家维持之，我等宜准备全体人民使劳兵代表会单独执政；

一切土地，立须取回，此命令宜直由农民代表会发出，面包及肉之出产，必须增加，兵士宜优饩之，牲畜及工具之毁坏有禁；

我人不能仅自限于普通农民代表会，因富农亦即资本家阶级，能加害或欺诈农作人、日工者、及较穷之农人也。我人宜立即使此等后举之阶级，于农民代表会内，有特别之组织，非宜另组织农作人代表会；

我人宜立即预备工人代表会，银行雇人代表会及其他组织，以为实现联合各银行为独一国家银行之准备。此等组织成立，然后由工人代表会监督银行团，然后使之归于国有，以所有权移归于全体人民。

(《新中国》第一卷第八期，1919年12月15日)

17日(星期三)

96.《布尔塞维克将谋和》(《晨报，12月17日》)

《晨报》刊登《布尔塞维克将谋和》，全文如下：

▲劳农政府代表之声明……
▲奉令磋商和议日期及地点
协约国有意与布尔塞维克议和，双方非公式提出条件，已志前报。兹据瑞典消息，布尔塞维克代表黎维那夫氏已通知协约国，谓议和一事已经本月五日莫斯科会议通过，惟与五大国同时开始或分别谈判，议尚未定，黎氏已奉劳农政府命令，磋商和议之日起及地点云。

(《晨报》，1919年12月17日)

20 日（星期六）

97.《布尔塞维克侵入英国》(《晨报》，12月20日)

《晨报》刊登《布尔塞维克侵入英国》，全文如下：

> ▲上院议员之恐慌
> 伦敦电　云上院议员麦焦伯氏曾在国会演说，谓得有确讯，布尔塞维克党人拟在英国实行革命推倒国会政府，请政府速为防范以备不虞云云。

(《晨报》，1919年12月20日)

29 日（星期一）

98.《布尔塞维克之大宣传运动》(《晨报》，12月29日)

《晨报》刊登《布尔塞维克之大宣传运动》，全文如下：

> 杜洛次基竟谓我国将有社会革命
> 伦敦二十日电　云伦敦每日新闻报登载占尼发访谈稿，云按杜洛次基之□支所谈，杜氏现在正筹备明春大举华兵进攻波兰。该华人现在布尔塞维克派陆军学校练习，每月以八千人计。彼等所得军饷甚优，且衣食充足。杜氏宣言，布尔塞维克派之主义根深蒂固，而将蔓延于中国，想该处不久将有社会革命。嗣杜氏拟以黄种人民攻击欧洲西部，伦敦泰晤士报访员现多讽示布尔塞维克派阴谋之蔓延，其在东方者尤甚。……

(《晨报》，1919年12月29日)

99.《社会主义与军国主义势力之比较》(《欧战期间杂记》，1919年)

《欧战期间杂记》内务部编译处刊登凌启鸿译英文大陆报社论《社会主义与军国主义势力之比较》，如下：

> 据日昨路透电传来消息，谓俄罗斯内阁总理托洛斯基氏断言欧战之结局，必取决于社会主义之发达，而非各国武力所能左右之。夫托洛斯基氏于去年三月间犹为纽约

报社之访员,每星期薪水仅美金十二元,今一跃而为俄罗斯之内阁总理,并兼外交总长,其意气之雄,不可响迩。视事以来,日惟以社会主义号召全国。其所见解,则以此次亘古未有之大战,为劳动与资本之战争,而非甲国与乙国之战争。并谓社会主义之澎涨,不独俄罗斯为然,若德意志,若法兰西,若意大利,若英吉利各国,其人民之社会思想,正如荼如火方兴未艾。

(《欧战期间杂记》,1919年出版)

一九二〇年

1 月
1 日（星期四）

1.《红色的新年》（《星期评论》第三十一号，1 月 1 日）

《星期评论》新年号，别开生面地用《红色的新年》的新诗作为"新年词"这首新诗在我国新文学史上应该浓墨重彩，它是迄今发现的第一首歌颂苏俄革命的新诗。全文如下：

（一）
一九一九年末日的晚间、
有一位拿锤儿的、一位拿锄儿的、黑漆漆地在一间破屋子里谈天。
（二）
拿锤儿的说：
"世间的表面、是谁造成的！你瞧！世间人住的、著的、用的、那一件不是锤儿下面的工程！"
（三）
拿锄儿的说：
"世间的生命、是谁养活的！你瞧！世间人吃的、喝的、抽的、那一件不是锄儿下面的结果！"
（四）
他们俩又一齐说：
"唉！现在我们住的、著的、用的、吃的、喝的、抽的、都没好好儿的！
我们那些锤儿下面作的工程、锄儿下面产的结果、
那儿去了！"
（五）
冬！冬！！冬！！
远远的鼓声动了！
一更！二更！好像在那儿说：
工！农！
劳动！劳动！！
不平！不平！！
不公！不公！！
快三更啦！

他们想睡、也睡不成。
（六）
朦朦胧胧的张眼一瞧、
黑暗里突然的透出一线儿红。
这是什么？
原来是北极下来的新潮、从近东卷到远东。
那潮头上拥着无数的锤儿锄儿、
直要锤匀了锄光了世间的不平不公！
呀！映着初升的旭日光儿、一霎时遍地都红！
惊破了他们俩的迷梦！
（七）
喂！起来！起来！！
现在是什么时代？
一九一九年末日二十四时完结了、
你瞧！这红色的年儿新换、世界新开！

(《星期评论》第三十一号，1920年1月1日)

18日（星期日）

2.《I. W. W. 概要》(《星期评论》第三十三号，1月18日)

25日（星期日）

3.《鲍尔希维克政府之产业政策》(《东方杂志》第十七卷第二号，1月25日)

《东方杂志》第十七卷第二号刊登《鲍尔希维克政府之产业政策》一文，全文如下：

俄国鲍尔希维克政府。以中央集权之方法。实行马克思派之社会主义。其产业政策。久为世人所注意。申报星期增刊。据伦敦经济杂志。论之甚详。兹转录之。

伦敦经济杂志记者哥本哈根。记述俄国过激派现在所行之产业政策。最为详尽。其评语。则盛称过激派产业组织运用之善。而尤虑过激派势力。或有失坠。则其国营组织。一旦撤销。恐反生经济上之混乱。其举例中视为重要者。如莫斯科之最高国民产业会议。约有二十五万之役员。今年经费。(以通货最低额计算)与英国战时最大之数相似。其规模之宏大。宁不可惊。至于国营产业组织。世人几无从知悉其真相。盖过激派都采秘密主义也。兹篇所纪。系根据商业报记者自俄国直接所得之资料。惜未能及其设施之全部耳。

过激主义　过激主义有三种独立之利害关系。即政治及社会的利益。商工的利益。与劳工的利益是也。政治及社会的利益者。中央政府。因思巩固其地位。从政治及社会的立法上。伸张其权利之谓。商工的利益者。为有效之生产有利之经营之谓。劳工的利益者。被佣者利益之谓。其国营机关即此三种利益之代表所组织者也。当初尚无兹三者之区别。组织日久。乃徐见其端。产业上最初之过激主义。即所谓无政府主义的工团主义。而专属于劳工者也。当李宁及屈洛斯基等掌握政权时。举凡工厂通信机关等。悉为劳工所占据。而排斥外界之管理与指挥。所有经理人工程师等。悉遭摈斥。此无政府主义的工团主义之结果。使工厂停滞。铁路混乱。劳工不得已乃请专门家技术员复职。于是所谓无政府之工团主义作废。而采取中央集权的国家主义矣。劳工之自觉。仅数阅月耳。去岁六月上旬。莫斯科政府。以曾为劳工所占据之五百工厂。已濒于破产者。悉数收归国营。是月之末。更以三千万万之罗布。收买一千一百之企业为国有。但据其官报所揭。去年年终。国家实际经营之工厂。仅五百十三而已。由此观之。当时之所谓国营者。未尝全部实行也。而近来则其数又增矣。

　　最高产业会议　今之产业国营机关。乃工会主义之产物也。苟仅以劳工之能力。断不能运营工厂。使之有效。而全恃工会为之主持。于是工会之势力乃大振。着手之初。即设立地方产业会议。为有组织之机关。非若劳工之以实现其无政府状态为主义者也。去岁五月间。该会议开协商会于莫斯科。组织最高国民产业会议。此盖产业国营之最高机关也。其组织等于政府之一部。每半年提出预算。最高会议为工会所发起。故工会之势力最大。代表最多。六十九名之委员中。自工会选出者。计三十名。而地方产业会议则反是。中央执行委员会列席者十名。财政交通诸委员会七名。工会仅二名而已。最高会议。仅讨论国营组织之高等政策。于地方工商业之事项。绝不与闻。至地方政策之设施。自有地方产业会议。而于工商业事项。另有特设机关之中央部。均与该会议无关者。故谓为产业会议。宁非失当耶。

　　产业中央部　各种产业。均特设中央部以为主宰。如机器业中央部、羊毛业中央部、橡皮业中央部等是也。中央部之权力分配。仍不外前述三种利益代表所占。中央部之管理局。为委员九名所组织。其中三名。为政府社会有经验者。由最高会议所选任。其它三名。则以于该业有专门知识者充之。各工厂之管理部所选任也。更有三名。则为劳工。由工会选任之。中央部有规模极宏大者。如纺绩业之中央部。所有役员。计三千五百人。且各中央部。于每年编制精细之预算。凡使用人数、燃料、原料等种种。细大不遗。至其收入支出。亦由自决。各工厂之财政。由中央部掌之。而中央部之预算。复由最高会议监督之。中央部虽有解决一切所属之商工业问题之权。而不能直接管理工厂焉。

　　各工厂管理机关　各工厂中。均设有理事机关。其数大都为三人。大工厂有六人九人者。理事之选任。最高产业会议占三分之一。各产业之中央部占三分之一。而劳工又占三分之一。其势力适得平均也。工厂中劳工之行使其选任权者。劳工委员会也。昔日无政府的工团主义盛行之时。所有最高产业会议。中央部工厂理事等。悉在劳工委员会掌握之中。而自李宁颁布工厂规律。采中央集权制后。其势力已失。不过一种劳工之俱乐部而已。今之劳工委员会之权限极狭。不能直接诉其不平于理事会。至其代表理事。亦能与他理事协谋生产之增进与工厂之秩序耳。

上述之产业组织。往往有以其太繁琐而非难之者。更有讦其缺乏协同精神。与官吏之不称其职者。然俄国今日秩序之紊乱。已达极点。以人材难得之故。犹能运营此规模宏大之组织。其能力亦可谓伟大矣。此项国营组织之失败。决非其制度之不善。而实由于革命以来。燃料缺乏交通不便之故。其最显著之事实。即最高产业会议之预算不足。实在五十万万罗布以上也。若以制度之不善而致失败。则全俄之产业。无有不失败者矣。然而其中如莫斯科之产业会议与纺绩业中央部等。皆成绩优良者也。今日过激主义。虽难免有訾议之处。而其规模宏大之组织。实未可厚非也。较诸克伦斯基政府时之产业政策。固已高出万倍矣。

(《东方杂志》第十七卷第二号,1920年1月25日)

2月
1日

4.《布党与各国通商之条件》(《晨报》,2月1日)

《晨报》刊登《布党与各国通商之条件》,全文如下:

▲先与列宁杜洛基握手

纽约二十七日电　云俄国劳农政府通告巴黎,云协约国非即停止军事上行动,克日与布党议,和则通商一事,应毋庸议。协约国商船如冒昧入俄港,立予击沉,不稍假借。末又云协约国欲与俄国通商,必先与列宁杜洛基两氏握手云云。

(《晨报》,1920年2月1日)

2日(星期一)

5. 国务院公函第二百五十六号(文献,2月2日)

国务院公函第二百五十六号,关于查禁苏俄在中国宣传革命之书刊与人员有关文件。

函达:据报俄国列宁政府对于中国社会革命党颇为活动,查得过激派传播物及来华人名,分别清录,请转饬查禁严防。由附抄

国务院公函第二百五十六号

经启者:据报俄国列宁政府对于中国内部社会革命党颇为活动,兹查得过激派传播物及来华人名呈请鉴核等情。查单开过激主义印刷物传播于我国者,已达八十三种之多;至来华党人德籍者六人,俄籍者五人,相应分别清录,送请贵部查照,转饬查

禁，严防可也。此致
内务部

中华民国九年二月二日
(《马克思主义在天津早期传播》，天津人民出版社1989年版，第282页)

10日（星期二）

6.《俄国之真相及其将来》(《东方杂志》第十七卷第三号，2月10日)

《东方杂志》第十七卷第三号刊登心畹的《俄国之真相及其将来》，全文如下：

　　日本人山元岳眠自俄寄书于本国。载在《新公论》杂志其书先引荷兰人奥丁迪克之语。次推论俄国将来。奥丁迪克氏为荷兰政府所派监察官。归国后。应某杂志记者之请。为详述俄国近况。氏旅俄既二十五年。乃精知俄之国情民性者也。
　　奥丁迪克曰。俄国新政府自谓予国民以自由。而实使其国民呻吟于前代未闻之虐政之下。贿赂公行。乃视帝政时代为甚。举凡国家之富。人民之福。皆任一部分人蹂躏以尽。彼得格勒。今殆成一空都。偶遇途人。则大抵踉跄缓步。颜色苍白。其眼眶及口之周围。以饥饿及荣养不足故。至现紫色。犬马多倒毙于途者。某日有一男子。突来我许。口呼荷兰公使。救我辈贫人。观之。其人衰弱已甚。勉以手支身而已。语不移时。其人已踣地死。至于公共建筑物。非闭锁即破坏。荡然无复存留。即俄都之万国海员俱乐部。亦遭摧毁。有一尝为商船长者。其财产及家具什物。尽为人所掠夺。其妻儿则逐出街衢。所有商工、银行、矿山诸业。早皆停止。银行中之纸币及现货。全部没收。民间存款。化为乌有。今者。革命之车。如走急坂。刻刻加速。微论谁何。莫能阻之。有阻之者。其身先殒。顾此车旋转不已。终必坠至绝谷。碎为齑粉而已。将来自有拾此破车。修缮完好。而重引之上坂道者。然舍废除所谓新制度之外。恐更无他道。今所为大患者。即在食物奇乏一事。所云分配粮食制度。毫不能为用。民间虽持有粮券。仍不得食。铁路大半不通。运粮者几早断绝。仅有首要路线。尚可通车。而车行极缓。不异开车一时。即停车一时。又无人管理车务。客车中所备物品。恒致失窃。窗帘及客座所蒙之革若布。亦往往不知去向。其旅行规则。尤繁苛出人意外。凡欲旅行。先须请领旅行券。非稍有势力者。殆不能出门一步。既领得旅行券矣。而购车票之时。又非有特别许可证不可。且仅仅彼得格勒至莫斯科之间。途中须搜检三次。是以都市之民。虽坐涂炭。而无法图逃。况国境之上。遍驻重兵。欲越国境。又非重赂兵士不能。则亦惟甘为俘虏。喘息以待死已耳。其不至成乱事者。实以处极端压制之下。更无谋乱之余地。且精力既耗尽也。警察裁判所之属。譬如无有。而狱囚之众多。亦前此所未闻。予每过监狱门外。辄见妇女无数。惨然号泣。各访问其夫若子之生死。凡此无辜下狱者。皆未尝审鞫一次。罪名为何。家人不知也。

过激派方日以新闻或演说。鼓吹其高论。而于何以改善其国民生活之方。顾不言及。秘密输入者。实未绝迹。奸巧之徒。并可借食粮为居奇地。而购此秘密输入之物者。特贪苟活。赌生命为之。计其主要食物之价格。牛酪四百瓦。（当俄国一磅）价五十罗布至七十罗布。生肉一磅。在昔价不过二十五哥。（百哥为一罗布）今则需二十二罗布至二十五罗布。面包之价。昔为每磅二三哥。今则十五罗卜以上。且搀有杂质。此就密卖之价而言。其饥馑如何。可想见矣。初本有所谓分配食粮委员者。分国民为四级。其第一级。即最有强力能胜劳作者。谓之Clite中以昔日囚犯为多。自不待论。凡属此级者。名义上可日得面包二百瓦。其第二级。则但能从事轻易之劳动者。日可得一百瓦。第三级为下级员役。日可得五十瓦。第四级。即所谓中产阶级。日才得二十五瓦。至于最近。即此特别规定。亦存虚名而已。至于燃料。尤早罄竭。一法丁之煤。在昔才值七罗布。今虽出价二百二十罗布。而无自购求。煤气及电气公司。不得已代之以那夫达。（由石油、木材、石炭他尔等蒸溜而得之一种液体透明而不易着火）今则那夫达亦几涸来源矣。人民遇兹困苦。则健康之况。从亦可察。而药品之属。虽直谓之无有亦宜。新政府每年十一月七八两日。举行革命纪念祭。其日。彼得格勒各地。特建无数堂皇壮大之穹门。隶属政府之各机关。多悬长而阔之大旗。旗上所累累书者。过激政府之纲领。与夫渺茫不甚可解之语句。闻但制旗一项。需布可三十万埃顷。（一埃顷约二尺不足）其造穹门时。所给劳动者赁金。一日须二百五十罗布。政府糜滥若斯。以语人。人或不能信。前者曾有布告。急征十亿罗布至临时税。而纳此税者。实责之中产阶级。无如中产阶级。久经搜刮靡余。兼以常受暴民劫掠。安能应此诛求乎。纸币之价。低落不已。又多赝币混杂其间。故币价无定。用金者乃至不自知其有金几许。目前流通之纸币额。闻多至五十亿罗布。收税之吏。尤极专横。有不能完纳者。立即封其屋。没其家具。逐其人他出。自随身衣履而外。不许携带一物。彼得格勒之商店。半皆缘此闭门。又其半则以受货物分配委员之严命。至一物不能卖。任店伙辈随时窃取。私卖与他人。其办事时刻。亦店伙任意自定者也。予之从仆。有一戚尝设店于乡间一小镇。此人境况。视劳动者弗如。徒以设有一店故。被人指为中产阶级。其店既没收。其人亦下狱。其家人遂流落街头。无宿无食。幸有挚友为糜多金。以脱其罪。狱始解。然凡人既受中产阶级之称号。即不能更作何事。此人既无以自活。终至病狂。且如此人者。正复不尠。大抵手中才有金二三千罗布。即为人目以资本家。如冒犯大罪矣。农民之间。无家无田者尤众。此辈结党成群。但观他家稍稍有余物。即往抢掠。若自以为当理。实则谓之当理亦宜。彼亦舍抢掠外莫能生也。固亦有土地若干。化为国有。然农民多不欲贷耕。何则。惧为旁人讹以中产阶级耳。故田地强半荒芜。窝尔瓦河上输运石油粮食者。向来称盛。今则但见空船停泊河上。船身已渐腐朽。无论通航海外矣。街路转角处。每有告示木牌。上书"各处中产阶级之家财不论何人尽可占领。"故一辈赤贫亡赖者。常侵入人家。限令原主于二小时内退去。家具固不许移运出外。过二小时后。屋即易主。此类事日日有之。尽人感觉已钝。即见有一家数口。彷徨路隅号泣者。不知所谓悲。不知所为助。实悲不胜悲。助莫能助也。此辈中产阶级。犹可卖家具以资生。然搬运物品往来。例须得特别之许可证。而政府于此辈。独弗之许。今大抵沿街叫卖报纸或糖果。亦有罢职将校在内。其兵士之不至化为流寇者。以其俸给独优。又供应以特别食物也。人民于外国对俄态度。全无知晓。即于国内事亦然。发行者惟政府机关报。其记事之袒政府。本不待言。搜检刊行物之严核。尤非帝政时可比。前犹有德国新闻。潜入俄都。卒以搜检过严。至于绝迹。俄民今日。尚如堕五里雾中。不知世界之为何也。工厂大半已停。其机械或已锈毁。或已遗失无踪。又今日尚有许可就事之劳动者。号为劳动。实则徒手度日。所索工资奇昂。令人吐舌。果如其说。资本可转瞬乌有。云何制造。将来欲恢复俄国工业。自非待外人之投资不可。至过激派同志。方出入剧场影戏场音乐会舞蹈会之间。自寻欢娱。前皇宫殿。今已改为公开影戏场。若曹途遇中产阶级者。辄加以不法之行。故属中产阶级者。皆敛避不出。烂醉在途者却已罕见。闻乡间虽尚有私酿。而都中存酒确少。都人多以安香水瓦尼斯之类。充作饮料。乡民生活。转过于都会之人。因乡间储粮较丰。各不肯轻易运出。荷兰人战前客俄者。太半已离去。过激政府。待外人与国人一律。彼号为平均物资起见。即外国人所有物。亦没收之。他国人寄居我处者。既有若干人。遭其驱逐。其人境况。固与所谓中产阶级者。无大差别也。由兹情状以推。则夫过激主义。虽曰所以增进下级人民之生活。然使此主义益见诸实行者。恐不但下级人民。坠入无底之渊。且将驱全部国民同归于尽也。

　　以上所引。皆奥丁迪克之语。其次复历援时人之说。以阐明俄之民性。谓俄人性质愚蠢。而皆忠厚率直。不为深沈矫饰之行。自一面以观。可谓为彻底之自由主义者。而自他面以观。又不失为彻底之专制主义者。法人波利欧。谓俄人如一身两首之耶卢斯神。亦童亦耄。其万般事物。无不具矛盾性。最近传闻被诛之俄国文豪葛尔基。(Gorky) 则以大海喻俄民。谓海上无风之日。匪不平莹如镜。而怒涛乍起。即有倾舟溺人之虞。奈哲尔亦谓俄民多为感情之奴隶。不能以理性与意志自制。故万事皆趋于极。易进而骤衰。德希兹特尼之教授所论尤详。曰俄人性格甚温良。又甚残忍。其于个人之人格。蔑视之直若无有。号曰为公众故。而往往无端惨杀男妇。杀之又未见有何益。此不独战时也。平时亦然。不独行政家宗教家也。虽革命志士。亦坦然流无辜之血。不以为异。又皆无宽容之量。各欲抵排他人思想而压制之。居群众中。稍露头角。即足致祸。所谓波格罗姆一语。可谓俄人独具之残忍。波格罗姆者。共同攻击某一部人民之谓。就中对犹太人尤烈。帝政之世。以此杀人焚屋掠财者。非止一次。而往往出自警察煽动。有证据可指。以昔之波格罗姆。推今之鲍尔希维克。则亦意中事矣。若论其温良。则亦温良。且宁失诸过度。故并正义之观念。有时全钝。或目大恶之罪人为不幸。而愍怜之。希兹特尼又论及俄人好逸恶劳。不解时间之价值。对凡事业。无精力与远虑。向惟坐待天命与政府之力。不自着手。实一种宿命论者。故拉宁讥之曰。默忍与盲从。即是国民道德。其能忍困苦之力。几与愚钝者无异。却亦有令人骇叹者。

　　由以上诸说。观察俄国民性。其有今日。固事势所必至耳。过激主义。正与曩之官僚专制主义。先后一辙。不外俄人极端性与残忍性之流露于外者。亦惟大多数之国民。蒙昧无知。故能读李宁一派渺茫无际之宣言。而苟且容纳。遂不惜于短少时间。

举其所既有者。荡毁无遗。实则俄民之朴直。宁近于令人怜笑。若辈决无洞彻事物之力。其贪得犹太人重赂。而忘厌野心。又或心知之而无拒抵之气力。往往然已。俄人本来。饶于豪放之心情。具大陆人之特色。往徒以专制政治鞭扑其背。兼有严峻之希腊教。羁绁其项。历年久。浸已化为忍冷。流为疲钝。实则朴直也。而偏务为狡黠。且其人深林间之民也。耽思索而富情趣。厥性忧郁。嗜好文学艺术。昔之学者。不满于当时。而检阅著作物又严。则各思利用文学。以吐露一己思想。其所取材。恒以社会问题为主。于是民受其感化。怨尤之种甚深。人人意中。但挟有一蹈权力锄富豪之想。若以为一旦得机会。而脱离奴境。便可纵所欲为。今之化猫而为狼者。特快私报怨于一时。不暇计虑后来也。尤有说者。惟俄人性质如斯。故其耽尚理想亦甚。往往置实际于度外。其保存国粹论者持民族主义者。尤趋于极。此辈卑视现代文明。而尤目个人主义资本主义为一切祸事之源。故恒欲从西欧主义中。救出神圣之俄国。以为俄之精神文化。乃独特而高伟者。他日必凭己力。以基督教之文化。代希腊罗马系统之文化。俨然有以宣传俄国文化自居之意。今其政府与国民。既各陷于不生不死之境。诚有如奥丁迪克所语者。理想之梦。或不久憬然觉醒矣。(捷克文学家美迪克为予言近来李宁脱洛斯基辈亦有自悔操切之意)近数十年来。俄之人口增殖率。异常迅速。据一九一三年调查。其数为一亿二千五百五十万。视十九世纪之中叶殆三倍焉。以如是孳生繁盛之国民。讵有终衰之理。今暂无他种势力可以取李宁一派而代之。然若干时后。人民悔祸。必且用稳健之民主主义。重建共和联邦。此则可灼然逆睹者也。

至论及他日之新俄国。则以缩小疆域为第一义。谓战前之俄。属土过大。不能与其国力相应。且种族纷庞。其人文化程度。或转在俄罗斯本土之上。此非长治久安之道也。今除芬兰波兰。已承认其独立。而贝萨拉比之宜属罗马尼亚。可不论外。其沿波罗的海诸省。如爱斯特兰、里伏兰、库尔兰等。将来能否完全独立。抑委诸国际联盟之手。固难预测。然为俄人立国计。宁舍弃之为宜。此地之于俄。乃其波罗的方面之出海要道。面积七万四千平方基米。人口二百八十万。大彼得以来。数用兵而得之。今竟舍弃。自非其意所甘。而留之适以召分崩之祸于弗绝。又何恋恋为。倘卒与其地以自治制。而得列为共和联邦之一。犹是望外之幸也。土耳其斯坦之地。向以棉绢及特种物产。运入欧俄。战前莫斯科工场之原料。强半取给于斯。而政府之开拓之。耗资力既不少。其与将来之俄国。自有不可分离之势。高加索地方。文化低度。或终不免立于俄人下风。且所产巴克石油那夫达等。为俄民日用必需之品。则他日编诸联邦中而许与自治。亦有势不得已者在。更以西伯利亚言。则此地立于世界交通之要冲。又所以与土耳其斯坦相联属。其不能置诸联邦以外者。亦势也。最后当论及者。则为乌克兰。乌克兰虽尚与过激政府对抗。然往年之独立。本倚仗德人。今不过其惰性。德人败。乌克兰恐难长久拒俄。考小俄人种。本与鲁的尼人同。前次调查人口。以二千五十万计。但后来必更有增加。若合加里西亚及波兰境内之鲁的尼人计之。当不下三千万至三千五百万。其人体格语言感情思想。皆与大俄罗斯人殊。而教育程度。宁逊一筹。其中波罗丁、基辅、波尔达瓦、加尔柯夫诸市。夙以肥沃称。冬季温和。农业较余地进步。多产小麦裸麦、甘蔗、及纤维植物油料植物。第聂泊尔河西之地。尤宜种果。有葡萄甚盛。战前全俄之食粮。殆皆以此地为来源。且往往恃其小麦出口。易取现货。以救政府穷困。滨多尼杜河及第聂泊尔河之间。尤饶煤矿。就中如伊加的里诺地方尤然。一八六八年而后。矿业渐兴。由是更开通铁路。增投资本。近十年中为最盛。故乌克兰者。俄之谷仓。又其金库也。失此不能自活。且国境缩至亚速海。已复返于大彼得以前之旧。俄之将来。究能立国与否。全视此地得失以为断耳。希兹特尼论及此事。盖亦同此见地。氏又言。为乌克兰计。独立亦不利。是国虽饶谷产。而工业究微。制造业诸品。须仰给于他邦。故或与俄本土复合。或并入西欧他国。二者中必取其一。但地壤相接之德奥。今已如此。而某国迫于战后经营。恐亦暂难推广其强卖人道正义之贩路。但使俄国本土。秩序稍见回复。乌克兰人。自必乐而与之。其终为新俄国联邦之一。而施行自治制度者。盖意中事。不然。俄不可以国也。

如前文所述。俄人即捐弃其种族错杂不易统治之地方。而所余人口。犹有九千万或一亿。不失为大国。但此共和联邦。他日果告成者。遂能令其国势强盛乎。曰未也。俄之民。陃于专制之政、农奴之制、与夫空疏固陋之希腊教。其勇往锐进之精神。久即渐灭。往徒以纷庞不一之文明。填塞之涂饰之而已。非更使其人民之精神界。别拓一境。不能冀是国之复活。俄之国民教育。程度本低。战前就学儿童之数。仅当人口百分之十二又五。新兵中。百之六十二以上。皆不识字。故多有一村落之民。全不解官中文告。必携至都会求教于人者。为俄国将来计。盖有最要者二事。其一在脱离宗教束缚。希腊教之教义。墨守传统。于最古宗教大会之所议决者。犹忠守弗敢违。民众对之。无疑难。无评判。事不问吉凶。皆以为出自神意。此最足害文化之发展。今过激派执政。固已褫夺寺院之特权矣。惟此派之魁。多属犹太教徒。其宗教政策。是否出于阐发国民之本意。尚难言之。近闻散居各地之犹太教徒。确有酿集巨资寄与脱洛斯基之举。俄人或不能无戒心乎。今姑无论此。所论者其将来。吾非谓俄人将来。不当有宗教。文化之不能轻视宗教。理本昭昭。且俄人尤世界中深于宗教感情者。此受自北方森林之赐。宁可称道。所可惜者。过于重形式。守传统。乃并其宗教感情而亦压伏之。不能自由发展耳。更有一事。则在改善农业。俄本以农立国。民什八九为农。然耕作之术。犹拙如皇古。其三部轮耕法。今年耕甲地。明年耕乙地。又明年耕丙地。一耕二休。用肥料者。惟比较进步之地则然。而人工肥料及灌溉法。殆全不解。若北方森林带。其农业尤拙。有可称为烧林法者。随意纵火烧林。而就其地垦之。垦之数年。见其收获减少。辄弃而他垦。更经三四十年。则亦有再耕其从前弃地者。可哂如此。以如许广土。异时苟采用进步之农业法。收获之数。当不知更若干倍也。他如渔矿制造交通海外贸易等等。将来有俟振作者。尚不一端。今无取乎备述。要而言之。俄人气质。纵不乏阙短处。然特曩昔国情所致。其固有之民性。宁可称为伟大者。施以教育。俾得自由发展其个性。终必有独特之文明。震耀于宇内。此不可以过激派一时之厄境。而悲观其将来者也。

（《东方杂志》第十七卷第三号，1920年2月10日，署名 心暝）

7.《俄国人民及苏维埃政府》(《东方杂志》第十七卷第三号，2月10日)

《东方杂志》第十七卷第三号刊登雁冰的《俄国人民及苏维埃政府》，全文如下：

一九一八年七月十日。第五次全俄会议(All-Russian Congress)定一宪法。其中条文之大半早经颁行。至是始加入于根本法律中。观于附图。即可知"苏维埃"(Soviet即兵工会议)政府组织之大概。(译者按附图今删)代议士之选举。不以地理为单位。而以业务为单位。即在一乡邑。其乡代表亦不自大地面举出。而由每村或一群村之全体乡人大会选出也。

予在俄将近三年矣。曾见最后一年余之俄皇政治。知其颇不得民心。及至克伦斯基(Kerensky)时代。余知在全俄有实力者厥维"苏维埃"。"Soviet"以其有大多数人民为之声援也。及李宁(Lenin)柄权。予时适服务于在俄战地之基督教青年会。心恶广义派(Bolsheviki)甚。如予为一俄民者。必与广义派斗矣。予自七月即反对广义派。现在仍是反对。乃决计考察在广义派统治下之俄民。尚有百分之几。真真为"苏维埃"之后援。适藉青年会事。得以周游各地。沿福尔加河(Volgar. R)而下。游时延至一月之久。余早决定途中多逗留。以考察城若村之"苏维埃"。并预备问题二十六个。冀途中遇见"苏维埃"领袖或书记、商人、教师、以及各色人等。便列举以问之。余将以众人答言之大体相同者。述之于下。顾仅述数事为代表。非综言其概况也。

马卡拉夫斯科州(County of Makaravskoi)之沙科尔斯科(Sakolskoi)村。属科斯托麦政府。(Government of Kostroma)在沿福尔加河岸之尼市尼拿复哥罗(Nizhni Novogorod)之北八十英里。前此有所谓村"Mir"或村民公会者于此召集。一九一八年正月。始第一次组立"苏维埃"。此后仅改选一次。以无明文规定任期也。此邦自始即在社会革命党左派(Left Social Revolutionists)控制之下。选举制极为公正。人人有投票权。投票在公开之大会行之。不能舞弊。教士及地主遇选举时咸自引避。以自知决无被举之望也。

较村"苏维埃"稍高者。为"Volost"即代行市职之群村(Township of Villages)也。宪法规定。每村苏维埃之代表十人。得举一人为"Volost"代表。沙科尔思科(Sakolskoi)之"Volost"合五十四村(或Celog俄称)而成。初由各村自举其村之代表。后改行新制。许凡周围十浮思得(一浮思得合三分之二英里)内之村人自欲来"Volost"投票者皆可来。结果选举时到会者有五百人。是即平均每村出十人也。沙科尔思科本皆小村。故十人之平均数尚不为少也。此邦之"苏维埃〈。〉"有图书馆一。馆内除备有各种日报外。尚储书三百卷。"苏维埃"并任分配土地之责。众咸服其分配公平焉。教会以其产三分之二献"苏维埃"。"苏维埃"受之。故教会仍留有故产三分之一及一切名衔。前此受教会管理之学校。今皆移于政府之手。一切宗教仪式。多半废除。惟不禁教士教圣经。此某教士之言也。教士又言。"儿童校课后如欲至余处者。彼等亦许之。然竟无一人至。使非强盗之苏维埃夺我侨市房之租金。我侨教堂。何至遂窘迫至是耶。"

六月六日。余赴又一"Volost"此地有村二十六。全户口四千人。其中成人占二千。诸村皆在周围六浮思得以内。从前常有村民公开大会主持一切。及苏维埃组织成立。即改为苏维埃矣。选举行为亦公正。惟据某教士言。则广义派甘言许民而卒食言矣。教士与地主虽亦有选权。而实惟少年人对于选举多兴味。某教士亲对余言。"余如得多数人投票相举。余亦可被举为代表。然望此辈乡人为此。大是无望。故余宁引避也。"每六月举行选举一次。上届选举会。有一中等社会人。(Bourgeois)吾侪或可称之为有产之乡人。当选为地方苏维埃(Local soviet)长。此人前曾在俄皇治下为地方政府及地方议会(Zemstvo)之领袖。颇反对广义派。然深信"苏维埃"。此"Volost"所在之首村。曾出代表十二人于苏维埃。人皆称其忠实而有干才焉。

Volost又出代表于州苏维埃。(Uyerd)余亦曾访数州苏维埃。见其情形。与村苏维埃甚相似。州苏维埃会员。亦反对广义派之社会革命党居大多数。凡关于地方事件。州苏维埃有绝对之主权与自由。各阶级人民。自教士以至富有之农民。对苏维埃代表无不满意。以为是乃人民之真真代表也。苏维埃又常自外迎煽惑者来。以挑拨之词欺农民。此事固亦美国所常见。我侪不得独苛责苏维埃也。俄国人民。自较美人无识而易于驱使。然农民对于政客之伎俩。亦已少有经验。昔在俄皇政治之下。农民被迫必举有产者为国会议员。农民则举标榜土地自由及根本改革之人。而又复醵集私财。赀遣一可信任之农民赴彼得格勒。坐国会旁听座中。以觇所举之人果能言行一致否。即其例也。

州苏维埃现太半厉行教育。有数处已通过强迫学校律。处处开图书馆。凡最新之日报杂志书籍皆备。而各处图书馆必备之日报。厥为"Isvestia"苏维埃之公报也。又极力维持医院。虽药品及设备缺甚。而院员日增。

省苏维埃(Gubernia Soviet)多召集于省会。故尼市尼拿复哥罗(Nizhni Novogorod)城即尼市尼拿复哥罗省之中心点。一九一八年六月。余已知省苏维埃实为大多数人民所信服。省苏维埃定六个月改选一次。自一九一七年四月第一次革命以来。已二次改选。第三次在进行中。最初少数派(Mensheviki)当权。继而社会革命党当权。此后即为广义派当权之日矣。据"苏维埃"领袖言。凡居民在十八岁以上者。有投票权。包括资本家地主教士一应在内。然亦仅参与组织苏维埃者当选耳。省有十二州。州均有代表。尼市尼拿复哥罗得出一代表于莫斯科之全俄苏维埃会议(All Russian Congress of Soviets)之中央行政委员会。(Central Executive Committee)居民之与余晤谈者。大都以为选举行为或者公平。惟彼思在城中鼓煽反对广义派见好他派者。则未必有同等之机会耳。一般人皆力言苏维埃之主席及大半代表。虽或稍激。咸不失为正直之人。苏维埃曾没收教会房屋多所。然乃用以开办学校教育"战兀""War cripples"(因战而致残废之人)者。广义派已立有大学。主任教授似均为能人。且反对广义派者。彼等请美国女青年会书记却尔特女士(Miss Childs)监教家庭经济学一科。女士用品缺乏时。亦多佽助。

今余侪且看城苏维埃如何。城苏维埃乃苏维埃政治之脊骨。宪法规定。城中居民一千人得出一代表。各组行业。无论劳力或劳心。皆可自举代表。出席于城苏维埃。是故各商店工厂。则有各商店工厂之代表。医生联合而成公会。则有医生之代表。律师教师亦然。准是以推及于各种行业。莫不举已业之代表。即下至侍者御者女管家等。咸各成一组织。惟小店司事尚无公会。故独无代表。行商选举。于规定日举行。各派可以自提其候选人。选举投票。惟举号数。余曾参观莫斯科某工厂之选举。乃在草舍内举行者也。各派皆以数序。例如（1）为社会革命党。（2）为广义派。（3）为少数派。其余以此类推。选举室中悬一表。书各派之名及其号数。各派又各举代表人组织选举委员团。来选者既已投票。委员则划去其人之名。男若女之来投票者。只须书其所袒之某派之号数于票上而投于瓯可矣。

请再举加萨（Kazan）之城苏维埃。为具体的说明。余于一九一八年六月至是城。历访商人工人及教士。时社会革命党之总部适开。其中如布细科夫卡衣（Breshkovskaya）（按此人即所谓革命祖母俄国最著名之女革命家）克伦斯基及他派领袖之画像。满悬墙上。间亦出售。余购数片。又购一政治年鉴。内多力诋广义派之言。又与总部之社会革命党代表谈。记数事于下。彼辈乃反对广义派者。其言当可征信也。（以下为所记之事）选举时任劳工间之结合者。厥为工厂。各工厂又依业务之区别而自连合。一切劳工阶级。自卖报童，子以至侍者。各有其结合。由是自举其代表出席于苏维埃。未结合者仅御者与主妇。以彼辈尚不觉结合之利益也。然将来终有成之之一日。选举行为亦公正。惟社会革命党不能如广义派之所为。直接送传单于工厂。只能分送于各工人之家。此则耗费大矣。城民袒广义派者最多。是盖无庸置疑者。但城民实为广义派之约诺所欺。将来总有失望之日耳。余合商人教士各方面之言论。足证苏维埃之领袖。咸信实不欺。用心于建设。其于余等基督教青年会之代表。相遇亦善。此社会革命党之代表。留加萨久。曾见是城为捷克人所据。至苏维埃军再克之日始离去。谓城民甚喜复归于苏维埃也。

城苏维埃之上。有全俄会议。余于一九一八年十月以前未离俄境时。全俄会议开议五次。余皆参观。全俄会议本定六个月开会一次。有特别事项得随时召集。自广义派执政以来。全俄会议凡已六开。即每间四个月召集一次矣。亦前此所未尝有也。广义派今已扩其势于全政府。欲举彼派之社会主义的原理尽见实行。而建设一机能的机械政治。至全俄会议如何工作。余请举劳兵农哥萨克代表评议会第四次非常会（Fourth Extraordinary Congress of the Council of the Workmen's, Soldier's, Peasant's and Cossack's deputies）之进行一言之。此等事实。半为余所目睹。半取之于美国驻俄总领事所作报告。该报告乃议自开会时之当场速记录。余尝得其副本也。此非常会议开时。有代表一千零八十四人得投决定票。又代表八十人得投参议票。此诸代表所属党籍如下。广义派七百三十二人。社会革命党左派二百三十八人。无政府党十四人。工会党二十四人。社会民主党世界主义派十六人。社会民主党乌克兰派三人。不党者十八人。社会革命党中央派十五人。社会革命党马克思派二十四人。在俄之美国红十字队司令官蓝蒙罗宾大佐。（Col. Raymond Robins）曾经握有此会代表之委任证一千一百八十四个。十八小时。其中有一人而兼委任证三个者。则三村所共委也。此种委任证。皆经有名望之俄人及少数派审查签字。罗宾氏谓据众言。则此种委任证皆确实无伪也。委任证来自全俄各地之苏维埃。极东至于海参崴。(Vladivostock)极西至于斯摩棱斯克。(Smoleusk)极北至于墨门司克。(Murmansk)极南至于奥台赛。(Odessa)是故全俄会议实真足代表大多数之人民者也。

全俄会议开会后。立举一事务委员团。事务委员团之委员。自大会代表推举。每百人出委员一人。党派人数在二十以上者亦得出一人。事务委员团之工作。验看委任证及排定座位。此会至闭会时共有一千一百九十八座。开会日期仅三日。三月十四日至十六日。就余判断力所及言之。各派咸能协和。会议行为甚为公正。此会散会之前。须于会员中举二百人为行政委员团。常驻会中。俟下届全俄会议过后。再选更换。大会代表六人得选出一行政委员也。苏维埃政府之实力即在此行政委员会。得以意进退人民之委员。

吾人须知广义派仅仅一党派耳。而苏维埃则为一种政府之形式。余虽极反对广义派。然余经详细考察各级苏维埃组织之后。余知能代表俄民全体者即苏维埃会议也。自德国大使被害。社会革命党左派人被囚以来。诚有大多数之俄民反对广义派。如外间所传者。然俄民仍深信苏维埃会议。自后广义派亦能回复民望。余以经验推测。知彼能使美人深恶广义派之伊萨克东莱尾音(Issac don Levine)今应自莫斯科发电。谓"近代之俄国政府无一能有实力如今之苏维埃者。虽盲眼之视察员。亦将立见左袒苏维埃政府者。实一民族中可畏之大多数也"。Nation, Sept. 6, 1919

(《东方杂志》第十七卷第三号,1920年2月10日,署名 雁冰)

8.《美国 IWW 与过激主义》(《东方杂志》第十七卷第三号,2月10日)

11 日(星期三)

9.《现代的社会改造运动》(《新社会》第十一号,2月11日)

《新社会》第十一号,刊登郑振铎著《现代的社会改造运动》。摘录如下:

……现在流播正盛的,就是俄国的广义派【,】他们是信奉马克思的国家主义的。他们以国家为操纵一切经济分配的单位。他们实行土地,银行铁路的国有政策。一切房屋,则归于市有。他们又极端的反对一切资本家,主张必须以劳农阶级,为国家的执政者。这种主义,实在是社会改造的第一步。有许多人称他们为过激派,确是不对。他们对于宗教及其他一切,还不敢公然攻击否认。他们不过仅做到产业国有,和大多数平民执政的地位而已。现社会里的政府,代议院一切的设施,他们还不能废除。他们决不是完全的倒翻现社会的组织。世人目为过激,实在是神精[经]过敏。但是资本家所凭借的是资本主义。现在广义派一举而把他推倒,那也无怪他们的恐慌了!

(《新社会》第十一号,1920年2月11日,署名 郑振铎)

14日(星期六)

10.《列宁之人物》(《民心周报》第一卷第十一期,2月14日)

《民心周报》第一卷第十一期,刊登了君柔译美国时事杂志的《列宁之人物》,全文如下:

列氏名尼古拉。以一八七〇年生于中俄之西姆白斯克 Simbirsk。今年四十有七。其真姓名为 Vladimir Ilitch Ulyanov。列宁者其所变姓名之一也。父为学务局员。列氏幼时读书原籍。年二十、入俄京大学。习政治专科。斯时始渐染于同辈中之急进派。放言高论政治社会诸改革。列氏有兄曰乌里亚诺夫 A. Ulyanov。肄业同校而名隶殖民党 Naroduiki。鼓吹推翻现政府不遗余力。一八八七年、以与暴烈党轰炸俄皇御军之谋被逮密讯一过、即遭枪毙。列氏亦就逮。以无确证得免。仅除名于大学而已。是时俄国社会民主主义之动机萌芽未久。列氏乃以星期日从事与宣传。纠集町野之劳民、为之演讲马克斯之学说。同时又精研俄国之统计及经济情形。旁及于农工社会之历史。一八九五年、著《殖民主义在经济上之重要》一书行世。一八九九年、方殖民党与马克斯党争辩甚烈之时。又著俄国资本主义之发达史。到于今、世人公认此书之价值焉。

列氏以行动激烈之故、被逼而去国者屡矣。漫游法奥瑞士诸国、而遥主社会民主党之进行。其深得人心盖基于是时。

一九〇一与〇二年之间,为社会民主党机关报"火光报"之主撰。关于均田主义及实业主义之言论甚多。有"俄国社会民主党之问题"一篇。最为党人所推重。以其揭橥党旨明且达也。

一九〇三年夏间社会党开大会议。列氏同志共将党中政策施行次第切实宣布。波尔歇维之名实于是时出现。波尔歇维者,意云多数赞成列宁氏之主张也。俄之报纸常以列宁主义为波尔歇维主义之代名词。

列氏主张取途于暴烈之革命以建设劳民政府。谓为改革社会均衡经济所必由。己身既为马克斯派。深信平民之必能操最后胜利。

自一九〇五年革命及发生反动之后。列党日益散漫。仅余少数亡命之徒。一似波尔歇维主义将从此消灭。及至一九一一年至一九一二年。反动之局势既破。俄国之政治社会生活突有新精神贯注。波尔歇维之活动乃乍得动机。党中领袖亦极力利用此良好之时机。其结果为一种社会党机关之日报名"真理"者出现。此种日报于劳动社会中具绝大势力。从此在于列氏指导之下、波尔歇维在各实业中心遂有继长增高之象。

至一九一三年波党已有六名议员加入帝国国会矣。

一九一四年、战争开始之际、列氏在克拉科。(奥国地名)即革命运动之策源地也。奥政府疑列氏为俄国密探。加以拘捕。但列氏自不难证明其与沙政府绝对无关。以是得放居瑞士。直至一九一七年三月俄京革命告成。始跃然欲归故国。而德政府亦居然许其通过德境焉。

列氏一至俄京。即着手召集信徒。预备施行波党计划。列氏曾于此时撰一宣言。此文在将来历史上必为有数之名著。据其所述、此时俄国政党可数者如下。

一、封建制中之田主及中流社会之顽固分子。

二、政党民主党及其他自由派代表多数之中流社会。(指实业家及田主之有实业关系者)

三、社会党之代表小资本家、中等业主、小康之农人、次等之中流社会、及劳工之有蒲日瓦(即中流社会)之思想者。

四、波尔歇维党(其正名党为共产党)代表有阶级意见之劳工、及下层之农人等者。

又据其所述波党之计划如下。

劳兵农代表会议应立即设法实施社会党之计画。

波党所要索者为(一)劳兵农代表会议(以下省称劳会)共和国。(二)废除常备军及警察而代以武装之国民。(三)官吏不独须由选举。而且须受撤回之限制。其所得俸金不过超过寻常劳工之所入。

完全威权须集于劳会。不得有二重威权。

临时政府不可加以援助。人民全体、必须承认劳会之完全而且唯一之威权。

代表议会宣尽早召集。但最要者在予群众以组织及武装。扩张劳会之人数及权力。

平常式样之警察及常备军皆非需要。应施行普遍的国民军法。使人民与志愿军常备军混合为一。凡资本家应照常予劳工之人志愿军者以工资。

军官不仅由选举。且各级军官皆须受特殊兵士委员会之统辖。

兵士可以自由撤换长官。从任何方面观之、实为至要。盖兵士只能服从自身所选择之威权。而不能服从其他。

波党绝对的反对帝国主义者之战争、及蒲日瓦政府所造成之战争。(即如俄国之临时政府)

波党又反对从前沙政府与英法及其他各国所缔之条约、以压迫波斯或分割中国土耳其奥大利亚及其他各国者。

波党又反对俄国之自由公债。盖因战争之性质为帝国主义、又为资本家之互相要结为彼等之利益所造成者。波党不愿听资本主义之政府、表示各民族求和平之意思。所有之帝制、必须废除。革命并不取一定之方式。惟有纯正之革命党可以相信。

农人必须自田主取得所有之田产。农人代表会议必须严切维持秩序。面包及肉之生产必须增加。牛羊农具之毁坏必须禁止。

普通农人代表会议亦不能完全信托。因富足之农□与资本家为一党。常有伤害苦作之劳工及较贫之□人之倾向。吾人宜急组织村民中之属于后之种类□或在农人代表会议以内、或另成农劳代表会议。

吾人宜急使劳工代表会议银行雇员代表会议及其他、采取有效之方法。先将各种银行集中以成国民银行。渐次由劳工代表会议管理银行及银公司。渐次遂收为国有。国有者谓使为全国国民所有也。

万国社会党联合聚合各国之劳工于一友爱之团体今为最需要者。必须由真正革命的劳工组成。此种人须真有能力、裁止国际之屠杀。救助人类脱离资本主义之羁轭者。唯有如德国社会党里伯内希特(今方在狱中)者。或其余有能与其政府奋斗不疲更与其□蒲日瓦"其社会爱国党其"中央党"奋斗不疲者。方可。且必须立即组成此联合。

交战国前敌兵士之联合是极佳且必需之事。宜亟予以提倡。

以上各条其为波党所竟克实行者。今亦得其大半矣。

(《民心周报》第一卷第十一期，1920年2月14日，署名 君柔)

16 日（星期日）

11.《"波尔雪勿克"攻击日本》(《星期日》第三十二号，2月16日)

24 日（星期一）

12.《俄国形势概观》(《时事新报》，2月24日)

《时事新报》刊登《俄国形势概观》，如下：

据最近电讯，联合国对俄政策，显有变动。如日前英国首相劳佐乔治氏在国会中演说，亦以反过激派势力之失坠，不能复振，欲覆灭劳农政府，殆属不可能之事，是足知过激派声势之雄厚矣。

反过激派前在东南俄方面，颇擅权威，然终至于失败其原因有五。第一、反过激派之政治常不顾舆情，而人心遂至离叛也；第二、反过激派之各首领不能互相联络，一致团结也；第三、不承俄国内新独立之各小邦，遂不能得其协助也；第四、劳农政府渐由极端政治，趋于实际政治，借以收拾人心也；第五、联合国之对俄封锁，及援助反过激派，每因本国一时之情势，屡次爱动，不足信赖，反过激军失望之余，士气不振也。

且英美法方面所传消息，反过激派之政治，其横暴残忍，较过激派尤甚……过激派之执政，已脱却恐怖政治……仅小卖商业，因属于国营之结果，店铺多至闭锁，稍呈沉寂之景象，至于物资之分配，则极为公平。又里宁政府，插罗腐（朽）资产阶级之科学家、技师，及专门家、经营家，使居重要之位置，以当新社会建设之任。并重用旧帝政时代之士官及德国之军人，以谋军队之组织改造。土地国有主义，亦一时放弃，而分配于农民。并恢复信用书度，新设国立贮蓄银行，决定支给三厘之利息。凡此者皆为收拾人心之策。而其实际之政治，与联合国间所传闻者，显有不同，所以今日一般国民，对于所谓威利塞比奇，仅视为一种革命之代名词，反对者极少。而对于反过激派之反动政治转有帝政复活之疑虑。反过激派所以不能得势力，此亦重要之原因也。

(《时事新报》，1920年2月24日)

29 日（星期六）

13.《劳农政府治下的俄国》(《星期评论》第三十九号，2月29日)

《星期评论》第三十九号，刊登美国前陆军情报局长讲和委员布里特氏在美国上院外交委员会的报告，季陶译的《劳农政府治下的俄国》，《东方杂志》第十七卷第五号转载(详见下文)。

3月
1 日（星期一）

14.《波希微党 Bolshevik 之教育计划》(《少年世界》第一卷第三期，3月1日)

《少年世界》第一卷第三期发表了倪文宇的《波希威党 Bolshevik 之教育计划》，全文如下：

  俄国近来新政府中，主教育事务者为 Lunacharsky，此人曾留学各国大学，通数国语言文字，于波希微党中之残忍举动，数有反对之表示。于其本国之音乐美术，亦肯多所宣力。彼在波希微党中，确可谓为最了解新文化之意义者。
  该党首先从事者，为将现存学校，不论其为中等初等高等古文近世商业工业宗教，诸名目，一切推翻而建立制度统一之波希微党之学校，即所谓劳工学校 Labor School 是也。此种学校分二级，第一级自八岁至十三岁者入之，凡五学年。第二级自十三岁至十七岁者入之，凡四学年。未入此校之前，有幼稚园，自六岁至十岁者入之，校中男女共学，在学龄内，须强迫入学。教师一人，名教学工 School Workman.
  是校之设，在宣传一种极定式的生活观念"故无宗教科"□生产的工作为道德基础。虽生产的工作一语，现今尚无确切□定义，惟教授所及，均须极与此事接近。学校生徒，须与种种产量最高之生产物接触而习知之。集合的生产工作，与学校之组织，皆足以教育一般 Soveit（英义为 Council of Worker and Soldiers Delegates）共和国之未来公民，而学校之生活，则 Soviet 乐土之初步也。校中无国家事科，工作之种类任□无考试，不体罚，无论贫富学生，一体由校供给膳食。

彼之国家教育局有言，改革后之学校，有工作之必要。学生之校外生活，尤当注重工作。为禁止虐待儿童之事，近已有儿童律之颁行，儿童院，招亡所，学校之宿舍，皆依新制而重行改组。学校教员，皆须有特别之训练。儿童在学校，须使其人格得自由发展。儿童之家庭，不用仆役。家中事务，须由全体家人，各量所力，共同整理。且为社会主义的教育之实现计，每乡村间，设一检查所，以一精于心理学之医生执行其事，寻常儿童，经检查后，则入普通儿童院。异常儿童，则入特别儿童院。残废疾病之儿童，则入病院。

波希微党近已从事于基金之筹集，且已建立许多学校，以实行其计划。去年十月十五日，社会主义的科学院成立于莫斯可，其地又建立国家学院二所，State House 集全国各派之艺术家于一处，而名之曰艺工。Art Worker 此二种机关，乃专为国家学艺上之服务而设者。按美国诸教育家，对于此种计划，颇多评骘：（一）以为太入幻想。(二)集各派艺术家于一处，将来必呈纷扰之象。（三）一教师授二十五人，断非病瘵之俄国所能支给。(四)俄国已有之教育，颇多成绩而合于新时世；今骤然打破，后将难为建设。

此项批评，皆出自学者之口，拆[折]衷于教育之原理，人生之见解，其在美人，自必有当。吾人于波希微一语，早已有先入之见，今闻此教育上之新计划，其油然而生洪水猛兽之见，或在意中。虽然，吾固愿评骘者之折衷于教育之原理，人生之见解，其在一或亦有当。

（《少年世界》第一卷第三期，1920年3月1日，署名 倪文宇）

10 日（星期三）

15.《劳农政府治下之俄国》(《东方杂志》第十七卷第五号，3月10日)

《东方杂志》第十七卷第五号刊登了《劳农政府治下之俄国》，全文如下：

关于俄国劳农政府之现状。大都传闻异词。莫衷一是。此篇为美国陆军情报局长讲和委员布里特氏 William C. Bullitt 提出于参议院外交委员会之报告。【《】星期评论【》】译为华文。布氏于去年二月受蓝辛及好司大佐等之委托。赴俄实地调查。历时甚久。其言或较可信也。

第一 报告书的本文

（一）经济状态 现在俄国的经济状态。陷于极困难的境遇。唯一的原因。就是在海陆的封锁。最重要的征候。就是运转机关缺乏。现在可以使用的机关车。不过战前所运转的四分之一。并且劳农俄国里面。煤炭及油精。绝了供给的道路。一切靠汽力电力的运输。很受阻碍。运输用的自动车。使用油精的 Volga 河运船。以及由运河船的运输。完全陷于不可能的状态。

因为这运输困难的结果。每天由谷类诸集散地运到莫斯哥去的粮食。不过二十五辆。运到彼得格勒去的。不过十五辆。但是莫斯哥所需要的粮食。少不了一百辆。彼得格勒。也少不了五十辆的。所以这两个都市的住民。不问男女老幼。都陷于饥饿状态。母不能哺乳的婴儿。新分娩的母亲。和老年者的当中。死亡率尤大。而且住民全部。对于疾病的抵抗力很小。又因为医药缺乏。往往因很轻的病致死。现在（去年二月）彼得格勒和莫斯哥。肠窒扶斯、发疹窒扶斯、天然痘等等的传染病。非常流行。

除军需品制造以外。大部分的工业。多停止了。一切输送机关里面。凡不能运搬食物的。差不多都用来搬运军需品。可以搬运平时工业材料的剩余输送力很少。国民中人物及劳力的精锐。都为军事使用。而且劳农俄国和铁棉花的原产地。大半被遮断。结果便只有亚麻、大麻、木材、锯木工业、能得原料品的供给。

但是有一方面。劳农政府（Soviet Government）把经济的生活之一切要素。尽其力所能至。利用到最大限度。现在运转中的列车。都照着预定的时间很正确的运转。粮食的分配。也管理得很巧妙。帝政时代的工业技师。大部分都重新操纵机器。这些管理者的萨波达举。完全废除。一般职工在就业时间中怠慢的习惯。也都绝迹了。

（二）社会状态 革命的破坏时代。已经过去。现在政府的努力。完全向着建设方面。恐怖时代已经过了。"反革命镇压临时委员会。"失却一切裁判的权能。现在不过只是有告发反动革命运动者的权。审判权完全归正式的裁判所。死刑执行极少。善良的秩序。确实成立。街市上也极安全。杀人劫财的事。完全没有。至于卖淫的女子。连影子都不见一个了。外间尽管谣传说他们行"妇女国有"实则他们的家族生活。并没有因为革命。受甚么变化。

（三）政治状态 以 Soviet 的形式组织的政府。现在基础非常巩固。国民虽是濒于饥饿。仍旧一般的援助这个政府。这是俄国今天最显著的一个事实。一般人民。大家都把他们受困苦的责任。归到"封锁"和"行封锁政策的外国诸政府。"劳农政府好像是俄国人民革命的"象征物。"虽说是他们的政治。确也有恶用权力和专制的弊害。可是就今天俄国的情形说来。实在很与要求适合。所以那些青年肯死。妇人也欢喜为此忍受饥饿。劳农政府确能这样得平民的支持。

共产党——即从前的布尔塞维克——的他[地]位。极其巩固。为他们主要反对党的社会革命右党和门塞维克。（Mensheviki）也反抗联合国的封锁和干涉。对于共产党。加以一时的援助。这些反对党。都宣言反对联合诸国所行的封锁干涉。及援助反对劳农政府者的政策。他们的首领复尔斯基（Volsky）马尔脱夫（Martov）都很热心的要求"封锁解除"及"平和"。现在对于共产党的唯一反对。实在是更激烈的政党——社会革命左党及无产政府主义者——的反对。这些政党。他们在出版品的上面。说共产主义者——更说李宁和奇怯林（现在的外交主任）是"协商国中产阶级的雇佣宪兵"。

他们所以如此反对劳农政府的理由。是因为劳农政府采用有产阶级的科学者、工学者、工业技师。并且给他们很高的薪水。使他们在劳农政府里面。占很重要的地位。他们又极力反对劳农政府在军队里使用有产阶级的武官。和共产党希望平和的努力。他们又主张杀尽有产阶级。立刻对一切反对革命的政府。布告宣战。他们更很强烈的主张说。"使联合国的诸政府更猛烈的干涉俄国革命呵。如果这样。一定全欧洲的平民阶级。都起来革命的。"

在共产党里面。关于对外政策。已有很彰著的差异。但是这个论争。并没有到使党员不和及党派分裂的程度。脱罗茨基。陆军将官。理论家。都主张总要使联合国做到不得已而猛烈干涉的程度。以赤卫军四处攻击。以为这种干涉。可以成为英法两国革命的原因。他们的态度。很带得有革命青年热烈的夸色。反是。如像李宁、奇怯林。和大半的共产党。都以为现在的重要问题。第一就是要从饥饿里面。救出欧洲一般的平民阶级。尤其要救济俄国的平民阶级。他们说。即使征服了全欧洲。倘若合众国为对抗起见。取陷欧洲于饥饿的政策。结果于革命仍旧没有什么益处。所以他们以为即使牺牲了许多可宝贵的原则。也赞成和美国讲和。现在李宁在俄国的声望很好。脱罗茨基一派。没有法子。也只得降心相从。

到了实际的问题。李宁完全立于现在俄国政治生活的右翼。他也认为这不得已的妥协。从社会主义的立场上看。决不是可喜的。但是他对于妥协。也并不踌躇。他已经最让步的。（一）抛弃土地国有政策。采用分配土地于农民的政策。（二）设立付三厘利的贮蓄银行。（三）决定支付一切外债。（四）若有仰求外国供给资金的必要。也可以与外人以利权。

总之。李宁在全线上。已经感受非从他"理论的阵地"退却不可的事情。

（四）讲和提议　李宁利用我调查旅行的机会。关于劳农政府的态度。为很明确的陈述。他最初很受脱罗茨基及各将军的反对。但是后来没有什么困难。就得了执行委员会的多数赞成。他们交给我的劳农政府的提案。竟得全体一致的通过。

关于这个提案。劳农政府的领袖。极精细的。行逐条审议。我可以说。这个提案。并不是代表劳农政府最小限度的条件。并且我可以指出劳农政府在那一点还可以让步，例如第五条的"对于以援助（Soviet Russia）之故而被检举（Prosecuted）或当被检举的国民等"。一节。确系可以说不是重要的。又如第四条关于劳农会俄国人民去到联合各国及其与国的一条。也是一样的。这一条的确可以变更。把管理这些移民者所必要的全权。保留于联合国及其与国。使移住者只限于合法而又带有必要任务的人。以防止劳农主义宣传者的侵入。

（五）结论　我现在申明下列几项。作为结论。

（甲）要想于社会主义的政府以外。建设任何政府。除了靠外国炮火的力量。在今天的俄国。是决做不到的。而且这样建设起来的政府。一旦失了外国武力的援助。立刻就要倒灭下来。共产党里面的李宁一派。在今天可以支配俄国的社会主义政府当中。算是最稳健的一派。

（乙）除了对于革命讲和而外。无论在欧洲在世界。都决不能得真正的和平。而劳农政府的这一个讲和提案。是在公正合理的基础上面。提出一个与革命讲和的机会——并且恐怕是惟一的机会。

（丙）如果解除了封锁。各种货物。都很顺当的对于劳农会的俄国。开始运输供给。这个感化。比之以封锁即断绝各种货物供给来给他们的感化。一定更能确立于俄国国民的上面。而且现在虽然在主义上反对共产党却是事实上人仍旧援助他的各政党。一定再会立起来和共产党开始战斗的。

（丁）所以就大体上。顺从劳农政府所提示的方案。加以变更。如第四五等项。改为联合国的保守派也能够容许的办法。迅速实行。这是我所希望的。

第二 附录

（一）运输 机关车——战前俄国所有的机关车。有二万二千辆因为受战争的破坏及普通的消耗毁损减少了。现在完全的机关车。只不过剩下了五千五百辆。而且国内不能制造的预备材料及修缮材料。完全杜绝了供给的路。所以劳农政府要以这很少数的机关车。为有秩序的运转。实在要冒非常的困难。

煤炭——劳农俄国受煤炭供给的路。也完全断了。虽然劳农军已经达了边境。但是怕尔们（Perm）炭矿地方。尚归柯尔恰克保持。多涅茨（Donetz）炭矿区的大部分。仍旧归台尼金占领。而且他们撤了兵的地方。都已经把炭矿破坏了才退的。所以没有法子。机关车和电力机械。都只好用木材做燃料。费了很大的经费和劳力。得来的效率。仍旧是很少的。

油精——因为英国占领了巴枯（Bakn）地方。所以油精的供给。也完全没有了。在各都市。只有几台供政府急用的汽车。在那里运转。但是因为使用混成的代用品。所以损坏很多。而且常常停滞。其他俄国稍为大一点的内河船舶。从前都是烧油精的。现在油精既然断了供给。于是复尔加河及其他各运河。差不多都化为无用。

（二）粮食 在莫斯哥及彼得格勒。自政府主任起。至全体人民。都为饥饿所苦。李宁及其他各政府主任。每一天所分得的食料分量。和陆军兵士及做粗工的劳动者是一样的。政府官吏所住的宿舍。每天的菜单是。

早餐 黑面包半磅又四分之一（但这是每一天的食料）

无砂糖的茶

中餐 上等汤

鱼肉一小片（有时以兽肉一片代）

野菜（马铃薯一个或莲花白一小片）

无砂糖的茶

晚餐 早餐吃剩下的面包

无砂糖的茶

有时从乌克兰秘密输入一点砂糖白塔油。都是秘密用很贵的价售卖的。比如白塔油一磅要卖一百四十卢布。但是倘若把这宗奢侈品查了出来。立刻就送到学校里去的。对于学校。他们是每天都在想法。要供给学生良好的中餐。

就粮食的状态讲。他们要想使粮食较为丰富的乌克兰(小俄罗斯、)和大俄罗斯结合。也加了许多改良。但是因为运输缺乏。所以大改良是做不到的。

(三)管理 在劳农俄国里面。凡可以利用的物品资料。都能够很巧妙的利用。例如莫斯哥到彼得格勒的快车。虽然用木材作燃料。但是他们照时间表所规定的时间。一点不误。我两次的旅行。比起战前来。都不过只多费了一点钟的时间。战前是十二点钟。现在是十三点钟。

粮食的管理也很良好的。决没有一方面滥用一方面受饿的事情。无论是强者是弱者。都是一样挨饿的。

劳农政府又非常努力怂恿帝制时代的实业家及技师就职。现在有许多著名的人。都已经出来做事了。在劳农政府里面。李宁的年俸。不过一千八百元。对于那些实业家技师。倒给他们四万五千元的年俸。这个变则的状态。是由"凡是共产党的党员。无论何人。都要照政府所规定的工银表。但政府有要求。共产党反对援助的时候。可以支给他们所要求的工银额"。这一个主义而起的。在就业时间内劳动者的会合。完全禁止了。(例如从八点钟至六点钟是就业时间、)这个结果。把克林斯基时代劳动者怠慢的弊病。一律革除。现在工场里面的规律。和军队里面一样。

(四)社会状态 恐怖——革命恐怖的时代。已经过去了。为恐怖机关的"反革命镇压临时委员会"。在执权当中。处死刑的人数。彼得格勒约一千五百人。莫斯哥约五百人。其他各地方三千人。共计约五千人。这个计算和瓦德威尔少佐由俄国得来的报告。很相符合。我用从劳农派反劳农派及其他中立方面得来的材料。综合考究。很信这是真确的。但是由反动革命——即反对劳农政府者所行的恐怖政策。怎么样呢。据官厅方面的计算。只是南方芬兰。已经有一万二千的男女劳动者。不经审问。由满那海门将军。处以死刑。这是应该要特笔大书的。

秩序——无论什么人。没有不觉得彼得格勒和莫斯哥街上的安全。恰和巴黎纽育一样。只是彼得格勒和莫斯哥的街上很清净。因为许多小卖商店都关了门。集中到几个国有的大百货商店。彼得格勒的人口。比战前减了一半。但是莫斯哥却加了两倍的住民。关于演剧、歌剧、跳舞几件事的变化呢。最着目的就在由"教育部"管理的这一点。教育部选择许多古典的作品为演材。又设法使男女劳动者及儿童都能够去看。而且为使他们了解作品的"意义"及"美"。豫先教授他们。

风仪——丑业妇的影子都不见了。因为使这个职业存在之经济的理由。完全消灭了。家族生活。绝没有因为革命受一点变化。我有一次对李宁、奇怯林、里特肥诺夫说。"世界的大部分。都信俄国行妇人国有。"他们从心里面哈哈大笑的起来。我从来没有听见过这样的大笑。实在这个谣言。真是用不着麻烦他们辩明的胡说乱想。对于妇人的尊敬。再没有比俄国今天这样尊敬的。我到彼得格勒的那一天。正是他们为妻和母的名誉来举行的祝日。

教育——在鲁那查尔斯基(Lunacharsky)主任下面的"教育部"。功绩实在大极了。俄国一切的古典。都翻印了三百万万至五百万部。以极廉的价。分配了民间。不但如此。又为男子、女子、小儿。在俄国全国里面。新设了几千个学校。而且劳动者及兵士的俱乐部。都设在旧日的许多宫殿里面。由电影及讲演来受教育。在美术馆里面。又为男女的劳动者。特设教绘画的学级。儿童的学校。都完全改造过。每天为在学校的全部儿童。供给很良好的中餐。又为有缺陷的儿童及神经过敏的儿童。新设最堪注意的学校。在天才与狂人有密切类似的理论下面。对于这些儿童。一起便教授音乐、绘画、雕刻、作诗。而这一个方法。不单是教授成绩很良好。并且在改良儿童神经系统上面。也有很大的效果。

（五）士气 那些信奉共产主义的人。他们对于主义的信念。差不多是宗教的。劳农会在彼得格勒开的"第三万国社会党"（The Third Socialist Internationale）创设祝贺会。那种最高潮的情操一致。我无论在甚么地方的宗教仪式里面。都没有看见过。我看见一个青年。现出很饿的样子。我便去问他对于革命怎么样。他答复我的话很可以表明他的特质。他说。"我很欢喜为我们的革命。再饿一年。"

（六）反对党领袖的陈述 最大反对党社会革命右党的首领复尔斯基对我说。

"无论是那一种干涉。凡是干涉。都不过使布尔色维克统治时期加长。为什么呢。因为干涉就是使我们及一切有名誉的俄国国民。抛弃对于劳农政府的恶感。然集于他的四围。无论是派遣军队。或是援助反对劳农俄国和劳农俄国宣战的各团体及政府。在我们看来。总是一样的。如果联合各国和劳农政府妥协了。那多数的农民。早晚会自觉他们的要求。无论对于布尔色维克。或是对于有产阶级。都是要反对的。【"】

"倘若万一柯尔恰克和台尼金得了胜。我想布尔色维克不过是杀了几百个人。他们都非杀几万人不可。这个结果。就是使俄国陷于土崩瓦解的无政府状态。因为反对布尔色维克的军队占领了一个地方。就要把那本来不是布尔色维克的地方人民。都赶到去投入布尔色维克。这由由乌克兰的例。已经教训了联合各国的。我们很晓得布尔色维克的确是和有产阶级战斗。所以我们决意用尽种种方法援助他。【"】

"布列希苛夫斯加亚老母。（Grandmather Ekaterina Constantiuovua Breshkovskaya）并没有由全俄宪法会议。或由社会革命党。授以甚么权能。他在美国要求干涉。这完全是他个人的私见。声明反对一切直接间接干涉的社会革命党。明明是反对的。"复尔斯基在这一个陈述书上面。署名"全俄宪法会议前议长复尔斯基"。

门色维克的首领马尔脱夫说。

"门色维克。无论是直接或间接。凡一切干涉。都反对的。因为这是成为军国化的动机。加增革命最不宜的性质。除此而外。再有没有别的效果。并且把为社会的及经济的改造上所必须的一切努力。都要使他倾向到供给军用品上去。【"】

"和劳农政府妥协。就是减轻军事的压迫。而且现在反对党。大家都觉悟到在劳农政府受攻击的当中。无论如何。总要帮助他成就革命事业。颠覆布尔色维克的事。暂且等到平和之后。主张干涉的。都是极端的反动家。为甚么呢。因为除了极端的反动家而外。个个人都觉悟到保护为全体革命的努力。非一时的弃却和布尔色维克相反的意见不可。"

马尔脱夫最后又说。"给我们的平和呵。如果能得平和。人生的自然。与国家的必要。就能够接引他所需要的变化。是毫无疑义的。"

（七）军队　现在在战线的劳农陆军。有一百万至一百二十万。他们差不多都是十七岁至二十七岁的青年。各联队的士气非常差异。成为军队大部分的共产主义信奉者。以十字军的热诚来打仗。其他由非共产主义者组成的军队。虽是爱国者。比起来无气也就很少。其他因为可以多分得一点面包去当兵的所组成的联队。便完全靠不住。多数旧军队的士官。在新军队的军事行政上面。占很重要的地位。但是他们常在有信仰的共产主义者监督之下。下级士官差不多全是由劳农者而成的。他们都是当兵的时候很武勇。又在特殊的士官学校里面受过教育的。规律也恢复了。最近成功以来。元气非常旺盛。那些兵卒。已经不像在皇帝下面的那种丧家狗的样子。很像一个自由民。最妙是和美国人一样。活泼泼地〈的〉。国民对于他们的评判也很好。

我在彼得格勒。亲自看见一万五千军队的阅兵式。他们的行进很巧妙。靴、军服、枪械机关枪、轻炮、那些武装。也很优良。但是他们却一点也没有大炮、飞行机、毒气炮、流火弹、那种精巧的破坏的武器。

最容易募集军队的。就是曾经在劳农会下面过过生活。被反劳农军蹂躏了。重新再被赤卫军占领过来的地方。这个证据到处都是。

（八）李宁的声望　李宁在民心上面所得的势力。差不多可以使他得到独裁官的地位。现在已经有关于李宁的传说。差不多人家当他是一个豫言者。他的肖像。到处常用来和加尔马克斯（Karl marx）一同悬挂起来。在俄国也和在西洋一样。李宁、脱罗茨基两个人。决没有人拿来并为一谈的。大家都当李宁是一个特异的人物。至于脱罗茨基。大家不过把他当作一个很普遍的人。

我在枯列姆灵官里访问李宁的时候。刚巧他在房间里会一个农民代表。我只得在外面等了几分钟。那个农民代表。因为他们村里。大家听说李宁挨饿的情形。于是村里捐出八百布特的面包作为赠品。从几百哩远的地方。特意举出代表。运来送给李宁。在以前。还有些乡间农民。听见说李宁的房里。一点火气都没有。李宁天天都在这很冷的房里面办事。于是举出代表。凑出三个月的燃料连同一个火炉搬运去送他。劳农政府的首领。受这宗赠品的。除李宁而外并没有别的人。而李宁也并不拿来私用。总是归到共有财产里去。见他的面。就晓得他确是一个极有特色的人物。直截爽快。又很亲切。善于诙谐。却是又很平静。

（九）利权特许　劳农政府。他们明白承认不愿意特许他国人以利权。只是为必要上。才可以允许。政府中人。也晓得如果在购卖货物的时候。倘不能对于各外国。尤其以不能对于英美两国。得到信用。那么封锁解除。也不过是一个空名。为什么呢。因为今天俄国不过只是能够输出少量的金、白金、大麻、亚麻、木材。拿这一点输出的货色。备置俄国所必须的输入品。是完全不够的。所以俄国无论怎样牺牲。都非得着信用不可。劳农政府。已经觉悟到为恢复信用计。第一步便非回复国债偿还义务不可。所以他们也很乐意偿还这种债务。

但是劳农政府。也晓得只是拿一个偿还外债的契约。仍旧借不到外资的。所以他们为直接获得信用计。总非把俄国的利权。许给外国人不可。固然。倘若有法可以避去这一个困难。他们也很想避开的。但是万一到有绝对必要的时候。他们为恢复国家的常态生活计。也可以采用利权特许的政策。

(《东方杂志》第十七卷第五号，1920年3月10日)

16.《李宁最近之时局谈》(上海《民国日报》，3月10日)

上海《民国日报》刊登《李宁最近之时局谈》，如下：

（记者问）闻协约国对俄已开海禁恢复通商，劳农政府对此态度如何。（李宁答）协约国此举吾人甚表谢意。将来海禁开通之后，俄国将大整兴工业，就中电气尤须力图振作。盖电气工业不须人力，实为共产制度之基础，文化生活之源泉。（记者问）协约国既已抛弃干涉俄国之方针，劳农政府亦当放弃侵略政策，阁下之意如何。（李宁答）吾人并不主张侵略政策。现吾人最近牺牲物资一切与爱斯特尼亚媾和，即知其然。协约国所称抛弃干涉俄国方针云云，能否实行，吾人当刮目以待。不幸巴黎和约皆与正义人道矛盾，协约国当局非根本革新，吾人绝难信任之也。

(上海《民国日报》，1920年3月10日)

15日（星期一）

17.《建设中的苏维埃》(《解放与改造》第二卷六号，3月15日)

《解放与改造》第二卷六号，刊登侣琴的《建设中的苏维埃》一文，全文如下：

李宁（Lenin）是俄国波尔雪佛克派的领袖。从革命以后，他发布了好多小册子，解释俄国问题的意义及波尔雪佛克派的要求和建设。内中有一本叫《建设中的苏维埃》(The Soviet at Work)我现在所要介绍的，就是这一本。以下我就把他的论旨择要说出来。

现在俄国最急切的问题是组织问题。但若要把这问题圆满解决，须使人民的政治领袖及劳动阶级的代表了解从前的中产阶级革命和现在的社会党革命对于这一个组织问题根本上的不同。

当中产阶级革命的时候，"劳动阶级的工作不过是一种消极的破坏的工作——破坏封建制度及君主政体。至于积极的建设的——组织一个新社会的——工作，那是少数的有产阶级的任务了"。(P5)但社会党革命不是这样。积极的建设的工作都是无产阶级及最苦农民的主要工作。一九一七年十一月七日开始的俄国社会革命当然也是如此。所以"社会革命终不算成功，除非无产阶级及最苦的农民充分表示自觉，理想，牺牲及固执的精神来。现在虽创造了一种新式的国家，——苏维埃——给劳动阶级以参预新社会的自由建设之机会，但这个难问题尚不过解决得一小部分。其最困难之点在经济方面：增加劳动的生产力，对于生产分配设立一个严格整齐的国家计账及管理

制度,并使生产事业完全社会化"(P5—6)【。】

波尔雪佛克派第一个问题,是要使大多数的人民信服他的纲领及政策。当俄皇时代及Tohernove,Zeretellis和Korensky,Koshkin调和时代,这问题最为重要;如今则大半可算解决了。第二个问题照李宁的意思,是"收揽政权,压服收括者的抵抗。这问题现在尚没有解决,吾们不能不晓得的。因为一方面有皇党和Cadet,他方面有孟雪佛克派及社会革命右党(Socialist-Revolutionists of the right),仍旧继续不断的想要连合起来,推倒苏维埃的政权。"(P6-7)但就大概论,一九一七年十一月七日与一九一八年二月之间——Bogajevsky投降的时候——此问题已算解决了。第三个问题是产业的组织问题。现在的中心问题就是这一问题。从前收括者尚未完全压倒的时候,这一个管理问题不能成为主要的中心问题。如今则不同了。李宁说:"吾们波尔雪佛克派已经说服了俄国。把俄国从富人手中夺来给平民。从收括者手里夺来给工人。现在我们的工作是要管理俄国了。现在时代特别困难之点,在乎要了解这个从说服人民压倒收括者的问题,过渡到管理问题的特别情形。"(P8)俄国现在虽已建设了一种较高的国家(苏维埃制),但走向社会主义的进行不过开端罢了。至于建设社会主义国家的重要条件还没有确立。顶顶重要亟须解决的,是生产分配方面严格的,划一的,计账及管理的组织。倘没有这种组织,那么第二个条件就不成问题了。这个条件就是以全国的规模(on a national Scale)增加劳动的生产力。

所以现在时代的问题,不能拿"对资本主义继续宣战"一语来表明。这句话不能说明现在的特别情形。从前的重要问题是直接掠夺。现在所当注重的,是在所掠夺来的事业中,要组织计账及管理制度。倘使仍旧继续资本的掠夺,取从前一样的手段,那必定要失败的。然则从前的方法(就是红卫军的攻击)有些错误么?李宁说那并不是错误。好比战争。倘若用轻骑兵就可却敌,那就用轻骑兵;倘轻骑兵只能用在某范围以内,那么在此范围以外,就当用重炮兵了。现在我们虽当用重炮队,但是从前骑兵的攻击并不是错误的。红卫军的攻击实在也是当时情形不得不然的办法。第一,因为资本家中产阶级都用了兵力来抵抗波尔雪佛克派。兵力的抵抗,只能用兵力来压平他。第二,"从前我们不能置重于管理方法。因为管理术不是人民固有,是从经验得来的。从前我们没有这经验。现在却有了。"(P13)第三,"当时我们没有各种科学专门家可以支配。因为他们或参列在Bogajevshy的军队里。或用萨波帖奇(或译怠工)的手段,给吾人以有条理的顽固的消极抵抗"。(P13)然则红卫军是无论何处常有有效的方法吗?没有别的方法来抵抗资本主义吗?李宁说,这又不对。以前我们已经用骑兵战胜了。但我们还有重炮队可用。我们已经用压制的方法战胜了。但我们也可用管理的方法。四围的情势变了,战斗的方法也可以变的。

如今则红卫军攻击的时代已经告终;现在的问题是要利用中产阶级的专门家,增高劳动的生产力。若要用最好的专门家,则只有两个方法。一个是旧时中产社会的方法,就是用较高的薪俸。一个是新的无产阶级的方法,就是定出一个划一的计账管理制度,使得专门家从顺。但处现在的地位,李宁以为不得不用旧法:因为专门家往往是属于中产阶级的,而全国一律的计账及管理制度又设立得的太迟,还不能够完全支配专门家。所以对于最大的专门家,不得不给以极大的报酬。但是对于这个办法,人家不免要非笑。这是明明一个调和办法。巴黎康茂(Paris Commune)及一切无产阶级政治的原理,是要把薪俸减到通常工人报酬的标准。这个办法明明和此原理相背驰。并且苏维埃从前亦宣布过一个政策,要把高俸减到通常工人酬报的标准。现在这个办法,非但对资本主义停止攻势,实在倒反退却一步了。但照李宁的意思,这种都可不必注意。他说:跑到社会主义的一条路是狠新而又狠难。我们须研究他种种特殊情形。至于我们的谬点及弱点,亦不必掩饰。若把怎样退一步,和为什么退一步,明白解释;再和大众共同讨论纠正弱点的方法,那倒是教育群众,还可以和他们一同学到怎样建立社会主义的知识。(P13-15)

"现在我们来研究这问题的实际方面。我们暂假定俄罗斯苏维埃共和国,因为要从速恢复他的经济起见,必须要有头等科学家专门家一千人。他们有认可的技能及实地的经验,足以指导人民工作。假定他们每人要支给二五.〇〇〇罗布。再假定这个数必定要两倍(假定组织及技术上最重要的工作做得特别好或成功得特别快者,准给赏金;)或竟要四倍大(假定要聘到几百个薪俸更高的外国专门家。)然则用最新的科学方法,重行组织人民的工作,要费每年五〇.〇〇〇.〇〇〇或一〇〇.〇〇〇.〇〇〇罗布,难道嫌太贵吗?自然不会的。大多数工人农民的明白事理者总必赞成。因为从实地生活上晓得我们的退化要使我们损失以兆计。并且我们对于组织计账管理还没有做得好可使此辈中等社会的有知识者(interlligentzia)自愿来参预吾们的工作。这问题自然还有一方面。高薪的不好影响也是毫无疑义。苏维埃及工人阶级两方面都受到的。但资本主义遗下来的恶物,我们断不能立刻把他扫清。苏维埃只能从下列几项始可免掉五〇.〇〇〇.〇〇〇或一〇〇.〇〇〇.〇〇〇罗布的负担;这几项就是组织,增进纪律,扫除一切保持资本主义思想的人。倘工人农民一年中就可组织,训练,创造出一个有力的劳动规律来,那么一年后(或竟还要早些)就可去掉这个负担。总之我们工人和农民对于劳动规律及高等工作的技术学得愈快,这负担去掉得也愈早。"(P13-16)

现在问题的中心,上面已经说过,移到计账及管理的组织问题上去了。"若要解决种种经济上财政上急迫的问题,如银行国有,外国贸易专营,通货的国家管理,增设所得税,义务工役等,不能不先研究组织问题。"(P17)"以上所说的种种改革,如今还没有做到。至于所以不能做到的唯一理由,就是计账及管理还没有充分组织起来。而中产社会还要用种种方法来破坏我们建设。譬如谷物专卖,他们就用种种方法来破坏想借此可得到投机的机会。我们所制定的法律还没有充分实行。所以现在的问题,要使法律上所定的改革——见诸事实罢了。"(P18)李宁说:"我们若要继续银行国有使得银行渐成社会主义下社会薄记的中心,不可不增加平民银行(People's bank)的分行,吸引存款使公众存款取款都狠容易,除去恐慌的可能性,侦查诈欺者处以重刑。……谷,革等专卖今已设立;但还要改良整理预备把外国贸易收归国家专营。……对于征税一事我们十分幼稚,而所得税为尤甚。重征中产社会,照原理上讲,虽可容忍;无产阶级亦必赞成。但这个办法近乎掠夺。若要使我们地位较前稳固,不得不采用管理的方法。所以必须用所得税来代中产社会的强征。这所得税所供献于国家者可以多一些,不过须要一个较大的组织及较为整理的计账管理制度。……义务工役也当立即开始。但须逐渐进行十分小心,先从富者入手。每一个中产社会的人都要有一本劳动,记载簿,一本消费预算簿。这一件事实行,那么对于资本主义的攻击及生产分配普遍的计账管理制度的创造上,进行许多了。"(P18-19)

但设立国家计账及管理制度有两种障碍。(一)是怨恨国家及不信任国家的心理。(二)是中产社会的习惯及传说。"从前的国家是一个压制和掠夺的机关。所以一切和国家有关系的东西,人民都不信用。并且这一种怨恨及不信任的心理一直遗传下来。"(P19)这种遗传对于计账管理问题上实在有一个极不好的影响。然而没有完全的国家计账管理的制度,工人的政权和自由终不能持久。要使群众悟到这一层,非假以时日不可。"中产社会的一切习惯及传说都与国家管理正反对;因为"神圣的私有财产"及"神圣的"私人事业都是不可侵犯的。"(P20)从前的人都以为谋衣食是"私人的"事务,"买卖是我一个人的事。"所以李宁以为现在的奋斗是要打破这种旧观念,把苏维埃国家计账及管理的观念灌输到群众的脑中去;所以是一个极重要的奋斗。现在劳动管理虽已定为法律,但刚要想法实行。倘这个管理到底不能实行,反对这个管理及不注意这个管理的人不能加以重创,那么一定不能从第一步(劳动管理)跑到第二步(管理生产,)跑向社会主义去。"社会主义国家的成立,不过许多生产分配自治团体交互错综而成的一个集合体。这个集合体保管"一本良心"的账目,节省劳动,同时还要增进生产,因此可把每天工作时间减少到七时或六时,或竟还要少些。但要上列各条实行,非把谷物及其生产以及其他必需物都立一个严厉的,普遍的,完全的管理不可。"(P21)

资本主义所遗传下来的东西,不好的居多。但他遗留下来的群众组织,对于现在的组织问题,却有重大的关系。这种组织可使过渡到群众管理容易一点——这就是消费合作社。俄国的合作社虽不及西欧诸国的盛,但也有一〇,〇〇〇,〇〇〇社员。新近发布的消费社条例所以十分重要。这一个条例实在是一个和中产阶级合作社及带中产眼光的工人合作社所订的契约。现在所当注意的:第一,他们的代表不仅参与这契约的审议,且有一个实地决定的力量;因为好许多他们所反对的条款专被否决。第二,苏维埃政府定一个调和办法;一方驳斥自由加入的原则,把一定地方的全人口组成一个合作社;一方许工人"阶级"合作社的存在,这一点和社会主义废除"阶级"之旨稍稍背驰。第三,苏维埃政府的案要完全排斥中产阶级,不得参与合作社的行政。审议的结果把这条大大减弱,只有资本主义的商工事业之主人不准参与行政事务,(P21-22)这个调和办法,原为无产阶级不能通全国设立计账管理的组织,不得已而出之,完全是为战略上的作用。但是"苏维埃建设上成功的程度倒可用简单的,实地的试验测量出来。就是看合作社发达到怎么一个程度,会社有多少。"(P23)

计账及管理的组织与劳动生产力的增加是当今的大问题。组织问题已经略略说过。现在再把生产力的增加问题研究一下。国家的中央政权虽不多几天就可得到;收括者的反抗及怠工,就使在"鞭长莫及"的地方,也只须几个礼拜可以压服;然而增加劳动生产的问题则至少须几年才可解决。这问题的性质纯为外界情形所决定。"若要增进劳动的生产力，我们一定先要有大工业物资方面的基础。就是发展燃料，铁，机械及化学工业的生产。论到这一层，俄国总算天赋不薄。就是缔结白来斯脱立托甫斯克（Brest-Litovsk）条约之后他还有巨大的金属矿（乌拉山中）燃料则西伯利亚西部产无焰炭，高加索及其东南部产石油，中部有泥炭。还有巨大的木料，水力，化学工业的原料等等。若用最新的科学方法开拓这些财源，可使生产的发达空前无比。"（P23）"劳动生产力的增进，第一靠着人民教育训练的进步。这一种进步现在进行的非常之快。……第二要靠着劳工纪律的增高，劳动的技术，效率，强度的增进及组织的改良。"（P24）李宁说：从这一方面讲起来，中产阶级在往往要说现在俄国的地位实在不好。殊不知世界上差不多没有一次革命前朝的遗民不疾首蹙额于国家的骚扰。今当蛮野的压制刚刚推倒，自然难免有些不靖。但我们对于这种不必灰心，而其坏处亦不必掩饰。反而要把他显露出来，还要想方法去压服他。因为不把无产阶级自觉的纪律压服中产阶级的骚乱，社会主义是不能成立的。还有一层，"社会主义的可实现与否，全看我们把苏维埃政治苏维埃管理组织与资本主义下最新最进步的种种方法混合得成功与否以为断。"（P25）资本主义下的方法有的是不好，有的倒确有科学上的价值。如"工作时候机器动作的分析，除去无谓的动作，决定工作最正确的方法，计账管理最好的制度；凡此种种苏维埃共和国都应采用。"（P25）总之"当从事于增进劳动生产的时候，一方面还要顾到从资本主义过渡到社会主义这个过渡时代种种的特殊情形。当这个过渡时代，一方面为社会组织立一个竞争的基础，一方要用强迫。"（P25）

竞争及强迫二者对于增进劳动的生产上狠有关系。现在先讲竞争。中产阶级误解社会主义的地方狠多；内中一个就是社会党不承认竞争的价值。实际只有社会主义可以给民众全体以竞争的机会，只有从中产式的平民政治变到苏维埃的组织；使劳工能够实地参与管理事务，竞争才有一个广大的基础。刺激竞争的手段是报纸的公布。"中产阶级共和国形式上虽有公布，但实际上把报纸服从资本。群众方面不过拿几件有趣味的政治上小事情去娱乐他们。至于一切工场中事情及一切商行为都遮饰住说'商业秘密。'"（P26）苏维埃则废除商业上的秘密。照李宁的意思，还应当创造出一种报纸来，不把些政治上小事情去愚弄民众，但把日常的经济情形使得民众注意，并要帮他们去切实研究。每一工厂村落都不过是一个生产消费的自治团体。报纸应当鼓励这等自治团体间的竞争；把面包，衣服等生产方法用报告及公布披露出来；把无味的，死的官吏报告变做有活气的榜样。在资本主义底下，一个生产团体的榜样，其力量狠小的。若说资本主义可借几个好榜样的影响改良起来，不过是中产社会的幻想罢了。要等到政权移到无产阶级手里，"一个榜样的力量方始可以影响到群众里去。模范自治体可用来教训及刺激不进化的自治体。报纸用来做社会建设的武器。把模范自治体的成功详细叙述，研究他们成功的原理，他们经济的方法。至于保持资本主义传说——无政府，游荡，骚乱及投机——的自治体，则也要列举出来（hlacklisting）以备惩戒。在资本主义底下，统计完全在官吏及几个专门家手中。现在吾们必要把他交给群众，必要散布民间。因好可使工人渐渐晓得现在需要何种工作，及多少工作，他们可有多少休息。各自治体事业结果的比较,将成为一个极有兴味大家研究的问题了。最好的自治体立即奖励(或在某时期内减少每日工作时间,或增加工资,或奖给许多文艺上的利益及货物。)

  竞争的必要及刺激竞争的方法都已说过。如今要论强迫与效率的关系。"上次苏维埃会议(莫斯科)的议决以为现在最重要的问题是要创造一个有效率的组织和较高的纪律。这种决议虽人人赞成,但要实现上述的决议必须强迫,专制形式的强迫;这一层却又往往不能了解。"(P29)然而从资本主义变到社会主义,没有强迫和专制,是不可能的。再换一面说,"从资本主义变到社会主义,专制政体是必要的,有两个重要理由:第一,收括者不能立刻把财产及知识组织上的利益一齐剥夺,所以不免要试试看倾覆贫民的政权。倘对于他们的抵抗不能压倒,那么要征服资本主义灭绝资本主义是不可能的。第二,大革命里差不多总免不掉内乱以及其他骚扰不定的状态,而以社会革命为尤甚。"(P30)旧秩序衰败的元素自然还狠多。而此等元素的现行,要不免乎犯罪,贿赂,投机以及其他不道德行为的增加。要把他除掉,非用辣手段不可。再从历史上看起来,也没有一次革命,人民不表示出扫清妖孽的热心来。这种普遍的历史上的教训,马格思总括做一个简明正确的公式:曰无产阶级专政政体。李宁说,专制政体是一个严酷的治理。现在他们的治理,照李宁的意思,是太和平。他说:我们不可忘却中产社会正在那儿反对苏维埃的政治。他的反对有两方法。一方面用外面的压力——用萨温克夫,高茨,开开可嘘里,康尼洛夫徒党(Savinovs, Gotz, Gegechkoris, Kornilovs)的方法,结党,暴动,说谎及C d ts社会革命右党,孟雪维克报纸上的诽谤。一方面用内部的压力,利用每一个衰败的元素,利用每一个弱点,去行贿赂,把散漫,放荡,扰乱的状态增加起来。若要征服他们,必定要用强迫。(P32)

  "苏维埃的主要问题,从军事的镇压移到管理。那么镇压和强迫,不能用'就地枪决。'也就改在审判中表示出来。(P32)一九一七年十一月七日以来,工农的法庭已经组织起来。惜乎他的力量非常之弱。这有几个缘故。"法庭从前以为不属于工人的。这一个观念,从前代遗传下来,如今还没有完全打破。实际上法庭用来吸引贫民去管理行政,法庭是无产阶级政治的机关,法庭是教练纪律的一种手段。然这几层人民还没有充分谅解。"(P32)譬如说要补救饥馑及失业,单有热心是不中用的。必须要增加面包燃料的生产,运送还要不失时候。然要做到这几层,非有一个普遍的组织和规律不可。所以"饥馑,失业的痛苦,凡犯任何事业的劳动规律的人,都不能辞其责。而这种负责的人应得检举,审判及惩戒"。(P33)但这一种简单明了的事实也缺乏了解。饥馑失业与组织规律上的放荡,这二者之间的关系,中产社会不能了解。

  中产社会和无产阶级的组织,冲突得特别猛烈者,在铁路业。上回发布的铁路管理条例准给管理者以专断的(或无上的)权力。中产阶级的代表说,这是和合议政治(Board Administration)的原理不兼容;也和苏维埃政治,民主主义及其他的原理相抵触;竟有人从事于鼓励群众反对专制条例的运动。这个问题实在有重大的意义:第一,关于原理的问题,就是任命私人给以无限大权,和苏维埃治制根本的原理相合否?第二,这件事和现在苏维埃治制下的特别问题有什么关系?这二个问题应得细细研究。

先讲第一个问题，任命私人给以大权，和苏维埃的根本原理并不抵触。李宁说："我们倘不是无政府党员，那么我们为资本主义过渡到社会主义起见，必须承认国家的必要，就是强迫的必要。强迫的形式，要看特别的革命阶级发达的程度以为断。然后再要看这种特殊情形像从战争因袭下来的及中产社会反抗的形式而决定。所以苏维埃的平民政治和私人的使用无限大权，在原则上绝对不冲突。平民专制政体和中产阶级专制政体不同之点在此：平民专制政体攻击少数的收括者，谋大多数被收括者的利益。非但如此，平民专制的成功，不仅靠被收括的工人群众，唤醒这等群众去做创造工作的种种组织也有功劳的。苏维埃就属于这一类的组织。"（P34-35）

现在再看私人无上权对于现在特别问题的意义如何。"机械工业是物资方面生产的源头，社会主义的基础。但一切大规模的机械工业，都必须要一个绝对的严格的意志统一（Unity of the Will）然后可以指导几百几千几万的工人，从事于共同的工作。从技术的经济的历史的种种方面看起来，这事的必要是明白无疑的。凡研究过社会主义的人都以为这是社会主义的必要条件。但我们怎样才可以得到一个严格的意志统一呢？唯有把几千人的意志服从一个人的意志。倘使参与共同工作的人都是自觉的有规律的，那么这种服从和乐队指导员的和平指导相近似。倘没有理想的规律和自觉，那么这也可以取严厉的形式。无论如何大机械工业的工作要使他进行成功，那么完全服从一个意志这件事是绝对必要的。"（P35）

总之从十一月革命以后，人民的注意，思想，努力，都朝着伸张发展直接攫取的一个方向。然而不能单单攫取占有；长此下去，要走到散漫灭亡的路上去。所以李宁说，我们共产党应当见到这一层，引导人民到劳动规律的路上去，把下列两个问题调和起来：一个是集会讨论劳动条件的问题，一个是工作时候要绝对服从苏维埃指导者的意志问题。集会一层人家往往非难。然这是工人的真正平民政治。倘不集会，那么被压迫的群众终不能从收括者强迫的纪律，走到自觉的自愿的纪律。

现在要结束此篇之前，再把革命的三个时代及革命中创造出来的苏维埃的性质来说一说。"革命的第一个问题，我们已经圆满解决。解决这问题的根本条件，劳动阶级已经自行组成；就是连合一致反对收括者而颠覆他。这是革命的第一个时代。一九〇五年十月，一九一七年三月及十一月，都属于这一个时代。革命的第二个问题，是要唤醒及振起这种被压制被踏倒的阶级。这一个问题，我们也圆满解决了。一九一七年十一月七日以后，这等阶级已经得了自由，把收括者推倒，取得资本，把他们自己的意思，规定他们的生活。最受压迫最不熟练工人的集会，联合波尔雪佛克派，各地创设苏维埃组织，这都是革命的第二个时代。现在我们在第三个时代了。我们的所得，条例，法律，计划，必定先要有日常劳动的纪律，才可安全妥当。这是最难的问题，但亦是最有希望的问题。因为只有这问题解决后，我们才可得到社会主义。"（P38）现在的问题是要把劳动阶级猛烈毁坏一切束缚的精神和工作时候严格的纪律及对于苏维埃执导者的绝对服从连合起来。

苏维埃平民政治的性质如下："第一，选举人包括劳动的及被收括的群众。中产社会是排斥的。第二，官场的种种格式及选举的限制一律弃掉。选举的顺序及时候，群众自己决定。对于被选的官吏，可有撤销的完全自由。"(P39)第三，工人最好的组织，"组成起来；使他们指导被收括的群众，引诱他们积极参与政治的生活，用他们自己的经验，训练他们"。(P39)这是俄国平民政治的重要特点。

(《解放与改造》第二卷六号，1920年3月15日，署名 侣琴)

18.《苏维脱(Russian Sovlet Republic)各方面的观察》(《解放与改造》第二卷六号，3月15日)

《解放与改造》第二卷六号刊登李霁初的《苏维脱(Russian Sovlet Republic)各方面的观察》，摘录如下：

……布尔什维克党，实为俄国社会民主党(Sociat Democratic)的正统。在千八百九十八年，俄罗斯社会党分裂，其中一部分，遂组社会民主党。其党纲一如今日的布尔什维克主义。此党成立仅五年，因意见上的歧异，遂分裂为二。从此尼古拉斯列宁(Nikolai Lenin)领布尔什维克；——译言多数；普来哈洛夫(Plokhonof)领门什维克党，(Mensheviki)——译言少数。西党虽对峙，然在主义上没有好多不同处，不过布党主张用革命的手段，实行主义的全部；而门党则以为今尚非其时，欲与宪政党提携，维持国会的能力以为过渡物。所以脱洛斯基(Leon Trotzky)说："门布两党，不过进行的手段不同罢了。"然竟因此分道扬镳。列宁年二十余，即奔走革命，幽囚放逐，备受困苦。脱洛斯基以青年突出，与列宁相倚[依]为命。千九百零五年，他当个劳兵会会长，列宁也归了；二人同谋革命，事败，流连海外千九百十七年三月，尼古拉第二逊位，临时政府成立，脱洛斯基自美返，列宁亦受德资送回国。时俄新府迭次改组，却不能餍人望，食物缺乏，前敌挫败，人民的困苦，较前还要加等。列宁乘机奋其手腕，号召西伯利亚多年的政治犯和他的旧党，并向众宜传土地、工厂公有，对德媾和的政策。脱洛斯基亦得组劳兵会。陆海军人，农工大众，莫不属望。明眼者都知道列宁政府即将成立。七月，克朗斯大得(Kronstadt)首先发难。十一月，彼得格勒(Petrograd)莫斯科(Moscow)的军人，都倒戈相向。争战数日，克兰斯基(Krensky)逃。布党用全力向各地进行。西自波罗的海，东到太平洋岸，一时布党蜂起，社会革命党政府——即克兰斯基政府——全倒，而苏维脱政府遂成功了。

……

有许多人说苏维脱政府，是一种"红恐怖""Red Terr"【,】是俄国的特产物。还有疑他是无政府党，——均产者，——饥饿的暴徒，真是荒谬极了。苏维脱共和国宪法第九条略说："本政府实施社会主义之一切制度。"列宁脱洛斯基同为第二次方国劳动会的会员，对于马克司主义，造诣极深。布尔什维克的祖先社会民主党，是俄国的崇奉马克司者。所以布尔什维克党，确是一个马克司派的社会党。

布尔什维克的理论，和党纲，完全与马克司(Heinrich Karl j Marx)所见相同。他们说：经济的趋势，决不能限于国家民族的范围。此次大战，即旧组织的不善，以致自起破产的冲突。现在的资本政府，欲以一国的力，克服世界的经济。资本家与之同恶相济。和平时则剥削劳动者的利益；战乱则荼毒劳动者的生命。总一句说：是摧残人类的经济天能，以维持少数的中产阶级的利益。惟世界的无产阶级，利害相同。他们的敌人，厥惟有产者。所以解决今日的问题；惟有团结世界的无产者，对任何的资本政府，资本者施行猛烈的革命。必达到有产者消灭，劳动者自起握权，才能够维持劳动者的利益。旧组织既消灭，然后联合世界成一个经济大组织。所以俄罗斯社会主义政府的成立，他们决不视为满足。总之，他们的主张，是用革命的手段，建设一全世界的劳动者自快政治。

(《解放与改造》第二卷六号，1920年3月15日，署名 李霁初)

25 日（星期四）

19.《俄国实地观察记》(《东方杂志》第十七卷第六号，3月25日)

《东方杂志》第十七卷第六号，刊登美国人戴维斯大佐著、罗罗译的《俄国实地观察记》，摘录如下：

> 鲍尔希维克军于前年（一九一八年）十二月终攻克哈科佛。翌年正月，莫斯科政府始派行政人员至其地，组织市政府，并宣言全城变为平民市，切皆绝对平等，人民皆大悦，然其时犹惊疑未定也。自是以后，哈科佛街上为人刷靴之乞丐，均已绝迹。盖劳农政府以为一自由之人，跪于他人之前，为之拂拭皮靴，乃非德莫克拉西现象之一，故设法除去之也。如铁路车站之脚夫，亦均废除，凡旅客下车以后，皆须自携行李，无人代为肩负。
>
> 医院之中，对于贤炎症（即布理脱氏病 Bright's disease）之患者，概不加以治疗，因此种病症，大抵系食糖过多之故，非资产阶级之人，不至罹此也，一切妇女皆裹头巾，如农妇然。因女帽为阶级不平之表记，故弃之也。恩俸月达三百卢布以上者，均停止给发，以得享如是巨款之恩俸，其人非为贵族，则必系军阀，不应再由社会供给之也。亲友间相称均用尔汝等辞，一切尊号，悉行弃去，一切爵第称呼，一概不用，而代以"国民某某"之称呼。此种现象，正与一八七一年法国大革命时相同。
>
> 新政府之设施，于哈科佛居民最感不便者，即封闭报纸与旅馆之二事。新政府曾将报信尽行封闭，另刊日报两种以为之代。一为晨报，名"劳农会新闻"，一为晚报，名"共产党"，另出一专供兵士及工人阅看之附张，名曰"红星"。关于书籍亦然，非经劳农政府检查官盖印，概不准发行云。
>
> ……
>
> 一切零售商店之存货，悉行没收，而委员管理之，对于店主未加赔偿，以此等店主为寄生阶级而国家之敌故也，各商店之售卖人，亦各结成苏维埃，公定工资及工作时间。通常店铺营业，皆自上午十时起，至下午四时止。……
>
> ……

各工厂立即收为国有,由委员管理之,委员接管后,首先召集雇工大会,选出工厂苏维埃。苏维埃如与委员龃龉时,则委员宣告其非法,而重行改选之。举行改选之际,甚为严重,工厂门前,以华人及莱德军队严行监守,委员自行指出苏维埃议员之人名,工人迫于威严,唯照样投票而已。

工厂苏维埃所议决之工资,实从来所未闻。一熟练之机器匠,月可得二千五百卢布,一普通之工人,月得千五百卢布。因工价如此昂贵,故工厂皆无余力以雇工程师指导员,亦无余款以购原料。

工作时间,经苏维埃票决,缩减至每日六小时,其实际工作时间,一星期中仅有二三日,其余时间,则有所谓会议也,讲演共产主义也,开大会以招募红卫兵也。工人参与此种事件时,工资均须照给。工厂中更有间谍广布,侦查不满于新制之人,而科以反革命之罪名。

于两月以后,工厂陆续停闭,四月后,工厂入款已绝、陶器、绳索、糖、家具等,均已出产。由是至六月一日,哈科佛全城,殆无一机轮开行也。

(《东方杂志》第十七卷第六号,1920年3月25日)

27 日(星期六)

20. 苏俄政府第一次对华宣言(《申报》,3 月 27 日)

《申报》第 6 版,报道了"苏俄政府第一次对华宣言"(1919 年 7 月 25 日苏俄政府公布)的消息。

劳农政府发表对华态度

据海参崴消息、此次俄国劳农政府、以代理外交执行委员嘉拉思之名义、将其对于中国国民、及中国南北当局之宣言、发表如下:

劳农政府于一千九百十七年十月俄国革命之际、曾以俄国国民之名义、对于各国以非并合非赔偿为基础条件、而提议讲和、同时劳农政府对于与各国所缔结之秘密条约、为废弃之声明、而对于中国、亦曾以曩昔帝制时代所缔结之一千八百九十六年之条约、一千九百零一年之北京条约、及与日本所订之一千九百零七年、与一千九百十六年之协约、为废弃之交涉、后该交涉为联合所妨害而止、致未以中东铁路归还中国、乃联合因思欲以阴蔽中国、旧协同策战为名、而有占领满洲与西伯利之举、此吾人所以不能不以事实之真相、一为宣言、求中国谅解吾人之意何也、盖劳农政府素主张以中东铁路、及帝政时代堪伦斯甘时代、并霍尔瓦特,谢米诺夫,高尔哲等、向中国以掠夺之手段、而获得之各种权利、由无赔偿无报酬而归诸中国者、即对于一千九百年之团匪赔款、亦有退还中国之意、乃消息传来、昔日帝制时代、俄国所派遣之驻华公使与领事、反以庚子赔款向中国索取、而供其自己之俸给、是该公使与领事等、诚不知其自身之全权、业已丧失、即要求该赔偿之权利、亦已消灭也、望中国政府勿再交付此项赔款、致受其愚、此外劳农政府、并愿放弃俄国商人在中国境内之特殊权利、且不希望中国被联合国为第二之朝鲜与印度、故深望中国国民与中国政府视劳农政府、如兄弟之国、进而与之为公式之交涉也。

(《申报》，1920年3月27日)

31日（星期三）

21.《俄罗斯联邦社会主义共和国政府对中国人民和中国南北政府的宣言》(《上海生活报》消息，3月31日)

《上海生活报》(Шанхайская Жизнь，俄文)，3月31日，刊出《俄罗斯联邦社会主义共和国政府对中国人民和中国南北政府的宣言》。

22.《布尔塞维克的俄罗斯》(《晨报》，3月31日，4月1日、2日、3日)

23.《劳农政府对于中国人民及南北政府宣言》(《政衡》第一卷，3月)

《政衡》于1920年3月在上海创刊，创刊号发表陈宝光翻译的《劳农政府对于中国人民及南北政府宣言》，并附有原文，如下：

> 从前藉外人接济军械和金钱以固其地位的反对革命专制魔王高勒查克(Koljaka)，现在已被劳农政府的军队打败了，劳农政府的军队得胜后，一直入到西伯利亚，和西伯利亚民族革命携手了。现在劳农政府的人民委员会，拿亲爱的话和中国国民说：
>
> 俄国的劳农政府和红旗军，经二年战争后，费无量的热血，得过乌拉岭(Yual)而来东方，不是侵略，不是压制，不是强迫，关于此事，所有西伯利亚的工人都知道了。我们的真意，是拯救人民，脱离武力主义和外国的金钱束缚，这武力及经济的束缚，以远东地位而论，中国人民实是占了一个重要的位置。所以我们不仅辅助于我们的劳动界，而且辅助于中国的人民。自一千九百十七年十月大革命的时候，我们已经对中国人说过来，不过是被那些受贿的报界隐匿起来了。
>
> 然一千九百十七年十月适劳农政府操权于掌中，他即以俄国国民的名义，代表于世界的人民，以申述其建设坚固稳健和平的意义。但和平的主旨，是必须退还所占外人一切的土地，释放无故收禁外国的人民，及赔偿一切军费，人人都要享自由的生活。不问其人之大小，或寄居于他国范围之中，即其内部的生命必须自由，并在他边境内任何威权，都不得压制人民的自由。
>
> 自此之后，劳农政府宣布废除帝国政府和协约国所订一切的密约。因为这种密约，是授利益于俄国的资本家地主及军阀，故其用很严重的贿赂，以束缚远东的人

民；用专制的条件，以剥削中国的人民。

　　劳农政府曾经向中国政府提议关于一千八百九十六年的安农利洛瓦(Ahhylepobahie)密约；一千九百〇一年北京和约(即庚子条约)，及一千九百一七年至一千九百十六年与日本所订一切的协约，为废弃之交涉。总而言之即是把从前俄国帝制时代所夺取中国人民一切的。按这个原因，我们所磋商一直等到一千九百十八年三月。不料协约国就胁迫中国政府，和重贿中国官吏及报纸，并令中国政府谢绝劳农政府一切的照会，未及将满洲铁路退还于中国，而协约军先法制人，已占为己有了。当协约军侵入西伯利亚的时候，并强迫中国的军队，援助他们这种强盗的行为。因此中国的农人工人对于协约国的军队攻入西利伯亚及满洲，不特不知道他们所占据的理由，而且不知道他们底蕴。

　　现在我们特把这个通告，送给于中国的人民，使大家放开眼睛看看他们的暧昧。

　　劳农政府退还帝国政府时代，在满洲及其他地方一切侵略所得的土地，让给居住这块地方的人民，他愿意建设怎样的政府，采那样的政权，一任人民自由裁决。

　　劳农政府退还中东铁路矿产林业等权利，及其他帝国政府加林士克(Kapehcka)政府，强暴霍尔瓦特(Xopbate)政府，谢米诺夫(Cemehofe)政府，高勒查克(Koljaka)政府和俄国资本家军人所夺取之一切的特权，由无赔偿，无酬报，都归还于中国。

　　劳农政府对于一千九百年团匪之乱所赔的军费，亦皆退还于中国之意，乃这消息传来，他以再三提议了，但是中国政府不知道我们的退还，而反拿这军费以供昔日俄国帝制时代所派遣之驻华公使，及在中国各地方的领事官。现在这种公使和领事官，已早就消灭了，他仍向中国索取这种军费，以供自己的俸禄，这等皇奴，诚不知其自身之全权业已丧失，而反安居在中国天天在那里欺骗中国的人民，中国人民，应当明白这件事，是应当由自己境内而驱逐他出境的。

　　劳农政府废除所有贵族的专利，及俄国商人在中国境内特殊权利。更不准俄官吏牧师教士等，均不得干涉在中国的事，倘若俄人犯了法，也是应当按地方厅的公判，不应当有特殊的威权及严酷，好像审判中国人一样。

　　除了这重要条件外，劳农政府还要向中国政府结约，按所有别的浮价，须永远清理，因为这契约是强迫的，不是公平的，完全都是昔日帝国时代在中国的关系。

　　劳农政府已知其仇敌所做的事，此次俄国工人农人声言没有达到中国的人民，将来必须首先归还他所夺之中国人民的财物，及在西伯利亚和满洲的强盗所缔结的条约。因此现今劳农政府的红军宣布这消息于中国人民。

　　如果中国人民愿意像俄国人民的自由，或愿意脱离协约国，免除巴黎和会所陷中国于高丽第二及印度第二之运命，——让他想，我们的小小联盟和兄弟在这战争之中，而俄国农人工人及他们红军怎样的自由。

　　劳农政府深望中国人民及南北政府，视劳农政府如兄弟之国，进而与之为公式的交涉。

　　代理外交执行委员嘉拉汗(Kapaxoh.)

(《政衡》第一卷，1920年3月)

24.《布尔塞维克主义》(《新潮》第三卷第二期，3月)

4月
1日(星期四)

25.《中国政党问题及今后组织政党的方针》(《政衡》第二号，4月1日)

《政衡》第二号，刊登谭鸣谦的《中国政党问题及今后组织政党的方针》。摘录如下：

> ……观本年一月下旬莫斯科开"布尔塞维克派"大会时，列宁出席演说，有曰：
> 吾人对于外敌所获得之胜利，甚为伟大，故联合国不能不断念封锁。吾人始终与资本家对敌，昔之嗤吾人事业为无谋无断，必不得良好效果者，今皆了解吾"布尔塞维克主义"之正义人道矣。联合军何以撤退亚鲁海耿司克，此盖由联合军之士卒，皆由农民劳农者出身，表同情于"布尔塞维克派"，而反对战争也。换言之，即联合国之劳动者阶级，不信赖自国政府，反欲与俄国"布尔塞维克派"相就也。(中略—原注) 又曰：今日世界中，与吾辈为敌者，凡十四国。其将校多惧俄国实现统一主义。故反欢迎特尼金及高尔哲之胜利。联合国因私欲而互相嫉视，反目无协力对抗吾人之念。法国欲诱波兰以抗吾国，英国欲与挨司脱尼亚结特殊贸易关系，以与吾辈媾和。日本及美国在西比利亚以争权夺利为事，政策不能一致。(中略)吾辈与挨斯脱尼亚媾和之后，封锁解除之实效，因而愈益确实。吾辈对挨司脱尼亚让步颇大，此盖吾辈不欲因小之利权问题，而使劳农同志流血也。现在挨司脱尼亚政治状态，与克伦司基当时相仿佛，其劳动阶级，推翻现在主权者，而建设"布尔塞维克"政府之期，盖不远矣。(下略)
> 试看上文所引列宁演说的说话，可知"布尔塞维克派"确有统一俄国的把握。恐将来他的主义，会弥漫全世界。

(《政衡》第二号，1920年4月1日，署名 谭鸣谦)

11日(星期日)

26.《俄罗斯劳农政府给我们中国人民的通告》(《星期评论》第四十五号，4月11日)

《星期评论》第四十五号，刊登《俄罗斯劳农政府给我们中国人民的通告》，《新青年》第七卷第六号(1920年5月1日)及时转载，全文如下：

> 中国国民；西南政府及北京政府：
> 那反对革命的专制魔王柯尔恰克(Koltchak)，以前倚恃武力和外资而巩固他的位置，现在已经为劳农政府底军队所打灭。劳农政府底军队，已经一直到西比利亚，和西比利亚底革命国民携手了。现在劳农政府人民委员会拿亲爱的话对中国国民说：劳

农政府底俄国和红旗军经两年底战争，耗无量底精力，还没有越过乌拉巅以表现其胜利的精神。在西比利亚的人民，都晓得我们的真意所在。我们的真意，是在拯救人民，脱离武力主义和外国金钱的束缚，得着自由，使其不因受外国金钱压迫，流为外人的奴隶。在东方人民的当中，中国人民，实在是占一个重要的位置。

所以我们不单是援助俄国的工人，并且要援助中国的人民。我们自从一千九百十七年十月革命之后，所继续不断以通告中国人民的，常常被欧、美、日本等国的人，隐秘起来，不给中国人民晓得，所以现在希望中国人民格外注意我们的说话。

自从一九一七年十月之后，劳农政府就取得大权，用俄国人民的名义通告各国，表示愿订永久和平底意思，并且说这种和平底基础，应由各国彼此归还从前所侵略底土地和赔款，不问国的大小，以及说各国对内，应该自主；各国对工人农人，不得以势力来压制，使他们不能上进。并且声明凡从前与日本、中国、及协约国所订的秘约，一律取消。因为这种密约，仅仅供给从前俄皇和协约国政府压制剥削其人民，尤其压制剥削中国的人民，仅仅是他们资本家和俄国军阀的私人利益缘故。

劳农政府，曾经向中国提议磋商废止一八九六年《中俄密约》；一九○一年《北京和约》（即《庚子条约》）以及一九○六、一九○七年和日本所订的协约；把从前俄罗斯帝国政府时代所取于中国的，以及取于中国又转让与日本及协约国的，一概送还中国。我们所磋商的一直等到一九一八年五月．协约国就胁迫中国政府，和重贿中国的官吏与报纸，使中国政府和劳农政府断绝往来。而日本和协约国当这个场合，非特不将俄国底满洲铁路交还中国，反因利乘便，据为己有；并且强迫中国军队，援助他们这种强盗的行为。因此，中国的工人农人对于欧、美、日各国的军队底攻入西北利亚及满洲，不但不知道他们所依据的理由，并且不知道是不是事实。

我们到了现在，特地将这个通告，送给中国人民，使大家可以放开眼睛看看，免得再受他们底蒙蔽。凡从前俄罗斯帝国政府时代，在中国满洲以及别处，用侵略的手段而取得的土地，一律放弃。在那块土地上的人民，愿意成那样的国，采那种的政体，一任人民底自由选择。劳农政府把中东铁路矿产林业等权利、及其他由俄罗斯帝国政府、克伦斯基（Kerensky）政府、土匪霍尔瓦特（Horvath）、谢米诺夫（Semenoff）和俄国军人律师资本家所取得的特权，都返还给中国；不受何种报酬。劳农政府，并抛弃庚子赔款。我们对于这一层，所以不惜再三提议的，因为听说这一项赔款，我们已经声言放弃，而中国政府反拿来供养从前俄罗斯帝国驻在北京底公使和驻在中国各地方底俄罗斯帝国的领事。现在任命这种公使和领事底政府，早就消灭，而从前被任命的公使和领事，居然得日本和协约国的援助，反安居在中国，天天在那里欺蒙中国人民。中国人民应该明白这件事，驱逐这班欺诈的人出境。

凡俄国从前所获取底各种特权，以及俄国商人在中国内地所设的工厂，与夫俄国底官员、或牧师、或委员等；所有不受中国法庭底审判等的特权，都一律放弃。除劳农政府底全权大使，与中国人民往来，因而发生底特别情形外；以后在中国地方一切法律和权力，纯粹为中国人民的法律和权力；绝对没有第二者底法律和权力，混在这里面。

凡其他各种问题，与向来日本协约国、俄罗斯帝国政府、对于中国所施底暴乱而且不合正义的行为，都应该自此尽行芟除。

劳农政府现在晓得日本与协约国以我们的军队天天向西比利亚前进，援救西比利亚的农民工人脱离土匪柯尔恰克及柯氏底党徒和日本底压制，他们深恐中国人民，听到这种消息；所以他们百计设法，务必使我们的话，传不到中国人民的耳朵里。如果中国人民，因为我们的提议，愿意做一种自由的人民，而免除巴黎和约所陷中国于朝鲜、印度第二底恶运；深望中国人民和俄国农民工人及红旗军相提携，为自由而战！

现在劳农政府向中国国民提议，正式恢复两国人民的友谊，并且请就派代表到俄国军队来！

署名者：劳农政府外交委员喀拉罕（Karakhin）
（《星期评论》第四十五号，1920年4月11日）

27.《俄国劳农政府通告的真义》（《星期评论》第四十五号，4月11日）

《星期评论》第四十五号发表了（戴）季陶的《俄国劳农政府通告的真义》，全文如下：

（一）

在前几天里面，我们中国人民从路透电里得来一个世界历史上空前的消息。看见这个报告的人，没有不无限欢喜无限感激。这个消息是甚么呢？就是俄罗斯社会主义联邦苏威共和国政府对于中国人民的正式通告。……到了近代，欧洲的强国，挟着由科学思想得来的新势力，以武力主义及资本的帝国主义来侵略东方。中国这个最大最富的产业地人民，一面还没有脱离游牧酋长的奴隶，一面又早装进了金子和铁铸成的囚笼。接着，东方新强国的日本学着近代欧洲式的侵略手段，利用他最接近最利便[便利]的地位，以铁炮金钱交互打了进来，中国国民的奴隶境遇更加痛苦到二十四分。鸦片战争以来的历史，就是中国人民受欧洲强国和日本的武力主义及资本的帝国主义侵略的痛史！

（二）

国民呵！我们只把这些历史回头一想，真是无限的感伤，无限的兴奋。我们如果是有了"人"的觉悟，就应该要合起几万万在重重奴隶境遇里面的人民，振起一个很大的革命精神，把几千年以来历史上所遗传来的你、我、他的罪恶，都洗刷个干干净净。联合世界上一切被掠夺的人，为世界全体人类建设一个全人类自由劳作、自由管理、自由享用的互助世界！

俄国人民的政府这次对我们人民的通告，在这一个意思上，的确是自有人类以来空前的美举！任何民族任何国家，在历史上从来没有这样伟大的事业，没有这样清洁高尚的道德。我们在悲哀惨酷境遇里面的中国国民，对于这一个通告应该十分感谢，应该要为全世界一切被侵略被压迫的民族感谢。更应该要觉悟，要从几千年弱肉强食的历史遗传性上觉悟转来，做一个为世界被掠夺者的自由而战的自由人民！

中国的同胞呵！我们要晓得俄国政府通告的意义，最主要的并不是在归还以前侵略我们中国的权利那一个事实,还是在最后很恳切的希望我们中国人民的一句话:"希望中国人民,因为我们的提议,愿意做一种自由的人民,为自由而战!"这是我们中国从一个善良而且强大的民族团体里面听来的最有力的忠告。倘若我们只是恬不知耻的,把人家义务的努力、互助的努力,当作一个慈善家的施与,持一个"敬领谢"的态度,忘记了自己也是人,忘记了自己也有应该为人类努力的义务,便真是世界平和文化的大不幸了!

(三)

现在,我要很简单的把俄国政府这一个通告的内容略为讲一讲了。他这一个通告的决心并不是新近的事,也并不是从这一个通告上才发表出来的事。一千九百十八年七月十日第五回全俄苏域会议所议决的《俄罗斯社会主义联邦苏域共和国宪法》第一节"阐明劳动者及被掠夺民族权利"一章里面,已经完全正式宣布了。他们在国际问题上所持的主义,第四条第五条上面说得很明白,现在我把他写在下面:

第四条 在此次罪恶贯盈的战争里面,所以流惨澹的鲜血于世界的缘故,全是因为有"资本的经济主义"及"帝国主义"这两个东西。因为要表现人种真挚的决心,粉碎这一切罪恶,第三回苏域会议,全然赞同由苏域政府所采用的下列各项方针:

发表秘密条约;

奖励在战场为无意识的战斗之劳动者及农民彼此交欢;

不合并土地,不赔偿金钱,只由革命的手段,在民族自决主义基础上面,获得劳动者之民主的平和。

第五条 和前条的目的一样,第三回苏域会议对于为图特殊少数国家中掠夺者的安宁,在亚细亚洲尤以在殖民地及小国内,以数亿劳动阶级为奴隶而不以为耻的资本主义的文明国之野蛮政策,根本反对。

我们看到这两条俄国宪法的条文,就可以晓得俄国这次对中国所采的政策,是由他们建国主义的根本信条上面发动出来的,并不是特别的一时的举动,更不是以捭阖纵横为主义的外交手段。看通告上面所说自一千九百十七年十月以后他们对世界发表的永久平和方针,也可以明白了。

(四)

就他们通告上所述说的意思,我把他写出一个系统来:

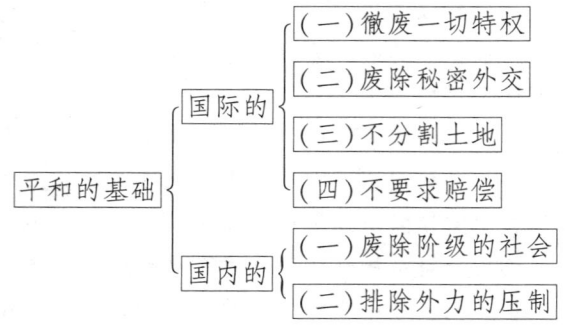

上表所列的,是他们对于建设"社会民主的平和"之根本意见。再详细一点讲,

就是废除一切国际的社会的资本主义和武力主义,使一切种族、一切民族都在自由、平等、互助的原则下面,完成社会的生活。

对于中国特别声明抛弃的,是包含帝政时代以来所掠夺的一切物权、债权、法权。他们不单是自己声明抛弃,并且要全世界的强国一齐抛弃,尤其要日本一齐抛弃。这是他这个通告当中狠有力的地方,也是他们在主义上很鲜明的地方。但是他们也晓得这个目的,不是俄国的努力所达得到的。愿意做自由人不愿意,能够做自由人不能够,都是要中国人自己去努力的!

我叙述这一段话了之后,只有几句话:

中国的国民呵!大家要为世界的人造自由的世界!

世界的被掠夺者呵!大家要一致团结!

世界上强有力的掠夺者呵!你们应该要赶快从弱肉强食的历史罪恶里面觉悟转来,抛弃你们一切掠夺品,回复你们"人类社会的良心"!

(《星期评论》第四十五号,1920年4月11日,署名 季陶)

18日(星期日)

28.《强盗阶级(The Robber Caste)》(《星期评论》第四十六号,4月18日)

《星期评论》第四十六号刊登李汉俊译《强盗阶级(The Robber Caste)》,如下:

萧伯讷赞美波尔色维克

(一)

最近萧伯讷(George Parnard Shaw)①在董斯卫火鲁(Kingsway Hall)作过一次讲演,讲演底题目是"社会主义与劳动党"。他说:在我们近世社会——换言之,在现在各文明国——最重要的事实,就是强盗阶级底存在。我们应当大大地留心研究强盗,因为我们可以由他们得许多很重要的教训。一般很老实的人,正在那里拼命地争论他们如何实现所谓"理想时代"的时候,治者阶级就与窃盗袭金库一样,硬来把他们所需要的财产偷去了。

萧伯讷接着又说明中等阶级底发达,说他们如何耕种、如何开发强盗阶级底土地,(强盗阶级他们所有的土地太多,自己倒弄得不晓得什么处理),又如何将利益底几分之几给与强盗阶级。于是中等阶级就组织劳动团体,自身也就渐渐富起来了。我是组织劳动团体的一个人,我就惯把我看作强盗底友军了。我自己自然很想辞这个

---

① 应为 George Bernard Shaw,今译萧伯纳(1856—1950),生于爱尔兰的英国剧作家,社会主义者,英国费边社重要领导人。

强盗底职。（笑声）。但是强盗阶级不赞成。中等阶级底人又说："我正要打破你底偏见，我决了死心，是要使这个国（英国）现一种状态出来，使能够做强盗的人，都能够入强盗阶级。"这个信条就叫作"自由主义"（大笑声）。我底朋友爱斯葵斯（Asquith）①，如果也与别的政治家一样，只想演说底时候使听众欢喜，别的一点怎么都不想，他大概是要说世界在进化，理想在变迁，这个"自由主义"自劳动得了很多的教训（笑声）。但是这样事一点都没有。他还是一面开始他底政治运动，一面说："诸君！我一点什么也没有学得，我一点什么也没有忘记。"（哄笑喝采）

（二）

试问在我们英国有不有过征兆，组织一个党，抛弃掠夺者底思想，计划共同协作，为全国底利益求一般的生产，使懒惰及不生产之事皆归消灭？我只好直截了当地答应说：我没有看见有一个党，能够说他真是自始至终充满这种特别精神的。我没有看见有明确的阶级对立的可能性，我没有看见有明确的阶级斗争，为一切劳力劳心的劳动者底特殊党派而计划的可能性。

俄国有个党，作了很大的进步，他们受过教育，他们对于什么德谟克拉西，什么托拉列雄等类之事，不为无意识的解释，他们只信任少数人努力奋斗底势力。俄国底军队作了很异常的事。他们停了仗，回了家，夺了国家底土地。由强盗阶级看起来，实在是世界有史以来未曾有的大凶暴（喝采）。

译者注：德谟克拉西（Democracy）底希腊文是 Dymokratia②，是由 Dymes（国民全体）与 Kralos（支配）组成的，所以德谟克拉西就是"全体国民支配所有一切"的意思。托拉列雄（Toleration）是由拉丁文 Tolerare 来的，是容许的意思，在本文是容许人有行动或判断底自由的意思。德谟克拉西、托拉列雄都是社会主义者所奉为理想的。但为实现这个理想，与恶势力争斗，就不能不有违反这个理想的行动。像俄国波尔色维克这回革命，就不能不排除资本家阶级及不劳而食的阶级，又不能不芟除反波尔色维克的克伦斯基、柯尔恰克、霍尔瓦特、谢米诺夫、犹德尼、台尼金③等等。前者排除一部分底人，是违反德谟克拉西，后者芟除反对党是违背托拉列雄。但这是为达目的的手段，是正当的。然而还有一班人说："你主张德谟克拉西，就不应该有违反德谟克拉西的行动，你主张托拉列雄，就不应该有违背托拉列雄的行动。现在你想实现德谟克拉西、托拉列雄。德谟克拉西、托拉列雄还没有实现成功，你先就有了违背的行为。这是不行的。"萧伯讷是笑这种人迂阔而不懂事的，是赞成俄国波尔色维克底办法的。所以对于前者，他就讥诮他们只晓得对于德谟克拉西、托拉列雄等为种种无意识的解释，束手无策，坐着等待理想底实现，不晓得去努力。而对于俄国波尔色维

---

① 这里的爱斯葵斯疑为曾担任英国首相的英国自由党政治家阿斯奎斯（H. H. Asquith, 1852—1928）。其子曾以萧伯纳的剧本拍电影。

② 应为δημοκρατία。

③ 柯尔恰克，今译高尔察克（А. В. Колчак, 1874—1920）；霍尔瓦特（Д. Л. Хорват, 1859—1937）；犹德尼，今译尤登尼奇（Н. Н. Юденич, 1862—1933）；台尼金，今译邓尼金（А. И. Деникин, 1872—1947）。他们均为在苏维埃政权成立不久后的内战中向布尔什维克发起挑战的前沙俄将领。

克,就赞叹他们对于德谟克拉西、托拉列雄等不为无意识的解释,只晓得为自己底理想去拼命努力。下面赞叹李宁的一段,也是立在这一点上。

现在欧洲只有一个真有趣味的政治家,他底名字叫作尼古拉斯·李宁(Nicholas Lenin)①(喝采)。李宁不承认,许多年来为许多社会主义者所热心宣传的"社会革命应当以人民底意志为基础"底教义,他在手段上完全是与运斯坦·查尔其(Wniston Charehill)②相同的,同时亦是与强盗阶级相同的。他说不必要等到遍国底国民都了解,他就作了先锋。他也像我们(英国)底治者阶级组织了便于实行他们底主义的一种机关。他以一种间接选举底方法,组织了苏域(Soviet)③组织。这种选举方法完全不是德谟克拉西的选举方法。他用的选举方法是间接的,是二重三重的间接的。他为与他底同志共同作事,要这样办理,也是可以原谅的。托拉列雄底观念一样也是没有的。他布置得务必使懒惰及不生产底事,再不能存在。

李宁认定只要是实行主义的电动机到了,哪怕国民还在信从掠夺的组织,或另一种组织,国民中的少数有知识者应该尽其所有的力量夺斗到底。

(二)萧伯讷接着又画了一个画,说明波尔色维克如何待遇俘虏。世人都说波尔色维克对于俘虏为种种不人道的行为,但他们并【没】没有这样,他们待俘虏很仁爱亲切,并且给许多小本头的书与他们,使他们确实明白波尔色维克作的什么事。他们认定有收揽人心的必要,他们教育成了年的俘虏,与他们教育俄国底儿童是一样的(喝采)。现在他们对于俄国儿童,从人之初教起,使他们知道,像从前那些不作生产劳动者的,及营超过劳力所应得的生活的,都是骗子。

(《星期评论》第四十六号,1920年4月18日)

25日(星期日)

29.《布尔塞维克的俄罗斯》(《东方杂志》第十七卷第八号,4月25日)

《东方杂志》第十七卷第八号,刊登纽约世界报特派员林康阿耶和列宁底谈话《布尔塞维克的俄罗斯》。

30. "共学社丛书"广告(《社会主义与社会改良》封底,1922年5月)

"共学社丛书"广告:

---

① 十月革命后不久,一些西方人误称列宁为 Nicholas Lenin。

② 运斯坦·查尔其,通译温斯顿·丘吉尔(W. Churchill, 1874—1965),英国政治家、军事家和作家,两度出任英国首相。

③ 苏域,通译苏维埃(俄文 совет)。

《马克斯派社会主义》四角,《德国社会主义民主党》七角;《布尔什维主义底心理》四角半;《马克思经济学》九角;《社会主义与近世科学》三角半;《社会主义之意义》五角半;《俄国革命史》三角半。

(《社会主义与社会改良》封底,1922 年 5 月)

4 月

31.《社会主义与中国》(著作(第一章《中国社会主义之过去及将来》),4 月)

社会主义研究所发行冯自由撰写的《社会主义与中国》。第一章《中国社会主义之过去及将来》:

第一章

中国社会主义之过去及将来

(一)新时代之社会主义

什么叫做社会主义 Socialism？这就是要拿世界上万般的事事物物。不平的使之平。不公的使之公的意思。譬如人类自有历史以来。便有贫富贵贱。主人奴隶贵族平民资本家和劳动者等等阶级。都是很不平的。社会主义就是要铲除这些不平的阶级使之平。又如世上生产机关(土地矿产机械工厂等类)生产品物生产利益的种种私有事业都是很不公的。社会主义就要使之一切归诸公有。总而言之。社会主义的心肠。乃是大慈大悲的心肠。社会主义的手段。乃是救苦救难的手段。在人道正义上看来是没有理由可以反抗的。然而人类本来是有一种自私自利的恶性。这种恶性。俄国人托尔斯泰 Tolstoy 称之曰兽性。因为社会主义是反对不平及不公的主义。与怀有这种恶性的人类是不能相容的。所以自从有人提倡社会主义以来。自然不免大受这不平的阶级和不公的制度所反对。从前欧洲各国社会主义的萌芽时代。经过这样的阻力实在不少。到现时公理渐倡文明日进。社会主义便成了今日至重大之问题。中国人脑筋很旧。对于世界的大事情向来不大注意。主张根本改造的社会主义更是他们所闻而生畏的。但是这回欧洲大战后的结果。社会主义的潮流。真有万马奔腾之势。睡在鼓里的中国人便也忽然醒觉。睡眼惺忪的不能不跟着一路走。现在社会主义的一句话。在中国却算是最时髦的名词了。我记得十余年前商务印书馆出版的小说。有一本社会主义的译本叫做《回头看》。内容很好。消[销]场却也平常。今年商务印书馆竟大登广告。说那书是什么新时代的需要物。听说沽出很多。这可见得近来社会的心理了。老学究首领的徐世昌去年下了什么命令。居然说起民生主义的话来。气焰通[冲]天的安福系也发起什么社会主义研究会。俗语说公理以愈研究而愈明。他们纵然没有研究的诚意。却是多读几本书报。也能够多开通一点思想。于人世亦未尝无益。梁启超是素来反对社会主义最激烈的。但是他的朋友已是宗旨一变。旧进步党人经过历年政治的教训。近来似有一番大大的觉悟。他们所办的上海《时事新报》【、】北京《晨报》【、】北京《国民公报》都极力发挥社会主义。中国人年来鼓吹这种主义的报纸。以他们所办的为最多。着论及译述等文件也很不少。如果他们的宗旨能够始终如一。便是社会主义的功臣。是我们最早提倡社会主义的革命党人所不及的。照这样看来。中国已入了社会主义的新时代。我不能不说是可喜可庆的新现象。

(二)同盟会之平均地权论

中国人实行社会主义的时代很早。上古时代的古圣名王所行的井田制产等种种制度。有许多合于社会主义的宗旨。这是一般考古家所引证的。但是我们所讲的社会主义。乃是从欧洲的新学说传来。在欧洲提倡已有一百多年了。若在我们中国还不满二十年。起先提倡的人就是革命党首领孙中山。最初的时候。他不过与少数朋友研究研究。听说当时也曾与保皇党首领梁启超谈过多次。梁启超很不以为然。到乙巳年(民国纪元前七年)孙中山在日本创立中国同盟会。那会的纲领第四条就是平均地权。无论何人入会。都要宣誓实行者四大纲领。考究平均地权的学说。原是美国亨利乔治(Henry George)所提倡的，又叫做单税论 Single Tax。他的主张是土地国有。以为世上一切的富力都从土地生产出来。若专向土地征收相当的租税。便可杜绝经济上的一切垄断。贫民阶级也就可以解除苦痛。这种学说。亨利乔治曾经辨明不是社会主义。但是据一般社会的眼光看来。不能不说它是社会主义的一种理论。孙中山从前最服膺这种学说。所以将平均地权的条件加入同盟会四大纲领之一。中国人的政治团体首先拿社会主义做他的党纲。同盟会就是嚆矢。

(三)《民报》之民族主义论

同盟会的机关报的《民报》。也在乙巳年冬在日本出版。孙中山的序文标明的三大主义。就是民族主义和民权主义民生主义。民族主义是种族革命。民权主义是政治革命。民生主义是社会革命。什么叫做民生主义呢？原来就是社会主义的别名。孙中山因为这个主义完全是为民生问题。所以叫他做民生主义。那时《民报》曾登载一篇中山演说词。乃是主张民生主义和五权宪法的。发挥得狠为透辟。不料竟因此与以《新民丛报》的梁启超起了一场笔墨大官司。梁的主张是与社会主义做绝对的反对。他说这种主意是世上一般大盗鼠窃流氓光棍地痞所唱道的。这样谩骂真可谓无所不用其极。他又主张托辣斯的制度。作了一大篇欢迎托辣斯 Trust 的祝词。希望中国快快的发生多大的托辣斯和伟大的资本家。这样见解真算是异想天开了。末尾一段。他又忽然赞成国家社会主义。说是与社会主义的性质完全不同。不妨采用。乱七八糟的批评起来。实在是可笑得狠。这场笔战闹了一年多。虽说是不能够令社会主义在中国有多少进步。然而《民报》记者藉这个机会将社会主义的真理。灌输到社会上智识阶级一部分人的脑筋。其功也就不少。

(四)予之三大革命并行论

在《民报》初出版的时候。我在香港《中国日报》也撰了一篇《论民生主义与中国政治革命之前途》的文章。约有一万多字。后来更转载在《民报》第四号和美国旧金山

《大同日报》上。我的主张是要拿我们种族政治社会三大革命的宗旨。统通在革命时期内实行根本的解决。因为我国的资本制度虽还没有发生。劳动阶级的痛苦也没有欧美各国这样利害。但是我以为若能够使政治实行大大的革新。同时一切的工商业也自然跟着进步。不消说资本家的富力也自然发达到了不得。大多数的劳动阶级的痛苦。也就如今日欧美各国的一般。到那时我们才想法子打消社会暴动的风潮。和讲求救济的计策。已是迟了。所以我们应该在政治革命期内把社会主义的施设。如土地国有交通事业国有(铁路输船电灯煤气电车水道等)矿产国有工厂国有等事——实行起来。使中华民国成为一个完全社会主义的国家。作世界的模范。这就是区区的志愿了。

(五)海外各报社会主义之鼓吹

在民国成立前。我国人发刊的社会书报很少。《民报》之前有香港《中国报》。其后还有东京之《天义报》。星州之《中兴报》。檀香山之《自由新报》。云哥华之《大汉报》。就中《天义报》算是纯粹的社会主义机关。乃是刘光汉夫妇所办的。却是材料不多。没有什么精采。后来刘光汉竟然变节。做起端方的侦探来。好好的社会主义家堕落到这个地步。真是可耻的事。

(六)新世纪之无政府主义

巴黎《新世纪报》也是这个时候出版。他的主张不是寻常的社会主义。乃是无政府主义。又可以称为极端的社会主义。创作的人就是李石曾。吴嗣徽(稚晖)。张静江那几位。他们主张的不是卡尔马克思 Karl Marx 的学说。乃是俄国人克鲁泡特金 Kropotkin 的互助论。和法国人布路顿 Proudhon 的无政府论。我国人所办的无政府主义机关报算他事最先的了。这报出版几年。消流得狠广。有许多冥顽不灵的读书人脑筋受他的感化。一般智识阶级 Intelligentsia 受他的影响也就不少。他们还有几种无政府的著作和译本。到现在已是绝版了。

(七)民国成立后至上海社会党

以上所述的。是社会主义在我国清末时代萌芽的情形。到了民国成立之后。在元年时候。上海就有社会党的名称出现。因为拿孙中山的名字造他的招牌。收揽党员很多。听说有好几万人。还有上海的《天铎报》造他的机关报。很像蓬蓬勃勃的样子。但是从实际上看来。他们创办的人对于社会主义的道理和派别。很不清楚。所收罗的党员真是莫名其妙。问他社会党是什么宗旨。他们也不知所答。和那时不知道自由是什么界说的自由党也差不多。这样团体称为社会党。未免名实不符了。后来到底被袁世凯解散。那些自称社会党的人便都不敢承认。也就风流云散了。

(八)国民党之民生政策

同盟会本来是最老的社会党。再入会时候已经是宣誓服从。那誓词上有"矢信矢忠有始有卒如或逾此任众处罚"的四句话。可见得凡是曾经入会的人。永远不能改变宗旨。如或变节。是要受公众的处罚的。这种信条比之现在欧美各国的无政府党还严重呢。民国既然成立。同盟会头二件恢复中华创立民国的宗旨算是成功。还有最后的实行民生主义那一条并没有做到。那时同盟会已经由秘密党的性质变作公开的政党。在南京政府的时代。就算是政府党。但是改组政党的话。到南京政府将近解散的时候才实现起来。孙中山黄克强他们所定的党纲八条。也有实行民生主义和主张男女平权的二事在内。后来国会北迁。同盟会本部也就搬到北京。章太炎原是同盟会员。却首先在北京《亚细亚报》做了好几篇反对同盟会的文章。就拿民生主义和平均地权论为话柄。此外还有反对报纸几家。也是这样论调。同盟会因为竞争国会议长的运动失败。宋教仁等便与统一共和党的吴景濂谷钟秀商酌五党合并的话。但是吴谷他们不赞成同盟会民生主义的党纲。宋教仁急于挽回国会多数党的势力。也就无所不从。竟然拿同盟会最有价值的民生主义的主张改做民生政策。本来民生政策就是从前德国铁血宰相卑士麦所行的社会政策 Social Policy。卑士麦因国中社会运动的风潮。渐渐加剧。所以一面设法禁制。又一面剽窃社会主义的纲领中有益政府的办法施行几件。藉以缓和劳动阶级的反抗。美其名曰社会政策。怎料中国同盟会的人也学起卑士麦来。拿他最宝贵的党纲作交换政治权利的牺牲。这真是可痛可恨的事。宋教仁因为热衷利禄。故有这样忘本的举动。然而提倡民生主义的老祖孙中山那时也默默无言。我就不明白了。

(九) 广东之心社

民国成立之后。国人的言论自由和思想自由出版《自由》。似乎比较前清宽缓些。但是社会主义并不见有什么进步。从前主张社会主义的革命党人。或做官。或发财。或组织政党。或运动议员。多数忘却了入会宣誓的民生主义。各省地方真正是没有人敢谈论这种道理。以为是很不合时宜的东西。但是那时在广东省城。还有刘思复等数人创立一个无政府主义的小团体。取名叫做心社。他的主张是实行废除家族和自由恋爱共同生活等件。和巴黎《新世纪报》鼓吹的也差不多。广东人的脑筋本来格外顽固。听说他们有这样新奇的议论。多数骂他们是伤风败俗犯上作乱的败类。所以心社虽不受地方官干涉。也不能够什么进步。后来龙济光入粤。心社也就消灭。刘思复到上海还发刊一种《民声》小报。发挥心社的主张。到刘死后。《民声》便也不能保存。

(十) 癸丑后海外社会主义之鼓吹

自从癸丑年二次革命失败之后。有许多革命党人逃亡海外。他们除了运动讨袁之外。还有几人在南洋和美洲向华侨鼓吹社会主义。江亢虎在旧金山创立平民书报社。发刊小印刷品；夏重民陈耿夫在日本发刊《牺牲》杂志；李怀霜在爪哇主持《苏门达腊报》。各自提倡这种言论。我那时在旧金山发刊《民口》杂志。还是主张社会革命要与政治的三次革命同时并行的话。但是我们单对华侨造工夫。并不能像国内各省输入什么新思想。故也不见得有什么效果。

(十一) 南北官僚仇视社会主义之原因

袁世凯死后。国会虽已恢复。但是那些政团和一般政客。更不晓得什么社会主义。和世界新思想。连那从前民党党纲的民生政策都忘记了。黎元洪也学袁世凯发布几道尊重纲常的命令。这真是一蟹不如一蟹。到了国会二次解散。张勋拥宣统复辟。徐世昌便乘了这个机会骗得一个总统。于是又有什么命令颁告各省。禁止人民鼓吹社会主义和发布印刷品。西南各省本来挂着护法的招牌。广东省的省长和警察厅不知怎样又奉行起非法总统的命令来。居然传谕各道尹知事钦此钦遵。这不是更加奇怪的吗？到了俄罗斯的大革命发生。波尔色维克 Bolsheviki 主义的狂潮震动世界。各国政治家资本家无不惊心动魄。英美法日几国都派兵到西伯利亚协助反对波尔色维奇的复辟派。预防波尔色维克主义的蔓延。中国的西北和外蒙与意西伯利亚接境。自然受这种影响不少。所以徐世昌等人也就设法防范。如临大敌。中国人本来没脑筋。官僚尤甚。他们不知道社会主义的派别。以为波尔色维克主义与社会主义是二名同物。难怪竟然风声鹤唳自惊自扰起来。怎知道欧美各国社会党的地位一日增高一日。他们的进行方法与俄国的波尔色维克还有许多不同的呢？

(十二) 欧洲战后世界之新潮流

欧洲的大战争已经告终。德国同奥地利匈牙利各国都跟着俄国大起革命。推翻了他们的军国政治。变为平民政治。所有执政权的人大都是社会党员。不消说这几国的政治必然是实行社会主义的方法。还有协约国的英法美意日几国虽然获得战胜国的美名。但是经过这回大战之后。人民多数失业。制造原料缺乏。商品也不畅旺。物价腾贵几倍。所以人民的痛苦比之战前更加凄惨。自从罢战以来。各国罢工的风潮。愈闹愈凶。真是无日不有。日本是劳动界最无助团结的国。而且民权很低。军阀和贵族的权威最盛。这几年因为欧洲战的影响。国内的资本主义很为发达。平民的生活了不得的凄惨。因此闹米荒的风潮。和同盟罢工的事件。一天紧似一天。听说近来的罢工近有二千几百次。你看各国贫民享受社会上这样不平等的苦况。岂有不投入社会党而是实行自救的方法吗？这样风潮闹到各国执政权的人头疼眼昏。自然不能不讲求救济的方法。所以大战后各国的内政第一件就是社会问题。一波未平一波又起。他们的困难也就可知。照近时各国[国]罢工的经过事情看来。资本家和劳动界之争执。大约是劳动界得胜者居多。这可以见得近代政治上和社会上的新趋势。无论什么强权都不能够抵抗的。

(十三) 日本新潮流与中国社会主义之影响

以上所说的是中国人以前提倡社会主义的历史。和欧洲战后世界各国政治经济两问题的新趋势。本来中国人素有一种倚赖的根性。没有自动的能力。从前虽有人到处鼓吹社会主义的言论。因为国人不见得欧美社会党在政治上有多大的势力。而且本国的资本制度还未生长。劳动界的风潮一点没有。所以也就不甚注意。还有一层。中国近年的新学说思想。多数是从日本传来。日本军阀政府向来仇视社会主义。甚于蛇蝎。自从幸德秋水被杀。更没有人敢倡导这种危险的话。中国的新学书籍。大半由日文翻译出来。日本这种印刷品既然很少。中国那里还有译本呢？近来日本因受欧战影响。劳动界受资本家的压制。日甚一日。政府因工人的团结力渐渐强固。不得不稍为放松。于是大学讲师和新闻记者主张社会主义者日见其多。新闻杂志和译本书籍讲解这种道理的已是不少。我国主张社会主义者得许多日本文译本为生力军。便也发刊各种书。尽力宣传这种主义。智识界的人藉此得知世界最近的新文化。渐渐有了多少的觉悟。赞成者日日加多。这是我国人近来趋向社会主义的第一原因。

(十四) 俄国大革命与中国社会主义之影响

俄国波尔色维克的劳农政府成立之后。李宁 Lenine 托尔斯基 Trotzky 他们尽力向各国宣传他的广义派主义。德奥匈几国。已是与广义派同化。这回欧战的结果。谁不知道德国败战是因为国内大革命的缘故呢？怎估到德国革命的原因就是受了波尔色维克的影响。这是世人所公认的。其他英法美意各国也受波尔色维克的影响不少。各国的社会党和劳动党都反对本国派兵攻击波尔色维克的举动。英国首相雷合乔治日前在伦敦市长晚餐会演说道。"在俄国革命的初期。我已预料波尔色维克绝不是用铁血政策可以打得平的。"又道。"英国军队已尽数从俄国撤退。我是很欢喜的。因为我看波尔色维亚[克]的俄国。好像是一个很大的浮沙。一时的征服或且不难。但是无论怎么样的大军队大帝国。都会葬送到这浮沙里去。"又看法国报纸所载道。"法国派往攻击波尔色维克的军队。一见了敌军便欢天喜地握手道好。竟然与之同化。法国派兵几次都是如此。"从这几件事情看来。波尔色维克的魔力真是可惊。究竟这是什么的作用呢？原来波尔色维克的一个字。照俄文是多数派的意义。也有人译作广义派。日本人译作过激派。是从英语 Radicalism 一字译出。与原意是不大对的。他们的宗旨也是奉行社会主义老祖的马克斯主义。虽有社会主义的别派说他不是马克斯主义的正统。又有人说他是理想上不能实行的社会主义。但据近来克鲁泡特金的书简。批评他是在社会民主党里头狄克推多制 Dictatorship 这一段来做起土地上、工业上、经济上的社会主义。克氏本与李宁托尔斯基的主张素来不同。照他这样说来。波尔色维克的行为也还不离乎马克斯主义 Marxism。再看他的种种设施。如士[土]地国有。资产国有。银行国有。外国贸易国有。农业机械国有。工厂国有。儿童国有。和取消内外国债。废除国际蜜约等事。真是别开天地。令古今人类所梦想不到的。各圆[国]因为这样思想传入本国。足以紊乱社会上阶级的组织。难免发生经济上的大革命。危险已极。所以都拼命地防范起来。派兵协助俄国的复辟派和封锁交通。也是因为这个缘故。可算是无微不至了。中国工人在俄国的不少。加入波尔色维克的也很多。北京政府中人闻说有许多中国工人从俄国回来。志在宣传波尔色维克主义。便也大惊小怪。通电各省一齐下手防范。因此稍为开通的政客和新闻记者都说若不赶快的研究社会主义。选择几件缓和人心巩固政府的政策施行起来。国人就容易受过激派所煽惑。难免中国不变成第二个俄国呢？近来报纸都是这种论调。我对于这种见解。只有掩口葫庐[芦]的笑。却也不便说明。然而这也是我国人进来趋向社会主义的第二个原因。

（十五）欧战告终与中国社会之影响。

军国主义的德国已然一败涂地。凡是与德圆[国]同气味的国家都受了政治上和经济上的新潮流的冲动。知道者不改弦更张。决不足以自存。所以欧洲战后的平民主义 Democracy 和社会主义的进步。真是一日千里。这两种主义本来是互相关联并行不悖的。中国这几年来南北两方因为法律问题开战。究竟两方执政权的人都是杀人如草的军方和贪婪无厌的官僚。那里懂得什么平民主义。那社会主义更不必说。但是这种新潮流乘了战胜中欧大帝国的气势。横冲直撞。无坚不破。无论怎么样的强权都不能防阻的。中国的腐败老师宿儒和官僚武人虽是极力反对。惟有智识界的人很有一部分欢迎这样的新文运。我说及此事。不能不归功于北京大学的校长蔡元培。从前北京大学的学制本来不甚完备。思想也很陈旧。自从蔡元培当了校长。将学制大加改良。极力把新时代的思想灌入青年学子脑筋。还有几位教授也奋勇提倡。所出版的书报都是言古今人所不敢言。消[销]场很广。大有洛阳纸贵的声价。北京大学原是全国学界的模范。学界的中心点已是这样的趋向。各省的学风如何不为之大变呢？那时大学内的老学究都痛骂他们。说是离经叛道。反对的风潮来得很凶。到底是外国的新潮流。声浪一天高似一天。学生的团结力也很巩固。徐世昌们也就没奈他何了。这是我国人近来趋向社会主义的第三原因。

（十六）五四运动与中国社会主义之影响

这回北京学界五四运动的大事件。也与近时新潮流的澎湃。有极大之关系。因为五四运动虽说是讨曹章两卖国贼。但主动的人全是大学生。北京大学平日提倡改良社会学术文艺和一切的新思想。固然与国内的守旧派根本不相容。还是蕴而未发。没有大宣传的机会。这种新思想。日本人便叫他做危险思想。一旦爆发。便如在国民的头顶上放一个大霹雳一般。所以五四运动之后。全国学术界和有智识的人受了很大的感动。都跟着大学生一路走。那么大学出版的印刷品也就不胫而走。受国人的大欢迎。没有几时。上海天津广州武昌长沙太原杭州漳州南京开封成都烟台各处都有许多传播社会主义的书报。调查这一年内出版的此类新闻杂志。已有二百几十种。比较去年今日我国人对于社会主义之信仰。真是天渊相隔了。这是我国人近来趋向社会主义的第四原因。

（十七）中国实行社会主义可不经过资本主义阶级乎

前回已把我国人渐渐倾向社会主义的原因讲明。可见得社会主义乃是一个大慈大悲救苦救难的理论。世界上不论那一园[国]的强权。总不能战胜这样的人道正义。所以社会主义倡导了百有余年。虽经过专治政府及资本家无限的阻力。牺牲了无数的人命。还是蒸蒸日上。所向无敌。到近来更大放光明了。我们中国鉴于各国的历史。顺着世界的潮流。自然应该拿这种大慈大悲救苦救难的主义赶快的施行起来。才可以免得资本专制的阶级。是毫无可疑的。但是有人说"中国还没有讲及社会主义之必要。因为中国实业并未发达。资本主义亦未出世。劳动界与资本家之阶级也未分明。此时讨论这样问题。好像杞人忧天。自寻烦恼。而且照各国之历史证之。没有不经过资本主义 Capitalism 的一阶级。若将发达一国实业的资本主义先行反对。实足阻害生产之进步。故今日只可设法鼓励。使之自由竞争。然后足以适于商战之世界。致国家于繁荣也"。又日前陆征祥对外国政府中人说。"中国人崇信孔孟纲常的道理。并没有资本家和工人的阶级。故无派出代表列席万国保工会之必要。"这都是一样的见解。陆征祥在外国多年。算是脑筋稍微新的。还是如此冥顽不灵。这可以代表我国新学家的思想。真是糊涂虫。我从前在《中国报》也曾痛驳过梁启超这种议论。现在不得不再为解释。本来中国的经济状况。还没有到像欧美各国资本专制的田地。为什么我们偏要在资本主义未发生以前实行社会主义呢？这就是未雨绸缪的意思。因为我们鉴于近时欧美各国劳动界所受资本专制的痛苦。及政府对付富商跋扈和工人无告的困难。真有积重难返的苦处。所以不能不先替我国人打算。预先设法把未来的大灾害除了。以免生出像欧美同样的大资本主义。从前同盟会的党纲。拿社会革命的条件与种族和政治二大革命并列。也是这样的意思。不过民国成立之后。多数党员拿他的党纲丢在脑后罢了。

(十八)中国实行社会主义可不经过资本阶级之先例

赞成社会主义者对于上述的问题也有一种疑团。他是根据马克斯的唯物历史观 The conception of material historism 以为人类总难免阶级的战争。如昔时奴隶与主人争。及近时平民与贵族争。劳动者与资本家争的阶级。是进化史上一定经过的途径。无可趋避的。目前的中国尚未脱离平民与贵族争的第二级。怎能超越而跳到第三级呢？而且若还未曾到着资本制度时代。劳动者没有受了物质上种种的痛苦。决不会自行觉悟而讲究自救的方法。我们纵然尽力向他们宣传社会主义。他们又怎肯赞成呢？这种疑问狠有研究的价值。现在有许多稍为开通的人。还说社会主义是不急之务。也是这种见解。但是马克斯的惟物历史观。并不是这样解法。我可以举俄德二国的先例和我国一比较之。考究俄德二国社会主义发生的初期。均在资本制度发生之前。俄国的资本制度至今还是十分幼稚。并且没有脱离了平民与贵族争的第二级。农民和工人的支配人乃是贵族大农教士军阀官僚。新近生长的资本制度全在大农教士军阀官僚的掌握。与英法美的多数平民资本家性质不同。他的社会主义已传播了六七十年。巴枯宁 Bakuniue 的无政府主义。马克斯的《资本论》。托尔斯泰的无抵抗主义。克鲁泡特金的互助论都也十分兴盛。俄国的智识阶级受了各派新思潮的陶镕自然尽力向上。日日筹谋打破贵族政治的专制。怎奈政府压制狠严。捕杀党人的手段万分残酷。他们还是前仆后继。愈弄愈猛。千辛万苦拼命运动了几十年。抛了多少炸弹。舍了无数人命。才换了一个没价值的立宪招牌。他们怎肯罢手呢？所以这回便乘了欧战的机会。把贵族政治一手推翻。李宁一派还不满意。另要建设一个破天荒劳农政府。拿他们波尔色维克的本色——施设起来。别国的人因他们手段过于激烈。很有人批评他们的不是。却是无论如何。世人都相信俄国政府若能早日觉悟。容纳社会党意思。把国内一切生产的事业归诸公有。改造一个社会主义的国家。这回的大风潮必然不会发生的。这不是资本制度未发生前应该实行社会主义的大警告吗？德国提倡社会主义的时候也在大帝国联邦政府之前。一八四八年马克斯发布《共产宣言》书。那时资本制度还狠幼稚。其后社会民主党势力日盛。在国会占有议员不少。无时不向军国主义的政府激烈反对。野心的德皇不以为意。到这回欧战开始的时候。有社会党首领"焦娄"因反对宣战。竟被政府中人暗杀。德军血战四年。占夺了法比俄意罗几国无限的土地。德皇威廉以为平日称霸全欧的大欲可偿了。怎想到底还是被本圆[国]的社会党所战胜。皇位也不能保。真是出乎意外了。起先李宁说道。俄国虽被德国兵力所征服。但德国亦必不免为波尔色维克所征服。这话果然有验。岂不是第二个先例吗？这是社会主义可以不经过资本阶级及劳动界自然趋向社会主义的确证。

(十九)中国官僚资本制度之隐祸

中国现时的情形很与俄国革命前的情形相同。俄国尚未脱离平民与贵族争的阶级。中国亦然。俄国的有资产者是贵族大农教士军人官僚五种。中国的有资产者就是军人官僚二种。此外还有在海外谋生的侨商。但他们的心理。不是待到国内政治修明。得有实在的保护。绝不肯回国治产。故可不算在内。俄国的资本制度虽已渐渐发达。但从实际看来。不过增长贵族大农教士军人官僚五种人的财产。中国也是如此。试看一看中国近来发财的人是那一种人呢？不是商人。也不是华侨。只有做官的人才配讲发财二字。做了巡阅使督军师长总长省长便可以克扣军饷。售卖官缺。做了盐运司财政厅长银行行长铁路督办便可以贩卖私盐侵吞公帑。自前清以来。已是如此。到民国更为猖獗。所以这几年增值财产的人全是武人官僚。现在振兴实业的话是全国[国]人都注意的。华侨狠是爱国。有心投资国内者不少。却因政府无法保护。故此都裹足不前。除此之外。就只有武人官僚肯分出多少的民脂民膏投资经营各种实业。调查现时国内所开办的银行矿产畜牧垦殖轮船工厂等等。大多数是与官场有关系的。他们有充足的资本。有保护的军队。自然比寻常商人优胜得多。所以寻常商人所不能办。他们都可以办到。照这样的情形。将来我国的大资本家就不离乎武人官僚二种。举一例来说。日本维新的时候。那些大臣山县井上松方和御用商人三井三菱严崎大仓他们就是借官发财。后来又拿他的民脂民膏经营各种实业。成了三岛大富豪。居然有操纵全国经济界的能力。这种例证很多。中国的官僚武人之发财手段。比俄日两国更凶。他们所得的不义之财。是劫掠欺骗得来。绝不晓得名誉是什么东西。将来他们变了什么银行矿场工厂的大东主。那时凭他们的兽性。虐待所雇用的劳动者。和鲸吞中下级的资本家。岂有不比较欧美各国平民资本家对于劳动者的惯计还残忍千百倍吗？照此说来。中国若不于这种官僚资本制度未发达之前。实行社会主义的组织。全国人民必然沦于苦海。若到那时才想救济。未免太迟了。何如在疫菌还未蔓延的时期先行消毒呢？

（二十）私人资本主义与公有资本主义之得失

国家的繁荣与资本主义的发达有密切的关系。所以现时欧美各国的富强就是资本主义暴发的结果。这是我所承认的。但是我所主张的是公有资本主义。并不是荼毒社会的私人资本主义。前文已将资本主义的弊害详细说明。这就是自由竞争的私人资本主义了。若要免除这种的弊害。惟有由国家组织一绝大之资本制度。把一切土地矿产资本机械工场的生产事业尽数归诸公有。一变以前的私有制度为公有制度。那么资本主义无论怎样发达。都于最大多数的劳动阶级没有一点损害。并且人民的乐利跟着资本主义一路增加。资本主义的利益愈发达。原名分配的乐利也愈扩大。所以各国社会党虽是一面反对自由竞争的资本主义。还一面不废促进工商业的鼓吹。认为社会革命的一种阶级。也不过是要将凡百的生产事业渐渐移到国家中心势力之下罢了。这种情形。在德国的社会民主党。英国的劳动党。法国的社会党都是一样的趋向。现时中国的私人资本主义。尚未兴盛。还没有欧美现行制度尾大不掉的弊害。若然先将公有资本主义施行起来。岂不是事半功倍吗？

（廿一）欧美各国社会主义之派别

我们既然晓得社会主义是大慈大悲救苦救难的方法。马上就要进行。断不可迟缓的。到底是从那方面下手呢？社会主义的派别很多。他们主张的途径都各分歧。那一件是适合中国的国情。那一件是顺应世界的趋势。这是煞费研究的。就是现在热心社会主义的先觉者也觉得千门万户。无从捉摸。还在研究时代的初期呢。我可以将社会主义的派别和主张大概说一说。在一部近世社会主义运动史里面的主要人物：英国有奥文 Owen 发起工人卖物场。法国有布路顿提倡无政府主义。圣西门 Saint Simon 提倡废止私产制度论。客比 Etienne Cabet 创设义加利团 Icarian Communit。福利尔 Fonrier 创设共同生活实验场 Phalanx。汤蒙 Tommaun 提倡工团主义 Syndiealism。德国有马克斯提倡科学社会主义 Scientific Socialism。拉萨尔 Laselle 提倡劳金铁则说 Iron Law of wages。洛白达斯 Rodbertus 提倡国家社会主义 State socialism。俄国有托尔斯泰鼓吹无抵抗主义。克鲁泡特金发明的互助论。普利哈劳 Plehanow 主张社会民主论。李宁提倡波尔色维克主义。美国有亨利乔治提倡单税论。比利斯宾 Brisbane 克里利 Creetey 创设社会主义试验场。此外著名人物很多。他们的主张有大同小异的。有目的同而方法绝异的。有取干涉主义的。有取自由主义的。但无论如何差异。各派都有一个共同的宗旨。凡是主张这种主意的人必不违悖的。这是什么呢？就是生产公有之一事。凡是生产机关。如土地矿产资本机械工厂一概紧止私有。生产事业亦由公共经营。人人皆有劳动之义务。生产物由大众公平分配。一切社会利益人人皆同等享受。这就是各派共同的性质。可见得终是殊途同归的。除此之外。还有讲坛社会主义 Sociaism of chair。那是社会政策的别名。即是政府用权力改良社会一部的政策。又有基督教社会主义 Christian Socialism 和工行社会主义 Guild Socialism 修正主义 Revisionism 共同责任主义 Solidarity。它的性质各有不同。却都是调和劳动资本两阶级的折衷派。以上所举的不过是简单的说明。其它的小团体及庞杂的主张还多。也不便细述。照这样看来。究竟我们中国的社会主义应该采用那一种主张呢？现在研究和提倡的人已经不少。只有孙中山主张土地国有是近马克斯派。李石曾吴嗣徵（稚晖）主张共同生活。是属于克鲁泡特金派。其余各人似还没有一定的见解。我今年三月份在上海遇见一位朋友。乃传播无政府主义狠热心的一个北方人。他说倡互助论的克鲁泡特金就是日俄开战时任俄军统帅的克鲁泡特金。我向他再三辩明。原来他的误会是因为克氏自传说本身曾入军队的缘故。你看那位先生对于所尊敬的人也会误解起来。其它就不必说了。这可见得有了主张的人也是靠不住的。何况是没有主张的呢？

（廿二）集产主义与共产主义之异同

就社会主义已往进行的途径看来。各派的主张虽不尽同。但可以分为集权主义 Collectiviam 和共产主义 Communism 的两大派。集产说就是马克斯派。共产说就是克鲁泡特金派。这两派势均力敌。各不相下。有人称共产主义为无政府社会主义。说他与社会主义全然不同。这话很不确实。何以故呢？因为两派所主张之归着点都在于公有生产共同生活的理想。所不同的就是干涉和自由的方法。集产派是偏重干涉。要将一切的产业都集于共同生活团体中心势力之下。所有生产分配劳动享乐及万般共同生活的事业。都用强力执行。是一个完全的经济理想。所以他的进行方法要专向国家方面争得政权。并利用国家政权来实行经济平等地目的。现时欧美各国政治上、社会上、两方面活动的社会党和劳动党都属这一派。共产派是偏重自由。要废除一切政治的组织。以个人自由联合为共同生活的基础。以个人的自由。以个人的自由意志公订之规约组织共同生活的团体。再由各生活团体自由联合而成世界。他的根据就是各尽所能各取所需的一句话。乃是一个完全的道德理想。他们批评集产派的强迫劳动。说是侵害个人自由。接近政权说是增助政府罪恶。因此两派就有不同兼容的见解。但从实际看来。一个是经济理想。一个是道德理想。马克司从惟物论立言。故断定社会是阶级争斗。克鲁泡特金从道德上观察。故断定社会是互助进化。到底同一样主张根本的社会革命。不过是各有各的人生观罢了。

(廿三)俄国大革命与中国人之觉悟

共产派和集产派的异同已经说过。他们现时在于政治上和社会上的地位。又如何呢？共产派就是今日世人所注目的无政府党。各国政府因他们反对政治一切的组织。故认为扰乱社会秩序的危险思想。拿他们当作洪水猛兽一般。防范的方法。真是无微不至。所以他们鼓吹运动。很不自由。至于集产派的情形。在各国最为普通。他们既要利用国家的政权来达他的目的。自然专向政治上做工夫。并且在政府和国会两方面已是占了很重要的地位。那些反对他们的政治家和资本家。虽然拼命的防阻他们的进步。也是无奈他何。试查看近数十年的政治史。和每日出版的报纸。便晓得我这话是很的确的。但是有人对于集产派的事情还有多少怀疑的地方。他们以为俄国波尔色维克也是集产派的一种。何以协约国对他有绝大之恶感。到今还是封锁俄国的交通。比之从前对待无政府党的手段还加倍严厉呢？这话很长。我去年也是这样思想。因为俄国与他国的消息隔绝。报上所载的话许多是伪做的。起先欧美的报纸也有批评他是无政府派。欧洲里边的消息以前本来可靠。这回也会不明白邻国的真相。这就难怪我们的疑心了。原来协约国仇视波尔色维克的缘故也有几个原因。第一是李宁托尔斯基他们这回大举革命。是靠德国的帮助才能够成功。协约国因他们脱离交战团并且与德国交欢。失了东欧的大助力。怎可宽恕他呢？第二是李宁政府宣告取消内外公债。协约国在战前投资俄国的金额不少。法圆[国]尤占巨额。若不是他力助反对劳农政府一派推翻李宁。他们怎可以恢复绝大的资本呢？第三李宁派因为从前在本国绝无政治上的地位。所以凡百的施设都用强力执行。手段未免过于激烈。大招国内他派的反动。协约国鉴于德奥匈三国与波尔色维克同化的事件。深恐这种思想传入本圆[国]。危害社会的现行制度。就不得不封锁俄国的交通。以免传染。这就是协约国对于李宁政府的用意。到现时波尔色维克的真相渐渐明白。李宁政府也较前巩固。英法美意的社会党和劳动党都要求政府撤兵。各圆[国]对俄之态度于是一变。除日本外。各国派往东欧方面及西伯利亚的军队都已撤退。据近来报纸所载。英美法几国已与李宁政府代表接洽。倘李宁政府能够保证过激思想不传播他国及承认偿还外债。便可以缔结和约。可见得这协约国的反对李宁政府。乃是条件的反对。并不是根本的反对了。我对于俄国革命的情形何以再四举例来说呢？因为俄国这次革命大有供我们中国人研究的价值。李宁一派因为在革命前绝无政治上的地位。所以用激烈手段施行他们的党纲。致生出国内别派及国际的反抗。如果他们早已接近政权。便可以一步一步的建设起来。不必用激烈手段了。我预料中国将来社会党奋斗的途径也是一样。倘若能够争得政权。把党中的主张彻底的实行。自然开出社会主义的大同世界。否则俄国这次大革命的实情。中国也是不能免的。这就要看中国的官僚武人财东等人能够早一点觉悟与否。

(廿四) 中国应采用何种之社会主义乎

我对于集产派和共产派的见解。以为两大派的主张同一样是社会革命必经的阶级。都不可以偏重的。为什么呢？共产主义是最高尚的道德理想。乃以个人的自由为本体。所有共同生活规约生产公有生产公分的条件。都是根据个人的自由意志来共同结合。绝不许旁人丝毫干预。这种思想颇有中国古代哲学家的"大同"理想相似。我前十年曾拿这理想请教孙中山。他不反对。也不主张。说这是神仙的理想。何妨任人研究呢？大约是可望而不可即的意思。我对于这种理想。也有一点疑义。因为大凡人类总不免有些惰性。而且不劳而食的事情。已经成了社会上一大部人的习惯。若全凭个人的自由。并不经是社会的训练。共产派所主张的共同生活。未必人人自然倾向劳动。譬如近代文明国的教育。都采强迫制度。也是这种意思。所以尊重个人自由的时代以前。还有一层经过社会训练的阶级。这就是集产派主张的强迫公有强迫公分强迫劳动的方法。到了人人经过社会训练的时候。自然大众明白互助的道理。不消说是可以凭着各个人的自由来组织一个美满极乐的共同生活大团体了。所以这两大主义都有充分的理由。我们应该拿这两种理由合一炉而共冶。才能够是适于【自】然界的趋势。不但是中国将来必然要经过这两层的阶级。就是世界各国也是势所必世。理所必至。一般研究社会主义的人若向这两派的主张细心观察。便可以知所适从了。

(廿五) 社会主义为中国建设之根本

近来我国人建设的话很是流行。因为中华民国虽然成立了八年。国家的根本还是摇摇不定。政治上社会上的一切组织都也糊里糊涂。没有什么进步。人民的生命财产和自由权利全被那些官僚武人一手抹煞。不但是空空的挂了一个共和政治假招牌。连满清时代的专制政治也不如了。所以国内热心人士都提倡国家改造的话。有主张改良法律。从政治上做工夫的。有主张振兴工商。实行实业救国的。但我以为除了实行社会主义的大建设以外。其余都是枝枝节节的问题。我这种主张还是十六年前的主张。没有一点改变。在前清时代。我在《中国报》提倡"民生主义与种族政治三大革命宜毕其功于一役"的话。到了辛亥革命。并没有实行。算是第一次失败。再到了其实共和政治及专制政治之比较的优劣。那时大多数人民也是糊里糊涂。直到如今还有许多不明白。不过是人云亦云。听从智识阶级的少数人所指挥罢了。但虽是如此。你看今日的中国人还有那些人反对革命党。说是强逼他们脱离了满清的主人而变还了民国的人民吗？我所说第二期的进行方法也是一样。不但是非如此不能贯彻社会主义的宗旨。而且一般人民必要经过这样社会的公共训练。才可以养成共同生活的常识。以后便能够智识平等。不至为少数人所操纵。这也是一种的强迫教育。

我这篇文章拉杂写来没有什么统系。并且我现在所住的地方也没有参考的书籍来供我的资料。就是所举民国纪元前鼓吹社会主义的人物和欧美各国社会主义的派别也不过是就我脑筋所记忆的说出来。或有挂一漏万的弊病。我很希望世上研究社会主义的同志。对于我的主张讨论讨论。我是十分欢迎的。

八、十二、十五

（冯自由：《社会主义与中国》，香港：社会主义研究所，1920年3月）

5月
1日（星期六）

32.《俄罗斯苏维埃联邦共和国劳动法典》(《新青年》第七卷第六号，5月1日)

《新青年》第七卷第六号出版"劳动节纪念号"，刊登李泽彰译的《俄罗斯苏维埃联邦共和国劳动法典》。

8日（星期六）

33.《劳农政治之成败观》(《民国时报》，5月18日)

《民国时报》刊登《劳农政治之成败观》，如下：

中美新闻社译纽约世界报伊尔氏文云，……俄国党派昔在尼古拉斯二世治下，有陆军学生党、十月党、保守党、社会党、无政府党等，率为俄皇所严禁，因其挑引革命之故。至在今日则已大不相同。昔日禁遏最烈之社会党、无政府党，今则方与劳农政府通力合作，颇得信任。至社会革命党之极右极左两派，则在今日亦为劳农政府所弃，斥为不法。极右一派因其曾于一年前扶助柯尔却克于西伯利亚。极左（一派）则颇参杂纯粹之无政府主义。其女领袖施泌鲁度奴佛曾主谋以武力推翻劳农政府。此阴谋之发动先之以谋杀德国驻墨斯科大使梅白克伯爵。于是极左派委员尽于一九一八年七月被拘至第五次全俄会议中。至社会革命党之所以反对过激派者，因其不予以法律上之规定，使农民与劳动工人同亨政治上平等权利之故。即如孟希维克及低视劳动政府之无政游党人等，无不跃跃欲动，欲起而与之相抗。此等党派大抵崇尚共产主义，唯于实施之方法各不相同，递至与过激派人不洽。孟希维克派以为俄国今日用社会党统治一国，事机尚来成熟。而现令所需要者，则为众人之民治主义，不可行狄克推多制度。其与社分党极左派携手之无政府党人亦不谓然，谓不当以铁手段之政府拓一国云。唯此等反对党派，其所抱主张颇近于幻想，不切实用，故亦不能多得国人赞同，而利其进行。其他诸派亦不能组成一秩序并然足张声务之大党，故终无大势力。其褒然居首而力能号召全国者，则仍为俄罗斯党即过激派而已。其所以然者，原因不一，一则党员最众，目前凡四十一万人。又以前年十一月间突起革命，竟告成功，而两年半以来复能保此国不为敌国所犯，固自难能。其于政治方面，亦能着着成功，出人意表。故政府中一切机关，几皆为该派中人所据。且有大军为之后盾，诚非他派所能及也。……凡一战争时代之政府，其大军如能在外杀散，时获胜利，则国内政治上之反对派，自不必惧。即偶有举动，亦不难平之也。……一旦战事既终，国外无事，则人将注其全力于国内，凡政治经济诸方面，无不在研究之列。于是劳农政府之设施，多有贻人口实之处。至是而欲保其原状，诚难言矣。不特此也，其于会议中所许派之代表亦颇不平等。如省议会中，农人方面每选举一万人中得派代表一人与会，而工人则仅须于二千人派代表一人。其于全俄会议中尤取严格，每农人十二万五千人中始得派代表一人，而工人方面则于二万五千人中派一人。由是观之，农人在一省之代表权利，少于工人五倍。而于政府中较高之机关，则更退处无权，少五倍十倍而不止矣。今过激派而欲维系人心，唯有平此不平，修改宪章，以达于真民治主义之境而后可。否则失败之日至矣。

(《民国时报》，1920年5月18日)

14 日（星期五）

34.《列宁与马克思》(《顺天时报》第五八五五至五八六一号，5月14日、15日、16日、17日、19日、20日)

至20日，《顺天时报》第五八五五至五八六一号，刊登《列宁与马克思》，如下：

俄国之过激主义 现正以非常之劳力 向各方面发展 其进步之远 殊可惊异 在俄国既深被其毒 他国能否幸免 尚□疑问余当就此问题试以心理学解释 以推测其将来

革命的共产主义 乃对于现代文明之成□也 彼辈既打破现在之社会制度 复以暴力推行虐政 较之汉勃堡皇室□亨资论皇室诺曼诺夫皇室诸暴君所施之专制政治 尤为残酷 而返观世界各国之中 复有许多人士 纷纷效仿行其政 岂不甚奋

彼共产主义者 固日以自由幸福 即在目前为言 然观其所行事 刚正以人类所托命之社会试验 彼等之窒息 将人类社会之制度 完全打破而此制度又为人类求有秩序之发达 所必不可少者也 吾人如不欲保存文明则已 如其欲之 则必须先除去此新危险 如欲出去此新危险 则于明悉共产主义者之计划以外尚须明悉其所以有此计划之心理 试问现在尽力行此试验之□□□ 除此危险的试验以外 究竟尚可□出何种希望乎 而其所以有此不合理之希望 而终不免于失望者 原因又属何在乎 又有各国人士已受相当之教育 已其有真实之民生思想 且已能知过激主义于现代文明大有危险者 仍有以过激主义为无上妙□ 而纷纷欢迎之 竟欲以此主义救济人类社会之缺点者 又□于何种见解乎 是皆不可不一一研究者也

余于研究社会问题之结果 早已知经济生活必渐变化为社会的 尚以人类之思想异性质亦化为社会的 为结局无论何种国家 其能以人民为基础者 必最为稳固 其以社会的自觉集合之人民 必能建设合乎社会主义之社会而维持之 此余所深信也 彼过激主义

本属亦社会的 而其理想与手段 亦属毫无□限 与向日之资本主义及俄国皇室之专制主义 无分轩轾 均属利己主义之变相 其不合于理可无待言 现在过激主义者谁以将来之自由为号召 而其政策则为有史以来所未有之压制政策 其过激主义之信条 亦不难了解 以其内容并非新奇多拾前人之唾余 而依赖于马克思者尤甚也

观过激派所有之主义与政策均不得□为特□ 在其出现之前 社会主义无政府主义或共产主义之书籍中 早已有此思想 而过激派中之人物 在学现上稍有注意之价值者 仅有列宁一人亦不得罪为独创之思想家 其所根据之理想及其所可以发表思想之方法 既属模政马克思而来 即其实际之政策及计划 亦无不模政他人者也 夫以完全权征之人物 而在智识界享如此之盛名 在政治上得如此之大权者 有史以来所未尝有也 亦□□善于模征者矣 然列宁之过激主义 所以得大多数人之献邀者 正以其未曾独创新理想 而完全抄袭前人之学说耳 盖人类心理本具有保守的情性 欲使其舍弃旧思想 而就新思想必须有若干时之踌躇 故从根本上倡一新奇之学说 则其传播甚为□□ 且有许多困难 不如抄袭固有之旧说 于世人心中已有若干影响 则其传播之易 如驾轻车 而就熟路也 凡欲创一宗派之信条 改一□□之公约 关涉群众之心理 而必须得大多数人之信仰者 此种影响尤为显著 过激主义既标榜以社会主义为基础 而列宁又公然声明以马克思所得之学理为其主义之根据 则其传布之远而且广顷刻之间蔓延全球者 即在利用人类保守的惰性之弱点 此吾人所不可不知者也

然缉察其内容则有大可惊异者在即过激主义与马克思之社会主义 外貌相似 而内容刚无一相同也 且马克思之思想与列宁之思想亦无一相同也 列宁所主张者 虽同马克思之名 而实际则食□恶马克思之大名与社会主义之成语因常出于列宁之口 而马克思之精神 则非列宁所能梦见也 于是吾人又可怪得一种世俗之心理 即正统之理论 维其穷美□实行之际 则大都不能与之相符 譬如大神学家 所□之信条表面上因为该宗派所崇奉 然按其实际则貌似神非者 占其多数 此以创作信条者 智识既富 道德复高 其见解亦超越常人之上 若以□俗凡属之辈 解释其信条禾有不支离灭□而□入歧途者 故世俗之所□神学实神学之□□ 而列宁及其党徒 所宣传之过激主义 亦马克思社会主义之□思也

当马克思著作之时 混称劳动者为贫民 尚无不可 以此时无论英国或欧洲大陆 至于劳动者阶级 尚未赋与政治上之权利 且在议会中 劳动阶级 亦无直接之代表故也 □劳动者之得有□学权 而选出代表于议会 还在数年之后 即一千八百四十七年之前 劳动者政治上之解放 尚未实现 故当马克思之时 尚未能知后日之情形 与其所见者大变面目 其思想称与事实不符 亦不致有伪马克思主义之价值也 其后选学法既经改正 社会改良法亦渐□行 尚有劳动组合等种种方法 使劳动阶级之状态 大为改良 即在马克思晚年 亦求能梦想如此之进步 故马克思之推论 谓资本主义日益发达 则人类之大多数化为贫民 于是富者益富 贵民益贵 而以人类全体计之 则日就贫困 终至全世界之人类 贫民占其多数 于是贫民之专制政治 必然出现 此马克思就当日之推想言之 而与今日社会之情状 固完全未几合也

列宁所说之哲学 亦以绍述马克思学设祖标榜 因之大得劳力 固无可疑 其所唱之

哲学 乃□马克思以□之思想 □不失马克思主义 然崇奉马克思主义者 均不能看破其因标榜而得劳保之故者 是亦有故

盖以马克思之著作 深奥难解 几如□经 故熟读而深思之者甚少 而援引以为证据者则甚多 彼自称为马克思派之社会主义者 亦惟一二精深之士 始能读其原著 其余军事斗争者 不过在各书籍杂志中 见其所引马克思著作中之一二语 即崇奉如得至实耳 故世俗所谓马克思派之社会主义 实不过啜抬马克思之唾余 以为口头译 初未□有根本的研究也 故其内容与真正马克思语根本不同 决不能贸然□混 据余所知 各国之有名学者 凡崇奉马克思主义者 无不攻击过激主义 其中不加反对者 亦惟列宁氏自身一人而已 欲证明列宁之过激主义 确为马克思社会主义之□鼎 可就列宁之主要政策 所谓建设阶级政治之计划 即贵民专制之计划而知之 距今七十二年以前 马克思为社会运动起见 曾假设一"理论及实际上之释序"其论社会发达之程序 必先由资本阶级与劳动阶级先起争斗 而终至劳动阶级为社会之支配者 其时马克思以劳动阶级 促称为贵民 Proletarin 阶级 而以劳动阶级之胜利 即□为贵民之专制政治 比不过马克思之预言耳 列宁与其同党所以主张打破社会现状 而施行贵民之专制政治者 即为绍述马克思之学说之正统 而非列宁辈所觉明者也 余在此时 固不必于马克思之学说有所指摘 然马克思之预言 果能实现与否 则徽之历史 早已表明 无论译称 十九世纪之预言者 其所预言 未□不杀人听闻 然至二十世纪之时 则其应验者甚少 马克思之豫言 亦未能独免此病 故吾人论现世之事 不必拘泥于前代之豫言如何 而常就现在之实际情形 详加考察 列宁与其同党 难以实现马克思之思想为言 而其中内容不符之处 实不可不详察也

马克思之学说 类受法国革命党学者之影响 故其所用"贵民"之一语 亦系法国革命党学者所用 考其意义 颇为秘密 除指贵穷之人民以外 兼指在社会上处卑贱之地位不能享市民权 而比农奴稍高□之一阶级 此语在罗马之社会用之 意义甚广 凡小农或恃劳力为生之工人 或无资本者 无恒产者 不低于行使政治上之权利者 凡以经贱视之皆可称之曰 Proletarin 也 由此观之 今日美国之劳动者大部分 除未归化美国之外国劳动者以外 若以马克思所用严密之意义言之 均不得谓之为贫民

（少一日）

马克思之学说甚深苟非学有根□者 不能了解 或且从而读帮之 适与马克思之主张相反对 而行阴谋或煽动者 亦马不少 苟马克思在今日仍未去世 仍为万国社会主义尽力 则亦不免与此辈误解或目名者相冲突也 曾记当时与马克思共事者之中 亦有类似近日过激主义之人物 马克思曾与之大起争论 即一千八百五十年共产协会中央委员会之一误 曾有主张立起革命 而施行贫民之专制政治者 马克思氏竭力反对此议 以为此种手段 不能实行改造社会固无论矣 即欲使劳动者参与政治 亦非预备五十年之久不可 此实主张革命者 阿谀贫民之手段而马克思所不屑赞成者也 凡主张资本主义之人士 对于主张帝政者 固已疾首痛心 然其对于主张 过激主义者之怨毒 则尤深且酷 且每起暴动一次 而其怨毒亦增加一层 此亦自然之势也 无论何种政治哲学 无论何种社会原理 苟有理由 在资本家社会 实无不承认之 从无如过激主义之横暴不法 以社会主义为标榜 而与社会主义 却立于正反对之地位者也 社会主义之运动逐渐发达 则主张社会主

义者 逐渐与实际之社会有密极之关系 则其责任亦逐渐增加 而其罪于过激主义之以荡乱苗尤当竭力排除 去恶务尽 以尽主张社会主义者之天取也 然吾美国社会主义之势力现尚微薄 其主要机关报中 当□美国各地方之主张社会主义者 寥若晨星 则在美国社会主义与过激主义之争斗 尚不过纸上空谈 为学理上□数而已 非若俄德两国 以武力相见 而酿成莫大之内乱也

夫欲以社会主义为基础而改造社会 实非容易之实业 无论以何种国家 何种人民 苟欲实行其计划 必须假以多年之岁月 非可一蹴即几者也 况社会之为物 乃由许多人类组织而成 欲于社会上有些□之变化 尚须数年之□□始克有成 何况社会主义之大变化乎 吾知欲达此目的 苟非组织社会之各人 各具社会主义之见解 恐未易评辩也 社会之形式与制度 常有变化 本属其运 鼓吹理想号有势力 而欲社会之债徒 则非容易 假使社会上之经济 已十分发达，则其变化，或可较速，然而人之一生，至长不过百年欲以百年之短时期，成改革社会之功，犹未易轻许也 尝见高值硕七达其愁河之口才 能以一二句之格言 或一席之演说 使一人之意想性格完全变更 面向之反对其主义者 亦可使之翻然改悟 而服从其主义 试可谓神达之至 但此仅限于一二人则然 如欲社会全体实行其主义 则至组非待至五十年或百年之久不可也 世固有不得志之士 于现在之政治既失望 而烦闷而理想之社会 一时又不能 至今忽闻列宁辈自称已发见一近路 可以使全世界速达其目的 则纷纷响应 而追从其后者 实为势所必然 殊无足怪也 此种似是而非之计划 所以得世人之欢迎者 即在利用世人因失望而悲愤之余 有急于求成不顾细择之性 必来此弱点 而始得售其欺也。

假使真正社会主义之运动 得成正当之团体 而实行具体之改革 则主张改造社会之人士有所慰藉 不至陷于失望之境则被毫无善果之过激主义 决不足以引诱世人 惜乎美国之社会主义运动 既无势力 而其民主主义之计划，亦未有绝对之伟力 以致美国尚未发生正式之劳动党

此皆美国政界最可痛惜之事实也 此等事实 对于美国人士在政治上之失望 实负有绝大之责任 因无政府主义 与过激主义 即群众此失望面是肆行其诱惑也

世人常言吾人如读历史 而不如所以取法或继戒 刚不如不学 然列宁脱伦司基卑赖昆之徒 则□熟读历史 而未有所得也 试将过激主义之心理一研究之 则知过激派之领袖 于历史上极易理解之教训尚未能领会也 如列宁脱伦司基及在美国赞成过激主义之人士 均谓实行贫民政策 必当举其一例以证之组织 一千八百七十一年康弥恩一役 须知此役结果 何等悲惨 彼等尚欲效之 可见此辈绝不知有所□批 至于康弥恩主义 又与社会主义截然不同 纯为政治上之运动 则又当另论 当时马克思氏 固亦曾为康弥恩所诱惑 然不久即觉悟而脱离之 可为证也

以康弥恩之手段 应用于政治上之改革计划 实有似乎见识夫国家之政治机关 已有近书之纲机 而欲以暴力破坏之 重行建社新社会制度 □三岁童子亦知其不可 而马克思与恩格尔诸人 于其失散之前 早已预想其悲惨之终局 不过五十年之后 乃有列宁 与脱伦司基之徒 犹以一千八百七十一年悲惨之失败为未足 而欲以更大之牺牲 照式试□之 亦可冒昧于事理者矣 夫今日俄国之社会状态 较一千八百七十一年之巴黎 在经济

方面历史方面观之均不得难为□达□步 则其试验之结果 决不能较时于一千八百七十一年之惨剧 已不待悬而自明 余远此辈惨无人理之徒竟以死亡枕藉之俄国 横肆摧残供其试验 而一想其祸之所至伊于胡底 不禁泯落如注矣

（《顺天时报》第五八五五至五八六一号，1920年5月14日、15日、16日、17日、19日、20日）

25日（星期二）

35.《俄国新政府之过去现在未来》（《东方杂志》第十七卷第十号，5月25日）

《东方杂志》第十七卷第十号刊登了邵振青（即邵飘萍）的《俄国新政府之过去现在未来》，全文如下：

一　本篇之用意

著者身居海外。绝不与闻国内党派纷争一切无谓之俗事。惟志在读书修养。补十年之恨于一二。近闻俄国方面劳农政府之势力。着着增加。我国西北既与俄壤地相接。是不可不定封待之策。日本自出兵西伯利亚以来。大受俄国各党之嫌疑。其外交失败。无可为讳。然返观我国除官厅发表一二极浅薄无识之预防过激思想之文告而外。不见对于俄事为深密沉静之研究。言论方面。亦盲从日人故意曲解所加"过激"之名词。发为神经过敏之愚论。间有一二记述俄国新党之真相者。亦因直译外国杂志。有感情成见屡杂于其间。（如新中国第一卷第一号所载）未足以为外交上参考之助。眷怀故国之心。不能自已。爰先节录拙著《各国社会学说纲要》中关于俄事之一章。并条举我国对俄方策之大要。以及预防所谓"过激思想"之惟一良法。冀有裨我国外交内政于万一焉。

二　布尔萨维克发生之远因

布尔萨维克者。即日人所故意曲解。谥之曰"过激党"之原名也。亦即今日俄国新政府。所谓"劳农政府"者之中心势力也。欲述其发生之远因。当先述俄专制时代以来。思想变迁之略史。俄国革命思想之发生。为其专制政治之产物。固不待言。然导之成长者。最初为法国之启蒙哲学。第二期则为德国之罗曼哲学。不仅反对专制政治。且从哲学上对于所谓"政府"者之意义及价值。加以严密之批评。第三期则虚无主义极形猖獗。一八七○年以后。德国马克斯社会主义。大与以影响。虚无主义。渐溶解于其中。今之布尔萨维克者。乃马克斯主义之流派也。

三　布尔萨维克产生之经过

欲述布尔萨维克所以产生之经过。不得不略述俄国社会党发达之顺序。俄国最初之社会运动。在俄语乃"为民"之意。此种结社。中经数变。而为"土地与自由"之结社。此一八七六年俄国唯一之社会主义团体也。至一八七九年。乃分为二。其一曰

"民意"。主张以阴谋虐杀为政治革命之手段。与之反对者。为朴雷哈诺夫之少数派。此两派遂成俄国社会党之两大系统。民意派其后即为社会革命党。以农民之势力为基础。朴雷哈诺夫之少数派。其后即为社会民主党。以工场劳动者之势力为基础。而遵奉马克斯社会主义。(德国之马克斯派亦称社会民主党)至一九〇五年。社会革命党方面分而为二。嗣又分而为四。故今日俄国社会革命党。有中央派、右派、左派、极端派之别。在社会民主党方面。至一九〇三年分而为二。一九〇五年。曾为一次之复合。至一九〇七年而又分。今则有列宁、怯罗斯克、国际派、护国派、统一团等五者。

　　上述社会民主党。至一九〇三年分而为二。是即布尔萨维克名称之由来。盖社会民主党既遵奉马克斯社会主义。一九〇三年。该党开会于瑞士(各书有记开会于伦敦者误)。讨论所以实行马克斯主义之方法。其议论分为两派。即朴雷哈诺夫等主张与有产阶级妥协。而为议会政治之运动。列宁等则主张排斥一切有产阶级。劳动者以外。不许干预政权。力言非此不能从资本主义一变而为社会主义。讨论之结果。赞成列宁等之主张者占多数。而赞成朴雷哈诺夫者少数。自是社会民主党。乃分布尔萨维克(俄语多数之意)。与孟萨维克(俄语少数之意)两派。而列宁为布尔萨维克首领。称社会民主党之布尔萨维克(即社会民主党多数派之意)焉。然则所谓布尔萨维克者。不过俄国社会民主党多数派之名。吾人固不能强问其主义。亦不必妄加以形容之词。不如直称之曰多数派为适当也。

四　布尔萨维克之主义与手段

　　社会民主党既遵奉马克斯主义。马克斯主义者。国家社会主义。民主社会主义也。故朴雷哈诺夫等之主张参加于议会。为政治的活动。以此为科学的社会主义与无政府主义之分界。自信为诚确遵守马克斯主义者。列宁等之布尔萨维克反之。于是有评为近于无政府主义者。更有评为近于散狄克里思姆(Syndicalisme 为发生于法国采经济的直接行动、主张以产业统治之劳动团体(美国之 I·W·W·亦其一种)者。实则不然。彼亦遵奉马克斯主义耳。马克斯共产党宣言之第二章有曰。"一切阶级撤废。至是自身(劳动阶级)之优越地位亦撤废。"欲撤废一切阶级。故用劳动者独执政权之手段。故列宁等今日所用劳动者独执政权之主张。所以实行社会主义之手段也。非目的也。(列宁等之著书曾声述之)今日俄国新政之设施。大半皆手段也。非目的也。

　　俄国新政府遂行社会主义之手段。既如上述。然亦有行之难通。而不得不取与他种阶级妥协之方法者(如与资本家妥协等)。说者或谓其主义之变更与矛盾。实亦不然。所谓妥协者。仍以其主义为中心。而迂迴曲折以行之。此则手段之手段耳。并未终止其向社会主义之目的以前进也。

五　劳农政府成立之经过

　　俄国自一八九九年以来。朴雷哈诺夫与启惠尔诺夫等。既组织社会革命党与社会民主党。政治的经济的运动。其势日盛。至日俄战争。俄国失败。而专制政府之威力顿挫。两相因果。遂有一九〇五年革命之变。其结果乃一方约行立宪政治。一方依然压制社会主义之运动。借司法以为报复私仇排除异己之利器。一九一一年之总选举以来。每次皆以强力相干涉。名有国会。其实则无。人民之不满。已达其极。幸未决裂。而欧战适于其时发生。

世界大战。转瞬经年。少数阶级之丰衣足食。固不觉其痛苦。而一般民众。则受食粮缺乏物价飞腾之影响。怨声载道。益归咎专制政府之黩武。社会革命党。乘此时机。一跃而起。一九一七年三月。俄之帝国专制政府。遂覆亡于社会革命党凯林斯克（为社会革命党右派首领）之手。然此为俄国政治革命之一段落。尚未入于社会革命如今日可怖之时代也。

凯林斯克之执政。仅有鉴于帝国专制政府之覆亡。而不审当时社会中所伏之危机。已非改良政治所可挽其劫运。彼乃信奉议会。仍认对德继续战争为必要。此其致命之一死着。一方彼又本其所信。废止死刑。特赦因激烈思想而放逐于海外之列宁等三十余人。许其归国。不料死刑废止之结果。前敌军队。秩序遂乱。国内饥馑。益厌战争。方始归国之列宁等。遂于一九一七年十月举事。是年十一月七日。第二次革命成功。遂建设今日胁迫全世界之所谓布尔萨维克劳农政府矣。

至愚所以称布尔萨维克为劳农政府之中心势力者。盖劳农政府并非纯由布尔萨维克所建设。尚加入社会革（命）党之左派与极左派（见第二节）。而以列宁与却罗斯克为中心人物故也。

六 劳农政府政治之特点

劳农政府成立而后。其施行政治之唯一特点。即在实行排除一切阶级。用劳动阶级独裁政治之手段。即彼所谓社会主义之先行条件。专制政府推翻以后之俄国。遂供若辈实行社会主义之试验。试解剖其一九一六年一月十八日之宣言。举其要点如左。（是项宣言即为劳农政府宪法之基础）

一、俄国为劳兵农会联合共和国。中央政府及地方之政权。悉收于该会及中央执行会之手。

二、废止土地私有制度。

三、工场、铁路、矿山。皆归国有。设定劳动者监督权。

四、公布劳动义务制（谓遵奉不劳动不得食之原则）。

五、组织劳农赤色近卫军（赤卫军）。解除资本阶级之武装。

六、排除秘密外交。奖励全世界劳农间相互之交欢。主张非赔偿、非并合、及民族自定之民主的原则。

七、废除对于小民族殖民地之压制。劳农政府赞成芬兰独立。波斯撤兵。及亚尔美尼亚自治之声明。

八、共和国之建设。以各民族之劳兵农会共和联邦及各民族之自由同盟为基础。

以上各要点。加以学理上之解剖。则其一为中央集权。与无政府主义及散狄克里姆毫不相似。二、三、四、五、等项。则由资本主义变为社会主义之准备。六、七、两项。纯采国际主义。又试检查其宪法第六十四第六十五两条所规定。可以明其劳动阶级独裁政治之真相。其要点如左。

一、不问其宗教、民族性、从顺性之如何。选举之日。年达十八岁之男女。有下列资格之一者。皆有选举权及被选举权。

（一）使用于工商业之劳动者及使用人。

（二）在是等劳动者之家司家政者。

（三）自作农夫及哥萨克之农业劳动者。

（四）属于劳兵会之海陆兵士。

（五）可属于以上各项。而一时失其劳动能力者。

二、有下列各项之一者。虽属于上条列举之资格。亦无选举权及被选举权。

（一）以增进利益为目的曾雇用赁银劳动者之人。

（二）无所事而有收入者（例如从资本财产得收入者）。

（三）私的商人。

（四）一切宗派之僧侣僧职。

（五）前警察、宪兵队侦探、及前皇统之各人。

（六）法律上曾宣告精神错乱及不完全者。

（七）利己的、且不名誉的、被劳兵会剥夺其市民权。在剥夺之期间中者。

依上之所规定。除劳动阶级以外。直皆不许干涉政权。列宁等更进而主张中央集权之中且当执政权于一人之手。故各国学者每评为与民主主义（德谟克拉西）不相容。但列宁等激烈辩论之。谓非执此手段。不能破除资本主义而为社会主义。果与德谟克拉西相容与否。应别其手段与目的而下判断。俟有机会。当详论之。但宪法虽如是规定。实行上则有多少变更。如采用智识阶级。因技术之不同而工银有高下之分。皆列宁等因行之难通而迁就办法者。惟根本上仍见布尔萨维克特色之存在耳。

七　劳农政府施政之成绩

劳农政府施政以来。其最要点之农业共同政策。大抵归于失败。盖俄国为农业之国。故愚认此点为重要之部。其所以失败之原因。甚为复杂。本篇无法可以详述。俟他日论之。而其次可注意者。则其极注重于教育是也。所以注重教育之故。一因俄国人民知识之未开。不易施行其主义。二因欲注射其主义于一般国民。虽失败而种子存在。其用意固甚深也。列宁等革命成功仅两月。已公布极详细之教育机关办法。将旧有制度一切推翻。与人民以极自由可以入学之机会。其教育方针。有可以研究之价值者。谓当分教授与教育为二事。教授者。教师传达智识于学生之谓。教育则精神之修养人格之完全之谓。所组织关于教育之机关。共十有七。本篇不以此为主眼。故从略焉（请参看拙编之各国社会学说纲要）。

八　各国与劳农政府

俄国劳农政府。特欧洲战后世界思想之潮流。倾于社会主义。国内又投合一般社会久苦专制之反动心理。着着成功。一方又用与各派妥协之手段。巩固其基础。遂敢不顾外交困难。而为取消从前一切。及赞成殖民地等独立之宣言。此种国际主义之发表。最反对者自为日本。吾人观察日本对待俄国之外交政策。须于此处着眼。方能一目了然。凡事迎刃而解。其次则法国。与前俄有债权之关系。一旦取消。资本家之损失极巨。反对亦不待言。且此种极端之手段。世界资本主义工商业发达之国。皆有因而动摇之虑。故各国咸惴惴焉亟实行社会政策。以为釜底抽薪免于破裂之计画。一方见俄国新政府之成立已不可悔。不欲结怨其民。为将来外交上之障碍。故各国驻屯西伯利亚之兵。先后撤退。现日本亦不得不再声明其驻兵之原因。且预布撤退之时期。以缓和俄人之反对矣。然已结甚恶之感情。最近日俄两方军队之冲突。以及西伯利亚一带排日之声。所以惹起之故。无非由于日本军阀派头脑之过旧。无先见之明。致援助不可援助之旧党。以演成极大之失败。此种事实。我国当局宜深注意也。四月三日日本大正日日新闻。载有其特派员与劳农政府外交代表者之谈话。该记者问劳农政府之代表曰。"劳兵会以社会主义的全世界革命之标语。盛行露骨使用之,此种用语。不仅威胁外国人(如日本之大多数人云云)。岂非与劳农政府对于各国讲和提议之真意。相矛盾乎。"劳农政府之外交代表答曰。"吾人非强欲宣传其思想于他国民者。乃今次讲和提议书中所明记者也。以吾思之。则吾人方受日本过激的军国主义所威胁耳。吾信以俄国之过激思想。与日本之过激军国主义。依两国在极东共同利害关系上应调和之。而使两国国民长享和平之幸福云云。"其言亦可谓深刻极矣。然吾人大可取以为观察劳农政府对外方针。及日本对俄方针之参考也。

九 愚之对俄政策主张

一年以前。愚在北京。曾发表《对俄外交政策》一文。载诸京沪各报。今尚记忆其中之两点。

(一)取消一切前俄与我国所订之条约。

(二)以私人资格待遇前俄驻华外交人员。

是文发表于报纸后。驻京前俄公使。曾对人言。谓"邵某因何很反对我"。此言殊未将国际上之交际与交涉分为两事。乃误为反对其人。愚对之深为抱憾。我国政府。殆亦以种种周围情事。未能采用愚言。至今思之。不无后悔。但不问时机失误与否。今日仍应速定对俄之方策。试举略之。

一仍应速宣布取消中俄间一切旧有条约 劳农政府之对我宣言。谓愿抛弃前俄政府对华所取种种权利。以此为正式提议承认之介。我政府对于此种提议。与之正式谈判与否(非正式则可以随时接洽)。应与各国取一致之态度(非与某一国取一致之态度)。一方我国应自动的宣布取消前俄与我所订一切条约(并非因劳农政府宣言之结果)。盖当旧政府已倒。新政府尚未经各国承认以前。我国应有此种之自由。且中俄间旧有条约。未见如俄国与各国所订条约之属于平等者。我国取消之理由。至为充足。而前俄驻华之外交官。自成一无约国之私人资格。固不待言。

二完全撤退驻于俄境之兵充实中俄边界 各国对俄态度。既如前节所述。我国不速撤完俄境之兵。事实上毫无利益。外观上却为他人分谤。且中日军事协定中有共同援助俄国旧党之意。此时若不赶急消弭。将伏中俄将来外交上一大危机。故此着尤宜速决。至于边界所以有充实之必要。盖俄乱未定。西北一带。时闻战事。我国惟当严守中立。而不许何种势力侵入。

三因取消中俄旧有一切条约所生之结果 宜速整顿清理立与新俄国订约之方案。

以上三者。不过略举大纲。我国民所当督促政府从速实行者。其详细方法。容他日续论之。

十　如何对待过激思想

日人所谥为"过激思想"之俄国思想。虽号称遵奉马克斯之社会主义。实则俄国特有之产物。换言之。俄国历代专制恶毒政治与战后饥馑人民流离失所之产物也。其新政府既有并无强欲宣传之表示。如我国者。情状迥殊。亦不必为庸人自扰之愚举。而愚所欲求政府当局之注意者。其一、不可多发表示禁止所谓过激思想之文章。此在新闻政策上有极大之作用。禁止之空文愈多。不啻为之登载广告也。其二、不可妄指国内青年为有过激思想。观于本篇所述。俄国过激思想究为何物。当可略明。若因青年之言论举动稍涉激烈。即妄以此种专有名词加诸其身。其效果亦与登载广告相等。此愚深望当局之容纳者。其三、研究俄国此种思想发生之原因。于社会政策上施根本之救济。以最浅者言之。国内战争状态。宜速解除。失业贫民。与夫灾区流离失所者之痛苦。宜速设法与以谋生之路。简直言之。因为没有饭吃。所以过激。预防过激思想莫饭若也。若夫有昌言运动破坏秩序者。自在严禁之列（此言宜用极严格之解释、若动辄以此加诸一般人之身、则大非愚之本意）。而徒然检查邮电。以阻碍人民法律上之自由。阻碍〈交通〉本苦不便之交通。愚皆视为末务而不欲当局之信为完全善法焉。（四月三日在日本大阪书稿）

(《东方杂志》第十七卷第十号，1920年5月25日，署名 邵振青)

6月
1日（星期二）

36.《社会主义在中国应该怎么样运动》(《国民》第二卷第二号，6月1日)

《国民》第二卷二号，发表周炳林的《社会主义在中国应该怎么样运动》，全文如下：

近来一般承认——明认或默认——社会主义是改造"非人"的生活，确立"人"的生活，的人，本着"知则行"底精神，想实行社会主义运动，时常发问：社会主义在中国应该怎么样运动？

这个问含着无余的希望，凡研究社会主义的人，都应该切实解答。我以为要解答这个问题，先要看看中国现在社会的，经济的状况是怎么样，然后拿他和欧美各国社会主义运动发端时底社会的，经济的状况比较，再参酌异同，以定结论。这也是"借鉴"底一端。原来，社会主义运动有两大派，一是西欧派——德法【,】一是俄国派。我尝细加考虑，觉得中俄两国底社会的，经济的情形很相类，俄底社会主义运动，吾们可以"借鉴"的地方很多。中国年来发生的事实，也有许多与强国社会当初发生的事实"不期而合"的。所以我先把俄国社会主义运动历史，略述一番。

近世社会主义运动在德在法和在其他欧洲的国家，大体是经济的运动。在俄却不是如此，社会主义运动在俄，一向就是着重于政治，伦理的运动。德法等国底社会主义运动，主要的拥护人，是工业上的劳动阶级；俄国底社会主义运动，代表者大都是境遇良好的知识阶级底男女。这是运动底性质不同之点。为什么不同？答案是：在社会主义诞生于俄底时候，俄和其他美洲的国家，彼此底社会的、经济的状况，绝不相同。当近世工业的局面十分开展，代议制度确立于欧洲其他重要的国家〈,〉底时候，俄纯粹是一个农业的国家，大部分底人民，是刚从农奴解放出来的农夫，没有值得称呼的制造阶级或工业的无产阶级，他的政治差不多是亚洲式的独裁政治。俄底社会主义不是经济的发展收的果，不是一种资本家和势动者间的阶级斗争：一部分是反抗俄皇独裁政治底表示，一部分是社会主义论者底经济理论，经过适合于俄底特殊的经济状况的修饰的〈底〉反映。

俄国社会主义的思想与农奴解放运动同时并走。那个时候，社会主义有名的代表，是一班有声望的公法家和批评家，其中有资产颇富，出奔外国底贵族，名 Alexander Herzen，减出一种杂志，Kolokal（钟），竭力鼓吹俄脱离伦敦羁轭，有势力雄厚的杂志 Sovremennik（并世）底编辑人，名 Nieho'as Chernyshefsky，他在壮年底时候，被放逐到西比利亚，回时年已老，身心都受亏损，不能再有所作为。

俄国社会主义运动底第二期，是"否认一切"底时期，所谓 Nihilism（虚无主义）就是指此。这个字是有名的小说家 Ivan Turgenev 造出来的，从一八六〇年到一八七〇年，俄国有一种很发达、很有势力的新思潮，他的特色，是极端的唯物主义，和否认一切现成的信仰，这个字就是用以讥刺这新思潮的。

Nihilism 是思想的运动，不是政治的或社会的运动，可是他的效果，由两方面助长社会主义；他造成一种对于俄底旧有事物怀疑的否认的态度，他增进男女青年求知的欲，这些青年，因为国内不能满足他们的欲望，大批跑到西欧，进大学，尤以进瑞士诸大学的为多。这些年少、求知心很切的俄国学生，大为西欧警觉的社会主义运动所摄引，并且受他们的亡命海外的国人底影响，如 Miehael Bakounin Alexander Herzen，和那时科学的世[社]会主义底最有声望的俄国代表 Peter Lavroff，都是他们所倾倒的。这些俄国学生于社会主义表示同情，如此其显，弄得俄国政府起了恐慌，于一八七三年，下一道令，要他们全数回国，不听便放逐。这道命令底功效，对于政府，不算满足：学生大批回来，原不错，可是回来竟为社会主义有力的宣传者。

在这个时期，俄国社会主义运动极其和平。少年宣传团所尽底力，大体【是】教育的；他们的主要的努力，是把占人民底大部分农人底知识增高起来。他们散布于乡村，于农夫同住，农夫底习惯，语言，连服饰，都竭力模仿，宣传社会主义底工和普通教育底工合做，换句话来说，就是一面教授普通知识，一面宣传社会主义。但是他们的活动，惹起政府底虐害；"政治犯"底罪名马上加到他们头上，驱逐的驱逐，杀的杀，囚的囚，放到西比利亚去的放，往往连审问底手续都不经过，便定罪。不出五年，少年团底活动完全受制：社会主义底宣传者，人数减少，残恶的虐害又相寻不息，于是舍弃和平的宣传方法。那时，适有一桩方佛偶然的事业发生，此后俄国社会主义运动底态度，就被这件事决定。

一八七八年有一个少妇，名 Vera Sassulieh，为 St. Perersburg 陆军司令官 Ceneral □repoff 虐杀一个政治的囚犯，心抱不平，枪射他。Vera Sassulich 因此获罪，被捕就讯，然因人民中底优秀部分都誉他问，官不敢徇私遂，宣告无罪。

俄国社会主义运动者——见于 Sassulich 底成功，又因和平的活动方法全被剥夺，警吏残忍一天凶似一天，遂转而援用强力和权谋。

一个骤然的，急激的改变，发见于俄国革命运动。旧式和平的宣传家梦想家不见了，代他而起的，乃是阴郁的、坚决的敢死家。从此俄国社会主义运动者于独裁政治，和独裁政治所托命之人——Czar——死战。这个战争，持续底年数虽不多，可是要算历史上最可惊异的事。以少数理想家，人民当中又益有那一阶级对于他们有实力的帮助，受抗拥有强有力的警察，庞大的陆军，无限的富藏，底俄国当权者，势非对手；可是战仍很凶，凶猛底程度两面相敌。政某底"白畏队"被革命党底"红畏队"控制住，好像天平，两边完全的等。俄国社会主义运动者——有男的，有女的——在那个时候显出来的热情，勇敢和聪明，没有人可以同他们比。这几年社会主义运动底年鉴，是国际的社会主义史最可惊奇的，他们的特色，是许多政治的暗杀，和天才最高的俄国社会主义底首领底囚杀。这个运动，到了俄皇亚历山大第二遭暗杀，算是达到最高层，这虽是第一期革命的恐怖底胜利，不是他的终局。俄国革命党为杀了 Czar，全国革命就要起来那晓得竟不然，信号拿出去，没有响应的，他们的失望可想而知了。这也不足怪俄国人民在这个时候，不预备革命，对于兴气的社会主义运动者，没有多大的同情，他们的抱负怎么样，也不甚了解。

革命党时有一个战争机关，名"国民底志愿"The Will of the People，是愿备死战的，亚历山大第二遭暗杀后没有几年，就不存在了。

在这个时候，俄国工业发达的很怪，近世工业的状况都很完备，一种新的社会势力限［跟］着发达起来了，这就是工厂里面做工者起成的阶级。

于是德国制社会主义运动变了式样，从前西欧式的运动不适合于俄国，到了这个时候，俄已辟出土来，让他下种子，不多时就有了很丰盛的收获。在革命的恐怖期间，已有 George Plekhano ff Paul Alexander 和 Vera Sassulieh 为首领的社会主义运动者底小团体，对着新兴的工业劳动阶级，为俄国社会主义底将来。抱无穷的希望，他们的宣传跟着那个阶级发展。在前世纪底九十以后那几年，俄国官场中人非常惊异，非常害怕。为什么呢？就是因为他们发见［现］，所有的工业中心地里面，都有组织得很好，很急进的劳动运动，任你政府用什么高压的手段，屈降他不了，任你政府响［想］什么阴谋，破坏他不了。这个有组织的劳动运动，给政治的社会主义运动以新的动力。社会民主党本是俄国政治的亡命者在瑞士组织的，到了这个时候，立刻有许多支部设立于俄底各个地方，更有犹太，波兰，亚米尼亚等处社会民主党底组织，为他的声援。当现世纪之初，社社［会］民主党虽是秘密的结合，党员常不免于政府底迫害，然而势力一天扩张一天，到了一九〇五年之末，一九〇六年之初，俄国革命爆发，骚动大起底时候，指导运动者就是这一党。俄国社会主义运动复活之后，无限制的独裁政治底产物——革命的恐怖——跟着渐渐再出现。这个运动底代表，起初是四散的小团体，到了一九〇一年，这些小团体的大多数联合起来，成为社会革命党，俄国大革命以前，许多政治的暗杀，都出于这一党，革命成功后拥有强大的军队，以及现在南征北伐，震动全球的多数党，都是这一党。

俄国社会主义底势力现在到怎么样一个地步，大家都知道，不用我说了。俄国底现状，从表面看，好像是乱七八糟的样子，其实这算不了什么，破坏是不可少的，一面破坏，一面建设，这是除旧布新的说法，且看鲍尔锡维党破坏之后有什么建设，除去旧之后布了什么新。炮火连天，看不见天和日，天和日固在那里，吾们依这样想他们建设下来的东西才对！

吾们看俄国社会主义运动底历史，知道：

一、俄国社会主义运动底起因是政治腐败。

二、为社会主义运动的人是知识阶级底青男女。

三、运动底出发点是思想改变。

四、运动底手段是教育和宣传。

五、收效于工农底觉悟。

六、成功底枢纽在于由政治的转为经济的。

试稽诸中国，前三项完全相同。年来种种运动不是由于思想改变吗？运动底人不是知识阶级底男女青年是谁？五四运动不是为政治腐败而起的吗？各种运动虽没有说是社会主义运动，可是社会主义运动底种子已在那里，萌了芽之后，一定一天一天长起来。我想各国社会主义运动底发端也和中国一样，当初旗帜都不甚鲜明。俄国有 Nihilism，中国也有 Nihilism。青年求知的欲何尝不深？跑到外国去入大学的一天多似一天，为的是什么？方今欧洲诸国社会主义之漫，这些青年那能不受影响？俄国有 Terrorism，这是偶然的事，全是俄国政府迫出来的，中国政府若逆世界潮流，横施压迫，亦许闹出 Terrorism 来。关于第四项，中国近来各种运动都引用教育和宣传，社会主义运动必定有同一的趋势，不过口笔宣教不如加入所要传所要教的人里面共同生活来将亲切，这是吾们可以"借鉴"于俄的地方。但俄国少年体们加入农村生活，教导农业劳动者，没有加到城市底工业劳动者里面去生活，这是他们偏执的地方，吾们应该两方兼顾，不要取此遗彼。况且农人比较地"安土重迁"，经济比较地能独立，不大好动，工业劳动者易动，不满意底时候，就要作"不平之鸣"，若知道罢工是利器，更会利用这利器，只要比较俄国在 Terrorism 起来底前后，社会主义运动成绩底不同，就可以知道工人比较农民能感受号召。然此决不是说，只要工人觉悟，农夫觉悟不觉悟不要紧。工人要他觉悟，农夫也要他觉悟，俄国革命成功快[决]不单是工人底力，农人底力更大，在以农业为主的国家，农人要就不起来，起来力量一定比工人大。依中国现在的经济组织，农人底觉悟对于社会主义运动非常切要，更应注意。所以关于第五项——收效于农工底觉悟——中国社果[会]主义运动应力求和他 Comform。第六项——由政治的转为经济的——非常要紧，非和他 Comform 不可。原来，社会主义底骨子是经济的，离开经济，社会主义便没有附丽底地方，马克思底科学的社会主义就建在这个原则上面。中俄两国底社会主义运动出发于政治，本是特殊的状况，要不是由政治转到经济，运动百年也没有成功底希望，这经济的状况无时不存在，可以说他是一切现象底定命者，政治若见出破绽，经济组织必决也有破绽，不过人底注意易偏于一边，顾到这个，顾不到那个罢了。这"顾不到"是暂时的，将来终久要"顾到"的，不过吾们希望理想中的社会早日实现，现在就要把眼光转过来，由求和第六项 Comform，以得着成功底枢纽。

我现在答"社会主义在中国应该怎么样运动？"底问如左：

挟着经济改造底热忱，加入城市底工人中和乡村农民中共同生活，默连潜移，使工农都觉悟，大家起来推翻游闲阶级(Leisure Class)坐食，劳动阶级劳而不得食的旧社会，建立共同消费，共同生产的新社会。

一九一九、一、十八。

(《国民》第二卷第二号，1920年6月1日，署名 周炳林)

37.《新俄罗斯建设的初步》(《少年世界》第一卷第六期，6月1日)

《少年世界》第一卷第六期，刊登了赵叔愚的《新俄罗斯建设的初步》，全文如下：

两三年来自新俄罗斯传出的消息总是迷离惝恍，想求点正确的新闻，已经不可多得，至于那统观全局的著作，简直更是少有咧！前月美国《亚细亚》Asia 杂志出了一期《俄罗斯号》，里面有 Wilfred R·Humbhries 做的一篇"The Scaffolding of New Russia"他竟能用这简短的文辞，把世上那簇新的共和国之政治的和经济的组织及发展，全都原原本本的写出。我觉得在我所读过的记述新俄罗斯的文字，要以这篇为最有系统了，所以就急急的把他译出来，□诸同好。译者志九、五、十三

现在世界上有许多好思索的人，看见俄国的苏维埃政府时时是摇摇欲坠，却终是个搬不倒，想起来总未免有些不解；并且还有些人却是已经渐渐明白，原来那包尔什维克，不是一挥手就可以赶跑的了。

直到今日那俄国的政府已经是很稳固了。在欧俄一带，那些容易宣传的地方，到处都扯起苏维埃的大旗来。如果一个人从墨斯科走到彼得革勒，一路那几千里之内，无论是大小城镇总有一个苏维埃。

虽然当那革命初起之时，差不多闹成了全国瓦解，但是现在已渐渐有统一的形势了。这实在是两年以前所梦想不到的事；试看当那个时候，无论是铁路，工厂，或农村，全成了无政府的状态；人人只图私利，将所有的生产事业全都把持到自己手里，没有一个肯顾虑到人民全体的福利的。

回想在一九一七年秋，克伦斯基的末叶，和苏维埃初起时，各工厂的劳动者，都是混乱的争着将厂里的权柄抢到手里，却毫无组织的计划，结果不过是破坏了许多值钱的机器。及至□悟那管理人，和技术者仍是不可少的，那时已经迟了；工厂已经破坏不堪咧。至于那些未曾将工厂据为己有的劳动者，就向那厂主要求增加过度的工资。那些厂主依允了要求，却增加在物价上，结果是那重负担，还是转到劳动者的身

上来。生活费既然增长，劳动者只得更要求较大的工资了；这样的循环不已，直到后来工厂收归公有，才算作一结束，到那时工资才平了下来。像那巴革他橡皮厂就是如此的，劳动者屡次实行罢工，或是以罢工要挟的结果，他们的工资就增长到每月二千二百个罗布为最低限度；这样高的工资实在已溢出每人所能产生的物值了。到后来巴革他厂收归公有，那高等经济会议的橡皮中央委员会，费了好大的力量，才将工资减到每月一千二百个罗布为最低限度。但是要知道这破坏生产机关的责任，不全是劳动者要负的，那些资本家只图私利毫无心肝的增加粮食的价值；他们的代表在克伦斯基的政府里，百计的阻挠管理粮食政策的实行。他们总要叫粮食价值，高出劳动者的工资。克伦斯基的联立政府是毫无能力的，简直没有一种取缔的方法。

再看那时农村的情形，也是同样的混乱。当一九一七年九月那彭萨丹波夫佛罗尼贫等处的地方政府都相继被农民革命推倒了。各处田主死命的不肯放弃那田产的私有权，那班农民又坚持非承认那田产应归劳作者公有的主张不肯干休。田主轻视农民的意志，那些骄暴的官吏就将农民地产委员会的职员逮捕起来，于是农民施行报复手段，就由他们那些新从战地解散回家的子弟，帮同抢掠那地主的宅舍。他们把那些大地主所有的农具，牲畜，和他种的动产，一起抢来均分，并且破坏了许多极好的田园。

这就是两造各不相下的直接冲突了！那嚣嚣不平的农民，和这深闭固拒的地主，都采取直接行动的手段，谁也不肯相让，并且谁也不信任代表的议会。所以那包尔失维克未起之前，就闹成这样混乱的无政府状态了。

那末现在大家可以明白了罢，要知道那苏维埃的政府，不但没有把俄国陷入那无政府状态，而且因为他们拿到权柄的缘故，反把全国从混乱破坏之中救了出来哩！那些有能力有决心的劳动者，和那班青年的农民，团结的很坚固，并且有很明了的方案。克伦斯基试验过联立政府了——各党的德谟克拉西的结合——但是结果却失败了。因为那些大地主和资本家，拼命的把持，就破坏了他那社会大改革政策的实现。这就是他那妥协主义的结果呵！等到包尔失维克所领袖的苏维埃起来，他们不信任那有产阶级的人可以帮同打破资本制度，所以他们就公然主张在这过渡时代，应当施行无产阶级的"迪克推多"制。假使当时那些大地主和资本家，遇到了克伦斯基那个缓和的机会，他们稍肯退让，不作那顽梗的贪恋，他们还可望保留一部分的权利；及至将来全部归公时，仍旧可以得到些补偿。但是不幸他们竟是些冥顽不灵的东西，他们对那社会里潜伏的动力，简直毫无感觉！他们认定劳动者和农民的不平是可以用甘言欺骗的，是可以用机关枪制服的，于是那布尔失维克的革命就应时而起，结果就是无产阶级掌了政权。如果我在当时离去俄国，我必要报告大家说，俄国是绝望了；因为就那个时候的景象看起来，总觉得那些饥馑，困苦，和骚乱的状态，不晓得要多少年才能过去呢，但是我当时并没有离去俄国，我又住了十一个月，目睹现在那政治的，经济的组织，怎样的建立起来。我要依次的把大略叙述出来，但是先要请读者注意现在的俄国因被迫而日事战争，以致武力主义不免偶尔表现，去年就有几次军事行动竟超过宪法的约束了，这乃是意外的变态不可不知道的呢。

在苏维埃的俄罗斯国土内,每一城镇必由苏维埃统治;这就仿佛各国的市乡议会,或是自治会。苏维埃的文义本是议会,乃是一种代表制的机关;各代表是由各业各职工,和各种服务社会的团体——无论是用脑力的或是用体力的——推举来的。不但是袜(篾)匠,铁匠,和木匠等团体要推举代表,就是医生,教员,书记,以至"母社"Mother's Association 等都要推举代表的。因为家事,和保育儿童,乃是大家公认为最重要的社会服务,所以每个城市的"母社"都要照着别种职业一样的推举代表。我在彼得格勒和萨马拉曾和些"母社"的代表谭过;他们都是很有学识,并且很沉静的妇人,在他们的苏维埃里也都是很有势力的。那些没有子女的妇人所享的代表权,是和男子一样的;就是,必须去做工,或是加入与自己适合的职业团体,才能有代表权呢。

每一个职业团体,应当推出代表到城苏维埃去;代表的额数,是要比照团员的额数而定。代表权是永不间断的,派出代表的团体,可以随时训令,或是撤换他的代表。

城苏维埃的组织

试想每城各职业团体都要推举代表,组成这苏维埃,那结果自然是很大一个代表议会了。我曾看见一个小乡镇的苏维埃里各业派出的代表,竟多至五十余人。像彼得革勒和墨斯哥那些大都会的苏维埃里的代表,竟有一千至一千二百人哩。虽然在去年要应付战时紧急事项,时常有委托专员代行的变通办法,但是全体代表每月总要开会的。

苏维埃全体会员可以指定分股委员会,大约每股可以派会员三人。委员会的种类,如住宅,公安,粮食,公共卫生,教育,社会娱乐,和法庭等,都可以特设专股;在去年还设过一个"镇压反革命特别委员会"哩。各股的委员长合起来,成一个苏维埃执行部。城苏维埃也可以指派本苏维埃以外的人,到各种委员会。还有些大城的分区苏维埃,是由宅区委员,或是工作委员组成的;但是这种苏维埃只有执行权,没有立法权。他们的职务是执行城苏维埃所决定的事项,并且有管理住宅,和粮食等事的权。

村苏维埃

那些无数的村苏维埃,都是农民组成的;他们直接派出代表到地方苏维埃,或省区苏维埃,间接也就是到全俄苏维埃议会了。试将现在派到全俄苏维埃议会里的农民代表额数比照农民人数,和劳工代表额数比照劳工人数,对看起来;那些劳工代表是每二万五千人里推举一个,至于农民代表却是每十二万五千人里推举一个。这样的比照,乍看起来似乎不甚平均,但是在议会里,那劳工代表总额数和农民代表总额数,却差不多相等;这是因为全俄乡居的人数,比全国城居的人数,多至五倍的缘故。据劳动者解释□种代表额数的区别,说出两个原因:(一)因为此次革命是由劳动者发动的;(二)因为劳动者已经决定,按照法律,农民对于与他们自身有密切关系的田产,有自决权了。至于那些劳动者既然都是马克斯派的社会主义者,他们总不情愿破坏那些大规模的产业,而且要保存他们不分裂,好预备奖励大规模的农业,并应用科学的方法。所以他们认定他们对于把实业收归社会公有一层,劳动者也应当有自决权。

全俄苏维埃议会

各城和各省区苏维埃的代表大会,是要按时聚集在一处的。照新定宪法,每年必须开大会两次；在事实上当这两年零三个月多事之时，已经开过七次大会了。开第三和第四两次全俄大会我都赶上了，每次各地方的苏维埃派来的代表，总在一千至一千二百人，每次会期总是六天至十五天。

在最后一天将要闭会时，先要选举一个中央执行委员会——大约二百人——接受本期全体议决事件的委托；到下次大会再集时，要向大会报告在这半年闭会期内所执行的事件，然后全体辞职。但是这一次的中央执行委员会的职员，下次还可以当选的；照这样办法更换政府的职员是很容易的，但是同时也可以看出政策仍有继续进行的机会。

"比例代表制"齐全俄议会里指任执行委员会时采用的方法。什么叫"比例代表制"呢？就是在议会里的各党——共产党，门失维克党，社会革命党等等——都比照他们的党员多寡，指任代表。这样组成的全俄中央执行委员会，在这六个月内差不多每天总要在这首都墨斯科聚会的；对于一切政务，除了关系很大的政策必须经全体大会议决的，那执行委员会有执行权，也有立法权。该会可以指任那十八个分股委员会——那些委员长的集议体就是"内阁"了。

新俄罗斯建设的初步

"内阁"自举议长，这个议长直到现在，总是李宁尼古莱担任。全国并没有总统，李宁不过是"内阁"的议长；并且内阁随时可以撤换他，就和全俄中央执行委员会，随时可以撤回"阁员"一样。这"内阁"所分的部务，如外交委员会(齐吉林担任)，陆军委员会(特罗斯基担任)，教育委员会(鲁纳查斯基和戈克奇担任)，最高国民经济会议(米留汀担任)；此外还有邮电委员会，道路委员会，财政委员会，和平民法院等。凡是各委员会议决的命令，必须经内阁和全俄中央执行委员会认可才能颁行。

苏维埃和包尔失维克党

许多人对于苏维埃和包尔失维克党的关系，往往闹不清楚。要知道包尔失维克即便有一天被人推倒了，那苏维埃还是可以不至动摇的。李宁所领袖的那包尔失维克，虽然在现在的苏维埃里占多数，但他们不过是数党之中的一党，就仿佛现在美国的共和党在国会占多数是的。据许多中立派的观察说，如果不是因为一年半前，协约国采取武力的干涉，那包尔失维克早已让门失维克，或社会革命党，作苏维埃的领袖了。但是因为外力干涉的缘故，国内的党派都团结起来，一致抵拒外兵侵入哩！所以在这十八个月的工夫，协约国的干涉实在延续了布党的命运；他们那些过于极端的政策也渐渐和缓下来，有许多主张差不多竟和门失维克相同了。责任心和经验，往往可以和缓人的意见，在今天的俄国更确是有这种情形哩。李宁和他的同志，从前都是些革命的宣传者，然而现在却不是空论家了；他们现在都已变成解决实际问题的实行家哩。但是苏维埃的制度，现在虽是很稳固，可是这还不能算作那人心骚动的俄罗斯的永久政体呢。

还有一层要注意的，就是虽然现在的政府是在主张共产的布尔失维克党手里，但他们现在所施行的还不是共产制度；因为他们并未采行那共产主义最要的平均工资的条件，并且也没有将所有的实业全都收归国有。虽然他们那最后的目的是在共产，可是他们认定俄罗斯也必须经过一番，和别国相同的，经济发展的"洗礼"。并且他们还看透一层，就是虽然由无产阶级执持政柄，可以促进这个过渡时代一切的蜕化，但是要达到共产的目的，那些步骤还都是必须经历的。

苏维埃俄罗斯的经济组织

以上所说的苏维埃政治上的组织，那不过还是临时的，就像建造房屋先要搭起来的木架一样。现在俄国劳动者在建设新经济组织，所遇着第一种困难，就是各职业都有一种只图自身发展的趋势，大半总不肯顾虑到全群的利益的。那各业具有错综的联带关系，乃是万不可忽略的！他们要胜过所遇的困难，并且使各业能够痛痒相关，所以就渐渐产出了这最高国民经济会议了。当一九一八年一月这个机关成立时，我正在彼得革勒。那时各职工，各经理，和各技师的代表，就聚集在靠尼哇达河旁一所大房子里。当时正是原料缺乏，技师罢工，交通停滞，和德兵侵入等各种困难，一齐发现；差不多要使最强毅的人都灰心短气了。但是这些代表，还能想到那北边的森林，白海的渔业，高加索的油井，乌拉山的金铜铁矿，和应当兴筑开浚的铁路和运河，并且还要把那种混乱的经济清理出个头绪来。像这样坚忍奋斗的精神，真不能不令人钦佩呵！

此后过了五个月，又召集了那些新成立的地方经济会议，开那第一次全国大会。那最高国民经济会议，就成了国家的法律机关，也就是全国新经济生命的策源地。他的创设成功时，正是那专管政务的苏维埃，为拥护共和，和国内外的仇敌奋斗极烈的时候。普来斯君说得最好，他说："最高国民经济会议，是创造新俄国的工具；苏维埃不过是保护那运用新工具者的，一种临时武器。"

现在俄罗斯的实业可以分为三种：（一）私有的，（二）组合的，（三）公有的。

若论数量，还是以私有的实业为多，但是这都是些规模较小的事业。他们遵照一定的条件，可以由国家银行里借款。包尔什维克党人觉得这三种实业并行是很有益的。假如有人觉着他自己特殊的才干和能力，可以和那公有的或组合的实业竞争，他自然要去兴办实业；这样正是奖励社会化的实业呵！因为要招致劳动者，他付给的工资，和待遇的条件，必须和公有的，或组合的实业有同样的优厚，才有人肯就呢。这不是就是励行社会主义吗？

还有许多大实业的厂主，和他们的劳动者，相处的很合适；这样的实业是不必行收归公有的。在名义上他们虽还算收归公有，但实际上不是的。因为那厂权固然曾经由厂主转移到政府了，但是仍由政府租给他，——那租金是虚有其名，——他还可以有全权经管一切。这一种叫做"暂收而付还的"，这话就是表明和"没收而归公的"不同了。那些大厂里，曾经"暂收而不归公的"，如保多斯基的大铜丝厂，墨斯科的电气公司，墨斯科的电话电报制造公司，尼古斯基的纺织工厂，丹波夫的纺织工厂，等等都是的。大概的办法，政府总要派一个委员在管理部，劳动者也派一个，但是厂权差不多还是在厂主手里。

论到组合的实业就是：有许多中等的工厂和店铺，由有关系的劳动者联合主持。那些不必需用大资本的事业，尤其多有采用这个办法的。许多饭店，由侍者和厨师组合，共同管理；理发店由理发师共同管理；或是裁缝们自己经营成衣店；皮匠们自己经营靴鞋厂。还有些戏院是由"优伶公会"自行管理。政府对这些劳动者自营的事业，并无甚干涉，不过颁行些共同应守的条例就是了。因为苏维埃政府，想避免官僚的集权政治，所以这样自营的小事业，是很受奖励的；因此这类工人组合的事业，要向国立银行借款，也是极容易的。

那些收归公有的工厂，大半是由最高国民经济会议的各业中央委员会管理；但是其他的都由各地方经济会议管理。还有些实业并不是收归国有，是收归市有。譬如我到过的萨马拉附近十五里的一个乳牛场，就是归那"村苏维埃"所管的。场里共有八百多匹牛，一看就晓得管理是很得法的。这个场并不是由劳动者组合管理的；他们不过是雇工，对于场务只有少数的代表权。此外还有些电车公司也是这样的归市所有，他们的劳动者也只有一部份代表权。这样看起来，那收归公有的政策，是有一贯的宗旨的；就是凡是带专利性质的事业，如电车，铁路，和开发属于全群共有的〈天〉产品，都应当归公；并且那发达成熟的大实业也在此内。

最高国民经济会议的职务，是管理，并统筹全俄所有收归公有的实业。他是由六十九个会员组成的，会长米留汀算是"内阁"的一员。看第一图或者可以稍明白这个会组成的一斑哩；但是要知道这个会，实在不是一个人所能平空想像的，也不是仅仅在纸上能表现的。在图的上首，表明那些各业工人的组合，共举三十个会员，到这最高国民经济会议（各组合可以随意撤换自己的会员）。"内阁"指派七个会员（财政，邮电，农务，道路等委员长都在内）。那十个地方经济会议共推举两个会员；还有那现在担负分配任务最重要的全俄消费组合也举两个。所以这个最高国民经济会议，实在是把全国所有参加生产活动的分子都收罗在里了。那些国有工厂的工资和工作钟点都是由这会规定。

各业的管理者

每一业都归一个九人组成的中央委员会管理。譬如那管全俄煤矿的中央委员会，他那九个会员支配如下：全国煤矿工人组合推举三人（这是实际的工人）；最高国民经济会议推举三人（这是公众）；其他三人是由煤矿管理者推举的专门技师。此外还有一个三人组成的管理部，可以管一个矿，或一簇矿。这三个管理员的支配：是由工人中举出一个——直接推举或由他们的委员会推举；由墨斯科煤矿中央委员会指派一个专门技师；还有一个是由地方经济会议举出——这个机关是代表该经济区内所有各业的工人。

这些管理部有独立的实权。他们可以不受那些头脑不甚明晰的工人投票的影响。他们有去留工人之权，如有不服的可以上告。倘有工人觉得他受的待遇不公——暂停工作或是被辞退等事——他可以到工作委员会去申诉——三个管理员之一是由工作委员会推举的；工作委员会就和管理部去开谭判。那些申诉事件大半总可以就此了结；但是如果遇着管理部坚执他们的主张，那末工作委员会就要申诉到地方经济会议——要知道这个机关也有一个人在管理部的。大概无论什么样申诉事件，在这次还不能解决，那是很少的了；但是如果这个地方还不能了结，那末就可以到煤矿中央委员会去申诉了——这个机关也有一个人在管理部里。还有那全国煤矿工人组合，为这事也可以直接和煤矿中央委员会交涉。

至于那最后的申诉，就是最高国民经济会议了。但是除了关系全国实业的大争端，其他寻常事件闹到这里是很少的了。如果工人对于最高国民经济会议的判决还是不服，他们若要罢工，那就是对于全国的劳动者罢工；那末他们当然得不着公众的意志作后盾了。所以苏维埃并不禁止罢工，却把罢工这样隐隐的消灭了。这一步步应有的手续是必须遵守的。倘有工人不按照步骤做去，那就是破坏纪律！

公有实业的工值①和职务

许多公有的工厂，并不按日或按星期付给工值，却只是按成品论工值；他们这样做所是奖励出品，并增进效率。

固然有些工作是不能按成品计算的，譬如管理，书记，教员，和这一类的职务都是不能按作品计件的。所以凡是这类的职业，共分二十七组（各组还分门），自粗作劳动者，至专门技术家，他们的工值各有等差；最少每月一千二百个罗布，最多不过四千个罗布（照现在的汇率是自六十元至二百元）。但虽照理论上必须依着这个定率，可是有时为必须聘用的专门技师，也可以付给毫无限制的工值；然而那些社会主义的忠信者，连李宁算在内，从没有一个人支领四千罗布以上的工值！至于那私有的和组合的事业，他们酬报的多寡，是由双方订立契约自定的，那就另是一说了。

还有件极可注意的事，就是学校教师是和那些专门技师一样支领最高的工值。书画家，诗人，演说家，优伶，和许多这类的人，他们或是领受的无限制的报酬，或是由各业按时供给；绝没有人想到把美术家也弄成一律的。要知道一个人的职业，断断不是只为他自己的呵！

医生，牙科，看护等，还可以照常营业，或者他也可以受各公共卫生局的雇用；因为现在医药卫生等已经渐渐成为社会公有的事业了。传教师是再得不着国家的补助了。但是他们可以由信徒供给。现在最苦的行业就是律师。有些从前的律师现在作了平民法庭的法官，但是律师里怀抱革命思想，并且承认他们自己的职业是社会之害的人极多。李宁从前就当过律师的。律师所办的事，现在都归苏维埃新设的平民法庭办理了；他们所遵奉的原则是叫做"常识公理"Common Sence Justice。

实业国有的结果

照着最高国民经济会议的机关报《经济的生命》所载的，告上说：自一九一八年一月起至一九一九年六月底止，因实业收归公有所受的损失，是三千兆罗布；那补助，预备归公的私有实业，所用的三千五百兆罗布，和其他搬运机器和厂屋等项费用，尚不在内呢。

据公布的损失的原因是：（一）生产费溢出收入，（二）所用职员过多，以致行政费太大，（三）许多工厂因为缺乏原料和燃料，而暂停工作，但是大批的失业者还须

---

① "值"此处和后面几处都应为"资"。

出资补助。因此彼得革勒的波堤洛夫钢铁厂,在一九一八年所付出的工资,竟多至六十六兆罗布;但是出产的成品,只值十五兆罗布。至于那纺织工厂,因为渍麻和织麻,占用的工人较多,赋闲的职工少些,所以他的损失也就较小了;这是因为棉花的原料虽是缺乏,但借着新发明的方法,织布的机器可以改用织麻,所以才有这样好结果哩。

前一个月又得着国家工程部主任鲁满诺索□一封信,里面有极可靠,并且很有价值的消息。鲁君不是包尔失维克党,但是门失维克党。他是一个通国知名的工程师,在克伦斯基的时代,曾被交通部长派到美国,六七个月前才回国的。

他信上说:现在工厂的出品都增多了,依他的估计,大多数工厂出品的数量,和欧战以前差不多了。(在包尔失维克初起的一个月,有些地方成品数量竟比平时减少百分之八十。)说起他自己作工程部主任所作的事来,他说:"世界最大的发电厂"正在墨斯科附近建筑哪。他希望在一两年内,墨斯科大多数的工厂都要使用电力的发动机。那广漠的"泥炭"矿 Peatbed 都要用来作磨电的燃料。此外工程部还在建筑着两座城市呢。前几个月他把那丹河和佛尔加河也都开浚深了,现在鱼雷艇可以自波罗的海,顺着这些河,直行驶到加斯便海去。另外还有几千里的铁路也正在建筑中。

去年十月二十日,最高国民经济会议的化学中央委员会,又在布连斯克开了那第一个制造安息香油的厂。那"经济的生命"上还记载着一九一九年六月墨斯科区内纱厂的状况;据说在五百五十个纱厂中,有四百七十七个纱厂,共用四一三八二二个工人,终日工作。他们的成器,并不是棉纱和棉线,却是麻纱和麻线。

实业国有的范围

按照去年十一月最高国民经济会议议长米留汀的报告,说:全国收归公有的大工厂,差不多有三千个;其中有九百个因为缺乏原料的缘故,停止工作哩。(铁路专供军用,那时战场竟多至十三处,多诺兹的产煤区也还没有夺回。)

那最重要的,实业国有的命令,颁行的结果(一九一八年六月,二十八日发的),共没收某种资本在一百万罗布以上的实业,和某种资本在五十万罗布以上的实业;照那命令上所开的,共有一千个。凡是矿产,无论资本大小,都要没收的。股东并得不着赔偿;但那有股本的管理者,还继续有管理权。在一九一八年六月一日,那时实业国有的命令还没有颁行,但是已经有五百多个小工厂被没收了。这样的举动并没有什么系统。作这事的目的,不过把那产业,从工人手中收过来就是了。因为劳动者将工厂夺在手里,既不受政府的节制,又没有技师的指导,自己就想要产出成品;那些厂主,技师,和工程师,大半早已赶跑了,这种混乱无组织的,实行共产,那结果自然是失败,停工,破坏机器,等怪状一齐来,所以苏维埃政府就不能不干涉了。及至近来对于这些小实业,却是实行放任主义。

国外贸易

将来国外贸易复通之后,所有进出口货,都要归政府专卖;那经理其事的机关,就是最高国民经济会议。所以外人将货物运销俄国,那些销卖费,广告费,和赊欠等项,都免去了。在俄国方面也可以获得那大批购买的利益;还可以坐待英美德法各国的制造家来向他竞争着兜销，现在他们的政府已经表示不顾购入，像东西放各国低廉工值，所出的物品。如果能作得到，他们还打算要别国卖给他们的制造品，必须有职工同盟会的标记，并且担保没有幼童参加这物品的制造呢。

苏维埃的俄罗斯现在存储着大宗的大麻，亚麻，皮革，木材，白金，和黄金等，预备作第一批购入货物的代价。此外还有值二百兆元的金银块，随时可以提用。

前些日子有人问起米留汀，苏维埃的俄罗斯既夺回乌拉山的金矿，那末对于他们的经济现状，将有什么样的影响呢？米留汀回答的话很有趣味，他：

"金货在国内经济上已经没用处了。我们还留着现金，不过是为对外贸易用哩。将来'封锁'撤销，我们打算立时要购入大批的制造品，就预备拿现金，和原料，如棉麻，木材，和毛草等物，作为代价。至于国内，我们既已把商业和矿厂都收归公有，那金银货售日的用途当然失去了。就以现在而论，我们那纺织组合，向燃料组合购煤；业经不用付现，不过把所值的数量，载在簿记上就是了；所以那些银行简直变成社会的帐房了。因为两个组合都是国有的，所以自国库里看起来，这个组合的存项，就是那个组合的余剩，这样那现金仅仅成了一种估价的工具。如果所有生产机关完全收归国有，那现金必至毫无购买力哩。到那时金货在苏维埃的俄罗斯，只怕除了镶牙，就是用在对外贸易罢！

监察院

为监督政府并改良组织，就设了一个"监察院"。这个机关是直接对全俄苏维埃议会负责的。他的职权可以行使到所有的各机关，就是中央执行委员，和"内阁"也要受他的监察。度支预算都归他审计。他可以强制各机关整顿他们的职务，或是裁汰繁冗的机关。他对于不满意的官吏，可以要求撤换；遇有官吏犯罪，和溺职，可以提起公诉。他的职权不止是监督职务，而且要加以指导；有时还派人到各地方苏维埃指授行政知识呢。

经济同盟

巴黎和会把欧洲分成许多小国，各有各的关税政策，因此酝酿出将来的战祸；但是现在俄人的意见正和这个相反。包尔失维克党人深信这些小国应当联成少数较大的经济同盟，然而他们却认定不到各国劳动者都得着政权，这样的新发展一时不见得能实现哩。他们觉得欧洲各国的经济都不是绝对的独立的，但是互相依赖的。无论那一国，总有别一国所需要的东西：一国富于原料；又一国粮食充足；还有一国制造品很多。他们承认各国还是要自治，可是经济同盟却是必不可少的。所以虽然法国方面要利用波罗的海各国的同盟，来抵抗包尔失维克，其实苏维埃外交界的人，对于这件事却是很欢迎的了不得，拿他当做应该走的一条正路呢。

那苏维埃俄罗斯最大的希望，就是全欧的劳动阶级都掌握着政权，那时是永远没战争了，各国的铁路都联贯起来，又有统一的弊制，把全欧变成一个大联邦国。没有君主！没有兵！也没有关税！这不全像是梦话吗？是的！但是苏维埃议会，确是觉得他们能这样统治俄罗斯呵！虽然遇着许多国内外的仇敌，阻挠他们的计画，可是他们已经成就了不少的事业哩！倘若不遇到这些仇敌，在前一这个时候，他们早可以有很好的成绩了！后来复古的革命运动都被压倒了，和平也渐渐恢复了，平空又来了外力的干涉。于是困苦，恐怖，一齐来！那协约国想要拔去的眼中钉，反倒站得格外稳固了。现在俄罗斯把他们那外来的仇敌也战败了。如果能立时和各国议和，那国内的和平秩序自然可以恢复，恐怖也过去了，罢工也告终了，稳健的建设也当然开始了。我仍旧是这句话："经验和责任心，可以成就他们那忍耐的事！"

(《少年世界》第一卷第六期，1920年6月1日，署名 赵叔愚)

10日（星期四）

38.《俄国劳农政府之农业政策》(《东方杂志》第十七卷第十一号，6月10日)

《东方杂志》第十七卷第十一号刊登了《俄国劳农政府之农业政策》，全文如下：

社会主义者维廉里卜克耐区尝曰。"社会革命。非有农民之赞助。决无成功之望。"诚以都市之工业劳动者纵若何急进。而农民仍主保守。则社会主义者所希望之社会改造。万不能达也。俄国之革命。能否成功。虽难断言。然劳农政府所以能维持至于今日。实以得农民之同意为莫大之原因。则可无疑也。

俄农国也。全国人口一万六千万。而农民实居其十之八。此多数之农民。其物质的精神的之不幸。近世文明各国。罕见其比。彼等自数千年来。处于农奴之地位。无人格之自由。经济之自由。居住之自由。卖买鞭笞。惟地主之所欲。其生活之悲惨。有使人不忍言不忍闻者。自一八六一年农奴解放以后。此奴隶制度。形式上虽已废除。然农民生活之困难。仍不减于从前。盖当时之农奴解放。一般农民。虽获得人格之自由与一定之土地。然其所得之土地。为极少之共有地。即欧俄三万九千五百十九万二千四百四十三俄顷(Degsatine)之耕地中。为一千二百二十七万户农家之共有地者。仅占其百分之三十五。而七十五万人之少数地主。乃占其百分之三十。故农民土地缺乏之悲呼。已非一日。至彼等所以尚得维持其生活者。幸赖有村落公有地之制度而已。(参观本志第十五卷第九号及第十二号俄国之土地分给问题)此种制度。既使俄国农民。保有共产的精神。又因土地缺乏之故。益觉土地社会化之必要。俄国共产制度成立之易。即由于此。

革命以前。俄国急进派关于土地问题之意见。可分为三种。第一立宪民主党。主张强制征收私有地。而与以相当之赔偿金。第二社会革命党。主张没收全部土地。不给偿款。由地方自治团体分配于农民。第三社会民主党。与社会革命党之意见略同。而尤主张土地的无产阶级(Landproletaire)之利益。克伦斯基。本隶社会革命党。顾其态度至为巽懦。未能决行本党之主张。至一九一七年十一月李宁秉政。乃以烈风迅雷之手段。发土地国有之布告。劳农政府宪法第一部第一章。即规定劳动阶级之权利曰。"为实现土地之社会化。废止一切土地之私有。作为全国国民之财产。依平等权利之原则。将土地之耕种收获。归诸劳动阶级。此外一切森林、矿山、重要之水利事业、家畜、农具、模范农场、农业的企业等。悉作为国民之财产。"其他规定土地社会化之法令。尚有二三种。据一九一七年十一月八日第二次全俄苏维埃会议决议之"佃田废止令"。凡大地主之所有地、僧院及教会之领地、私有地。均没收之。惟小农之土地及哥萨克之共有地。不在没收之列。此法令之所依据者。为一九一七年九月一日之"土地农民令"。该令之规定如左。

（1）废止一切之土地私有。并禁卖买抵押。一切农业财货。悉皆没收。归耕种者之用。其管理由国家行之。

（2）凡矿石、石油、石盐等地下埋藏物及森林河川等。均作为国有财产。其非重要之河川。则归地方团体之用。

（3）果树园作为国家或地方团体模范农场之一。

都市及村落之住宅地、庭园、果树庭园等。均归原主所有。其租税别以法律定之。

（4）没收养马场及家畜饲养所。归国家或地方团体之用。其赔偿另定之。

（5）凡没收地之农具。亦一并没收。归于国家或地方团体。但除外小农所有之农具。

（6）国民不论男女。均有耕作一切土地之权利。但须以自己之劳力耕作之。严禁出资雇用工人。惟以家族之劳力或依组合法经营者。不在此列。

若农民团体之一人。陷于不能劳动时。则其土地暂归他团体员之用。两年之后仍不能劳动者。则其人即丧失耕作该土地之权利。由国家给以年金。

（7）国民耕作土地之权利。一律平等。土地之分配。则依地方情形区别之。但当适应于农家之生产力及需要。

耕作土地之形式。或以家族经营。或以自治团体经营。或组织劳动组合经营。均无不可。若耕作者死亡时。则其土地即作为"准备地"。此项准备地。由国家管理之。有愿耕作者。即从此地拨给。如准备地不足时。则削减各人之余剩地。首先削减者。为犯罪人等。此外以抽签定之。

由此观之。劳农政府。关于土地所有权。系取国有之原则。而关于耕作收获之使用。则非直接行之。而认家族经营、自治团体经营、组合经营之三种形式者。其所以有所错杂。乃因参酌旧来习惯与地方情形而然。足见劳农政府。对于从来之农业状态。未能完全施以根本之改革。因此之故。遂致各处发生混乱之状态。虽此种混乱。为变革时应有之事。然不得不谓为劳农政府农业政策之缺陷也。

(《东方杂志》第十七卷第十一号，1920年6月10日)

16日（星期三）

39.《每日新闻特派员与里宁之问答》(《时事新报》，6月16日)

《时事新报》刊登《每日新闻特派员与里宁之问答》。摘录如下：

以下为大阪每日新闻特派员与里宁氏之问答，兹述如左：……

问：……据阁下之意见，共产主义之实现，尚须若干之年月耶？

答：欲确定此期间，甚属困难。大凡颠覆旧制度，即须长年月，则建设新制度，亦不能以较短之时期既告成功。吾辈现欲使用电力，以经营工业及农业。盖不使用电力，则共产制度终难实现也。但应用电气之计划，预定尚须十年之期限耳。

……

问：阁下确信共产主义在俄国以外亦得成功耶？

答：共产主义大概仅在西欧可以成功焉。

最后该报特派员更对于里宁氏质问，横梗于劳农政府之前途，所谓经济上之难关，当如何处理之耶？里宁氏答云：

第一、在于击破波兰之地主。第二、在于建设永久之平和。第三、在于改善发达俄国经济状态。

(《时事新报》，1920年6月16日)

25日(星期五)

40.《劳农俄罗斯之劳动军》(《东方杂志》第十七卷第十二号，6月25日)

《东方杂志》第十七期第十二号刊登了W的《劳农俄罗斯之劳动军》，全文如下：

劳农俄国。自本年以来。内战已渐平定。国势已渐稳固。此后外患既息。最急要者厥为国内经济之改造。劳农政府有鉴于此。特将劳农俄国之红军。改编为劳动军。暂行卸除武装。以从事于运输、道路、桥梁建筑及农业工作。一旦疆场有事。则仍可使之出战。盖寓兵于工之意也。此项改革。经国防会会长李宁于本年一月十五日下令。以驻乌拉尔山一带之第三红军改编为第一革命劳动军。(First Revolutionary Labor Army)以陆军委员脱洛斯基为大元帅。劳动军之组织及进行方法。可于下列脱洛斯基氏之宣言书中见之。

(一)第一军之战争职务。现虽完毕。然敌人则犹未散灭。在远东方面。彼野心之帝国主义者。仍时时足为西伯利亚之隐患。亚昌格尔之白军。现犹存在。高加索人尚未获自由。因此理由。故俄罗斯第一军。目前犹未能解甲。内部暂时仍照军队编制。以便社会主义祖国遇有事变时。可以实行防卫。

(二)第一军既无事于战斗。故于目前服务于农业。以补救食粮之恐慌。

(三)第一军革命战事议会将与劳动议会联合。劳农共和国之农业代表与革命议会会员共同服务。

(四)俄国工业中心地之劳动者方陷于饥饿。食料供给问题。至关紧急。故劳动军之第一职务。在自其屯驻地中。搜集各项食料。赶速运至附近车站及各运输地点。

以便运送他处。

(五)俄国工业原料现最缺乏者为木材。故砍锯树木。转运至各工厂及附近火车站。亦为劳动军之重要任务。

(六)现为春初农事开始之时期。工厂生产力既日益减低。农作机械器具。势必缺乏。农民所有之农具。必有大部分须加修理。劳动军当借就近工厂。试行修理农具。以应急需。

(七)劳动军之各队员。应知各地方议会(苏维埃)系劳动者之团体。故须与之联络。凡事必经地方议会同情。然后可行。

(八)凡从事于劳动。当具强毅之精神。与从事战斗时同。

(九)劳动军之一切支出收入。均须详细登记。虽一磅之面包。一块之木材。均系国家所有之物。不应滥支浮报。

(十)司令官及委员。须对于部下之工作。负责管理责任。与战争时相同。军纪不得废弛。共产社会。乃坚毅忍耐之模范也。

(十一)革命法庭将严罚怠惰荒嬉及侵吞国有产业之徒。

(十二)志愿兵、工人、及革命农人恒居一等地位。其勇敢与其忠悃。当为全国之模范。

(十三)君等速起。尽君等之责任。君等非佣雇之工人。乃忠心服役于社会主义的祖国者也。

(十四)第三军之兵士乎。君等今变为第一劳动军矣。君等必能热心尽责。以为后来之模范。以博世人之誉扬。吾国之兵工乎。其毋降尔之红旗。

(《东方杂志》第十七卷第十二号,1920年6月25日,署名W)

26日

41.《列宁最近之时局谈》(上海《民国日报》,6月26日)

上海《民国日报》刊登《列宁最近之时局谈》,如下:

劳动党员彭挞纳氏,最近在莫斯科,与列宁曾为一度之会见。据彭氏叙述当时列宁之谈话云,俄国革命之成功,实因以当初用之于有产者之力,后以用之于劳动者而然。盖吾人之革命,初非欲以杀害俄罗斯人。而今则因革命之成功,正足以保护俄罗斯人。故苟于必要之时,吾人为大局计,不得不维持无产阶级之独裁权,纵出之以强制,亦所不惜。至关于贸易问题,则俄国今日之所有者,为豆麻谷物白金黄金,及其他之物资。此种货物,速求与人交易,籍以流通市面。而与海外之平和,苟可成功,则关于此等物产,虽至割让利权,亦所不辞。盖与海外平和,即所以维持国内之平和也云云。

(上海《民国日报》,1920年6月26日)

6月

42.《劳农政府与中国》(著作(目录，总论)，6月)

汉口新文化共进社刊印《劳农政府与中国》，上海泰东图书局亦出版。这是国内第一本全面介绍苏俄革命与建设的图书，由张冥飞编，小32开本，共172页，定价5角。目录：俄国革命与劳农政府、全俄扰乱和劳农政府出现、劳农政府的由来和经过、劳农政府的宪法、劳农政府土地国有法、劳农政府的新法令、劳农政府的教育、劳农政府的旁观者之审查、劳农政府与各国、劳农政府与中国的关系、结论。此外还有附录——列宁的手段与奋斗的精神、列宁的谈话、协约国与俄国消费协力社、俄现象杂记。该书由两部分内容构成：一部分是俄国革命的由来，以及革命后所采取的内政外交；一部分是作者所理解的俄国革命、建设与中国的联系。

总论：

在今天下午编辑劳农政府与中国这部书有两个意见和两个希望先行表明出来做个总论。

(一)是我对于劳农政府的意见

我的意见以为人类都是应该自食其力的，劳农的人就是最完全自食其力的生活，现在世界上的人类十有九了解得这种道理，却是万中无一能够做得出这种事业，守得住这种职务的。因为现在的人类总有一种骄奢狂妄的心思，以为自己个人谋个人的正当生活，未免太微弱又未免太劳苦，所以想出许多冤枉主意，总是要占夺别人现成的衣食住，还要扩张自己无穷的肉欲。小而言之，个人劳动的苦功夫。大而言之，一班主张国家主义的人无不有这种妄想，渐渐的由事实上发现出来以至于闹得人类不得安宁。(苦工也要淫赌，国家专讲侵略)这都不是人道正义所能够许可的事，我所以每每想到人类如果都肯自食其力时，世界当然安静极了。人类也可以共同享点幸福。只是巧取豪夺、穷奢极欲的事差不多由习惯变成了人类的普通性质。每时每刻都在那里打算自残同类、损人利己。请问这种恶劣的迷梦那里会有清醒的时候？不料而今居然有这样一个劳农政府在世界上发现出来，虽然他那政府所做的事未必都和人道正义相合，但是人类自食其力的道理总算是在这糊涂懵懂的世界上实行起来，将来总有普及全世界的一日，我所以将他们政府所做的事，拣那紧要的记载起来，好教世界上的人类也知道各个人自食其力原来是做得到的，不妨大家牺牲自己的肉欲出来做做。

(二)是我对于中国的意见

人类自食其力的道理是不限于国界的，可是现在的时候还不到破除国界。我是一个中国人，对于中国似乎也应该有点意见，只是现在的中国像我这样的人，本来够不上说有什么意见，就是有了意见，也就是空口说白话，横竖是不行的。况且我自己要讲到自食其力四个字已经勉强得很。第一，我并没有真确的生活能力。第二，我更不敢说有正当的生活知识。我仍旧是一个世界上赶趁别人现成衣食住的东西那里配说什么话。不过现在中国的现象实在是替他隐瞒不得，简直的糟得不可解说，加之社会上种种奇怪事实，无论你有什么理由万分充足的学说，以及有百利无一弊的好办法，被我们这社会上种种事实发生出来的融化力尽可以把他消灭得无影无形，而且反要被一班放纵肉欲的人借了这个新题目正好施行他的阴谋，增长他的势力，请问这种现象还有什么话可说？但是世界上的事有一个人放纵肉欲，总有许多人受他的痛苦，痛苦受得很了，只怕不能由少数的人硬要了多数人的命。当初的俄国何尝不是少数的人劫制逼勒多数的人，如今何以又有了这个劳农政府呢？所以我又不能不记载出来安慰安慰一班多数频连困苦的人，并且儆戒儆戒一班少数骄奢狂妄的人。

（三）是我对于人类的希望

人类在世界上应该要讲到自己生活（完全自食其力），人人都能使自己个人谋得正常生活时，人类就可以共同生活了。（个人每日的劳力所应该享受的酬报，一定是养活自己个人还有剩余，把自己剩余的去交换别人剩余的，衣食住三项互相交换，所谓通工易事的就是如此，所谓互助的就是如此。人人都有剩余，人人都能互助，那人类万不能少的生活上的需求、衣食住三项人人都不会有不充分的时候，这才是人类的真正共同生活，一切巧取豪夺穷奢极欲的事就消灭了）。现在劳农政府的办法就是教他们的人专谋自己个人的生活，不许他那政府底下有一个半个（吃饭不做事）（不做事吃饭）的人。这才是人类共同进行的轨道。一切人类的劣根性就此破除净尽，一切人类的恶劣事实就此扫荡净尽，照着他的办法做去，才不枉了叫做人类。所以我希望的是世界上人类都要认定自己是一个人，在世界上做点人的事。

（四）是我对于中国人的希望

中国人也是世界上的人类，我何以对中国人又另外有一个希望呢？因为我是个中国人，深晓得中国人的特性是极不愿意自己生活的，倚赖是一种劣性，懒惰是一种劣性，骄奢是一种劣性，阴险凶暴又是种种劣性。劣性发动起来，都有特别的好看好听的名词，自己辩护自己做得不错。我从一班人的头脑子里考究他们的劣性所以发生的原故，就只有自私自利四个字可以包括个干净。我以为自私自利的心和自私自利的事都是人类不能不有的，而且可以督促人类向着自己生活的道路上走，怎么会走到（自己生活）极反背的道路上去？我仔细一想，原来我们中国的一班人，简直的没有了解得自私自利四个字是怎么个说法。我对于自私自利的说法似乎和现在一班人的见解不同。我以为人类愿意自己生活在世界上，就是自私自利。因为愿意生活便肯凭着自己的能力去谋正当的衣食住，就是自利这两个名词，我是承认他是好的，不是坏的。因为一个人简直不愿正当生活在世界上，那就毫无顾忌无所不用其胡闹乱来；一个人简直不肯谋正当的衣食住，那就侵占抢夺无所不至，这是极明白浅显的道理。谁知我们中国的一班人，简直的误解到反面去了。他以为胡闹乱来便是自私，侵占抢夺便是自利，荒谬糊涂以至于此。要知道我一个人有自私自利的心，我以外周围的许多人都有自私自利的心；我一个人要做自私自利的事，许多人都要做自私自利的事，彼此不相干涉、不相冲突，岂不就是共同的自己生活吗？怎么讲到自私自利就要害人，专门害人算是自利呢？那就怪不得彼此干涉和冲突的事层出不穷了，又要知道我要害人，别人忍受不了，当然就要报复，我专门害人，大家都受不了，当然就要驱除我这一个人，免得扰乱使许多人不得安生，请问这种误解的自私自利的主张有什么结果？却是一班人虽然误解自私自利四个字，幸亏他们自私自利的自信力很强，如果能够了解得自私自利的真实意义，不难立刻就做到共同的自己生活。我所以希望我们中国的一班人听得劳农政府在那里实行人类的共同自己生活的办法，渐渐的减少那种荒谬糊涂的心理，对于自私自利的误解渐渐的明白过来，那么我们中国的人也可以走到人的道路上去了。

43.《太平洋问题呵！布尔雪维克问题呵！》(《国民》第二卷二号，6月)

《国民》第二卷二号刊登费觉天的《太平洋问题呵！布尔雪维克问题呵！》，文中提出："布尔雪维克主张土地和资本当归社会，工人除得私有一部万[分]直接消耗物品外，凡属于生产的，谁也不能占为私有。因为他认为土地是天把给社会，决不是把个人；资本是劳力的积聚——必得重视公产才合于正义。"

7月
1日(星期四)

44.《李宁对俄罗斯妇女解放的言论》(《少年世界》第一卷第七期，7月1日)

《少年世界》第一卷第七期(妇女号)，刊登了叔愚译《李宁对俄罗斯妇女解放的言论》，全文如下：

去年李宁发布的一本小册子，叫做《伟大的开端》The Great Beginning，里面有一段关于苏维埃俄罗斯妇女解放的经过，现状，和前途。虽只是不多的几句话，然而已经把关于那新俄妇女生活的现状，和他个人对于妇女问题的理想，种种方面都能包举无遗了。今年一月十日巴黎平民报 Lg populaine 就把这段文字译载该报，上月纽约的国民杂志 The Nation 又把他转译英文。我偶然读过一遍，觉得这一位实际的社会改良者，所发表的这样犀利的意见，实在可以算得今日的一些"珍闻"了！我现在把他介绍出来，或者也可以供我们一班热心妇女解放的诸君，一点参考资料罢！

在最近十年之内，世界上无论那个德谟克拉西的团体，或是那个中产阶级的领袖，对于妇女解放所成就的事业，都还不及苏维埃的俄罗斯，在这一年工夫所作的百分之一呢！现在俄罗斯把所有关于待遇妇女不平等的法律通通取消了：譬如像那不易离婚的法律，苦苦追求儿父的法律，和其他关于私生子的法律等都在内。在现在所谓文明国里，还在励行这样的法律，这实在是他们资本主义，和中产阶级的耻辱！我们今天所做到的事，实在足以自豪哩！然而才破坏了中产阶级的法律和制度的基础，我们可就感觉着我们对于这建设前途所负的重任了——就是先预备好这片平地，然后才能建设；我们还没有到着手建设的时候呢。

总而言之，从来妇女在社会上所占的地位，不过是家庭的奴隶！则现在那解放的命令虽是颁布下来，然而结果却仍旧和从前相同，因为她还是得做那小家庭的杂务，把她束缚在厨房和育儿室里，丝毫不得动弹而且她那些累赘而不生产的活动，简直竟是些压抑，她堕落她的零碎刑罚哩！

所以要想做一种真实的妇女解放——就是正确的共度制度——惟有由无产阶级拿到政权然后组织起来再对那家庭的奴隶制度开始攻击——或者也可以说，等到社会完全改造以后再把家庭杂务澈底的重新组织成为社会化的事业。

现在这个政策的实际采行已经着手了。将来的结果怎样，此时尚难预测，但是那初发生的嫩芽却已经是不可过于轻视的哩！公共食堂和幼稚园都是新发生的事业，虽然离着成熟还早，可都是为解放妇女而设的，打算藉此打破男女对于生产事业和社会生活的不平等哩。

虽然如此这些方法并不算新奇。因为他们也像社会党方案的其他各条，曾经在资本主义的国家施行过一些的。但是他们在资本主义的底下，虽是实现，却只是例外哩；而且他们竟成了极悲惨的投机，贪欲，和作伪；或者简直变成无产阶级那班有志者，所痛恨的中产阶级之慈善事业哩！

我们现在已经把固有的这些机关大半都收到手了，并且他们也渐渐脱却他们的本来面目了。虽然中产阶级最好颂扬他们自己的事业，我们却并不大声鼓吹我们的成绩。那些中产阶级的机关报，每每把他们所做的事业抬得很高，说他们怎样能增加国家的荣誉；然而我们的报纸却没有夸扬那公共食堂办得怎样良好，这实在是因为我们的宗旨是：节约劳力，俭省原料，改良卫生，并且解放妇女啊！

（《少年世界》第一卷第七期，1920年7月1日）

25 日（星期日）

45.《劳农俄罗斯之改造状况》(《东方杂志》第十七卷第十四号，7月25日）

《东方杂志》第十七卷第十四号刊登了罗罗的《劳农俄罗斯之改造状况》，全文如下：

俄国劳农政府。自战败各敌党后。已使协约国憬悟。放弃其干涉政策。而与过激政府。开始通商之提议。俄国代表克拉新氏（Krasin）现方在伦敦与英法政府谈判。虽协约国目前尚有种种牵制。未必能与俄国立即媾和。然两方妥协之为日渐近。则固可断言也。俄国革命后之内情。初因封锁严密。交通阻隔。不免传闻失真。至本年以来。各国名人始纷纷赴俄考察。前有英法工党代表之入俄。后有国际同盟委员之赴俄。而居中立地位之新闻家。橐笔入俄。以求窥得真相者。亦繁有徒。其中尤为著名者。则谷宾（Arthur Copping）阿耶（Lincoln Eyre 按阿耶与里宁之谈话曾见本志第八号最录内）戈特（W. T. Goode）是也。此三人为英美大新闻纸之特派员。曾先后入莫斯科。考查劳动俄国之内容。公布于世。于俄国政治、教育、卫生、劳动、社会状况、刑法等。无不有所报告。兹篇特汇集诸家记录。逐项陈述。庶足以窥见新俄国改造状况之一般也。

劳农政府以反抗军国主义自许。然其所练成之常备陆军。则达三百万人。各国陆军之强大。未有能及新俄国者也。惟自爱沙尼亚和约在杜巴（Dorpat）签订以后。有一部分之红军。业经改编为劳动军。以改任建设事业。又李宁政府自一九二〇年一月二十二日起。宣布废除死刑。是为放弃恐怖政策之第一声。（惟近日因有波兰战事、闻又回复死刑云）自革命以后。在俄政府下处死刑者数千人。负其责者实为全俄非常委员会主任彼得氏。（Peters）彼得氏曾语阿耶氏云。"吾人外有敌人之打击。内有叛徒之潜伏。故对于反对派不能不加以严刑。盖此为自保之必要方策也。然幸而此等情况今已过去矣。"彼得氏又曰。

吾曾发露无数之密谋。杀戮无数之人民。然无辜者之杀戮。则可矢言其无一人也。世人谓我残忍。固然。然我敢自白。实不能目击死刑之执行。虽因职务关系。有时不能不监视死刑。然吾决不愿亲见囚犯枪毙之情景也。

据彼得自述。自一九一八年十一月至一九一九年十一月间。因犯"反革命"（Counter revolution）罪而处死刑者。共凡四千四百四十四人。其中五百三十三人。系在莫斯科枪毙。又有五百余人则系在一省城北寨（Poza）地方之所杀。因其地白党曾有一次举叛也。

言论自由

莫斯科总督署现改为全俄劳农会之办公处。现任会长名卡美纳夫。（Kamenev）其地位盖犹他国之大总统也。曼却斯德导报通信员戈特氏曾往访之。据卡氏谓劳农俄国内工人所享之自由。决非他国所能及。一切集会。完全自由。不必俟警厅之许可。旧时各大酒馆及俱乐部。现均改为工人俱乐部。工人得在其内自由谈论。惟此种自由。仅以拥护劳农制者为限。卡美纳夫曰。"吾人现犹在战争状态中。故一切均不能抛弃军事行动。吾人不能容许柯尔恰克台尼金之党徒。任意鼓吹舆论。亦犹战时英国政府之不能纵令祖德派发表意见也。"

劳农政府对于出版自由。其处置适与前政府立于反对地位。劳动者之报纸。销行极广。反对派之机关报。则几至于绝迹。又因纸料缺乏之故。政府对于报纸加以严格管理。以节耗费。然纸料虽甚缺乏。而由"国家出版委员"刊行之俄国文学家杰作。仍有五十万卷之多。其在旧政府下。刊行著作则不过三十万卷而已。政府又曾将劳农俄国宪法刊印至三百六十万册之多。分送各处。以资流传。智识阶级、学者、教师、技师等。曩与劳农政府不洽。今则均已了解政府之用意。而与之和衷共济矣。

劳动状况

俄国自君主政府推翻后。劳动组合增加甚速。未及六个月。新增之组合。已达一千所。组合员二百万人。在克伦斯基时代。各地劳动组合。已渐采直接行动。求劳动状况之改善。迨一九一七年十一月过激派革命成功。于是八小时作工制。及他种改革。乃均实行。其初全国产业。均归劳动者委员会管理。赋以无限制权力。继因劳动委员之技能缺乏。知其不可。乃改由中央政府。管理全国产业。每一工厂。均由政府派一专员管理之。唯此专员须受劳动者委员会之节制以行事云。

产业经此改革后。劳动组合遂成为劳农共和国之从属组织。而畴昔所用之罢工武器。乃失其作用矣。莫斯科劳动组合会长梅尔尼谦斯奇(Melnichansky)曾宣言凡无论何人。如图谋罢工。即成为社会主义祖国之叛徒。当然应加枪毙云。现劳农俄国之雇工。加入劳动组合者占百分之八十。计分为二百种之组合。包括雇工三百万人。以与战前相较。彼时全俄产业上之雇工。总数亦不过二百五十万而已。

劳动组合兼任有各种职务。如失业者之登记。住屋及工厂卫生状况之报告等。皆有劳动组合办理之。全国男女均强制劳动。惟疾病及分娩等则在特许例外。分娩前三个月至后三个月得停止劳动。又工人如因无工可做不得不停止劳动者。则得于失业期内。向政府领取费用。其金额与平常工资相等。如一有雇工之机会。则停止发给云。

莫斯科与彼得格勒劳动组合之建筑。规模极大。均由政府出资设备。莫斯科前贵族院现亦归劳动组合占有。内如有俱乐部剧场及他种娱乐事业。无不完备。在彼得格勒则特建一劳动殿。四围绕以十二所之大建筑物。此外更有一大俱乐部。专备各地劳动代表访彼得格勒时燕息之用。其中陈设之奢华。虽世界最大之旅馆。亦无以过之也。

司法制度

劳农政府设一革命法庭。附属于非常委员会。此外无常设之法庭。遇特种案件。则临时组织法庭以审判之。目前革命法庭之诉讼案件。以经营非法投机业危及共和国之安全者为最多。对于行政官吏凭藉势力以营私利者。科罚尤重。此等案件。得向中央行政委员会(议长即李宁)之司法支部提起诉讼。开高等法庭审判之。惟必案情重大者始行开庭。寻常颇少见也。

今述此种案件之一。即赛马林伯爵(Count Samarin)之狱。赛马林为前俄国贵族之领袖人物。而管领俄国教会十牧区(Popes)之主教也。因叛乱罪被控。本年一月中旬在莫斯科前贵族院之大厅中讯问。赛马林本为贵族院院长。实此中之中心人物。今则大厅变为市府劳动组合之所有。而赛马林乃降为阶下囚。此诚令人闻而感喟者也。

审判官为少年工人三人仍着作工时之布服。据案高坐其左旁则为红卫队第一总司令葛里连戈氏。(Krylenko)彼为代表公众之起诉。人右旁则坐囚犯计分二列。除赛马林外。皆黑冠长袍之牧师也。审判之结束。赛马林及其他一牧师。因藉建立教会苏维埃之名义。谋鼓动农民。使其背弃劳农政府。故判决枪毙。惟因劳农俄国已废止死刑。故改为无定期监禁僻地。监禁罪犯。例须作苦工。惟经向非常委员会报告。证明其品行业已改善。此后决不至再有反革命行动。则亦可立即释放云。

民众法庭

上所述者为革命法庭之审判情形。其他小案件及民事诉讼。则概由所谓"民众法庭"审判之。民众法庭创始于一九一八年十一月三十日。劳农俄国之法典尚未完备。故法官审判诉讼。不特在于援引法律。且尤在于创造法律。法官创定例案。则必广征与案件有关诸人之意见及旁观者之意见。而手力工人之意见。则尤视为重要。其他如资产阶级中人所发之意见则不能引为法律上之典据焉。

革命一年后。因私有财产大加削减。故民事诉讼案。减至百分之十二。当一九一四年彼得格勒一地有民事诉讼案十六万起。自一九一八年十一月至一九一九年十一月之一年中。一切民刑案件。合计之亦仅四万七千一百二十起而已。莫斯科诉讼案亦减至百分之二十三。谋杀、窃盗、沿路抢劫亦均希少。各种罪犯之见增加者。唯盗窃粮食罪而已。此种犯罪实因粮食缺乏而起。法官均科以极轻之罚。惟如盗窃粮食以出售者。则必科以重刑也。据过激政府中人自述。犯罪之减少。半由于政府维持秩序之采严格手段。半亦由于严禁饮酒之结果。夜间强盗苟当场破获。立送附近军署。即行枪毙。彼得格勒在此种严法之下。故虽伦敦纽约。夜间亦无如此平安也。

罪犯之待遇

至罪犯之罚则。与帝政时代略同。劳农政府虽力谋破坏财产私有制。然对于侵犯财产之犯罪者。科罚仍甚严厉。轻罪判定罚金者。当居百分之七十。暴乱及坏法罪。则多判决监禁或逐至僻地作苦工焉。

一九一八年五月。政府宣言。"罪犯不当被屏于社会之外。犯罪之人。半为旧社会制度之非志愿的牺牲。半则由于心理之不健全。而可设法疗救者也。"自此宣言后。监狱制度乃大加改良，依照囚犯之个性(不依其犯罪之种类)分为三类。而分别待遇之。分类及管理之法。则由医学及犯罪学专家共同办理。监禁无一定期限。可视罪犯之性情改变。而展长或缩短之。囚犯之食粮。照做重力工作之工人食粮以派给之。又囚犯在狱中得领受工资。与劳动组合所定工资额相等。惟须扣存三分之二。以作在狱之食住费焉。

教育计画

卢那却尔斯基氏。(Lunacharsky)在革命前本一有名之教育家。现任劳农政府之教育委员。其地位与他国之教育总长相当。一九二〇年三月。纽约世界报通信员阿耶氏曾往访之。卢氏谈时。于俄国乡村教育之发达。颇为致意。谓劳农政府虽尽全力。设立学校于人口繁密之处。然于穷乡僻壤之教育事业。亦未尽遗忘。言时更出统计表。历述某某数省学校、教师、学生之增加。虽在极辽远之土耳其斯坦省。受初级教育之儿童。亦自四万人增为十二万人。教师数目自二千增至五千。目前纸料及印刷原料虽极缺乏。然一九一九年份全俄学生之教科书籍。由政府供给者。亦不下二千五百万人。由政府赠与小学生之皮靴。亦不下一千万对。是年教育行政费至达二百万万卢布焉。

适宜教师之缺乏。厥为教育发展之一大阻力。帝政时代任教师之人。现多反对共产主义。故新教师之养成。实甚急要。据卢那却尔斯基所述。谓此种反抗。全系消极的。于吾人未必有疑。现政府正在竭力教练教师。前加赛林学院(Catherine Institute)为莫斯科有名大学院之一。现正教授共产主义之速成教师。令其至各地宣传。本年二月一日新立一学院。名斯浮德洛夫大学(Sverdlow University)其目的在使全国学生得至此间。精习共产主义。自政治的经济的社会的世界革命的方面。细加研究。

此外劳农政府教育计划中。又拟创设一师范专科。专门研究教授不全及残废儿童之方法。对于有病及残废之儿童。细加心理生理之检查。而定一救济之法焉。

对于不识字者之布告

劳农政府对于成人中之不识字者。特发一种布告。今录其一段如下。

劳农共和国之全体人民。皆须能读能写。故凡年在八岁以上五十岁以下之俄国国民。未识字者。应一律学习俄国文字。其有不能操俄语愿学他种文字者听。一切识字之人均有教授不识字者之责任。各地不识字者完全消灭之限期。应由各区市苏维埃省苏维埃自行决定之。凡成人因未识字而学习读书写字者。在其教育期内。得将劳动时间缩短两小时。人民有规避本布告所加之责任。或有意反抗时。得由革命法庭讯问之。

据卢那却尔斯基所称。红卫队兵士能读能写者。已自百分之十五增至百分之六十。海军中则已无不识字之人。又在近两年中彼得格勒人民不识字者。已自百分之三十减至百分之八。卢氏深信三年以后。俄国不识字者。将全行绝迹也。为成人而设之日夜课学校。均强制入学。长须之老农。捧书本而学字母者。盖比比然。拒绝入学者。首将其劳农会投票权剥夺。如仍不从。则再施较严之罚则。城市工人大都喜学。惟在乡村则甚困难。盖因农民多受牧师之愚。具一种迷信。以为受教育犹与恶人交易。现劳农政府正力思促醒之。卢那却尔斯基曰。"吾人决不容有一物障碍国家之文化。盖非此无以使此辈人民出于草昧也。"

宣传火车

劳农政府在国内利用火车以从事于宣传运动。此种制度。白拉巴诺哇女士(Angelica Balabanova)曾向新闻记者为详细之讲述。白拉巴诺哇者。社会党第三国际会之书记。俄国革命后最著名之女人物也。据女士所述。此种宣传火车。每一组有十列车。车内有图书馆、活动影戏、发行日报之印刷机、无线电等。更有德律风。每至一站。即可与他处通电。车中亦装机关炮。则以防反革命党之袭击也。车之外部。涂以华美之色彩。状如美国演马戏者所乘之车。所绘之物。多为一大蛇。以喻资本家。被红卫军所斩。或为农民与工人交互握手之状。其所书之文字。则多为"世界之劳动者。速联合。""劳兵农代表会掌握全权"等。每一列车。均大书其上。此等语盖成为俄国极流行之谚语矣。列车每抵一站。则出小册子无数。分给乡民。册内文字。盛称共产政府之种种德政。对于不识字者则与以各种画片。片中所绘不特涉及政治事件而已。且于卫生问题农业问题亦均涉及。关切农夫之事。尤加注意。每一组列车。率有办事员百余至数百人。其中必更有长于演说者十余人。故在乡间演说时。乡民聚而环听。往往历数小时不散云。

卫生及医药事业

劳农政府卫生局长细麦许谷博士。(Dr. Semashko)曾向曼却斯德等报通信员宣称。谓全俄医药事务。现均集中于中央卫生局。俄国因受封锁之影响。德国药料无从入口。现所用之药料。均得之于乌克兰。此外由于没收而得者亦不下百万元。全俄卫生状况。尚不甚恶。自一九一八年发生窒扶斯疫以后。各地工会及学校教师等。均设法劝导人民。使知清洁之必要。莫斯科之病症。平均不过二十四起。以人口一百五十万之大城。而病症之少如此。可见其卫生之进步矣。至彼得格勒及古尔斯克。(Kursk)曾有虎疫数十起。又华洛内士(Voronezh)因为台尼金军队所扰乱。疾病蔓延颇广。此外则均甚平安焉。

医学研究。现正积极进行。窒扶斯症之血清疗法。已经发明。传染病花柳病肺痨等。均特设各种委员会以防止之。工会代表亦加入其中。莫斯科已无一娼妓。因劳农政府改善妇女经济地位故也。医药均不收费。医院药房及家中诊断皆然。莫斯科全城现有医生六十三人。助手一百二十人。国家每年出费二百万卢布。更有一生产局。附设社会扶助委员会之下。其主任为莱比台夫人。(Mrs. Lebeder)该局广设收生医院。并竭力扶助已未分娩之妇女云。

结婚与离婚

一九一八年末。颁布结婚离婚法典。凡从前一切婚姻障碍。如信仰之分别。宗教之戒律等。悉行革除。男女在法律上完全平等。遗产法舍在过渡时代一部分有效外。余均取销。离婚全以男女之志愿为定。不必有他种法律上之条件。又对于私生儿及因离婚被弃之子女。均加法律之保障焉。

(《东方杂志》第十七卷第十四号,1920年7月25日,署名 罗罗)

8月
1日(星期日)

46.《拯救俄罗斯须在她的妇女》(《少年世界》第一卷第八期,8月1日)

《少年世界》第一卷第八期,刊登了李小缘译《拯救俄罗斯须在她的妇女》,全文如下:

妇女解放,不问在什么国里,都是跟着文化进步平行发展的草野时代的人,倚物质的强力和刚毅得着生活;所以他们眼目中的妇女,是完全供给他们自然本性和自私自利的意志所使用的。

由家庭发展而成社会,由社会发展而成国家,在这进化变更的时期里,妇女也就进化。由做男子的奴隶,变到做他的同伴,复又做他的朋友,更又做他的监督者;这样迁进,进到末了,就全然成为一个同男子平权,有人格的公民。

直到现在世界上所有文明国里,妇女的势力,总是日见增高。我们也当知道,除非妇女从头有一个位置在发展各种社会机关或政治机关里办事,我们决不能望那种文化的机关活泼起来,稳固起来,并且照我们的理想实现。

向来俄国妇女的命运,同其余各国的姊妹们,是同一命运;因为她们奋斗的结果,已经经过妇女进化程序;所以现在才得到完全的自由,完全的平等的范围以内去。

这是俄国妇女界,在一九一七年,革命的时候,宣布出来的新景像,这样看来,男女两属平等自由的条例，将来在自由俄民生活里面，自然是唯一无二的原理。

然而仔细看起来，现在有人提倡弱性的位置，同处置公产，取一致的办法，你看究竟用女子当公产，能不能生效力？俄国妇女社会化的手续，是不是就这么样办法？这就是我所以不能无疑不能不说的。这样侮辱妇女，简直是失了社会上的理想标准了。虽是鲍尔施维克我也不信他能一致这样办到。

就那俄国高等妇女说：从前的待遇，连像现在待乡农妇女的待法还不如些，有些地方实在是苦得万分，可以举个例来证明他，据俄国古代的实录说，管辖女人是应当的。假如女人有对不起丈夫的地方，她应当活着被埋，只剩头和胸暴露在泥外面，听她自己死，年到克萨林第二 Cathorinell 朝代，这条法律仍然存在。

平常女人是同男子分居，丈夫住在楼下，妻子同女仆是住在楼上。无事的时候，丈夫很留心看管，不使外面有人接近她。连皇家贵族还有这种羁绊，从王宫到礼拜堂一路还要用物件遮起来。王后同公主要出去做礼拜，他们非带起网子来不成，有时乘车出去游览，帘子必定一齐放下，这是俄国妇女受羁绊的情形。（你看中国妇女从前连门边也不能出，比他这样还不如些，那里有女人过的日子呢。）

当十六世纪，有个修道士，名叫锡欧武司忒(Silvertor)著了一本很有名的书，名叫《傅莫司茶也》(Dromostroy)。上面序[叙]述古代女人的位置和状况，说得清清楚楚，俄国修道派把他取来，分作三部分：（一）是专说宗教的本分（二）市政的须要（三）家庭生活。

照那书的第三部分家庭生活里面看，锡氏教他的儿子怎样指导家事，作丈夫必定要怎样做家里的主人翁；妻子应当是他顾良的仆人，替她丈夫做他所命令的事。丈夫的责在，只管教育儿童，此外他的责任就是管理家庭道德；他的实行就是照宗教的指导，用马鞭子打她，马鞭子虽说不用总得要挂在床头上。做儿子的不准用武做到打伤人的眼睛，耳朵，心口的事，一做了丈夫，丈夫的本分就是叮咛嘱咐的使他的老婆和顺，受压，还不要作声，完全做丈夫的奴隶。（中国家庭几乎同俄国同样，我娶亲还没有一个月，就有人对我说，你切不可以让你的夫人逾过你的头来，读到这里，想想，简直是同一个无人道的意思。）

俄国妇女既像以上说的苦法难堪，要知道她们的解放是先从上等人做起的，不是从下平面做起的。那正是彼得的时代，他刚从西欧回来，他的志愿，定规要照其余的各国模范，改造大俄罗斯的文化，于是设立一案，凡是贵族妇女都要入一个会，像彼得这讲不出来的疯狂，叫女人们陪他饮酒，如有不饮饱，使他快意的，一惹起他气来，他就要在大庭广众之下鞭笞她们，直等到政权也掌在妇女手里，这种表面的解放才纠正过来，到了克萨林第一第二的(Catherine Ⅰ，Catherine Ⅱ)时代，女权才有进步，才尊贵起来。彼得的解放，还不是真的，不过纵情而已。第二个解放的要素，是从十九世纪开始，因拿颇仑战争，就把俄国的真像[相]才同西欧的文化接触〈接触〉，从这种接触，关于贵族的教育就一步一步发达起来，在这平等接触西方文化的利益中，俄国贵妇人，从无形中自然也享受不少好处。以上是从政治上说的。

再从文学的镜子里看，镜里面反射了不少各国各种的妇人，俄国文学出产里，有个妇女所极钟爱的人物，名叫戴的娜(Tatyana)这是十九世纪俄国文人蒲施金(Puskkin)在亚根来安一金(Yevgony Onyigin)小说所描写的一位理想中的贵妇人，这是一本经传，现在人家用他排演新剧。翟戈武司开 Jehaekovshy 所做的，同他是一个名称。

戴的娜本是乡间生长大的女子，她所受的教育没有别的，几乎尽是从看当代小说所得着的。她的性子，包尽俄国妇女的温柔，魔力，和一切美德。他虽被乡村狭窄环境所拘束，他那浪漫的生活，却充满了许多自然，歌韵，梦幻。恰巧她遇到一个光明磊落的少年，这少年游历的既广大，受的教育也高深，专讲究外表的光明，却拒绝这社会，成为他的惟我主义，俩相爱起来，她从所得的道德遭遇和疑虑方面，写了一封信，表明她的清洁的心情。俩人约在一处园子里相会，亚根来(Yovgony)说他并没有要求婚意，他说如果他要是娶妻，他一定娶她。

过后几年戴女士在一个宴会上，邂逅相遇，她这时已嫁与彼得革勒(Petergrad)著名的政治家，旧日会面所见美丽动人的本性，全隐藏在这天真烂漫的好女儿里；而今已发展成为一朵盛开的美花，亚根来看不出她就是从前的戴女士，也竟不顾命的同他爱起来。虽□说爱，其实她非常冷淡，非常拘于仪表，她对他说：她已嫁与一男子，永誓以好，过后戴女士泪落满巾，很不自慰。虽然她仍不愿失她铭誓的话。照这一段看，戴女士可以代表俄国贵妇人中，两件特别的事。(一)属个人爱情的浓丽，(二)妇女们若能照她们去发展，富有很大可能的隐力，一定未可限量。梯尔根立夫(Turgenev)是蒲施金文宗的继者，他在他著名的著作里，如《父父子子》"Fathers and Sons"《初次爱情》"The First Love"《烟》"Smoke"，种种著作里面，用写实法书得比俄国别的文学家好。他引得很多种类有名望的妇女，不单限于俄国文学一处，即像世界文学府库里的，他也引来，梯尔根立夫是俄国文宗能显出妇女灵性上丰富的鼻祖——她永是说不出来困难中的牺牲者，就是因为梯氏。才把女子升到"王后的位子"，她很配人把她们的情感画出来，有时把灵性透露出来，还有时把妇女温厚和顺的态度写得绕着"透光体的娇美"。此外梯氏的女人物，还包括些青年人的清洁，唯心的尊荣，牺牲自己的精神，和道德至高的标准。

根查约夫(Goncharoy)托司托约斯开(Dostoyevsky)和我的父亲托尔司太(Leo Tolstoy)等人著作里面藏着不少画家所画的，像活的一般的女子。其中有两张著名的画片，都是我父历史的散文诗《战争与和平》，一张是列大沙 Natasha，一张是马利亚公主，第一张是女子的高贵理想，和活泼纯正的女性化身；第二张是一个女子，她的清洁个性，隐藏在节制有自治力的纲里。

据我所见的贵妇，从实在情形看有许多人的德性，和这文学上的，简直没有分别。我曾记得一个邻家贵妇，她是年长斯文有安静的厉[力]量，有信仰，实在可以说俄国高等妇女中特出的。这种种美德，她自己看到，不能不佩服的。

后来人家说她，去死不远，她就召呼她侄儿来。对侄儿说，你应当承受我的产业，她说："我将到死谷里去，侄儿，只有你应当承管我的财产。我要知道我死后，你怎样管我的家务?"侄儿答道："第一样要做的是请个医生来医你。"

她说："这是我所不准的，我活着，你当说总不请医生来医我，你想请医生，是违背神的旨意，也可算是个罪。"她又问："你还要做什么？"他答说：像俄国这样政治紊乱狠不好，我要把你的财产保起险来。

这位贵妇人又指所崇的像说："那是圣马利亚，三乐的像，这像在我的屋里；火不怕，掠抢也不怕。你看我的门，并不锁起来，没人敢压我，因为他们也知我有圣马利亚的保护，我靠她的福庇我活着，靠她的护术我也死，侄儿你怕死么？回去快叫你老婆来。"过了两天，她将死了，她叫了一个和尚来，听她末了的忏悔辞。这就了事，俄国这样的贵妇女在十九世纪最多。现在无形消灭，以后不致于再会发生了。

旧日俄国存在的阶级界限，虽说分得不清楚，但已经为革命所铲除，在这件婚嫁事上可以看出。只要女子得教育和有相当的雅致，俄国贵族就可以互通婚嫁。在俄国为得钱财而婚嫁的少的很，血统和智识的贵族皆有，但绝没有钱财上的贵族。譬方说英国绝不有金钱同阶级界限的严密，他们所得的结果，一定是自由择配，贵族的老婆就常是从村农来的，但并不受异样看待的侮辱。

当初草□村农时代的生活，少年等到要结婚的年纪，父母同他选择一个同伴，所选择的女子是看她们的装奁，或者能种田不能，能烹饪不能，新娘一进门，就做工，皆受公公婆婆的辖制。（这好像是说中国的，媳妇不容易做，就这样说么？）这种风俗可以在俄国婚嫁歌里看出，这歌是返照新娘□口气；驯服，和以后生活惟亲做的。

像这么苦法的女子，就连现在在许多村农家里还可以看见。傅莫司茶也（Dromostroy）书中严励［厉］的条规，条条遵守无遗，丈夫打妻子好像是丈夫的本分。在俄文中不叫"打"是叫"教"，当时妻子会对人称说她丈夫常"教训"她。她以为打她才是爱她。丈夫若不爱她，那会教训她呢！

俄人村农对于妻子的态度，有些反照在俄国的谚语和笑话里面"妇人有长头发有短脑筋""女人没有灵，只有烟气"，这些话是称赞女子的敏捷和伶俐的精神。还说"女人若能从床顶上落在火炉上，她可以有七十七种思想""每个女人能有七十二种巧技"。

俄国各省的乡农作事，各有异色，大众都要在田庄上耕种，同是用一手造的木犁，用弯镰刀代替直镰刀。妇女时常过于劳动提水带回家去咧，照料田庄和牛奶房咧，常时丈夫自己进城，把事情放下让她们去问。这一来全付担子都放在他妻子身上，孩子们也许会帮忙的，因为其余各国没有像俄国家庭这么大的，俄国的生率是千分之四十五，比起德国千分之三十二来，法国的千分之十七来，自然人数是多。

俄国既没有市政的婚配，所以也没有离婚的事。若有要离的要求，必定要送到教会的权力前，听宗教法律的裁判。因为离婚要非这样正式不可，这样啰嗦，实际还不能达到目的，此外还要花钱费钞，请个律师费很多手续，费许多时间，请教师的官员们，也要预先贿赂的，这样请问穷人怎能离婚呢？

出过门的妇女有权案掌自己的财产，并没有限制，她虽出门，她丈夫无权索她的财产，除非她已经死去，那只准取七分之一的不动产，四分之一别的产业，丈夫若先死，她也只得这个权柄。自一八七十年以来，俄国的妇女多加入于革命的事业。那时她们女界同男子已经平权。所以得到这种美满结果，我们不能不说俄国女人苦心经营的功了。

俄国的暗杀，没一次没有一个女人在里面占重要位置，虽有多少被杀的，多少充军到西比利亚的，千百人仍是死在狱里。据统计表看，她们仍是前仆后继的，有百分之二十五，政治罪是妇女犯的很不容易，渐渐儿受教的女子才发达起来，从奴婢进步到平等。

很多俄国机关事业像法律，医，文，科学里，都有妇女。初等教育里，有百分之六十五是妇女。处处可以看到妇女看书店，妇女做书记，妇女管德律风，战后添了许多妇女可办事的位子，以前是不会有的，然而所有的进步，仍是太拘在智识界里，村农妇女，仍是忍受艰苦像古代一样。

近来妇女心里改变的快，几乎同文化的进步相符合，蒲施金杜金乐夫，托尔斯泰这些大文人所绘的女子清洁已经是陈迹了。常有人说他们是退化，很多女人照着印象派的意见和情感；对着新而险的急溜，时不时去寻找新的印象，这种印像［象］得到不好，再换别的，时时改换，一无所得，对于这新妇女，一八九十年内的经典文学一齐都看的腐败。她们渴饮新印像［象］派的著作，有意大利人 D'Annunzio，波兰人 Prozylysgewvki，Artzybashou Bolmont Verbjtzkaya，末了的名字是个女人，有些时代她的著作比其余的男子还好些，在她十五卷著名的著作《快乐论》"The Key to Happiness"其中的大意虽属是神放妇女，其实是代表放纵自恣。

妇女解放，同革命活动互相符合，如出一辙，但在嫁娶上同宗教和国家，简直是冲突的，没有一国说爱情的像俄国这么尊敬。说放纵的再没有像他们那样斥骂。智的自由选择不能算罪恶。一班智识界的人，虽然未婚，在一处同居，大家都在一块互自相信生她们的孩子，号召所有思想人家的子弟。这是我们所见的，你也不能十分确实说妇女所捆缚的东西，一齐放松不能因为她们没曾得教会和国家的许可，就不能解放，这是不必的。

外国人常会看错了男女的关系，以为就是自由，这种表面上的自由，因为俄人完全端正正直的心灵，有轻视假冒的心理，所以一看就看出希腊国天主教会所以放些阻难在大路上，使不满意的婚娶，不能向自由去解放，这就是流俗教师压迫极了，发生反动的原因。

当鲍尔施维党当道，自由变成堕落，男女无伦次，决不能使稳固死社会有生产，家庭因为是文化的基础，但非使纯正的爱情和互敬打稳做个基础不可，不然所有社会上的结构，必定一个个的破坏。

俄国妇女少有聚合，只得莫斯哥一处有妇女聚会部，会友很少。智识界时常有专门事业聚会的组织，美术家医学家律师各有机关有社会的事业，男女公开，男子也单独有会，但占少数。

据现在俄国自由党解放妇女的条件，妇女现在享受社会上政治上绝对的自由权，这些自由和改良的事业推行，使离婚变容易了，市政婚娶也不须教师的批准了，这一来给俄国妇女一个特别的自由，是别国姊妹们所得不到的。

（这篇是 J. W. Jefferis 从俄文译成英文的）

（《少年世界》第一卷第八期，1920年8月1日）

10日（星期二）

47.《劳农俄国之婚姻法》(《东方杂志》第十七期第十五号，8月10日)

《东方杂志》第十七卷第十五号刊登了W的《劳农俄国之婚姻法》，全文如下：

  劳农俄国之婚姻法典。已经英国现代评论(Contemporary Review)译出，载于三四月号中。法典对于结婚、离婚、抚养、保障等项，大旨尚与他国法典相差不远。其说明书中声明，月前劳农政府所颁一切法典均属过渡性质。非欲以垂诸久远。为目前便宜计。一切立法不能过趋极端。其婚姻法亦然。此项法典与寻常不同之点。即关于男女两方对于婚姻之义务，两性之相互关系。一方疾病残伤时，他方负扶助义务之规定是也。此外对于离婚之规定，亦远较他国法典为自由。对于男女意志特加尊重。总之劳农政府之婚姻法，乃以男女绝对平等之恋爱婚姻为基础之法典也。

  新法典与旧法典最不同之点，则私生儿问题是也。私生儿在社会地位之不平。各国法律学者皆知为不合于正义。然他国政府大都无此勇气。以谋私生儿之保障。新俄国之婚姻法，则使私生儿与由正式结婚所生子女立于绝对平等地位。强令为母者于分娩三个月前宣布私生儿之父为谁。由其父认为合法儿而养育之。如私生儿之父无从判别其为谁。则凡与其母有关系之男子，须分负养育之责。兹译录原文之一部如下。

第二部　亲属法

第一章　亲子关系

第一百三十三条　亲属以事实的亲子关系为基础。正式的亲子与非正式的亲子均无差别。

注一　非因结婚出生之子女，与曾经正式结婚出生之子女，应享平等权利。

注二　本条之规定，在婚姻宣言(一九一七年十二月二十日公布)公布前所生之私生儿，亦得适用之。

第一百三十四条　结婚时已成父母者，应为其子女之父母。

第一百三十五条　如父母之婚姻未经登录，或登录时姓名系假托或未详备时，有关系人得有权用法律手续证明其亲属关系。

注　关于亲属问题之事件，其审理权属于地方民众法庭。

第一百三十六条　有关系人及为母者有证明小孩之事实的亲子关系之权利。当小孩出生或妊孕时因正式结婚而合居之父母，应登录为小儿之父母。其非正式结婚而在法律上认为婚姻有效者亦然。（中略）

第一百四十条　凡在未婚前妊孕之妇女，至少须于小儿出生三个月前至登录所声明小儿之父亲之姓名及住址。

注 已婚妇女如自知妊娠之儿非其夫所生时，亦须为上述之声明。

第一百四十一条 登录所得声明时，应通知所声明为父亲之人。其人于接到通知书二星期后。有提起检举要求取消此项声明之权。若逾此时期未提检举即作为承认为小儿之父。

第一百四十二条 关于亲属问题之事件，照寻常形式审理。惟男女两方须叙述真情。否则作为犯伪证罪。

第一百四十三条 如第一百四十一条所声明之人，其与小儿母亲之关系，足以证明其人即为小儿之父时，法庭应判决承认其人为小儿之父。且宣布其人应负担小儿妊孕、分娩、出生、养育所需费用之一部分。

第一百四十四条 审理之际，法庭证明当小儿受胎时，除第一百四十一条所述之人外，尚有他人亦于同时与小儿之母有亲密关系，则法庭当传审此等人，使其分负第一百四十三条所规定之费用。

此种规定，其用意在使人民养成习惯。至最后得将婚姻制度完全废除。此可证诸德国社会主义学者考茨基（Karl Kautsky）之说明。考氏曰："使一切小儿之权利。不问亲子关系若何，概行平等。此乃改革社会心理之方法。再进一步，则不难使一切儿童均归社会公育。最后乃可将一切资产婚姻之基础。如私权、狭隘的亲属利益、宗法制限，尽行消除矣。"盖现存之家族制，全以财产制为根据。与共产社会实不相容。劳农政府之蓄意，本在废除家族在此过渡时期之婚姻法中，已渐见其端矣。

（《东方杂志》第十七期第十五号，1920年8月10日，署名W）

13日（星期五）

48. 蔡和森给毛泽东的信（文献，8月13日）

蔡和森给毛泽东的信。

润之兄

湘局定，想已归。前见改造宣言，如能照行，甚善。来法会友上月在蒙集议一次，详情子升报告。我到法后，卤奔［莽］看法文报，现门路大开，以世界大势律中国，对于改造计划略具规模。现搜集各种重要小册子约百种，拟编译一种传播运动的丛书：

（一）世界革命运动之大势。

分四种形势：

1. 无产阶级革命成功的地方——俄。
2. 无产阶级革命已发动或小产地方——中欧及巴尔干战败诸国。
3. 阶级革命酝酿的地方——五大强战胜诸国。
4. 阶级觉悟发生后由爱国运动引导到布尔塞维克上去的地方——诸被压迫之民

族,保护国,殖民地,如波斯、土耳其、印度、埃及、朝鲜、中国等。

(二)无产阶级革命运动之四种利器。

1. 党(社会党或共产党)。发动者,领袖者,先锋队,作战部,为无产阶级运动的神经中枢。

2. 工团。先的作用,为实力的革命军,不可破获的革命机关。后的作用为生产组织。

3. 合作社。先的作用为劳动运动革命运动的经济机关,进而打消贸易主义,为消费组织。

4. 苏维埃。无产阶级革命后的政治组织。

(三)世界革命之联络与方法。

1. 万国共产党(本部在俄)之计划与方法及新旧国际党之经过。

2. 万国工会组织,作用,最近之举动。

3. 万国同盟罢工(如最近万国矿工会宣布如协约对俄再战则下令英法矿工罢工)。

4. 万国同盟结交(如今年六月万国工会宣布与虐杀工人及社会党之匈牙利反动政府同盟绝交,电邮路船,都不与通,结果被捕之人民委员得减死刑)。

(四)俄罗斯革命后之详情。

这四种东西,现已搜集许多材料,猛看猛译,迟到年底,或能成就。我近对各种主义综合审缔[谛],觉社会主义真为改造现世界对症之方,中国也不能外此。社会主义必要之方法:

阶级战争——无产阶级专政。

我认为现世革命唯一制胜的方法。我现认清社会主义为资本主义的反映。其重要使命在打破资本经济制度。其方法在无产阶级专政,以政权来改建社会经济制度。故阶级战争质言之就是政治战争,就是把中产阶级那架机器打破(国会政府)。而建设无产阶级那架机器——苏维埃。工厂的苏维埃、地方的苏维埃、邦的以至全国的苏维埃,只有工人能参与,不容已下野的阶级参与其中,这就叫做阶级专政。无产阶级革命后不得不专政的理由有二:

无政权不能集产,不能使产业社会有。换言之,即是不能改造经济制度。

无政权不能保护革命,不能防止反革命,打倒的阶级倒而复起,革命将等于零。

因此我以为现世界不能行无政府主义,因为现世界显然有两个对抗的阶级存在,打倒有产阶级的迪克推多,非以无产阶级的迪克推多压不住反动,俄国就是个明证。所以我对于中国将来的改造,以为完全适用社会主义的原理和方法。

我想编的"四种利器",亦是我这一回要与你具体商量的。我以为先要组织党——共产党。因为他是革命运动的发动者,宣传者,先锋队,作战部,以中国现在的情形看来,须先组织他,然后工团、合作社,才能发生有力的组织。革命运动、劳动运动,才有神经中枢。但是宜急宜缓呢?我以为现在就要准备,现在红军已打到波兰而压入波斯,这种情形你必熟悉,而中国摇身一变的政客和武人(如陈炯明)正在准备做列宁,我预料三五年中。中国必有一个克伦斯基政府出现。换言之,必定有个俄国的二月革命出现。主持的人必为一干摇身一变的旧军阀、政阀、财阀。而结果产生一个不牛不马的德奥式的革命政治。这样一回事，我预料有少数的青年也会参与其中，但我不愿你加入。我愿你准备做俄国的十月革命。这种预言，我自信有九分对。因此你在国内不可不早有所准备。

然则这种党如何的准备组织呢？照旧组织革命机关，是不中用的。我以为要邀一些同志跑到资本家的工厂里去，跑到全国的职业机关、议会机关去。去干甚么？去做工、办事、当代表、做议员。我望你物色如殷柏者百人，分布全国各处，不必他往，亦不必另组机关，即以中产阶级现成的职业机关、议会机关，做革命机关。这种方法，我得之于布尔塞维克。十月革命后，布党遍布全国各机关，列宁亦入了克伦斯基政府，所以十月革命一举成功。

我在这面业已酝酿组织，将于此早组一整队赴俄工作（二年内）。将来以俄为大本营，至少引一万青年男女长驻工作。拟于今冬联络新民会友，少年学会友，工学励进会友，以及赴德之王光祈、赴英之某某，开一联合讨论会。我将拟一种明确的提议书，注重"无产阶级专政"与"国际色彩"两点。因我所见高明一点的青年，多带一点中产阶级的眼光和国家的色彩，于此两点，昨[非]严正主张不可。此意已与曾慕韩深言之，彼甚为感动，须料不久将与少年学会中人发生影响，将来讨论如得一致，则拟在此方旗鼓鲜明成立一个共产党。

木斯哥万国共产党是去年三月成立的，今年七月十五[日]开第二次大会，到会代表三十多国。中国、高丽亦各到代表二人，土耳其印度各有代表五人。据昨日报土耳其共产党业已成立。英国于本月初一亦成立一大共产党。法社会党拟改名共产党。现在第二国际党已解体，脱离出来者都加入新国际党，就是木斯哥万国共产党。我意中国于二年内须成立一主义明确、方法的当和俄一致的党，这事关系不小，望你注意。

徐彦之等赴日，不知如何联络，现在中国不明俄国及各国社会情形，所以一切运动都支节无大计。朝鲜、日本、波斯、印度、土耳其都应有人去，尤以日本为重要。我意日本要去一个极重要的人。与去俄国一样的重要。望你注意！我意中日间要两国无产阶级联络革命才能解决。只要有成熟的联络，谁先谁后不成问题。如果中国革命而日帝国政府未倒时，我们量力之所能采两个方法对他：

（一）我意我们的运动成熟，必与俄国打成一片，一切均借俄助。如日出而干涉，则如俄之对波兰者对之。

（二）万不得已，则以列宁之对德者对之。

以我观察，中国行俄式革命，反动必较俄大。其因有二：

（一）大资本家大地主少，而十万二十万之身家多，故反动数目必多。

（二）中国自来政治影响于个人经济者很少，个人经济极自由，一旦集产，反动必大。

有人以为中国无阶级，我不承认。只因小工小农不识不知，以穷乏惨苦归之命，一旦阶级觉悟发生，其气焰必不灭于西欧东欧。

共产党的原理和方略，我须先研究清楚，现已译《议院行动》(系万国共产党之魁作)一篇；及列宁等重要文字数篇，拟续译《俄国共产党大纲》。

俄十月革命共产党仅万人，现尚只六十万人。一九一七年俄工党只百五十万人，现四百万。

现在内地组织此事须秘密。乌合之众不行，离开工业界不行。中产阶级文化运动者不行(除非他变)。

我拟在此组织一整队赴俄做工。法语于俄甚行，勤工可得川资。将来以俄为大本营，纵少要有青年工人万人在俄。国内往俄难，请先鼓人来法。

你前要我做通信，现因有系统一点的编译计划，无暇作此。

改造地图，请买一部寄我。

你如对于上列意见表同情，或即潜在运动，则有两点应注意而不可游移：

无产阶级专政。

万国一致的阶级色彩，不能带爱国的色彩。

叔衡，启民，悼元，殷柏诸友均此。

彬
一九二〇，八，一三。

(《新民学会资料》，北京：人民出版社，1980年，第128~133页。)

15 日 (星期五)

49.《布尔塞维克的批判》(《解放与改造》第二卷第十六期，8月15日)

《解放与改造》第二卷第十六期，刊登《布尔塞维克的批判》(绍虞)、《俄罗斯的政党》(蕰庐)等文章。

《布尔塞维克的批判》全文如下：

□□布尔塞维克，即现在一般人所说的——信奉的或畏惧的——过激派。这派的主义，在现时世界上，差不多是最占势力，但是他的真相，很不易为世人所知道：有的作为马克思主义，有的称是无强权主义，更有算他作是工团主义的批评虽多，的当的却是很少。现在我把日人室伏高信的议论，介绍过来。他这一篇，本是载在他的著作《社会主义批判》一书里面的。他这本书，共分七章，是把各种社会主义——国家社会主义，修正派社会主义，工团主义，基尔特社会主义，劳动组合主义，布尔塞维克主义，无强权主义——分章批判的。我因为现在是差不多过激化的时代，很觉得这个主义，有先行介绍的必要，所以并不按他原书次序，先把这章大概写出，使人明了这派主义的真相，本想直译，但觉得很不生兴味，因此仿照读书录的办法，随便介绍，固然不免有删繁就简的地方，不过比较得是经济一些，亦比较得是明畅一些。

关于社会主义许多的学说，以马克思为中心，在马克思以后的社会主义者，无论是赞成他或反对他的人，恐怕是终没有不受马克思学说的影响的。布尔塞维克的首领列宁，自称为是主张马克思主义的，本来自己标榜信奉某主义，吾人不能便轻易信他，但是布尔塞维克，是渊源于马克思派的，殆是不可疑的事实。

吾人要明白布尔塞维克的起原。先须明了俄国社会运动史的大概，从这个中间，吾人可以找出与布尔塞维克直接关系的一点，便可以明了布尔塞维克是渊源于马克思派了。

俄国社会运动的组织，大概分社会革命党及社会民主党二大系统：社会革命党，是很带农民色彩的；社会民主党，他的农民色彩比较得暗淡一些，却是于工场劳动者之上，谋扶助他的势力。社会革命党与布尔塞维克的关系，不甚重要，现在姑且搁起不讲，专讲社会民主党。

社会民主党，是马克思主义的政党，旗帜很鲜明的，他的首领，是泼来佛讷夫（George Plechanoff）为俄国马克思派社会主义一大理论家；后来到一九〇三年，这社会民主党分裂为二：一个是泼来佛讷夫的少数派——孟塞维克（Mensheviki），一个是列宁的多数派——布尔塞维克。于此可见布尔塞维克是渊源于马克思派的。

俄国一九一七年三月的革命，是政治的革命，他的中心，是要去掉"撤"（Czar）的专制政府的，九月的革命，是社会的革命，布尔塞维克因此才极鲜明的表现出来。他们觉悟应得藉他自己的地位与力量，努力实现那由我——劳动者——支配的世界，这是布尔塞维克革命的意义。布尔塞维克不主张与资产阶级谋妥协，而要求劳动者的执政权，要使所有权力，都属于他们所组织的劳兵会，这是布尔塞维克鲜明的旗帜。

他们所谓人民，不是指全人民，单不过指劳动者。他把人类分做人民与资产阶级两种。资产阶级，在他们心目中，不算"人民"，不但不作"人民"，并且算是人民之敌。所以他们所要求的国家，是劳兵会的国家，绝对排斥资产阶级的参与，完全要由劳兵会支配的国家。这是布尔塞维克的特质——根本的特质。

所以他们所定的"劳兵会全俄社会主义联合共和国宪法"，都是以"所有权力都属劳兵会"这主张为基础的。这一点于他宪法第十三章六十四条及同六十五条，尤可看出：

第六十四条　不分宗教，民族性，顺从性的区别，只要于选举当日满十八岁的男女，是俄国社会主义联合共和国的市民，都有劳兵会选举权及被选举权。

a. 凡能得生产的，及能生产的人的家族，尽力于农工商三业之劳动者及雇佣者。

b. 劳兵会陆海军之兵卒。

c. 是前二种的市民，而暂不有劳动能力的。

第六十五条　下列之人，虽属于以上各款，仍不有选举权及被选举权。

a. 以增进利益为目的，而出资雇人劳动者。

b. 不做事而有收入者，如藉资本之利息或藉财产之收入者。

c. 商人，中间贩卖人。

d. 各宗派的教士。

e. 以前为警察，宪兵队，侦探，及皇家子孙。
f. 精神错乱者及精神不完全者。
g. 因利己或不名誉事情，经劳兵会剥夺市民权，在剥夺期间中的。

这样看来，可以见得劳兵会绝对排斥资产阶级的参与政治，而把一切的权都归入劳兵会，是绝无疑义了。

现在再介绍杜尔斯基的布尔塞维克论。他于一九○五年的革命以后，着劳动阶级执政权论，力说劳动阶级执政权的可能且必要。他以为革命政府不使参加劳动者，又足为革命原因的反应；所谓劳动者的政府，即是要劳动阶级执霸权的意思。列宁亦是这样，他更进一步，不单是要求劳动阶级的执政权，且主张要求这阶级的代表的执政权，他以为凡是大规模的机械工业，权必归于一个卓越的指挥者，指导几千百万的劳动者，这种结合是必要的。总之可见要求劳动阶级的执政权，是布尔塞维克主义的特质。

以前讲过，一辈人对于布尔塞维克主义，很多误会——有的作为纯正马克思主义，有的作为无强权主义，有的作为工团主义，有的作为与社会民主主义相对立的，现在要于此点一一说明，使明布尔塞维克主义理论的体系。

列宁主张废止议会，废止警察，这些很像无强权主义及工团主义的，但是不能便算为是无强权主义，是工团主义。列宁说："我等不是无强权主义者，不是不承认国家的必要——即从资本主义转移到社会主义强制的必要。"杜尔斯基于同洛斯（Edward Alsworth Ross）教授谈话中间，亦反对克鲁泡特金的无强权共产主义，以为全然不能实行的，他说："克鲁泡特金的共产主义——无强权主义，是要实行单以农业及家庭工业为基础的单纯社会，于近代产业社会，完全不能适用；克鲁泡特金的所说，是对于六十年前的俄罗斯而言，是计划他青年时代的俄罗斯的。"这显然是表示和无强权主义不相融洽的了。所以他们虽反对议会政治，但却要求劳动者代表会议，虽反对常备军及警察，但是要全人民都武装；这不但不是无强权主义，并且不是向无强权主义的道路。至于工团主义的主要特质之一，是产业组合主义，即劳动者不是被雇的雇工，而是一个独立的生产的，而是生产之支配者。布尔塞维克主义则不然，杜尔斯基与洛斯教授的谈话，谓由产业所生的利益，只给工资来偿还生产费，至于纯利益，应由国家及地方团体所支配；因为他们是主张中央集权的，所以劳动者对于产业不许有全支配权，这一点与工团主义，亦是适相抵牾的。

至于马克思主义，以前讲过，布尔塞维克是渊源于马克思主义的，但是这其间亦有不同的地方。沙莱（George Soral）的工团主义，自称是主张马克思主义的，列宁，杜尔斯基的布尔塞维克主义，亦是一样，自称是主张马克思主义的。现在看布尔塞维克主义基础的特质，是要求劳动阶级的执政权，这一点和马克思主义是相同的，但是吾人于此，更不可不分析一想，区别布尔塞维克的目的与手段——究竟布尔塞维克的要求劳动阶级的执政权，是作为他们目的呢？还是作为手段呢？这个在列宁和杜尔斯基，都以为是手段。一九○三年社会民主党分裂为布尔塞维克与孟塞维克两派，不论何人，都承认是在战略底不同；至于崇奉马克思主义的一点，则泼来佛讷夫与列宁杜尔斯基之间，是没有什么区别的。所异即在战略，即布尔塞维克要达到马克思主义的手段，是要求劳动阶级的执政权，他们是以此为达到实现社会主义的目的的手段，这是布尔塞维克的特质，上文已讲过的。这个一点，列宁与杜尔斯基亦自谓是忠实于马克思的教义。他的根据，是根据于"共产党宣言"，共产党宣言里说："我等……要升劳工阶级，使到支配阶级的地位。劳工阶级要从资产阶级渐渐取回资本，把所有的生产机关，都归国家——支配阶级——组织而集中于劳工阶级手中。"

这是布尔塞维克与马克思恩佶同其主张的，但是马克思主义最重要的一点，是议会主义，于德国，于法国，凡是马克思的信徒的社会主义——正统社会主义，都是这样，都和布尔塞维克的主张，不相同的，马克思和恩佶，晚年都放弃劳动阶级执政权的主张，甚至攻击主张劳动阶级执政权的威托灵，可见布尔塞维克主义，和马克思主义，相去甚远了。

总之布尔塞维克主义，单单是布尔塞维克主义，室伏高信说，这个主义与克鲁泡特金的共产主义，巴枯宁的无政府主义，都是俄国特有的产物，我想这虽因于俄国政治或经济的情形，特别产生这种主义，但是无论什么主义，决计不有国界的畛域，其余各国，对于这布尔塞维克主义，不论是反对，信从，或修正，多少总不能不受他们的影响，待到感受他的影响渐深，无形之间，便是他势力的澎涨，到这时候，不过吾人可以说布尔塞维克主义，是以俄国为发源地罢了。

这一篇文字，读者看了之后，定要失望，以为题中有批判两个字，但是文中却并不见有批判的精神，吾想这是室伏高信不得已的苦衷，他这本书，虽称批判，但是不过还一个各种主义的真相，见仁见智，还是要读者自己去思考，好在现在中国对于各种主义，只在研究时代，还够不上提倡时代，那么明了他的本来面目，亦很能满意了。

（《解放与改造》第二卷第十六期，1920年8月17日，署名 绍虞）

25 日（星期三）

50.《劳农政府之讲和提议》（《东方杂志》第十七期第十六号，8月25日）

《东方杂志》第十七期第十六号刊登了 H 的《劳农政府之讲和提议》，全文如下：

俄国劳农政府对于各国之讲和提议，早已喧传于世。而其讲和之条件如何，则知之者颇鲜。曩者布里特氏（Bullitt）尝受美总统威尔逊及英相路德乔治之意参与普临基坡会议，与劳农政府协议其事。布氏返美后，曾于去年九月十二日在美国上议院外交委员会，宣布当日之事情。近日外交委员会已编成《布里特使俄》(The Bullitt Mission to Russia)一书,在纽约出版。据其所载,劳农政府承认之平和基础条件。大略如左。

一、建设于旧俄罗斯及芬兰领土内之事实上诸政府领有休战条约缔结时之领土。旧俄领内之俄罗斯苏维埃政府。其他之劳农政府及其他诸政府与反对劳农政府之政府。即芬兰、波兰、加利细亚、罗马尼亚、亚美尼亚、阿才培疆、阿富加尼斯坦。皆不得以强力图谋倾覆旧俄领内事实上之诸政府及署名于本条约之其他诸政府。

二、撤废劳农俄国与协商国间之经济的封锁。开始通商。但协商国之物资,应以均等之条件,分配于俄国民全阶级。

三、俄国劳农政府。在旧俄罗斯帝国及芬兰领土内,对于搬运旅客物资必要之铁路及港湾,有自由通过权及使用权。

四、俄罗斯劳农国市民在协商国暨旧俄帝国及芬兰领土内新造之国家,有自由入国权居住权通行权,并受身体安全之保障。但不得干涉上记诸国家之内政。协商国国民,在俄国亦有同样之权。双方诸政府得交换公式之代表。

五、行一切政治犯之大赦及俘虏之释放。

六、本条约缔结后,协商国应立即撤去在俄之军队。并停止对于反对劳农政府之军事援助。发生于旧俄国内之劳农政府及反劳农政府,于本条约缔结后,为平和起见,应立即依同一比例实行减少军队。

七、劳农政府,对于旧俄帝国对本条约缔盟国及其国民所负担之一切债务,负偿还之义务。清偿债券之详细规定。依照俄国之财政现状。另行协定。捷克斯洛伐克军在喀散所没收之俄国款项及协商国自德国索还之俄国款项,作为俄国之所偿。俄国劳农政府,当于一九一九年四月十日前,承认前记之提议。

上述条件,因英国一部分之政治家及法国政府之反对,中止协议。而劳农政府所定四月十日之期限,遂以逾期。然一九一九年十月二日姬采林之平和希望宣言书,发表劳农政府交付英国议员马伦大佐之讲和条件。悉与布里特所携归之条件相同。足知劳农政府仍有用此条件缔结和约之意。又李德维诺夫一九一九年十二月四日与新闻记者之会谈。亦谓交付于布里特之提案今仍有效。李德维诺夫虽非正式之负责者。然劳农政府之意向,要可因此而推知也。

至于欧美诸国对俄讲和之意见。则其主要者约有三项。即一为国债之承认,布里特之讲和条件,亦承认之。惟其中所谓捷克在喀散没收之八万万金,则其款或已入鄂穆斯克政府之手。所余若干,散漫无纪。然协商国固可以丰富之俄国资源充之。故此节尚无问题。二为红军之解散。

前记条件。仅规定缩减军备而不言解散。惟据布里特氏之对俄意见书。虽脱洛斯基现为红军指挥官。以武力主张革命。而李宁则反对之。俄人之赞成李宁说者,较多于脱洛斯基。故此节似亦可无庸虑及。惟协商国对于红军仍怀恐惧之心。而俄国亦以为欲维持本国之社会革命。万不能撤废武力。故双方实难一致。三为主义之宣传。关于此节,讲和条件中,亦声明不得干涉内政。英国顾德教授(Prof. Goode)谒见李宁时,曾以劳农政府对于外国之主义宣传为问。李宁答之曰:"前此曾与布里特氏谈及。俄国政府决不为宣传之准备。至于个人之宣传，为各国法律所禁者，可依法罚之。惟俄国对于外人在俄排斥过激主义之宣传。并无处罚之法律。而英美有之。则此点俄国似较英美为自由耳。"然李宁之言，可否信用，殊属疑问。彼从前既破弃布莱斯里吐夫斯克条约。此后难保其不再破弃与协商国之约言。况在奏功于德国革命之若辈乎。以上二者。即使协商国不易允许俄国讲和之最大原因也。

顾讲和问题之将来，更与下述二问题，有重要之关系。其一即过激派之温和化。其二则通商问题之真相与其发展是也。

所谓过激派之温和化者。即主张极端社会主义之俄国。最近已有渐化为温和之趋势也。过激派本主张共产主义国。而共产主义之第一义，在使劳动者脱出为劳银之奴隶之境遇。然据去年五月李宁之演说，则欲使俄国成为近似战前德意志之国家社会主义国。国家社会主义，仅由国家或自治团体代私人而为资本之所有者。乃资本家之移换。而非资本制度之破坏。劳动者依然为劳银之奴隶。此则比之共产主义，不得不谓为非常之温和化。盖既认国家社会主义之劳银制度，自不得不分别厚薄。对于专门家付以高率之劳银也。李宁于所著《苏维埃之实状》(Soviets at Work) 中，虽辨明此种办法，系属暂时的。然其渐趋温和，固为不可掩之事实。又据布里特氏之报告书，过激派已许银行得取按年三厘之利息。"社会寄生者之绝灭。""以人虐人之废止。"(见宪法第三条) 原为过激派之主要目的。今既认许利息，则其主义即不啻破灭。况共产主义，本贵主张土地产业之国有而使之实现。尤宜没收地主所有之农耕地。依农民之耕作能力而畀以土地之使用权。然俄国农民之土地欲，究不能以使用权为满足。近来已觇农民之向背而许以农民之私有。是又共产主义破灭之最显者。他如讲和条件中外债之承认，亦与其当初破弃国债之主张相背。皆足为社会主义让步之明证。要而言之，今日外围之事情，实已使彼等有不能贯彻其初衷之觉悟矣。

关于第二问题。则本年之初，巴黎最高会议已决议不顾劳农政府专与俄国产业组合开始通商。然此项决议，事实上究难实行。故英国近日已与劳农政府交通委员克拉新有开始通商之协议。盖欧洲诸国之谷物，向系仰给于美国。近年美国人口日增。输出亦因之渐减。加以此次战争，农田之荒废甚多。谷物更告匮乏。舍求诸世界之仓库之俄国以外，更无他道。虽近日俄国是否尚拥有多量之粮食，未能断定。然揆诸时势，各国决不能永任俄国之孤立。故开始通商。难以更缓，俄国亦然，莫斯科开第九次共产党大会时，虽尝决议不与资本主义国通商，主张于国内谋经济的恢复。然卒以交通机关之破坏，致成有食而不得食之状态。故亦不得不开始通商。况如前所述，俄国即渐变为妥协态度。而在他方面，则欧洲诸国亦有渐趋过激化之倾向。德奥两国过激派之势力日增。英国之劳动党，势亦极盛。义[意]大利国内更时见粮食暴动之频发。此等诸国之劳动党均要求其政府承认俄国劳农政府。故双方接近之势至为显著。协商诸国与劳农国之媾和，殆不过时日之问题而已。

(《东方杂志》第十七期第十六号，1920年8月25日，署名H)

27 日（星期五）

51.《对于发起俄罗斯研究会的感言》（长沙《大公报》，8月27—30日）

至28、29、30日，长沙《大公报》发表荫柏（彭璜）的《对于发起俄罗斯研究会的感言》：

> 前几天因有一个留学俄国机会的好消息，连带又产生一个俄罗斯研究会的好团体，也足见得湖南的教育众不拘成见提倡新文化的一班，也足见得湖南的政府，正欲革故鼎新、与民更始，虚怀远虑，无不能容纳现世的潮流；也足见得湖南的人民，精神活泼，勇于进取，大有要与世界文明族类并驾齐驱的气概，或正是"近水楼台先得月，向阳花木早逢春"，东方的瑞士，看看起于有俄罗斯研究会的湖南。我要替有俄罗斯研究会的新湖南预贺。
>
> 但是有些人要说说你们随便邀集些人开了一次会，随便加上个俄罗斯研究会的名义，也有这些个希望、感慨，不真教人家好笑吗？其实这次集会，虽说是一时邀集而成，究竟也有前因后果。不是在今日，不是在今日的湖南，好容易组织这样的团体。有了今日，有了今日的湖南，我只希望各教育家，各有志的青年，更发勇往直前，打破一切偶像，服从真理。或者东方的瑞士，真要在研究俄罗斯做起。研究俄罗斯的人，莫要忘记了任重道远的责任啊！
>
> 我们固然不能说，俄罗斯一定是好的，非俄罗斯一定是坏的；然也再莫想非俄罗斯一定是好的，俄罗斯一定是坏的。顶好是用批评的态度，研究的方法，来对付这个世界的俄罗斯问题。如我是个毫无研究的人，也不知新文化究竟是甚么，也不知新俄罗斯究竟是甚么，然而俄罗斯自一九一七年十月革命以来，对付内部的反对党，对付强权主义的协约国，风驰电掣，根本改造北冰洋岸的一大块土。到今日内部的现象，日趋和平，劳农的政府，日趋稳固。什么世界的五大强国，力能催[推]翻"如夏日可畏"的德意志，不能屈服"如冬日可爱"的俄罗斯。我因想俄人的群众心里，都保存有不可抵抗的潜势力。
>
> 听说俄国的革命，并非世界上偶然发生的一件事。俄人历来宽洪大度，虚心聆教。凡百年前法兰西有种什么启蒙哲学，德意志有种什么罗曼哲学，先后输入俄国。俄人总是欢迎接待。近来有了马克斯的经济学出世，俄国人见了毫不惊奇，大家研究起来，尽吸收其精华。至今俄国的革命，还是马克斯经济学的产物。"他山之石，可以攻玉"，这是中国人的古训。可爱的俄人，早有了这种谦虚的态度。现在中国人，不也应该有这种态度来研究俄罗斯吗？
>
> 俄罗斯国内的政治、经济、社会的状态，其详细的组织方法如何，局外人实在难明真相。但有几个显而易见特点，如：（一）废除土地私有制；（二）各种大企业收归

国有；(三)公布劳动义务。即此数端，已足见俄国人权利义务的分配均匀。既无阶级产业上的区别，大有"贵则皆贵""富则皆富"的表征。诚使全人类都能秉"创造"与"互助"的本能，努力向物质与精神两方面的文明上去发展。行见新世界上的人，个个有"贵为天子，富有四海"的尊荣与快乐，难道又不是新开辟得来的一个"黄金时代"吗？

努力去开辟这个"黄金时代"的责任，固然不应当盛[尽]卸屑[肩]在占世界一部分俄国人身上，然在俄国人自身的眼光看来，好像大多视世界为"大我""以天下为己任"。俄国人硬欲争回自己的平等、自由，同时又很尊敬并希望各国人民均能平等、自由，所以劳农政府对外的方针：(一)排斥秘密外交与-各国人民谋亲善；(二)废弃殖民政策，民族有同等的待遇。他们又并非是能说不能行，何以见得这样呢？不是劳农政府赞成芬兰独立，不是赞成波斯撤兵，不是赞成亚尔美尼亚的自治？最近一个好证例，就是波俄战争。现在俄人居然完全战胜波兰了，俄人提出与波兰讲和的条件是如何？一面是声明不侵犯波兰的独立、自由与主权；一面是希望波兰民军组织新政府。我们以冷静的态度来观察，诚不见得俄人对于波兰有什么恶意咧。但这在我们中国人的眼中看来，这都还是些远而且大的事实，到[倒]不能于脑海中发生深刻的印象，使我们留了深刻的印象，怀想而且感激。俄国人的一宗事体，就是劳农政府致中国的通牒中，声明退还旧政府所接夺中国的一切权利，凡俄旧政府在满洲蒙古及其他省内的一切权利，如森林矿山租借地赔款，以及中东铁路等，一并无代价无条件的退还于中国。难道这也是对于中国有恶意吗？有些人说：劳农政府的通牒，带有传播主义的性质。不错，我们在他们的通牒中的确看出他的主义是反对强权，提倡人道，主张民族自治，不惜牺牲最少数人，以来收回最大多数固有的幸福。要创造一个大同世界，创造一个永远和平的世界。这就是他们的通牒中传播给我们中国人的一个主义，使我们永远不会忘记的。

无论如何，俄罗斯总是有研究的价值——研究他的好处，也更要研究他的坏处。我记得前次上海会见一位吴先生，他是很提倡国际主义的。他是很希望用了十分和平十分圆满的手段来达到国际主义的目的，所以他说俄国的革命，不幸在这过渡时代，近于多数专制——就是劳农专制。但人民的知识与道德，不能站在一水平线上的时候，社会的改造，只有比较的圆满与和平的方法。"无为之治"恐怕是不可能的。所以和平的世界，是俄人革命的目的。劳农的政府，是俄人革命不能避免的手段，也恐怕是全世界革命必经过的阶级。

世人要想用一种比较俄人革命更发和平的手段来改造社会，改造国家，顶好也是将俄国的事情加一番确切的考察、研究，以资照鉴。我们中国普通一班的官僚武人，总喜欢用"掩耳不闻""老吏断狱"的办法，对于"时兴"的学说，概斥为邪说，不特自己不肯去研究，还要禁止人家研究他。不知"时兴"的学说，就是当时群众心理的产物，是不假外求的。譬如饥思食、渴思饮，是"人心"通有的作用。一般使用强权的人，不明此理。饥禁觅食，渴禁觅饮，卒至群起反抗。如塞川而水横流，酿为大患。

这正是两年来俄罗斯所以经过如许痛苦的原因!

我们中国要想不蹈俄国的覆辙,绝对的不是能用一种比俄旧时政府更有力量的强权来压制预防社会的革命,所可做得到的。是要中国的官僚武人,一反俄旧时政府之所为,调查俄国革命的原因与结果,细察群众心理的趋向,不加压制,反加提倡,不来预防,反加培养,移言之,就是要掠夺阶级的平民化。所以无论俄国的革命有好有歹,总是适应二十世纪的潮流才发生的,是不可根本避免的,是应当研究调查的。我们要记得清楚的,就是二十世纪的"新潮",首先产生了一个"新俄罗斯",不是"新俄罗斯"产生二十世纪的"新潮",不要以俄罗斯的革命为偶然发生的一件事。

呀!我们中国的百姓,无论老的少的,男的女的,几个不受经济的压迫?几个不受社会的压迫?几个不受政治上特殊势力的压迫?压迫我们来过奴隶的生活,压迫我们来过禽兽的生活,压迫我们来过罪恶的生活。我们是老年人的,不能正当的休养;我们是小孩子的,不能得正当的保育;我们年轻的,不能用我们的脑力,自由去求些学问;我们年壮的,不能用我们的体力,去造就一个真善美的世界,尽枉费在罪恶的生活上面。"谁实为之,孰[孰]令听之"。你要觉到现在的政治经济社会的万恶,方才知道俄罗斯怎么起了革命,方才知道怎么应当研究俄罗斯,方才会研究俄罗斯到精微处。

(长沙《大公报》,1920年8月27、28、29、30日,署名 荫柏)

8月

52.《新俄国之研究》[著作(目录,绪言,全文),8月]

邵飘萍编著的《新俄国之研究》,由日本东瀛编译社(大阪南区)出版,中国泰东图书局发行。全书共140页,定价4角。目录:总论、绪论与24章。有:绪言;第一章 俄国思想界变迁之概略;第二章 社会运动团体之发达;第三章 布尔萨维克之语源;第四章 布尔萨维克之目的与手段;第五章 帝政覆亡与凯林斯克之执政;第六章 布尔萨维克政府之出现;第七章 胜利后之两种布告;第八章 布尔萨维克之精神;第九章 劳农政府之政治组织(上);第十章 劳农政府之政治组织(下);第十一章 劳农政府之经济设施(上);第十二章 劳农政府之经济设施(下);第十三章 劳农政府之军队编制;第十四章 劳农政府之教育事业(上);第十五章 劳农政府之教育事业(下);第十六章 劳农政府施政之成绩;第十七章 各国驻兵与撤兵;第十八章 俄国旧党失败之因果;第十九章 劳农政府之外交;第二十章 通商欤?承认欤?;第二十一章 通商而不承认之滑稽;第二十二章 俄国社会之最近情形;第二十三章 列宁评传;第二十四章 却罗斯克评传;余论;附录。附录有四:美国派使勃烈之报告(William C·Bullitt)、列宁与《纽约世界报》特派员林康阿耶谈话、远东共和国宣言书与国民议会宣言书、俄国劳农政府之农业政策。书中的主要资料来自日文,绪言、余论为编著者写。

编著者对苏俄充满了敬意:"俄国今日所实行之社会主义,非独在俄国之政治与社会中为空前之创举，实世界历史上之一新纪元。今后果见社会主义之成功，其影响与世界将较诸美国独立、法国革命之威力为尤著。然则为我国朝野无论在外交上有研究俄事之必要，而对此世界空前之奇剧，生活于此世界中之国民，胥不可不具正确之理解，又岂待言。"

绪言：

俄国以其历来政治与社会之种种特别原因，遂酿成一再革命之惨剧。列宁等利用机会，确立所谓劳农政府。以实行平素所主张之社会主义，手段猛烈，成效昭著。社会主义革命之声，使各国政府闻而惊慑，欲一致扑灭之。然又归于失败，于是劳农政府之屹然不动。且急遽以施行社会主义者，业已三年。各国政府虽嫉之，而各国中之社会党，却与之表同情者不少焉。此各国今日之对俄所以有承认与干涉皆无所可之态度也。

俄之壤土与我国西北相接。外交上关系之重要，夫人知之。故俄国今日所行之主义，其善恶良否为别一问题。政府与国民欲求对俄外交之适当。自以研究俄事为第一要着。况俄国今日所实行之社会主义，非独在俄国之政治与社会中为空前之创举。实世界历史上之一新纪元。今后果见社会主义之成功。其影响于世界将较诸美国独立、法国革命之威力为尤著。然则我国朝野，无论在外交上有研究俄事之必要，而对此世界空前之奇剧。生活于此世界中之国民，胥不可不具正确之理解，又岂待言。

襄闻国人对于俄事深为注意。曾草《俄国新政府之过去、现在、未来》一文，载诸海内各报。顾以限于篇幅，未免过简。方今一般国人，非但苦于难悉俄事之真相。且以某方面外交作用故意讹传之结果。对于革命后之俄国，每疑为奇离怪诞，非人间之生活。如所谓妇女国有之谣言。其一例也。记者欲贡献国人以判别俄事之常识，且为政府外交国民外交万一之助。爰再以搜讨所得者，东鳞西爪，汇为一编。且略兼历史顺序之体系。举革命后劳农新俄国之政治、经济、社会、外交荦荦诸大端成二十四章。题曰《新俄国之研究》。海内留心俄事者，乞省览焉。

又本书附录中最有研究之价值者，为美国派使勃烈脱等之调查报告书全文。此项调查报告，在一九一九年四月。（去年）去今业已一年。无论一年之中，俄事已较其所报告者为进步。然即就此报告书研究之。俄人之如何百折不回，与种种困难交战。吾人可以窥见俄国国民性之一斑。而谓到列宁派已成为其国内温和之共产党。尤足知某方面所传如何可怖之手段，为不尽实也。因欲促读者之注意，特附记数言于此。

全文：

第一章　俄国思想界变迁之概略

吾人欲研究新俄国之内容，不能不一追溯其思想界变迁之概略，以明社会革命思想所自来。大抵俄国所以演成今日社会政治两方同时革命之活剧者。其原力一为欧洲思想之输入，一为专制帝政所激成。更因欧战延长，多数人民饥寒逼迫。遂遇爆发而不可遏之机会。

俄国社会革命思想之渊原，远在十八世纪之末叶。其时思想家之秘密团体，已具民众解放之精神，与专制政府相抗。英国之楷斯搭费尔特卿于一七五三年旅行俄国，已惊其国民反抗政府思想之郁勃。依其报告，谓系受卢梭等法国思想之感化。故播种俄国革命思想之种子者，乃法国思想家也。其后此种反抗政府之思想，日益发达。政府复用高压之手段，以激刺而培养之。牺牲于政府虐政之下者，何止数千万人。证以彼有名亚历山大海尔文氏之言曰："俄国思想家之历史。乃殉教者及犯罪人之浩瀚记录也。"云云。可以见俄国思想家与专制政府恶斗苦战惨淡情形之一斑。而为此大声疾呼之海尔文氏，其后自身亦陷同一之境遇。以因果之理衡之。今日俄国皇室、贵族、官吏、富豪所以赢得如是之悲运，亦大半由于自造耳。兹欲明俄国革命思想变迁之顺序，依便利而划分为三时期如左。

第一期，为受法国启蒙思想影响之时代（即卢梭等之启蒙哲学）。例如诺依哥氏，从社会伦理学之见地，而攻击卞塞拉因二世之外交政策，遂至下狱。又如拉狄依启夫氏著《自莫斯科至彼得格拉之旅行记》。反对专制主义，鼓吹农民觉悟之必要，遂处死刑。皆此时代之思想家也。

第二期，为受海格尔等及其他国德浪漫哲学影响之时代。此时代之进步，不仅反对专制主义而止，且从哲学对于所谓"政府"之为物。其意义与价值加以严正之批评。著名之巴古宁及爱查可夫等，即起于此时代者。

第三期，即受马克斯等唯物主义及社会主义，影响之时代。此为一八七〇年至一八八〇年以后之事。在一八六〇年至一八七〇之间，虚无主义极盛一时。此种主义因社会主义思想之发达渐溶化于其中。社会主义乃特形发达以至于今日。

上所述者，为俄国思想界变迁之概略。下章再进述因思想家结合而组织之团体，以明今日新俄国中心势力之所自出焉。

第二章　社会运动团体之发达

俄国社会运动之结社，最初曰"Narodniki"（俄语乃为民之意），中经数变（如巴古宁等之运动）而为"土地与自由"之结社。乃一八七六年间，俄国社会主义者唯一之团体也。至一八七九年，分而为二。其一曰"人民之意"。主张以阴谋虐杀为遂行政治的革命之手段。与之反对者，则为朴雷哈诺夫①之少数派。Black Redivision 此两者遂

---

① 朴雷哈诺夫（George Plechanof）以一八五七年生于但波夫县，少年时代即为"土地与自由"结社著名之会员，十九岁时曾以有名之演说攻击俄帝政府。其最初发表之论文《曰经济的发展之法则与社会主义之诸问题》，其后复著《进于社会革命运动之俄国农民与阶级斗争》及《无政府主义与社会主义》，又关于马克斯学说等著述，闻名于世界。一九〇五年至一九〇六间，其全集两卷出版。彼实马克斯派社会主义之一大理论家也。一九一九年（昨年）逝世。

成俄国社会党之两大系统。

"人民之意"一派，其后即为社会革命党朴雷哈诺夫之少数派，其后即为社会民主党。社会革命党以农民之劳力为基础。社会民主党以工场劳动者之劳力为基础，而遵奉马克斯社会主义。（德国马克斯派亦称社会民主党。）至一九〇五年，社会革命党方面分而为二，嗣又分而为四。故今日俄国社会革命党有中央派、右派①、左派、极左派之别。在社会民主党方面，至一九〇三年分而为二。（注意）一九〇五年，曾为一次之复合。至一九〇七年而又分。今则有统一团（即朴雷哈诺夫所指导者）、列宁派、却罗斯克派、国际派、护国派等五者。试立表如左。②

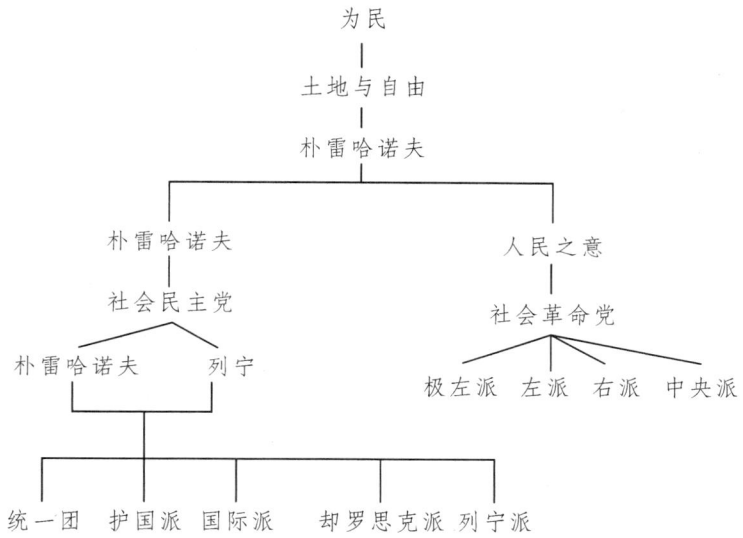

上述社会党两大系统而外，尚有米留可夫所统率之立宪民主党。乃纯以改革政治为目的之结社，不与于社会革命之列，与一九一七年之政治革命有重要关系（见后），故特揭之。又俄国社会运动之中心人物，其初为朴雷哈诺夫，即社会民主党之创始者。启惠诺夫则社会革命党之首创者（今为社会革命党中央派首领）。皆读者所当记忆也。

第三章　布尔萨维克之语源

前章言社会民主党至一九〇三年分而为二。所以特请读者诸君注意者。因此即布尔萨维克名称之由来。日人以偏见而故意名之曰"过激派"，甚无谓也。

社会民主党遵奉马克斯派社会主义。既如前述。一九〇三年，该党开会于瑞士

---

① 社会革命党右派之首领为凯林斯克（Kernsky），即一九一七年革命后，组织临时政府而为列宁等所推倒者。

② 俄国之大部分皆为农民，故无论何种运动皆不能离农民而存在。社会民主党虽以工场劳动者势力为基础，其后亦兼农民之色彩，惟较社会革命党之色彩为稍淡尔。

(后亦曾开会于伦敦),讨论所以实行马克斯主义之手段。其时朴雷哈诺夫等主张与有产阶级妥协,加入议会,为政治之运动,以达实行马克斯社会主义之目的。列宁等激烈反对之。主张排斥一切有产阶级。劳动者以外不许干预政权。力言非此不能从资本主义,一变而为社会主义。学者每称前者为妥协派,而称列宁等为非妥协派。盖以此也。两方讨论之结果。赞成列宁等非妥协之主张者占多数,而赞成朴雷哈诺夫等妥协之主张者少数。于是社会民主党乃分为布尔萨维克(Bolsheviki①)与孟萨维克(Mensheviki)两派。所谓布尔萨维克之语源,乃俄语多数派(Bolshinstvo)之意。而孟萨维克,则俄语少数派(Menshinstvo)之意。列宁等为社会民主党之布尔萨维克,应称之为社会民主党之多数派,方适合于原语之意。吾人不敢谓完全赞同其主义与其手段。然如日人之加以曲解而谑之为"过激派",则亦可以不必。

关于"过激"云云之用语,颇有一段有趣味之谈话。四月三日,日本某报载其特派员往访劳农政府②外交之一代表者。该特派员首问劳农政府之外交代表云,劳兵会以"社会主义的全世界革命"之标语,盛行露骨使用之。此种标语不仅胁迫外国人(如日本之大多数人),岂非与劳农政府对于各国讲和之提议相矛盾乎。……劳农政府之外交代表答曰:吾人并不欲强行宣传其思想于他国国民。乃今次讲和提议书中所明记者也,以吾思之,则俄国今日方受日本"过激的军国主义"所胁迫耳。吾信以俄国之过激主义与日本之过激的军国主义,依两国在极东之共同利害关系上,应调和之,而使两国国民,长享平和之幸福云云。其言亦可谓深刻极矣。

第四章 布尔萨维克之目的与手段

布尔萨维克为社会民主党之一派。社会民主党乃遵奉马克斯派社会主义者。所谓马克斯派社会主义,乃国家社会主义。民主社会主义,故不否认参加议会之政治运动。朴雷哈诺夫所以主张与有产阶级妥协,参加于议会。盖于此点,自信为诚确遵奉马克斯社会主义,且以此为科学的社会主义。与无政府主义之分界者。列宁等之布尔萨维克反之,排斥一切有产阶级,而要求劳动者之独执政权。学者每以之为近于无政府主义,且以之为近于散狄克里思姆。③ 因若依其主张,则所谓国民者非全体之国民,乃劳动者耳。换言之,彼等之国家,劳动者所支配之国家耳。但于此点须分别目的与手段而下判断。要求劳动者独执政权,为布尔萨维克之唯一特质。而可求得与马克斯主义同一之点,即马克斯社会主义亦有劳动者执政之要求也。马克斯派《共产党宣言》第二章有曰:"一切阶级撤废自是自身(劳动阶级)之优越地位亦撤废。"盖明明

---

① 布尔萨维克中,有为之首相之列宁派Leninsts与今日同为劳农政府中心人物之却罗斯克派United Inttrnatioalists二者。

② 俄国劳农政府并非单纯由布尔萨维克所组织,尚加入社会革命党之左派,与极左派(但以后又有变更),惟以布尔萨维克为中心势力,故吾人仍识之为布尔萨维克劳农政府。

③ 散狄克里思姆(Syndicalisme)为发生于法国,主张取经济的直接行动,而以产业的统治为目的(否认议会政治、且否认国家)之劳动团体主义,美国之I. W. W亦其一种(the Industrial Workers of the World)。

以劳动者执政为撤废一切阶级之手段,而不以劳动者执政为目的也。列宁等劳动者独执政权之主张目的乎?手段乎?列宁则言以此为手段。却罗斯克亦言以此为手段。即目的在于社会主义之实现。而实现之手段,则用劳动者独执政权。所谓社会主义之先行条件是也。

证以一九〇六年社会民主党会议之时,列宁主张以土地为国有。产业集中于国家。生产机关为国家所支配。凡此社会主义之要件,皆布尔萨维克之目的。却罗斯克一九〇六年之著述,亦力说主张马克斯社会主义。然则布尔萨维克者,与无政府主义及散狄克里力姆毫不相似,依然马克斯之社会主义而已。

至于列宁等所用之手段,有不能纯粹一贯之处。而时亦取与他派妥协之态度,又有因妥协而缓和之趋势。例如知识阶级人物之采用。许资本家以限制的利用资本,及因技术不同,而工银分别高下等,皆以行之难通而稍事迁就者。或谓其主义之变更与矛盾。然须知所谓妥协缓和云者,仍以其主义为中心,并未中止其向社会主义之目的以前进也。

第五章　帝政覆亡与凯林斯克之执政

俄国自一八九九年以来,朴雷哈诺夫与启惠尔诺夫既各组社会民主党与社会革命党。此外尚有米留可夫所组织之立宪民主党等。社会的、政治的、运动之势力既日见其盛大。政府方面,则恃其军队之威力,仍取高压之方针。形势遂愈觉其紧迫。日俄战争之役,俄国大败。而帝制政府之威力顿挫。两相因果至有一九〇五年之革命。其结果则专制政府约行立宪政治,以缓和政治革命之运动。而对于社会主义的运动依然压迫而无所稍宽。一九〇六年之总选举,社会民主党与革命党以不满于选举法之故,而不加入之。然俄国以受多年社会运动之影响。一方产业逐渐发达,而都会亦日形发展。此次选举之结果,农夫及劳动者之表代,当选者达一百〇七名。其次为一九〇七年之第二回选举,社会革命与民主两党联合而为选举之运动。五百二十四议员名额之中,社会党占一百三十二名。政府欲加以限制,致解散议会,另定有利于贵族、地主、富豪之选举法。社会党遂仅得十四名之议员。于是社会党大愤,咸大声疾呼,澈底的攻击政府。而政府复以威力随之。依翌年(一九〇八年)之统计,被放逐于国外者七万人,处死刑者七百八十二人,流谪于西伯利亚者十八万人,可以知其压迫之程度。正当恶战奋斗之际,世界大战适于其时发生。多数之社会党员,固亦如各国社会党之战争是认。然少数者当对德开战之际,竟公然反对之,不赞成战争军费之案。故有社会党议员五名处终身流刑之事。

世界大战转瞬经年。少数阶级之丰衣足食,固不感其痛苦。而一般民众则受食粮缺乏物价飞腾之影响,怨声载道。咸妇咎于专制政府之黩武。社会革命党与立宪民主党,乘此时机,先后继起。一九一七年三月,俄国革命之声惊动世界。极端专制之帝国政府,于是乎与世界永别而成为俄国历史上之一名词。

此次三月革命之主动者,为立宪民主党(见第二草末段)与社会革命党,纯为对于俄帝政府政治革命之性质①立宪民主党之首领,为新内阁之中心。社会革命党右派首领凯林斯克,则据司法总长之阁席,告政治革命之一段落。当时俄国情形仅得政治上之自由,不能遽认为满足。内阁更迭。社会革命党之凯林斯克乃继起而组织内阁。其阁员分子,则社会党八名,而立宪民主党六名。是为凯林斯克内阁执政之时代。

第六章 布尔萨维克政府之出现

凯林斯克执政而后,俄国一般民众之倾响,已渐由政治革命而进于社会革命之时代。彼之地位处于有产阶级与劳动阶级之间。自信为绝好之位置,欲谋两种阶级之妥协,以发挥其才能。因是态度不免于暗昧,不能系社会党之信望。一方则信奉议会,且欲得联合国援助之故,仍取对德续战之方针。此时国内饥馑之情形,人民早厌有战事。因是大背国民之期望。内阁之中,意见不一。凡事皆见其困难。凯林斯克本以劳兵会为其根据之中心。(劳兵会 Soviet 最初始于一九○五年,至是而劳动者、农人、兵士乃联络为一,并非列宁等始组织者。)乃因与有产阶级携手之故,大招该会之反感。利用劳兵会之凯林斯克,致仍失败于劳兵会之手。又在军事方面,凯林斯克以本其平素废止死刑之论,实行废止死刑。其结果则前敌军队,秩序大乱,遂有哥儿尼罗夫军反叛之变。列宁等适皆蒙特赦而归国。一九一七年十一月七日,革命再起,凯林斯克败走。至十一月八日而布尔萨维克之劳农政府,遂见其出现以至于今日。

与列宁同为劳农政府中心人物之却罗斯克,曾手记"自十一月革命至与德单独讲和,结普莱斯脱条约止"之事实,公布于世。所述十一月革命成功之经过,兹节录之,以明真相。却罗斯克之言曰:革命后之俄国,社会党与自由派(即立宪民主党)联合。固以全俄之统一协同为目的。然彼等以所谓人道主义之愚论代替阶级之战,不啻以智识阶级陈腐之政治学,自饰其无能。吾人与若辈相异之点,即在一为主张阶级之战。一为主张所谓人道的愚论也。然彼等最初颇见其成功。与吾人同派之劳动者,至皆同情左袒于彼等。当劳兵会之组织也,以其中兵士与劳动者皆无智识之故。属于彼等之能解文字之技师、新闻记者、法律家等,皆被举而为其代表者。从来不值一顾之中产阶级,至一跃而握国家之政权。彼等以联合国之关系,不敢中止对德之战争,而兵士非常之不平以起。吾人乘此时机,力言俄国旧政府以强欲从事于无用之战争,故倒之而代以新政府。今新政府复不能中止战争,则非为吾人之友而为吾人之敌,亦不可不速倒之。此说既渐占势力。适其时以俄国战况之不佳。吾人乃益处于有利之地位。第一次之示威运动,虽全见其失败。复有第二次之示威运动,欲包围临时政府。举启惠尔诺夫(社会革命党首领)等,悉捕缚之,不幸事败被捕。列宁逃至芬兰。(却罗斯克会于此时下狱。)然其后以凯林斯克事事不能澈底之故。吾人之势力日益增大。列宁自芬兰归,开秘密会议。凯林斯克尚立于劳兵会与哥儿尼罗夫之间,旁皇而无所决。吾人于十一月六日复开始攻击。十一月七日遂以武力颠覆临时政府而掌握俄国之实权云云。

观于上之所述。俄国一九一七年三月之革命乃纯为政治革命。凯林斯克继之而组

---

① 卞狄脱党(即立宪民主党)之主要党纲,仅为言论自由、集会自由等政治的自由之要求,不出政治一步。

织联立内阁①，则立于政治革命与社会革命之间，故有产阶级与劳动阶级皆不满意。列宁等布尔萨维克之十一月革命（各书亦有记为九月革命者），乃纯为社会革命。② 先与德国单独讲和，以副一般人民之希望。极端引用马克斯所谓阶级争斗之说，主张排斥一切有产阶级而以劳动者独执政权。其成功之速，实原于此。

第七章　胜利后之两种布告

列宁等之革命，既告成功。其第一日即开人民委任者（代表）会议，以布告平和及土地之两大问题。观于却罗斯克之手记俄国革命史中所述，略谓吾人在彼得格拉完全胜利而后，收拾完全政权于军事革命委员会之手。发表废止死刑，新选举军队委员，及其他种种布告。十一月八日（即胜利后之第一日），开彼得格拉代表者会议。全俄代表者议会之代表、守备队会议委员及我党之多数会员，均出席，实最关重要之会合也。列宁以关于平和及土地之两种布告，提出于斯会。经稍加讨论之后，即满场一致以采用之。于是见"新中央权力"即"人民委任者会议"之形成云云。

前述之两种布告，乃列宁等之新政府最关重要之新政策。关于平和者，即对德中止战事，速为民主的讲和。关于土地者，即废除土地私有之制，以所有权无赔偿移转于国家之手。皆农民之所热望，劳动者兵士等所最欢迎之事。依却罗斯克之所记述，其时有产阶级，及铁路、邮局、电局等之高级官吏，与夫旧军队委员、市乡村议会、及地方议会等，悉处于反对地位，固不待言。故列宁等先扫荡一切旧有势力，悉收政权于劳兵会。（Soviet 或劳兵农会，又称劳工会，仅劳动者、自作农夫、与属于劳农政府之海陆军士，有选举权及被选举权，所以实行劳动者之独裁政治，其组织法参看第十章。）一方实行其主义，执此以为达于社会主义之手段。一方即以排斥反对阶级，而巩固其政权。可谓一反凯林斯克之所为，而鉴其首鼠两端之覆辙也。

劳农政府对于德国之单独讲和，反对于一般平和之缔结，经第二次全俄代表者会议，采决平和布告而后。即于十一月二十日，以无线电通告于敌国及联合国。当时联合国方面切劝其难行。复于十一月二十四日，发出答复联合国抗议之宣言。至十二月五日，而全战线结休战之约。十二月二十二日，平和之商议开始，更对联合国进平和商议之言。一九一八年一月，遂对德签字普莱斯脱之平和条约。

自革命胜利以来，着着设施，步步奋斗。至一九一九年春，计其势力巩固之地已达三十州左右，人口约六千万，面积达九十四万三千九百余方哩。一九一八年三月，迁其中央机关于莫斯科，以此为新俄国首都之地。

---

① 凯林斯克组织内阁时，曾一时的使社会革命与社会民主两党合同，故其内阁中，实舍立宪民主党，及社会革命与社会民主两党之阁员分子，谓为联立内阁。惟列宁为社会民主党之极左派，其主张与凯林斯克极端反对。

② 十一月革命之役至十一月八日，俄都悉定，占领茉莉宫殿（冬宫），列宁为人民委员会首长（即总理同等）而却罗斯克为外务长官（现为陆军长官）。凯林斯克曾率兵反攻大败而遁。

以下各章，再历述其对内对外之种种关系。彼世人所传专事激烈破坏之说，殆有未尽然者，其因欲实行社会主义而施不得不然之手段。亦不容断章取义，以一局部而论其是非也。

第八章 布尔萨维克之精神

以布尔萨维克为中心势力之劳农政府，吾人欲观察其政治组织、经济组织之内容，可先将其宣言书加以解剖，即发见布尔萨维克主义之精神。该宣言书系一九一八年一月十八日，发表于宪法会议者。其后即为劳农政府宪法之基础。宣言书之要点如左。

一、俄国为劳兵农会之共和国，中央政府及地方之政权，悉收集于劳兵农会及中央执行会之手。

二、俄国劳兵农会共和国以各民族劳兵农会之共和联邦，与各民族之自由同盟为根据，而建筑于其上。

三、废止土地私有权。

四、设定劳动者监督权。以工场、铁路、矿山为国有。

五、公布劳动者义务制。（注曰：不劳动者不宜食之格言。）

六、组织劳农者赤色近卫军。（赤卫军）解除资本阶级之武装。

七、排除秘密外交。奖励全世界各国劳农间相互之交欢。主张非赔偿、非并合及民族自决之民主的原则。

八、废除对于小民族殖民地之压制。赞同芬兰独立，波斯撤兵，及亚尔美尼亚自治之声明。

上之诸点，试加以学理之解剖。则一、二两项乃中央集权主义。三、四、五、六各项，乃由资本主义而变为社会主义。七、八两项则纯采国际主义。此布尔萨维克精神之所寄。

当一九一八年一月十八日，宪法会议之开会也。劳兵农会执行会委员长斯佩尔却罗夫氏宣布上述之宣言，求该会议之承认。温和社会党反对之，且攻击布尔萨维克之侵夺政权。列宁亲自出马，大主张其理由。其终以劳农政府之宣言付诸投票表决。赞成者一百四十，而反对者二百七十三，归温和派之胜利。盖当时宪法会议之中，温和派实占多数。（南俄方面殆占九成。）翌十九日，劳农政府遂下解散宪法会议之命令。其理由即在中产阶级分子之过多。渐实行其劳动者、无产阶级独执政权之手段。

列宁等主张中央集权，实则更主张执政权于一人之手。盖以俄国国民知识程度之不足，故自居于指导之地位。而欲实行社会主义，必为中产阶级所反对。故排斥一切反对者，恒用激烈之手段。然其目的之在实行社会主义，与专制自私者不同。观其改造教育之设施，大开人民求学自由之路，此必非专制愚民者之所为也。

第九章 劳农政府之政治组织（上）

劳农政府之政治组织，依于前章宣言之精神，以劳兵农会为中心。劳兵农会以都市劳兵农会，与地方郡部之劳兵农会为单位。从此等劳兵农会选出代议员，以构成全俄劳兵农会，是为最高之机关。一年开会两次，或此外再开临事会议。该最高机关又选举二百名以内之人，为全俄中央执行会。此执行会更任命各部长官。各长官对于执行会及全俄劳兵农会负责任。此实全世界一种最新之政治组织也。

惟其中有须注意之点。都市与地方郡部之选举全俄劳兵农会，其名额与人口之率大不相同。在地方郡部，须人口十二万五千人始得选代议员一名。在都市则仅须人口二万五千人，即得选出代议员一名。因列宁等派之势力多在都市。（劳动）而地方郡部较弱，故以此法可多得同派之议员。此劳农政府所以巩固之原因一。

更以本诸"劳动者独执政权"之精神之选举权，规定于宪法者言之。宪法第六十四条之要点云。

一、不问其宗教、民族性、从顺性之为何，选举之日，年达十八岁之男女，有下列资格之一者，皆有选举权及被选举权。

A、使用于工商业之劳动者及使用人，

B、在是等劳动者之家、司家政者，

C、自作农夫及哥萨克之农业劳动者，

D、属于劳兵农会之海陆军士，

E、可属于以上各项，而一时失其劳动能力者，

又宪法第六十五条之要点曰。

一、有下列各项之一者，虽有上条列举之资格，亦无选举权及被选举权。

A、以增进利益为目的、曾雇用赁银（工资）劳动者之人，

B、不劳动而有收入者（例如以资本财产得收入者），

C、私的商人，

D、一切宗派之僧侣僧职，

E、前警察、侦探、宪兵及前皇统之各人，

F、法律上曾宣告精神错乱及不完全者，

G、因利己不名誉之事、被劳兵会剥夺其市民权，在剥夺期间中者。

依上之所规定，劳动者以外直皆不许干预政权。此固布尔萨维克之唯一特色。而其影响则中产阶级智识阶级之反对社会主义者，皆排斥于政权之外。此又劳农政府所以巩固之一原因也。（但其后稍有变动。）

第十章　劳农政府之政治组织（下）

劳农政府之政治组织，既以劳兵农会为基础。劳兵农会为日本学者所译之名词，其原语即本书第七章中所曾述及之苏维埃（Soviet），以新我[俄]国政治之唯一基础为苏维埃，故称之为苏维埃俄国。（劳农俄国）或苏维埃政府（即劳农政府），所谓苏维埃者 Soviet 其本来之字义。与英语之 Council（评议会）相当，为帝制时代之枢密院，亦常称为 Gosdarstvennyi Soviet 焉。

苏维埃之组织，先为在各地方之劳动者与农民、选举其代议员，以造成地方之苏

维埃。更集地方苏维埃所选出之代议员,以造成全俄苏维埃(即上述之全俄劳农会或劳兵会)。由全俄苏维埃选举中央执行委员会,由中央执行委员会任免人民委员,故中央执行委员会有似于立法部之议会。而人民委员会则与今日各国之政府相当。列宁即人民委员之议长,亦犹各国之内阁总理也。

俄国之各乡村镇各有其地方苏维埃。在大都会,则各区又各有区苏维埃。亦有包括市乡村镇之大地域而为一苏维埃者,其初大抵各处劳动者之苏维埃,与兵士之苏维埃同时并起。三月革命以后(见第五章。)劳动者与兵士间,乃组织联合委员会。而特别之事情,则两方仍各自集会讨论焉。至农民之苏维埃,则布尔萨维克革命后,始与前者为联合之行动。(苏维埃所以译称劳兵会或劳兵农会也。)苏维埃之代议员,无一定之改选期。对于代议员之人人,无论何时,皆可特别指出某代议员,而解除其职任。此亦其特色之一也。全俄苏维埃以各地方苏维埃所选出之代议员,组织而成,用直接投票方法。全俄苏维埃之会议普通每三个月开会。

中央执行委员会约以三百名委员组成。由全俄苏维埃会议中每五人选出一人,其地位既与立法之议会相当。其选举方法亦如议会之选举,有一定地方之区别(选举区)。但于其代表之实质,则与今日之议会大异。盖中央执行委员会于实际乃代表劳动团体者。其代议员常保与劳动团体有不绝相接触之机会。此又其特色之一也。

人民委员会(即内阁相当)公布法律,不可不先通过于中央执行委员会。而与劳动阶级,尤时时保其密切之度。其巩固不摇之基础,乃建筑于多数人之劳动阶级之上。且使多数国民对于政治,皆发生直接密切之关系故也。

又当革命之初,有临时革命委员会之设置。禁止一切反对革命之刊行物。此似违背乎社会主义者平素所主张言论自由之根本主义。但禁止之理由,则以劳动者及农民之权力方始建设之时。绅士阀反对革命之言论利器,不可不暂为武装之解除。俟新制度确立,则一切刊行物之限制除去,实现完全自由之言论云云,更以一切广告为国家之独立事业。惟政府及地方劳农会之刊行物得为揭载广告,其余概暂禁止。

上所述者乃一时之办法。且如对于知识阶级之擢用,其后列宁亦主张之,至其将旧有政府机关一律推翻,乃因旧机关中每留有产阶级之势力,故根本上加以扫除云云。

第十一章 劳农政府之经济设施(上)

劳农政府之经济的设施,悉以实行社会主义为其最终之标的。试将其关于经济之重要机关,简明列举如左。

(一)劳动者支配产业之机关

(一)因欲整理国内经济起见,一切工业的、商业的、农业的事业及团体,悉付诸劳动者管理。银行事业、交通事业、产业组合等亦同。

(二)关于前项之管理事务,由所属劳动者选出之机关即工场委员劳动者代表会议行之。是等机关由总被雇者,及技术员之代表者组织而成。

(三)重要工业都市、工业地方置地方劳动者支配机关。此种机关由劳动组合、劳动委员会及其他工场产业组合等之代表者组织而成。

（四）在俄都设全俄劳动者支配机关。纲罗上列各团体之代表者，即劳兵代表会执行委员会之代表者五名，劳动组合代表者五名，技术员代表者五名，农业组合代表者二名，有会员十万人以上之各劳动团体代表者各一名等。

（五）劳动者支配机关有监督生产定最低赁银（谓工资至少若干之限度），定制品卖价之权能。

（六）劳动者支配机关有管理关于业务一切通信之权能。商业上之秘密，一概禁绝事业之持主，应令其提出一切帐簿，及存金于劳动者支配机关。

（七）劳动者支配机关之决定，有拘束事业持主之效力。除因高级劳动者支配机关之决定外，无失其效力之事。

（八）事业之持主，或经营者对于劳动者支配机关之决定，有不服时，得于三日以内，控诉于高级劳动者支配机关。

（九）于所有事业持主，及使用人之代表（行使支配权者），就秩序之维持，财物之保管，对于政府为负责任者。如有毁损财物，或帐簿不整理等之行为时，则处罚。

（十）地方劳动者支配机关，裁决下级支配机关间之一切纷议，及从事业持主所提出之一切诉愿。

(二)国民经济高等会议

（一）国民经济高等会议，依利源及金融机关之公有。整理全国经济生活，统一中央及地方各支配团体（包含全俄劳动者支配机关）。

（二）国民经济高等会议，有收用征发各种工业、商业及令其合同之权能。又在生产、分配、金融诸方面，有施行右列以外之政策之权能。

（三）国民经济高等会议，以全俄劳动者支配机关各人民委员之代表者，及特行招聘之专门学者与知名之组织之。

（四）国民经置高等会议，分燃料、矿山、金融、复员等各部。

（五）国民经济高等会议，从其议员中选出十五名而作一局。令取各部之联络。为应急之处置。

（六）关于整理公共经济一切法案及政策，为先提出于人民委员会者。（注意人民委员会即劳兵农会 Soviet 余仿此。）

观上述各机关之组织，无处不发挥实行社会主义之手段。而绝对不用知识阶级之说，亦可见其不确也。

第十二章　劳农政府之经济设施（下）

本章所述，乃劳农政府成立而后，对于重要经济事项之处分方法。与其内政外交有至大之关系。尚望读者加以注意。

(一)土地私有权废止后之办法

（一）对于一切土地之所有权，无赔偿废止之。

（二）地主之所有地、贵族之采邑、寺院教会之所属地与其家畜建物器具，共移于地方土地委员会,及地方农民代表会管理之。按俄国之多大地主为其特别情形,故用此特别土地革命主义也。

(二)废弃国债与国营贮蓄

(一)行于地主及绅士阀之治下,之一切国债,悉废弃之。一切外债亦绝对无除外之例废弃之。

(二)短期债券作为搁置,不付利息。

(三)国营贮蓄银行之蓄金为不可侵者。

(四)虽为不过五千数卢布之贮金,非因各自劳动而得者,可全否认之。

(三)银行贮藏金之处分

(一)存在于诸银行金库之一切货币移入国营银行。金币及金块等,概收回而为国家之基金。

(二)金库之保管者,宜应传唤速携金库之钥匙赴银行投到,以便检查。

(三)传唤后三日不投到者,以反抗检查论。(即认为反抗)

(四)右反抗检查者所有之金库,检查员即开检之。在库物悉为人民之所有,移诸国营银行。

(四)外国贸易之处理

(一)一切外国贸易悉为国营。对于外国政府及外国商业团体生产原料制品农产物等之卖买,依政府之特设机关直接管理之。

(二)设商工人民委员会。以下列诸团体之代表者为委员。

(1)陆军、海军、农务、食料供给、交通、外务、财物之各部。

(2)统辖茶、烟草、织物等各种产业之中央机关。(含国民经济高等会议各部门之代表者)

(3)产业组合中央机关。

(4)商工同业组合之中央机关。

(5)重要品输出入业者之中央机关。

(三)设立外国贸易会议。登陆输出入品之需要供给,决定其价格,施行总商工人民委员会之发案。

此项办法与各国外交上有重大关系,容他章论之。

第十三章 劳农政府之军队编制

劳农政府所以巩固之原因,一由其特殊之政治组织(见第九章)。而其特殊之军队编制,亦所以维持其势力之一方法。当其方始从事革命之际,知国内旧有之军队,不能成其志,故盛行主张组织劳动者国民军。掌握政权而后,如其宣言之所示(见第八章),努力组织赤卫军。又排斥旧有军队中有产阶级系之将校,代之以劳动者。一九一八年十二月十七日,曾发布左之两令。

(一)队长由队中选举之。

(二)军队内之阶级撤废。

此项命令施行之影响。旧有之将校，或去其队，或由将校而降为兵卒。此不过为消极排除有产阶级系之办法也。

一九一八年与德国为普莱脱讲和谈判及订约而后，益觉其国无武力之危险。列宁与却罗斯克皆痛感军备之必要，欲维持劳农政府在内外之威势，更决定实行组织赤色军。于一九一八年四月二十七日，发布强制军事训练之命令。其要部谓社会主义、虽以一般武备废止、永久和平确立为目的，然此必于世界各国劳动者掌握权力时，乃可得而实现者。今俄国劳农政府，四方被围于敌人，自不可不有强力之军队。而强制军事训练之办法，分学校生徒，自十六岁至十八岁者及十八岁以上至四十岁者之二种，男子为强制的、女子为任意的。于此更有可以注意之点。此军事训练之特权，惟限于劳动阶级，而有产阶级则除外焉。依劳农政府之主张，谓有产阶级亦可命其为防卫祖国之负担，固不待言。但当此过渡之时代，使彼等加入军队，恐惹起队内之不和。其命令之前文，并历叙有产阶级与外国之侵略主义者联络，恣其种种阴谋，欲以颠覆劳农政府云云。

为是特殊编制之军队，其编制之性质上。自然努力以拥护劳农政府，使政府所以巩固之一最有力机关，自无可疑者也。

第十四章　劳农政府之教育事业（上）

新俄国劳农政府之教育事业，其方针与制度纯取理想上之最新者。今已实行至于如何之程度，尚无详细之调查。据片断之报告，则成绩比诸他种设施尤为优胜。今且勿论其实行程度之如何。仅就其政府所表示者见之，则其对于教育之意志高尚卓越，大有可以研究之价值。吾人对之不能不表敬意也。一九一七年十一月七日，革命成功而后，劳农政府之教育委员先发关于教育之布告。其要点在阐明教授与教育之区别。教授云者，由教师传达知识于生徒之谓。教育云者，言创造之过程，个人之人格如何完成之谓。直揭今日各国教育上之大缺点。其余则专对劳动者立言，以显示其社会主义国家之特色。

革命后二月（俄历十二月二十四日），教育部长发出布告。教育委员会之职务，分为十七部局。

（一）关于一般义务教育部局。

（二）关于大学及专门学校之自治部局。

（三）关于直辖学校部局。（直辖学校移诸市乡村经营）

（四）关于市乡村立公共学校部局。

（五）关于幼稚园教育及儿童援护部局。

（六）关于通俗大学及家庭教育部局。

（七）关于私立学校补助部局。

（八）关于科学部局。

（九）关于艺术部局。

（十）关于实验教育学及学校卫生部局。

(十一)关于财政部局。

(十二)关于工艺学校及技艺教育部局。

(十三)关于教员养成部局。

(十四)关于新学校设立部局。

(十五)关于文学部局。

(十六)关于统计部局。

(十七)关于组织部局。

继此尚有列宁与教育实行委员署名之详细规定发表。一九一八年六月二日,全俄教育大会中,劳农政府教育委员之训示,更足以见劳农政府对于教育之意志。其要点如左。

世人每有以新政府蔑视旧有教育之价值,破坏旧有之学校,而非难之者。此实误也。旧有之学校不过酝酿特权,培养功利的精精[神],而为支配阶级之奴隶的道具。使民众意志昏暗,儿童之精神身体成为不具者,不得不破坏之。

吾人非以此不得已之破坏为满足而中止。先扫除过去之无用者,继以创造的活动。依人民之胜利,学校渐为事实上的人民之学校。教育委员会当锐意努力,以此完全取入于人民之手。

今后学校之教师,吾人主张应不仅为保守位置者。且非自上任命者,更非与人民分离者,故应由依人民自身之力所建设之地方机关选举之。

不以学校为特权之源泉。大学及其他学校毕业、授与种种特权、为学位证书及免许状等之制度,悉废止之。

从来之学校,非教育之机关,而为愚昧人民心意之工具。革命以后,此类学校一概扫除。在我教育委员会之前,新事业固不胜其伙。吾人先从教会之势力圈内解放学校,即学校与教会之分离。

学校之中,严禁宗教的教授。人民之普通教育,当然为全人民之义务与权利。吾人不问男女之性别。社会的位置为何,皆一律课之普通教育,不收学费,给与书籍等学用之品。

以上诸点,可谓极大胆澈底实行想理[理想]上之教育制度者。

第十五章　劳农政府之教育事业(下)

实行上述之教育制度,其唯一困难者,为教师缺乏不足之问题。教育委员会更计划设立弘大之教育讲座,努力于教师之养成。关于教师之待遇,定详细之规则,从时间及薪修两方行优待之法。

新俄国之教师屡次召集大会议,极自由交换关于学校问题、教育问题之意见。一九一八年六月六日,莫斯科开教师会议。其决议之要点如左。

(一)在劳动者之社会,教养儿童之事,为全社会成员之义务。婴儿于共同养育所以养育,幼儿养育于幼稚园,普通教育时代之儿童,教育于共同学校,青年则无学费而与以大学之教育。

（二）从来之旧式学校，常带国家的排外主义的性质。而新学校则于形式，于精神，为真国家的。以国语教以母国历史，与母国社会之状态，固不待言。而于其原理与法式同时立可不具世界的性质。

（三）澈底课以职业的教育，同时教以世界的劳动联合之精神。谋弘泛教育的感化之调和。从此点观察之，得公言并非人间劳动者化。而创造真人间者，惟我社会主义之学校耳。

劳农政府之教育方针，不仅注重儿童之教育，更于职业教育，及成年者补习教育皆甚致力焉。且一般人民皆与以得受高等教育之自由。高等学校之入学规则第一条有曰。

不问公民权及男女性别之如何，达于十六岁者，无论何人，皆得为高等学校之生徒。不必有中学校及其他学校毕业证明与一切证书。

又第五条有曰。

高等学校免收学费，已收者还之。

此外尚有一趣闻，实亦舍有重要之意味。新俄国学校中，所有校役、小使、号房等，主持学校者视此等人为有优势的教育力者。不仅改善其待遇，且有从教育的见地，与以有力位置之意向。此固因其国家以劳动者为中心之故，但其重要意味。例如中流阶级家庭之儿童，每受乳母婢仆之感化，在学校亦然。儿童与校役时时接触，实大与以教育的影响。从社会主义方面言之，若令儿童日日见教师，等以对于奴隶的态度，使唤校役，必改使儿童认识劳动之价值，感觉迟钝，是亦大有可以研究之价值者也。（即此一点，可想见其对于一般国民施行社会教育细心已极。）

劳农政府当国事未定之时，所以急急于教育之设施者，盖社会主义之实行人民须有相当之程度。俄国教育尚未发达，则实行主义甚为困难。故一面为急切补习之设备，一面行澈底的社会教育。若劳农政府而能支持目前之势力，经过相当时期，收获教育之效果。俄国国民之前途殆有未可限量者，而世界亦大受其影响，自不待言。此则我国民所最当注意者耳。①

第十六章　劳农政府施政之成绩

劳农政府施政成绩之最优者莫如教育，此世人之所公认。余如土地国有及一般义务耕作之实施，尚未收显著之效果，盖由一般农民未解社会主义之真意，致有怠业荒芜之现象。工厂方面，据某专门家之报告，谓一九一七年一月一日，俄国从事于主要工业之劳动者四十万四千六百二十人，至一九一八年一月，而减少至三十三万三千一百三十五人；至是年七月，而骤减至十三万二千八百五十三人；一九一九年一月一日又减至十二万四千一百〇八人。其他普通工业，亦呈同一之现象。劳农政府施政之第一年，闭歇之工场达一千所以上，失业者达四十万人以上。举又莫斯科地方之煤矿证之，在一九一六年产煤四千二百万普德（俄量名），一九一七年产煤四千五百万普德，

---

① 劳农政府对教育课程，尤注重"社会主义学"，大中小学校皆编入之。

至一九一八年而减为三千七百万普德人。每以此为社会主义终难实行之佐证或不无一面之真理，但吾人为公平研究起见，愿读者诸君有须不可忘者数事。

（一）俄国承欧战惨祸之后，国民经济早陷于悲境，至劳农政府时而已达其极。

（二）劳农政府成立之日，国内甫经数次之革命，产业之不能维持常态，可谓当然之事。

（三）以实施社会主义，一切产业化为国有，由国家再令人民营共同之产业。其间之过渡，手续极烦，不能不影响于一时。

故以责任言之，劳农政府承俄国受欧战影响，极形敝疲之后。而又施根本之改革，何者应归其责任前之政府，何者应归其责于劳农政府，界限极为难定，而不能概归其责于劳农政府则无可疑。不然劳农政府一出，而俄国立呈一切不振之现象，则该政府决不能经过三年至于今日而依然存在，且有日形巩固之势。若以主义不同之偏见，忘[妄]下判断，吾未见其可也。

又劳农政府之政策，与其当初所持之理论，有稍事变通之处。一八一八年四月，列宁曾以一意见书提出于全俄中央执行委员会，以社会主义与资本主义为一部分之调和，其要点如左。

（一）各种事业，认为有增进生产能率之必要。

1. 事业之主任者，给以高额之薪金。
2. 实施严格之规律。
3. 实施从量工银制度。
4. 以一工场之制造能率，或铁路转运之经营成绩，为定工银之标准。
5. 设立令各个生产组合及消费组合互相竞争之制。

（二）完成全组织，使生产与需要适合，行正确之分配。是不可不组织消费组织合，但必须与市民的组合密切协力而后可。劳农政府乃不得已而与是等组合订妥协之契约，稍牺牲其社会主义之原则。

（三）在共同的经济制度之下，应否容认个人资本之活动。若容认之，则其范围如何。提出此问题，亦足见其有与资本主义调和之处。

惟调和云者，非放弃其社会主义之目的，仍以其主义为中心，迂回曲折以求达其目的也。

第十七章　各国驻兵与撤兵

英、美、法、意、日等国，当欧战未了以前，因对德作战与援助前俄旧党之目的，相约驻兵于欧俄及西伯利亚方面。我国亦因日本军阀之作用，由当局者与日结军事协定，出兵俄境，以应对德共同作战及援助俄国旧党捷克斯拉夫之名。然至前年十一月，各国与德、奥休战。去年六月，而欧战之和约成。各国之对俄政策遂一变而倾响[向]于撤兵之方针，抛弃干涉俄事之旧策（日本除外）。其总原因则以上述联合各国之自身。牺牲于欧战者，死亡数达六百九十三万八千五百十九人；重伤不具者之数，达三百四十三万七千七百四十人；消耗战费达二千五百十二亿元；物质与精神均告疲敝。法意等国之社会党大反对干涉俄事之策。即较为稳健之英国劳动团体，一九一九年亦因反对干涉俄事，而有决行总同盟罢工之议。各国政府以此种种情形对俄不干涉之态度，遂以决定。

以英国言，去年二月十二日，首相鲁意乔治氏在下议院演说，已露撤兵之意。去年七月二十九日，其陆军大臣在下议院对答劳动派之威胁，亦言出兵俄国，乃以对德作战为主要目的。又去年十一月，英首相在下议院演说，明言"我英国自己之负担已觉其甚重，不能再助俄国之国内战争。"实际上英国不仅撤去欧俄方面之兵，且撤去西伯利亚方面会与沃木斯克之苦尔却克政府以助力者之兵，已见新闻之报告。

以言美国。其国务卿兰辛氏及驻美国大使富兰西斯氏，表面皆有反对劳农政府之表示，而里面则由赤十字会代表，以及欧和专使随员等，早与劳农政府讲妥协之策。前年之末，其上院议员撤兵之论大起。共和员议员且提起撤兵迟延之质问与弹劾。其时美国撤兵业已开始。至今年一月遂以全部撤兵，通告于各国。

以言法国。其与俄国之关系情形迥异。（其一）则自战前以来，对俄有钜额之债权，劳农政府否认一切国债（见第十二章第二节），为法国资本家所最反对；（其二）则法国在欧洲大陆与德国为邻，惧俄德之关系，足以胁迫己国，故干涉俄事之策，法国竭力主张之。然其后形势一变，去年九月二十六日，法国外交总长在国会之报告，已明言将撤在俄全部之法军。在欧俄方面者则与英同一行动而先撤焉。

至若意大利，与俄无甚关系，而国内社会党之势甚盛，其同出于撤兵之计划自不待言。

然则今之以军阀派别有用意之故，尚坚执干涉俄事之愚策者，惟日本而已。

第十八章　俄国旧党失败之因果

前章略述联合各国皆以国内实力问题及社会舆论之关系，弃其对俄干涉之政策，而尚有重要之原因，则各种援助俄国旧党，无论政治方面、军事方面业已屡经试验，旧党无能无力之事实完全暴露。而劳农政府则着着成功，故有此临机应变，决然舍去其援助旧党之梦，且进而与劳农政府为关于通商等之提议。今试一述俄国旧党在政治上、军事上失败之因果。

俄国旧党苦尔却克等自前年以来至于去年之春，曾立击破劳农政府恢复旧俄之计画。东部方面，苦尔却克提督有最高统率权。西伯利亚之军制竭力整顿。铁路之警备，则联合国军队当之。新军之训练，亦以联合国之将校充其任。去年二月，乃为正面之攻击。其他方面之设备亦同。四月上旬之战况颇为佳良，新党之第五军全被击破。欧俄方面之旧党应之，四月十九日之战胜，沃木斯克政府所得报告，实获俘虏一万六千人。至四月下旬，新党军队忽为猛烈之反攻。四月二十九日苦尔却克系之西军大败，欧俄方面相应之旧党台尼金军等亦败。五月六日、十三日连战败走，失其要地。经六月七日，所谓过激派之军队席卷西伯利亚，沃木斯克遂陷，依尔资克亦危。西伯利亚政府至不见其存在。

考俄国旧党所以失败之原因，虽有种种而最重要者为内部之不和，其将帅人物自苦尔却克以下，均不为全部所信赖，与新党之全部抱有炽烈之勇气者不同，更因其部下有社会革命党及民主派之人物(所谓进步系)。一九一七年之革命(即凯林斯克等之革命)，苦尔却克曾为反对之举动，为进步系所不满，故内部常缺一致之精神，易为敌党所攻破。

更以其政治方面之失败言之。联合国当初曾有令与劳农政府接近诸国，为波兰、芬兰、丽脱亚尼亚、爱斯脱尼亚、罗马尼亚等团结一致，以共击劳农政府之计画。是等诸国皆系战前俄国之领土，而各为独立之运动。联合国已承认其独立，而未为俄之本国所承认。联合国既有令诸国围攻劳农政府之计画，苟俄之旧党运用政治上之手段，许是等诸国以俄国恢复而后承认其独立之条件，则不难团结一致。与旧党携手，以共抗劳农政府。然因俄旧党头脑之陈腐，手腕之拙劣，竟固执所谓国权之论，拒绝是等诸国之要求。诸国既失望，且预想旧党若果成功，则与彼等之独立不利，于是尽行解体，各自与劳农政府谋和，而联合国之计画卒归于泡影。由是观之，俄旧党之无力无能早已尽情暴露于各国之前，各国所以舍其旧而新是谋者。此亦其一大原因也。①

第十九章　劳农政府之外交

劳农政府当对德单独讲和之际，即同时通告各国，为和平之商议，当时各国自不能应之。其后劳农提倡一方整顿国内之社会政治，一方以军队抵抗旧党，同时复努力为外交之活动，派代表分赴各处从事非正式之接洽，兹集合各种材料以明各国对俄外交之趋势。

各国对俄外交开始商议及承认问题，以俄国对于外债之否认等关系，最难同意者自为法国。该国前首相克里曼索氏态度极为强硬。现首相米尔兰氏，今年二月赴伦敦首相会议，曾因俄国问题等归国与各方面会商，至二月二十二日复自巴黎再赴伦敦，颇保持前首相克里曼索之对俄政策，惟对俄通商问题并无异议。

其在英国，今年二月九日，英首相鲁意乔治在下院报告南俄方面之形势，更表示其对俄之意见，略谓欧洲无俄国之谷物则不能恢复，故欲扑灭俄之新政府派，为不可能之事。又与俄邻近诸国，均不欲与俄新政府派争。即曰欲之，而以军用品之缺乏，英、美、法、意等又无供给物资以助近俄诸国之余裕。然则既不能扑灭俄之新派，遂不得不用其他之方法，即与之讲和是也。虽然俄新政府不可不废从来之野蛮行为，而为文明的行为，庶可从贸易商业回复健全之状态，又言中欧之濒于饥馑，救之者乃俄国也云云。

美国与劳农政府间之非公式接洽为日已久。据最近伦敦方面之电傳，则两方讲和将有成立之势。其第一步之着手方法，则由美国先行派遣粮食委员赴俄调查接洽。美之对俄，当然易于接近云。

日本，以军阀派固持军国主义，其所想像似军事主义以外，无法可以统治殖民地

---

① 据日内所得消息，在海参崴之临时政府实际已与劳农政府联络一致，而南俄旧党之军队亦已全灭。

及长亨满蒙等处之利权。若俄之社会主义成功，则将大与以内政外交上之影响，故至今不脱以军国主义战胜社会主义之迷梦。一方又欲乘此扩张其在我国北方及西伯利亚之利权，致与俄军屡起冲突。俄人对日之恶感，为日本现在将来之不利，固不待言。劳农政府既对各国提议讲和，而对日提议于今年二月二十四日，自莫斯科以无线电送达日本政府。其内容详述一九一七年十二月以来，劳农政府外务长官在彼得格拉与日本大使馆为半公式之会商。日本大使受理而以此转达于其政府，其后未接何等之答复。至一九一八年春，劳农政府外务长官又与莫斯科日本领事商议。是年五月，又与驻在乌罗古打日本代理公使商议，以之转达东京，亦未接何等答复。俄国第五次劳农会议，外务长官曾再行声明有完全解决俄日间一切争议问题之意。今则欲以武力扑灭俄国劳农者权力之计画，已全归于失败。联合国既撤回其远征之军，且与俄开始会商之际，我政府(劳农政府)爱再提出讲和之议于日本政府。俄国民对于日本无攻势的计画，劳农政府无干涉日本内政之意(按此系表示不宣传其主义)，劳农政府承认日本在极东方面经济及商业上之利益多超越于他国之点。劳农政府希望两国间速订有利益之条约云云。(下略)若欧洲各国对俄外交进步，则日本亦自不得不变其方针也。

意大利曾一再按劳农政府讲和之提议。该国以社会之不安，社会党日增势力，对俄讲和，自无为难之意。

劳农政府对于我中国之宣言(见附录)，我国民一致欢迎之。其后又起种种之疑问，政府之态度尚未完全决定，但以与联合国一致为言，此事特殊为可虑。其余各国为与爱斯脱尼亚之和约，今年二月二日已成立外，波兰、芬兰及其他附近诸国，讲和之事尚未达于成熟之时机。而俄德之间，据巴黎二月二十七日电报，谓已结一种重要之协定。关于经济上之要点：(一)俄德之间，即时开始铁路、邮政、电报等事务。(二)德国供给雇佣于俄国工场之技师职工。(三)德国除奢侈品外，以机械、农具、被服，其他一切制造品输入于俄国，并以煤供给俄国。(四)俄国对于德国供给食料品、糖类、畜类及其他原料品于德国云云。

依是观之，劳农政府之对于外交，已日见其进步矣。

第二十章　通商欤？承认欤？

英、法、意各国对俄之外交态度，所以迁延许久。犹是在不离不即之间者，其难题即因经济的要求与政治的认识尚未得充分调和之道。盖今日之俄国，关于国家组织之根本思想不能为各国政治所容，然共起扑灭之计画既已失败，而欧洲方面，经济的要求之急，殆超越于政治的认识之上。既不敢直截了当抛弃其政治的意见，以与劳农政府携手，不能枵腹强硬禁遏其经济的欲望，以与劳农政府绝缘，于是有先行与俄国人民通商，而不承认劳农政府之主张。其滑稽矛盾之处，当于下章论之。兹先述各国会议之经过如下。

今年一月十六日，巴黎最高会议决议对俄开始通商。其公文之要点有三：

一、因欲救俄国内地人民之穷状，于联合国中立国间行物物交换。

二、因是与俄国人民直接交涉，依俄国之产业组合(哥佩拉替夫)以衣服、药品、农具及其他必需品输入于俄国,以与俄之谷物、麻及其他余剩货物交换。

三、此种办法,联合国于对俄国劳农政府并不变更从来之政策。

通商为两利之道,自不待言。与各国通商固今日俄人之所渴望,但专言为救济俄人穷状起见,实欺人之言。今日之俄国因交通机关之破坏与医药等之不足,饥馑疾疫之灾颇为猖獗,然各国之与俄人开始通商,决非专在救济俄人,换言之却在救济欧洲也。

除美国外,英、法、意诸国,均苦食粮之缺乏。为意大利者,其人口之一事殆仰给于外国输入之品,不足之额约三百五十万吨。英国亦然,其粮食管理官罗巴氏一月二十日之演说,宣言英国因无俄国之供给,所有今日之急迫。余为国际经济会议,宣言救济全欧饥馑之道,惟在解决俄国问题。而英、法、意各国之社会党,主张速行承认劳农政府之理由,亦在各国食粮之不足。故各国对俄通商问题,深刻言之,在救济欧洲各国之穷状公平言之,至少亦立于两利之地位也。

至所以行物物交换者,因俄国之卢布今日陷于无价值之地位,故除物与物交换外无他道。与俄国产业组合交涉云云,尚有一段之历史。去年之春俄国产业组合代表(为组合之外交委员,与俄政府无关系)巴肯海姆氏(Berlksenheim)及克罗扑斯可夫氏(Constantin Krovopouskoff)等,既往来英法之间,谋开始通商之道。劳农政府之政策,既渐倾于妥协方面。最高会议乃招致俄国产业组合之代表而有上述之宣言。至俄人之哥佩拉替夫(即产业组合)系一八七〇年所创立,号称欧俄方面家族加入者二千万,其人员约六千五百万。于西伯利亚方面,有加入家族二〇七二〇四八,其人员约八百三十八万云云。又组合之性质,分消费、生产、信用三者。其组织则有地方组合、州组合、全俄组合之别,为一极大经济机关。因加入者之多数,自然有政治上之势力,故政府不能不承认之。俄国前凯林斯克之临时政府,曾制定准据法,以助长其发达。此上述之俄国产业组合之历史也。

又公文中所以明记由俄国输出谷物与麻等,有重大之意味。谷物与各国食粮问题之机关,既如前述。而俄国产多量谷物而外,其麻之产量殆与美国之棉相匹敌。英国爱尔兰等制麻工业之地,其原料十分之八仰给于俄。无俄国之麻,即无爱尔兰之制麻工业。故封锁俄国,英国大为不利。此麻所以有明记于公文之价值也。

各国言对俄人民通商,而依然不变更对于劳农政府之政策,殆有待于俄政府之变更态度趋于妥协之途。可能否乎,于下章述之。

第二十一章 通商而不承认之滑稽

各国对俄开始通商之决议,既为前述。于此有一根本之疑问发生,即各国所望于俄国者甚奢,俄国几经变乱而后是否有多量产物可以输出于各国是也。据前记组合代表之谈,则俄国因久行封锁,连年丰收之结果,谷物所余甚多,可以黑海诸港为出口。又据列宁致德国之无线电报称,去年一年有非常多额之物产。例如二十万吨之苎,十万吨之麻,今均在政府之手云云。然有名之欧洲救济委员傅乌亚氏,则反对之,谓俄国无余剩之食粮。此则非实地调查,无从下真确判断者。

此后各国之态度乃倾注于对俄实地调查之事，较前又进一步。试以今年二月二十四日伦敦首相会议所发表之对俄方针，摘其要旨如左：

一、与劳农俄国接壤，依联合国认为完全独立或事实上自治之诸团体（按即芬兰、波兰等）对于联合国请示，以如何态度对待劳农政府。联合国政府即答复，以联合国不能负劝告诸团体为有害于自身利益之继续战争之责任（即不能劝告诸团体、对劳农政府继续战争）。换言之，即不能劝告诸团体对俄取攻击的态度（参看第十九章英首相之言）。然苟劳农政府对于新团体之正常领域以内，欲出于攻势的态度，则联合国党惟力是视，以援助诸团体。（按此节现已渐无问题矣）

二、因过去之经验，希望劳农政府对于设施方法及处理外交之点（如外债等），与各文明国取同一之步调。未如各国所希望以前，不得与劳农政府开始为外交关系。

三、英国及瑞士，因劳农政府代表滥用其特权，不得不各从其国内放逐出境。

四、欧洲各国与俄通商，不仅救济俄国，在改善世界全般之经济状态上，颇关紧要，故以保留上记第二项之态度为限度，而欲加以奖励。惟关于俄国之现状，信为有公平正确报告之必要，故对于国际劳动事务局派员实地调查之提议，甚为赞成。此举基于国际联盟理事会之发议（国际劳动事务局为国际联盟之一局部），且行于其所监督之下，更足增其权威，同时复多得收效之机会，联合国对此愿悫悫其实行云云。

此项伦敦首相会议所发表之对俄方针，最重要者自为关于通商之第四项，惟派员调查之举，迄今尚未得俄政府之同意。如果实行调查而后其报告之结果如何，实今后各国对俄关系之关键。以愚之所观察，通商问题解决即承认俄国政府问题，亦将解决无论列宁等鉴于外交上之形势，或将再让步而取妥协之方针，即令无足使各国满意之让步。然依俄国今日之制度，通商问题与承认问题，完全划分为二。如各国之所主张乃不可能之事，何则？劳农政府乃以对外贸易，完全归诸政府直接经营（见第十二章第四项）。其后虽有与市民组合妥协之办法（见第十六章），然所谓妥协者，决非完全抛弃其主张，不过为一部分之让步而已。故各国之对俄关系，惟恐其通商问题之不易于解决。一旦通商问题解决，事实上即不啻承认其政府。列宁等稍为形式之让步，则名实两方之承认问题，将皆见其解决。近日各国复有桑里摩会议，及各国代表与俄国代表在丹麦开关于通商之会议，各国意见，仍未见完全一致。我国与劳农政府间或傅已订关于通商之条欵。今后各国对俄问题似有趋于单独行动之倾向云。（本书记至四月末止之情形，以后待续）

第二十二章　俄国社会之最近情形

大阪每日新闻莫斯科特派员布施氏，今年四月三十日专电报告劳农俄国之社会状态，详而有趣，诚为研究俄国之最确参考资料。译录如左：

▲利用武器为生产工具　余（布施特派员自称）自抵俄以来，或与劳农政府当局，或与人民代表会谈，有时又亲赴各工厂与劳动者接谈。综合所得材料观之，劳农俄罗斯所发生之一切社会事象，是非问题姑置弗论，而由全人类言之，则诚为可令人慎重考察之一大经验。此无论何人，皆不能否认者也。四月二十九日，余与主持劳农政府

经济政策之国民经济最高会议长李墨夫同往视察某发电所（距莫斯科一百俄里）。该发电所设备足供给四万基罗勃尔之动力。劳农政府为供给莫斯科电力起见，特派技师工人前往该处设立此厂。厂中工作，异常忙碌。最饶趣味者，则军舰之罐炉即用之为发电所之罐炉，战争器具一变而为生产工具。俄人之扬扬得意，无足怪也。

▲工人自治之糖果工厂　四月三十日，余又往视察某糖果工厂。该工厂全由工人自行管理。工作者工人，管理者亦工人。现因原料及燃料不足之故，厂中机械仅使用一部分而已。据管理人云，美国之铁路车头不日可到，运输机关不久便可整理。原料燃料如能输送无碍，则今夏准备妥帖之后，秋间全部机械便可使用矣。现时糖果仅限小儿方能食用，成人除特别原因之外，一概禁食。

▲拉特克之重要谈话　余于克列凛与有名之拉特克会见。拉氏之谈话，大要如左：

近来各国，颇急与俄国恢复通商。最顽固之法兰西，现时亦派人赴丹京访问俄国特派员喀拉新，此盖法国欲制英国之机先也。英国现亦渴望喀拉新从速赴英。英国所派之委员亭达逊玛克那鲁特及其他工人联合会之代表者，不久即可来俄。诸氏在此两三个月中，当可组织劳动党内阁有重要之位置。……但俄国现时却无急欲与英法通商之必要。

又据外交委员本部消息云，义[意]太利来俄委员中，半属自由议员，半属社会党议员。

又闻中国亦希望派遣学者专门家，来俄研究劳农政治组织。

▲经济上之紧急问题　据外国通商委员谢猛谈云：目前吾人最紧急问题，在输入无数之各种货物，而尤以铁路船舶材料机械及药品为最必要。俄罗斯从经济上言之，或可认为业已破产。然对于输入货物，尚能以黄金或白金及其他品物支付其代价也。果可以原料品支付代价则恢复通商极为易易。

▲俄国最渴望之货物　据国民保健之人民代表塞玛士哥谈云，慢性的饥饿影响于国民健康甚大，各种疾病大抵皆由营养不良而来。一方面与饥饿战，同时他方面又不能不与肠窒扶斯、虎列拉之各种瘟疫战。又加以药品缺乏，其惨状诚不可言也。现时药房一律收归国有，虽力谋调节，而时时尚有不足之虞。每一病院仅有一个体温针，一团小儿仅有人制乳头一个，即此一端，已可想见矣。最近苦尔却克退败时，遗弃在渥木斯克之日本制之罐头牛乳有四万罐之多，全数悉以分增小儿。其欣忭盖为前此所未有也。

▲五一节日之莫斯科　又莫斯科三日电云：俄人二十年前已举行劳动节，而此次庆祝劳动节，与前大异。盖彼等所以庆祝之方法与寻常不同。当五月一日彼等非特不停止工作，并且举国一致竭力作工。在莫斯科一区，当上午九点钟放炮一声，以为劳动纪念。于是无数男女工人，群集一团，手执赤旗，循预定道线各赴工场作工。其任铁路供役者，则将货物起卸，以备整顿。在工厂者，则将机器洗擦，以备修理，其余则清扫道路公园。一切工人于是日昨工反异常高兴，而莫斯科以外之地亦然。其受雇于外交委员会之工人，则与日本、高丽、印度、波斯等国之代表结合一团，举行庆祝云。

▲真面目之文化政策　据五月十六日莫斯科之电告，则劳农政府方竭力振兴文

化，立真面目之文化政策。旧帝政时代之学校、博物馆、图书馆及剧场等，不但完全保存，其内容丰富，新增加者亦复不少。虽因战争与革命，不无妨害文艺上创造的事业，然新俄国之文艺，不得不认为胚胎于此云。

▲新作家与演艺　新俄国既对于文艺社会极为注意。最近文艺杂志所发表者，颇多新近作家之著述。无产阶级各著作家之集会，劳农出身之新诗人，每吟诵其创作之诗歌。而剧场方面，昔日有名之优伶，今仍不改其地位，亦不变其华丽之化装与精巧之技艺。惟观客席上则大异于昔时，昔之为贵族富豪所占之座位，今则易以兵卒或劳农政府之吏员。座位券约百分之六十分配于职业同盟组合、工场委员会及劳农诸官衙，百分之十五分配于赤卫军干部，其余则发卖于一般民众云。

▲社会的劳动强制　劳农政府以欲减少国内游民，增进国民劳动之能率，故对于不从事于社会公益事业之人，即为拘引使之服役于社会的劳动。而其应行拘引之人，共有五种：（一）不恃劳动报酬或俸金而生活者。（二）无一定之职业而不呈报官厅者，或呈报官厅而不守劳动法规者。（三）在职中之怠工者，及服务中而为他种事业者。（四）学校生徒之事实上不就学者。（五）商人之不守规定之商法者。现劳农政府为欲实行上述之法令起见，特令司法部、内务部及全俄紧急委员会（警务机关）之代表，组织中央及地方劳动事务执行委员会，并赋予以搜查家宅及点检行人，并检查官署工场与剧场电影院等之特权。而对于违反该项法令之人，则处以惩罚的劳动，或分配至需要劳动之地方。其有专门技能者，则使之服役于其所专门之事业云。

▲妇人解放之实验　每日新闻记者于五月十三日访问共产主义者劳农会议议长下麦涅夫氏之夫人。夫人之言曰：现代之妇人问题，即从厨房与育儿解放妇人，使其劳力，得使用之于更有效之生产事业是也。余（夫人自称）因欲解决此问题，故极力创设公众食堂，增设育婴堂。以余试验言之，一个妇人在公众食堂，可招呼三十个家族之食事。一个妇人在育婴堂可养育三十个家族之儿童。是以三十个家族中，有二十八个家族之为人母人妻者，皆可免除厨房与育儿之义务，而有倾其权力于公共事业之可能性也。

▲无产阶级之训练　大阪每日新闻莫斯科特派员十三日特电云：余（布施特派员自称）自抵俄以来，首先访问劳农政府当局者及知名之士，叩其意见。嗣又出席各种集会，以聆各方面之言论。各种集会，皆非常静肃，井井有条，一丝不乱，殊堪惊叹。最近所召集之全俄中央执行委员会（犹各国之议会），政府提出关于国际联盟派员访问俄国之决议案，由外交委员长齐捷琳简单说明之后。并无讨论，即全场一致可决。此种情景，为余三年前参观劳农大会时所未曾见也。观此可知俄国无产阶级于过去三年间所受之政治的训练，已足使其达于政治的熟练之最高点矣。三年以来，劳农政府领袖深知其政治上之误谬甚多，时自反省，痛加改革。此其今日之进步，所以有如此之速，亦为劳农政府成功之大原因也。近来无产阶级之态度，亦渐与其领袖趋同一之方向，观最近无产阶级对智识阶级之态度，便可以证明也。

列宁尝以独特之论理与才能，指导无产阶级曰。

苟无专门智识，则工业必萎靡不振。而无产阶级皆无专门智识，故吾人不可不利用属于资产阶级之技师所有之专门智识也。

列宁及其周围之人，以此方针训练无产阶级者，两载于兹，卒使前认资产阶级为公敌之无产阶级，今皆与资产阶级之技术者专门家共事于同一职业矣。

二年前赤卫军兵卒，以虐待将校为能事，今则皆欢迎旧帝政时代之将校为其长官矣。要之劳农政府领袖于过渡之试验时代，刻苦奋斗之精神，诚足令人起敬，此殆其所以能完成前代未曾有之大事业者欤。今日俄国尚非共产时代，且其现实之前途恐尚远，但劳农领袖正努力树立基础，则自有实现之一日也。即由历史言之，亦未必皆反复循环者，前代未闻之新事实，非常为历史上之新纪录乎。

第二十三章 列宁评传

（一）情人之纪念与列宁之名

今日为全世界所注目之布尔萨维克首领尼哥拉列宁，于一八七〇年生于中部俄国圣卑斯克之地，今年五十一岁。其原名曰乌拉齐米尔·依利奇·乌利亚诺夫。列宁云者，乃彼变名之一也。父为小学教员，母因事离家，有兄一，与父兄三人同居。其在幼时，即对富者持反抗之心理。至十一岁，小学校退学，乃寄养于南俄冻河畔伯父之家，未几乃与一少女名列呢亚者结恋爱之情。闻父死，遽归圣卑斯克之乡里。彼乃货其家财，赴卡藏大学，研究生物之学。无何事变猝起，其兄乌利亚诺夫于一八八七年二月，掷炸弹谋刺亚历山大三世于车中，事发被捕，不加审议而遽行枪毙。同时彼亦以嫌疑逮捕，以证据不充足而释放，然已除名于大学矣。自是彼乃益成为一革命者。时蓄为兄复雠之志赴莫斯科，求见之同志，遂与却罗斯克相识。彼甚喜于收揽青年之心，启奇爱林（现外交总长）等，其时已结为同志。而以不能忘情于当年恋爱之列呢亚之故，乃时时以列宁之变名投稿于社会党之新闻杂志（列宁与列呢亚音相近）。政府之压迫愈，其莫斯科不可以久居，复至南俄冻河畔罗斯脱夫之地，觅所爱之踪迹。以列呢亚之父之作梗，列宁乃赴俄都彼得格拉，与同志却罗斯克、启奇爱林等同在彼地大学，续研究生物之学。然未几又命退学，被捕而投诸彼得格拉狱中，旋即释放。

（二）第一流之经济学者

当此之时，俄国社会民主主义之运动尚为幼稚，彼乃于星期日每向无知识之劳动者宣传其革命主义。热心以研究俄国之经济情形与夫农民之状态，其结果彼乃发见马克斯社会主义之理论可引用于当时之俄国，遂为马克斯主义之希望者，确立事实的基础。一八九九年，著《俄国资本主义之发达》一书，为现代俄国经济学上之模范著作。至得第一流经济学者之名年仅二十九耳。是年十二月，以彼提倡激烈社会主义之故，复被捕，处二年惩役之判决。放逐于西伯利亚，后又遇赦，乃流浪于德意志瑞士法兰西奥大利等国，遥为俄国社会民主党之指导者。一九〇一、二年之间，发行《司派克》之机关杂志，更出版若干论文小册，鼓吹革命主义。一九〇三年以来，遂独树一帜，即所谓布尔萨维克是。一九〇五年，俄日战争之际，曾急遽归国，参加于革命之运动，结果失败。一九〇七年，乃再远适异邦为亡命之客，而党势亦有失坠之慨。一九一二年后,其势渐复,发行《真理》日刊[刊](蒲拉乌打),劳动阶级多数受其感化。列宁主义益增其势力。一九一三年,彼派中乃占国会议员当选者六人。

(三)特别车归国

一九一四年,欧洲战乱初起。列宁居于奥大利之古拉哥,指挥俄国之革命运动。奥国官府以俄探之嫌疑捕之,嗣知其与俄政府无丝毫关系,乃得释,因赴瑞士。至一九一六年三月,止皆居瑞士之邱邬尼西地方。旋闻俄国革命之成功,欲归本国,而法政府不许其通过。因瑞士社会党员蒲拉夫氏之尽力,同志三十人,皆经德意志而归国。德国以特别车为之护送。曾面谒德皇,因惹起种种之议论。彼时俄之外交总长米留可夫(立宪民主党首领,三月革命主动者之一人,见本书第二第五两章。)极反对彼等之归国。而司法总长凯林斯克则谓既颁大赦之令,凡政治犯概行释放,无可以不许列宁等归国之理由,不知他日夺凯林斯克之政权者即列宁也。列宁既入俄都,即从事于宣传革命之运动。其时为英国政府所扣留之却罗斯克亦适归国,乃相谋而为倾覆政府之圆,于《真理》日刊中,大鼓吹社会主义之革命。其后却罗斯克一举而握劳兵会之全权,遂倒凯林斯克之内阁,而组织劳农政府。当时之阁员,如下所列(即人民委员):

▲委员长列宁▲外交却罗斯克▲农务缪卿

▲劳动守里蒲尼可夫▲工商诺京▲邮电亚威罚夫

▲民族裘额修拉伊里▲食粮忒再德罗威斯基

▲教育那尔查儿斯基▲财政斯克再鲁皂夫▲司法阿朴可夫▲陆海军安脱诺夫、蒯林克、堆平克〈、〉

现任外交者为启奇爱林,而却罗斯克则改任陆海军矣。

(四)列宁之真价

列宁之学问、热诚、手腕以及种种态度,评者不一。观其革命之成绩,以为此纷乱疲敝之俄国,又遭各国封锁之政策,然尚能支持不堕。从饥饿中着着进行,其主义与手段,吾人且勿下赞否之判断。然毅力才能之过人则无论赞否两方,皆不能为之抹杀者也。综观列宁之立说,并非为新思想之创造者。惟其可惊之力量能将已发见之新理想澈底实行,且彼确信民众创造之力为无限,故不拘一偏之局,而敢为澈底大改革之举,其真价即在于是耳。前年八月三十日之夜,于某处集会席上,曾有某女子对之狙击。彼乃告人曰:"余不以死为可畏,现在及将来,皆无畏死之事"云云。彼心目中只知有革命而已。换言之,彼凡事猛进欲澈底实行已为马克斯等所发见之新理想而已。

第二十四章 却罗斯克评传

(一)学生时代以来之政治运动

却罗斯克亦如乌利亚诺夫之变名为列宁。其原名曰里翁·蒲拉乌·斯泰恩,生于黑海附近凯松州之某地,既退学于中校,入彼得格拉大学,亦未毕其业。彼自学生时代以来,即参加于政治之运动,长于文才,鼓吹革命之著作颇富。俄日战争之后,一九〇五年莫斯科之暴动。彼曾对于俄国帝制为激烈悲壮之演讲,因是处无期徒刑,放流于西伯利亚，羁身狱舍，频为脱险之计画，先窃取狱吏名却罗斯克者之旅券。彼之丰采，适与该狱吏名却罗斯克者相似，因得自晦其姿，不为监守者所觉，遂脱出西伯利亚之狱。列宁之变名也以美人，却罗斯克之得名也以狱吏，可谓无独有偶矣。自西伯利亚而走奥大利，居于奥之维也纳者七年，为勃牙利社会民主党机关报《那罗德》之通信员，以甚微之收入，支持其生活。法国某杂志曾为纪[记]载其大略云："彼之寓所其质素实为无比，室中之装饰惟有壁上之俄国地图与无数关于社会主义之书籍。为之侍者乃一伶俐之美人，与却罗斯克不啻一对少儿女也。"

（二）曾为多数派与少数派之调和者

本书曾述及俄国社会民主党，分为布尔萨维克（多数派）与孟萨维克（少数派）两派。却罗斯克今虽为较诸列宁尤为激烈之人物，然曩时彼曾为多数派与少数派之调和者。商诸列宁，图两者之复合，而列宁拒绝其提议焉。其后彼赴瑞士，更游巴黎，创刊[刊]《吾等之言》一新闻，宣传革命主义。攻击法国社会党员亚尔佩尔妥玛，及雷诺忒尔等，詈为被中产阶级所收买。或又痛斥英法之首相，指为欺诈之徒。新闻遂以禁止，且令其退去巴黎。彼乃至西班牙，大受该国之虐待，并投之于狱。辗转护送至于欧罗巴南西之半岛，更设法而自由渡航于美国之纽约，仍为不断之活动，为《新世界》社会主义之新闻执笔，又投诸优俳之群。至俄国三月革命勃发，俄皇退位，政治犯人皆遇大赦，彼乃仓皇归国。途中复被困于英，赖美国社会主义者之援，俄国临时政府之司法总长凯林斯克亦为交涉而释其归国。一日手握劳兵会之实权，遂与列宁合力以造成今日俄国之新局。

（三）自外交而海陆军

布尔萨维克成功而后，却罗斯克一跃而为外交长官，对于协商各国首提议一般休战，主张非合并、非赔偿之讲和。一方将外交部一切机密悉归掌握，陆续发表外交上之秘密文书与德国单独讲和，直行开始。然德国之要求殊出于意外，不允则德军且迫于俄都。却罗斯克与列宁忍气吞声签字于对德讲和条约。至是却罗斯克等对外对内顿觉武力之尚不可少。前年三月，彼乃自外交长官转任于海陆军，行军事上之根本改造，整顿赤卫军一新的俄国军队之面目。

却罗斯克盖确信社会主义之主张，而径情直行，一切不顾之人物也，惟心服列宁。曩之对列宁言调和者，今乃听受列宁之调和不少两人先后态度之迥殊，亦可异矣。

余论：

本书所述劳农政府之设施，及其三年以来之经过，固多可抱乐观之处。但读者尚须对于今后之新俄国时时注意，继续研究，以观察其前途之趋势。盖共产主义之新俄国其进行困难，障碍重重，自不待论。如人种之复杂（现在犹太人最占势力）、旧时宗教势力之潜在、外交之压迫（如因封锁所受之痛苦）、国民教育未普及之不易施行政策，皆足以增其困难之点。况由资本主义一变而为社会主义，乃世界空前之盛举，不易达其目的，岂非意中事乎。据列宁最近之谈话，谓颠覆旧制度与建设新制度，皆须相当之年月，非短时间所可骤至。且预料应用电气于农业工业，以使共产制度实现之计画，至少须以十年为期云云。然则以一时之顺逆，而遽断定新俄国之前途，或更推论而断定社会主义是否可以实现之前途，皆不免轻率武断。乃读者诸君所宜留意者也。

新俄国之研究完。

附录：

附录一

（一）美国派使勃烈脱之报告（William C. Bullitt）

按勃烈脱氏等于去年二月末，奉美政府内命赴俄。此报告书乃发表于美国上院外交委员会者，有供吾人参考之价值，固不待言。篇中所记，为去年之情形。最近之俄国，已更有进步矣。（嘉定吴定九议）

经济状态

今日（去年）俄国之经济状态异常困苦，其所以致此之由，虽因海陆之封锁，实则运输机关之缺乏，为其最大之原因。火车之足供行驶者仅及战前四分之一。煤炭煤油及煤气之供给，绝迹于劳农政府统治下之俄国。于是使用蒸气与电气之交通，颇为阻碍。陆上之气〈汽〉车与卜尔额河中煤油气之发动汽船，殆有不能驾驶之势矣。

运输机关既若是其缺乏，于是由各地方供给至莫斯科之谷类，每日需百货车者，实际上仅二十五货车。彼得格拉市，需有五十货车者，仅得五十火车而已。境遇既苦，势不能不驱市民之男女及儿童等于饥饿之途。死亡率之最大者为婴儿及产妇与老人。而人之患病者，亦每因缺乏医药，由疾病以伤其生者。至窒扶斯与天然痘，则不啻为莫斯科与彼得格拉之流行病矣。

产业则除制造弹丸与火药之外，都陷于停止之状态。运输机关则都不用于运输粮食，而以之输送兵器。故融通普通之产业其道没由。现劳农政府统治下之俄国，铁与棉花之供给，亦已断绝。今原料中之尚有十分供给力，以为产业之用者仅麻与木材耳。

虽然，物资之供给，虽若是其缺乏，但劳农政府皆能善用之而无遗弃。火车则规则俨然，守一定之时间以运转；食物之分配亦周遍而无遗漏；近则技术家与经纪家已恢复其旧时之业务；同盟罢工以及劳动者之怠业亦已善为防止矣。

社会状态

革命之破坏时代已去，政府乃锐意于建设之事业。恐怖之时期已过，政府乃剥夺因镇厌革命运动而设置之临时裁判委员会之判决权，故该委员会之名义虽存，但只有告发嫌疑者之权利，其判决权则已归诸正则之裁判所矣，以是死刑逐渐减少秩序业已恢复炮声不闻、市街平静，盗贼敛迹，娼妓绝影，盖已恢复其旧日之家庭生活。外传女子国有之说，实为虚妄。

剧场之奏演歌剧与舞蹈已如平日，并分设数千之学校于各地。而劳农政府对于人民之教育，以一年半之功殆足抵萨政府（俄旧帝政府）五十年之设施也。

政治状态

劳农政府组织之根本虽未十分巩固，但颇受一般以饥饿为生活者之欢迎与援助，此实最可惊异之事也。故俄国人民对于其自身所取之困苦，不归咎于其政府，而归咎于封锁及采用封锁政策之联合国政府，且以劳农政府为其革命之纪念。推厥原因，以俄国此种政体，苟用以施行不义及压制人民，则有恶劣之结果；若用之于今日之俄国，则非但适合于俄国之要求，且足以得一般民众之心。此所以俄国人民有妇人忍饥、男子忍死以拥护劳农政府之现象也。

共产党（即布尔萨维克、日本称之为过激派、今俄国已名为共产党）之地盘已极坚固。联合国之封锁与干涉，其结果乃为驱逐反对共产党之孟萨维克（少数派）及右翼革命党而援助临时共产党。盖以此等反对党对于联合国之封锁与干涉及援助反过激派政府之政策，早已发表宣言，指摘其非。而首领波尔斯基与麦尔特夫，尤热心议和，要求解放封锁者也。

今日对于共产党唯一猛烈反对者，为过激之左翼革命党与虚无党。此二党者，常分布印刷物，称列宁与蒂吉林为联合国所雇用之波罗亟巡查，而对于共产党以厚禄雇用之旧波罗亟阶级之科学家及技师与经纪人，并任为高等之士官等，非常愤慨。而对于共产党之有与联合为讲和之趋势，亦颇不满焉。

共产党内部之对外政策有二种相反之意见。虽不至使党内有分裂之象，而其互相反对、实已明显。其一即为却罗斯克以下之军人及多数之理论家，谓赤卫军苟向各方面逐渐侵入，以惹起联合国猛烈之干涉，则英、法势必至于革命。其一则谓列宁与蒂吉林以下共产党之大部分，谓目下当务之急，为救济俄国玻罗尔达里饥饿之命运。即以其感化之力，救济欧洲一般之玻罗尔达里。盖以赤卫军从能征服全欧，而美国苟以兵粮攻击为报，则俄国亦必陷于困苦之境。故不如稍为牺牲一时之理想与主义，以博美国之欢心为计较。得两方之意见虽有不同，而以列宁民望之隆，却罗斯克一派虽不满其所主张，然第亦服从之。

列宁之政策，于实际上虽为俄国政略之要着。但由社会主义上观察之，列宁恐亦不免有不喜此种妥协之感，只以不得已而出此耳。现彼等对于妥协案所取之主要政策，为土地国有以分配于农民。设立三厘利息之贮蓄银行，承认外债之责任，及于必要时割让利权，以图外资之输入。约言之，列宁之对外政策从令其从理论上退五十步，以与各国相见，在所愿也。

●讲和提议

当余调查之际，列宁曾宣言（关于讲和问题）劳农政府之地位。却罗斯克以下之军人虽高唱反对，然亦无他种为难。故列宁之意见，得通过于劳农政府之执行委员会，而交付余之意见书，亦得经全体一致之可决也。（此种文件，以尚须有守秘密之必要，深以不能发表为憾）

●结论

余谨以下列之结论提出之于左：

（一）今日之俄国，除用武力干涉外，无设立非社会主义政府之希望，但由外国武力干涉所成政府运命，将与武力干涉之撤退而同时消灭。若以社会主义的政府为适合俄国之运命，则列宁派之共产党，盖为其中之最缓和者矣。

（二）于革命政府未能讲和以前，欧洲（或竟全世界）无平和之希望。而余所致送于劳农政府之讲和提议，可谓为公平且合理的平和机会。

（三）解放封锁与劳农俄国以顺流的物资供结，于支配俄国之民心上较之封锁为有效，何也？以杜绝物资之供给，非但足使彼等生恐怖之心而发生反动，且排斥共产党之反对党亦急求物资之有供给，始得挽回其颓势也。

（四）由上述之理由，余因鼓吹应诺劳农政府提议之大纲，而速与之开始和议。但劳农政府之提案，须照联合国政府之保守意见，以不招相对国之反对为度加以多少之修正（下略）。威廉西勃烈脱谨白。

●细论

▲火车　战前之俄国所有火车，共二三〇〇〇辆。而今日足当行使者，因战争及补充不足与日常破损之故，仅存五·五〇〇辆而已。破损者，既缺补修之材料，无又制造之设备。于是得以继续使用之车辆益少，而益形困难矣。

▲煤炭　供给俄国以煤炭之途，早已继绝。柏尔姆之煤矿为苦尔却克所占据（今已收回）。独纳基之煤矿地，为特尼金所占据，而特尼金退却后地方之煤矿设备又全为其破坏。以是火车以及发电机之运转，不用煤而代以木，致费财劳力，而效力薄弱。

▲煤油煤气　柏克之煤油出产地自为英国占领以后，煤油之供给完全杜绝，今所见驰行道路上少数之汽车，悉供政府之用，俱代用煤气以运转之。故汽车之破损与停动者，为数日多。而国内之水上交通，以前都用煤油煤气发动之汽船，今则卜尔额河中及其他之流水无何等交通上之援助矣。

▲食物　莫斯科及彼得格拉之市民皆有饥色。政府中之有职者亦拐腹以从公，即列宁自身及兵士劳动者等，亦莫不忍饥以度日。供给政府职员饮食之旅馆，其菜单非常简单，早餐为黑面包自小半斤至半斤，佐以无糖之茶。中餐则为汤及鱼一小片，肉少许，加以野菜及无糖之茶。晚膳则以早餐所余之物充之，及清茶而已。

糖牛油及鸡肉之类，俱自惠克拉尼亚地方运来，然其价甚昂。而秘密贩卖之牛油一片须值一百四十卢布，此种奢侈品，苟为政府所没收，则必送至学校，以响学童。以政府对于儿童正极力设法使其一日必有一次之美食也。

▲经营法　劳农俄国之现状虽若是其惨怆，但政府则以敏活之手腕，利用其有限之物资。如莫斯科与柏特罗葛兰特间之火车，虽用木材以为燃料，但其行驶之时间非常正确而有规则，余曾二次往来其间，俱费十三小时，较诸战前之十二小时仅差一小时耳。

食料之管理亦甚周到，饥馑与奢侈从未见有相伴而行之现象。国民虽呈饥色，但强弱不分，其饥之程度等也。

政府又极力罗致旧制度之技师与经纪人，使之服役于政府管理之下，其结果乃有多数之旧技师与经纪人，为政府而劳动、此等旧技师一年之薪金，有至四千五百达拉之巨者。但列宁之岁俸，仅一千八百达拉耳。此种异状之现象，实为临时妥协政策之结果。盖政府之方针，凡对于奉共产党主义之人，则其劳动之报酬，由政府所规定之金额而支给之。若于必要之时，而招集反对党之技术家或有经验之人，则给予以临时之薪俸也。现政府对于劳动者之怠业力为严禁。以是凯林斯克时代，所目为难问题之劳动怠业，现已绝迹。而工场与军队，双方都有整列之规律也。

▲死刑　赤卫军之恐怖政治今已告终。在恐怖时期中，临时裁判委员会所执行之死刑数，彼得格拉地方为一千五百，莫斯科为五百，其他各地为三千，总计为五千人。此数与槐特罗大尉之报告相符。予自身亦尝征之劳农派与非劳农派各方面之意见，知此数之无甚大误也。而旧党方面，则仅芬兰南部一处，经孟纳哈姆将军之手，不依何等之裁判而被处死刑之男女劳动者等达一万二千人焉。（按以此比较，则旧党与布党，谁为残忍无人道乎）

▲秩序　莫斯科与彼得格拉之街道，其安全不减于巴黎纽约，但稍呈凄寂之景耳。所有小商铺俱已闭歇，而国营之大杂货店则增设不少。彼得格拉之户口虽减至半数，而莫斯科方面，则比之战前有加倍之观。剧场之演奏歌剧与舞跳，乃归教育部经管，已恢复旧观。所演者，都为文学的艺剧，而予劳动者及妇人女子以同等观觉之机会，盖预为教以美术之地位也。

▲风化　娼妓之影已见绝迹。盖于经济上无存在之理由也。家庭生活，亦复旧状。予尝以女子国有之事，询之列宁蒂吉林及利蒂菲诺夫，而彼等则哄然大笑。此种哄笑，实为否认其事之表示。盖今日俄国之尊敬妇人，实可谓世无其匹，而与外传者适成反比例也。予行抵彼得格拉之时，正为尊妻尚母之纪念日。

▲教育　教育部之指导者，为罗纳加尔斯基氏。其所设施，实足惊异。将俄国文学史上之文学书，定必印刷三五百万部，以廉价分布于一般之社会。此外则于全国新设数千之学校，以教男女与儿童。又以昔时之官殿作为劳动者与兵士等之俱乐部。至关于教育之电影，则所在开演不绝。而美术馆中，则随处都有劳动者聚听，关于绘画雕刻美术之说明。更可惊异者，则为教育残疾与神经遇敏之儿童起见，设立特种学校，专教以音乐图画及雕刻与诗曲，以助长其特具之天才，闻其结果颇佳。而此种儿童之得以发挥其天才的才能者甚众，间亦有治疗其神经过敏之病者。

▲道德心　共产主义者，对于其主义之信仰殆视为宗教。余曾参列于劳农政府在彼得格拉所开之第三万国社会主义之纪念大会，见其一致之热诚感情空气，诚有他种宗教集会中想像所难得者。余见邻座之青年，面有饥色，因就而询之。彼则曰，为援助革命之运命计，虽再忍饿一年，亦所甘心。此种心理，固不仅一青年也。

▲反对党领袖之意见　右翼革命党之首领霍尔斯基氏曾语余曰：各国无论以若何之形式干涉俄国，其结果总足以增长布尔塞维克之势力。其故盖以苟外国而加以干涉，则我人虽为反对党，当亦以同为俄人立论，以拥获革命，抛弃反对，而投诚于现

政府之旗下。况联合国而援助欲倾覆劳农俄国之野心家，则为干涉内政，其目的与以军队直接侵入俄国初无稍异。故联合国而能抛弃此种干涉，承认劳农政府而与之结和，则俄民之意志即能表现于世。而波罗亟与布尔萨维克，即能同时排除之也。苟苦尔却克或特尼金（旧党）有胜利之希望（今已绝望），则其胜利实为暴易暴，正足使荒废之俄国，士崩瓦散，而终陷于无政府主义。联合国当已得威克拉尼之教训矣。反过激军占据威克拉尼之后，并以非过激派而驱逐之，卒使非过激派亦归于过激派。故苟布尔萨维克而遭此不幸之时机，则我反对党当亦仇视波罗亟之专制政治，与力与战斗，以援助现政府矣。闻革命之祖母波兰歇古卜斯加耶氏，有力促美国出而干涉之举，实则彼于国民会议（被凯林斯克时代所解散）与革命党，无何等代表之权。彼之求美干涉者，为彼一人之意见，我等则已宣言不许有直接或间接之干涉矣。

孟萨维克之首领麦尔特夫氏则曰：我党对于所有外国之干涉，无论其为直接或间接，俱为反对。以干涉者，足使武力与精神发挥于革命最恶之方面也。承认劳农政府而与之谋和，非但与军事上之要求为不可缓，即如以我党临时国防上立论，亦以援助布尔萨维克，为尽我等反对党本来之使命也。彼欢迎干涉者俱为反动家。我等则排斥反对家，以援助革命之成功。而舍弃临时政见上之相异与布与赛维克结合者也。麦尔特夫并谓苟能抵于平和，则国民生活之要求，自能臻于改革之境云。

▲军队　今日（去年四月）劳农政府之军力，约在百万与一百二十万之间。其兵士之全部几尽为自十七岁以至二十七岁之少年。以三种分子组合而成：第一分子为共产主义者：占全军之大部。具有十字军之热诚与信仰，勇战奋斗。第二分子为爱国者，其于战事，不如第一分子之奋勇。第三分子为以军队中得有多量之面包而从军者，故其对于战争，最为下劣。其下级士官，都由劳动界中选拔勇敢而加以训练者充之。上级士官中，则加以若干之旧士官，在共产主义监督之下，而任以重要之任务。规律严肃，士气激昂。其军队盖已非如萨政府时代俄兵之颜色，而有自由人之气概，见亲于人民，与美国兵类似矣。予在彼得格拉时，曾参与一万五千人之观兵式。但见其军容齐整，兵装及铁炮与机关枪轻装炮等之设备，亦甚完善，所缺者只重炮、飞行机及流动火药等最新式之武器而已。

据一般人之言曰，凡地方之曾经传布劳农政府之制度而见覆于敌人者，必欢迎赤卫军。以是此种地方之征募兵士最为容易。赤卫军者，由却罗斯克氏所编成，为却氏得意之事。但赤卫军中之有才能者，居恒倾向于恢复其平时产业之事。故却氏尝曰：苟和议可成，当即解散军队云。

▲列宁之人望　列宁之人望殆无伦比。大有以其人望而自置身于独裁者Dictctor之地位，现俄国已有种种传说，谓列宁为豫言者而尊敬之。并以列宁之肖像与卞［卡］尔马克斯之肖像并列，且不以列宁与却罗斯克相提并论，以俄人目列宁为特别之人，却罗斯克则仅为庸中之佼佼者耳。

余在克兰姆琳访问列宁之时，适其与农民代表会见之中。代表中之一人言曰：闻村人言列宁拐腹从公，故不远数百里而来，送此八百片之面包以为村人之赠物。此事之前，亦有一农民代表因闻列宁之耐寒而事，特运火炉一架及足供三个月之煤炭，以赠列宁。此种赠物，惟列宁足以当之，而列宁则以之转输之于共产资源之中。于此可知列宁实为不能忘怀于人之人，且具热诚而兼备沈静与人情者也。

▲让与利权　劳农政府对于以利权让与外国，固痛感某事之危险，但闻亦有以不得已而让与于人者。列宁以下政府员之意见，则谓封锁虽已解放，然不与英美二国及其他之外国成立贸易信约，则事无可为者。然今日之俄国，除少量之黄金与白金及麻与木材之外，已无足为输出品者。而此黄金之类又不足以之与外国交换，其所需之物，则除信用借入外，别无他法。但欲信用之确立，须由劳农政府先承认其对于外债之责任，使并此而亦不能成功，则势必达于割让利权之运命矣。

附录二

列宁与纽约世界报特派员林康阿耶谈话

冷静的政治家　劳农政府队领列宁不大欢喜会见"资本国"底新闻记者。但是我（阿耶）呢，几日前，在莫斯科克烈[列]林官殿和列宁会谈，足有一小时之久。列宁和我底谈话，与其说为公式的会见，不如说为茶后杂谈。至于谈话底范围，包括经济问题、政治问题、军事问题，及今日俄国内重要的一切问题。

所谓"贫民底独裁官"的列宁，在这个会席上拿一种事务家庭态度殷勤畅论。他是一位冷静的政治家，不像世人所想象底那样激烈的、热狂的、独断的英雄。总括说一句，他是政治家，又是策士，同时又富有财政的手腕。他说的话，精透入微，不得不令人佩服。他到底不是一位从根本上破坏近代文明底人。

列宁与却罗斯克　列宁谈话非常镇定，不知道底还以为他是保守党的首领呢。他底态度，是冷静的、旁观的；他的言辞，是讽刺的、嘲戏的。他一身充满了敏锐的感觉。从物资上说，列宁同他底股肱却罗斯克间很有悬隔，列宁还觉得蔼然可亲，若却罗斯克则老气横秋的，好像冰底结晶体。列宁像一位老婆婆，却罗斯克像一个猛虎。布尔塞维克派中底少壮者畏敬却罗斯克而景慕列宁，就是因为这个原故。就是从非难攻击旁人这一点看来，列宁和却罗斯克都有大大的区别。出乎却罗斯克底口底只有痛骂，列宁则为一种暗地的讽刺。一言以蔽之曰，却罗斯克是机械的，列宁才有人气呢。但因为列宁太有人气，反较却罗斯克难于接近。列宁住在克列林官殿中，好像世外人的生活，和他接近底只有他底夫人、四位妹妹，还有一个可爱的小猫儿。其他要会见他底人，非经过三重四重的警护底卫队不可。近来又制了三种不同的入门证，要用这证才能与列宁见面。从克列林官殿五个扼要的地方起直到列宁底居室，大队的步兵刀枪林列，一行一行的排列站在那里。我也是经过许多烦难的手续、通过许多的步兵队的一人。当日同我一齐会见列宁底。还有一位电影院技师鸠布士。鸠布士君是同我一块儿进俄罗斯底好伴侣。我们没有什么困难，无事的通过守护兵底防线。

朴实的居室　从前庄严璀璨的皇帝所居的这个克列林大官殿。自从布尔塞维克党得天下后，荒烟蔓草，不胜凄凉了。我们在那不很干净的廊下一间小房被风吹着，等了一点多钟，好容易接见列宁他老先生。（会布尔塞维克底首领稍等一点多钟，这并不是什么怪事。）又十分钟后，以为小身材的驼背婆婆，这位老媪是列宁最信任的秘书官，引导我们进列宁的居室。

房子倒不甚宽，壁间底装饰，尽是字画，不想却罗斯克底应接室那样的好看。列宁看见我们，连忙从沙发椅子站起，和我们握手为礼。开头鸠布士君即说到电影事业，大家谈笑。鸠布士又谈到他摄有巴黎和会底凡尔赛宫的影片及当时情形，列宁很愿意听似底。

列宁与"威尔逊" 列宁不同鸠布士谈话，转来问我。（阿耶）他说："呀，你是纽约世界报底特派员吗？是那个美国政府底机关报吗？"但是他决不说"美国政府底""威尔逊大总统底"，这是可注意之点。老实说，他决不会把威尔逊挂在口上，他最不愿说到美国大总统底事。

列宁底骨相及风姿 鸠布士此时请列宁端坐，替他摄影以留纪念。列宁微笑，照鸠布士所请，身体一点儿不动。我乘这个机会才得研究被世界憎恶恐怖为恺撒以上的大怪物列宁。

头发已开顶了，凝视的眼睛，平的鼻子，厚的嘴唇，蓬蓬然带赤色底斑白的连腮胡子，这些都是列宁底专有物。虽不能说他顶丑，也是一位极鲁莽的男儿，但是他的鲁莽决没有什么毒意，不愉快，他那个很平宽的额，十足可以表出他是一位思想家。

他底服装不甚合式，白领上带有污痕，（雪白的领子在俄罗斯不能多见）黑色领巾、褐色的事务服、棉制的短裤，穿一双长靴，遮到膝盖骨。好像这种服装不适合于劳农政府底首领似底，因为这完全是炼瓦工人穿底衣服。

列宁对于联合国底态度 列宁不是雄辩家，他纯粹用英语会谈，他能分别英国话和美国话不同的地方。

他关于联合国决定撤废对俄封锁底报告说：

"联合国底决定是有真正的诚意吗？他们一边只管这样说，一边又从波兰为攻击我们的准备。他们想通过俄国生产消费协社之手，开始和俄国通商。这种提议或者是真实的，但是生产消费协社不是早已没有了吗？该协社的职事早已移到劳农政府的手里，那么联合国要和生产消费协社携手，真是一件怪事。"

列宁说到这里不禁冷笑一声，接着又说："听说福煦快到莫斯科来了，这更是出我意外。"

我问列宁："从波兰攻击布尔塞维克军，是难是易？"列宁答："你问得不错，克列曼索和福煦都不是好惹的人。克列曼索想从波兰攻击布尔塞维克军，吩咐福煦统率，这当然是一件大事。但在我们，比这样更大的事还多得很呢。我们对于联合国要攻击俄国还不害怕，我们最可惊的就是联合国到现在还不觉悟其愚这一点。波兰来底新攻击是用哥萨克君吗？哼，别要再出丑了。"

我讲到现在各国慢慢地要对俄讲和起来了，列宁说："是的呀，对俄讲和是对俄通商底附带条件。联合国中无不要通商不要讲和底道理。据我所闻，代替克列曼索底米尔兰很赞成和俄国开始通商关系。米尔兰或者是教训资本家以一条新道路啊。但在英国还有像丘吉尔那样顽固的人。鲁意乔治暗地里虽和我们要好，然因为空怕与丘吉尔一派底政治家，财阀绝缘，也不敢有毅然的决心。"

列宁底气焰万丈 列宁底舌锋转到美国。他说："亚美利加是怎样一个情形,我还不十分清楚。听说美国底银行家到近来非常害怕我们,又听说美国政府对于社会主义者有极其严重的取缔,但在美国一部分实业家以为和俄国战争不如和俄国讲和,开辟俄国底富源反为有利。这是他们底觉悟啊,俄国实在是很望得到美国制的机关车、摩托车。"

我问:"那么,劳农政府底讲和条件是……"列宁高兴地答道:"我们底讲和条件,现在也用不着我来喋喋。因为全世界的人都有和我们讲和底愿望,并且承认我们底条件极为妥当。我们也屡次声明希望和各国讲和,并且屡次力说讲和底必要。对于外国底资本,情愿提出宽大的让步保障。但是我们并没有这种意志,就是联合国纵然绞死我们,我们还是求和平……"讲到此处。列宁略为停顿一下,两眼浮满了皮肉的微笑,他又继续说。

"我不知道这个理由。就是社会主义的俄国为什么不能和资本国交际。从前连现在美国一口否认的布尔塞维克、劳农政府,现在反将和他所恐怖的对象迟早要通商了。如果联合国最高会议真的有撤废对俄封锁底意思,那么为什么不将此旨通告劳农政府。这个有消息,在巴黎并没有闹大,不过是一点小风闻罢了。"

列宁底卧室 这时候,鸠布士要求列宁底全家庭共摄一影。列宁慨然允诺,立时引导我们行经廊下。走过两处号兵屯驻所,穿出五间连房底列宁卧室及宽广的食堂,才到很大很朴素的应接室,谒见哥姆列特乌里阿罗拉,就是列宁夫人。

列宁夫人 列宁夫人是一位幽淑的中年妇人,比起依底丈夫还出现一层贫民阶级底样子。夫人能说欧洲四国语言,关于普通知识如数家珍。忽然一个可爱的猫儿,从夫人背后跑到列宁底膝上。列宁在此继续前刻所说。

"联合国和美国底政治家先生们,好像不以俄国底经济底困厄,就是世界底经济的困厄底一部分。像这样大的经济问题,不从世界的立脚地去考察,仅以此为某某国内底事件,或某国与某国底共同问题,那么到底不能解决底。除开俄国,欧罗巴是不能独存底。欧罗巴不能独存,美国还有存在底理由吗?美国底钱是什么,如果到了有钱没有东西可买底时候又怎么做?美国纵然贮藏多少金钱,绝不能硬吞下去,也绝不能当衣穿,无论如何,美国一定要在欧洲买必需品。但含有俄国的欧罗巴如果经济不能复活,试问欧洲能供给美国底必需品吗?哼!恐怕未必啊。"

俄国与欧洲 列宁又继续说道:

"俄国除产多量的小麦、麻、白金矿等类外,又产许多有用的矿物,为现在各国渴望不置底。无论俄国是不是在劳农政府底支配下,世界各国如果要享受这些物资,自非仰受俄国供给不可。但是现在欧洲及俄国陷于破灭的逆境,而联合国最高会议底态度依然固执不通。虽说救济俄国及欧洲是有点望头,但是这种救济非赶急举行不可。可怜那个最高会议,态度真是从容啊。据闻将要解散最高会议,拿国际联盟作他底代理,而美国偏偏地又不加入,那么国际联盟还有存立底道理吗?"

列宁底豪语 我转话头,问列宁对于布尔塞维克军底战绩是不是觉得满足。列宁说:"我对于我军底战捷,我底心中实在是很满足。现在还留到底我们底唯一的敌人，就是前面说底，从波兰方面底攻击。但是我想他们底结局一定失败。"

列宁现出一种冷笑底样子，旋又正襟而谈。

"不用说，联合诸大国底势力很为强大。联合国如果举其兵力杀到俄国，布尔塞维克派除了溃散别无他去。——但是联合国到底不能将这样大的远征军遣派俄国，何况我们俄国在外交上、思想上都有博得一大胜利的胜利呢。现在芬兰不是看不起联合国拒绝和我们战争吗？我们又与埃士特里亚言和塞尔维亚及里士阿尼亚和我们讲和底缔结，也近在眉睫之间了。你看吧，这些小国不受联合国底物资底诱惑、无理的胁迫，而与我们携手，这样事情不是证明我们有绝大的不可侮的精神的势力吗？波罗的海诸国明明有这意思，以为只有布尔塞维克的俄罗斯，是不胁迫他们底独立与安宁底唯一的邦家。"

内政问题　我底质问又移到内政问题。列宁答："俄国国内底状况今虽频于危机，然尚有一条希望。只要等到今年春天，食料品底不足可以缓和，都市底饥馑也可以救济。薪炭也会十分润泽，加入改造时代。赤卫军底一部已组为劳动军，由理想进为实现。这到底不是资本主义国家所能做出底伟大事业。我们对于武装的敌军只有奋战一法。我们底奋战是为着今后国内经济生活底确立。"

我又问："那么俄国共产制度完成底时期……"

列宁答："我们想把俄国全体底产业组织依着乌拉尔山中底水力，拿电力来活动。专门技师说，完成这事业足要十年。这种计画如果完成，真是开共产政治上一种纪元呀。一切工场同受莫大底电力底供给。那么可以确立经济的产业的基础、共产主义底实现，实在此种事业完成底时候。"

列宁又就欧美两大陆底社会主义者大事批评。他对于他们底能力完全不置信用。他们果有煽动世界革命底诚意吗？没有吗？还是一个疑问，他说："对于布尔塞维克主义，不管有多少障害，但是一定可以传播世界各国底。"

附录三

●远东共和国宣言书

日本主张于西比利亚设立缓冲国以与劳农俄国隔离，兹果见俄国远东共和国之成立。闻新政府之外交总长克拉斯纳西劫哥夫（Krasnoschekoff）通电我国政府及驻北京各国公使。兹译其原文如下。

日本帝国政府对于远东问题所采之态度。五月十一日，驻海参崴日军司令之宣言已明白宣布其所提出之条件，吾等已欣然应诺。依据日司令之宣言，于捷克军完全撤退后，尚须在远东设立一独立而巩固之民主政府，以保证住居该地外人之生命与自由及财产，而后日军方能撤退。远东各省，实为国际上之重要问题。此种问题，关涉于协约各国甚深。非依据国际的基础、以为解决其道无由。故因上述种种原因，予以远东共和国政府名义，认为此时应向贵国政府及国民，与各协约国政府及国民，一为陈述也。

溯远东各省，由贝加尔以东直达太平洋岸。自近二年来，为国内国外军队战争之场。占领的军队及征伐的军队与袭击的散兵，皆蹂躏吾等之土，以致财产匮竭，民居星散。加以该地毗连数国，密接太平洋，遂至所发生之问题，愈趋于复杂。然远东之人民，因党派之战争致分崩离析。因顽固派军队之暴虐致困顿艰屯者。至此时，遂不得不将和平统一之责任而自行担任之矣。

故吾国人民以土地辽阔，人民散处，皆决定以为唯建立一独立之国家，包括上述各地，设立一强固的民主的之政府，以为统辖各处之人民。夫而后则今日之问题可易于解决。今远东共和国之独立宣言书已由吾等代表所组织之国民会议发布。此种宣言书，已树立吾国之根本法，确定吾国民主制度之基础。今将原文一份附送贵国。该国民会议今已建立政府，并将议决政纲委交该政府办理，以联属前日分离之各省，使归于统一。以安集前日流离之人民，使回复其旧居。以制定法令，改革工人境遇，俾其安心。以从事于建设的事功，并与外国通商，及订立邦交。而尤与东西两面之邻国通商，及订定邦交以恢复和平。凡上述各种之任务，新政府皆着手实行，以达其所期望之目的。使我国纷乱如麻之大部分地方，一归于和平与秩序之境也。

故欲达上述之目的。第一全俄苏维埃政府之赤卫军，须于彼此赞成之地点停止东进。第二现集中赤塔之旧党残军，外国政府不可援助，而日本之远征队，尤不可援助。第三须使吾国政府得直通赤塔与联贯后贝加尔，使与远东各省结合。第四须使吾国得立刻与协约国订立邦交，拯救危难，俾两方俱受其益。第五凡外国远征队须一律撤退，俾各种实业，得以回复。

凡上所云，皆吾国人民之希望。而于此危急之秋，皆视此为谋和平与统一远东之唯一方法。故于兹开始媾和，以讨论日司令所提议条件之际，予以新政府名义将日司令之条件重行申明而根据严格的实用基础，以与贵国磋商。并依照公平正义，树立基础，以为解决远东问题之标准。希望贵总长速将此宣言书转达贵政府，并赐以答复。万勿于收到该宣言书之后而默然不为一答也。非尼乌典斯克一九二〇年五月十六日，远东共和国外交总长克拉斯讷西却哥夫

▲国民议会宣言书

兹向美国、英国、日本、中国、法国、意国，俄苏维埃共和国之政府与各国政府、各国国民为下列之宣言。吾等为后贝加尔地方全体人民之代表，于非尼乌典斯克开国民会议，今以全体人民之名义向各国郑重宣言曰：吾国遭两年之内乱，地方萧条，人民困苦。而彼国民所共弃之强盗谢米诺夫与其党徒得以擅夺政权，焚杀劫掠，暗无天日，遂致民不聊生。吾国与邻国之邦交无由缔结，而土地为协约军所占领。吾等处兹危急存亡之秋，决欲以停止内争，集合分散之人民，以恢复自由及和平为务。今后贝加尔地方之人民，既推倒彼篡夺政权之苦尔却克与谢米诺夫，故由吾等之代表对各国而发布宣言。

（一）所谓远东之各省，包含后贝加尔州、黑龙州、沿海州、烨太堪察加及中东铁路租借区城各地。该地之地理上、及经济上，关系与俄国政府中枢距离太远，故不得不自为一国，采用共和政体。

（二）于远东各地之中，设立一民主的政府，由人民意思所选出之代表组织之。此种政府，对于各阶级人民皆予以一种民主的自由之保障。俾各人得以和平方法而发

展其能力。

（三）国民会议欲达上列目的，由该会议中选出人员组织临时政府。此种政府凡向往居共和国各民族各党派之代表，皆纲罗在内。国民会议并予该政府以军事上、政治上之全权。俾其征讨旧党残军，制定法令。组织地方政府起草法律。召集宪法会议议决宪法，以树立共和国家之组织大纲。

（四）国民会议对于从前苦尔却克谢米诺夫之余党，以恳切之心，劝其即解除武装，勿再作犯法暴动之事。并以全体人民名义担保其身体安全及安然回家，以从事于工作。

（五）国民会议，以死刑与吾国人民之宗旨不合，特行宣布从此废止、

（六）国民会议今由临时政府代表向各国宣告远东政府。极欲与各国订立邦交。而对于邻接各国，有多数人民侨居，吾国者尤欲与订立邦交。吾国之实业交通因内乱之故，几致根本破坏，致饥寒之惨，常迫在目前。吾等之目的在和平，在和平的劳动，在与各国订立邦交，在根据民主的基础，以改造人民之生活。对于外人予以一种生命财产安全之保障。国民会议为恢复和平计，请各国政府派遣外交代表以缔结邦交。今向各国切实声明，凡吾国之国民，皆极拥护政府。俾其恢复秩序，设立种种之布置，使最适于和平的生活，与和平的劳动。

附录四

●俄国劳农政府之农业政策（录东方杂志）

社会主义者维廉里卜克耐区尝曰："社会革命，非有农民之赞助，决无成功之望。"诚以都市之工业劳动者从若何急进，而农民仍主保守，则社会主义者所希望之社会改造万不能达也。俄国之革命能否成功，虽难断言，然劳农政府所以能维持至于今日，实以得农民之同意为莫大之原因，则可无疑也。俄农国也，全国人口一万六千万，而农民实居其十之八，此多数之农民。其物质的精神的之不幸，近世文明各国，罕见其比。彼等自数千年来，处于农奴之地位，无人格之自由、经济之自由、居住之自由、卖买鞭笞，惟地主之所欲。其生活之悲惨，有使人不忍言不忍闻者。自一八六一年农奴解放以后，此奴隶制度，形式上虽已废除，然农民生活之困难，仍不减于从前。盖当时之农奴解放，一般农民虽获得人格之自由与一定之土地，然其所得之土地，为极少之共有地即欧俄三万九千五百十九万二千四百四十三俄顷（Dessatine）之耕地中，为一千二百二十七万户农家之共有地者，仅占其百分之三十五。而七十五万人之少数地主，乃占其百分之三十，故农民土地缺乏之悲呼已非一日。至彼等所以尚得维持其生活者，幸赖有村落公有地之制度而已。（参观本志第十五卷第九号及第十二号俄国之土地分给问题）此种制度，既使俄国农民保有共产的精神。又因土地缺乏之故益觉土地社会化之必要。俄国共产制度成立之易，即由于此。

革命以前，俄国急进派关于土地问题之意见可分为三种。第一立宪民主党主张强制征收私有地，而与以相当之赔偿金。第二社会革命党主张没收全部土地，不给偿欤，由地方自治团体分配于农民。第三社会民主党与社会革命党之意见略同，而尤主

张土地的无产阶级（Landproletaire）之利益。克伦斯基本隶社会革命党，顾其态度至为巽懦，未能决行本党之主张。至一九一七年十一月列宁秉政，乃以烈风迅雷之手段，发土地国有之布告。劳农政府宪法第一部第一章，即规定劳动阶级之权利曰："为实现土地之社会化，废止一切土地之私有，作为全国国民之财产。依平等权利之原则，将土地之耕种收获，归诸劳动阶级。此外一切森林、矿山、重要之水利事业、家畜、农具、模范农场、农业的企业等，悉作为国民之财产。"其他规定土地社会化之法令尚有二三种。据一九一七年十一月八日第二次全俄苏维埃会议决议之"佃田废止令"，凡大地的之所有地，僧院及教会之领地、私有地，均没收之，惟小农之土地及哥萨克之共有地不在没收之列。此法令之所依据者，为一九一七年九月一日之"土地农民令"。该令之规定如左。

（1）废止一切之土地私有，并禁卖买抵押。一切农业财货，悉皆没收，归耕种者之用。其管理由国家行之。

（2）凡矿石、石油、石盐等地下埋藏物及森林、河川等，均作为国有财产。其非重要之河川，则归地方团体之用。

（3）果树园作为国家或地方团体模范农场之一。

都布及村落之住宅地、庭园、果树庭园等，均归原主所有。其租税别以法律定之。

（4）没收养马场及家畜饲养所，归国家或地方团体之用。其赔偿另定之。

（5）凡没收地之农具，亦一并没收，归于国家或地方团体。但除外小农所有之农具。

（6）国民不论男女，均有耕作一切土地之权利，但须以自己之劳力耕作之。严禁出资雇用工人，惟以家族之劳力或依组合法经营者不在此列。

若农民团体之一人，陷于不能劳动时，则其土地暂归他团体员之用。两年之进步者则尚少也。

劳农政府之农业政策，既鲜效果，于是社会革命党乃乘此再振其势力于农村。该党在革命以前本得农民之信用，此时既有隙可乘，故煽动小农委员会以外之农民，使之反对政府。其事至为易易。而农村间之纷扰因之益甚，以至农民均无心耕种，荒田日多，食料问题乃大起困难。总而言之，劳农政府之农业政策，苟循此不变，将不免终于失败也。

附录完

9月
1日（星期三）

53.《新青年》复刊（《新青年》第八卷第一号，9月1日）

《新青年》第八卷第一号出版，其为《新青年》的复刊号，由"上海新青年社印行"，又新印刷所印刷。

54.《本志特别启事》(《新青年》第八卷第一号,9月1日)

该号刊登《本志特别启事》:

宣布"本志自八卷一号起,由编辑部同人自行组织新青年社,直接办理编辑印刷发行一切事务"。

(《新青年》第八卷第一号,1920年9月1日)

自此,《新青年》性质发生根本性变化,由北京同人刊物变成中共上海早期组织的同人刊物,陈望道、李汉俊、李达、袁振英、沈雁冰等相继担任编辑。

55.《新青年》的新图案(文献)

该文献封面设计了新图案,以全新的视觉叙事模式,使读者感受到杂志的新气象。封面正中一个圆形地图,中间分别从东西两半球伸出的两手紧紧相握。封面借助内涵丰富的图形,彰显出刊物主人的世界意识。为此《新青年》新任编辑沈雁冰在回忆录里作了交待:

这一期的封面上有一个小小图案,是一东一西,两只大手,在地球上紧紧相握。这暗示中国革命人民与十月革命后的苏维埃俄罗斯必须紧紧团结,也暗示全世界无产阶级团结起来的意思。

(茅盾:《我走过的道路》(上册),北京:人民文学出版社,1997年,第191页)

日本学者石川祯浩研究了《新青年》的新图案来源:

《新青年》第八卷第一号《新青年》复刊后的封面,则从视觉上表现了"差不多成了Soviet Russia 的汉译本"的这种变化。自八卷一号起,随着杂志性质的变化,封面也变成了那个十分有名的图案……后来,这个图案还被用作1922年上海共产党员创办的"新时代丛书"(商务印书馆出版)的刊物封面(例如:高畠素之著,夏道尊,李继祯译:《社会主义与进化论》,1922年)。可见,他是早期共产党的象征性图案。不过,这个图案并非《新青年》同人自己设计出来的,而是模仿美国社会党(Socialist Party of America)党徽。……

美国社会党的这个党徽,曾用于其非正式机关刊物《国际社会主义评论》(The International Socialist Review,发行地:芝加哥)的插图;但该杂志于1917年被禁止发行后(1918年2月号后停刊),只有查尔斯·H. 克尔出版社(Charles H. Kerr & Co.)用于部分小册子的封面。在 1920 年前后能够得到的小册子中,比如克尔(Charles H. Kerr)的《何为社会主义》(What Socialism is)封面使用了这个图案。上海的陈独秀等《新青年》同人很可能参考了这些小册子。

((日)石川祯浩:《中国共产党成立史》,北京:中国社会科学出版社,2006 年,第 42~44 页)

56. "俄罗斯研究"(《新青年》第八卷第一号,9 月 1 日)

该卷马克思主义的色彩十分鲜明,开设了"俄罗斯研究"专栏。以这一号到《新青年》第九卷第六号(1922 年 7 月 1 日)暂停为止,共 12 号,以"马克思主义宣传"、"俄罗斯研究"等专栏共发文 45 篇,其中与苏俄有关的有 42 篇,占宣传文章的 9 成。

《新青年》第八卷第一号刊登《俄罗斯苏维埃政府》《俄罗斯同业组合运动》《我在俄罗斯的生活》等 3 篇译文。《俄罗斯苏维埃政府》由张慰慈译,原文是美国社会学者洛史(Ross)与伯尔曼(Perlman)合著,登在美国《政治学报》第十四卷二号。《俄罗斯同业组合运动》原著是伦敦俄罗斯人民通信社,汉俊译。《我在俄罗斯的生活》由汉俊译,译自 Wilfred K. Humphries 著的《The One Big Union Montlly》。

57.《我在俄罗斯的生活》(《新青年》第八卷第一号,9 月 1 日)

《新青年》第八卷第一号刊登了汉俊译自 Wilfred K. Humphries 著的《我在俄罗斯的生活》(9 月 2 日,上海《民国日报》以《我在新俄罗斯的生活》为题转载),如下:

> 这篇文章是一九一九年四月十日(礼拜四)晚上,洪福利(Milfred R Humphries)①在旧金山马克特路一二五六号人民会馆(People's Institute),关于俄国问题的第一次讲演。洪福利起初是美国基督教青年会的用人,后来又作美国红十字会的用人,是在俄国情势最激烈的时候到俄国的。他年纪不大,性质诚朴,眼光锐利,模样好像一个校役。他所讲演的,都是他离开俄国以前(四个月以前)布尔塞维克(Bolshevik)活跃的经过情形。
>
> "我在彼得堡滞住的数月,可以说是在血池中经过的数月。我在这数月之中看的歌剧,比我有生以来看过的歌剧还要多。
>
> "我在莫斯科的时候,一礼拜之中,有三晚上到夜学校去学习俄文;其余的,就到司莫里研究会(Smolny Institute)②或别处,参与各种政治集会。每天晚上,都看见

---

① 洪福利(W. R. Humphries,其名字首字母被错写为 M. R. 或 W. K.),英国人,毕业于美国的基督教青年会(Y. M. C. A.)国际训练学院,曾作为美国红十字会工作人员和代表美国的 Y. M. C. A. 去苏俄考察、工作了 11 个月。

② Smolny lnstitute 在沙俄时代是一所位于彼得堡(文中说莫斯科,有误)的贵族女子学院。十月革命时布尔什维克曾把此处作为总部,苏维埃政权建立后党政最高机关一度在此办公。这座建筑通常被称为斯莫尔尼宫。

妇女们三五成群的，从剧场里出来，向车辆也没有灯光也没有的街上走过去，并没有男子们跟着走，他们也并没有什么畏怯的样子。

"在这个时候，学校已经普遍于俄罗斯了。曾记有一次在彼得堡看见一张幼稚园设立的广告说，供给小孩子们的热餐。这就是诸君在新闻杂志上看见的所谓混乱。

"这种混乱的话头，我在俄国内也听见了许多。自从在海参威（Vladivostock）——这个时候红旗正在这里飞扬——登岸之后，在到莫斯科的七千英里的旅程中，遇见许多逃乱的绅士，他们都说了些什么恐怖、凶暴、饥馑、疫症、暗杀。他们都说每天有千数人死于疫症。莫斯科的四分之三都烧成焦土了，莫斯科的卫城（Kremlin）都毁坏了。起初听说克伦斯基（Kerensky）已经把布尔塞维克完全打败了。及至渐近莫斯科，又听说战争完了未完，还是疑问。再往前进，布尔塞维克又像是暂时得了胜利。直到了莫斯科，才晓得打了六天的仗，克伦斯基已经跑了。

"我看见了'被毁坏了的'卫城——打破了的城门上还有点雕像，两个教堂穿了几个洞——还是依然如故。我发现了'莫斯科的四分之三都烧成焦土了'的真原因，有五间大房子实在是毁坏了。

"我真是看见了许多凶暴（或者可以说是一种凶暴）。有一次我离开彼得堡的时候，在尼哥利夫车站（Nicolieff Station），看见三个军官（自然是没有肩章的），搬运旅客的行李到火车上。因为另外向客人索茶资是不许的，所以他们就以规定的力钱，将我的行李不误时间的搬上车去了。我看见一位威仪堂堂的俄国绅士，穿着一件极贵重的皮服，在那里叫卖资本家阶级的报纸。下了一回大雪之后，彼得堡苏维埃会议（Petrograd Soviet）就发出命令，叫个个人都出来扫雪，只要是身体能够扫雪的人，都不许佣雇别人来做替代。房屋委员会就执行了这个规则。

"我还又看见了一个凶暴，苏维埃会议一得了政权，一般受了资本家阶级的鼓动和援助的银行办事员和文官等人，都起了同盟罢工。于是列宁（Lenin）就急速的起来谋严厉的抵抗，没收一切银行，并且指令无论一个人在银行里存得有几百万，每月为他家中各人不准支出一百五十卢布（三英镑）以上。这是要使资本家阶级不能够援助罢工的人，使同盟罢工自行消灭的。又有一道虐待的侮辱命令出来说：凡是存钱的人来银行里提他月银的时候，都要列队依着次序行事，也不许请人代领。有一个胖妇人，身上穿上一身皮衣，装饰得光辉闪闪，也在那列队里面，满脸涕泪（真眼泪，不是假眼泪），显有难受这种丧失严威的模样。

"我看足以令在俄国的公平无私的观察者受感动的，就是各苏维埃会议的宽大、体贴、温厚和一切政策。诸君常常听见他们压制资本家阶级的报纸。但是被封的，都是那些对于布尔塞维克造绝对而无根的谣言的。如果有俄国报纸开章就说布尔塞维克杀尽了一切囚犯，又把他们砍成细块了，那或者是要被封的。但是一切新闻纸报纸，对于他们所欢迎的苏维埃制度，都能够加以攻击的言语。我曾看见一队极有秩序毫无骚扰的僧侣，执着许多反对国家与教会分裂的旗帜，在街市上列队游行。

"一般社会革命党（Social Revolutionists）曾经计划了一个大计划的示威运动，反对应在正月五日召集的宪法会议（Constitute Assembly）的解散。各苏维埃会议就极力劝阻布尔塞维克者，避开示威行列所预定通过的街市，以免骚扰激变。因为有暴动的危险，各苏维埃会议就将各公共房所严行戒备了。戒备方法就是请这各房所内的居住者（门房等也在内）帮同防卫。此外苏维埃会议又预备了应急的武装车辆，装上红卫军，安置到到周城的要处。

"此外在这个大恐怖之中的一个事实，就是有一个社会革命党员曾放手枪谋刺列宁，他们都置之不问。有一回社会革命党员，当要造出恐怖状态的时候，接了一片警告：'如果杀了一个布尔塞维克的领袖，我们就要杀一百个社会革命党，这已经就够了。除了一个无政府女党员谋了一回乱子以外，以后就没有事了。

"无政府党与布尔塞维克间的冲突，除了起首在少数城中发生了战斗之外，就再没有有什么战斗了。当布尔塞维克握得政权之初，有许多帝制党想反对新政府，又想不劳而食，就宣言他们自己是无政府党，到处抢掠房屋和物品。但是真正无政府党自然也攻击了他们，现在大多数的无政府党都在援助苏维埃政府。

"现在俄国人民约有百分之九十与政府有关系——我不信美国也有这样多的人民参与选举。只要是用脑或用力去做有用的工作的人——这些人现在约居全人口的百分之九十——都有代表在苏维埃会议。教员团体也与看护妇和医生们所组织的医药公会一样，选派代表到苏维埃会议。无产阶级最初的专制——他们的行动，最初自然是不能不以少数的好战者开始——现在就变成了真正的德谟克拉西。

"起初以为这种政府不能支持六个礼拜，实行萨波达举来反对了布尔塞维克的人，现在晓得了这个政府是要永远存在的，所以又要抛弃从前反对的态度了。我在撒马拉（Samara）①的时候，那地方的教员会正在开会，分成了左右两翼，多数派是承认这个会的，就选派了代表到苏维埃会议，少数派就全体脱离了会。

"知识阶级的大部分，起初就和布尔塞维克党一致。这只把布尔塞维克的内阁看一下就可以知道了。我想人人都必定是要说这个内阁，是欧洲最开化的内阁。知识阶级其余的部分，有许多人以后也率直的改变了。

"有少数人反对产业集中，他们说产业集中了就不能有充分的德谟克拉西，应立刻将各种产业完全交付劳动者的手中。

"但是诸君要晓得，布尔塞维克不是主张要俄罗斯完全变成社会主义的。他们说协作的公共财产（Co-operative Commonwealth）不是即刻就能够实行的，像俄罗斯这样产业未发达的国家，尤其如是。他们说俄国必须集中产业，组织托辣司（Trust），以发展国家资本主义（State Capitalism）的状态。柯龙泰（Kollontai）②夫人说：'我们不能够把全俄罗斯马上就弄成完全社会化；你们别国，产业都已经受了部分的社会化，都有比较很好的机会来把你们的国家弄成社会化。我们现在做不到的地方，你们都可开

---

① 撒马拉，通译萨马拉，俄罗斯伏尔加河中游的城市。
② 柯龙泰，通译柯伦泰（А. Колонтай，1872—1952），俄国女革命家、政治家。1914 年加入布尔什维克党，1917 年成为党中央委员。十月革命后，担任苏维埃政府国家救济人民委员，俄共妇女工作部部长。后因"工人反对派"立场受列宁批评。

始做。'

"但在无产阶级治下的产业集中,与在有产阶级治下的产业集中,是很有区别的。俄国没有完全把产业归为国有,有许多还是在受工人管理的限制的私有权下。劳动者的委员会,稽查产业的账目看他有无虚设股本,限制五厘或六厘的利息,要求业主将他所得的大部分提出来扩充产业范围,并规定劳动时间和劳动工银。

"列宁说布尔塞维克的政策,是在收受达到独占地位了的产业,及其他新政府之所能从速并吞的产业。这可以这样说,现在产业不是劳动者所有的,乃是劳动者管理的。

"在工人管理之下,一般小商店或小工场消灭得非常之多,这自然很能够消除竞争。

"工人管理的结果,和农人得到了土地所有权,一般寄生性质的劳动消灭了的结果相合,就促起了'归田'运动。彼得堡和莫斯科两地的人口之所以锐减,主因就在出去占有土地的煽动;这个煽动之所以发生的原因,就是因为铁路不灵通,彼得堡和莫斯科两处最难得到食物。但是就是这种都市,处在铁路最不灵通的期间,生活也不得比旧金山贵。我在莫斯科只费五卢布至十卢布,就可以得到有汤、有肉、有菜蔬、有咖啡,有时亦有点心或有水果的大餐,这五卢布至十卢布,约值美金五十仙至一弗,目[日]后的情形自然又进步了。自从布尔塞维克握得政权之后,通[连]最恐慌的期间,莫斯科实在也没有一个人饿死。

"我到俄国的时候,正是一千二百万的大军正在自行解散的时候,他们在这个时候已经以最公平最普遍的方法,开始了物品分配的计划。就是当那有运气的兵士们,背里背着茶壶和防毒气的面具,正在一队一队的回家去的时候,武装卫队还要去发房租延纳令的小纸头。这个纸头上说:'每月房租在一百五十卢布以内的,三个月可以不缴,过了这个数目的,仍要照常交付。'这种作为和食品的定量分配,对于平民,真是天赐。

"这些情形,自然都是布尔塞维克最初握得政权时代的情形。到了后来我们就不能说工人是穷人了。他们的工钱已经超过相当的程度(所谓超过相当的程度,就是说他们于得到幸福的生活之外,又能够得到储蓄)。当白卫军在西比利亚驱逐了布尔塞维克,重建了资本主义的时候,头几个礼拜白卫军都发出怨言说,因为工人储蓄了很多的钱,不能强迫他们再来作工。

"无论何时,无论是糖是面包,无论是什么一告缺乏的时候,布尔塞维克就把他收为专卖,发行食物券来行分配,使无论何人都不能买到限制以上的分量。糖在全欧洲都是很缺乏的。苏维埃会议把糖的价钱定在五十仙一磅,酌量各地方的情形,将每人每月应买的分量定在半磅至一磅。起初有一很短的期间,独立市场只有一点很少的糖好买,一般有钱的人以一弗五十仙才能买得一磅。

"我于送塞尔维①的一千二百逃乱民,经过西比利亚到美国红十字会的时候,我

---

① 塞尔维,即塞尔维亚。

得了一个顶好的机会可以考查苏维埃会议管理食品的有效力的工作。我在三千余英里的境界内，与一百余个苏维埃会议有正规的事务关系。这些逃乱民是经罗马尼亚、德国南部而到俄国的撒马拉的。罗宾(Roymond Robbins)①弄了二十五万美金的经费，把他们弄出来侨居，等到有了机会，再来弄他们回塞尔维，我是受了红十字会的委托，去照料他们的。

"我看见了各地的苏维埃会议，都已经准备帮助这些逃乱民。他们卖食品到我们，与卖到他们自己俄国人，是一样的价钱。我想这个价钱的多少，一定是诸君所愿意听的，他只比在美国的一半略微多一点。牛酪是二卢布至四卢布一磅，这只合美金二仙至四仙。鸡蛋二仙至二仙半一个。面包三仙一磅。我们并且在一个地方只用三十仙至六十仙，就可以买一只烧好了的鸡子。

"我们在别的去处，也是很受宽待的。在阿木斯克②的时候，我们要求一个寺院来安置那些逃乱民，但是因为一切寺院都与全市的房屋一样，已经住满了别的逃乱民，所以得不着（不然我们是一定得到了的）。于是阿木斯克苏维埃会议就派了那城一位有名人物的医生，帮同我们去到邻城寻了一间房子。我因他随同我们帮了十天的忙，就送了点礼物赔偿他的劳力和时间，但是他竟拒绝了。后来，白卫军在阿木斯克驱逐了布尔塞维克的时候，我看见他情形大变，将要为人捕去吊起来的时候，现出一种可怜的颜色，于是就向那捉拿的人说他如何帮助了美国红十字会，请他释放，他也就因此受了释放，这是我很引为满足的。

"其余可以证明苏维埃会议有显著的能力的，就是他们对于德国革命，继续大计划的宣传运动，蓝史天(Boris Rheinstein)是美国派往斯特克河穆大会(Stockholm Conference)的社会劳动党(Social Labor Party)③的代表，他作了外国宣传的英语部的主任，现在他还在作。苏维埃政府从前要求英国监狱释放两个人，说他们不放，我们俄国是不准英国人入境或出境的，英国因此就把这两个人放了；这两个人之中，有一个人叫白特罗夫(Petroff)④，他现在是全宣传首领的有力的辅佐。有两种德文日报现在有五十六万读者，这都是由俄国人印行，由俄国人或用飞机或由个人，运到德国前敌的；从事运送的俄国人，都是在战前与德国人有认识的。又为未受教育的德国人，印刷得有一种画报送往德国。现在我给诸君看的，就是这个画报上的德国大使馆的照

---

① 罗宾(R. Robins, 1873—1954)，美国经济学家、作家。美国进步党领袖，曾当选参议员。1917年，他率一队美国红十字会人员赴俄国工作，并促进两国外交关系的建立。

② 阿木斯克，今译鄂木斯克，俄国西伯利亚的城市。

③ 这里于1917年到欧洲准备出席斯德哥尔摩和平会议的美国社会主义工党代表"蓝史天"，可译芮因斯坦(B. Reinstein, 1866—1947)。他生于俄国，后移居美国，行医，并加入美国社会主义工党。1914年被提名为美国纽约州副州长。1917年夏到俄国，曾在苏俄政府工作，并于1918年加入俄共（布），1919年作为美国社会主义工党代表参加共产国际成立会。

④ 白特罗夫，通译彼得罗夫(P. Petroff, 1884—1947)，俄国马克思主义者。早年加入俄国社会民主工党，1907年从流放地辗转逃到英国后仍参与进步活动。1918年被驱逐回俄国，为苏维埃政权从事外交工作。1925年退出俄共。

像，这个上面，还有点记事，记事的大意就是：'请看德国大使馆，上面有一竿旗子写着大德国。那是俾斯麦克么？不是的。那是凯撒么？不是的。那是永远不朽的马格斯和他的金言：'万国劳动者团结起来呵（Workers of the World, Unite）！'现在我们把你们伟大同胞的这句金言送还你们，请你们团结。我们俄国人把这句话奉若神圣，一切权力都到了工人手里。德意志社会党的德国大使几时才能到俄国来呢？'此外又有许多英语的、法语的、瑞典语的、土耳其语的、回回语的、中国语的小册子。我从前在美国青年会办事的时候，就和这些宣传者很相接近，所以常常将威尔逊总统十四条（President Wilson's Fourteen Points）的演说书，发出去分送他们。俄国人都很欢喜看这个演说书，他们对于那十四条的大部分，都表赞同，但是他们对于协约国能否遵守这个主义，都有点怀疑。

"我末尾到彼得堡去了，我同李德（John Reed）①、布利安（Louise Bryant）②、维廉（Albert Rhys Williams）③在那里花了六个礼拜有趣味的时间，看了许多大事件。中央执行委员会（Central Executive Commitee）开会决定召集宪法会议，以表示阶级准备已成的示威运动的时候，我也去看过。我又看见一个会议，早晨还很早，只有一个水手说了一声，红卫军已经倦了，想回家去，于是就解散了。

"我在莫斯科看见资本家，时常在礼拜日，开全天的反对会。这些都很稳静。三两成群的资本阶级的男女的集团，差不多有两百多个散满全城，每个集团遇着了兵士就与他们辩论。并没有什么骚扰，俄国人真是非常讲道理。但是他们都不能使兵士了解自己是做错了，不应该由'自然支配者'（资本阶级取的名称）的手里，夺去权力。有些资本家问一个兵士说：'你们为什么不信任受过教育的人来指导你们，反去信任那个德国委员列宁？'那个兵士答道：'我们是愚蠢人，不晓得什么，但是有一桩事我们是很晓得的，就是受过教育的人常常欺瞒我们。'

"我看见许多'愚蠢的'俄国人做那管理的事务。我在一个地方看见一个乡村苏维埃会议，有五六个呆笨样子的诚实工人和农夫，在那里商议组织农夫学校的方法，又用绳子系在铁丝上的一块计算板，在那里帮他们加减。

"我又在乡村市镇上，到处看见许多苏维埃会议设立的学校，由一两个热心模样的，像妇女的，教员统率的诚实的小孩子们的许多队伍。

"苏维埃会议是由众意和协和的精神结合的。譬如常有列宁和托洛斯基分裂的风传，都完全是假的。

---

① 李德，通译里德（1887—1920），美国左翼新闻记者，曾目睹俄国十月革命，写出名著《震撼世界的十天》。返美后加入美国社会党，并成为共产主义劳工党的创始人之一。后又去俄国，任共产国际执行委员。

② 布利安，又译布莱恩特（1885—1936），美国左翼记者、作家。曾与丈夫里德一同到俄国，写出了关于十月革命和苏俄的著作。

③ 威廉（1883—1962），美国记者。原为牧师，支持工人运动。1917年去俄国目睹了十月革命，曾为新政权工作，并成为共产主义的拥护者。后多次访俄，写了很多关于俄国的著作。

"如诸君所闻，布尔塞维克将许多军机械制造场改作农业机器制造场了。但不是将全体改了的。他们晓得他们不能不帮助起首革命的国民，所以他们就保存了必须数量的军用设备。

"我在撒马拉看见一张告白，宣告妇女公有，并且表明这个计划是由一个无政府团体提出的。苏维埃会议的反对党，是晓得他们不能够使一般人相信苏维埃会议是要认许妇女公有的，他们的目的明明白白是暗指无政府党就要推翻布尔塞维克，将这种事情付之有效的实行，因此在大体上仍以回到沙尔主义（Czarism 沙尔俄皇之称）为好。

无政府党对此自然出来极力否认了。我这里有一张否认的告白，上面的文意大略如次：

"撒马拉无政府党员的告白：敌人！你们败了，你们用这种手段，明明白白是表示你们已立于绝地了。全世界的无政府者自始至终都为自由战。我们岂是像你们现在用我们的自由来奴隶妇女的么？"

"我看见布尔塞维克的朋友和敌人都很真真率率的发表自己的意见。有一个在莫斯科的美国人，他听见德国人在利加①设了一个银行，就说：'此地德国人的银行较之那些由不值钱的布尔塞维克管理的银行好。又有一个美国人，在俄国先充万国割禾机器公司（The International Havester Co.）的代表，后充美国的领事，他对我说：'我很希望战争早了，庶几德国和协约国能够一同来此推翻布尔塞维克。'"

（《新青年》第八卷第一号，1920 年 9 月 1 日）

58.《俄罗斯同业组合运动》(《新青年》第八卷第一号，9 月 1 日)

《新青年》第八卷第一号刊登李汉俊译《俄罗斯同业组合运动》，如下：

俄罗斯同业组合运动，发源于一九〇五年的革命。在一九〇八年至一九一〇年的反动期间，暂时受了阻止。

自一九一一年至一九一四年，又重振旗鼓。自一九一四年至一九一六年，又受爱国主义者和军国主义的压制，然而他们还是继续奋斗到一九一七年三月第二次革命的爆发。那时候的组合会员虽不过数百人，但从政治方面看来，我们就晓得他是要日渐强盛的。

在那种不晓得公共生活是什么东西的国家，当那种风声鹤唳的时候，平民又向来不惯于组织，不知道什么独立，什么自动的训练，所以同业组合运动，自一九〇五年至一九〇七年，也没有什么大计划可以施行，他们主要的宗旨就是在极力联络多数的民众，训练他们自治、自动和独立的行动。自此次以后，这些有组织的民众受资本家

---

① 利加，通译里加，拉脱维亚首都。

的压迫，常常起了冲突。因为政界的情势飘摇不定，劳动界所受的压制太重，同业组合不能得到很多数的会员，很有力的势力。所以组合的运动只能限于改良待遇，增加工资，和促起劳动界的阶级觉悟罢了。

但是这些组合却成了组织的枢纽，使未加入的工人也受了很大的影响。他们虽然没有得到大多数工人加入，也成了工人集合的中心，遇有经济争议发生的时候，尤其如是。于是官府的压制态度就一天凶似一天，致令他们不能不为保持在一九〇五年所得的经济上的胜利战。有时并且不能不为组合的存在战。所以种种运动都被警察的走狗和压抑妨碍了，组合的合理的发展和膨胀也于此破碎了。

各组合的性质完全是地方的，他们的组织也很复杂。他们的运动虽然是决定向着组织产业组合方面走的，但是组织的基础大多数都还是立在职业(Craft)上面。这种情形以在无产阶级的先驱者(指铁工和排字工等)之间为尤甚。就是劳动运动的指导者也没有完全了解产业组合的原理。譬如有些组合是包含一种产业部门的全部劳动者(技师、汽炉匠及其他铁路工场的工人等)的，有时也可以包含别种产业部门的同种类的职工。即如金类制造工人组合内中，不独仅包含着金类制造工业内的工人，亦可准别种产业的全部金类制造工人加入。

会员的会费征收法也很复杂，往往同时并用三种方法：百分率捐法、固定捐法、种类捐法。

因同业组合奋斗的性质上，一州的同类组合的联合和全国的联合都成了必要的。为援助同样的经济纷争，为使一切同业组合运动的共同问题易于解决，各组合的地方联合会议于是也发生了。那个时候的第一次和第二次同业组合集会(Trade Union Conference)对于这个联合的问题是最努了力的。但是那残忍而且暴虐的专制政府，不仅将这个正在开始的联合破坏了，并且将一切同业组合运动也都压倒了。

同业组合在一九一一年至一九一四年的光景，也没有什么大进步。干涉和妨碍常常使他们的存在都受危险。

领袖的拘捕，家宅的搜索，各机关的压抑等等事，未尝断绝过。但是劳动阶级的情况虽然如此——与幽禁作工的囚犯没有什么分别——虽然不能不常常堕到半非法，甚或完全非法的地位，各同业组合还是为他们建设合法的地位利用了一切的机会的。

三月革命时期的同业组合

当一九一七年二月(三月)革命发生的时候，有同业组合的地方不过数城，同业组合的个数也不过十余；各组合的会员也不过数十。

但是战争停止之后，同业组合就到处发展起来了。首先组织组合的就是大工场的工人。有许多新组织，还是以旧时组合留下的组织为模型造成的，但是大多数的新组合差不多都是在数日之间由空造成的，未出一月，前后陆续成立的组合就达到了数万。

"莫斯科金类制造工人，差不多是正在革命的那一天，开始组织组合的。各会员都在他们一个老同伙的一间小房子内报名。在很短很短的期间，他们就达到了能够开大会的地步，三月二十九日就开大会选举了组织委员。到这个大会的时候，会员的数目就达到了一万六千四百二十三人。"以上一段话，是前秘书而兼发起的人的波伦斯基在第五期的《莫斯科铁工杂志》（一九一七年十一月十五日发行）内，记述金类制造工人同业组合成立的记事内说的。这个简单的记事，虽然与事实略微有点出入，但犹不失其为一九一七年第一次革命时代大多数职工组合的成立历史。当时最特殊的情形，就是同业组合的草率成立与其数量的急速增加。各同业组合从他们开始的日子就不能不继续无组织的经济争斗的方针；又在劳动者与资本家间连续不断的冲突之间，不能不担任调停者的任务。

同业组合差不多像军事活动的一班急速的发展起来了；但因为他们收纳失职的劳动者，不管理决定各委员会间的争端和决定调剂工银率的事务，同业组合劳动者的移动也就成了无政府状态。在重要产业，工场委员会就设在工场内。在这种情形之下，组合内的和睦和组合的坚固，自不待说是没有的，就是对于组合应有的策略和训练的原则，也没有人想去用他，这都仅仅是一些没有共同的计划，共同的结束，共同的起发点而开始运动的粗杂的赶快的方法。

在上文曾经指示过的，从前曾经流行的那种职业组合和产业组合的混和原则，我们在这些组织上面也看得出。但是同时都在倾向于产业组合组织原则的趋势很显著。

在各地方，各同业组合都以中央会议为中心来集合，这个中央会议管理通信事务，又以政治的见地来统制各组合的活动。这些中央会议的组织法和选举法，有许多种类，用比例选举法，各组合按计各自的会员数实行选举等等！他们都没有一定的预算，他们的财源大概都是靠临时助金莫斯科会议（Moscow Council）的费用，是由劳农代表苏维埃会议——Soviet of Workers'and Peasants' Delegates——资助的）临时集金等等。会员的会费差不多是没有的，就是有数额也很少，缴费期也无一定。

这些会议应有的主要目的，（如制定共同规则和指导、调查经济情形、援助经济纷争时的组合、组织新组合等等），在同一主义的机关——地方劳农苏维埃会议的劳动局（Labour Department of the Local Soviets of Workers and Peasants）——的支配区域内扩张了他很大的范围。这些劳动局，于他固有的特殊事务外，又发起同盟罢工，作仲裁者，组织仲裁裁判所。

组织的形式和互相的关系这样复杂，所以不能发展必须的组织形式的正确概念，也不能引起各组合间的和睦和稳固。到了六月间，同业组合间才彼此开始往来，各地方的大会才开始召集。因为没有包括全俄罗斯的和能够统一各势力的中央机关，彼得堡、莫斯科，及其他之各工业中心地的同业组合，就起来将他们的势力范围扩张到各州了；各州互相间的关系，渐以调查、物品交换、通讯、临时遣派代表等等方法接近了。

据七月第三次同业组合集会（Third Trade Union Conference）的报告，可以证明同业组合运动达到了可惊奇的兴盛地步，此次到会的有九百六十七个同业组合，有五十一个同业组合联合会，总共会员有一百四十七万五千四百二十九人。

这个可惊奇的人数，虽然可以证实同业组合在数量上的极盛的发达，但是同时也是表示他们的弱点和组织的松粗而且不安定的内容的。自从三月革命以后，会员数虽然在三月之中就增到了极大的地步，但是组合自身，用满意的方法来发展组织的结构的事，还是没有成功的。在这个期间，会员的数量增加不是以月费为基础，是以入会权为基础的。

在第一次劳动者同业组合大会（First Congress of Workers Trade Unions）以前，选定会员资格的真义就已经施行了，并且不纳会费的人，也不认为会员了。

因为激烈的政争，无联络的同盟罢工，协同合作的缺乏等等原因，在第三次集会前的三个月间，没有充足的时日，足以适当的来利用这些有用的材料。劳动阶级运动的两大党间的激烈纷争——一方面是门色维克（Menshevikes）和社会革命党（Social Revolutionaries），一方面是已经占了有力地位的波尔色维克（Bolsheviks）——使他们埋头于当日激烈的政治问题，反把经济问题置于脑海后了。

第三次集会，是在那个时候发展了的无产者运动的第一次表示，又是他们脱离了临机应变主义的政治家和小资本家社会主义者（petty bourgeois socialists）的圈套的第一次表示。"混合"社会主义者在各苏维埃会议虽然占了绝多数，波尔色维克在苏维埃大会虽然只有五分一的投票，第三次同业组合集会里面的平衡也现出了不安定。在这个集会通过的各决议案与决议的中央临时委员会（Central Provisional Commitee）的组织法，明明白白是表示多数是靠不住的。这些决议案的完全辞令的性质和被采的原则的抽象性质，均可以证明这个运动还没有达到充分发展的地步，又可以证明还没有得到一定的经验，足以将这个集会讨论的各问题，在实行方法上解决，因为这类的练习是在各工场内实行的。

因为都不设法使同业组合在无产阶级政治的重要问题上的运动意见一致，只能叫这个集会担任产业组合运动范围内的两件大事：（一）设立第一中央产业组合会（First Central Trabe Union Organisation）。（二）树立产业组合组织的主义。

在一九〇六年的集会，结合的原则在同业组合运动上第一显著，但是现在已经作了长足的进步。他们的信条"集会奖励工人，不要将产业组合组织再分而为职业组合的小组织"，在这个第三次集会更加确定了，因为大会不能不讨论组织包括数百个同业组合（如金类制造工人，纺织工人等的大组合。此次集会所采取的信条就是："凡工人都要组织同业组合，但这个同业组合不以团体和职业为基础，须以产业为基础，不问职业的异同，不问是否在一个工场，只要是从事一种产业的工人都须加入同一的同业组合。"这种信条虽然难得称为明了精密的产业组合，但是集会承认了这种组织的新原则，总算是这个集会的名誉。

波尔色维克主义下的同业组合

到了一九一九年十月（十一月）革命之后，各同业组合才能凭借无产阶级政府机关的力量，达到他们最重要的要求，他们也无须不断的同盟罢工和与资本家的争斗了。还没有等到中央会议（Council）决定采取更统一的形式。无须通信社借各方面的势力作引导的组织，各同业组合就能循以产业为基础开始了改组。为达到这个目的，就有采取定义更鲜明的产业组合原则的必要，又有组织强有力的同业组合委员会，使他对于会员分离的争端之类的问题能够作无偏无私的公平判断的必要，同时又有反对为曾经作过几个劳动者产业团体的动机的，团体和职业的偏见。

在第一次国民同业组合大会（the First National Trade Union Congress）之后，同业组合运动的事业才严密的实行，这个第一次国民同业组合大会，是采取了以产业为基础的组织原理的明了的定义，作了组织一切国民同业组合大会的方便，结果又作了组织国民同业组合联合会的方便。

使一切零星的小同业组合结合而成——以结合同一产业内的一切工银劳动者而成一个组合为目的的——产业的大联合组织，或者一个组合想联合同一产业内的一切工银劳动者，都遇着了很大的困难。何以呢？因为一方面有工场工人和官厅及铺店工人间的敌视，一方面有国家雇员（Tchinovniks）①和铺店雇员间的敌视的缘故。这些障碍，都是要候普及了教育的宣传，将往日使无产阶级的劳动者分成种种种类了的障碍物，铲除了之后才可以铲除的。到了一九一七年十月（十一月）革命，把阶级、等级、特权阶级（他们把国家雇员作为特殊种类了）铲除了，使共和制度进到了工场里面了，使工人都能够加入最高国会（the Highest State Department）和经济中枢了之后，这些互相敌视的原因才消灭。自此以后这个新劳农共和国的工人和雇员，在社会上和经济上的地位，就增进平等，他们共同协作的机会也就出现了。但是因为高级官吏反对政府，实行了政治的"萨波达举"，至〈致〉使这个统一的进行受了许多日子的妨碍，这个妨碍差不多到了一九一八年六七月间才逐渐消灭。在这个"萨波达举"还没有告终，上述这两种类的劳动者间的敌视，还没有完全消灭的时候，就已经能够以大计划在产业的基础上组织团体了。

一九一七年十月（十一月）的革命，不但为同业组合运动准备了发展的机会，又助成了各种组合的结合和各种国民同业组合的产生。这个最重要的方法就是照着正规规制劳动者的工银和条件，改良和指导产业。无论是在都会，无论是在地方，同业组合的这些作用，都强迫了弱小的同业组合不能不与别的组合合并，又使他们组织了国民同业组合联合会。

苏维埃政府承认了同业组合会议，是代表在经济上有组织的无产阶级，并且请他们来合[和]政府协力于劳动条件的诸问题，消除未用于事业的资金、公共保险，修改政府首次规定的工银率；这些事实，都增进了同业组合会议的威信，又使他们不能不力图他们所支配的经济组织的强固和完成。

反对地主和资木[本]家的内乱继续不断，西欧帝国主义者又以金钱援助保守党使内乱不得平息（在这个战争中各同业组合都是出了很大的力的），致使阶级争斗弥漫于全俄了。在这个阶级争斗的氛围气中，我们看得出地方同业组合苏维埃会议的发展是没有受国民苏维埃会议的直接影响，是自己取了自己的进程的，这个国民苏维埃会议，当时专心注力于国民同业组合联合会，很少注意到地方同业组合的。关于组织问题的决议，第三次集会与第一次大会一样对于同业组合，苏维埃会议，都只涉及了很漠然的条款，就是这个缘故。到了俄罗斯劳动者联合会（Russian Confederation of

---

① Tchinovniks，俄文"官员"的复数为чиновника。

Labour)第二国民同业组合大会(Second National Trdae Union Congress)的时候,关于这些苏维埃会议组织的原则和目的才决定。第一次委员大会的决议,奖励了地方同业组合苏维埃会议"尽力设法使联合的或独立的同业组合结合而成一个产业组合",因此又把这些苏维埃会议的这个作用使他扩张了,余外又使他强固起来作了同业组合运动的地方的中心,都是事实。

但是关于各同业组合苏维埃会议自身组织的问题,在第二次大会以前是没有议及的。同业组合苏维埃会议在同业组合运动上的地位如何重要,只将第三次集会和第一、二次大会的出席数比较一下,就可以知道了。在第三次集会的时候到会的只有五十一个中央会(Central Bureau),后来称为同业组合苏维埃会议(Trade Union Soviets),在第一次同业组合大会的时候,只有四十八个同业组合苏维埃会议,在第二次同业组合委员会的时候就有八十二个同业组合苏维埃会议了。第一次大会到会的数目之所以比第三次集会的少的,因为第一次大会的代表标准比第三次集会的定得严厉的缘故,(第一次大会的数目,是以中央会——同业组合苏维埃会议——所代表的同业组合的数目计算的),第三次集会的五十一个同业组合苏维埃会议代表一百十二万八十九人,第三次集会的代表一百八十七万八千八人。

在第二次大会以前,同业组合合并的方法,就已经有了一定的表示。关于组织问题的决议,就已经规定了新组织的大体的轮廓,这个新组织,是在纵的或横的方面决定了,管理苏维埃会议(Government Soviets)的任务或作用的,又是令地方苏维埃会议(Ueizd Sovreks)从属于管理苏维埃议会[会议]的而为其有限制自治权的支部的。这个结果,就是合并许多国民中央会,召集国民大会联合同类的团体,以实行大计划的产业组织的有统系的计划。这在各州的结果,就是合并各国民同产业组合(地方同业组合)的各支部,这些支部都是地方同业组合的苏维埃会议所极力主张的,这些地方同业组合都是同业组合中央苏维埃会议(Central Soviet of Trade Unions)的劳动者国民联合会(National Confederation of Labour)的完全有练训的支部,又是在这个劳动者国民联合会指导之下活动的。

(《新青年》第八卷第一号,1920年9月1日)

11日(星期六)

59.《列宁与特洛次基》(《时事新报》,9月11日)

《时事新报》刊登中俄通信社译伦敦《泰晤士报》的《列宁与特洛次基》,摘录如下:

列宁本姓乌尔彦诺夫,一八七〇年四月间生于西穆比尔斯克州。他父亲是继承贵……他的长兄阿列克散得尔因加入暗杀俄皇第三阿列克散得尔案,随于一八八七年被杀。列宁毕业中学即升入喀杂斯克大学。在大学才数月,因倡改革即被逐。八九一年列宁复入圣彼得堡大学修业法律和经济。一八九五年列宁又因倡改革被驱逐于东西伯利薜城村，以三年为期。……一九〇〇年列宁受完了他的徒流罪后，遂赴外国。从此列宁才加入社会革命党，并且在党中占重要地位。……

列宁的外貌没有甚么特别之处，中等躯干，体格健壮，头颈短粗、肩膀宽厚，方面而红，天庭高大，头顶无发而光，鼻谁略形向上，胡色略黑，须如鬃而短。初看此人，好象村中一商店主人，总不能想到他是全地球有大名的一员劳工战将。他的蓝眼东弈有神，时时流露半笑半蔑视及自信之形容。此人有铁打的志。无论如何，总要实行他全球革命的理想。反对他的人至多，其中却没有一事关系到关系着他的本身生活私事，可见他的人格。列宁已娶妻，行为非常谨慎，绝无放荡之事，较当今世人，可为自重者，而且处世很俭约，较他劳农委员之生活为最低者。布尔塞维克党的政务每到了那困苦无计的时候，列宁就用他的聪明，筹划一计，把党中的健壮精神就提起来了。

列宁固然也是主张民主者，但是他的民主计画深而且固。现在他就享那深而且固的民主计画的效果了。列宁本是个迷信理想家，然而这个迷信理想却成了实际历史了。

(《时事新报》，1920年9月11日)

16 日（星期四）

60.《罗素游俄之感想（六）》(《晨报》，9月16日)

《晨报》刊登译自 London Nation 的《罗素游俄之感想（六）》，如下：

真共产党全是世界主义的，例如列宁。照我所知道的论来，关心于俄国的事，并不比关心俄国以外的事更切。俄国在现在固是革命的主人翁，因而很可珍贵，但若牺牲了俄罗斯，能得到世界的革命，则列宁还是要牺牲俄罗斯。这是他们的正义，他们的领袖真这样。但是民族主义是天性的，因革命成功而有得色，于是乎虽共产党的胸中也不免有民族思想。经过波兰之战，布尔扎维克很获民族主义的功效，于是民族思想在国内的地位，大增加了。

(《晨报》，1920年9月16日)

22 日（星期三）

61.《劳农政府之土地改革》(《晨报》，9月22日)

《晨报》刊登记者的《劳农政府之土地改革》(1920年10月17日《劳动者》第三号转载)，如下：

列宁氏近在某地演说云,俄国农业之国,欲求贯彻共产主义,非以原有之农业变为工业式的农业不可。欲使旧式的农业变为工业式的农业,又非应用机械,使农夫变为工人。换言之即非实行大农业主义不可。故劳农俄国现在之农业,除农民普通自耕以外,分为四法。(一)农具共用。(二)共同耕作。(三)共产农业。(四)苏维埃农业。所谓农具共用法,凡一村之人,仅共同其农具,交互使用而已。其耕作与收获及其分配,则仍由各自处理。第二之共同耕作法,则于共用农具之外,进而为协力之耕作,并共同分配其生产物。第三之共产农业,则凡生产分配与配给等无一不归诸共同,是即共产主义之理想的农村。至第四之苏维埃农业,则凡从前大地主之领土业,以大农业法经营者,归入劳农政府,由政府直接经营之谓也云云。

(《晨报》,1920年9月22日)

23日(星期四)

62.《湖南之俄罗斯研究会》(上海《民国日报》,9月23日)

毛泽东在长沙发起俄罗斯研究会,会务是"从事关于俄国一切事情之研究""提倡留俄勤工俭学"。

上海《民国日报》刊登《湖南之俄罗斯研究会》,如下:

湖[湘]人组织俄罗斯研究会于本月十六日开会,推举正式干事,姜咏洪总干事,毛泽东书记干事,彭璜会计干事,并推彭君驻会接洽一切。姜君咏洪自愿捐助百元,各会员亦均自认会费。将来关于派遣赴俄调查及发行丛刊等特别费用再行开会募集。因北京迭次来函称,俄代表到京已有接洽,湘省愿赴俄者既众,请先派一人来京。当决定派张丕宗君赴京,随同京团体赴俄。备信两函,一介绍于北京,一介绍【于】俄国。张君并决定于十七号起程北上。众均认研究俄国学术精神及其事情有十分必要,一班脑筋成[陈]腐之人盲目反对是不中用的。结果决定四项:

(一)个人研究。会员各自搜集材料。

(二)开会研究。每星期六日下午会员自由至会所集会讨论。并于每年春秋开大会二次。遇有熟悉俄事之学者到湘则开临时演讲会。

(三)由会多备关于研究俄事之书报杂志,供众阅览。

(四)由上三种研究所得,合之其他特别译著,发行俄罗斯丛刊。

又因近日来会接洽愿赴俄者颇多,要求仿法文班办法开设俄文班,从事预备。当有郭开第君愿担任在船山学社开办一班,可聘在上海之俄人来湘教授云。

兹录该会简章于下:

第一条 俄罗斯研究会以研究关于俄罗斯之一切事情为主旨,凡经会员三人介绍者得入会研究。

第二条 本会会务如下:

（一）从事关于俄国一切事情之研究，以研究所得发行俄罗斯丛刊，
（二）派人赴俄从事实际调查；
（三）提倡留俄勤工俭学。
第三条　本会经费由会员自由捐助。
第四条　本会设干事三人，其职务如下：
（一）总务干事一人，总持会务，对外接洽代表本会。
（二）书记干事一人，任记录及文书事务。
（三）会计干事一人，经理会费出纳。
第五条　本会设通讯处于长沙省城潮宗街第五十六号。

（上海《民国日报》，1920年9月23日）

63. 蔡和森致毛泽东的信（文献，9月23日）

蔡和森致毛泽东的信，如下：

润之兄：

上月寄一长信，大要系主张马克斯主义及俄式革命，而注重于组织共产党。今子升归国，再陈其略。我以为现在世界显然为两个敌对的阶级世界，学说亦显然划了鸿沟。自柏拉图统御以来的哲学思想（人生哲学，社会哲学），显然为有产阶级的思想。其特点重理想轻生活。重精神轻物质。马克斯的惟物史观，显然为无产阶级的思想。以唯物史观为人生哲学、社会哲学的出发点，结果适与有产阶级的惟理派（Id'eologic）相反，故我们今日研究学问，宜先把惟理观与惟物观分个清楚，才不至堕入迷阵。我对于人性只认为有"可能性"，比如到了饥的境地，性之可能为吃；遇到困难的境地，性之可能为思（想方法）；处现经济制度之下，性之可能为"人剥削人"；处怒或挑剔（如民族主义、军国主义）之时，性之可能为"打"或"杀"。究其极，这种可能性，与别的动物一样，没有别的高贵不同。总之人由低等动物进化成的。道德根于先天之说不能成立，成立也无意思。人是一它物质。人是一个消费（吃，穿，住）才能活动的动物。故人的理想云为乃是吃了饱了之后的物质的化分（或派生）。我以这种直捷简单的理由，肯定惟物观否定惟理观。惟理观弊病到了化境（助长有产阶级），惟物观才由马克斯寻找出来。这真是思想史上一桩大喜事！修正派改良派（即染了有产阶级惟理主义的毒）的考茨基，伯伦斯丁等，好胆大又把中产阶级的惟理主义拿来驳惟物史观，以为"人""社会"决不是单由物质的条件决定的，还有内心的理想的支配力。唉！这真是为资本家说法。结果是以惟物史观启发阶级战争的动机为卑下为薄弱（现张东荪也是这样说），而别寻所谓高尚的动机，及寻一劳资调和的办法，故他们最终的结果，主张改良而不主张革命。中产阶级的德谟克拉西和威尔逊的十四条，是他们叹【为】观止的地方！今日俄德革命之不同，根本即在此点，我今拟二公式：

俄社会革命出发点＝惟物史观。

方法=阶级战争+阶级专政。

目的=创造共产主义的社会；无阶级无反动社会组织完成、世界组织完成（列宁及共产党屡次如此宣言时），取消国家。

德多数社会党立足于=修正派社会主义及中产阶级的德谟克拉西之上。

方法=与帝国政府通力合作（入战时内阁）；利用革命与中产阶级联盟组织政府。

目的=劳资合组的德谟克拉西。

结果=延长资本政治的危险，内乱，破产，反革命，压迫工人，闹个不休。

张君迈[劢]以中产阶级的反动眼光及贤人眼光观察俄国革命，对于德叛逆社会党（即多数党）一唱而三叹（见《解放与改造》）。他对于中国主张的八条，不马不牛，这种冬烘头脑，很足误人。阶级战争的结果，必为阶级专政，不专政则不能改造社会，保护革命。原来阶级战争就是政治战争，因为现政治完全为资本家政治，资本家利用政权，法律，军队，才能压住工人，所以工人要得到完全解放，非先得政权不可。换言之就是要把中产阶级那架国家机关打破（无论君主立宪或议院政治），而建设一架无产阶级【的机】关——苏维埃。无产阶级不获得政权，万不能得到经济的解放，比如生长于现政治下的工团主义（经济的，职业的，而非政治的）充其量不过是运动到产业国有，由资本家的"公司"里运动到资本家的"国"里去，这不但于工人无益，而且反巩固"资本家国"的产业组织，以后工人愈难解放。比如三角同盟国有运动，自去年到现在，没生一点效，现在矿工为增加工钱、减少煤价争议数月（矿工已发停工预告定期本【月】二十五【日】），政府公司丝毫不动，所以我们专门经济的职业的工团运动，经久不能超出"工钱、物价问题"，如何能得到解放呢？至于现在俄的工团就不然了，"工钱""物价"都由工团自定，生产管理与分配，工团与全国经济最高苏维埃共同执行。这才真算是解放。然而所以能达到这步，因为他获得了政权。现世经济政治早已打成一片。怎么会容许你单做经济解散[放]呢？所以现在有两种说法最足延长现政治之危险而暗杀工人阶级：

（一）反惟物史观。以为以此启发阶级战争的动机太卑下而不高尚！

（二）分离经济与政治，教工人专去做经济运动，做保护职业的运动，使他们永世生息于资本家剥削政治之下！

这两种危险的说法，凡冬烘先生（欧美如此）及质[资]本家御用的改良派社会学者总是瞎眼说去，不怕害死工人！

资本家帝国主义者的大战爆发，于是各国不真实的社会党及工党，尽向军国主义投降（即向资本家投降），尽变为叛逆，爱国的社会党和工党，有两个叛逆的总机关：一为第二国际党，一为万国工会。

忠于马克斯主义的布尔塞维克，既已把俄罗斯完全彻底的建设其主义，于一九一八年改名共产党。与德李伯克奈希，罗森堡，所手创的斯巴达加斯团（不久亦改名共产党），及匈贝拉赓所组的共产党，组织"第三国际党"（即万国共产党），一九一九年三月四日（正资本家分赃会议在巴黎热闹时），在木斯哥成立，加入的团体共三十五个。高丽亦以劳动联合会的名（义）加入，波斯，印度，土耳其等，以东亚民族解放大联盟的名义加入，独中日没有团体！万国共产党即世界革命的总机关，这是无产阶级极彻底的极真实极具主义方略的真正的国际组织，与没气焰的资本阶级的国际联盟针锋对立。俄十月革命成【功】，各国犯了罪的革命党及工党又疑又怕，去年二月已死的第二国际党，在柏伦死灰后燃，开了一次大会，赞扬俄革命的占多数，诋毁的尽为犯罪已深（入了战时内阁）及执迷不悟的改良派，不久大多数纷纷宣布脱离第二国际党。其中的大党如德独立社会党，法统一社会党，英独立劳动党，西班牙社会党，瑞士社会左党等等，并宣布与第三国际党商议加入条件。故今年七月万国共产党开第二次大会。中西南欧及美社会党都预会，中国亦有两个代表，但无团体名义。现中西欧各代表已返国，正在开全国大会讨论即刻加入。中西欧各社会党战时屈伏于军国主义之下，多少违犯了主义，此缘于平日改良派及修正派之恶劣影响，现在完全的马克斯主义及无产阶级专政既在俄罗斯实现有效，于是各国觉悟的工人莫不醉心于红色化。而各国社会党和工党大呈分裂之状。从中把持的无非是几个改良派，修正派，中立派的旧首领，这种首领在各国觉悟的工人阶级中，不久即会遭淘汰。现在英，法，美共产党（英八月成立的）业已成立，加入万国共产党，所以英，法，美的社会党非加入则不能立足（因违反工人的要求故），我今把美，中，西南欧巴尔干，及东亚的已加入或即将加入万国共产党的略举如下：

美，已成立三个共产党，加入木斯哥。社会党（已【参】与木斯哥大会）势力不大，首领为豆伯斯，因反对战争，现还关在牢里。美 I. W. W. 势力亦弱，但主张阶级战争，为美劳工的真正组织，已参预木斯哥大会。美势力最大的劳动联合会的领袖为刚伯斯，极旧极反动（木斯哥指名排斥）。社会党和 I. W. W. 都参与木斯哥大会，与第二国际党及黄色的万国工会脱离关系。

英，不列颠社会党与别的三个团体，自去夏商议组织与俄一致的共产党，今年八月一日成立，加入木斯哥万国共产党。英共产党始拟不令劳动党加入（党员已近五百万），列宁力主可容其加入。独立劳动党已宣告脱离第二国际党与木斯哥商议国际改造，现英劳动党阶级战争的色彩益明。援俄及国际运动甚力（近又派代表参预俄波和议）。三角同盟将与俄工团于今秋冬发起红色的万国工会，打破死灰复燃之老的黄【色】的万国工会（他有七千万会员），反动的工党旧首领将被排斥。

法，统一社会党之极左翼，已组成共产党。为万国共产党之一部，统一社会党今年二月宣布脱离第二国际党，与第三国际党协商加入，此次派二代表【参】与木斯哥万国共产党第二次大会。木斯哥加入的条件极严，大略如下：

1. 改名为共产党，以后一切宣传运动皆为共产党性质。
2. 排除右翼的改良派，爱国派，中立派，入阁派的首领，然后才准加入。

二代表已返国，即将开全国大会，讨论加入条件。法工党首领为霞华，木斯哥指名排斥；要法工人将此人驱逐。

德，独立社会党去年十一月大会，宣布脱离第二国际党，与木斯哥商议加入，昨派四代表【参】与木斯哥第二次大会。加入条件与对法略同，要他排除右翼首领才准加入。独党十月将开会讨论此事。斯巴达加斯团改名共产党。为万国共产党主要份子之一。德工党旧首领为莱琴,木斯哥指名排斥。

西班牙,工人社会党已于前二月脱离第二国际党,正式加入万国共产党。

比利时,社会党为爱国入阁【出】卖主义的首领所把持。共产党已成立。

意大利,社会党右(左)翼已正式加入万国共产党。劳动联合总会亦加入。社会党右翼的改良派将于下次大会被除名。意近日劳动运动占领工场,管理生产,绝非国有运动可比。

匈奥,其社会民主党与德多数党一样的与中产阶级联盟揽政权,在社会主义上已宣布死刑,匈共产党为发起万国共产党之一,奥共产党也是其中一员。

雅各布布布斯拉夫,共产党运动极得势,此次城邑选举大获胜利,中产党皆失败,去年三月即加入木斯哥。

捷克斯拉夫,共产党去年三月加入木斯哥。社会党团体有八,现组织政府,此次不应法命助波攻俄,社会党政府与有力。

保加利亚,战后破产,共产运动极盛,上次国会选举获选五十名之多。与中产阶级联盟的社会党一败涂地。现俄共产党的党纲,在保销行八十万卷。去年三月即加入木斯哥。

罗马尼亚,战后军国主义大盛。共产党运动亦盛,去年三月加入木斯哥,此次多脑河流域三小协约国,不听法命助波攻俄,即三国共产党之力。

东亚,印度共产党已成立,去年即加入木斯哥,我在法报见其宣言。

土耳其,共产党于今年八月成立。昨波斯,印度,埃及,土耳其代表于参与木斯哥二次大会之后,又在巴库开东亚民族解放大同盟的大会。印度又于八月成立八百万工人的联合会。法统一社会党及人道报派代表赴印度祝贺。高丽去年三月以高丽劳动联合会名义加入木斯哥,此次又有二代表与第二次大会,中日亦有代表,但不见团体名义。

以上所举荦荦大者,观此亦可知世界大势所趋。而中国民众运动幼稚如此,将怎样呢?我以为非组织与俄一致的(原理方法都一致)共产党,则民众运动劳动运动改造运动皆不会有力,不会彻底。

布尔塞维克与门色维克(先同属社会民主党)的分裂,开首是争党员加入的条件,布派主张极严格。门派主张宽大。其后布党主张极端的行以下的公式,即阶级战争+无产阶级专政=Soviets,而门派还主张与中产阶级联盟,所以十月革命不得不起。现在布党改名为共产党,加入条件仍极严格,所以十月革命时的党员仅万人(极确实的份子),现在不过六十万。现在入党条件如下:(1)二人介绍于地方支部。(2)入党的实习所受训练三月,作为后补入党之期。(3)实习所的指导员一步一步引导他们到共产主义的生活上来,并令他到共产主义的学校去听讲。(4)不能确信主义及遵守的除名。(5)如指导员认训练未成熟,须再受训练三月。(6)然后具愿书三份,须守党的"铁的纪律"。党的组织为极集权的组织,党的纪律为铁的纪律,必如此才能养成少数极觉悟极有组织的份子,适应战争时代及担负偌大的改造事业(现全俄政府每部的事纵多不过十余人担任,全国劳动联合会总会五人担任)。党的最高机关为中央委员会。党中设宣传运动部，组织教育部，调查统计部，义务劳动部（此部专为党员做星期下午的义务劳动，以为社会倡率而设）。在十月革命前，党的方略为多方面的，无论报纸，议院，团体，以及各种运动绝对受中央委员会的指挥和监督，绝不准单独自由行动。所以议院行动在各国社会党弊端百出，以致工人不信用政治行动，而在布党适得其反，他第一从根本上否定中产阶级的议院主义；第二以为应入到里面去打破他。一面党的群众在外面酿革命风潮，一面党的议员在议坛上酿风潮，队员亦须参预群众行动，利用选举战争为宣传运动，而不在得票多少。第三党的议员一言一语，皆须依中央委员会所授命的态度（革命的），一面在议院内做合法的工作，一面又在议院外做非法的工作，一等运动成熟，即打倒议院和政府，而做完全的革命行动。十月革命时，俄工团份子约百五十万，大多数反对布党的主张。不及数月布党在各工团中都组有党的团体，将反动的首领驱逐，一变而为多数赞成布党的主张。即如十月二十五日，乃是一种定期的革命，是日开全俄苏维埃第二次大会，列宁所提出的议案为将临时政府的政权移与全俄苏维埃。门党及中产阶级各党和克伦斯基都到会投票，结果工人与兵尽赞成将全政权移与苏维埃。于是克伦斯基只得跑了，这完全是一种组织的革命，绝不是流血的革命。革命的标准在客观而不在主观，有一千人生怕革命，其实是错了，凡社会上发生了种种问题，而现社会现制度不能解决他，那末革命是一定不能免的了。你看中国今日所发生的问题，那一种能在现社会现制度之下解决？所以中国的社会革命，一定不能免的。不趁此时加一番彻底的组织，将来流血恐布[怖]自然比有组织要很[狠]些，有了强有力的组织。或者还可以免掉，所以我认党的组织是很重要的。组织的步骤：（1）结合极有此种了解及主张的人组织一个研究宣传的团体及出版物。（2）普遍联络各处做一个要求集会结社出版自由的运动，取消治安警察法及报纸条例。（3）严格的物色确实党员，分布各职业机关，工厂，农场，议会等处。（4）显然公布一种有力的出版物，然后明目张胆正式成立一个中国共产党。现在组织研究宣传之外，更可组织一调查统计部，研究宣传部调查统计部与出版物三者现在可打成一片而潜在从事。比如我在外国可调查俄国及各国的情形，你在国内可调查各省情形，将人口，土地，产业，交通，劳动状况，经济，教育等列为统计，此种材料与研究的著作，皆在一种出版物上发表，出版物又须组织一个审查会。凡游移不定的论说及与主义矛盾的东西，皆不登载。

没有纸了，我的意见一时不能写完，再拢[笼]统说几句：我以世界革命运动自俄革命成功以来已经转了一个大方向，这方向就是"无产阶级获得政权来改造社会"。不懂的人以为无产阶级专政是以暴易暴的，不知列宁及万国共产党已再三宣言，专政是由资本主义变到共产主义过渡时代一个必不可少的办法。等到共产主义的社会组织世界组织完成了，阶级没有了，于是政权与国家一律取消。故现在各国的无政府党与工团的见到的份子，业已改了倾向，我不信这种倾向会错。无政府党最后的理想我以【为】列宁与他无二致。不过要做到无政府的地步，我以为一定要经俄国现在所用的方法，无产阶级专政乃是一个惟一无二的方法，舍此无方法。试问政权不在手，怎样去改造社会？怎样去组织共产主义的生产和消费？最大的错误，就是他们以为迟一点就会了,殊不知迟一点儿资本家的大战又起了,伏尸流血又不知几千百万,而战死与破产及生活昂贵的大祸,都是无产阶级受了,战胜的中产阶级又不知道要得到好多的赔款和殖民地,而战胜的国际的托辣斯的组织(指国际联盟)将越发巩固,工人真是动也动不得了!第二次资本家的大战战场必在中国。我们还不应准备么?叔衡,惇元,殷柏,启民,章甫,均此。

彬
九月十六日

(《新民学会资料》,北京:人民出版社,1980年,第153~162页)

25日(星期六)

64.《劳农政府之立法观》(《东方杂志》第十七期第十八号,9月25日)

《东方杂志》第十七期第十八号刊登H的《劳农政府之立法观》,全文如下:

俄国劳农政府现已制定种种之法律。其中关于登记、结婚、家族、后见等诸法文,兴味尤深。而当局所发表法文之说明更能发挥特色。兹介绍其略于左。

劳农政府虽制定法律,然并不以法律为至上之物(因在完成之社会主义的社会、一切法律、尽为赘物),不过于完成社会主义之程途中,用此为手段而已。劳农政府现方以播种社会主义之种子为事,并不以法律为足以垂诸永久,更不欲制永久之法律。至若模仿资本阶级社会之所作为,则尤在所反对者也。故一切法律仅以供过渡期内之用,且欲藉以缩短此过渡期,盖过渡期非可一跃而过。但能用所以缩短之之手段,苟不谋缩短过渡期,而徒向未来以试其飞跃,则其初虽若急进,而其实仍留原处或竟向后退焉。

然劳农政府制定之法律至社会改造之后,非必悉为赘物。此种法律本舍社会组织之原理,特其所含者极不完全,不过其端绪而已。然此端绪固可逐渐引伸以就发展,而不致即归消灭也。

社会组织上,不可不有专司登录出生、结婚、死亡之局。而出生与死亡,尤为必要。且更须有中央局,依据地方局之报告,造成全国人口之统计。此种不绝之国势调查,与注重关于死亡移殖人口减退等科学的说明之制度在将来亦万不可缺。此次法文中所定各细目,如婚姻、失踪、改名等之登记,他日或能发见良便之方法,固当加以修正或废止,但决不至完全消灭。又如关于后见之法律,旧制度中之后见,在中世纪封建制阶级制度之下者,各依贵族阶级、中产阶级、僧侣阶级、农民阶级等而有特殊之后见法。各后见者当专属于各阶级,即在欧罗巴诸国,于后见虽无阶级的差别,然犹未能圆满实行也。后见法常依其近亲者而运用之,于被后见人之富有者为尤甚,此等后见人。对于其被后见人往往无父母之爱情,且有不欲被后见人之生而欲其死者,然常不得不代被后见人之亡父母而保护之也。今使改造之社会秩序，既已建设，则孤儿之保护可不必委诸近亲而委诸社会。但今日则犹在过渡期，不能不讲求适用于此过渡期之手段，故对于未成年及能力丧失者固当为社会保护之准备，但其家族之存在者，不得不仍以居于亲族保护之下而不居于国家保护之下为原则。然夺去亲族保护之儿童，则不问其财产之有无、贫富之何若，皆悉置于国家保护后见之下。故后见制度虽在社会改造之后，其根本的意义亦决不消灭，质词言之，后见制度非为拥护一人或数人之利益而存在，乃为凡需社会保护之人人而存在也。且此制度在现在之过渡期更可以一种之教训规范，垂之于世。即使世人因此得知社会之保护儿童教育儿童，远较许多之父母为有效。盖世之父母，每多以不明之溺爱与个人的非科学的不合理的保护加之儿童，以助长其蛰居家庭眼界狭窄之倾向，而养成利己的个人主义之恶德。打破此种不良习惯，即新制度任务之一也。

此外新法令中，如结婚法，骤观之若不合于社会主义。当讨议时，曾有抗言结婚之登记并无意味者，如考茨基氏谓在改造之社会，如从来夫妇间之法律上束缚，实非必要。然此说当行于社会改造既经确立之后，若在现代之过渡期，则殊难适用。要而言之，吾人当毋忘今日之尚在过渡期，而尤当毋忘向所期之目的而奋勇前进。今日之俄国，不仅对资本阶级开战并对一切阶级开战，第一宜排除弥漫国内教会与宗教之权威，自僧侣宗教教会之领域，解放一切之人。凡有反于社会主义之目的者，无论何人，皆当与之抗争。社会主义之精神与神秘神圣等之观念断难并立，但欲将从前之结婚仪式完全废除，究非一时所能行。然此结婚法，固已讲求逐渐灭却僧侣权威之手段，不仅将旧制度之婚姻关系直截打破，即关于结婚上如家长之妨碍异宗教之妨碍等亦可一扫而去，以实现女子与男子之完全平等在今日过渡期可许之范围内。解放女子，使女子渐次同化于社会主义之观念，终至达到女子之完全解放。结婚之目的非专在生子。家族当以现在之家系为基础，而不当以旧式之结婚为基础。故不仅后见法，即家族法亦不可不与结婚法完全分离，结婚法无强制终身结合之必要，不可不许自由离婚。一言蔽之，则此结婚法在打破夫妇关系之法律上束缚而已。

考茨基曰："在交易制度存续之日，关于儿童之教育，家族之法律的结合，常较不秩序之性的结合为优秀，盖不秩序之性的结合。夫妇可各依意志而自由分离，父亲对于儿女不负何等之责任义务故也。此种状态至共产主义实现儿童之保护教育由父亲之手而移于社会时，乃始可以变更。而男子与女子之间亦不必更须有法律上之束缚矣。"此说固当，然须知今日正在由资本主义之社会变为社会主义之社会之时。在此过渡期中，仅能为将来完全废弃夫妇之准备。一方则各从夫妇之希望，易于断绝夫妇关系，他方则对于儿童，以平等之义务课其父亲，如是则不拘家系之如何。对于一切儿童，皆赋以平等之权利，以为儿童受社会拥护之准备。且破坏依旧制结婚之基础，剥夺因结婚应得之特权，毁弃关于结婚之宗教的限制，皆新法令中最注重之点也。

至于遗产继承权，则七十年以前，马克思已倡废止之议，主张财产以一代为限。死后当悉归国有。凡抱此见解者，殆未有以劳农政府之主张废止遗产继承权为非者也。其反对者特彼冒称社会主义者而希望资产家阶级复兴之辈而已。然马克思之主张在欧洲最进步之国虽早已有人提倡。而独让俄国首先实行,其余诸国犹依然无稍进步。其可称为略有进步者,亦惟加以限制而已,未能达完全废止之境也。但以善意解释之,此限制之观念不可不谓已与废止之观念相近。所可惜者,其所定限制法,不免根据薄弱且极无理想耳,在死后财产不许自由让与之时。凡蓄积财产建筑房屋搜集资本等之欲望将尽消失。斯言也,吾人固屡闻之矣。然现代社会之资产阶级,其蓄积财产,是否特具兴味,固当别论。而就资产阶级之遗产继承法观之,则关于遗产之让与,亦并无完全之自由。譬如被继承人有子三人,仅许其以财产之四分之一,让诸第三者。此等情形,果能与人以蓄积财产之刺戟乎。凡人于其死后,莫不欲保其诸子之均平,而依法律所定,则财产之让与,乃须依其子之人数而区分。于其诸子之经济状态无稍关系,于被继承人财产之多寡亦无稍关系,乃全然以子之人数之偶然的事情为其根据。宁非至愚,盖使死者之财产少而限制其让与,则仍无以保证其子之生活。反之若死者之财产多或其子经济状态富有,而仍适用相同之限制法,则于继承者不感何等之痛痒。要而言之,此种机械的遗产继承法,实不合理之甚者也。

且现行遗产继承法之不备犹不止此,其最大之缺点即父或夫死后即让其财产之一部于子或妻是也。在父或夫生存之际,为子若妻者,对于财产无一文之自由,迨父或夫一死,立时可为资产家。故往往有用种种手段以致父或夫于死者,是此法乃构成罪恶之一助也。

然多数之经济学者及上述遗产继承权限制法之制定者等亦以为继承权之限制,非为继承人个人而制定,乃为国家全体而制定。为副此目的,故拟仅准近亲者如子或两亲或兄弟姐妹得继承遗产,若无继承人时,则悉归国家所有,并为限制第三者或远缘者之继承权,拟规定得由国家取得其遗产之一部分。此外并须课以遗产税,此项遗产税不但随被继承人与继承人亲族关系之程度而分别多寡,并应遗产之多寡及继承人之经济状态而分别之。更有主张除死者之近亲系贫乏者扣给以可保证生活之产额外,将全财产悉归国家者,则更进一步矣。

要之打破现代私有财产永久继承而难于分割之制度,极关重要,实为有识者所公认。一九一八年四月二十七日中央行政部发布之法令,即继承权废止令。此法令实足破坏私有财产制度而剥夺其承续性者也。

(《东方杂志》第十七期第十八号,1920年9月25日,署名H)

65.《劳农共和国与理想社会》(《东方杂志》第十七期第十八号,9月25日)

《东方杂志》第十七期第十八号刊登冈梯治著、君实译《劳农共和国与理想社会》,摘录如下:

劳农共和国,殆有为今日各种理想各种主义之试验场之观……李宁之理想,欲依文化之向上,一扫阶级的感情,使国民皆近于圣贤,而以劳农共和国为全世界之理想焉。

......

李宁尝于"The Fight for Bread"中言曰："社会主义者，多欲不经内乱而改变资本主义时代为社会主义时代，此实为万不可能之事。其信为可能者，唯感人而已。"此外又在"The Immdiate Task of Soviet"中申言之曰："不论对外战争之有无，若不经内乱与劳动者专制，决不能由资本主义之时代轻易为社会主义之时代。"……李宁之力持不经内乱不能改资本主义时代为社会主义时代，与巴枯宁主张由内乱以实现无政府主义之理想，本属相同。本宁脱洛斯基等，煽动劳动者驱逐工场主技师工头，占领工场，煽动佃农驱逐地主，攘夺土地，显系实行工团主义……

……自佃农攘夺土地劳动者占领工场以后，农地工场，生产均大为减少，工场尤陷于混乱无秩序之状态，一切事业，不能继续……

……李宁之对于劳动者，不过暂时放任，迨至若辈已达十分困穷之时机，则一举而改行一人之专制政治，声称"在过渡时代，必须由一人意志之专制政治，而科学的经营法之实行与各工业专门家之招聘，尤关重要。"于是乃定强制劳动时间，工场每星期四十八小时，农场六十八小时，其有不肯服从及煽动同盟罢工者，则加以放逐之刑，或闭锁工场，停给食券，使受饥饿之苦焉。

且李宁政府更一反劳动专制之名，而厚遇知识阶级，……如李宁自己之年俸，仅一千五百元，而某技师之年俸，竟至四万五千元之多。然李宁之厚遇知识阶级，结果颇为良好，如罗内兹煤矿之出产额，由十五万万磅增至六十万万磅。其余各种工业之生产，平均亦增加二分之一，即其证也。

李宁虽行此极端之专制，然非欲使劳农共和国成为专制国也。……李宁不过服从知识优长者之劝告而已。俄国亦有与他国相当议会之全俄劳农会议，每人口百人选举代表一人，组织苏维埃，此苏维埃，属于县苏维埃（wolost Soviet）之下，县苏维埃属于州苏维埃（Uesd Soviet）之下，州苏维埃属于议会（Oblas，Soviet）之下。各自选举行政委员。省会由市苏维埃及州苏维埃之代表组织，全俄劳兵会由市苏维埃之代表（人口二万五千中选出一人）及省代表（人口十二万五千人中选出一人）组织，每年召集二次，选举二百人以下之全俄行政委员，各苏维埃随时可令代表辞职，另选新代表。如是苏维埃组织，国会由省会之代表组织，省会由地方苏维埃之代表组织，而非由人民直接选出代表，故当选为最高苏维埃之代表者，大抵皆思虑深远之人，易使服从善良之劝告，于推行专制政治，至为便利也。

（《东方杂志》第十七期第十八号，1920年9月25日）

29日（星期三）

66.《劳农俄国之真相》（《时事新报》，9月29日）

《时事新报》刊登布施胜治文的《劳农俄国之真相（十一）》，摘录如下：

"里宁氏与马克思主义"过激主义者乃依马克思主义深远之学理，适应俄罗斯之国民性，而予以实地试验。过去三年，此间主义扶植于劳动阶级，其根基极为巩固。且其地盘，常在于多数下级之民众。固今日过激主义之势力，要非一个人或一小团体之力所能左右者。然里宁氏之势力，则属于例外。彼中央集权之实力，异常伟大，固出吾人意料之外焉。

　　又里宁氏与一般政党不同之点，最显著有一，即其操持之坚固，主张之贯彻。苟当前之问题既认为重大者，虽为先辈所舍弃，受部下之离畔，亦必一意孤行，无所却顾……
　　　　……

　　佛尼斯德条约缔结之后，里宁氏投稿于佛拉乌达报，题为《吾人当前之急务》，其言曰：千八百零七年拿破仑世击败普鲁士军，遂缔结志利锡特和约。唯德意志自次届辱讲和之后，卧新尝胆，不久即能勃兴。盖志利锡特和约，为德意志民族空前之屈辱，同时亦为兴奋国民之良剂。吾人今与德国媾和，是亦一种之志利锡特条约焉。里宁氏虽以此激励国人，唯当时反对该条约之声仍不稍戢。社会革命党屡谋倾覆劳农政府。且过激派内部，如枯巴宁一派，仍反对里宁之对外政策。乃未及一年，里宁氏之预言竟成事实。德意志帝政崩溃，所谓佛尼斯德条约，仅属一种之废纸。尔后劳农俄国中，莫不敬服里宁氏先见之明，而愿效驰驱矣。

（《时事新报》，1920年9月29日）

9月

67.《综合研究 各国社会思潮》（著作，目录，9月）

　　商务出版社传播邵振青编《综合研究 各国社会思潮》。共161页，定价大洋四角。目录：总论 社会问题之意义及由来；上编 社会主义之概念与历史；第一章 社会主义之语源；第二章 社会主义之定义；第三章 社会主义理想上之差别；第四章 社会主义史之前期；第五章 社会主义史之后期；下编 社会主义系统之分类；第一章 国家社会主义；第二章 马克斯社会主义；第三章 马克斯主义之改造；第四章 无权力主义；第五章 布尔萨维思姆；第六章 基尔特社会主义。

10月
1日（星期五）

68.《游俄之感想》（《新青年》第八卷第二号，10月1日）

　　《新青年》第八卷第二号，刊登罗素著，雁冰译的《游俄之感想》，如下：

按此篇先登在伦敦出版的"Nation"周刊，连登四期；纽约"Nation"登载的名为Soviet Rnsain-1920 连登两期，共六章，章的先后，和伦敦"Nation"不同。傅君译过第一二两章，登在《北京晨报》，即是从伦敦"Nation"译的，我现在继续译的便是依着伦敦"Nation"所标次序，共三、四、五(第五国际地位章，纽约"Nation"列在市镇与乡村章之前，我未及见七月三十一号以后的伦敦"Nation"，不知有没有此章，不过看全篇的意思，国际地位一章应在末，所以便移了一下)三章。另有一章"列宁，杜洛斯基，哥尔基"，伦敦"Nation"不列游俄感想之内，另题，我看于全篇文义亦没有什么贯串，故把他放在最后。又纽约"Nation"第一章首尾尚有四五节，话都不重要，傅君原译依伦敦"Nation"无，现在也不替他加上去了。

雁冰记

(一)发端

我于五月十一日入苏维埃的俄罗斯境，于六月十六日出境。俄国当权只准我和英国劳动代表团同游，此种条件我自然很愿意听从，劳动代表团也惠然许我实践。我们从边界上到彼得格勒及以后的游历，都坐在很舒服的专车，车上写着种种关于各国"社会革命"和"无产阶级"的格言；我们到处被军队欢迎，军乐队奏着《国际大同》歌，市民脱帽致敬，军人举枪行礼；地方上的领袖演说，表示欢贺，而伴随我们的著名共产党员答之。上车的道上，有穿着闪亮的军服的壮伟巴什克尔 Bashkir 骑兵护卫。总而言之，事事都作得使我们觉着和英国太子出游一样。为我们布置了无数的仪典，如宴会、公共集会、阅兵，等等。

他们假定我们是来证明英国劳动界与俄国共产主义，利害休戚的共同，以此假定，遂为布尔什维克主义的宣传，极顶的尽力用我们。但是我们此来，是欲尽我们所能的求出俄国的情形和俄国政治的方法，这个照皇室巡狩的气派是不可能的。因此我们和他们遂发生了友情的争论，竟有时弄成了捉迷藏的把戏：他们告我们宴会成阅兵将要怎么样辉赫，我们却试去解说怎么样宁愿在街上安安静静的走一走。我因不是这个代表团的一分子，所以比我的同伴们自由些，不如他们那么必须去听心里早已晓得的那种宣传主义集会的演说。因此我便能用无党见的翻译者作翻译(多是英人或美人)，去与在街头上草地间偶然相遇的人谈许多话，发见平常不涉政治的男女对于现制全体所生的感想。头五天我们是在彼得格勒过的。次在莫斯科住了十一天。在这期间天天和政府要人接触着，所以知道政府对于现制的见解，并无难处。两地的知识界人我也尽我所能的见过。我们都许有去见反对派政客的完全自由，我们自然要尽量行使这个自由。门失维克派、各样的社会革命党、无政府党，我们都见过。见的时候我们并无布尔札维克派人在旁，他们起头虽有些顾虑，但这个念头息了，后便自由的谈论起来。我和列宁谈了一点钟，实际上可算私谈。我曾遇到杜洛斯基，但是同着别人。我在乡间和卡门诺夫消了一夜。我还见过许多别的人，他们在国外虽不大著名，在他们政府里都很重要的。

我们在住莫斯科的时期将完的时候，全想到乡下看看，去与农民接触接触，因为农民是占俄国人口百分之八十五的。政府表示最大的厚意应合我们的想望，遂决定了行程要沿夫而嘉河 Volga 而下，从年尼诺格洛 Nijut Novgorod 至沙拉托夫 Saratov 中间逗留了许多大的小的地方，和住民自由的谈话。我觉得这部分时间特别与人以教训，因为这一行对于农民、乡村先生、犹太小贩、和各色人等的生活及见解，所得知道的，初实不料能有这么多。不幸我的朋友爱兰（Clifford Allen 代表之一，属独立劳动党）生了病，我的时间许多用在伴他。但这却发生一个好结果，就是，因他病重不能离船，我却能在这船上直到阿斯多汗 Astrakhan。这不特更给我许多乡间的知识，而且使我认识了代理运输总长斯佛洛夫 Sverdo，他正在这船上料理运煤油由巴枯（Baku）沿夫而嘉河上行的事，他又是我在俄罗斯遇见的最能干最仁慈的人之一。

（二）布尔什维克主义的理论

自从我经了苏维埃俄罗斯标界的红旗，在一片原始松林的铁网围络的中间，最先发现的事情的一件，就是布尔什维克实行派所持的理论，和我们国内一般进步的社会主义家间所流行的这个理论的翻本大不相同。此间（英）俄罗斯的朋友们想到无产阶级的专政"狄克推多"，以为不过是代议政府的一个新样子，在其中只有劳动者有投票权，其选举区域之划分，半依据职业为标准，不采用地方选举制。他们以为"无产阶级"就是"无产阶级"，"专政"却不尽是"专政"。此实恰是事实的反面。俄国共产党人请到"专政"时，他是照这个字的字义用的，但说到无产阶级，他却有一种专门的意思。他所指实只是无产阶级中有"阶级的觉悟"那部分（即是共产党）。他把并不属于无产阶级而意见对的人，如列宁，提且林等，也包括在内，而真正依工资生活，但意见不对的人，乃被摈除，乃被呼为有产阶级的跟随。真信共产党党义的人，很觉得私产是万恶的根源；相信之坚，竟至于对于无论何等方法，无论怎样严酷，但似于建设维持共产的国家是必要的，决不畏缩不敢采用。他的不自爱惜直与不爱惜别人一样。他一天做十六小时的工，礼拜六的半天休息也放弃了。凡社会上需要的工作，不管如何困难或危险，例如清理高尔哲（Koltehaok）尼金（Deuikin）所留下一堆一堆的受传染病而死的尸体，等等事件，他都投效去做。他虽有权位，虽有食粮的管理权在掌握中，他的生活是极刻苦的。他并不为个人的营求，只尽力于创造新社会的秩序。但是使他刻苦的动机也就使他刻薄，马克思说共产党主义是像命运一样前定的要出现的，这种议论，充满以俄罗斯人的东方特性，遂造出了一种和摩诃末（Mahomet）的初世教徒的不无相同的心境。他们的人是被惨酷的压迫的，而且竟不惜使用以前隶属俄皇的警察的法子，许多这种警察都仍然用来作他们的旧业。因为一切恶都是从私产来的，布尔什维克的政制当它征伐私产的时际所有恶点，一俟它成了功，是要自动的消灭的。

这种见解实狂热的信念之通常结果。对于英人，此实益坚其自六六八年以来英人生活所依据的那种信仰，便是：仁慈与容忍值过世界上一切的教义——固然，这种见解英国人并不把他应用于他种民族或被统治的种族。

我们看见一个很新奇的社会，自然要在历史上去找一个类似的时期。现在俄政府的不好方面，最近法国革命后之统监治时 Directoire 好的方面，最近克林威尔的统治。

诚信的共产党人（老分子的诚信已由多年受的遭罚而不改行证明），很像清教徒的军人，怀抱着严刻的政治，道德的目的。克林威尔对于巴力门（英国会）的处置，不为不似列宁对于宪法会议的办法。他们两个都是从民主主义与宗教式的信仰之结合发轨，后乃迫于无奈，把民主主义牺牲于以武力的专政厉行的宗教。他们两个都勉力逼着国民为一种高度的道德及勤奋之生活，这种生活实非一般国民所能忍受。新近的俄罗斯生活，和清教徒时的英格兰一样，许多地力，是违人本能的。倘若布尔什维克到了失败了失败的理由，也要和清教徒失败的理由一样：因为有一个地方人觉得戏乐安闲，比一切别的好处合在一起，都值得多。

俄国现状比与实际历史上的事物更相近的，便是与柏拉图的共和国类似。共产党正当书中的"保护者"（Guardian）；俄国的兵便是书中的兵；俄国现在这种家族改造的试验，差不多像柏拉图所提议的。我想所有世界上教授柏氏著述的人，都要否认布尔什维克，而个个布尔什维克，也要认柏氏为"有产党"（Bourgeois）。但是，柏氏的共和国与现在好一流的布尔什维克人，所正在努力创造的制度，竟有极端的密合。

布尔什维克主义在内是贤人政治的（就是少数专擅），对外是黩武的。凡一少壮的贤人政治国的好处坏处，俄国共产党人都有。他们一方是勇敢的，富于精力的，能施令的，无时不预备着为国服务；但一方，又是很专擅的，对于平民寻常的顾虑也没有；就如对于雇用的人，常使之工作过度，又每非常不留意的驶行摩托车，危及街上人的生命。他们实际上是唯一有权力的人，结果遂享受无数的利益。他们大多数虽决不奢侈，但比别人实吃的好。只有在政治上有些重要的人，才能有摩托车或电话。铁路旅行之许可，在政府商肆中购物之许可（其价只有市价约略五十分之一），往戏园之许可，这一类的事，自然是有权力的人的朋友比常人容易得到。许多方面，共产党的生活比一般人民是较快活的。且最要的就是，他们的行动，不怎么受警察和非常委员团的监视。

共产党关于国际问题的理论是很单简的。以前马克斯预言的革命，就是全世界废除资本主义的革命，这种革命，虽然在马氏的理论上推来，应该在美国开始，然现在已在俄国暴发了。在革命未动的国家，共产党的唯一职务是快使革命发生。现在共产党及资本主义的国家所订之种种协定，只能作为一时权宜之计，在那一方面都不能算的真实和平。共产党以为不经流血的革命，无论在什么国，不能有真好的事情出现：英国劳动党虽然安想和平的进化是可能的，但将来定要见到他们的错误。列宁曾告诉我，他希望看到英国有劳动政府，且愿意那些赞成劳动政府的人急起去做，但做法也只要把巴力门的无用，决绝的暴露于英工人之前。他以为除非无产阶级都有了武器，有产阶级都解除了武装，没有事能做得好。那些不注意鼓吹这一点，而另有举动的人，非为社会之蟊贼，即为被骗之愚人。

就我个人的见解，把上述的理论仔细称量之后，一方面虽然尽承认了他们所攻击有产级阶资本主义之恶迹；但一方面我又很反对他们这个革命论。第三国际会议（Third International）乃专为促进阶级战争与革命而设的组织。我的反对，并非谓资本主义不若布尔什维克所说的那么坏，乃谓凡由战争得来的社会主义，不论是何式的，他的好处总要少些，因为战争——尤其是国内战争——的恶果，是必有而且很大的；而由战胜所得的好处却是一个疑问，拼命战争下去，文化的遗物光景是要失掉的了，而同时恨怨、疑虑、暴虐等等，却渐渐要变为人类关系上的常态。想打胜仗，必须要集中权力，而集中权力所生的恶结果，和资本集中所生的简直绝无差别。我不能赞成世界革命之运动，主要原因就是这一个。一国之内，若因革命而致生文化上的损失，还可以拿没有革命国文化之传播而补足之；要是世界一哄而卷入革命漩涡，文化可就得沉落一千年。但我虽不主张世界革命，我却不能不承认现在资本主义领袖国的政府正在尽全力促成世界革命。他们对着法俄印度，都滥用权力，（别国暂不提及），这种行为很可以使世界沦于堕落，而所生出的恶果也就是布尔什维克主义的仇人看见了怕的。

真共产党是彻头彻尾世界主义的。例如列宁，照我所能判断的，他关心于俄国的利益，并不比关心于别国的利益更切，俄国在现在固是社会革命的主人翁，因此对于世界是很有价值，但若俄罗斯与世界的革命之间须牺牲一个时，则列宁还是要牺牲俄罗斯的。这便是他们的正宗态度，他们的多数领袖是真这样。但是民族主义本是自然出乎本能的，因革命成功而有得色，虽在共产党的胸中民族思想也不免重复发长起来。因为波兰战争，布尔什维克已得到民族感情做后盾，于是它们（布尔什维克）在国内的地位已非常的强固；[。]

我只于莫斯科歌院中见杜洛斯基（Trotzsky）一次。那时英国劳动代表正坐在当年俄皇御用的包厢内。社民在对面房中和我们谈过之后，随去到我们所坐的包厢前，双挽着手站着，其时全场对着大欢呼。他就说了几句话，又短又锐，如军用语的简切，举手向大众说"为我们在前敌的勇敢勇敢伙伴三声欢呼"。于是大家立时三声欢呼，其应声而发就好比一九一四年秋天初开战时伦敦市民的样子。杜氏与红军现在实已有很大的民族感情做他们的后盾。亚洲方面俄罗斯之重新征服，不免复活了所谓帝国主义的观念，虽然有许多人，我能指出他们是这样的，听到我这样说，要发怒否认，然终不能讳其实在。对于权力有了经历，不免要改变原来共产主义的理论；掌握一个大政府机关的人对于人生的观念很难得像他流亡时一样。假若布尔什维克仍继续着当权，他们的共产主义恐怕要渐渐褪色，并要渐渐地愈弄愈像一个别的亚洲政府——例如英国在印度的政府。

（三）共产主义与苏维埃制

赴俄之先，我臆想这次是去看一个新式代议政府底有趣的实验。凡对于布尔什维克主义有兴趣的人都晓得与那个自乡村会议起直至全俄苏维埃止底一串选举，这全俄苏维埃便是俄国人民委员（中央执行委员）的权力所托根的。这些制度都告诉我们：有个新而完备得多而又多的制度可以决定及表示一般意志的，已经被人想出来了。

我们曾希望研究的问题便是：在这一方面（决定及表示一般意志）看来，是否苏维埃制真能胜过议院主义。

这个研究，我们到底不会办到，因为这苏维埃制仅剩一口气罢了。不论是在乡村，或是在市镇，竟没有一个自由选举制度可让共产党得多数。种种方法无非采用来备政府的候补人得胜利。第一，投票是用举手法的，因而只有出头露角的人才投反对政府的票（即举手）。第二，没有一个不属于共产党的候补人能发印刷品，一切印刷工程都在国家手内。第三，他（反对政府者）不能开会演说，因为一切大会场都在国家手内。全国的报馆自然也都是官办的报纸；不许有独立的新闻日刊。虽然有这些阻障，门失维克（Mensheviki 少数党即与布党立于反对者）也能在莫斯科苏维埃一千五百名代表中占了四十名，这四十名是靠某等几个工厂选出，彼处的选举竞争许用口舌。

莫斯科苏维埃虽在名义上是莫斯科一地的至高政府，实则只不过是一群的选举人担任选出四十个执行委员罢了，四十个中又自选出"Presidium"，就是那日日开会，握有一切权力的九个人。莫斯科苏维埃全体原定是一礼拜开会一次，但我们在莫斯科时，不会看见他们开会。"Presidium"则相反，是天天开会的。从此可见政府欲实行干涉执行委员的选举以及"Presidium"的选举，当然是极容易，我们一定要记好，因为言论自由和出版自由是绝对地完全受禁，所以有效的反抗是不可能的。结果是莫斯科苏维埃的"Presidium"只包含了正统派共产党。

卡满南夫（Kamener）是莫斯科苏维埃的主席，他报告我们，说补选（Recall）是常有的事，在莫斯科地方平均每月有三十次。我问他补选根据什么主要理由，他举出四个来：饮酒、调赴前敌（这是自然不能执行职务了），选举人方面政策的改变，还有一个，不能在每两星期与报告于选举人，这件事是苏维埃中一切会员都要做的。以我所见的俄人说，恐怕都要犯这末项的罪。这是显然的。所谓补选正给了政府一个干涉的机会，但是我亦不曾找出证据。

乡村用的方法又略有些不同。我们不能保险说乡村苏维埃会员都是共产党，因为据我所见，无论在那个村中，照例是没有共产党的。但是当我在乡村时问他们怎样在 Volost（比村大一些的）代表，或是怎样在 Guboria（比 Volost 大一些）代表，我〈得〉的回答常是：他们简直不曾代表〈些〉。这句话我不曾证实真否，或者这是一句过当的话，但是有一句话是众口相同的，便是如果他们举出一个不是共产党的人做代表，这位代表便不能上火车，那就不能列席在 Volost 或在 Gubernia 苏维埃。我曾见 Sarator 地方的 Gubernia 苏维埃开会。议场中代表的座位特排列的使市镇劳工代表占优越的形势，而且在如此一个重要的农业中心地点，竟让农人代表的数目比之工人代表出惊的少。

全俄苏维埃在宪法上是最高机关了，人民委员是对他负责的，开会期却少，而且逐渐地变为形式的会议，现在它唯一的机能，据我所能发现的，是不用讨论即核准共产党所预先决定的事项（大概是关于对外政策），这些事项宪法上明定应归他决定的。

一切实权都在共产党手内，共产党的人类，在一二〇，〇〇〇，〇〇〇，人口中占有六〇〇〇，〇〇〇人。我从不曾偶然会见过一个共产党：我在街上或在乡间遇见的人，我和他们谈时，大都是说无党的。惟有几个农人的话不同，他们公然宣称自己是俄皇党。有句话一定要说一说的，就是农人不喜欢布尔什维克的理由很不正当。据说——而且我所见的可以证明这句话很确实——农人的情形实在比从前好了些。我在乡时，不会见有一个人——男人女人或是小孩——像是不曾吃饱。大地主是没有了，农人都得了好处。但是市镇和军队仍旧需要粮食供给，政府更无别物，只有用纸币来换农人的出产，农人拿了纸币很后悔的。俄皇所发的罗布要比苏维埃发的贵上十倍，而且在乡间更为通用，这是实情。虽然这些旧币是非法的，然而钱囊里满藏着的人常公然在市场上夸耀。

但因此推想到农人们希望俄皇复辟，我也不以为然，他们（农人）只是泥守惯习和不喜新奇罢了。他们从不会听说封锁；多数人竟不大晓得本国和波兰正开战。因是他们也不懂为什么缘故政府不能拿他们所需要的布匹和农具给他们。他们既已拿到土地了，并不知道他们邻国的事情，他们就想望自己的村子独立，对于无论何种的政府命令都很讨厌。

共产党内当然也逃不了政治组织（Bnreaucracy）的常轨分做好几派，虽然外界的压力一向是阻止他们分裂的。我看来似乎可分为三个阶级。第一是老革命党，他们的商标便是受过多年的苦刑。此班人大部占著最高的位子。牢狱和刺配已把他们做到坚强不屈，执着自信，和自己国家宁是不生接触了。他们都是诚实人，深信共产主义将改造出个世界来。他们自以为完全脱离感情作用了，实则他们是最易起感情作用，对于共产主义和他们手创的军队。他们不能觉悟到事实上他们所创的不是共产主义，也不觉这个共产主义为农人兜诅，农人只要自己的地，旁的都不要。他们若找见官吏中有腐败的和饮酒的，他们处罚一点不容情；但是他们建立的制度却很能引人到小小的腐败，他们自己的唯物论（Materialiotio）总也要引他们相信在这样一个制度之下腐败是一定要蔓延的。

第二是占有极顶之下的政治地位底人，大都是后生新进，热心的布尔什维克，因为看见布尔什维克主义底物质的成功。和他们一起的一定还得算进警察、侦探和暗探，这班人大都是从俄皇时代传下来的，他们就乘著只有破坏法律方能生活这事实的存在从中取利。这也是布尔什维克的一方面，举个例，就是非常委员会（Extraordinary Comission），这团体实际上是独立的，有他自己的军队，这军队喂养得比红军好。这团体有不经审判即以阴谋或活动于反动革命等等罪名收押任何男女底权力。已有千多个人被他枪毙，不经审判，现在虽然面子上他已经失却判人死刑的权力，实际上可不能说他完全失却。它有侦探在各处地方，没有人不见了心慌的。

第三类不是热心的共产主义者。他们是在布尔什维克政府固定后才归附的，他们有的是出于爱国心，有的是想借这机会来自由发展他们的理想不受传统思想的束缚。在这一班人中，也有像已成功的商人一般模样的人，这些人的能力很像美国自做托辣斯的有名人底能力，不过目的却不在金钱，而在成功与权力。我们可信布尔什维克已经成功地解决这个问题：把这一类的有能耐人编进政府，使服务公事，而不许他们得成大财主，像在资本家社会内所做的。这是布尔什维克除了战胜以外的大成功。由是我们可以猜想：如果许了俄国成就和局，一个可惊的工业发展就要做出来，使俄国成了北美合众国的敌手。布尔什维克一切目的都在工业；他们对于近世工业件件都爱，除却过度报酬资本家是不爱的。他们所以要给劳工们以严厉的训练，即在使这班一向缺乏工业上习惯和诚实的人们得到一些工业上习惯和诚实，工业上习惯和诚实底缺乏便是阻止俄国成为一个〈形挑〉工业国底唯一原因。

(四)市镇与乡村

劝导农人供给市镇粮食这问题是俄国和中欧共有份的,据传闻的话,俄国对于这问题比诸别国并不更少成功。这问题在苏维埃政府是吃紧在彼得格勒和莫斯科两城;其余的市镇都不很大,而且有一大半是位置在富有农产的县分底中心。在北方呢,即乡村地方底人民也要靠南方的粮食来供给,这原是确实的;但是北方人口也是很少。人又常说,供给彼得格勒和莫斯科以粮食这问题是一个运输问题,但据我看来,这话只是一半不错。铁道上用的机关车以及车辆等等交通工具诚然是严重地缺乏,尤缺乏修缮完善的机关车。可是莫斯科的四周都是很好的土地。据我坐摩托车周游莫斯科临近地方这一天的所见,觉得母牛出的奶足以供给莫斯科全城的小儿,虽然我所见有这些牛的地方是儿童病院不是农场,却已有这许多牛了。

出了重价,便无论何物都可出市场上买得。我坐俄国火车旅行,走的路着实不少,见有很多的好车辆。就这些理由,我觉得敢信那些说俄国运输问题影响及粮食困难这句话有点过甚其词。自然的,彼得格勒的粮食短缺更甚于莫斯科,其缘故运输问题也占有一大部,因为粮食大半是从莫斯科以南来的。在彼得格勒街上所见得人大部显然有不饱食的神气。在莫斯科就少见此等人了,但可说,虽不至挨饿,总不能饱食,这现象无疑是几于普遍的。

凡在市镇工作的人,受政府供给一定的低值的口粮。公文上虽说是政府有粮食的专卖权,口粮是足够维持生活的。其实呢,口粮是不足的,而且只占莫斯科的粮食供给底一部。据有些人的怨言,我可不知如何的确实,甚至说口粮颁发全无定期;又有些人说,隔日发一次。在这当儿(口粮未发)不论贫富。几乎人人要到市上买食物吃,市上的食物可就要比政府所定的价格大上五十倍左右。一磅重的牛油值到一个月的工钱。人民用尽种种方法以求可得额外的食物。有在额外时间之外专做工的。因为法律规定的工作时间虽只每日八小时,而这八小时工的工钱却不是能活命的工钱,所以无法可以阻止工人们于正当工作之外另寻工作。但是普遍所用谋得额外食物的方法还是所谓"Speculation"这法子,就是"贩卖"。这是从前富有的人出卖衣服家具珠宝等物换取食物;买者从中赚了几个钱又卖给一个人,为此转辗贩卖,有时竟多至经过二十多人,方到了一个真买主的手里,这买主非富有的农人,便是很富有的投机商人。或者,那些有亲戚在乡下的,他们就时常下乡探望,回镇时便带了一大袋面粉回来。私人带著粮食进莫斯科是法律所不许的,所以常在火车上搜查;但是带粮食的都是腐败狡猾的人,便往往能不被查出。市场上卖粮食也是犯法的,警吏时时要来查抄,但也是照例躲过一刻即算了事。所以,禁止私商的结果反使私商买卖大增,比资本主义的国家更甚。须待很久的日子才或者能办得更好些;又因为是犯法的,莫斯科的全体人民简直是常在警察威权之下,仰化鼻息。还有一层,现在是全靠从来富有的人底一点藏货,将来一旦这种藏货一尽(额外粮食便绝对不可得),全制度将立见崩坏,除非到了那时,工业已经再造好,立于不败的基础。

这种情形不无满意很明白的,但是从政府的立脚点看来,便不容易看见什么事是应该做的。都会的工业的人民大部分是在进行政府的工作和制造军需供给军队。这些是最要的工课,开支应在赋税项下支出的。如在农人身上收一笔适中的赋税,便很容易供给彼得格勒和莫斯科的粮食。不过农人们对于政府或战争是没有兴味的。俄国土地太大了,此一部受人侵略,他一部简直觉不到;农人们又太欠缺知识,不能有什么民族的自觉,如英人法人或德人一般。农人不见得肯只为了民族的自卫,便情愿拿出他们出产物的一部分来,唯有为了他们所需要的东西——如布、农业器具等等——(才能够让他们情愿拿出来),这些东西,政府因为受了战争和封锁的亏,是供给不来的了。

当粮食短缺到极点的时候,政府会强制农人平均摊认输助粮食,红军会很严厉地执行这法令。现在这方法是已经废弃了,但是农人仍不是情愿地卖他们的粮食来,这是当然的,他们也见得纸币不值钱,况且私商的价格又要比政府定的高得多。

粮食的问题是布尔什维克受人一致反对底主要缘因,可是我竟不知还有什么四面玲珑的政策可以采用。布尔什维克不为农人喜欢,因为嫌他们在乡下拿了这许多粮食去;他们又不为镇上人所喜,因为嫌他们拿来的这样少。农人所要的就是所谓自由交易——就是农产物不受(政府)支配。如果这个政策见采用了,市镇就要完全饿死,不单是挨饿忍苦罢了。那猜想农人们对于 Entenle 条约含有敌意的,简直完全误会。七月十三日的《每日新闻》说的"既不是共产党又不是布尔什维克的俄国农人渐渐恨著各契约国了,而对于此邦(英国)尤其"一段话,要不是说的不对实情,倒是很好的一段评论文章。俄国真正的农人绝不会听人说过什么契约国或是英国;他不知道有封锁这一回事,他所知有的只是:他本来有六只牛,现在政府减少他至剩一只,把余五只给更苦的农人了,此外又知政府用极低的价钱硬买他的米。(除了他一家家族所需的米不买他)至于政府此种行动的理由不能使他生兴味,因为他的地平线是限于他自己一村之内的。说得广泛些,可说每一个村是一个独立的单体。政府只要能得粮食和需用的兵,便可两不相犯,随着这古老的乡村共产主义自己存在,那是异常的不和布尔什维克相像,而且是完全依在极原始的文化阶级的。

政府代表的是都会及工业人民的幸福,他好像是一个营盘扎在农人民族的中间,他们中间的关系,与其说是政府的,倒不如说是外交的或军事的。譬如在中欧的经济地位是利于国家而不利于市镇。如果俄国行使民治主义,依大多数的意见而治国家,莫斯科和彼得格勒的人民只好饿死。因为是如此的,莫斯科和彼得格勒有了国中全部的内政权军事权应他们的需要,刚巧能够办到生活。

俄国庞然巨观的一个大而强有力的帝国,外相是极好看的,但是中心是糟的不可言。那些产业很小的人,权利却很大;他们能够活著,也惟在他们有过度的权力。这个情形,根本上是因两个事实所致:一是因为人民的工业能率几乎全都放在战争身上了,一是因为农人不了解战争的重要,也不知有封锁这回事。

我们若拿布尔什维克所不可能免避不满意而困难的情形来责骂布尔什维克,这话是废话。他们这问题只要在下面的二个方法中取得一个便可解决(而且也唯有如此方能解决),这两个方法是:(一)停止战争与封锁,那就可以使他们能够拿货物供给农人来换粮食；（二）渐渐儿发展一个独立的俄国工业。后一法恐是很慢的，而且也恐有许多困难，不过俄政府中的能干人相信这是可能的，如果竟不得和平。如果我们拒绝和平与通商，迫俄国上这个方法，我们将失却与俄联络友谊的惟一介绍了；这苏维埃国家将得借口以努力煽动各处的革命，我们反无言可以责他挑动革命了。但这是个大问题，最好是留在结论里论罢。

（五）国际的地位

前面尝偶然说到布尔什维克派不满人意的地方。但是我们应得常常记好，这是全因为俄国的工业生活除却供给军队需要的工业而外，全都破坏了的缘故。也因为布尔什维克政府不得不尽力对付惨苦的国内外战争以及不绝的内乱恫吓底缘故。由于这等困难自然生出剥夺，限制自由等事来。无论如何，我是很信只要一个方子就可以医治好俄国所受的一切罪，这一个方子便是和平与通商。和平与通商可以止却农人们的仇视心，可以使俄政府立刻弃却武力来依靠民意。政府的品性也会立刻就改变。现在正推行的工业征调便也成为不必要了。那些求有更自由的精神底人们也能够露脸说话不至被疑为帮助反动派或敌国了。粮食困难也就会没有，现在市镇上所用的专制制度也就随之没有了。

普通反对布尔什维克主义底人都说在俄国建立他种形式的政府是很容易的事，这句话我们必不可相信他。依我想来凡新近曾到俄国去观察一回的人个个相信现政府的基础是稳固的。如无列宁，或许经过内部的发展之后，便容容易易地变成一个"滂拿伯"式的军国专制政体。但是这个变换只是内部的变换——或许不是很大的变换——恐怕不大能够改变经济制度。以我所见底俄国人品性以及那些反对派而言，我竟因之很信俄国初无需强有力政府之必要，不用任何式的民治政体。布尔什维克他们自己宛然是西方急进社会主义联盟底代表，这一点是最受人严重批评的。依我的意见，他们并不成国际问题。但是若以一个民族政府，继彼得第一之后的，看他们，他们正干着必要的——虽不为人所喜的——工课。他们正尽其力之所能，引进美国的能率(Effioieney)到嫩作而又未经训练的人民中。他们正预备用国家社会主义这方法去开发国中的天然富源，这话在俄国是常听到的。他们在军队中正淘汰不学的人。如果和平成功，他们更要处处大做其教育事业了。

但是如果我们继续拒绝和平与通商，我也不以为布尔什维克会干不下去。俄国将忍苦耐劳于来日，如过去数年一般。俄国人习于愁苦，西方民族没有一个及得来；他们能在我们所不能忍耐底情形下生活做工。其政府将一日甚一日的由仅仅的自卫政策而进于侵伐政策，Entente 条约逼迫德国解除武装并许波兰卷入不祥的战祸，实是完全把德国赤露出让它受俄国底侵略——军队的和印刷品宣传的侵略。亚洲也全部开着等布尔什维克的野心来。前俄罗斯帝国底亚洲的一部几乎全都在布尔什维克很紧握的手掌中。火车直通到土耳斯担(Turkestan)，照常的迅快，我曾见有从那边来的棉花装到 Volga 汽船上。印度和红军接触也不过是几年内的事。如果我们尚欲继续地反对布尔什维克，我不知道那一个政府能够止住他们在十年之内取了全个亚洲去。

现在俄国政府不是帝国主义为精神的政府，要和平，不要征伐，俄国是倦于战争竭于物品了。但是如果西方列强固执欲战，俄国政府底别一精神，那是已经见有端绪的，便欲变成极有势力。于征伐和降服二者之中挑一个，将只挑征伐来代替降服了。征服亚洲光景不是难事。可是我们完全糟了。大陆上有的，将是革命内乱和经济大变。所以，用武力压碎布尔什维克主义底政策总是又愚笨且不正的政策；这政策现在已成不可能，满储着不祥了。似乎好像我们的政府已经起始实觉着这危险；我们希望他的很真切，足够加强他的见解，去抵抗反对者。如果不然呀，此次大战便只算是将来大决裂底一个引线，比较起来，仅是前哨的小接触罢了。

相信布尔什维克者以及布尔什维克的助者对于这将来的事，自是很镇静不怕的，因为他们相信终结能建立共产制度，把世界现有的罪恶一齐扫光。这话我却不能相信。我对于共产主义是信仰的，但不能信仰那种集中大权于少数人手内底共产主义。依我意见看来，公平分配权力正和公平分配物质原料一般地重要。一切的经验都指出：可长托以大权的人是很少的。如果俄国赢得了和平，则自由而得人心的政府在战时被压的自由思想将复盛行，布尔维克主义初期的劳工控制工业或者可以再见。但如继续战争，便不得不继续"迪克推多"，那些统治者便迟早终必要用他们的特殊的政治地位获得特殊的经济地位。这事是已经有几分朕[征]兆；高位的共产主义者底生活，已比民众略为舒服安适了。不过就通体说来，俄政府委员得到这些安适也不为不公，他们比诸西欧列强政府诸公自然工作的时间也要长些负担也要重得多。

虽然如此，也这怕不是能长久的事。虽然现在在俄国握权的人大部是极热心的共产主义者，曾经表示愿为了他们的信仰牺牲一切。但此等人总有一天要让位给其他不甚热心忠于主义而甚能利用机会的人们，他们可就要和一般实行政治家一样，把地位当作实在利益般看待了。此辈如找得了兵队来济恶，便不难以一道命令，给统治者的贵族阶级以大薪俸和特别的私产。他们方在成功，那腐败和掠夺底机会也就继长增高地跟了来。这种的诱惑，我不信会能永久抵挡得住。

布尔什维克有完全的理论包括在第三国际说（The Third International）内，据说，共产主义可拿努力的少数人底（迪克推多制）底手段在各处建立起来，和俄国一样。这理论又补足一句道，当一切鼓吹主义底大兵器——尤以教育及印书馆为最大的——尚落在资本家手内的时候，要转移多数人心是不可能的。这一辩很是有力，能够切实指出用和平手段以建立共产国家是极端的难事原是不错的。错却错在说的共产主义——任何稳固的或要得的形式底共产主义——能够以少数人的"迪克推多制"来建立，这一句话在政治理论上说来，这是必须顾到所谓心理的动力（Psychological Dynamics），就是说人的目的与信仰底变换是由于外界情形的先变换来的。人既有了掌握权力底习惯，便觉得权力实在可喜舍不得放弃他，这是差不多人人如此的。如果握权者本就不得人心的，他还欲自己怂恿自己，以为他握权在上实在是为公共幸福所必不可少的。然而问不他确是自己真不明白，或是假借这话来欺人，他一定要牢握这权柄，非到为武力逼迫放手是不肯放手的。共产主义的少数人（如俄国的）如果一旦得到了军事的迪克推多，虽然起意时是不想永握大权的，却终要走到这条路上，不肯放手了。设有几个能奋斗有能耐的人，有大帝国和大军队供他们玩弄，那么他们一定会找个借口说明他不得不大权独揽的缘故。而且权力最大的人，倘然是要钱的，往往又能有最多的财产。他们是迟早要出于此途的，那时，共产主义底可望的好处全都失掉了。

因为这些理由，并因温和主义的理由，我不能跟了布尔什维克的哲学走，也不能使我相信他们所说的放弃民治主义的缓慢方法，信任民众暴动。

俄国是个后进的国，还不配用平等合作底方法，这方法是西方诸国所求以代替政治上和工业上底专断权的。在俄国呢，布尔什维克的方法或者是多少免不了的；无论如何，我是不想就他们大体下批评。不过可说这种方法不是合宜于先进国底方法，如果我们的社会主义者要去看他们样，模彷[仿]他们，这可就是不必退化而退化了。如果我们的反动派人冒冒失失地迫得社会主义者去采用这种暴烈的方法，这就是不可恕的大错。我们所有一份的文化遗产和互让精神那是我们所引以为重亦是世界所引以为重的。俄国的生活往常本是可怖的残酷的，和我们的简直相差天渊，然大战之后，这种的恐怖和残酷竟有要变成普遍底样子。这是新来的危险。由于两方面的互让，我看英国有希望能免去这危险。但是我们且莫乐着，应知布尔什维克唱的浪漫喜剧不一定能收梢到底；他们既不是被人崇拜的天神，也不是受人驱逐的恶魔，他们只是勇敢有为的"凡人"，方用极大的智巧企图一桩几乎是不可能的事业。

(六)列宁 杜洛斯基 哥尔基

我到了莫斯科，立刻就见列宁；用英国话讲谈，列宁说英语说得很好。翻译是有一个的，不过难得用着他。列宁室内很简单，一张大书桌，墙上几幅地图，两架子书，还有一张安乐椅和二三张硬板椅，那是预备来客用的。显然可见列宁不喜奢华，甚至不喜安适。他很和气，显然是率真而全无一丝一毫排场的人。如果不认识他的人碰见了他，决不会想到他是握有大权的人，甚至决不会想到他是有一些名声的人。这样谦卑自下的人我从不曾碰到过。他很亲切地对来客看，他看时睐着一只眼，好像是睐了一只便可使他一只的透视力得到可惊地增加。他笑得很多；起初我尚觉得他的笑是出于好客和娱客的意思，但是渐渐儿我觉得他是狞笑。他是专断的，镇静的，不怕并独研不倦一个复合的理论。我觉得唯物的历史观是他的生命血。他在求知一个理论，并怒人误解或不赞成这理论时，好像一位大学教授，他的爱注释，也很像大学教授。我知道他蔑视许多人，他是个知识上的贵族。

我问他的第一个问题便是他承认英国经济情形和政治情形的特点到如何程度？我急要知道是否鼓吹暴力革命这件事是加入第三国际劳动党者所必不可少的，这一点因为别人还要正式问，所以我不直接提出这问题。他的答语不能使我满意。他认英国现在很少革命的机会，工人们尚不曾厌恶巴力门政治。但是他希望这结果(革命)，或可从一个劳工内阁带出来。他想，如果亨特生君(Mr. Honder Bon)(英国劳工党首领)做了首相，一定不会做出什么重要的事来；于是已团结的劳工，他这样想并这样相信，就要转而革命了。据这理由，他愿他的助手在英国者，竭尽能力去弄得一个在巴力门的大多数；他不鼓吹不加入巴力门的竞争，但以为加入应抱一个目的，就是要使得巴力门成为显然可恶的东西。我们大半的人所见以为暴力革命在英国是不想望他来并且不一定来的理由,他不介意,而且在他看来,这不过是有产阶级人的成见罢了。我提起凡英国所可能的都不用流血得到这一句话,他听了时,他一句撇开,以为是妄想罢了。我又知道他全不知英国的心理见解。实在说罢,马格斯主义的全体倾向都是违返心理的见解,因为马格斯主义把一切政治上的事项都归到纯粹的物质原因上去。

其次我又问他,在涵有如此大多数农人的国家内建立共产主义,以他想来,是否稳固。他承认这是很难的事,又笑着讲强迫农人拿出粮食来换纸币去;他看得俄国纸币之不值钱像是一桩可笑的趣事。但是他说——那是不用怀疑是确实的——一到有货物可给与农人的时候,自然一切事都会自己平定起来。要办到这一层,他想在工业中应用电气,他说,这是俄国最需要的,但需十年工夫方可以办得完成。他很高兴地(那是他们大概相同的)讲到用泥炭以生电力的大计画。自然他也看到开放封锁是根本救济法;不过他不很以为开放封锁能彻底办到或立刻办到,除非别国内有了革命。他说,布尔什维克俄国和资本家的国家间底和平一定是常常不坚固的;列国为了厌倦及相互间的不和,Entente 得可引进和平,不过他觉得这和平只有短期的延长。我看出他对于和平及开放封锁这两件事的热心,不及我们这边热心多了,这是一切共产党领袖相同的。但他相信,除非经过了世界的革命和资本主义的废除,没有一件有真价值的事可以得到。我觉得他看得和资本家的国家重复通商这一件事仅仅是价值无定的缓延策略而已。

他说明农人中间富者与贫者的分界,政府鼓吹贫者去反抗富者,指导暴烈的行动,他说来很似津律有味的。他竟至说,加于农人方面的"迪克推多"或者要继续很久,因为农人们都求自由交易(按自由交易是指不由官买官卖)。他说,他从统计表(那是我很相信的)上晓得农人们在这两年来,吃的东西一天富足一天,这是他们从来不会享受过的;"但是他们还欲反对我们",他说这句话时略有些不豫快的神气。我问他如何回答批评家说的他(列宁)建立在农村的,不是共产主义却是"迪克推多"这一句话;他答道那个很不是实情,但他不说出实情是什么。

我最后问他,如果和资本主义的国家重新通商这件事成办功了,是否会造成资本家势力的中心而使共产主义更难保持?以我所见到的说,愈热心于主义的共产党都很怕和外边的世界有商业上的往来,因为这件事能引进邪说的浸润,使现存的共产制度几于不能存立。我要晓得他是否也有这个感觉。他说通商后自然要生出难处来,不过比诸战争总要好些。他说,两年之前,他和他的同事都不曾想到他们会在全世界的对敌中长命到现在。他以为这长命是由于资本主义的各民族互相妒忌和利益冲突;也靠着布尔什维克宣传的力量。他说,当布尔什维克拿传单(宣传革命的传单),来挡排炮的时候,德国人曾大笑他们,但是做出来的事情已经证明传单的力量要比排炮大得多。我不想他会承认劳动党和社会党曾在这件事里出过一分力。他好像不晓得英国劳工的态度确曾阻止对俄大战的可能,这态度实在是使政府不能不秘密做事,并且大声说谎否认的。

他说起 Lord North lifee 的攻击很快乐,他愿意送一个宣传布尔什维克的徽章给他。他又郑重说,掠夺的控诉也许能震骇有产阶级,但是无产阶级却受[收]到了相反的效果。

我想，如果我遇见他时不晓得他是谁人，我绝不致猜到他是一个大人物；他的太固执和狭义的正统派社会主义使我大吃一惊。据我的想像，他的勇力都是从他的诚实、勇敢、以及不可摇动的信仰出来——这是马格斯福音的宗教般的信仰，代替了基督教殉道者天堂的期望，只除是更少些唯我观罢了。他不大爱自由，正和屈伏在狄欧可里淫威之下而一旦得权便欲报仇的教徒一样。光景相信有一个包医百病的药方能把一切人类的病根统统治好底人，和爱自由是格格不相入的罢。如果真是如此的，我不得不反觉得西方底王权式的温和是可喜了。我到俄国时自信是共产党；但是既和这些无疑于共产主义底人接触了，我反加多了一千个疑团，不但怀疑共产主义，并怀疑到人们不惜忍受许多愁苦以坚求达到的一切信条。

杜洛斯基（Trotsky）共产党不当他是和列宁同等的，他的知识和人材[才]（虽然不是他的品性）对我所留的印象更多。不过我见他的次数很少，也许这印象是不中肯綮的。

他这人，眼是尖利的，有军人的气概，开明的知识，和磁石一般能感动人的人材[才]。他生得很俊秀，有美丽的蜷发，妇人见了没有一个不爱的人。他不受人反对的时候，脾气也是很好的。我看他这人（也许是我看错），好名甚于好权力——这是艺术家和名优所好的一种名。我不禁将他和拿破仑相比较。可是我并不含有要估量他信仰共产主义坚否底意思，他对于共产主义光景一定是很忠心很坚信的。

和这两个人大相反的便是哥尔基，我在彼得格勒时和他见过一面。他卧在床，显然是心绪悲丧而且快要死了。他求我，以后对人说俄国时，不论说什么，总要注重说俄国人受了痛苦了。他是赞助现政府——如果我是俄人，我也欲如此做——并非因为俄政府一无错处，乃是因为若再换上一个一定更要不好。人都可以觉得他是爱俄国人民，很感于俄国现在苦况的难受，很觉得纯粹马格斯派信仰之无谓。我觉得所见的俄人当中，他最可爱，最可表同情。我想多听他说些他的见解，但是他说话时很困难而且又咳嗽得利害，所以我也不便久留。我所见的知识阶级人——可怕地受着痛苦底一个阶级——都表示他们对于哥尔基的谢意，因为哥尔基为他们做了许多事。唯物的历史观到处应用，但对于文明的高等出产物也要留神些，才是个救济。布尔什维克说他们在艺术上出过大力，但是他们除开保存已有的艺术外，我不能发现他们做的事。我把这问题曾对一个布尔什维克说，他听了发怒道："我们没有时间顾到新艺术，也没有时间顾到新宗教。"俄国现在的空气不能培植艺术，这是免不得的，因为艺术是"无政府的"而又反抗秩序的。哥尔基已把一人所能做的尽力做了，去保存俄国的知识和艺术之命脉。但是他是快要死了，或者俄国这命脉也快要死了罢。

听说罗素发表了这篇《游俄之感想》以后，受了各方面非常大的反响。守旧党大高兴，他大概很懊丧；英国首相鲁意乔治在下议院宣布对俄政策竟引他的话为据，他的懊丧可知。"Soviet Russia"周刊上有一篇文章很挖苦他，我们打算译登下期本报。罗素也在七月二十四日底"Nation"内有一段附白如下："上星期六登出我的一篇文章底末句不意生出了一个误解，那就是俄国政府对于艺术不措意或竟有敌意。这不是如此说的；俄国政府善视艺术更甚于我国政府。我在那一句里提起底意思是说俄国人心理上的空气是很难长育艺术的，但我不曾说俄政府对于艺术家不好好看待。"

记者 附识

(《新青年》第八卷第二号，1920年10月1日)

69. "俄罗斯研究"专栏(《新青年》第八卷第二号，10月1日)

《新青年》第八卷第二号在"俄罗斯研究"专栏刊登《苏维埃共和国底产妇和婴儿及科学家》《关于苏维埃俄国的一个报告》《苏维埃的平民教育》等文。

70.《苏维埃共和国底产妇和婴儿及科学家》(《新青年》第八卷第二号，10月1日)

《新青年》第八卷第二号刊登汉俊译自纽育世界 Lincoln Eyre[①] 原著《苏维埃共和国底产妇和婴儿及科学家》，如下：

> 在苏维埃俄罗斯婚姻事件极为简单。政府特设一局以专理其事，凡欲配合之男女只须向该局登记一下。一般人民莫不欢迎这种制度；因为当男女登记的时候，国家就不受代价给以全幅的床铺被帐，亚麻布四十码，面粉八十磅以及厨房紧要用具的缘故。新婚夫妇又能够呈请许可，往苏维埃储藏处，以最低的价格，购买家中所需要的各种用器。
>
> 布尔塞维克保护产妇和婴儿，无微不至。俄国子女，无论其母在社会上的地位如何，都是归国家担负教养，直至十六岁才止。国民社会幸福经理部(People's Commissariat of Social Welfare)内，特设一科，专管保护产妇和婴儿的事。在革命期间，产科医院，住宅，幼儿园，儿童移植地，都在其保护之下，普遍于全国了。"儿童为人类之花"的这句格言，现已完全见诸事实，将来时代一定没有再能优过苏维埃俄罗斯今天所作的事的。
>
> **产妇保护**
>
> 法律对于产妇，赋予产前产后各八星期间不作工的权利——实为义务。在这个不工作的期间，产妇又有受取额外食物的特权。在分娩期间就是仍然住在原住所的，也还是受医生及医药无代价的供给。如果是住居在大都市之中的，又有入设备极其完备的"产妇婴儿住宅"的权利。这些"住宅"就是将从前由富豪没收来的壮丽宅邸拿来改充的。在这个"住宅"之中，伊自产前一月至产后□年可以任意居住。在这个居住期间，伊都是受特别食物及医药看护无代价的供给的。住在家里的产妇，须要按时将婴

[①] L. Eyre，艾尔，美国纽约《世界报》记者，1920年在访问苏俄时见过列宁。

儿携往特立药局，检查身体，受养育上所必须的注意指示。

上述的种种事业，不可把他当作慈善事业看待，乃是由苏维埃国公民对于政府的正当要求而然的，这就是布尔塞维克的原理。有一个从事幸福经理部的事务员说："从前固然也曾有过保护产妇和婴儿的设备。但这种设备都带得有慈善的性质，不是由于强迫而然，乃是出于偶然的，并且不是最贫困的也不能受其恩惠。我们现在所做的，乃是以扶助不幸的婴儿及'不应有不幸的婴儿存在'为主义的。我们认一婴儿不应较别一婴儿有较大的特权，我们也应该在绝对平等的基础上面，尽力扶助他们，就是资本家的子女也应该与工人的子女一样待遇。"在生活程度最高的地方，像莫斯科，每月为婴儿底床铺，襁褓等类所指出的费用，差不多要达到六百卢布之多。

产妇教育

当我在莫斯科的时候，就已经设立了一个永久的产科展览会作为全国底模范，使社会幸福经理部（Social Welfare Commissariat）都在全国照样设同样的展览会。这个展览会，实在是使人受莫大印象的一个伟观，实在是布尔塞维克主义对于人类新生者尽了全力的可感可叹的表像。经理部内大厅底一部分的墙壁上，贴满各样的图画，并有极简单的解说，就是最不识字的农夫也可以明白将来产妇所应守的方法。在别处我们可以看见许多描画遗传病、酒毒及其它各种病症的图画，和表示生产各种经过底石膏模型。房子底一角又有一套未来产妇底模范服装，并有这个服装底许多纸制模型无代价地发给出去。以同一详细的方法，将生产时的一切用品都陈列在床边底一张桌子上，这个桌子上并陈列着必需的药品以及其它之物品。

儿童部张贴得有各种儿童疾病的图画，并附以简明的说明，指示如何防御如何医治。又陈设有各种食品，说明何者有利于婴儿，何者有害于婴儿，同时又陈设有儿童玩具、需要用器和衣服等项。又在侧室设有一个活动影戏场，演简单而且有趣的故事，以表明苏维埃会议之所以保护产妇和婴儿底目的。据我所看，关于婴儿生育和成长所必须的事项，就是最细琐的，在这个最宏大的展览会里面，没有一桩遗漏的。

社会幸福经理部对于小国民的事业，就是到了他们离乳之后，也不停止。他又促成了许多以增进国家小后见人底幸福为目的的团体底成立，这种团体在三十六省中现在已经有了一二八〇个。

新儿童村

最有名的，就是一个大计划的育儿所，这个育儿所设在俄国底维塞尔（Versaille），即距彼得堡约二十英里的前俄皇底沙尔司柯西罗（Tsarskoe Selo）。沙尔司柯西罗就是俄皇村的意思，现在叫做德智柯西罗（Dietskoe Selo），即儿童村。三年前住了皇族及其无数奴婢的那个官殿，现在却成了彼得堡无产阶级底数万小朋友底寄身所。不数年前曾经开了最豪丽（在近代各宫廷中）的大宴会的金碧辉煌的大食堂中，现在却设列了许多长排的白色小床，安卧旧都贫民窟地下室底顽童。其余同样华丽的房间，不是作了食堂，就是作了课堂，就是作了操场。全地都为四岁至十二岁的小国民占领了。除了政府请来照料他们的教员医生保姆以外，一个大人也看不见。世界上实在再没有比德智柯西罗底小居民还幸福的儿童。

他们组织少年苏维埃会议，在广大的范围内，实行自治，这个少年苏维埃会议对于非行者，完全与他们成人底同类者一样的严厉——实在严厉得往往使他们底后见者都不能不改变自己底意见。天气温暖的时候，小朋友们就在户外吃饭，游戏场中游戏，这个游戏场是从前罗马诺夫皇室留作皇子皇孙用的。这些小朋友都是绝对无代价取得一切最良物事——食品、教育、医药。彼得堡底人民或许有非常缺乏粮食的时候，但是这个德智柯西罗底儿童是绝对没有的。

规模虽然比较小一点，莫斯科附近也有一个同样的设备。这里并且有几十个夏期殖民地，这些殖民地的大多数都是沿着弗尔加(Volga)河①，都不是像美国各慈善团体在暑天最热的短小期间送都会上的小孩子们去的那样农村。这两者不同的地方，就是这些苏维埃养息所不是由于慈善而建设的，是布尔塞维克为使共产主义不仅止于梦想，要使他得到真正的实现，认有竭力制造在心身上和道德上都健强的种族的必要了才建设的。

别国有说苏维埃会议主张"儿童国有"。这些话与从前妇女国有的话一样是无稽之谈，不过更无根据罢了。我们相信这些话里面只含得有一点真实，就是社会主义最后的目的是要把儿童弄到这个状态的。但是现时就是宣传的压力都还没有加上为父母的身上，使他们将子女委托于苏维埃会议底设备。产妇能够将其子女引到德智柯西罗或其它之幼儿殖民地，居住一天或一礼拜或一年，无论几久，伊愿意居住几久，就可以住居几久。并且把子女们放到此地之后，伊自己无论什么时候要回家，或取回子女，都完全是自由的。

布尔塞维克协助科学家

布尔塞维克一方面努力于人类的改良，一方面不忘记科学。不但没有忘记，他们并且把他与公民教育与公共健康一样看待。科学家，无论他们如何反对共产党的主义，还是受最大的尊重。我在彼得堡的时候，城中的许多科学大家就任意把大公爵福拉丁美儿(Grand Duke Vladimir)②底旧邸改成数百万精致光亮温暖的房间了。同时莫斯科地方，也为这些需要清净的人，建筑了一所特别疗养院。政府又任命了一个委员会，将科学家可以认为大学者的列出一个表来，国民委员(People's Commissary)的龙拉查斯基(Lounatcharsky)③与哥尔基(Maxim Gorki)④都是会员。现在已经列入表了的人，差不多有一千八百之多了。

政府对于他们既然这样表示尊敬，他们的努力也非常显著；如果要将革命时代的科

---

① 弗尔加(Volga)河，通译伏尔加河。

② 大公爵福拉丁美儿，通译弗拉基米尔大公(В. Александрович，1847—1909)，沙皇亚历山大二世之子。担任重要军职之余，喜好并支持艺术。

③ 龙拉查斯基，通译卢那察尔斯基(А. В. Луначарский，1875—1933)，俄国马克思主义革命家，十月革命后，担任苏维埃政府教育人民委员。

④ 哥尔基，通译高尔基(М. Горький，1868—1936)，俄国著名作家，社会主义现实主义文学的奠基人。

学进步叙述出来,差不多要成很大的一部书。俄罗斯第一连特根(Roetgen)研究会①,是在彼得堡设立的,这个研究会里面,并设得有一个实【验】室和制造所,以为用X光线来实验和制造X光线器械之用。新立嘉僧大学②的实验室,发明了一种以灯用煤气为原料的消毒药;现在这个已经在实地使用。一个有的布名[有名的布]尔塞维克工程师,叫作布劳维帝奕(Bentch Brouevitich)③的,发明了一种新式的无线电话术,我要离开俄国的时候,莫斯科和黎继利罗夫哥罗德(Nijni Novgorod)④已经就要用这个无线电话术来连结了。彼得堡苏维埃光学会(Soviet Optical Institute)会长罗德特范斯基教授,在正月间,报告一件最重要的发明,就是关于从前认是物质最低单位的原子底组织的发现。现在又发明了一种制造电线的新金属,用这个金属制造的电线,只要有一股通了电流,就能够发出强有力的光可以照耀全城。

哥尔基关于这个告了我许多话,又拿了一块问题的金属给我看。他又给我看了一把新刀,说他永用不钝,所以不须磨。我因为没有许多时间,件件事件都亲自去研究,所以不能担保件件都是我的直接观察;但是我敢担保科学与苏维埃之间是有和谐的关系,无论如何都是毫无疑意的。

(《新青年》第八卷第二号,1920年10月1日)

71.《罗素眼中苏维埃的俄国》(《少年世界》第一卷第十期,10月1日)

72.《劳农俄国之一瞥(六)》(《晨报》,10月1日)

《晨报》刊登《劳农俄国之一瞥(六)》。摘录如下:

我到莫斯科,不久就碰着列宁五十岁诞辰。第九次过微派大会,拿他的最终会议,充庆贺首领的演说会。那些受了列宁职陶的党员,争登演台,大捧列宁。有的说:"列宁是理论家,同时又是实行家"。有的说:"列宁达观大局,不拘小节"。又有的说:"伊里伊基(列宁的父亲,俄人呼列宁,都喜欢用这个名字。)是在劳动者与农民口中最脍炙的亲爱的名字","列宁是俄国革命与世界革命首倡者"……
……
列宁自称"我是马克思的弟子;"几罗杰夫也谈过:"最知道马克思,最了解马克

---

① 连特根,通译伦琴(W. C. Roentgen,1845—1923),德国物理学家,曾任维尔茨堡大学校长。他因发现X射线(又称"伦琴射线")获诺贝尔奖。
② 嘉僧大学,疑为喀山大学(Казанский университет)。
③ 布劳维帝奕,又译布鲁叶维奇(М. А. Бонч-Бруевич,1888—1940),俄国工程师、科学家,俄国20世纪初叶无线电权威。
④ 黎继利罗夫哥罗德,即下诺夫哥罗德(Нижний Новгород),俄罗斯城市。

思学说的,在全世界上,除了列宁,恐怕没有第二个。"盖列宁对于马克思,所谓青出于蓝,而胜于蓝,他不独咀嚼马克思的学说,并且实行马克思的不及。"实行的一步,比一打的计划还贵重!这是马克思的教训。实行这种教训的,不能不推重先生,"这是柏拉空取得匈牙利天下时寄与列宁的信上,开头说的几句话。

著了《资本主义之发达》后,又在巴黎图书馆勤学两年的列宁,即在今日做了劳农内阁的首脑,还孜孜不倦。十月革命后,他亲笔草了许多政令,著了许多书,近著有一书,题为《美国经挤界上资本主义的发展》。现在他正在研究的是《法国革命当时的纸币制度》,真有闲功夫研究外国呀!

(《晨报》,1920年10月1日)

10日(星期日)

73.《罗素的新俄观》(《东方杂志》第十七卷第十九号,10月10日)

25日(星期一)

74.《罗素的新俄观(续)》(《东方杂志》第十七卷第二十号,10月25日)

75.《评论罗素游俄之感想》(《东方杂志》第十七卷第二十号,10月25日)

76.《经济史观序言》(《东方杂志》第十七卷第二十号,10月25日)

《东方杂志》第十七卷第二十号刊登陶履恭的文章《经济史观序言》,全文如下:

近来的人大概都知道马克斯是一个社会党,但是都不大注意他还是一位渊博的学者。人都知道他的资本论是现今劳动者的经典,却不理会他对于思想界学术界也有极有价值的贡献。人都知道他是国际社会党的始祖,却忘记了他还是社会科学的大功臣。具体的、实际的、有量积的,是人所最容易看见的。抽象的、理想的、精神界的,是人所常忽略的。所以人听见了国际社会党大会,或广义派政府,立刻就联想到马克斯。但是马克斯在社会科学上,特别是在历史上所建的大功,只剩有少数的学者埋首研究。马克斯所受的教育是德意志的教育,所以他研究学问的方法。透彻,淹博。最先用英国的蓝皮书白皮书仔细研究劳动状况的要推马克斯。一方面他有各种语言的好工具,一方面他不辞劳苦的搜集伙多的资料证明他的主张,所以他的著作真是世界上稀有的著作。虽然与马克斯的主张不合的也不能不承认他的著作有历史的价值。因为他的著作既然产出诺大的影响，诱起伟大的社会的运动，发生根本的思想的变迁，绝对不能是虚伪的理想。"谬误或是成了统系的谬误，所产出的结果不过是误谬无用的行为，不能有存留的机会"（Dürkheim：The Elementary Forms of the Religious Life，p. 80）

塞利格曼教授这本书专讨论马克斯关于经济史观的学说。他在一本小册子里，把这个学说的起源发展，以及各方面的批评订正，都解释得清清楚楚，详尽无遗。这本书不只显他的博学，更可以显他议论的公允。

经济史观不可与唯物史观混为一谈。本书绪论已经声明唯物史观名词的不适当。唯物史观除了生产关系以外要包括所有的气候、山川土壤等物质的环境。那实在是超过马克斯的主张。德国学者朗格（Lange）所著有名的唯物主义史，评论各种的唯物论，独至历史的唯物论则付之阙如。朗格并不是不知道马克斯的历史观的，但是他不肯把形而上的唯物论与历史的经济观相混，因为二者并没有什么根本的关系。所谓历史的唯物论也不过是一种说法，没有玄妙的理想的。

经济史观不是一种新的历史哲学。十八世纪以来，历史学者设法去就历史寻出一种根本的发展的道理，但是向来没有一个人成功的。神学派的历史家，例如法国的包绥（Bossuet）发现历史是上帝的意旨，所有历史的事实都看做发展神意。但是现在的历史家不能相信这个原理，也没有大胆量敢造出新的历史哲学。因为历史哲学的责任是发现历史发展的原理。原理的发见一定要可以把所有的历史事实归纳到一个或几个普通的概念。历史事实是复杂万端，把他们完全归纳在几个范畴之内是不可能的。假使把发展或进化当做历史发展的原则，必至将所有的历史事实都认为发展或进化，此种见解岂非荒谬之极。况且以历史发展的原理为发展，也是不通的逻辑。经济史观并不是历史哲学的原理。塞利格曼教授说经济史观"在已往完全是实在的，他在以后，就渐渐的不十分实在了。"这是了解历史事实复杂的话。这是了解时代不同历史的势力不同的话。

总之人类事迹不容一元论或者抽象的玄妙论的解释，已无可疑。司达姆勒耳的错误，即是想以法律解释一切历史。所以恩格斯最早声明经济史观是一个新方法，鼓吹经济史观最有力的剌布里奥剌（Labriola 意大利经济学者）也承认经济史观是一个方法，不是一个理论（Theory）。剌布里奥剌说，经济史观，对于设立历史律或是发见一个普通的概念使所有历史上复杂的事情都包括在内，是完全排斥的。塞利格曼教授说，经济史观是解释历史的一种准绳。（卷下第二章）

意大利哲学者科罗切（Croce）对于经济史观的要求更简了。他不承认经济史观是一个新方法。他说历史家用经济史观，并不是方法与向来有什么不同，不过是内容不同罢了。历史学者按着唯物史观寻得许多新的资料（data），新的经验。（见 Croce：Historical Materialism and the Economics of Karl Mark p. 12）

历史的要素是繁杂的，势力是多元的。物质的状况、社会的组织、政治的制度、个人的势力各有一部分的势力。而各时代各种势力又是不同。在人类还没有完全支配自然的时代，人类为满足物质需要的活动占生命重要部分的时代，历史上的经济方面当然是重要的。经济史观不过是专研究经济方面，如生产方法、劳动组织和各种势力的关系。剌布里奥剌说经济史观一方面分析经济的形式、范畴，他方面分析法律、立法、政治、风俗等，进而研究生命各方面的相互的影响。现代美国历史学者辛姆克微区（Simkhovitch）可称为极端的经济史观论者，所说更为透彻。他说：

"劳动生产力的历史是科学的经济史的基础，并且是所有各种历史的基础。所有的法律法令制度，都显然是有目的的。但是假使我们不知道与那些目的相当的状况是什么样，我们又怎么能知过去之目的呢。我们对于劳动生产力有精确的知识，即可以解释事物之过去现在及未来。"（见美国政治学季刊一九一六年六月号第三十一卷第二号二四三页，辛姆克微区罗马灭亡新论）

按着经济史观研究历史的，本书已经叙述过。近来美国更有毕耳德（Beard）从经济方面研究美国宪法。上文所说的辛姆克微区研究干草与历史的关系（政治学季刊一九一三年九月号）社会科学方面，美国有威布伦（Voblen）、英国哈蒲浩教授（Prof. Hobhouse）与其徒，也曾按着荷兰尼博耳的方法（参看本书卷上第六章）研究初民的物质文化与社会制度的关联（Hobhouse, Wheeler, Ginsberg: The Material Culture and Social Institutions of the Simpler Peoples）。最近我国有胡汉民从经济方面研究思想上的反映（建设第一卷三四两号）、戴季陶从经济上考察中国的乱原（建设第一卷第二号），都是就着经济的要素发见他的影响。胡氏的文章虽然对于古代经济没有渊博的研究，这个研究须有多数学者穷年累月的精力才可以有成绩。戴氏的文章虽然似乎将经济的要素归纳到一个极单简的事项，外国制造品输入之外，如人口统计、劳动生产力、生活程度，皆须有较为精密之调查。为相关联的研究，却都是有价值的讨论，可以开中国历史的经济观的先河。

（《东方杂志》第十七卷第二十号，1920年10月25日，署名 陶履恭）

10月
26日

77.《欧洲政治思想小史》（著作、消息、摘录）

中华书局出版高一涵著的《欧洲政治思想小史》。书中关于布尔什维克主义的摘录如下：

布尔札维主义是俄国布尔札维克派（Bolsh eviki）所主张的一种社会主义。为什么叫做布尔札维克派呢？要想知道他的来源，不可不稍微说一说他的历史。

自从一八七二年马克思《资本论》翻成俄文，输入俄国以后，俄国社会主义派便渐渐的成了马克思主义的信徒。这派首领要推布来浩罗夫（Plechanoff），他是"土地与自由"社的著名的社员。到了一八七九年，这个社便分了激烈和温和的两派。激烈派是"人民的意思"，后来变成社会革命党，以暗杀为方法。自把亚力山大第二杀了之后，因很受政府的压迫，一时停止活动。温和派逃到瑞士去亡命，研究欧洲的社会主义，后来便组织一个社会民治党。布来浩罗夫属于社会民治党中，亡命到瑞士，曾用心研究过马克思社会主义，故社会民治党便是俄国的马克思社会主义的代表。社会革命党可算是一个农民党，社会民治党便算是一个工厂劳工党。社会民治党是一八九八年二月组织的，他们的政纲，决定先从政治革命人[入]手。激烈派这时也组织个社会革命党。这两党虽然同想推翻君主专制，但是社会革命党承认"密尔"（Mir）（俄国特有的农村制度）社会民治党却看作一点没用的保守制度。革命党主张土地共有，民治党主张土地所有一听[切]自由。因为两党的主张不同，所以时常冲突。到了一九〇三年社会民治党又分为两派。派以布来洁罗夫为首领，主张比较温和，叫做"门札维克"（Mensheviki）译言"少数党"；一派以列宁（Lenin）为首领，主张比较激烈，叫做"布尔札维克"，译言"多数党"（日本人译为"过激派"隐有骂他们的意思）。这两派本来同是马克思主义的信徒。但是少数派信用议会政治，认定社会主义是政治的东西；多数派不肯和第三阶级调和，却想使劳动阶级独揽政权，这便是两派分裂的原因。

布尔札维克派的唯一主张便是"第四阶级独揽政权"（Dicta torship of the Prolerati-at），这便是马克思派所主张的。马克思共产主义便是想把穷人合成一个团体，叫他们取得政权，来支配共有的产业。布尔札维主义也是只许劳动阶级执政，所有权力都归劳兵农会执掌。他们所说的"人民"不是全体人民，只是劳动阶级。把人类分成人民和有产阶级两种，有产阶级在他们看起来不算是"人民"，不但不是"人民"，并且是"人民"的仇敌。这便是他们不承认议会政治，和与少数派分裂的原因。

布尔札维主义表见于俄国的便是"俄罗斯社会派的联合苏维埃共和国（Russian Socialist Federation Soviet Republic）的制度，这个制度便是他们"第四阶级独揽政权"的主张之具体表现。所谓苏维埃共和国是一种苏维埃（会议）的阶级制度，从乡村苏维埃城市苏维埃到全国苏维埃会议都包在内。这种制度的最小单位：在农人方面是农村，由农村里边的劳工选出几个代表，组织一个农村苏维埃。在这一区中所有的农村苏维埃又举出一个区苏维埃；在一县内所有的区苏维埃每一千人举出一个代表来组织县苏维埃。再高一级就是省苏维埃更高便是全俄苏维埃。全俄苏维埃便是俄国最高的政府机关。

在苏维埃共和国中工业的劳动者是一种有特权的阶级。拿职业来做代议制度的单位，把从前以地方为代议制度的单位根本打破。譬如城市苏维埃，凡有选举权的都是生产的人，把因财产得到选举权的旧制完全取消。凡是代表都是代表职业的，并不是代表城市中各地方的。他们所以如此，是恐怕不生产的资本阶级得利用政治权力来迫压全国第四阶级的人民。

布尔札维主义主张土地国有，土地收归国有的法律已于一九一八年九月实行。这种《土地法》起首就说：

所有在俄国境内的土地、矿产、水、树林，和各种天然物的私产权一概取消。

所有土地供全国工作人民之用，从前地主不得要求赔偿。

他这种《土地法》便是想实现"不做工的不得吃饭"，一句话，使人人都以工作为人类当尽的义务。

布尔札维主义尚在试验期中，是好是坏，当然不能先下判断，但是最近美国社会学者洛史（Ross）与伯尔曼（Perlmen）两个人的观察很可参考，故把他抄在下边（原文登在《美国政治学报》第十四卷二号，张慰慈君译登新青年八卷一号）。

……苏维埃制度对于执政这一党实有极大的利益，执政党可以利用这种制度永久维持他们的政权。苏维埃代表没有一定的任期，可以由人民随时撤回。这种办法人民有实权监督议会，但是因为选举不是全国同时举行，执政党尽可以用全力在有选举的地方把反对党的候选人打败。……因为有这一层理由，布尔札维克派此刻所以能维持他们的地位。

苏维埃式的代议制度没有欧美各国通行制度的直接。……俄国此刻的制度，由农民选出农村苏维埃议员，由农村苏维埃举出县苏维埃议员，由县苏维埃举出省苏维埃议员，由省苏维埃举出全俄苏维埃议员，更由全俄苏维埃举出中央执行委员会。……从选举人一直到国会代表须经过四重的间接选举，当时执政的人尽可用他们势力来使最高机关和人民意志逐渐隔离。还有一层，如非在每次间接选举的时候，严行"比例代表"制度，少数党实不能有一点机会，必至完全消灭，而中央执行委员会会员必全为多数党占去。

照理论说，苏维埃制度尽可不必排除中级社会的代表，但是这制度和中级社会实在不相容，就是这般平民不想专权吗，中级社会人也不能加入。是不是把他们当作一个团体，或者分做几个小团体，如财政家、制造家、包工人、商人和投资者？是不是照他们投资方面的利益关系把他们分做几个团体，如铁路、银行、钢铁、电器等类？他们虽然也可以照他们各种活动分配他们的代表，但是他们的代表总是按照财产分配的。所以在苏维埃制度之下，万不能容纳他们。

中级社会虽则不能加入苏维埃制度之中，但是苏维埃完法已经预备怎样可以利用农工兵以外的人才。上文已经说过，每一个省苏维埃是分成两部或两部以上的。每部可以把会员增加到原有数目五分之一，这种新加入的会员是有点顾问的性质，是从有经验的人中选举出来的。所以专门家也有门路可以利用平素的经验来帮助政府，影响政治。他们既然可以做苏维埃政府的官吏，因之可以尽他们的能力。但无论如何，在这种制度之下，劳工一部分人是最有势力的，这种空气是否能使有才能的人出来极力为社会服务，还是个未决的问题。

78.《欧洲政治思想小史》广告（《改造》第三卷第三号，11月15日）

《改造》第三卷第三号，刊登高一涵著的《欧洲政治思想小史》广告：

这本书共分九章，对于欧洲政治思想各种派别，作一极有系统的叙述。自柏拉图、亚里士多德以次，像契约论派的浩布思、洛克、卢梭；历史派的孟德斯鸠、梅因；乐利主义派的边沁、密尔；进化论派的斯宾塞；均能提纲絜要，加以比较的研

究。第八章叙述社会主义派的圣西门、欧文、福利埃、布朗、拉塞尔、马克思、柏恩

(《改造》第三卷第三号，1920年11月15日)

10月

79.《社会主义史》（著作，目录、自序、原序，10月）

《社会主义史》由新青年社出版。作者由英国人克卡朴（今译柯卡普），1892年初版，1913年由英国人辟司加以删订，并增补了原书出版后20年社会主义运动发展的轨迹。翻译由李季。全书共22万字，分上下卷，共650页。上卷：一、绪论；二、初期的法国社会主义；三、1848年的法国社会主义；四、初期的英国社会主义；五、拉塞尔（今译拉萨尔）；六、拉伯尔塔斯（今译伯恩斯坦）；七、马克司（今译马克思）；八、国际工人协会；九、德国社会民主党。下卷：十、俄国革命；十一、无政府主义和工团主义；十二、各国社会主义的进步；十三、近世国际工人协会；十四、英国派社会主义；十五、社会主义通论；十六、结论。附录：Ⅰ、圣西门派的辩护；Ⅱ、德国社会主义工党党纲；Ⅲ、费边会的基础；Ⅳ、总同盟罢工表；Ⅴ、澳洲工党内阁一览表；Ⅵ、英文书籍解题。书后的"中西名词对照表"十分珍贵。翻译用语有时代性，"五四"时期的翻译用语与当今有很大的差别，"对照表"是重要的参考资料，据此我们可以了解中英文名词翻译的时代演变过程，有利于我们对初期传播史的研究，有利于今天对马克思主义、社会主义运动的翻译与理解。

附 蔡元培的《社会主义史序》：

> 我们中国本有一种社会主义的学说。如《论语》记孔子说"有国有家者，不患寡而患不均，不患贫而患不安。盖均无贫，和无寡，安无倾。远人不服，则修文德以来之。既来之，则安之。"就是对内主均贫富，对外不取黩武主义与殖民政策。《礼运》记孔子说"人不独亲其亲，不独子其子。使老有所终，壮有所用，幼有所长，矜寡孤独废疾者皆有所养。男有分，女有归。货恶其弃于地也，不必藏于己，力恶其不出于身也，不必为己"。就是"各尽所能，各取所需"的意义，且含有男女平等主义。《孟子》记许行说"贤者与民并耕而食，饔飧而治。"就是"汎劳动"主义。
>
> 中国又本有一种社会政策。《周礼》"小司徒经土地而井牧其田野""遂人辨其野之土上地、中地、下地，以颁田里"。《孟子》说："乡田同井，出入相友，守望相助，疾病相扶持；""设为庠序学校以教之"；《汉书食货志》"民年二十受田，六十归田，七十以上，上所养也。十岁以下，上所长也，十一以上，上所彊也"；"女修蚕织"；"春令民毕出在野，冬则毕入于邑。……入者必持薪樵，轻重相分，班白不提挈。冬民既入，妇人同巷相从，夜绩女工。必相从者，所以省费燎火，同巧拙而合习俗也"。虽是偏着农业一方面，但不能不认为社会政策的一种。后来宋儒常常想恢复井田，但总没有什么机会。

西洋的社会主义二十年前才输入中国，一方面是留日学生从日本间接输入的译有"近世社会主义"等书。一方面是留法学生从法国直接输入的，载在《新世纪》日刊上。后来有《民声》周刊，简单的介绍一点。俄国多数派政府成立以后 介绍马克思学说的人多起来了，在日刊月刊中常常看见这一类的题目。但是切切实实把欧洲社会主义发起以来 一切经过的情形叙述出来的还没有我友李君懋猷取英国辟司所增订的克卡朴《社会主义史》用白话译出可以算是最适用的书了。

克氏此书成于一八九二年，于社会主义的学说叙述得颇详，但是社会主义派最近的运动自然有遗漏的。经辟司于一九一三年增订一回，加入的不少。虽然大战以后，俄国新政府的设施，国际联盟条约中劳工规约的讨论，各国同盟罢工的勃起，矿山铁道国有问题的要求，这些重大事变还没有包在里面，但是一九一三年以前的事实很可以资考证了。

克氏辟氏，都是英国人，自然是稳健派，所以对于以前的社会主义很有消极的批评。又如辩护家庭、辩护宗教、辩护中央与地方政府，甚且辩护英国的殖民政策，读的人一定有嫌他们不澈底的。但是他们所叙述的给我们的教训已经很多。

在这部书里面说，"现在一般有名的研究家，都承认历史，经济的历史在内——是许多有次序的现象之连续体，凡在连续线内的各种情形，都有种种特别的事实和倾向标明出来""一个时代的失败，常指出以后一个时代中成功的路道"。"我们讨论社会主义运动的问题，不独当以历史和人类为标准则，还须特别参考现在流行的各种势力——工业的，政治的，社会的，和道德的势力"。狠可以令我们猛省，知要实行这种主义，必要有各种的研究。不是随便拈出几句话头，鼓吹鼓吹，就有希望的。

他说："差不多没有一国的工界像比国的工界一样，受那种难以名状的苦痛。从前比国工人毫无知识，作工的时间极长，工价极廉，他们既没有政治上的权利 又没有一点组织；所以常被压制"。这不是我们工界的缩影么？但是"最近几十年来比国社会主义运动以组织坚固和包罗宏富两点著名""从英国采入他的协作和自助，从德国采入他的政治上的策略和根本上的原则，从法国采入种种理想上的倾向。"他的特点"是他的协作的大组织""比国的协作社会已经使比国的工党根深蒂固，在世界各国中，除德意志外，没有能和他相比较的"。这不是我们应该注意的方法么？

他叙工团主义的起源说："法国人发生三种观念 一，工人阶级在政治上得不到救助；二，国会是一群自谋私利的空谈家，他们只要有官做，或有赂得，他们就会牺牲他们向来的主义；三，中央政府是一个仇敌。"因而工团主义的观念"一，工界的救援不在乎政治方面，而在乎自助和自己组织团体；二，要制胜资本家，不在乎公众所组织之政治性质的团体，而在乎工界所组织之工业性质的团体；三，工人第一是一个作工的人，如做矿工、工程师、成制棉工人，第二才做一个国民。""工团主义是纯粹工界的产物，不是一个人的力量造成的，他是由许多不著名的人之种种意见相合而成的，他的发生是出乎自然的。"我们中国无论什么组织，总是有政客想利用他，那法国的工团主义不是我们很该注意的么。

他说"人类发展之中，有两种要素：就是脑力的发达和合群原则的发达"。又说

"从现时过渡到社会主义时代，……一定是渐进的，必先做一番预备功[工]夫使大多数人民的知识、道德、习惯和组织，都合于一种更高的社会经济的生活。"这就是工人教育问题。第一是学者的加入，如"美国各大学校学生中有许多是社会主义者，这些人中间有许多是在德国各大学得过学位的。当一九一〇年，各校社会主义社有十支社，到一九一二年增至五十二支社"又如英国"费边会在各地方组织支部在牛津大学，剑桥大学，和别的大学里面都有支部。近来联合成一个大学社会主义同盟会"第二是特别的教育，如德国社会民主党有教育委员会，"当一九一二年至一九一三年的时候对于经济学、历史、文学、美术、社会主义、哲学、协作运动、工联主义、政治学和各种专门学科，共讲演三千五百次。此外，还公开无数的音乐会、欢迎会和演剧等"。"又有一种活动影片，也是用作传播社会主义之用的""柏林有一种社会主义学校，在这个学校里面，每年有三十一个当选的年龄不同之男子和妇女教授普通史、社会史、宪法史、政治经济学、社会主义的历史和学说、社会和工业的法律、演说术和作文法、新闻事业，和别的学科"，"设一个妇女部，预备各种小册子和别种印刷品在妇女中分发"，"设法使青年和社会主义相接触，组织六百五十个地方委员会，专办这一类事务。还办一种特别的新闻纸，名为《劳动少年》。在二百七十四处地方设有少年图书馆，自一九一二年至一九一三年，举行演讲会四千五百次，开音乐会和欢迎会二千四百零五次，举行旅行会、博物院参观会等等共一万四千三百次，他又刊布小册子八十二万五千份，分发国内各青年"。这不是我们应该效法的么？

我读了这部译稿，发生许多感想，特将重要一点的写出来，表示我介绍此书的诚意。

中华民国九年七月二十三日，蔡元培
（《新青年》第八卷第一号，1920年9月1日）

《社会主义史》自序：

我国自"五四"运动以来，新思潮震荡全国，真有"一日千里"之势。近一年来新出版的报章杂志有好几百种，都竞谈世界各文明国的新学说，而社会主义尤为谈论的焦点，并且很受社会上的欢迎。

但是我们要讨论一种学说，对于他必先具一种有统系的知识，才能够判断他的好歹，决定他是否可以实行。社会主义运动在欧、澳、美各洲非但[常]发达，而派别亦复甚多，我们对于这种运动要想具一种有统系的知识，须先从历史下手，我译克卡朴社会主义史的目的就在这一点上。

克卡朴是英国一个有名的学者，他这部书纪[记]载世界重要各国社会主义运动的源流和派别，既很详细，又很扼要。但是这部书从出版到现在差不多有三十年了，故近来各国社会主义运动的事实，都付"阙如"一千九百十三年英国著名的社会主义家辟司应发行人的请求将克氏原本中关于解释社会主义的节段删去许多，又将近来各国社会主义运动的事实撮要编入，至一千九百十三年为止，较原书约增加八分之一。

此书既出于两个名人之手，遂成为一部极完全又极有价值的书，读者诸君细玩一遍，对于各国蓬蓬勃勃的社会主义运动，当能"了如指掌"。

当我译这部书的时候，蒙蔡子民先生代译好些德法文书报名，胡适之先生指示疑难之处，张申府先生改正各专名词的译音，我对于三先生是很感谢的，我于三个月之内译完此书，下笔时虽力求不失原文的本意，然以时间短促，因疏忽而陷于错误之处，在所难免。国内学者如肯加以指导，使再版时得重行改正，那是我所最希望的。

中华民国九年七月一日 李季

《社会主义史》原序：

克卡朴著了这部社会主义史，在他将死之前，正值第四次出版，他在第四版的序中曾说他这部书有两种目的，第一就是将历史的社会主义中各主要的方面标明出来，第二就是对于社会主义运动作一种概括的批评和解释。

我因为应发行人的请求，遂担任订正这部书的第五版，据我的意见，书中注重第二种目的之章节，大可以删去许多，也没有什么妨碍。当一千八百九十二年克卡朴初次刊布这部书的时候，所有解释社会主义的英文著作可以供专门学者研究的资料的，实在不可多得。到了现在，各重要的社会主义者所著的书籍非常之多，如国会议长讷塞马克但那（G Rains aymac Donaid，M. P）和国会议员司诺顿（Philip Snowdon. M. P）都有好些著作行世，卫布（Sidiney Webb）、萧伯讷（Bernard Shaw）、布拉哲佛（Robert Blatch Ford），和许多别的人所刊布的小册子，定期出版物和新闻报纸等等，不知道有多少，他们这些人的著作解释社会主义都是很有价值的。

现在既有了好些有价值的社会主义的出版物，所以我将克氏解释社会主义的章节大加裁剪了。

据历史的眼光看起来，这部书以前几版对于英国社会主义似乎是说得过于简略，因为英国社会主义对于英国一般读者大概是最饶兴昧的。克卡朴是一个学问渊博的学者，但是他对于英国社会主义运动，没有亲自参加，所以我不能不猜他的心中，以为无论什么事，如果在一个设备很完全的图书馆的书籍中没有叙述出来，就是不重要的。我这句话无论说得对不对，总之，他这部历史记载近世英国社会主义过于简略，我现已将这一部分大加扩充了。

本书这一次出版，起首九章在实际上是没有改变的。我既没有这种学识，能够订正克卡朴初期社会主义者的历史和近世社会主义运动起首的几期，我也没有这种能力，能够这样去做。第十章（俄罗斯革命）和第十一章（无政府主义和工团主义）中关于早前历史上的事实大概是从本书前版中撮出来的，而后来的事实是新加入的，又这两章的全部都是重新编订一次的。第十二章（各国社会主义的进步）、第十三章（近世国际工人协会）和第十四章（英国社会主义派）差不多完全是新加入的，第十五章（社会主义通论）和第十六章（结论）多半是由前版六章中各部分相合而成的，不过经过编辑者一番选择，重新编订罢了。这种增补和订正的结果，恐怕大家不十分满意，但是将本书照前版一样完全印出来或是将这一版所重印的许多有价值的节段完全删去，似乎都不大妥当。

克卡朴的为人是很富于兴味的，他的品性时常流露于全书各节段中，然读者看到这些地方对于克氏的生平必愿意更多知道一点。

克卡朴是奥坦不林（Northumbria）一个牧羊的人之子，他于一千八百四十四年出生于吴列（Woolor）附近的地方，但是当他八岁的时候，他的父亲移居于附近开尔索（Kels）的阔克叶左（Kirk Yotholm）。此处离英格兰界虽不过一二英里，然却在属于苏格兰的契味阿特（Cheviot）山间；所以克卡朴完全是在苏格兰的风俗习惯之中教养出来的。当克氏幼时，他自己在契味阿特牧场中牧羊，然他那种出众的才能即刻就使他得到好些别的机会了。他起初在一个乡村学校中当教员，一面教书，一面又读书，后来他入了壹丁堡大学（Edinblurgh University）他在校中很负盛名，旋取得硕士的学位，并且得到一种游历津贴费，因此他便能够在哥庭坚（Gottingen）、柏林（Berlin）、曲宾根（Tubingen）、尼李洼（Geneva）和巴黎（Pari）等处继续研究学问。到了后来他在苏格兰一个长老会教派中学习牧师的职务，但是他旋又舍弃做牧师的观念，和兼柏司（W. and R. Chambers）书局中人相结纳，他后来遂当这个书局的教育顾问，一连好几年当时兼柏司书局发行好些很有价值的教科书。

一千八百八十三年，克氏从壹丁堡移居伦敦。他从此以后，就在伦敦或伦敦附近的地方度他的岁月。到了一千八百九十一年，他和卫格塘协（Wigtownshiae）一个寡妇结婚，这位妇人本已经有了两个女儿，不过一个女儿死去了，还有一个女儿就是司提德（Mr. W. T. Stead）。长子显理司提德（Mr Henry Stead）的妻子克氏住在伦敦的时候，他和兼柏司书局的关系很密切，历时也很久。他又投稿于《大英百科全书》（Fneyeloraedia Britaunica paedi b ita ica）和别的百科全书，他有时又替各报馆作文。社会主义研究（An Inquiry into Socialism）是浪曼司书局（Longmans）发行的，一千八百八十七年、一千八百八十八年和一千九百零七年各出版一次，社会主义史（The History of Socialism）是布来克书局（Black）发行的，一千八百九十二年、一千九百年、一千九百零六年和一千九百零九年各出版一次，和社会主义初步（Primary of Socialism）也是布来克书局发行的，一千九百零八年和一千九百十年各出版一次，三部书都是他著的。到了一千九百十年，他的母校壹丁堡大学特授他一个文学博士的名誉学位。

克卡朴无论在国内或国外都很为人所钦佩。荷兰著名的经济学家辟亚孙博士（Dr. Pierson）曾说，克卡朴的社会主义研究一书是很有价值的，不过著作者尚不为人所知道罢了。克氏完全是一个学者，他的生活是种隐居的生活，然他却很喜欢与同志的人相往来，很高兴讨论各种重大的问题，而难以诚恳和谦恭的谈话。他对于普通社会是不甚关心的，然他那种和蔼的笑容及潇洒的态度，却使他很受大众的欢迎。凡他在学生时代所交的朋友，友谊都是始终不渝的，无论那一个朋友经过伦敦，总要和他作长期的聚首。他死于一千九百十二年五月二十三日，留下一个妻子和四个儿子。

我自己和英国社会主义运动的关系，我在这种运动中所担任的事业，以及我立说的观察点，我将略为说明，使读者看到英国社会主义一章或将更加明了一点。

当一千八百八十三年秋季，国中同志屡次开会，筹备组织一种社会主义机关，后来遂有一个费边会（Fabian Society）出现。当时开会的地点就是在摄政公园阿司拿堡（Osnalburgh）街第十七号我所住的屋子里。我于一千八百九十六年在费边会当了几个月名誉秘书，但是到了这一年的夏季，我就离开伦敦，前往纽卡塞（Newcastle on-Tyno）。我住在纽卡塞一连三年，我是在一个协作工厂做细工木匠，旋又加入细工木匠同盟会（The Alliance Cabinet-Make Union）。当我到那里的时候，社会主义还是一椿新事业，我于传播社会主义和组织全国劳动联合会（National Labou Federation）两事曾实行参加，这种联合会就是工联总会的先驱，不过他所取的途径不恰当罢了。到了一千八百八十九年，我又回到伦敦，当一千八百九十年初，我当费边会第一任有偿秘书，现在我仍旧担任这种职务。我也时常被选为费边会行政委员会的委员。一千八百九十三年独立劳动党（The Independent Labour Party）成立了，当时我虽没有加入，然这一党一切进行计划我却留心考察。到了一千八百九十九年，我当一个筹备委员会的会员。这种会是因筹画工界代表委员会（Labour Representation Committee）的组织大纲而设的，而工界代表委员会就是工党的原名，当时我被派为费边会代表，出席于工党第一次的行政会，自此以后，我便成为这一党的党员。老实说，我相信我只有一次没有出席于工党行政会，当《国民日报》（The Daily Citizen）初出版几个月之时，我并且代表工党加入这个报馆的指导部。

所以我作文是从费边会和工党的观察点立论的，我对于这两种机关，具有一种充分的知识。自从独立劳动党成立以后，我就和他很相接近。近几年来，费边会和他通力合作，我更和他亲密了。我不能够说我很知道社会民主同盟会（The Social Demoeratic Federation）的内容，或是他的继承者英国社会党（The British Socialist Party）的内容，我也不能够假装我能表出他们的政策，和一个从来没有反对这种政策的人一样，毫无一点偏袒之心，我若这样说，那就不公平了。我对于费边会或者说得太多，占去本书的篇幅不少，但是我却要自己替自己辩护，我在这种传播主义的运动中既是一个实行参加的人，一切情形知道的很多，那么，要我于叙述这椿事的时候，忽然又做一个门外汉，舍弃好些事实，那就是不可能的。我求大家原谅，所根据的理由，就在这一点。我相信将来一班历史家，一定会承认，继马克思之后而为社会主义思潮的首领者就是卫布（Sidney Webb）。现在他们的确已经知道几分了，马克思早觉得工业一定是一种国家事业，但是他却没有预先知道这种国家事业将如何实现出来。预先知道这种国家事业如何实现是英国派社会主义的功绩，这种社会主义在英国流行已久，他后来被卡斯天君（Her Bernstein）输入德国，即自成一派，名为修正派（Revisionism）。他又在美国创设一个社会主义党，他无论在什么地方总是得势的，然英国派社会主义，大半就是卫布一个人创造出来的。

一千九百十三年十月　辟司（Edward R □ease）序于色列（Surrey）的灵布费尔德（Limpfield）

11 月
1 日（星期一）

80.《民族自决》(《新青年》第八卷第三号，11月1日)

《新青年》第八卷第三号发表了震瀛译的列宁演说《民族自决》，全文如下：

　　有许多 Soheidemannists 人说我们要克服德意志。这固然是非常可笑，但有产阶级这样说于他们总有些利益。——有产阶级的报纸出版千万册，传播全世界，威尔逊为自利计，也不能不帮助这种谣言。他们说布尔塞维克有很大的军队，想着拿武力来战胜德意志，撒播布尔塞维克主义的种子。

　　德意志最善良的人民 Sparticides 曾经告诉我们说德国的工人已经被诱来反对共产党了。他们说"你们看罢！俄罗斯的事情不是弄得很坏么"！（我们也不能说事情进行的很好）！但我们的敌人在德意志拿种种辩论来蛊惑平民，因为德国平民革命必弄到像俄国无秩序的结果。我们自己也知道我们的扰乱，是俄国的心腹大患。我们千辛万苦来奋斗，要在国内产生一个无产阶级的狄克推多制。如果德意志的有产阶级或可鄙的有产阶级，甚或有一部份的德意志工人，为这种谣言所恐吓："布尔塞维克派想用武力施行苏维埃制度"——这桩事情如果属实，那个格言"工人自决"还是不能拯救世界咧。（这几段是去年三月十八至二十三在莫斯科第八次共产党大会列宁布告中撮出来的。Bonkharin 也提议拿"工人自决"来替"民族自决"）。

　　这种提议非常困难，有许多讨论的地方。方法也非常复杂，各国阶级的不平已经明白了。德意志的手段和我们不同，——有些地方，比较快一点，也有慢一点，并流血多一点。在俄国想把苏维埃和宪法会议联合的大愿，不容易为各派所明了。但我们的邻国德意志已经明白到这个田地了。

　　我们所以一定要把德国社会党的汉奸（和平派的社会党）的黑幕宣布出来。他们不是说布尔塞维克派想拿武力来施行普遍的制度于国，只说我们想拿赤军的武力把布尔塞维克主义传播到柏林，那是不成功的。——这种推论以为我们是违反"民族自决"的原理。

　　各国劳动界的手段能够脱离有产阶级的关系，是各有各不同；但对于承认民族自决和工人自决是没有矛盾的地方，这是殊途同归。在芬兰阶级战争的进行，已经有很好的效果。但那里的事情一定和我们不同。如果我们说不承认有什么芬兰，只承认劳动界，这是荒谬绝伦的。我们不能不实事求是。不承认那桩事是实在的，也是不成功，因为这是不能不承认的。我还要讲讲各国现在有阶级战争，那些无产阶级有产阶级脱离关系，——每事都有个人独立的态度——我们必要小心谨慎来指导我们的行为。

　　我们必须承认这一桩事就是：邻国底劳动界误会大俄罗斯人是一个专制国。我们必须解释那种误会。有一个芬兰的代表告诉我说：芬兰有产阶级当中，由来是很憎恶大俄罗斯人的,现在已经有许多人说"德国人实在是兽类;协约国尤是更大的兽类。我们不妨欢迎布尔塞维克派"我们对待芬兰的有产阶级是有很大的胜利,也是我们民族政策的胜利。这种政策对于我们和芬兰有产阶级的战争,没有什么冲突。我们对待阶级的敌人,只用他在战争中一种最完善的工具罢了。

我记得在 Smolny 地方有一桩怪事,当我把一张证书给与芬兰有产阶级的代表 Svinhuvud,保证芬兰独立;翻译成俄文,实是绝无意识;他后来在芬兰工界中很活动,并很亲诚的向我们握手,我们也还礼。我以为这件事是不大得意!但也没有旁的法子,——因为当时芬兰的有产阶级欺骗人民和劳动界,并说我们——Muscovites Chauvinist,大俄罗斯人,想侵犯芬兰。我们已经把这种谣言打消了。"

"苏维埃共和国所改组的帝政,是压制波兰的,现在当然要光明磊落,声明尊重各国底独立权利。否则他们必猜疑我们,——不是绝对荒谬的。赤芬兰的政府成立不久,我们曾同他订约,拿些属地给他,俄人便有反对的声浪说:"那里便于渔业,为什么抛弃他呢?"对于这种抗议,我便说:"帮忙些共产党,这才是大俄罗斯人咧"!

(一个 Ukrain 共产党 SkripniK 鼓掌呼:"很对"!)

对于芬兰人的榜样,并对于 Bashkira 人,我们不妨声明不必经济上有什么组合。经济的组合本来是很重要的。但我们必要有自由的组合。Bashkira 人现在正要怀疑大俄罗斯人,因为恐怕我们挈着高深的教化来劫掠他们,所以感情隔膜。Bashkirs 人当大俄罗斯人是一种治人者,和劫掠者。我们要计及这桩事,把他来消灭。这种情形,不能一朝消灭,只得逐渐进行。这样大的俄罗斯民族,更当要小心谨慎,因为各国恨已的事实已发生。我们只得设法来应付这桩可怜的事,比方现在我们共产党说:"我们现在已经有了一个世界共同的教育制度了,除了俄文以外,他国言语用不着了。"我以为这样的共产党不过是一个大俄罗斯人。他同我们住在一块,应该指导他。

所以我们要告诉各国;我们于芬兰人是国际的同胞;我们的目的在于纯粹的世界劳农之自由结合。

这不是一定能够免了战端。战争是别一个问题,这个问题在帝国主义的性质中已经是根深蒂固了。如果威尔逊想和我们宣战,拿小国来做一个工具,我们说:我们与他的工具战争。我们并不愿有这一桩事。我们没有说过一个社会主义的共和国,不要军队可以成立。看看战争的情形怎么样,也许是必要的。

同志 piatakov 是很对,我们要团结;我们要拿主义来战争,拿党势来战争,拿结合多数或少数的职工组合来战争,虽在于这一件事,一个标准也不成功。比方拿德意志为证。我们自己已经战胜职工组合了。但德国的同志说:"我们有这些黄色的领袖在一切职工组合里头,我们的战声便消灭全体职工同盟的事业"。我们解答他们:"你们对于自己的特别问题,不要怀疑,你们不要模仿我们的解决方法,这是很对的"。

我们不要宣布,波兰之平民已经发生自决了。这里有华沙苏维埃工人代表之最近的统计:波兰社会的奸细(社会民主党)有三百五十三人;共产党二百九十七人。这些数目可以表明,根据我们的革命时期,已离十月不远了,——现在波兰很像一九一七年八九月的俄国！但我们要知到各国的革命，不必一定要依着俄国布尔塞维克革命的时期；我们虽然不是这样说，也不是要各国来遵从。我们必须证明现在大多数的波兰工人——虽然他们比我们较进步些，开化些，——还是萎靡不进，做社会的守护主义，社会党的奸细主义，这还是慢要一步咧。

劳动界之阶级区别，这是无庸宣布的。我们要拿主意来宣传阶级区别。这是我们正在进行的。但现在我们不管怎样，一定要承认波兰民族之自决，虽然他是有产阶级的。波澜无产阶级的运动，趋向无产阶级之狄克推多制，但不是完全和俄国一个样子。我们要研究，如果我们的效力促进他们太快，反弄到他们恐怕。他们听说我们是 mscovites 人，常常压制波兰的，又要侵犯波兰是拿着大俄罗斯主义的共产党主义！我们所以要知到共产主义不是用强力之方法可以进行的。

我要告诉波兰共产党中最好的同志"你们的进行，可以不必像我们一个样子"。他答道："不对，我们要同你们一样进行，但我们要比你们做的更好"。这个情形，我绝对赞成。须要给他们这机会好发育他们的正当理想，成立一个比我们较好的苏维埃政府。我们不必从莫斯科颁布革命的进行史。

（《新青年》第八卷第三号，1920 年 11 月 1 日）

81.《罗素论苏维埃俄国》(《新青年》第八卷第三号，11月1日)

《新青年》第八卷第三号刊登哈德曼 Jocob Wittmer Hartmann 原著，雁冰译自 Soviet Russia 的《罗素论苏维埃俄国》，如下：

外来的观察者对于一新宗教或新艺术底第一个面目，不一定常能辨别它的真相而不误会。初期的基督教，显然无疑是真真的宗教势力，而且一定早含着许多艺术底久远发展的胚子的，在罗马人看来，便简直是扰乱的寇仇，不得不用全力扑灭他。甚致如奥古斯都时代最和平而有同情心的罗马人，他们很悲怜于基督教徒之被屠戮，而且要给他们一个和其他人民一样的公平待遇的——我们也疑他们是否真懂的罗马帝国生活形式底巨大转变底未成熟的表示，即在基督教最初的派里和最初的（原始的）艺术作品中找出来的。那些自身即是基督教徒的罗马人（他们对于那信托新生命的被压阶级也有同情心）自然一定晓得正在前进的事很重要；但是我们不能盼望外边人也有同样的了解。

上了年纪的人逼得去听着青年人讲那狂悖而兴奋的无神论，他常觉得是很好玩的笑话，因为如此坚信无神而能不成宗教，想来是不可能的。罗素君在俄时有人对他说艺术和宗教在俄国是无暇顾及的事，这几句话，罗素君如何可以照字面直解说呢？照他的原句写出来是"我们无暇讲究新艺术，亦无暇讲究新宗教"。罗素君实在是不信这人的话，因为他已把辩证这句话的材料供给我们了。所以，我们只要引罗素君的话：

"真信共产党党义的人，很觉得私产是万恶的根源；相信之坚，竟至于对于无论何等方法，无论怎样严酷，但似于建设维持共产的国家是必要的，决不畏缩不敢采用。他的不自爱惜，直与不爱惜别人一样。他一天做十六小时的工，礼拜六的半天休息也放弃了。凡社会上需要的工作，不管如何困难或危险，例如清理高尔哲台尼金所留下一堆一堆的受腐乱有毒的体尸，等等事件，他都投效去做。他虽有权位，虽有食粮的管理权在掌握中，他的生活是极刻苦的。并不为个人的营求，只尽力于创造新社会的秩序。但是使他刻苦的动机也就使他刻薄，马格斯说共产主义是像命运一样前定的要出现的，这种议论，充满以俄罗斯人的东方特性，遂造出了一种和默哈谟德的初世教徒的不无相同的心境。"

上面这一段话似已标明一个人和他所不了解的宗教既接触后所生的感想。并且指出如何他的好奇的努力引他企图从种族上说明，从俄国的或东方的真情说明，从与默哈谟德教徒出惊的类似（指领袖者而言）上说明（后文又以清教徒代默哈谟德教徒比喻）；总算罗素还没有将欧洲民族某部人民当大战之前及正在战时所传布底盲目的民族主义的迷信拿来做比较，找出些类似来。俄国人民对于一民族的理想之坚信，就是全体人民共有所有底理想（这不仅是俄国人或东方人所特有的坚信，似乎俄国而外，也很流行，足使一切国的民众十二分明白他们必得尽其力之所能以阻止他们的统治者破坏俄国的革命）几乎成为一个宗教的信仰，如在过去数世纪中所发生的任何事一般，而且这样一个完成而自己牺牲的信仰很难找得一个类似。罗素喜把现在的俄国情形和一六四八年英国革命后的克林威尔时代相比。他说：

"诚信的共产党人（老分子的诚信已由多年受的捕罚而不改行证明）很像清教徒的军人，怀抱着严刻的政治道德的目的。克林威尔对于巴力门（英国会）的处置，不为不似列宁对于宪法会议的办法。"

俄国现状和克林威尔时代何曾完全的相像。克来威尔对付反对革命的巴力门之坚决而严厉或许是能与列宁相并，但利宁之坚持宗旨与不可挠的坦直心径便非克林威尔所能及。克林威尔是马丁路德一类的得时机的革命者，对于那能危害及于最出力助成覆颠帝制的一部分人民之利益之让步，是不反对的。（原注；Eduard Bernstoin' Sozialisums and Demokratie in der Englishen Revolution Ld ed, 1908）。列宁和布尔什维克派的党徒，就是所谓俄国的共产党，却是始终忠于那使革命成为可能的些阶级，即如俄国现当权者有时为欲保存革命的成绩迫不得已而行使的严厉手段也不是针对那竭力想把革命成绩奠于极端隐固的党派而发，却是针对那抱有危及新国家之存在的调和政策与让步政策的分子而发的。克林威尔对于 Gerard Winstanley 式等 John Liburne 式等真共产党的政策是反对的，压制的，虐待的政策，和俄国苏维埃政府以及现握苏维埃政府大权的党派底政策是全不相同的。

不过罗素君应该不是反对俄国之形近似无宗教与艺术的第一人，因为罗素君好像是个全然无宗教思想的人。他自喜"自从一六八八年以来英人生活所依据的根柢"常在"仁慈与容忍，那是值过世界上一切的教义的"，虽则他亦自认他的本国人"并没有把这仁慈与容忍应用到他种民族或被统治的种族"。此因罗素君实是英国及他国中无宗教亦无教义的阶级中之一员，所以，他当需要教义的时候，便自然而然地把那个阶级的阅历——这阅历即是使得该阶级的生活式在彼生活于是中者看来是可喜而且光辉的——升一层成为他的教义。凡大学院的教授——罗素君是一位有名的数学学者，在剑桥（记者按：原文作牛津，误，今改）占个讲座，我们自可称他为大学院的教授——因为他自己是有许多法子保护着使不至如常人一般受粗鲁接触的，便往往把自己一阶级的私权利认作是全体人民的公有物。他因所遇见的人都是有文化的有礼貌的，不能说粗俗的英语的，便陷入了一个严重的谬误，以为美言辞，以及"审判官态度似"的修饰，仅为自身利益的生活之蠲弃等等都是身体政治的善配置者所可几于达到的设备，只有那本性粗俗没有理解这等设备的天赋底人，才是除外的。因为他常常和谦逊面有娱乐与评骘的优长识力像他自己一般的人相接触，他忘却有多数人是爱进这个可爱的圈子而被驱逐出来（他可曾读过"Jude the Obscure"）更有许多人，几乎是人民的全体，从来不曾想欲进去，从来不曾想过分离的生活，可是时常热心追求那较之仅仅论评事物时仁慈而容忍底利益更为急迫些的利益。实在呢，罗素君一定也知道，虽然"仁慈与容忍"是"世界上一切教义中最可贵的"。岂但不能应用到他民族或被统治的民族，实到在英国内除开一小群之外，也是不能应用的。

英国真正的生活，亦非常是知识阶级中间的温雅的讨论；也有很粗武的怨恨与暴动的遗俗，他们常有底苛刻的少年竞技和一切阶级中人的动辄奋拳，便是明明白白的证据。罗素君的风雅遗习完全把他自己和国人分开，他错代表了英人生活底真正的粗武风调，那是常常远于仁慈与容忍的。

俄国革命亦是不"容忍"。凡曾插一手于一九一七年十一月七日的大成功底人，自身都曾忍受过暴君的打击和经济的掠夺。经过长年月的预备，政治团体才组织成了，颠覆沙的政府这个大谋划完全靠在他身上。因有假的领袖搀杂进来，故有十一月之前的六个月内，民众的先后继起其结果都等于零，因为这些假的领袖早预备着把圆融而晦暗的调和政策联合政策来冲淡人民的要求。十一月苏维埃政府的建立显然是因为要用温和手段及好意的同情心来革命底种种企图全归失败，也因为布尔什维克派已经宣称用不调和不联合的手段去进行革命。民众都视布尔什维克如救主，望和平，望面包、土地，这些东西，他人曾允给民众，因为到底不曾真给，故被民众驱逐。

世界上都晓得布尔什维克和布尔什维克所建立的政府，实行他们允许给人民以和平、面包、土地底话，如何之周到；世界上人又晓得苏维埃政府与其当权之党派能继续握有大权不被推翻，即在他能如此这般地服役于俄国人民。而且世界上人也晓得，苏维埃政府为欲把掠夺于人民者仍还之人民这件事办得成功，不恤和国内国外各方的反动势力做对头。和这些反动势力争斗，都用温和手段是行不去的，虽则一般人都知道他们不采用温和手段，其实还是用温和手段时居多。然如对于第七军得军官们，如何能用温和手段？他们本是派出抵御 Yudenich，保卫彼得格勒的，他们却反与敌人联络，打算献城呢？又如和实力活动的反动革命党争斗安能不用武力呢？不要忘记：权柄在手的人觉得放弃权柄是难堪的；罗素君曾宣称看到共产党也是如此的；那么，他可曾看见一九一七年十一月以前统治俄国的大群革命元勋和高等游民更能应用这条原理啊？

"人既有了掌握大权的习惯，便觉得大权实在可喜舍不得自行放弃了，这是差不多人人如此的，如果握权者本就是不得人心的，他还欲自己怼恿自己，以为他握权在上实在是为公共幸福所必不可少的；然而不问他是确实自己真不明白呢，或是想假借这话来欺人，他一定要牢握这权柄，直到被武力逼得放手才罢休。"

这样有权力的分子或者也肯静着不骚动，仁慈而容忍地讨论他们所见以为是公事的罢；他们既得保留"分离"与"不相干"辩论的私权利，他们就常常愿意任凭一切暗探的恐怖，下狱、刺杀、身体上的痛苦和死的罚加在这不幸的民族罢。他们就以这样的粘性和他们的温和私权紧紧抱着，只有武力，坚决的武力，能劈开他们。

至于旧日在俄国权贵门下讨生活的知识分子又将如何说，他们亦许立刻觉到他们的"仁慈和容忍"讨论的私权要跟着他们所依靠的阶级之推到而受胁迫罢？他们不是很出力帮助反动派冀保那批人仍在权位么？他们不是在反动革命的报纸上做文攻击苏维埃当权，参加于反动革命的阴谋，指挥在外国的反动革命的宣传么？

革命的第一本务即是保护自己。要保护自己就得用武力在必要的地方。革命是以武力的行动为主要——推翻现有的政府——其后又须以武力抵抗旧制度余毒之尚继续为反对活动者，因以保护新政府。每一个小贵族，他能招集一小队的兵，并从外国当权者那里得到财源以养这一点点兵，便可起来急奔上前攻击新政府；全世界的资本家也要联合起来，愈联人数愈多，都来压迫这新组织，残废它的转运事业，折断它的桥梁，烧毁它的工厂和无线电台，馁败热心做工的人们的志气，毁坏它所储藏的食物。欲扑灭如此样的变版行动，无一法可说是太严厉的，如果罗素式的分散的不主战者在此中也曾费过一点时间，那我们只可说没有一个革命是曾做来讨好和平论者的，恐怕罗素君决不能找到一个正合着口味的革命了。

一个绅士，常和上等人住在一起，并喜欢惯他们的可爱的行径的（这行径完全是可能的，因为没有严重的利害冲突），一旦忽然投人到质朴人们中间去了，他们正有大问题待决，自然他们尤关心于问题的解决而不是方法之精美。罗素君却在这里弄错了。但是他一定懂得石乐 Schiller 的话，Wallenstein 说的，心理有空位给许多东西，即使是相反的思想，但是空间却是被实物充满的，若不好好儿排列整齐，就有许多东西欲冲突了：

Eng ist dic Welt und das Gehirn ist Weit

Leich bai einander liegen dio Gedanken

Doch hart im Raume stossen sich die Sachen。

罗素君从他自己的事实推想得的该是：应用的社会主义者已经生在俄国了，有一切物质生活的粗鲁与兽性，将没有愚事可容忍。

罗素君还明认门什维克（Mensheviki）在"布尔什维克的容忍"之下不曾受到甚至完全不得染指于选举的恶待遇。他证实在莫斯科苏维埃一千五百个代表之中有四十个是门什维克，虽然有种种可能的阻碍物横在反对党当选之前途。罗素君数示这阻碍物的几个道：

"第一，投票是用举手法的，因而只有出头露角的人才投反对政府的票。第二，没有一个不属于共产党的候选人能发印刷品，一切印刷工程都在国家手内。第三，他不能开会演说，因为一切大会场都在国家手内。"

罗素君这抗议就是中产的民主党之印板式的抗议。但是罗素君也很明白凡在一个政府有倾注全力以御外敌以保自存之必要的时候，——如当世界大战时的英国，及革命后的苏维埃俄国——许多所谓民主主义的"平安保障"，一定得丢开不顾。我们不能一定说罗素君的推诿是正确的：我们与苏维埃俄国之直接交通太不完备，不能许我们正式（受原人审定而许可的）说到选举的专门法；但是罗素君的描写中也有说到某种回到最"民主的"手续底新回向，即民族全体重复挑着那直接、公开、正大光明的口宣意见法了。苏维埃政府自然一定要禁止被疑为与外国联盟或与反动革命的仇敌联盟的政党有出版自由权；但是一切纯正的工人，却有苏维埃政府的宪法保障他们的出版自由与集会自由。不过，如罗素君所说，苏维埃政府的那样专断，很难相信，即令未曾看见我们顷间所发的报告的人听了，也难信。关于选举机关布告的原文不在我们手中，而我们无奈只得依靠曾在苏维埃俄国目击选举者的口里报告，这原是的确的，却是我们已不止一次想要在美国与俄国之间有完全的邮政交通和电报交通。但是局部地考虑这问题是有法的，虽然许多不要的详目不在手里。专断的政府总觉得压制讨论的必要，否认集会权的必要，驱居民使分离的必要。我们先看俄国是否曾设法阻止人民之集会讨论。全俄议会；成立不到三年，已经开过七次大会，现在正筹备召集第八次的会，其余地方的苏维埃自然也是常开会的。本周刊中亦常常刊载工人集会的进行，大家都可以从本刊的无线电官报中得到一个印象，知道这些集会是继续进行而且办到很好；本刊上期曾印有这些开会情形的摄影多张。列宁对于纺织工人议会的演说；无线电生的全俄议会（All- Russian Congren of Wireless Operators）发给全世界的无线电生的信；俄国贫些的农人的议会在莫斯科一个光明辉煌的大厅内开会；教习与图书馆员常常开会，或为地方的事或为全国的事；此等事若给一个不习惯于俄国现状的人看了，他对于这过度活动的政治生活所生的或然的感想，恐怕反是觉得政治热过甚，开会过多，公共事业的参与过多罢，而且我们一定可信若有罗素君式的绅士，早厌弃一切政治事业的，到了俄国，目击这爱讨论与思虑的普遍现象们是据满全国的，他回来时将说一个地方将成为狗国的可悲的故事，因为太过于民主主义了，太多说话，太多注意于每个人的意见了。

最后，让我们讲到罗素君对于重要俄人的感想。他特对于列宁、杜洛斯基哥尔基有兴味。他在列宁，找到宗教："马格斯福音的宗教般的信仰，代替了基督教殉道者天堂的期望，只除是更少些唯我观罢了"，却是我们正在列宁身上看见马格斯的方法不杂着宗教的元质。

我们宁设想这是俄国的民众，他们要把马格斯教义变成宗教。罗素君说杜洛斯基比列宁更多给与他一个可喜的印像，这话是有趣的；自然有许多美国人赞同不上三岁的个人观察说杜洛斯基"眼是光明的，有军人的气概，开明的知识，和磁石一般能感动人的人材"。罗素君在彼得格勒遇见哥尔基，并见他卧床剧病。"哥尔基已把一人所能做的尽力做了，去保存俄国的知识和艺术之命脉。但是他是快要死了，或者俄国这命脉也快要死了罢"。可是或者这是不然的。哥尔基他自己有他自己对于这题目的理想,那是见得没有成功把来交给罗素君。我们新近看见瑞典文译的哥尔基的近作(Smobaren och Revolutionen, Translated by Tnre Nerman),一篇小中产阶级(Petit bourgeois)精神与革命之关系的研究,我们虽是不喜欢将罗素君这样一个人的自己牺牲的精神和知识的精神,当做小中产阶级的精神看待,却是在这本新的哥尔基著作中,看来罗素君竟像是个小人,只图和上流人做安稳而有趣的讨论,却不想在创造的热烈呼吸中,在社会转移的风暴中,那是庄严的,却较为不可喜些——但是这庄严只有那看的生命比任何外在的形式更重要些底人才能看见哩。

(《新青年》第八卷第三号,11月1日)

82. "俄罗斯研究"专栏(《新青年》第八卷第三号,11月1日)

《新青年》第八卷第三号"俄罗斯研究"专栏还刊登《俄国职工联合会发达史》《全俄职工联合大会》《劳农协社》《俄罗斯我观》《克鲁把特金说"停战罢"》《列宁 最可爱的和最可恶的》5篇文章。

83.《列宁 最可恶的和最可爱的》(《新青年》第八卷第三号,11月1日)

《新青年》第八卷第三号发表震瀛译的《列宁 最可恶的和最可爱的》,全文如下:

列宁五十寿辰,纽约《苏维埃俄罗斯》(SovietRussia)周刊特出一册《列宁寿辰号》,当中有好几篇文章是很有价值的:批评列宁的为人和功业,头一篇是伦敦《每日新闻》(London Daily Herald)的记者George Lansbury所著的:叫做Lenin: Best Hated and Best Loved批评得很确当,所以我要把他翻译出来,给大家知道。(译者志)

当我生辰的时候,我找些时间来探访列宁,他是第一次俄罗斯苏维埃共和国的内阁总理。我拿着个人的意见来批评他——是世界上最可恶的和最可爱的——因为当着这一次革命,他的人格就是常常受人家这样的批评。我慢一点把列宁告诉我对于政治和工业的意见,详细发表出来。

各国的政治家,我都认识,尤以本国的更知交。但没有一个能够像现在俄国指导者的智能、忠诚和刚毅。

我和他头一次相见,便能肝胆相示;这是我从来没有见过的。他完全把他的个人政策和社会政策,完全表白出来,没有一毫隐讳。

他不像普通的政客,所讲的话,多是半吞半吐。他住在Kremlin城一个旧法庭里头,是一所很大的房子。但他的布置,非常简略。其中没有男仆,只有几个书记和打字者来料理部务。我敢信他从朝至晚,没有一个时间停息的,电话的连续,最多停不过两三分钟。

他的装束，很像一个简陋的艺术家。至于资本家的报纸所讲的话，完全是不对。我在莫斯科的时候，也未见他有什么珍宝、钻石带出来。那些相传有许多也不像列宁的真像。

他大约是五十岁；普通人的高度，行动时露出一些伛偻的状态。他的眼睛很明了，注视别人，很像知到[道]人家有不可告人的隐衷。他的言语很温柔，谅他一定很爱儿童的。

但由他的外表看出来，也是一个铁石心肠的大丈夫，他对于和平与激烈的人，有两种态度。他希望和平，以为由于国际的社会主义，最容易达到。他的宗旨，是能知必能行。他是言行相符的。我觉得他在内阁开会的时候，态度非常冷静，很像一个临死的人。虽然他是这般温柔的，但到了必要的时候，他必然要愤怒。

法国 Sadoul 大佐因为对于苏维埃的俄罗斯非常热心赞助，致被政府处以死刑，他曾告诉我说："俄国的共产党对于社会党的运动，很像耶稣教对于罗马教一样——即是他们愿为宗旨牺牲"。

现在人类的精神，在于实行。列宁是社会主义的真指导者。如耶稣教的 St. I. Loyola 他的宗旨，完全想着援救工人脱离雇佣制度和资本主义的势力。并成立一个国际劳动同盟会。他现在实验那种格言："世界是我的祖国，人类是我的兄弟，为善便是我的宗教"。（转一句语：就是我们无祖国——无宗教）世人以为列宁是好杀的，真是笑话。

这两年战争，革命的首领已经不少的痛苦。身中还中了两个枪弹，幸而他不死。虽然是很痛苦，但他还是像一个少年人的英勇。他常常[拿]来讲笑话，曾不以为意。他讲英国的进行，并讨论平民及国会的狄克推多制度，将来和现在的战争，及他们的领袖；有许多相同的意见。

我们没有谈过凶暴的事情。有许多人以为我在俄国日子很久，一定知到其中有很多残酷的事情，这是很不对的。我也曾遇见一个牧师，他告诉我列宁是极力保存秩序的人，并肯负责任。他非常赞赏列宁为人。他讲的英语，非常娴熟；当时我们可以自由言论，因为没有旁的人。

所以我说列宁是世界上同时是最可恶的及最可爱的。我现在明白俄国的工人为什么和怎么样他们要革命，虽然经历了许多痛苦，战争和饥荒。他们信任执政者的行为，不致为武力所损害。要反对不平的阶级，奴隶的生活，及陈腐的习惯。他们统同备尝过其中的痛苦。

他们的领袖如列宁等辈，无不是农夫的相貌。经历无限艰巨，为平民谋幸福。所以人民都仰望他们。

我这样批评他，不是完全赞成他的意见。——有一点重要地方，是我们不能赞同的——不过我很喜欢他是一个言行相符的人。

列宁自己已经说明是一个无经验的军人和领袖。不过想为社会谋幸福，才愿这样牺牲。——建设真正的国际同盟，拿社会主义来替代资本制度。

从前的专制沙（即俄皇）自命为（俄民的小父）"Little Father of the Russian People"

(也是中国"民之父母"的意义)列宁现在是俄国新自由神的榜样,不是专制的。男女都爱敬他,愿为他牺牲。不是因为他是他们的元首(字义完全不是元首的解释)但因为他是他们的同志。为他们争社会和经济的自由。又因为他改造俄国完全是尽瘁同胞,不是为个人的私利起见。

我临走的时候,他要我转达英国运动的朋友和同志,并要告诉他们不久决能产生全世界一个国际劳动大同盟。

(《新青年》第八卷第三号,1920年11月1日)

84.《罗素眼中苏维埃的俄罗斯——一九二〇年》(《少年世界》第一卷第十期,11月1日)

《少年世界》第一卷第十期,刊登方东美的《罗素眼中苏维埃的俄罗斯——一九二〇年》,如下:

一、问题

要想对于俄国布尔雪维克党立一个合法的评价实在是障碍横生。大概常人都用迷离恍惚的或惊心动魄的朦胧眼去观察他们;他们的友人与敌人不奉之为天使,即斥之为鬼魔,不肯视作寻常的人类。即使有人习闻他们的政况,还须群为解剖,始真知甚么是特殊的布尔雪维克主义者。须知他们的方法只是俄人底方法,和他们异党底国人不甚悬殊。倘有人判断布尔雪维克党,须切记他们与俄人及俄罗斯底可转换的政府关系。只由他们的国际的宣传,他们的意向和西欧人底意向便昭然若揭。此外更有一点,不可忘却俄罗斯是战败国之一,比之德奥,至为恰当,若比之英美,则不伦类。可惜罗素不谙俄国革命前及德奥战争后底实况,幸而他明了俄国底问题,乃可免了常人观察底谬误。他未游俄时,曾博览关于布尔雪维克主义的书籍,习闻褒贬两方面的意见,既至俄土,乃知苏维埃政府底理论与实行,均非史料所及。以下便是他入境后所见的印象:

罗素于五月十一□俄土,至六月十六再越其边境。俄当□只许其随同英国劳工代表游历,这个条件自然是他乐意接受的;劳工代表极表欢迎的。他们随地受军队底敬礼,平民底欢迎,那边地方领袖底颂词,这边有名共产主义者底答谢,煞是有味;一路上车都受着五光十色的骑兵之护卫;约言之,直有侯王之乐,宴会,欢迎会,观兵一类戏法,随地排演。即此可见英国劳工与俄共产主义之接近了。因他们乃遂乘势尽力去做布尔雪维克主义的宣传罗素及同游者倒想考查俄国的情形及其大政方针,但落在这种皇帝出巡底空气里,颇苦不能畅所欲为。所以彼方侈言宴会及观兵如何华美,此方反而静悄悄地巡行于街市。罗素不是劳工代表,所负的出席于不入其场先知其意的宣传会之义务较轻,所以能多得机会与市镇和村庄的居民接触,侦知不带政治臭味的男女对于全系有何意见。他们起初五日住在柏多格拉德 Petrograd,其余十一日即移居莫斯科。这时期中他们尽识政府中要人,罗素更谒见两地智识阶级的人。他们有完全自由可以接迎反对党，所谓少数党，各派社会革命者，及无政府主义者，他们都见过。

在莫斯科居久了，他们都想察看乡间，亲近占俄人口百分之八十五的农人，这层他们得了政府的〈底〉好意，却如愿以偿。他们巡行各地，和居民自由地畅谈，得了许多的教训。

还有几件历史的事实，写在这里。柯荣斯特 Kerlnsky 的政策本想输入自由，反乃引起多少纠纷；欲保国之不倾，有些训练是必要的。加之柯荣斯特不能宣战，又不能讲和。他不能宣战，因为不能保存训练；不能讲和，因为依赖协约国。列宁对罗素说，布尔雪维克党直到一九一七年七月，仍是不洽舆情，以后便大得他们的赞助，因为只有该党能回复农人底田地，保障国内的和平。"十月革命"后布尔雪维克党和社会革命党左翼颠形联络，后以百越斯德，——立多夫斯克和平问题 Brost-Lilovsk Peace 之争执，遂破裂了。□□社会革命党左翼坚持凡未经社会革命之任何国家，不能与之讲和，他们极反对政府和联盟□□讲和，终于无效，因此英人遂错认俄人为亲德的或□联盟国的了。俄国政争，颇有党同伐异的恶习，始而布尔雪维克党和社会革命党左右两翼及少数党都积不相能，后来渐次消除意见，现在莫斯科苏维埃中也加入了他党的党员。

自布尔雪维克党和德国讲和及赐与农人土田之后，顿失舆情，在俄国政党之得人心，不特已往的布□，而愿未来的希望，他们这样，显然不能谋真正和平，反乃黩武。他们滥发纸票，交换农作物，救济城市的粮食，大失农人的欢心。他们不孚众望，乃转而以高压手段和中央集权，生产的急需遂使他们采用工业登录严厉的方法。爱自由者对着这些情形，当然□恶，但须记取自由的缺乏的主因是战争和封锁。只有和平与熟货之丰富的供给可以解脱目前弊害所生的压迫。

二、布尔雪维克主义者底理论

罗素初入俄境，即知实在的布尔雪维克党底理论和先进的社会主义者底理论迥乎不同。俄罗斯底友人想着平民专政是一种代表的政府，其中只有工作的男女有选举权，而选举用之分配，以职业不以地方。俄共产主义者所谓平民只囿于有阶级意识的一部分平民，就是共产党，他如有正当意见的平民，则拼之不列入该党。至于工资获得者则视为贵族底走卒，毫无正当的意见，亦拼之平民之外。共产主义者坚信财产私有是万恶之源，他们自奉俭约，不辞劳苦，无日工作十六小时，如遇有艰难困苦的工作，直以赴汤蹈火的精神去做。【他】们仰不肯营私，只愿创造一种新社会的秩序。这种动机使得他们俭朴，却也使得他们凶狠。他们对待反对党尽力摧残，有时不惜采用俄前皇底警察法。目前俄政府坏的方面直与法国底"狄克推多制"平行，而好的方面且可与克兰威尔 Cromwell 底治术媲美。□您的共产主义者和清教兵士的底严肃的政治道德共同旨趣。克兰威尔之于国会，列宁之于代表会议亦正相同。他们都合抱德谟克拉西与宗教信仰(指对于社会主义底信仰)的宏愿，不幸渐渐地便牺牲德莫克拉西于武力所保障的宗教之前。他们都想提高道德的标准。近世俄罗斯及清教的英格兰的生活多方违反本能。倘若布尔雪维克党终于失败，当与清教徒底失败同其理由，因为有时人视佚乐比甚么还可宝贵。

目前俄国与柏拉图底民主国相似之点尤多。共产党等于术士,两方兵士所占的地位也同等。俄人对付家庭生活和柏拉图所暗示的大相彷佛。最奇怪的是,全世界柏拉图的信徒仇视布尔雪维克主义,而各个布尔雪维克又视柏拉图为一个腐败的贵族。然而布尔雪维克党所造的政局正是柏拉图底民主国。

布尔雪维克主义内部是贵族的,外部是黩武的。共产主义者具有一个贵族好坏的性质。他们多是孔武有力,才堪重任,且志愿报国,然太专权,不顾平民,他们握有实权,结果享受多少方便。他们虽多不奢侈,但所得的食物究比别人好。他如乘火车,在苏维埃商店里购物,及听戏诸种利益,他们及其友人总占便宜。

国际事务之共产说非常简单。马克斯预言铲除资本主义底革命不先发于美国,倒先发于俄国。共产党的职务在促进各国社会的革命。与资本主义的国家讲和只是□计,非政治久安之策。列宁告诉罗素,他希望英国速行组织劳工政府,涤除"巴力门制 Parliamentarisin"底弊端,但这只能由平民底激战,贵族底退避,才能达到。

罗素虽极力反对财阀,却不赞许列宁底这□见地。理由如下:

战争,尤以内乱底罪恶极大,战胜所得的效果,实在可疑。兵燹(xiàn)最易损失文化底遗传,且战事期间,人类的关系只是仇恨,疑忌,和残忍。欲求战胜,势必集权,权利集中的罪恶正和财□集中底罪恶正是相等。罗素本着这些理由,反对全世界的革命。一国战争所毁灭的文化,他国底和平,可以规复。如全世界同遭兵乱,那末文化将有灭绝之虞。然罗素虽不主张世界革命,却极怕许多资本国家底政府死命要做世界革命底导火线。英国对于俄罗斯印度滥用威权,使播了英国堕落底恶种子,且产生布尔雪维克主义所最怕的罪恶。

真正共产主义者乃是热心国际事务的。列宁对于俄国底利益和其他各国底利益,一样不能忘情。俄国是社会革命底喷泉,而列宁笃信社会革命,他宁可牺牲俄国,不肯放弃各国社会革命底希望。但是国家主义是自然的,本能的,乘着革命底骄气,共产主义者底胸中亦颇装了些国家主义。经过俄波战争,布尔雪维克党大得国家的情感之赞助,他们的地位遂稳固了好多。最怕是他们大权久握,不免改变了共产主义底本来面目,而且政府中大员比往日做囚徒时生活状况自然大不相同。倘若布尔雪维克党与所谓"权力"结不解缘,他们的共产主义的色彩,终久恐怕要衰减,甚或流为别种东亚的政府,如英国在印度所设立的政府。

三、共产主义与苏维埃的组织

俄国自村庄会议后,一直到全俄苏维埃有□,取选举,而国民代表之权即由此得着。传说俄民底公意已有所托,因为代表团若不能宣扬民意,可撤销其资格。有一个问题,罗素等急欲研究,这便是,"苏维埃制"究竟能否胜过"巴力门制"。

他们不能研究这个问题,因为苏维埃制是奄奄一息的了。没有显而易见的自由选举,无论村庄与城市,共产党可以占多数。所以设了种种方法,谓政府的候选者求占胜利。第一,用举手决选法,所以反对政府者总是有名望的人。第二,若非共产主义者,不得发行印刷品,因为印刷事业是国营的。第三,非共产主义者不能当众演讲,因为一切会场均属国有。不管这些困□，少数党仍能于莫斯科苏维埃底一千五百人员中夺得四十席。

莫斯科苏维埃名义上虽是统治机关，实则不过是一个选举团，复选行政委员会——四十人——由近四十人中再选出九人为总务部，每日集会，有全权。但政府很容易操纵这两重选举，因为他绝对压制演讲自由及出版自由。结果莫斯科苏维埃的总务都只含有正宗的共产党主义者。康没累 Kameney 莫斯科总务都部长告诉罗素等莫斯科撤回代表事平均每月发现三十次。其原因有四：耽酒，出风头，选举团政见之改变，苏维埃中人员每二星期不作书报告选举团。

乡下地方所用的方法又不同。村庄苏维埃不是由共产主义者组织的，因为乡村没有共产主义者。在第二和第三选举区，非共产主义者都没有代表。他们即便举出非共产主义者做代表，火车上也不许他们乘坐。这种代表制遂给城市工人占了优势，至于农人的势力，实在小极了。

全俄苏维埃是最高机关，国民委员会对之负责，聚会的次数很少，现在倒变成形式的了。他现在的功用，也不过批准共产党以前的议决案，一切大权都握在共产党手里。他们在全人只一二〇，〇〇〇〇〇〇占了六〇〇，〇〇〇。罗素所与接谈的普通人民差不多都是无党籍的。有些农人反明目张胆地说自己是皇党。这些农人底理由，实在不充足，他们都没有饥色，生活状况比旧时好的多。他们不满意现政府，因为现政府常以纸票购取农作物，接济城市之民和军人。他们所通用的大概还是前期的罗布，不肯用苏维埃的罗布，这并非有甚么恶意，只是愤性太重罢了。他们真是理乱不闻，俄波战事，他们多有未知者，只得了所待以生活的一块土田，便与世无争，疾恶任何政府之取求。

共产党也同"分部政府"一样，又分成几派，只缘于外压，不能分裂罢。罗素以为分部政府人员可约分三种。

第一种便是老革命党员，饱经忧患，可惜他们久作囚徒，不谙国情，他们多居高位，大概是忠实的人，笃信共产主义可以革新世界。最怕他们所创造的不是共产主义。以为农人只愿各私其土，不愿有什么共产主义。

第二种便是占次等政治地位者，他们爱慕布尔雪维克主义底物质的成功，便见利勇为，算是很热烈布尔雪维克党员。就是这般人所出的政策，有多少地方最讨人厌。他们多欲扫荡律法，乘机厚取，这一派布尔雪维克主义可拿"非常委员会"做代表，这个团体独离政府而自生，亦自有军队，不统于红军。他们常常不问罪名，操屠刀而妄杀。他们的侦探密布，居民苦之。

第三种便是与政府相结纳的一般人，他们并非热烈的共产主义者，他们自从政府稳固以后，乃本着爱国心，或爱自由发展他们的意见。不受习俗之拘束，出而效劳于政府。这类多是有势力的商人，颇像美国"托拉司"中小伟人，他们多为着成功与权力，不尽为着金钱。布尔雪维克党能够引他们服务社会，不许多方渔利，倒也是他们极大的成效。布尔雪维克党十分羡慕近世工业，不过严禁资本家乘机渔利，比之财阀派的政府，自较胜一筹。

四、列宁 Lenin 特鲁斯克 Trotzky 和高克 Gorky

罗素到了莫斯科，和列宁曾作一句□的谈话，谈时用英文，列宁的英语非常纯熟。虽有翻译员在旁，也无需借重他。列宁的房子里只陈列一张书桌，两个书架，墙上拼了几幅地图，两三张硬椅子，和一张专为客用的舒服的椅子。他不好奢侈，而且秉性是友爱的，单简的。初见之，不像握有大权的一个要人。这样一个不自矜的人，真是不可多见。他很欢喜发笑，初笑时，好像很友谊的，快乐的久之，渐觉严肃可畏。他是很专权的，和平的，不能忍受恐惧的。唯物史观便是他的命脉。他极愿人了解这一说，若有人对之生误解，或不同意见，则不禁忿恨填膺。因此人多说他是个智识的贵族。

一，罗素问他对英国经济的、政治的情形底特性，已认明了没有？列宁笃信社会革命。他承认目前英国少有革命底机会，一般工人还不会深知国会式的政府底弊端。等到经过一度劳工的内□，革命将必立即发现。罗素说英国的改革，无需流血，列宁乃笑其狂妄。

二，罗素问他在这个农人占大多数的国土内能否稳固地建立一个共产主义？他承认这是很难，他想起以纸票交换农人底食物，不禁浩笑。他以为工业发达后，有货物与农人互换，便毫无困难了。所以现政府乃力图振新工业。他想着布尔雪维克的俄罗斯与任何资本主义的国家和平的基础终不稳固，所以不急于谋无谓的不可靠的和平。他力说什么真价值，都不能梦得，除非经过世界的革命，和资本主义的铲除，列宁叙述政府劝农人之贫者反抗富者，常引起暴动。他说政府对于农人行"狄克推多制"的时间势将持久，因为农人希望自由贸易。他说农人物质的生活，比前两年好的多，现在仍反抗政府，真是奇怪。罗素再问他对于人家评论俄国所创造的，不是共产主义，乃是农人自主；他答称这不是实情，究竟实情是什么，他并没说出。

三，罗素问他俄国和财阀的各国恢复通商，如一旦成为事实，将不增加资本主义的势力，难以保存共产主义么？列宁承认通商自然有困难，但比之战争总好些。他说两年前他及其同人都不自信能够抗拒世界的敌意，终能抗拒，实在因为资本主义的各国的利益底冲突和疑忌，及布尔雪维克主义的宣传；毕竟印刷品的效力胜过了武器。总之列宁底能力是由他的正直，勇气，和不可动摇的信仰得来的，他把马克斯所传的福音看作宗教的信条，罗素初到俄国相信自身是一个共产主义者，及与他们接触日久，反引起多少怀疑，这些怀疑不但涉及共产主义，而且涉及他们所坚持的许多别的信条。

特鲁斯克 Trotzsky，共产主义者不曾把他和列宁作平等观，罗素对他倒得了人格和智慧的好印象。他有伶俐的眼睛，勇武的气概，光明的智慧，和磁性的人格。他非常之美，头顶可爱的□纹的头发；各人都这样想，他一定很能得妇女的欢心的。罗素和他接触不深，无由断定他对于共产主义信仰的强度，或者是很诚挚的，很深厚的。

在柏多格拉德地方，罗素和高克 Gorky 曾有一度很短的谈话。他正当弥留的时候，躺在床上。他求罗素注重俄罗斯所受的苦痛。他对于俄人有挚爱。罗素觉得他是极可爱的，在俄人中算是最富有同情的。罗素颇欲多知他的见解，但他已不能多说话了。罗素所遇智慧中人都极力称赞他的行为。唯物史观固然是好，但高尚的文化更是一个好的救济法。人常说布尔雪维克主义对于艺术，颇有贡献，实则这不过保存已往的艺术，并未有艺术的新创造。高克曾竭力保存俄罗斯的智慧的和艺术的生命。只是他如今长辞人世了！

五、国际形势

以上所述大概是布尔雪维克政策不满人意处。但须记取俄国的工业生活颇不振新，而国内外战事又相□而来，这些自然是自由之障。救济俄国所不能忍受的罪恶的良方，即是和平与通商。和平与通商可以消除农人的敌意，那末，政府也可以民意为指归，不必专恃武力了。

这不能说任何别种政府很易存于俄罗斯。罗素以为凡游过俄国者当知现政府是很稳固的。现政府也许变成一个拿破仑式的武力征服，但这不过是内部改变，不会改变经济的组织。罗素考查俄国的性格和反对党，颇信俄国不容易有何种德谟克拉西，乃急需一种强有力的政府。现政府也有些要政。他们变革旧日偷惰的国民性，输入美国式的实效，更用国家社会主义的方法，拓展他们的富源。在军队中他们也注重教育，如此和平真稳固了，各地教育事业必且大兴。

协约国如长期封锁俄国，布尔雪维克党未必遂不能前进。俄人具有坚忍不拔的精神，能忍西欧人所不能忍受的苦痛，协约国有如逼人太其俄政府为自保计，或将采用军国主义的政策，尽力在联盟诸国和亚洲各国实现他们的理想，那末土耳其共和波斯将必接受他们的宣传，不出十年，全亚洲将必变成布尔雪维克主义的苗圃了。但俄国现政府尚爱和平，如西欧各国逼得他无路走，他一定要改变态度，亚洲的俄国化不是难事，欧洲大陆决免不了革命，内乱，和经济的暴动。所以用武力来压迫俄国，是一件极不聪明，和犯罪的事情。

布尔雪维克党笃守他们的主义，自奉俭约，不过他们久握大权，很难保持他们的纯洁，始终如一。权力这件怪物颇有引人堕落的魔力。如欲免此弊端须是实践自由的真义和德谟克拉西的政府。工人的工业的管理权，政府亦须慷慨让与他们。集中的权力简直是危险物。少数专政，起初都志在建立共产主义的国家，及与权力结纳过深，或不免通融，将权力移作别用。所以就是一个淡泊的人或穷酸的人，始而固心迹光明，及久握大权，愤爱独断。除非再有强者硬行把他的大权剥夺掉，便也不肯将权力与人共之了。罗素自可为了爱太平主义，遂不尽能接受布尔雪维克的哲学，或相信舍弃德谟克拉西的渐进法。俄国的政策和工业，有多少地方还采用严厉的权力，不取平等的协作法，所以不免是一个退后的国。但俄人食了战争的恶果，生活艰苦，也是实况。总之，我们对于俄人不应视为天使，也不当视为鬼魔，只是孔武有力的人，做难能可贵的事。

六、城市与乡村

引诱农人供给城市食物的问题是很大的问题。但是苏维埃政府对于这项问题亦颇能应付自如；通常总说莫斯科和柏多格拉德的粮食问题是一个运输问题，却也不尽然。莫斯科四周都有良田，粮食之获得，自不十分困难，只有柏多格拉德的居民多有难色。

凡有城市工人工作所入不能维持生活者，政府乃发给口粮，但粮之发给，总不十分平均或普遍。有多少人使□法补足。有的于八小时工作以后，乃私行工作，有的便营投机事业，暗地里贩卖货物，前此富者多出售衣具宝物，购得者再行出售，甚至辗转于数十人之手，亦得私运米粮至城市，火车上虽有缉私员之严防，舞弊者亦多方规避。这样便把市中食物的价目比苏维埃贩卖部里食物的价目贵至五十倍，这还了得！

俄国现状自然不满人意，但政府究不易看出什么是当务之急。都会及工业中人都赞助政府的工作，和供给军需。但农人方面对于战争与政府颇乏兴趣。俄国的疆域那么大，就有一方受攻击，他们仍然是无知无虑地过他们平安的日子，毫无国家的意识，所以他们不愿以切实的农作物易取无用的纸票，到了不得已时，政府便借红军的暴力强制农人，现在这个法子虽久不用，农人仍不愿以他们的剩余食物分润城市之民和兵士。

粮食问题乃是布尔雪维克党不洽舆情底主因，农人恨他们，因为他们多取了食物，市民恨他们，因为他们少取了食物。农人所渴望的便是自由贸易。自由贸易底政策如果通行，城市之民势将饿死。普通农人至今仍不知有封锁这件事，他只知前此有六条牛，现在政府欲将牛均分于较贫的农人，每人只许有一条牛，加之政府复行贱价购取谷物，农人乃□之入骨。他们不了解国事，眼光只落在小部落的村庄，与他处老死不相往来。

俄现政府所代表的多系都会和工业中人利益，但落在一个农业国里，所以对于农人底关系，不是行政的，乃是外交的和武力的。俄国底经济形势是利于乡村而不利于城市。倘若现政府愿从民（指农人）意，用德谟克拉西的治术，那末莫斯科和柏多格拉德底居民，将必饿死。所以莫斯科及柏多格拉德两城市和其他各城只有借重政权与武力来维持他们的生活。这种情形究有两个原因：人民底工作的全力都为着战争，农人不□战争底重要和封锁底事实。

这些情形实在很难逃免，也不能以此遂诋毁布尔雪维克党。他们的问题可由下列两种解决法，任择其一：战争和封锁底停止，这便是说，政府以货物易取农人底食粮；或俄国独立的工业底发展。第二个解决法自然是很迟缓的，含有困难的，但据政府中有力者说：倘若和平真正达到，工业发展，亦是可能的事。末了，有一句话要警告各国政府。倘若各国政府对俄仍继续封锁，不顾国际间友谊，逼得俄人无路可走，俄人必将实行发动全世界的革命，那时各国才"悔之晚矣"咧！

这篇底事实系取自 The Nation, VoL. OXI, No. 2874 and No. 2875。我写这篇时，只在病中，写至第五节国际形势，往医院求诊，被医生割了一刀，痛楚极了，不知俄人所尝的痛苦，实不是这般难受？！五节以后，本想搁笔的，因为我急欲于痛楚中求愉快，苦辣中求香甜，便又胡乱写完了。现在有一般"著作家"口里念着人家底苦痛笔下也是摇曳多姿，然究其实，他们在社会上仍是经济的压制者，我希望这般人莫只空口说白话。还须实地尝些痛苦，然后才真能领略人家底痛苦呢！

九，九，十一。

（《少年世界》第一卷第十期，1920年11月15日，署名 方东美）

3日（星期三）

85.《布尔札维克与世界政治》（上海《民国日报》，11月3日）

上海《民国日报》刊登罗素在湖南讲演《布尔札维克与世界政治》（《时事新报》副刊"学灯"，11月3、4、6、11、13日转载），摘录如下：

> 布尔扎维克是应世界底潮流而生的，无论赞成者和反对者持怎样的态度，但这主义在今日已实现出来了。布党底意思，以为世界可采用这主义造成一最好的世界，他们有一新希望，使世界达到他们所希望的标点……
>
> 我想中国人必不明白这主义，但欧洲人民受了彼底刺激，已经有觉悟了。无论世人有无觉悟，总而言之，西人已被这主义从梦中唤醒来了。世人用新的东西来改造社会，来建造事业，所以布党想用最新式的布尔扎维克来造一最好的世界。
>
> 布尔扎维克好象宗教一样，带着宗教底性质，可使我们底生活有趣味，对于世界底将来有大影响。
>
> 如果你想懂得布尔扎维克是甚么东西，你必须把他当做宗教看待，不要把他做政治看待……
>
> 倘若人人把布尔扎维克当宗教看待，可以发生几种利益。（一）可以使社会上经济底分配很平均，社会上决不致象现在一样，贫富底程度相隔太远。（二）财产归国家所有，分配全体人民，使国家得着财产权，以平民执政权，谋经济上的调和。（三）免除战争，布尔扎维克想把世界变成共产主义的世界。没有战争发生。（四）铲除重商主义，商业发达，富者越富，贫者越贫，于是贫富更想悬殊，贫富阶级更加显明。以上这几点都是布尔扎维克所极注重的。
>
> 除此以外，人人都须工作，不得依靠别人，也不得劳逸不均平，使生活底状态，有好的，有不好的。布尔扎维克对于生活问题，决不使人有失望的嗟叹，人人都有事做。但做事不能遇[过]多，又使他们发失望的感想。
>
> 我觉得资本主义已到末路，世界底将来，布尔扎维克正好发展，推倒资本主义……
>
> ……
>
> 布尔扎维克想笼络工业，使财产归于集中。批评家应该对这一点加以反对，不宜反对他们所做的事。
>
> 布党极不赞成德莫克拉西，而欧西各国适得其反，此为俄与欧西各国不能融洽的一大原因。……
>
> 共产党既想鼓吹人民，于是不得不藉根纸及各机关传布他们底思想。但他们没有此种机关，所以想用强硬手段来夺取，他们底手段就是用革命。
>
> 马氏想用多数工人推倒资本家，布党则以利用少数有知识的工人行此事……

想实行这种计划，于是布党铲除人民底言论自由权出版自由权，他们专心把布尔扎维克输入于儿童，我极不赞成这种办法，我以布党可以用别的方法使人知道真理，不必用强迫手段。他们这种办法最不好的结果就是平民专制，平民专制可以发生几种弊端：（一）人民受压制，难恢复自由，以后虽然不用专制也很困难。（二）手段太激烈会发生战争，布党以严酷的手段压制反对党，必发生反抗力，或由内部的变化激成战争，或由外部激成战争。

我虽信共产主义是一种好学说，我虽信彼是文化底进步，但我想必用循次渐进的方法来实行这主义，必用别的方法开导人民，不必用强硬手段压迫他们。

(上海《民国日报》，1920年11月3日)

7 日（星期日）

86.《俄罗斯的新问题》(《共产党》第一号，11月7日）

《共产党》第一号发表列宁演说，震寰译《俄罗斯的新问题》（这篇文章是列宁在莫斯科俄国共产党第九次大会的演说词），全文如下：

我们要用最大的脑力，来对付什么是我们传播主义的根据一个问题，解释我们胜利的缘因，我们的内乱怎样要牺牲一百倍，怎样能够得有利益的经验，和怎样来组织我们的工作，才可以保证各种战争的胜利；明争暗斗，来反对那陈腐的资本世界，推翻顽固的人物。

我们的革命，比不得别的革命，决心反对有产阶级，所以要尽力来攻击他们，非达到目的不止。我们无产阶级越胜利，他们资本势力越发失败，——他们资本团体越大，所受的攻击越重。

你们统通记得还很清楚——试想想从前的事，虽然日子不久，比现在已经差得远了——当着十月革命发轫的时候，保尔塞维克主义怎样俾人家看作儿戏。但这种观念，在俄国便不久消灭了，而在西欧方面，还存在很久。保尔塞维克主义已经成为世界上一重要问题了。工人的革命，已经扬眉吐气了。自十月以来，苏维埃制度的实施，还是跟着一千九百零五年的旧法，发达我们的旧经验——这种苏维埃的制度，已经在世界历史上放一异彩了。现在世界已经实实在在分为两部分，资本与劳动，互相对敌，这不是撒谎的。这几年间，终必有一场恶战，分别胜负，如我们现在开这一次大会，是当着千钧一发的过渡时期，由战争入于和平，还有许多未了的手续。

你们统通知到各国资本家帝制派的首领，宣传世界，谓要永远攻击德谟克拉西最大的仇敌——布尔塞维克派，他们要怎样撤消封港政策，怎样联络各小国的失败，因为我们不独本国工界完全胜利，并且战胜各小国的有产阶级。这是什么道理呢？因为那些帝制派，不独压制各小国的工人，并且也压制那一般有产阶级，所有这些有产阶级也归心于我们。我们又要怎样来克服各国的中等社会呢？现在的时机已经到了，各国已经失信于有产阶级,因为从前各国同俄国反革命派协力攻击我们,现在各国自顾不暇,弄到他完全失却援助,所以有产阶级也要怨恨各国的帝制派。帝制派拿这种协约来牺牲千万的生命和财产,现在才改变方针。现在他们要撤消封锁政策,就要同苏维埃俄罗斯议和,而这种磋商,谅不能成功,因为各小国已不信仰他们了。

我们所见各国的地位,不能拿寻常的法律眼光而论。他们对于布尔斯维克派终是不战不和。我们也被他们承认和不承认之间,实在他们还没有一定的宗旨。

我们的敌人,没有固定的团体,不过是资本家一班狐群狗党,知到实在没有能力来攻击我们。现在芬兰各国也要同我们和议,终必至同波兰言和。——波兰还要装腔作势,预备战胜,因为各国愿协助他军需品来攻击俄国,——但如果波兰枯朽的政府,敢冒险同我们战争,我国视为和议的时期更近了。

我们要绝对的小心。我们的政策,要非常周密。但不能有一定的方针,因为没有前法可效。敌人也没有一定的宗旨。法国领袖的指导,煽动波兰资本家和帝制派的首领,也没有目的,不知到要怎样对付。现在他们和德人要求多得军械合[和]金钱,才肯攻击布尔塞维克派。他们禁止波兰罢工的新闻,绝对检查,掩埋真理。那里并发生革命的运动。同时德国的革命,他有转机,别开生面。据最近消息,德国工人也成立赤军。而波兰的工人也常常鼓燥[噪]。有觉悟的波兰代表也有这种理想了,——这不是追悔莫及么?波兰的苏维埃政府将近成立,恐怕不待战和的计画决定了。他们现已手足无措。他们不知道明天的变幻了。

我们明白现在势力常常加增。因为这个缘故,我们的国际上的地位,已经是非常坚固。但因为国际间变化的危机,我们要非常小心,并要防备一切灾难。我们已经有形式上的和议通达波兰,但他们还是像着德国有把握的帝制派,要孤注一掷。我们知道敌人虽然是处于困难的境地,今日不知明日的事,还要掘强不服;所以我们虽已言和,但不能一日不备战。

他们将来的方针,不能有明白的表示。我们要防范格伦斯基派,少数派和社会革命党,我们这两年来,已经见得很清楚,他们今日联络高尔撒克军,明日又要联络布尔塞维克,又明日便联络丹尼金派了。我们见得这种黑暗的势力怎样摧残自由和德谟克拉西。我们知道他们很清楚了。因为这个缘故,我们要尽力来言和,同小国联络,胜于战争万倍。因为战争而帝制派得以欺凌工人,谣传俄国真相。这几年来,我们的实况已经大白于世界。第三次国际劳动同盟的功效是很昭著。但我们要常常防备战祸。

(一)经济改造的问题

我们迫着要讨论重要的问题,指导工人利用军队来解决经济建设的问题。我们现在不妨讨论这些问题,有很多特色。

我们从前所用的资本政策已经消灭,一切旧法都消灭了。我们必要产生一种新经济。有些强迫的事情发生,有产阶级的德谟克拉西便群起攻击,说埋没"自由"和"平等。"不知到资本的自由,是工界的大敌,贫富所享都平等,也是工人的大害,我们要战胜伪道,就不能不强迫做工,联合工人团体,不怕有什么强迫。凡是革命,没有不出于强迫，只要善用诱导的方法，使社会为有价值的牺牲，革命如果要达到目的，就有强迫的必要。

由历史上看来，阶级战争是不能免的，而无产阶级的同心协力来克服有产阶级的革命，没有不成功。我们俄国的无产阶级要矢誓自励，宁可牺牲一切，决不肯改变我们的宗旨，——这是实在的情形。历史上资本国的资本家不能同心协力，多数与少数不和，自由与德谟克拉西冲突，这是常有的事。当着这种危机，工人要坚持宗旨，为解决的根据，并且有阶级的觉悟。如果工人真有牺牲的精神，问题便不难解决。所以要有重大的牺牲，才可以解决这个问题，劳动界的自决，百折不挠，坚持我们的格言"宁死不投降！"

我们现在逼着要解决经济的建设问题，改组陈腐的生产法则，要怎样指导无产阶级尽力来达到这个目的，又怎样来固结他们的团体。我们必严刑峻法，否则不独不能维持这两年，恐怕两个月也不能。我们要知道怎样才能够获胜利。还有一层我们要知道当着这个过渡的时代，必要有很大的牺牲，我们的国家现在已经牺牲了许多了。由我们的宗旨看来，中央政府已经是非常活动。我们一切活动，都依看这个政策，有统一的精神。比方拿团体的管理和个人的管理来讲了，因为这个问题于全体有关，并且对于我们的宗旨也很重要的。这些根本问题，迫着我们要继续做去，这两年来，我们所得的革命智识和经验，已是不少了。

(二)团体管理的解释

同志们，允许我对于这一个问题，发表些学理。——团体怎样管理，团体管理要怎样实现？我们对于这件事，实在不是没有经验的。我们和从前的革命不同，在于实行，没有乌托邦的主义。如果新团体要替代旧团体，非经剧烈的战争不成功。不是一定要破灭旧团体，新团体才可以成功。这就是团体战争中最重要的问题。如果不依着这个宗旨。事情便越弄越糟了。

在什么地方团体管理才可以发露呢？有产阶级用什么方法可以战胜封建的贵族呢？阶级不平等，由于自由而发现，这是不对的。社会上如果有苦力，资本家必做投机的事业，来垄断工作的生产。我们说那里没有平等，饱的和饿的不平等，资本家与劳动家不平等。阶级不平等在什么地方才发现呢？无产阶级的不平等，就是资本家和大地主的垄断生产。而从前各种制度的精神和要义——绝对的德谟克拉西也在内——不外乎财产制度。我们的制度已经是历史上空前的大事业。无产阶级的胜利，把财产完全推翻——这是表明阶级的不平等了。阶级不平等完全根据于财产一个问题，我们的目的完全达到，资本家和大地主的财产，已经完全消灭了。并且工人的权利比农民更多，企业家就完全没有权利。我们的团体要联合各种工人才能够占胜利。最小的财产也要均分。那些有多大财产的便是小财产的敌人，废除财产，所以无产阶级要明白向他们宣战。

现在还有许多没有觉悟的人，在地狱中，将来还要他们在自己职业有些协助。但在竞争中，当他们明白这种主义的时候，在于战胜资本家的牺牲，他们也不能奋勇。他们虽然是不能帮助我们，也不能阻碍我们的行事。阶级不平等，在于财产一事，决定的情形,也可以成为一种组织。我们的组织,一定对于财产方面发展,这个问题便是谁人应该居上等社会。凡与阶级不平等的问题有关系的人,便发生德谟克拉西集中主义的问题,弄到什么有成效的事业,当着这个情形,都要失败了。所以宣传和活动的实力,是工作的根本要义。

如果我们的敌人承认我们在于宣传和活动的发展,很有成绩,便不能轻视我们,等于儿戏,但于实际上考察活动的内容,迫着人人的心理都要明白活动中的真谛。我们不要弄错这一个真理。当着阶级变更的时候、吾人对于财产的态度也要变迁了。有产阶级的组织常说:有财产的人不能同穷人平等。这是有产阶级的自由。所以在国家里头,这种平等为资本阶级所垄断了。

你们干什么?资本制度替代封建制度的时候也有拿国家和管理混乱在一块么?不对,他们没有这样愚蠢。他们说管理,必要找得会管理的人。因为这个缘故,所以把封建时代贵族除了。这是他们所用的法子。这是不是一件错过呢?同志们!这不是错。管理的能力由天给与的。凡是一个进步的社会,必有一种进步的管理法。初时也不能有完善的法子了;不要时机成熟,自然有完善的法子了。当着有产阶级得势的时候,也利用封建时代的人来管理。同志们!旁的法子都不适用了。我们由实际上审定这是很对的。有产阶级,利用旧日的阶级,现在我们也遇着同一的问题了。——我们要怎样来利用他们的智识呢?怎样能够保证工人的利益呢?我们一定说这战胜的阶级已经成熟了。但这种成熟还没有保证。必要由事实上做去才可以保证。有产阶级在战胜之前,还不知道怎样管理。他们能够保证他们的胜利,预先宣传一种新方法。自己细心来学习旧日阶级管理的法子。后来才产一种新管理员。推翻旧日的封建制度。并利用国家为他们的工具,把全国的教育入于富人的手里。经过了许多时代,他们便完全成熟了。我们现在开始发育,只有照着他们的旧法。这是历史上过渡时代所不能免的事实。如果我们不要完全持着乌托邦主义和无意识的名词,我们就要学习从前的经验了,我们不要有一种由革命所得的保证。但是民族的建设和改造,我们必要找些专门的人才,实际上明白管理的方法。他们对国家和经济的事情是很有经济的。这种人没处可以找得,只在旧日的社会里头。

(三)论及团体的管理

常常实际上发生种种辩论,对于团体的管理,会染习无意识的恶习,对于专门家为敌体。有这种劣性恨,便不能获胜了。如果我们想获胜利,必要明白复杂的历史的环境,我们要知到由腐败的有产阶级底世界,来创造共产主义,必要利用专门的学识和科学,推广他们的实用范围。我们只有由有产阶级才得这一件东西。这种根本的问题,不能不明白表示,又不能不用为经济建设的基础。我们必要利用已经被我们推翻的那一个阶级,来帮助我们来管理国事和改造,那些深染了他们阶级的恶习和成见,我们必把他们用教育来改造。管理员必由我们自己阶级中选出。我们必要拿一切国家的设施,什么学校的教育,专门的智识,——完全由共产党支配于无产阶级,工人,和农民的社会。这是独一无二的法门来训练我们的企图者。

这两年来的经验,我们头一次依着社会主义的建设已经不必论辩了。但还有许多不对的事实，在好几个时期中，我们也以为耻。因为这是头一次试办的，我们要得些经验，一法不行，另觅他法。我们采用最适宜的法子，现在因为善恶还不能辨别，还要由时间经验得来的。这个混乱的时期已经过去了。实验留到今日。Brest 的和议，已是历史上的尘迹。这一次和约，我们没有抵抗的能力，这是不必重提了。现在又是什么时候呢？现在我们已经把敌人克服了。我们各处已经有许多同志。这历史上的事实是不可消灭的。我们已有了高等学校了。但有人说高等学校不过是一种训练的学校，我答道：同志们！我们不能长期在小学。这是不成功的。我们已长大了，范围也扩充了，我们不能长做学童，我们所以要前进！

（四）论职工同盟

我们要同心同德向前进。职工同盟负担很重的责任。我们要明白他们由党务的精神所得来，并有奋斗的精神来抗拒诈伪的德谟克拉西主义和敌人的恶声。一切陈腐有毒的遗物，要决意把他完全推翻。否则我们不能获胜。如果这两年内还不能有心，断没有成功的道理。

这是一件很困难的事。我们的职工同盟，对于无产阶级的国，已有大大的协助，他们是共产党和愚民的中间人，全由他们联络。我们要明白宣布。职工同盟担负经济混乱中的竞争中的责任。他们帮助国家由理想做出来，这不是一件很大的事实么？

无产阶级依然继续牺牲。有人说这是暴动的事实，但无产阶级证明这种暴动的牺牲是很有价值的。有许多丰富省份的农民在这个饥荒的俄国中已得很佳的食品，为帝国中几百年来所未有。而保护工人的工，又要有这一类的牺牲。这是一个竞争的学校；由这个竞争的学校毕业，才有进步的希望。现在我们要迫着前进了。

职工同盟有了他们的过去历史。这个过去的时期，他们是奋斗的机关，反对资本主义压制的机关。但当到工人已经执握政权，竞争愈烈，牺牲愈多，饥荒越甚，情形便不同了。这个变更的情形，不容易给大众明白。少数派和社会革命党帮我们的忙，但无意识的要求用个人的管理来替代团体的管理。同志们！这是不对的，这是过不去的。我们还要有一个过渡的时代。

（五）一个不同的前敌

我们对于复杂的东西，脑根不能清醒：要战胜流血的前敌，也要战胜不流血的前敌。这是更困难的战争。前敌更为激烈。我们要光明磊落来告诉有觉悟的工人。我们要战胜流血的前敌以后，便又发生一无流血的前敌了。我们的战争更为紧剧，如有下头各处纷乱：我们越战胜，我们对于西伯利亚，锐克里，古班，各处的事情越多。那里的农民极富厚。我们知到哪里的农民有许多田地，他们说："万恶的政府！我要自己订定价格，我不要管那些饥饿的人。"我们要有帮助的管理，使他们用了的精力得以恢复。投机的农民从前帮助丹尼金来反对我们，现在又要英法来帮助。战争的前敌和情势已经变迁了。现在我们各方面发生了经济的竞争了。他们要反对国际同盟。他们要改造苏维埃政府的平和经济的建设为和平的破裂。帝制派大哥——我们不能如你们的愿，你们失望这是很对不住；我们因为已经有了防备。我们说："我们要战争，所以还要坚持根本的解决——要完全把生产的范围，团结的实力交到无产阶级手里。

从前一切成见和陋习都要铲除。"

  列宁讲到这里，更叙述一本经济改造的方法小册子。并继续说下去：拿专门家的帮忙，可以振兴许多根本的经济方法。我们要记得一种方法至少也要几年才有成效。我们不能答应说立刻可以免了饥荒。所以我们说这个困难的情形比前敌的战争更剧烈。但这是于我们有益的，因为我们差不多到了根本的解决。我们更要用前日的团结精神来解决现在。如果能够解决这一个问题，我们便能够战胜内乱如外患一样了。

（《共产党》第一号，1920年11月7日）

87.《俄国共产政府成立三周年纪念》(《共产党》第一号，11月7日)

《共产党》第一号发表"无懈"的《俄国共产政府成立三周年纪念》，全文如下：

一

  诸君！今天不是十一月七日么？这一天究竟出了些甚么事呢？我想稍留心世界大势的人，没有一个不知道的。这就是俄国克伦斯基（Kereusky）政府颠覆，共产党——原名多数派——得志的那一天。也就是为二十世纪的世界革命，开一个先例的那一天。再说一句：就是资本主义灭亡，社会主义实现的那一天。他既然有这样的价值，我们来纪念他是很有意思的了。并且我们不单是为俄国共产党底成功而纪念，也不单是为俄国人民得脱离了政治上的不自由和经济上的不平等而纪念；乃是为世界革命底前途而纪念，为社会主义底前途而纪念的。

二

  共产党是一九一七年十一月七日代克伦斯基政府而起的。自从那一天直到现在，他们那一天不是处在万难的境遇里面的？从消极方面说：他们从前政府所承受的东西，除了国家财产底破产和无组织，无训练的群众以外，别的还有甚么？从积极方面说：则外之有联合国底封锁；内之，有台尼金（Denikin）及柯尔加克（Koltchack）等底反抗。就是同属于与旧社会恶斗的党派之中，也有社会革命党（Social Revolutionists），少数派（Menshevik），及无政府主义党（Anarchist）底反对。他们底基础最初不甚巩固，他们底困难，他们底敌人却有那样地多，而他们竟能维持他们底地位，扑灭他们底敌人，直到现在。他们底基础，已渐渐地巩固；他们底难关，已渐渐地通过，将来很可以永远维持下去；决不会失败的了。所以我们崇拜他们，信仰他们，为他们作纪念的精神，是至死不变的。

三

  要为共产党做纪念，就要把他底发生，特质，及现在的社会组织详说一下才好。但是关于这一类的事，早已有人介绍过了；若是再重复烦说，未免虚费读者底光阴。所以现在用最简单，最扼要的方法，把他们略述一述，然后再进而述对于他的责难，及我对于他的意见；最后且把他与中国是否有缘，研究一下。

四

我现在要把共产党(多数派)发生的历史,倒述上去。共产党(多数派)是于一九〇三年从社会民主党(Social Democrats)分出来的。当时社会民主党内部,关于进行的手段,分为两派:一是主张直接行动,平民专制的;一是主张议会政治的。因为有这个不同,所以就分做两派。属于前者的是列宁(Nicholas Lenin)所领的多数派;属于后者的就是普乃哈诺(George Plechnoff)所领的少数派(Menshevik)。而社会民主党,又是和社会革命党从一八七六年俄国社会主义的唯一团体土地与自由(Semija Worja)分出来的。前者初名为少数党(Black Redivsion);后者初名为人民底意思(The Will of the People)。以后就各改名为现在的名字了。所以共产党底血统,可以下图来表示:

$$\text{土地与自由}\begin{cases}\text{人民底意思(社会革命党)}\\ \text{少数派(社会民主党)}\begin{cases}\text{多数派——共产党}\\ \text{少数派}\end{cases}\end{cases}$$

上述的虽然简单,但是共产党(多数派)底发生,也可因此而明瞭了。现在简单地把他底特质说一说。

五

共产党(多数派)的主义是甚么?这个问题很难拿一句话来答;并且关于他的书报,我也看了些,要找个一定的定义,简直没有——也许我没有看见。但是我于研究底结果,得了一个定义;现在不管他对不对——总不致十分误谬——把他写出来。就是:

共产党(多数派)主义乃是集产主义和无产阶级底专政底结合(The amalgamation of collectivism and Proletarian Dictatorship)。

这个定义恐怕读者还不明白,现在把他的主义和别的社会改造思想的派别比较一下。

共产党(多数派)主义不是无政府主义和工团主义,已是明明白白地不须多述了。因为前两者是反对一切中央权力,而后者乃是高唱中央权力的。至于他和同业公会社会主义及马克斯的正统派,就很有相同的地方。共产党(多数派)主义的社会组织,虽然和工团主义一样,在生产的行动范围以内,是使劳动组合完全行使他底自治权利的;但是他同时在别一方面,又承认政治的组织底存在。

这就是他和工团主义不同的一点,也就是他和同业公会社会主义底原理相似的一点。但是同业公会社会主义,是使政治组织和经济组织对立的。详说起来,就是以一方面代表消费者,一方面代表生产者而对立的。而共产党(多数派)主义,以为一个人为生产者,同时一定又为消费者;所以这两个组织,不过是代表一个人底社会活动的两方面的,没有使他两者底性质对立的必要。这就是他与同业公会社会主义不同的一点了。次就共产党(多数派)主义,是不是纯粹的马克斯主义的问题,研究一下。据我底意思,以为共产党(多数派)主义,确是真正马克斯主义。因为共产党(多数派)及马克斯都主张阶级战争直接行动及无产阶级底专政。马克斯主义,不待说就是共产主义;就是他底手段也是无产阶级底专政。这个只要读过《共产党宣言》(Communist manifesto)的人都会知道的，无须多述了。

六

现在却要把他底社会组织，略说一下。这个要分做两方面来说：先说他底政治的组织，然后再说经济的组织。

他底政治组织，大家都知道是劳农会制度了。但是劳农会底组织怎样？简单说，就是：各乡村则由农人选出代表组织乡村劳农会，再由这个劳农会而组乡区的，县的；这个县劳农会，就是一县底政府了。各城市则由劳动者选举代表组织城市劳农会而为城市底政府。像这些地方的劳农会再选举代表以组织省劳农会而为省政府。省劳农会之上，则有由各省劳农会底代表所组织的全俄劳农会会议。这就是一国底最高机关了。但是这个会议是每三月开一次，不是久驻的；所以又由他底里面，以五人举一人的比例，约举出三百人以组织中央执行委员会。

这个会就等于现在其余各国底立法部——国会。又由执行委员会任命人民委员，组织人民委员会。这个会就等于现在其余各国底行政部——内阁。人民委员会所发布的关于法律的布告，须经中央执行委员会底通过。中央执行委员会，又有罢免人民委员的权利。所以劳农会政治组织中，最小的单位就是乡村劳农会，最高而最有权力的，就是中央执行委员会了。这就是俄国政治组织底大概。

现在略述他底经济组织。这个我也把他分从工业方面及土地方面两下来说。

俄国重要的大工厂，都是收归国有的。他底经济组织底基础，就是这些工厂劳动者所组织的团体。各工厂里面有工厂委员会（shop steward）；同时各地方又有由这个工厂委员会底代表和职业组合（craft union）底代表所组织的联合委员会，以统一及调和产业上及职业上的利害。在这个上面，又有由产业的组合底代表所组织的全俄劳动组合执行委员会。这个会有管理国有工业内部的事务的实权；就是对于还没有国有化的产业，也是有势力的。该会在劳动人民委员会——劳动部——也是占着多数的。因为劳动人民委员——劳动部长——虽然和别的人民委员一样，也是由全俄劳农会执行委员会所选举的；但是他是以九人而成立的。这九人之中，五人是由全俄劳动组合执行委员会所举的。所以他在劳动人民委员会里，也很占势力。又该执行委员会里面，又有由工厂委员会所选举的几多小委员会；或决定工银率；或决定劳动者底配置；或担任劳动者疾病及别的事的保险，和劳动者底教育及娱乐等问题。所以对于劳动条件底三大重要事项——劳动者底安全，工银率及劳动者底配置，该执行委员会都握有决定权。所以这个会，可以算是产业上最高而最有力的机关了。但是内中还有些弊病。就是很有好多时候，有因为特殊的产业利害，而不顾全社会一般的利害的。于是生出在各工厂，各产业之间，设立调和及统一他们的特殊机关的必要了。应这个需要而生的，就是公共经济最高委员会。关于这个会底组织，将来再详细介绍，现在不多说了。不过俄国经济之中，最小的单位，就是工厂委员会；最高的机关，就是公共经济最高委员会，这却不可不知道的。

次就土地的问题说一说。俄国底土地，现在都是国有的。他底管理法，是乡有乡的土地局；县有县的土地局；最高还有中央土地局。他底分配方法，可分为三种：最占优先权的,就是土地局。他可保存土地,为公共的利益自己经营。其次就是农业共产团(Agricultual Commune)。这个是由一个任意的团体,共同耕种一定的地面,共同处置其生产物的。最后就是平均分配给农村的各家族,让他们独立经营的。不过这里要注意的就是:共产党(多数派)本意想把土地都分给农业共产团,而不愿分配给各家族的一点。因为他们底目的,是在农业社会化;所以很想为土地底集合的利用,而不愿分给个人的农夫。但是土地底分配,又是人民所希望的。所以不得不让步,分给他们。然而他们还是极力地奖励农业共产团,借农民以资本及物质,使他们组织,而向着农业的社会化一方面前进。

上面所述的,就是俄国现在的经济组织底大要了。以下再说我对于反对他们的责难的辩护。

七

反对共产党(多数派)的议论也很多,不过大多数都乱吠,毫无辩驳的价值。有人说他们杀人太多,骂他是魔鬼的。这种议论,简直是对于共产党(多数派),毫无知识的人说的。像共产党(多数派)那样的杀人,我是极端赞成的。因为他们杀人不是乱杀的,他们是杀杀人的人。他们底杀人,就是杀人。人越杀得多,一般人民就越安全,越幸福。就退一步说、他们底杀杀人,乱杀的;但是他们并没有杀多少人。美国巴里特(Willian C. Bnljitt)底报告道:"被劳农政府底'镇压反动革命的非常委员'(现在早废止了)所处刑的人,圣彼得堡为一千五百人;莫斯科五百人;别的各地方三千人:总计为五千人。只有芬兰南部,为满勒哈姆将军,不用甚么裁判,所处刑的男女劳动者,上了一百二千人。设若柯尔加克及台尼金得了胜利,恐怕劳农政府只杀几百人的,他们要杀几万"。从此也可见劳农政府杀人不大凶了。所以这一派的非难,没有多驳的必要。

还有一种非难,比上述的是要有力些。这种非难就是说共产党(多数派)不彻底的。这就是说他们不应该和小有产阶级(petty bourgeoisie)及知识阶级调和及把土地分给个个农人的。不过这种非难的人,比较很少,所以有许多人简直没有顾及。我们要知道他们那种妥协,那种让步,并没有失掉社会主义的精神;并且还是实现他的一种手段。试看资本主义的社会里面,不是有一种叫做社会政策(social policy)的吗?这就是资本家对于劳动者让步的一个表现。但是我们能说资本主义,因为这个政策,就失了他底真髓不能?恐怕这个政策,因为缓和了劳动者底不平,反足以维持资本主义底寿命呢!所以资本家行社会政策,不独不与资本主义相矛盾,并且还是维持他的手段。同像共产党底妥协,也是这样的。试问社会主义的国家底基础,不是产业和人民吗?但是没有专门技术家,只拿着一群无技艺的劳动者,能够生产吗?所以没有专门的技术家,工厂就会要倒闭。工厂一倒闭,社会主义的国家,即刻就会要破灭。所以像专门技术员这一类人,虽然是属于小有产阶级,须用强制力来强迫他们;但是有机会是可以和他们调和的。和他们调和,就是实现社会主义的一种手段。所以调和的结果,不是推翻社会主义,反是维持社会主义。那么,就不能说他们不澈底了。

次就土地问题而论。这也是和前问题一个意思的。俄国底人民,不是占全人口底最多数吗?设若他们一起来抵抗,共产党还立得住吗?况且还有他们底反对党——社会革命党在农民之间拼命地运动。设若他们一不服从,恐怕列宁要为第二个克伦斯基呢!所以他们把土地底一部分分配给个个农民,正是他们维持他们底主义的一种手段。你看他们现在极力地奖励农业共产团,就可知他们没有失农业的社会化的精神了。所以也不能以土地问题,来说共产党不澈底。

那么,对于共产党的非难,不是没有了么?还有!还有!还有一个极有力,极有价值,可以致共产党底死命的非难。

八

这是一种甚么非难?这就是非难他们底无产阶级底专政;说他们是和民主主义相矛盾的。这种非难,虽然不是从外部——资本家方面——而起,乃是从内部——社会主义内里——而起的;但是资本家也就利用这个非难来攻击他们了。所以现在攻击他们的人,不攻击他们是社会主义,而攻击他们是专制主义。他们自己,不立在资本主义的上面来攻击,而立在民主主义的上面来攻击。这种攻击,固然是极有力;而从社会主义自己内面来的攻击,尤为致命的。他们以为改造社会,不是为那一阶级而行的,乃是为一切阶级而行的。其所以和资本阶级死斗的,也不是为那一阶级底特权的,乃是为废弃一切阶级的区别的。像他们底行为,并不是废弃一切阶级的区别,乃是为无产阶级谋特权的。所以他们主张一阶级底专制——无产阶级底专制。这和资本阶级底民主主义,资本阶级底专制,是正相反对的。他们底非难,大概就是这样了。

不错,不错!共产党(多数派)现在是行无产阶级底民主主义,无产阶级底专制的。这事我们不能替他讳,也不必替他讳。就是他们自己,也明明白白地说是一阶级底专制的。但是我要问一问,这到底是他们底手段,或是他们底目的?设若是他们底目的,那就没有话说了。设若是他们要达到社会主义,要达到普遍的民主主义的手段,那么我就要替他们说几句话。我想他们以无产阶级底专政,来攻击共产党(多数派),还不十分切要。若是我要来攻击,我就不攻击他们是一阶级底专制,而要再进一层,攻击他们是少数者,一二人底独裁政治。列宁不是明明白白地说要使多数的意志,服从一人底意志吗?拿这个理由来攻击,比说甚么一阶级底专制,还要有力得多。但是他们这种行为,又是可以缺少的吗?试问要把一个有一百多年的历史,有一百多年的根底的资本主义的社会推翻,另建一个社会主义的社会,没有强制,是不是能行?等到资本主义的社会既倒,社会主义的社会新建,基础未固,反对丛生的时候,没有强制,是不是能维持?列宁道:"若以为不要甚么强制和独裁政治,可从资本主义移到社会主义的,真是妄诞的,梦想的主义(见列著宁[宁著]Democracy and Proletarian Dictatorship 文中)。"就是马克斯晚年,在戈塔(Gotha)纲领底批评里面,也说道:"资本的社会组织和共产的社会组织之间,有从一方移到他一方的革命的变形时期。这个时期就相当于政治的过渡时期;这个政治的过渡时期,不外是无产阶级底革命独裁政治的状态。"可见得要达到实在社会主义的目的,无产阶级底专政是不可缺的。只有这个手段,才能达到社会主义的目的;也只有这个手段,才能达到普遍的民主主义的目的。所以广义派不像资本阶级一样，明明事实上是一阶级底政府，却偏要说是一切阶级底政府。他们乃是明明白白地承认是一阶级底——无产阶级底——政府。但是普遍的民主主义，只由这个手段才能达到的。一般闭着门空想，没有一点实行的经验的学者，只拿着甚么一切阶级底民主主义来反对共产党（多数派）底一阶级底民主主义。殊不知所谓普遍的民主主义，直到现在，只是观念上的东西；至于当做历史上的事实，简直没有见过。而要把他变成事实，只有从无产阶级底民主主义的这一条路。列宁道："所谓没有性，宗教，人种及国民性的区别的市民平等，是资本阶级常常说要实现的。但是在资本主义底下面，终没有实现。而劳农会底权力，换一句话来说，就是无产阶级底专政，一举而完全实现了。"所以无产阶级底专政，不独不与普遍的民主主义底原理相矛盾，反是实现他底唯一手段。

再进而就事实上，证明非无产阶级底专制不能实现社会主义，岂但要无产阶级底专政，还要少数者底独裁政治！这个要把革命的进行，分做三期来论——这是列宁底意见。第一，就是与资本阶级战斗的时期；第二，就是和小有产阶级及知识阶级战斗的时期；第三，就是训练无产阶级他自身的时期。这个时期，可以说是少数者底强制，向着无产阶级他自身而用的时期。现在把他们底必要，分别地说起来。

第一，资本阶级将倒，无产阶级新兴的时候，资本阶级是否甘心情愿把在社会上的一切特殊利益，特殊位置丢掉了，让无产阶级去干，不来谋恢复？他们若果要图恢复，就不得不用一切手段，如无产阶级前者之所以推倒他们的，来推倒无产阶级。他们既然用一切手段来推倒无产阶级，无产阶级就不能不用手段来自卫了。无产阶级有甚么手段可用？他们既然握着政权，就只有借着政治底权力来行专制了。用专制就是使已被推倒的资本阶级和旧社会底一切特殊阶级没有参政权；没有集会，结社，言论，出版等自由。这就是束缚他们，使他们没有活动的余地。试问这个时候，若拿着普遍的民主主义这块好招牌，不去束缚他们，让他们去活动；无产阶级所组织的政府有无危险？无产阶级底政府有了危险，社会主义能否实现？普遍的民主主义能否实现？所以这个时候，若不雷厉风行地严行无产阶级底专制，那就是破坏社会主义的罪人；消灭普遍的民主主义的罪人。反过来说，就是恢复资本制度的功臣；复活资本阶级底民主主义的功臣了！他们为甚么事而革命？是不是为实现社会主义而革命？既然是这样，那就万不可使资本制度和资本阶级底民主主义复活了。要使他们不复活，那就不得不用专制手段了。这是在第一期内，无产阶级专制必要的理由。

再进而论第二期。资本阶级及别的旧社会底特殊阶级，若果没有活动的余地，没有复活的希望的时候；那么，从消极方面妨害社会主义底实现；从积极方面破坏社会主义底建设的：就是小有产阶级及知识阶级。这个阶级，具体地说，就是如工艺家，教员，专门技术家，医生等类的人。这类人既不愿资本阶级得势，也不愿无产阶级专权。所以在无产阶级和资本阶级奋战的时候，他们来助无产阶级；并且无产阶级的群众，反为他们底知识分子所引率。——最少在某一定时期内，是和无产阶级向着同一目的而进行的。但是到了无产阶级战胜之后，他们又听资本阶级底唆使，反对起无产阶级来了。他们反对的方法，就是取同盟怠业（sabotage）的形式。工艺家则不肯做工业上的事；教员则不肯上课；有专门技术及知识的男女，则不肯协力帮助他们建设。总而言之，就是不肯帮助无产阶级底建设，妨碍社会主义底实现。既然这样，那么，共产党（多数派）因为要实现社会主义起见，就不得不取相当的对付手段了。这种手段，除掉了温和地劝诱他们以外，只有用强制力了。所以一面劝谕他们照常服务，一面就要用强制力来强迫他们了。设若一得了他们照常服务，那么，社会主义底实现，就可谓更进一层了。这是在第二期内，无产阶级底专制必要的理由。

最后来论第三期。在第三时期，少数者底独裁政治，就有向着无产阶级他自身用的必要了。无产阶级，是实行社会主义的唯一的，重要的元素。无产阶级若一靠不住，那么，社会主义就要绝望了。但是俄国底无产阶级，大概都是无自觉，无训练的。设若不用强制力，他们就会要不作工了。就算勉勉强强地来做，也一定会是敷敷衍衍，无秩序，无组织地来乱做了。他们如果这样，社会底生产力必要减少。生产力一减少，那么，立在产业上面的社会主义，就会要倒下来了。所以列宁道："一切大机械工业，是社会主义底生产力底源泉，底基础；所以都要绝对的，紧密的意志的一致。又要以这个意志的一致，来指导几千百万人民底共同工作。这事从技术上，经济上，历史上的见地看起来，都是很明白的。只要是有心社会主义的人，没有个不承认他为必要条件的。"但是怎样才能保意志的一致呢？列宁答道："就是使多数的意志，服从一个人底意志。"但是他们并不是主张永远这样专制的；乃是因无产阶级底状态和程度而异的。并且他们也不是欢喜这样做的；他们乃是因为要实现社会主义，要不这样做而不可得的。设若无产阶级有了觉悟，有了训练，有了组织；他们绝对不这样做的。你看列宁又道："设若参加共同工作的人，有了理想的自觉和训练；那么，这个服从，就会要和音乐队队长底温和的指导一样。但是设若没有理想的自觉和训练；那么，这种指导，就会要取独裁政治这种锐利的形式了。"这是因为没有理想的自觉和训练的工人，设若不加以强制，生产上就要受大恶影响。生产上有了动摇，社会主义就会立不住了。所以在第三时期，也有行独裁政治的必要。

由上面所述的，已可以知道无产阶级底专政与社会主义是很有密切关系了。有无产阶级底专政，然后才有社会主义；没有无产阶级底专政，就一定没有实现社会主义的希望了。德国底改造不彻底，就是这个原因。所以共产党（多数派）行无产阶级底专政，正是他们对于社会主义的一大功迹；还能拿这个为理由来反对他们吗？

这里还要重复申明一句的，就是他们行无产阶底专政，是他们底一种手段；是他们达社会主义的一种手段；万不能把他当做他们底目的看。这个看看他们独裁政治底强制力底对象，于三个时期各不相同就可知道的。

九

现在另外又发生了一个问题。就是共产党（多数派）在俄国的这种办法，可以适用于其余任何国不可？这里必定有人道："一国各有各的特殊历史，特殊状态；当然不能以适于一国的方法，适用于任何国。所以共产党（多数派）底办法，也只能适于俄国；断不能以为他在俄收效，在其余任何国也能收效。"这话实在不错。无论甚么方法，甚么手段，没有"放诸四海而皆准"的。所以有在一国是灵丹，而在别国是毒药的。但是其余各国。我虽然没有空工夫去研究，而我们中国能否适用他，我却要研究一下。

要研究这个问题，我们先要把中国底情形，和俄国的比较一下；然后再看我们底改造，须分几步进行。从这个研究比较的结论，我们就可以知道共产党（多数派）底方法能否适用于中国了。

据我个人底观察，中国底情形，简直和俄国的是一样。（内中当然也有不同的地方，但不过是小异罢了）。现在且把彼此都是农业国，彼此底工业都不大发达两点置之不说外，其余的情形，也很有相同的。中国底武人，官僚，财主底跋扈；与俄国底贵族，僧侣，资本家，大地主的有甚么不同？中国底小政客，小官僚，及一般受过教育的无耻之徒底可恶，与俄国底小有产阶级及知识阶级的有甚么不同？中国底无产阶级底无自觉，无训练，无组织；与俄国的有甚么不同？情形是一样了。情形既一样，我想改造底步骤，也就要像俄国分做三期了。不过于未入第一时期以前，还有一个问题要讨论的。就是怎样才能推翻武人，官僚，大财主，把一切政权都夺到无产阶级底手上来，以行无产阶级专政？我底意思，我们总不要怕牺牲，怕流血，拿着修正派（从革命到议会）的哄人自哄的话来主张议会主义。关于这一点也应该"孔步亦步，孔趋亦趋"地照着共产党（多数派）底直接行动去做。设若我们失败了，那就是他们底寿命未尽，让他们再去活几时；设若我们得了胜利，那就要入像俄国底第一期了。

第一期就是武人，官僚等失了势力，无产阶级继之而兴的时候。这个时候，武人，官僚等妖氛未尽，余焰犹张，固然是不待说的。他们要用九牛二虎之力，来谋恢复，也是必然的。此时若不行极端的专制，压服他们，他们是不是要来妨碍我们，破坏我们？这就是妨害我们底改造，破坏我们底建设。既然这样，我们是不是能达我们终极的目的？所以我们既然要达目的，就不得不用俄国劳农政府的方法，来适用于中国了。

第二期就是要压制小官僚，小政客，及一般受过教育的无耻之徒了。中国这种东西，本来是无耻之极；若说用全力来压制他们，他们反没有受这种压制的价值。这辈东西本来是顺着风倒的；哪边强就投降哪边。袁世凯做皇帝的时候，则呼万岁，称小臣；等到袁世凯一死，则拥护起约法，维持起共和来了。所以设若无产阶级一得胜，他们就会要自称劳动者，滚起来投降的！还要你费神来压制他们吗？但是这辈东西，是兴风作浪的一群妖孽；设若在新组织下面，任他们活动，他们又会要兴起妖，作起怪来的。所以这个时候，也要应用劳农政府底方法，来作一个"张天师"，来镇压这一群妖孽。

现在论到训练无产阶级的时候来了。中国无产阶级底无自觉，无训练，无组织，当然必要比俄国的甚些。设若不拿强制力来，像兴登堡训练德军一样来训练他们；那么，一切大计划，大建设就会要破坏在他们手上。记得辛亥革命时，湖南有些兵士去援鄂，打了一两回胜仗，回来就了不得了。敲诈钱财，搅害闾阁，几属世上穷凶极恶的事，他们没有不干的。他们以为他们得了胜，干这些事是他们当然的权利。（这个时候他们没有人来压制，因为他们底长官也和他们是一样的。)由此可以推想中国现在这般性格恶劣，知识低下的无产阶级，设若一得了胜利，他们就会不知道解放他们，就是解放全人类的起点；为他们谋自由平等，就是为全人类为[谋]自由平等的原理；而要以为实行社会主义，就可以把富翁财主底钱，分给他们用，他们可以不作工而得食了；又要以为胜利归了他们，他们就有为非作歹，任意胡行的权利了。这个时候若无强制力来指导他们，训练他们，那就不独改造的大业不能成功，并且还不知道要闹成一种甚么现象呢！这里恐怕有人问道："我们为甚么不在革命之先，把无产阶级训练好了，才来革命呢？"这个疑问是很有道理的。我们若能照这样做，当然愿意做的。但是中国现在需要改造，已迫不可待了。若要等到无产阶级训练好了，才来革命，恐怕等到二十二世纪还不能见中国底社会革命呢！谁能等得这样久。中国决等不到无产阶级训练好了，才来革命的。无产阶级既然没有训练好，那么，革命之后，就不得不应用共产党(多数派)底方法来训练他们了。所以从这一方面说，共产党(多数派)底方法也可以适用于中国的。

这里赶快要申明一句的，就是我所主张应用广义派底方法，是说把他当做过渡时代的一种手段而用的，当然不是我们终极的目的，这一点须请读者看清。

共产党(多数派)底方法，可以当做一种过渡时代的手段，适用于中国，已如上述了。但是这里还有一点最要注意的。我们中国，简直是一个最奇怪，最神秘的地方。我现在想拿个比喻来说明他，简直想不出。就是无论一个甚么好主义，好方法，一到中国，就要变坏了。在外国是救时救世的，一到中国就变为害时害世的了。这真是令人莫名其妙！但是这决不是像"江橘逾淮而枳"，是天然的关系；其罪还是在用他的人！共产党(多数派)底方法，并不是无条件地可以适用于中国的，可以在中国收效的。设若拿他来当作逞少数人底权威，谋少数人底私利的武器，那么，他就会要照例地恶化，变成杀人的利器了。所以趁这个机会，我要忠告我们同志，切不要为共产党(多数派)底罪人！

十

我这篇文章也写得太长了；读者也会要生厌心了。现在再说几句，作我这篇底结局。

劳农政府以来，对内对外战争不绝，这是人人都知道的。他们底大工厂，都停止了生产，拿来造兵器，这也是大家知道的。他们受了联合国底封锁，受了粮食缺乏的恐慌，这也是无人不知道的。所以他们没有用全力来建设，来宣传，也是当然的结果。现在却不然了！俄波战争已停止，有和议的希望了。国内的反动革命已渐次灭绝了。联合国也有和他们通商的希望了。他们此后就能用全力在内建设，对外宣传了。所以他们终极的目的，也要渐渐地完全实现；他们底主义，也要渐渐地普遍蔓延了。我于此不禁大呼道：共产党(多数派)万岁！社会主义万岁！

一九二〇，十一，七

(《共产党》第一号，1920年11月7日，署名 无懈)

88.《列宁的著作一览表》(《共产党》第一号，11月7日)

《共产党》第一号刊登了《列宁的著作一览表》，这是列宁重要著作第一次在中国被集中介绍，共19种，目录如下：

1. 俄罗斯的社会民主党问题(1897年出版，The Problems of the Russian Social-Democrats，今译《俄国社会民主党人的任务》。笔者注：以下英文原文照录。)

2. 俄罗斯的资本制度发达史(1899年在圣彼得堡出版，The Development of Copitalism in Russia，今译《俄国资本主义的发展》)

3. 经济的札记和论文(1899年在圣彼得堡出版，Economic monographs and articles，今译《经济札记和论丛》)

4. 要做什么(1902年在德国出版，What is to be done? 今译《怎么办？》)

5. 告贫乏的农民(1903年在瑞士由俄国革命的社会民主党出版，To the Peasant Poor，今译《给农村贫民》)

6. 进一步退两步(1904年在瑞士出版，One gtep Forward, Two Steps backward，今译名：同名)

7. 民主革命中的社会民主党两个政策(1905年在瑞士由俄国社会民主工党总部出版，Two policies of the Social-Democrats During a Democratic Revolution，Published by the Central Committee of the Russian Social-Democratic Labor Party，今译《社会民主党在民主革命中的两种策略》)

8. 社会民主实业史略的大纲(1917年在彼得格拉出版，A Pagc from the History of the Social-Democratic agrarine Program，今译名待查)

9. 解散旧国会和无产阶级的目的(1906年在俄国出版，The Dissolution of the Duma and the aims of the Proletariat，今译《杜马的解散和无产阶级的任务》)

10. 1905年至7年俄罗斯第一次革命中的俄国社会民主的大纲(1907年著，1917年在彼得格拉出版，The Agrarian Program of the Russian Social Democrats During First Revolution，1905—1907，今译《社会民主党在1905-1907年俄国第一次革命中的土地纲领》)

11. 经验批评主义的唯物哲学(1910年出版，The materialistic Philosophy and Emperiocrtlism Critical notes on a Reactionary Philosophy，今译《唯物主义和经验批判主义》)

12. 帝国主义是资本主义的末日(1915年著，1917年在彼得格拉出版，Imperialism, the Latest of Capitatism，今译《帝国主义是资本主义的最高阶段》)

13. 俄国的政党和无产阶级的目的(1917年在彼得格拉出版，Political Parties in Russia and the aim of the Proletariat，今译《俄国的政党和无产阶级的任务》)

14. 论进行方法的文书(1917年在彼得格拉出版，Letters on Tacties，今译《论策

略书》)

15. 革命的教训(1917年在彼得格拉出版,The Lessons of the Revolution,今译名:同名)

16. 农业中资本发达律的新论据(卷一论美国农务经济中的资本主义,1917年彼得格拉出版,New Data Regarding the Law of Capitalist Development in agricalture Vo1,I Capitalism in the Rural Economy of the United states,今译《关于农业中资本主义发展规律的新材料》第一编《美国的资本主义和农业》)

17. 国家与革命(1917年在彼得格拉出版,The state and Revolutaon,今译名:同名)

18. 苏维埃政府的要图(即苏维埃实现)(1918年在彼得格拉出版,The Immediate at Problems of the Soviet Government(the Soviets at work,今译《苏维埃政权的当前任务》)

19. 无产阶级的革命与靠斯基汉奸(1918年在彼得格拉出版,The Proletarian Revolution and the Renegade Kautsxy,今译《无产阶级革命和叛徒考茨基》)

(《共产党》第一号,1920年11月7日)

89.《列宁的历史》(《共产党》第一号,11月7日)

《共产党》第一号刊登《列宁的历史》,介绍列宁的生平事迹。全文如下:

列宁本姓乌尔彦诺夫,名乌拉底米尔——宜里宜赤,后改姓列宁名尼古来矣。他生于一八七〇年西穆比尔斯克省。他的父亲在该省充当监督学校员,后来因监查学校有功,得了一二等文官衔,并加入了贵族。他的母亲麻里牙——啊里克散得洛夫那,原来是个大地主,在喀杂斯克省有些田园。伊的丈夫死后,伊曾领国家的恩俸度日。

一八八六年,列宁的兄亚列山大要入圣彼得堡大学的时候,因与其同志安得列有士金,敖西班诺夫,舍维料夫等,谋杀俄皇第三,遭了失败,被捉入狱,后降旨勒死。列宁自己在西穆比尔斯克中学受教育,这个中学校的校长,就是一九一七年二月革命后的那个临时政府的国务总理,克伦斯基的父亲。这个校长,自然是没想到他的儿子克伦斯基后来得了俄国行政机关的最高位置,那个监督学校员乌尔彦诺夫更是梦想不到他的儿子改造新俄创立世界自古未有之人生的生活抵抗全地球来攻击他的各国,作大最大的伟人。

列宁毕业于中学后,随入喀杂斯克大学。在这个大学中,因为他传播社会主义和他与其同志组织学生示威运动,校长就把他逐出了大学。由大学被逐后,他就充当律师,但是他自充当律师共计只赴裁判所辩护了一回讼案。一八九一年,列宁由乡移于圣彼得堡,在此地他又入了圣彼得堡经济大学,这个时候就把他著作的那部马克思主义论出了版,此书出版以后,列宁才渐渐的出了名。

由此十五年以后,列宁才作了多数派社会主义运动的最勇敢最精神的首领。

列宁自成年至今,他的政治理想和他的政治作用,都本着他决定的主义实行,他的主义完全是倾向于实行社会主义,因此他积极的组织工会,设立劳工团体,逐渐作成了俄国劳工贫民的唯一的战将首领。

列宁从未与闻他的兄所作的那样的恐怖暴动暗杀等事,唯有极力传播他的社会政治经济主义,并实行组织工会。帝制政府因为他传播社会主义,于一八九七年一月二十九日把他监押起来,充军于西伯利亚。

列宁因为传播马克思的社会主义和坚持实行改造的宗旨,遂被逐流于大荒人稀茂林兽多之西伯利亚。他在这冰山雪地荒野宽阔之地,时久多暇之际,才能发达了他的平生观念思想和分析社会上所有应改造的诸大问题。他在西伯利亚是住在苏城的一个村里。在这个村里他还是传播他的主义,并有他的经济改造著作。他的著作,都是借着别姓名发表的。他所借的姓名为宜尔宜赤,宜尔因,庭宁,最后是列宁。

列宁的徒流罪满后,政府仍是禁止他居住有大学校的城市和有制造工厂的商埠。因此他无奈才暗地里出国赴西欧,继续作改造社会的事宜。他在欧洲与其同志,普列哈诺夫,马尔托夫氏,啊克西尔洛得,杂苏里赤等,出了一个报,名叫"宜斯克雷"。这个报作了被逐于外洋的俄国社会主义者的中央团体,那些信仰社会主义的人在这个报上会尽力的发挥其社会主义和改造应取的计划。那些怀抱改造俄国的少年,都集于这个中央,联为团体了。

在那时所有的俄文社会主义出版物,及社会革命运动书报等,都是由这个机关著作的。在这个团体中有许多人牺牲自己的力量,去筹备解放俄国受苦的人民。

在列宁的周围和他的所至之处,不但有俄国侦探暗地里检查他,并且有他所在国的巡警注意他,因为这个缘故,所以他常常迁移其寓所。他所迁移的地方,就是由巴黎至伦敦,由伦敦至北京,由此至瑞士那威荷兰等国。

俄国的社会民主党是一八九八年设立的。一九〇三年该党开第二次大会于普流亚里及伦敦,才闹出风潮,起了内争。在这次大会上,列宁绝对的主张该党应采用中央集权制,组织中央掌权指示全体作用的机关,以取全体一致作革命的运动,行统一的计划。他这个主张,没得全体同意,其中有少数人绝对的拒绝列宁的中央集权主张。于是那些不赞成列宁主张的人,宣布永不与列宁接洽,于是社会民主党遂分为两派,(一)不赞成中央集权的少数人,组织了一派,名曰少数派,为社会民主党的右翼;赞成列宁主张的多数人,组织了一派名为多数派,为社会民主党的左翼。这二派虽是同党,其仇视较维新与守旧无异。多数派的首领就是列宁。

列宁虽处于他国及种种被检查困难和乏用情形,可是他终究将他的著作《经济调查》出了版。此书在俄国流通最广,列宁备着卖书所得的余资和鲁那车尔斯基(现全国教育长),保克坦诺夫,保洛夫斯基的帮助,又设立了一个报,名曰《夫比科塔》。一九〇四年,俄国筹备实行大革命的时候,列宁把他党中的实行计划,详详细细的发挥起来,加上了后来实现的潜势力,立下了具体的办法,专待时机发达,实行社会共产的计划。这种计划,就是无产阶级专政,把私有资本收为国有,破除私有制度,举行世界革命,以达到实行世界(无国界)共产主义为止。他这个无产阶级专政,废除资本私有的坚决实行计划，在俄国已经行了三年了，他为劳农议会俄国的首领，也是三年了。一九〇五年俄国初次大革命时，列宁曾被赦回俄。

一九〇六年反革命军大兴，列宁无奈逃到芬兰，一九〇七年由芬兰至瑞士，一九〇八年由瑞士至巴黎。这个时候，他设立了两个报纸，一名《社会民主》，作为宣传总机关，一名《无产阶级》，专为劳动者指导筹备进行革命。列宁同他的同志，在克拉阔夫组织了筹备革命团体，与俄国革命者直接讨论指示，以图将来实行了一定的方针，走最大的潮流。

列宁在伦敦，曾为《技艺的德模克拉西》一书，这部书在那个时候，也算是初译大作。这次欧战时，列宁正在奥国。他在奥国曾极力运动劳工革命，后被下狱。幸亏了那些社会党员千计百方保护，才把列宁救出。列宁出狱后，逃到瑞士，在瑞士他又运动各国停战讲和。战时之此米午满大会中，就有他任事。

一九一七年二月革命起推倒皇帝时，列宁起程回国，联合国闻知，曾表示反对。这个时候瑞士的社会党员，曾筹备计划，使列宁回国，计划筹妥，与列宁商议。其计划就是使列宁假意为德人的秘密代理，因此德人才准许列宁同他的同志百名，乘着德人的武装保险火车，经德国回了俄国。在武装保险车上，与他同行的有少数派如啊克新里洛特-加龙省马尔拉托夫等人。列宁回到圣彼得堡的时候，曾大受圣彼得堡的水陆军和劳工的欢迎。

(《共产党》第一号，1920年11月7日)

90.《为列宁》(《共产党》第一号，11月7日)

《共产党》第一号刊登法国 Georges Sorel，震寰译《为列宁》，全文如下：

这篇文章是法国有名著作家 Corel 所著。因为瑞士 M. PaulSeippel 曾著论攻击列宁和杜罗斯基在瑞士时的旧事。这篇就是为列宁辨护的，登在美国出版的《劳农俄国》的列宁寿辰号里头。

译者附志

我这篇文章不是要和 Paul Seippel 捣乱，因为他所著的攻击俄国多数派底文章，很受社会欢迎，而营业性质的人，很害怕多数派。我也不以为列宁对于我的著作有什么感想，即或有之，我也不以为荣幸来描写一个大人物的智识发达史，他是马克斯以后最大的社会主义学者，也是彼得大帝以后最大的政治家。

巴黎自治 Paris Commune 消灭以后，马克思著完国际同盟的宣言，所以现在的社会党常常要依据祖传的是完全政治学说。一九一八年五月列宁所演讲的劳农政府问题，其价值不亚于一八七一年马克斯对于内乱的宣言咧。有多数派同各国资本家，政治家的拜金主义来战争末了就是失败；而无产阶级的新国体底理想，必不致消灭；将来必有许多普通事情继续劳农共和国而反抗列国的资本主义。……

有人说列宁像彼得大帝一样，想违反历史的程序，可以要反对他在国内传播社主义。有许多人批评社会民主党的要人，以为社会主义只适宜于资本主义最发达的国家，如俄国工业不发达，因为政府的方法不良，警察的干涉，没有专门人才。所以有许多社会党说列宁的手□，是一种幻术。高深的工厂方法，用于私人的资本家，讲什么无意识的机械论，没有辨别各种方法善恶的能力。如果社会主义的经济能够替代资本主义的经济，如马克斯在英国所拟定，这种较良的方法最适宜于自动的法则。而这种智识最好也不过保存有产阶级的满足来反对幼稚革命的幻想罢了。

俄国社会主义所得的基础，如马克思派的列宁定以为是很坚固，智识的功用是不可少的。劳农政府各要人在于指导工业革命的实行家，有些法则也是由于较进步的资本主义中所得来的；他们要引导人民来利用这种方法，拿道德的势力来获得人民的信仰心，这□他们的责任了。有责任的革命家，应当阻止世人的腐败良心，不致人类于下流的文化。

列宁所说的创造俄国社会主义的国家，能够稳固，这种战争比普通的兵役，难过百倍，殊非过当。而从前各种革命所建设的功业，也实是比不上他。因为从前的革命家，只对于不良的制度推翻，而改造的事业则由一般投机者来把持。但多数派一方面要破坏，同时又要建设。照这样看来，资本家再不能左右社会和工人了。

没有许多经验，断不能弄到工业有很大的进步。凡指导生产的人，对于一件方法是不能成功的，便要改弦易辙；求些较良的方法，才可以成功。这就是经验得来的智识。列宁不完全是一个理想家。只重在实行，全不离乎事实。所以他自从革命以来得了许多实行的机会。

如果俄国的社会主义能够成为稳健的经济，那些理想的革命家，必然可以活动，头脑清楚，打破从前一切迷梦。如果列宁不能完全实行他的主义，将来必留下许多手续给欧洲的社会来研究。列宁对于他的同志的进行，非常满意。俄国的工人，把理想来实施，这种丰功伟业，万世不朽……

我这里很喜欢把列宁来讲讲。资本主义的民主主义鼓吹凶狠的战争来攻击劳农会的共和国，真是奇耻大辱；蒲鲁东最反对的战争就是这一类。这种不义的战争列国胜固不足喜，赤军败也不足忧。并且俄国的工人和农民的丰功伟业在历史上已是空前的大事，而这种新制度对于维护俄国农工的功业，也有许多牺牲的代价了。

据德国著名历史家 Renan 所说，历史因为报酬罗马的功德，才成立地中海中一个罗马帝国，虽然有许多人仇恨他们的穷兵黩武，但那些军士还以为是"上帝的功业。"如果我们要赞成罗马的战功把卑下的文化提高了许多，使我们现在还能够研究他们的艺术、文学和法律，将来世界对于俄国社会主义的军士，也作如是想。将来历史上对于反对多数派的民主主义还有什么价值呢？新嘉维基 New Corshages（现在指各国）必不能克服现在的平民的罗马了。（指俄国）

末了我不能不有些表示我个人的意见。资本家底帝制派的民主主义驱迫俄国入于绝境，这是天怒人怨的事实。我是一个老头子，经过无限的沧桑，去死不远，但我还希望得以亲见这种有产阶级的民主主义完全屈服。

（《共产党》第一号，1920年11月7日）

91.《俄国共产党的历史》(《共产党》第一号,11月7日)

《共产党》第一号刊登 A. T. 的《俄国共产党的历史》,如下:

  俄国共产党的名称和历史,极形复杂,很有研究的兴味。今把他的略史发表出来,以便易于了解。这一派的原名是"俄国社会民主劳动党"后改称多数派(Bolshevik),最后于一九一八年三月八号该党开第七次全体大会于圣彼得堡,一齐主张改名为俄国共产党,以图完全与少数派(menshevik)区别其史如下。
  俄国社会民主劳动党是一八八三年由少数信仰共产主义的人组织的。
  这党的首先发起人,是普列哈诺夫,他起先加入"国民改造派"到后来他用心研究马克思的著作,有所觉悟,遂脱离了"国民改造派",组织了马克思团,名曰"劳动解放"。
  马克思团都是受了教育的人组织的,他们起先用文字言语运动农民改造社会,没得效果,继而转向劳工及学生运动。该团自与劳动者接近后,逐渐联络了些差役,孤独劳工,运输夫等,于是就渐渐的扩充起来了。
  一八九〇年的前后,俄国帝制政府下令奖励商务实业,于是全俄的制造厂工艺局以及矿山等业大兴,劳动阶级日多一日。这个时候劳工生活问题和劳工的社会主义及劳工的民主主义问题等就渐渐的发动起来了。
  一八九八年俄国社会民主劳工党,曾召集第一次全体大会于名斯克城。在这次大会间曾发表该党的宣言书。
  该党的宣言书本是斯特鲁约氏亲自作成的。说来真也奇怪,现在斯特鲁约氏竟变了宪政党徒,在南俄蓝格尔政府下做外交总长,舍死命的来抵抗劳农政府了。
  劳动解放派在那个时候,已经就分为真正马克思社会主义派和经济主义派。斯特鲁约氏是经济派,他的观察点和他的意见纯是主张劳工无产阶级革命,只准劳工无产阶级得着增加他们自己的生活程度,宽裕他们自己的经济罢了。不准劳工阶级掌握政治大权。那政治大权仍旧应该操于自由思想者(受完全教育之改良进步派)之手。
  普列哈诺夫氏和列宁氏,自始至终,反对斯特鲁约氏和经济主义派。这派是根据伯伦斯泰因的学说,从事改造社会。他们学会了"所有的变动其最后正鹄结果等于无",因此那经济主义派无论在国内或国际间,总持临机应变服从强硬的态度。
  列宁派和其他马克思派联络起来,集于"诚实"报社,组织了"诚实团",始终抵抗经济主义派,从此这两派势成水火了。
  一九〇三年俄国社会民主劳动党开第二次大会于伦敦,在这时候,诚实团战胜了经济主义派。可惜诚实派得胜后,起了内争,以致分裂两支:
  一支的首领是列宁和普列哈诺夫,他们的意见,仍旧是把自由思想派看做和有产阶级一样,因为到了实行劳动革命的时候,他们是劳工的仇敌。

一支的首领是博特列索夫、马尔托夫，啊克谢尔洛得，他们是联络自由思想派的。

于是这二支最后完全分为二派。列宁派较博特列索夫的人数多二名，就名为"布尔塞维克"（若译其意，就是"多数派"，因为俄语"布尔塞"是中语"多"，"维克"是词尾的变化，其意表示"人"）博特列索夫派较列宁派的人数少二名，就名为"民士维克"（若译其意就是"少数派"，因为俄语"民士"是中语"少"），多数派共举列宁为首领，少数派共推马尔托夫为主脑。

普列哈诺夫氏，自俄国社会民主劳动党内争分裂后，起先联络多数派，后又转而联络少数派，终又由少数派转而联络多数派，如此者数次。

一九〇五年，俄社会民主劳动党开第三次大会时，多数派会于伦敦，少数派会于齐磊，每次集会的俄国社会民主党的中央事务所，归少数派占有，但是圣彼得堡的事务所，就归多数派所有了。

当一九〇五年发生的初次大革命，多数派主张全体罢工，但少数派在劳农议会里曾提出他的信条，竟得大多数的同意，唯有圣彼得堡的劳农议会，纯是实行多数派的宗旨的。

一九〇六年大革命完全失败后，俄国社会民主党，曾开第四次大会于斯托克果尔穆，在这次大会上，多数派与少数派复又联合起来。此时多数派的人数较少数派大减少，有隶属于少数派的性质。

一九〇七年，俄国社会民主劳动党开第五次大会于伦敦。这次大会，多数派借拉特士和波兰的社会民主党的援助，又得了优胜及多数的同意。这次大会以后，俄国社会民主劳动党完全分为二党，各组织各的事务所了。

少数派自从组织了他的纯粹事务所以后，渐渐的消减了。社会革命的志愿，图谋公开他的党派，借以扩张他的劳力。最终完全达到目的，变为合法公开的党派了。

多数派仍旧照常严守他的宗旨，秘密集会。少数派曾利用有产阶级底势力作自己的护身。多数派始终不与有产阶级妥协，专门联络无产阶级的劳动者。

一九〇八年，少数派中有许多党员运动多数派稍为表示让步以便互相进行社会改造事宜，而此事终归于无效。

一九〇八年，俄国社会民主劳动党，开第六次大会于巴黎时，多数派仍旧占优胜地位，并且组织了左翼部，名曰"前进"团，这部分的首领，是保克旦诺夫和鲁那车尔斯基（今教育委员长）。

多数派主义与少数派主义不同的主要点，不在革命以后的建设，而在实现革命的手段。少数派主张劳动无产阶级应该与有产阶级合办，多数派主张劳动阶级革命，应由劳工自己去创造，无须乎有产阶级的维持。

对于一九一四年的欧战，多数派与少数派更是意见不同；多数派主张注重内政的根本改造，再进而达到各国的改造，少数派主张与联军一致胜德后再改造内政。

一九一七年十月革命后，少数派简直的加入了有产阶级，公然对于多数派宣战，甚至于破坏建筑，枪毙劳动者。因此多数派于一九一八年三月八号召集大会于莫斯科，将其党改名为俄国共产党。这个"俄国共产党"的党名，起源于马克思在世时。

一九一九年三月十九，多数派召集第八次大会时，通过了"俄国共产党"的新党纲。

一九二〇年三月，俄国共产党，召集全体大会于莫斯科，曾决议全劳农议会俄国的各经济整顿的重要问题。

(《共产党》创刊号，1920年11月7日，署名 A. T.)

9日（星期二）

92.《俄罗斯之共产党》(《晨报》，11月9日)

《晨报》刊登《俄罗斯之共产党》，如下：

共产党系一种平民的坚实严整的组合。其内容与精神全不似前此在法国革命史上曾失败之共产党，亦并无庞杂众多之党员。如前此之十月革命，其党员尽系加意选择，且必需经过悠久之试验。彼等于谨守共同之宗旨以外，而彼此常抱亲密相爱之精神。然在今日，其党员实已有六十三万人之多。彼等之行动，并不以炫人耳目、扰乱秩序为手段。盖深知能力之充分发展，在乎人格与夫内部之质素。彼等自然不以实施之难题为虑，但亦深信"时代"之力量，必要经过淘汰奋斗坚忍而后能成功。

共产党有一坚实有力之本部，以指挥规划全党事务。除大会以外，其定期常会，系名曰中央委员会，由十九名委员组织成之，有最高最强的权力，及最优越之决议权。其组织之精神与苏维埃完全相似。至于平民委员会，（由特种党员组织）则可评议指挥党中任何重要事务。其平时之办事机关则惟留五人，其秘书即同时清理其财政。至于其代表，则常不住委员会中，而职权亦相异，仍然亦用多数决议少数服从的制度，所以仍然能保持其人格的单独的行动。

(《晨报》，1920年11月9日)

17日（星期三）

93.《布尔失委克与世界政治(第四次)续》(《晨报》，11月17日)

《晨报》刊登《布尔失委克与世界政治(第四次)续》，全文如下：

罗素在湘之讲演

湘江少年笔记

吾们对于共产主义只是希望其成功、断不是希望其失败。惟其希望成功、则吾人急应研究共产主义成功应该要些什么条件。我以为使共产主义在一个国内能够成功的

第一个条件是："工业品及粮食两样东西的足以自给"。俄工业品之缺少不待说，粮食亦有些地方多、有些地方少，不能调济。俄国虽大、然是一个要仰仗外国物质才能自给的国，故我可以决定共产在外国很难于成功。假如英国要行共产呢，则失败定在缺粮，工业品虽多，无济于事。粮及工业品两条件具备者只有北美。故吾以为只有美国有施行共产主义的资格。然若谓美国即刻可施行共产则又不然。何以故呢？要施行共产除"粮及工业品的足以自给"外又要有"施行共产的人才"，这便是施行共产的第二个重要条件。而美国这项人才比任何一国都少。所以归根结题，还是一个教育问题，没有教育，便不能多数人觉悟信奉共产主义。共产主义不仅要使无幸福的人可以得幸福，又要使有幸福的人更可以得幸福。所以前提是要使大家因教育而生起共产的觉悟出来。

这回欧洲大战。最得利的为美国及日本、其次则英法意、较不幸的为德奥、最不幸的为俄国。凡战争最足振奋人心。此番战役□美国人最得快乐、英法也还好、意大利便发生了革命的动机，德国改建共和，使无协约国军队维持、秩序恐亦难保。匈牙利一度为了红色革命，故秩序比德国坏些。

世界上秩序最坏者，则为俄国了。故俄国极想施行社会改革。布党竭力鼓吹其主义，对于不幸福之人，鼓吹最力，俄当战败之后，人民仇怨，布党主义本来最易入人。不过布党主义，只于不幸福的人有效，若在已经有了幸福的人，像有财产的人便不肯信其主义了。我们要晓得我们如果希望共产成功，单对不幸福的人鼓吹，是没有用的。要对有幸福的人鼓吹，使之信从共产主义，则可以造成一个新的社会。真正说，要使共产主义成功，必使幸福不幸福之人所受之境况相等才可做到。现布党办法也不是提高不幸福之人使之进于幸福，只是用一种强迫手段压之不使活动。我们要晓得有幸福的人其实也不幸福，他们常常烦恼，常常忧惧。我们要使他们自己觉悟，懂得财多无用，而谋所以将生活改造。我觉得吾人应取得态度，应该是对万国一律，对有幸福的人无幸福的人一律。我觉得要望共产主义成功，断不是像俄国那样一味专制可以成功的。试看俄国的大多数人不是都反对共产主义吗？境况最佳，要一国人都信从才可行共产主义，除非是美国了。别国要行共产主义，美国便可断绝交易以制之。譬如英国要行共产，美国如不赞成，便可以将英国"棉"的来源断绝，再将"粮食"一断，六个月后英人便要饿死。

有此种种原因，我觉得五十年内，共产主义尚难实现，吾意美国要先变成共产，即不然，也要不反对共产，共产主义才可以推行于世。但即在美国每年如入国的移民工人很多，这些移民工人比较美国土工人的程度很低。但战后美国立法，外来的移民中止，五十年后美国工人均系生于本国的人，知识渐会趋于平等。现在既有了共党了，像共党首领"雨泊斯"一类有思想的工人逐渐加多，逐渐懂得了共产主义，共产主义之行乃在这个时候。

中国现在工业尚在幼稚时期，恐怕华人尚不明白资本主义的害处。如果想要将来不发生事变，有应留意一个最紧要的条件，就是"减少工作时"，每天工作不得超过"四"点钟。工作时减少，工人有余时可以求到幸福，则虽在工业制度之下，亦不至有不良的现象发生。我想在中国这种工业幼稚的时代，人民的痛苦和希望必大，最好实行"科学的共产主义"，庶几不走弯路，而可以达到改造社会和经济的目的。俄国所以失败就因为不是科学的共产主义，这一点要请华人留意。

(《晨报》，1920年11月17日)

11月

94.《旧治更新》(《曙光》第一卷第六期，11月)

《曙光》第一卷第六期发表王统照译，列宁的《旧治更新》，全文如下：

是篇原为一九二十年四月十九日，发行小本式之"Trudovaya Nedyeloa"（俄报名）中之论文。此论文专为说明Entente帝政派之瑕疵，盖当苏维埃俄罗斯方全体以连于改造之时期，后□曾作俄罗斯平民之攻击者故耳。

劳动共产问题，是为社会改造最难之问题，非至于土地与资本完全收回；平民之权利战胜，以及反革命之反动抵□成功后，则此问题不能获完全之解决，此甚易知者也。

当一九一八年之上半期，正值日耳曼帝国主义战争失败之后，一九一八年二月，俄国之革命亦起。是时也，似时机已至，然其后则小有波动，即新而有力反革命之骚扰，而向吾辈为□□之攻击，但不久因无机可乘，亦遂未有所成功，盖以苏维埃之对于是事，以真正之对待与精力，而应付此改造之问题故也。迄今已二年矣，更不闻难决之困难，虽以贫困与希望之追逐其后；以及各种之憎怨，而赤卫军则固已战胜空前国际的资本势力之反动矣。

今试□观：因有更多之商场，与最后之地方，似可以证明吾辈之希望。（设若，法之资本家，在战争中不能获得波兰之成功。）

于此二年中；乃使吾辈获有社会主义建始之智识，盖是为共产劳动问题之直接训练。—或有更多之社会劳动改正—因此问题，非易易谈者，以较诸由资本主义而出之新社会条理之显著，实有非常之进步也。

共产劳动；在字义中之精密的解释，可为将来社会之自由的劳动，非若有界限之义务。故所为者无所偿，而亦非在一定之次序中，取得生产之部分的权利，且亦绝对不能按照一成不破之法律也。是为最自由之工作，无法律以束缚，无报偿之注意，而目光亦不可惟知在酬庸中也。必使劳动如习惯依其成功之善良与真实而应社会之需要斯可耳【。】

吾辈必明乎此；使此意旨，在吾辈之社会，能有更远之进步，而于社会的秩序上，亦使各种劳动，得以实行。

然关于此问题之事务、已经举行，且在平民之种种组合中，劳动联合，（如共产社会及劳动联合）已开始辩理，而在国家之自身，亦有长足之进步。

此大体之事务、既已成功，而其微小之事务，亦可连带辩理。重大事务举行之后；—即资本主义，为国家所破坏，将其权以让之于平民。—而产业生活之构成，与新发生微小之事务，亦必建筑于新基础之上。

若共产制；若产业上之组织，若强迫劳动，—此皆由社会劳动中而来，为实际工作，有价值之组织。

亦有多数中之一计划，而有许多之缺点者，则以资本主义辩护者，往往无论对何事务辄加以嘲笑恨怨，而不与以十分之助力故也。

在此短时期中，错误与瑕疵，诚难免者。然勿论谁何，在其作业困难以前之畏葸，且承认其自身为惊惧者，终在疑惑迷离中，是非可与言社会改造者也。

夫实施新劳动之训练，而为新社会关系之创造组织，以觅到人民工作之新方法，—凡此许多新发生之事业，是皆最高尚之事业也。

以良好之缘遇，而终能在中等阶级破坏后，且镇抑其反抗，以实行吾辈之计划，使吾辈之工作，可以达到。

此后吾辈将以全副之精力而履行此事业固执、坚忍、敏捷、决定，以力之所及者，而作此百种事业之企图，且为此百种之改善，必期于无论何地终达于决胜点。—平民主义问题之显露，已发现于十月革命 October Revolution 前十年、十一年，或十二年，而终实现于革命后之二年。是盖为支持贫穷，饥饿与福利剥夺之故，以有此诸因，则可保证多数平民，终获为胜利者也。

此短篇之论文俄罗斯劳农政府之首领列宁 N. Lenin 所著，美国之苏维埃俄罗斯报曾转为译载，今由该报重译下，足可见列宁言论之一斑。其所谓固执，坚忍，敏捷，决定，以为实行其事业之准备，此等精神，尤可代表列宁之人格，而令人读之，肃然起仰止之心者。

(《曙光》第一卷第六期，1920年11月，署名 王统照)

12 月
1 日 (星期三)

95. "俄罗斯研究"专栏(《新青年》第八卷第四号，1920年12月1日)

《新青年》第八卷第四号"俄罗斯研究"专栏刊登《过渡时代的经济》《文艺与布尔塞维克》《苏维埃教育》《俄罗斯的教育状况》《彼得格拉的写真》《苏维埃俄罗斯的劳动组织》《革命的俄罗斯底学校和学生》《苏维埃政府的经济政策》《赤军教育》《中立派大会》《俄罗斯的实业问题》《苏维埃俄罗斯的社会改造》《劳农政府召集经过情形》等13篇文章。

96.《过渡时代的经济》(《新青年》第八卷第四号，12月1日)

《新青年》第八卷第四号发表列宁原著，震【瀛】译自 Soviet Rusisa 的《过渡时代的经济》，全文如下：

一

当着苏维埃政府两周纪念的时候，我拟定拿这个题目来研究经济问题，做成一本小册子。但因为每天要做工，到现在才做得几章的大略。所以我决意把一个大略写出来，表明我对于这个问题的要义。这是有统系的性质，一定有许多应当修改的地方。或者我能够得一个具体的论据，达到正当的目的。

由理论上讲来，资本主义和共产主义的当中定有一个过渡的时期。这个时期把那两种社会经济的制度的特别状况联合起来。这个过渡的时期，不过是死亡的资本制度和新生的共产主义战争的时期，或者换一句话说：资本主义已经打败仗了，但还没有消灭；共产主义已产生了，但还是很软弱。不独是一个马克斯派，就是一做有学问的人，对于进化的学说，也不大明白。自己必要明了全部的历史，为这些过时时代的特别情形所公认的，才有价值。凡关于【过】渡和社会主义的反响，如我们当第二国际劳动大会的共产阶级的代表都是盲争糊闹，没有一定的标准。

有产阶级的德谟克拉西派，最明显的情形，便是憎【厌】阶级战争，梦寐中还想设法来消灭这种战争，常常要调和归于平静。所以这些德谟克拉西派一方面要反对承认历史上由资本主义到共产主义的过渡时期，一方面要设法来调和资本和劳动，或者制止他们的战争。

二

在俄国无产阶级的狄克推多制应该发表一些比较先进国的特别情形，因为我国事事落人后，有产阶级的精神也不大。

但实在的情形，我们见得俄国的经济状况和趋势都是同别的资本国一样。这种情形中的法度，对于各要义没有多大的影响。社会经济根本的制度，便是资本主义，小生产力，和共产主义。有产阶级的主力，便是农民和无产阶级。

俄国的经济活动在与无产阶级的狄克推多制底时期，第一步便有劳动的竞争，根据于共产主义，在于大生产模型之内，反对小生产力，并反对资本主义，及资本主义的基础死而复苏的。

俄国现在根据于共产主义而统一劳动，头一件手续便是废除生产的私有制，无产阶级的政府拿国家公有的土地来组织很大的生产机关，并由国家管理；由各种经济组织，来支配劳动的势力，团聚起来，供应国家工人的需用。

我们讲讲俄国共产主义的初步，（借用一九一九年三月的党章来讲讲），试考察那一件事，一切实在情形，现在我们只实现一部分，或者换一句话说，我们现在考察实际的情形只实现了最初的一步。

当着革命的时期，我们应该立即废除一切障碍。比方在一九一七年十月二十六日（十一月八日）无产阶级的狄克推多制头的一日，土地私有制已经立即废除，不要赔偿大地主的损失；即是把大地主的财产收没。依这个法子，在几个月后又收得一切大资本家的工厂，公司，大买卖，全归于'工厂制造'，什么工厂，制造局，铁道，完全实行由"工人管理",而在农务一方面现正开始,(苏维埃的物产,国家工人的农业大组织)。各种团体的组织,如小农人一类,视为过渡时期一种特别办法,由小私人的管理变为共产党的管理,所以要暂时采用这种办法。也有人说由国家支配生产的同样组织,来替代私人贸易:即是由国家预备转运谷麦到城市,又由城市运回制造品到乡村中。收来必订定章来实行这个计策。农务一方面现在还是小投机的事业。

我们现在要讲讲很重要的资本主义的根本问题。在这个根本问题中,资本主义还可以保存命运,并且死灰复燃,猛力来攻击共产主义。他的利器便是私运出口和投机事业,反对储蓄的预备(谷麦和别的生产),总是要反对国家支配出产。

三

我们要用具体的论据来表明这些抽象的学理剖白。据人民粮务局布告由一九一七年八月一日到一九一八年八月一日,由俄国政府管理的共有谷麦三千万俄石,再过一年便增至一万一千石,一九一九年至一九二〇年头一季已有四千五百万石,比较一九一八年相同的月份(八月至九月)只有三千七百万石。

由这一表看来进步虽然是不大快,已足以证明共产主义战胜资本主义了。并且当着这个时候,研着无限的艰辛,为历史上所无。抵敌全球强国,转战千里,历时数载,而内外的资本家又谋经济上的纷乱。

所以经历了许多谣言同各国有产阶级的摧残,直接的或间接的奸细(第二国际劳动大会的"社会党"),还是俄国无产阶级的狄克推多制才能够占胜利:即是共产主义战胜了资本主义,这是不容辩论的。如果全球的有产阶级,愤怒布尔什维克主义很利害,组织军队来侵伐,另设阴谋来陷害我们,这是表明我们对于经济的改造已经完全胜利,不能俾武力来征服——武力是决不能成功的。

下头详列那一表是中央部的统计,刚刚完竣预备公布的,关于谷麦的生产和消费,不是苏维埃俄罗斯的全部,只由政府管理的二十六省。表明我们战胜资本主义到什么程度,我们管理的时期极短,各种困难我们所干的都是历史上所无。

我们见□谷麦在城市中一半是由政府供给的,一半是由私人运来的。这是城中食粮在一九一九年正确的比例实数。而国家所供给工人的面包,比较私人所卖的便宜十倍。考察工人的预算表便明白了。市间所卖的面包比定价高了十倍。

苏维埃(二十六省计) 俄罗斯(二十六省计)	生产省份城市	乡村	消费省份城市	乡村	总数
人口数以百万为主	四·四	二八·六	五·九	一三·八	五二·七
谷麦生产(不要播种)	……	六二五·四		一一四·〇	七三九·四(百万俄担)
粮务局供给	二〇·九	……	二〇·〇	一二·一	五三·〇(同上)
私人供给	二〇·六	……	一〇·〇	二七·八	五八·四(同上)
支配人民总数	四一·五	四八一·八	四〇·〇	一五一·四	七一四·七(同上)
每人消费	九·五	一六·九	六·八	一一·〇	一三·六(俄担)

我开列这个统计表，可明白俄国现在经济状况的轮廓了。

工人永远脱离了压制者的范围，由资本家和大地主解放。

向着这条路走，才能达到真自由真平等。其中的丰功伟业是空前的事实。不怕有产阶级的歧视(小有产阶级的德谟克拉西派也在内)他们只知到有产阶级的议院式的德谟克拉西的自由平等底意义，他们都以为是绝对的纯粹的德谟克拉西了。但工人另有真自由平等观(解放大地主和资本家的羁勒)，所以苏维埃政府才有这样稳固的基础。

在农国里头，农民再先受无产阶级狄克推多制的赐，因为农民自己直接出产，便可以直接取用。

俄国农民的痛苦，实受大地主和资本家的压制。自有历史以来，农民从没有为自己做工的机会。他们一方面供给各处的大地主和资本家很多谷麦，一方面自己便要饿死了。在无产阶级的狄克推多制的统治之下，头一次他们能够为自己做工，自己食粮，比较市中人好得多。头一次农民知到实用自由的真义，拿自己的面包得以自由，脱免了饥荒的惨祸。土地这样的改造，便达到最高的自由点；有许多地方，农民已经把土地均分给消费者了。

社会主义便是消灭阶级的。要消灭阶级，头一件事，必要推翻大地主和资本家。我们已经达前[到]这个目的，那不是最困难的。第二件事要消灭农民中不平等的制度，这才是重要的问题。这个问题不能够只要推翻一个阶级，便可以解决，不管这阶级是怎样的。

这个问题只能够由经济生命有组织的改造而解决，由私人小团体的投机生产，归于共产党公共的出产。这个过渡情形，必要经过许久的时期，如果管理和支配不得当，欲速则不达。只能够快一点用这个方法来帮助农民，使他们有尽心竭力的机会，而科学方面，也要从根本上改造。

解决那个问题最困难的第二部分，无产阶级已经战胜了资本家，便要快一点实行那政策的第二步来供应农民，把做工的农民和投机的农民的阶级来消灭，农民中各种不平等的地方都要完全消灭。

这种不同的地方便构造成社会主义的精华。那些自命社会党的派别(如 Martovs, Chernovs, Kantakys 各派)实在是小资产阶级的德谟克拉西派，都不知到社会主义的要素。

这种不同的地方，是很难着手，因为加上了许多实际的私产种类，虽然是有不同的地方，和他们互相仇视，总是由农民全体看来不能够辨别。不管这样困难，那些辨别还是可能的事；不独是可能，并且由农民的经济和生活的状况看来，觉得非常流利。做工的农民已经受了千百年压制如大地主，资本家，中间人，投机者，政府及德谟克拉西有产的共和党都共同压制。做工的农民受了千百年的苛待，由他们的经验得来，已经知道仇视和反抗大地主和资本家了；这种天然的教育，逼着俄国的农民同工人握手，来反抗大地主和资本家。

但同时经济状况处于生产谋利的制度，必致弄到农民变为资本家和地主，虽然不是全数是这样，恐怕多数所不能免。

由一九一八年至一九一九年，农民供给城市间饥饿的工人谷麦四千万石。（pood）由政府订定价格，虽然机器是由国家设立的，但还有许多间断，这是工人的政府知得狠清楚——为社会主义过渡初期所不能免的，——农民做的苦工，是社会主义工人的同志，应享受平等的利益，农民和工人是狠好的朋友和兄弟，同心合力来反对资本的羁勒。那些卖了四百万石谷麦给工人的农民，取了十倍高的价值，便是投机者，是资本家的变相，工人为国家出力还要勒索，弄到偷盗常常发生。他们真是社会的大敌。他们所剩余的谷麦，实是由公地得来，其中各种器械的帮忙，不独是农人有份，即工人也有份的。所以占据剩余的人，从中取利，来勒索饥饿的工人，这也是工界的仇敌。

有许多质问我们，说我们要"自由"，"平等"，"德谟克拉西"，而我们的宪法，任农民和工人不平等；剩余的谷麦也要从中取利。

我们回答他，历史上从没有一国能够实行废除不平等和不自由的，而俄国的农民，已经不知受了几个世纪的痛苦了。

但我们将来永远不许投机的农民有平等的幸福，即如我们不许治人者同被治者"平等"，富人与贫人"平等"，或不许资本家"自由"来劫掠劳动家。我们要解释给那一班人听，他们不明白我们对待"白卫军"的法子，如 Kautaky，Chernov，Martov 等辈，虽然自为德谟克拉西派，社会党，国际劳动同盟会员。

四

社会主义是破灭阶级的。无产阶级的狄克推多制已经尽力来实行那种破灭。但不能即刻消灭各种阶级。

这种阶级在无产阶级的狄克推多制的时期，还可以存在。狄克推多制就是为消灭阶级而来；没有狄克推多制，阶级便不能消灭了。

阶级虽然存在，但在无产阶级的狄克推多制中，他们的情形已不同了，而阶级的关系，也有同样的变迁，并且阶级的战争还没有消灭，不过变为一种新形式罢了。

无产阶级在于资本主义的时代，完全是被压制的，由于生产方法不良，他们的财产便全被劫掠。所以劳动和资本是很大的仇敌，这一次革命非根本解决不可。

自从有产阶级推翻以后，战胜了政治势力，无产阶级成为治人的阶级；他们执着国家的政权，支配生产的方法，归于社会化，管辖各种机关和种类；消灭资本家的反抗力。这种阶级战争特别的问题，为无产阶级从来所未有的。

那些大地主和资本家的阶级，差不多已经消灭，但不能是无产阶级狄克推多制一到，这种阶级便立刻消灭。因为他们现在处于降服的地方，还没有消灭。国际间还有他们的根本，他们不过国际资本主义的支派罢了。他们还保存一部份的生产方法，他们还有金钱，社会势力很雄厚。因为他们的失败，所以抵抗的势力，要非常增长。

他们的"经验"；在于国家管理、军事、政治、经济、范围中有很大的机会，这种结果所以弄到他们的重要比较其余的国民大得多了。阶级战争中，资本家还可以死灰复燃，极力来反抗无产阶级。如果要实行革命的人，决不能敷衍塞责，如第二次国际劳动大会的代表，仅仅可以叫做空幻的改造家吧。

末了，农民一阶级，像一切小有产阶级一般，由无产阶级的狄克推多制来统治，视为一种必经的阶级。在一方面，工人为保存利益起见，互相联络，由资本家和大地主的手里解放出来；在他一方面，其中也有小农民，小地主和商人。这种经济的状况，决不能免有产与无产两阶级来战争。这种战争大有关于社会，我们要考察从前的社会状况，——其中最明显的是农民和下流的中等社会争执——我们必要把那中产阶级来消灭。

对待中等社会的法子，只要指导无产阶级来统治他们。苦心孤诣，勇往直前；这是无产阶级的天职了。

(《新青年》第八卷第四号，1920年12月1日)

97.《文艺和布尔塞维克》(《新青年》第八卷第四号，12月1日)

《新青年》第八卷第四号发表震泽译的《文艺和布尔塞维克》，全文如下：

我们很知得的确，资本家的报纸，常常拿着愚民的政策，说什么布尔塞维克是生番野人，阻碍世界的文明进步。弄撒说摧残文艺和博物院的事情。凡有危险发生，必有一线的光明，但黑暗的势力，还把他尽力来摧残。所以教育部不肯受亨利 Viotor Henry 的布告，因为他对于俄国布尔塞维克的教育调查得很确切。并说他的进步很快。

但不管他们怎样反对，这种真理的光明定要传播到人间。在五月十五日文艺的生命杂志出版，足以证明得很确切。费纳伦 Felx Fenelon 把他和莫老曹 Lvan Morozov 的谈话宣布出来。莫氏是一个纱厂的资本家，欧战以前，搜罗世界近代名人的画集。一年前，他在俄国逗留了一年多。他把他的画集，说明来历；下头就是他讲的：

"这是完全的，俄国画四百三十幅，法国画二百四十幅，没有一幅损坏。全集我搁在屋里，也全没有搬迁。但现在已经归国有了，像我的工厂一样，现在是'西方文艺的第二博物院'了。

第一个博物院有许多法国画，由我的朋友父女两人搜集和管理。他的名字叫做 Sergius Shokukin，他的女是 Mme. Yekaterina Keller。

"政府派雕刻师 Boris Ternovetz 管理我的全集，又举我为评议员，拨归三个房间归我，其余各房都分派各人。这一定是能够扩充我的搜罗：在帝国的时候，我每逢星期日早上，任人游览，星期一日准艺术家及批评家参观，其余各日便有些限制。我的职任要做一个注解的目录，并要演讲给游客听。我的朋友那一部份，由他的女儿讲解。我喜欢来赞美贵国的艺术。各种画由我讲解，游客没有不明白的。

"虽然现在是无产阶级的狄克推多制度，但政府对于艺术家也视为一种正当的职业。所以他们很能够尽心竭力来做工。在莫斯科，由一九一八年至一九一九年，我最后经过这都城，我见得艺术会有十多处，制造许多有价值的艺术出品。

"托罗斯基的夫人管理艺术会，成绩非常优美。苏维埃共和国只有一处，艺术是受兵燹的。有许多私人的搜罗,现在都拿出来供众人展览。大多数都齐集于莫斯科。次序一毫不乱;从前不能给大家流览的,现在都发表出来了。

"这种好结果虽然由于个人的动机,但教育总长的帮忙也很大。这种艺术大观对于平民的教育和美术,有很大的影响。

"彼得格拉的音乐也大有进步。各博物院中都没有损坏。前者因为恐怕彼得格拉被敌人攻破,所以尽把著名的音乐完全搬迁到莫斯科。现在又拟搬回彼得格拉了。这事是发生于一九一四年至一九一八年。

"Tretyakov 的博物院,进步很好。从前的目录不大详细。现在由管理人 Igor grabar 增订得很完美了。其中论叙的格式很小心,名字都是印刷的……

"布尔塞维克派对于艺术前人所不能做的,现在都弄得清清楚楚了"……

费纳伦氏后来又讲及许多有趣味的事情。但他不问俄国现在的政治状况。最后他加上一句:"这个问题,已经给西方人都明白了。"

(《新青年》第八卷第四号,1920 年 12 月 1 日)

98.《苏维埃教育之成绩》(《少年世界》第一卷第十二期,12 月 1 日)

《少年世界》第一卷第十二期,刊登邰爽秋的《苏维埃教育之成绩》,全文如下:

美人爱儿 Lincoln Eyre 氏由苏维埃俄罗斯 Soviet Russia 打给纽约世界报 The New York World 的电信当中,有一段同新俄国公共教育委员□拉夏 Lunachrsky 氏的谈话,关于该国的教育状况,颇有可以供吾人参考的资料。据 The Survey 杂志所载该谈话之大要,□氏首先所说的,就是自俄皇去位后该国教育发达的状况。他说,在 Tver 政府当中,从千九百十六年至千九百二十年,学校的数目,由二千八百加至三千四百;学生数由十六万增至二十七万八千;而教师的数目,亦增加了三倍。即虽达至土耳其斯坦 Turkestan,儿童受第一年的教育的,亦由四万增至十二万;而教师的数目,则由二千增至五千。□氏说该国政府对于教育,很为注重,即虽在一九一九年纯粹印刷那样缺乏的时候,他总设法排去各种困难,供给二百五十万儿童的书籍,不收他们分文。另外又散九百四十万双鞋子,于该国的孤儿,统计去年的教育的预算案,竟还二百万万罗布有奇,数目之大,真是可叹。

其后□氏又谈到该国强迫教育的法令,从中有一段说:苏维埃共和国全体的人民,都应当能写能读。个个俄国人,年在八岁与十五岁之间不能写读的,都必定用俄语或他们原有的语言,练习写读。已识字的,可以帮助教不识字的。不识字人数终了的时期,则由各省或各地方自定。至于成年的市民,受书写的教育的,在他受教期之内,每天减少两点钟的工作。市民如有规避义务,或是妨碍本命令之施行的,将受革命法庭之裁判。

□氏又说道:"在革命之前苏维埃政府所管辖的俄罗斯的地域之内不识字的有一

万万人。在这过去的二年间,他们当中有多少人变成能写能读,我不能知道,因为全国之内,没有精确的统计。但是我所知道的,红军中原来有百分之十五识字,现在居然差不多达到百分之六十。在海军中,则没有不识字的。至于人民方面,始就俄京而论,不识字的数目,则由百分之三十骤减至百分之八,所以我可大胆说一句话,在三年后,全苏维埃共和国之内,可保没有一个不识字的人民。"

苏维埃政府在成人中普及小学教育的计划,尤其远大。每一个学校,不论城乡,每天都必定空下几个时候,来开设班次,去教育不识字的成人。所以□氏说道:"颁白的农夫在小课桌上苦苦的学字母,而那张桌子,就是几小时之前他的儿孙辈,在那儿学高深学问用的,你看这种情景,岂不有趣!"该国所定的强迫条例很严,假如不受读写的教育,向又没有充分的理由的,无论男女,均剥夺选举权,并且不能领到三等的食物券。倘若还不来受教育更将科以重罚。

□氏又继续说道:"城里的工人,大部分都很愿受教育,不过在乡区的地方,因受教士几世纪的流□,养成人民一种深怕多得知识的迷信。教育事业,不免要受些打击。但是我们有时候必得用有力量的方法,来克服这种恐惧。因为国家文明的路途上,只能让'普济众生'存在,别的东西都没有立足的余地。

□氏问道:"徒添了这些学校,怎样找教师呢?"□氏答道:"这是我们所必须解决的难问题。在理论上讲来,我们必须用受过完全教育而又没有别的企图的人来做教师,但是在实际上只要同我们所抱的理想相同的人,就能担任教职,这是显而易见的。小学校缺乏教师的恐慌,已经过去了,不过中等学校中这种情形还有点吃紧罢了。"(请参阅本刊第二期波希微之教育计划。)

(《少年世界》第一卷第十二期,1920年12月1日,署名 邰爽秋)

5 日(星期日)

99.《时代思潮的杂评》(《太平洋》第二卷第八号,12月5日)

《太平洋》第二卷第八号,刊登《时代思潮的杂评》,对社会主义思潮的民族性进行了评述,认为中国的社会主义必须有中国色彩。全文如下:

本月初。我着手翻译拉尔金所著的《马克斯派社会主义》一书(Marxian Socialism by W. P. Larkin)。刚才译了一半,忽接到太平洋编辑员催稿的信。我一时不及另找题目,就把我译书时所发生的感想,零零碎碎,不成片段的,写了一些。写完之后复看,实在不成东西,很觉汗颜。但既已写了出来,不妨大着胆,将他发表;横竖是没有成熟的思想,若能得读者的教训和批评,于我自己也狠有益处。

作者附言 九年,九月,廿二

马克斯说,"文化进步的阶段,有其必然性,不可一跃而致。我们人类,想要帮忙,都是空的;即日能之,都只能在极小限度。"这个话,真有至理。现在中国要想拿社会主义,做解造手段方法;一般人对于社会主义,既没有明确的观念,往往以为无政府主义,私有财产完全打破,自由恋爱,都是社会主义;横竖旧目的制度习惯,都是不良的,有害的,不如把他一齐废掉,另外找出个新的来代替他。殊不知一国有一国的历史,有一国的文化,有一国的风俗习惯,不能强同。所以虽是同一社会主义,德国有德国社会主义的面目,法国有法国社会主义的面目(Syndicalism 产于法),英国有英国社会主义的面目(Gild Socialism 产于英),美国有美国社会主义的面目(I. W. W. 盛于美),俄国有俄国社会主义的面目(波尔塞维克盛于俄)。这些社会主义,不仅内容细目各自不同,往往根本上生出差别。即如德国的考茨基(Karl Kautsky)一派社会民主党,和俄国的布尔塞维克,都自命为马克斯嫡派真传;而这两派的主张,根本上就大相反对。中国若欲提倡社会主义,自然有中国社会主义的色彩,绝不能说是一定要学那国的社会主义,一步一趋,就可以学得到的。我们只可以把各国的社会主义,拿来互相参证,互相比较,到底中国有若何的同点异点,然后从各种各种的社会主义,抽出一些于中国有推行的,可能的诸点,融会条贯,构成中国的社会主义;断没有把西洋的学说,生吞活剥,硬来作自己的主张,就可以建设一个理想的国家。试回想民国初元,论坛上朝夕争持,各不相下的政治组织,有的要学法国式的政治,有的要学美国式的政治,有主张联邦的,有主张单一的,有主张责任内阁的,有主张总统制的。那晓得主张自主张,事实自事实,到现在还是一个不法,不美,不内阁,不总统的中国式的政治。最好笑的那时候都怕说"联邦"两个字,总说只有先"邦"而后成"国",断没有先"国"而后分"邦"的。你看曾几何时,现在是个甚么局面呢?他们手绾兵符的,岂不是硬把中国瓜分几块,各占一方吗?他们不管什么国不国,公然自己"邦"起来了。不过还没有人去"联"就是。可见得药不对症,就是参茸桂术,都是没有益处的。中国有中国的国民性,有中国的言语风俗习惯,有中国的学术思想。借马克斯的话说:"这一切上部结构,都是极力于一定的经济基础之上。"我们一方面须考究中国现在经济上的地位,到了甚么程度;思想,学术,伦理,习惯,那些应废,那些应设;一面把西洋的经济制度,学术,思想,忠实的尽量介绍进来;然后让大家比较研究,求一个系统的改革方法,庶几于事实有补。说到这里,马克斯当时与美国某报的辩论,有一段可备吾人参考。

某报难马克斯说:"社会的经济组织,是一切上部结构——法律的,政治的——的真正基础。这个话,在现代物质占优胜的时代,固然不错。但是在中世加特力教最有威权的时候,和古代雅典政治学最占优势的时候,这个原则不能适用"。

马克斯答他说:"中世时代的人,不能吃加特力教,穿加特力教;古代雅典的人,不能吃政治学,穿政治学。反之政治学盛于彼,加特力盛于此,正是表明当时人人生活的样式。"①

依这样说,一种学说,一种主义,都是说明当时物质生活的状态,而补救当时物质生活状态的缺憾与不安定。所以法国有法国的社会主义,德国有德国的社会主义,

---

① 英译 Capital, Vol. 1, p. 94 note。

各有各的面目和色彩。他们各种各样的社会主义,也就是表明他们有各种各样的物质生活状态。他们既有各种各样的物质生活状态,为什么都同趋于社会主义一个方向,而没有主张复归于封建制度手工制度?也就是因为各国都是同在一个机械生产,劳工与资本对立的物质生活状态。唯其大体相同,所以都有同一的倾向(Tendency)。唯其内容各异,所以各国社会主义,都带有特殊的色彩。中国现在是一种什么状态呢?换句话说,中国人的物质生活状态,是不是与欧美各国相同呢?我们如果屏除客气,简直可以说:比欧美要迟一百年;中国的产业,还是欧洲十八世纪末,十九世纪初的手工徒弟制度,定货生产制度。除了农民和手工业者以外,真正讲机械工场的工钱劳动者(Wages Labourer),在国内总是少数。单看见上海汉口两三处都会地方,便全称肯定的说:中国的问题,就是工钱劳动者与资本家对抗的问题,解决的方法,就是同盟罢工,就是社会主义,我以为总太武断。我并不是说中国此时没有劳工的问题,亦并不是说中国人要安安静静坐在屋里,等一百年之后,再谈社会主义。我是说中国有中国的面目,有中国的色彩。换句话说,就是,中国人有中国人的物质生活状态。单是谈外来的社会主义,既不能吃,又不能穿,始终是不着边际,大而无当的话。我们只可以拿外来的学说主义,做我们解决社会问题的参考资料,不能把他当做万应回春丹,一服就可以起死回生。真正解决社会问题的方法,还是要我们社会内部产生出来。说到这里,很有惹人误会的地方。在古典先生看了,一定拍掌大笑道:不错不错!外来的主义,是要不得的;我们中国人是要到五经四书里,去寻解决方法;孔圣人先在几千年前,就已经指示我们的方法;我们何必舍近求远呢:唯其各有各的面目,所以他们欧美人不把中国的孔子孟子韩昌黎搬到欧美去解决他们的社会问题;我们又何必搬出他们的马克斯易卜生这些人来解决中国的问题呢?这种误会,原没有什么辩解的价值。再有一种人听了我的话,一定说:中国现在的状态,既然去欧美有百许年,那么,我们纵不安坐一百年,至少也要等五十年后,才讲社会主义。长此牵延,中国还有幸成之望吗?而且琴瑟不调,务必改弦更张之。从前清末年到如今,总统制,内阁制,洪宪制,复辟制把戏玩遍了,还是这个样儿。不独没有讲到建设,还天天在这里破坏。我们也是万般无奈,没有法子。若要等到五十年或一百年以后,要讲什么主义,恐怕也不许你讲了。而且世界大势所趋,潮流奔放,有不可抵抗的势力。与其深闭固拒,让他横决,到不如宣导,使之畅流。不特此也,中国人富于保守性,昏睡沈沈[沉沉]的,若不很【狠】很【狠】加他一个激刺,骇他一跳,恐怕他终是瞌睡不醒。这个理由,非常充足。我们对于提倡新文化运动的人这种苦心,应该认识。不过中国人一方面富于保守性,一方面富于雷同性。正如朱子所谓扶醉人,"扶得东来西又倒"。听见人家说了一个新鲜名词,大家都作应声虫,雷同附和。把旧偶像一脚踢倒,随着奉一个新偶像出来,扬扬得意。俗话所谓"拾得封筒就是拜书",毫不加以一点思考。若是以悲观的态度看起来,以为将来必定弄得无知的良民,莫名其妙;而一般游手好闲,不安本分的人,听了鼓掌欢迎;以后打家劫舍,奸淫掳掠的行为,在学理上都寻去根据来了;以为横竖"资本家的钱是掠夺(Exploitation)来的,我们不过把他掠夺转来";(这是马克斯的话)妇女横竖是公的,(误传劳农政府有这种制度)自由交媾有何不可。试想如果社会到了这步田地,还成什么样子呢?不过这种悲观,在我个人却不如是之甚。要之年来社会上的雷同性,却是不可掩的事实。这种应声的附和,是空中楼阁,极靠不住的,而且是极危险的。(新青年曾经宣言不欢迎育[盲]从的附和。但是人民智识太低,无论如何,总带有几分育[盲]从的性。)回想辛亥以来的民主共和,中间经了无穷的波折,几次中断,到现在还是一个非驴非马的民主共和,挂起招牌卖假货。这就是当时人民,对于民主共和,没有真正的信念,不过是盲从附和而已。所以我对于这种没有真正信念,雷同附和的舆论,多少总抱一点危惧之念。

有许多爱国之士,觉得中国现在陷于这种状态,兵祸相仍,民不聊生,非赶急改造不可。从前的甚么政治革命,代议制度那些话,都不中用,而又极不澈底。不如悬一个极合理极彻底的理想国,一步踏到,岂不直捷了当。这个话在现时舆论界,颇有相当势力。我觉得这种意见,有两个误谬:第一。[,]以为世界上有一个"一劳永逸"的事情;第二,只问目的,不问方法,就是只问到达的终点,不问活动的过程。在第一个误谬,可以证明中国人意志薄弱,怠惰苟安。大凡意志薄弱的人,平常总是苟且偷活;无论环境如何变动,他总是消极的忍受,消极的顺应;到了忍无可忍,万不得已的时候,便猛然愤发,和他奋斗苦战;如果战败了,就拉倒,若是战胜了,他的精神登时也就萎弱下去;以为经此一番劳苦,就可以百年无忧,从此依然是苟且偷活。譬如学校的学生平时总是敷衍了事,到讲堂上只要过得去;一旦到了学年考试,便昼夜兼程,饭都不吃来用功;不幸而不及格便算了,若是及了格,他依然是怠惰敷衍,总要挨到明年考试的时候,再来用功。这样的动作,简直是病的状态。如这类的例,也不胜枚举。须知人类的历史,就是一部革命的历史。我们无论在什么时代,都应该革命。因为革命即是活动,即是向上。除非死了,然后活动才休止,革命才成功。若是人类真有一劳永逸之一日,那末,五千年前的人,已经有安其食,美其服的生活,大家很可相安于无事,又何至有今日的文化呢?马克斯的唯物史观,用两力相衡的辩证法(Dialectic Method),说明阶级斗争的历史,本极精确;然有一点极难信服的,就是他把社会主义的理想国家,当做人类的极致,到那时候辩证法也不适用,社会斗争都没有,一切生活都永远在一定的状态。我看人类无论何时,都是在进化的过程上,并没有什么止境的。所以我们的责任,只在我们的进化过程或阶级上,求达到比现在更好更高的过程上阶段上,决不能以神经兴奋——病的动作,把现在的人类,一举弄到理想乡,然后再享安逸。假使这样跳陡坡的手段是可能,那么,欧美各国早已到理想国去了。他们十八世纪的学者,已经有理想国的认识,何不那时候就跑到理想国去,何必定要经过十九世纪廿世纪这些最难过的日子呢?马克斯说:"即令社会已经走到合乎自然法则的轨道上,而这种连续阶段上所生的障害,既不能以突然的跳跃可以躲脱,又不能以法令限制之。"(Capital vol. 1, preface p. p . 14-15)而必定经过最痛苦的过程。可见得我们往往著[着]急是空的。马克斯又说:"无论何种社会,假使新社会存在必要不可缺的物质条件,没有在旧社会(现社会)的母胎中孕育成熟,新生产条件无由产生，即新社会不会产生，旧社会不会消灭。"可见一个新社会出现，其存在的条件，都不是由外部供给的，亦并非悬想一个理想的社会就可以一步踏到。要之改造社会，是一个极痛苦、极困难的过程。我们的力量，只可以把这种困难苦痛，略为轻减，决不能希望徼[侥]幸成功。莫说世界上没有徼[侥]幸可以成功的事情，即曰有之，亦复是假成功，是昙花一现的成功，不能算数的。

其次希望速成的，犯了只问目的不问方法的毛病。我们改造社会，决不是目的的问题。讲到目的，就是人人都想把社会弄好。中国现在除开最少数享有特殊利益，不愿改造的人以外，大多数人都是在水深火热之中，恨不得一天跳出火坑，再换一个较良的制度。这种心理，大家都同。惟有讲到方法，却大家张皇失措。越是没有方法，便越想一步达到悬想的乌托邦。于是目的是目的，方法是方法，事实是事实。议论非常之高，理想非常之远；把现在社会种种不合理不自然的状态，倾箧倒箱，一齐搬了出来；究之要以何种方法始能达到合理的社会，却都不问；徒逞一时的快意而已。本来现代的社会，莫说是百孔千疮的中华民国，就是欧美先进诸国家，其不自然的现象，不合理的事实，还是不堪枚举。无奈现在的人群知识道德，还只有这样程度。明知道有许多不合理，不自然的事情，然不能不将就现在社会的状态；只能努力把这些不合理不自然的状态，慢慢的求其减少，而不能一举根本排除。至于中国现在有许多人，觉得英美先进的国家还是不澈底，不自然，我们不说改革则已，一说改革，则欧美诸国都不足法，到不如一不做二不休，作一度澈底的改革，求将来永久的安宁。唉！这个话听来何尝不正大，何尝不爽快，然没有具体的方法，终难免马克斯所谓乌托邦式的社会主义者，与社会上究没有好多的补救。从前我读胡适之先生那篇"多讨论问题，少谈些主义"的那篇文章，有无限的感慨；总觉得中国人只取那些不着边际不关痛痒的某某主义，高谈阔论；讲到具体的问题，大家都觉得烦碎屑琐，听得闷头；只有谈主义，便容易而好听。我无以名之，只好说一句；这是中国式的脑筋。我的意思，以为凡讲改革的人，感情要极热烈，头脑却极要冷静；思想务必要高远，而方法却极要切实。我觉得积极改造中国的社会，只有藉教育的力量，使全般国民的知识渐渐增高，对于国家主权，真有直接行使的能力，即不能直接行使，至少总要有相当的判别力，然后狡诈者无所用其狡诈，权谋者无所用其权谋。试想民国以来，武人之骄横，官僚之卑劣，政客之苟且，那一件不是因国民之可欺而欺之。去年"五四运动"以来，大家都大惊小怪，疑鬼疑神，深恐怕为政客官僚所利用。这种地方，正是表示国民判断力之薄弱真正的健全国民，还怕谁来利用他？谁又敢来利用他？即如欧美的劳动运动，究其原因，一方由于贫富悬隔太甚，换言之就是分配不公，一方实由于劳动者自己地位之认识，换言之就是自觉。因为有这两个原因，所以才构成现代的劳工运动。从前希腊的奴隶，中世的农奴，何尝没有分配问题，而那时候决没有劳工运动。可见现代劳工运动的主因，是原于劳动者的自觉。虽贫富如何悬隔，劳动者没有自觉，终不发生劳动问题。试看现在欧美的劳工运动，已经日进月新，不单是要求时间减少，工钱加多，并且进而要求工场的支配权，管理权，即是由经济的领域进而入于政治的领域。即此可想见他们劳动者的知识训练与能力。回顾中国的劳动者，又是什么状态？去年香港上海，虽亦发生劳动问题，然而组织极不完善，力量极不充实，加以中国产业不发达，失业及无业的人太多，俨然形成一大队的劳动预备军，站在后面。所以结果总归失败。这个问题，原因固极复杂，并不是三言两语可以道其真相；然劳动者的知识太低，总算是个很重要的原因。这不过是任举一端，其余的问题，大概可以推想。所以我觉得教育事业，是改造社会的最有效，最健全的方法。若是嫌他太缓，弃而不顾，徒然打高调，求急功，恐怕时间费了，社会还有个纷乱不可收拾的现象。我劝大家不要希望徼[侥]幸成功。马克斯说："社会的过程，是一个最苦痛的过程。"我们总要忍耐些子，注全力打一场死仗，才有改革的希望咧！

还有一层：文化运动，是一个最大的事业，是要全国国民共同协力，向前去奋斗，不是一手一足之力所能达到目的的。所以文化运动，全国国民，都有同一的责任，亦复也有同样的权利。至于成功失败的问题，完全看全国国民运动的方向和手段怎么样；少数人既不能居功，亦不能认过。有许多浅识射幸的人，看见文化运动，从去年以来，声势日益大，威权日益高，有时候极不讲道理的丘八先生，碰见文化运动四字，都骇得倒退三步，在表面看起来，似乎文化运动已经告厥成功；于是许多人想把这个功劳归到自己，不许别人瓜分；于是言论界隐隐约约，显出排他的样子来。其实这种见解之浅，令人可笑。殊不知这次运动，完全是由国民内部产生的。盖自民国初元以来，经过几次的政变，连年的兵祸，至今不解；居民处于水深火热之中，自然对于现在的环境，亟想解脱，对于现存的社会制度，文物，宗教，法律，政治，都根本上起了疑问，觉得朝夕不安。这种要求新营养品的心理，已经弥漫全国。恰好欧战告终，平民主义，社会主义种种的思潮，在欧美一天澎涨[膨胀]一天。于是爱国之士，把他介绍进来。这时候国内的人，看见有这样的新饮料来了，便如渴虹饮水，一般的承受。就中经战争愈多，受痛苦愈大的地方，其承受新思潮的力量亦愈大。即如湖南四川两省，是年来受痛苦最深的地方，所以这两省的留法学生也较多，去年戴季陶先生对我说，《星期评论》是湖南四川两省销售最多。（还有一件，人家不甚注意的事，近来四川发生一种类似宗教的东西，非孔，非老，非佛，好像是主张三教同源的学说，信徒最多的，便是湖南四川两省的人，听说有几十万）。与马克斯同时代的殷格尔斯说："伟人的大业，是社会的环境所造成，是经济的必然性所造成，历史上的凯撒拿破仑等，都是一样的。假使当时没有凯撒拿破仑出现，必定会有与凯撒拿破仑取同一力行的人出来。"这个话，我们虽不能全部承认，然确有一部分的真理。所以我以为这次文化运动，比如是有了一对有情的男女，首倡者不过是一个媒介，把他们两个联成夫妇而已。假使有男无女，或是有女无男，这个媒还是做不成功。既已有了一对有情的男女，你不做媒，别人还是可以做媒的，算不了一件稀奇了不得的事情。在首倡者，本未必以功自居，而这些不相干的亲戚朋友跑拢来，还要论功行赏，又有甚么意味呢？偏偏还要你争我夺，抵排不遗余力，又何其所见之浅？其实文化运动本身，有何功之可言呢？不独少数人不能居功，同时亦不能受过。以后成功失败，都看全国国民的消化力收容力如何。责任都在我们各个国民的自己身上，不容丝毫诿卸的。现在有许多人，以为文化运动是几个少数人制造出来，供给我们的东西，我们尽可安安稳稳，坐在家里，等他少数天生圣人，造出现存的新文化给我们终生享用，若是有不受用不合式的时候，还要包掉回换。这种思想，正好比男女结婚之后，夫妇一生的幸福感情，家庭生活，儿女教养，一切的问题，都要找媒人是问，岂不是滑稽极了吗？我以为这种射幸居功，和偷安诿过的心理，如果是我过虑便好，若不幸而言中，便是文化运动的大障碍。

马克斯的阶级斗争的唯物历史观，是极有研究的价值，而且给我们一个很重大的暗示。我说：一部历史，就是两种阶级斗争的历史，就是被掠夺的屈服阶级，和优势的支配阶级斗争的历史。我们对于这种学说，最要注意的，就是这两种阶级的界限是横断的，不是纵剖的。(纵断的斗争，与横断的斗争，这本不是新奇的议论，今年春间，李守常先生，也曾论及，我这里再提起来说，不过是认为重要，特别使人注意)。如果，这种阶级不划分清楚，无论怎么样斗争，于进化上没有多大的效益，往往增多纷扰而已。试看现在中国一般人所疾首蹙额的，岂不是军阀吗？岂不是马克斯所谓优势的支配阶级吗？我们的文化运动，岂不是要多数被掠夺的屈服阶级，联合一致，和他们的武化运动对抗吗？这种界限极其明了，利害关系极其密切。我们总应该上下横断，把利害相同的甲乙丙丁，团结起来，和利害相冲突的ABCD作一场奋斗，庶几乎于理论上可通，于事实上有效。却不应该于甲乙丙丁中间，划出界限，互相排抵，互相攻讦；把有限的精神，仅少的能力，用到相杀相消，攻其所不必攻，驳其所不必驳；意气相胜，各走极端；把少数的人才分得七零八落，事实上便形成一种甲与A，乙与B……左右纵剖的对立；把十年来造次失败的历史，重新再排演一过。倘若如此，大多数的国民，许久处极苦痛的过程上面，不但不能从此解脱，从此轻减，恐怕从此还有一段更痛苦的过程，那就是真可怜极了。

(《太平洋》第二卷第八号，1920年12月5日，署名 李凤亭)

7日（星期二）

100.《共产主义是什么意思》(《共产党》第二号，12月7日)

《共产党》第二号，刊登P.生译的《共产主义是什么意思》，如下：

美国共产党中央执行委员会宣布

合众国的政府，和各国的政府，用尽他们所有号令得到的力量来攻击共产党，竭力想把共产党扑灭。

差不多有四千个男工和女工被捉到合众国的监狱里，定了驱逐出境的罪，或判决了意思即是长期监禁的罪。

世界各国里，从来不曾有过，像美国那样用野蛮手段来攻击劳工阶级，并且范围又这样的大，美国号称是"自由之邦"，却竟做下俄国最黑暗时代的查尔(俄皇)所做的最黑暗举动了。

这是什么东西，曾引起合众国政府和这政府代表的资本家惧怕到如此呢？为什么他们要竭力扑灭共产党呢？

什么是共产主义？

合众国的劳工呀，这些问题都是和你们有关的，因为政府无法扑灭的，就是劳工阶级的运动，劳工阶级的运动是要努力教育劳工们，让他们明白那些原理和行动，好去解脱工钱奴隶的锁镣，指导他们的竞争，得到最后的胜仗。

美国共产党的目的就是要造成一个劳工阶级的政府——劳工阶级的专政——这政府欲把现今产业私有的制度改□一个共产党的社会，在这社会里，产业的主有权是在社会上一般人的手里，由劳工来管理的。

共产党宣言，这个目的，不是靠选举代表到英国国会或是到美国国会，就可以达到的。

共产党宣言中的这一个原理，便是引起统治阶级来动作的。统治阶级惧怕共产党，就因为共产党指出德谟克拉西的代议政府是资本家的一个傀儡(工具)，来欺侮劳工哄骗劳工的。

资本家和他们的机关报对你们说，在□合众国里，不论那一种政治的或是经济的改革，或是政府的改组，都能用代议政治这个方法，来办到成功。他们想要你们相信这话。他们想要你们照着他们的章程去干这把戏。

他们知道如果我们有了正式的德谟克拉西，劳工们简直上骗了。他们知道如果他们管住了报馆，学校，大学，教堂的讲台，政客们，公共会所，以及千把个别种法子，把持你们得的种种报告在他们手里，还欲用一种两种的法律剥削去几百兆劳工们的选举权，那个、他们就可以支配政府，和俄皇一般。

他们也知道，如果有个最后的败征，他们便可以照他们在阿尔巴纳时的宣言做了，便可以把两年前做在克兰佛地的做了——赶逐劳工阶级的代表出立法机关。

劳工们本想借立法机关来做成功推翻资本制度这件事，那知在选举议员的把戏里，愚弄劳工们的骰子，早就装好了。资本家都知道这个，所以他们总怂恿你信任"代议制度"。

共产党却宣言，劳工们只要发展他们自己劳工阶级权力的机关，就可得胜。他们非把商店和工厂组织成工业组合不可。他们为政治目的，就非罢工不可。既要达到政治目的，劳工们的零碎罢工就非得组合成总同盟罢工不可。在千钧一发的危险时候，总同盟罢工可以发展成个群众行动，去反对现存的政府，劳工就可以建立他们自己的劳工议会政府——劳农会——代替现在的资本家政府。

但是资本家和他们的报纸却大喊这个方法是暴动的是武力的。那么请问他们自己用暴动和武力来达到目的的时候，他们有点迟疑顾忌么？死在欧洲战场上的几百兆人，都是为资本家要得经济上的利益自相残杀而死的，这不是暴动和武力是什么？霍木斯堤、劳伦丝、麦克岂丝陆克斯、的事件，鲁特洛科洛拉度的屠杀，印第安港口被杀死的工人，还有那在争较好的工钱和较好的工作条件的战争中被资本家支部谋死的几千工人，这些又是什么呢？

共产党现在还不是鼓吹用那资本家所称的"武力和暴动"哩。共产党鼓吹的是团结劳工阶级，用群众的力量去反抗现存的资本政府，建立一个劳工阶级的政府来代替他。如果争权的最后一时间必须用了武力劳工阶级方能得胜，——历史曾告诉我们，例如革命便是——那么共产党便欲用他，一点不疑惑；甚至于像现在资本家用来反对劳工阶级的武力行动，也是要用的。

合众国的劳工啊，资本家压制你们，掠夺你们，你们想反抗呵，他们就用政府的权力来攻击你们，甚至于还用武装的强力来攻击你们，这是他们用过来对付钢铁工人和矿工的。共产党宣言，劳工们一定先得把自己的政府代替了资本家的政府，总算是解放的第一步。因为劳工们自己的政府能指出到自由的路给劳工阶级，这路是劳工阶级的仇敌正在攻击的。

合众国的劳工呀，共产党人作战，为的是你们，被放逐被下狱，也为的是你们。你们表示你们的同心合力呀。你们集中你们的力量付托给共产党呀。你们立在你们同伴工人的一面，一齐对资本家作战罢。

(《共产党》第二号，1920年12月7日)

101.《俄国劳动革命史略》(《共产党》第二号，12月7日)

《共产党》第二号刊登《俄国劳动革命史略》，全文如下：

（一）

马克斯查利说得好："古来中产阶级，当他们为自己的解放而奋斗的时候，同时不能不把素来受他压制的无产阶级连带着解放出来。"但是照十余年来俄国革命阶级的关系和各阶级所表现的动作及所成就的事业看来，远如一九〇五年的第一次革命，他的精神上现象上都和以前的欧洲阶级革命大不相同。原来俄国的劳动阶级——便是中国人所谓"下等社会"！——若干年前即在解放运动中占第一把交椅；俄国的劳动者以为要想推翻德意志"凯撒"式的，日本"天皇"式的和俄国"察尔"(Czar)式的压迫，非同时把那中和派的中产阶级(对着无产阶级说，便是有产阶级)推倒不可。他们在一九〇五年有产阶级革命的时候竟有建立劳动专政以求真正民主主义充分发展的野心。他们在革命初期不肯大声疾呼和中产阶级作口头宣战的原因，是他们的聪明，不是他们的盲目(他们不肯在一敌未亡的时候又树一敌)。一九〇五年的革命之所以终归失败，是有产阶级对于帝国主义的迷信有以致之，并非无产阶级战略不良的罪过。

第一次"半劳动"式的革命失败后，十二年以来(一九〇五——九一七)有产阶级及劳动阶级不但大唱解放高歌，并且竭力培养实力；其间虽和"察尔"主义发生了几次小交手仗，那些勾当不过是大海里的波浪，随着世界潮流"映个景儿"罢了。同时回光返照的资本主义却也在那里风起云涌。大发展而特发展，增加劳动运动的反动力，帮着革命者酝酿革命。

霹雳一声，一九一七年二月的神圣战争暴发了不可收拾！

于是俄罗斯农人的花，工人的叶，充满生机的少年，经过百炼的壮士都擦拳磨掌卷入革命漩涡，组成一千五百万的大军来制"察尔"主义和神武天皇的死命。一年，两年，三年，现在的革命军于是乎成立。一战，再战，三战，诺曼诺帝室于是乎推倒。然而有产阶级和劳动阶级的互相雄长也便在这个紧要关头自定命运了。

(二)

"察尔"主义的猝然崩坏立刻把有产阶级和帝国主义的密切关系和盘托出。帝室倒了，有产阶级丧魂失魄，无地自容。高不成，低不就，他只好用尽全力去拥护王位。闹来闹去，一切军事民政大权遂落在有产阶级和大地主唯一的堡垒，第三国会的手里。这第三国会不但没有脱离帝国主义的用心，并且毫无放弃诺曼诺夫(Romano□)皇族的倾向。在革命潮流奔腾澎湃的时候，他居然为拯救他们的恩主起见，和尼古拉第二开始交涉要求"陛下"暂退宝位；同时又把那些忠臣义仆安插在所谓临时政府里头，拥高位执实权的全属资本魔王，百万财主。临时政府的第一次宣书，也照例允许人民有出版的自由，言论的自由，集会结社的自由，等等权利——其实这些权利人民早已从革命运动中得着了！但对于土地的革新，劳动者立法权以及其他待决未决的重大问题却一字未提！流血惨剧之所以发生，革命的反动之所以勃起，诺曼诺夫之所以推倒，有产阶级不但洞悉原委并且也尽过力，流过汗，吃过苦，受过罪；然而他们竟陷于病的心理状态中，不以帝国主义的前辙为鉴，更肆无忌惮大施其黑暗压力。他们难道不晓得物理的公率："原动力和反动力成正比例"吗？

俄罗斯式的革命不但对于俄罗斯的帝国主义挑了战，并且对于国际的帝国主义挑了战。这是事实，这是人人晓得的事实。所以工人军士自治会忍无可忍，在一九一七年五月四日高唱"彻底，彻底！""推翻，推翻！""本着民族自决的原则为和平而战，没有割地，没有赔款！"又来和有产阶级的政府挑战了。这有产阶级的政府，既表现没有了解革命的能力，又效颦"太上皇"尼古拉第二的妙策，竟欲以武力扑灭革命。但是，一来因为民望不归，二来因为有将无兵，这纯粹资本主义的政府，受了劳动阶级武阵的影响，只好忍痛含辱，给了社会党几个位置。然而新混合政府的外交、工商，财政等重要命脉仍然被资本阶级把在手里。社会革命党和社会民主党的"孟西维克派"(少数派)在新政府里简直不能独立，事事惟有产阶级之命是听。社会主义者克伦斯基氏作了陆军总长，□说他预备战争的时候，同时具有两种用心：第一，若是□败了，他便将罪归于"布尔扎维克派"，因为他们是资本主义唯一的劲敌；第二，若是打胜了，他便乘势顺着民意成立政府！果然克伦斯基的计画失败了。一九一七年□月二日彼得格拉(即圣彼得堡)的守兵忽然跑到街上大作示威运动，口里喊着："大权归劳农会！"当时"布尔扎维克派"——便是中国人所谓"过激派"呵——的人，恐怕这□示威运动漫无秩序，便挺身而出，领着大众和有产阶级的政府为难。有产阶级政府慌了手脚；一面布置一切防守，甚至将一切可靠的军队全部调到彼得格拉，一面□诬列宁，说他是德意志的间谍，俄罗斯的国贼□□这使得许多□公文假证据来治他的罪，又用武力将□□示威运动者驱散，过渡政府的命运始能苟延残喘。多数派□□的大举，于是乎失败！然而却也表现两件事：第一，从七月事件我们知道那时大多数的兵士和工人已有推翻混合政府——不彻底的政府——的野心；第二，七月事件完全显出工人兵士们的奋斗是为他们那天赋人的权利而奋斗，并且第一步骤必从为劳农而奋斗作起——换一句话说，就是从革新一切制度以求最能代表选举者（人民）意志的制度的实现入手！

（三）

混合政府的第一个打击将完，第二个致命的打击又随过来了。原来复古派的军人利用混合政府不稳的现象，举了康尼罗夫将军为首领，把各人的军队联合起来执行及革命运动。康尼罗夫将军催动大队直向彼得格拉进发，声势煊赫，要求混合政府将一切政权让渡于他自己所派定的政府。说也奇怪，这种复古运动起得快，灭得也快，因为不得大多数的同情，也不久便自然淘汰了。复古派既倒，劳动阶级又少了一个劲敌。后来劳农会选举的结果，大多数的票归了"布尔扎维克派"，那社会革命党和社会民主党的"孟复罗克派"都灭少了势力、直到十月廿五日各劳农会开一联合会议，这个日子便是从前世界所恐慌的，现今世人所欢迎的，资本家所厌恶的，平民所爱戴的"布尔扎维克"得胜的日子！这时□临时政府早就失了人民的信托，便自己糊里糊涂的烟消火灭。托洛斯基在那天当着彼得格拉的劳农会会员说道，"克伦斯基的政府已经自行取消了。直至全俄劳农大会有所决定后，国家大权便由军事革命委员执掌。"唉！毕竟劳动革命也有成功的日子！

（《共产党》第二号，1920 年 12 月 7 日）

10 日（星期五）

102.《李宁之乌托邦》（《东方杂志》第十七卷第二十三号，12 月 10 日）

25 日（星期六）

103.《俄国苏维埃制度之真相》（《东方杂志》第十七卷第二十四号，12 月 25 日）

《东方杂志》第十七卷第二十四号，刊登《俄国苏维埃制度之真相》，摘录如下：

俄国革命后，其政治上最为世人所称道者，厥唯苏维埃制度，以苏维埃制度排斥以地域为单位之议会制度，改以职业为单位，能使少数阶级不至操纵选举权故也。然英国工党代表于本年入俄，调查苏维埃真相，颇多不满。……力言苏维埃制度之缺点，谓一切选举皆受共产党之操纵，非共产党则不能当选，即当选亦不能出席，今译其所举事实如下：

（一）在许多之都市中，凡反对多数党（即鲍尔希维克党）者均禁止推出候选人。

（二）一九一八年七月十五日之 Izvestia 报纸，公布命令，禁止除多数党以外之其他社会党候选员当选为中央执行委员会会员。

……

（六）吐拉（Tula）勃赖安克（Briank）白薛宗（Bersitza）等地之苏维埃，因非共产党故，遭全体解散。

……

（八）一九二〇年二月莫斯科举行选举时，反对党禁止提出候选人名表，惟少数之店铺工厂，共产党已拥有势力者则否。反对党之选举文字及选举公告，及公共集会，概在禁止之列，凡工厂选举之倾向反对党者，则以封闭威吓之。

……

据盖斯德氏之调查，凡俄国所谓苏维埃，所谓人民委员会，所谓劳动组合，所谓协济会，殆皆已成为官办性质（Bureaucratic）。有裘金斯奇（Dzgerkinsky）所领袖之暗探制度及脱洛斯基所领袖之军队，以弹压于其后，故真正民意，乃无由宣泄。苏维埃制度之真相，不过如是。……

（《东方杂志》第十七卷第二十四号，1920 年 12 月 25 日）

1920 年

104. 《过渡时代之经济》（《曙光》第二卷第一号，1920 年）

《曙光》第二卷第一号发表 WPK 译自 Soviet Russia，列宁写的《过渡时代之经济》，全文如下：

余自苏维埃成立二年，即欲着一书，于过渡时代之经济之关系，有所论究。然诸事勿迫，讫至今日脱稿者仅有数篇。余故决然改计，将其主要观念，作成有系统之简明的撮要。此撮要既以系统为其特点，则困难丛生，固不容疑，然于可得简单洁说明者余或者可以达到目的也。

以理论言之，资本主义与共产主义之间，必有一定过渡时代为之间隔。此过渡时代必兼有共产资本二种经济制度之性质，无足疑者。盖此时代非他，乃将亡之资本主义与方与之共产主义激战之时代也。换言之，即资本主义败而未灭，共产主义生且极弱，二者搏□之时代也。全部历史时期中，必有如是表征之过渡时代，其理甚明，无待佐证。凡曾受教育之人，无论其于进化原理若何不谙，佥足知之，初不待于马克思学说有研究之人也。然而下流的中产民治(Petty Bonrgeois Democracy)代表者，于此进入社会主义之时代，肆其讲义，足证其于不待证明之实情，完全不知也。（第二国际会诸人如 Madconald jean Longued Ronlisky Friedrich Hdler 等虽自号为社会党人即中产民治代表者）

中产民治者，厌恶阶级战争，而作免除之梦想，欲以圆滑手段，和平解决。故彼等否认全部历史中，有此由资本主义进入共产主义之过渡时期，而欲于此绝不相容之二种势力，从事和解也。

平民专政在俄国与在先进国较异，是盖吾国未开化之情形，及中产阶级之精神使之然也。

资本主义国家之经济势力及组织，在俄国其实仍皆存在。其主要之点，并未因平民专政，若何变更。民众经济之形式则资本主义，小生产，(Small Production)与共产主义同时并存。其基础势力亦在中产阶级（就中尤以下流的中产阶级为甚）农夫阶级与平民三种人民之上。

庶民专政期内，最初经济上之活动，即依共产精神而一致从事劳工，组织大生产事业，以与小生产及残留或复活之资本主义相抵抗。

俄国以共产精神划一劳工，其计画：（一）取消作生产用之私产，（二）由平民政府以国有土地组织全国大规模之生产企业，分配工作力于经济组织之各部，分配生产物于各工人供其消费。

兹所述为俄国共产主义之初步，(First Step 借吾党一九一九年三月宣言用语）前述各节为吾人已实现者仅有局部。换言之，吾人于实现此种情形尚在原始阶级也。

吾人已将凡能早日作到者，悉以革命一扫而去之。例如庶民专政之第一日，即一千九百十七年十月廿六日（十一月八日）取消土地私有，大地主不得保有土地。且因取消私有，不得要偿。数月之间，资本工厂，机房，铁路，银行，有限责任公司等，亦俱无偿收为国有。大生产工业，由国家组织。铁路，工厂等，由工人管理，举都实现。同时农业方面，亦着手依样进行，（由国家以国有土地组织大农产企业为苏维埃财产 Soviet estale）小农组织各种会社，将土地私利化为公用者方与未艾。又如生产之分配，由国家办理，以代个人贸易。乡村所用之熟货，城市所需之五谷，皆由国家设置转输。后列之统计表，足资考证。

吾人于此所应论究者，即资本主义根深蒂固之基础是也。有此基础，资本主义足以维持渐致复活，以凶猛之力与共产主义为敌。其武器为何，即投机与私运，反对国家存备货物五谷（并其它物产）质言之，即反对由国家分配生产也。

三

依粮食曾记载自一千九百十七年八月一日至一千九百十八年八月一日一年之间，由国家设置之粮为数至三千五蒲得。(Pood 俄重量名约三十六英镑有奇）其翌年（一九一八至一九一九）曾为一万一千万蒲得，又翌年（一九一九至一九二十）之第一期（八月至九月)国有存粮为数约四千五百万蒲得,而一千九百十八年同期之数,则仅三千七百万。

由上列数目可见共产主义战胜资本主义之局势,进步缓而不息。且此进步虽【压】未曾见之困难。(如国内战争及国内国外资本家的竭世界各国之力以反抗)而卒能表现也。

是故各国中产阶级之人,及其直接或私密之经理人,(如第二国际会议中之所谓社会党人者)虽不免肆其讲诋,但自基本经济之点观察之,则俄国实以平民专政而得胜利,盖不容置辩者也。若全世界之中产阶级,役于感情,衷心病狂,或招远征军队,或设种种计谋,以抵抗布尔雪维克主义,彼如不能以武力征服吾人,(彼等不能成功)益足证吾人于经济改造之胜利具有永久性也。

下列之表取资于中央统计部,(The Untral Deportment Statistics)甫经编辑,将以公布者也。其所记载亦非全俄五谷之生产,消费,不过全俄中之三十六省者而已。由此表观之,即足见吾人于此短促之期间,压经从来未有之困难,其战胜资本主义为何若矣。

更就下列之表,可见城市所需之五谷,由食粮会(Commissariat for Food)供给者约有半数,其它之一半则为私运者所供给。

以精确调查一千九百一十八年城市工人食物之供给比例,亦完全相同,国家供给工人之面包,较诸投机者所售,价廉十倍。投机者所定之价格较诸国家定价贵十倍,其足使工人罄其收入,彰显明矣。

统计表 以百万蒲得为单位计

苏维埃之二十六省	人口(以百万为单位)	粮食出产额(籽粮在外)	粮食供给额		人口全体所用粮食总数	每人消费(以蒲得为单位)
			食料会	私运		
生产省份						
城市	4.4	……	20.9	20.6	41.5	9.5
乡村	28.6	625.4	……	……	481.8	16.9
消费省份						
城市	5.9	……	20.0	10.0	40.0	6.8
乡村	13.8	114.0	12.1	27.8	151.4	11.0
总数	52.7	739.4	53.0	58.4	714.7	13.6

上表可为现代俄国经济状况要点之精确写真,而其成绩实可欣慰者也。

工人已由大地主及资本家之手,完全解放,不复受其压制及利用。

此步实为向真自由真平等之正路,其广大神速盖为历史所无,而中产党人(下流的中产民主党人在内)对之未加思考,而不知也彼。彼等认自由平等之义为由中产阶级代议之民治，而美其名曰平民政治，或曰纯粹民治。（如 Kantrky 是）俄国工人脱于大地主及资本家之羁绊，而习于苏维制者，以其有真自由真平等之观念也。

俄国农夫在大地主，资本家势力之下，苦于饥饿者久矣。盖自有史以来，经过若干世纪，彼等尚不能得自己劳动之利。彼等供给国内国外资本家米粟，以亿万"蒲得"计，而自身不免为饿殍。自平民专政之制行，然后始得自食其力，始识真正自由，始得免于饥馁 其享用较城中工人或且优焉。俄民得平等远于极点者，土地新分配之力也。

社会主义主张制止阶级，愿阶级之制止，首须推翻大地主及资本家。此节吾人业已成功，亦非最难之事。其次欲废除阶级，亦必须使农夫间之差别，化为乌有。然解决此问题必延费时日，而非止推翻一阶级即可者，姑无论其阶级为何也。

解决此问题之唯一方法，即改造经济生活，使私有散漫逐利之小生产，变为共产者之大生产。此项改革必须甚长期间，其立法行政之计画，尤须详思深虑，而勿仓卒。否则困难发生，阻碍立见。若欲促其改造，唯有资助农夫使之能于农业方面，大加改良而已。

平民既战胜中产阶级，应即将工作农夫与业主农夫，劳工农夫与贩卖农夫，劳工农夫与投机农夫等等差别，一律取消，是亦此问题之的第二步而最难解决者也。

此点实为社会主义之精华，无怪彼名为社会党人而实为中产民治者之漠然不解也。（如 Te Martovs the Chernuste Rantskys mo co）各种私产由农夫混而一之，则农夫差别不易发生。但农夫生活及乡村经济状况，足使此种差别发生甚易，非止发生已也，且能通畅流行而无阻滞。夫勤劳农夫之受资本家，大地主经纪人，投机者，及此辈之所谓国家（中产阶级之所谓民治共和国亦在内）之剥夺，压迫者，盖已多少世纪矣。于此期中，农夫由其经历，已知痛恨，奋斗，故能与工人合力抵抗资本家大地主等者，皆自其生活所得之教训使之然也。

但同时在以德利为标的之生产制度下，农夫自身复变为经济投机等人，是虽不尽然，而实居多数。

劳力农夫与投机农，其间差别，由上列统计表观之，显而易见。

自一千九百十八年至一千九百十九年农夫按国定价格，由国家机关关，供给米粟于工人，凡四千万蒲得。虽此机关始立，遗憾兹多，工人，政府亦深知之。但在此过渡时期，必不能免，此类输粟工人之农夫，与工人为挚友彼此权利相等，而协力奋斗以脱资本家之羁绊之真兄弟也。其它农夫乘城市工人饥饿之厄，达禁私售米粟，为数亦约四千万蒲得。此类农夫乘势居奇而十倍其利，破坏国家，行同奸盗，即所谓投机农夫乃资本家之心腹而吾人之公敌也。且彼等所有余粟，以农具之协助，出自公有之土地，而农具之制造，非仅成于于农夫，亦有资乎工人。故保有余粟而以之投机营利者，即为掠劫工人，使之饿毙，彰显明矣。

或曰汝非希望自由平等民治者乎？然以汝之宪法之规定，分会之散布，及米粟之强行收敛，诸如此类，工人与农夫之不平等，将垂之永世矣，是言也，固为无人之所常闻者。

吾人可答之曰，消除若干世纪以来农夫所受之不平等，在世界历史上若吾国者，未尝有也。

吾人不与投机自利之农夫以平等者，不许图利者与被图利者平等也，不许丰食者与受饥者平等也，所谓不与以自由者；不许图利者丰食者自由掠劫他人也。

学问渊博之士，并次区别而不知者，无论彼自称民治主义者，社会主义者，或国际主义者，（如 Kanisky, Chernor Nacorr 等人）吾辈以待白党军队之道待之可也。

四

社会主义废除阶级，平民专政已尽其所能，以废除之矣。

但一举而悉废除之，是固未能。

平民专政之期内，犹有阶级依然遗存。此遗存阶级，消灭之日，即平民专政告终之时。然此种阶级不存，平民专政则不能消灭。

平民专政期内之阶级虽仍旧未改，而其外观则各大易，其阶级间之相互关系，亦皆变更，是平民专政虽行，阶级之争未消，不遇变其形式而已。

平民阶级在昔资本主义时代，曾受苛虐，其生产资业悉被剥夺，与中产阶级为完全相反之唯一阶级。故足以继续革命，惨淡经营者，亦只有此阶级。

平民阶级既推翻中产阶级，逐握政权，处置已经公有之资业，以利生产，指导中产阶级，祛其疑虑，使资本家大地主不得复活而作梗。凡此特别问题，皆为平民专政以前所未曾有了解且不能值遇者也。

大地主及资本家并未以平民专政而消灭也。彼辈虽经败北而未尽殄灭，其在各国之势力，依然如故。是其根本未尝动摇，其在俄国者一枝而已。且彼辈之中，犹有一部拥有资产，金钱在社会上仍颇有力。故其反抗能力，以其败而增加千百倍焉。彼辈以前在国家行政，军事及经济上之经历，使之颇处优势，是正不可以其人数遇少，忘其重要。此既败之资本家，大地主，对于得胜之平民，所下之反抗，异常凶猛。无论何人，苟于革命，加以思考，而勿以之为改造家之幻想，（如第二国际会诸条）则知是乃必然者也。

平民专政之下，农夫阶级，居一中等地位，大略与中产阶级相似。一方面代表多数工人之结合，其公同的利益为解除资本家之羁绊。一方面则小农夫，业主农夫，及商贩等，均包括于内，此等经济状况，必有倾侧于平民中产二级间之趋势。当此二种阶级战争方烈，社会关系俱经破坏，以前阶级时代之习惯则势力犹巨，（于农夫及中下阶级为最）犹豫怀疑之生，自然之势也。是故平民阶级之事业，为得领袖之地位以指导此辈农夫，其职务在使犹豫不定者有所遵循而已。

（《曙光》第二卷第一号，1920年，署名 WPK）

105.《俄罗斯之女劳动家》(《曙光》第二卷第一号，1920年)

《曙光》第二卷第一号，刊登宋介译的《俄罗斯之女劳动家》；同号，亦刊登《全俄经济委员会第三次大会蓝宁之演说》（WPK 译）一文，即《在全俄国民经济委员会第三次代表大会上的讲话》;"蓝宁"即"列宁"。

106.《俄国无产阶级的十月革命》(文献,1920年)

中共上海早期组织印发了《俄国无产阶级的十月革命》①64开的小册子,这是第一本直接歌颂十月革命的宣传品。全文如下:

  自十月大革命以后,到如今已经有几年了。我们试一回顾,自从一九一七年十月二十五日以后,觉得一切制度上变了多少。贵族阶级已被毁弃,而不留丝毫的痕迹。贵族的地主所有权,也随之而崩坏。所有的土地,都归劳动者所有。并且他们可以全权宣告:世界上的劳动者,可以有管理土地的权柄;而一般寄生物则没有的。所有权利上当废弃的,就是一般为了自利和贪得,不惜使千百万人类互相残杀,而为这缘故,致今猖狂的战云;暴近相争,盘桓六年之久,杀害千百万劳动生命,为人道上所不容的银行家。现在各银行都变为人民的公产。而银行里的存款,也不是留给资本家作奇特的妄想,也不是为了社会上寄生物生活上的浪费,乃是应人民的需要,谋经济上的发展,推广公共教育,和保护劳动者公理的用处。
  许多的工厂磨坊,已经变成社会上的公共财产。而从前工厂磨坊主人的权利,也随之而崩坏。劳工伸张其权力,来管理各工厂磨坊,经由工厂委员监察货物出品,及其支配。这班劳动界不但是对于各厂仅仅节制就完事,并且还要进求管理上的最适当底方法,以使他们自己工业上的发达。不但工厂和磨坊为劳工所有,就是一切矿产铁路航业渔业,都变成劳动界公有的物件。
  谁人定工价报酬的分量,和规定工作的时间?这都是劳工自己议定的。他们已经建议一种强有力的工业协社。并且各业为金工皮工织工木工,和其它别业,都有劳动组合的会议;关于工作上各种问题,都由各同业组合会议议决。而惟器物和工厂没有此事的发言权。并且他们也没有多少时期能在厂发布他们的命令了——工厂也知道工作的紧要,是为着他们自己和国家的需要,而不是代资本家谋利益的。
  那个意思,就是指曾与劳工宣战的贵族地主银行家实业家,三大欺骗阶级,现在已经在苏维埃社会党共和国里,被缚其手足。而讲到变相的小劫掠者,革命派已将他们收抚。反对的重锁练亦已崩断。而其它的一部分仍旧还存在,但是我们将要尽力来解放这种束缚。
  现在除掉一班地主银行家资本家以后,还有那个商人,也在图谋要掠夺工人农夫主要部分所得的工值。但是等到那个境遇渐渐的接近,就是当各大商埠将来都归劳农政府管理的时候,以组成工人和农夫消费合作的社会。——这些合作社,就是各经营的支部,都由各商埠移交过来。使得在困难和不逾限之中,各种的货物之品,都有公

---

① 这是1920年上海早期共产主义者印发的宣传小册子。署名"李绰"译。原件64开,是上海共产主义小组成员之一俞秀松生前保存的一册,现藏中共"一大"会址纪念馆。

正的保证和均平的分配。

革命过后，大凡寺院僧侣权利，都被取消干净。近万数的妄逸闲散之辈，都令其工作。从前受国民供养各种而贪食为生的僧尼，末路到了。寺院和传教僧侣的财产，而为千百劳工所不能据为己有的，都已取去了。在现时宗教上信仰，是自由的。而国里寺院，政府也不能长久经持下去。不是像往年对大家说的"信仰要为我所规定，祈祷要听我的指挥"了。教堂和国家，完全脱离关系。每个人信仰由他的自由，并且是以他们一己的费用，去处理宗教上的生活。教堂寺院所有财产数目，都已收回作为公家民众所有。至于诞生结婚死丧……等事的举行。各随所意，而没有牧师辈的干涉。

至是，贵族银行资本家和宗教师所享的利益，和特别免除等事，都已取消。而现时新行的制度规律，就是一律平等。加入劳动团体，就是我们的兄弟朋友。

虽然，人民对于教育上缺乏智识，而能在这最短时期里面，竟有可惊人的事件做出。第一步办法，就是办一平民学校，使各个人都能受完美的教育。从前由特别的敕令禁阻贫民农夫和无产者，受中等以上的教育等事情，都已取消，并且各校学费都已免除。而教育经费，纯由国家支出。国家为公众教育所费去的款项很多，为从前所没有的。这些人民，在学校受学问教育，就是为他们所必需的处理一己的事务，帮助他们将来改造他们的生活底预备。各大学校都取公开的态度，不但是为了寄生物的子孙而设，并且是为了普及一般平民，在从前的时候，主人对于科学有专有权利，藉此当作利器以压服人民。

至是，科学一变为反抗群众的利器了。到了现在，科学为大家所共享受的，又一变为工人解放上一种强有力的方法，且学校与教堂也脱离关系，务使消除那阻挡人民进求真理的障碍物。

一个新立的专门学校，已经设立——就是社会主义学院（Socialist Academy）。那个学院，无论甚么人都可以进去研究社会经济组织上纷乱点，和改造的方法。无论何处，都有平民大学，家庭讲习所，农工专门科，和别种教育学院。劳动者从前暇时都聚集于茶酒店中，现在都就到学校去听讲，或是到俱乐部及教育演讲所去。至于授课，都有一定的。足以使得劳动者，得以完全享受以前所禁学的科学上底宝藏。

这许多事，对于农工人生活上的改革，足以指导他们达到各国所没有的一个劳工新国土底目的。曾经有强有力的工业组合，选出他们的代议士来，并驱去一般反对党和永握大权的君主。他们就此建设一个新的俄国，叫做"俄罗斯社会党苏维埃联邦共和国"（Russian Socialist Federal Soviet Republic）。暴君沙（Ozar）和他的残酷贵族和资本家的祭师，在这政府中间不复再有立足的余地。克伦斯基（Kerensky）时代的中央政府中一班地主资本家，在这政府的中间，不复再有多少时候能令他们盘踞其中了。劳农政府是农工苏维埃会议中的分子组织的，名字叫做人民苏维埃委员（Soviet People's Commissioners）。苏维埃委员是对于全体人民负责任的。关于一切方面的活动，纯取公开态度，而不守秘密。现在的时候，并不像从前用秘密的奸计，图害乡镇平民。至市政府即以当选苏维埃委员组织。各事的大权，都集中于各苏维埃。苏维埃就是农工红军兵士组织的，有产者和不劳而食的人，如果不加入我们劳动团体，则在此绝对没有享受公权的利益。

此处不能详细说明，只能以简单话说出来，就是：革命首领列宁（Lenin）和平民苏维埃各委员，在此简短时期里做成的。对于各种筹划之策，则由苏维埃平民委员和全俄中央行政执行会（All Russian Central Executive Committee）会商而行。这种委员，就是全俄苏维埃会议所选出。以全权统治一切国务的。对于平民委员行事，有否决之权，惟现在还没有遇其事。苏维埃政府权力，所以为此之大；而占统治权的原理，就是从首领以至各职员都协力为劳动者保障幸福利益。

苏维埃政府对于农事，也极其注意，村庄中五谷盈余上的供给，和其它别种丰富出产品，都受同样的注册和分配。在使每人在下次收获以前，粮食上都有满足的供给。苏维埃政府也曾注意怎么样能使得土地不会荒芜，所以帮助贫苦的农夫，尽其全力，用各种方法来阻止饥荒发生。因为前次战争，已足使人民陷于苦痛的地步。

因为人民都能对于他们的事情进行得很快，很容易，又为了要实现友爱的新时代，所以在自谋衣食的时候为其互相联络介绍，以期尽友谊上互助协作之力。他们已经在试行合作，耕种其土地，处理其事务，和使用其生产物。而劳农政府对彼等，毫没有所扣出，因为要帮助此等自治的团体，和模范的田园，必需的器具，以及农事家和指导者。即所以要使得此种自治团体，变成一劳动陈述发表意见的场合。假使这种团体能推广到无处没有，那么，许多公共幸福，必能随之而加添。于是战争上所受伤害的元气，乃可以急速恢复，以共享同有的幸福。

自从我们为敌人所围困，为了要不离我们进行的历程，免得旧邦死灰复燃，所以为此我们必需要强有力可信任的兵士支队的组织。为了以上的缘故，俄罗斯共产党已经实行可惊人之处，施行建设和组织上的工夫。并且要试行新世纪中的新理想，思想家的理想，和为人道上革命的战争。如劳动群众收管生产场合，及其器具，处理一切国政和武装劳工，都是些问题，而为俄罗斯共产党鼓动进行已经一个一个的完全成功了。前好多少年所预定得精密计划，现在却认为有害了。劳动八小时制，和劳动管理生产场合，现在各处都已确定实行。而劳工保险制，也已制定了。政府设立职业介绍部于各处，帮助劳动者解决职业上问题，以期免得他们流于饥荒。此种介绍不像往日情形，丝毫不收费用。全俄妇女劳动会议，对于妇女生产期的保险，和儿童公育各问题，依顺次序解决得很多。

是实在而不是诉诸空言的，共产党——波尔塞维克（Bolshevik）——已经实行无产阶级者独裁制（Dictatorship of the Proletarian）了。所谓无产阶级独裁制，就是集大权利于各村镇平民的手里，来统治管辖全体的劫掠者富人和他们的奴仆。这就彻底改造社会的进行方法。昨天的奴隶，一跃而为今日的主人翁。属于富人的房屋，本为工人所建筑的各种器具，也为劳工所做的，凡这都应当为劳工所公有，劳工得有占据的权，而这班劫掠者，应当快点让去的。人不做工，则没有饭吃。倘若你不在做工，应列进第四类。意思就是你只能得劳工所得数目中四分之一的报酬。然而假使是寄生物，那这个希望也是没有的。各式枪械，都分给于劳动者的手里。而寄生物手中，不过一个扫帚柄罢了。倘使哪个敢反抗国内无产者，必定要受严重的刑罚，在无产阶级独裁里面，关于经济生活上的景况，真像用快刀来斩断各种障碍物。以劳动者和劫掠阶级分离。施行无产者独裁制，就是毁灭一切阻碍社会主义光明前途的障碍物，所以无产者独裁，乃为反抗者唯一的保障。

我们保守我们的信约，把从前同各国皇帝总统教皇和银行家所定的一切可厌的密约，都宣告废除。并公布于世界各国之中，使世界各国工人，为此要想想为什么要牺牲自己的血肉在战场中历四年长久？我们自己放下兵器，而接受世界的和平。于是我们在战争中，作无情的宣告，说：我们人民为了兽性平和的厉境所欺骗，所以已经签约停战。我们为了一班劫掠阶级资本家而停战的。我们现在要起来保护为公理而战的农工。而暴君沙（Ozar）和他的同党，从各国暴君中借来的金钱，乃是资本家在法律上所负的债权，我们是表示拒绝偿还的。因为这个缘故，英美法日各国地主借债者大觉得不快活。波尔塞维克革命威权，伸张及于各国，如同瘟疫传染一样。在这许多国里，战场上也死了许多人，各物也呈饥荒的现象，也可引起人民和资本家宣战，也可以推翻暴力而行劳动群众独裁制。一班强盗阶级之流，大声急呼的号叫，要打倒劳农政府。他们对于贵族富商、凶狠的专制者和寺院僧侣等，发布一种宣言。宣告说：要快点起来来反抗苏维埃，敲击警告谋反作乱的警钟，我们将派捷克斯拉夫人做你们的帮助者。各位将军士官！你们倘若不愿受穷民专政，那么，你们快来加入，我们还要助你们以充裕的钱财，并且将和你们及治人阶级结强有力的同盟。并且我们还要供给钱财枪械军火，以攻击此种工人农夫贫民。毁断其桥梁铁路火车的交通，停止供给彼等面包肉食煤炭石油，让他们工厂停歇受冻饿而死，务要结果使俄国劳动者屈膝降服于威尔逊（Wilson）和摆阿色（Poincares）（美法总统）英皇佐治（King George）和日本天皇（Mikado）之前。

以是：（Indas）起头照他们那样做去，他占领围困乌尔加（Volga）、乌兰（Uragl）、高加索（Oauasus）、库平（Kuban）和西比利亚（Siberia）等处的边疆。并且侵占颜若苏维尔（Yaroslavl）、莫若（Muon）、锐并斯克（Ribns）、担波（Tambov）、高庐加（Kaluga）、塞锐托（Saratov）、斯马锐（Samava）、加锐（Knzan）、斯百锐克（Sinoirsk）、斯锐（Sizran）、伊克持我德（Ekatermodar）、伍发（Vfa）诸城，和其它十二城池，以使俄国受磨难和痛苦。

我们降服么？我们就此低首下心么？我们曾屈服贼子盗魁之前么？

在饥饿和困苦之中，我们召集我们的兵队。我们的心意受此而更激迫，我们的意志极其坚定，和有大决心，要打败这种强盗阶级。因此劳工和农夫，各拿枪械在手里，一战而败之于各地的前敌。并且我们已经肃清乌兰门边疆之地。西比利亚和俄国南部，已经差不多都属于苏维埃政府所有了。

我们并不是单独行动的。我们知道我们的奋斗，是要把各国工人变为一心。如是，无论何处工人，都群起相助。现在的革命之声，已经在击打德奥匈诸国的门了。但是革命是不会中止的。并且今日的战胜者，也能知道很清楚，人民将要崛起，苏维埃俄国的传染病将要流行于各地，红色的大火灾也要起于各国。现在也像从前一样，我们对各国宣告，要容我们来停止这可厌的流血战争，让我们联合世界成一大联合，使我们得公共奠定一永久的平和。但是我们这种计划，意为资本家帝皇教皇总统所禁阻。所以我们所毁灭其地位，斩去他们的头，把他们从宫中逐出，把大权从他们手里夺回来。我们可以用各种方法，扶助你们治理一切。现在皇帝之位已经动摇，皇帝天天在那里战惊危惧。而资本家对他们的宝藏金钱也战战兢兢，而虑有绝望之祸。我们进行得很劳苦，所以现在我们要请求你们，一致的望社会革命路上进发。现在劳工已有觉悟，并且要在世界上采用大激烈手段了。我们对各国的政策，就是扶助他们帮他们的劳动阶级，做世界的大暴动，以促成各国永久和平。

你们要知道有许多事，已经要做了。此次战争，已把人的强权除去不少，消灭了许多。然而要在这最短的时期里，重新建设，是不可能的事情。所以要费许多时间来筑立一个人类真正的友谊上底社会。

我们已经护持公共的幸福，并且我们从破坏中力求平安。但是那一切的事还没有达到原来的水平线上呢。铁路枕木已经修好，铁路线和水道，都要整顿到最完美的地步，工厂磨坊都要使得达到工作上最高的速率。几千工厂，现在正都在建设中，足以供给人民生活上的需要。现在的工作程度还没有十分完善，但是我们要使它变为极有效果的。为了那个缘故，所以我们要有一种劳工上的训育。工作上的组合，是极其强有力的，但不并是全体工人的联合。现在要请你们快点来加入我们的团体，务使不要遗留一个人，在我们工业组合以后，这个就是我们唯一的标帜。我们协作的制度，是很多而有力量的。但是我们还仍旧不能管理人民需要上的支配，我们希望你们快点来加入我们的合作，以帮助分配上的工作。我们教育的计划和实践的工夫，已经很完善。继而还有许多地方，差得很远。我们所以希望每个人都到我们设立的专科俱乐部讲演场来聚集，继续学习研究，与公共教育委员协助，以期建成一个新的真正的劳工学校。住居的问题，我们解决得很圆满，但是上万的居民，仍住在那个没有光的腐败污秽阻塞呼吸的地方。这个就是一个大的事情，在我们面前，而等我们去做。以使劳工都住居在人的生活的下面。我们也要追加讨论粮食问题，藉以使得我们能够培养大多数的田地，屯集所收获的粮食，以分配于急需的各地。但是在我们面前的主要问题，以公正的分配，如此就可以使得各处都有充分的粮食，以作有益的培植底耕种。我们已经设立许多劳动自治团体，但是我们要努力使得有效率，以促成全俄组织一大团体。无论什么地方——在苏维埃政府及在自治会中，有许多不诚实之士，在里面谋得利权及获大利益。我们对此还要整顿各个团体，务要做到除去一班贪得私心个人分子，惩罚掠夺公共利益者，除绝这一班人，这许多事，我们正在要实行呢。若不如此做去，则农民和城市居民，必定有无理由的冲突。而土地的生产物，和制造品，多要乘机为一般私利者所吞没了。

社会党革命不过才三年工夫，而革命的新潮流直压倒暴君沙余下的贵族。而革命的暴发线，亦已伏于有产阶级的共和国家了。在扰乱无秩序之中，现出新的劳农共和国。我们是遇着危险而为我们所压服的。就是德国以极凶猛的铁血帝国主义来临我们，我们都没有被其压服。而彼之铁血帝国，现在已呈衰境了。但是又来了一个更强的反对派——即协约国。他们决意要用坦克炮车、装甲兵车，作军事上的活动。和用那个杀人的毒气放射器及航空炸弹以图灭绝俄国革命派。且世界上美英法日等盗贼的国家,曾经帮助我们的仇敌,以金钱枪炮,藉以作成收利的阴谋。但是这些曾推倒暴君尼古拉的专制主义,及灭绝一般 Wilhelm Honengollem Karl Hapcbarg 和布尔干国 Bulgaria 的 Ferdinand Koburg 诸革命者,将要振起从前的威力来,对付总统威尔避摆阿色及英皇佐治爱木儿意帝和日本大正天皇了。

第三次世界劳工大联盟底红旗,和无产者社会党的革命的强盛的火焰,都到各国的面前来,革命之声,不转瞬将来普及于全球了。

说至此地,要敬祝世界无产者十月大革命旭日之光万岁。世界无产者大联合万岁!世界和平万岁!世界社会党苏维埃联邦共和国万岁!

(上海中共一大会址纪念馆藏)

一九二一年

1月
1日（星期六）

1.《苏维埃政府底保存艺术》（《新青年》第八卷第五号，1月1日）

《新青年》第八卷第五号，刊登 A. Lu. acharsky 著，震瀛译的《苏维埃政府底保存艺术》，如下：

　　许多诽谤苏维埃政府有关的事实中间，我特别注意美国报纸发表我们任意毁坏艺术的罪状，对于什么博物院、宫殿、大地主乡间的别墅和教堂等，这些有重要的古迹和特别艺术价值的，常常毁坏。

　　我们当然可以否认这一层，问心无愧，因为我们特别可以保护这种纪念品。我也不敢拿个人对于艺术的意见，以为在俄罗斯革命的时期，没有损伤。我们知到有些村庄烧毁了，图书馆破坏了，书籍散失了，此外也还有些同样的事；但革命进行中，不能没有过当的地方，要知到当着这回大战的时候，所谓文明有产阶级的军队，任意毁坏人类的生命和财产，比较我们真有霄壤之别哩。

　　在俄国这种现象自从劳农政府得势以来，已经消灭。不但在彼得格拉和莫斯科几处有保存古代的艺术和纪念品的社会，就是各省偏僻的地方，也有这种会所，会中的代表，依着有教育的农民和工人帮助，小心保存人民的艺术财产。

　　美国的报纸说什么摧残各处宫殿，是很不对的。我很喜欢把这些宫殿里头的实情来告诉外人，——当着战争的时期中，彼得格拉实在没有什么保护的机关。所以当着这种情形，宝贵的东西，实在没有保存的能力。还有一桩困难的事，就是各宫殿的地窖中，藏有许多美酒，冬宫更多。我们不能不毁灭这些美酒，因为各宫里头的人，常常饮酒过度，发生很大的损失。兵士嗜酒尤甚。所以不能不尽力阻止这种危险。

　　从前格兰斯基一班帝制党把各宫等毁坏，现在我们已经修补了。博物院的管理人，尤为小心。各博物馆由私人博物院送来的，增加了许多。现在各处博物院人人都可以参观，学生也可以用作参考的材料。各宫殿中还有许多布置，由政府管理。但冬官已变为艺术院，当中繁华的房所，常常有许多人在那里听音乐，并有影戏、新剧等事。接连着演艺，其中有许多很有价值的。这些游艺会和博物院，实是文化的源泉。并请许多名人演讲和参观，并有佛教的艺术和埃及人的葬礼形式，所以参观的人觉得很有兴味。

　　各处的宫殿，完全改为博物院，工人和儿童都容易明白帝政的历史，"人山人海"，没有一时断绝，我们小心保护，不致损坏。各人也以为这些都是自己物件一样，也小心保护，不分国家的或个人的了。俄罗斯帝国成立的初期，有许多宝贵的东西,陈列出来,人人也发生历史的观念。各处布置的妥当,在欧洲各处也不多观,正可谓为欧洲将来文化的根源。亚历山大一世的时代很有拿破仑的帝国主义风。其后至二世、三世都各有各的艺术价值。总是专制的时代,有许多无为的牺牲,比不上现在。至到尼古拉斯二世,最为缺憾:只有些华美的家具罢了。

我们所讲历朝传下来的帝政,谁人也知到在道德上和美学上日趋下流,几乎弄到奄奄一息。我们现在很多艺术家赞成保存尼古拉斯二世的陈迹,给大家知道他毫无艺术的观念。我们已经照法实行,并保存历朝的古迹,并加以演讲。我们对于各处博物院,常常恐怕敌人摧残,所以不能不极力保护,并且到不的已的时候,受敌人攻击,不能不由一处迁移到别处。

在莫斯科的 Krenlin 博物院,有许多旅行团参观。这些房屋,只有几处是政府布置,已成为一个很大的博物院建筑,教堂也在其列。环绕莫斯科的村庄,我们也尽力保存。有历史和艺术的价值的,便移置博物院中,庙堂也同样的待遇。

现在俄国虽然是由忧外患交迫的时候,但我们还可以令游客对于这些艺术,心满意足,赞美这种大观。从前的人民虽然是奴隶的生涯,俄国工人拿血汗来做代价,还可以比美西欧,尽有艺术的价值。俄国经过了革命的危机,人民仇恨主人和皇帝之心,油然而生,因恨其人,并恨其屋房,也不管其中有什么艺术和历史的价值。因为这些主人和帝皇,也要人民不识不知,所以艺术绝不容易发展。我们现在的责任不独要阻止损坏的潮流,并要保存艺术的作品,提倡鼓励,不遗余力,创造新艺术,不以博物院为满足,弄到工人全体也发生美感。

我们还有一个责任,把从前侯门似海的官殿,供给游客的愉乐,也是一桩紧要的事情。社会教育委员会已经成立了一个保存历史和艺术的古迹部,为文化运动的要点,大有助于人道方面,不独为世界平民谋幸福,并且大有助于艺术家的研究。至于艺术的损坏,为各国不能免的,最文明的国家也是一样。因为野蛮的政府,不懂的艺术有什么真价值。劳农政府,对于这一点,却大大的改良,组织公共机关,为全体人民谋幸福。

(《新青年》第八卷第五号,1921年1月1日)

2. "俄罗斯研究"专栏(《新青年》第八卷第五号,1月1日)

《新青年》第八卷第五号"俄罗斯研究"专栏,刊登《俄国与女子》《劳农俄国底劳动联合》《劳农俄国底农业制度》等文。

1 日

3.《劳农俄国底劳动联合》(《新青年》第八卷第五号,1月1日)

《新青年》第八卷第五号,刊登山川均著,陈望道译《劳农俄国底劳动联合》,如下:

雄牛，握牢鼻环就很容易牵；民众，分散作一个个的个人也很容易治的。古来一切"人类驾取人类"的政治，其实何尝有别的秘诀，只是预先驱遣人类到这最柔弱的一境——分散——然后加以统治罢了。

这条原则，在法国革命，资本阶级才上政治的威权阶级地位时，便被发现了。那以自由和民治为暗号的法国大革命宪法会议答复罢工劳动者哀诉时，就说，"监视市民利害的权利，全在国家手上。倘若同盟罢工，那便是结党营私，就是在国家里面建树国家，这种罪恶就非处死不可。"那废止"损害自由和平等权利的各种制度"，树立"劳动自由"的宪法议会，也以"国家内部已经没有甚么国体。除了个人特殊的利害和国家全体的利害，此外再也没有甚么中间的利害。从此以后，无论谁何，不许再以中间的利害鼓吹市民，以团体的利害离间市民"为理由，禁止了所有劳动者底团体。于是，劳动者在近代国家底下得到联合组织的权利，就异常艰难。在英国就至少要经过三十年劳动运动底赤手战，在法国就要费了八十年的惨淡经营。直到劳动者底团体——这国家里面的国家——备具不受压迫的实力时，那以民治和自由为原则的近代国家，方才在法律上认许它底存在。

但在现在，却有全然破坏了近代国家这一原则的政治新形式显现了。这就是"俄罗斯社会主义的联邦苏维埃共和国"底政治。这种政治，并不将人类离散作一个个的个人绕去统治他们；却将政治底基础筑在劳动者团体组织底上面。这种苏维埃政治或"无产阶级独裁政治"底政治组织，不但以生产者底团体组织为基础，却就踞在经济组织和社会组织底根基上面，简直就是一种生产者底团体组织。它底活动，在多数派执政时，就有一部分成就了。

二

一九一七年三月革命时，全俄只有三十万至四十万的工业劳动者，而且那些联合，都是些熟练工组织的职业联合。在那专制时代，真正联合的行动又全被严重禁止；那些联合底事业，也就只干些救济疾病、伤残、失业等等底共济事务。职业的共济联合，一面是于劳动界底贵族和普通劳动者团结有妨害；一面是于各种职业熟练工交互间的团结又有妨害的。所以劳动阶级底战斗力反而消失在这种联合运动面，这样，政府自然很欢喜的。

在这专制时代底俄国，差不多全然没有有阶级意识的战斗的联合运动。这一半是因为政府和警察底压迫；一半也是因为俄国底资本主义化，尚是幼稚。便是资本阶级底支配，也同西欧有点差异；在欧洲诸先进国，资本阶级底阶级的支配是混和在民治这种复杂政治组织里面的；在俄国，却还施行着极端的专制政治，新兴资本阶级虽然有时同专制政治沟通，却只是一时的利用，并没有甚么特殊的政治组织。所以十月以前，民众革命运动总对向专制政治下攻击。就是一九〇五年底革命运动，重要分子虽然是工业劳动者，也并不是纯粹产业的革命运动，还是带着点政治的色彩。

一九一七年三月革命以后，专制政治底束缚尽被扫荡；劳动阶级也就突然显出跳跃的气象。多年蕴积着的元气，一时迸发：在政治方面，就是出苏维埃底组织在经济方面，就显出新联合运动。革命和革命结果所产的克伦斯奇临时政府底资本阶级的色彩越发鲜明，这些劳动阶级运动对于经济的革命底仰慕也就越发深厚，联合运动于是就渐次染上阶级的气息了。这就发生一种工厂委员的新联合运动，反抗那向来专门从事共济的行动那种保守的、排他的职业联合运动。这种工厂委员运动，它底起原同欧战时在英国发生的"工厂委员运动"(Shop Stowards Movement)并非一样。这种运动，在中央和布鲁西亚很有势力；多数派也很替它尽力。

工厂委员运动，就是劳动者要求管理产业的运动。因为三月革命纯粹是政治的革命，劳动者底生活状况丝毫没有增进，他们生产品依然要交给投机商人，让他们调弄那危害民众生活的把戏。所以劳动者，就趁革命之后各工厂底管理机关正在动摇的好机会，运动选举工厂委员参与产业管理。又因为斯哥佩兰组织国务院时，制定累进所得税则，对于资本底利润科收十分税，为了资本家和银行家通用虚报的缘故，不曾有过甚么效果；所以一九一七年夏期，彼得格兰底劳动者，就时常选出工厂委员要求管理生产，施行这种税法，保护劳动者和普通消费者底利益。又因为克伦斯奇临时政府底下，到处发生同盟罢工，劳动者底工钱虽然因此增加一点，生活底压迫虽然舒缓一点，但在一九一七年九月十月，同盟罢工却已经失了劳动阶级战争的效力，因为战争歇息，工厂没有从前那样出息，同盟罢工，资本家倒很欢迎。因为这样，劳动联合底运动就不再弄些劳动条件问题，却要干这经济根本改造，收回产业管理权在生产者自己手里底问题了。这种工厂委员运动，结果很好，劳动者底眼界竟因此很快地扩大起来，阶级的意识也竟因此很快地激长起来，到了临时告终(一九一七年)从前职业的联合就全然消灭，全然成了产业的联合了。所以俄国底联合，现在虽然仍旧用这"职业联盟"底旧名，但在那时，俄国已经没有职业的联合，只有产业的联合了。那时约有三百万劳动者，组织在这种产业的联合里面；这些产业的联合，都归总在全俄职业联盟委员会。

三

苏维埃政府极力要完成劳动联合底组织。现在俄国底劳动者，都是产业的联合底会员了。据英国下议院议员马考大佐一九一九年十月调查的记述。那时俄国主要的职业联盟已经有二十九个，代表着二十九种产业。产业底分别是：

化学工业，都市劳动，浴堂，军需品，木工，家庭劳动，铁路，造纸，制皮，卫生，艺术，金属，食品，印刷，农业，部务和电报，理发，玻璃和陶器，粮食分配，金融机关，建筑，纤维业，运输，财政和课税，一般商业机关，被服，照相，制药，水上运输，教育。

这些职业联盟都以小地城为组织单位，集中于较大地城底委员会，再集中于全国的委员会。就工业劳动者说：职业联盟组织底单位，就是大小诸都市，这些同类的职业联盟集合起来就成一个地方委员会，这些地方委员会再集合起来，又就组成一个全国委员会。凡是同一产业的劳动者都照这样集中于三级的职业联盟。最后，再将这组织起来的三十个全国职业联盟全劳动阶级地集合起来，组成个最后的机关，这就是全俄职业联盟委员会。全俄职业联盟委员会统总着的劳动者，在去年七八月时，除兑基宁支配的瓦格洛那一部外,约有三百五十万人。

莫斯科底旧贵族院,现已成为全俄职业联盟底本部,称为"劳动厅"。厅前有大理石的石阶,石阶上去,就是长方形的间大房间,这大房间怕就是俄国最大的一间大房间。房间两边,大理石支着檐头;后面是很广的散步场。从前兹亚往莫斯科时,差不多总在这里大开宴会。如今这被宝玉底光闪惯了的大房间,变成劳动者底聚合所了。内面可容三四千人,壁上已经去了旧装饰,换上社会主义共和国的徽章和各种职业同盟底徽章;从前树着拿坡仑时代俄国将军像底地方,也已树着迦尔马克思和尼古拉列宁底半身像了。

全俄职业联盟委员会干事梅尔尼姜斯奇,就是革命前做过六年多政治亡命者,在美国营过铁工生活的人。

四

俄国劳动联合和别国劳动联合很有不同的处所。劳动联合原是劳动者阶级的组织;一面是对资本阶级战斗的机关,同时又是替代现今生产组织的新生产组织底萌芽。所以现今各国底劳动联合,都以战争为要务;新的生产组织不过是在这战争里有点滋长萌芽罢了。然而俄国这种劳动联合,却已经不是战斗底机关,却已是新经济组织底一部,而且就是它重要的基础。

这种劳动联合底职分底变迁,已经呈现在对于同盟罢工的观念上面。在资本制度底下,罢工是劳动者防护自己权利的手段,所以违背罢工,便被看作劳动阶级底叛徒;但在俄国,却反将同盟罢工的,看作劳动阶级底叛徒,联盟罢工和同盟罢工(Sabotage)却已成为资本家方面的学者和专门技术家反抗劳动政治的武器,而且几乎没有这等事了。至少,属于什么职业联盟的筋肉劳动者和头脑劳动者,已经将同盟罢工认作反抗劳动所级而且是毫无益处的手段;因为决定切劳动条件的权力,已经操在劳动联合自己手里了。决定一切劳动条件的最高机关,是劳动人民委员(劳动部);这劳动人民委员,全然组织在职业联盟底基础上面。劳动人民委员底委员长,从全俄苏维埃执行委员会举出;委员九名,内中五名从全俄职业联盟委员会举出。其余四名虽然从人民委员会(就是国务会议)选任;职业联盟认为必要时,也可以抗议这选任。这样看来,决定劳动各件的最高机关,不已经是劳动联合底代表占着决定的多数了吗?凡是关于劳动条件的法律,都先由全俄职业联盟委员会议决,经过劳动人民委员会批准,才公布大众,作为法律。全俄职业联盟委员会底下,有许多工厂委员会选举出的专任委员会,或是担任估定工钱率,或是担任分配劳动,或是任担疾病和别的危险事情,或是担当劳工教育,或是担当娱乐底设备。这些委员会底调查,经过全俄职业联盟委员会底议决就成为法律案,再经劳动人民委员会批准,就是法律。

这样说来,劳动人民委员不是同劳动部一样吗?这却不然,他底职分很有差异:他不但担当着劳动交易所、工厂监督官、劳动保险等职务,并且兼任着属于议会的职务,又且兼任着现今劳动联合经营着的种种职务。

五

俄国大工厂,现在已经有十分之九收归国有;这些国有工厂,都已依据一九一八年三月份制定的《国有事业管理条例》经营了。依这条例，国有事业中央管理部，可以选任技术主任和管理主任到各工厂。纯粹关于技术的事件，技术主任有处理的全权；不过对于他那决定，工厂委员也得向中央管理部上诉。

生产技术事件之外的一切管理权都操在管理主任之下的管理经济委员会；这委员会，对于生产技术事件，只得提出忠告。这管理经济委员会，由下列人员组成：(1)事务劳动者底代表；(2)下级事务员底代表；(3)技师及商务上级职员底代表；(4)管理主任；(5)职业联盟地方委员会(从各种职业联盟选出的委员会)底代表，(6)那工厂一类产业底职业联盟底代表；(7)国民经济地方委员会底代表；(8)利害有关的劳动消费联合底代表；(9)那地方底农民委员会底代表。劳动者和下级事务员可以占这会全体人员底半数。

国有事业中央管理部里面，劳动者有直接的和通过劳动联合间接的两重代表。因为中央管理部，系由下列代表组织：三分之一是该产业底劳动者和事务员底代表；又三分之一是无产阶级政治上经济上的机关和团体(就是公共经济最高委员会、全俄职业联盟委员会、全俄劳动者消费联合委员会、全俄苏维埃执行委员会)底代表；余外三分之一就是学术上的团体，技师和上级商业职员，民主的全俄团体(各种全俄大会底执行委员会、赡养联合、农民委员会)底代表。

还未国有化的工厂，他底产业管理权，都依据一九一七年十一日底《劳动者产业管理法》，由事务劳动者全体执掌。执掌这管理权的机关就是工厂委员。

同时又在主要城市、省分或工厂区域，由(1)职业联盟底代表，(2)各种工厂委员会底代表，(3)劳动者消费联合底代表，组织地方管理委员会。厂主有不服工厂委员决定的事件时，得于三日以内，向地方管理委员会上诉。这类地方管理委员会上面，更有全俄劳动者产业管理委员会，为产业管理最高的机关。这全俄委员会，是下列这些员额组成：(1)全俄苏维埃执行委员会代表五名；(2)全俄职业联盟委员会代表五名，全俄劳动者消费联合执行委员会代表两名；(3)全俄工厂委员会代表五名；(4)全俄农工联合代表两名；(5)全国各种职业联盟代表(联合员在十万以内的一名；十万以外的两名；彼的格兰职业联盟委员会两名)。

六

劳动联合在俄国经济组织里面占着怎样重要的地位，看到这里总已知道一个大概了。以下请更凭据威廉哥德底记述，将俄国劳动者在这新组织底下劳动的劳动条件，约略说一说。

布尔塞维克革命后底俄国，常常内外受敌。外面有联合国底经济封锁，协迫全国民底生活；内面又有许多凭着联合国底军饷和军需品作战的反革命军，几乎把煤炭地和洋油地等工业底生命，全然夺去了。苏维埃政府，于是没奈何只得将它底全力倾倒在军重上面，致大部分的国有工厂专门制造军需品。但虽有这样的协迫，俄罗斯社会主义的联邦苏维埃共和国却还不就失了他底生命；只此能够生存继续这一点，也可算是历史上的奇迹了。现在形势，仍然没有甚么大变化。俄国处于这种形势之下，新社会底建设和创造自然异常艰难；我们对于他的成绩，自然只好打个相当的折扣，论断它。又，俄国现今尚在建设途中，情状是时时刻刻变动的；以下所述劳动条件，所根据的是去年七八月哥德在莫斯科的记录，后来总已有些变动了。

先从劳动时间说，普通劳动者底劳动时间是八时间。事务员是六时间；但在矿山和煤气等有碍卫生的职业，普通劳动者底劳动时间却只是六时间。烟工厂，现在是七时间。当时国民生活很危险，所以每天做两时间例外劳动，法律也不禁止。例外劳动，报酬是普通底一倍半。夜工只准七时间；绝对不准女人和少年加入。

劳动者底最低年龄，也因为要增加生产的缘故，只得定作十六岁。从十六岁到十八岁，每天劳动六时间，不许更做例外劳动。这种少年劳动者，和大人做同类劳动时，不拘能率怎样，都有大人同一的报酬；所以少年劳动六时间，就有大人八时间底报酬。其余两时间，须往特为少年劳动者设立的学校里去读书；那学校归工厂委员管理。当时因为战争，时也曾经允许十四岁以上十六岁以下的少年每天劳动四时间；可以也只准做不碍卫生的劳动。

全体劳动者，在每星期底土曜日和日曜日中间，都有接连休息四十二时间的权利。又每劳动年，就有休养一个月，报酬仍旧完全给与的权利；不过因为战争的缘故，凡是不碍卫生的职业，当时都减到两星期了。

劳动报酬，前面已经说过，先由各产业底职业联盟立案；次由全俄职业联盟委员会的量各产业间底情形决定他，最后交由劳动人民委员批准。各职业联盟全国委员底报的委员会，时时应着生活费底变动，将报酬率修正。

七

当时，普通劳动者每月最低报酬是六百卢布（一卢布约合中币四角左右），最高是三千卢布；这最低、最高底距离，每修正一次总使报酬率更接近一点，已经成为经常的方针。所以一九一九年九月一日实施的改正报酬表，就是最低一千二百卢布，最高四千八百卢布。只是当时招聘必需的专门技师，仍可由人民委员设置的特别委员会决议，给与三千卢布以上的报酬。这是招集反对社会主义的专门学者来协力做事，一种暂时救急的方法。巴里脱底报告也说，"列宁一年不过得到报酬一千八百弗，某专门家却于一年内得到薪俸四万八千弗。这种法外的事实，完全因为信奉社会主义的原须依从政府所定工钱率，但必须请非共产主义者来协力时，却可照他要求给酬这个原则发生的"。

现在俄国，还是照劳动底种类，决定报酬底差等。所以报酬底竞争，还是个劳动底诱惑力。但同时，对于同一种类底劳动，同阶级底劳动，已经给付同一的报酬，所以在同一阶级劳动者交互间，可是已经没有竞争报酬的事了。对于这点底结果，哥德底观察如下："报酬率是照劳动者在他工作上所用的智力分出类来，依类分别给酬的。现在因为最低工价和职业底确实已有确实的保障，面包底竞争便已消灭，留着的只有工作兴趣底竞争了。又因为有修养和研究底机会，可以促进劳动者底进步；劳动者现在刻刻进步，时时从现在阶级跳入上级去了。这是我亲眼看见过的。结果，不但不致埋灭发明力，发明力反可因此激发，隐伏的才能因此开展"。

劳动保险，包含劳动者底疾病、虚弱、失职、伤害、养老、分娩等项。伤害，分娩以及因此全然不能劳动者，统给与全额的报酬（分娩时，产前产后各给与八星期成全额报酬），残废的，依其轻重的量给酬。

不能劳动者、虚弱者、年老者底年金，依据地方和职业分别给与；要医治时增给。一切工厂劳动者一到五十岁就可以支取养老年金。干别的轻易职业的已上六十岁时，如果通过特别委员会底决议，也可支取养老年金，这时，委员会倘若认为还有五成以上的精力。那也还须从事职业，必须认为五成以下，就可以支取全额养老年金，安心退隐，但这是因为人员缺乏，一时无可奈何的规定。

对于这种保险，劳动者毫不须分批交款：保险基金，在国有工厂，由国家支付报附额中提取百分之二十五；在私有工厂，由厂主支付工钱额中提取百分之二十分积成。但在有碍卫生的职业，公积金底比率比这样还要高。

工厂监督都是劳动者自己。职业联盟，特为这目的，设施必须的教育，使劳动者不致胡乱选举。

劳动者底分配，也由劳动人民委员监督着职业联盟选出"登录和分配委员"管理。这委员会掌执登录全体劳动者底事件，工厂要用劳动者，都要经过这委员会底手，由他分配。但技师和其他例外劳动者，为便宜起见，得由各工厂自由招聘。不过入了工厂，也须到委员会登录。

这样，劳动人民委员完全管理着劳动市场，职业底竞争，工钱底竞争，便绝对地消灭了。

八

俄国劳动者固然通过劳动联合管理着产业，掌握着一切劳动条件；同时也还通过劳动联合左右着政治。劳动联合原是生产者底组织；这一点是同俄国社会组织约略相同的。可是苏维埃这一中央和地方政治机关选举的根底，却就是劳动团体。俄国底社会组织，原则上全体人民都须做一种有益社会的劳动。在一点看来，可以说全体人民都是生产者，也就都是消费者。又凡生产者都须隶属在一个劳动联合。因此，俄国底劳动联合也就可以说是全体人们社会生活中生产者一种资格底代表。又凡劳动联合，在生产的行动一个范围内，差不多完全有自治权。在一点下，又不妨说是工团主义底表现。

但俄国社会组织，却又在生产组织以外，认许一种政治组织，这点却同工团主义不同。在生产组织和政治组织对峙这一点上看来，俄国底社会组织又像是近于几尔特社会主义底原则。但不必就同几尔特社会主义一般，将政治组织看作社会生活中消费者一种资格底代表，同生产组织相对抗。他们采用了几尔特社会主义那般一般的投票为基础的政治组织，却又避去了那般"议会主义"底堕落。几尔特社会主义那般把一个人有时当作生产者，有时当作消费者，势必至于一个人自己同自己相对抗，或将相对抗；俄国底组织却不认这两性质一定要对峙，却是认全体人民都是生产者，也且都是消费者。现在他们主张将苏维埃的政治组织和那最高机关的人民委员底职分逐渐缩少，逐渐归入经济组织最高机关的公共经济最高（和地方）委员会底职分里去。这样，便可知道俄国底社会组织，不一定将经济组织和政治组织代表生产者资格底人和消费者资格底人,教他们两相对峙;却全是将全体人们看作一面是生产者,一面就是消费者的不可分的人格,不过社会的活动底机关不是一个罢了。

这样,一切生产者同时就是消费者了;但在从来底社会组织,一切消费者却不一定就是生产者。俄国现在,就是从这一切消费者不一定就是生产者的社会状况,进到一切消费者原则上就是生产者的社会状况中间底过渡期。因此,俄国现在,选到政治机关苏维埃做代表的资格,都不是消费者底资格,都是生产者底资格。既是生产者,自然隶属在一个生产团体(联合),所以实际上就是隶属甚么劳动团体的,才有选举资格。这种苏维埃选举制,形式上也同现今选举制度一样,依据地理的选举区;但实质上可是非常的差异,一切选举都是选举区域内劳动团体选举的,换句话,不是一个个的民众参与政治,是全体人们合成的生产者团体参与的。俄国社会组织底理想,不是"人类驾驭人类",是"人类驾驭物品"。所以迫压到最柔弱的一境再去统治的事,已经失了价值,却须扶持到最强的一境,使他们能够刚强勇猛地统治物品了。

九

所以,俄国底社会组织、上面生产者团体的劳动联合,一面是经济上的组织,一面便又是决定政治组织最重要的分子。这种选举方法组成的政治机关,实际上有甚么特长呢?菲理浦,白拉斯评判说:

"苏维埃组织,实际立法者很是同人民密切的。这不是甚么理论,是在事实上,人民自己替自己在那里立法,可以证明的。但苏维埃组织,却同时还能够开拓那反对方面底交互作用。最外一圈的分子也有相当的影响及到圆心;圆心也可以通过苏维埃给影响与周边的分子。这种苏维埃底制度,便是人民委员一切很微细的行动,各地方苏维埃也有机会可以照他那地方底情状评判它,解释它⋯⋯便是高加索底牧羊者,乌拉儿底可萨克,叶尼塞河畔底渔夫,也可以列席全俄大会。大会认为原则的法律,也不至于像忒松或成紧的铜箍,不过算是各个苏维埃赖以取决自治必需行动的工具罢了⋯⋯"

然而评判俄国政治组织底优劣,现在尚非其时。现在只要知道俄国劳动联合是构成政治机关根本的要素,这就满足了。

总之,俄国底社会组织,现在还在建设和创造。不管他结果怎样,总之是个人类历史上未曾有的实验。人类究竟能够意识怎么一点历史的必然,能够靠着意识挽回怎么一点自己底运命?

⋯⋯

(《新青年》第八卷第五号,1921年1月1日)

1日

4.《俄国与女子》(《新青年》第八卷第五号,1月1日)

《新青年》第八卷第五号,刊登震瀛译自 Soviet Russia 的《俄国与女子》,如下:

(1) 苏维埃俄罗斯的劳动女子

希莲女士 Helen Blonina 原著

在于资本制度的时代，无产阶级和农民的妇女，对于社会和政治的生活，完全隔绝——由于有产阶级家庭制度的遗传，二由于当时政治的专制。我们要谢谢政权入于苏维埃派的手里；在工界中，发生了许多复杂的建设问题，非常艰巨，而女工比较男工，对于建设事业，尤为无经验。要指导女工对于工作能够成工，就不能不先行实习，第二步才指导他们的精力，最适宜于那一种工作。

更要用新宣传的方法；通行的方法，各种新问题，又要适宜于农工的女子心理上特别的地方。女工并且对于旁的有关系的事业，也要熟习；实行宣传，直接行动。

女工代表大会已经成立，对于这些事物，大有助力。这种代表大会，由各城市工厂中开大会选派代表做成的。他们教导女工怎样来实行苏维埃的事业，怎样使用他们的革命精神和毅力来建设普通无产阶级的战争和建设的事业。由别一方面看来，他们联络女工和苏维埃各种制度，是不可少的关键。

这种代表，分为队伍，各司其事。苏维埃制度中如公益、劳动、教育和卫生各部，并且帮忙创造、考察、管理家庭、幼稚园、各种小学、公共食堂和厨房等；由他们调和纷争，分发和支配学校的衣服鞋帽等，考察监工，严核妇女和儿童的工作法。他们对于医院救伤的机关，互相联络，看护伤的病人，考察营房、警察署，分派薪金并介绍女工的职业，管理生产的方法和进行。

他们的责任，关于各部的活动，注册教育学校的进行，诱导苏维埃的进行（社会事业、家庭教育，赤军和卫生的事业），各代表同时继续在工厂铺店作工，并布告他们的进行事业于选举者，又在工厂中组织委员会，管理女工在工厂中一切事务。

各代表在苏维埃和共产党中各务，都有直接的联络（如燃料局、卫生局、食粮局救伤、消疫、稽查等事），代表大会每月开会由二次至四次。最近莫斯科各城，代表的基础已订定，每二十女工选派一代表。在这个办法，代表大会有了标准，女工活动的范围越广，对于苏维埃和共产党的新建设，日趋稳固。共产党《周刊》已经表白很详细。比方在莫斯科一城，每星期有一万五千人入会，其中有女工数千，多由代表大会介绍的。

中立派的女工大会底活动，尤为重要。各城、市、省、郡，每三四月招集一次。传播的书籍和演说，继续进行。各种机关报都有女界一栏。不管我们现在做的事业有没有错，但比较从前已大有进步了。这是我们希望不及的。

一年前只有很少数有觉悟的女子，其余虽然有革命的精神，面对于组织觉悟上，是绝对没有的。现在已经有很大的觉悟团体，为共产党的党员。一年来对于苏维埃共产党的事业，已经很有希望。从前是很少实行活动的，现在女子已经有许多女工的著作家了。

现在女工的运动，无处没有，在政治上占很大的势力。在彼得格拉、莫斯科各省，成绩已大有可观。在彼得格拉的女工组织和觉悟，占全国最高的地位。各省都闻风兴起，成绩也很好。在全俄共产党大会，女工的组织，已有二十八省的代表；还有许多地方，虽然有同样的组织，但不能派代表。女工的运动，已布满全俄了。

女工对于组织上和劳动上都有功效了。不管怎样困难，已大有助于苏维埃事业。而男工多赴前敌，抵抗敌人，而女工差不多完全替代男子。各种机关都有女工的位置。而女工更有充当军人来攻击"白军"的。

(2) 家庭和雇佣的女工

震瀛译自 Soviet Russia

在共产党的社会，家庭也可以保全么？将来也能如今日的情形么？这些问题令劳动界的女子不安他们的同伴男子也十分注意的。在今日这个问题，令劳动子女越发烦恼。近代人类的生活，眼见得日变一日，并不是奇怪的事。从前的习惯和风俗，都渐渐的不见了。平民的家庭，组织得这样新奇，这样出色，一天不同一天。我们也不能知得他变到什么地步？但是就现时事实而言，在苏维埃的俄罗斯，离婚的事情，比从前更觉容易。自从一九一七年十二月十八日，国民委员大会颁发离婚布告之后，离婚这件事，已经不易为富商贵人的专利品了。劳动的妇女，也不复如从前的时候，月过月，年过年，也不能求得一张离婚的保证书；令他们能够自立，脱离他们的凶蛮和闹酒的丈夫、终日里骂他打他的冤家。现在的时候若是想求离婚，那离婚的证书最久不过一个星期，或是二个星期，便可取得。因为离婚这样容易，一方面很受一般妇女欢迎。他们无限痛苦的婚姻，从此可以解脱了。但他一方面也吓怕了无知识的妇人；那不能自立的，为尤甚。他们以为他的丈夫是他们唯一的"供给者"。他们的生活，全靠者他们的丈夫供给。不知到现在的妇女应该自己供给自己。不论在何处，也不应该依赖别人。他的自己不是属于个人的，是属于社会的、国家的。

家庭的真相，我们也不必代他隐讳了。往昔的时候，所谓正当的家庭里头，男子当是万能，女子视为废物。女子的方面，没有他自己的意志，没有自己的钱财，没有自己的时候。简直是"俯仰由人""依人为活"，如寄生虫一般。这种家庭经了日日变迁，已经成了陈迹。这样情形我们也不要惊怪。我们深信万事万物都不是一成不变的。"现在如此，日后亦是如此"，这句成语，实在谬误得很。我们试把旧时历史一翻，便知道无论什么事物都有变迁的，什么风俗习惯，什么政体，什么道德，都没有注定不破坏的。就人类生活史看来，各时期中，家庭的形式，各期必有不变动，今日的家庭，比之往日，就见大不相同了。今日所见的习俗和往时的相差很远。古时有一种家庭，人人都视为正当的，就是 Cenerie 公共的家庭。这种家庭，母亲就是一家的主人，由子孙至到曾玄都附属于这种家庭。族系的 Priaschal 家庭，也曾视为唯的模样。在这家庭，父亲就是主人，他的意志，是妻子、家人的法律。现在这种家庭在俄国村落农夫家庭中，也是常见的，他的家法和道德实在不同城市中的工人。国内的城市，平民已经解除了许多习惯。家庭的形式，家庭的习惯，各族有各族不同。例如土耳其，阿拉伯和波兰来的人民，法律都准一个人娶几个妻室，至到今日，也有许多种人，一个妇人同时可以嫁几个丈夫。现在因袭的道德，也许一个男子娶一个女孩为童媳。还有些种族，以一个女子有许多情人就算是无上的光荣。且把手环脚环的装饰品戴在身上，表示他的情人的人数。环数越多的，他的身价便越高。这种习俗很足令我们奇怪的，我们视为不道德的习惯，在其他种族人民之中，常视为神圣不可侵犯的，他们反视我们的法律和习惯，是罪恶的了。所以家庭更变到没有往日的形迹可寻，男子与妇女之间，发生了许多的新关系，通通都不要我们大惊小怪了。我们只要问"我们的家庭制度怎样变迁，男女的工是怎样，男女的农民又怎样，他们的责任和人权，最适于新俄罗斯的生活，因为我们现在的苏维埃俄罗斯是工人的俄罗斯"么？凡是能够适合于这种新制度的定要保存；其他一切陈腐东西，遗留于人间足以为害的如大地主和资本家的奴隶生活，便要完全推翻。而这些治人者是平民的大敌，也要根本铲除了。

从前的家庭为什么能够保存，第一件是有为夫的和为父的供给家庭，第二件是家庭为人人的安乐窝，第三件因为儿女是由父母养育的，现在都为国管理。现在还有什么存在呢？现在男子不必完全担负家庭的责任了。他的女人也要做工，夫妇都有平等的量能。女子知到自己谋生，就是他的丈夫和子女都能够供给。但家庭对于最幼的儿女还要自己保养。将来这一件事是不是应该由国家养育也要讨论过。现在女子对于家庭不是一件重要的责任；对于公共的幸福才是紧要的。

(3) 苏维埃俄罗斯的女工

女工的运动在苏维埃俄罗斯已成为政治中一重要的事情。而这种事情在彼得格拉、莫斯科各处，非常有成效。彼得格拉的女工，组织训练，非常完善，而更有觉悟，为他处所不能及。各处的政府，实行这种办法，都有成效。

女工对于组织事宜，有很好的成绩，足以证明女子能办事。虽然国难非常纷扰，已经帮忙苏维埃政府不少了，如组织许多育婴院、幼稚园、学校、公共食堂等等。工人要到前敌加入赤军，保护苏维埃政府，女工不独能够在工厂里仅替代他们做工，并且在党会中，和军务也帮忙男子。那些女子愿意执戈攻打"白卫军"的，同男子一样，人数也不少。

抵敌外患，女子的责任，与男子有同样的价值。女子的地方，已经站得很稳固，随时可以牺牲来战胜有产阶级。他们告诉男子，要赴前敌，不要内顾，他们自己能够管理。所以当着丹尼金攻击Jula城的时候，那里的女工开会决议宣言反对，如果丹尼金军队能够入城，除非他们死灭。同时各城也有这种决议。

俄国全体女工起而反对丹尼金和锐丹尼，已经是尽心竭力来保护苏维埃政府。苏维埃政府在无产阶级中已经是根深蒂固了。最没有教育下等的社会也知道保护这个政府。有这种势力的保证，可以证明苏维埃政府是不能克服的。

有产阶级的女子，仇视苏维埃政府，他们常常造谣来蛊惑社会，他们制造各种谣言，令人不能相信。去年春，英法各国的帝政派代表伪造种种无价值的谣言，什么苏维埃政府把女子收归"国有"及"公有"。所以巴黎和伦敦的女子以为苏维埃政府是虐待女子，要求帝政派"老党"克拉门梭（法国总理）来保护俄国女子。这种诬提共产党的事实已不只一次了。马克思不是在《共产党宣言》攻击有产阶级的伪造么？这种离间共产党和女子的狡猾伎俩是不成功的。

(4) 俄国"布尔塞维克主义"和劳动的女子

波蔓莲 N. Bukharin 著

我们共产党在俄国遇着这般非常困难的情形，事势上现在不能把革命产生的佳境来布告给大众知道。我们现在全体奋斗来保存这次革命，为敌人碰命的攻击；我们同时也要做些改造的工夫，才能够把共产主义实现。因为这些事业和奋斗，非常严逼，不能够用全付精神来创造个人的新生机，为从前所未有的。社会有新关系才可以创造和教育新人类。有许多人责骂布尔塞维克——但他们自己也莫名其妙，不过人云亦云，糊说八道了。或者有快一时的口舌，随便批评，实在是毫无价值。只有很少的人们，能够明白布尔塞维克对于改造事业上大有助于人道方面。在这次如火如荼的革命中，又因为共产党非当活动，就是下等的人民现在也有上流的人格，社会上创造了新生命，人人能够变为一个健将，充满了牺牲的精神。而光明磊落的工人，更为社会的真正栋梁咧。

普通无产阶级和农民中的女子，发现种种变态，尤为有趣。他们从前的待遇，像禽兽一般，现已经明白自己是人类，平等的天赋人权。他们也要加入反对资本主义的战争，并反对治人和被治的制度。劳动的女子和农村的女子对于农务大有助力。他们在于苏维埃议会中，或高等委员会中都有他们的位置。责任并且很重，常常见有在前敌执兵役和看护妇的。中等社会的妇女和农家的妇女，对于各种机关，非常活动。看护产妇、婴孩、老人、病人等，也很能尽社会的责任。他们在各种机关里头，如孕妇院，产妇院、育婴院、儿童村、办房院、休息区、学校园、公共食堂、茶室、医院、老人院、幼稚园、图书馆、阅报室、宣传区，传播共产主义的理想和知识，各处都有女子大小团体活动：他们实在是这些建设的精髓了。他们所做的职业，又灵敏，又热心，有创造的本能和事物的常识。

在革命以前，女子没有听见共产主义的，有许多在党中所办的学校念书，居然能够明白有关于共产主义的学理的著作。女子的精神和天才，自从革命以后，因有自由的话动如急雨后太阳照着的好花怒放般。这种新生机把无产阶级和农家的女子打破了从前的迷梦：人人负担责任，实地练习，变为革命的战将和共产社会不可少的工人。我们如果更小心考察苏维埃俄罗斯的痛苦、艰难和战争，而能够保存它的命运和发展：这种丰功伟业，不能不算是他们的能力。布尔塞维克常常用武力来铲除资本主义，抵敌全世界的反对党；并且要救护本国的饥荒、属疫。虽然苏维埃俄罗斯是这样困难，而对于发展未来的生机，已大有希望，人人都有自由的生机，无产阶级和农家的女子统统联络男子共同工作。如果有人要考察女子的事业，实在不知从哪里起，到哪里止。

现在莫斯科的哥撒克会议足以证明女界个人的新觉悟。女子也有代表到会，有同等的权利。这次革命把他们唤醒了，变为战将，为工人谋幸福。这不是很大的改革么？在革命以前，女子在哥撒克村中，只管理田园农务，如他们先祖一般。村外的事，他们便不知道了。如果有女子到城市间，便以为无上光荣，或发生许多谣言。现在他们对于苏维埃的会议有讨论和取决权，由很远的地方，不辞劳苦来到这个都城。

他们头一次坐于异乡人的旁边,谈笑自如,讨论问题,由始至终,没有间断;他们以为是自己兄弟姐妹一样,大家共同讨论俄国最重要的问题。有许多特别的研究是由农家妇女得来的。表面上很像是假的,其实确切得很。

苏维埃政府和革命,贡献全体工人,用手工和脑力来创造,能够为社会谋幸福和进步,所以他们都能够获得面包、自由、尊贵、光荣,申言之——便是帮忙他们创造人类生存的价值。他们协助的权利和义务,没有什么男女区别——这便是俄罗斯的政体,这种协助,商店、工厂、田庄都完全实行。当着帝政的时候,女子不能参预国家的政事,上流社会的女子也不管国家的事情。从前女子的生涯大概是这样。自从一九一七年三月革命以后,有思想的妇女,便共同担当事务,对于社会生活非常热心。他们并在会场演说,但只有女子革命,有牺牲的精神,才能够完全活动于政治舞台上。革命运动和战争,是男女共同担任的。不独是苏斐亚,才能够牺牲国难,还有许多俄国女子上断头台和流于西伯利亚。革命潮流一起,女子便极力赞助。无产阶级的女子,同时活动于社会经济的舞台上。什么同盟罢工等事,都有他们的份子。劳动女子死于革命战场不可胜数,不过比较男工的数目,较为少些,而实行解放的运动者,也是不多。十月革命以来,女子前赴后继,总有达到目的的日子,个人的智育和体育、觉悟越多,社会便能够发达了。

(5) 俄国赤军中的女子(转载维也纳 Die Rote Fahne 杂志)

俄罗斯的女子,农界的,工界的——有产界的对于全国革命的运动,占很重要的位置。Amfieatov 是个俄国的著作家,承认俄国女子的成绩是很重要的,并考察俄国劳动界和有产界的解放,有这样批评:"女子教导俄国的人民读书和写字,用最新的法子,拿极大的牺牲来开通民智。"俄国女子对于解放俄国的劳动界,有很大的势力,这是真话。他们的坚决、希望和牺牲的精神,完全超于一种狂热主义,能够当着帝国的时候,经历许多痛苦,违法犯经,实行传播各种主义。数百年来,女革命家,热心毅力,亲历种种危险。组织秘密印刷机关,制造炸弹,图谋暗杀(更有俄国种种特别的战斗方法)在军队中传播,在前敌执戈,无处不见有俄国女革命家,管理危险的机关,他们的牺牲和革命精神,能够做别人的模范。

帝政消灭以后,女子毅力的革命运动,依然继续进行。不幸为有产阶级的德谟克拉西所利用。所谓"敢死队",全由有觉悟女子所组织而为有产阶级的德谟克拉西所愚弄,多用于反对无产阶级的革命。这种反对劳动界革命的战争,保护有产阶级的德谟克拉西,持以毅力的著名女子,"敢死队"已经完全覆灭了。

在有产阶级德谟克拉西的时代,继续有产阶级的女子,就是无产界的女子,他们预备战争,决心革命的事业,就是无产阶级革命的引火物。因为在彼得格拉附近 Vyborg 城,织造厂女工革命,有许多大工厂,相继罢工,为布尔扎维克一九一七年十月大革命的工具。这种女子抛弃他们在织造厂中的职业,连群结队,冲入内城,为彼得格拉无产阶级革命开始的先兆。

有许多证据足以表明为什么俄国无产阶级的女子会发现在赤军中。但现在那里还没有独立的女子军。当着全国募兵的时候,有很多女子加入后备兵中,同各处联合,并派往前敌，女子军同男同志，齐心协力，做冲锋陷阵的大事业，勇往直前，同男子一样。这种事业，平平稳稳做法。俄人没有一个特别注意这一件事，也没有奖励他们的英勇，但这是人人心目中所承认的了。

女子军大多数在于赞助的地位。万千女子加入卫生队，预先训练纯熟，才派赴前敌，在军医院里头，做着护妇。这种女子的卫生军队，在前敌供职，绝无毫畏惧。他们不待军营前进——炮火连天，还没有停息，他们便勇往直前，救助伤兵于战场中，如是者，救了同志的生命无数，这是他们亲陷矢石的了。

女子军又做后备的事宜——如供给军需，转运器械在兵工厂，邮政局中供役差使，各都有女子的职任，帮忙来保护苏维埃的势力。没有一个女子不愿意出力来扶助战事，因为他们知道保存无产阶级国家的制度，是他们万不容辞的责任。

但还有许多机关中，如教育的事业，尤为女子的专责。因为赤军中有图书馆、阅报室等机关，又有演讲会、雄辩会、讨论社会主义的事业和教育。这些机关最适宜于女子活动。这种女子在赤军中的功绩，不亚于男子，他们训练，明白自己的尊贵，应该尽职来保护社会主义的革命。但他们也要明白他们这种光荣是从哪里来的咧。

大城中如彼得格拉、奥得沙、三马拉等的女子，都有加入保护本城的机会。他们被招募来做帮忙的工夫，多数是替代男子执役在工厂、衡署中的职业，因为男子多已赴前敌了。自愿从军，保护无产阶级的家庭，拿血肉来抵抗白卫军。

女子的本能，也可以训练成军。兵役由于女子共产党担当，一如他们的男同志。每星期有一二次见有男女兵士同在军事区域中操练。各处劳动机关有千百无产阶级的女子实行军事训练。在五月一日阅操的日期，队伍中有许多严整的女子军。女子军队保守城市，变为日常的生活。女子也有做军官的，在无产阶级将校训练学校中当教授。一九一九年冬，第一个女子军官赴前敌，——为一个少年女工，训练许多女子后备军。

俄国女工热心尽职，有无限的希望和镇静。饥寒交迫，也不暇兼顾。如果有人危害无产阶级的国家，他们就把家庭的事情抛弃了，来担当保护国家的责任，他们很愿意牺牲来争取经济上和政治上的自由平等，同那班治人者一战。他们回忆从前的专制，还是不寒而栗。因为这个缘故，所以他们要在无产阶级的俄国阵前宣劳，并担负军役重务。他们不是为保存资本主义而战争，如从前在中欧及西欧的战争；他们在于保存无产阶级革命的效果。

奥国无产阶级的女子又怎样呢？他们知道自己所造的枪弹攻打无产阶级的女子么？他们知俄国的女子为平民争自由么？

拿武力来摧残无产阶级的俄国，结果不独摧残人类一切自由，并且对于将来无产阶级女子的自由解放，恐怕最过百数十年还不能复原。现在俄国女子是为各国无产阶级的女子争人格，解放资本主义的奴隶制度，而奥国女子制造枪弹来攻击俄国女子，这无异自杀的政策啊！

(6) 俄国女工的状况

(Soviet Rusia 转载维也纳 Die Rote Fahne 杂志)

当着这个专制和共和政体的过渡时代，有产阶级的德谟克拉西在德、奥等国造成政治上女子的平等。但这是于个人管理家庭制度无关，反阻碍女子由纸上空谈的平等达到实际生活的平等，只在于俄国无产阶级专政的革命，才能够废除女子政治上的不平等。并且同时解放一切女子的压制。

在一九一八年十一月全俄女子大会中，已经指明苏维埃政府不独使女子在自治上和民事上完全自由，并且废除两性上、家庭上一切奴役。现在他们的进行，在于有具体的实验这种情形。

自从十月革命发生后，苏维埃政府也产生，社会上的女工不独完全摆脱家庭上和经济上的陈腐制度，并且大有助于社会主义的发展。他们的决议如下：

全镇女工第一次大会宣布女工和无产阶级的一切问题没有特别不同的地方。各种自由都是跟着无产阶级全体状况的一个样子，在于无产阶级的革命和共产主义的成功。

当着社会主义革命的时代，现在还是在于发展的时期，要用种种方法来发展和保护革命的功业，并且实施社会主义的建设，一切男女的工人，要变成革命军，为无产阶级和共产主义出力。所以女子对于革命的运动，齐心协力，视为无上的天职。在国内或在前敌，或要执戈，或要做传播的事业。并且宣言推翻老式的家庭，抛弃切奴役，因为这些事情都是能够阻碍女工为共产主义奋斗。一方面废弃旧制度，一方面创造新经济制度。女工也很明白新制度，如社会支配，公共养育，公共食堂，非常活动，旧家庭完全消灭了。

因为家庭中要女子做种种奴隶，所以女子在职业上不能同男子平等更不能占社会生活的利益，所以身心的发展都比不上男子。要救济女子这种祸害的法子，便要解放一切愚顽，提高他们的人格，同男子平等。头一样免了女子的家庭痛苦，便是有公共的食堂，由少数训练的女子执役，供给大多数的家庭。自从无产阶级专政以后，俄国公共的食堂增加了许多，我们奥国也实行，不过数目还是不多。女工对于各种制度，常常要改良。现在已经没有革命以前的穷民院，只设立一种真正的平民院由男女工人管理。在彼得格拉的公共食堂最为发达。自从一九一九年七月，一概都用公共食堂，这就是表明人民都由市政厅发给粮食。在莫斯科，一九一九年七日的布告已有公共食堂六百七十九所，而数目依然加增。

如果女子长此以往都是养儿理家，不独对于女子的运动，大有妨碍，就是经济一事也不能独立，常要依靠男子。因为要供给儿女的生活，就不能不俯首帖耳于婚姻制变，有许多缘故，都是劫夺他们的自由独立。又因为要产生儿子，便惨受各种残酷的待遇。所以要女子独立自由，像男子一样，就不应该为个人的侣伴，要为社会的侣伴，由社会供给儿童。在俄国现已实行这种制度。自从一九一九年五月已经发令儿童由公共养育至十六岁为止。在莫斯科、彼得格拉和各大城市，儿童的费用，都由国家供给。女子真是摆脱了无限的痛苦。一切育婴院、幼稚园、儿童病院、休息室，在无产阶级专政的时候，增加了许多。各种机关不像从前资本社会的假仁假义，现在完全由工人设施了。其中的专门家、医学家、教育家，都由无产阶级的父母延请。在家庭和学校中的儿童，他们的衣概全由国家供给，各种教育机关都是免费的。还有一层，女子更欢喜的是私生子和婚生子的权利完全是平等的。

如果一个囚徒，完全不知道有自由的，也会找一个生机，虽然不知道怎样来打开监狱的门，也有人教导他了。虽然是女子受了几千年的专制，什么痛苦也惯受了。他们现在要同男子一样的社会生活，建设新制度，完全由自己处理各事，大多数的女子已经有了觉悟了。俄国因为农民大多数是愚蠢的，这个问题本来是不容易设施，最重要的手续，便是实行传播。农工的女子都由苏维埃传播。社会部委员 Kolonay 同志说："农工女子的代表在苏维埃区域中分为队伍。他们协助来创造、考察和管理婴儿院、家庭、幼稚园、小学校、公共食堂和厨房等，支配学校中的衣服和鞋帽，禁止儿童和妇女不正当的工作。"

现在俄国实在是由女子来建设新社会制度。而一切家庭和经济的痛苦，俄国的女子已经摆脱了，将来发达到什么程度，固然要俄国女子出力做去，但一方面也要靠着世界各国的女子来帮忙。如果俄国能够同外敌议和，全靠各国劳动界的协助。如果俄国能够实行女子解放的政策，我们一定知道俄国将来有很大的生机。

(《新青年》第八卷第五号，1921年1月1日)

1月1日

5.《劳农俄国底农业制度》(《新青年》第八卷第五号，1月1日)

《新青年》第八卷第五号，刊登周佛海的《劳农俄国底农业制度》，如下：

我们研究新俄国底建设的人，主要须注意的，就是俄国土地问题，因为：第一，俄国是个农业国，人口底大多数，都是农民，所以要研究劳农制度底基础稳固与否，及他底前途怎样，须先研究他对于这个问题的解决方法怎样。第二，中国也是个农业国，将来于社会革命后，主要遇着的难问题，也有就是土地问题；所以现在把它研究一下，也可以作我们将来解决这个问题的借镜，但是要把他这个制度介绍给一般人，有两种困难。若是具体的把它底条文一一写出，反叫阅者摸不着头脑；若是太抽象的介绍，又不能使他们明白里内的内容，我现以日本《社会主义研究》底十一月为基础参酌 Wlliam T. Goode's Bokhevism at Work 及 Crntonelli's Bokhevik Russia 两书，用系统的叙述，把它的大要述于下：

一、土地底没收和分配

劳农政府，已由一九一七年十一月七日及一九一八年一月二十七日布告，废止了土地的私有权，但是我们要注意，这里所谓废止土地私有权的，不过把贵族及大地主底土地没收起来，使归从各地方农民所选出来的土地委员会；至于属于注册的哥萨克的兵士及农民底地，不在这个没收范围内；对于农民自己从来私用土地的事没有触着。因为就原则说，虽然是把一切的土地，归全体社会所有，而农民还是照原样有使用土地的权利；所以事实上对于小农底土地所有上，没有甚么变化。照这样从皇族、贵族、僧侣教会及大地主所没收的土地，都收归国有，为民国保存地（National land reseivl)。这个里面，一部分分配给农民，一部分用别的方法来管理，这些保存地，一九一八年总计全国属于劳农政府的二十二地方，共有一千五百八十六台莎听（Dessatine），其中的一千二百八十万台莎听，分给了农民所余的只有三百万台莎听。

但是这些土地，用甚么比例来分配给农民的呢？他们是看农民的家族，用自己底劳力能耕种多少，就照着这个分配的，不准雇人来耕，一定要用自己底劳力。至于分配给农民的土地底面积，因为地方底状况及土壤底性质而异的，设若有些地方，人多地少，不足分配的，则由农业人民委员（Popl's Iomisany of agrioutme）使这地方的人民，一部分移向土地丰富的地方，这样土地底分配，于一九一九年七八月间还在进行，政府派五于多测量队赴全国各地调查，当时莎挪妥夫（Snator）及亚斯特挪汗（arakhan）二省，已分配完了。

二、所有权底形式

既把土地分给农民，那末，土地不是就归农民所有了吗？他底所有权，不是像以前贵族大地主等底土地所有权一样吗？这却不然，他底原则，是给与农民不雇别人，用自己底劳力能够耕种这样多的土地，所以没有把土地他本身底所有权给与之民，不过只把他底使用权给与农民，设若农民因为甚么理由，不能耕种时，土地当然就不是他的，而归国家了，但是农民设若要把土地的使用权，传给子孙，是可以的：不过设若不传，还是复归国家。

但是这样的土地分配，就原则说，虽然不是承认土地他本身底所有权，但是实际上却和土地私有没有甚么不同；劳农政府不是以土地的社会化为目的的吗？为甚么还用这个分配方法，致得土地私有底结果呢？这是因为俄国底农民，知识迟，眼界小，多年所希望的，就是土地底所有，设若不满足他们底这个希望，他们即刻就会要闹起乱子来的，劳农政府因为要得他们底支持，所以不能即刻实行土地社会化，而取这个土地分配的政策，因为劳农政府工作报告底根本方针，不是以强制实行社会主义为原则的，但是他们并不是把土地社会化的理想完全抛弃的，他们还是尽力向着这方面前进，不信试看下面的记述。

三、农业底社会化

劳农政府实现农业社会化的手段，并不是强制的，乃是专由宣传的力，他一方面实际上实现农业社会化，一方面则于一九一八年的前半，用劳农政府底直辖地，及农业共产团（Agrieultnral Commune）的组织，促进农业经济上的集产的组织，当作实例，给农民看，一九一八年八月，农业人民委员舍乃达（Sereda）发出农业共产团底组织的布告；同年十一月二日政府发布了创设一千万卢布的基本金，以借给农业共产团及别的农业底集合的经营的法律，他的结果就是同年底末季，除掉劳农政府直营地（当时的面积，有了三百多万台莎听）。以外，成立了五百个农业共产团，又有几个农村，实行了村落所有地底集合的耕作。

但是这些工夫，乃是向着农业社会化方面前进的预备工夫，此时没有统一，作业时，欠精密的计划，所以政府于一九一八年十二月，召集"贫穷农民底乡村代表及农业共产团底委员底全俄大会（An All-Russian Congress of the mral Comitees of poor peasantsand of the Agricnltoral Commune)", 这个会才制成关于土地底社会化的基础法律。

以这个法律案为基础，人民委员会于一九一九年二月十四用着《关于移向社会主义的土地组织及社会主义的农业的手段的布告》的名发布了最重要且最广泛的法律，劳农共和国底土地社会化的根本政策，于此确立。这个布告现在还是有效的，他底要点如左。

四、劳农政府直营地(Soviet estates)

这个布告，以一切土地为国民的保存地，属于该管区域底人民委员及地方劳农机关底管理。这个布告，力说大规模的劳农政府有直营地、农业共产团、集合的耕作 Collecive tillage) 及别的形式的土地集合利用底必要。这个布告不规定当时没有分配给各家族的土地，例如在行集合经营及集合耕作的地面：或正要行的地面，以及有农村工业、试验场、试验农场及别的农事教育事业的设备的地面；除了非常的时候，不准移归个人的私用。

置于社会主义的组织之下的土地底经营，在农业人民委员底监督之下，由县及地方底土地局来行，这个土地局，是由人民委员底代表，该地方种种劳动团体及农民团体底代表而成的。

据布告说，则劳农政府直营地，当做模范的土地经营。一方实现最大限度的生产力，一方则给集合的农业底利益的实证与农民看，所以直营地，成为给附近地方家大日以农事教育的中心。所以布告特从国民保存地里面，选出下述的地面为直营地：从来在私人经营之下的大地面；有谷仓、果树园及葡萄园内的地面；有茶、烟、甜菜园及复杂化学农业上的设备(牛油制造所、路农业、制粉所、酿造场)的地面；行着进步的畜产业的地面；有像农具修理所这样的农村工业的地面，以及可以当做养鱼场使用的池及湖等，都归直营地，内不分配给农民。

该布告又规定于直营地设试验场、试验农场、农业上的讲演及展览会、农业学校、图书、博物馆、戏院及别的教化的设备。

直营地属于农业人民委员底管辖，各地方的事务，由特于直营地设的地方委员会来行，直营底技术上和管理上的事务，由农业人民委员及地方委员会选任的专门家委员而行。而关于经营底内部事项，劳动者底经济卫生上的事件，则由直营地底劳动者选出的劳动委员会来决定及监督。直营地底劳动者，都是直接国家底劳动者，他们底工钱率，是由劳动组合决定，经农业人民委员底同意而定的。

该布告最后又规定因为要与邻接地底小农以物质上的帮助，直营地须于其地域内设家畜病院，改良地方底道路，组织给农业上的帮助的机关，又须和邻接地底农民保密的接触而行动。

以这个布告为基础的直营地，一九一九年七八月的时候，总计约一千四百处，各处底面积不同，大概都是四百台莎听到八百台莎听。该年末的时候，直营地底总面积，约一万台莎听，一九二四年中，他们计划要增加两倍。

五、农业共产团

除掉直营地，劳农政府拿来做农业社会化的手段；拿来做集合耕作的模范，并且拿来表示集合耕作的利益的，就是农业共产团。这个团体底组织怎样？经营怎样？据该布专，则以为"农业共产团是以土地底共有，及其集合的耕作，并且共产地使用他底生产物为基础的农业生产者底任意的团体"。至于这个团体底土地，或由属于这个团体的各家族，把从来各自所有的土地拿起来；或从国民保存地内面，由土地局借与的土地而成的。又其附属财产（农具、肥料、小屋及其他于农业直接必要的设备），也是一样，或从属于这个共产团的各家族，把从来各在耕作土地时使用的附属财产拿起来，或从土地局借贷，从国民保存地借土地的时候，大概多是和这个土地底被没收的附属财产起借。

农业共产团，须在农业人民委员底监督之下，依据土地局所定的一定的作业计划和规定而经营。又共产团底内部，除了常任有薪的专门家，及收获时或别的紧急的时候所雇的劳动者以外，不许使用一切雇佣劳动者。

又各共产团底一切管理、技术上、经济上、卫生上的事务，由团员互选的委员会执行。有薪的专门家及临时雇用的劳动者，各就其事可以陈述意见；但是不能参加委员会底票决。又邻近的直营地底地方委员会，可以使其代表列席共产团底委员会。这个时候，共产团也有派代表赴该地方委员会的权利。

共产团的生产物，（一）除了本团自己要用的分量以外，其剩余的；（二）则交给人民委员底供给事务当局者，以为借的钱、农具、人造肥料，及为共产团底经济的改良而行的有用的设施的代价。

共产团有对于邻近农村人民，行教育的事业，及对于农村的放账者而保护及援助小农底义务，因为经营的便宜上，可合二个以上的邻近的共产团为一；又散在的共产团之间，须组织共产团联合（Union of Communes）。

农业共产团，是任意自由的土地共产团，所以无论何时，都可以由团员底多数决而解散，又共产团底经营，不生产的时候，人民委员会可以命他解散。

由战线回来的劳动者，组织了很多农业共产团。又在都会失业的工人；从战线归来时，从来的所有地已失掉了的农民；及没有可以独立为自作农这样多的土地的半农半工的劳动者，大家都很踊跃地组织农业共产团。所以一九一八年底夏季，已有了五百个。但是只经过一年的光景，一九一九年底夏季，已有了五千多个。于是开了属于这些农业共产团的农民底全俄会议。

六、集合的耕作

除掉直营地及农业共产团之外，实行农业社会化的手段，还有一种叫做集合的耕作（Collectiue tillage）。据布告底规定，则集合的耕作，也可以说是部分的农业共产团（Parial agricnltural Commune），或不完全的农业共产团（Imperfect agrienltnral Comune）；因为他只是在一定的土地内，尽各自所有的附属财产，来集合的应用。所以集合的耕作，既可由村民全体底同意一村全体而行；也可由一部村民底决议，在一村落中底部分而行。该布告特奖励于村落底共有地，还没分配给各家族的地面，及虽为个人底所有地，而因为甚么原因，不能耕作，当时又不能利用为直营地，又不能利用为农业共产团的地面，实行集合的耕作。

集合的耕作底分子组织协会及组合，平等地共同劳动，集合耕作底内部，除了紧急时所雇的临时劳动者以外，不许雇佣劳动者。临事被雇者，对于组合事业，有进言的权利，又本人希望的，可以为完全的组合员。

集合耕作，虽是以各使用组合员各自底附属财产为原则，但是于必要时，也可以从组合员中的富裕的，有着必要以上的剩余附属财产的人，有偿或无偿地把他收用起来，供组合底专用，又可以由土地借附属财产。

组合员各有运一定量的肥料往集合耕作地的义务。又于组合员底捐助及年年从收获中除下的款项以外，须设播于集合耕作地的种子底基本金及人工肥沃法底基本金。

至于集合耕作地底生产物，一部分拿来用着种子，共有家畜底饲料、肥料及买或修理农具的费用，剩余的分配给组合员以一定的额。其余的则交人民委员底供给事务的当局者，从土地局借来的资本金，也由这个收入里面取出偿还，租税也是一样。

我现在怕读者把农业共产团及集合耕作地还弄不清楚，再加一点说明。就是农业共产团底团员，只是耕作共产团底共有土地，私人已没有土地可耕，而集合耕作组合底组合员，则一方面和人家共同耕作集合耕作的；一方面自己还有私人底土地耕作。我们中国有些乡村底公共地，或一氏族底共有地，也有由那一乡，那一氏族底农民共同耕作的。这也仿佛俄国现在集合的耕作，因为农民一方面共同耕作公地，一方面则自己耕作自己底所有地。

现在再转到本文，农民底一部或全村，一方面应用集合的耕作，同时也可以把附属财产及农业用的家畜，渐次移归集合的所有。关于集合耕作组合一切的经营，由组合员内里选出的委员会行。

七、农业底改良

据一九一八年十一月二日布告所设的一千万卢布的基本金，由次年一九一九年二月二十三日的布告，统一借出的方法等件。该基本金，由人民委员底代表、消费组合人民底代表及农业共产团底代表所组织的中央委员会管理。地方则有与此同性质的地方委员会，以处理其事务，又这个基本金，因为借出底收回，及新把政府底收入，编入这个基本金两方法，不断地填补，决无减少缺乏之忧。

基本金也有就用货币借出去的；也有用种子、农具、肥料、农具修理所及其他近代的农业所必需的物品及设备借出的农业共产团、集合耕作组合及别的农业团体，都可以借这个基本金。这个基本金借出去，是不要利息的。但过了偿还期以后，则每月征收原款底百分之一。又借基本金时，须遵守土地局以促进农业生产力为目的而定的规则。

因为要把农业共产团、集合耕作地及一般农业变为以近代科学为基础的集合的耕作，人民委员发了几个布告；其中的一个，就是农事教育及农业上的知识应用的国民化——国营。农业教育已于一九一八年中归国营，公开给一般农民，无论哪个，不要学费可得农业教育的机会。试验农场已由一九一九年三月十二日底布告，归为国有，全国农村底各处，都有农业试验场。这些试验场，努力普及种子底改良，家畜饲养及畜种底改良，家禽及马底饲养和改良，以及一般农业上的改良和知识。又他们不独和农业共产团及集合的耕作地，并且和一般的农民不断地接触，一般农民也渐渐知道了近世的农业技术底价值,进而求这些机关底帮助。

又据一九一九年一月三十日的布告,把受了农业教育的专门技术家及有实际经验的专门家,都由农业人民委员注了册。农业人民委员,有经各地方底土地委员,应着各地方底需要,派遣他们的权能。这个布告底结果,同年三月二十日,劳农政府所属的地方底农业专门家,都有了社会的职务。于是这些专门技术,已不是私人底职业,而为供给社会全体底必要的职务。

总而言之,普及农业上的知识,促农业技术底进步,与各种必要的援助给农民的,乃是农业人民委员底任务底大部分。而他有力的机关,在各地方,就是由农民选出的土地委员会。种子底供给,虽为食粮供给管理部底任务,而其分配,还是由土地委员行。

又讲一切的手段以启发农民知识,例如农业人民委员,于发行农业上的定期刊行物,送往全国各农村以外,又发行说明农业上一切的知识的小册送往各农村。

八、森林底经营

森林虽然不是直接的农业,然而于农业很有关系的,所以它底经营法,我们不可忽略过去。现在把他略述一下。

俄国森林地带从来是很广大的,现在占有一千五百万台莎听的地面。革命以前,其中底一千万台莎听,为皇室底所有,剩下的五百万台莎听为人民私产。现在已全归国有,由国家来经营。

全部森林一般的经营,是使用二千人的测量除及三千有经验的樵夫,已于计划设定后,着手开拓了。但是一般农民,不能关与森林经营;因为劳农政府不独以森林底开拓,当做国家底重要资源,并且材木底需要现在已是非常之急了。

关于森林经营,现在已组织了作业组合(Artek),政府已承认了。又无论哪一国的人民只要以公民底资格在国内留在,或有留住的意思的,都给自开拓森林的权利。现在外国底移住民(Colonist),已在为劳农政府底理想的共同组织下面,要着手大规模地办起来了。

九、农业社会化底手段

照这样社会化的农业的地面,与全体的土地比较起来,虽然还是最小的一部分,但是土地及农业底社会化,因为人民委员底异常的努力,已在种种的形式下面,着着前进起来,但是这里要注意的,就是他们底方法,完全是宣传和教育,决没有用甚么强制力。列宁关于农业的问题道:"没有和只想以强制而改中产农民底经济关系一样大的错误,我们关于农民经济的布告,其实质实在是不错的……但是把他强制地施于农民,那就错了。我们须说伏[服]他们,须以实例说伏[服]他们。"列宁底农业政策,和他般政治底根本原则是一样的。他对于积极的反革命行动,虽然是以无产阶级底独裁政治,取严酷的手段,而对于民众,则不信强制底力,而信说伏[服]底力,劳农政府底原期不是只使民由,不使民知,他们是尽力使民众多知。

他们相信自己底主张和纲领是对的,但是民众设若不容认,这只是民众还不知我设若民众一知道,他们一定要占胜利的。对于农业政策,也是一样。他们相信集合的社会主义的农业比个人的小规模的农业，技术上要好些。所以他们相信由事实上的实例来主明这个好处，是使农业社会化的最有效的手段。

农业人民委员舍乃达（Sereda）对英人顾特（Willierm Goode）道："我们们相信农业生产底增加，最可以土地底集合经营而实现。但是我们不以土地底强制的社会化来实行它。我们对于各个生产者，不强制他们行集合的生产。我们对于农民，特别地尊重他们底自由；所以对于土地委员及别的劳农政府底各机关，训令他们不能因为使农民行集合的生产，对于任何农民加以压迫。我们相信只于集合的生产者，确信集合的生产方法有利，自觉地来行的时候，才有价值……"舍乃达对兰孙（Ransome）也曾说农业共产团，决不是强制的；不过是由实例而宣传共产的经营的思想的手段，使农民知道共产的劳动底利益，及采用这个制度，可由土地得更多的收获。

十、农民底态度

劳农政府对于农民底处置，已如上述。但是农民对于政府的态度怎样呢？这个差不多是劳农政府底死活问题，很有研究的必要。俄国现在最困难的问题，不是粮食缺乏吗？粮食怎样得缺乏的？就是因为农民隐匿着粮食不肯卖出来供给都会底人。我记得列宁对人说道："农民底经济状态，比革命以前要好得多，而他们对于我们还不满，不肯拿谷出来，真是无法。"（这些话记不清楚是对谁说的。就是上面所引的，也不过是大意）从这里看起来，农民对于政府是反对的了。据顾德底记载，则以为全国农民底三分之一，是政府底支持者；其余的三分之二的大半，是颂扬现制度，希望他成功。但是反对他的是哪部分呢？顾德于他著的 Bokervinr at Wok 底八章内面，有一段很说得清楚，现在把它译在下面，作这篇底结论。

"农民底态度，可分为富裕者、中产者及贫农的三种。富裕的农民，对于劳农政府底政策和布告，都有敌意。因为政府保护贫困农民底布告一出，富裕的农民就要更受害。又生产物底价格归定了的结果，富裕农民比穷困农民还要受损失，他们不能安心等到价格昂贵，以行投机事业。所以恨政府底政策。政府对于中等阶级农民的政策，常是温和协同的。农民问题中最重要，就是处置这个要素。贫困的农民怎样？原来俄国底农民，对于土地底所有，是非常神经过敏的。他们于十月革命后，才能获得土地。他们知道各地方白军一占优势，虽是一时的，劳农政府底实权一颠覆，旧地方底特权一定要恢复。所以他们已渐渐地实行起集合的生产方法，于赤军通过时，供给粮食以助之，他们知道他们底利害，是和维持劳农政府底权力有密接的关系的……"

一九二〇，十一，二十八
（《新青年》第八卷第五号，1921年1月1日，署名 周）

6 日（星期五）

6.《劳农俄国一瞥》(《晨报》，1月6日)

《晨报》刊登《劳农俄国一瞥》，如下：

革命法庭是革命变化中设的机关，人民法庭则为常设的。尽管是劳农国家，要完全废止裁判所，一时尚是不可能的。第一，资产阶级的思想，尤以所有欲，不容易除去；第二，人类有利己心，可以阻碍公共事业的发达，且由此可以定[生]出许多流弊来。所以全废法庭，这种理想，是列宁等的"梦中之花"。而人民法庭，尤有存在的必要。直到将来国家消灭，一切罪恶，不由法庭裁判，要受舆论的制裁……

（《晨报》，1921年1月6日）

22日（星期日）

7.《劳农政府对内外政策之两面》（《广东群报》，1月22日）

《广东群报》刊登《劳农政府对内外政策之两面》，如下：

劳农政府之内部情形，据各方面观察之，约可分为二党，今姑假定列宁为右党，杜罗斯基为左党，则二党间之意见，有温和与激烈之不同……

（一）内政问题　右党对于内政之意见，以为不能以目下之状态而为转移，当于此际先与农民缔结妥协之关系，并使避免于各处之有产及知识阶级，即行归国，令其居于各方面之要位，以为国内之警备，当图内容之充实，左党之意见，则拟用压迫政策，以防止反过激派之运动。

（二）经济问题　右党对于经济问题，以为如目下急迫之经济状态，终非自国之力所能恢复于巩固，故将力谋与各国恢复通商，并提供散在于俄国内一部分之权利，以经营各种事业，待国力恢复后，再行收回，而左党则以为苟解放外人群入俄国，经营各种事业，则俄国经济上之实权，将即入外人之掌握，而授反过激派以反对之口实，至于通商问题，则虽仍以葛纯哲及巴尔捷克为媒介，为间接之通商，亦无何等不自由之感，何必急求与资本国通商而蒙不利，若农民与劳动者，则以目下之情势观之，尚须出以稍为压制之手段，使归于军队监视之下，以至于一定之时间，然后可以达到我人最后之目的。

（三）军事问题　右党方面之主张，则谓反过激派业已失败，即当力图国力之充实，以谁备彻底的外交政策，实为当今之急务。左党则以为波兰既陷于破灭之悲境，当乘此时机，派精锐之军队，以击破波兰，而起欧洲诸国之革命，故此际万不可撤退驻在战线上之军队。

（四）讲和问题　右党之意见，以为欲恃俄国之兵力，征服全世界，实为不可能之事实，故当与欲与俄国讲和之诸国，速与之讲和，一方则宣传吾人之主义，以为自然之征服为得策，左党方面，则虽愿与英法缔结和约，但别具作用，而于必要之时，则不惜破弃条约，至对于弱国，则当使之脱离联合国，以树立劳农政府。

（《广东群报》，1921年1月22日）

2月
6日(星期天)

8. 中国记者致俄国工人和新闻工作者呼吁书(苏联《消息报》,2月6日)

苏联《消息报》刊登中国记者致俄国工人和新闻工作者呼吁书。① 全文如下:

亲爱的同志们:

我们非常高兴能够访问第一个无产阶级共和国的首都——莫斯科。

我们知道,全世界伟大的社会主义导师卡尔·马克思在其关于社会革命的天才学说里给我们指出了创造人类的无产阶级文化和文明的道路。你们正是按照他的学说在建设自己的社会。

我们也知道,你们——俄国的无产阶级是伟大导师马克思的光辉思想的第一批继承者和传播者,你们为了全世界人民的利益正在首先实现这光辉的思想。按其性质和意义来说,你们社会制度的全部内容,你们的经济和政治的总方向是国际主义的。

你们的无产阶级政府对别国人民没有任何侵略意图,它愿为解放全世界被压迫的人民而斗争,它正在进行这样的斗争。

中国人民按其心理状态来说是酷爱和平的,他时刻准备和那些愿为共同利益而改善国际局势的人民友好相处,而同那些怀有帝国主义和军国主义意图的人们进行斗争。我们愿意相信,在不久的将来我国人民也将能掌握和实现马克思主义的伟大原则。中国人民几乎完全不了解你们新的社会建设的进程。我们的责任就在于研究这一建设并把它广泛地介绍给我国人民。

在途经自远东至莫斯科的俄国领土时,我们了解了俄国人民的真实情况。我们确信,在资本主义国家里所传播的反对你们的敌对性谣传和"报道"都是虚伪的和毫无根据的。

我们希望,中国人民不再受那些有关俄国情况的虚伪报道的欺骗。

我们将向中国人民如实报道俄国人民的真实情况,以便日益加深和巩固两国友好人民之间的相互了解。

俞颂华　(上海《时事新报》记者)
瞿秋白　(北京《晨报》记者)
李宗武　(北京《晨报》记者)
(苏联《消息报》,1921年2月6日)

---

① 本文是瞿秋白和俞颂华、李宗武1921年1月25日到达莫斯科后所写,发表于《消息报》。

15日（星期二）

9.《对俄通商问题与我国》（《时事月刊》第一年第一期，2月15日）

《时事月刊》第一年第一期，刊登彭一湖的《对俄通商问题与我国》，摘录如下：

　　……欧美各国所以拒绝劳农俄国不与通商，者以其为过激主义——过激主义唯何，本非一言所能尽，惟扼要言之，即列宁辈所认为欲谋真正民主主义之实现，决非先由劳农专政不可之主义是也，——之国家也。吾人对于过激主义之是非，雅不欲安为议论，惟就劳农俄国对吾国之态度而言，则似不必问彼国内所实行之主义如何，而有以亲善之谊报之之必要。读者疑吾言乎，吾请举去年三月下旬劳农政府对于我国政府及国民所致通牒中之提议，实之于次。
　　一、劳农政府，对于凡俄国帝政时代，以侵掠手段，于东三省及其他地方所取得之土地，一律放弃之……
　　二、劳农政府，对于中东铁路、东三省地方之矿业权，以及其他俄罗斯帝国政府高尔恰克谢米诺夫等军人或资本家所取得种种之特权，不须何等报酬，——璧还中国……
　　三、劳农政府，抛弃庚子赔款……
　　四、凡俄国从前所获各种特权，以及中国内地俄人所有工场或俄国官吏宜教师等，不服中国裁判权之特权，亦一律抛弃之。
　　如右所举四端，读者当知劳农俄国所返还于我国之权利甚大。此等权利，吾知在旧俄罗斯帝国政府之下，吾人即牺牲数十百亿之金钱，死伤数十百万人之生命，以与俄战，犹恐不能得志于俄者。今乃坐而得之，吾人苟不昧于投桃报李之义，即正式为新俄罗斯之承认，亦其所宜，更何况仅一彼此通商已乎。
　　　　　　　　　　（《时事月刊》第一年第一期，1921年2月15日）

27日（星期日）

10.《中国工人的状况和他们对俄国的期望》（《共产国际远东书记处公报》第一期，2月27日）

《共产国际远东书记处公报》第一期"远东来信"刊登"秋白"（瞿秋白）的《中国工人的状况和他们对俄国的期望》，全文如下：

　　最近九年来，发生了三件大事：一、一九一二年在中国推翻了清王朝；二、一九一四年的欧洲大战；三、一九一七年的俄国十月革命。这些事件，虽然规模不同，但是，毫无疑问，其结果全都是破旧立新。中国革命的结果，宣告成立了共和国，虽然这并不是真正的"共和国"。

中国真实的状况是：我们的人民由野蛮的军阀和卑鄙的官僚统治着，这些人根本不关心人民的福利，而只是考虑自己的私利。在中国由于军阀官僚的压迫，不仅无产阶级，甚至知识分子也蒙受难以描述的苦难。

欧洲战争也影响到中国，使其遭到意外的不幸。凡尔赛和会上，我们的国家被置于和印度、朝鲜同等的地位。现在中国无产阶级心里明白，威尔逊鼓吹的国际联盟，对落后黑暗的中国是毫无帮助的。我国无产阶级只寄希望于你们这些勇敢的俄国工人，你们为全人类的幸福而英勇奋斗，建立了苏俄社会主义共和国，正在实现社会主义原则，克服种种困难，与黑暗势力进行斗争，历尽千辛万苦，而始终没有灰心丧气。中国无产阶级极为钦佩你们，衷心地祝愿你们获得成功和胜利。

我们尤为赞赏的是，你们的运动不仅具有民族主义性质，而且具有国际主义性质；不仅是为了自己的个人幸福，而且是为了全世界工人阶级的幸福。你们说过："世界应当属于劳动者"。我们将竭尽全力去取得彻底的胜利。希望由于你们的努力，全世界人民将觉醒起来。

中国的无产阶级也希望享受人类的幸福，难道不应该走上真正民主的道路吗？但是，他们在能够进入战士的行列之前，需要你们的帮助。"全世界无产者，联合起来！"的号召，中国人老早就听到了，可是直到现在还未能起来响应。要知道中国的无产阶级（工人和农民）至今还没有组织起来进行斗争，尽管处于恶劣的环境，但是还没有觉醒。为什么？因为没有知识，没有组织。他们需要别人来帮助。谁能帮助中国无产阶级呢？只有已经觉醒的中国青年，或者是热心的中国社会主义者。但是目前在中国，社会主义者还很少。可以说，社会主义运动在中国还没有开始。我们完全理解，中国的知识分子必须帮助中国无产阶级与国际无产阶级联合起来共同为人类服务。因此，我们来到了俄国。我们当中，大多数是学生，都真诚地希望为人类服务，他们来俄国学习，为的是使自己回国后能够给中国的无产阶级以帮助。我和俞颂华、李宗武同志由上海的《时事新报》和北京的《晨报》派来，目的是要向中国正确报道俄国的情况。我们切盼能认认真真地完成自己肩负的任务。但愿我们会获得良好的成绩，希望这次旅行将给中国的社会主义运动以第一次推动。

不知道我们是否能够不辜负你们的期望，但是，我们将竭尽全力做到不虚此行。正如我前面说过的，中国的无产阶级苦难深重，还没有组织起来。遗憾得很，他们认不清你们的意图，不能参加你们的运动来帮助你们。你们对中国工人和农民的状况也许不够了解，那末我愿意把他们的情况介绍一下。可惜在中国没有关于农民问题和工人问题的精确调查，因此我只能概括地谈谈中国无产阶级的状况，请原谅。

你们知道，去年的工人代表会议把中国定为特殊国家，其原因在于中国的工业不够发达。的确，在这一方面，中国无论同欧洲还是同美国，都不能相比。中国的工厂工业还处于萌芽状态，所以无产阶级的大多数是由农民组成的，工人的数目则很少。在中国，只有大城市以及为外国商业开放的港口有工厂。即使在这些工厂里，工人人数也不多。大多数工人是手工业者。仅仅在前些年，受西方文明和欧美及日本工商业的影响，工厂的数目才日益增多，工人人数也逐步增加。中国工人遭受与欧美工人同样的压迫，或者甚至更厉害，因为他们所受的压迫不仅来自本国资本家，而且来自外国资本家。中国各大城市的工人，比起居住在乡镇中的工人农民来，觉悟程度高得多。可以预期，在未来的社会改革中，他们将是中国无产阶级的首领。我们对城市工人是非常关注的。至于中国的手工业者的境遇，则随着机器生产的发展，会越来越坏。对他们将来的生存问题，是需要认真考虑的。

首先，我将谈一谈工厂工人的状况。在中国的直隶（河北）、江苏、浙江、湖北、福建和广东等省份，都有工厂。在工厂集中地点，如唐山、上海、长辛店、无锡和南京，工人数目比较大。为了说明工人的状况，我们举上海和唐山这两个大的地点为例。

这些城市工人的生活条件很少差别。一般说来，内地省份一个工人的最低生活费和工资大大低于大城市的工人。根据《新青年》杂志第七卷第六期发表的有关中国工人问题的材料，在上海工厂中约有工人二十三万四千。他们的工作日和工资如下：织布工人（男工和女工）每天工作十二至十四小时；最低日工资为两角二分，最高为五角五分。织布工厂里男女工人的报酬没有任何区别，童工的工资每天从八分到一角。印刷工人的工作日是九小时。在有些印刷厂里，除此之外夜间还要工作三小时。因而，印刷工人一天工作十二小时，他们的月工资是十到十五元，学徒工一个月只能得到一块钱。缫丝和织袜女工一天工作十二小时以上，她们的工资一天三角多。

至于招工的方法，中国至今存在着一种残酷的包工制。包工头同企业主谈妥以后，就包下一项工作。从后者那里得到一笔钱。他为此去挑选那些最贫穷的工人。企业主不管包工头雇多少工人，付给工人多少报酬，因此包工头剥削起工人来是毫不手软的。直到今天，包工制在上海和中国的其他城市还依然存在。

除此之外，中国的工厂中还实行着计件工资制。工厂给工人以原材料，对每件成品付一定报酬，而不管他们干多少时间的活。这就造成了工人之间的自由竞争。为了增加收入，工人不得不每日工作十五——十六小时。这种制度主要在缫丝和织袜女工中以及在生产光学仪器的企业中采用。中国因为是"特殊国家"，同国际工人代表会议通过的实行八小时工作日的决议是不相干的。不但如此，在中国没有任何调整劳资关系的法令，因此，中国的资本家可以肆无忌惮地剥削工人，而不必担心政府的干涉。

各工厂对工人的待遇并不都一样。有些工厂对工人比较好，例如，上海的商务印书馆，这是中国最大的图书出版社。那里的女工，在分娩前后有两个月的假，而且还可领十块钱作为医疗费。工人生病了，馆方就送他进医院。这个企业还为工人的孩子办了免费学校，不过入学人数是有限制的。而其它企业，对工人的待遇则十分恶劣。上海工人没有真正的工人组织，虽然有各种各样的行会，其作用是无足轻重的。不久前，上海组织了一个电业工会，该工会将会逐渐成为强大的工人组织，因为电工的知识水平比其它工人高。以上就是上海劳动人民的一般情况。

唐山有三个企业，总共约有一万工人。现在我们来谈谈开滦煤矿公司矿工的状况。他们一天分作三班，每班工作八小时。可是由于工资低，他们不得不每天工作十六小时。唐山煤矿工人每天的最低工资是一角六，最高工资是一元一角。在这些企业中也都实行包工制，包工者分作几等。即第一等是包工头，第二等是监工，这两者掌管分配给工人的原材料，其余两等负责招工和监视工人。矿山中不熟练的工人度日艰难，因为他们得来的工资，很快就花光，又不能靠借债来解决困难，而且他们只有付出极高的利息，才能向包工头借到钱。

矿山管理部门如何对待工人呢？工人生病期间得不到生活费，一旦生病就死路一条。工人死了，管理部门并不发给家属以抚恤金。如果死亡原因是工作时间的事故，那末家属可得到四十元。在唐山曾经组织过工人党，但后来由于党员中意见分歧，有一部分分离出来，自称为中国工人党。"二次革命"期间，这两个党都不复存在。唐山工人党改组成河北省唐山工人互济会。该会活动的成果是：为工人夜校建立了图书室，出版了月刊，组织了讲演团。但是，不久，工人互济会也解散了。一九一九年五月四日学生运动期间，唐山组织了几个工会：京奉铁路的工场有机械工人工会，矿山有矿山工会。

唐山的矿工和其它工人的生活条件，比上海的坏得多。上海工人所得的工资足够维持生活。唐山工人没有文化，完全没有精神需求。一天工作十一、二小时以后，他们已经筋疲力尽，由于找不到正当的娱乐，就把休息时间用来满足他们的低级趣味。大城市里，工人在业余时间玩牌、赌博或者进妓院。一旦失业，就去偷盗、行乞和抢劫。

这一切都是由于愚昧。他们不懂得如何组织起来同资本家和政府进行斗争。

中国工人有两个缺点：一、老工人为了讨好包工头，千方百计剥削工人，欺侮工人，因此出现了工人压迫并剥夺自己工人弟兄的现象；二、同乡会制度造成了某一地域的同乡工人垄断一定的行业。在同一行业而籍贯不同的工人中经常发生斗殴，特别是当行业之间竞争的时候。中国资本家尽量利用工人的这些弱点来达到自己的目的。

至于中国手工业工人的状况，那末他们的工作时间是没有限度的。一般每天工作十二小时以上，手工业工人的工资取决于当地人口密度和生活水平。在有些地方他们勉勉强强地过着苦日子。雇主们对待手工业工人并不残酷，但也不好。手工业工人生病或者死亡，他的家属从雇主那里得不到任何照顾。在南京的各纺丝工厂里，有一类为小资本家干活的工人职员，吃东家的饭，还领取工资，但一旦厂主由于没有订货而停产，他们也就一无所有了。这些工人组成帮会。他们由于知识水平极低，不仅不知道世界上发生的任何大事，也完全不知道在俄国发生了革命，建立了苏维埃政权，他们甚至不知道发生在中国的事情。这些工人的生活是暗无天日的。他们从早到晚做工，仅仅勉强维持自己和一家人的生活。农民的状况就更加可怜。中国的无产阶级没有文化，由于工业和农业不发达，而无法组织起来。在这样悲惨环境里的中国无产阶级确实看不到光明。

一九一九年五月四日发动的中国学生运动，多少唤起了中国的精神力量。现代中国青年知道，新思潮已经波及到中国，未来的时代将是社会主义时代。中国青年将尽一切力量帮助中国无产阶级。目前，在中国的学生当中，建立了许多研究社会主义学说的小组。

例如，在北京组织了"仁社"、"互助社"和"改造社"，在天津有"觉悟社"。现代中国的报纸杂志都在从事社会主义学说的宣传。这种报刊的数目正日益增加。其中最受欢迎的有《晨报》、《时事新报》、《[新]青年》报以及《解放与改造》和《人道》等杂志。这些报刊很注意工人问题，很同情中国工人农民的处境。上述出版物向俄共（布）党表示衷心的敬意。俄国已经家喻户晓的"到民间去"的运动，我相信在中国也将很快开始，因为，如果我们希望中国的无产阶级能够加入世界运动，我们就应该接近他们，把知识传授给他们，并帮助他们组织起来。我们诚恳地希望承担起这一责任。

不久以前，上海成立了社会主义青年党，虽然成员人数不多，但这个党的组成毕竟是中国社会主义运动的萌芽。

一九一二年的革命运动并没有为我们建立起真正的共和国。我们希望，现在这个运动将不会重蹈复辙，我们竭尽全力学习你们的榜样。

"全世界无产者，联合起来！"

致共产主义敬礼！

秋白（广州）

（《共产国际远东书记处公报》第一期，1921年2月27日，署名 秋白）

3月6日

11.《游俄观察谈》（《时事新报》，3月6日）

《时事新报》刊登魏而斯原著，正沄译的《游俄观察谈》。如下：

吾此来本欲与一空想的马克思派一选辩论。及见李宁，知乃彼固非徒驰空想者。吾前闻李宁对人民演说，乃亦属不确。彼谈话常露笑容，其笑也，初似中心愉悦，继乃变为讥调之态，殊令人莫测也。……李宁具有快乐善变微棕色之面，常带活泼之笑容，且惯于谈话休止时旋转其一眼……被谈话时口讲指画，词锋犀利，态度安详，极为一上等之科学家焉。

吾等谈话之主要点有二。其一为吾询李宁者，即"君等努力创造欲使俄罗斯为何等之国家乎？"，其又一则为彼反诘吾者，即"社会革命不在英国开始何故？君等何不为社会革命效力推翻资本主义以建设共产主义之国家乎？"余又询彼曰，"君等果瞭然于社会革命之真谛乎？君等之社会革命已成功乎？"彼复难吾曰，"欲社会革命成功非西方之人共同努力不可，西方之人何以不与吾等共同努力乎？"

一九一八年以前，一切马克思派皆以社会革命为最终之目的，意谓世界劳工一旦联合，以推翻资本主义，以后即得永享快乐矣。及至一九一八年，共产派得握政权，努力于建设之业，彼等固深自惊异也。社会秩序于战争封锁中仍鲜佳良之景象，彼等虽明知马克思之思想无丝毫裨补于此等建设之业，然犹以通辞强辩焉。彼等实愚昧无知，百端待举，竟不知从何下手也。……然李宁殊坦白无私，彼已了然于俄国之革命口拘守一定之法，而执迷不悟。有彼近来之著作有曰，欲与资本主义鏖战而获胜者，必须遍试各种方法而得最适用之方法为止。

(《时事新报》，1921年3月6日)

3月

12.《议会制与社会主义》(《太平洋》第二卷第十号，3月)

《太平洋》第二卷第十号，刊登王世杰的《议会制与社会主义》，摘录如下：

俄国共产党的主张，此派主张废除议院制，而以苏维埃制 Sovietism 代替之。俄之苏维埃 Soviet，与现时欧美各国议院相比较，组织不同，职务亦异。

就其组织观之，议院制为人民全体的代议机关，俄之苏维埃则仅由无产之劳农阶级所选代表组织之。有产阶级即所谓 Bougeoisie 者，在苏维埃共和国之下，无选举权。斯之谓"贫民专制"。就其职务观之，议院制主张行政与立法分离，苏维埃制则主行政立法，当集中于一个机关。此种主张，马克思于所撰《共产党宣言书》中，曾极力主张。马氏主张，以千八百七十一年巴黎革命政府政制为依据。李宁崇奉马氏之说，遂励行苏维埃制。参看李宁所著 State and Revolution。

(《太平洋》第二卷第十号，1921年3月，署名 王世杰)

3月

13.《过激党真相》(著作(目录)，3月)

上海泰东图书局出版孙范译述的《过激党真相》，共86页，定价3角。目录：绪言、布尔塞维克之起源、布尔塞维克之领袖、布尔塞维克之热望、布尔塞维克之机关、布尔塞维克之宣传运动、结论、附录。

3月

14.《鲍雪维主义底研究和批评》(《青年进步》第41、44期，3月、6月)

《青年进步》第41、44期，刊登爱勒著，元道译《鲍雪维主义底研究和批评》，摘录如下：

鲍雪维主义（Bolshevism）并没有带着神秘的思想。这主义，就是马克斯式的社会主义；李宁和他的同事，也是这样说。这主义底基本理想，我们可于《共产党宣言书》内发见。这一册宣言书，是一八四八年马克斯和安杰尔斯在"共产党同盟"里面所发表的党旨。这篇书底作者，虽似有二人，然而马氏的作者资格，是无人怀疑的。安杰尔斯也曾说：这书基本底建议，是属于马克斯的。这建议是怎样？就是说："在每一历史时代之中，现行式的经济生产和经济交换，要成为建造这时代政治历史和智识历史底基础；而且只在这个基础上，才能解释清楚……"又说："人类底理想、眼光和概念，是随着物质生存、社会关系和社会生活底变迁而改变的。"

……

经济进化底唯物观，照马克斯派的社会主义家看起来，乃是历史当中最大发明底一种。这派的意思，要使经济进化观，"对于历史有所贡献，正像达尔文底理论，对于生物学一样"。（这是爱杰尔斯底话）

马克斯同李宁一样，是主张平民底"狄克维多"的，和"德谟克拉西"式的思想，是大相背驰的。俄国的鲍雪维主义家，因为要激发劫夺威权的革命，所以便挺身做马克斯派的健将，实行推翻陈旧的程序，而传播新颖的鲍雪维主义。

社会主义，或称共产主义。这主义，就决定"鲍雪维主义"底主旨：是用共同的主权，来替代私产底主权，田地和资本——用集合的管理法，来替代私人生产底管理法。李宁政府用"狄克推多"底手续，正在俄国试行。

……

因为这个缘故，所以鲍雪维派虽然无"强权即公理"底明文，但是他底宗旨，和"德谟克拉西"是反对的。因为"德谟克拉西"是大度的，豁达的；他信仰一切，希望一切。他信托人民，以信托群众。——有时甚至信托太过，不能达到所要达到的目的。鲍雪维主义却和他相反，主张强权造成公理。这强权就是平民底强权，工人底强权。（这般工人，是不积财产的。）因此鲍雪维派就一味掠夺了权力，任意残酷，即在公文内，亦有表示心迹的话："要残忍的压迫凡利用人民者。"此外如《劳动界和受利用的宣布主权底通告书》内，（在一九一八年纽约《国民》杂志内发表过的）亦有描写这种心迹底文字：

"鲍雪维派基本的工程，在于消灭利用人民的举动，免除社会阶级底发生，苛压一切利用人民者，设立社会主义性质的社会，使社会主义在各国赢得胜利。"

……

就鲍雪维主义所呈的现象而论，已足以与世界文物[明]以最后的警告。就经济而论，生产率日见减少；农产之贫瘠，日甚一日，——卒致饥荒广布，"哀鸿遍野"。旧日的社会文明，虽非完备，至是扫荡几尽了。

……

俄国既把独裁政治推倒了，似乎是很好的现象；但是新近添上的政治，更是世上最坏的独裁政治，——就是平民底"狄克推多"。

(《青年进步》第四十一、四十四期，1921年3月、6月)

4月
1日（星期五）

15.《列宁与俄国进步》(《新青年》第八卷第六期，4月1日)

《新青年》第八卷第六期，"俄罗斯研究专栏"刊登了震瀛译自 Sovet Russia 的《列宁与俄国进步》，还刊登了《俄国农民阶级争斗史》《劳农俄国底结婚制度》《俄罗斯》等文。

《列宁与俄国进步》，全文如下：

俄国马克斯派传播社会的经济的新思潮和新方法来救济全国的生活，并推翻帝国主义；要俄国的人民底思想，同欧西各民族的并驾齐驱。俄国马克斯派对于俄国社会工人和农奴在一八一六年的解放，负很大的责任，又要弄到我国人民脱离中世的生活，使俄国朝着进化线上走。

俄国的政治思想史，在初时俄国马克斯派一部分同西欧方面不同。在西欧马克斯主义发达的时代，资本主义已经战胜了封建制度。那里，这种学说已经成为劳动界拿来做自由竞争的问题。这种进化学说同工人的希望大有关系，并且有关于社会和经济的进化；因为这种劳动竞争，是历史上必要的事件，为一较新较高的社会制度。

在俄国马克斯主义变为劳动界一种学说，同他未来的理想，并且是初发生的资本主义一种学说来解决当时社会和经济的进步问题。马克斯主义成为俄国德谟德拉西的知识阶级，鼓吹反对当时的帝政，并要把俄国的陈腐思想推翻，因为旧日的宗旨，要发达资本主义。

列宁的原名，叫做 Vladimir slyich ulyanov，也是一个马克斯主义的信徒。在少年的时代，已经有许多经济学说的智识，并对于俄国当时和过去的经济和社会发达情形，知得很清楚。他同俄国初期马克斯派九十子中，共同辩护马克斯的学说，他的辩论，在文学和政治界中，占很重要的位置。他曾著了许多文章拿马克斯的学理来解答当时俄国的状况。但当时的阅者，不大注意。然而对于农奴解放的过去事情，也多所论到。所以在俄国政治理想的历史上，还是占重要的位置。

当时又有许多人反对以为不适宜于俄国，因为俄国的实业还不发达(译者按，中国现在一班人还有这种思想，要先发达资本主义，拿来做振兴实业的工具；这实在是梦话。所以这篇文章，尽可以有供给中国人研究中国社会的价值。)我们明白他的雄辩和斗智，不能不承认他是一个大智慧的人。他考察人类进化的实在情形，明辨社会不平的制度，对于历史的特质，特在现主义，并深信人道的进化。他是马克斯派出类拔萃的奇才，与旁的社会学派不同。列宁更有一种异能，就是使马克斯派的方法论的要求，完全适合于个人理想。

列宁反对资本主义要在俄国发达，同反对俄国中世主义的生活一样。而他的目的在于发展俄国的社会和经济的情形，同欧西并驾齐驱。虽然是欧西的议会主义和宪法主义都是不大好，不过比较资本主义总好些。所以不能不设法避免资本主义的过程。因为资本主义，就是劳动界的坟基。

列宁的目的，在于披荆斩棘，不要使资本主义阻碍进化的途径。所以他以为发展资本主义是大大的过失。在一九〇四年至五年，俄国经过一次战争，一九〇五年又经过一次革命，俄国的变迁实在是很大的了。萌芽的资本主义，原来是铲除帝政主义的利器。工人所以不能不利用这个机会，来发展他们的出产于外国市场。但是农民还是很痛苦；因为本国的出产，自己不能享受，只运到中国，满洲，小亚细亚，和巴尔干等处。这因为是政治腐败，农业不能发展之故。俄国自从一九〇五年的革命以后，只能推广外国市场。

资本主义的实业发达得很快。但是本国市场不能推广，只增加政府的势力，而国内人民的生活程度日日增加，又因为经过一场战务。反于俄国出产的势力，大有阻碍。布尔什维克主义乃乘时而起。跟着战争的趋势，早已隐伏于社会进化中。资本主义既然不能发达俄国的工业，达到最高的程度，如果要解决这个问题，便少不得要用社会主义的新制度了。

历史家对于社会状况明白生活和思想的变迁，俄国自从布尔什维克革命以后，列宁等所发表各种布尔什维克的文字，便能够明白他的特色，这种文字在俄国资本主义未消灭以前，早已发现。所以他能够这般快把旧制度推翻，由劳农界创造新社会制度，尽能够发达生产最高的程度。将来俄国的社会进步，定然有合理的，新经济政策产生。

世人以为布尔什维克很像用幻术一般，弄到国库非常充满，全国铁道密如蛛网，港埠非常发达，货物供应全国人民，什么实业都完全发展。这种情形，俄国的现状还相离很远，今日的经济困苦，虽已达到十二分，但还不能不谢谢布尔什维克的极力维持。

俄国的新社会制度，实在不容易设施；将来的岁月，更不能预料。照这样形情看来，我们决不敢断言俄国的社会现状，是有进无退。但是有一桩事实可以决定的，就是俄国不会复回旧日的社会制度，他决不肯采用有损无益的资本制度。不管俄国怎样进行，难在还要实力奋斗，发展全国生产势力，来供应人民，决不能有所畏怯，使资本主义能够死灰复燃，人民为长期的奴隶，到万劫不复的田地。

我们还有历史的观念，明白从前的战争，军阀，大地主，和资本家等，蚕食全国的金钱，弄到俄国经济的恐慌，资本主义灾害，蔓延全国。所以俄国人民的希望，在于未来，已往的事实，长埋地下了。俄国将来最终的胜利达到的时候，列宁的名字，永远深入平民的脑海中了。

（《新青年》第八卷第六期，1921年4月1日）

1 日

16.《劳农俄国底结婚制度》(《新青年》第八卷第六号，4月1日)

《新青年》第八卷第六号，刊登山川菊荣著，李达译《劳农俄国底结婚制度》，如下：

一

前年俄国妇女国有的风说，喧传于世，不辨社会主义为何物的人，对于这种奇闻，好像都很相信。而不知社会主义常主张男女绝对平等，唱说妇女自主自由的，这些常识，稍有读新闻杂志程度的人都会知道。决没有社会主义得势，专就政治经济等一切方面，授予男女平等的特权，而对于恋爱问题，反抛弃向来的主张，无视女子的人格，把女子看作物品一样，要用国家权力共同管理、共同使用的。这种浮言，从不是社会主义者，就是有多少常识的人，也必看作是种臆说付之一笑。

巴里特氏游俄报告中，对于俄国妇女曾有一段记述说，"俄国娼妓已完全消灭，因为伊们职业的经济原因已经铲除了。家族生活对于革命绝对未受变化的。我对列宁、多洛司几、捷林等人说世人都相信俄国已实行女子国有了，可是我说这话，他们连笑也不笑。此种虚报太过于愚蠢，谁也不肯认真的来打消的。在俄国中照今日那样尊重女子的时代，以前没有的。实在说，我到彼得格勒的那一天还是为妻与母祝贺的纪念日哩！"

普来安安史在伊所著的《俄国赤派的六个月》书中也说："我就那受了大批评成了名流公愤的种子的婚姻事说说。劳农会通过布告关于婚姻时的集会，我曾经出席，连正确的时日我都知道的……这布告采决以前，有一兵士起立，主张政府应制限离婚在三次以下。于是又有一士兵站起来说：'我们相信自由的，为什么定要命令人结几次婚呢？'讨论于是终止了。最有趣的事，结婚、离婚都与吃一杯茶一样，并无别的道理，可是结婚和离婚局也并没有应接不暇的模样。这就可知一切种类的压迫已经除去之后，不品行的事已明明减少了。俄国的法律虽然和缓，而风俗纯良却为世界第一，这是可以夸口的事情。

布告女子国有的原文，是在前年四月十五日由伦敦共同通信的长文电报传到美国的，电文中关于女子国有一事说的很详细。然而这种无根的风说，反太过于彰明较著了，所以最初发表这布告的英国，《新欧罗巴》杂志，就在三月十三日所发行的杂志上，对于读者先谢罪了。又美国国务院也于二月十八日发表取消的公文，把"俄国女子国有的风说不确"的话说明白了。这种风说的由来，好像是美国方面误传出来的，最初有名叫阿里夫塞拉得美国人，于一九一九年在波土顿发行 Russiai Whiteer 的劳农俄视察记中，有一节，报告乌阿加河畔离撒拉特夫市南西二百英里之地，约有人口二十五万的撒拉特夫小都市中一些无政府党的运动，于是讹传出来了。塞拉氏曾记那无政府党，发了一种布告说："此布告依据克伦斯达农民兵士及劳动者代议员的劳农会关于女子国有的决议，由撒拉特夫市无政府党自由协会发出来的。"于是这废止女子于私有的片言支语，于有意无意中，惹起了俄国多数派女子国有命令的虚报，使世界反对革命的精神病者，发了上下颠倒的大骚动，这真是很抱歉的事情啊！

劳农俄国婚姻法之制度及其内容，对于这类的谣言，给了一个最确切的反证了。

二

男女关系纯粹是个人间的私事，是不许国家干涉的问题，这是许多社会主义者所主张的。在俄国漫说女子国有，就是制定婚姻法事，也有一部分的人士反对国家侵越权限的。这些人的主张，说恋爱超乎法律之外，若用法律规定，这是社会主义国家不应有的拘束。对于此种议论，也有一种答复的。"俄们的理想，自然是没有那种外的拘束的状态，就是希望不受袪律支配的男女关系的，可是这种期望要在社会主义永久确立之后的社会方能做到。若在由资本主义到社会主义的过渡期内的现状中，那样的无标准无拘束，反使人民队里残留的习俗的根性越发蔓延，表面虽似急进，而内部却维持现状，或者使其回复原状了。俄国无产阶级，在中产阶级的不行革命而且开始与封建时代遗物的思想妥协的时候，才勃然兴起的，所以俄国的无产阶级，本来连那中产阶级所负的使命即封建的思想习惯都非破坏不可的，说起来，俄国革命一面要破坏资本主义，同时要把资本主义以前的制度思想都要扫除的。

一部分唱急进论的人以为无制定婚姻法之必要，可是又以为宗教的结婚，委之本人的希望，无干涉的必要，照这样说，准据俄国现状所存留的只有向来的教会结婚。然而教人崇拜天上及地上的权力的教会及宗教，与科学的社会主义思想，不能两立，而尤以俄国教会有与皇室不可分离的关系，其势力就是旧思想旧制度的势力。所以打破教会的势力，实是革命的进行和大成功之上的最大急务，要与旧势力战，就有建立新现想新标准的必要。

新婚姻法不单是驱逐人民中教会及宗教势力的武器，同时又是革命的，而且是社会主义的。这婚姻法在法律上实现男女的绝对平等，由资本主义到社会主义的过渡期的状态中，给妇女以可能的范围内的自由，离婚则由男女双方合意或者单由方的意思，亦可实行，父母对子女的权利义务双方平等，因此打破旧结婚制度，同时作为未来男女关系更为自由的基础。

新婚姻法虽禁止重婚，而无制裁奸通、私通之事，有婚姻以外之关系而产生的子女，其权利和义务，完全和那由婚姻关系而产生的子女相同。所以虽说是结婚而与往时惯受形式上束缚的结婚，其内容完全不同，这婚姻法不过是对于男女根据自身内部的要求而得以自由离合的结合，公然承认的。

俄国新法典最初的四编，是关于婚姻家族及后见人的法律。第一编规定关于生产死亡结婚离婚怀妊中诸儿童的通知死去及变更的照会（这是因为要精密的知道人口和生活状态，是确立社会政策的方针上最重要的事项）。第二章是婚姻法。第三章是家族之权利。第四章是关于后见人的规定。家族的基础在于血族系统而不是在于结婚，其权利和义务与由结婚而生的全然分离，连后见人的权利都与家族法分开的，这事实有特别注意的价值。这些法律使私有财产制度和父权的家族制度不能继续。努力确立共产主义与个人的自由,这种精神始终贯。至于婚姻法的批评暂为保留,本文只介绍婚姻法及家族法的重要部分。

三

婚姻法共五章,第一章为婚姻成立之形式,第二章为婚姻成立所必要的物质条件,第三章为婚姻之无效,第四章为婚姻之解除,第五章为夫与妻之权利及义务。今先举第一章中重要之条项于下:

第五十二条　唯有民法上的婚姻已通知于应受理民间九项登录之官厅者,发生本编所规定的夫妇之权利及义务。

依宗教的仪式藉僧侣助力而成立之婚姻,若其婚姻未依规定形式通知,则不发生夫妇之权利和义务。

第五十三条　婚姻在应受理关于民事上事项的登录之地方官厅或公正局,附属于地方劳农会之登记所之代用物的成立。

第五十五条　婚姻于人事登记所长或其代理人,及行登记书记或其助手,及公证人与书记合同之后,在登记所成立。

第五十条　欲登记婚姻之男女,须向所居之地方官厅,用口头或书件通知。

第五十九条　陈述要订婚姻的意思的通告,须调印证明要结婚的男女确系本人,证明他们确系自愿的要订婚,并且证明关于他们的婚姻实属第六十六条及第六十九条所指定者无障碍。

第六十一条　婚姻成立之后即由有关系的事务员依夫妇的请求出具证明书。

第六十三条　包含关于婚姻成立的法律上之障害的通告,若在婚姻通知的记人以前接受,则事务员须中止此项婚姻登录至该问题归地方裁判所调在之时为止。若明系无根据的抗议,则事务员毋须在调查即行放弃。

注意——地方裁判所必须于三日以内将对于婚姻抗议之诉讼付诸裁判。对于这种问题的判决不能控诉。

第六十五条　关于婚姻手续的履行拒绝之诉讼,不拘定时期,得提出地方裁判所。第二章之要旨如下:

第六十六条　要订婚之人非达于婚姻年龄不可。婚姻年龄,男子十八岁,女子十六岁。

第六十八条　不关于提出通知与否——后者亦有提出通知的婚姻之效力—已在婚姻状态之人,不能成婚。

第六十九条　直系尊族或卑族,同父母或异父母,以及异母同父的兄弟姐妹,不能成婚。

注意——"未经法律许可之夫妇"的亲类也包含在内的一切关系,视为对于机条所指示的若亲戚间婚姻的障害。

第三章之重要点:

第七十五条　取消婚姻之诉讼,得依夫或妻或依因该婚姻损失利益之人,或依政府当局之代表者提出。

第七十九条　若夫妇之方，其最初之夫。或妻死亡，或因离婚无效而犹在有效婚姻状态时所成立之婚姻作为无效。

第八十一条　婚姻不经夫妇的一方之承诺，或其承诺而在于人事不省之状态，或成立于强制之下，此时之结婚视为无效。

第四章之要点：

第八十五条　夫妇之一方死亡或裁判所宣告其中一方之死亡时，婚姻得以解除。

第八十六条　婚姻在夫妇生存期内得依离婚解除。

第八十七条　夫妇双方同意希望离婚，即可视为离婚之理由。

第九十条　关于解除婚姻之请愿，必须向夫妇同住地所在之地方裁判所提出，又欲离婚之人必须将此项请愿提出于自己所选择之地方裁判所提出。然若离婚之请愿，由夫妇之一方提出时，不论原告被告，非从夫之所在场所提出不可。

第九十二条　人事登记所长，确知离婚请愿系由本人提出之后，必须将离婚登记而应离婚者之要求交付离婚证。

第九十三条　关于解除婚姻之地方裁判所的判决，对于控诉院受控诉而控诉期间未终了的期内，若非当事者放弃控诉的意思，不视为生法律上的效力。

四

第五章——夫妇之权利及义务之要点：

第百条　夫妇用同姓，婚姻成立之际夫妇得以决定或用夫姓或用妻姓或两人合为姓。

第百二条　依离婚而解除婚姻时，离别之请愿书必须将此后两人应用如何之姓称呼一事通告。

第百四条　夫妇之一方移动住所之时，他一方无移住于所之义务。

第百五条　婚姻不确立财产共有。

第百六条　夫妇得依法律为财产契约。欲削减对于夫或要的财产之权利这种夫妇间契约无效，对于第三者或为夫妇者不使负义务。彼等随时得以拒绝履行此类契约。

第百七条　若夫妇之一方贫穷不能劳动之时，他一方若能扶养则有由彼人受扶养之权利。

第百八条　若夫妇之一方拒绝扶养贫困而不能劳动之他一方时，后者必须保留一种权利，得诉于被告——不同其为夫为妻——在所地之劳农会评议会附属社会部要求其支出抚养费。

第百十条　前记之社会部，于请愿保管之后，必须召唤原告被告或因便由邮通信召唤。

第百十一条　社会部调查完竣之后，若认原告之请求为正当则必须命其支出抚养费并决定其金额与形式。

第百十三条　前记社会都当决定抚养费之金额与形式时，须参着当地劳动者与雇主间缔结之团体契约所决定之最低工银，同时并考察请愿之人穷困与劳动力之程度。

注意——未成年者与已达五十岁之男女，虽无他种证据，均视为无劳动能力之人。

第百十九条　婚姻经裁判所确认为死亡或夫妇之方作为无效时，妻或夫若是穷困不能劳动，则可由死者所遗之财产受领抚养费。

第百二十一条　经商或为产业上企业之所有主死亡，或经裁判所确认为死亡，或遇不在之时，所遗存之配偶者，得由此项应移归地方劳农会管理之营业收入中领受抚养费。

第百二十八条　死者的配偶人，可由其遗产中领受抚养费。其条件与死者之亲戚同，得较死者之债权者先期领受。

第百二十九条　死者之财产不逾一万卢布而为家屋家具农业或产业上之劳动要具时，其财产交付于生存者。生存者须将此财产均分于有应受死者财产权利之亲戚。

第百三十条　配偶者在穷困与劳动不安之状态所受他方抚养之权利，在以抚养为必要之状态中若无变化，虽在离婚之后亦须继续。

第百三十一条　将离婚之夫妇关于抚养问题意见缺乏一致时裁判所判决其解除婚姻，同时决定一方对他方支付抚养费之金额与形式。

五

关于家族权利之编，第一章为血统，第二章为子女与父母之个人权利及义务，第三章为财产之权利及亲之义务，第四章亲戚关系同伴之权利及义务，第五章为养子婚事。

今举其重要之点如下：

第百三十三条　血统之真实视为家族之基础。合法的教会结婚与非"未经法律手续之结婚"所生之关系，其间并不认为有区别。

注意一——未具婚姻通知之双亲所生之子女与已全具婚姻通知之双亲所生之子女有同等之权利。

注意二——本项在民法上之婚姻布告以前（一九一七年十二月十日以前）所生之私生子，亦可适用。

第四十条　未婚之妇人而妊孕者至少顺在未生产三个月以前将妊孕之时日及父亲之住址通知于居住地民事登记所。

注意——有夫之妇而与夫以外之男子交接受孕时，亦须具同样之通知。

第百四十一条　民事登记所接受此项通知时，须将事由报告于该通知书中所指以为父之人。其人若以为母者所陈述之事实不符而有异议的，在接通知后二星期以内有起诉之权利。

第百四十三条　如第百四十一条所指示之人物，若明白认知其与此受孕之母有为此受孕儿之父之交涉时，裁判所即将彼认为此儿之父同时须命其分担怀胎分娩及子女等扶养费用。

第百四十四条　依裁判所之调查，如第百四十一条所指示之人物，同时又与曾经交接多人之儿童之母，在受胎前后发生关系，此事若经明了，则裁判所所须将其他有关系之多人作为被告令彼等负第百四十三条分担费用之义务。

第百四十五条　有婚姻通知之双亲所生之子，用双亲之姓。无婚姻通知之双亲所生之子，得用父姓或母姓，或用双方合一之姓。这种子女之姓依双亲协议决定，若意见缺乏一致时则由裁判所决定。

第百四十六条　离婚或依无效之声明解除婚姻之时，所生之子女对于第百四十五条所揭之三种姓字究应如何采用何姓，依其父母决定，若意见缺乏一致，则由判事个人的权力决定，夫妇之间发生争议时由地方裁判所决定。

第百四十九条　双亲对于男儿至十八岁为止对于女儿至十六岁为止得行使亲权。

第百五十条　亲权由双亲协同行使。

第百五十一条　关于子女一切手段由双亲双方同意后执行。

第百五十二条　双亲之意见不一致时所争之问题，双亲参加之时始地方裁判所决定。

第百五十三条　亲权专为子女之利益行使万误用之时，裁判所得剥夺其亲权。

注意——关于剥夺亲权之诉讼，在地方裁判所裁判权之下，私人或政府代表者亦可起诉。

第百五十四条　双亲尽力准备未成年子女之发达与其教育及有益之生活。

第百五十七条　双亲受有决定子女教育扶养的方针之权利，然双亲关于自十六岁至十八岁子女雇佣之事，若不得彼等之承诺，无为结契约之权利。

第百五十八条　双亲分居之时，未成年之子女应随父或母同住，由双亲决定。双店之间意见若不致，此问题依地方裁判所普通裁判法决定。

第百五十九条　裁判所由其双亲剥夺亲权等，若不认为为亲子之会见有恶影响及于子女，则裁判所须许可双亲与其子女相会。

第百六十条　子女对于双亲之财产并无权利，双亲对于子女之财产亦无权利。

第百六十一条　双亲对于不能劳动而穷困之子女，有与以宿金及扶养之义务。注意上述父母之义务，当子女归公共或政府保护扶养时，得以中止。

第百六十二条　父母须平等负担养小儿之义务，但扶养费之金额，依收入多寡决定。然由父或母所消费之金额，不得在对于该地小儿所定的生活工银半分以下。不能支出自己所负担之全部的父和母，单支出其部分。

第百六十三条　人子负有扶养贫困而不能劳动之父母。但父母依据疾病及养老保险令，或依社会之施设受政府扶养者，不在此限。

第百六十五条　第百六十二条曰第百六十三条中，子女受父母扶养之权利及父母受子女扶养之权利，虽过一方配偶者死亡，离婚，或因婚姻无效解除婚姻之时，亦须保留。

第百六十六条　裁判长当因离婚而解除婚姻之时，谁人应负养育子女责任，其费用如何，须根据双亲之协议，于宣告离婚时同时决定此问题。双亲关于养育子女之协议，若与子女之利益不一致时，裁判官有依法律规定扶养费向该双亲请求之权利。

第百六十八条　当决定关于扶养子女之问题时，地方裁判所必须加人考虑，有无扶养子女之必要或母因怀孕不能劳动以及双亲收入与劳动能力等事。

第百六十九条　双亲被剥夺亲权时，不得免除扶养子女的必要费之负担。

六

依照以上的记述，不加特别说明，就知道俄国的婚姻法及家族法很简单明了，而且是常识的富有很自由的人情。此法律之制定，在劳农政治确立之后不过月余。当时私有财产制度根柢犹深，夫妇、亲子、亲戚间之财产以及扶养之义务权利，大有明白决定之必要。然在今日一切大工业差不多都归共有，大财产均被国家没收，遗传继承权已不承认，较之规定该法律之当时已不相同，将来产业发达，社会化愈益进步，个人间之扶养义务，都要移归社会保护了。

子女而有双亲者，在丁年前虽受双亲保护，而无双亲之子女，则以国家为后见人。又如发狂痴呆等有精神的缺陷之人，直接受国家之保护监督。人民委员会社会部及各地方劳农会附属社会部，是国家后见之机关。国家适应必要，由人民中任命认为适当之后见人，当保护未成者及精神病者之任。但此不必依血统关系，只因其充保护者之资格与否为定。俄国的后见制度，并不像第三阶级国家那样专以保护被后见人之财产为主，以而确保被后见人之完全与幸福为目的。

把俄国婚姻法和日本的婚姻法对看，俄国婚姻法专以恋爱为婚姻唯一之基础，于本人的意见以外，并无成婚或毁婚之危险，此种地方很为注意，至于日本之婚姻法，则非常复杂，对于婚姻与离婚，有许多无益之限制，单因恋爱之故而离合，均感困难。离合之困难明明不是因为本人自身有困难的，然则困难究为谁人呢？若是因为子女幸福的问题，则认定父亲对于私生子责任，又一般对于母亲亦有与父亲同等之权利，这种俄国新法律，确系与此种目的相合的。

资本主义与社会主义间一个根本的相异点，前者以利益为本位、以金钱为本位，后者以人为本位的。

新俄国的立法——譬如因为过渡时代的要求所迫，虽非十分完满的社会主义的立法与资本阶级国家的立法，其间相异之点最多，均可用这种本质的相异点来简单质直的说明的。

(《新青年》第八卷第五号，1921年4月1日)

1 日

17.《俄罗斯》(《新青年》第八卷第六号，4月1日)

《新青年》第八卷第六号，刊登震瀛译，Georg Brandes 著的《俄罗斯》，如下：

（这篇文章是丹麦著名老评论家白兰特民所著，登于丹麦首都 Cfiopen hagen《政治学报》(Politikon)（是有产阶级办的）讨论列国对俄的封锁政策和干涉内政，他对于这两件事都极不赞成。他的结论对于苏维埃俄罗斯的性质说仅有变迁的余地。这也是俄罗斯研究的一重要问题。这篇文章是由"Soviet Russis"转译的。）

如果现在的重要事情，为各方面所蒙蔽，我们应该质问自己一个问题——现在许多事情，那一件能够防[妨]害阅者的心理，不独是一个重要问题，并且对于现在和将来也大有关系的呢？这个答案很像下头说的：

现在千钧一发的时候，列强的军队——未曾正式的宣战—预备军实，下动员令，猛力攻击俄罗斯共和国，想着推翻那个政府，但这种军队完全被俄国铲除了。最初便是丹尼金和锐丹尼的军队，后来又有高撒克的军队，现在又有必苏斯基（Pileudski）所统辖的波兰军队。这个千钧发的时候，英法两国的执政者，调动失度，惊惶无措，这是表明他们的无能，而德奥两国的执政者，也是毫无能力，尸位素餐，当着这个政治和经济困迫的时候，不容易设施，俄国的内政由一个奇才异能的人——列宁——来指导，一举一动，所行各事，没有什么罅隙可乘，所以反对他的报纸，也无足以施其技，俄国的军事，又由另一个名将托罗斯基统辖全国既败的军队，他能够从根本上做起，反败为胜，为从来所未有，而世界的报纸也找不着他什么瑕疵来攻击他。

世界的舆论常常都有很大的势力，但他拿来攻击诈伪，揭破黑幕，做正义和公理的指导，真是无人可敌。但是他对于俄罗斯的共和国底军队，就无足以施其技。

列强经过这一次大大的失败，便不能不改弦易辙，想出一个新法子。这个新法，他们相信一定可以成功的——封锁俄国的人民，弄到发生饥荒，如奥国样，时症流行，死了许多人，交通断绝，弄到这个大共和国的来源阻塞。

大多数的少年，从军御敌，而农工商各种职业都没有人担负。许多惨剧随即发生，而同时俄民对于敌国的政客，也深恶痛绝。这些敌国的政府常常暗中同俄国战争，他们帮助俄国赤克（Czeeh）的逃犯，帝制派，或波兰囚徒。俄国常常求和都被列强反对，列国政府这种行为，大有妨害于民族自决。

这种反对是全无意识，不过全由于恐怖而发生，他们恐怕革命的思潮由俄国传播欧亚两洲。

这种同盟反对革命的俄罗斯底事实，很像一百三十年前同盟反对革命的法兰西一样。但妨害于公安更甚，因为最重要的莫如物价高涨（现在还有加无已），衣食住都断绝，是人类很大的惨剧。

这种惨剧常常发现的理由，自从所谓停战以后，西欧列强的对外政策，荒谬真无足以比伦。这件事弄到商务航业，不能复原，交通也不能进步，又弄到税则增加，和平阻滞，我们没有不受他的赐，欧洲大国，在一万五千万人以上的，更觉利害。甚至那些大声疾呼的狂徒，也应该明白俄国的饥荒，便增加德奥两国的凄惨，所以所谓政治上的需要，不是送面包到南方，或送千百的儿童到北方（著者在这里暗指北欧），Scandiravian各[国]，有各种团体尽力来教济中欧，而于维也纳的儿童尤多，但那国人民一定充耳不闻这种论调，只要放开双眼来看看实在的情形。

常到那个时候，不独英法各国的劳动，并且是中等社会——不管怎样恐怕社会主义将来明白残酷不仁的外交政策，就是欧洲心腹大患的源泉，将来这个黑暗世界中定然发现一线曙光，才明白我们的痛苦。

但还有人说——不是社会化（Socialization），民族化（Nationalization），不是共产主义来了，捣乱一切东西，劫夺我们的物产，并且把我们自由人变成奴隶么？

拿军队来攻击理想是无济于事的。

没有人能够预测未来的祸胎。我们要知到一国可以成功的，他国未必能成功。各有的历史，社会的异点，特殊的教育，不管什么思想，到了一个殊异的国家，思想也要改便[变]，要适合于国情的需要，宗教改革(Reformation)的意义，在于取夺天主教的财产，但他在英、德、瑞士和北欧Scandinavian诸国，各有不同的进行。法国革命实施收没贵族财产的政策。但是虽然有许多法国的理想论人最保守的德意志，而德人只采用那些适用于他们的，德国贵族还是保守他们的财产。

欧洲各国如果能容许俄国自由处理各事，越多机会，而俄国人民也对于欧洲各国和平待遇，使各国也可以平平安安处理自己国内的事。

历史上我们得了许多经验，凡是一种政治运动，各国不加干涉，自然日趋和平纯正，摆脱一切暴气，由内部变动起来，末了达到一的限度，适宜于邻邦各国的关系。

但有一种手续，弄到共产主义的理想，达到极端的地位，如现在各国不断地干涉俄国的内政，明目张胆的英法各国，帮助各新小国的军械和指挥。

所以现在已经有了六年的战争，应该取消封锁政策，同谋和议。

这不独是为人道的理由，才有这样行事，并且为西欧各国的利益，他们必要全体对付土耳其来更改和约。或者他们不更改这种条约，他们对付七千万的回教印度人，还是千百倍的困难，因为他们很反对欧洲驱逐土耳其，他们的强国，出境。西欧争国不久便要尽心竭力来保障文明(英文译作油井)和教化(英文作谋)。小亚细亚(Aia Miner)和印度供给许多思想的材料，各国是不容易同俄国握手的。

(《新青年》第八卷第五号，1921年4月1日)

1 日

18.《俄国农民阶级斗争史》(《新青年》第八卷第六号，4月1日)

《新青年》第八卷第六号，刊登李达译，D佐野学著的《俄国农民阶级斗争史》，如下：

一、绪言

农民性格，大概重保守、好和平，常和植物一样，在土地上栽定。古来社会史上，从没有农耕种族做过征服者，站在盘剥阶级的地位，他们是社会的一群。在被盘剥劳动力的悲惨的命运里过活的。可是到了一九一七年俄国大革命的时候，农民却把这社会学的定则打破，干出了正相反对的事业来了。他们那种果敢的革命势力演出的行动，就是罗素那样奉自由主义向来与贫民生活没有情愫的交际的贵族哲学者，也惊异起来了(罗素《游俄感想》中有惊叹农民那革命的态度的一节)。

这也不算是奇异的事情。马克思在五十年前，早已指摘俄国的农民问题，也和当时英国都市劳动者问题一样，都是大的社会的危机之因子。社会主义所说的第四阶级，在俄国就是农民。他们的苦痛，是很久远的。

若想到太古奴隶似地农奴时代可怕的惨苦，与为资本主义所播弄沉沦在乞丐那样穷困的近世农民经济生活，就晓得这次的大革命，对于他们，实是报复过去一千年的深仇的绝好机会。列宁现正严密的把都市的第四阶级做中心，实行建设，这不过是战术上的手段罢了，若不把农民问题好好解决，他的革命，还不能说是根本的成就。我现在把带有这种重大意义的俄国农民历史，极简单的描写出来看看。

二、古代俄罗斯之轮廓

俄国的历史，从自由出发。伊并不是生来就是专制国家。古代斯拉夫社会，都是为光彩灿然得自由所祝福的。

斯拉夫人是世界历史上最优秀人种阿里安人的一族。斯拉夫人在阿里安人中有特种的性格。从中央亚细亚故乡出来的各系的阿里安人，奋斗于印度欧洲各地，把原有的住民当做奴隶，自为征服者，展开了婆罗门、希腊、罗马、条顿、克尔特各种文明。只有斯拉夫人不然，嫌恶战斗，爱好平和与安逸，不把原有的住民作为奴隶，反与他们同化。俄国最大历史学者克尔捷斯基的想象说，第七世纪时，斯拉夫人，滞在卡尔巴香山脉，到了第八世纪，就移到多尼尔布河流域，斯拉夫国民的潮流，这才扩张了和平的殖民的发展。他们在这个时代，虽营种族的生活，但勃珊汀帝国的史家也还记载着这北态族酷爱自由。多尼尔布河畔，给予斯拉夫人伟大的幸福。这地方早就有了发达的商业。在克里米亚半岛繁盛的希腊人殖民地、勃珊汀帝国、亚剌伯人、犹太人都是把多尼尔布河作主要的交通路，营大规模的商业。从来专从事蜂蜜、狩猎、兽皮等原始产业的斯拉夫人，从此就转而成为新兴的商业种族了。

俄国人最初本不是农业种族。他们最初虽以狩猎为主要的产业，可是到了第八第九世纪多尼尔布河畔时代，就成了以交易为主业的商民了。市场在各处发达，渐至变成都市，各地方成了自然的中心的都市。如斯孟伦斯克、捷夫、诺哥罗特、捷尔尼哥夫都是代表的都市。这时候爱自由的斯拉夫人本来的性格，就成为民选议会（Veohe）的政治组织发露出来，每逢民选议会钟鸣的时候，民众就集合起来议政。这时候没有王，没有公，也没有独裁君主。后世反逆者的理想，都在恢复古代的俄罗斯，总之，这时代的斯拉夫人，自由快活，满腔崇拜自治，是毋庸置疑的。

三、自由农民的时代

自第九世纪至第十三世纪，是东方游牧族与西方海贼种族骚动的时期，俄国自然也不能不遭袭击。比捷程喀、被罗基诸蛮族来自东方，诺尔曼海贼来自西方，都集聚于多尼尔布河畔，把经营平和的产业的斯拉夫人各都市都劫掠了。蜂蜜被夺去了，河川的交通被断地了，队商也被消灭了。斯拉夫人对于战斗是没有兴味的，所以就把共金银财室、妇女、鸡蛋，送给那些诺尔曼海贼，并且迎楼那贼魁房力克，委托他军事大权使他防御东方的蟹族（普通历史家说，是迎接这海贼首领房力克做皇帝的）然而诺尔曼人欲壑无穷，最易由防卫的人变为管辖的人。因此他们便夺取都市，破坏民选议会，握行政权，压倒主人翁的斯拉夫人，经取他们的劳动力了。

在第十三世纪，又受了暴风般的蒙古人的大袭击，斯拉夫人的自由便完全坠地了，[。]拔都袭击欧洲，本是很壮快[观]的事，可是只干了大规模的破坏，并没有文化上的建设。在俄国也是样，蒙古人三百年的统治，把斯拉夫人的自由，完全破坏，把他们的性格也弄成阴郁了。

这时候，经济组织，已由商业被移入纯粹的农业本位时代。称为 Upeli 的领地制度发达了，农民的数目也增加了。自多尼尔布河群时代以至诺尔曼人入侵之后，使[俄]国是奴隶经镇时代，由 Kholop 的农业奴隶，供给着劳动力。而在蒙古慢人之时，农业颇为发达，蒙古人甚至把俄人叫做"农民"（Krestyanino）而在蒙古王鞭策之下，俄国更变为纯然的农业国，大多数的民众都是农民，阶级的存在，渐次显明了。

自农民阶级发达的第十三世纪至第十六世纪之间，可以称为自由农民的时代。土地的所有权在异国人的诺尔曼系公爵和蒙古王爵的掌中，然而蒙古人被逐莫斯科公国中央集权发达时候，土地多化为称作 Pomicstie 的这一种庄园了。土地归于王及王室、寺院、功臣等非劳动阶级所有，农民没有寸土，只当一个佃户，可是这些农人在这时代犹时有自由，由甲地移转乙地的权利，有自由改换主人的权利。这时代的农民，担着 Sokha 那样简单的农具，把劳动作为唯一的财产，以此阔步天下的自由生产者。肥沃的薄尔加河的中流，河口的草地，顿河的广茫的荒地，都披开胸襟，在那里等待谦虚的勤勉的俄国农民底铁锹。所以这时代，农业是很发达的。

农民本是得不土地的细户。可是在这时代，农民之间却有种"土地只应归拼动者所有"的观念，也是一个有兴味的现象。克尔捷斯克记载第十六世纪农民之间所流行的习俗的话，有"土地虽由我们所保有，但属于王"，"土地属于神与王，但在我们的锄和锹之下"等语。又节姆哥伊契曾经述了"属于皇帝和太公而负相租税的黑土的村落，是我和我们父亲的土地"的话。这些话就是说，土地所有权虽为王所夺，而使用土地的权，全属农民。这只有耕种者即劳动者才得有土地权的观念，简直就是近世劳动报酬全收权的观念。这种思想是俄国农民由自己崇高的体验发见出来的传说的观念，在农奴时代，又变为"我们的身子属于地主，而土地则属于我们"的观念，在近世便成为强烈的土地所有权获得的希求了。列宁革命的时候，有一类人非难农民安贪土地，那类人果能理解这种俄国农民传统的心理吗？

四、农奴制度之抬头

自第十六世纪末叶至于第十七世纪前半期中间，自由农民的时代告终了。阴森悲惨无极的农奴制度抬头了。

依一般人的通论，说一五九七年波里斯哥德诺夫的勃令是农奴制度的起源。但农奴制度之具体的状态，早已在第十六世纪后半期构成了。原因系由于债务、佃租与租税的过重。

农民从来本自由移徙于各地，可是他们并无资产，就不得不向地主借用农业资本，不得不成债务者。加以当时支配者阶级无穷的绞取欲所课当时第十六世纪农民的负担，较第十九世纪农民的负担额尤为超过。战争增加了，官吏增加了，农民的负担，自然增大。于是国家和地主，都以为若任农民自由迁徙，实于收入大有障碍，所以努力要使农民隶属于土地。又富裕的大地主把农民集中于自家的领地，弄得小地主疲惫不堪，这事对于国家也不失为一种大威胁，因为国家是要依赖小地主出力的。于是到了第十七世纪的前半期，就发布了种种命令，使农民隶属于土地，后来依据一六四九年《乌罗采尼法典》，完全禁止农民自由移转，从此农奴制度使成为俄国国法上的组织了。

在《乌罗采尼法典》的立法者亚历克赛时代，农民不但被隶属于土地，便是人核出隶属于地主了。农民变为农奴。地主把农奴作清偿债务的要具。农奴被抵押，被售卖，被交换。一地主同他地主的妻通好的时候，给以农奴消账等类可离奇的奇例也有了，于是，农民大规模的脱逃就开始了。于是农民都逃往高加索、北俄、西伯利亚顿河平原士求新自由，被捕者往往受笞刑，绞刑的惨罚。这是过去自由的农民所梦想不到的。

五、农奴制度之成熟期

后来到了亚历克赛的末代，曾经有过快汉斯敦卡拉丁大规模的反抗。从此以后反动政治，愈益进步，农民受苦更甚，诗人路易珂夫歌道："俄土虽云广，却无寸地不遭农奴血泪染。"这真是形容得当的话了。普通历史家赞为大帝的彼得世和加达利拿二世，都是把农奴地位弄坏的人，可以记忆的。

普式金虽然讴歌彼得大帝说他是向西欧开放俄国窗户的人，但他并非俄国民众的恩人，是迫害者。他想出变地租为人头税的恶制度。他改革军队，只采用贵族为士官，而征发农奴为兵卒。兵役年限定为二十五年。他课过农奴如许长期的兵役。他仿用古代埃及王作比剌尔特的方法，建设新都圣彼得堡，浪费了二十万人的生命。

农奴遭恶疫，弊死如蝗虫。俄国大经济学家马尔得夫说，"圣彼得堡立在二十万农奴之骨之上，深夜立于大广场的人，于令犹得闻农奴咽泣。"这话并不是假的。他又在一七一三年发了一个勃令，规定地主对于反抗自己的农奴得处笞刑。又规定国家的一切刑罚，除了死刑，地主得以施之于农奴。于是地主对于农奴，事实上就是裁判官了。

把更换情妇看做"更换手套一样"的加大里拿二世，也是把衣奴地位弄成劣恶了的君主。伊虽然十五岁的时候便读了柏拉图和西塞洛，长与塞基德罗相交，和乌尔德通信，著了孟德斯鸠的《法意》一书，但伊像在将亡的波兰行残虐的政策一般对于农奴也是一样残酷。在伊当国时代，农奴之数增加八十万人，伊又把农奴制度，普及小俄罗斯。伊认许买卖农奴不加限制，伊严禁农奴直接诉讼，服役每过三日的，改作为五日，有的地方，甚至被役六日。伊并且许地主将农奴处流刑。他们被地主当做鸡、马一样被牵往市场中卖了。地主如何的把农奴当做动物待遇的实例在谢米夫斯奇所作的《农民问题》书上，揭载得非常多。有个地主取农奴的妻的乳饲养猎犬；有个地主强迫农奴吃毛发，使其毙命。有由便所脱逃的农奴，被捕之后，将其头塞人便所而杀其身；有某农奴之女恋爱地主之子，致遭扑杀；客来之时，使农奴之女招待，算是地主的礼仪；有不堪苦痛而欲自尽的农奴，致被捕获，缚以铁锁，系在厨房的柱上五年，农奴就因此毙命。住在都会的地主，一年巡游领地一次，去获取农奴之女，称为"巡回慰乐旅行"，并有买农奴之子，令学技艺，成年之后，以高价卖给企业家的事……这些现象，都是通例，并不是特例。难怪燕格曼教授叹道，"世界无论何种农奴制度，再没有比俄国的更为可耻的！"

到了第十九世纪，农奴得状态依然未变。热心在西伯利亚殖民的政府，一个农奴只用三百卢布就买得了。地方长官都是地主自身或是地主的傀儡，里亚山州有地主出身的地方长官，在贵族会的席上，公然说，"在我做长官的期内，地主虽欲杀农奴若干人，我亦为之隐瞒。因为圣书曾经说，'你要爱你的兄弟'的话。"这种农奴制度，无论如何解释，都是绝对不可的。所以农奴要想脱离这种境遇，只有自杀、复离、暴动、逃走四种方法。这四种方法都只是绝望的东西。请更将农奴反抗的事实写出来看。

六、农奴之反抗

人类是无论如何支给代价也不干受暴恶的、绞取的生物，因此农奴的反乱，便于农奴则度同时发生。第一例就是使亚历克塞一彼得大帝之父一胆寒的斯敦卡拉丁的反乱。

《乌罗采尼》法典告成，自由农民虽为农奴，同时要求自由的农民就开始向南俄顿河流城逃走了。顿河被称为"自由底母"。顿河平原是逃走者的根据地。这些逃走者集合，并仰望指挥之人出来指挥，于是便有因此无声之声而起的斯敦卡拉丁。他是身长六尺筋肉无双的快男儿，他做了这些逃走者的首领，把"土地与自由"的标语高揭起来，檄告全俄农民在一六六六年举起兵来了。那檄文的大意说，"莫斯科王国，罗曼诺夫朝廷等人，以前都是我们的佣兵，现在却把我们当做奴隶了。你们在全俄境内咽位的，快些加入我军，灭了贵族与士族，复兴自由的俄国。"这檄文传播很广，连白海地方都传到了。他的军队骤然增大，他的舰队出动于顿河乌尔加河，而尤以撒拉得里、里牙山、华洛涅守诸州成为叛乱的中心，其精锐正向莫斯科攻击时，便在新比尔斯克一列宁生地决战。斯教卡此时重伤，遂收队于沙林清，徐图卷士重来之策，因为部下所类被捕，递被送到莫斯科克拉斯拿亚一今日之革命本部，处手足四断的酷刑。临死之时，有人依习镇劝他感谢基督，他从容的说："我为使人谋反。无用感谢什么基督，我将赞关基督面死。"他是使人齐崇拜的国民的英雄，赞美他的诗教，迄今不绝，

斯敦卡之后所起的大反乱，是加达里拿二世时布卡基约夫之乱。他也是从"自由之的顿河河畔的哥撒克出身。"土地与自由"、"地主征伐"、"农奴解放"是他的标语。一七七三年，他率领百四十人攻陷西部西伯利亚的亚克要塞，占领阿伦布尔克，夺取乌哈、撒马拉、卡暂、尼基尼诸哥洛特，席卷欧俄的东半部，因农奴来投者无数，其军队使骤然增至三十万人。加达里拿二世大惊愕派大兵攻破布卡基约夫。无情的兵士，竟攻击解放自己的恩人和同胞！这真是最愚的事情。一七七五年，布卡基约夫为部下所卖被捕，也在克拉斯拿亚受了斯敦卡所受的一样的酷刑。他在就刑之前痛快淋漓的说："我是乌鸦之子。勿以为俄国反乱至我死而止。今后当有大乌鸦出现，拯救俄罗斯咧。"

"乌鸦之子"即是"平民"之意。不料后有列宁这样的大乌鸦出现了。

农奴制度之末期，大小反乱相次面起。自一八三七年至一八五五年之间，被杀的

地主达二百人之多。地主被放火烧的，其数无限。把暴动的统计一看，在一八四一年只有二十四处，到一八四八年增至三百二十七次，其倾向渐渐险恶，渐渐增大了。当局的人受了这种"社会的不安"的威胁，遂于一八六一年把农奴解放令发布了……

七、把农奴解放

一八六一年二月十九日，亚历山大二世在所有教会的钟声里，把农奴解放的刺令署名了。俄国各阶级被空前的兴奋所隐蔽而亡于海外的盖尔珍也赞赏亚历山大二世，说："加拉里亚人呵！你已征服了。"在经济史上，农奴解放一事，是中世封建的农业和近世资本主义农业的过渡点，而在社会史上，是使农民由单单的劳动原动力跃而进为一个人的跃进的现象了。可是西欧的农奴解放，是封建制度行不下去的自然的程序如此，至于俄国的农奴解放，却是很不自然的。此处实有一种"在不妨害地主的范围以为"的原则作用于中的。

俄国的农奴解放，与西欧很不相同。第一，在西欧已被废止的土地共有制度，竟被无条件的采用了。土地不为农民所私有，而成为密尔的共有制度了。莫里斯巴林格固然把此事采作社会主义的要素。可是这是皮相的观察，这种制度，在中世纪自足生产时代，也许是社会注意的组织，而在资本主义的时代，不过是困苦农民的组织罢了。第二，赔偿金太重。据诸家所论，难的地方农民赔偿的金额超过于地价太远，连农奴的劳力和人格的赔偿都包括在内了。第三，分给农民之地太少，务以不损害地主为主，不顾农民生活上的需要。第四，依农民种类不同，而解放之内容亦异，在解放的当时有国有地农奴、地主农奴、御地衣奴三大区别，最重要的地主农奴，解放条件，最为恶劣。

在西欧被解放之农民中，有大中小的自耕农人、佃户和农业劳动者各种，适当发生，自足生产的粗放农业归于消灭，而移于企业生产的集约农业。但在俄国则不然，农民大多数都限于同等的贫农的命运，生产组织依然踏袭中世的粗放农业。而在他方面说，如波涛澎湃的西欧资本主义，向着俄国莫斯科侵入，畸形的俄国特有的资本主义发达，社会心理成了种封建的奴隶气息与资本的掠夺气息相混淆的奇物，其影响骤然波及于农村，大多数的农民所过的恶劣经济生活，与爱尔兰的佃户、中国的苦力所受的相等。

八、近代农民之经济生活

在人六一年农奴解放之时以致本世纪之初，俄国农民的经济生活极其悲性。亚列丁斯基说："这种生活并不是生，实是缓慢的死。"每遭饥馑之年，那文字上所称的死，来成胁他们。今再就他们的经济生活的状态，概述于下。

第一要说的，就是土地缺乏的问题。农业上的主要生产资料，就是土地。农民不能得维持生活的土地，当然非变为贫民不可。俄国的农民，确缺乏"不流为贫民的限度内所应有的土地。"自一八七〇年至一八九〇年二十年之间，农民人口增加五成六分九厘，其户数增加五成七分八厘，而农民所有的土地不过增加二成五厘，含有佃耕地的全用益面积，也只增加四成五厘。在解放的当时，一人的共有地曾有四德舍丁零五的面积，到一八八〇年，只占有三德舍丁零五的面积，到九九〇年只占有二德舍丁月六的小面积了。在他一方面约有一亿德含丁的大面积,归十万人的贵族、二万的商人及其他少数人所有,有人私占一万四千德含丁的贪欲汉。肥沃的土地,虽横互于缺乏耕地的眼前,却全在与农民生活无关系的非劳动者之手。"再多给一些土地啊!"这种话是农民心坎里发出来的悲声。耕地太少,当然的结果,对于他们,不许得有够吃的谷物。依一八九七年财政部所发表,农民最低限度的食料每年需十九布多之谷,连这些谷物都没有的人,占全农民的七成七厘。又九〇年所组织的委员会发表,略与此相同。所以农民或从事工场劳动,或从克斯他里工业,或成为农业劳动者忍饥受饿。巴拉诺夫司克教授说,"莫斯科工场劳动者的劳粮,冬期低减两成,因为冬季农人闲暇,外出求工作,农民无乘车费多沿铁路步行。"

农民的衣、食、住最为粗恶,一年肉食之时不过数次,所嗜好的茶,不过是一些"仅仅著了色的清汤"。第十八世纪末期,人口中每年千人不过死二十人,至十九世纪之末,每千人中死者达五十人,死亡率大见增加了。而目前代政府对于每年约售六亿卢布之酒精性饮料,抽取消费税。

农村女子的地位,也为悲惨。恶劣的经济生活,使农村女子,变为娼妓。所以俄国大多数的娼妓都是从农民出身的。彼得格勒娼妓,有六成五分由农民出身;尼基尼、诺哥洛特的娼妇有七成五分由农民出身。伊们并不是纯粹职业的娼妇,实是一时的或周期的娼妇。农村闲眼的冬季,来到都会充当娼妇,到了夏天农事忙迫,伊们就回乡下耕种去了。此事与男子趁冬天到都会做工谋得工钱回乡是一样。

前代政府的态度,真是冷淡。在第十九世纪的末叶,虽管设立农民土地银行,使农民容易取得土地,而其根本目的实在货出多新货币于被当时经济变动所苦的地主。政府不肯与农民以知识。以为使农民无知识就是"使农民忠实于皇帝,终生做保守主义者的基本。俄国农民一亿八千万人,约有七成不识字,都是因为受了前代政府愚民政策的影响"

柯次基说,小农所以存在,因为劳动过度而消费过小的缘故。可是像俄国的农民受了极残酷的待遇,他们也不得不起来革命了。一九〇五年,日俄战争后磅砖郁积的革命气运,掩蔽全俄,农民也乘机起事,杀地主、烧地主家屋、烧打官宦,全俄农村变成了大混乱场。农民暴动的结果,最为悲惨,那些从战场回来的哥撒克兵,架大炮轰击他们,可怜他们的生命被杀的与犬一样。一九〇六年以后实行了的"农业改革",虽是废止土地共有制度,确立土地私有的原则,而前代政府传统政策拥护地主的色彩著明,并未有真实顾及农民的要求。

一九一七年革命的标语中,有一种是"土地的分配"。列宁确实捉住之农民的心理。威廉里布克勒布说,"农民所最难奉行社会主义,可是俄国的农民,却自成革命的要素行动了。"革命之初,农民杀烧地主,夺其财务,一时虽现出了无政府的状态,列宁出来掌握政权,宣言土地国有,或作为劳农会的根据地,或作为农业共产团,或创出集合的耕作制度,对于农业的社会化一事,列宁实费了绝大的精力。可是他的努力虽然不挠,好像还没有得到好结果。

俄国农民的历史,真是苦痛的连续。现在他们交了好运,正要脱离千年来的重担，恢复自由的身子了，我很悲悯他们过去的凶运，同时又深为他们的将来祝福。

(《新青年》第八卷第五号，1921年4月1日)

7日（星期五）

19.《圣彼得堡之选举》(《共产党》第三号，4月7日)

《共产党》第三号，刊登译自美国 The Natiou 杂志的《圣彼得堡之选举》，如下：

圣彼得堡劳农会之选举，举行于六月廿三—三〇之一星期内。下面的摘录与纲要，是从该期内之布党的报纸上取下来的。

六月十六号之《柏拉夫大报》(在圣彼得堡出版)，登有关于将届的选举的通告，由圣彼得堡劳农会议长谢诺佛夫 Zenoviev 及书记德列李塞 Trilliser 署名，规定投票之法则 Rule 与规例 Regulations。

劳农会选举之特色，就是投票者以职业为分类，不是以地方为分类。劳动者在他们的工坞或在他们组合的本部投票，军士在他们的军营，学生在他们的大学，如家内的主妇与四散的劳动者，则备有特殊的投票处所。

规例内所定的代表的比率，是每四百投票人选出委员一名。雇用一百五千人以上四百人以下之组合，选委员一名；其不满一百五十人者，则与同类职业的别团体联合。军士与水手 Sailors 选委会，以每二百人选出一人为比率。分散的单位 Unites 以每人数在二百少差选出一名。脑力工人(著作家，科学家，大学教授，艺术家等等)，由他们的职业组合选出。

劳动者之大的组织的团体，并亦选出劳农委员，俾人民一方于工坊选出委员，一方又于各个组合选出委员，而得某程度的二重代表。圣彼得堡之职工组合议会，以每五千个组合员选出委员一名为率。每个注册的产业组合与职工组合，组合员在二千以上者，选出委员二名。组织的职业支部，人数在五百以上者(技师，运送劳动者，办事处职员等等)，每支部选出委员一名。

举定人名由劳动者、军士等团体施行，各项选举票，交给工坞委员会，或组合的管理处，于或种状况下，或交给地方的军事支部。这些选举票，至少于选举之廿四小时以前，必须黏着于选举处所。选举的日子，在选举的星期以内无论何时都可施行，由工厂与工坞委员会，职工组合之管理部等决定。选举的布告，至少须于廿四小时以前黏于选举施行的处所。凡投票人散播在的处所，(屋内仆役，□者等，)必须登报通知。

选举之合法，与投票者人数之多寡无关。委员之数目，与选举执行处所的组织所雇佣之有投票资格的人数为比例，不是与实际上投票的人数为比例。

同时《伯拉夫大报》开印空白的状纸样式二个，一通知选举的，一报告结果的，每一个都须经本地选举部之证明，而交给中央选举部。此部以七八组成，由圣彼得堡劳农会之干事委员会军事支部及职工组合议会所□任。

一模范的选举运动之论说,六月十八日在圣彼得堡之《伯拉夫大报》上发见。共产党之正式的机关,恳求在党的记录上助力。论说之一部分说道:

"在此复杂的与重大的时候,工人须不止一次的说出他们对于何人愿以指导者的资格委托之。我们立在一协约国的新攻击之前。我们已经对于要执我们咽喉的波兰地主下一大打击了。但战争还没有完。在南面偷盖而从克立米已经偷出来,得了英法帝制派的帮助,想伸一手助波兰。

"'面包与和平',是一九一七年我们的口号;但世界上之帝国主义要遏制我们,而我们须为我们的革命而战。然而因我们凯旋之结果,食物之供给大好,圣彼得堡现在的食物,比一九一九年多了。

"现在圣彼得堡之劳农政府再请二人说出他们将信托何人保守大城,在何人之赤帜下他们将向世界上之帝国主义宣战。无疑的,圣彼得堡的不怕那几乎把城攻下的犹太之第四阶级,现在将对劳动阶级之前队,俄国共产党投票。"

后来选举进步各报纸自夸共产党之胜利。下面是代表的主行。

"教育部对圣彼得堡劳农会选举麦克雪高仑 Mixino UO□□□"

"邮政局选出二十共产党人,十无党派人。"

"家内主妇很好的着手,选出一共产党妇人,与圣彼得堡劳农会。"

"第一城区之学生选出二个共产党人。"

对于首要的反对党之失败,他们大呼而庆祝。有一节题为孟塞维克(即少数派)之大失败云:——

"孟塞维克对于邮政局电报局电话局之选举抱了大希望。他们在这些含有许多知识阶级的劳动者中,为选举运动作了许多设备,结果大多数仍选出共产党票。"

那《红报》Red Guzntle 说得尤其痛快。六月二十六日该报上有"可耻"一段,就于从反对党选出委员之二工厂,大肆谩骂。

"在拿培而工厂,二孟塞维克被选了,沛而工厂,一社会改革党也被选了……我们不注意于此等工厂之委员,我们指导选举此等委员的工厂。看看这些拿培而工厂之工人啊!看看沛而工厂之工人啊!看他们,水手和红卫兵!看此等迷人,兄弟和姊妹们!他们于那些新近拥戴柯而察克和台尼金的党之中选出代表。他们对时常阻碍我们革命党投票。……全圣彼得堡只有这样的二个工厂,对于那些无毛老鸦的党投票。此等工厂可□怪物博物院之模范,人或看他们为奇怪——但必须轻视他们。"

后补人之记载烈然陈设,名单和清册严谨的查验。有时以不法控告,而求重选。

在拿培而工厂,一孟塞维克,名徒鲁非有者以无党派人的票当选。所以此厂制造店中之工人通过下面抗争之议决:"我们制造店中之工人,反对不当的选举。在非党人之旗帜下,孟塞维克党当选了。我们不信托现在在必而须特斯克统率下对劳农俄国作战之孟塞维克党。我们对于徙[徒]着非无之地位要求重新选过。"

家内主妇对于胆敢选举孟塞维克党委员之工厂,下一野蛮的攻击。在他们选举开会时,第二城区之家内主妇,计一五〇〇选举人,通过惩罚拿培而和沛而二工厂之举动的议决。六月二十九日在《红报》上，宣布他们陈述道："朋友们，工人们，想想你们所选的人。立于波兰军之前的，是卖国贼必而须特克斯，鼓动反对工人和农人之战。……而你们对于圣彼得堡劳农会所选出的，就是这类的孟塞维克。朋友们，帮助自卫兵的贵族是一羞耻。孟塞维克，社会改革派，连同波兰贵族死罢。新选出的共产党圣彼得堡劳农会万岁！"

白解释。非先用革命手段推翻资本主义，则国际的裁判法庭，减少军备的议论，依着"德漠克拉西"的精神以改组的国际联盟，决不能使人类脱离未来的帝国主义的战争。

七，凡原入万国共产党的党派，应完全承认与改良派及中央派的策略决裂，更须传布此旨于其党员。否则完全的共产党策略不能实现。

万国共产党须毅然决然不用讨论，而于极短时间与改良派中央派决裂。本党不能承认那些投机派，如杜拉底 Tnrati，考茨基，海弗尔丁 Hilferding，喜而快迟 Hihinic，郎九德 Langnet，麦克道纳 Macdonald，毛狄客拉拿 Madigliane 等人，有自称为第三国际会员之权利。要不然，第三国际与第二国际就没有差别。

八，凡在中等阶级占有植［殖］民地及压迫别民族的国内，该党派对于植［殖］民地及被压迫的民族的事实上，须取一种特别截然的态度。属于万国共产党的党派，其天职要直说无隐，把自己国内帝国主义与在植［殖］民地的行为，曝尽情露，对于植［殖］民地的解放运动，不但以言论赞助，更宜有一种举动，把他们逐出殖民地以外，于国内的劳动者胸中，涵养一种对于植［殖］民地的劳动人民及被压迫的民族的博爱的感情，并须在本国的军队内，培植一种有系统的□动，抵拒一切对于植［殖］民地人民的压迫。

九，志愿加入万国共产党的党派，须施行一种有系统的及永久的宣传于职工组合，劳动者与店员会□协作社，以及其他劳动者的大组织之内。在那些组织内，须设立一个共产党的结合，其永久而强固的职务，在使职工组合信从共产主义。其恒常的职务，在曝露社会爱国党的背叛，及中央派的不稳固。这些共产党的结合，宜完全附属于该党派，合而为一。

十，属于万国共产党的党派，有积极的永久的攻击在阿姆斯德台的黄色万国职工组合之义务。在其他方面，应当用全力帮助与万国共产党联合的红色职工组合之万国组合。

十一，凡志愿加入第三国际的党派，有修正其议会内团体之人员，除去一切不可靠的分子之义务，并须要求议会内的共产党议员所有行动须以革命的宣传与鼓动之真正利益为归宿，不但在形式上，并且在实际上要使这些团体服从于党派的职权。

十二，定期的与无定期的报纸，以及一切有关系的党派的印刷品，无论其为合法与否，须受党派执行之完全的支配。发表机关，不能准其滥用自治权，以及采用一种不完全遵照党派之策略的策略。

十三，属于万国共产党的党派，须行民主主义的中央集权的原则组织。当此内乱期内，惟有用最集中的形式组织起来，用刚强的军法管理，以及党派的执行部有极大的权力,能发绝对的命令,与得到有力分子的协力信从,乃能使共产的党派实践其职务。

十四,凡在共产党可以合法行动的国内,共产党须施行定期的廓清党派之组织,以淘汰小的中等阶级之团体,及特殊利益之分子。

十五,志愿加入万国共产党的党派,对于一切劳农共和国之抵抗反革命的斗争,须予以无限制的助力。他们须不辞疲劳的劝人不要以军器或粮食运给劳农共和国之敌人,以及,无论合法不合法,他们须宣传主义于派遣来攻击劳农共和国之军中。

十六,党派中有迄今尚保有其旧时之社会民主党的党纲,必须立即修正,而本诸万国共产党的决议的精神,适应其己国之特别情形,制出一种新的党纲来。照例,凡属于万国共产党的党派的党纲,须经万国共产党会议或其干事委员会认可。如一个党派的党纲,不为干事委员会所裁可,则该党派可上诉于会议。

十七,万国共产党会议与其干事委员会之一切议决,凡属于该党之党派,对之负有执行之责任。当此高调的内乱时候,万国共产党必须比较第二国际更为中央集权。该党与其干事委员,须参照各国不同的情形,制出普地的与必行的决议,务使能切实施行。

十八,然上面,凡属于万国共产党的党派,须改变他们的名称。无论那一个党派,凡愿欲加入这党者,须称为"……共产党"(以某地万国共产党支部为名)。名称问题不仅是形式上的事务而已,且于政治上亦有极重大的关系的。万国共产党已与全部旧的中产阶级界及一切旧的黄色社会民主党宣战。那些盗窃劳动阶级的军旗的旧时之官营的"社会民主党"及"社会"党与共产党间之差别,须使一切劳动者都了然明白。

十九,一切党派之主要印刷机关,有刊印万国共产党干事委员会之一切重要的正式文件之义务。

二十,凡属于万国共产党的党派,或已会请求加入者,须愈速愈以审查这些条件。党派之干事会,须视察一切地方的组线,都使之熟悉第二次会议之各种议决。

二一,欲入第三国际之党派而尚未根本上之改变他们旧时的方略者,于未入以前,须使该党派至少三分之二以上之干事委员会及一切重要的中央团体,明白公开于第二次会议之前,宣布其赞同加入第三国际。其有例外,须经第三国际的干事委员会认可。干事委员会对于第七条内所称之中央派的附从者的事案上,亦得施行例外。

二二,党派内之分子,其有于原则上不认万国共产党所制定的这些条件者,应驱逐出党。此条于特别的党派会议之委员,尤为适用。

(《共产党》第三号,1921年4月7日)

20.《赤军及其精神》(《共产党》第三号,4月7日)

《共产党》第三号刊登 B. R. Bek 著、震寰译的《赤军及其精神》,如下:

苏维埃俄罗斯的赤军由 Ibamc McBride 告诉我，是很确切的；他曾经亲见过，并且很明白和很赏赞他。

McBride 是头一个美国人告诉我们新俄罗斯军队的确实消息，我觉得他所告诉我们的消息是很重要，虽然是纯粹由于心理的作用。他详解赤军的魄力，表白他们的精神；这个美国的考察家已明了四分之三，为什么劳农俄罗斯能够战胜他多数的强邻。

McBride 去年九月十月间在劳农俄罗斯。现在他在华伦顿，刚刚做完一本书，讲及他在劳农共和国的经历。

Lincoln Eyre 在《纽约世界报》发表一篇很有趣的文章，供给我们阅者，论及赤军的建设；这个少年的新闻记者，对于赤军步伐整齐，制服优异；新俄军队的组织，有许多很有趣味的记载，供给美国的社会；但于赤军的精神一方面，未曾论及，现在 McBride 就要告诉我们了。

虽然在一九一九年九月，当着高撒克军在 Tobol 河方面，丹尼金近在 Orel□丹尼又预备攻击彼得格拉，而劳农的军官，对于这种总攻击，由强国为后援，俄国实在难操胜算。他们都以为一定有一场恶战了。

虽然是列宁，对于战争的结果，也没有什么把握。但是 McBride 那个时候，刚刚到了莫斯科由前敌归来，所以他曾经找得机会同赤军相处，他便告诉俄国内阁总理（即列宁）切实报告赤军的精神，他深信赤军必占胜利。

这是 McBride 太过于乐观；他当着那时候，正在纽约劳农俄罗斯发表一篇同样感想的论文。他们结果有正当的解释，头一点论及军队的精神，末了便论及军需和组织。

McBride 说的是很对；赤军便大胜特胜了；他救护俄国无产阶级的革命。

McBride 常常做的文章都是很雄壮的如下：

当我到阵前得同赤军接洽，头一件令我有大大的感触的便是军官和兵士的友爱感情。

我见得赤军的和蔼气象，令我觉得这一辈子，到战场上不是不愿意的；他们表现坚决的精神，由于明白事理，知到他们对于这次战争的目的，在世界战史上实是无足与比伦的；不久我便能证实我最初的见解了。大多数的赤军都能够告诉我为什么他们要打仗，他们要达到什么目的。又知到劳农会的政治怎么样。他们又能够告诉我将来战胜反革命军和敌国，怎样找正当的生活。他们常常说"我们不独明白劳农会新制度的新社会，并且我们全体也知到怎样来建设他；未来的俄国属于工人和农民，将来建设一新俄罗斯由工人和农民管理。所以我们要打仗，我们对于俄国的统治，也不要自暴自弃，我们预备长久战争，宁愿为自由战死，不肯回复从前的专制，放弃我们自己的权利。"

我同这种军人，同在一块，有两星期之久，随处发现他们的精神，令我回想从前在帝国的时候已经打过三年仗了，现在帝国已消灭，从新组织，好过从前百倍。他们明白从前和现在战争的目的。他们不管是军官还是兵士全数是粗衣劣食。他们睡眠于战壕旷野，他们运送到阵前在火车中如货物的堆积；他们满坐火车面上、机梯、路口，都站满，车头上也坐人；他们只是唱"国际"歌，不唱从前国家主义从军歌的旧调。他们有一种新感想，已经是根深蒂固，在于这种工业的战争，他们完全能够了解这种感想。我觉得寒风战栗，而他们因为自由之故，便觉温暖如常；我又觉得饥饿，他们也有法子来战胜他。

我将来永远不能忘记俄国的赤军；——很像全有自由的精神，不独为自己，并且为全世界的人数全体。不是要他人死，只要他人生，因为保有新制度，所以宁可牺牲身命为代价。

我以为他们是反对军国主义的军队，我从来没有见过的；我深信他们反对军阀，爱护自由，什么外力也不能克服他们。

兵士和军官，上级和下级，统通是，朋友和同志。阶级的观念，自从劳农制度产生以后，早已自然消灭。我见得他们很像是人类的结晶，谋共同的幸福；从他们表面上看起来，不能分别军官和兵士。从前的旧襟章，分别尊卑的，早已取消，有许多事情都是同样的进行，团体非常固结。"

俄国军队的精神，产生这种特色，真是令人惊讶。同是一个军官，同是一队兵士，同是一样训练，大有今昔之感。现在和从前便大大不同了。

我还听见好几个人说见过那些军官和兵士谈话，握手言欢，是极寻常的事，有俄人的真性，无伤于威信。离职以外，便是朋友了。

(《共产党》第三号，1921年4月7日)

21.《中国与俄国》(《共产党》第三号，4月7日)

《共产党》第三号刊登 B. R. Bek 著、震瀛译的《中国与俄国》，如下：

俄人对中国的论调

亚洲庞然大物的中华，对于强邻俄国的宣传布尔什维克主义，小心毅力，无一毫恐慌和焦急，瞧着俄国的进行。

俄国革命，最为中国人所知道的，许久已经等着了。这次革命是历史上的大事，大有关系于亚洲，这种进行，中国人民定然可以猛醒，而东方民族的全体，也如大梦方觉。

俄国是为世界公理而起的，因为世界人民全受压制，没有自由平等的人权。

中国人一定明白俄国劳农革命的特色。拿东方的声音笑貌来欢迎他，深信俄国无产阶级战胜世界资本主义的异彩。

世界上没有国能够像中国这样明白俄国的优点。因为华人屡受列强的欺凌侵犯，差不多有瓜分的新计画，所以华人对于俄国的感情非常真挚。

华人对于欧西的"德谟克拉西"，大不满意，像从前用武力来传播耶教一个样子，什么和平、什么自由，都是假话。

老子一辈的国家,早已产生布尔什维克主义了;所以中国人对于俄国的胜利,为保障中国的人民。这一次胜利,定能够保证中国的自由独立,将来不再受他人的侵略。

自从列强对于中国一九〇〇年的拳匪乱,严加干涉,华人便渐渐地恐怖起来。自此以后,华人反对欧人,日甚一日,山□僻壤也是一样。

华人苦心孤诣,准备御侮的方法。满洲政府便实行增设军备,中国便变为军国主义的了。一八九四年至五年的中日战争,中国还没有国防军,各省只是各自为政,不能不失败。

中国人受日本这次教训,便要摹仿欧西来训练军队共分五师,由俄德法各国人训练。而袁世凯在山东一年最完善。这便是一九〇一年拳匪乱后的事。但袁氏的军队,全是帝制派的,中国人反对军阀派甚力。至到日俄战争的时候,中国已经有很好的军队了。日本人和欧洲各国对于中国军队组织这样神速,很觉得惊讶。然而中国人税务日重,民不聊生了。

中国无产阶级,有一万二千万人,历受虐政的压制,群起而反对政府,南方各省,革命蓬起了。一九一一年至三年就完全推翻满洲政府。中国平民有这般丰功伟业,无产阶级的自决,华人对于亚洲被压制的各民族,有很大的教训。

不幸中国的革命不能完满,而各种反抗力乘机而起,把中国革命的效果剥夺净尽。中国的革命,还没有相当的代价咧。

中国不幸不组织平民军队,而反变为欧洲式的共和军,为帝制派军阀派的组织。袁氏称帝,云南起义,全国就变为军阀的了。由这样看来,华人改革的迅速,能够战胜各种困难,我们不得不佩服。我们如果更看看中国的历史,很像罗马人一样。中国的战术,早已著名。而中国人反对军阀的心理,也不自今日始。只是危殆的时候,便是全国皆兵。纪元前久已有革命发生,什么无政府主义,社会主义,布尔什维克主义都是由最惨酷的专制主义产生出来。中国历史上,最专制的时代也有,最自由的时代也有;甚至社会主义的时代也有。中国人有这等反对军阀和专制的良知,所以最适宜于消灭资本制度。

华人差不多统通是哲学家,知到不能抵抗外国的科学,乃变为取用。不管欧人怎样侵犯,总是不肯变易方针。时间和痛苦,他们都不注意;纯粹拿哲学家的眼光,来观察欧人,明白欧人终无足以施其技,华人更能够杀敌致果,不惜牺牲。英法日本各国,知到这件事很明白。所以法国 Captirin d'Ollone 说:"将来中国必产生一世界最大的军队。"我以为中国将来必有平民的军队,系俄国无产阶级反对军阀主义的军队。

(《共产党》第三号,1921年4月7日)

22.《共产党的出发点》(《共产党》第三号,4月7日)

《共产党》第三号刊登霍格松著、P. 生译的《共产党的出发点》,如下:

资本主义统治一般的社会组织底时代,现在已经过去,这是在大战之前早就有充分证据的事,虽然资本主义所创造的生产力现在仍是有增无减,其势愈大,——或者这竟是前世从未有过的现象——但是工人们的劳动量以及生活费却也是跟着了一天大似一天了。世界上到处都呈不安的现象了。资本主义简直没有能力去捏制他自己所产的生产力,到处有革命的声浪敲到门上来了。

恰好来了此次的世界大战,做资本主义的救星,放松他内在的压迫,所以资本家对于此次大战,实在是欢迎不暇的。但是他们所以欢迎的根本而主要的原因,还在因为借了此次大战可以有个机会把各派帝国主义者中间的难问题解决了,把讨厌的而又见了畏惧的竞争者屏〈摒〉斥,公分他的既得权利了。这个好机会,自然是要落到 Entente 会议中得胜的帝国主义者手里。但是决斗的结果,竟至大家精疲力断——这是各帝国主义的阴谋家所不曾料到而且未入预算的意外事件——所以分赃的问题中也就包进了重新建造已破坏的世界及重新扶持已塌了基脚的资本主义这两项问题了。

我们且看他们怎么解决这两项复杂的问题!他们要达到这个解决的第一个条件,当然是和平。但是自从停战大礼举行以后,自从所谓"了结一切战争的大战"告终以后。一年十二个月中,战争呼声之高,竟是从来所不曾有过。他们出钱出兵帮助那批叛徒,对劳农俄国开战,真个是全始全终;他们推波助澜,尽力煽扬而成的奇灾——那是从来不曾听得过的奇灾,现在已有了结果,让他们亲眼看着了。那个波兰,他们所极力帮助,想把他装成一个"纸老虎"的帝国主义者,以便永久和劳农俄国及其他诸邻邦捣乱的,现在是跌倒了不能再扒起了,波兰人现在正欲代替假帝国主义的波兰而建造一个红色的波兰。欧洲资本家想把波兰做一座屏风,挡住劳农主义的宣传,现在已见其结果却是相反;波兰不能做屏风,反变成一座桥,使劳农俄国与西欧将断命的资本主义短兵相接了。他们又试欲解决巴尔干问题,于是把巴尔干的小民族都分立了许多小国。他们这样办,也是准备着他们战争啊。他们把土耳其帝国割做许多小块,自己同伙中把这赃匀分了,毫不顾到土耳其人民的愿意不愿意。但是他们分赃的"电报官司"还没有打清楚,——这是照例的事,他们分赃时一定不能无争多嫌少的闲话的——土耳其的人民早已全身武装等待和新来的而且更坏的压制者抵抗了。不但这几件事,他们(联合国)又预备着,而且已经有结果,在东洋方面播下战争的祸种,他们把四千万的中国人卖给军国主义的日本、这便是播下一个战争的种子,使军国主义的日本,和军国主义的美国,都预备在远东开始一个新的大战争。他们用催眠似的呼声:"小民族的权利"这几个字来挑拨战争。但是爱尔兰,印度,埃及等等的小民族却仍旧是在英国帝国主义压制之下呢,爱尔兰现在已经有战争了,大约印度和埃及不久也要有战事了。

"上帝要毁坏这个人,先使这个人成了疯子"。支持欧洲命运的那些疯而盲的老头儿随时随处要碰到愈坏的难题。他们的国际政策便是兵败其重新建立资本主义机会的原因。他们能挑拨煽扬战争,但是我们消灭战争确立和平的手段却比他们高得多。欧洲是一个经济的连合体,你不能妄想破坏了一半,而使余一半能繁盛兴旺,如那些充满复仇心与商业妒忌心的人们所猜想的。中欧的人民受了历史上不曾有过的凶恶封锁以来，身体上的精力早已用完，贫乏已使他们身体成病；他们的生产家伙已经丧失了一大半，然而他们被迫的军费赔偿，却大到不可计算，他们除非是反抗，否则便欲降为奴隶苦工五十年，现在他们果真将起来反抗了，将推倒他们的压制者了。

和会的最高议会(即四强国会议)，使中欧的经济界陷于破产，使中欧的人民都濒于饥饿而死的地位，又极其力之所能，用尽种种方法阻碍劳农俄国的社会主义发展，这些办法，不啻宣告他们自己资本主义发展的死刑。就是我们国内罢，(指美国)职业的破落和工业的不安，没有人敢说前途是什么一个样子，失业人数的增加，一日千里，无限止的扩大起来。二十五万的退役兵士——那是曾有功于"救英国"的——现在都报名在职业介绍部，等待职业。此外更有千千万万的退役兵士和失业者都不曾报名，无从知道确数，他们都是知道在现在那种的欺人机关，(职业介绍部)内报名请职业是无益之事，所以不报名的。在一般劳工中间呢，职业的不稳情形是一天甚于一天，就是那些有一定职业的工人，也因为生活问题的继续困难而起了不能安业的恐慌。

所以，不论在战胜国或战败国，社会里阶级的对待一天比一天严重，阶级战争更加逼紧更加决定了。无论从那方面看去，终觉得只有劳工者所属的阶级能够把现在这些骚乱变为有秩序，并且造成一个新的更公平的社会制。

现在建立的共产党就是拿这些向着社会革命的资本主义倾向作为出发点。共产党的目的在建立新的社会制。

并不想改良资本主义观救活将死的资本主义，可是欲破坏资本主义，共产党欲想法煽扬已经存在的社会不安的火焰，使高涨到革命的爆裂，最后便实地做出革命行动来。对于一切的群众运动，共产党都要想法化之为革命的行动、今日革命的目的和手段。

但是，在此等功课之外，尚有更紧要的功课，是共产党所要做的，就是要说明那个从劳合乔治和丘吉尔等一类民治家的嘴唇上说出来的德谟克拉西一字的意义；要指出给众人看，所谓议会方法，只是资本家偷盗狄克推多大权的一种手段；议会方法的本意既然完全失却，这方法就可以不保留，现在爱尔兰所用的方法正是大家采用的。从资本阶级专断政治变到劳工阶级的专断政治，中间没有东西可做过渡的梯阶的。

伙伴们，上前，上前加入战线罢。振作你的勇敢气，勇敢的人们是无往不胜利的。共产党就是革命军的总司令部。共产党可以引你们到胜利，因为他有良善能干事的组织，有好的训练，并且有最可贵最有权力的东西——知识。你们看，这三者，共产党那一件不具有的。

(《共产党》第三号，1921年4月7日)

23.《无产阶级的哥萨克兵忠告世界的工人》(《共产党》第三号，4月7日)

《共产党》第三号刊登《无产阶级的哥萨克兵忠告世界的工人》，如下：

劳动伙伴们！

两年前俄国工人和农民发生世界上最大的战争；他们推倒资本主义政府的势力，手握国家的政权了。因为政府失了权力、资本家也失了他们的工厂，他们的工人，和农民了。旧日的帝制派和资本主义家底俄罗斯已经消灭了。现已发生一个新俄罗斯来替代他，叫做社会主义的劳农共和国。

哥萨克兵许久还是同新俄罗斯没有关系。革命的要义和目的，他们完全不懂得，同时有产阶级得社会调和者的帮助传播谣言，来中伤劳农俄罗斯。谣传政府把俄罗斯卖给德意志，残杀哥萨克和人民同他们的土地及农民，以武力传播共产主义等等。这种无稽的谣言，弄到哥萨克兵大大的恐慌。这种恐慌，实在没有什么理由。哥萨克兵的遗传性，没有什么智识，所以容易被惑。事势既然是这样，哥萨克兵又居俄国的偏辟地方，完全不知道中央实在的情形。那些帝制派的将亡，官吏，政客，地主，和资本家等乘着这个机会都逃到哥萨克兵的境界，不可胜数。他们联合起来，得哥萨克兵的帮助，用宪法会议的名誉来反对劳农政府。所以哥萨克兵的区域，完全为反革命派的中心点，内乱的根源，全俄议会哥萨克兵的代表对于这件事，实可痛心。但这是实情，我们不能不承认。哥萨克兵在内乱中差不多完全消灭，生命和财产损失极大；非常痛苦。这种凄惨的结果，内乱弄到哥萨克兵睁开眼睛来看清楚一点，明白谁是他们的好友和仇敌。

在内乱的时期中，哥萨克兵有机会来固结团体辨别那些军官和调和者，开始回复旧日的秩序，——给回旧主的工厂，和土地，补回可恶的警察和宪兵；哥萨克兵知到宪法会议的战争底宗旨要"帝制万岁。"他们还知道旁的事情：他们见得协约国拿金钱，枪炮，和军需来供给反革命派的高尔萨克和丹尼金辈来交换哥萨克兵的粮食和煤炭，并把俄国一部分人跟着来做奴隶。他们也见得那些有产阶级由哥萨克兵保护便无恶不作。

黑幕揭破了。末了哥萨克兵知道他们是被欺，那些地主，资本家和帝制派的军官没一个是为俄国或哥萨克兵谋幸福的，不过利用他们牺牲来达到自己自私自利的目的。所以劳动的哥萨克兵投到无产阶级那一边，前日所杀戮的。他们见得怎样呢？他们是很好朋友么？无道的攻击么？不对！劳农政府待哥萨克兵如亲子，说："虽然是你们大错特错，受人欺愚，但我们不要报仇。"

劳动的哥萨克兵知道劳农俄国是他们的祖国，是他们的保护者和同胞。

那些想利用劳动的哥萨克兵底反革命派，现在无所施其技了。哥萨克兵拿血肉来买回他们的自由，将来决不容有产阶级同他们的代理人来利用他们的名义。哥萨克兵自从加入工人和农民的共和国以来，矢誓鞠躬尽瘁来保护他，并杀戮那些愚弄他们的人，现在已有万千的赤色哥萨克兵同工人和农民在前敌御侮。他们的数目日多，促成工人的胜利。

劳动的农民已经解放了旧习。他们反对那些损害农工的人。所以他们同心协力来创造未来的幸福，并且建设工人的国家。

世界工人们才知道这一桩事：自今以后，劳动的哥萨克兵同你们联合了。你们的团体要日形坚固，地步踏实些，心志雄猛些。世界没有一种势力能够抵抗工人的合力。

世界工人同盟万岁！

无产阶级哥萨克兵大会会长 D. Pojnyan 书记 E. Nlianoy 同启。

(《共产党》第三号，1921年4月7日)

24.《波兰共产党忠告世界工人》(《共产党》第三号，4月7日)

《共产党》第三号刊登震瀛译《波兰共产党忠告世界工人》，如下：

战胜了赤军，波兰军队立即调回，夺取 Ukmina 弄到波兰内政，忽然发生很大的变动。

波兰帝国主义有两种概念，一个□□于合并，很容易明白的，（例如 Dmowsky）第二个便□□"自由"的旧套，Ukraine 同"白俄"联合。这两个桩事都是罪恶的。在波兰有产阶级的大本营里头，没有什么区别。

一切现在自私自利的阶级，没有一点好处，只是做工人全体大大的障碍。那些反革命派，因为失败的羞耻，恐怕没有好结果，现已毫无把握，二点事也做不出来，预备孤注一掷。

我们是共产党一分子，是邻邦的无产阶级的兄弟，齐心协力，把战争停止，饥荒和鼠疫，也要消灭。这是必然的结果，依着社会党的程序，不幸的国家，很希望和平，我们波兰的共产党，敬告全世界。

你们要知到怎样来进行，为工人谋幸福和解放。

全国已经是颠连困苦。工人的机关报，甚至最普通的职工同盟的，也被封禁，那些没有注名波兰社会党的，也难幸免。军队干涉职工同盟议会，捣乱内部，拘拿职员。在许多地方，如 Stanuchowise 的事情，工人拿同盟罢工来抵抗军队，所以有许多同志被武力捕拿。工人的抵抗，被国家的社会党弄糟了，他们的领袖，想着利用政府的势力，来抵抗革命的反对党，并且回复他们压制工人的势力。

一切职工同盟的会议，和反对波兰社会党的人，统通被逮，或在出会场的时候，或在数小时之后，由政府党的爪牙，投于有产阶级的共和国底牢狱中。囚徒多受种种清辱和刑罚。

自从后备队成立以来，街道中全由少年的有产阶级和学生管辖，这些人同社会的堕落者联合，便要捣乱社会，发生内乱。爱国主义要用武力强迫人人服从。凡有不表示排外的观念，反对苏维埃的人，必受像"布尔什维克"一样的待遇。

到处谣传法国属土的军队派来帮助波兰军力。这种黑色军队一定是拿来压制工人的。我们法国的同志应该拿正当的手续来阻止这种不名誉事。

不久已经开始把千百的共产党囚徒由监狱中运到不可思议的地方了。囚徒的亲属，要知到他们到那里，都被拒绝。有一部分运到判决的军营，同赤军拘留在一块。那里的腹热症很利害，留在那里的人，无异判死刑。并且那这军队对于革命的起点，便要把全体共产党歼灭。

同志们！社会主义的理想，在全世界中已占有势力。不要再等到匈牙利的野蛮主义复现在本国。凡近在前敌的地方，工人和农民的血，流到不止。千万的阶级战争者变成了囚徒，受反对派的残杀。

白祸弥漫全国了！

世界的无产阶级起来吧！

实行，实行，不要迟延！

波兰共产工党中央委员会谨□

一九二〇年，七月，十四，在华沙

(《共产党》第三号，1921年4月7日)

25.《莫斯科第一次工人的自由市府》(《共产党》第三号，4月7日)

《共产党》第三号刊登《莫斯科第一次工人的自由市府》，如下：

在我们无产阶级中，尤以妇女为甚，还是很不满意社会的管理家务。因为这种原因，考察他们在俄罗斯工人共产村中的生活发展，觉得很有趣，社会新制度的形式，替代从前管理家务的旧法。下头一篇文章是讲及第一次工人的自由市府，阅者便能明白了：

在莫斯科的中央，设立莫斯科第一个公共的房舍。联合二十多所房子、四五层楼高；这些房子，是很著名的，叫做"巴东房屋"(用旧主的名称)。现在那些房屋已改名为"第一个莫斯科工人的自由市府"。

在革命发生的时候，这些房子，已收归公有，为制面包之用。后来才改为自由市府。各部份完全布置妥当。旧日的住户分布家人多少，占地多少。空的房子，贮藏家私什物。其余的空房子由工人、苏维埃官吏和他们的家人同住。房租很少，还要由各人均分，只够各种费用便得了。

这个自由市府，由家庭委员会管理，每六个月由住户选举一次(只限于有专门学识的工人)。委员会中有一个工程师，管理房子的安危，一个医生，管理内中的卫生。还要几个人收理房屋，如机械师、泥匠、木匠等，没有一个人受工□的。

在自由市府里头，有一个制面包厂，又有一个货仓，同公共消费团相联合。家庭委员会管理这两个机关。自由市府中的会员由委员会取得证券，可以取得织造品。这些制造品如衣物、鞋、帽、等件全由公共消费团的货仓分派。会员也可以要求补鞋，和补衣等事，供给燃料，也是必要的。各房的热力，由中央热喉、电灯、和煤汽的供给。

自由市府中又有一个大洗衣馆，棉纱的衣服，小心洗灌价钱极贱。又有一个公共的厨房，同一个大公共食堂联合。各家也可以叫菜到自己房中。自由市府的儿童一定非常快乐，婴儿各有卧床，其余年纪大的有幼稚园。女工每天出外做工，不必关心儿女，因为他们知到有人料理妥当了。

房子的中央，有一所很华美的花园。星期日有音乐队，有时也有宴会。相连花园有剧场，（纪念一个革命的殉难者，故命名为"House of Peter Alexinsky"）常常演剧以为自由市府的会员取乐，有时由小童演唱，又有幻灯演讲，每星期开会也在其中。

自由市府中有很好的阅报室和图书馆，现在又着手建筑一个游艺俱乐部。自由市府的全体精神一定是共产主义的原素，完全由这样原素所做成，提高他们的理度，各人都有互助团结的精神。

各会员都要整洁。在每年的春季，各人尽力把冬天的积雪扫除，天井路旁，不单溶雪。各人很喜欢拿到铲帚各种东西，争先恐后，把工作弄完竣。这些人虽然不惯做这种工作，但很有精神和毅力，增长他们的觉悟，并可以增进公共的幸福。

（《共产党》第三号，1921年4月7日）

26.《将死的第二国际和将兴的第三国际》（《共产党》第三号，4月7日）

《共产党》第三号刊登《将死的第二国际和将兴的第三国际》，如下：

第二万国工人协会，已在一九二〇年一月在俭尼哇（瑞士国京城）开了大会。这些祸首们，都预备大会带出匆忙的面孔来，要教事事全都办得极好。他们只能在俭尼哇开会：以为能够定出新的有理解的决议，事事就可以革新。可怜的人哪，他们简直的不晓得现在已经到了他们的末日，简直说吧，他们不知道"第二万国工人协会"早就不存在了。

这就好像有些人，得了肺病，忽然从病床起来，为将来打算了好多乐观计划。殊不知死神已经踣在他们的身旁了。

到了最末的片刻，第二万国工人协会的领袖，又变了意思。打算么，最好把在俭尼哇预备的大会退缓，到一九二〇年的秋天。高斯金（Kawtsikys）、韩德逊（Hcuderson）、盖曼（Gwiynecs）、诺斯金（Poskes）这些人，全希望经过春天夏天，历史上的机轮，就可以转回来。他们白希望了。假如欧洲的将来的"革命化"的速率，同两年前一样——亦有充足理由令人信以为真。到了现在，社会民主党，已经定出他们召集的大会，所以第二万国工人协会已经成了过去的事实了。将来么，共产党万国工人协会，要支配世界的大部分的。

第二国际，已经宣布死刑了，瑞士国的高山空气，社会法螺家高斯金博士的科学本事，第二国际的军阀社会党的兵刃何阿斯金（Herr Neske），全都不能救他复活了。

我们很难想出来，比现在赫赫第二国际的环境，争讧还大，道德还坏的空气，实在说，他是不堪入目了。

我们有几个例在这里:

人人都晓得第二国际的执行部,总摄一切。至到布鲁塞尔(比京,Brassels)一九一四年开战的时候,第二国际最有劳力的代表曼德卫尔德先生(Mr. Marderverde)作执行部的主席。他的党友又是他最近伙伴,加米尔盖斯曼(Gawille Gaysman)做联工会的秘书。当大战初启的时候,这两个所谓社会党早就效忠于他们的阿尔泊(Albert)皇帝,并且同皇党们携手。三年以后,盖斯曼糊糊涂涂的写了相□的文章。和和气气的讽谏"股本总公司的大皇帝",照住这次"神圣战争"吧。然而那个时候,欧洲无产阶级,已经丧失了几百万人命了。这种又可怜又抗议的隳舌,就够"联军"官布盖斯曼为国贼的了。现在战争停了,阿尔泊大皇帝同皇后,得意扬扬的回到比京。第二国际又重建在薄尼,曼德卫尔德先生还同从前一样,是领袖人物。然而曼先生在忙于第二国际以外,还作点劳的事——他是阿尔泊皇帝的中等社会政府的司法总长——这样么,他近来由法庭告发前联工会秘书盖斯曼。因为他从前在荷兰曾写过"和平的"文章。这不是神仙都要倾倒的奇观么?

我们现在还不知道这件事在法庭怎么了,这件实情,就够受了。

这里还有一位第二国际的领袖。是在法国为人的——阿尔泊汤姆氏君。Albet Thones 汤姆氏在法国作第二国际的有□代表同议长有年。他跟德诺德尔 Renodell 是法国社会爱国党的领袖。战争时候,汤姆氏曾两到俄国。头一次由前皇后马利亚 Maria Tedorovsa 接见,受了贵族院的各种荣典。第二次正是克伦斯基 Kerensky、崔傅慈 Tokheidze、米流阔夫 Myliukorv 掌权的时候,他到俄京备受这些高尔怡、德尼金、先进者的优遇。在战争时期,汤姆氏曾作中等社会法国政府的陆军总长,两年。到现在,他不能不辞职。因为再也用不着他了。在这间暇时候,他又忙于"社会主义"。然而他从前的主人,并没忘了他这个忠仆。有无线电报传来说:汤姆氏很荣耀的被任为……为国际联盟秘书的头等参赞了——国际联盟是皇党的组织,由各贪婪无厌的,联军政府立起来,更要摧残全世界的劳动界的。

有一个时候,加鲁·柯次基 Kare Kanisky 把塞苗儿·加波尔 Samuel compers 钉在羞辱的十字架上,宣布加波尔是为美国工界的逆贼。因为加波尔在作"美国工界联合会"会长的时候,又作了制造家团体的副主席。一九一〇加波尔来到柏林时候柯次基对于这件可讽的事,写信给他。嘲骂他,收尾说道:"欢迎美国工界联合会的会长。欢送制造家团体的副主席。"

我们愿意提醒了柯次基这件事,并且希望他现在对于他联工会中的亲近同伴汤姆氏要到诺斯奇,希德曼卢单道夫的会议,这种怪念头,柯次基再写一篇文,收尾上说:"欢迎第二国际的大首领,驱逐强盗国际联盟的秘书。"

这里还有别的例:

爱泊悌 Ebert 是德国社会民主劳动党的主席。(此党曾加入第二国际)。对于他么,一九一九年十二月二十六日奥伦无线电云:"爱泊悌会长发电于布瑞司老主教,千万致意的贺喜,因为他被任为大僧正了,是很好的事情。"

以上所谈的,加鲁·柯次基是第二国际的理想的首领,直到现在,他还是这个

"年老德重"团体的理想头目。每个欧洲有"阶级自觉"的工人,全都知道柯次基"理论的"攻击俄国苏维埃政府。反对德国同别国的共产党。按事实来说,柯次基反对俄国苏维埃共和国的论调,已经登在德尼金、高尔怡等等顽固将军的报纸上。柯次基近来著出一本书,名叫《虐政与共产主义》,就是生出这种的感想。我们可以引此书的几句话,柯次基因为大大的污辱俄国共产党的名誉起见用最精确的科学考察,来报告全世界。他造出事业,制出文书,来说:在苏维埃共和国各大城里边,实行了……"妇女国有了"。

以上种种,就是从前领袖退步的程度,而并且他们就是将死第二国际的"理想的代表"。他们再要退步到什么样子,可就难以设想了。

第二国际,跟第三国际在"帝制派战争"起首时候,就竞争起来了。社会民主党人,给"皇家主义的残敄"祝福。早就替他们把坟墓掘好了。欧洲战地,每个枪声,每个炮响,都是第二国际的死葬钟声!

大战的初期,第三国际已经到了预备的时期。亦就所谓初生时期。欧洲工人的花朵,被人用罪恶的手段,教他们互相残杀。他们已经过了一个思想一定的转机,严寒秋冬之夜,法国、德国、英国的工人,彼此爬在对面的战壕里边,深深的思想:为什么地狱日子无穷无尽呢?在那深夜里,欧洲无产阶级的军伍,可就先得着,先想出一个念头来。他们想到:必须要生出一个新的、真诚的万国工人的手足团体来——就是第三国际。

第二国际与第三国际思想上的战争,已经快完了。第二国际,道理上已经完全打败了。他的思想,已经被近五年的大事闭塞住了。直到现在这两个万国联工会,不是思想的战争,已经到了用兵器冲锋的形势了。

不会有别的样子的,无产阶级已经手里拿着兵器,冲着中等社会起来了。而第二国际,是跟中等社会防御一边的。所以跟中等社会用兵器冲突,同时就跟第二国际用兵器战争了。

拿德国作个例。在德国里,第二国际会,最有名的代表是谁呢?一定是诺斯奇(Poske)了。诺斯奇同他的党羽,不但是第二国际的会员,并且是他的主要支持者。

德国第三国际主要代表是谁呢?无疑的是共产党了。

共产党由加鲁·里布勒希及罗萨·卢森泊——就是施曼德党要谋害的。在德国中第二国际与第三国际的竞争,已经成了"短兵相接"。这样么,德国作为二个万国联工会交战的国的一个榜样。有一个兵刃相斗的形式。从这个战争,每个工人全都明白了。第二国际,是残杀劳动界凶手的组织,是资本家代表的组织。而第三国际是最有进步工人的万国联工会。这些工人,是立志或者推倒资本主义,或者死亡的。

在小国里边,如同 Eslivia 伊斯童尼亚 Geogia 佐治亚等等,政权全操之于社会民主右党,同第二国际会员之手。而千百共产党工人,及第三万国联工会会员,全不准参预国事进行,及调查。国内战争,亦很烈害。我们在英美法意各国里边,亦可以看出同样的情形。在这些国里,阶级战争愈弄愈成了内乱样子——全世界上情形的发展,全是一样的。一九一九年十二月五日,利普仔格 Leiptzig 德国独立社会民主党开会的时候,以二百二十七票,对五十四票,决定脱离第二国际,而入于第三国际,这件事很有历史上的价值。这是已腐,将死的第二国际最终的打击。这也就是所谓第二国际的末日了。

现在谁还是第二国际的呢？只于那些"社会民主的枪手",同"谋杀工界的凶手"。诺斯奇是第二国际余孽的首领。在薄尼 Berhe 万国际联工会里的高僧们,很接续着把些工人笼着统治起来。因为独立党同在第二国际附属他们的分子,已经把社会蟊贼施德曼瑞诺德尔等等刷白了。这样狡计,已经被铲除……第二国际,迎着全世界的工人在面前了。他就如同中等社会显然的助手,同强盗的国际联盟无双的支助。他已经为所有诚实工人所不承认,亦为全体有"阶级自觉心"的无产阶级,所不齿。第二国际不过是"苟延残喘",苦渡可耻的末日罢了！

独立党在利普仔格会议的决议,是共产党万国联工会道义上的大胜利。柯次基曾是独立党理想的首领,同创办人。可是他是共产党万国联工会的大凶手,所以柯次基变成一个叛教人,变成中等社会的谄媚奴才——中等社会就是特别加害,诬陷共产主义的。现在么,柯次基被现在的本党反对了。他自己手创的组织,已经摘发他的罪恶了。他现在只有一件事可做——就是"明目张胆"向着施德曼党了。

我们手里有好多材料,对于利普仔格会议两种潮流激战的详细情形,可以明白清楚。

由简单无线电报,评判起来。此次会议的决定有些辞义暧昧的地方。自然在这"半浮夸的演说"里边,对于联工会受俄国影响的危险,已经讨论过。对于立刻加入第三国际的决议,赞成的不过全数三分之一。大多数的决议,有些外交手腕在里边。有些独立党右翼的领袖,自愿解释这决议,为的是教第二国际得好处。这是毫无疑义的。非然者,要事早就办好了。工人们是得强迫他们领袖向前进一步的。

德国独立党里边,有七十五万党员。入党的工人,大半都跟共产党万国联工会表同情。柯次基同他的党羽,用各种方法,错引他们的方向。领袖们对于他们的决议,不闻不问。他们的欲望,亦没有人想过。现在工人要报此仇了。

德国独立党的决议,对于别国普通分子,要有很大的影响。速率的增加,要在法、英与美分析出来。近来我们全都晓得波兰国内出版的,犹太社会民主同盟机关报。到了近来,这个同盟,因第二万国联工会最热心的赞助人,自从利普仔格独立党决议以后,就是最会投机的波兰同盟,全都晓得必须与第二国际脱离关系。这只要沉的船,是个个搭客都要快快离开的。

第三国际在各地的进步事业,差不多全不逻辑的——（除去俄国的外）。中等社会,得了第二万国联工会的帮助,事事都想阻碍他的进行。各国的劳工,必须打破多少的困难,才能自己站得住。有经验的大凶手,克雷曼素同别的外交家,对于阻止我们事业的事,绝不迟疑一步,然而工人万国的接近,受共产主义的指引,一天发达一天,一天比一天有力量。共产党万国联工会在莫斯科组织起来,不过才九个月,从那个时候起,我们的组织,异常的长大。单把加入第三国际的组织记载下来,就可以证明了。

一九一九年三月，莫斯科共产党万国联工会的第一次会议，有二十四个团体同组织加入。从那以后，我们得了我们万国同胞的新会员的正式报告如下：

一九一九年三月十九日，意大利社会党在米兰决议加入共产党万国联工会。

四月八日，□威社会民主劳动党会议，决议加入共产党万国联工会。

五月十四日，得瑞典青年社会民主党消息，加入第三国际。

六月十四日，瑞典社会民主左党决议加入第三国际。

七月二十日，波兰共产党总干事部正式声明为共产党万国联工会会员之一。

六月二十二日，巴尔干社会民主党会议，议决同一行动。

七月十六日，瑞士国内之意大利社会党，会议有同样的决议。

瑞士社会民主党，普通大会，决议加入共产万国联工会。虽然复议时失败，然而赞成者岁及半数。

八月中，美国社会党会议议决加入第三国际。现在美国有两个共产党，均为第三万国联工会会员。

八月中，加里西亚加入第三万国联工会。

九月中得消息云，拉萨劳伦共产党，已加入第三万国联工会。

同样入会消息，还有从美国社会党的乌克伦尼亚会议及许多芬兰组织得来的。

包伦城十月中举行的意大利社会党会议，由大多数通过议决加入共产党，万国联工会。

十月二十三日，英国社会党决定着手加入第三万国联工会。

十月三十日，巴维瑞亚独立党，通过同样的决议。

十一月二十日，许多丹麦国社会民主党，决议加入共产党万国联工会。

布里米亚、墨西哥、劳伦三处团体，同日正式声明加入第三万国联工会。

裕哥，斯拉维之社会党及共产党，十二万党员，于十二月中加入万国联工会。

同月中，高丽社会党加入万国联工会。

又得报告云，欧洲某城中举行青年劳动界联工大会议。到会者二十二万人之代表，全体通过加入共产党万国联工会。

斯堪城那维亚（瑞典与挪威）工界会议有同一行动。

由约三十万工人之代表二百六十八人。全体通过，决定加入共产党联工会。

一九一九年十二月西班牙社会党大会议，一万二千五百票赞成第三万国联工会。一万四千万赞成第二万国联工会。

最后的消息，是利普仔格独立党的决议，上文我们已经谈过了。

在某国中（指芬兰国）一年半以前，平等社会得着"〈白〉社会民主党"的帮助，残害了七万工人。到了今日，一个劳工报纸里有一篇文字，题目是《第三万国联工会的胜利大进行》。我们把他写在下面：

"在芬兰、匈牙利、德国里边，自从反对革命的中等社会，同他们的奴才社会民主党人，残杀最优秀的工人以后；各处起初到很平静。其实不过是表面上罢了。那工人的'奸猾领袖'们，如疯似狂在各处用尽力量，去引导大众的革命举动，入于缓和的轨道；并且嘲骂第三万国联工会同最有进步的奋斗。还有那些以欺骗工人为业的空谈者，用尽方法，在国会里边推翻工人的势力——就在这个时候，无产阶级革命的精神，已经在国会会场之外，得了力量，而第三万国联工会，已经接续的胜利大进行了。"

"有些个国里，'工人领袖'的野心，已很达完全的目的，欺骗工人，已经变成一种真科学。例如法国。然而那里的工人，在共产党万国联工会旗帜之下的，愈集愈多，社会的不公平，已经太不能忍受。富有阶级最大的允诺，亦不值什么。这次战争，已经是一个大大祸害，引起更大的凶灾。国会已经证明出来是空谈的会场。御外辱的兵器，用在国内来打工人了。'德谟克拉西'的强暴、压迫，是工人面前永远的一个残无人道的力量。

这样么，劳动群众不再听从他们奸恶领袖的'甘言密说'，厌弃了他们的奸计，无论如何，亦要脱离了'陆沉'的情形，这还有疑问么？劳动群众为他们的'阶级战争'为他们的自由，而加入第三万国联工会，这还有什么疑问么？"

一个人要读这芬兰工人机关报的几行字，没有不深为感动的。因为这个机关曾经过千辛万苦的尝试。是的，芬兰工人是对的，第三万国联工会的进步，实在是胜利的大进行，我们亦必要跟我们法国同胞劳瑞欧表同情，他写他们这一篇文章，题目是《唯一的万国联工会》说道："第三共产党万国联工会，是将兴的明星。第二万国联工会就要可耻的死去了。第二万国联工会与第三万国联工会的战争，是中等社会同无产阶级的战争。中等社会阶级，已经败灭了。无产阶级是力量日增——有将来无限的大事业在前边。共产党万国联工会，将要在最近时间，联合起来各国的工人。共产党万国联公会，就是令被压迫的世界有希望的明星！"

（《共产党》第三号，1921年4月7日）

27.《俄罗斯的儿童问题》(《共产党》第三号，4月7日)

《共产党》第三号刊登《俄罗斯的儿童问题》，全文如下：

从哈尔滨到海参威，一路上朔风大雪，除了"行路难"以外，最大的感触要算"俄罗斯的儿童问题了"。我每见俄国人对待儿童的态度，不禁暗暗纳罕。想到保卫赤子本出乎天性，自无希奇可说。然而俄国人的"保卫赤子心"和"保卫赤子法"实在有些地方与众不同。他们的用心是神秘的，他们的方法是科学的。几种感触人之深，这种问题关系之大决不能以几句官话说明。所以我拿这件事作个材料：一来述自己的感情，二来介绍俄罗斯的建设事业。

我常说："欧战恩赐各民族的佳惠，除了一大堆极待解决的问题以外，大概没有别的可言了。"从表面看来，这句话似乎有点武断，细细的一想，趾高气扬的战胜国和忍气吞声的战败国，那一个没有"一大堆待决的问题"？四五年以来，人类的精力差不多糊里糊涂浪费殆尽；除了"战争之神"所收获的种子以外，及添了许多收成来满足吃人饮血"死神"的壑豁！战争已经把人心变硬了。残暴凶恶充满了宇宙，蒙蔽了保惠、怜悯、同情、创造的本能。俄罗斯内忧外患交攻,自然比他国"战神之赐"更多。整千累万的儿童们,或关食物不充,或由时疫流行,或由无人看护,仿佛欲开未开的花,因为缺乏滋养便奄然化去。那个时候的俄罗斯简直是儿童的坟地啊!因为饥饿变灰的小脸,一旦看见从封锁政策里漏进来的一块糖,便现出笑容。甚至俄罗斯教育委员长向外国新闻记者说道:"没饭吃国里的小孩子们享受没饭吃国里最高的幸福;实受封锁政策之苦的是成年之人,不是小孩子们。"诸如此类的故事一时也难说完;听了,着实有趣,着实可悯。但是我们要研究的题目是:俄罗斯怎样在愁苦、饥饿、封锁里头保护今日之儿童,来日之主人翁?

俄罗斯公共卫生委员会的格言说,"小孩子们应该享受食物优先权;他们在城市或乡村的生活应该以极卫生的环境适应之"。看了这段格言,我们可以知道俄罗斯行政机关对于儿童负最大责任的自是公共卫生委员会。教育委员会和食物供给委员会当然也帮着一同进行。现在把我所知道的儿童事业略述于下。改日再细细报告。

(一)儿童食物问题——一九一七年三月十七日国民委员自治会下令:以优美的食物享待儿童,十六岁以下的小孩子们都按着法律享有食物优先权。谨之以俄国人的谈话和俄国杂志报章所载,这个命令绝不是空言的,实在有事实可举。

(二)儿童健康问题——俄罗斯劳农政府为保卫儿童健康起见,设了一个儿童健康保护委员会。这个委员会于一九一七年十二月成立,以公共卫生委员长、国民教育委员长、医生、教员以及各工联的代表组成。按着事务性质的区别,分成三部:一、检查部——专检查儿童宿舍、幼稚园、学校等等的卫生状况和设备;二、体育文化部;三、学校部——专设立和管理各种学校,使体育上或精神上有残疾的儿童们在内修养训练。

(三)儿童体育问题——除了儿童健康保护委员会的体育文化部以外,公共卫生委员会又在一九一八年十月设立一个体育文化学院。有许多城市和乡村实验学校全附属于这个学校。从其教材、组织两点看来,体育文化学院简直是"儿童劳工"和儿童体育训练的试验室!

(四)儿童防疫问题——以上所举的三项尽是积极的儿童事业,还有一件消极的,便是防疫问题的解决。除了各种体育残疾的学校以外,许多特别的学校养病室差不多在农业区内到处都有了。儿童在养病室里或受医药待遇,或受精神上的教育。据俄国公共卫生委员会的报告所载,儿童防疫事业里最重要而最难办的便是肺病的防御策。

(《共产党》第三号,1921年4月7日)

4月

28.《社会问题详解》(著作,目录,摘录,1921年4月)

商务印书馆出版高畠素之著、盟西译的《社会问题详解》(共三册),实价1元5角。

目录：总论 社会问题的意义及由来；第一篇 社会政策；第二篇 社会主义；第三篇 劳动组合；第四篇 妇人问题。

5月
1日（星期日）

29.《劳农制度研究》(《民国日报》副刊《觉悟》，5月1日)

《民国日报》副刊《觉悟》刊登高斯华西（John Galsworthy）著，汉俊译的《劳农制度研究》，摘录如下：

一　劳农俄国之政治组织

马克思著了一部《法国内乱》①的书，批评一千八百七十一年巴黎的自治团，那书上有两句话："劳动者单靠掌握现成国家的政权，来达到自己的目的，是做不到的。"照马克思这样说，劳动者若是要自行解放，应该要求一种怎样的国家机关呢？

《法国内乱》一书出版之后四年，即是一千八百七十四年，马克思又著了一部《哥达纲领批评》②的书。在这部书中，马克思很明了的解释上面的疑问。他说："在资本主义社会到共产主义社会的中间，有一个革命的过渡期。这就叫做政治上的过渡期。这个政治上的过渡期，即是无产阶级革命的独裁政治。"

从那时候起到现在，只相隔四十五年，于是这无产阶级独裁政治就成了事实，在俄国实现了。一千九百十九年三月六日万国共产党在莫斯科开会，提出了纲领二十二条，列宁曾经提起了下列的一个陈述。

"绝灭一切资本主义制度，就是社会主义者的目的，马克斯是第一个人首先这样主张。此种目的若不实现，就不能达到真正的平民主义。但是这个目的，只有依赖劳农会制度，（换句话说，就是无产阶级的平民主义）方能达到。为什么呢？因为劳农会制度，是使劳动者群众的组织，继续的而且绝对的参与国家行政，以前一切资本主义制度，都可以因此消灭于无形。"

由列宁说起来，唯有劳农制度与马克斯在四五十年前所预想的无产阶级国家的政治组织相当。所以他说："巴黎自治团，已经向着这个方向，踏进了历史的第一步；劳农制度，踏进了第二步。"

列孟特洛宾斯说，多数主义就是 All Power to the Soviets（一切权力都归劳农会）五个字，成就了革命的。但是劳农会，也不是专在获取政权的机关，实是代表旧政治组织的新政治组织。这就是应用马克斯"劳动阶级单靠掌握现成国家机关不能达到自己阶级的目的"的话，造出来无产阶级国家特有的政治组织一个新标型。

---

① 《法国内乱》，通译《法兰西内战》。
② 《哥达纲领批评》，通译《哥达纲领批判》。

所以劳农制度的研究，就是俄国现在政治组织的研究，又可说是马克斯以来成为悬案的历史的问题的解释。

二　劳农制度思想的起源

列宁曾经对着美国红十字【会】代表者洛宾斯大佐①说："我们的制度，会要破坏你们的制度。为什么呢？因为我们的制度，是认定现社会生活根柢的社会的管理。"劳农主义既是一个制度，是一个组织。那么，这个制度的特质又是什么呢？列宁接着又说：

"我们的制度，就是把现时真正的力当作经济力，所以今日社会的管理，就是经济的管理，就是经济的管理。但是这种机关，是怎样组织的呢？譬如由巴克②地方派遣出来列席全国劳农会的是谁呢？那么，我们知道的，巴克是产石油的地方，巴克是产石油的巴克。所以巴克的代表者应该由从事石油业的人选举，应该由一些从事石油事业的劳动者选举的。"

劳农制度的特质是对于依据选举区而选举的依据产业而选举的一样。依列宁说，所谓无产阶级独裁政治，换句话说，就是对于资本阶级平民主义的无产阶级独裁统治。就两者的特质说，资本阶级平民主义，隐却阶级对立的事实，以地方的代表为基础；无产阶级平民主义，根据阶级对立的事实，以产业的单位所举的代表做基础的。

把产业的代表代替地方的代表而组织的制度，是劳农制度的根本思想；但是这种思想，也不一定是俄国革命产生出来的。美国有名社会主义者德列翁在俄国劳农制度未发生以前，曾经主张过用产业的代表，代替地方的代表。列宁在某社会主义杂志上，曾经把自己的思想和德列翁的思想比较批评，很佩服德列翁的先见。后来，他曾经引用德列翁书中一句话，作为共产党的纲领。

但是产业的代表的思想，可以回想到涡文③时代的。

一千八百三十年的前后，是英国的工会运动最盛的时代，涡文结合五十万的劳动者，组织全国大联合的工会。这时候在涡文之下有名叫斯密司④的人，在涡文派的机关杂志《危机》之上，提出一个议案，主张废止下议院，代以职业议会，把各种职业作为选举单位，各设职业的代表委员会。可惜不久全国大联合的工会凋落了。"当年的斯密司，变成牧师节姆司埃里西亚斯密司发行《家庭新报》，思想完全改变了。他的关于新组织形态的偶然的议论，埋没在杂志之中，不复留意了。"这是波司喀特说的。

这种无产阶级的组织，曾经出现两次。依波司喀特说，"虽然是偶然的事实，但

---

①　洛宾斯大佐，即到俄国的美国红十字会代表团成员罗宾斯上校（R. Robins），他多次与列宁谈话。
②　巴克，通译巴库（Baku），1920—1922年为阿塞拜疆苏维埃社会主义共和国首都。
③　涡文，通译欧文（R. Owen，1771—1858），英国空想社会主义者之一。
④　斯密司，当指 J. E. Smith（1801—1857），即后文提到的节姆司埃里西亚斯密司，英国报人，《危机》（Crisis）杂志编辑。

是到现在并不是纸上空谈,已经成了事实了"。这就是在一八四八年的二月,在巴黎演出来了。这时候共和政治,已经布告,市街上唱起马尔塞革命歌,洛斯查尔男爵曾在稠人广众之中拥抱过一个劳动者。绅士阶级民主主义的临时政府,也不能安然无事,政府部内,已经有了两个社会主义者了。内中有一人是全欧洲抱有实际的纲领的唯一人,即是路易布朗①。当时布朗在劳动阶级中最有名望。"他每次开口能够使那些温和派战栗,他若是愿意的话,他很可以使巴黎民众,用暴力达到目的。"所以那些温和派的人,想使布朗不干与政局,特意给他全权,使他组织特别委员会,从事劳动组织。结局他组织了卢森堡委员会,这委员会由各种工场各种职业选举而成;其下更设有小委员会,代表各种的职业。"由产业来代表巴黎无产阶级的这个委员会,容纳布朗的社会主义的思想;不特热心支持,而且国民议会的选举中,也准备了赤色的候选人;当时常常发生的同盟罢工代表劳动者方面;又在某种职业中,这委员会已经强制的实行八小时工作,和制定最低工银的条件。"所以后来蒲鲁东也照样的在全法兰西都市,提议了这种的组织。

国民议会于是开会,反动的势力就充满起来了。于是七月间发生了社会主义者的革命运动,卢森堡委员,立即加入了,指导这种运动;可是经过三日苦战之后,革命运动失败,委员会也消灭了。"马克斯以及别的人,虽然没有留心这种革命的议会的重要,可是最初的劳农议会的方式,已经在这时候发生出来,不过为时不久复归消灭罢了。"

所以照上面所述的看起来,从那时候起隔了六十年,这种思想,已经表现过三次,于是圣彼得堡的革命运动,就采取真的劳农议会形式显现出来了。

"一九〇五年俄国的无产阶级革命运动,虽然没有成功,可是当时的圣彼得堡的人民,因为举行总同盟罢工,组织了罢工委员会。总同盟罢工的结果,就得着那立宪预约的《十月宣言》。这些罢工的人员,事实上多是彼得格勒的罢工者——中产阶级的分也有些在内——的代表。但是这个委员因为有些农民代表加在其内,所以随着革命的进行,只尽了罢工委员会的职务,却失掉了劳农议会的特征。因此这个倾向,在未充分发展以前就被暴力扫荡了。"

代表劳动阶级的委员会,像今天这样采取含有组织无产阶级国家的意义的劳农议会名称,以这一次为始。一九零五年圣彼得堡的劳农议会,虽然有人说是由那社会民主党中的少数党②组成的,但是正确的说起来,劳农议会,还是从那时候革命形势的当中,自然发生出来的一种劳动阶级的组织。这也不是当时圣彼得堡的劳动者如此,就是全国的劳动阶级在阶级斗争形势达到一定阶级时,自然要发生同一的制度。列宁对兰松③说:"我最初以为劳农会制度是俄国独有的东西,现在我才知道到处都有这

---

① 路易·布朗,通译路易·勃朗(L. Blanc,1811—1882),法国社会主义者,政治家、历史学家。1848年法国革命时成为临时政府成员,担任劳工委员会(即卢森堡委员会)主席。
② 此处"社会民主党中的少数党",指俄国社会民主工党的孟什维克派。
③ 兰松,疑为兰斯布芮(G. Lansbury,1859—1940),英国社会主义者、工党领袖、报纸主编。1920年访俄时见过列宁。

种革命机关，不过名称上有种种不同罢了。"现在英国劳动者在工场委员会的名称之下，和劳农制度相同的组织，自然的发达起来了。

但是彼得格勒先年劳农会的组织，很依赖少数党的助力，这确是事实。就是基诺维夫①也说："一九零五年的彼得格勒劳农会是少数党所组织的。"然而少数党并不觉得这种劳农会在将来能够成为无产阶级国家的组织的。在当时，列宁对于劳农会的观察究竟怎样，这也是有趣的资料。关于这一点基诺维夫曾经在《列宁一生及其事业》一书内，有下面一段说话。

"一九零五年的时候，列宁不过看见过劳农会一两次，但是我很相信他从巴尔哥尼②坐位的高地方，看到最初劳动者会议的时候，劳农国家的观念，必定已经印到他的脑筋里去了。或者他当时已经预先看到了劳农国家，晓得这种社会主义的无产阶级国家的原型，必定有一天能够成为这一国的唯一的权力的。

在一九○五年的时候，列宁已经说过：劳农会并不是今日出现明日消灭的暂时组织；也不是和工会相似的那种日常普通的组织；这个实在是在万国无产阶级历史之上，在全人类历史之上能够开辟一个新生面的。"

三　劳农会之发达

一九一七年三月革命的时候，劳农会在俄国再现了。布拉伊斯说明这些劳农会怎样在革命风潮内发生的原因，曾经有下面一段说话。

俄国劳动者的生活是欧洲所没有的悲惨穷乏的生活。他们在营养不足的状态中做长时间的工作，而且工场之中布满了刑事包探。农民的运命也是一样。俄国有半部分最好的土地，归大地主和寺院，和皇室所有。他们耕种这些土地，也和农奴一样。所得的收获充俄皇的军费，输送到外国去，他们差不多都为饥饿所逼迫的。自从经过三年的战争以后俄皇让了位，警察被劳动者拘禁在彼得格勒去了，哥萨克加入民众的方面了，这时候的光景也可想象得出来。

"这时候洪水完全泛滥了。全国到处都是兵士集会，劳动者集合于工场，农民集合于'可姆'③建的周围。个个人都说一样的话！我们以后怎样做？从巴尔七克④地方到太平洋，从北极地带到土耳其斯坦的阿亚西斯，这些地方非公式的自由集会，非常之多。这些事都是由那种脱离腐朽的旧社会形态的羁绊而流露出来的自由精神表现出来的。他们最初还是漠然的不甚明了，后来不久就采明了的办法，晓得建设社会新组织的粗杂的机关了。这就是劳农制度的萌芽。新社会组织，第一要紧的事，就是新规律。所谓劳农会的劳动者兵卒农民非公式的集会，就是担当这种任务。彼得格勒的卫戍兵，在三月革命第二回以后，下了布告，说以后没有劳农会副署的命令，一概没有

---

① 基诺维夫，即季诺维也夫(Г. Е. Зиновьев, 1883—1936)，俄共(布)领导人之一，共产国际执行委员会首任主席。

② 巴尔哥尼，即英文 balcony，一般译为阳台；相应的俄文 балкон 还有包厢之意。这里特指用作会议厅的剧院中的包厢。

③ 可姆，疑为俄文 ком，公社、公地等词的略语和词头。

④ 巴尔七克，应指波罗的海(Балтика)。

服从的义务。……这时候工场中劳动者也开会选举委员了。委员会规定工钱以生活费为标准,他们又检查了工场主的账簿,调查了战时利得的多少。

一九一七年夏天,哥尔尼夫①作乱,这时候劳农会的实力,才开始显现出来。

兵卒委员会,把他们的同党,配布在电信队和铁路上,把反革命派的通信,一概停止,把该会的通信训令,传布全国。这时候反革命派虽然消灭了,可是战争还没有消灭的。于是俄国人民心理,就发出和平国际的团结精神出来了。这种精神就成为无秩序无政府的状态表现而出,这时候,多数派若不率先顺应这种倾向努力运动,恐怕别的团体,也要起来干了的。所以多数派就首先起来指导这种运动,引向有秩序的途径。他们相信以战争为利益的阶级之间没有真平和。所以他们反对那妨害平和的阶级。于是革命的当初由非公式组成的兵卒委员会,依他们的要求使这种爱平和的冲动,成了合理的要求,在外面表现出来了。

劳动者的委员会,也有同样的任务。一九一七年的夏间,彼得格勒和莫斯科的劳动者,依工场委员会之力,努力改善;但是他们每逢要管理雇主的行动的时候,就遭着劳动者的同盟罢工,而且有时遇着自卫军的反抗。一时又现出混乱状态,各劳动团体,互相争取缺乏的原料。于是这种劳动委员会,差不多变成替会员掠夺的委员会了。这时候,多数派于是起来了。十月革命以后,多数派得了政权,就使所有的劳动者委员会都得着政治上经济上的权力,把没有组织的一切劳动者,都调动起来了。

农民的方面,也是一样。一九一七年的夏天,地主对于农民土地委员会,也行了一个反抗运动。农民中为首的人,都被投入狱,或遭惨杀,农民也有掠夺地主的家宅图报复的。十月革命革命的时候,地方已经陷在无政府的状态。多数派掌握政权之后,立刻承认三月间各地农村所组织的非公式委员会为合法的权力,有没收地主的土地为全社会谋利益的权利。

农民之中又分富裕者和贫农,互相争夺大地主的土地,而农村中组织的农民委员会,又是贫农阶级的武器。于是在没有秩序的反逆的土壤中播成的种子,发出芽来,就在有秩序有规律的空气中长成了。"

照上述所述的看起来,劳农会是从阶级斗争中自然产生出来的无产阶级的组织,也不一定是按照多数派的理论组织的,也不是多数派亲自组成的。而且在十一月革命的时候,社会革命党和少数派在劳农会的势力比多数派还要大。但是能够预先看透劳农会历史的意义的,还是多数派。社会革命党和少数派,单把劳农会看做是劳动者农民拥护经济上利益的"日常普通组织",而多数派却能够在混乱状态内自然产出来的劳动者组织之中看出无产阶级国家的组织大呼"一切政权都归劳农会"的标语。所以劳农会的起源和发达,和多数派的理论并无关系,但是成了无产阶级国家组织的劳农会,就和多数派很有关系了。所以波司克特所指摘的事实看起来,劳农会失败了多数也要失败的。假若社会革命党的左派,起来代替多数派掌握劳农会的政权,他们的政

---

① 哥尔尼夫,即科尔尼洛夫(Л. Г. Корнилов,1870—1918),原为沙俄将军。1917年俄国二月革命后任彼得格勒军区司令,同年8月被任命为临时政府军队总司令。不久发动了未遂政变。

策，恐怕也要踏袭多数派已定的政策。譬如一九一七年七月间，有人造谣言，说多数派某分子是德探，某工场的人，公然把这个人解职，另选少数的人物继任，但是后来查明清楚之后，还是选用多数派的人。照这样看来，以后的劳农会中多数派的势力，有时减少也料不定，但是无论哪一派起来执政，总不能变更多数派已定的政策的。所以就这种地方说，在理论上劳农制的制度，就是多数派的制度。

四　劳农会之组织

劳农会是指俄国现在的政治组织说的，但是 Soviet 的语义，本来和英语 Council（委员会或评议会）相当。简明的说起来，劳农会就是劳动者农民兵士的代表委员会。

"俄罗斯社会主义联邦共和国"各村落各都市之中，都有劳动者农民兵士选出的代表的劳农会。大都会之中又分区，区设劳农会。在起初的时候有许多地方，有劳动者的委员会和兵士的委员会并存的，三月革命以后，两种联和会，就联合起来，组织联合委员会，到了现在，都并在一起了。但是特殊的地方，劳动者和兵士，也有分别集会的。

农村中农民委员会，至十一月革命之后，才和劳动者与兵士的委员会相融合的。

各地方劳农会的代表者，集合起来，即是全俄劳农大会；全俄劳农大会，代表俄罗斯社会主义共和国的最高权力。劳农大会，选举全俄劳农会中央执行委员会，又选举专任执行委员，组织人民委员评议会。人民委员评议会和别国的政府相似，列宁现在做的就是这人民委员评议会的议长。

以上是劳农会组织的大纲，但是除了各地方的劳农会和全俄劳农大会之外，还有两种地方的大会。其一，即是介在地方劳农会和全俄劳农大会的中间的组织；其二属于别的系统的组织。

(《民国日报》副刊《觉悟》，1921 年 5 月 1 日)

7 日（星期六）

1 日

30.《各团体答复文》(《新青年》第七卷第六号，5 月 1 日)

《新青年》第七卷第六号，刊登《各团体答复文》，如下：

（一）全国报界联合会

俄国人民及俄国人民的政府公鉴：

我们接俄国劳农政府很公正而有力的通牒，无任欢喜。我们谨代表中国底舆论，对于俄罗斯社会主义联邦苏域共和国人民表示最诚恳的谢意。希望法、俄两国人民，在自由、平等、互助底正义下面，以美的友谊，致力于芟除国际的压迫及国家的、种族的阶级的差别。

中华民国全国报界联合会

(二)全国各界联合会

俄国人民暨俄国劳农政府公鉴：

顷接俄国劳农政府通牒，不胜欣喜。吾人前此，以中外报章传闻复杂，无从悉俄国之真相。今读俄国通牒一种，正谊人道之主张流露言表。凡世界各国人民中之宝爱正谊人道者，常无不表示赞同。吾人更信中国人民除部分极顽之官僚、武人、政客外，皆愿与俄国人民携手。中华民国全国各界联合会，用敢代表中国人民，答复俄国人民暨俄国劳农政府之盛意。

溯自武力主义及资本主义印入于世界各民族之脑筋，遂因国家的种族的阶级的差别，而上演惨剧！于足强侵弱富欺贫之惯习，充满于社会与国际。俄国人民首先为正谊人道努力。此次通牒声明，将中东铁路、矿产、林业权利，及其他由俄帝国政府，克伦斯基政府，土匪霍两瓦特、谢米诺夫俄国军人律师资本家所得之特权，皆归还中国。俄商在中国内地所设之一切工厂，与夫俄国之官员牧师或委员等所以不受中国法庭之审判之特权，皆一律放弃，并抛却庚子赔款，无非以俄国人民极信仰之自由、平等及互助主义，推行于世界。不独向中国人民表示好感也。从此旧式政治家，资本家之迷梦，无由实现，而公正有力之声浪，弥漫世界，则各国人民群起打破国家的种族的阶级的差别之期，不远矣。

吾人不能不为俄国人民告者，西南政府致北京政府，皆为一部分极顽朽之官僚、武人、政客所盘踞。彼辈恃武力与外资而固其位置，实与俄国高尔哲无异。频年以来，北京政府为仰日本之军械金钱之援助，竟与彼国军阀私订种种不平等条约，吾人甚为痛心。刻下已经觉悟之中国人民，正准备与部分极顽朽之官僚、武人、政客奋斗，无论如何牺牲，均所不辞。惟如辈挟有数十万之军队，此类军队未受教育者居十之八九，素为彼辈所蒙蔽，吾人已拟设法唤醒之，俟大多数军队觉悟之后，彼辈之凭籍已失，必不能压制中国的人民。是时吾人之进行毫无障碍，不难屏前日俄帝国所任命之公使及领事于中国境外。本会谨依俄罗斯社会主义联邦苏城共和国人民所组织之劳农政府之通牒，正式声明，收回各项权利，庚子赔款，并恢复中俄两国人民之邦交，至遣代表赴俄国军队之前一节，亦所深愿。希望俄国人民再接再厉，作正义人道之前驱。中国人民为世界人类之一部分，自应共负维持正义人道之责任也。

中华民国全国各界联合会

(三)全国学生联合会

中华民国学生联合会总会，谨代表全国全学生用极诚的俄罗斯国民及其新创造的共和政府之前。你们这一新纪元，我们实在是钦佩得很。至于对于最近你们在致我伤的一次的大举动，恳的心意，本复于我们亲爱的通牒中所表示之盛意，足为世界革命史开了尤觉无限感谢，我们自当尽我们所有的能力。在国内敬主张，与贵国正式快交路变，并取以热烈的情绪，希望今后中俄两国人民在自由、平等、互助的正义方面，以美满的友谊载力于安除国际的压迫，以及国家的种族的阶级的差别，俾造成一个真正平等、自由、博爱的新局面。

中华民国学生联合会总会
中华民国九年四月十一日

（四）上海各界联合会

俄国国民劳农政府钧鉴：

顷接俄国劳农政府交涉委员喀拉罕署名之通牒，实足为国际史上，开一新纪元，无任欣慰。吾人谨愿根据此项通牒，正式恢复中俄两国国民之邦交，并声明接收俄国退还各种权利，从此两国国民努力互助，以牺牲精神，使自由平等博爱主义，发挥光大。

中华民国上海各界联合会（由总务主任署名）

（五）宁波同乡会

俄国劳农政府公鉴：

贵政府通牒声称将中国路矿、森林及其他种种权利，由从前依帝国政府历届条约及克伦斯基、霍尔瓦特、谢米诺夫等所得之特权，统行归还中国，俄国商民在中国通南口岸或内地向来不受中国法庭之审判之特权，并律抛弃，并还走于赔款，具见贵政府信

而先表示好意于中国。仰自由、平等、互助主义，将推行于全世界，

于国际交涉之不平等，深感痛苦，我宁政旅居上海商民，见报登通菜同声欣墅。查我国自与各国酒南以来、商民对迄今七十余年于兹矣。近复武力主义资本主义偏布远东，野心之国，乘机利用，使我中国商民岌岌不可终日。今得贵政府声明正谊人道，冀两国商民从兹推诚握手，尤所欢迎，用特掬诚先致感谢之意。

宁波旅沪同乡会

（六）上海各马路商界联合会

俄国劳农政府公鉴：

我们在水深火热被侵掠的当中，忽接到贵国政府给我们中国人民的通告，把从前贵国专制政府所得于我们的一切权利，根据贵国立国的精神，无条件的归还了。我们对于贵国此种公正友谊的处置，不但表示十分诚意感谢的心与赞美贵国所取的立国的精神，为世界外交史上树立了未曾有的模范。并且觉得在这公道正义互助的新世界下面，也有同等的责任，应该努力奋斗，使国际的压迫，国内的专制阶级，都从彼此消灭。便使博爱、自由、平等的精神，益见彰明。民族在黑暗痛苦的压迫底下，希望同情的心做切，得了同情的援助，感激的意思也是最深刻的。我们现在便是这样意思，感谢贵国的厚意，也是秉了这种意思。觉着我们的责任十分重要，愿中俄二国民族万

岁！全世界的幸福万岁！

上海各路商界总联合会

（七）国会议员

全俄人民，暨全俄劳农政府诸执事公鉴：

吾人奉读贵政府外交委员喀拉罕至中华民国民国民之通牒，关于在弃从前取得中国一切不正当之权利，纯基于正义人道平等自由之观念，绝不舍有国际间一种市恩责偿之意思，允为世界放一光明。兹对于贵政府之通牒感谢之忱，尤非言语所能尽达。吾人参居国民代表之列，所受国同官僚武人厚结外援，以奴隶人民之祸害，亦既竭力与之抵抗，加以全国学生及工商各界，日夕谋所以消严此祸害，重建真正民意之政府，与世界共享和平之福者，至今犹在至苦极窘之中，未偿所欲于万一，实对于世界实爱自由之人类，惭愧欲死，而于贵政府拳拳忠告之意，更不胜其太息。自今后，吾人惟本其固有之责权，不敢自荒，期有以副盛意者，兼以慰世界表同情于吾人这良友。至贵通喋提议正式恢复两国国民友谊，及推派代表一一节，吾人自当以极诚恳之心赞成而力行之。谨此答谢。

中华民国会议员（全体署名译发）

（八）杭州学生联合会

俄罗斯社会主义联邦苏城共和国国民及劳农政府公鉴：

顷接劳农政府通告，无限欣喜。俄国此次抛弃从前帝国政府所掠夺的种种特权土地，不但表示纯洁高尚之道德，面且实现人道正义之主张，开历史之纪元，立和平之基础。凡是人类，孰不同情。中国人民深愿结合俄国及全世界人民，以与政治家、军事家、资本家以及其他以掠夺为业之强盗奋斗。一方面废除国家种族阶级等差别，以绝灭掠夺根株，一方建设自由就、平等、互助的世界增进人类幸福。本会谨代表杭州学生，对于俄国通告，表示很真实的赞同及很诚恳的谢意。

杭州学生联合会叩文

（九）商界救国总团

中华民国商界救国总团，敬掬诚致复于最亲爱新俄国民及劳农政府均鉴：

你们这次根据正义人道两大主义，将从前帝国政府、克伦斯基政府、霍两瓦特、谢米诺夫等所得各种权利，完全归还我国。并自愿抛弃领事校判权与庚子赔款，我国国民，谨领之下，非常欢幸。我们以后当与贵国国民一致提携，努力于自由、平等、博爱，俾发挥而广大之。

中华民国商界救国总团

（十）中华劳动公会

俄国农民、工人、劳农政府、红卫军公鉴：

我们中华的人民，接着你们的通告，非常的欢喜。知道你们的革命，是要恢复我们劳动者底权利，是为世界人类谋真正的自平等底幸福，知道你们全俄底农民工人和红卫兵，是世界上最可亲爱的人类。中华全体底平民，都钦佩你们创造底势力和牺牲底精神。我们劳动界尤其喜欣鼓舞，愿与你全俄底农民工人红卫兵提携，立在那人道正义底旗帜下面，齐努力，除那特殊的阶级，实现那世界的大同。

中华劳动公会

（十一）学生联合会等十七体团

中华民国国民致诚恳之答复于俄罗斯共和联邦国国民，及索维埃政府：

吾人认索维埃政府之通牒是根据其立国之根本主义，表示善意，声明无偿退还前俄帝国政府掠夺中国之土地及一切权利，交还中东铁路、矿产、林业等，及前俄帝国政府、克伦斯基政府、土匪霍尔瓦特、谢米诺夫、柯尔恰克，以及其他军人律师资本家所掠夺中国之特权，皆归之于我民国人民，又自愿废止一千九百六年千九百七年日俄条约。放弃庚子略偿及领事裁判权，此等空前未有之义举，合于我人所信仰之天国大同主义、为世界永久和平之道。我人表力示依我人主义而接受之意。惟我人亦不私其所有，除领土及主权在天国大同世界未完全实现前，不可侵犯外，深愿公共利益于世界。我人愿以诚意与俄国拥护人道及公义之人民通好，以达世界人类互助共存之目的。

上海学生联合会　沪北六路商界联合会邑庙豫园商业联合会　女界联合会　山东路商界联合会　天潼路商界联合会东西百老汇路商界联合会　吴淞路商界联合会爱克界三路商界联合会　东北城商业联合会上海志成团　北城工商联合会留日学生救国团　西书同业永志会福建旅游同乡会　上海救国恒心团基督教救国会

（十二）中华救国十人团联合会

俄国人暨劳农政府钧鉴：

自接贵国通牒以来，我中华民国人民如拨云雾而见天日，发生许多感触，及无限之钦佩。尽自欧战告终，正强权摧缩，公理伸张之际，贵国人民奋起刚毅之勇敢，牺牲宝贵之精神，建造共和政府，享受自由幸福，实足为世界革命史上开一新纪元。至通牒中声明将中东铁路、矿产、森林实业权利，及其他由俄帝国政府以暨现在俄国军人资本家攫得之特权，概行归还敝国，并抛弃庚子赔款等情，足见俄国人民努力于正义人道，共谋人举互助之真诠，并欲铲除国际之上侵略及种族上之阶级，以冀造成和平、博爱之新世界，岂独敝国人民感佩已乎。今敝会敢代表中华民国真正之民意，披肝掬诚，复谢我挚爱之俄民，与劳农政府通牒之感意。并愿此后与贵国人民恢复平跻之邦交，实行恳切之亲善，庶几使中俄人民得以同心协力，再接再厉，打破一切侵害民权之障碍，则世界平治。实利赖之。诸维垂照，是为至幸。

中华民国十人团联合会总部成

（十三）中华实业协会

俄罗斯共和联邦国国民，暨索维埃政府、红卫军公鉴：

吾辈中国劳农学商全体人民，接到贵邦通牒，声明无条件退送俄前帝国政府强力取去中国之地土及各项权利，交还中东铁路及林业、矿业等，以及从前俄帝国政府、克伦斯基政府、霍尔瓦特、谢米诺夫、柯尔恰克等，及其他军人律师资本家所强夺中国之特权，皆一律返诸我国，又放弃领事裁判权，庚子赔款，又声明废止一千九百六年、一千九百七年日俄私订条约，此项伟大壮举，非仅为世界七千年历史第一次创见，抑且开辟现世界全体　第七卷第六号欢迎贵邦通牒之伟壮精神，较诸欢迎物质归还还之情绪，体民质助实装此中华区国服院所政邦通牒含蓄真精神，苟中俄两国劳农体人民，能合力不欺，尤为服基信切者也、春人深信费族间之永久和平，而东亚及世界各民族，欲恃武力欺凌残星以发扬之，足以维持全球民本者，终当受上帝与公道之惩罪，无以自存。故吾人深愿与俄国拥护公道正义及东亚与说秘诸种私图，以为立调境世界永久和平之人民，正式通好，以达世界大同，民族互助之远大意志。抑我辈尤有慎城内明东现在现国南北各方。管属黑时大人及府政官管之家合作体，无此药特大有馆如向动听要暂观民以道，私利是图与全体国民之公重及幸福，地方不用等有目好于被察间之争端等若被斗，非特不提助任何方面，并且毫不注视其情况，想快人民际不为彼罪之一切诡词所滑迷，对我中华民国之真实状况，早有正当明确之见解近。

（十四）旅沪四川同乡会

俄国国民，劳农政府公鉴：

贵国劳农政府交涉委员喀拉罕署名之通牒，声称将中国路矿、森林及其他种种权利，由前俄帝国政府历届条约暨克伦斯基、霍尔瓦特、谢米诺夫等，强力夺去之特权，悉行返诸中国，并放弃领事裁判权及退还庚子赔款等。如斯壮举，实足为国际史上辟一新纪元，抑亦真正平等、自由、博爱之洪钟也。敝会同人等欣感之余，谨以此为世界正义人道祝。

（十五）四川旅沪联合会

奉读贵政府通牒，实足为国际史辟一新纪元，钦幸曷极。谨愿依据此项通牒，正式恢复中俄两国国民之邦交。从此两国人民推诚相兴，本互助精神，使正义人道自由、平等、博爱诸主义，发扬光大，永远推行于世界，而谋全人类之幸福。兹特掬诚先致感谢之意。

中华民国四川旅沪各界联合会即
（《新青年》第七卷第六号，1920年5月1日）

31.《国家与革命》(《共产党》第四号,5月7日)

《共产党》第四号发表列宁著,P. 生译《国家与革命》,刊录如下:

第一章 阶级的社会与国家

一、国家者阶级冲突不可调和的结果

马克思的教义现在也遇到了同样的厄幸,这厄幸——在历史上看来不止一次了——便是其他受制阶级中力争解放的革命思想家与领袖们的教义所曾遇到的。当这些革命家生存的时候,压制阶级莫不施以极惨酷的虐待,对于他们的教义含有最野蛮的仇意,最狂热的恨视,并不绝的加以污蔑与诽谤。但是,一到这些革命家死后,压制阶级又往往用尽方法把这些革命家变成了无害的圣人,追念他们,并且荣显他们的姓名,貌为"安慰",被压制的阶级,其实的目的是在哄骗他们(被压制的阶级);同时又把那些革命家的革命理论的要义,私加篡改,使成为无精神的平凡的,又把革命的锐角也磨钝。现在就是中产阶级和劳动运动中的投机派协合了来共做涂改马克思主义这件事。他们把马克思主义的革命精神缺略了抹去了曲解了,把旧些可为,或□乎可为中产阶级容忍的地方极力的铺张极力的誉扬。一切的 Socialish 现在都成了"马克思党"了——除是记号不同!从前曾是曲解马克思的好手的德国中产阶级教授现在更加欲说"民族的德国人"的马克思倒底替此次掠夺的战争教练出有体面的组织底劳工阶级来了。

当此曲解马克思主义如此其盛行的时候,我们第一要务即在订正马克思教义之关于国家方面者以恢复其本来的面目。要办到这一层,只消抄引马克思和恩格斯两人著作上的话,便已足够了。自然,我也知道冗长的征引是叫人看了讨厌的,而且未必能使人对于本问题加些明了;但是要我们免避这些冗长的征引,是不可能的。无论如何,凡马克斯及恩格斯所著书中讲到国家的话,凡是最重要的,一定要尽量的抄引出来,以便读者对于科学社会主义建立者的理想与发展,得自有其独立的完全的见解。而且可使现在很占优势的柯祖基派对于马克斯主义曲解的地方一概明明白白的证明出来。

请先生从恩格斯最有名的著作《国家私产及家庭的起源》讲起,这部书的第六版,是近在一八九四年于 Stnttnrt 出版。恩格斯总括了历史的分析,他这样说:"国家简直不是建立了武力而从外还加在社会上的。也不是'道德观念的实体'或'理性的实体与形像'。如赫克尔所说,国家只是社会发达到某阶段时的产物。国家好比似一个消息,报告某社会已陷于不能解决的自相矛盾,已经破裂成了不可调和的相冲突的部分而无力足以自救了。因为这些互相冲突的部分,这些经济利害相反对的阶级,应该不继续他们的无利的争斗以自相困陑并困及社会,于是觉得似乎必需有一个立在社会之上的武力以调和他们的争斗力而迫他们各守自己的'范围'。可是这个武力本也是从

社会内起来的，不过既起后却立在社会之上，渐渐的就和社会分离了——这个武力就是国家"。(德国版第六版的一一七页——一七八页)

上面这一段话，解释马克斯主义对于国家一字的意义及其历史的成因底根本观念实在是十二分的明了了。国家是阶级冲突不可调和时的产物与表征。国家兴起于何时何地及推广至于何度，全视某社会内阶级冲突之不可调和是在何时何地及扩大至于何度。换句话讲，国家的成立就是证明阶级的冲突已在不可调和了。

就在这一点上，这最重要而最基础的一点上，有两大支的马克斯主义由说起来。

第一呢，中等阶级(中产阶级 Tonrgeois)以及下级中等阶级(小中产阶级)和理想论者——尤以后第二者为甚——受了已然的历史事实底压迫，承认"唯"在有阶级冲突和阶级斗争底地方，国家始得存在，因而遂"修改"马克斯，甚至以国家为调和阶级皆机关了。据马克斯的原说，如果阶级的调和是可能的，国家这东西决不能生出来，也不能维持下去。但是照这些中等阶级，私利是图的大学教授，以及国法学家所说，(这也是往往很利用地引了马克斯的话曲解之以自固其说的)国家就变成了诸阶级间的调和人与居间人了。据马克斯原说，国家是阶级受治的机关，是一阶级压制他阶级的机关。国家的目的就是创造法令(order)，法令便是以缓和阶级间的决裂为手段，使一阶级对于他阶级的压制成为永久的而且法定的。但是照下级中等阶级的政治家所说，法令的创立就等于阶级的调和，不是要助一阶级去压制他阶级。据他们的话，缓和阶级间的决裂不是有欲剥夺被压制者阶级所用以力争脱除锁镣的某种手段与方法底意义，却是欲调和他。

举个例罢，譬如一九一七年革命的时候，发生了国家的真正意义及统治底问题，这简直是很重要，是要求立即行动的实现问题，在这时候，一切的社会革命党和少数党人却忽然的无条件的流入于下级中等阶级的"以国家调和阶级"的理论了。他们党中的法学家在那时发表的无数的论文和主张都是彻底浸透了那些纯粹中等阶级与私利是图者底调和论。所谓国家是某阶级统治他阶级的机关而不能调和，这些的论调，决不是下级中等阶级的民主主义所能了解。他们对于国家的态度完全表示出他们——社会革命党和少数党——简直不是社会主义者(这是我们多数派时常保住的，)只是下级中等阶级的民主党罢了，这原是表面上很近似社会主义者。

第二呢，柯祖基派曲解马克思便更习滑了。"在理论上"他们竟不否认国家是阶级压制的机关，或是阶级冲突是不能调和的。但是他们却忘记或忽视以下的推论：——如果国家是阶级冲突内不可调和性的产物，如果国家是立于社会之上的一种力，"渐渐儿欲从社会分离的"，那么，便可以明明白白知道欲使被压制的阶级自由时不用武力的革命是不可能了，不破坏国家权力的机械是不可能了，这国家权力便是治者阶级所创造，而且国家从社会的"分离"也便是包含在这里期的呢。这一段推论，理论上是自身明了之至的，便是马克思从具体的革命问题的历史解剖所得的至极精密的判断，我们下文是欲详论的。柯祖基所"忘记"而且曲解的也就是这一段推论，我们便欲详详细细的指出来。

二、军人囚犯等等的特别团体

恩格斯又说：——

"和古代种族（或部落或同族）的团体比较起来，现在的国家，第一不同在依照疆界的区分以拘束人民的群"，这样的人群在我们看来似乎是"自然的"，但是这也是在时对于种族的部落的旧式社会有了延长的高价的争斗之后方是如此的。

"第二的不同点就是现在的公共权力已经不再和人口数相等，而组成武装的权力了。

这一种的公共权在现在实是必须的，因为社会既破裂而成多数阶级，那个由人民户口组成的自动武力便行不通。……这一种的。公共权力现在各国都有。包括在其中的，不但有武装的军人，还有牢狱及其他压束人的机关，都是游牧社会内所没有的。"恩格斯确定"武力"这字（那是代表国家的）的概念是——从社会发出来，但自己位于社会之上而且渐渐从社会分离。武力所包含的大体是什么呢？包含的就是有武器的军人这一个特别团体，在这团体下面，附属着有牢狱等等东西。

我们说武装军人的特别团体是不错的，因为现今各国特有的公共权力已经不能和从前那有自动的武装人民相等。和一切革命思想家一般，恩格斯想欲引起凡有阶级觉悟的劳工注意到（为阻止自利主义起见这件事总是值得注意的）最普遍而且为固定的——也可以说是顽固的——成见所促成的事。国家权利的武力的首要工具就是已成的军队和警察：但是这还有什么例外呢？

在十九世纪末的大多数欧洲人看来，恩格斯的话就是对他们所说的，而且不但恩格斯一生碰不到重大的革命并且连革命的兆期都不曾有哩，这诚然不能有例外的。他们不能懂"人民的自动武装组织"这句话是什么意思。

至于问到了什么时候方起了组成军人的特别团体（警察以及常备军）底必要，既立在社会之上而且渐渐从社会分离呢，回答这句话，西欧人和俄国的自图私利人往往欲借用斯宾塞的几句成语，例如社会生活的复杂，功能的分化等等。

这样的引用，似乎是"科学的"，而且很有迷惘普通人的感觉底功能，使不明了最重要且是基本的事实，这就是：分裂社会为不能调和的互相冲突的各阶级。没有这样一个分裂，"人民的自动武装组织"在他的复杂与专门方面，或者是和那些只拿了木棍的猴子群，或是原始人类的群或是限于家族式社会的人种底原始组织不同，但是总还可以存在的。到了现在，可就难以存在了，因为在文明的时期中，社会已经分裂成了斗争的而且实在是和解不来的斗争阶级了。如果"自动"的武装起来，就要引起两阶级间的武装斗争，因此欲造出国家来，造出具有特殊武装团体的特殊势力来，而且当每一次革命的时候，摧毁了国家的机关，总指给我们看，如何新起的指挥阶级注意恢复那些武装的特殊团体供他自己的驰驱，如何被压倒的阶级设法造成同样性质的新组织，可以替被利用的阶级出力而不替利用的阶级效劳。

恩格斯在以上的讨论中用历次的大革命为例，把这实在是理论上的问题纳入了实际的而且明了的形式，这问题就是："武装的特殊团体"和"人民的自动武装组织"中间的关系。欧洲和俄国的革命底经验如何实地的说明这个问题，我们将来会讲到。现在要先看恩格尔斯的主张。

他指出给我们看，有时（例如北美各地）这种公家的权力是微弱的（他是暗指帝国主义时代以前自由殖民者占势力的时代，北美的几处地方和几位很小的例外的资本主义社会的情形），但是大概却总是渐渐的有强盛的趋向：——"上面所说的国家势力是随着国内阶级斗争的激烈，和国的疆域与人口的扩大而增加的。我们只要看一看邻今日的欧洲，阶级斗争和国际争雄已经把这种国家势力增加到这样强大，浸乎有吞噬全社会甚至于吞噬国家自身的气势了。……"

这一段话是在前世纪的第九十年早就写下了的，恩格斯做末一个序言的时候是一八九一年六月十六日。转向于帝国主义的形式，表现在囊括一切的托辣司和万权的大银行和大计划的殖民政策等等形式之内的，那时只有法国才开始，北美和德国尚是很微的。从那时以后，"强国竞争的局面"才有大大的进步——尤以二十世纪的第二个"十年"之始进步最快，全世界已经被这些"列强"，就是这些伟大的掠夺势力瓜分了。于是海陆军的武装达到空前绝后的声势，一九一四到一九一七年英国和德国争霸全世界争分脏物的掠夺战争，明明显出国家的贪婪权力吞噬一切社会的势力，而到底引导到一个全盘的破坏。

恩格斯在一八九一年早已能够指出"列强竞争"是诸强国间外交政策的一个要点，到了一九一四以至一九一七之间，这种竞争的紧张加增了无数倍，爆发为帝国主义的战争，那知一班无赖的社会爱国者替"他们的"资本阶级的劫掠政策包谎，还用了"保卫祖国"，"拥护共和国"，"对帝国主义革命"，什么，什么，一类的名词呢！

（未完）

（《共产党》第四号，1921年5月7日）

32.《俄国青年之运动》（《共产党》第四号，5月7日）

《共产党》第四号刊登"格林"的《俄国青年之运动》，如下：

一 十九世纪之俄罗斯

自从文明发轫以来，没有一个社会或文化运动之中，青年人不是重要分子。这种事实有他的解说——青年较老者容易采纳新的事物——在人类的精神方面，从马克思派经济的唯物主义的一点观察来，我们可以设想到人类天性中这种特异是经济来源造成的；因为就是资本主义来发生以前任何阶级之青年总是较老者不安于社会状况些。没有一点奇怪在俄国的社会运动中——就是十九世纪的革命运动——青年人占大部分。在十九世纪的初叶，他们的活动仅有社会学的和哲学的研究团体而已。西方思想，青年人（多半是学生）最易采纳。社会主义的思想，自由平等，在俄人脑中变成了一个新的，浪漫的，意识的形状。许多的俄国青年，觉得他们对于教养他们的人的天职，是来教养未来的人。他们对于这个那个团体没有一点不同，视民众为一个浑然的一体，努力于国内运动。黑暗的，愚蠢的，迷信的是他们应救的民众。他们当中有好些不依着革命的宣传走，竟依着个人的仁慈。他们没有很大的成功，或者也许有点间接的成效。残暴的俄罗斯帝国政府，(Zarist)竟因这种无辜的行动，逮捕了许多人。有的坐牢，有的逐流到西伯利亚。似此他们就明白了，在帝制 Zarist 存在之时，他们不能为俄国做点什么。在十九世纪的末叶俄国青年组织许多革命团体。他们作秘密的宣传，恐怖的工作(实即暗杀等等)为革命牺牲性命，不畏死不怕逐囚。

二　阶级自觉的分析

俄国在十九世纪的时候，是一个具有半资本家式的产业，和一个中古式的政府之国家。这种不"适应潮流"引起革命的运动。千千百百的劳工，万万千千的劳农都是醉生梦死，毫不自觉；知道社会在改革之必要的独一群众，则为智识的群众。这种群众，很受了点西方文化的影响。在他们中间，且有贵族的人，如克鲁泡特金辈；他们抛弃他们的荣禄，来作革命的事业。在他们的情景之下，没有一点经济的因缘可以显露出来；他们真是例外，表示非视贵胄而来革命；他们真能采纳平民自觉的科学的社会主义；但是他采纳了理想的，幻思的，无政府理论！一句话，当日的俄国的智识者的组合，只直接高兴于政治的自由，并不重视社会革命。但是他们也瞧着了，他们也懂得了，推翻专制非得平民助力不可；他们更知道这就是为社会主义战争。没有平民阶级的自觉，俄国智识阶级的革命党流于理想主义，个人恐怖主义，一种国家社会主义和无政府主义；全在不实在的道上走，不能得着胜利，一直到平民运动开始。平民运动是多数派马克思派领着。就是在廿世纪的初叶，大学生的罢课，大学生的抗议，大学生的种种表示，都是用来抵止帝制派 Zarism 的最凶残的残忍；其时并无单独的青年民众运动。这也是没有什么理由来解说这个，只因青年的智识者，在全部工作中，和老者占一样的地位；他们是清洁的成人，他们比较的和智识团体中的旁的人员，不需要 Sell Educociou 自修教育些。

三　中学学生同盟

一个注意之点；在俄国，Student 和 Pupil 有不同的意义。"Student"是专门以上各校学生之称。平均的年龄是从二十至二十五岁。他们俱是被认为智识上的成人，常常加入生活，甚至于自争生活之资。"Pupil"是称中学学生的，年龄都在二十以下。中学最高级学生，也常常加入青年人的运动。他们并不加入社会生活，仅高兴于"自修教育"。在十九世纪的末叶和二十世纪的始十五年，一些民众的零碎的团体，"自修教育"的结社都组织成了；但是他们都是短命鬼。有些是社会党的团体，有些是假冒革命招牌，毫无党派色彩的团体。虽然他们当时只有研究的团体，没有实行的团体，而帝制派还要不许他们存在，有时竟为加入"Self edueation"的团体而罹数年牢狱之灾者。一九一七年的年终，Inateev 当了教育总长。他虽然是一个帝制派，他可是个温和的人，或者可以说他是比他以前的司教育者文明些。他允许在俄国中部的 Rinsana 城设立个"青年之家"。"青年之家"的委员会有守旧派的教师——帝制党政府的聘员——"家长委员会"的代表，和少数的中学生。"家长委员会"是由中学生的家长选出组织的；他们也帮忙青年人运动。中学生虽无单纯的，自治组织，他们可以把"青年之家"当作自求发达的机会。他们刊行印刷品——第一种为检查员所承认的——并举行讲演和辩论。照此榜样，在俄国的大都会的中学生同盟都组织起来了；老式学校和巡警也只得勉勉强强的容忍下去。欲坚固团体的地位，使不为强力所抑止，他们就隐藏其本来面目，绝不谈学校改良和社会问题的研究也不从事于活动的政治生活和社会的生活；仅仅从事于自修教育和科学的，哲学的研究罢了。旧历一九一七年二月二十八日之革命，为老大俄罗斯帝国所未料及者。半法定的中学生同盟，都从黑暗中奋起；这是明白了，纯粹的"自修教育"竟能带他的党员到了学生革命奋发的地位。开始，中学生同盟党员也是秘密社会党员。他们多半是中学高级学生——十九或廿岁的人。他们加入中学生同盟，不是因为年青，乃是因为为警察所允许。除此之外，没有允许过第二个法定的社会组织，——如旧人近日之对待高丽样。革命以后，他们能作成人工作于平民组织中的时候，中学生同盟的这个好的机会失掉了种种利益于新的运动上。在一九一七的夏令，中学生同盟，逼满了全俄。全城中各中学最高级生选举代表也组织学生委员会——中学生代表的劳农会(议会)，在旁的城市内，也有中学生地方委员会。全俄会议，也建筑在中学同盟上。这是一个因青年运动的秘密党社而成之真正的青年民众运动。他的第一旨：为现实青年运动到真实的，良善的，社会化的工人身上。第一：是保护青年的利益，如学校改良等等。在同盟中，青年学习怎样讨论问题，怎样投票，怎样通过议案，怎样办理选举和一切社会生活同政治生活的必要。革命后最先几月，就是中学生同盟的最好时期，落后党员之优秀分子都出去都出去服务于有力的团体和社会工作。根据同盟的倾向，他们开始作学校改良的事业；为同党谋社会生活的学校——那就是说一个人不常常地待在学里。他们的党员也安心于他们的工作。

五 中学生同盟和阶级战争

我们一定不要忘了，这不是全青年的运动，只代表一个团体罢了；虽然这团体有点不十分纯粹，却是智识的结合。事实又告诉我们一次，智识团体欲得精神发达之自由，必需平民的助力。帮助中学生同盟组织学生委员会，实行学校改良，举行学生罢课，和刊行印刷品的是共产党多数派，旁的仍相对以老方法。但是在那儿没有单独的，无组织的文化运动。十月(月份)的革命，(就是社会革命)叫中学生同盟归个结束，因为他们的工作已完成了。中学生同盟最优之点，就是因为是为中学生社会同盟党员所组成，他们不久就改为"国际党中学生同盟"这个机关，终归仍是自家解散，而组成"俄罗斯青年共产党同盟"。现在在俄国好些共产党员，和些苏维埃有智识的工人，占很重要的工作，是因为他们是受了中学生同盟的社会生活教训的人。

六 平民阶级的青年

青年智识者的同盟终结之日，平民阶级都开始活动起来。一九一七的夏秋二季的时候，petragrad 和 Moscow 有许多青年工人组织团体。他们叫自家组织的团体如"第三国际的青年劳动者同盟"。还有许多团体自称为"工团"或"社会党"；不过仅有实行社会主义的多数派给他们以助力。他们也联络"俄罗斯青年共产党同盟"。"俄罗斯青年共产党同盟"是俄国唯一的青年共产党的结社，没有一个共产党的大学生成中学生不加入的。就政治的组织说；这同时也是一种青年运动。他的第一目的：是预备投身社会生活的人才，那就是说：为共产党和劳农会作工。这种预备，又非作积极的政治战争不可。"俄罗斯青年共产党同盟"现在联有六十万青年的劳工，劳农，大学生，和中学生。他已经和仍在为平民奋斗。成千成万的党员，死在"红军前线 Red Front"综合全俄优秀的，自觉的，青年而成之"俄罗斯青年共产党同盟"是全俄青年之领袖之代表。他给全俄青年以思想的智识的发达之种种可能。"俄罗斯青年共产党同盟"和"青年国际共产党"有密切关系。"青年国际共产党"是一个世界青年运动的团体。这也不消说得，在俄国青年运动中，自开始到现在，都无族或性 Race Sex 之分，那就是说上上，下下，男男，女女，通统加入；他可以说是自由，平等，新思潮的急先锋。

(《共产党》第四号，1921年5月7日，署名 格林)

33.《我们为甚么主张共产主义?》(《共产党》第四号，5月7日)

《共产党》第四号刊登"无懈"的《我们为甚么主张共产主义?》，如下：

读我这篇文章的人，先要把我底题目底意思弄清，然后脑筋中才有一种正确的观念。就是：(一)我这个共产主义，不是对资本主义说的，就是不是说：我们为甚么不主张资本主义，而要主张共产主义？因为这个问题已不成为问题了，还有甚么讨论的必要；(二)我们这个共产主义，并不是无政府的共产主义，乃是现在在俄国实行着的共产主义；就是资本阶级因为吓人吓己，把我们叫做过激派的过激主义。

既然把上列两点弄清白了，就可知道我底题目底意思，乃是：我们为甚么不主张无政府主义，而要主张共产主义？这个问题，已由马克思和巴枯宁实际地打了好久的官司，(我们底共产主义乃是马克思底正统派)经久被马克思打赢了的，所以现在本不必多说；因为现在还有许多人说我们底共产主义，是不澈底的，无政府主义是澈底的；我们底共产主义，是不易实行的，无政府主义，是容易实行的；所以我现在不得不说几句话。

我在讨论之先，又要必须先声明的，就是：我并不是根本的反对无政府主义的。无政府主义底原则，我是承认的；我并且承认他是人类努力的最后的目标。我底意思，乃是说他设若不经过一种阶段，决不能实现；即退一步说能勉强实现，也是办不好的。所以我们现在所主张的，并不是无政府主义，乃是为达到无政府主义造一个阶段的共产主义，

怎样说他不经过一种阶级，不会实现？无政府主义所反对的，第一是强权。强权这种东西，从历史看起来，本来是个坏东西，因为他并不是拿起来扶弱抑强的；乃是拿起来加压弱的。所以有了强权这种东西，世界上就弄出种种不平等，不自然的状态。甚么支配阶级和被支配阶级，就从这里生出来了。无政府主义反对强权，自然是很对的。但是他不问时候怎样，闭起眼睛来乱反对强权，我们就不能赞成了。无政府主义者，简直连口里都不愿意说强权两个字。那么，我就要问他们，他们要打破一切支配阶级，要推翻旧社会一切的组织，究竟有甚么妙策？是采取无抵抗主义，人家打他们底左嘴巴，就把右嘴巴让给他打；人家抢他们底外套，他们就把内衣也脱给他，希望支配阶级，自羞自愧，来放弃一切特权呢？或是像十八世纪的空想的社会主义家

一样，去劝支配阶级，要他们良心发现，放弃一切特权呢？现在的支配阶级，他底欲壑是没有底的，你越让他，他就要越前进。所以用第一种方法，不独不能使他们自羞自愧，放弃一切特权，来行无政府主义；并且还是增长他们底气焰，使被支配阶级自趋于灭亡的境遇。支配阶级，因为遗传习惯底种种势力，决不能就因为你一劝，就良心发现，情愿放弃一切特权，来行无政府主义的。所以第二种方法也无效。这不独我这样主张，就是无政府主义家他们自己，一定也是承认的。那么，要推翻支配阶级，打破旧社会组织，就不得不用暴力革命了。然而暴力革命，是不是用强权？是不是用强权来打破强权？无政府主义家要闭着眼睛反对一切强权，就不该用强权来革命了。要用强权来革命，就不该闭起眼睛反对一切强权了。要反对一切强权，就是不能打破旧社会组织。不能打破旧社会组织，就不能实现无政府主义。现在就说无政府主义，因为要打破旧社会组织，承认革命是必要的；等到革命以后，然后人人自由，平等，无所谓强权不强权。但是他们这种主张，未免把支配阶级这种东西，看的太不中用；把社会革命这件事，看得太容易了。须知社会上底一种阶级，并不是和一个动物一样，把他一刀杀死，他即刻就死，并不要甚么手段，防他再生的。社会组织这种东西，并不是像一个物件，例如碗盏一样，把他一棒打碎，即刻就碎了，再不要甚么手段，来剔除他底根本的。支配阶级就因为暴力革命，被推翻了，失掉了特殊地位，失掉了权力；但是你不能保他不谋复辟运动呀！社会组织就因为一时的革命，大概被破坏了；但是根深蒂固的旧社会组织，并不是一时的革命，就可根本打破的呀！例如既倒的支配阶级，未必肯甘心把私有制一概放弃，来服从共产制呀！设若照无政府主义家底主张，于社会革命以后，就放弃一切强权，我试问既倒的旧支配阶级，来谋复辟运动，你用什么方法来防止他？不肯把私有财产交给社会，你用什么方法能使他交出？就说于他被推翻的时候，同时就把他底财产收归社会；但是他以后还是保存他所得的东西，不肯放弃私有制，你有什么方法来使他放弃？既没有强权，那么，他们当然可以自由行动。从第二个问题说，他不肯放弃私有权，无政府共产主义就不能实现。从第一个问题说。那就不堪问了。旧支配阶级虽倒，他底势力还大呀！他有为他尽忠的科学家，学者，牧师，军人等替他活动呀！既没有强权来压他们，他们又何妨来谋恢复呢？设若他们底势力一恢复了，那么，那时的反动，就要使他们对于被支配阶级的压制，比以前更甚了。无政府主义所要求的平等在那里？自由在那里？不过使被支配阶级受一层更压深的制，更烈的痛苦罢了。但是并不是无政府主义他本身底过，这乃是没有经过某种阶段，即刻就行无政府主义底过。所以我说不经过某种阶段，无政府主义是决不能实现的。

某种阶段是什么？这就是我们所主张的共产主义！我们底共产主义是以劳动专政为原则的。就是以劳动专政防止旧支配阶级底复辟运动，使他不能复活；铲除旧社会底根本，使他不能妨碍我们底建设。共产党世界联盟，给与美国 I. W. W. 的信内面，有几句话很说的透彻，我现在把他引来："要打破资本家底国家，破坏资本家底帮手，解除资本阶级武装，没收资本家底财产，转付到全体劳工阶级的公共管理之下——要做许多事，非有政府不可——非有国家不可。这国家便是劳工专政的国家。

在这国家里，劳工们运用他们底劳农会，可以用铁手来拔去资本制度底根了。"（见本志第二号第二十页）我现在把他转过来说，就是：不实行劳动专政——我们底共产主义——资本阶级（现在的支配阶级）底一切势力就除不掉；资本制度（现在的社会组织）底根就拔不掉的。资本阶级底一切势力，既除不掉；资本制度底根，既拔不掉；那么，什么改造都做不成了。还说百年以后才有实现的可能性的无政府主义！这就是我们主张共产主义的第一理由。

　　为什么说即使实现，也办不好？原来无政府主义的思想，根本上有两种缺点；一是人性问题；一是经济问题，现在先说人性问题。

　　无政府主义家，以为人性都是善的，个人底行为，就是不受外部的势力，例如宗教、法律等底制限，也不致于做什么恶事的。就是虽然没有法律，强迫人做工，人们还是愿意去做；虽然没有法律，规定每人应取多少，人们也不致于取过所需。其外虽无法律制限，强者也不致于来欺侮弱者；智者也不致于弄愚者，总而言之，各人都是能各尽所能；各取所需；自由行动；而又不妨碍别人底自由。但是人类底性情，不是像无政府主义所想的一样，这样单纯的呀！生性懒惰，不肯作工的人也有；生性贪欲，自私自利的人也有；像拿破仑·威廉这辈人，想支配一切人类的人也有呀！无政府主义家能保生性懒惰的人，虽无强迫也来做工；生性贪婪的人虽无限制也不浪费；生性好权势的人虽无拘束也不致于压制别人吗？设若果像无政府主义家所想的一样，人性都是善的；那么，为什么人类自有历史以来，一直到今，几千年的历史，都是互相争夺，互相侵犯，互相排斥，互相残杀的历史哩？未必社会组织，一到了无政府的状态，人性即刻就可以变好吗？原始时代的社会，是无政府状态的；设若人性都是善，那就应该保有当时的状态，一直到今，不应该生出什么□在上面的支配阶级，和压在下面的被支配阶级，致使人类的历史，直为阶级斗争的历史了。原始时代的无政府社会，不能保有到现在，就足以证明人性并不是如无政府主义家所想的一样单纯，一样善良。若说人性生来本是善的，因为社会组织不好，人类受了环境的影响所以变了的；那么，现代社会底恶影响，原始时代，当然没有，为什么人类要互相争斗，演成个人争斗；部落争斗；国家争斗；阶级争斗；民族争斗等恶剧来呢？总而言之：人性决不像无政府主义家所想的一样，都是善的。所以从人性方面来看，无政府主义是不能完全实现的。现在就退一步，假定人性生来本是善的，因为受了环境底影响，才恶化了。但是现在不论已死的过去的人类，和未生的将来的人类，只拿现在生存着的人类来说。现在生存着的人，是不是个个都是善的？既然说受了环境的影响，所以恶化了；那末，现在生在着的人，当然不是个个都是善的了。即使说大部分人都是善的；但是要实行无政府主义，并不是大部分人是善的就能做到的。例如一万人之中，有九千九百九十九个人是善的，只有一个人是恶的，也是不行的。假设旧社会就完全破坏，无政府主义就立刻实现；试问怎样对待社会中的不良分子？一切人类都是自由，不应该干涉个人底行动；那么，这些不良分子，他本有能，他不肯尽；他只需十，他要取百；他底体力，智力，比□优胜，他要来强压别人，指挥别人；你怎样对付他？不用强权来对付他，无政府的社会即刻就要破坏；用强权来对付他，无政府主义底原则，即刻就要违背。用这个方法，也是破坏无政府主义；用那个方法，也是破坏无政府主义。总而言之：社会底分子，不限定个个是善的，无政府主义就没有完全实现的可能性。所以即使人性本来全是善的，而于现在社会一破坏，即刻就实行无政府主义，我敢保险办不好。

现在从经济方面来讨论。

经济方面，单就生产和需要来说。原来生产和需要，都要保持一致平均，社会的经济状态，才不致于紊乱。所谓一致，就是质的问题。就是现在需要布，就赶快要来生产布；现在需要铁，就要赶快生产铁。所谓平均，就是量的问题。例如现在需要千匹布，就只要生产千匹布来供给；现在需要千磅铁，就只要生产千磅铁来供给。要保持一致，调和平均，就要把一切生产机关，归一个中央的，或比较范围稍大的地方的机关管理，这个机关调查社会要需要什么就知会生产者生产什么，不要生产不需要的东西。作量需要，大概要若干，就知道会生产者生产若干，既不要过多，也不要过少。在无政府主义的社会下面，（一）没有这个中央机关，不知道社会一般所需要的是甚么？要多少？（二）个人要生产甚么，生产多少，全是自己底自由，没有甚么限制。一定要他生产甚么，生产若干。因为有这两个原因，所以社会一般所需要的是这样，各个人生产者他不知道，任意去生产那样，需要是那样，他也不知道，任意去生产这样。又需要的量是百，他任自己底意，喜欢生产千就生产千，或喜欢生产十，就生产十。他既不知道要生产百，也没有甚么机关一定要他只生产百。在这个状态下面，从需要方面说，就是要生经济上的缺乏；从生产方面说，就是要生经济上的恐慌。总起来说，就是要使经济生活不安，经济状况紊乱。这乃是无政府主义的社会下面，必然要生的不可免的现象。既然有这种现象，那就是无政府主义根本上缺点了。

但是无政府主义，虽然有这种缺点，却不能说他是永远不能实现的。不过在近百年间，他还是要占在候补者的地位罢了。因为他底经济上的缺点，有法子来补足的。就是每个人自己所需要的一切东西，都归自己个人来生产，一点也不要他人底供给；或最小的地方区域内，所需要的一切东西，都归该地方自己生产，一点都不仰给外地；那末，这个生产和需要底不一致，不平均的缺点，就可以免得掉了。但是要达到这种状态，生产手段和生产器具，非发达到一百二十分不可。自从机器发明，生产器具和手段，自然是一天一天地发达起来了。但是要做到个人能够独立自给，那就还差得多；就是小地方区域能够独立自给，也就是做不到。所以我说无政府主义，现在还居于候补的地位。设若不等到生产器具，发达到这个田地，即刻就来实行无政府主义；那末，上述的经济上的缺点，一定是不可避免的，所以我又敢保险无政府主义办不好。

既知道因为有人性上和经济上的两缺点，无政府主义最近就实现也弄不好；那末，就可知道我们主张共产主义为第二理了。我们底共产主义底原则，就是不做工的人不准吃饭；做了多少工，才能得多少报酬；以强权底正当用法，防止强权的滥用，就是以强权来维持公理，正义，人道。所以在我们底共产制下，虽不能保没有懒人，却没有人不做工；虽不能保没有贪人，却没有不做工而得报酬，和所取得报酬，过于他应得的；虽不能保没有想欺弱的强者，却可保没有强欺弱的事实。又生产机关，既归国有，则生产和要需就能一致，平均，而经济状态不致于紊乱。这就是我们在现在和最近的将来的状态下面，要主张共产主义的第二理由。

有人又以为共产主义没有无政府主义彻底，所以来反对他。不错，就理想上说，共产主义确是不如无政府主义这样彻底，但是一种主义，我们只要在理想方面，空想一想就可了事，还是要在实际上来实现呢？要只是学望梅止渴，画饼充饥的好方法，一个人坐在房里，脑筋内空想出种种好社会组织，拿夹自慰；那么，无政府主义，确是比共产主义好得多，但是一到实际上来说，就不得不先让共产主义来干事了。无政府主义不易完全实现，已由上述的人性问题和经济问题来说明了，现在无须多说。既知道他不易实现，我们就应该取一种比较容易实现，而可以医治现社会所生出的一切恶弊的方法。我们理想固要高尚，而只是理想，于现实是毫无益处的。所以我们要从最高尚的理想着想，而从比较容易实行的东西下手。比较容易实行些的东西，固然比较地不彻底。但是天天渴望而不得的十分彻底的东西，和比较容易实现的比较不彻底的东西，我们到底是取那样？再具体的说，就是：我们情愿在旧制度下面讨生活，为旧社会底牺牲，受无穷的痛苦，而不愿实行不彻底的共产主义呢？或是要赶快救济目前的恶症，解脱目前的痛苦，而不空想不能救治目前的恶弊的彻底的无政府主义呢？再举个例说，就是我们情愿挨着饿，不吃手边的粗饭而求在数百里以外的珍馐呢？或是暂吃粗饭，先充一充饥，而不死等着不能救目前的饥饿的珍馐呢？我想一个人只要不是有精神病，没有舍目前可充饥的粗饭而不吃，硬挨着饿去求不易得的珍馐的。现在社会底大多数人，正如饿得不得了的人；共产主义，就比如在目前的一碗粗饭；无政府主义，比如就是数百里外的一碗珍馐；那么，这个大多数的人内的大多数，不肯向着无政府主义而要向着共产主义走，乃是自然的趋势。你赞成固好，你就反对也是无益的。巴枯宁在劳动者之中的势力，为什么没有马克斯的大？现在共产主义和无政府主义两大潮流，那一个势力大些？这些就是证明无政府主义，就现在的状态说，乃是画的饼，实际不能拿来充饥肠的。要想那[拿]来实际充饥的，就不得不是共产主义了。总而言之：我们要救眼前的恶弊，就不得不取能够即时见效而不流于空想不能实现的方法。这就是我们主张共产主义第三理由。

以上专就一般的理论，说明我们主张共产主义的主要理由的。但是就就中国特殊状况而论，也是可以应用的。中国有行共产主义的必要，我已于本志第一号详说过，现在不必多说。至于中国有实行共产主义的可能性，等到有空工夫再说罢。

热心改造社会的朋友呀！你们不要只向空想方面走呵！你就空想出一个天国，一个黄金世界，社会上实际受着苦的人，不能受你们丝毫的益处！你们总要脚踏实地，向着实现方面实行去！实行！实行！这就是我们底口号。

(《共产党》第四号，1921年5月7日，署名 无懈)

34.《无政府主义之解剖》(《共产党》第四号，5月7日)

《共产党》第四号刊登江春的《无政府主义之解剖》，全文如下：

一、作这篇文字的旨趣

无政府党是我们的朋友,不是我们的同志。

无政府党要推倒资本主义,所以是我们的朋友。无政府党虽然要想绝灭资本主义,可是没有手段,而且反不免有姑息的地方,所以不是我们的同志。

无政府党何以没有绝灭资本主义的手段,何以反不免姑息那资本阶级?就是因为他们所信奉的无政府主义在理论上在事实上都有许多矛盾的缘故。

近来中国大陆相信无政府主义的人渐渐多了。他们究竟有确实的信仰与否,我可以不问。可是据我的观察,他们之中多不免感情用事,他们的努力多用在无益的一方面,总不想从实际上做革命的功夫,这或者也许是各位朋友们所能原谅我的质直说话了。

我因为要约同这些朋友们加入我们的队伍里,共同对世界资本主义作战,共同剿灭世界资本制度,以便早期实现社会主义的社会,所以写了这篇文字出来和各位朋友们商量一下。并且我们希望和这些朋友们以外的兄弟们,也要先把这无政府主义的内容了解一个大概。

恩格斯在一千八百七十五年把他那部《空想的与科学的社会主义》的原意发表的时候,早已说明那含着无政府共产和有政府共产的两种主义,在理论上并不是单一的东西。又一千八百九十二年,克鲁泡特金著《面包略取》一书的时候,也把社会主义和无政府主义分立起来。社会主义和无政府主义,本来是有不能相合的历史。

可是我作这篇文字的旨趣,也不是故意和那些相信无政府主义的朋友们挑战,实在是因为我们的目标,是望着社会主义的社会进行;我们既然望定了这个目标,就要尽力约同大多数的同志,积极的向前猛进。所以我们务必择定那必定可以通行到这目标的道路的进行,所以我们要希望我们的朋友们,不要向着那不可通行的道路上前进,免得耗费有用的精神干那于革命无益的事。

我有一句话要声明的,我们关于主义上的讨论和批评,总要根据理论说话,不要感情用事,专闹意气。我预料我这篇文字发表后,必定引起许多论难出来的。但是若有关于学理上的讨论,我很虚心领教,若是感情的文字,就恕我不作答复了。

还有一句话要声明的,这篇文字中各项评论,也不是完全出于我一个人的创意。我相信亚东的学者们,六根不全的居多,要想自立起来不倚伴他人的门户来做关于主义学说的评论,恐怕很少。我这篇文字所采取的材料,多系从我们同主义的别处同志的文字中得来的。这些疑难点,都是无政府主义大家的书籍中的矛盾,所以我特意的采集起来作为一个有系统的研究。

二、无政府主义之起源和派别

无政府主义,通例分为两种。一为个人的无政府主义(或称哲学的无政府主义)。一为社会的无政府主义(或称科学的无政府主义)。个人的无政府主义创始者要推斯体奈,他在一千八百四十五年著了《唯一者与其所有》一书,已经成了具有理论的体系的学说。社会的无政府主义创始者要推蒲鲁东,他在一千八百四十年,著了《财产是什么?》一书,已经明明主张了无政府主义。所以这两种无政府主义的鼻祖,就是斯体奈和蒲鲁东两人。

个人的无政府主义的特质,主张个人绝对的主权和自由,单靠完成个人实行无政府主义。所以个人的无政府主义,主张自我,主张改造内部生活,主张发展心意性格,改造内部生活、精神生活,与社会主义的本质完全不对。自斯体奈以下,埃菲特尼、择黑巴梯玛喀都属于这一派。

社会的无政府主义的特质,把思想的重心放在经济改造上。要把环境革新,实现无政府主义。在打破现经济组织社会组织这一点说起来,很与社会主义相似。希望均贫富,反对特权阶级,反对私有财产,这些地方,也与社会主义相似。只是排斥中央政府权力,并且要绝灭一切政府,这是与社会主义完全相反的地方。自蒲鲁东以后,巴枯宁、克鲁泡特金都属于这一派。

无政府主义的分派,约如上述。各分派的共通要素,就是否认一切政府,一切国家,一切权力。至于实现主义的手段,大都是不外于暗杀、破坏和暴动,可是也有主张用平和手段的。主张用平和手段的是蒲鲁东、玛喀达卡诸人,主张用激烈手段的是巴枯宁、克鲁泡特金、约翰莫司特诸人。克鲁泡特金在巴黎无政府党机关报《反逆》上,曾经说,"我们的运动用笔,用舌,用剑,用枪,用炸弹,用投票纸。"莫司特在他所著的《科学的革命战术与投弹者》书上,也说:"教会,皇室和宴会都可以抛掷炸弹的。"一八八一年无政府党在伦敦会议,决议用暴的手段比笔舌的手段为优。又一八八三年在万国劳动同盟里决议用暴动实行无政府主义的手段,作为纲领。所以把无政府主义的历史考察起来,不能说与暴动阴谋虐杀无关系。所以有人说社会主义的历史是政治运动的历史;无政府主义的历史是暴动,虐杀,阴谋的历史,这种批评也是很有一些理由的。

无政府主义的共通要素和实行的手段,已经在上面说明了,以下再把各派主义学说的内容,分别评论于下。

三、斯体奈和蒲鲁东的无政府主义批评

倡导个人主义的无政府主义的人,就是斯体奈。他所创的无政府主义是极端的无政府主义,又是极端的个人主义。他否认一切政府,否认一切国家。他把自由分为三种。一为政治上的自由,一为社会上的自由,一为人道上的自由。他的自由是最高无上的自由,他连社会都要否认的。他主张用联合代替社会。他要无制限的发挥自我。这就是他的无政府主义的内容了。这种个人的无政府主义,据我看来,是非常彻底的。我要上天就上天,我要入地就入地,我为求我的最高自由,就是死了,也是实行我的主义,世界上再比这种更彻底的主义恐怕没有了。别人说人是合群的动物,我也可以说人是完全孤立的动物,我不愿在这现代的文明世界里生活,我偏要返还到原始时代的状态,这是我的自由。我对于这种主义不愿多加批评,人类本不免有这样特别的人实行这种主义,不过不发达罢了。

其次再评社会的无政府主义者蒲鲁东所提倡的无政府主义。他本是法国空想社会主义者中最有力的分子,后来竟变了创设无政府主义的人。他在所著的《财产是什

么?》书上，主张废止私有财产，行自由联合的社会组织。他主张废止私有财产，各人就平等的职业，他也曾把劳动时间看做是劳银价值正当的标准。他和四十七名的无政府党员在里昂公会决议，发表了《无政府党宣言》，始终贯彻他这种主义。但是他的学说中自相矛盾的地方很多。他在《财产是什么?》书上，明明主张了废止私有财产，可是后来又在他所著的《在革命和教会的正义》书上，却又说：他并不主张废止财产，他说他的立场并不象卢梭、柏拉图、布朗那种共产主义。于是他主张财产是不可分的东西，是集合的东西，所以一定要行集合财产制度。但是有一层，他并不是团体主义者。依黑司《政治的及社会的近世欧洲史》看起来，蒲鲁东的无政府主义明明是准据个人主义的。他这种矛盾，实在太明显了。马克斯斥他是没有识见的人物，实在也说得合理。他的无政府主义是没有科学的体系和哲学的基础的。

四、巴枯宁的无政府主义批评

巴枯宁所倡的无政府主义，是团体的无政府主义。其内容可以从三方面观察。

(一)社会的方面。一切人类不是孤立的存在，乃是团体的或集合的存在。人类的社会生活，也和别的有机体一样，是有机的统合的存在。所以人在地上的各种存在物中是最有思想的最有共同性的生物，人类有了这种普遍生命，所以造成了世界。

(二)政治的方面。社会是自然发达而来的，并不由何种契约而生。社会受传统的习惯所支配，不受法律所支配。所以社会由个人自发的冲动而进步，不由立法者的思想和意思而进步。他本据他这种自然的论理来反对国家，反对政治，反对权力。说国家是共同的大墓地，妨害人的自由和生活力。说国家常为特权阶级所有，为僧侣贵族资本阶级所有。所以主张废灭"国家、教会、法庭、大学、军队、警察"。

(三)经济的方面。人既然是团体的集合的存在，所以在经济方面当然主张财产上的团结主义。一切土地农业器具及资本，均归团体所有。

以上三条是巴枯宁的无政府主义的精髓，以下逐条检讨出来。

第一条可以承认的。

第二条就有矛盾了。社会的成立，本不是立法者的功绩，这是很对的。若是因为有了立法者的缘故，就说国家是害恶，这种演绎法便是错了。说"此时""此地"的国家是特权阶级的所有是可以的，若说"将来的""他处的"国家也是特权阶级的所有，这便不对了。若嫌特权阶级的国家不好，只好把特权阶级打倒建设无特权阶级的国家就好了。他死了不过四十多年，世界上国家的历史，已经变了。就是他出生地方的俄国，已经由资本阶级的特权阶级移到劳动阶级的非特权阶级的手里来了。德国也标榜是社会民主主义的国家了。所以巴枯宁所反对的那种国家，若指他所生存的时代的国家说，是可以的；若说一切国家都是特权阶级的国家，就不免是独断了。

第三条的思想，尤其矛盾。巴枯宁答萧得的话，说他所主张的团体主义决不是共产主义。那么他所主张的财产上的团体主义，虽然不否认个人的所有，然在生产手段说，至少要成为超越个人的所有，而成为团体的所有。团体的财产必定也有所有主，所有主若是团体，就有团体的意志和精神和人格，这是显然的道理。既然有了团体的意志，精神和人格，就有一种力成立起来。照这样说，巴枯宁所主张的财产上的团体主义，必然要渐渐的把生产手段集中到国家或公共团体的手里，这是自然的论理的结果。无政府主义者犯了这种惹起有政府的大弊病，可说是无政府主义的破产了。克鲁泡特金有句话批评财产上的团体主义说："这种主义必定要用一种比任何政府还要强的政府的权力才办得到"。巴枯宁无政府主义的大矛盾就在这种地方。所以巴枯宁若主张无政府就应该抛弃财产上的团体主义；不然，就应该抛弃无政府主义。无政府不能集产，集产不能无政府。巴枯宁的团体的无政府主义，在理论上不能成立。所以他的无政府主义主张，是从对于国家和教会的感情上的偏见发生出来的。

五、克鲁泡特金无政府主义的批评

克鲁泡特金是无政府主义的集大成者。他所创建的是无政府共产主义。这主义流行颇广，各地信奉的人也多，可是这许多年以来，为这主义运动的人，也没有显出什么效验。能够明白了解这主义的内容的人少，能够批评这主义的人更少。我们东方同志无水君曾经做了一篇有系统的批评文字，指出无政府共产主义的根本谬误，我特意将那篇文字摘录一个大概出来。

克氏的无政府共产主义，可以从生物学、心理学、社会学、经济学、哲学、科学各方面观察。这里先把这主义内容思想大纲，举出十条于下。

（一）在人类居高位的生物界中，有相互扶助的本能，除了少数妨害者以外，都受这种本能的支配，社会中多数的人都营自由幸福的生活。

（二）人类本是依据这种相互扶助的本能营自由合意的社会生活的，可是有少数为自己欲望蔑视多数人的本性的人出来，蹂躏自由合意的生活。少数者违反多数者的意思，造出法律、政府国家和权力阶级。

（三）无论何种形式何种内容的国家、政府、中央集权都不合理。

（四）一切财富（一切物质和精神的学问发明都在内）是过去几多年代的人类共同努力生产出来，遗留于现代的人类的。所以我们人类之中，无论何人不能单独占领，也不得主张什么权利。

（五）各人的欲求是各人自己的权利。一切人无论是病人或是废疾，有生存权利，更有享乐权利。要满足这欲求，取得这权利，必须实现无政府共产主义的社会。

（六）将来在资本主义的社会里起的社会革命，非以建设无政府共产主义的社会为目的不可。

（七）无论什么性质的代议政治和劳银制度，都是维持拥护资本主义的。

（八）分配之标准依各人的欲求而定。

（九）生产的行为由各团体各部落自由合意经营。

（十）废止货币。

以上是克氏无政府共产主义的十大纲领，以下逐条严密的简洁的加以批评。

（一）克氏对抗达尔文派的相互斗争观，提供了相互扶助观，这实是学界中一个新贡献，是进化论的进步，是人类社会的福音。可是相互扶助的这种观念，也不完全是克氏的发现，达尔文自身，多少也承认了的。只是达尔文力说自然进化的要素，注重相互斗争，闲却了互相扶助的一方面。克氏把达尔文所闲却的和他的学徒所蹂躏的相互扶助的本能，特别注重详细说明，也忘却了相互斗争的一方面。于是单把相互扶助的本能，应用到无政府主义的学说上去，却把相互斗争的本能置之度外了。"和睦共同""斗争征服"这两类本能互相对立，无论动物和人类都是具备的。若说人类没有"斗争征服"的本能，怎么会产出那"少数的妨害者"？若说相互扶助是大多数人所具有的本能，相互斗争是少数人的偶发性，那么，那种偶发性不也从那大多数的心理中发生出来的么？斗争心和互助心都应该看做是人的本能，克氏本不能否定的，他所说的，"除了少数妨害者以外"的话，明明是矛盾了。

（二）既然有了矛盾的前提，就不免有矛盾的立论。他说一切国家、政治、法律、权力阶级都是蹂躏多数人自由生活的少数人造出来的，而且将来的国家、政治、法律，也是违反多数人意志而成为少数人的机关的，这话却未必然了。资本主义机关的国家、法律、政治，本是劳动阶级所痛恨的；若是社会主义的国家、政治、法律，劳动阶级就会欢迎之不暇了。

（三）克氏排斥国家、政府的名称，以为采用中央集权名称，无论在何种形式，有何种内容，都不合理。这种议论都是从大小的矛盾的前提出发而得的矛盾的结论，纵使劳农俄国的独裁政治不是多数派的独裁而为劳动者的独裁，他也是要反对的。

克氏说国家资本主义以外没有国家社会主义，也没有国家共产主义。有许多地方他非难社会主义；又有许多地方，他却用社会主义四字，说"我们社会主义"。前者所说的社会主义，当然是说有政府集产主义，同时又是国家资本主义。后者所说的社会主义，就是指无政府共产主义。

克氏把国家社会主义当做是国家资本主义，恐怕是想错了罢。劳农俄国的社会主义，克氏怎样看待呢？若说是国家共产主义，那就非常新奇了。

（四）一切财富是过去几多年代的人类共同生产出来遗传于现代的万人的，无论何人不得横领独占，这是很正当的思想。由这种思想推想起来一看，把现时资本制度撤废的时候，这一切财富也不能说归劳动阶级所有，应该要归那包括资本家劳动者的万人所共有。因为如此就要反对设立任何形态的中央集权机关，那么，他所说的"万人"，当然包括世界十五亿人民的全体，没有种族的差别。这种假定的思想，就要陷于蔑视时间空间的空想了。若是认定有种别，有国别，犹然要反对中央集权，那就更成为空想了。克氏说："我们相信不疑，私有财产制度撤废以后的社会，必然的产出无政府共产主义的组织，无政府到共产制，共产制到无政府，两者明明是近代社会革命的趋势，是平等的要求之表现。"照这样说撤废了资本制度，就可以实现无政府共产主义；那么，把现在的劳农俄国做比喻，无论如何总是做不到。克氏若说现在的劳农俄国还没有撤废私有制度的话，那就完了，不消说得了。

（五）人有生存权，更有享乐权，这种思想，人人都共鸣的。可是要实行获得这种权利，满足欲求，而必待无政府共产主义实现方能办到，这种思想，就有弊害有缺点了。从资本主义制度，一飞脚跑到社会主义制度①，这种想法，未免把人类社会进

---

① 从前后文看，"社会主义制度"似系"共产主义制度"之误。

化的理法看错了。这种努力是无效的努力，这种牺牲是无益的牺牲，反使民众革命的力量越发薄弱。资本主义之后，当然是社会主义，如今要跳过社会主义的阶段，直接的实行无政府共产主义，结果无非是使众人不努力绝灭资本主义罢了。实在的说起来，资本阶级并不怕人提倡什么绝对自由、绝对平等的社会那种抽象的思想，他们所怕的，还是那种最有力的具体的即时可以实现的社会主义制度。

（六）克氏说；"共产主义不单是我们所期望的，实际上站在个人主义基础上的现社会，其进路不得不趋向于共产主义的。"但是事实上决不是这样的，资本阶级的独裁只能变为劳动阶级的独裁政治，资本主义社会只能变为有政府共产主义的社会，不能变为无政府共产主义，这是现时的大趋势。

（七）克氏在《面包略取》书上，说集产主义的理想有两重谬误，一方面要撤废资本制度的统治，一方面又支持代议政体和劳银制度。他又在《近世科学与无政府主义》书上，说代表的政府无论为自任、为选举、或为平民阶级独裁政府，都是没有希望的。可是他这种议论在劳农俄国出现以后，早已不能成立了。过去虽是这样，将来未必也是这样。现在劳农俄国所行的独裁政治并未拥护资本主义，大家都知道的。

（八）克氏主张把各人的要求作分配的标准，这是很对的。可是他反对货币制度，这是无政府共产主义经济方面的缺点。若不用货币制度，按着各人的要求，来行分配，势必用"物质经济"。这种办法在真正无政府共产社会实现的时候，当然可行，但是在资本制度刚撤废以后的社会里就不可望。无政府共产社会既是空中楼阁，所以经济学说也成为空理了。

（九）无政府共产主义在经济方面更有一个难点。生产行为由各部落、各团体自由合意经营，这是无政府共产社会中的事，在别的社会里就不能实行的。若说要按照各人的要求来行分配，无论无政府共产社会中人如何有程度，总不免供给和需要有矛盾的地方。克氏以为革命以后的社会，各人每日只劳动四五小时就可以满足一切欲求的。在现时的劳农俄国说，也只是每日四五小时的劳动。可是俄国不得不用中央集权管理生产的，假使俄国把中央集权撤废了，把消费委诸各人自由要求，那么，生产的自由放任，必定要遇着很大的难关。这种地方，人人都可以想到的。

（十）生产事业若是发达到了极点，取之不尽，用之不竭，这种社会，本可以不用货币经济的。不然，若要废止货币就难办到了。我不赞成废止货币的，不但是要废止资本主义和营利经济来做前提，实在说，货币还要跟着经济组织改造，或者依据理想来应用。若是人类社会进化的理法不错，那么，资本主义制度之后，必是社会主义的社会而不是无政府共产主义的社会。所以排斥货币而用物物经济，决难办到。

以上十条之中，（一）、（二）、（三）三条是生物学的、心理学的方面的根本谬误，（四）、（五）、（六）、（七）四条是社会学方面的缺点，（八）、（九）、（十）三条是经济学方面的思想的缺点。结果十条之中能够完全赞成的是第四条的全部和第五条的前半部，其余都是迷想，空想；若不是谬误，便是含有谬误根据发生出来的缺点的思想。

要之，克氏的思想，也和那些把小我人格与大我人格合为一致的人的思想相似，一大半可以当做宗教看的。革命家不可无信教的热情，而革命的思想却不可有宗教的内容。革命思想，要有实际的理论的内容，要在现时可以彻底实行的。克氏的长处也是马克思主义的长处，马克思主义更有较多的长处。克氏的主义不如马克思主义。

六、结论

共产主义也好，团体主义也好，都不能成为无政府主义。不特不能成为无政府主义，实在更觉得有需用政治的必要的。能够成为无政府主义的，只有个人主义。

一切无政府主义，对于人性的研究太乐观了，对于政治太悲观了。对于人性，与其乐观，不如悲观，较为合理。实在的说起来，将来实现的新社会中与其乐观不如把悲观做基础实行建设，反为万全之策。例如就生产消费设想，假令放任就不能匀平，所以把生产和消费都归中央管理，较为稳妥。就是有许多人要规避劳动，也有设法使各人为社会作工的必要。有许多人所嗜好的物品，也要使他们习惯了为社会割爱。至于强制，程度虽有不同，而在某时期，却有行使的必要。监狱也要的，警察也要的，因为要对付反对共产主义的人。军队也要的，因为要对抗那资本主义的敌国。

所以我奉劝我们相信无政府主义的朋友们，总要按照事实上理论上去为有效的努力，不要耗费有益的精神。

一切政治的、经济的、社会的组织和各种制度，都是人类久远的历史集积而来的，并且受了合理的判断所指导、所开拓、所蓄积而成的，正所谓根深蒂固，决不是一人或数人的意见和感情表现所能颠覆、所能绝灭的。要干这种革命事业，必定要具有一种能够作战的新势力方能办到的。说到这里，我要推荐马克思主义了。

(《共产党》第四号，1921年5月7日，署名 江春)

35.《告劳兵农》(《共产党》第四号，5月7日)

《共产党》第四号刊登吉生的《告劳兵农》，如下：

我先问一声大家：普通中国最大多数的人民——你们所最希望的是什么？我代你们答了："让我们安居乐业，享和平的幸福谋全体的进步。"我再问：你们的希望已经达到了没有？阻碍你们达到这希望的是谁？你们所最痛恨的是那一班人？我也代你们答了："我们在乡下的人一年到头苦作，可是我们争出来的，一部分被地主敲租敲了去了，一部分被放债的盘剥去了，一部分被官府的收税人榨了去了，一部分被官兵来抢了去了，还有一部分被强盗抢了去了；我们自己什么都轮不到！我们的希望达不到——我们在工厂里作工的人，也是一年到头苦作，可是厂里的工钱克扣得利害，我们不能养活自己，工厂里的工作太繁重，工厂里的待遇太不讲究，我们都害了病了；我们穷苦而生穷苦而死，我们的希望达不到——我们全体只是农工两种人，可是您看呀！我们都十分苦恼。"好了！你们都知道你们自己的境况。我相信你们的话都是确实的，我还相信我代你们说的话，都不会道尽你们的不幸。

兄弟们！我现在要告诉你们一番话了。你们听了不要自己诧异。你们做的做工，务的务农，你们的老爷先生大人长官统是你们养着。你们自劳自食，半些儿不占人家的便宜，便应该觉悟你们所做的是何等神圣的事业！世界上再有什么人比你们更大么？你们不要自己低头做小，凡你们所辛苦得来的，应该由你们自享用。商人拿本钱搏到利权尚且说是自己的，你们拿手脚当真做出来的衣布饭食难道还不是自己的么？你们拿活命的钱去养那些官商债户做什么？他们没有你们养，真会饿死，你们没有了他们倒安乐得多。他们抽你们的筋。吮你们的血，你们怎么不发一些儿声音？要晓得你们的不幸全是因为有了他们啊！他们是你们的大敌！我并不是叫你们去仇恨人，我只是叫你们想想大众的幸福。我劝你们自己必须饶恕人。但是我要劝你想一想到了冬天的时候，你们的父母妻子，同村同厂的兄弟，有因为寒冷饥饿而死的么？到了生病的时候，有因为没有医药而死的么？你自己若幸免这种苦处，我问你见了生哀怜心么？虽然哀怜而没有法子么？我告诉你们，在那种时候，有很好的房子里放着暖炉，富人在那里安稳向火。有医院里——那边你们穷人走不进——雪白温厚的床褥，殷勤的看护，有经验的医生调药诊脉，有钱的人都在那儿养病。他们那儿来的钱？无非是用租税，利息等名义向你们力作所得的分中来抽取的啊！这些名义我知道你们都明白是没有意义的。我现在就和你们商量，你们再不要把这些东西给他们了，留着养活你们自己。

你们知道不纳租税，打消利息的方法么？不容易的！你们纳税给官吏给利息给商人，商人又把利息的一部分算做租税送给官吏：官吏拿去养着兵，兵就是从你们的兄弟之中去雇去的，但是他们吃了粮饷领了枪械却来压制你们自己了。你们不纳税的时候官吏就叫兵来打你们；你们不出利息的时候，商人就叮嘱官吏叫兵来打你们。我再告诉你们。你们生在中国还不会一定要当兵。外国像你们一般样的人，都纳了租税，交了利息，又必须去当兵，把性命都为他们牺牲。外国的官吏和商人因为自身利益的关系，和别国的官吏商人冲突，到要打的时候却叫毫不相干的百姓去啊！他们若不去的时候，兵士又要来捉了。总之你们不要忘记，你们为你们自己和父母妻子兄弟朋友的幸福起见，是必须反抗的，但是世界尚有兵丁，那兵丁是从你们的兄弟朋友中雇来的。你们的力量很弱小，没有武器可以杀许多人。我告诉你们，现在新法的打仗，杀人器具的利害是可怕的！

但是你们不要看轻了自己的能力。你们人数多，臂力强健，那怕你们一切都没有了，这两件总是你们的，因为你们都天天做着辛苦的工。遇到紧急的时候就可以把这两件使用出来。

我知道你们反抗的心思都是有的。我再告诉你们分享幸福的办法。你们知道蚂蚁的生活么？蚂蚁是很小的虫豸，但是他们却很享福。为什么？他们每人出力的做，也每人安稳的过活。他们当天气暖的时候大家四面去寻食吃，寻了来放在家里存积，这种积蓄算是他们公共的，到冬天不能外出的时候，他们就躲在家里共享。人也可以照他们的办法。这种办法我们现在正在教着你们，便是共产主义的理想，住在彼方俄国的兄弟们，他们已在实行这种理想了。这种办法，详细说起来或者反不容易清楚，但简单说来却人人懂得。便是大家做工大家分享。譬如你们有的耕田有的织布，这是你们现在的工作。你们一村坊上耕田的可以聚一个农人的会。全国村坊上的会可以聚成一个总会。织布的和其余做各种各业的也可以照样做。现在你们耕田和织布的方法都非常粗陋,费了许多力做不出什么东西。以后可以用机器代做。现在你们耕田的,都因为把田归私人所有,所以生出田主来自己不做工专把田地租给你们种,却抽取很大的租来。以后可以把田地都归给公家。做工的也是这样,把机器归给公家。公家是谁?就是你们大家合起来的。

你们还应该公定这样一种规则,就是不做工的不许得食。靠你们养活的寄生虫,听了这句话都不愿意的,但是我知道自己做工人的人听了,一定能懂得他的意思。

你们已经集了会了,村会派你们最信服的人做代表到省组织省会,省会再派选代表到中央组织全国大会。这些会定期商议一次事情,你们有什么意见都可以对他们说。如此,政府中有了许多行业的全国大会了,这些会再选出一个会,由他们去握全国一切事情。这些会是你们自己选出来的,你们可以自己指导他们。要是你们选错了人,再要欺弄你们的时候,那时,一切都是你们自己的了,你们便没有怕惧,可以直接去掉他们。

你们现在自己觉得太劳苦么?在工厂里的一天做十几个钟头,在田里的一年忙四季。你们有时听见音乐,看见画,看见演戏,也喜欢么?你们想要常常享受这些艺术的快乐而不得么?我告诉你们,这些本是你们所应有的。你们劳力之下已经是很辛苦了,应该把艺术的快乐来酬劳你们自己。但是你们所有的享受权现在都被人剥夺去了。你们都知道识字的好处么?识了字可以看书看报,并且高深些的艺术享乐,也非识字读书不行。但是你们自己没工夫进学校更没工夫去受高深教育;且在资本主义的下面,受高深教育很要化钱。我知道当你们送小孩子进学校的时候,你们还是宁愿他们在家刈草牧羊的,不是你们不知道读书的好处,因为横竖真真读不了多少年,并且眼前也没有工夫。你们这些权利都是被人剥夺了的。在共产主义的下面,你们的工作时间将大大的减少,因为吃闲饭的人没有了;你们自己组织起来的平民的政府将要为你们开设不要钱的学堂,你们的孩儿们将受义务的教育,只要你们自己愿意。你们不要客气呀!以为读书的事不是你们所干或不是你们所希望的。你们要晓得世界上既然可产出读书的人,可见天叫人生一付脑筋不是没有用处的;你们多用手太不用脑筋,譬如读书人多用脑筋不用手一样;这些都不是应该的。你们即使不为享乐知识起见也该为自身的幸福起见啊。读书这件事一向给有钱的人独占了,所以你们不及他们聪明;他们用了占来的聪明欺压你们到现在,你们还不觉悟么?

我想我们将来可以有这样一种生活;社会上的事业大家来做,社会上的享乐大家来受。我们当用分工的办法。一部分人产米谷,一部分人产布匹,一部一部的人产一种一种的用品。十分奢侈的用品我想是要消减了,因为这是不正当的东西。再有关于智识上的工作,在那时也算是一种产业,和农工的劳力事平等。在现社会之中,智识的工作算是高等的,因为有智识的往往就是役使人的,而且劳心的人生活也优越,时间也短少。但是在共产社会之下,治人与被治的界限没有了,劳力者工作时间也减短了,劳力者和劳心者的享用也平等了;智识将没有现在那样的气焰。说不定还有不愿意做用脑工作的人。所以诸君若现在要想向我发疑问;"假使大家去做劳心的事呢?"

这层疑虑可以没有了。你们劳心劳力的两种人可以心平气和的交换生产。就是在共产的制度之下，你们把衣食的需要养活他们的内体，他们把艺术和智识的需要滋润你们的精神。万一专门劳心的人毕竟比劳力的聪明又要设法欺诳你们呢？你们把生产的器具——土地和机器——紧紧地拿在手里，他们便不能怎样奈何你们。

总之，一切享用全是你们的了，因为一切全是你们合力所造。

你们还明白我劝你们组织各种会的缘故么？你们平常的生活中不会有什么会。现在也没有什么会。将来的会何以必不可少呢？听我告诉你们。我且问一句。从你们的经验中看来。世界上坏人有没有的？换一个问法：你们的村庄上，有姓张的偷了李家牛，王家的人割了李家的麦一类的事。或你们几个同力合作的时候，有没有人躲懒？这种都是坏人干的坏事。你们怎样设法免去这种坏人出现？万一有许多坏人团结在一起扰乱公共的幸福，你们岂不是要合群禁止他们么？这里便用得到结会了。坏人也有等级，你们总应该定个规则去问他，这里便应该定个法律。法律也要大家定的，这里也用得到结会。你们合够儿生产，产出来的东西叫谁分派才能均平，叫谁分派才能省事？这里也用得到一个公共结合起来的会。你们做工的做工，种田的种田，做工的和种田的人中间交往的事是常有的；这种交往的事往往是团体的事，譬如种田的要请做工的多产些布。要办这中间的交涉也必须各方面都有一个会。还有许多公共的事，譬如学校公园等，谁去干？也要公共集起来的会。还有许多纷争的事也是不免的，要解决请谁？请公众所选举起来的可讬的人去解决，这也用得到一个会。还有一件事。假设你们的改革成功得快，外国有许多还不会做到。你们要去和外国的劳动者提携，要和外国的资本家开战，你们要怎样办？尤其须得一个同心结合的团体。因为有以上这许许多多必要共同做的事情，所以我们才须要一个政府。政府不是一件另外的东西，乃是我们自己所团结起来的，政府为我们而存在，不是为官僚而存在。

我所说的你们满足么？万一不满足，你们还可大家商量了再去添加。共产主义原是为你们自己而发生的，你们有自主权。

上面的话你们如果以为说的对，那么我就要告诉你们起革命的方法了。革命两个字我劝你们不要听了害怕。你们要脱离现在这种痛苦的生活，要主张你们自己的权利，革命是不可少的。我劝你们革命也不是叫你们去抛炸弹放手枪，这种旧式的革命现在用不到了。革命就是叫你们团结，团结起来一致反抗你们的仇人。我现在恐怕你们还认不清楚你们的仇敌是谁。因为你们平素专门做工来孝敬他们，来不及想那些事。我们想好了，现在告诉你们。凡是埋没了良心，不顾公益专图私利的都是你们的仇人。你们极力养活人，他们杀人；你们求和平，他们扰乱世界；你们爱人，他们欺压人。我再把重要的仇人教给你们听：第一就是官僚。看看你们乡下的小官塾可以知道一切官吏的罪恶了。第二就是军人。军官带了兵杀进你们的村坊，奸淫你们的妻子，毒打你们的父母，坐讨你们的金钱。这些军人是官僚主使来的，他们和官僚串通一气同一样的可恶。第三就是资本家。开工厂的是大资本家，收租放债的是小资本家；他们有大小之不同，作恶是一样的。他们虐待你们种种的事你们心里晓得，用不到我来说。其余的坏人还很多我也不必一一细说了。

你们革命方法的第一步便是认定你们的仇人。

有人或要告诉你们说，共产社会主义必须有资本主义才会发生的；你们可以回答说，我们实行共产主义就是要预防资本主义的发生。

有人或要告诉你们说，外国的资本主义到中国来要夺去你们的生存权了；你们就答说，我们要抵抗外国的资本主义。他又要说要抵抗资本主义必须开发实业，开发实业必须资本；你们就答说，资本握在我们自己手里！

有人或要告诉你们说，外国人正想瓜分中国，你们革起命来，他们借了名义就要来消亡中国了；你们一定就会回答说，"我们不懂什么叫做中国，中国亡不亡和我们不相干。我们所求的是和平安乐的生活。况且本国的国家现在一些也不能保证我们。我们不怕亡国！"我再帮你答一句："来侵略中国的也是外国的官僚军人和资本家呀！他们为此硬逼他们自己国里的劳农出来打仗。他们的劳农，我们的弟兄，比我觉悟得早，已经再不能堪他们的驱策了；他们若果要兴师来和我们打仗，他们国里劳农的兄弟们一定会起反抗的。"

我老实告诉你们，那些用种种话来骗吓你们叫你们不敢革命的人就是你们仇人的爪牙走狗。你们老实告诉他们罢。你们那样的禁压我们，你们读书，知道怎样骗人吓人；我们求生存，只知道我们求生存的要求。我们所要求的是平民主义，平民主义实行的时候就要结果你们了！

你们革命的目的便是平民主义！

你们革命方法的第二步便是传布思想。

你们没有机会读书识字，能看这种文字的人恐怕很少。你们自己能看的看了就去传布，务使大家都懂得这种意思。懂得了以后怎样呢？再去和全世界的劳农联络。你们不懂外国文可以请人翻译。你们把你们的意思告诉他们。说："万国的劳农兄弟们啊！我们都是一伙儿的人，只因为地方隔得太远，所以互相隔膜得很。我们现在知道全世界没有国界的区别，全是生产的和不生产的两种人分别。不生产的欺压我们生产的到今朝了，要反抗他们的时候到了，我们互相帮助罢。若是我们在国里革命，我们国里的不生产的人——官僚军人资本家——求你们国里的不生产人帮助难为我们的时候，你们大家千万不要去替他们当兵，不要受不论什么话的煽动，你们也□可以在国内同时革命。反过来的时候也是如此。我们两方平常误听了他们的说话，所以两方感情非常隔膜，以后我们明白了要格外亲热了。我们合力推倒了那平民主义的障碍物，把全世界造成一个大平民主义的世界。我们成功了以后就大家共享幸福？"一国的劳农势力到底薄弱啦，你们须得有全世界的联络。所以你们革命方法的第三步便是和全世界的劳农联络。还要拔去你们仇人的爪牙呢。你们就劝你们的兄弟朋友不要去当兵。你们告诉他们说："当兵的朋友们呀！"你们所做的是一件杀人的事业。这是何等可怕的事呀！你们的良心上十二分的不得安宁。你们去当兵无非是为了口粮，把世界改造好了的时候，你们人人有饭吃了，何必枉自牺牲性命呢？你们在营里的苦况我们都晓得的，不分早夜的要去操练，还要时常被上官打军棍。你们打仗时候的苦况我们也晓得的，行军的时候夏天的太阳火一般的在背上烧，冬天的冷风冰一般的在脸上吹，身上背着枪械包里一天要走无数的路；枪弹炮弹像长虹一般的从你们头上飞过；打了败仗或受了伤的时候，被大军抛撒了，一个人在荒野里好不凄惶难过。你们在外边受苦的时候，心上越发想着家庭里平和安逸的快乐了，你们时常盼望不到家信，想来总是不觉要垂泪的；你们之中有些是孤身的，什么希望都没有了，委身在这种愁惨的生活。我们所能说的道不尽你们所受的万一唎，你们单只为一份口粮，去牺牲生命做什么？

"你们出外打仗的时候无非是杀人，你们因为口粮太少，你们因为平常的生活太苦了不免一天要劫掠村坊奸淫妇女。你们干这些事实在是犯罪恶，但是这不是你们自己之过；我们原谅你们的过失。可是我们对于你们的行为实是悲伤的。你们自己也有父母妻子兄弟朋友啊，你们在客乡劫掠奸淫屠杀他们，别的兵在你们的故乡也照样的把这种行为施到你们的骨肉朋友呢！你们想一想，就明白了，你们在军队中仿佛是做着一场噩梦。你们完全身不由己，听着上官的指挥到东西南北，杀你们所应该爱的人。你们梦醒了以后想想梦中的可怕景象，和你们自身的灵性堕落，你们要如何的恐惧愧恨哪！你们只为一份口粮，当兵做什么？

"你们当兵的前程是很有限的，顶多升一个正目队长；你们打仗的时候多在前敌，死亡最快，即使升迁了些料想不到打仗完毕是要把性命丢去的。在你们枉丢性命的时候正是那些督军师长们受勋章讨军饷的时候啊！他们讨军饷来肥了自己，你们丢性命来红了他们的顶戴。什么什得啊？况且军官们借你们的名义向政府讨饷，政府毕究要叫你们在家的骨肉多出赋税呢。你们只为一份口粮，当做什么？

"当兵的兄弟们哪！我们知道你们都是很勇敢的。你们的一份口粮在共产主义之下是很容易得的。跟我们来罢！大家来为了共产主义革命罢！

"你们现在最好马上就离了兵队，让那些官僚军人没兵可招。但是你们在外当兵许多年家里的田地荒的荒芜了，换的换东家了，回来也没得饭吃，这个正是你们的苦况。那么你们就留在军队中好了；平常留心留心军情，再细细研究研究共产主义的原理，和同辈讨论讨论；把你的枪械操好，把你们的团体结好，磨砺着等候时机。你们看，如你们全国当兵的兄弟们都已经齐心了，外边的革命一发动你们便可以响应了。那时的革命易如反掌。

"那时，你们也要拼命打仗了，但这一次你们不是替别人打，是替自己打；不是为杀人而打，是为正义而打。那时候我相信你们都已经觉悟了，知道救救你们自己的灵性，不再做残酷的勾当。因为外边的世界是清平的，你们打仗成功，离开了惨酷的军营就要到清平的田野里来作工。那时，你们的灵性已经回复，知道平和亲密的快乐，你们真是何等的幸福啊！"

兵士虽然残酷，听了你们这样的说，他们亦必掉转枪头来问他们的主人了，你若做到这一步，革命便已经有了眉目。所以你们革命方法的第四步便是运动军队。

到真真发动革命的时候，你们便不要再纳赋税，或向商人地主交利息了。我前面曾告诉你们，赋税和利息是商人的根本，你们不交纳了他们便没有钱养兵。不纳赋税不交利息便是革命方法的第五步。

第五步怎样？

社会革命是何等的事业！建设共产社会是何等烦难的工作！这责任既然全在诸位的背上，诸位就应该如何谨慎的做去啊！我告诉你们，你们的力量不小，要革命是没有不成功的；只是革命了以后，要组织成一个很好的共产社会却要费很周密的布置。你们的常识是坚固的，你们的心思是诚实的，将来实行起来一定可以成功。但是还少不得细心去打算啊。

还有许多事、譬如和外国有什么交际、这种事本来很简单，但是现在掌着国柄的官僚政客们故意把来弄复杂了，你们自做主人去和他们办未免要上当。这些委曲，等到全世界都变成了劳农社会的时候，当然没有了，可是现在怕还有许多国家的名目，有许多官僚政客在内作怪啊！那你们可以想见将来的事情，一步一步不知怎样的烦难哩。所以现在，我不能把第五步以下，一步一步的细说了。你们只要起来做，认定共产主义的目标，尽管向前进去。要是你们没有头绪，可以把你们北方的俄罗斯的劳农兄弟们的榜样学一学。俄罗斯的事你们或者不大知道。没有根据的谣言传到你们耳朵里，你们或者竟要相信以为俄罗斯的共产有什么公妻的事。我告诉你们，走遍天下没有这种怪事。要是真有这种事，他们还能够这样发达么？他们的发达现在已经有个样儿了，我听他们自己说，他们从来不曾有过这样快活的日子。现在他们全体的劳农都很欢喜，有兴致。没事的时候，在家做工，做好了，大家享用。也有别国的官僚和资本家怕他们的，带了兵去打他们。当这时候，他们就抛了锄和锤去拿军器，兴致勃勃的去打了，他们知道打仗的目的，他们知道这种打仗是敌国的羞辱，他们的荣耀，他们勇气百倍。他们相信他们自己所举的将帅，他们是常常胜的。我告诉你们，欧洲的资本国家看看势头不对，现在要请求和他们通面了。他们这样的成功，别无所恃，就在深信他们的主张，用不懈的勇气如谨慎去做。

你们也是这样，若是深信的，就往前去做。

你们平素被夺了读书的机会，有许多事是不懂怎样去办的。你们不免在革命的时候缺乏了将帅，不懂选举那一个好。不免当组织劳农会的时候，不知道组织的方法。不免当开会的时候，不知道用有秩序的方法开讨论。或是在无论什么时候，遇到无论什么紧急的事不知道应付的方法，你们就要慌张失措了。

到那些时候，我们可以来做你们的顾问。我们现在用无限的诚心向你们说，你们虽不知道我们是谁（将来会知道），我们永远是最同情于你们。我们现在四方奔走，我们进牢狱，受官府和资本家的压迫，我们依旧冒了险到你们中间来宣传；我们都是为了你们。你们也不可把我们当做是慈善家，因为可怜你们所以拼死命来救你们的。我们就是你们，我们是一伙儿的。我们大声疾呼就是代你们大声疾呼，我们所喊出的，都是你们所要喊的，不过我们是见得早。譬如一所房子要塌了，我们你们都是一屋子里的人，不过我们先看见，所以疾忙喊你们逃避。

我们现在要齐声大喊了：劳农们！起来啊！劳农们！起来啊！你们听见我们的喊声么？

（《共产党》第四号，1921年5月7日，署名 吉生）

36.《劳农俄国的教育》(《共产党》第四号,5月7日)

《共产党》第四号刊登《劳农俄国的教育》,全文如下:

▲劳农俄国教育总长吕纳却思基的一席谈

我们在吕纳却思基的办公室见了这位劳农俄国的教育总长,他很喜欢我们问他的关于教育的事,以下便是他的谈话了。

他说:"我们第一件事就是要把那些不识字的人都融化了。从前有百分之十的人不识字,就是不能写不能读。我们开头就用十二分的注意来办这件事,我们把识字的与不识字的分为两组,强迫不识字的人进国民学校读书。又把识字的人训练成国民学校的教员,便他们知道美国式的教授法。一切识字的人都须进夜校读书二个月。"

"用了这些方法我们预料三年之内,可使全国的人民都变成识字的。现在这方法已经得很好的结果。譬如彼得格勒一地,在战前有人口一六〇〇〇〇〇,都是不识字的人倒有半兆多,现在呢,人口是八〇〇〇〇〇到九〇〇〇〇〇,一识字的人却一个没有了。莫斯科本有一兆的不识字人,现在一个没有了。从前海军中人有百分之二十五不识字,陆军中有百分之十五不识字,现在海陆军联合起来算,也只有百分之五到百分之十的人不能写不能读。"

"但是最紧要的事情还是儿童教育,教育成人到底比教育儿童次要些。我们对于儿童教育的办法,凡在三岁以下的不施以教育,但是从三岁到八岁的儿童,却很注意的教育他们。这些年龄的儿童,我们把他们归入第一步的教育案。在旧日的教育法上,简直没有特设的学校以容受三岁到八岁的儿童。只有几个幼稚园,是专为富家儿童设的;也有几个慈善小学,是专为收养贫苦人家的儿童。现在我们在过去的两个年期里,已经建立了二〇〇〇〇〇所小学,专为教育这些年龄的儿童。骤然添立了这许多的学校,教育是一定缺乏的,但因为我们现在采取了美国的教授法所以这个困难也就很容易的解决了。而且这些教育都是从劳工中教训出来的,他们对于职务非常热心,完全没有旧日'把教育当饭碗'的成见了。"

"一切教育都是自由的民族化的。私立学校是绝对的没有了。国家教育儿童,供给衣,食,书籍,靴子以及一切什物。因为现在物料的缺乏和财政的据拮,我们所欲做的事不能统统做到,但是食粮一项——虽然这是极难得的——一定是供给的。服装的供给也不能满意的做去。在过去两年中,我们供给儿童的衣服的布料已有一八〇〇〇〇〇〇码,靴子九〇〇〇〇〇〇双,但是因为儿童的人数是有一〇〇〇〇〇〇〇之多,所以这一点供给是不充分的。如果战事再不停止,恐怕连这一点儿也欲为难。我们现在最缺乏的是培植体育的种种用具和一切关于基本教育的用具。譬如钢笔尖,平均算来,我们只能使一百五十个儿童合用一个,铅笔亦是如此,抄写的草簿是两人一本。我们真据拮到极点了。我们固然也有几个工厂专制造这些用品,但是大部仰给于外国。现在需要是一天大似一天,但是供应却因为封锁的缘故而没有了。我不知以后将怎样过下去。"

这几句话说时会有很大的忧愁,使我们感着战争和封锁加于教育事业的阻碍是何等的大。吕纳却思基又续说道:

"在欧洲和美洲,有初等小学和中等学校二种。初等小学是人人必须经过的,中等学校便只有富有的人家能够经过。现在我们俄罗斯有的一种'单级劳工学校'即是人人必须经过的。这单级劳工学校分为两班,(一)是教育从八岁到十二岁的孩子,(二)是十二岁到十六岁的孩子。我们用极大的毅力务使这计画实行。农民都愿意而且热心来做我们的帮助。他们斫木,他们建筑新学校,现在已经造成一一〇〇〇所新学校了。虽然仍有许多儿童没有地方来收容,但我可以说,至少有百分之六十的儿童有学校可进。至于市镇上,自然一切儿童都有学校可进。我们所计画的真正的教室,尚须几年之后方能实现。"

"中等学校的数目现在还不能很多。从前的中等学校大都设在市镇,劳工们的子弟进学不便。现在我们暂时用学校公会来普及中等教育,希望将来能把这些公会变成学校。现在因为种种方面缺乏材料,只好暂时不扩充。"

"我们的教授法中贯穿着两个理想。一是使学生们从实习中得到知识,和从教授中得到知识。二是没有专门功课。凡从八岁到十二岁的孩子,就从游戏,远足,饲养家畜,做木工,装订书籍等等事中得到知识。我们把自立自助的要义灌输到他们脑子里,我们鼓动孩子的勇气使他自做自己的工作,而在旁加以帮助。我们照学生们每日工作的次序,把整齐,清洁,义务等等要义教他们。我们在他们游戏的时候练习的时候教他们知道各科学知识。

"在中等学校里,我们采取了多科教授制,而用了劳动的训练。我们并不想教训出一班专门的劳工,只想造成一班普通知识的人们。我们的目的是把教育工业化,使成为生产制度中的一部。为了这个目的,我们在学校中建立五金工店和木工店,并叫学生常常到工厂内。这种试图,因为俄国现在经济上的困难有点阻碍,但是将来决可进步。

"我们对于工作上的美感效力又特别的注意。我们教授图画手工等等科目,并不是想造就几个好的画家,只是想教孩子们能够描出他们的理想来就是了。教授唱歌和音乐也只为了音乐在社会有价值的缘故。小学校里的音乐科不过练习音调罢了,此后方教授音乐的历史和理论。对于演剧更为注意,每个学校里总有一个演剧团。尊祝劳工的观念就用戏剧来引诱。

"关于我们所谓消极的改革,有最重要的两件事可以说一说:(一)教育全不离宗教气息,(二)不分男女。当男女同校教育初行的时候,很有些反对,现在却都好了,一切事进行都很顺手。

"我们最紧要工作之一是农业学校。从前的政府对于培养农业发展这一方面,简直不注意,但是现在我们都觉得俄国要兴旺全靠着农业,我们现在各村各乡都开满了学校。去年秋天,我们有教育游行团书发,到各乡村去讲演农艺知识。今年我们打算多添一个教育游行团。

"因为国内经济的困难，我们不得不叫十四岁的孩子也去做工；这是我们最痛心的。但是他们的工作却由自己挑选，而且有特设的教练部去管理他们。我们又承认俄国工人的技术知识大都是幼稚的，所以我们要强迫凡年在十八以上四十以下的工人都进补习夜学校，每天补习三个小时半，补习期限五个月。凡在补习期内的工人可以把应做的八小时工作减少到六小时。我们预备同时开办二百种技术的补习科，如果充其量开办起来，一千种也不为多。我们希望从这些补习学生中可以造就百分之十的好工人出来，这百分之十的工就可以做先生教导别人。我们现在非常需要工程师。曹诺夫教授(Prof Gornoy)已定出极简要的工程学科教本。我们正打算从战地召回那些曾受过工程学到某种程度的学生，由国家供给衣食必须品与他们，使他们专心读书，修完已习的科目。在今年秋天，我们预料可以习二千九百个速成的工程师造就出来，——这工程师三个字是用广义的解释，凡铁路工程土木工程都包括进去的，——至于从正式学校毕业出来的，当然也有此数哩。

"我们高等教育成就很多。彼得格勒大学已经发明出关于光线及雷定(Radium)的种种问题。其余如医药(特别关于胃病的)照相，开矿(如关于次等煤的价值)等等，都有新发明。大学中都附有劳工厂一所，凡十六岁以上，无论男女，都欲进去实习。莫斯科的马克斯大学学生非常拥挤，学生都是头脑清晰而又有实用才的人，很热心于学习，不是像从前的大学生只想得了文凭去做官。据教授们说，他们的工作是快乐的。政治经济学的部，我们现在已经废去；因为这不是合于新社会组织的。我们更新立一科，专教苏维埃组织与改组，学生约有一千余。这些学生一年之后就可以回到他们自己家乡去指导劳工组织苏维埃。此科的讲师，大都即是全国苏维埃委员会的委员。一个英国的经济学者曾对我说过，我们的学生对于此门的功课比什么都好些呢。"

"我们又在各处偏设图书馆与读书会，大数的金钱已经存起来预备买书。因为纸料告缺，我们现在只能把书籍缩在公报中。我们已发行许多文学书和科学书。从前有许多精美的印刷品都是在德国印的，现在自然不能运进来了。因此书籍不能购买，只可到图书馆或学校中去读。

"我很不承认美国报上所说的关于我们美术馆的话；他们说俄国的美术馆在革命时完全破坏了，实在不明事实的真相。我可以说，革命时最大的功绩就是能把所有在各宫内各公共美术馆内以及各私家收藏的美术品都好好保留，不损伤一些。偏僻的乡间，当那些'大户'逃了之后，农民果曾想跑到大户家里拣点古董宝贝，但是政府的军队很巧妙的把这番掠夺禁止了。

"我们现在还不欲化了许多时间去教练家庭经济学。因为据我们的见解，将来总有一天要把衣食住三项都集中于社会的及共产的方法，老法子是没有用的。"

"现在我们的困难就是原料缺乏；例如因为缺乏棉花，所以有几百的纺织工厂不能不暂时停止进行。工厂既停，有手艺的工人不能不到乡间去，因此就丧失了他的技术。市镇当是向新的，乡村常是向旧的；我们正试欲在乡间多开小学校，把农业上的技术教导乡人。

"是的，我们手头的工作是极大的工作，我们已经做了许多事，但应做的仍是不少。如要有原料，有工具，有书本，我们的计划，都可以立刻实现，照现有那样的缺乏，可就不容易办呢。"

"总结一句话，我们的教育目的是两条大路：（一）是使人人能自助；（二）是把教育工业化。"

（《共产党》第四号，1921 年 5 月 7 日）

37.《劳农俄国的妇女》(《共产党》第四号，5 月 7 日)

《共产党》第四号刊登《劳农俄国的妇女》，全文如下：

一九一九年之末，当反劳农的台尼金将军兵败之前的几个月里，正是俄国的劳工为了前敌的战事忙得翻天覆地的时候。共产党的劳动妇女，除开担任了这一部分的工作以外，只担任了一件事，就是派女工到劳农会里去，一面学习管理行政的事务，一面把民平的眼光监督机关里的办事人。我曾遇见过一个缝衣女子。那女子的名字叫做尼古拉夫娜，是一个共产女党员，人很镇静深沉，而且机敏周到。

我就问他："你为什么不到劳农会办事处里去做事呢？那儿很用得到你这样的人物，而且你也一定很能满意的。"

他说："不，我不愿意离开我现在这个铺子。我们做的事情多哩。我们把衣料做成衣服，人家拿证书来就给拿衣服给他。我们的铺子开了许多年了。场面很大，用着许多小姑娘做零碎事情。我们现在的第一件事就是把那些十四岁以下的小孩子都改送到学校里去受教育。把那些年轻的女工年纪在十四岁以上十八岁以下的送到一间特别的房间里替他们开一班职业教育。这班小女子本来是专做传话人的，那些女东家顶喜欢用他们做这项事。他们很难得机会学缝衣的工作。现在每人都教给一种专门的技术了，不多几时就都会变成很好的女缝工。他们的工作时间照章程是六小时。现在那些成人作工的工场里他用了新习惯了。你可晓得，从前我们缝衣，材料好的加倍欢迎。并不是爱那颜色花纹的好看，不过是一种下级社会的卑劣心理罢了。我那些小女工还守着这种旧脾气。

"我们惯常做的是丝和绸。（十月革命以前，我们这铺子里只做贵重衣服的。）可是现在，常做了布衣，手指和兴味都做坏了。

"我就须得常常向他们开导，设法教导他们：'从前你们缝衣的和做长衣的是替谁做着？是替那批压迫你们的人和他们那些从来不动一动手指的女人们做喇，现在你们是帮你们的姊姊妹妹做了，你们帮他们做，他们也照样报答你们。布的材料要做得好。那班女工把证书来换衣服穿的时候，拿到一件精美的衣服心里何等欢喜呢。'

"他们学究听从了我的话，现在我们的事情渐渐好办了。我还想要少为给他们一些政治的和智识的训练，我想这种训练别的好处且不必说，至少也可以使他们忘记了那些破烂布，并不是说他们手里缝的，乃是他们身上穿的破烂衣服。可惜我没有这许多空工夫。我们从九点钟做到五点钟，但是我每天总是八点钟来五点半钟六点钟才能回去，因为开店门锁店门的事情都是要我做的。"

"你的家里怎样呢？"

"我的丈夫在边疆上，我已经把我那四岁的小女孩儿送到乡下去了。我忙得很，所在虽然很想把他带在城里抚养他竟做不到。可是在乡下他也很强健。'

尼古拉夫娜就邀我到他的铺子里去，要在那边告诉我刚开过第七届劳农会议的事，我欣然跟了他去。那铺子里到处给人一种极好的印象。里边的工女比别处的都高兴些快活些，只因为有一个机敏的共产党员在内做工，献身给事业，他的影响把一切都转移了。

尼古拉夫娜训练那些劳动妇女使有纪律有组织，早就成功。这些劳动妇女都是觉悟了做工的快乐的。他早把劳农政府的原理加在他店里的实际生活内；他很注意到女工们精神上和道德上发展。总而言之，他是在创造将来的共产社会的细胞。因为要完成这工作，他甚至和子女分居，并且自己每日的工作也延长了二小时。在大革命的时候，（那是一切自觉的劳工认为是一条路的）他早就寻着他自己所应该做的事，而且自从一九一七年十一月以来，他早就把共产党直到一九二〇年四月间方始揭出的呼□，在那里大声疾呼了，这就是"一切都为无血的前线而做"。他是真真的劳动妇女。他真是共产党指导之下的几千个能替现在的共产主义做下建设工作使民众了解共产主义底劳工中的一个！

(《共产党》第四号，1921年5月7日)

13日（星期六）

38.《列宁在共产党大会之演说》(《晨报》，5月13日)

《晨报》刊登《列宁在共产党大会之演说》(1921年5月24日《广东群报》转载。)如下：

世界革命，近来愈益有望，吾人之后援，将由西部欧罗巴而来矣，唯不能如吾人希望之速，斯为憾耳。顾其后援决非少数，必将大举而至，盖世界革命，迄于客岁，仅存其宣言决议而已，国际共产党，实无何等实际表现，今则各国均成独立之党派矣，德法意等国之国际共产党，不特将为劳动运动之中坚，实为政治生活之焦点，此乃本党胜利之征也。无物足以阻碍其行动之世界革命，逐日伸张其势。而欧洲经济界之危机，又日趋险恶，吾人为永久维持无产者阶级之执政，及避去围绕吾人身边之灾厄，不可不知适用于相互阶级间之活动方法。盖近日劳动者与农民党之关系而生之危险，较之底尼顷戈尔察克，由底尼齐等反对共产运动，全体联合而加诸我之胁迫，其危险更且大甚也。农民不平，对于吾人提议之经济界结果如何，毫无所介意，于是吾人有知农民所欲者何在之必要矣。查彼等农民之要求，为（一）经济界之自由，（二）对于交换货物之农民生产物与以消行之机会，故吾人欲将农民之余剩生产物，许农民以自由处置之权利者也。

(《晨报》,1921 年 5 月 13 日)

15 日(星期一)

39. 《列宁又向共产党演说》(《时事新报》,5 月 15 日)

《时事新报》刊登《列宁又向共产党演说》,如下:

纽约电云,驻扎纽约之俄国探报部长三日发表列宁在第十四共产党大会席上之演说如下:世界革命近来愈益有望,吾人之后援将由西部欧罗巴而来矣。惟不能如吾人希望之速、斯为憾耳。顾其后援决非少数,必将大举而至,盖世界革命迄于客岁,仅存其宣言决议而已。国际共产党实无何等实际表现,今则各国均成独立之党派矣,德、法、义等国之国际共产党,不特将为劳动运动之中坚,实为政治生活之集点,此乃本党胜利之征也。无物足以阻碍共行动之世界革命逐日伸张其势。而欧洲经济界之危机又日趋险恶,吾人为永久维持无产者阶级之执政,及避去围绕吾人身边之灾厄不可不知适用于相互阶级间之活动方法。盖近日劳动者与农民党之关系而出危险,较之底尼顷、戈尔察克、由底齐等反对共产运动,全体联合而加我之胁迫,其危险更甚切大也。农民不平,对于吾人提议之经济界结束如何,毫无所介意,于是吾人有知农民所欲者何在之必要矣。查彼等农民之要求,为(一)经济界之自由;(二)对于交换货物之农民生产物与以销行之机会。故吾人欲将农民之余剩生产物许农民以自由处置之权利者也。

(《时事新报》,1921 年 5 月 15 日)

40. 《俄罗斯的产业自治》(《自治周刊》第一号,5 月 15 日)

《自治周刊》第一号,刊登林可彝著的《俄罗斯的产业自治》。摘录如下:

俄国的产业,虽然幼稚,而有劳动联合会的组织,到好久了。不过专制政治下的资本家,能够借政治上的力量,来压迫他,所以三月革命以前的俄国革命,都是把政治来做目标。因三月革命,而产出的格林斯基政府时代,当时劳动者乘着革命后各工场管理机构摇动的机会,固然取得多少产业上的管理权,但格林斯基政府,是资本阶级的政府,终不能够满足第四阶级人民的要求,加之革命后对德战争完全停止,资本家的营业,没有什么利益,极愿停止贸易,所以劳动者若同盟罢工起来,他就把工厂锁上了。劳动者历几次的经验,也懂得罢业的武器这个时候实用不着,乃别谋从根本上改造经济组织的方法,主张产业上的管理权,应归生产者本身的运动,就应运而生了。

列宁政府,他于劳动者,是极表同情的。他标榜个不劳动不得食主义,所以目下俄国人民，殆没有一个不是有职业的。有职业的人，总要加入他们的职业联合会，那末全俄人民都是生产者，同时也都是消费者了。

……

俄国管辖劳动者的最高机关，虽说是劳动人民委员，但这种委员的组织，实以职业同盟做基础。九名委员中，五名由全俄职业同盟委员会选出，四名由人民委员会选任。但是职业同盟，对于内阁人选问题，还可提出抗议，所以决定劳动条件的最高机关，劳动团的代表，总占多数。……

就各工厂里头说，产业管理权，大概也是归着劳动者手里。因为俄国目下的大工厂，什九是国有的。据一九一八年三月的国有事业管理规则，虽然各工场的技术主任，管理主任，由"国有事业中央管理部"所选任，实际除了生产技术事项以外，一切管理权，都在管理主任下的"管理经济委员会"。该会人员中，劳动者和下级事务员的代表者，占去一大半。即中央管理部的组织，三分一为该产业劳动者，和事务员的代表。三分一为无产阶级，政治上，经济上，机关，或团体的代表。其余三分一，为学术，技术，商业上的高级人员，民主的全俄团体的代表者。所以实际上，也是没有甚么别的人，可以管理产业上的事务啊。

中央的产业管理部，既是这样，那末重要的都市、州、和各工业地域，大概一样，可不用说了。我现在继续说各职业团体，什么方法能够参与国政，而完满他们产业自治的精神？

一般生产者，都加入职业联合会，而管理各产业的经营，和决定劳动的条件，这是产业者内部的自治。政治和产业，是很有关系的，不得参与政治，终无法完成产业自治。考俄国中央和地方政治机关底选举，都是以劳动团体为基础的……

俄国的政府组织，是采取"立法一权制"，全俄行政委员会委员，由全俄人民会议选出。而全俄人民会议，由地方人民会议举出。地方人民会议，则由各区人民会议选出。各地方和各区人民会议的议员选举者，都是限于有职业的人民。那么，政治的趋势，若是有涉于产业上的利害关系事情发生的时候，那一种产业代表者，一定出来力争，而有间接影响的各种产业代表者，也定要赞成他。因此国家政治和产业上的关系合在一块，成个不可分的形势，不过政治的机关，和产业的机关各别罢了。唉，俄国的产业自治，算是完全无缺了。从前的代议制啊，政党啊，财阀啊，种种腐败，种种缺陷，惹人家讨厌的事情，因为行这产业自治制，都被他打破了

(《自治周刊》第一号，1921年5月15日，署名 林可彝)

41.《劳农政府之经济政策》(《时事月刊》，5月15日)

《时事月刊》刊登布施胜治著，王兆枘译的《劳农政府之经济政策》。摘录如下：

俄国过激派，于既往三年有半之间，以百折不挠之精神，实行二大试验。一面破坏旧组织，一面扫除反革命运动。今此二大试验，均已略告成功。乃复更进一步，而

为共产经济之建设的试验。彼等以为共产主义之真谛，不外一合理的经济组织，所以对于建设经济一事，视为最重大之试验的阶梯……

过激派究用如何方法，方能脱此最新试验之难关乎，就其平日之准备推之，约有三策。第一，产业之"电气化"，第二，劳动之"军队化"，第三，对外贸易之复活，是也……

以上所述劳农政府之三大经济策，实为创设共产社会所不可少之计划。果能达到目的，则从前陷于半开状态之俄罗斯，必能面目一新，变成真伟大真富强之国。惟此三大经济策，所谓产业之"电气化"，所谓劳动之"军队化"，所谓利权提供之通商，或规模过于广漠，有似空中楼阁；或手段过于严峻，易致民心动摇；或居心过于狡猾，难保外人必信。故吾人对于此等计划之前途，亦殊未敢遥作乐观也。

(《时事月刊》，1921年5月15日)

5月

42.《布尔什维主义底心理》（著作（目录，译者弁言，原序），5月）

商务印书馆出版时代丛书，施罢戈（J. Spargo）著，陈国渠译的《布尔什维主义底心理》，共149页，定价4角5分。目录：一 布尔什维主义与马克思；二 布尔什维主义与无产阶级；三 布尔什维主义与社会主义；四 布尔什维与巴黎共产党；五 布尔什维底心理；六 布尔什维底流品；七 布尔什维主义与阶级斗争；八 布尔什维与民治主义；九 布尔什维与劳农政府；十 美国底布尔什维主义——I. W. W；十一 布尔什维与劳动团体底分裂；十二 布尔什维主义与军国主义；十三 布尔什维主义与威尔逊；十四 布尔什维主义与对俄政策；十五 布尔什维主义与战争心理；十六 结论。

译者弁言：

布尔什维主义是什么东西？为什么才发生□□现在的□□□□样？我们大多数许不大知道，所知道的不是杂志新闻上的零□□□□就是政府命令上的空洞名词。在杂志新闻上的文章很少为系统的论列，我们都承认的。在政府命令上，也不过□□□"布尔什维主义"六个字，今日说禁止，明日说提防罢了。

美国社会党首领施罢戈 J. Spargo 对于布尔什维主义研究过很多。著有《布尔什维主义》同《布尔什维主义底心理》两种书。前一种论布尔什维主义底历史的经过，同理想与建设；后一种则专论布尔什维主义发生底原因，对于布尔什维主义底心理同流品，分别得更为详细。译者以为说明布尔什维主义发生底原因：是一种历史的同心□的观察，最易使人明白，更为我们现在底急需，所以特地把这书译出来，供大家研究研究。

这书原没有把章目提出，译者为读者便利起见，以自己的意见，每章添上章目。

全书共十六章：前九章所讲的，是普通的布尔什维主义——指俄国说——底种种关系同起源；自第十章至第十五章所讲的，是美国底布尔什维主义——世界产业的劳动者团 I. W. W——底发生同发展。第十六章则归结到补救的方法，提议消除社会上不平现象，修改那佣金制度，做为解决今日美人对于布尔什维主义一个问题底纠纷。

不过译者于读者未读此译本之先，应该抱歉一声：译者是粤省人，方言与国音不对，做起白话文，总不免有"语屈聱牙"之处，许不容易使读者快意。这是希望读者原谅的。如果读者对于书中译意译名等错处，肯指摘出来，俾译者将来知所趋避，那又译者所最盼望所最感激的。

此书本已于八月译好写好，多蒙好友李钦甫君及璠弟阅过一次，其后复经蒋百里先生代阅一次，都应感谢厚意的。校正这译稿，全仗叶叔衡先生底力量，对于译笔底罣误，改正不少地方，□又译者对于叶先生，尤不能不感谢的。

这书写好三个月后，译者又提回来修改过两次，以致迟延了出版底日期，应该在此附带说明一声。

译者识
一九二〇年十二月二十日北京北池子适庐

原序：

我们知道今日俄国有意极不安激烈的革命运动，因为这革命运动发展得甚快，又因为他在那可怜的俄国内，势力甚大，进取甚猛，所以称为布尔什维主义 Bolshevism，我这本小书就是解释这种运动底心理的。

革命的生产主义是文明底灾厄。世界大战虽告终，人类还享不了升平底福；更困难的更危险的纠纷，紧跟住后头呢，这种不幸的事势真可"令人深思"。凡尔塞 Versaillea 和约签字后，在文书上证明推倒历史上最野心的最自大的军国主义计划，"固足自豪，"试问与能使战后底世界，复现升平吗？恐怕说不到"复现升平"一句话，一波未平，一波又起了。所有国家底教化，法律，艺术，同□制——一句话，所有国家底文明，终要受新式的专制——布尔什维主义——一大打击。

许多国家底大多数人民，往往想颠覆现在社会国度，滥用暴力来树立可怕的专制——此种专制，比较俄德奥昨日底专制王朝，还属可怕。制造此新式专制的人，无论后起或先导，都明明白白地允许人民以绝对自由幸福，与生活底安全。不过他们忍心拿人类社会底活动机关当做试验室，人类底自由幸福还未得到，人类所依据来适性发展的礼制同习惯，先打破尽了。

我们若想维持世界底文明，若想克服当前的灾厄，固然了解这种运动的纲领 Program，也当研究此纲领底精神同心理才行。那么现在社会制度，有什么经过的事实，使大多数劳动家失望，必出于此可怕的试验之一途呢？他们底大失望同无理的希求，根原是什么？使受过教育，真信民治主义理想的人，使"天□聪明"足以辨别危及文明底事物的人，反过来认布尔什维主义采用他底纲领，又是什么？

对于此类问题请以最公平的心，最直白的话，给他一个回答之先。首先我要声明一下，我并不是宣传何等相信的学说，不过力求布尔什维主义大白于天下，使多数人知之其不可而拒之，也不是对于现在底社会制度，完全满意；对于激烈的社会革命，不表同情，我固主张社会革命底人，几年以来，无日不劝告我们同志要彻底改组我们经济的生活。

不过我几年来研究社会问题底结果，信得过若想经济生活社会化，必先使人类底思想与性格社会化，才有效力，因为人类若没有社会觉识 Social Consciousness 断无由设立永久的真正的社会主义化的社会。人类底思想与性格，既没有社会化，不免有反社会的行为；凡属反社会的行为，不论是个人行动，或团体行动，决不能促进真正的社会主义。我们所以不直[指]布尔什维主义认为与社会主义反对的，也就是因为他底理想同方法，□□利己，直与放纵自恋的资本主义与"沙"主义 Czarism（即俄皇专制主义的意思）相同，然细考他此□行动，大概想招致将来的自由，所以不惜"同流合污"，与从前专制底压抑政策"遥遥相对"，"并驾齐驱"。

著者在社会上，幸得与布尔什维有关的各种人物相晋接，对于分析他们底类别时候，总可以依据实例法 Case method 详细说明一下，不过此种方法，虽特别对于专家有许多优点，但因限于少数□者范围，许有极不便利的地方，此书为使大多数人明白布尔什维主义底威胁起见，所以不用实例法而用现在的方法。

著者做此书，幸承芝加哥 Word'Work, New York Evening Past Christain Gentory 名家主笔底允许，准用登载过的材料，应该感谢厚意的。

施罢戈 J. spargo
一九一九年十一月

43.《布尔什维主义底心理》广告（《申报》广告，6月23日）

《布尔什维主义底心理》广告：

共学社丛书之一，定价每册四角五分，书为美国社会党首领施罢戈所著。专论布尔什维主义发生之原因。对于该派心理及原因及流品分析甚为细密。最后论及消除社会上不平等现象并修改佣金制度之方法。见解亦颇平稳。足供参考之用。

上海商务印书馆发行
（《申报》广告，1921年6月23日）

6月
1日（星期三）

44.《无产阶级政治》（《新青年》第九卷第二号，6月1日）

《新青年》第九卷第二号出版，刊登成舍我译，列宁著的《无产阶级政治》，全文如下：

一千八百四十八年,法国革命,法国社会党鲁意扑兰(Louis Blanc,当一千八百四十八年巴黎市民将王政推翻组成临时政府的时候,他和与他主张相同的市民代表,均被选在内。此时劳工革命已成,而中产阶级掌握新政府的政权,扑兰和他同党,就极力帮助他们小中产阶级政策的成就。扑兰的大计划,是要建设一国家工厂,位置失业的人,这个计划,当被新政府所采用,但新政府要使扑兰失信,使市民失败,终将此项计划打消。这种情形,和俄国第一第二次革命的经过,大致相同,而在俄国新政府的社会党代表的提议,也曾同样的被中产阶级代表所压倒)。由阶级战争的地位,去变做小中产阶级幻景的地位。那些小中产阶级的幻景,也一样打着社会主义名号,毫无差别,实际上他却尽力的去增大中产阶级的势力。鲁意扑兰,希望从中产阶级,得些帮助,他这种希望,又引起许多别人同样的希望,好像中产阶级,真能够帮助劳工组合似的——这种不鲜明的说话,人家竟以为是一社会党倾向的表示。

俄国现在□鲁意扑兰政策,恰正与社会民主右党(Social Democracy of the right wing)——即门西威克党(Menshevik Party)——相合。齐德斯(Cheidse 反对多数派者)泰塞雪德立(Tseretelli 少数派)和许多别人,现在都做了彼得格勒劳兵委员会(Petrograd Soviet of workers' and soldiers' Delegates)的领袖,他们却恰恰取了鲁意扑兰的地位。这班领袖,承认了鲁意扑兰小中产阶级的幻景,于是凡俄国一切重要问题,他们就都来随意处置,骚乱了我们现代的政治生命。

无产阶级的立脚点,是由一确定的阶级战争的特性,和认定霸国主义的战争,是我们不可融洽的仇敌,两方面组织而成。霸国主义的战争,换一句话说,他们两霸国主义的国家,发誓宣战,无论其为帝国,为民国,总都是为资本家掠夺的一部分而战。

中产阶级的立脚点,在他们自己看起来,对于这次大战,以为有完全的正谊,完全为保卫祖国而起,实在说起来,都简直是为保卫资本家的利益,和他们掠夺别人的土地而起。

小中产阶级的立脚点,却和他们不同,小中产阶级,反对土地的掠夺,以霸国主义为不当,他们自己,固不必由世界霸国主义的关系,或资本主义的社会组织,得来中产,且更向中产阶级,要求其不再抱霸国主义。他们自己,发表这种清洁的,无害的,简单的宣言,实际上,他们却是狠温和的,跟在中产阶级背后,有时也和无产阶级,表示同情,但是简单一句话,他们却完全依赖中产阶级,他们不能够或不愿意取革命方法,去打破资本家束缚,他们却不知道要想从霸国主义的下面,措人类于磐石之安,除却革命,是没有别的方法。

小中产阶级,向中产阶级政府,要求他们发表一"神圣宣言,"废止吞并别人的土地,从中产阶级看起来,似乎这种要求,无礼己[已]极,并且认定他们,是一种反霸国主义的行动。既然如此,小中产阶级鲁意扑兰政策的失败,我们就当然不难看见。试举一例,通常如讨论吞并的事情,有权能的中产阶级政治家,说到很激烈和大声反对吞并的话——实在是说得很小,并且也从没有什么人来束缚他们的说话——总没有感着什么困难,但是事机一至,却常常不顾公理,自相矛盾起来,一如中产阶级弗兰奇报最近所为。实在说起来,这个《弗兰奇报》(Rech),最近曾厚着脸皮说:"高兰特(Conrlland)"——新近被德国中产阶级持霸国主义的强盗所吞并——"不属于俄国,"这真是世界上最会制造无耻诡计的第一等工人,这种不可复忍的诬蔑话,无论什么人,只要受过初级政治教育的,就都必能认定高兰特是常常附属俄国的一块领土。

中产阶级的行政部长,当他们要保守资本主义,并确有抛弃否并别人土地必要的时候,他们就相信公正和诚实的模型。是隐含在否认吞并的可能性内,于是立刻之间,就实行鲁意扑兰政策,我们若因这一时的关系,便承认他们真正是公正和诚实的模范,那么,这便是一个问题。

无论一个知识怎样充足的人,他能够对于别人的思想,不必拿别人的行动去证明,就可以判断其思想真伪么?在两种愿望中,说话的确实,财产的爱护,不辨别明白,他们以谁为重要,这能算一个马格斯主义者么?这两个问题的答案,都是一个不字。

吞并土地,是受资本绳索所支配,财政,银行,霸国主义者的资本,换一句话说,就是现代经济上的基础,实有吞并别人土地的必要。从这一点观察,吞并土地,对于无数资本家投资于被吞并地方的无数事业,实含有政治上利益保护的意味。一般人要排斥吞并,而对于倾覆资本主义,却又不愿取确定的步趣,哼!这是不可能的:社会革命党的《瑞波支亚报》(Social-Revolutionary Rabochaya Gazetta)扑勒克哈洛夫的亚丁斯托夫(Plekhanov's Yedinstov),同俄国中产阶级中的鲁意扑兰,正在准备推测,并且可以说已经确实推测,就是推测我们对于资本主义的打破,不必取任何决定的步趣,我们现在,只须漫漫减少吞并土地的事情,至于最小限度,这种推测,果然是确实么?不是。我们必须拿出全副力量,来打倒资本主义。一些必要的标准,必须善为引导,必须根据于无产阶级的自觉,组织大多数被压制的工人和最可怜的贫民的活动。这些步趣,是必不可少,在俄国劳工代表的苏维埃,现正准备从事于这些步趣。

在这个时代,我们和鲁意扑兰,齐总斯派,泰塞雪德立派,斯特古洛夫派(Stekloffs),门西威克,社会革命党等等,必须有一种决定的,不可挽回的政策上之绝对不同。我们必须,向群众指出,鲁意扑兰的政策,若托其发展,则对于革命成功的进行,必将受其摧残,实则目前就已经受了摧残不少,假使群众不能明了小中产阶级幻景的危险,不与已有自觉的工人联合,去采取他们的良谋美计,和要求社会主义实现确定的决定的步趣,那么,最近得来的自由,就要被他们那班人断送干净了!

社会主义以外,想要从战争,饥荒,和无数人类哀吟的下面,得来人类解放,是没有的!

(《新青年》第九卷第二号,1921年6月1日)

45.《列宁底妇人解放论》(《新青年》第九卷第二号,6月1日)

《新青年》第九卷第二号刊登发表李达转译列宁的《列宁底妇人解放论》,全文如下:

去年列宁公布一本小册子，题为《劳农俄罗斯中劳动底研究》。这一篇就是其中的一节，可以窥见列宁对于妇人解放思想和施设底一班。

实际上，当最近十年之中，在全世界的民主党，绅士阀共和国的指导者之中，能够做到像俄罗斯一年间所实现的妇女解放事业的百分之一的，一个也找不到（在俄罗斯中）。凡含有剥夺妇女权利的意味的屈辱法律，一切都已经废止了。例如妨害自由离婚，规定"私生儿"的父权，以及其他亲属关系等的法律，现在都没有了。这等法律，现在正行于文明各国，正所以表彰绅士阀与资本主义底羞耻。在这一方所成就的进步，我们有夸耀的权利。但是我们越是把绅士阀的法律和制度的基础颠覆得净尽，我们的事业，就越发显明是预备的性质，差不多是在准备着一片干净的地面，使地上面可以立起建筑物。可是我们现在还没有从事起造建筑物的。

别的且不用讲，妇女们依然做着家庭的奴隶，育儿和庖厨等事束缚着他们，他们做着不生产的活动，种种家庭的琐事，苛酷的也有，卑贱的也有，简直成了一个苦痛的连锁，他们若是还在这种境遇之中，解放的法律，对于他们简直没有什么效力。

无产阶级，若不是自己掌权，来和家庭奴隶制度开战的时候，更切实些说，社会若不曾达到全体依据社会主义的家政组织的基础而组织完成的时候，纯粹的妇人解放，纯粹的共产主义，不能实现的。

这种计划的实行，固然开始了，还说不到结果。然而我们对于这些柔嫩的前途有望的萌芽，决不轻视。公共食堂和幼稚园等，就是他所生的芽，虽成熟固然还远得很，但是在社会的生产与社会生活之中，依了男女渐趋平等的事实，或者还算是妇女实际的解放的导线。

这些方法，并不是新的。和许多的社会主义设备一样，也是由资本主义所组织而成的东西。然而在资本家政治之下，这等单单是例外。他们这班人，在许多时候和境地，提出了千万种投机，贪欲，和诈欺等恶迹的实例，或者是无产阶级中最良分子，看了也是不憎恶，也不反对的，这等设备，只是绅士阀慈善的机关变形。

我们已经掌握了这等制度的大部分了。现在这等制度已经失去了从前的性质了。

我们从来不拿这等设备，到闾巷中间去吹，可是绅士阀那边却已经完全晓得颂赞这制度的功绩的方法了。销行极广的绅士阀报纸，夸赞这事业，足以抬高国民的荣誉；我们的报纸却不愿破费许多时间，去赏赞我们的民众的庖厨功绩。

我们既不干吹听的事，可是这些制度，却是自然而然的根基了这种主义做的。譬如节省劳动，节省食物的供给，改良卫生状况，而且使妇人从家庭的奴隶变为自由人之类，皆是。

(《新青年》第九卷第二号，1921年6月1日)

46.《马克思派社会主义》(《新青年》第九卷第二号，6月1日)

《新青年》第九卷第二号发表了李达的《马克思派社会主义》，文章如下：

一　马克思主义之分派

马克思学说出世以后，从前的空想社会主义变而为科学的社会主义；于是社会主义就为马克思主义所代表，一说社会主义，就晓得这是马克思主义了。但是近来各派社会主义发生，范畴复杂，遂有所谓马克思派社会主义和非马克思派社会主义的名称，马克思主义就不能代表社会主义了。

马克思派社会主义，究竟是包含一些什么主义，恐怕还有一些研究社会主义的人弄不清楚的。他们自己要提倡马克思派社会主义，却自己不知道，倒反指摘别人所提倡的马克思主义为过激主义，加以过激派的头衔，使别人害怕，不敢公然主张。揣他们的心理真是可笑之极，也许是不懂得马克思主义的派别所致。我觉得有就这中间的派别说明的必要，所以作一篇马克思派社会主义的文字。

从前说马克思主义的派别的人，多半列举正统派和修正派两种，至于工团主义和组合社会主义，（Syndicalism）（Guild socialism）却不当作马克思主义看的。若提到多数主义（Bolshevism 中国人多译过激主义或劳农主义，我主张译为多数主义）那更不消说了，一般人不特不承认这是马克思派社会主义，反说是无政府主义，这事正和北京政府中人说"劳农俄国"即是"无政府主义"的话，是一样的无识可笑。

所以我特在这里把马克思派社会主义分为五种范畴。即是：一，正统派社会主义；二，修正派社会主义；三，工团主义；四，组合社会主义；五，多数主义。

二　正统派社会主义

既说是"正统派"当然是纯粹的马克思主义了，但是我却不敢这样说。"正统派"的名称是在十九世纪末叶柏伦斯泰因一派倡修正说的时候才发生的。正统派的代表柯祖基，因为要保存马克思主义的本体，和修正派争论非常激烈，世上的人就是到现在都承认他确是马克思主义代表的学者。但是据我看来，我们只可说正统派社会主义中所保存的马克思主义的质量以修正派为多，却不能说就是纯粹的马克思主义。因为在正统派和修正派分裂的时候，当时的马克思主义，似乎完全变了德国社会民主党的社会民主主义，已经不是纯粹的马克思主义了。所以我说正统派社会主义不是纯粹的马克思主义，不过是马克思派社会主义中一个分派。

马克思主义的本质怎样？这一层我曾在本志八卷五号《马克思还原》一篇文字上说明了，而且在这里也无赘说的必要，所以只就各派别发生的历史和内容，叙述一个大概。在十九世纪七十年前后，马克思社会主义输入欧洲各国，各国相信马克思社会主义的人，都很热心运动，希望社会革命的早期实现。他们要实行马克思的学说，尽最善的努力，排斥妥协，直接行动。他们晓得确认资本家特权，妨害社会主义的发展；他们晓得社会党，应该归纯粹无产阶级组织；他们的目标在根本的社会改造，不在现存制度的改良；他们的手段，是结合无产阶级，行组织的阶级争斗；所以要行革命的政治运动，在共产主义基础上，建设共产社会；所以反对温情主义，反对劳动救济的立法；反对和资本阶级提携，反对共同运动，反对工会运动。综和起来说，这时候马克思社会主义者的运动就是要用无产阶级的直接行动，实现无产阶级的共产社会。所以这时候的社会运动者，很能彻底实行马克思主义的。

可是这里有不可掩的事实，社会革命，完全是无产阶级的事，全靠无产阶级自己觉悟，革命运动才有进展的希望。在这个时候，资本主义虽然日见扩张，劳动阶级的人虽然日见增多，可是劳动者阶级的自觉和阶级的心理，尚属十分幼稚，所以劳动者的组织和运动还没有十分发达。因为这个理由，所以当时的产业虽然进化虽有集中的倾向，却没有照马克思的预言那样急速成就。小产业中产业似乎增加了；农业方面的实验，也和马克思的预言相反，地主之数不特不减少，而且增加了；商业上的恐慌，也似乎不多见了。社会主义者看见了当时的状况，不晓得自己对于促进劳动者阶级的自觉的努力不足，反以为马克思的学说不易奏效，于是就改变方向，在实行和理论上发生变化了。譬如德国的社会民主党，在这时候早就改变方针，采用了议会主义。所以在表面上德国社会民主党虽然奉行马克思主义，而在实际上已成了民主主义了。后来愈演愈进，到了十九世纪末叶，当时的马克思主义者之间，发生冲突，于是就有正统派和修正派分立起来了。正统派自然是标榜纯粹马克思主义的，在当时的人固不消说，就是现在的人也很有人承认正统派是马克思主义的嫡派。但是正统派有一种根本的谬误的地方，就是误解马克思的学说，坚守民主主义，支持议会政策。马克思主义是否采用民主主义和社会政策，这是马克【思】派中一个新近发生的最重要的问题。关于这个问题的讨论，有柯祖基和列宁、脱洛基两派人的著书和辩论；我想凡是研究了马克思主义，又读过这两派的著作的人，一定能够了解谁是真正的马克思主义者。

三　修正派社会主义

修正派的代表，首推柏伦斯泰因（Edward Bernstein）。他于一八九九年脱离正统派，关于实行社会主义的手段，主张逐渐的受国家干涉。他著了很多修正马克思学说的论文，要从社会主义内部，改革社会主义。他对于马克思的"惟物史观说""剩余价值说""资本集积说""资本主义崩坏说""阶级斗争说"都加了严格的批评，要大行修正运动。他这种主张，也得了一部分人的信仰，而尤以德国社会民主党人受影响的最多，这是不可掩的事实。

修正派运动，同时在英法两国，也发生了。法国虽然有喀特（Guesde）一派，坚守正统说；可是又有米勒兰（Millerand）一流提倡改良主义。米勒兰主张实行社会主义最好要和一切政党提携；他排斥马克思派的意见，反对无产阶级共同团结，来行无产阶级革命。所以他反对喀特派，又反对梭列（gaures）。梭列主张劳动者地位改善，在某种程度，虽然可以和国家妥协，却不愿社会党和别的政党携手；换句话说，他就是希望继续阶级斗争，推倒中产阶级的国家。喀特也是主张用阶级斗争来实行社会革命的。

英国也是一样，正统派的社会民主同盟的势力衰弱以后，独立劳动党的劳力增大起来了。独立劳动党是从费边主义产生出来的，即是修正派。

德国的柏伦斯泰因法国的米勒兰英国的韦卜这一流人，都把进化的思想，注入本国社会党的纲领之中，社会主义就变成了进化的或改良的主义了。

综合这些修正派的学说，虽然有种种不同的地方；可是这个进化的社会主义的特征，可分为以下四项。（一）产业协会或消费协会之发达，（二）助成产业归市有或国有的倾向，（三）组织地位改善的工会，（四）使劳动者获得选举权，（五）由国家征收累进的所得税。

进化的社会主义运动，其目的或对象，在学说上和马克思派社会主义并无不同。即是，两派的主张，都是要推倒私有的现时个人的私有制度，把生产机关移归社会管理，来组织新社会的。但是进化的社会主义，在学说上虽然有了这个目的，而在实际上，正统派的呼声较高，修正派运动的态度，却是非常冷淡的。

到了近年来，马克思还原的呼声，一天比一天高了，这一派的学说，在事实上，已不能引起我们的注意。

四　工团主义

一千九百○七年国际社会党在巴黎开会的时候，讨论了社会主义和工团主义的关系。当时演说的人，多指定工团主义的发生是社会主义复兴的新倾向。他们猛烈的批评那进化的社会主义或议会的社会主义，已经渐渐地消失了阶级斗争的思想；证明了真正的马克思主义已不存在，而自称奉纯粹马克思主义的人，都采用议会主义去了。但是工团主义是什么呢？工团主义的名词，本有劳动组合主义的意思。法国的劳动组合，最初分两派，一是改良主义，一是革命主义。前者的目的在减少工作时间，增加工银，改良劳动状态；后者的目的专在革命，并不希望减轻资本主义的弊害，而在根本的改革社会组织。但是后者比前者势力较大，到了廿世纪初期以后，就支配了法国全部劳动运动的精神。

工团主义根本的思想是阶级斗争。依工团主义者的意见，社会是由掠夺者和被掠夺者两大阶级而成。雇者和被雇者的利益完全相反。所以劳动者应当和那些握有生产机关的资本家，继续斗争。但是劳动者要得经济的解放，就要凭借自身的力量，在经济上行有效力的战斗；所以按照以前的经验，信赖议会政策，专从事投票的竞争，不惜和别的阶级妥协，反失掉革命的精神。所以工团主义反对民主主义，他们不重在态度冷淡的多数，而重在有"自觉的少数"。工团主义反对生产机关集中在国家手里，以为国家是束缚个人的。

工团主义的理想，在使劳动者有自主的"自由工场"，主张劳动阶级的解放，由劳动阶级自动。工团主义反对专从事改善劳动者地位的运动，主张行自然的总同盟罢工，而不主张准备罢工基本金。

工团主义以直接行动为主，说社会常在战争状态，资本劳动两阶级之间，有最大的隔阂，利害完全相反。所以劳动要用一切手段征服资本阶级，继续努力奋斗，未了行总同盟罢工，一举而实现社会革命，变更一切社会组织。

工团主义一方面固可以说是马克思主义的反动，一方面又可以说是马克思主义的还原。工团主义不相信资本家社会自然的破灭，不相信社会是自己的运命的结果所产生的。只相信根本的变革，是劳动阶级多年牺牲和争斗方能做到的。马克思说：力是旧社会孕育新社会的必要的产姆。工团主义却主张把这力提早运用的。在这种地方，工团主义似与马克思主义相反，但是工团主义者却自称保存马克思主义的神髓的。据 Lagardelle 说："阶级斗争若包含社会主义的全部，社会主义全部就包含在社会主义之中，工团主义以外阶级斗争是没有的。"G. Sorel 也曾说过"马克思主义在工团主义的形式复兴起来了。"

工团主义也不描写理想中的社会，据法国著名的一个工团主义者说："若要将目的确定，就惹起无穷的争论，有人说，我们的目的在实现无政府的社会；或者说，我们的目的在实现善于统治善于经营的社会。这两种意见正确与否，我没有断定的责任。譬如我要到某地方去，总要等到旅行完了之后再定，到这时候旅行的目的地自然明了的"。

工团主义相信大革命的时候，劳动阶级一定要起来统治社会。劳动阶级就会要掌握从来资本家所有的一切生产机关。他们会要组织协会管理工场矿山铁道，各协会联合组成中央大协会，开全国会议决定许多职业和产业的关系，尽统治的责任。

工团主义的国家也有统治的人。各职业的全国会议选出代表开总会议，决定各协会会员所应受之分配额。有余裕的协会，又可以补助没有余裕的协会。

工团主义，否定政治的方法，但是依工团主义看起来，所谓"总会议"，当然要用代议制度做基础，这不是别开妥协、术数和种种政略的门径吗？而且社会上各人的结合，不专在经济一方面，必定还有行政裁判、国民教育、宗教等必要的东西，工团主义排斥政治的结合，主张经济的结合，这显然是一个缺陷。

但是工团主义主张劳动者的成功，与其依赖政治的行动，不如依赖经济的行动，所以不赞成工会受政党的利用。工团主义的新运动使产业的各国，都注意于工会的组织了。譬如英国的工会，非常萎靡不振，可是受了工团主义新精神的刺戟，也渐渐进步起来了。英国的进步的劳动者也认定产业的团结是一件重要的【事】情，要借团体运动要求管理产业了。于是产生了组合社会主义，这也可以算是受了工团主义的影响。

五　组合社会主义

组合社会主义与集产主义和工团主义都不相同，实在的说起来，这是把集产主义和工团主义的要点结合起来，另成一种新形式的。

组合社会主义的意义，就是用工会和国家共同经营产业的提案。生产机关归社会公有，委托工会管理。但是管理的权利，不仅属于生产者，消费者也可以经由地方团体，或中央团体发表自己的要求。生产的程序和方法，虽然归工会管理，而生产的种类和缓急，却不能决定的。组合社会主义者，想把现在的工会，变成合理想的组合，使适宜于将来产业的管理，推倒工钱制度，以达到与国家共同管理产业之目的。其第一步在结合劳动者向这目的进行，和资本阶级对抗；第二步要求共同管理产业，使国家收买资本家，许组合经营产业。

组合社会主义不干涉生产者的自由，拥护个人权利。所谓组合有全国的和地方的区别。全国的组合，大概是处理物品标准之决定，商品贩卖，以及需要供给之调节等事。地方的组合在一定范围之内，行产业的自治。组合的职员，由组合的会员选举而出。全国的组合作成一个中央机关，即是组合总会；这总会是生产者方面最高的权威，和消费者方面最高的权威的国家对立的。组合总会和国家又各派代表组织共同委员会，掌管产业上最高的事务。生产者和消费者，因为这个委员会，可以时时接触，互相协议，就不至有□方面的利益和他方面的利益相冲突的事情，所以能够共同拥护全社会。

国家的收入，每年用单税法形式，按照各组合所得的纯利益提出若干充作国家的收入。国家得到这综收入，就用来办理教育、公共道德、裁判和国际事务。

但是这里有一种反对论：在近代社会之中，各种复杂的活动，关系非常复杂，像组合主义者的主张，把国际关系委托国家管理，把生产事业委托组合管理，恐怕没有这样容易分划界限的。因为国际关系，每每含有经济的生产问题；而经济的生产问题，又每每含有国际关系，所以不能明白的分别出来。

况且组合制度，就是成立，恐怕也不能保持产业的平和。这种思想，也是种空想。组合社会主义者，以为人性本善，过于相信人类有爱他的本能；殊不知要使人类不为利益生产而为效用生产，若没有一种强制的权力去指导，必不会达到新社会的境界的。

六 多数主义

当着多数主义初次得势的时候，世人都把这当作洪水猛兽，或以为这是无政府主义，想合世界一切暴力，去完全歼灭他的。后来看了劳农俄国的施设以后，多数主义的真相，渐渐明了；但是劳动专政一层，却惹起了全世界各方面的非难。社会主义以外的各色各派的人，无论是贵族【、】绅士军阀、资本家，当然都要反对的；非社会主义的人反对社会主义，乃是必然的道理，我们可以不必计较。只是最奇怪的地方，莫如社会主义者反对社会主义，尤莫如马克思社会主义者反对马克思社会主义。

多数主义的施设，完全遵奉马克思主义，这一层我想人人都应知道的，但是马克思主义者如所谓正统派代表柯祖基一流人，却极力的攻击，不承认多数主义是马克思主义，我们却不能无疑意了。所以我想就列宁、脱洛基和柯祖基两派关于辩论"劳动专政"的著作和言论，略略的作一个质直的介绍．一面研究"劳动专政"是否出自马克思学说，一面说明多数主义的本质意义和实行的方法。

多数主义指导的原理就是劳动专政，我们要完全了解多数主义，要了解多数主义是否马克思主义，只就劳动专政一事研究清楚就很够了。据列宁、脱洛基的申说，劳动专政纯粹根据马克思学说；但是柯祖基却极力否认，并且著了《劳动专政》和《民主主义？独裁政治？》(这是《劳动专政》书中的一部分，另印单行本的) 两书，由理论批评多数主义所主张的劳动专政，不承认这是马克思的主张。柯祖基说，若没有民主主义就没有社会主义，力说社会主义非和民主主义结合不可；并且说马克思纵然主张劳动专政，但这是政治状态的劳动专政，而不是政治形式的劳动专政，即不是劳农俄国所行的劳动专政。劳农俄国所行的劳动专政，是否马克思所说的劳动专政，还须由列宁的说明来说明；至于柯祖基所说的和社会主义结合的民主主义，当然是德国式的社会民主主义了，这一层我在上面说过，我觉得这并不是发源于马克思生义的。

马克思在他所著的《法国内乱》一书上曾经说："劳动阶级要想达到自己阶级的目的，单靠掌握现行的国家是不济事的"。又在一八七四年著的《哥达纲领批评》里面说："由资本主义社会移到社会主义社会的中间，有一个政治的过渡时期。这政治的过渡时期，就是劳动专政"。又《共产党宣言》上说："劳动阶级的革命，第一步在使劳动阶级跑上支配阶级的地位。劳动阶级就用政治的优越权，从资本阶级夺取一切资本，把一切生产工具集中到国家手里，即是集中在组成支配阶级的劳动阶级手里，全部生产力就可用大速度增加起来……劳动阶级若和资本阶级战斗，迫不得已，自己不得不组织一个阶级，用革命手段，把自己造成一个支配阶级，并且用权力扫除旧生产条件，于是阶级对抗的存在和一切阶级的自身都要扫除的，无产阶级的优越权也要废除了"。这几段话，就是多数主义行劳动专政的思想的源泉，经列宁引申立论之后，凡是曾经研究社会主义的人，都是不得不承认的，无论柯祖基如何曲辩，而劳动专政发源于马克思主义一事，已有确切的根据了。

多数主义何以反对现代的民主主义，反对议会政策，而必欲实行劳动专政呢？这是因为议会政策是资本阶级社会的政治机关，和阶级斗争的思想绝对不相容的。据列宁说一切民主主义都是对立的，换句话说，就是阶级的民主主义。以前的民主主义不过是一阶级的机关，资本阶级的民主主义，不过是资本主义专制的表现。所以劳动阶级的民主主义（即劳动专政）要努力把资本阶级的民主主义打破。又资本主义虚伪的主张一切阶级的政府，而在事实上却是一阶级的政府。所以劳动阶级的革命，也率直的组织劳动阶级的政府，以期实现一切阶级的民主主义。

劳动阶级的意义怎样？依列宁在他所著的《国家与革命》一书上说，"劳动阶级革命的独裁政治，是被压迫的人为图谋粉碎施压迫的人而造成的先锋的支配阶级之组织"。他又在他所著的《劳兵会论》上说："劳动专政是一句伟大的话。这句伟大的话不可空用，这是征服绞取者和恶人而且具有勇敢，强权的铁血支配"。他又在论社会革命的文字中说："说共产党的暴力的人，全不懂劳动专政的意义。革命的自身，是纯粹的强力的行动。专政的语义，由各国语言说起来，不过是用强力的意思。所以强力和阶级的意义在这里是非常重要的。革命的地位越是困难，专政的程度越是辛辣"。所以由列宁这些解释说起来，劳动专政的意义就是劳动阶级对于资本阶级运用的强力政治。

劳动专政的意义，在上面说了，劳动专政的本质又是如何呢？据列宁说，劳动专政的本质，即是一阶级对于他阶级而行的革命的强有力的国家。换句话说，所谓劳动专政，就是劳动者的国家。至于劳动者的国家又是什么？列宁的解释，也和马克思恩格斯的意见相同。据马克思说，国家是阶级支配的一个机关，是一阶[级]压迫他阶级，因此造出法律，使这种压迫继续持久，借以缓和阶级冲突的机关。又据恩格斯说，国家是【一】定发展阶段之中的社会的一个产物；是阶级的冲突和经济的利益不能和协的一个证据。列宁因此引申他两人的说话，演出自亡的国家观。他说，国家是阶级冲突的产物，是那些不调和性的表现，所以国家只限于在阶级冲突不能调协的时候发生的。反面说，国家所以存在，是阶级冲突不能调和的证明。所以依着发展的程序说起来，在资本阶级国家之次的是劳动者的国家；而这种劳动者的国家，已不是真正的国家，要不外是在劳动专政的形式里实现社会主义。所以资本阶级的国家是资本阶级专政；劳动者的国家是劳动阶级专政。

劳动专政的作用怎样？这也是应当说明的。据列宁说，劳动专政的目的在征服资本阶级，根本铲除资本主义的一切思想、风俗习惯和制度，确定社会主义的根基；一方面用强制的权力，破坏资本阶级压迫劳动阶级的机关，从资本阶级夺取武装，把劳动阶级武装起来，制服一切反革命的反动力，因此徐徐的经过这政治的过渡时期，巩固新社会的基础。

劳动专政用什么形式表现出来呢？依列宁说，劳动专政的形式，是成了劳动阶级和下等农民永久专政的典型的劳农会共和制度。脱洛基也说，劳农会是劳动阶级的组织，其目的在为革命的权力而战，所以劳农会又是劳动者阶级的意思的表现。至于劳农会的组织，依列宁说，一切劳动者和下等农民都包含在内，所以劳农会是劳动阶级运用主权征服资本阶级的机关，把一切立法上行政上的权力，一致结合，不以地方分别选举区域，而以工厂工作场等产业的单位为选举区域的。至于劳农会组织的详细，在这里不便多为介绍，暂从省略。

七　结论

综合上述各派社会主义而论，范畴虽有种种不同，但在社会改造的根本原则上，都是主张将生产机关归社会公有的。不过所采手段，各派各不相同，或者采用直接的适宜的手段，能够早日的达到目的；或者采用间接的迂缓的手段，愈实行而离去目的愈远。至于各派所采手段所以不同，或者因为各国国情和国民性不同所致，但是我相信近的将来，各派都要在同一的目的地会合的。

第三国际，已经可以代表各国社会党的进步派；都是赞成劳动专政，采用劳农制度的，这也可称是各国社会运动最新的趋势了。

中国何时能够发生社会革命？中国社会革命究竟采用何种范畴的社会主义，大概也是要按照国情和国民性决定的。未到实行的时候，我们也不能预先见到，所以不敢说中国应实行多数主义，却又不敢说中国一定不适宜多数主义。

一九二一，六，二

本文参考书如左（后）：

拉金的《马克思派社会主义》

列宁的《国家与革命》

柯祖基的《民治吗？专政吗？》

列宁的《劳兵会论》

室伏高信的《列宁主义批评》

(《新青年》第九卷第二号，1921年6月1日，署名 李达)

3日（星期三）

47.《列宁之新经济论文》(《广东群报》，6月3—4日)

至4日，《广东群报》刊登《列宁之新经济论文》，摘录如下：

莫思科五月二十一日华俄电,莫思科红邦报创刊号上,载有列宁氏所撰一文,详论最近俄国课税改造办法,以解国家新建设之重要问题中之新经济政策。其中所论,皆适合于科学的共产主义经济学理论,以至明显之形式表现之。列宁氏谓彼于一九一九年一论文题为《吾人日后之重要事业》中,曾指明俄罗斯过渡时代所必经过之状态。彼谓由俄罗斯经济系统上观之,其沿革如下:(一)农民所有制,(二)地方商业生产制,(三)大多数人民均系农民与工匠,(四)私产资本主义,(五)国家资本主义,(六)社会主义。当小资产阶级势力优胜时,继而起者,即有大组俄之生产机关,其一切管理事业,均由国家担负,是即谓国家资本主义时代。此足以代表俄罗斯经济界之一大进步。由国家资本主义而为社会主义,此中经过,尚无过程也。吾西方之友人,当能辩别俄国与英美诸国统系上之异点。而吾人之敌者,则诬谓吾人现今政策为转向资本主义之表征。吾人即趋向国家资本主义,亦非恢复旧有故象,且此实为谋生产发达在经济上所应取之步骤,故敌人对于吾人之观察,多所错误。最近粮食税之复举,即为过渡时代所必经形式之一"。吾人前以被迫,出于不得已而有一期武备共产主义,今当以此种粮食税办法,而转向国家社会主义商品交换时代,又为小资产主义生产时代变为共产主义时代之过程也。武备共产主义以得粮食平均及他种方法之帮助,已由前敌得胜凯旋矣,但此不足以答复无产阶级宗旨之要求。无产阶级谋推翻小资产阶级之正当办法,厥为由国家之工业制造品以交换天然生产物,唯此足以巩固社会主义之基础,以达完全胜利之希望。

现时吾人对于国内电器事业,尚未臻于完善,故无力供给适宜之制造品,此种困难,可用两种方法以解决之。一为禁止私人贸易之发展,然此在事实上,似属难能。现时资本主义尚未灭绝,小生产机关之存在者,尚有数百万之多,故私人交换情事,势所难能。所幸吾人尚有第二种方法,以为补救,此方法并不禁止资本主义,而设法使之变为国家资本主义……一曰允许大企业之发展,苏维埃政府采用此种国家资本主义办法,将大规模之生产方祛以代替小生产,机械生产以代替手工业,此乃进步而非退代之方法也,征集各大企业之生产品,以增加其商品之储蓄,并同时发达各种大规模之经济组织,以代替小组织。二曰协作资本主义,吾人既将私人生产变为国家生产,故吾人当将剩余生产物自由买卖,而变为一种互助式之行为。此二办法之能将小资本主义取消与否,即在乎苏维埃政府与资本主义之关系而定,然此时苏维埃政府,对于此项条约之订立,固能操绝对管理权。第一办法将于资本主义发达之水平线上,在俄国创办多数大企业,数十年后,此种企业,将全归诸国有。第二办法将使各种小企业有所发展,依自动组织之原则,而变为大企业。当此战争封锁之后,国家实业大遭顿挫,小工业最易发达,但吾人之苏维埃已有确定之方针以限制之,对于资本主义,无所用其恐怖,贸易事业,尽可极力发展。其结果皆将趋于国家资本主义与互助行为,此即粮食税复举在经济上之意义及其目的也。……

(《广东群报》,1921年6月3—4日)

7日（星期日）

48.《我们要怎么样干社会革命?》(《共产党》第五号，6月7日)

《共产党》第五号，刊登CT的《我们要怎么样干社会革命?》，如下：

一

我这篇文章，只是发表我个人底意见，并不可当做同志们全体底主张。我本不敢冒昧发表这种研究未熟的东西！只因（一）编辑员催稿太急；（二）近来对于我们误会的人颇多：所以才迫而出此。我很希望同志们或非同志们看了我这篇东西之后，能够细心去研究一番，再把研究底结果来纠正我底谬误。总之，我决不以为自己底话都对的；不过没有知道哪些不对以前，我却要当"不对"也为"对"的。真心改造社会的同志们！我们大家都是为社会，我们大家都当处处以"社会"为前提呵！

有一个朋友问我："支那将来怎么样?"我说："我不是活神仙，我不能详细告诉你这个问题；不过有一点，我很可以确地告诉你，就是'支那人努力到怎么样，支那将来才会怎么样'。"我觉得除了这个答案之外，再没有第二个答案了。社会革命，一半是"经济的必然"，一半还靠着"人们底努力"。社会革命，没有"人们底努力"，是决不会成功的；但是单有"人们底努力"，没有"经济的必然"，也决不会成功的。所以马克斯一面证明社会主义是必然到来的命运，一面却又极力主张革命。那些糊涂的社会主义者，要想专在议会里等社会主义底实现，不过徒见其梦想罢了。

我现在有两种根本信念：（一）无论那一派社会主义，如果要将他实现，一定要搁在一个物质的基础上面；否则一定立不稳固，要倒下来。（二）无论那一派社会主义，都不过是适用一时的，决不可当作永久绝对的真理。

由第一种念信而说，不管你主张什么主义，你总要找到一个物质的基础来。共产主义也好，无政府共产主义也好，你们都应当筑在一个强固的物质的基础上面，才能摇不可动。不在物质的基础上努力，尽管你天天叫共产主义，天天叫无政府主义，也决不实现。

由第二种信念而说，那么"自由组织"，"自由联合"，"各尽所能"，"各取所需"这些原则，就不见得完全不能实现；但也不能一时就实现。据我底意见，无论那种主义，未实现以前与既实现以后，性质上总有多少不同。这是什么缘故？因为提倡主义的人所根据的事实与实现那种主义后的事实有差异的缘故。

凡是在那个时代适用的东西，必然发生的东西，我们都不能非难他。阶级斗争，乃是在阶级制度下面必然发生的事情，也是只在阶级制度下面才能适用的东西。所以我们看明了这一层，就不应该说什么"大家都是人，人与人是应该互助的"那种废话。无产阶级专政，也是在一定社会下面一定发生的事情，而且也只在阶级对立的社会方能适用的东西。无产阶级专政，本身一种革命手段，并不是共产党底目的；共产党底目的，乃在于实现共产主义。革命手段，并不是不可变的，我们也不是以无产阶级专政为最好的革命手段的；不过没有发见更好的革命手段以前，我们却无论如何都不能不承认彼是最有效的革命手段的。无论哪个革命主义者，都应该采用最有效的革命手段。凡是在一个时代（或地方）适用的革命手段，我们都不能非难彼——除非有更适用的革命手段。

我虽不是一个无政府主义者，然我对于无政府主义者所主倡的几种根本原理——自由组织，自由联合，各尽所能，各取所需等——却很相信有实行的可能，而且我们也是向这方面做的。据我所见，共产主义，非但不与这几种原理冲突，而且只有将这几种原理完全见诸实行，然后共产主义才算圆满达到。不过这里要明白一件事：这几种原理，决不是一时可能达到的，只是渐渐与彼接近的。那些要想从现社会一跳跳到理想社会的人，只是一种妄想，事实上是断断做不到的。事实上做不到的理由：（一）物质的生产力没有像那么样快的；（二）教育不能一时就普及的。我们无论实行哪一种主义，都应该有一种过程；不经过那种过程，什么主义都不能实现的。

现在有许多人以为我们反对"自由组织""自由联合""各尽所能""各取所需"，其实是不然的。我们非但不反对这些原则，而且是力求与彼接近的。我们所反对的：乃是不能"自由组织"，而硬要实行"自由组织"；不能"自由联合"，而硬要实行"自由联合"等等。人们底组织能力，不是一天养成的，是要在团体中习练成功的。当佢没有"自由组织"能力的时候，吾人自然只有引导佢加入团体中练习组织能力；等到佢有了自由组织能力的时候，自然不成问题了。

据我所见，我们共产主义者与无政府主义者现在所争论的问题，并不是无政府主义者所主倡的几种根本原理——自由组织，自由联合，各尽所能，各取所需——到底能否实现的问题，乃是推翻有产阶级的国家之后要否建设无产阶级的国家问题。我们共产主义者，主张推翻有产阶级的国家之后，一定要建设无产阶级的国家；否则，革命就不能完成，共产主义就不能实现。据马克斯底意见，国家原是一阶级压迫一阶级的机关，等到阶级消灭，国家自然也要消灭的。所以我们底最终目的，也是没有国家的。不过我们在阶级没有消灭以前，却极力主张要国家，而且是主张要强有力的无产阶级专政的国家的。阶级一天一天趋于消灭，国家也就一天一天失其效用。我们底目的，并不是要拿国家建树无产阶级底特权，是要拿国家来撤废一切阶级的。无政府主义者根本不赞成这种办法（也有例外），所以我们才起争论的。我现在不是做一般的争论，只是单从支那来观察一下，到底适用哪种手段。

二

讲到改造支那，真是一件困难又困难的事。我常常想到改造支那底难处，不觉会失望。常常与许多朋友谈到改造支那底难处，大家都会束手无策。这种苦痛，我想不但我一个人如此，许多真心改造社会的同志，只要对于事实问题稍加研究，都会与我同感的。我虽是笃信共产主义，但也很快知道中国实现共产主义是很困难的。岂但共产主义，就是要使资本主义发达都是非常困难的。虽然如此，但我总不信支那是永远没有希望的，支那底无产阶级和青年是永远死的。有这一线希望。所以总想尽我底最善努力对于支那有所贡献。再三研究，只有共产主义才能挽救支那，只有这个主义比较地能在支那实行;所以才决定终身为共产主义努力,终身为共产主义牺牲。

实行共产主义,第一个条件,就是"一切产业底社会化"。换句话说:一切产业,都由社会来经营,绝对不许个人来经营。产业一天没有完全社会化,共产主义也便一天不能完全实现,私有财产也便一天不能完全废止。资本主义底根本谬误,在于"社会的生产,私人底占有"这一点。共产主义,就是要免除这个不合理的矛盾的。马克斯看明了这个矛盾,知道资本家已经没有能力管理生产事业,非由社会直接来管理不可了;所以才来主张共产主义。他底共产主义,并不是他特别聪明发明出来的,乃是他从资本主义的经济组织中发见出来的。他看见物质的生产力,已经一天一天地向着共产主义的经济组织那里进步了,所以才敢断定共产主义是必然到来的运命。共产主义,如果没有这个经济的基础,那是一定不能实现的。因此,我们可以说:共产主义,是生产力进步底结果——就是"经济的必然"。

但是拿这个话到中国来说,就有些困难了。有什么困难呢,就是中国资本主义还没有发达,中国还没有实行共产主义底经济的基础。不错,不错,这是很实在的,我是十二分承认的;没有经济的基础,共产主义是空想的。不过这里有一个问题,是非先解决不可的;就是:资本主义的生产方法和共产主义的生产方法有什么不同,哪一个方法能使生产品急速地增加。据我所知,凡是资本主义的生产方法底好处,共产主义的生产方法中所包含有;所不同的,只是把资本主义的生产方法中所包含着的种种矛盾,冲突除去罢了。(关于这个问题,拟另做一文,所以现在就不说了。)实行共产主义的生产方法,生产力只会比资本主义的生产方法增高,决不会比彼减少。这个问题解决了,然后再谈中国应否主张共产主义。

我敢大声叫道:要想支那有希望,就非实行共产主义不可;我们在支那提倡共产主义,决没有与马克斯底主张冲突;就是马克斯生在支那,恐怕也一定要提倡共产主义。我底在支那主张共产主义,有两种根本理由:第一,资本主义,是带国际性质的,彼是要征服全世界的;共产主义也同彼一样,也是带国际性质的,也是要征服全世界的。这两种主义,是根本不相容的,决不能并存于世界。俄罗斯共产主义国家,已经替全世界无产阶级开一个新纪元了;从此各国无产阶级,必然奋起猛进,推倒有产阶级,与俄罗斯同志们携手协力建设共产主义的世界。支那是世界底块地方,住在这块地方的无产阶级,也当然要起来与全世界无产阶级同心协力干这个全世界的社会革命,共同创造"人底世界"。我们自己如不起来这么样干,恐怕"人底世界"是不许这种贱骨头进的呵!总之,中国底资本主义虽不发达,世界底资本主义却已由发达而崩坏了;决没有世界底资本主义灭亡而中国底资本主义能独存之理。这是从世界底大势看起来,支那也非实行共产主义不可的。第二,支那无产阶级过的"非人生活",连张东荪先生那知道了,可见其"非人生活"底程度了。要想使无产阶级脱除"非人生活"过"人的生活",就非发展产业,增进物质的生产品不可。用资本主义来发展产业,非但不能给与无产阶级以"人的生活",而且还给与许多非常可怕悲惨于无产阶级;这是欧美产业先进国已经教训我们了的——就是上海等都会地方也已教训我们了。所以我们不敢用资本主义来生产,主张用共产主义来生产。而且用共产主义来生产，比用资本主义来生产，生产力要大得多；再加以公平地分配：那么使无产阶级个个都得到"人的生活"，便不很难了。总之，支那非赶快发展产业不可；要发展产业，只有用共产主义才能以很大的速力增加生产品，也只有用共产主义才能使无产阶级得着"人的生活"。这是从发展产业底见地看来，支那也非赶快实行共产主义不可的。以上两种理由，是我根本赞成共产主义底理由。

"经济的必然"，乃是指一切社会底经济组织而说的；"人们底努力"，却要看各地底情形而定了。有一定的生产力，就有一定的经济组织；有一定用[的]经济组织，就有一定社会组织。反转来说，要造成一定的社会组织，必须先造成一定的经济组织；要造成一定的经济组织，必须先发展一定的生产力。总之，经济组织，是社会组织底基础；基础不筑稳固，上层构造一定要倒下来的。所以我们要想造成共产的社会，第一就要把共产社会底基础筑得稳固才行。换句话说：要使共产主义完全实现，必须将彼擡在一个强固的经济组织上面。这是马克斯主义底根本原理，我们决不敢违背这个根本原理。我们相信：违背这个原理，共产主义决不能实现。我们遵从了这条原理，断没有与马克斯底主张冲突。有些书呆子，读了几句死书，以为马克斯主义只有在资本主义发达的国家才配提倡才能实行，这实在是大错特错，被死书蒙蔽住了。还有些糊涂的朋友，以为马克斯主义是机械论，宿名[命]论，这尤其是妄不可言了。你们拿这种话来反对，我们只有请你们再去研究，没有别的话好说。

无论什么人，总要知道自己底短处，才有进步可言。对于社会的事也然，知道那个社会底缺点，才有改造可言。有些朋友，以为支那资本主义不发达，是支那底幸；我却以为不然，反以为支那底不幸。这不是我不近人情，实在是很有原因。我不是根本咒骂资本主义的人；我以为资本主义发达的国家，至少有两种好处：一种是替社会主义筑了一个经济基础，一种是使劳动者团结起来。凡是资本主义发达的国家，多数产业，都是实行"社会的生产"，可说已有社会主义的经济基础了；所以他们实行社会主义，并不很难，只要把资本家推到就行了。中国却不然，会社[社会]主义的经济基础，可说是正待建造的。实行社会主义的第一个条件，就是"产业社会化"，不管工业农业都要社会化。实行社会化的必要条件，就是用机器生产。工业固要用机器来生产，农业上可以用机器的也都要用机器来生产。我们支那是一个农业国，工业很不发达；实行共产主义，比别国要加倍困难。拿现在底经济基础来行共产主义，当然是做不到的。所以我们知道自己底缺点，自己既比别人加倍困难，就不能不比别人加倍努力，好好儿建造一个共产主义的经济基础了。要建造这个共产主义的经济基础，在这种产业不发达、人民无教育的国家，除了用政治的权力以外，我实在想不出有第二种方法——也没有听见人家说有第二种方法。大家想想：手工业劳动者和自作农如是其多（大约占全劳动者三分之二），除了借助政权之外，有什么法子能够实行共产主义？我们总要从事实上面去想一想，不要空抱着一个彻底的理想呵！

劳动者底团结，可说与资本主义底发达成正比例；资本主义发达一份，劳动者团结力也要发达一份。英吉利是近代资本主义国家底标本，关于这个倾向，表示得非常明显。资本主义发生最早的是英国，所以劳动运动发生最早的也是英国。资本主义最发达的是英国，所以劳动组合最发达的也是英国。(英美两国，贵族劳动者底发达，那是另一个问题)其余各国，也莫不表示这种倾向。支那资本主义最不发达，所以劳动者也最没有团结。从此看来，支那资本主义不发达，就不一定是支那底幸了。要使劳动者有强固的团结，只有两条路：一条是使资本主义发达；一条是用革命的手段，推翻现政府，得着政治的自由。前一条路是缓进的路，就是英国劳动者所走的路；后一条路是急进的路，就是俄国劳动者所走的路。俄国劳动者，在三月革命时，加入劳动组合的，还不到四十万人；现在还不到四年，加入劳动组合的劳动者，已经快到四百万了。这种可惊的进步，就是劳工专政底成绩。佢们在这四年当中，竟做到英国劳动者需要四五十年才能做到的团结了。支那资本主义底不发达，劳动者底无团结，还远过俄国，如果不取俄国式手段，我真不知道支那劳动者几时才能做到英国俄国劳动者那样团结，几时才能起革命呵！

总而言之，统而言之，要想在支那实行共产主义，是一件很困难的事，也是一件特别该努力的事。共产主义的经济基础，现在支那还非常薄弱；我们要使共产主义完全实现，就非努力造成一个共产主义的经济基础不可。现在的支那，实行共产主义，已成的"经济的必然"很少，未来的"人们底努力"很多。我们底职务，就是尽这个"人们底努力"，去完成那个"经济的必然"。

（注）关于这一章，本来想列举实行社会主义种种困难而想方法解决之，那知单单关于经济问题，已经写了这么许多，如果再写下去，离题愈远，篇幅也太长了；所以不得已只得写到此地为止，以后再论别的事情了。

三

在支那干社会革命，据我所知，只有两种方法：一种是缓进的方法，一种是急进的方法。前一种方法，就是避开政治，专门向社会上去活动，等到社会上多数人信从了那种主义，然后才起来干革命，从此把政府永远废除。后一种方法，乃是一面向社会上去活动，一面又向政治上去活动，有了少数人信从了那种主义，即乘机而起，将政权夺到手中，借政治的优越权来完成革命。我现在不是讨论这两种方法底优劣，只是研究这两种方法底效力。据我所见，一切革命手段，都无优劣可说，只要是有效力的，都可说是优的。所以我们只要认哪种为最有效的，就采用哪种好了。

我现在假定前一种手段，是无政府主义所采用的手段；后一种手段，是我们共产主义者所采用的手段。无政府主义者，是不是都主张采用那种手段，我并没有一个一个都问过；不过无政府主义者如果坚守绝对排斥政治活动那个信条，就势非采用那种手段不可。

炸弹，手枪，大家都知道是无政府主义者惯用的武器；少数人暴动，也为无政府主义者所极端赞成：但这都不过是一种革命行动，要想由此得到革命成功，那便是梦想了。据我所见，如果真要使无政府革命成功，在未推翻政府以前，至少要做到下列两个条件：(一)已得全社会多数人信从；(二)已有多数强固的自由组织的生产者团体存在。没有做到这两个条件以前，无政府革命断不会成功。(其实做到这两个条件以后，无政府革命能否成功，在我还是一个疑问)没有得到全社会多数人信从，不组织政治强制机关,要被反对党推翻,这是显而易见的事。没有多数强固的自由组织的生产者团体,就是没有经济的基础,就是无政府主义没有建筑的地方;所以无政府主义者,都很热心地帮助工团主义运动。有一个朋友说:无政府主义如不与工团主义联合起来,是不能实现的。这话实在不错。可笑自号无政府主义者的费哲民先生,在答存统底信中,举了一些什么商会呀,教育会呀,学生联合会呀等等不相干的团体,当做支那可以实行无政府主义底证据,真要令人把肚肠经都笑痛了。我真不敢知,在无政府主义的社会,还有这种莫名其妙的官僚式的团体存在。我尤其不敢知,这些官僚式的团体,于建设无政府主义的社会有什么用处。(我不是说无政府主义社会不要教育会,学生联合会等团体;我只是说现在这种教育会,学生联合会,于建设无政府主义社会渐渐无用。我对于学生联合会不满,是时于团体组织不满,并不是对于学生个人不满。)

我很遗憾:我只听见支那无政府主义者说支那人民怎么样与政府没有关系;我没有听见支那无政府主义者说支那底经济状况怎么样可以实行共产。我起初以为佢们是个人的无政府主义者,然又听说是共产的无政府主义者,所以真令人莫名其妙。我真不知道:共产的无政府主义是建筑在哪一种经济基础上面的?现在支那有没有那种经济基础?如果没有那种经济基础,又怎么样可以实行共产的无政府主义?这些疑问,我很希望支那无政府主义者给我一个详细解答!支那无政府主义者,关于别的问题,实在说得不少了,独独关于这个根本问题,却还没有人说过(也许我没有看见),真令我百思而不得其解!

总而言之,统而言之,目下支那,共产主义的经济基础还没有的,(只有一点)无政府共产主义的经济基础也没有的。这两种主义底经济基础,都是正待建造的。但是这里有一个问题,虽然两者都没有经济基础,然有一个先后难易底不同。据我所见,即使要实行无政府共产主义,也必须先要实行共产主义,共产主义底圆满达到,或许就是无政府共产主义。在现在底支那,我敢大胆说一句:要无政府不能要共产,要共产不能要无政府,二者不得而兼。大家说我是武断么?我就要问:(一)自由组织的生产者团体有多少?(二)自作农(听说占农民三分之二)如何能自愿地抛弃土地?(三)手工业劳动者如何能转为机械工业劳动者?(四)用什么法子使工业社会化?(五)用什么法子使农业社会化?(六)全国交通事业(特别是□设铁道),如何办理?(七)全国生产事业,如何调剂?(八)对付反革命派,用什么手段?(九)对付半数有劳动能力圉不劳动的人有什么办法?(据小山清次君推算:支那有劳动能力的人,约占全人口十分之七;实际从事劳动的人,约占全人口十分之三)(十)一向无组织无训练的人,如何能自由组织?(十一)各团体间互相冲突,用什么方法处置?(十二)以现在支那底经济情形,能否"各取所需"?(十三)普及教育,用什么法子?以上这些问题,都是我要请教无政府主义者的。我固然也不迷信国家万能,以为有了国家什么事都可办;然我却很相信要解决上列几个问题,得了政治机关底帮助,总容易解决许多。总之,我底意思,要在支那实行共产主义,无论如何,总非借助政治的权力用很快的速力造成共产主义的经济基础不可;否则,讲什么无政府共产主义,都是空话。现代的共产主义,根本筑在工业制度上面;没有工业制度,决不能实行共产主义。换句话说，工业制度一天没有稳固，共产主义也便一天没有完成。我们最重要的任务，也就是使工业制度发达。

现在再讲那种缓进的方法，在支那是否适用；我看是不适用的。要想等到多数人信从了然后起革命，事实上也做不得：（一）多数自作农，决不会受我们煽动起来革命；（二）多数手工业劳动者，也不会受我们煽动而起来革命；除了这两部分人之外，还有什么多数人可说呢？我们要知道：劳动者能干社会革命的，主要的是工厂劳动者。支那工业不发达，全国机械工业劳动者，还不到一百万人，也可见人数之少了。从这种地方看来，要想多数人革命，事实上是做不到的了。况且资本主义不发达，劳动者决不能有很大的团结，因为没有团结的机会。在未革命以前，劳动者能团结的：一是工场劳动者，二是无产农民。除此两种劳动者以外，就很难团结。我以为这种单向社会活动的缓进方法，在支那决不适用。我们要在支那干社会革命，必须要从社会上政治上两方面并进，否则断断无效。

我是一个狂信少数人革命的人，我以为革命在事实上总是少数人的事。不过我这个少数人，并不是指几百人几千人，至少也指几十万人。我不信支那之大，绝以几千人几百人来成就革命。我所谓少数，乃是对支那全人口而说的；所以就使有几百万几千万人起来革命，我还是要说彼是少数人革命。俄罗斯底社会革命，在我看来，也是少数人革命。我所谓少数人革命，就是有少数觉悟的人就干，不必等多数人都觉悟了然后才起来干。总之，少数人革命者，非禁止多数人革命也；备多数人不起来革命之时，则少数人亦不得不起来革命耳。换句话说：多数人革命，是缓进的革命（或者是不可能的革命）；少数人革命，是急进的革命；因为等不住了，所以才先干了。

社会革命与政治革命底分别，决不能从人数多寡上去分别，应当从革命底性质上去分别。社会革命，简单点说，就是改变经济组织的革命。政治革命，简单点说，就是改变政治组织的革命。凡是要求改变经济组织的革命，不管人数多少，都可说是社会革命。固然，社会革命，同时也是要求改变政治组织的；然为主的目的，却在于改变经济组织。在支那干社会革命，同时也可说是干政治革命，因为我们同时还要向着那个专制政治革命，先求得政治的自由。支那政治革命，事实上并没有成功，劳动者并没有得着政治的自由。所以我们现在要干革命，就要将政治革命和社会革命合拢来干。我们第一步就要把现政府推翻，自己跑上支配阶级地位去，借着政治的优越权，来改变经济组织。我以为在支那干社会革命，除此之外，再没有第二个方法。

无产阶级专政，是完成社会革命的手段，也就是达到共产主义的手段。等到一切阶级都消灭，共产主义完全实现了；无产阶级专政，自然失其效用。列宁说无产阶级专政，有三种作用：（一）压伏有产阶级；（二）强迫小有产阶级及智识阶级；（三）训练无产阶级。据我底意见，可以分为两种作用：（一）对付反对阶级；（二）对付自己阶级。前者就是压伏反对阶级，使佢们就我们底范围，使反对阶级渐归消灭。后者就是训练自己阶级，使个个无产阶级分子成为革命者，担任建设共产社会的事业。简单说一句，无产阶级专政，乃是造成共产主义的经济组织底唯一手段；不实行无产阶级专政，共产主义决不能实现。

所谓无产阶级专政，在事实上，起初只是少数人专政；这是不能讳而且也不必讳的。大家想想看：多数无自觉无训练无组织的无产者，怎么样就可以叫佢们来专政呢？叫佢们来专政，共产主义岂不是要糟了么！所以要想使共产主义没有危险，起初必定只有少数有觉悟有训练有组织的无产者专政的。总之，我们为拥护共产主义起见，凡足以危及共产主义的事，必须要用一切手段来防止彼。这并不是我们要欢喜如此做，实在是因为非如此就不能实现共产主义的呵！

不过这里有三件事我们要弄明白：第一件就是加于无产阶级的强制力，与无产阶级底觉悟程度成反比例；无产阶级觉悟一分，加于佢的强制力便减少一分；——一直到了没有强制力加于无产阶级为止。第二件就是无产阶级觉悟的人数，与无产阶级参预政治的人数成正比例；无产阶级多一个觉悟，就多一个参预政治的人；——一直到了一切无产阶级都参预政治为止。第三件就是不必强制的事，决不主张强制。等到无产阶级个个都有觉悟，有训练，有组织，有教育，那时一定不必强制，只要大家商量好大家去实行就是了。我想将来人们除了服从生产上的指导以外，别的事情都可以自由。就是服从这个生产上的指导，我想也没有不自由；因为我们已知道彼非如此不可的了。服从这个指导，可说与服从医生底话一样。不听医生底话，我们就要生病或者会至于死；不听生产上的指导，生产就要不得法或者会扰乱社会。我们讲共产主义的人，对于这一层不可不注意。

四

我们现在再来研究：社会运动，还是既拿到政权后容易干呢，还是未拿到政权前容易干呢。这个问题，不用说，我是回答前一种的，我是主张先拿政权的，我是相信支那社会革命不借政权是决不能成功的。我们要明白下面两件事：

1. 现存的政治组织，是我们干社会运动最大的障碍；政权拿到我们手里，非但除了我们干社会运动的障碍，而且还可仗着政治的优越权来大干特干。

2. 政治的优越，同时就是经济的优越；我们掌握了政权之后，就可以仗着这个政治的优越和经济的优越来建造共产主义的经济基础。

社会革命是要从下面干的，这话我十分承认。可是上面的障碍没有除去以前，在下面是很难干的这件事，我想大家也不能不承认。先夺取政权，至少也能除去这个障碍。俄罗斯无产阶级及到三月革命后才能风起云涌地出来组织团体，实在是得了政治的自由底缘故。所以先从政治着手，借政治的权力来干社会运动，于无产阶级只有利决无害。无产阶级得了政治的自由，一定能于很短的期间成熟。俄罗斯底无产阶级，就是三月革命后才急速成熟了的。要想使无产阶级急速成熟，除了使无产阶级先得了政治的自由以外没有第二个办法。我们如果愿意无产阶级早一点成熟，早一点脱除这种束缚，决不应该反对先从掌握政权入手。（我是主张政治革命和社会革命一气来干的，这里所说的掌握政权，是少数觉悟的无产者掌握政权。俄罗斯分为三月革命和十一月革命，支那却不必照那样做的。）

欧美各民主国立宪国底无产阶级，也是得着政治的自由以后才成熟的。为使无产阶级成熟，相当的德谟克拉西是必要的。支那虽然号称民主国家，事实上却仍旧是专制国家，无产阶级，什么政治的自由都没有的。在这种政治状态底下，无产阶级，是很难熟的。无产阶级没有完全成熟，要想干社会革命，势非带几分政治革命的彩色不可。无产阶级，是实行社会主义的最有力的分子，没有了佢们，社会主义就不能实行的。无产阶级成为实行社会主义最有力的分子，是既成熟以后的事；我们要使无产阶级成为实行社会主义最重要的分子，就非先使无产阶级成熟不可。所以现在如有人干政治革命，实行民主主义，我也是很赞成的。不过没有人干政治革命，我们又不能一时使得无产阶级完全成熟，我却主张一部分无产阶级成熟了，就来干社会革命，把政权握到自己手中，使无产阶级急速成熟的。（即使无产阶级能够在现社会完全成熟，我也是主张无产阶级专政的，因为彼还有别的作用。这里恐有误会，所以声明一句。）

我相信要使人民信奉共产主义，非从教育上用功不可。但是现在教育底权柄不操在我们手里，我们要施行教育也是不可能的。我们现在所能做的：一是口头宣传，二是文字宣传。就是这两件事，也难得普遍；因为有（一）受政治的障碍，（二）受经济的限制，（三）受文字的限制，（四）受生活的压迫四种原因底原故。如果政权拿到我们手里，除了不识字一时不能使佢们都识字外，其余三种原因，可说都是没有。文字宣传虽不能普遍，口头宣传可说是容易普遍的。到了那个时候，既没有种种障碍，大家努力宣传，我敢断定能以短少期间得到很多信徒。无产阶级掌握政权之后，无产阶级底势力，一定是一天盛似一天；共产主义底信徒，一定是一天多似一天。我们再在这个时候，借着政治的权力来实施强迫教育，使全国人民个个都识字，个个都信奉共产主义。只有从智识上彻底了解共产主义的人，才是真正相信共产主义的人。所以我们一面虽然要极力防止佢们有反对共产主义的行动，一面却要设种种方法教育佢们相信共产主义。等到大多数人真正相信共产主义了，共产主义的社会方才建筑得起。要使大多数人真正相信共产主义，却非信赖教育不可。简括地说：一方面要行强制，一方面要施教育；最后的完成，却要靠教育。

教育底用处，在于使人们信共产主义。然而单靠"信"是不行的，"信"了之后还须要"做"的。这个"做"就是从经济上做了。我们共产主义者，一面要从教育上去做，一面却从经济上去做，总要比一般非共产主义者格外吃苦地去做。我们这种做法，也就是一种实际的教育，能给一般非共产主义者以一种好影响。我们共产主义者，必须尽我们底能力，帮助无组织能力的无产阶级组成种种团体，使佢们习练团体组织，团体训练。有了强固的生产者团体，才能从事社会主义的生产。而社会主义的生产，一定要生产力比资本主义的生产力大，然后才没有危险。要生产力大，必须要服从生产指导者底话。我们为建造社会主义的经济组织起见，实在是非如此不可的。所以我们共产主义者，必须要把这个道理使无产阶级个个明白，同心协力建造这个社会主义的经济组织。

这里还有一件很重要的事情，就是使无产阶级个个加入政治团体，个个与政治发生关系。无产阶级的政府，必须要做到真正无产阶级的政府。我们共产主义者，必须引导无产阶级个个参加政治，个个发生政治兴味，个个成为共产主义者。我们要告诉佢们：要完成无产阶级底解放，要完成全人类底解放，要完成社会革命，必须无产阶级都起来做一个革命者。这个政治组织，就是完成社会革命的机关。我们为完成革命起见，无论如何，总要使无产阶级个个参预政治。

以上教育，经济，政治三件大事，在无产阶级没有握到政权以前，都是很难办的。既握政权以后干社会运动，比未握到政权以前干社会运动要容易得多多，这是很显明的。前者有政治的优越和经济的优越，后者有政治的障碍和经济的障碍，刚刚正相反对。所以拿到政权以后，即使不能积极地建设，也能消极地免除障碍；何况我们正要凭借政权来谋建设呢！我现在再把无产阶级先掌握政权的好处，简单写在下面：

1. 能使无产阶级急速成熟；
2. 能使无产阶级在短期间就有强固的团结；
3. 能使无产阶级在短期间就得受教育；
4. 能使无产阶级在短期间就可以做到八点钟制；
5. 能使无产阶级在短期间就可以得到合理的工银；
6. 能使无产阶级在短期间就可以免除失业的苦痛；
7. 能使无产阶级底生活，在短时间就得了保障；
8. 能使无产阶级底身体，在短时间就得着自由；
9. 能使无产阶级底家庭，在短时间就得着安乐；
10. 能够用以压伏反对阶级；
11. 能够用以抵抗国外压迫；
12. 能够用以帮助造成主义的经济基础；
13. 能够借彼没收土地；
14. 能够借彼集中资本；
15. 能够用以帮助造成全国铁路；
16. 能够借彼强迫不作工的人作工；
17. 能够用以帮助别的建设事业。

总之，我认[为]政权是一个完成社会革命的东西。在中国这种产业幼稚国谈社会革命而不主张利用政权，真可谓玄之又玄的玄想了！

五

从上面所说的看来，在支那干社会革命，必须要利用政权，大概总可以明白了。我现在所要说的，却是怎样夺取政权的问题了。这个问题，是目前第一个重大问题，我们都非仔细研究不可。据我近来再三研究底结果，只有下面一个方法由无产阶级，兵士，学生三角联盟成的直接行动我现在再把三者关系，画图如下：

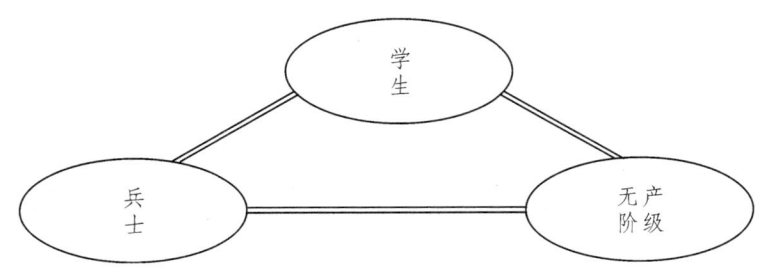

这个图底意思，简单点说，就是：在支那实行社会革命，最有力量的人，是无产阶级和兵士；然这两种人，现在都是无觉悟的，不懂社会主义的；要使佢们有觉悟，相信社会主义，就非有觉悟的学生跑进佢们团体里去宣传不可；等到无产阶级和兵士相信社会主义的多了，然后三者团结一致，利用机会，猛然干起社会革命来，把那个地方底政权夺在我们手中，凭借政权来建设社会主义的经济组织。据我所知，只有这个方法，才是最有效力的。

学生本身，本是没有什么力量的；然而一加入其他团体之中，就很有力量了。学生因为环境比一般无产阶级和兵士好，所以就容易发生觉悟，容易感受社会主义，也便容易为社会牺牲。青年学生，虽然也有少数腐败的，然而大多数却总是纯洁天真的。现在各种社会主义的书报，看的人要以青年学生为最多，信的人自然也不少。我想在支那干社会革命，学生诸君底责任是很重大的。没有学生诸君，社会革命是决不会成功的。为什么呢？因为目下支那，能够做宣传者的，大概只有学生。无产阶级是要学生去宣传的，兵士尤其是要学生去宣传的。学生可说是这两者底关键。没有了学生，无产阶级和兵士，就不能再同一主义下面联合起来。这样看来，学生诸君底责任真重大呵！学生诸君！你们应当怎么样尽你们底责任呵？

学生诸君，既然要向无产阶级和兵士去宣传主义，第一就非自己有组织有联络不可。各学校有觉悟的学生，都可以集合同志组织主义上的团体，再与那个地方同性质的团体联合，同时也与全国同性质的团体联合。学生自己组织的团体，最主要的是互相研究各种宣传方法，把研究所得，施诸实行，把实行所得，又拿来研究。如此做去，宣传方法，一定可以一天一天地有进步。社会革命，第一要拿努力宣传，所以宣传方法是很重要的。

我常常与朋友谈起宣传社会革命，没有不说日本比支那容易。这里有两种原因：（一）日本虽然是一个君主国，然还有相当的言论自由，许多支那政府查禁的书，日本反能公然出版，支那却不然，那班糊涂东西，不问青红皂白，拿着"过激派"一个名词就可以枪毙人。（二）日本劳动者，到底总受过四五年教育，所以都看得懂关于各种社会主义的宣传品。支那却不然，劳动者连自己底名字都不认识，怎么样叫佢们能看各种宣传品呢！所以在支那用文字宣传社会革命，只能宣传到一般学生，多数无产阶还是宣传不到的。支那底兵士，也是多不识字的。所以用文字也宣传不到他们头上去。由此观之，在支那宣传社会革命，主要的是在"口"不在"笔"了。只有用"口"宣传，才能普遍，才能宣传到有力量的人底头上去。这里所需要的"口"，就是学生诸君底"口"。

学生诸君，如何才能应用佢底"口"呢？我以为学生诸君要好好儿应用佢底口，有两种方法：（一）露天演讲；（二）投身工场和加入军队。前一种方法，在校的学生可以实行，为主的是宣传一般无产阶级。后一种方法，出校的学生可以实行，为主的是宣传工场劳动者和兵士。这两种方法，据我看来，主要的还在后者。前者散漫无组织，只有一时的力量；后者统一有组织，却有持久的力量。担当社会革命主要的分子，到底要靠工场劳动者和兵士。我们为宣传这两种人，要费十分力气。

先讲宣传工厂劳动者。现在支那工场劳动者，大半都是无自觉，无训练，无组织的人。要想使佢们有自觉，有训练，有组织，就非我们投身工场，与佢们亲近不可。我们站在圈子外面来讲劳动运动，是不成功的。我们要干劳动运动，必须我们自己亲身跑到劳动者群里去。我们跑到劳动者群里去，然后才能好着手组织工会等团体。工会有两种作用：一种是谋劳动者生活底向上，与资本阶级作斗争；一种是训练劳动者，预备将来管理生产事业。我们为干社会革命起见，工会是必须赶急组织成功的。不过工会底作用，实际上是随劳动者底觉悟程度所改变的。这一层，投身工场的朋友，要善于引导，总要引导多数劳动者渐渐倾向于社会革命一途才好。

再讲宣传兵士，我是认为非常紧要的。武装在人家手里，我们怎好讲革命，这是很浅明的事。支那是资本主义尚未发达的国家，全国机械劳动者还不到百万人；所以即使全国工人实行总同盟罢工，（其实事实上决不会有的）也不会影响到政治上去的。你们总同盟罢工了，他们用军队来压迫，你们怎么样？即使他们不用军队来压迫，单用经济来压迫，已足制你们底使命了！我是很赞成总同盟罢工的人；但我以为总同盟罢工，只有得着军队底援助，才能成功社会革命。单用总同盟罢工一种手段，决不能成就社会革命。况且总同盟罢工这种手段，支那实在无法应用。我们要知道：武装在他们手里，"力"只有"力"能抵抗。所以在支那谈社会革命而不主张用军队的，简直是笑话。我是极端赞成宣传兵士起革命的；但宣传的方法，却要十分慎重。万一方法错误，便会贻误全局。我以为我们要兵士真正相信主义，为主义牺牲，必须自己加入军队里去。我们加入军队里，与兵士做朋友，知道他底性情，然后才可慢慢地在无形中宣传。否则，站在门外，投了几本小册子，说了几句空话，纵使一时能够激起革命，也是非常危险的。从前运动政治革命的人，只晓得向下级军官宣传，以致一般弟兄们，及到看见挂起"民国"招牌的时候，还不知道"民国"为何物，实在可为殷鉴。这种覆辙，我们现在千万不应该再踏。我们现在要运动社会革命，应当直接加入军队去运动弟兄们去。我们要去运动一个一个的弟兄们，使弟兄们一个一个地相信我们底主义，能为主义去牺牲。我们不要多，我们只要真，要运动到一个就能算得一个。这样运动法，大概每人至多只能运动十个人。如果要运动十万兵士，至少要加入一万运动者去。这种运动者，大部分都要学生诸君去做。不是这样运动法，决不能成为真的赤军。或者有人看了我这个话，以为太难，要问这许多运动者到哪里去找；那么我只得说：朋友！难道你以为干社会革命是容易的事么？哪里！哪里有社会革命，没有许多人吃苦，没有许多人牺牲，哪里会成功！支那要是不致于绝望，我想一年一年地年下去，总有许多勇敢有为的青年出来挑这付重担子的！如果竟是没有这许多青年起来挑这付重担子，那么我们自己也只有鞠躬尽瘁，死而后已罢了！

此外还有一种属于无产阶级的人，是非联络不可的。这种人就是商店劳动者——伙计学徒们。商店劳动者，有许多人目为商人，不去注意佢们。其实这是错的，佢们也是一种劳动，佢们也是被掠夺的。我们所反对的是掠夺的商人，并不是佢们。在社会革命时，商店劳动者也是很重要的，我们要叫佢们利用其熟手，把所有的货物计算出来，用一个公平方法分配给无产阶级。社会革命，如果没有商店劳动者加入，那么占领商店，分配货物，一定要发生大困难的。我们为使将来分配问题容易解决起见，现在就不可不联络商店劳动者，使佢们也来参加社会革命。我希望商店劳动者，自己起来组织团体，做无产阶级应该做的事；同时我们共产主义者，也应该极力帮助佢们组织团体，促佢们觉悟。

无产阶级，范围很广，如工场劳动者，商店劳动者，交通劳动者，运输劳动者，佃户，农业雇工，小工，失业军，及其他一切无产者都是。这些无产阶级分子当中，最有力量做社会革命的，就是工场劳动者；因为佢们在经济上占最重要的位置。我们总要尽我们底能力把这些无产阶级分子与兵士，学生等联合团结起来，趁着机会，一同起来干社会革命，把那个地方一切政治机关、生产机关、交通机关、教育机关、贩卖机关……等等都夺在我们手中，建起无产阶级底最高权，拿这个最高权去完成社会革命。我们要想达到社会主义，只有这个法子，除此再没有第二个法子了。我们底社会革命，只有"有无产阶级，学生，兵士三角联盟成的直接行动"才能成功。这三种人，各有各底作用，缺一就不能成功。

不过这样大的计划，实行起来，还须要细细讨论的。万一冒昧从事。遗误大局，那真是百死莫赎！我们这里有一件最可怕的最该谨慎的事，不可不先知道。什么事呢？就是：万一事机不密，或者同志告密，那就见事糟了！所以我们同志，应当大家谨慎，应当相互劝勉，应当相互监督，万万不可做了社会革命底罪人！

六

现在我很听见有人在支那里说："劳工专政，劳工专政，不过造成几个袁世凯第二罢了！"我对于说这种话的朋友，非常感谢，因为佢们肯先对我们下这种警告。不过我这里所感谢的人，乃是坦白无私真为社会的人；至于那些无耻的政客先生们，要想这借这句话来反对我们底主张，我们却只有冷笑着道："先生！只要你不去奔走袁世凯底门下就好了！"

关于这个问题，我们要平心静气地细细研究，要先研究为什么会有袁世凯这种人出来，然后再研究袁世凯这种人能不能在劳工专政的时代发展其野心。为什么会有袁世凯这种人出来，我底答案如下：

一、以一个抱君主主义的人，做民主主义国家底总统；

二、在一个民主主义的国家，没有拥护民主主义的阶级和兵士；

三、自从袁世凯做总统日起，一直到做皇帝日止，没有一天不逆民主主义而行；

四、民主主义者，变节的变节，出亡的出亡，没有一个握到政权。

大家想想：有了以上四种原因，袁世凯之胆敢称帝，发展其个人野心，自然不足为奇了。但我们现在再换一面来看一看；假定（一）袁世凯是一个民主主义者；（二）国内有拥护民主主义的阶级和兵士；（三）一天一天向着民主主义进行；（四）一切政权，都归民主主义者掌握：那么纵使袁世凯抱有野心，要想专擅自利，事实上也自然做不到了。

这样看来，使袁世凯得以发展野心，为所欲为者，并不是袁世凯自身，乃是民主主义者呵。为什么呢？因为民主主义者，（支那那时究竟有多少民主主义者，与我这里所说的没有关系）没有将政治革命弄好，就与非民主主义者妥协。与反对阶级妥协，这是我们共产主义者所根本反对的；所以我们决不会有自己干社会革命而让人家掌握政权的事情。

我常说：假使这十年来，由真正的民主主义者来掌握政权，中国一定要比现在好得多。可怜支那没有许多真正的民主主义者，所以支那才糟到如此。辛亥革命，所以不能造成民主主义的国家，并不是别的原因，实在是民主主义者实力不足。然而辛亥革命，自有彼历史上的价值；吾人断不当因为彼没有成功，就根本否认彼底价值。至于造成袁世凯等专制魔王，其实乃是社会底罪恶，断虽归咎于民主主义者，尤其不能归咎于辛亥革命；因为这些东西早已存在了。"越革命起[越]坏"乃是一般反对革命的人无常识的话。这种倒果为因的说法，我们革命党总万不应该有。我们要责备从事辛亥革命的人的，只是说佢们无志气，不应该没有将一切遗孽除尽以前，就苟且议和起来。其实这个责备还是无用的，因为那时除了少数人以外，懂得什么民主主义，只要有官做就是了。总之，我所不满意于辛亥革命的，乃因为彼是不彻底的革命，不完全的革命，并不是因为革命后所发生的坏现象，因为那些现象决不是革命所带来的。我们没有理由因为军阀跋扈，就骂到辛亥革命头上去。如果现在北京那个政府，是民主主义者所组织的政府，糟到这步田地，我们或者还可以去骂骂辛亥革命，无奈不是的呵。就算彼是民主主义者所组织的政府，也不该骂到辛亥革命头上去；因为辛亥革命，乃是一桩必然爆发的事情呵！我们现在的问题，决不是过去革命好坏问题，乃是将来革命如何问题。将来革命底方法，我想只有我上面所说的一个方法。能否实行这个方法，却完全在于人为。我们支那人如果不是完全劣种，我想决不会到终都不能实行这个方法的。我们决不愿像辛亥革命那样干了一半就停了不干，我们必须要干到底。除非是我们共产主义者没有实力能够夺取政权；要是一旦夺得了政权，我想决不怕非共产主义者如何反对。我们尽我们底能力如此干了，如果终不成功，我们自己却也可以对得起自己底良心了！

无产阶级专政，在事实上，起初一定只是少数人专政，这是没有法子的。在这种产业幼稚，教育幼稚的国家，势必非少数人专政不可，或者应于事实的必要，竟致于有个人专政的场合。同志某君说："我们虽主张阶级专政，却不赞成个人专政。"这话自然不错；然我以为在某种事实的必要上，如非个人专政就要危及共产主义的时候，我却极端赞成个人专政的。是否有这种事实，我不得而知；假使有的话，我是极端赞成个人专政的。我以为我们共产主义者应当有这么一个信条，就是"为主义牺牲一切"。我常常想：我们连生命都要牺牲，怎么一时的个人自由都不能牺牲？主义重要，还是一时的个人自由重要？革命家尚不能牺牲一时的个人自由，还有谁能牺牲一时的个人自由？我愿我们同志大家都要"为主义牺牲一切"！

无产阶级专政，最初一定要事实上的领袖，这是不能否认的。关于生产事情，非有专门家指导不可，这也谁都不能否认的。不过这种领袖，完全是能力问题，对于领袖个人决无特权可说。只有像列宁那样刻苦，牺牲，坚忍，温和，诚实……的人，才有做无产阶级领袖底资格。支那有那些妄人，只知道列宁是劳农政府底首领，不知道列宁是怎么样一个人，便妄然以支那列宁自命，真是可笑又可怜。我告诉你：列宁底人格，列宁底精神，只有七个大字，就是"为主义牺牲一切"。你自己把脑后摸一摸，你能做得这七个字么？我很佩服列宁先生，我很希望大家都学列宁先生；所以我很不愿大家把"人民委员长"五个字，认做列宁先生！

说到这里，又该说到袁世凯了，就是要说劳工专政的时代，袁世凯这种人能不能发展其野心这个问题了。这里又可以与前面对比一下：

一、一定要抱共产主义的人，才能做无产阶级底领袖；

二、无产阶级的国家，一定有拥护共产主义的无产阶级和兵士；

三、我们一定一天一天向共产主义去做；

四、一切政权，都握在共产主义者手里。

我们既然能够做到上面四个条件，哪里还怕什么袁世凯！我现在再细说几句：袁世凯要是一个民主主义者，他决不会做什么皇帝梦。辛亥革命，如果民主主义者得势，决不会举袁世凯为大总统。袁世凯如果没有旧有的爪牙，决不能发展其野心。袁世凯底军队如果是相信民主主义的，袁世凯决不敢作皇帝。中华民国背后如有拥护民主主义的阶级，袁世凯决不敢专擅自态。总之，袁世凯之所以为袁世凯：（一）他本是一个专制主义者；（二）他拥有私人军队；（三）民主主义者没有能力与他对抗。有了这三种原因，他自然敢为所欲为了。

这样看来，所谓袁世凯者，不过是旧势力底代表罢了。如果把这种旧势力根本铲除了，哪还有什么袁世凯呢——我们只要问自己有没有能力铲除这种旧势力，不必管什么袁世凯不袁世凯。我们没有能力铲除这种旧势力，自然只有任袁世凯在那里专制了！我们要明白：我们不革命，也是有袁世凯的，袁世凯不是我们革命造成的。你看：袁世凯之后有些什么人，什么段祺瑞哪，冯国璋哪，张勋哪，张作霖哪，曹锟哪……这一些东西，是哪个造成的？我们专门向社会上去活动，难道这些东西都会自己消灭了不成。

有人说："我们所谓造成袁世凯第二，并不是指真正干社会革命的人而说的，乃是指借着社会革命底名义来实行个人揽权的野心的人而说的。"我说：朋友！你所说的这种人，是不是从现在才发生的呢？他们要实行个人揽权的野心，有什么名义不可以假借呢！难道我们不主张劳工专政，他们就不会假借这个名义么？这个权一天没有夺在我们手里，总有一个野心家在那里揽的，我们又何必妄生差别呢？我们只要问这个权应不应当归无产阶级手里，不必管什么有没有野心家在那里利用。我们只要干我们真的就是了，不必去管人家干假的。真的成功之日，就是假的灭亡之时！

至于无产阶级专政，领袖不会变节，又有下面几种理由：

一、无产阶级和无产阶级领袖，都是信奉同一主义的人，大家都为主义努力，为主义牺牲；所以一旦有人背叛主义，势必为众所弃。

二、无产阶级领袖，只有职务比别人多，并没有关于个人的特权。

三、无产阶级底领袖，并没有一个私人军队，并没有一个是他底底下人。

四、无产阶级底领袖，一定是平日为无产阶级所敬佩的人；那么他底人格一定是很可靠的。

五、无产阶级底领袖，一定是共产党底老同志；他如有什么野心，一定早已被人觉察了。

六、凡是共产主义者，一定是相互监督的。

七、无产阶级底领袖，一定要以无产阶级底利害为利害。

八、无产阶级的国家，是筑在无产阶级上面的；纵使领袖变节，国家也决不会动摇。

九、无产阶级底领袖与一般无产阶级保有密切关系，无产阶级能够刻刻监督着领袖。

十、无产阶级未掌握政权以前，已经有许多无产阶级分子及兵士相信共产主义；既掌握政权之后，无产阶级相信共产主义的人一定一天一天地增加，共产主义也便一天一天地稳固。这个时候，决没有一个妄人，胆敢冒犯多数人意志，而逞个人底私欲。

总之，只要使大家真正信奉共产主义，能为共产主义牺牲；即使有野心家，也无所施其技。而一个真正的共产主义者，也决不会做了领袖之后反而变节。照上面所说看来，无产阶级专政与野心家两个名词，可说联合不起。真正的无产阶级专政，决不怕什么野心家！

不过话虽如此说，我们却仍旧不可不十分审慎。我们现在组织团体固然要非常审慎，就是将来掌握政权也要十分留意，总要极力防止这种野心家发生才好。一切事情，都是人做的；俄罗斯同志们做得，难道我们就做不到么？同志们！互相勉励，互相监督，同心合力，建设共产的社会！

（《共产党》第五号，1921年6月7日，署名CT）

49.《夺取政权》(《共产党》第五号，6月7日)

《共产党》第五号刊登无懈的《夺取政权》，全文如下：

社会改造！社会革命！这种思想，这种呼声，这种运动，最近就是在暮气沉沉的中国，也如旭日东升一天天地高起来了，因为处在这现在这样恶劣，残忍，恐怖，烦闷的社会状态，社会组织之下，设若还不知道起来革命，改造，那真是感觉麻木，差不多和木石一样了。中国人既然也是人类，也有感觉，也有理知，当然也就忍不住现存社会底压迫，要讲点方法来改造他，所以现在社会改造的呼声，运动，乃是时代底要求，现存社会底产物，不但不是什么洪水猛兽，反是救人济世的福音！

但是改造这种事业，并不是开起口来只管说，闭着眼睛乱去运动就可以城[成]功的。第一，要问我们究竟要向着什么目标去改造？第二，要问应该怎样去改造？换句话说：就是第一要定改造底目的；第二要讲改造底手段。没有目的改改固然毫无价值；归的而不讲改造底手段。没有目的的改造运动，固然是毫无价值；目的既定而不讲究确实的手段去一步一步地实现，这种目的也是空想的，拿来自慰，解闷还可以，要来实行改造社会那就没有用了。

我们应该向着什么目的去改造？关于这个问题我已在本志第一号《俄国共产政府成立的三周年纪念》一文中说明中国要照着共产底原理去改造，又在本志四号内的《我们为什么要主张共产主义》一文中把我们所主张共产主义和无政府共产主义区分明白了。做一句话来说，就是我们以共产主义为我们改造底目标。现在这里要说的，就是改造的手段。

我们应该用什么手段去改造？我答道：第一就是要夺取政权！

夺取政权这个问题，本来没有特别作文说明的必要，因为他是实行共产主义的唯一手段，我们既然主张共产主义，当然要从夺取政权入手，这是不待多说已经明了的事。然而中国现在还有两派号称社会改造的人，标榜社会活动，讳言政治，来反对主张夺取政权的，所以我现在不得不说一说夺取政权的必要。

这里要先申明一句的，就是我所谓的夺取政权，并不是说用什么议会主义去和有产阶级鬼混，想在政治上分一杯羹，乃是说要用革命的手段，打倒有产阶级，把政权夺到无产阶级的手上来。

那两派人讳言政治？一是一般稍有觉悟的青年；一是无政府党人。我现在把他们分头说起来。

我也不用什么高深的学理来反对他们，也不把马克斯，列宁底话搬来作论据，单只平平凡凡地就实际上来论断他们底理想是空想而无实现的可能性。

现在一般稍有觉悟的青年，看见十年来共和政治闹得乱七八糟，社会事业因而停滞，遂对于政治失望，以为政治靠不住，要以社会活动来改造中国，于是有提倡从下面改造起，以为下面的基础稳固，上面的政治自然要好的；有提倡部分的改造，以为各部分若都改造了，由各部分而合成的全部也自然要好的。其实这种想法，乃是大错特错，果真能如他们底愿，下面确实都改造了，上面的政治，能如他们底预料，自然要归于好，也未可知；果其能如他们底愿，各部确实都改造了，以各部内合成的全部，能如他们底预料，自然要归于好，也未可知，但是设若下面不能如他们底愿得达到改造的目的，上面究竟怎样办？各部分不能如他们底愿得达到改造的目的，全部又怎样办？然而实际上确是这样。上面的政治没有改造，"实际"这位老先生，是不许下面得完成改造的；不从全部改造下手，"实际"这位老先生，他是不许各部分能完成其改造的，读者不信，我试从政治，社会那方面说来。

先就政治方面来论：我们既生活于现存的政治之下，那末一切的活动，没有不和政治有关系的。设若我们能够不管政治，去到各方活动，改造，政治也不来管我们，让我们去活动，改造；那末，我们就可从别方面去改造，谁还一定说硬要从政治改造起呢？但是我们虽然不愿意去管政治，政治却要来管我们：就是我们虽然不去反对政治，政治却要来反对我们；我们虽然不去破坏政治，政治却要来破坏我们，政治决不因为我们不去管他，他也就不管我们了。那末，我们去做那一件事，可以脱出政治底势力范围呢？所以你要去办一种社会事业，他不是来妨碍你，使你不能成立，就是来阻止你，使你不得发展，甚或把你苦心经营，著有成效的事业，连根带株一起打翻。即使他不是专门地来摧残，而他所生的恶影响也足以使我们底企图不能成功，现在举几个具体的例来证明：设若你要去办学校，立医院，他们打起仗来只要两炮就请你底事业化为灰尽；你要去办报纸，设若稍触他们底忌讳，不是即刻转闭，就是禁止邮递；你要去办工厂，开矿山，他们就要先把你底资本敲去一半，此外还要时时孝敬；你若想去教育人才，他们不是停办学校，就是积欠薪水。总而言之：现存的政治势力，设若不根本推倒，无论你用好大的力，在那一方面活动，他不是站在你前面来阻拦。就是跟在你后面去破坏，在这种破坏势力底下面，请你去从下面改造！请你去从各部分改造！所以我们设若不把现存的政治势力打倒，把政权夺到无产阶级底手上来，以排除各方面改造的障碍，绝对达不到改造的目的。反过来说，就是设若把现存的政治势力推倒，把政权夺到无产阶级底手上来，就不独可以免掉政治上的种种障碍，并且可以得政治上的种种帮助。但是我并不是要大家都不要办报，都不要办学校，都来抢夺政权的，我底意思是至少也不可忘记夺取政权的必要，至少也要一部分人来献身于这种活动。我又不是说把政权一夺取到无产阶级底手上来，一切社会事业都自然而然地要归于好的；我是说设若现存的政治，让他照这样继续下去，一切社会改造，都是做不成功的。所以我奉劝各位抱改造志望的青年，切不可蔑视政治，切不可以为夺取政权，乃是阴险政客，卑鄙官僚底行为，我们要结合无产阶级底全体，用革命的手段，来夺取政权，以为改造底第一步。

再论设若我们不先夺取政权，现存社会要使我们底改造不成功。因为现存社会底一般心理，习俗，都是和我们底改造相反对的，不信试看下文。

要论一般社会对于改造是什么态度，先要论改造对于一般社会应取什么态度。这个问题未免太滑稽了。因为既然说改造社会，当然对于社会取矫正，打破的态度，还能取顺从的态度吗？话虽这样说，然而有许多自命为社会改造的人，而怕拂逆社会一般的恶因袭的。他们拿着"中国不适于……"这句话来反对一切。你既主张土地公有，他就说："中国农民不适于共产制度。"你主张劳农专政，他就说："中国人民不适于劳农制度。"中国人民是否适于共产制度，劳农专政，暂置不说，但是我们既认现存的风俗，习惯，制度有不好的地方，我们就要来把他破坏了，而创造一个较好的新的，断不能因为社会喜欢这个旧的，不适于新的，就仍旧地不管他，譬如一般社会心理是习于保守的，我们就决不能怕反逆社会一般心理，而不来鼓吹进取；社会一般心理是只顾目前，我们就决不能怕反逆他而不来鼓吹图久远。总而言之：对于旧社会，要取打破的态度，决不能取迎合的态度。决不能取迎合的态度，那末，我们要改造，就无往而不遇反对了——积极的或消极的。我们要去开矿，他们就说破坏了风水，取积极地态度来反抗；去乡村去办学校，他们说是教洋书，不送子弟来入学。这些从社会心理，迷信而来的障害，只要有点实地经验的人，没有不感觉痛苦的，记得我们邻村有几位热心的师范生，把村内的一个什么庙，费了多少心血改为学校，不幸五六月间接着一个多月没有下雨，于是农民就聚众围那个学校，说都是他们[把]菩萨赶走了，以致菩萨作怪不肯下雨。其结果不独学校被拆毁。连办事的几个人，差不多有性命之忧。诸如此类，社会的因袭，妨碍种种革新改造的势力，比较政治的还要大。但是我们怎样来排除这一切反对和障害呢？用教育去开化吗？这固然是好的，然而他们不来受教育你便怎样？去演讲劝导他们吗？这也是好的，但是他们不来听，或听而不行，你便怎样？所以于教育以外，还要讲个积极地强迫手段来行，这个手段就是用政治上的势力来压制，要做一种革新事业，若要等到全社会都觉悟了，乐于从事，而没有一个人反对的时候才敢着手行，恐怕人类底历史，早在几千年以前就停滞了。一般社会上的人，差不多都是偷安因袭的，没有一种势力在后面逼迫，他们决不肯动的，岂但不动，还要来积极地反对。我听说南通底教育，实业，被张骞[謇]很办得有个样子了，我心中不佩服张骞[謇]，而佩服南通的人民，因为他们不起来反对。后来一个南通的朋友反对我说，何尝没有人反对，就是现在还有人恨张骞[謇]，不过他拿着清朝状元、民国总长的招牌来强迫，所以拆房屋修马路，毁庙宇办学堂，破风水开矿业，没有人能够阻止。我于此越信要排除社会底恶劣习俗，内[要]为"改造，这位先生清道，非用政治的力来强迫，是不成功的。

上面是从政治社会两方面，证明若非先夺取政权，次不能达到改蓝的目的的；换句话说，就是改造的大事业，决不是从下面改造起或部分改造所能成功的。一般有觉悟的青年，你们切不可忽视政治呀！

然而一定有人问我道："据你上述的妨碍，只要政治一清明，就是有无阶级执政，也可除去的，为什么要无产阶级专政呢？"这个疑问也很有理。不过我上面虽只举出教育实业两问题，然而不是说社会改造，只有振兴教育，开发实业这两件事，其余都可以不做的；我是说就是极平常，极和平像兴教育，办实业这两件事：都这样受政治上社会上的反对，还说其余的根本改造？这种根本改造，就是革有产阶级他自己底命，即使他底政治清明，他能办到这一点吗？所以我说夺取政权，要夺取到无产阶级底手上来。反对政治的另一派，就是无政府党人；现在应说到他们底错处了。

无政府党的人，不独反对有产阶级底政治，并且反对无产阶级底政治；不独反对过去，现在的一切政治，并且反对将来的一切政治；总而言之：他们根本地反对政治。他们底根本原理对与不对，我暂且不来批评，但是他们要以社会革命而推倒有产阶级，这确是和我们一样的。我现在只问他们不要政治能否推得倒有产阶级？有产阶级推不倒，他们一切的理想是不是梦想？根深蒂固的有产阶级：并不是两三次暴动，就可以推翻的；他们底势力，不单是表现在政治上的。即使以几次暴动，成功把他们在政治上的势力推翻，然而他们为政治势力底后盾，为政治势力的源泉的其余一切政治背后的势力，就非民众暴动所能推得翻了。政治背后的势力还存在，他们是不是有恢复的可能性，我们推翻有产阶级这种大事业，是否可以说是完全成了功？若是照无政府党底理想，在几次暴动，有产阶级在政治上失了脚之后，即刻把政治废了，设若他们来运动复活，你便怎样？你拿着"无强权"这个好招牌来号召，他们要以"强权"来破坏无政府党底理想社会，而谋复辟，你又便怎样？让他们去运动吗？那他们就老实不客气地要请你们滚开。不许他们去运动吗？那么，没有政治上的权力来压制他们，就绝对做不到。总而言之：要把有产阶级势力连根铲尽，非一时的暴动所能成功的，至少非有比较长期的压制不可，而要行比较长期的压制，非把政权夺到无产阶级底手上来不可。不信试看俄国。无政府党对于俄国现在的建设，当然是不满意的，我也就让一步，不说他底建设怎样好，然而俄国底有产阶级，帝制余孽，已不能死灰复燃，是不是事实？即使共产党失败，我敢断言俄国决不再返于资本主义的制度，（帝制是不待说的）至多也不过是社会革命党或少数派代他内兴罢了，然而社会主义的俄国，还是自若。但是能够使俄国得到这个状态的，究竟是谁底功呢？只要不瞒着良心说话，没有不归功于共产党底劳农专政制的。设若请无政党来办，我恐怕现在俄国还是罗曼诺夫王朝，充其量而言，也不过是有产阶级底共和国。这并不是控告无政府党，其实一定要是这样。设使一九一七年三月革命后，或同年十一月革命后，就照着无政府党底理想把政治都废止了，强权也不要了，试闭目一想将成什么状态？苛尔加克从东方打起来，台尼金来南方打起来，毓台里希从西方打起来，无政府党除掉扯起两根飞毛腿跑，还有什么方法？再从内面看，有产阶级底支持者技师，工匠，教员，医生，看护妇都罢业或怠业的时候，无政府党能使人民可以不穿衣，不吃饭，不能？无政府党总是开口不要强权，闭口不要强权，设若不要强权，究竟俄国要变成什么样子？在过去的俄国这样，在将来的中国亦然，无政府党诸君哟！你们不要在那里乱叫"废弃一切强权，废弃一切政治"；自鸣得意，自夸理想高尚；你们要知道有产阶级在那里暗笑你们，暗骂你们是蠢子呢！然而表面上是很欢迎你们的，他们不独不怕你们鼓吹"废弃一切强权"，并且惟恐你们不这样鼓吹呢！你们不要强权，他们好安安然然地来要；你们不要政治，他们落得来收起，向你们说一声谢。无政府党真是有产阶级底好朋友，佩服佩服！无政府党诸君呀！共产党主张宜民专政，是实实在在从实际方面想出来的，并不是空想，也不是想满足少数人底政治欲，不如此，有产阶级且不能根本推翻，还说什么建设理想的社会！你们要自觉，切不要为有产阶级底恩人，无产阶级底敌人！

讳言政治的西[两]派人底错处，上面已经说过了，现在再总起来说几句。

无论什么东西，总不能说他有百利而无一弊的，即使有些东西的本身，都是有利的，然而因为用他的法子有差异，所以也不免生出弊病来。然而我们评论什么事，切不能因为他有一点弊病，就没却他许多底利益，尤不能把用他的方法所生出的弊病，当做他本身底弊病，俗语说："吃五谷生百病。"我们是不是因为五谷能生百病，就不吃了，设若不吃，恐怕还要死得早点。再举个例说，我们日常生活，一天都缺不得的水火，是不是一点害处都没有？火能烧死人，水能溺死人。然而我们是不是因为火能烧人，就绝对不用火；水能溺人，就绝对不要用水呢？政治也是这样。他本身并不是一定有害的，只看你底用法如何。有产阶级拿着政治上的势力来压迫无产阶级，以维持他们底特权，固然是政治的坏处；然而无产阶级拿政治上的势力来铲除有产阶级，使社会致于无阶级的区别，就不能不说是政治的好处了。设若因为政治有时也生出弊病，就绝对排斥他，又何异于因为水能溺人，就绝对不用水，火能烧人，就绝对不要火呢？无产阶级诸君呀！你们切不要信不要政治，可以改造社会的。要改造社会，非先夺取政权不可。有产阶级拿着政治上的权力，禁止你们言论自由，集会自由，出版自由，把你们捆得死死的一点也不能活动，你们也要努力把政权夺起来，把他们送给你们的赠品，原封送还，也要把他们捆得死死的一点也不许动，然后才能照着我们底理想社会，一步一步地建社起去，夺取政权！夺取政权！"一切政治上的橡力，都要归无产阶级！这就是我们革命底信条，革命底标语。

(《共产党》第五号，1921年6月7日，署名 无懈)

22日（星期三）

50.《共产主义之人间化》(《晨报》，6月22日至9月23日)

至9月23日，《晨报》连载瞿秋白的《共产主义之人间化》，系统介绍了1921年3月31日至4月15日召开第十次全俄共产大会，从民族问题、外交问题、共产党组织问题、第三国际会等方面为中国读者揭示了俄国转入建设阶段，并指出："共产主义从此不能仍旧是社会主义丛书里一个目录了。世界及社会实际状况的研究之洽切适用与否及'民间去运动'之成熟与否，是社会改造过程第一步所必当注意的，这一层中国人亦应当用一用心，俄国革命史是一部很好的参考书呵。"全文如下：

民族问题

俄罗斯的民族非常复杂，帝政时代所谓"大俄罗斯人"占政治上的优越地位，对于其余各民族，大概是用殖民地政策统制的。我们一翻波兰亡国史就可以知道了。十月革命之后，共产党采民族平等的原则，加以波兰、芬兰等民族都分立独自建国，在俄罗斯联邦以内的各民族，也重新改组，局面大变。然共产党一面要维持民族的平等权，一面又要实行马克思社会革命学说中最主要的一个原则："于由资本主义至共产主义之间，当有一'无产阶级独裁制'的过渡时代。"而这些民族文明程度不一，有的绝对没有现代工业，因此也没有所谓"无产阶级"。于是这个问题就更复杂了。共产党对于这问题的解决方法，唯一的原则就是："提携各幼稚民族越过资本主义时代，而直达于共产主义的建设。"要实行这一政策，必须先使各幼稚民族觉悟，以独立的精神建立自治的国家。然后直接根据共产主义的原则发展大企业制度的农工业，这四年之中，第一步已经做到了，到第十次大会，就讨论这第二步的着手办法。

民族委员长史达林（Stalin）在第十次大会上有所提议之即共产党人在民族问题上应尽之职务。今先述其提案之理由：

史达林说，民族问题在历史上占最主要的位置，他的性质亦因时代而异。大致可分三期：第一期资本主义开始之期，第二期帝国主义开始之期，第三期苏维埃时期。第一时期时，封建制度推倒，资本主义刚刚起程，西欧如英、法、意各民族脱离封建制度以建立"纯民族的国家"。而东欧如俄、奥、匈诸国，资本主义还没有发达，各民族的内力不充足，于是较发达文明的民族，居高临下取得政治上的特权，其余弱小民族受他的统治处于政治的压迫之下，渐渐地经济上也受控制，因此形成"杂民族的国家"。

第二时期,民族发展的方向刚刚和第一期相反。

法、意各国渐用帝国主义的政策,吞并弱小民族,于是发生所谓"殖民地政策"的压迫,而渐形成"杂民族的国家"。东欧各小民族却渐渐觉悟,起而要求自治或独立,又因帝国主义战争之结果,旧时的杂民族的国家四分五裂,小民族分建许多小国,然而因势力不敌,仍旧大半以属国的形式隶属于各大国之下。

第三时期,俄罗斯社会革命成功,取消资本主义同时亦取消民族的压迫。从此"殖民地"、"宗主权"等等都要变成历史上的古董。俄罗斯社会主义联邦苏维埃共和国(RSFSR)之中,就有许多小民族崛起,得享平等的权利。所不平等的,就只历史上的遗迹,文化上政治上经济上的关系决不能立刻达到平等的地位。俄国因为历史上的关系,"大俄罗斯民族"在工业上政治上均占优势。现在应当从文化上经济上辅助弱小民族,极力的提携他们,这不是一两年的事情。——应当努力去办才好。

第一期民族问题的性质不过是各大民族的独立或合并小民族而已。第二期从国内问题进于国际问题。加之最近帝国主义战争(欧洲大战)激起民族自决的怒潮,于是各战胜国(有殖民地的国家如英、法、意等)之中,及各杂民族的国家(奥、匈、俄)之中,民族问题更趋于复杂。新建许多民族独立的国家(资产阶级的独立,如波兰、捷克斯拉夫、南斯拉夫、芬兰、乔治亚(Georgia)、亚美尼亚(Armenia))。然而各小民族都求独立,相互之间就不得不起冲突。这些新国家既不能实行共产主义,仍旧保存私有财产为阶级的不平等,于是不得不连类而及于民族的不平等(因为绝对的纯粹的民族国家,事实上不可能)。这些所谓"民族独立的"新国家里:(a)不得不仍留国内少数别种民族受压迫的现象(波兰国内压迫少数白俄罗斯人(Belo Rusi-ni),犹太人,利德维人(Litovain),及乌克拉人(Ukraina)。乔治亚国内压迫沃新德人(Oectins),亚索哈人(Abhazain),亚美尼亚人等;南斯拉夫压迫霍尔瓦人(Hor-wat),白史纳人(Bosnian)等类);(b)因扩充自己疆域而扰及邻国,因此引起冲突或战争,[波兰反对利德维、乌克拉及俄罗斯;南斯拉夫反对布加利亚(Bulgaria),乔治亚反对亚美尼亚、土耳其等类];(c)仍旧受帝国主义的"大国"之控制,财政上,军事上,经济上不能自由。于是欧洲大战后民族问题分为两方面:一方面,各"大国"仍旧用殖民地政策,压迫各小民族或名义上所谓独立国;各大国之间因少专利而起冲突(于是发生所谓共同殖民地以调和之,英法控制土耳其不任他独立建国等等现象);一方面独立的小民族反抗大国的侵略;各小民族之间互相倾轧;各小民族独立国里少数受压迫的民族起而反抗统治的民族,各大国的殖民地亦起而反抗他的宗主国。史达林根据这现时欧洲民族问题的现象说,俄罗斯苏维埃共和国应当本反对帝国主义的原则,极力帮助东方的小民族,促起他们的觉悟,将"自爱尔兰以至印度建筑一被压迫民族战线",以反抗各帝国主义国家的侵略政策—这是对于国外的。

不但如此,由这种现象,更足以证明不彻底的民族自决,始终不能解决民族问题,资本主义存在而民族的压迫能消灭,这句话简直没有意义。换一方面说,社会主义存在而不能消灭民族的压迫,其无意义正相同。何以小资产阶级(农民)对于"民族性"的误解一日不去,则狭义爱国主义和民族间的嫉视乃是自然的现象;一因为私有财产的观念足以使人连类而及于民族的狭义观念。农民因此只随着资产阶级去,而做他们的后盾。若是农民能向着无产阶级方面,保证无产阶级独裁制,那才可以保证民族间的和平,民族的真自由;一集产制度和劳动的观念,足以使人人互相亲密,消灭民族的压迫,打破民族间的界限。所以唯有苏维埃的胜利,确立无产阶级独裁制,才足以保证少数民族的权利,建立民族的平等,消灭民族的压迫。

我们既推翻帝国主义,使殖民地或半殖民地变为真正的独立民族,建设苏维埃共和国,同时又必须推倒资产阶级,巩固无产阶级独裁制。——这是我们捶碎资本主义帝国主义的铁椎。资本主义的国家因此极全力以封锁苏维埃共和国。我们的奋斗,因此不得不更进一步,各国苏维埃共和国决不能单独分立,不相联络。大家应当认明共同的利益,(一)共同恢复战后残废的生产力,(二)食粮原料之互助,(三)组织一苏维埃共和国之大同盟。——以此对抗帝国主义的侵略,及民族的压迫。各弱小民族脱离各国国内的资产阶级的压迫之后,唯有联合而成一国家形式的同盟,才可以得最后的胜利。

所以苏维埃共和国的联邦一定根据下列三个原则而组织:(A)保证各共和国及联邦总体经济上的完全发展;(B)基于各种民族不同的文化状况,经济发达的程度而保证他各国的发展;(C)各民族共同经营和平的事业,亲密的协作,各联邦的福利即全体的福利。唯有军事上,又经济计划上取统一的办法。俄罗斯苏维埃联邦共和国就是这种原则的试验。联邦的形式,有"苏维埃自治体",自此渐进于"独立的苏维埃共和国",中间暂立一"过渡制的联邦",后两种是以条约的形式结合的。

吉尔及兹亚 Kirgiz ┐
布史利亚 Bachekir │ 自治体的联邦
鞑靼 Tatar │
哥尔奏民族 Gortzy ┘

达亥斯坦民族 Dagestan ┐
乌克拉 Ukraina │ 订约国的联邦
亚裁白裳 Ajerbidgesn ┘

土耳其斯坦 Turkestan ┐ 过渡制的联邦
白俄罗斯 Belorussia ┘

俄罗斯社会主义联邦苏维埃共和国之中,无所谓统治的民族与受治的民族,所以是世界上唯一的各种民族集合而营共同生活,协作劳动,最亲睦最和平的地方。这是对于国内的。

既已说明苏维埃政府及共产党对于民族问题政策之根本两项原则。——国外政策乃外交上,及共产党国际会宣传上的事情,现在暂且不表。——当进层讨论国内政策实际施行上的方法。第十次大会上史达林提议就注重这一点。原来俄皇时代压迫弱小民族非常厉害,昂格斯所谓"俄帝国之历史,一部惨不忍睹之掠夺史也"。所以大俄罗斯人和其他民族,彼此积怨甚深。[例如土耳其斯坦,一九一七年十一月二日各民族独立建设国家的命令公布之后，一方面土耳其斯坦中分出郭空共和国（Cocand）——此所谓土裁摩民族（Tuzems 中央亚细亚的民族）的自决；一方面土耳其斯坦地方，城乡之间常有冲突，因为都市都是大俄罗斯人的殖民地，以前是俄警官驻扎的地方，有一句俗话可以证明："你有俄罗斯父亲，打死了他，拿他的钱。"] 共产党既要本民族平等的原则，并想提携弱小民族和他们协力同心与帝国主义奋斗，那么这种相互间不良的关系，不得不想法改正。然而事实上因历史的遗传，俄罗斯人的共产党在边境常有不肯帮助弱小民族的意思。在他一方面，又有所谓"土裁摩民族主义"、"大都尔克主义"（Tiurkt 北欧半开化民族之总名）。这种狭义的民族主义非设法打破不可。这是共产党于实施他们的民族政策时所最注意的。加之，这些弱小民族，文化非常之低，工业发达程度，几等于零，于实行共产主义的步骤上，尤其不可不有一种迂回曲折的过渡办法。

如今且看史达林提案中对于各种民族情形的说明，及对付的办法：

俄罗斯社会主义苏维埃联邦共和国国民总数约万四千万人。其中倒有六千五百万"非大俄罗斯民族"：

乌克拉民族……………Ukrainians
白俄罗斯民族…………Belorussians（White Russia）
吉尔及兹民族…………Kirghiz
乌兹白克民族…………Usbeks
土尔克孟民族…………Tussos
塔齐克民族……………Tadjiks
亚裁白裳民族…………Azeerbaidjanis
伯沃慈鞑靼民族………Tatars on Volga
克莱摩鞑靼民族………Tatars of Crimean
蒲哈尔民族……………Buchars
黑汶民族………………Chivins
布史吉利民族…………Bashkirs
亚美尼亚民族…………Ameniars
采臻民族………………Chehens
嘉布尔亭民族…………Kabardins
沃新德民族……………Ocetnis ⎫
采尔凯史民族…………Chekes ⎬ 哥尔奏民族（Gorzy）
印古斯民族……………Inyushi
嘉腊察民族……………Karachaens
布耳嘉尔民族…………Balkans
嘉耳美克民族…………Kalmiks ⎭
嘉莱尔民族……………Karells

亚瓦尔民族	Avarinas
达尔肯民族	Daryijaians
嘉裁苦摩民族	Kazikvmuchzian
口陵民族	Kiurinz
苦美民族	Kumikians
马丽民族	Marians

} 达亥斯坦民族（Dagstane）

处瓦斯民族	Chuvash
沃恰克民族	Uotiskian
伯沃慈德意志民族	Germans on Uolga
蒲略德民族	Buliaty
雅共德民族	Takuts

以及其他。

前俄帝国对这些民族的政策，无非使他们丧失独立的国民性，斲灭他们的文化，禁绝他们的语言文字，而渐渐地使他们俄罗斯化，——其结果这些民族在政治上竟成落后的民族。现在苏维埃当局民族政策的方针约有三点，（A）于各民族，——用适合于其国民性的形式，建设并发展他们自己的"苏维埃国家"；（B）设立各种政治经济机关，都用他本地的语言文字，使本地熟悉地方情形及那地方上人的心理的人管理事务，行使政权；（C）以他本地的语言文字发展文化上的事业，报纸、学校、剧院等类。

这六千五百万人之中，除乌克拉，白俄罗斯及亚裁白裳、亚美尼亚之一小部分，已经在工业的资本主义上多少有些发展之外，其余三千万人，因他们都尔克民族（Tuirks 北欧各小民族之总称）的特性，还简直没有经过资本主义的过程，亦无所工业无产阶级。

都尔克民族包含土耳其斯坦、亚裁白裳之一大部分，达兹斯坦、哥尔奏、鞑靼、布史吉利、吉尔及兹等。其中大半如吉尔及兹、友史吉利、北高加索等民族还在游牧时代及宗族社会时代，或者如亚裁白裳、克莱姆等民族，还在半宗族半封建时代的原始状态之中。共产党对于上述这些民族的职务，应当帮助他们扫清宗族制封建制的遗迹，根据"劳动苏维埃"制度，在他们之中设立强有力的共产党组织，利用俄罗斯农民工人在农业上的经验，另图新建设，将他们自己事业中之具体的经济建设计划，阶级间的结构，文化及政治状况中之特点都调查出来，以便按步就班帮助他们的发展。

在这三千万人之中，除去亚裁白裳民族、土耳其斯坦之大部分，鞑靼、蒲哈尔、达亥斯坦、哥尔奏中之一部分（嘉友尔亭、采尔凯史、布尔嘉尔），黑汶等民族，已有固定的疆土之外，其余还大约有一千万人，吉尔及兹、布史吉利、采臻、沃新德、印古斯，他们的土地都被俄罗斯人占据，当作殖民地，而他们自己反避到贫瘠的沙漠地上去了。共产党对于上述这些民族的职务：应当使他们自己联合起来，并连络当地的俄罗斯劳动人民，和当地般小地主奋斗，而对于奸诈的"大俄罗斯"的小地主，尤其要着力排斥，以求解放，帮助他们取得必需的土地以便耕种；其余职务和上两节所述同。

除上面所已指名说出的各民族以外，还有散居于俄罗斯社会主义联邦苏维埃共和国疆域以内零星的小民族团体，（如列笃民族Lettviun、埃史笃民族Estonia、波兰民族、犹太民族等）。他们没有一定的疆土，一定的阶级组织。共产党对于他们，依苏维埃组织的原理，凡这些民族中的劳动群众，都与以平等的权利，保证他们的自由发展。

苏维埃共和国边境上各共产党组织，当负特别的责任。现在事实上很有一种危险的现象，各边境共产党的运动，一方面"大俄罗斯"人有一种"大俄罗斯化"、"殖民地政策化"、"大俄罗斯狭义的民族主义"之倾向；一方面小民族有一种"资产阶级民主主义的民族主义"之倾向。这是与共产主义原理大相违背的。还有一层，蓝格尔田初败的时候，共产党刚到蓝氏占据的地方开始运动，一时急于扩充该地的党员人数，入党的分子未免不纯正，很有许多资产阶级知识阶级，因要假借党中的势力而入党的。——其地本没有工业的无产阶级。——这种人当然不能了解共产主义，未免有许多流弊。所以第十次大会应当决议，一面督促各共产党员尽上述的责任，一面洗濯民族主义的污点，扫除共产党中不良的分子，在边境的党员务必招收真正的贫民、农人、无产阶级。

这一提案已在共产党大会中通过。

从共产党民族政策上看来，确为世界历史上开一新纪元，理想的实现，本必须经几度的人间化。实施这种政策，各方面应付不同，固然是自然的趋势。然即此看来，可见不但俄罗斯民族中工业无产阶级本来很少，竟还有差不多二分之一的异族，其中半开化民族占全数四分之一有余。共产主义，大企业制度的计划，其实现的困难也可想而知。这个很长的过渡时代，真是不能见他的端末。现在他们刚刚着手，详细的办法，还不能知道。加以共产党现在已非在野不得势的政党，已经处执政者的地位，党员的是否确信并了解共产主义，有决心有觉悟，然后加入的，那就非一言所能尽了。共产主义是"理想"，实行共产主义的是"人"是"人间的"。他们所以不免有流弊，也是自然不可免的现象如单就"提携小民族，使越过资本主义的过程而并达于共产主义"的大政方针，及他们首领的深自警惕，抱定宗旨，不折不挠的去实行，这种态度看起来，虽不能断定他们最后的成功，然而必是见他们实行自己的理想而并且能深切研究实际生活中之状况及对付他们的相当办法。——这是中国人所应当注意的。

一九二一年三月三十一日 莫斯科

外交问题

俄国实行社会主义之后，世界各国都当他一个怪物，他的国际关系非常之奇特、复杂而且困难。各国资本家都害怕，想着种种方法，行经济的封锁绝他的粮，施政治的阴谋，暗助旧党。

最初在泊邻赤夫岛协约国召集俄各党代表开会议，要调和他们，全组织混合内阁与资本主义国妥协。其时离俄十月革命不远，共产党立脚地还没稳固，然而决不能妥协，这件事就没有结果。至后来，协约代表蒲利德氏（Bullit）来到俄国提议，俄国如其能承认哥察克及台尼金政府,英美就可以和俄国订约。这事虽没下文,而因此外交关系一变。自此以前,俄国与协约各国,差不多完全处于战争状态之中,后来单独和英国商订条约,派代表去,虽有许多周折,然而渐渐地也有些进步。波兰战争开始,又把这种希望完全打破。第二次代表到英国不久,蓝格尔的内乱又起,法国承认他,因此这种外交关系,又复断绝。现在波兰战争既完,蓝格尔早已败亡。最近波兰和约已在黎嘉客字(三月十六日)。英俄通商协约亦已订成(三月十六日)。美新总统哈丁就任后有允俄派代表赴美的消息,于是外交关系局面大变。封锁似乎快可以停了。资本主义与社会主义的不相容是俄国外交关系困难的唯一原因。现在何以忽然资本主义国家肯和俄国结新关系,而不怕共产主义的危险呢？何以俄国亦愿意和资本主义结合,并议决要采取租借地办法,不怕资本主义的危险呢？第十次大会讨论这问题时,对于这个疑问很有许多说明。

嘉美纳夫(Kameneff),全俄中央执行委员会总务处职员,曾任赴英代表之职,在第十次大会上报告外交问题并有所提议。据他的观察,以为现在的世界大势,大有利于俄国。他说：此次欧洲大战,马克思主义者早已预测,而且断定他要牵动全世界,现在虽则形式上已订和约,而实际上,这次大战并没有完,凡尔塞条约签字之后,差不多已经两年,而这两年之中兵连祸结,这能叫作和平么？我们就世界经济现状上看来,可以断定战争必定要重现,而且比前一次还要可怕,还要厉害。

欧战之后,世界的大势：(一)战胜国英、美、法、日,分割地球,(二)殖民地及半殖民地(战后形式上独立的),仍受压迫,(三)战败国德奥,亦不能算独立,经济上受协约的剥削,外交上简直不能自由。最近(三月十七日柏林电到莫斯科)听说西欧工业最发达的区域"上西利西亚"(Verchn silesia)又被法比联军占据(这次伦敦会议的好结果!),德国是否能极力保存这个大煤产区,那就很难说了。(记者按：西利西亚是波些和普鲁士省交界地方,煤产极富。)德国难道不能困兽犹斗么？现在英国兵强,美国钱多—法国受战争的困苦太甚,一时振作不起—就是他们俩支配全世界。美国新近军舰泊近日本海岸,太平洋是日美所必争的。第二次大战的预兆,随处可以看见。我们希望世界劳动者起而救此危机。

俄国当初若不加入战争,或者和协约国同败,现在早已变成某国的殖民地了。就说战胜也是难免的—这是所谓"帝国主义的战争"之性质使然。他们本来是因争市场而战,这亦是世界经济的现象,然而现在俄国方面不参与他们的分赃,一方面经三年的奋斗,独立于经济倾轧范围之外。保全自己的独立性,虽实行利用外资,而终不至于作人家的殖民地,这是苏维埃政府的功绩。世界大势既然如此,苏维埃政府应当趁时机,作一番预备,对外现在已经可以维新的关系,我们现时的外交形势,又是一个新时代来了。

我们现在已经和各国开始订条约,我们要达到我们最后的目的,好好的作一番预备工夫,努力奋斗。我们本来的志愿,是想得西欧劳动者的帮助,然而不能立刻实现。假使西欧有一两国的劳动者亦能崛起推翻资本家,那么现在的订约,利用外资,租借地等问题可以不用讨论了。可惜我们现在处于资本主义的范围之中,我们要实行共产主义，实行共产主义是我们的最后目的，而我们不能独行共产主义；在这种隔离的状态之中，以前我们和协约国是在战争状态之中，现在既因世界经济的恐慌于我们外交上得一个极好的机会，我们如何能不利用他，我们和协约国订通商条约，并不是妥协，而是"新式的奋斗"。固然，这一问题，真象一个"经院哲学的问题"（Seclatie-Guevrion）。在现状之下，如何才能维持苏维埃政府，如何才能维持他到别国无产阶级起来帮助我们的时候呢？我们必得自己发展实业，做共产主义建设的预备工夫。我们的政策于外交上却也必须在这期间有一个相当办法，我们愿意订通商条约，协约国却也愿意承受，我们难道不知道协约的通商政策，亦是想推翻劳农政治的一种新方法，他们苟能不用和平方法，他们立刻就想和我们交战呢，哥萨克、台尼金、谢美诺夫、蓝格尔都是好例，都是协约国用的鹰犬，可惜都不中用。最近克拉沁在伦敦要签约时，"巴黎的"俄国社会革命党忽然出头反对，克龙史泰乱事又起，此中大有黑幕。协约是想借此再迫进一步，他们实在是不肯一刻放松的。何以又愿意订约呢？其中原因约有两方面，一方面他们用军事政策既不能战胜苏维埃政府，就本想换一种经济上的政策，一方面世界经济恐慌，协约各国都想得俄国的原料，去救他们的失业恐慌，得俄国的市场去救生产过剩恐慌，……所谓第二次大战争的危机，根本原因，就只是这一个现时经济现象而已。所以俄国居然有人来要求通商，这并不是他们对俄国表好感，亦不是单想以经济政策推翻劳农政府，却还有第个原因，世界经济恐慌，——分赃，而赃不够，因此想到俄国来插一只脚，或者就是经济的侵略，——其实是不得不求救于俄国。

世界现时的经济恐慌，原因固然在于大战的破坏，而还有一个潜伏的原因。战前的世界经济之中，俄国亦是很重要的分子。俄国人口约一万四千万，物产丰富，销路又广，绝好的市场。——又是生产者，又是消费者。世界工力的分配，在历史上俄国向占重要位置。向来供给英德以很多的农产品原料。总之，战前俄国既能供给原料，又能供给工作力，而且能消纳人口的工业品。在世界经济上占何等重要的位置！战后七年，一直没有正式的商业关系。革命后的最近三年，协约还拼命想挤倒劳农政府，一面利用军事行动，一面封锁，他们想除出俄国，而经营世界经济生活呢。谁知道事实上究竟办不到呵。况且资本家贪利、鲁意乔治及哈就在赌个胜负：谁先得俄国的原料？法前总统班嘉侯（Poincare）在法国《晨报》（Lernatir）上发表一篇文章说："战胜国得着了什么呢？……战败国怎能不赔偿我们？"不但这般民主派想俄国救他们的危机，"我（班氏自言）在英国的时候，遇英工会 Boacle Vation 之非革命派昂德林及托马史（Anberson D'thomos）向我说，'你不必献出你许多全权代表的字据，你只要拿张图表出来，上面注明'俄国能供给英国的是什么……多少……多少……'。"总之，战后俄国退出世界经济范围，而各国失业恐慌，生产过剩恐慌，凡资本家、小资产阶级、机会主义的社会党没有不想俄国出来救济的。所以在资本主义国家一方面，是其势不得不和俄国订和约通商的了。

而在俄国一方面说来，现在要实行共产主义，必须发展大企业的农工业，此非利用外资不可。国内目前非常缺乏，农民不得工业品，也不愿意以食粮白给政府，此非通商暂仰外面供给不可。前三年是军事时代——以军事维持政权；——此后是经济时代——以政权发展生产力。已到了经济的奋斗时代了。社会革命党说我们和资本家妥协，供给他做市场及生产地，"这不是救济资本家的危机么"？诚然不错，我们救济世界战争的危机，而并不是救济资本家的危机。资本主义已经破产。除非有几国能以俄国为殖民地，压倒劳农政府。——才能巩固资本主义。然以各国的内情看来，没有一个能做得到的。现在时代生产力的增长，和资本主义的发达相矛盾了。我们既有共产主义的国家，生产力增长，就是共产主义国家的福利，而于资本家不利。何以呢？例如意大利没有煤，非靠英国不成，假使俄国工业发达，可以代替英国供给他，而经营他国内的革命。我们要极力发展工业，其目的原在于实行大企业的共产制。要实行振兴工业，照俄国现在情形说来，不借外资来发展，始终太慢。大企业的工业制度早行一日，共产主义早实现一日。俄国农民工人以自己的力量办理，未始做不到。然而我们的大政方针，是在于增加工业发达的速度。何况新发明，新技术，械器，材料都要希望外国供给。所以俄国一方面，亦是不得不暂和资本主义国家订条约通商。

或者有人说，"把自己资本家赶走，却请人家的资本家来。"这句话错了，我们如宽容俄国的资本家，须得让给他政权，现在请别人家的资本家，是借他维持政权。俄国现在半面是资本主义国家，半面是东方革命的民族。英国最怕我们在东方印度、埃及、土耳其宣传，就是这个原因。所以我们认定在这时期，"资本主义国家因世界经济的恐慌不得不亦利用我们的原料"。我们做一番好好的预备，一方面和资本主义国家订通商期约(最注重租借地)利用外资外力以发达目的工业，增加生产力，以待别国无产阶级的帮助，一方面可以得到外国的工业品，拿来和农民交换农产品，就是维持无产阶级的政权，这是一种新式的奋斗。

嘉美纳夫的提议在第十次大会的结果如下："(一)第十次大会赞成政府和各国正式订约通商。(二)承认租借地办法。——租借地，凡俄国自力所不能经营的，如林业、矿业、石油业、电气化、亚栽白裳的航业等，都可以利用外资来办，租借者得受该租借地收获中几分之几的报酬。(三)政府当注意于所订条约中之关于经济独立及保护劳动权者。"至于他们对付所道料之"第二次帝国主义战争"，还有诺琴氏的提议，发一宣言通告令世界劳动者防止战争，不可再蹈第一次战争时覆辙。他的提议就是说真正的社会党(共产党)在各国内不应当赞成爱国主义而参预帝国主义的战争。

总之俄共产党的对外政策，以前对英、法、美、意等强大的资本主义的国家是不肯妥协的，现在方法稍变，其中原因，虽嘉美纳夫如此说，而事实上是因为双方力尽，不得不走这条路罢了。俄国一方面虽知协约国借通商而施行其经济上的克服劳农政府之政策，然而仗着各该国无产阶级革命的希望，还要救济目前的缺乏并实行他们借外资以发达工业的大计划，所以决计放下了军事的奋斗，而从事于经济的奋斗。现在美国房德列浦的租借地已经订成了，英国通商条约也签字了。如果能照他计划做得去，他们本预备十年之中以一千七百万万金卢布，巨额创办全国电气化事业，这一千七百万万卢布，就想借国外资本家的力量，租借地等类的方法发展工业弄出来。他们以为若是十年之中电气化事业成功，全俄有一统一的大规模的经济组织。农工业上的工作者，都成真正的无产阶级，全国而有一统一的组织无产阶级独裁制的基础巩固，精神上物质上的能力都已十分充足，资本家的经济侵略政策又何足怕呢。

别一方面另有方法极力宣传共产主义于德、法、英无产阶级之中促起他们的革命，以百数十年之中总可以有一一国见效。一旦别国无产阶级革命，所订租借地或租借地上的建设还不是自己的么。资本主义国家亦知道共产党的意思，究竟他们抱着什么政策来和俄国订约通商，记者在各地无从得知。然而凡共产党所逆料的"世界革命"，及"农工业大制度的组织"之实行，协约国的资本家是不信的，双方都怀鬼胎，在此地决个胜负，我们且等着看罢，这是由俄国一方面而论。

若由协约国一方面而论，失业恐慌，生产过剩恐慌，诚然是有的。今后的协约国对俄政策也是不得不变的一个时期。然而英国外交家向来狡猾，我们且看这次英俄条约（全文中国当已译出）是很空泛的。美国新近致电俄政府，说俄国现在已有经济上的信用，俄美通商问题很难着手——这一打击俄国亦很受影响，所以这一次俄国的新外交政策"租借地政策"是否能得胜利是很难谈的。世界经济现象，固然足以凭借而定外交方针，而世界的政治现象是变化无穷的，美国总统宣言要和俄国通商也许是一种政治作用罢了。美国的眼光，现在完全注于远东，除俄国以外，能救世界经济的还有中国呢。总而言之，俄国外交的困难根本原因在于社会主义和资本主义的不相容。以后的变化如何，很难说定呵。

俄国对于东方弱国的外交政策，记者上次上[在]三节民族问题中已经明明提及，关于对近东的外交政策。记者现在只要据最近俄国和各国互派代表的调查，记在下面就可以知道一个大概了。最重要的是土耳其，现在有大使驻在莫斯科，并有代表团，是专为土俄会议而来的。波斯、阿富汗亦有大使在此。有外交代表在莫斯科的，亚美尼亚、蒲哈尔、乔治亚、拉德维、利德维、芬兰、乌克拉、贺兰美（Horegmia）、埃史笃尼亚、捷克斯拉夫，此外德奥亦有军事房俘事务委员会在莫斯科。俄国方面派出去的，有瑞典、瑞士、捷克、拉德维、利德维、埃史笃尼亚、亚美尼亚、乔治亚、芬兰、土耳其、阿富汗，并另设一专使，管中亚东方外交。他们对于近东远东弱小民族或国家都是很联络的—即使是东方的小民族中的爱国运动，资产阶级民主主义的运动，他们也肯帮助的。只在于减杀那些帝国主义的国家的势力。

至于俄国政府和党人对于中国的政策，颂华君先已有一篇通信专论，此地可以不必多赘。

一九二一年四月四日　莫斯科

共产党组织问题

俄罗斯现在实行无产阶级独裁制，是共产党的宗旨。所谓无产阶级者——工人，他们本身无知识无觉悟的居大多数，于施行独裁的最初期，不得不由主张这独裁制的共产党负指导的责任。所以实际上最初施行独裁制的，不但不是无产阶级全体，而且亦不是"已有组织的无产阶级"——职工联合会，乃是共产党，所谓"有觉悟有知识的无产阶级"。况且共产党的党纲，本有指导苏维埃机关（干预国务）的规定，而且说："共产党遇必要时不能勉强服从苏维埃"。因此共产党实为现俄罗斯苏维埃共和国政治上的主干。共产党本身组织问题，其重要不下于苏维埃机关的组织问题。以上几节对于共产党处置内政外交的最近办法已经略叙，现在应当叙一叙共产党本身组织最近的变更。

第十次大会所讨论职工联合会职务的实行，废食粮均配法而代以物产课税法，民族问题的新审议，外交方针的更改等等，他们变更的总原因，是"已由军事时代转移而至于和平时代"，以前军事状态之下的办法当然应当改变，共产党组织的应当改变，其理由亦是一样的，如今且看他们的议决案。议决案的大意如下：

以前从革命之后，共产党既握政权，接着就是内乱战争，完全处于军事状态之下，于是共产党自身的组织法，也取绝对的中央集权制。这是所谓"共产党的武装"。现在时势已非，办法非改不可。在军事状态之下不得已而取中央集权主义，在当时是很合宜而且是必要的。现在既已有和平的机会，却要赶紧取消这种临时办法，使党务趋入正轨。况且在军事时代又不得不发生许多弊病，这是自然的现象，并非办法的不要当，不过现在既要取正轨的办法，就同时可以改正这些弊病。例如军事时代急于扩充党员的人数，于是人数骤然增加，其中有许多知识阶级、孟塞维克，因慕势利，或惧失信用而挽入党中，对于共产主义完全不了解。再则呢，中央集权之下，群众与高级人员不容易接近。照共产主义的宗旨本要接近真正的无产阶级，贫困的农民。应当使党员人人都参与党务，应当使党内的高级人员与下级人员，新党员与旧党员，军事职员和民事职员，年老的党员和年少的党员，互相接近。再进步应当使党员接近无党农民及工人。而现在的旧组织—集权制组织，不足以实行这些原则，而且反有抵触的地方，"共产党与人民不十分融洽"，所以非改组不可。

现在改组的标准就是要实行"工人的组织民主主义"，党中的职员自下至上都用选举法选任，一切问题都公开的演说讨论，全体投票公决；党员人数求其增加，而只求其资格知识的提高，励行共产主义的教育，养成积极的自动的党员，发展各个人的本能，而且增进党员的团结力。

着手办法，已经议决：（一）稽查党员，暂时再延长农民工人入党的时期一年。——并且认现在共产党中央委员会所用职员，人才和职务的不相称，党员的不纯正都是执政党所不能不谨慎的。（二）严戒党员利用自己的地位作威作福，物质上的享用当加限制。——无党人民常常说共产党享特权，这是党员和人民不相融洽的大原因，不得不避嫌疑。（三）凡党员的物质供给一律平等。——下级党员减少参与党务的兴味也是因此而起的。（四）高级党员都应当营无产阶级式的生活，与群众接近。——必须时常到下级党员及无党贫民中间访问，做种种组织及宣传的运动。所以议决案公布之后，就要从速派定有相当才能的职员到下级党员中去宣传，久在高级党务机关或国务机关中办事的人员派到乡村镇市的小机关去办事；并令各项职务的人员互调，以防止专职而发生的种种弊病。

实行"工人的民主主义"的方法当慎重。第一，党务报告，政务报告，应当及于全党，或者专设一委员会审议报告；第二，凡公共会议，都应当早日宣布议事日程；第三，凡一重要问题的议决，共产党省委员会、县委员会、州委员会、乡委员会，都要普及。下级人员对于党中办事方法不满意的，可以提出讨论，而在未解决之前，仍旧应当服从高级机关的命令。再则呢，必须增多共产党的机关，而同时亦必须使共产党的事业充分的社会化。工厂中工人党员可以就他们的职业做宣传运动。组织上的官吏则议决如下：（一）现在中央委员会里的乡村部取消，只要职员之中应有详悉乡村情形的人就够了，因为委员会组织既已完备，多此一部反使管理上不能十分统一。（二）少数民族部。改做宣传部。——宣传的时候，应当格外谨慎。（三）"赤色的星期六"——执行生产事业，运输食粮，改良交通，增进文化等计划。——每一月至少必须实行一次，这是共产主义的劳动学校。党员都应当参预。

（记者案）"赤色的星期六"乃是一种加工的制度。共产党的工人愿意无报酬在星期六做半天或几小时的工作。抛弃应有的休息时间，替劳农国家增加生产力。最初发起的是莫斯科铁路工人，在一九一九年八月间。后来应用在各项事业上去。

议决案最后一节委托中央委员会另订详细章程规定共产党和职工联合会的关系。这一层是很明了的，就是说"我们共产党应当怎样才能尽指导无产阶级的责任而运用政权"。

共产党的运用政权，全仗着党内组织的精密，办事的敏捷。以前在军事时代，不但不惜推倒所谓"全体人民之自由，全体人民之权利"的偶像，并且亦并不盲目的标榜"无产阶级全体的权利"，更进一层，并暂且不顾"党内的平等权利"，而竟行绝对的中央集权制。于此可见共产党之精神是在于使最有觉悟最有知识最有才能的人运用政权，指导群众。所以在军事状态之下紧急的时候不妨用集权制，以全力注于军事，军事教育，军需，军械军装等都是最紧急的急务，非如此以精神上学术上物质上经济上的能力全用在此不可。——在理论方面既不迷信"全体平等"，在事实方面亦是势所必至。然而军事状态既解除之后，事势又不同了。在理论方面，——上述三层："全体人民之权利"，"无产阶级全体之权利"，"共产党员全体之权利"，第一层是马克思主义所不承认的；至于第二第三层是应当普及的，虽事实上不能使他们立刻享着真正的平等权利，而是应当提携他们，辅助他们，使他们自己有能力取得平等的权利。在事实方面，既到和平时代，那军事时代所发生流弊，愈觉显著，所谓"共产党的特权"，"共产党的盲从"，"下级人员的不热心"，都是不好的现象。加以军事时代所有才力的人，都到军队里去，而其余各机关，未免人才缺乏，因而间接发生的流弊不少。所以军事状态既解除，党务上的集权制，非改变不可，取消临时办法而易以正轨的组织法，——所谓"工人的民主主义"，既谓之民主主义，那么，所谓"最有觉悟有运用政权"的原则，难道就此废除了么？我们看一看他们的议决案就知道不然了。高级人员应当接近下级人员，无党农民工人应当受感化等等，仍旧是说明"在上本有觉悟者向下去接近在下者、未觉悟者"。而且使党员人人有选举权被选举权，并不是因为"权利应当平等"，而是因为提起下级人员参与党务的兴味。——照议决案原文说，"要使党员中没有一个不是积极的自动的党员"。所以实行民主主义乃是一种增进党员知识觉悟程度的方法。民主主义的意义，在此地竟当做一种政策的名词用，而不是一种政治的制度。所以他们的原则并没有变更。

共产党组织问题已经叙完，还有几个零碎问题，现在再略叙一叙。

一，宣传问题。共产党最大的职务，成绩最好的工作，就是宣传。以前党中的宣传却不十分统一，随便军士水手退伍回籍的就行宣传，又有一面是宣传者，一面是国家某机关的人。各人民委员会，军事机关各有自己设的宣传机关。现在要算政治教育委员会为最出力亦最得力。然而这一机关的职权一直没有规定，究竟是国务机关还是党务机关呢？究竟能否统一全国宣传机关呢？第十次大会稍有讨论就议决一个办法，政治教育委员会是党务里的独立机关，应当和职工联合会的宣传文化部相联络。全俄职工联合会中央委员会及各省宣传部和政治教育委员会联络，利用他的材料，采取他的意见。少年共产党独立宣传，政治教育委员会亦当和他联络，不过未入党未入职工联合会的少年由职工联合会担任。政治教育委员会当与教育人民委员会（国务部之一）有相当之关系，使渐从党务机关变成国务机关。政治教育委员会的职务不在于多于党员，亦不在于代表国家的某一机关说话，而只在根据科学的共产主义，剀切解明宣传。这是他们宣传的新方针。

（记者案）所谓政治教育，乃是说教育的含有政治作用的。教育人民委员会（即教育部）本亦有政治教育一司，掌成人的教育。

二，第十次大会议决设一监察委员会，受理党员及非党员的申诉，可以指斥中央委员会的错误以此防止党务里的官僚主义。

三，第十次大会郑重宣告"共产党的统一"，以前所分各派，列宁派、生产的民主主义派、劳工对抗派等等，一概正式宣告消灭。

四，第十次大会宣告改正共产党之无政府主义工团主义的倾向。这最后两个问题都是因职工联合会问题而起的，列宁对于这第四问题的提案中，有段驳劳工对抗派（列宁所谓有工团主义倾向一派）的话很有趣味。现在把他引在下面，作为附录，亦可以见他们对马克思学说的解释：

史略浦尼夸夫（劳工对抗派）引昂格思的话，说，"生产者"，他竟不知道，这是说将来共产主义完全实现的社会里，所有的人都是"生产者"，——现在并谈不到，一马克思及昂格思本是极不赞成人家忘掉现时社会里阶级的分别，而笼统的说"生产者"，"国民"，或"劳动者"的。没有所谓笼统的"劳动者"，或"工作者"，而现社会里，却有（一）"小经济单位的主人"（小商、小农、小工），他们自己有生产工具，他们的心理习惯完全"资本主义的"——他们自然是如此，经济生活不变，心理是不会变的。——（二）雇佣的工人。……现社会的所谓劳动者有这两种人。……我们应当认定那一种是真正的无产阶级……（史略浦尼夸夫的话见本篇第二节）

现在固然形式上宣告统一，而这些争论也已经完结了。然而虽说是"取消"、"消灭"各支派，而事实上是列宁派完全战胜，一我们只看职工联合会问题的结果，共产党组织问题的议决案都是标榜"由上而下"，"向下"的倾向，就可以明白了。（原来列宁派主张上级人员当向下，杜洛斯基、史略浦尼夸夫主张下级人员"向上"去参预事务。）所以实际上究竟能否大家毫无芥蒂，那就不得而知。现在经大多数议决的改组问题案，始终是实行的，记者且拭目以观后效，或是他们到底能和衷共济罢。

一九二一年四月七日 莫斯科

第三国际会

俄罗斯是社会主义的国家,而在资本主义的围困之中,既因本国工业发达程度的浅,又受各资本主义国家的封锁,窘急的状况已到极点,实行社会主义(共产主义)的障碍,非常之多,所以唯一的"出路"只有世界革命,——何况俄罗斯十月革命本含有世界的国际之性质呢?因此在俄苏维埃共和国之内有政府的外交及共产党的外交之分别。共产党的外交机关就是第三国际会,——以联络各国左派的社会党运动、全世界的社会革命为职志。

所谓"国际会"(International)本是全世界各国社会党的统一的组织。第二国际会于一九一四年欧战起后,已处于破产状态之中。俄革命起后共产党执政,即着手联络各国社会党以达世界革命的目的,而同时排斥各国机会主义的社会党(第二国际会),要绍续马克思手创的第一国际会的急激的彻底的政策—世界革命。以此自别于温和的妥协的第二国际会,所以自称曰"第三国际会"(Third International),或名"共产党国际会"(Communistic Intemational),表明纯粹的马克思共产主义。第三国际会本要建立成一全世界统一的政党,发踪指使支配全世界,——一方面和第二国际会竞立,一方面和国际联盟对抗,并非专属于俄国共产党。然俄革命后各国及俄国右派社会党不但不援助而且反对,俄共产党要取得国际之地位,起而组织第三国际会,不得不以自身为中心,所以实际上国际会中委执行委员会的实权在俄共产党手里,因此记者因称呼便利起见,暂时名之为俄共产党的外交机关,以便和苏维埃政府之外交政策对比定论。

第三国际会于一九一九年三月第一次大会正式成立,其时各国代表还只能代表小小的共产主义团体而非正式的政党。经一年的宣传,到第二次第三国际大会,组织已大致完备。他的详细历史及宗旨,组织方法等等,记者当另撰一专篇记载。此地因上节既述俄共产党内部的组织及政策,(在第十次大会上所表决的)之后,应当再略叙一叙第十次大会所决议"共产党的对外政策",——即俄共产党代表此后在国际会议席上所当取的态度。

第三国际会会长就是俄代表只诺维叶夫(Zinovieff),在第十次全俄共产党大会报告并提议以后的政策。我们当先叙一叙第三国际会第二次大会(一九二〇年七月)以后各国社会党的情形,再述只诺维叶夫的意见。

一,德意志 第二次共产党国际会大会时,正是俄国进攻波兰的时候,各国代表天天在会议席上看着赤军进行的地图,以为全世界革命将因此而增加其速度。后来赤军退后,要求提议媾和,世界革命的速度不免锐减,然而第二次大会之后世界大势大有变动,而尤其受影响的就是德共产党,第二次共产党国际会大会之后,就有高禄(Gaulloia)会议。高禄会议时,德共产党已经因受国际会的影响,骤然增加四十五万人,几夺德独立党右翼的一大半,高禄会议之前德共产党只有五万人。德独立党右翼并非狭义的少数主义,而且从此以后更加扫清机会主义学理上的根据——这固然是俄共产党的大胜利。然当俄共产党"共产党国际会的代表"参与高禄会议之后,德共产党人数增多,而几个重要人物,如克拉斯女士(Keara)、留维(Lewg)等五人退出共产党。克拉斯女士本是很热心于共产主义运动的，曾受共产党国际会委派到法国都尔（Twre）会议列席，这次退出共产党很有影响。至于留维本来是倾向于右党的，当在第二次大会上和俄国代表就有争执。德共产党里这种变化，很有危险，——然而据只诺维叶夫的意见，以为不过是党中高级人员的动摇，很容易校正的，在第三次共产党国际大会（已定今年七月一日召集）上，俄共产党代表应提出一详细办法。

二，法兰西　法国共产党本有十六万党员，然而其中中央派及机会主义派不少。自从都尔会议之后，逐出四万人，现在法国共产党的色彩已经很鲜明了。

三，意大利　意国共产党的情形最复杂。在形式上，共产党运动在意是失利的。意社会党首领最著名的是塞腊蒂（Serrati）及都腊蒂（Turatti）。都腊蒂是一个很明了的改良主义者，表同情于马尔托夫（Martoff，俄少数党首领）。塞腊蒂最初亦属少数派赞成马尔托夫，欧战后态度一变，他的机关报《前进》（Avauti）是欧洲数一数二的社会主义报，然而西欧各社会党，大半都像俄国少数党的左派，始终带些机会主义的色彩。意大利社会革命的机会——据俄共产党的推测——已经成熟了，塞腊蒂亦有这个预备，然而他都以为革命之后，须组织更大的经济制度，那时所有现在各党的首领都是有用的人才。因此他主张留机会主义派在党内，不然呢，恐怕人数太少了。而且意大利情势还和德国有关系。据意社会党员李复诺（Livorno）大会统计，塞腊蒂的统一党党员九万七千，亦称共产党都腊蒂的机会主义派党员一万一千人，纯粹共产党六万人。现时德国社会党留维联络塞腊蒂，塞腊蒂联络都腊蒂，都腊蒂联络资产阶级。这是很明了的向右的倾向。而且第二次共产党国际会大会时意代表团对各问题都不能全体署名，意见非常不一致，然而据只诺维叶夫的意见，以为意劳动界很表同情于共产主义，可以取得最后的胜利，不过不能不严紧些第三国际会的门户，避去"向右的危险"，严格的定加入国际会的资格，——现在暂承认意共产党（塞腊蒂在内）。

四，捷克斯拉夫　捷克斯拉夫共产党，党员有四万八千人，那地方有种种不同的民族，资产阶级利用民族间的恶感，挑拨其间，因此共产统一的组织很觉困难。现在俄共产党由国际会派代表去，下文还不知道怎样。

五，奥大利　奥国独立党左翼很表同情于共产主义，不过人数不多。

六，巴尔干半岛　（1）布加利亚及南斯拉夫，其地共产党人数极多，不过少数派各社会党破裂之后，许多党员，都换入共产党，亦有一种向右的倾向。（2）罗马尼亚，第二次大会时，罗马尼亚来代表之中，有些是前内阁的国务员，有一位符留腊斯（Flueraebe）竟想提议议和入会条件，——国际会第二次大会所决议的二十一条，——机会主义的色彩未免不明了了。（西班牙所派代表两人：一为工人，都真心信共产主义；一为大学教授，曾说，"我不信无产阶级的革命，工人要派我当代表，我因此就来了。"和罗马尼亚的情形正相同。）现在巴尔干半岛共产党都渐渐联合起来了。

七，史刚狄纳维半岛　（1）那威共产党运动甚盛，（2）瑞典，由党发动革命运动之后，旧时的社会民主党都分散而重组成共产党了。

八，英吉利　英国无产阶级另有特别的一种心理，所以马克思学说不大流行。共产主义的组织不过八九个小团体。第二次大会之后，英工人着手组织共产党，现在党员有一万人以上。然而另外有一种半国会主义、半职工联合会主义的运动，俄国的共产党很希望他能作组织共产党的基础。

九，美利坚　美国和英国情形差不多。共产党只能秘密结社，私立印刷机关。党员的精神却比英国的强些。有数千人因宣传而被政府逮捕的。

只诺维叶夫根据这种环境，在第十次大会上报告，并说，……总而言之，现在德意志共产党的危机，捷克斯拉夫共产党组织的不稳固，不明了。却是共产党国际会的紧要关头。各国社会党高级人员都动摇，很要小心才好，"我们"——俄罗斯共产党——是第三国际会的基础。我们代表应当在国际会里竭力维持，要把定船舵不叫他为机会主义者所利用。……

……原来共产党国际会，最初大家看他象一种宗教似的——这是第一期。后来各国社会党批评他，指摘他的错误——这是第二期。最后大家又觉着自称共产党很容易，中央党，都想冒名顶替的来加入。——这是第三期。现在呢，我们都要使他们知道加入共产党国际会不是轻易做得的了。——我们的入会条件已经议决。……然而和我们同时又有一种国际运动，就是最近维也纳会议。维也纳会议上都是些零星断片的社会党，一只脚伸在第二国际会，一只裹脚跨在第二国际会外，可以称之谓'第二又二分之一的国际会'，他的首领就是俄少数党马尔托夫。……最有趣味的就是这第二又二分之一的国际会，分子复杂得可笑。例如瑞士的社会民主党葛丽摩（Grinuna），他笑法国社会党龙葛（Longe）、莱柏德尔（Rebodel）团是极右的旧社会民主党，向来帮助资产阶级的，何以又要去维也纳，讨论共产党国际会的入会二十一条呢？然而葛丽摩自己却仍旧到维也纳赴会去了。到会的总共四五十人，都还负些盛名，他们因为我们所定二十一条太严，不容他们加入，所以联合起来在维也纳开会。他们想着我们或者因此改变态度，缓和起来，我们难道真怕他们吗？……虽然如此，他们固然是不能有什么结果，然而于共产党国际会不免有些影响，我们——马克思主义者的共产党——应当努力维持，无论如何不能使第三国际会有向右的倾向……

对于右派社会党的态度，俄共产党是早已决定绝不妥协的，这次全俄第十次大会上所讨论的，不过是对付现状的方针。——已如上述。至于他们对于更左的无政府党及工团主义派的态度怎样呢？一九一七年，共产党反对克伦次基政府，反对资产阶级，反对少数派（孟塞维克）的时候，无政府及工团主义派很出力帮忙。后来他们有一部分加入共产党或在苏维埃政府里办事，到如今还很多。而其余一部分无组织的无政府主义工团主义派仇视现政府，所以共产党对待他们的态度就大不相同了。现在对于国外的无政府主义及工团主义派——据只诺维叶夫说——要取在俄国一九一七年对于俄国的无政府工团主义派的态度，就是说，应当暂时联络。例如"德意志共产主义工党"，人数较少，一月革命后从斯巴达团分出来的，很有工团主义的倾向。而只诺维叶夫主张仍旧联络他。意大利反对国会主义最急激的工团主义派波尔狄（Borfig）一党，只诺维叶夫亦承认他是组织共产党的好基础。

以上是第三国际会对各国社会主义的政党的方策。再进一层，第三国际会对于各国职工联合会的运动,也很出力宣传共产党主义,以拨之向左。德国职工联合会以前大半是属于右派的,现在已经倾向于共产党了。法国亦是如此,意大利方在开始这种运动。只诺维叶夫主张七月一日开共产党国际会的时候,还要开一国际职工联合会讨论这个问题呢。

最后只诺维叶夫报告的结论说:"第三国际会成立的经过可以暂分做三个时期:一九一九年三月以前直到第一次大会形式上宣告成立,是预备时期。一九一九年三月以后是宣传时期。最近是组织时期。凡入会的社会党从此都要服从中央委员会的议决案,不能借口各党保持独立,而暗中帮助资产阶级。我们的目的是在组织成一全世界统一的社会主义的政党,各社会党不但要承认共产主义而且还要事实上和我们组织联合,呼应起来,才能算共产党国际会的分子。组织时期完全告终——组织完成之后,就到第四时期'直接行动时期'了。各时期是互相衔接不能强分片段的,然而第三国际会组织完成之后,就要实行世界的革命,职务非常重大。现在有几国还在预备时期,有几国已到直接行动时期,有几国已经革命时期而入无产独裁时期。彼此参差不一,乃历史的自然现象。我们应当明察时机,相机而动。……

"……总之,第三国际会应当竭力维持左翼,严紧些门户。努力于妇女及青年的共产主义运动。(记者按,第三国际会中另有妇女部及青年共产党国际会。)再假手于国际的职工联合会运动。可以希望各国因其历史关系的先后得达吾党最终的目的,而以今日资本主义国家之所以围困苏维埃政府者,还报之于资本主义国家之身。……

"我们——第三国际会的职务是增加世界革命的速度。"

于是第十次全俄共产党大会根据只诺维叶夫的提议议决:(一)信任本党代表。(二)设法使意大利无产阶级联合成一统一的共产党,不杂右派机会主义的色彩。(三)设法救济"德意共产统一党"中高级人员的动摇。(四)提议于共产党国际会中央委员会,严重反对德国右党之欲暗助意大利中央党者。(五)委托本党委员会,严重校正无政府工团主义的倾向,而一方面在第三次共产党国际会大会上提出议案,要求"德共产主义工党"和"德共产统一党"联合。(六)共产党国际会当固守马克思主义的地位,勿得"向右"。

这一议决案和第五节劳农政府外交政策相比而观,就可以知道:俄共产党一方面为振兴俄国的工业,救济目前的经济恐慌——立共产主义建设的基础起见,使苏维埃政府和各资本主义政府接洽妥协,行租借地政策;一方面以第三国际会为利器,联络各国的社会党,抱定左派的宗旨,促起各资本主义国家里的社会革命。

一九二一年四月十二日 莫斯科

小结

第十次全俄共产党大会于三月八日开会到十六日闭会。这是俄苏维埃共和国历史上的一重要时期。上述各问题已大致可以从侧面看出现时俄国政治经济外交上的现状。他们大政方针的方面和手段的变更,都有实际生活做他们的背景,请读者留意,现在记者再把上述各问题统叙一叙作一个结束。

一,职工联合会问题 职工联合会问题交委员会后,即从多数议决,列宁派完全胜利。议决案中最主要的一句就是："第十次大会议决案只规定实行职工联合会职务方法，而绝对不变更职工联合会职务的意义，仍以前的原案；第九次大会及第五次职工联合会大会之陈案。"大意见第二节列宁派意见。全俄最高国民经济苏维埃各机关和职工联合会并行工作，双方全体参议经济计划以及其他会议。——以实行职工联合会参预经济管理之条文。然而仍旧不使职工联合会立刻变成国家机关，第十次大会认为有碍"职工联合会为共产主义"之职务。党与会之关系须谨慎联络，放任无党工人开会演说，而借此用缓和的手段拨入共产主义，职工联合会另组织机关监督国家经济机关。

这议决案公布了几天之后，三月十五日就举行所谓"职工联合会星期"，宣传解释这种意义于无党工人。共产党的办事，凡遇有吃紧的事情，就举行一种"星期制"，论星期做工作，——太平宣传，统计，或调查等事，征发党员于指定的几星期中赶办。例如"农业星期"，"种植星期"等。职工联合会议案既经委员会完全议决而且已交付"星期会"正式实行。四月二日人民委员苏维埃又出令称劳动部的劳动分配管理权于职工联合会，工债制定权及劳动职务之规定权亦完全移归职工联合会，这一问题在形式上已完全解决，并且已经由政府机关重承共产党大会议决案公布法令。这制度的实行，不是早有预备的——据共产党议决案——不过以前因在军事状态之中，不免偏重集权，现在却可以实行了。

二，课税法问题　内乱及波兰战争的时候，军事吃紧，四围封锁，不得不尽取农民的余粮，禁止私自卖买。因此农民不满意，城市居民也很困苦。课税法的急于公布，明明是一大让步，而共产党则声言，这一政策亦与职工联合会职务之实行案相同，同是军事状态解除之后的发展生产向社会主义进行的政策。就实际政治上说，这些辩论都可以不管，实际上确是救济经济状态的唯一办法。三月二十八日中央执行委员会又公布一个命令，指定某某几省的粮食、荔草，纳税所余准许自由买卖，交易工业品。农民并得享用水陆交通道路运输粮食入城市。又命令，将原定全国(除乌克拉及土耳其斯坦)一九二〇年——一九二一年度所当征收之四万二千三百万铺德粮食改为二万四千万铺德的税。这是照平均收获年成暂时预计的。在最近期间人民委员苏维埃还要公布一表，各省区土地的肥瘠规定课税量。然而农民现在还不大相信，生怕仍旧要尽没收，共产党正在努力宣传呢。

这几个法令公布之后，莫斯科市面上顿显一种活气，面包、果品、鸡子等各种货物市场上都可以买卖。城市居民稍有货币或各种什物的已经可以换得到食物——比以前容易得多了。全国经济状况稍为发展些。这确是列宁的远见。然而农民所要的工业品，一时还不能从外国运来，如得也有限。没有钱的，没有什物的人依旧是苦。最近又出三个命令，准工人加工工作，所制物品，以定量分配各工人，使他们可以换取不足的食粮。——这是一方面，关于这三命令，记者因其关于工人运动及消费协社的地方很有研究的价值，当另做篇通信。第二方面呢，共产党实行课税法，原是希望农民多种田地增加农业的出产，而现时农民对于这一办法的感想究竟如何，还不可知。且看今年秋季的收获调查如何，才能知道这政策的成败。——亦即是改造小经济制度第一步的成败关头。

三，民族问题　民族的复杂是俄国历史上的事实，而于实行共产主义上障碍非常之大，据他们的计划，原于各民族经济改造上及宣传共产主义上，有预定的办法的。亦是因为军事状态之中无暇及此，反生出许多弊病。这次大政方针的改变，当有相当的成效。记者曾遇见一嘉耳美克(Ealnik)小共和国的代表，据他说，那里文化程度很低，大半是游牧人民，共产党去后，仅仅均分牲口而已——那里本没有土地的私产。而学校教育上，却已可以完全用本地的言语文字，比俄皇时代自由得多。

四，外交问题　租借地办法已经完全决定，共产党希望是暂由政府和资本主义各国妥协，利用外资，发展工业。然而世界大势能否如共产党之愿，还是一个大疑问。现在有两方面的消息，一方面波兰条约签字，英俄通商条约订定。波罗的海封锁已经解除。意大利亦和俄国开始订约，甚至于日本都有和苏维埃俄国通商的消息。一方面，美国对俄政策突然变更，德国不但不肯通商，还极力反对别国和俄国订约。战争虽已停止，和约虽渐渐成功，而由军事状态过渡至订约关系，中间的经过还非常复杂，请看下回分解吧！

五，党务问题　共产党在俄国既握政治上的实权，一切国务上政治经济生产事业的责任，完全一肩担负。而且同时工作比非共产党加多，反对党现在俄国固然是绝无立足的余地的。然而一切"赤色星期六"、"星期制"等，共产党参预工作的非常努力。此非星期日共产党人又有自愿工作的制度，比如外交委员会东方司司长杨松(Yason)，记者也曾听见他星期日去扫雪。他们这样的努力热心，当然足以使人佩服，反对党虽然恨他们的残酷(不准反对党自由行动)，却也不能动他们的分毫。然而呢，中央集权制度的弊害，军事状态解除之后，完全暴露。非党员不必说，就是党员中十分之八九不能十分明了政府的政策，"为什么要如此吃苦出力？""为什么自由商业应当暂时禁止？""为什么农民应当暂时以所余食粮完全交纳于政府？"

这些疑问一时不能了解，人民就一时不能安心。共产主义，不能完全实现于现在的俄国，人民便不容易明白政府的政策。共产党的组织太狭，人民大多数心上不明白，因而不表同情。共产党的组织太宽，就不能个个党员是良好分子。这是自然的现象。所以现时最切要的，是在于振兴工业达到大企业制度，庶几可以证明共产主义，共产制度的可能，并且表明这一制度的利益。既要努力增加生产力，就要使全体人民都心服情愿的去做事。要使人民心服情愿的做事，就非得使他们明白了解政府的过渡办法之不得已。俄国人民程度本来低，以前共产主义的运动实在并未十分成熟。因此，物质上的救济，课税法之实行，职工联合会的职务之规则，暂和资本主义国家妥协通商，订租借地，种种理法之外，共产党的组织、政策、宣传运动等亦有改变方针的必要——这是精神上的救济。所以第十次大会的议决案说"工人的民主主义"，务使党员人人受共产主义的教育，练习管理，才有公共居住等等，无非是要使大家明白了解，以增加实行共产主义之能力，于这最困难的"场合"(Case)之中，第十次大会闭会时就有一通告，通告全体党员，大意说，第十次大会，当由军事时代过渡于和平时代之际，其新政策的意义最主要的就在于往"群众间去"。第十次大会闭会后共产党到各处去组织"无党农工大会"。莫斯科城内已开过好几次——这是俄国共产党的一新时代,和以前俄国智识阶级"往民间去"的呼声前后相辉映呵。

六,第三国际会 第三国际会的组织到第二次大会之后已经渐渐的紧密,各国的社会党,凡表同情于共产主义的也都渐渐加入。现在他们不愁加入的党会少,而反防止滥充会员,破坏他们的信条。原来他们的宗旨是绝不妥协的。社会运动本有三种:(一)政党,(二)职工联合会,(三)协作社。现在他们在政党方面,差不多欧美各国实在的左派社会党都已联合。他们的目光又移到世界的职工联合会了。(上节记者已经叙过)所以第十次大会闭会议数日,第三国际会召集第三次大会的通告就公布出来了。所预定最主要的议案就是"赤色的国际职工联合会的组织",和"排斥亚摩史脱坦(Amsterdam,荷兰旧都)的黄色的国际职工联合会"(右派的)。其余还有世界革命问题,东方问题等等。协作社运动的国际组织,还没有正式提及,然而现在此地报纸上已有许多提议,提倡赤色的协作社国际运动。这种趋势,单就俄国一方面看来,可见他们希望世界革命的心非常之切,亦足见各国左党运动虽然日盛,而右党及中央党的搅扰,阻滞全世界俄国式革命的速度,很有影响于俄共产党。——俄现在不能和资本主义国家处于战事之中,唯一的希望在于世界革命。所以他们一转而向职工联合会运动。

这第十次大会中最重要的六个问题,都有结束了。而总的结束,是所谓"由军事时代过渡于和平时代"。这是过渡之中,政策上当然的变化。军事问题,因大会中讨论时禁止旁听,严守秘密,不能知道他们的详情。据公布的议决案上,大意说:现在虽然已经没有战事,所有军队当改成"民军制"(Milition),平时解除武装,紧急时召集,然而军事行动是以国际关系及农民工人关系而定的。兹议决暂时只在无产阶级和巩固的地方(莫斯科、彼得城、乌拉尔)实行,其余暂时且仍旧。工人在法定年龄宜教令其退伍。共产党员仍须多多加入军队,政治教育(共产主义教育)及军事训练加倍努力。这样看来,本非弃甲归田与民休息的政策,乃是暂时持兵不动罢了。虽然要注全力于生产,也还是为时势所不许。

记者这篇《共产主义之人间化》所根据之材料虽有限,而于俄国现政治可以得一个大概的概念。可惜记者俄文程度太浅,到此不过两个多月,见闻不能十分广,所集材料却是纸上的居多,自己觉得很不满意,还求读者原谅。

俄罗斯东方式而西方的国民性和马克思急激的彻底的预言式的学说混合起来而形成现时的政治状态。有两句俄国俗话足以证明俄国的国民性:说是俄国是"一切可能"的地方;你不用思索你只相信罢了。原来俄罗斯民族本较西欧各民族多含些东方性。譬如沿街小便,戏院里吸烟室里的烟灰火柴满地,约人常常失信,这还都是小节。下级官吏的作弊受贿,尤其是俄皇时代遗传下的成绩中最著的一点。而且俄国人富于宗教性,信仰非常之坚,要做一件事,非达到目的不可。他们总说天下没有不可能的事,"前三年谁亦不相信劳农政府能支持到如今,军饷军力不足,居然能和波兰开战,克复台尼金、蓝格尔"。所以他们只顾达到目的,不管手段的善恶好坏。这是普通说的。共产党的政策,也有时利用这些优点或弱点。而他们现在所大声疾呼要辟除的官僚主义,亦未始不由于国民性里的病根。

至政治上的困难,还有历史上经济上的远因。而政治上利用之处却亦在此。原本俄国居民百分之八十余是农人,农民更有一种特别的心理,最初私有财产的观念很薄,父亲死后,儿子平均分耕遗田,没有长子袭产的制度以后来十八世纪末年,才以法律公布,所以非用法律不可的原故,就是因为他们守旧性非常之深,不知道夺遗产,宁可让田地荒芜的原故。等这法律效力实现之后,他们仍本他们的守旧性。只知道既分给我我就守着,我要吃多少就种多少,为什么要为国家多种,种着仍旧是政府拿去的呢。所以劳农政府的政策始终不能满他们的意。这是一层。再则呢,俄国农民是最会附和的。村庄里一个人说"我们这样办",大家哄然一声就跟着走,群众运动是非常之容易起的。农民的心理很有趋于无政府的倾向,他们并不要俄皇,亦不要现政府,另要一个东西,总之不惹他们的就是好的。而一方面很有合群的组织力,每一乡村里自由开会,日夜不虚,听说在打仗的时候,他们还是歌唱跳舞。知识有限的很。对于文明的都市生活领略的很少。这种奇特的国民性不是很有力量而且很可用的么?

农民人数多,工人就少,知识浅,农业并不十分发达,再加军事状态中更受摧残,工业的发达程度很幼稚的。欧战前俄国工业就很有限。据莫斯科一铁路工人说,他们同伙在革命之前都没有知道莫斯科有什么铁路工人联合会。工人的程度也是很浅的。前商业委员会代理委员长列若乏(Legeua)和我们说:"革命后连年战争把一点很可怜的实业差不多全毁了。用到军事上去,现在急于振兴工业,不但械器技师要请教外国,连工厂里用的电灯都到国外去买。而无工业即无社会主义,所以不得不和资本国商量……"

这样看来:农民多,工人少,真正的无产阶级少;农业都是少经济单位,工业发达非常之困难;农民工人智识及觉悟的程度浅而又浅,真正离共产主义的前途,远而又远。然而共产党既执政权,非实行共产主义不可。于是俄国的现政治就到"如此"的地步,记者且总说几句,以当结束:

马克思学说,社会改造的程序是:(一)世界的社会革命,(二)无产阶级独裁制,(三)建设全世界统一的大经济单位,然后全世界统行大生产的制度,化全世界人类为无产阶级,再组织一无国界无阶级自由平等共产的社会。俄国革命后,别国革命还迟迟未到,军事状态之中无产阶级独裁制更加必要。然而俄国真正的无产阶级很少很少,程度又浅,再加以许多复杂不同的民族,变化程度经济发展的程度参差不齐,实行共产主义不是非常之困难么?于是不得已,事实上只能由"主张无产阶级独裁制者"来执行独裁制。俄罗斯现在的事实上以政治制度有三种机关,(一)苏维埃——包括农民在内。(二)共产党——党员。(三)职工联合会——都市工人。共产党居中,上以指导苏维埃政府的一切行政和政策,下以率领指挥工人的职工联合会,参预管理经济,使受共产主义的训练,而一方面谨慎小心,到农民间去宣传。一切政治上经济上的权力尽行揽入共产党的手里。共产党人的办事热心努力,其中有能力有觉悟的领袖,那种忠于所事的态度,真可佩服,甚至于因避"共产党的特权"的嫌疑,而"减餐加工"。即下级人员,滥竽充数或且营私舞弊的却也不少。如真能一直像现在这样,政权保持在最有智识有觉悟而热心的领袖手里，还不失为一种贤人政治。

第十次大会的新政策：（一）一方面对农民让步，改食粮均配法为物产课税法，开放自由商业以安慰农民，增加他们从事生产的兴味，一方面极力求与外国通商，想以外资来发展工业，制成大企业的生产制度。——这是物质方面的。（二）缓和上下的感情，减少集权的程度，实行民主主义于工人之间，作为一种教授共产主义，宣传理论，提起他们参预管理政务的兴味之政策。——这是精神方面的。

对内政既抱定这两方面并进的政策，不过只能算暂时过渡的办法，最好还要得各国无产阶级的援助，才能充分的取正轨的办法，所以又一方面由第三国际会联络各国左翼社会党，联络各国职工联合会鼓吹"赤色的运动"——以促起世界的革命。

至于组织方面，国内共产党组织，因鉴于党员的不纯正，宁可尽努力于增进党员的知识觉悟，而不敢再滥收党员。国际的第三国际会严定入会资格以防"向右的危险"。缓进，急进，妥协，彻底，面面俱要做到。在俄罗斯这样一个国家里要实行共产主义，真是伟大而且艰巨的"工程"呵！全国经济计划，要会统计；农业及农村制度，要用宛转曲折的过渡办法去改造；工业及工人组织要有相当的预定规程，要利用国外的资本家；现时的经济组织，一半要加控制，一半要暂时保存。食粮的分配，需要品的供给，一面允农工自相交换，自由小贸易，一面仍保存中央集权；支配工人的协作社，严重监督，而同时又要与农民以相当的自由。民族问题，要有研究，分出等第，拟对付的办法。对外政策，政府和党务机关要双方并进。组织问题及党纲问题还要格外谨慎，对内对外努力的宣传。

凡此种种都是实际生活上所受的教训。——人间化的程度愈深，愈见得共产主义实行之可施，而亦愈见得实行时的难有把握。共产党及共产主义的成败就只两个标准：（一）人才的多寡及才能学识的是否够用，——这一层呢，俄国近代文化上斯拉夫派和西欧派激战多时，现在共产党是尊重科学而代表西欧派的，既是得胜，只看他们应用科学的本领如何。照现状而论大体的计划政策确实不差，而一般的文化程度还差得太远，何况他们确是一种贤人政治，所谓"最先进的无产阶级指导群众"，所以这一层更加要紧。

（二）世界经济现状（俄国亦包括在内）能否提起各国的无产阶级革命，一这一层呢，关系俄共产党政府非常之重要，因为即使执政权及办事的人员都十分有觉悟，热心，有智识，如其不得世界革命的帮助，现政府即使能维持，而于共产主义上，意义有限得很。工业因此进步得一定很慢，而真正的社会主义制度之实现亦随之而慢，何况单靠利用国外资本家及国内农工人民的努力很困难而且靠不住呢，所以只有世界革命有些较大的帮助，而世界革命究竟什么时候能实现，只有世界经济现状做他的背景，这是要细细的研究的。

据嘉善纳夫的意见，差不多世界经济状况逼得各国不得不和俄国通商（据最近消息竟有说法国商人都要求和俄国通商的），俄国既得国外的资给，生产发达，就可以反而帮助别国的革命。然而研究能否如愿，请全世界的人研究研究。何况究竟别国先革命而后来援助俄国，抑或别国等得俄国的帮助而后革命，如别国革命后，破坏而生产力亦低落，不能十分出力援助，或简直破坏到极点绝对不能援助，又将如何呢？世界经济诚然是有革命的危机，各国左派的社会运动诚然是日盛一日，然而恐怕不像他们共产党所料之速；且甚即如所料，所发生的现象还要繁复得多，恐另有别种的变化呢。这一问题非常之重要而且有趣，我们且拭目以待罢。

总之，实际生活上的教训——人间化——是不能不领教。共产主义从此不能仍旧是社会主义丛书里一个目录了。世界及社会实际状况的研究之洽切适用与否及"民间去运动"之成熟与否，是社会改造过程第一步所必当注意的，这一层中国人亦应当用一用心，俄国革命史是一部很好的参考书呵。

一九二一年四月十五日　莫斯科

（《晨报》，1921年6月22日至9月23日，署名 瞿秋白）

25日（星期六）

51.《劳动政府之经济策(续)》(《顺天时报》第六千二百四十三号，6月25日)

《顺天时报》第六千二百四十三号发表《劳农政府之经济策(续)》，全文如下：

让渡北俄森林　列宁又说："吾等之所以将阿尔漠格利斯克地方之数百万跌霞钦（俄面积量）森林采伐权让渡云云者，亦不过欲用所谓〈象棋战略〉。故耳盖各租借地带之中间必须保留一定之地带，由劳农政府直接经营，则北俄一带，必似象棋□□。故我之车马均互相交错于其间而劳农政府之劳动者即可自其邻之西欧劳动者习学技术，而同时又可使彼等同归赤化耳。"

列宁的亲信部下那可诺夫同斯铁巴诺夫也说："欧洲现已觉悟无俄国之谷类则不能生存。吾等非使彼等与俄国通商不可。盖使其不得不以自有之商品供给我国也"，或是"让渡利权乃社会之新技术，又对欧美宣传之一策也"。像这样的巧辩，也可算得不屑于他们的长官列宁啦。然而列宁的提供利权政策总算已经见效，不但英俄通商已经成立，就见那象棋盘上，究竟变红变白，□□□□不敢定然而俄国的对外通商就是提供利权，可是渐渐的成了事实了。

提供特种的利权现在劳农政府想拿来让给外国资本家的主要品大概就是北俄合西伯利亚的森林地带。北俄是北纬六十度以北的北冰洋岸，西伯利亚是勘察加岛比耶尼谢尔河岸的木料采伐权。并且除这些地方的森林以外，还有租借地内的打猎产业同垦栽权同经营。这些事情所用的铁路建设权、船舶航行权，又准其使用河川的水力合煤炭、泥炭、煤油各种燃料，其余还有(一)准其输出输入各事业所用的货物，(二)如果租借地里的人要兴办大规模的技术设备的时候还可以给他这一方面贸易上的特权，(三)保证对于租借地的财产不行国有没收征发各种的事情，(四)准其于遵守保全同各种法规的条件范围，在租借地内外雇用劳农俄国人民作上至于森林地方以外的特殊利权也。

（未完）

（《顺天时报》第六二四三号，1921年6月25日）

6月

52.《共产主义与智识阶级》(汉口印行，1921年6月)

汉口印行出版田诚撰写的《共产主义与智识阶级》，小32开本，铅印，共10页。摘录如下：

一九一七年十月俄罗斯的革命暴[爆]发以后，世界上的两大敌垒，界限愈加分明，激斗愈加紧张。这两大敌垒，一方便是将要颓萎的国际资本主义的各种团体，如国际联盟国际托拉斯等；一方便是无产阶级革命运动的中心组织，就是第三国际共产党。一般智识阶级除了参加无产阶级的壮烈的革命运动以外；实在没有法子避免那些资本家和特殊阶级的势力。他们不是受生活的压迫，变成掠夺阶级的走狗，便会被利诱而作掠夺阶级的爪牙。中国智识阶级的分子们呀！你们还是做压迫阶级的附属物呢？还是做无产阶级运动的先锋军呢！这是要你们自己去仔细选择的。

稍微明了一点中国现状的人，都知道国际资本主义的势力已渐渐布满了这个酣睡的中国。那些资本家用伟大的经济力，挟着他们的保护商业政策和可怕的杀人的军备做后盾，把中国变作了国际掠夺阶级的公共半殖民地。欧洲大战以后，他们更是麇集中国，都在这里张牙舞爪的想夺到利权。如新近发生的新银行团，就是代表国际资本主义吸取中国无产阶级的血髓之有力的铁甲军。即以本国的资本家而论，又何尝不是和外国资本家一样。他们附属在国际资本主义上面，卵翼在军阀官僚势力之下，作恶更是厉害呢。

在各个大商埠的所在地，我们随处可以看见的高楼大厦，那一个不是劳动者流了许多血汗造成的，现在住的却都是强横无人性的外国或本国的资本家。他们货栈里积满了掠夺得来的货物。但是靠近他们的高大住房和货栈的侧边，那些替他们流过血汗的无数劳动者，或是缩在矮小污秽的茅屋里，或是流落在街道上，现出极褴褛饥饿不堪的样子，那些万恶的资本家还不断的拿着鞭子驱策劳动者为他们做工。他们却一点事也不〈务〉做，竟能在每点钟之内，得着极大的利润，过他们的快活日子呢！

现在我们再说到乡村里贫苦农民的状态。他们自己没有田地，或是自己的田地只能够养活几只小鸡，因此他们不得不向地主租点地来耕种。他们用自己的血汗，牛，锄犁等，来耕种田地；但是地主们是狠有福气的，能够安乐的坐在家里，得到他的佃户供奉他半数以上的田地产物。要是遇着干旱水灾，地主并不减少租谷，佃户呢，吃了一年的累，结果还是受饿。佃户还要奉承他的主人，服从他，把钱送给他，要是不然，地主就会把他的田地夺回去。

为什么资本家能这么做呢？因为工厂机器等等都是他们所有的，而且有多量的金钱；工人是什么都没有的，不得不把气力卖给资本所有者。为什么地主能这样做呢？因为他有土地的私有权。

同时更加上军阀的互斗，兵匪的劫掠，造成了惨痛的生活艰难的现状。一般贫民不是惨遭杀戮，就是流离失所，绝大的饥荒也就因此发生了。这种状态，无论你到那个乡间去视察一下，便可以发现出来。要是有人出来做一个统计，把那些被兵匪杀戮的和因饥饿而死的统计一番，这个数目一定令人咋舌。这种的遭遇，不是特殊阶级——军阀——赐给贫民的恩惠么？

三十年前的俄罗斯与今日的中国是很相类似的。但是那时候俄罗斯的智识阶级，为了争自由和政治上解放的缘故，不知牺牲了多少性命。他们为了解放农民的缘故，造成了有名的"大家都回田间去！"的声浪。……现在他们毕竟成就了革命的伟大事业。中国既是处了和俄国三十年前的同一状态，俄国智识阶级所贡献的，正是一个很好的例，可以给中国智识阶级做模范。

最近俄罗斯的革命成功，对于智识阶级，更是劈开一个新的纪元。现在一般具有革命精神的智识阶级，都觉得他们非参加无产阶级的革命运动不可。这种例几乎举不胜举，如德之波尔（PAUL），法之弗兰士（FRANCE），荷兰之鹤袋（LORTER），美之李德（REED）等，都是抛弃了学者的安全生活，现身到无产阶级去的。若在俄国，那更不可胜数了。只可怜中国的幼稚智识阶级，现在还梦想要组织一个强固的智识阶级，预备作资本主义的附属物呢！

我们知道在欧洲的智识阶级，曾经赞助资本家的政府做可怕的屠杀事业。我们希望中国的知识分子不再蒙着这种耻辱，再不要留下这种永不可磨灭的污点。所以我们要打破组织智识阶级的迷梦。我们要和无产阶级握手，要觉得自身也是无产阶级的一分子，把我们的智识贡献到劳动者的脑袋里去。我们要去教育劳动者，组织劳动者的先锋队，指挥他们与军阀官僚资本主义抵抗，引导他们向着共产主义的道上走。因为只有共产主义是无产阶级的解放者，只有共产主义是解放世界的明星。

共产主义是极合科学的能解放人类的唯一主义，不是幻想的乌托邦。共产主义者是要创道[造]一个真正自由平等的社会。这个主义的根本观念是：

（一）政治的观念　推翻资本家的国家，建设劳农专政的政治，等到一切资本家的势力已经消灭之后，世界上只有一个劳动阶级，就是没有阶级了，这个无产阶级的政府是会自然消灭的。马克斯已经证明国家是一个特殊阶级用来压迫另一个阶级的，要是阶级消灭了，国家当然也会跟着消灭的。

（二）经济的观念　打破私有财产制度，把一切生产工具——土地，机器，运输机关等——收归公有公用，废除工银制度，消灭剩余价值。因为私有制度打破之后，自然一个人不能利用他人作工，那时候的工作是为公众，当然工银制度是用不着的。剩余价值是一个人利用他人做工所得的结果，要是没有人能利用他人作工了，自然剩余价值是会消灭的。

（三）社会的观念　一个社会里，总是分了许多阶级，一个阶级压迫一个阶级。

在现在资本主义的社会里。或是像中国样的半殖民地里，劳动阶级简直变成了特殊阶级的牛马，所以我们要废除一切阶级。在共产主义的社会里，是没有阶级的，人人都尽他的力量为公众作工。

这就是共产主义者的完全概念。但是我们怎样实现这个理想的社会呢？我们只有促进阶级战争，因为阶级战争是实现共产主义社会的唯一方法。马克斯有名的历史定例，说是全部历史都是阶级战争的历史。现代资本家和劳动者的阶级对抗，胎胚于资本主义的壳内，愈是一种显明的新局面，为过渡到共产社会必然的琏[链]琐[锁]。

阶级战争可分为两步，第一步是要组织无产阶级的先锋队，就是共产党。这个党就是指挥革命运动的中心机关，他的职务是要向工人农人水手兵士学生等宣传，组织各种的产业组合。并且引导那些产业组合以罢工的手段，与资本家激斗。一天一天的吓破资本家的胆，增高劳动者战斗的力量。到了最后，一个总同盟罢工，就可把那些资本家和资本家的政府推翻，但是这不过完成了阶级战争的第一步，第二步是必要紧接着第一步实现的。

第二步是要由无产阶级夺得政权，建设劳农专政的国家。这一步更是重要，因为资本主义是国际的性质，要是没有强固的组织，如何能抵挡得住国外的军阀和资本家呢。如何能揭[遏]止国内的一切反动革命呢？一八七一年巴黎的自治团之失败，就是因为没有夺取得政权。苏维埃俄罗斯要是没有强固的政府和红军的组织，早已被世界上的强盗吞灭了呢！

这就是共产主义者所采取的手段。用阶级革命的手段，创造一个世界共产主义的社会，便是少年中国的责任。

我们不要以为中国的产业还没有发达，还不能实行共产主义的革命运动。我前面已经说过，资本主义是国际的性质，它已经把中国变成了半殖民地。我们——特别是无产阶级——所受的种种痛苦，都是私有财产制度赐给我们的。就是军阀官僚的专制，也是依附资本主义与私有制度，狼狈为奸的。我们不能单讲推倒军阀，仅仅推翻军阀而不根本解决，是不行的。只讲推倒军阀，但是我们所要造成的社会是怎样的呢？我们知道自治运动，是换汤不换药的办法，是我们所不赞成的。但是我们要造成资本家的德谟克拉么？你如果是这样想，你只要看看美国是怎样就知道了。美国可算是比较自由和合于德谟克拉西的国了，但是有产阶级是占极大的势力。千万的劳工都是耕种别人的田地，工人从早至晚的卖气力，为的不是自己，为的是主人的利益，工厂里面也是一样的，因为田地、机器、工厂等等，——只除了工人的两只手两只脚，——没有一件不是资本主义人所有的私产。资本家简直是一个专制国的皇帝，工人的血汗，为的只是变成他们钉钉铛铛的黄金。你想用资本主义发达产业么？这样的德谟克拉西，你想造么？结果便是去掉了军阀官僚的专制，造成一些富有资本的皇帝。我们要明白资本主义能发达产业，但是必定要使产业界紊乱，造成种种罪恶。共产主义更能发达产业，而且造成自由合作的社会。

我们又知道从前的俄国和中国是差不多的，彼此都是大农业国，大多数的人民是农民，都是一样的产业不发达。一个是在皇帝暴力专制之下，一个是在军阀官僚暴力专制之下。现在俄国已脱化成了范新的社会革命的祖国,这又可以证明中国是可以实行共产主义的革命的。断没有在两个相似的国内[家],社会革命在一国行之可以成功,【另】一国便不可以实行,不遇[过]看我们的努力怎样罢了。

我们并不会畏缩,并不是不想真去改造社会,只是往往会被错误的见解,引入迷途。智识阶级里的多数分子也相信共产主义,也想做社会改造的事业,但是他们总相信教育是万能的。他们相信改造社会,必先要改造个人。他们相信单独去改造个人的心理是可以成功的,因为他们不想一个人的心理和行为是不能独立的,是依环境为转移的。他们不想想他的学生在学校里面的时间是很短的,在万恶的私产社会里受熏染的时间是很长的。他们也不问他在课堂里的影响是很小,社会的威迫利诱贿赂的力量是很大的。现在我再要问问那些相信教育万能的诸君:"你们的理想的教育能普遍么?那一万万以上的贫苦农民和工人,能够受着你们一点点教育的益处么?你们所教的是不是一班有钱人的子弟?他们念了书是不是做他们的装饰品的?就是你们做些这样不彻底的教育事业,能得着一点自由吗?"要是政府觉得你太新了一点,他就要给你一个很好听的名字——使你听了不敢当的名字——这一个名字就是"过激派",兼且拏你去办罪。最近北京和安徽的学界,为着教育的问题,还被政府唆使野蛮的兵士杀伤了好些教职员和学生呢。试问在这种状态的下面,你们的教育事业能够成功么?在各国都是一样,资本主义下的教育,没有不是受资本主义的牵制的;只有在新兴的苏维埃俄罗斯,教育事业是极发达的,而且是极合正道的。所以我们要明白,正当的教育事业要在社会革命以后,才能够实现的。我并不〈对〉反【对】教育,只是如果你们要讲教育,我希望你们到无产阶级来讲教育,我希望你们去教育工人和农民,实行共产主义的革命运动,因为这是改造社会的唯一方法。

还有一层,更是要紧的,就是主义的信仰。我们对于主义没有信仰是不成的,因为主义是我们做一切事业的指南针。所以只有信仰什么主义,或者是成问题的。现在我又拿他种的社会主义,来略略的说一说。门萨维克派和各种和平派的社会主义者,早就破产了。他们是有意卖弄劳动者,克伦斯基的成绩,我们久已领教过的。现在他们还和资本家以及帝国主义者携手,想破坏劳农的俄国呢!所以我们用不着多去指摘他们。

至于无政府共产主义呢?一般无政府党人总是说共产党人走错了路,但是这种论调是不对的,在共产主义的制度里面,是没有工银劳动者,没有资本家,没有国家的。他们的分别不是一个主张有国家,一个主张不要国家。但是共产主义与无政府主义有什么分别呢?无政府主义者是主张自由联合和小组织的,这种小组织的生产制会引着社会向退化的道上去。因为大家都知道出产品是由工厂里用机器造成的,这种小组织如何能够适合呢;而且一种制度要是向着进化的方向走,才能存在。无政府主义者要把大机器废置不用,在科学上说来,这种制度丝毫没有存在的可能。更进一层说罢,共产主义是要把劳动者从两种困苦里边救同[回]来,第一种困苦,就是个人压迫个人,等到我们脱离了资本家的羁軛,废除了私有财产制度,这种困苦就没有了,这是共产主义无政府主义者有同一的意见。但是无政府主义者却不知道还有第二种困苦也是要打破的。第二种困苦是为什么呢,就是自然界的束缚。我们要征服自然界,所以要用最完善的大生产制去制造。要使人人只花最少的时间去制造食料衣服住所等，利用其余的时间，做心智的发达。所以我们主张有精密计划的工业集中的大工场大田地的生产制，把全世界弄成一个劳动团体。无政府主义者所主张的小生产制，是不是要脱离了资本家的压迫，来受自然界的压迫呢？而且这种小生产制是不是会引起生产界的纷乱和竞争，结果还怕要回复到资本家的统治，劳动者再受虐待与压迫呢！所以我们说无政府主义是没有科学的根据的。工团主义虽然与无政府主义太不相同，但是一个工团主义者总是不明了劳农专政的重要，这是一个缺憾。

所以我说只有共产主义是合科学的，不是乌托邦的理想，是解散[放]人类的明星，为我们所不得不信仰的。

中国智识阶级的分子们，你心目中所要创造的少年中国，到底是怎么一回事？你曾经仔细想过没有？现在我不管诸位心目中那个小少年中国是怎样，更无论你们相信无主义的教育万能与否，也不问你们信的是那派的社会主义或无政府主义，我希望你们能够虚心下气的把马克斯的唯物史观和经济学以及充满了革命精神的共产主义仔细研究一番。我想马克斯的学说定能给你们一种浓厚的趣味，一定可以引导你做一个很好的共产主义者。

你如果自命是一个共产主义者，就请到工厂和田庄里去，和一般工人和农人握手，去宣传和组织他们。并且在你的同辈中间，你要造成"往田间和工厂里去！"的声浪。你的俄国同志正在那里完成那热烈的革命事业，建设了一个世界革命的国际中心，你要赶紧的跟着他们往前走去。并且要在国际红色旗帜之下，维护这个国际革命的中心，推广这个革命的运动，因为这是你的唯一的责任。

革命的少年中国——国际无产阶级的一分子——万岁！

第三国际共产党万岁！

共产主义——解散[放]全人类的主义——万岁！

(汉口印行，1921年6月，署名 田诚)

7月
1日(星期五)

53. "俄罗斯研究"专栏(《新青年》第九卷第三号，7月1日)

《新青年》第九卷第三号，"俄罗斯研究"专栏，刊登李守常(李大钊)的《俄罗斯革命的过去及现在》、李达译，山川菊荣著《劳农俄国的妇女解放》和邓生译的《劳农俄国的电气化》等文。

54.《俄罗斯革命的过去及现在》(《新青年》第九卷第三号，7月1日)

《俄罗斯革命的过去及现在》全文如下：

(一)俄罗斯革命史上的重要年代

俄罗斯大革命,是现代最足以惹世界全人类注意的一件重大事件,无论颂祷他的,咒骂他的,欢迎他的,恐怖他的,都不能不认识他的价值。但是这事件的由来,断非一朝一夕所能致。我们要想悬揣他的将来,必不可不认清他的现在;我们要想认清他的现在,必不可不溯迹他的过去。本文的目的,就在略述俄罗斯大革命的过去及现在,以供留心俄事者的参考。

在俄国革命史上,我们可以寻出几个重要年代,就是一八二五、一八六一、一八八一、一九〇五、一九一七,这五个年代。

一八二五年,因为受了法兰西革命和西方自由主义的影响,在俄国起了一团改革家,后人称他们为十二月党。他们乘着亚历山大一世(Alexander 1)逝世,尼古拉一世(Nicholas 1)即位的机会,运动那比较尼古拉一世宽仁些的康士坦丁(Constantine)代尼古拉一世承继皇位(康士坦丁是尼古拉一世的一个兄弟),并运动颁布宪法。此等运动很容易的被镇压住了,许多的首领罹死刑的亦有,被放逐到西伯利亚去的亦有,紧接着就来了一时期很凶猛的压制,直到尼古拉一世死了,此等压制才渐渐停止了。尼古拉一世死后亚历山大二世承继皇位,对于人民应许了些顺合民意的事,一时亦曾实现了些;黑暗的法庭亦改良了些;对于自由主义的镇压亦松了些;并且施行了两大改革,就是农奴解放(一八六一年)与创行地方议会制度(乡村区域地方选举的议会为Zemstvos、都市的议会为Doumas),不幸这两大改革都没有成功。被解放的农奴,因为购买他们的土地负了很重的债累,在法律上他们虽然不受旧时主人的管辖,而在经济上依然受他们的管辖,境遇反比从前更坏了。地方议会和都市议会不久亦为一种反动风潮所颠覆。"沙"(Czar)的自由主义虽然渐就萎谢了,但是人民终竟由此得着了点东西,一般农民虽难免于经济上的依赖,在法律上究竟算是脱了束缚。从前他们作农奴的时候,除了逃亡和法外人以外,全没有逃避的所在;如今在法律上可以不受这等拘束了。地方议会和都市议会虽然没有什么权力,有选举权的人民虽然很受限制,但他们于政府意思以外,总算有一种代表民意的机关了。

少量自由的允许,引起人民更进一步要求自由的动机。现代俄罗斯革命的实际运动,实自一八六一年起,以后每经十年势益加盛。虚无主义(Nihilism)虽在一八四五十年顷已经存在,但在彼时不过是思想上智识上的运动,在实行上没有多大的力量,对于现行的组织没有猛烈的攻击。后来亚历山大二世废弃了他的改革运动,回复了他父亲的压制政策,革命党人才起来实行一种新运动,以最勇断的决心向恶势力宣战。法律上的言论自由既遭剥夺,乃至请愿亦受限制,他们运动的唯一武器只有手枪与炸弹了。这地底俄罗斯看不见的军队的举动那样的凶猛,"沙"几乎要承认人民的自由了,或者他正在计划着颁布一部宪法于俄罗斯人民的时候,亚历山大二世突然遭了暗杀(一八八一年)。

亚历山大二世被刺身死以后,反动和压迫的势力比从前更凶,全和一八二五年以后并一八六一年以后一样。当亚历山大三世(1881—1894)和尼古拉二世(1824—1917)的朝代,俄罗斯实是二种势力争斗的舞台;一为表面上的势力便是俄皇及其官吏的权力，背后有许多的警察和军队；一为他底下的势力便是那常存在常发长的潜藏暗动的革命。这两种势力无时不在激战之中。一九〇四年日俄战役起了，战败的俄政府大受人民的谤怨不信任，革命党人乃利用时机起了革命，居然获了胜利，一九〇五年竟允许了颁布宪法。但这不过给独裁政治一个打击，其实并没有把他推翻，他似乎还想回复他的势力。到了一九一七年三月在惨酷的战祸中起了革命，罗曼诺夫朝的命运就从此告终，新俄罗斯的纪元亦就从此开始了。

综观俄国革命的往迹，多与对外战争有关系，一八五〇以来每次战争都给俄罗斯以一度政治的危机，一八五三——六年的克里米亚战役（Crimean War）以后，随着就是亚历山大二世的革新；一八七七——八年的俄土战役以后，随着就是天诛主义的运动和亚历山大二世的暗杀；一九〇四年的日俄战役以后，随着就是宪法的颁布；一九一四年的世界大战中，又起了社会大革命。那样的无法解决的世界大战，就由此得了结束。这是俄罗斯革命史上可以注意的点。

(二) 俄罗斯革命的中心势力

我们要孜求俄罗斯革命的中心势力何在，须先就俄国的领土与民族略一观察。通常说俄罗斯民族，只是指俄罗斯的一部。大略言之，就是欧俄的北半部，不包括芬兰（Finland）巴尔提（Baltic）各州，或是下北极圈内的地方。这一部分是旧俄罗斯称大俄罗斯。在大俄罗斯境内有三个都城（Novgorod、Kiev 与 Moscow）在未建都于圣彼得堡（St. Petersburg）以前，继续着作政府所在地，这一部分实是从前俄帝国的核心。但是一翻一九一四年的俄国地图，其疆域实远越大俄罗斯以上，只看这地图上统一的颜色很足以骗人，有时误认所有在尼古拉二世治下的全体人民都是同种的，其实不然，俄国全人口中大约有一万万不是斯拉夫族。"沙"的俄罗斯，是一个极大极复杂的民众，全靠独裁政治的军权集合成的，在八百万方英里的面积内通行一百零三种语言，各民族间的风俗习惯传说血统宗教全不相同，在这些民众间寻不出统一的俄罗斯精神，因为他们只是俄罗斯的一部分，专靠外界的约束才伏于"沙"权威之下的。

俄罗斯全人口中（大俄罗斯及各州均算在内）有百分之八十至八十五是农民，是业农者保守性极重，沈沦于俄罗斯人的无情、愚昧、忍耐、服从的生活之中，除去关于土地的改革，他们直与革命没有关系，或者还立于反对的地位，只有在都市上的工人、大学里的学生、贵族中爱自由的青年及职业阶级内，可以寻出俄罗斯革命的精神来。贵族的子弟加入革命运动，乍闻似很奇怪。其实在俄罗斯确是事实。像托尔斯(Tolstoy)、克鲁泡特金(Kropotkin)和那革命的祖母 Catherine Breshkovsky，都是贵族出身。

俄国革命首领对于人民很抱一种热望，把他们的希望都放在农民身上，并常注意村会(Village Mir，欧俄的民主的地方自治体)，想把他当作将来的理想社会。但是运动愚钝的农民去实行革命是不可能的事，所以有许多革命的领袖郑重的主张"教育比革命还要紧"，主张"一时期的迟缓而且艰难的教育运动，应在争政治的自由的努力以前"。此外亦有些人主张目前先把农民放在一边，专靠受过教育的少数人用革命的手段把俄罗斯弄成自由，至于农民的政治上精神上的解放可以俟之将来。屠尔格涅夫

(Turgenev)曾寄书于一热烈的革命家说："你想革命的要素存在于人民中,其实恰恰相反,我可以断定革命这样事体,从他的真意思、最大的意思解释起来,只存于智识阶级的少数人;设使我们自己不自起纷争以自损灭,实在很足以有成……俄国智识阶级的使命,就在把文明灌输到人民中间,使他们由此可以自己判断何去何从。"当时俄国的人民总有一万万农民,极其守旧,故革命运动的事业不能不担在少数智识阶级的肩上,少数人作牺牲多数人享幸福,几乎是人类进化史上的公例了。

俄国的帝制既为革命的势力所颠覆,那从前为帝国的附庸亦都与罗曼诺夫朝的运命同时瓦解而裂为些小独立国,像那波兰、芬兰、Ukraine、Georgia、中央亚细亚、西伯利亚并他处的各部分,都相率独立以图自救,他们将来的结局或是成一种什么形式的联合,现在我们虽不能预测;但我们相信这些部分必能结成一种联合,目前我们应该只注意在大俄罗斯,因为他是这些附庸所环绕的中心。大俄罗斯自成一部分或存或亡都为一体,在他的六千万人口中约有百分之十是构成俄罗斯革命的要素的,其余都与革命没有关系,或是忠于现行制度的,差不多所有的农民都未加入革命运动。那些农民在全人口中实居大多数,他们并不是满足他们的境遇,但他们唯一的希望是在确保他们的土地所有权而不在政治的改革,他们怨恨地主和官吏一流人物而不怨恨皇帝,所以革命的责任只落在看出自由俄罗斯的光景而决心致之实现的少数人头上。

这样看来,俄罗斯的中心只在大俄罗斯一部分,而在大俄罗斯中革命的中心势力又只在大俄罗斯全人口中少数的智识阶级。我们应该把那些农民、无产阶级、工人、职业阶级,看作一种另外的要素,而全将注意集中于现代俄罗斯的动的要素,就是为革命原动力的智识阶级。

(三)革命中心势力的三大系统

俄罗斯革命的中心势力可分为三大派:一是无政府主义派,此派在三四十年前虚无主义盛行时代是一很大的势力,可是在一九一七年前早已不成为革命的重要原素了;一是自由主义派,一是社会主义派,这是近年来促进俄国革命的两大势力。在这两种势力的背后实有一更大的势力,为他们的泉源,就是一般人民对于自由的热烈的要求。除去一部分持大斯拉夫主义的人,他们的自私和偏见把他们牢牢的束缚在独裁制度上,其余若农民、若工人、若商人、若学生,一般有思想的俄罗斯人心中,都起一种想望由压迫之下救济出来的怒潮,他们在经济上物质上常感受饥荒与缺乏的压迫,精神上常感受束缚言论思想自由、束缚社会的伦理的行为等等压迫,又常目睹善良的男女或则流放在于荒凉的西伯利亚,或则禁锢于黑暗的监狱中,更有洁白的人民惨受酷刑,这些光景都可以激起他们一种猛烈的愤怒,凑合了种种的目的与感情才表现而成此二大势力以为反抗专制的大运动。

俄罗斯的自由主义在一八二五年顷很活泼,后来潜伏了五十余年,十九世纪末年以来又复呈活泼的气象。自由派亦很承认许多的苦痛是经济上的,他们亦知在英美自由制度之下还是有可怜与卑屈的阶级,他们亦承认土地和资本的私有制度和社会的罪恶有极大的关系,应加以详细研究以为限制或废除之;但是第一步应求政治的自由,自由政府一旦成立,一切残虐的禁锢和租税都可以妨止,立法行政的自由都可以保障，社会的改革便可按主权的人民的意思实现出来，政治的自由是社会改革的础石，没有政治的自由社会的改革似永不能成功；且反抗暴虐政府代以人民政府，争政治的自由易得大多数的赞成，征之西欧往例便知社会革命或经济革命是一件未之前闻、可惊可骇的事，反对的人太多不易成功，他们对于亚历山大二世的农奴解放和创行议会制度极表欢迎，以为果能得到自由就有皇帝存在亦不要紧，像在英、义[意]和一七八九至一七九〇年间的法国都有君主亦很能为有效的改革。果然能改建共和他们固亦赞成，但以为国体的问题不是主要的问题，是支节的问题，最要紧的是把实际的政府放在人民手里去排除那暴虐统治的压迫，企图政治的自由，但是亚历山大二世的钦赐自由终于有名无实，一九〇五年的立宪亦只是敷衍民众的手段，一九〇七年至一九一七年间的国会只是一个空的形式，官僚政治仍存在于民众统治以外，自由派始悟皇帝政治与自由政治断不能两立的道理，遂于一九一七年三月亦取了革命的手段。皇帝退位后一时政权握在受温和社会党人扶助的自由党人手里，第一次临时政府的内阁总理为 Lvoff，外交总长为 Profssor Milinkoff，军务总长为 Gutchkoff，财政总长为 Tereshtchenko，司法总长为 Kerensky。是年七月风波又起，社会党又把自由党的政府推翻，Kerensky 为首组织政府十一月七日 Kerensky 政府又倒，多数派 (Bolsheviki) 起而代之以至于今日，俄罗斯的自由主义遂为社会主义所战胜。

（四）劳农政府的组织及其中心人物

克伦斯基政府既为列宁一派所推倒——第二劳兵会乃于一九一七年十月廿六日晚九时召集第二次会议，选出一个新中央委员会，其中会员多数派实占大多数，以大多数通过一个建立新政府的决议如下：

"应即组织劳农政府名为人民委员会，以统治此邦直到宪法会议成立之日为止，一切国家行政都委于此人民委员会，会员须保障按本会议定的政纲执行与一切工农男女的组织密切的协同动作，一切政权都在人民委员会，监督他们更动他们的权都在本会。"

当时选定人民委员会衔名如下：

1. 会长 Nikolai Lenine (Vladimir Ilyich Ulianov)
2. 内务委员 A. I. Rykov
3. 农务委员 V. P. Miliutine
4. 工务委员 A. G. Shliapnikoff
5. 海陆军务委员 V. S. Ovsiemko (Antonov)
   N. V. Krylenko
   F. M. Dybenko
6. 商务产业委员 V. P. Noghine
7. 教育委员 A. V. Lunacharsky
8. 财政委员 I. I. Skvortzov (Stepanov)
9. 外交委员 L. D. Bronstein (Trotsky)
10. 司法委员 G. I. Oppokov (Lomov)

11. 粮食委员 I. A. Teodorovich
12. 邮电委员 N. P. Avilev(Gliebov)
13. 民族委员 I. V. Djugashivili(Satline)

劳农政府就是这样成立了。这些人物，多是由中产阶级和智识阶级出身，是很可注意的一点。后来事务的分部和人选，都有更动。现在的组织和人员如下：

1. 会长 Nikolai Lenine(仍旧)
2. 内务委员 Dzerjinsky
3. 农务委员 Sereda
　　　　　Zalejsky
4. 工务委员 Achmidt
5. 陆海军交通委员 Trotzky(前外交委员)
6. 商务产业委员 Rykov(前内务委员)
　　　　　　　Miliutine(前农务委员)
7. 教育委员 Lunacharsky(仍旧)
8. 财政委员 Krestinsky
9. 外交委员 Tchieherine
10. 司法委员 Kursky
11. 粮食委员 Tsurupa
　　　　　　Hinchuk
12. 卫生委员 Semashke
13. 社会救济委员 Vinskurov
14. 外国通商委员 Gukavsky

现在把建设新俄罗斯的中心人物的履历一为略述。

一、列宁(Lenine)

列宁原名 Vladimir Ilyich Vlinnov。一八七〇年四月十日生于 Simbirsk 省。此省位置在俄人最亲热的慈母乌尔加(Mother Volga)河岸上。

关于列宁的出身在纪载里有不同的两说：一说他是农家子弟，一说他是贵族子弟。其实二说皆有根据。在旧时俄国一个人若作了海陆军的将佐或是民政官吏，自然成了贵族。列宁的父亲虽出自农家，而显达至于省政府顾问的地位，所以随著者的意思说他是出自农家亦可，说他出自贵族亦可。他的母亲名叫 Maria Alexandrovna。伊在 Kazan 省有点小财产。列宁父死后他的母亲承受了一份养老年金。

他的父亲历充过学校的校长或监督，是一位很热心的教育家，到处奖励文化上的兴趣。有子女五人：三男二女。一家人都能各精一艺，或善于音乐，或善于美术、文学、科学等。他们的家庭俨成一个小的大学校，这样一个有趣味的团体自然生出一种亲热的家庭精神来，兄弟姊妹都相亲爱并都亲爱他们的父母，感情异常的深厚。

这样一个美满的家庭对着四围很苦的民众，在他们的精神上自然都印了很深的迹象。他们自己家庭生活的甘美和那呤呻在帝王虐政下万家生活的愚闷与不幸恰是一个绝好的对照，万众的愁云遮盖了一家美爱自由的光景。所以随着他们求得知识的热情，他们对于人民的热情亦开始增进，一个跟着一个的都自献身于工人农民的解放和教育的事业。

一八八六年五月二十日发生了一场悲剧，给了列宁一个很深的印象。悲剧为何？就是列宁的长兄 Alexander 以谋杀皇帝罪被捕入 Schlüsselburg 牢狱。

他这位长兄具有一种奇特的精神与品性，酷好音乐，尝漫步森林中，荡小舟于 Volga 河顺流而下。他是一个勤勉优美的学生常冠他的同级，获得学校的金奖品。

他同着他的姊妹 Anna 入圣彼得堡大学，在那里读书，非常的奋勉，出席听讲，在实验室里研究，朝夕不辍，作了一篇《论昆虫的视觉官能》的论文，得到动物学的奖赏。读了很多社会科学的书，草了一通党纲，翻译了本关于马克思哲学的著作，组织些团体，运动船坞工人，助贫苦学生，至于典当了他所得的金奖品。

他对于皇帝暴虐的反抗一天激烈着一天，层出不穷的虐政驱着他与革命党的营垒日益接近。他组织了一班人，去祭批评家 Dobroliubov 的坟墓，行至 Nevsky 地方，便为哥萨党侦缉队所冲散，许多学生被捕去了。亚历山大从此便与一虚无党人团体称为"民意"(The People's Will)的联合起来谋杀俄皇亚历山大二世，事为秘密警察所发觉，有十五个会员被捕交法庭审讯。

英国著作家 Wilcox 说："他被讯的时候辞却一切法律上的援助，对于不利于他的话一句亦不驳，他第一的希望是要解脱和他有关系的人。首席辩护士说他自己承认了一切的罪名，差不多就是不是他作的事亦认作是他作的一样。"听说因他这样把他人的罪揽在自己身上，救出了他一位同志的生命。在他对党上的演说里，声明过他的信念就是在俄国现下的情形，只有天诛(Terror)是政治竞争上可行的方法。到了宣读判决死刑的五人姓名的时候，Alexander Ilyich Ulinanov 亦在其中，其余的四人是 Gueneralov、Andriuchkin、Ossipanov、Schevyriov。

将要行刑的时候，他的母亲得了许可来看望他。伊第一次来看他的时候，他匍匐在伊的足下流着眼泪恳求恕他为伊添此烦恼的过处。但他对伊陈述一个人于报答两亲以外，还有更高的义务而在俄国为全体人民谋政治的解放，而我就是这些更高义务中的一种。他母驳他说他的方法实在骇人。他答伊道这是必不得已的手段，舍此还有别的方法么？伊又劝他自行悔罪以求赦免，但他坚不肯为此，说"那就是作伪了"，"我要杀人所以人必杀我"。

他很想在他一息尚存的时候，把他生前未了的责任，就是极琐屑的小事，都要弄得清清楚楚，他还记得他欠一位朋友三十卢布，就请他母亲替他赎出他的金奖品，卖了偿还此债，并且请伊把他借来的书归还故主，怕他母亲过于悲伤，他特特[别]提起他几个兄弟姊妹都已卒业，才能都很优越，以慰安他的母亲。他就这样死在 Schlusselburg 的断头台上了。这是一八八七年五月八日的事。

他那一位兄弟 Dmitri 和他两位姊妹都一时曾受警察的监视。列宁曾在 Simbirsk 中学肄业。那临时政府的领袖 Alexander Kerensky 的父亲 Tedor Kerensky 充当此校的校长。他断想不到他的儿子后来竟据过全俄的最高地位。他更梦想不到由他所管理的学校出身的学生，竟是取他儿子的地位而代之的人物，现在正以坚强的精神和手腕，指导全俄的运命，全世界大革命的运命，以与举世的仇敌相抗战。

一八八七年，列宁在此校卒业。卒业后即加入 Kazan 大学。是年他的父亲去世，他的长兄遇难，他在此处的生活为时极短，因他在大学中宣传社会主义并参加革命示威运动被逐出校，并不许在 Kazan 省居住。

一八九一年，列宁入彼得堡大学研究法律经济，是时他才结婚。在彼得堡大学肄业的期间，发布了一篇关于马克思主义的论文，声誉顿起，那被称为俄国社会主义之父的 Plekhanov 读了他的著作说："这位青年必有成为危险人物之一日。"大约十五年以后列宁就从那位老前辈手里夺了社会民主党首领的地位，二十五年后他竟把这位老前辈逐出苏维埃议会之外了。

这时俄国的官吏亦颇注意列宁，看他是一个很危险的人物。因他对于学理和对于生命一样的有热情，并且专心一意的作社会党人运动的事业，等到他组织了手工阶级解放联合会，他就变成一个有势力的工人首领了。

列宁并没有像他长兄一样参与于天诛主义者的运动，他只在教育工人们以政治的、经济的、知识的事业上尽力。但从皇帝眼里看来，无论如何只要是为人民奋斗的人都是政府的仇敌，所以重重的拳击终不免落在列宁的头上。一八九五年他往 Greneva 与 Plekhanov 发生关系，旋即返圣彼得堡致力于社会主义的文学与宣传，用 Tumine 的名义发表。一八九六年因组织社会民主党为法庭所控被捕，一八九七年一月二十九日俄皇下了一道谕旨，把他发往西伯利亚去了。

他同着千万个最勇敢最优良的俄罗斯少年，经长途远越亚细亚的荒徼去了。但他决不令这一片冰天雪地静沈沈的西伯利亚于他没有什么意义。他想在这个地方，正可以有很富的机会让他去思去读。他在 Irkutsk、Krasnoyarsk 等处过了他的逐放期间，当他在 Sushenskoy 的村落里的时候，他曾自励用脑与笔不断的工作，所以他从此出来以后，有好多的著作出世，用 Ilyich、Ilin、Tyline、Lenine 等名义发表。

列宁的流放期虽满，但在俄罗斯境内仍不能自由活动，政府仍不许他在工厂中心或是大学所在地的大都市里居住。他于是于一九〇〇年七月十六日逃往西欧，作了社会民主工党中央委员会的会员，在很重要的位置。一九〇一年他同 Plekhanov、Martov、Zasulich、Axelrod 诸同志创立了一个报社，名为《Iskia》，译云《火花》。这报成立后，就成为亡命在外的俄罗斯社会党人流动的中心。列宁在这个热烈的革命家团体里增进了很多组织的能力，所有加入解放运动的青年都来集合于这个中心，所有在俄国境内革命的宣传都是由这个中心发动。

列宁因为避暗探的监视，常迁徙于 Munich、Brussels、Paris、London、Geneva 等处，他的夫人 Nadezhda Constantinova Krupskaya 是一个热心宣传家的女儿。伊充党中的秘书，尝用尽精力腾[誊]写那些用看不出的化学药水写的暗号信件，几乎毁坏了伊的健康。

一八九八年，俄罗斯社会民主党成立。一九〇三年，该党在 Brussels 与伦敦开第二次会议的时候，列宁主张把该党改为中央集权的组织，由一个中央集权体指导一切运动。他力持此说，争论甚激，该党因而分裂成为二派：列宁一派为多数派（Bolsheviki）；反对列宁的一派为少数派（Menshuriki）。少数派的领袖是 Martov，多数派的领袖就是列宁。

列宁既作了多数派的领袖，许多旧时负有声望的老前辈如 Plekhanov 亦在其内，都投票举他。后来他们才转到少数派里去，成了他的反对党。

列宁虽只身寄居异国，没有一点活动的方法，亦不失他的勇气，亦不抱悲观。他刊行了一部《经济学研究》的书，在俄国销行很广。他用以他这部书卖得的余钱，并赖 Lunacharsky、Bogdanov、Vorovsky 诸人的助力创了一种报，名曰《前进》（《Forward》）。

一九〇四年，俄国的革命运动复活了。列宁在是年的会议提出很多的问题，如那无产阶级专政、资本家财产没收、革命运动发展至于极度、俄罗斯革命是全世界国际社会主义者革命的乐令等等问题，都是可以决定他后来作劳农政府的领袖的。

一九〇五年，俄国第一次革命爆发，列宁以大赦得归故国，指挥第二次国会里多数派的活动。不久反动又起，遂又逃往芬兰（一九〇六年），而瑞士（一九〇七年），而巴黎（一九〇八年）。此时他又创立了两种报：一名《社会民主党》（《The Social Democrat》），是一个宣传的机关；一名《无产阶级》（《The Proletariat》），是一个学理的刊物。他同他的同志住在 Cracow，距俄国边境很近，他在那里可以与俄革命党人接近，并且指挥他们的运动。

列宁于宣传运动外，还有美术的兴趣和著作的生涯。Wilcox 说他像马克思一样，欢喜英国的博物院。他对于这个机关有很热情的称誉，一谈到此便眼光四射，兴致勃勃。他在英时即住在博物院的附近，这是他最欢娱最足以慰安精神的乐土。

列宁译过一部 Sidney and Beatrice Webb 著的《产业的平民主义》（《Industrial Democracy》），成绩很好。他自己的著作重要的有下列的十九种：

一、《俄罗斯社会民主党问题》（一八九七年出版）

二、《俄罗斯资本主义发达史》（一八九九年在圣彼得堡出版）

三、《经济的札记和论丛》（同上）

四、《什么是要做的？（吾党运动的难问题）》（一九〇二年在德国出版）

五、《告贫乏的农民（为农民对于社会民主党的宗旨而作）》（一九〇三年在瑞士由俄国革命的社会民主党出版）

六、《进一步退两步（论本党的危机）》（一九〇四年在瑞士出版）

七、《民主革命中的社会民主党两个政策》（一九〇五年在瑞士由俄国社会民主工党总部出版）

八、《社会民主实业史略的大纲》（由一九〇五年至六年的文集）（一九一七年在彼得格拉出版）

九、《解散旧国会和无产阶级之目的》（一九〇六年在俄国出版）

十、《一九〇五年至七年俄罗斯第一次革命中的俄国社会民主党的大纲》（一九〇七年著，一九一七年在彼得格拉出版）

十一、《经验批评主义的唯物哲学》(一九一〇年出版)

十二、《帝国主义是资本主义的末日》(一九一五年著,一九一七年在彼得格拉出版)

十三、《俄国政党和无产阶级之目的》(一九一七年在彼得格拉出版)

十四、《论进行方法的文书》(一九一七年在彼得格拉出版)

十五、《革命的教训》(同上)

十六、《农业中资本发达律的新论据》(卷一论美国农务经济中的资本主义,一九一七年在彼得格拉出版)

十七、《国家与革命》(一九一七年在彼得格拉出版)

十八、《苏维埃政府的要图》(一九一八年在彼得格拉出版)

十九、《无产阶级的革命与考慈基汉奸》(一九一八年在彼得格拉出版)

列宁的著作译成英文的,我只看见有《无产阶级的革命》(是集合列宁与托罗士基最近的演说而成的,纽约共产党印书社印行)、《苏维埃政府的要图》(纽约 Raud School 印行)和《国家与革命》三种。

大战初发的时候,列宁方在奥国企图运动工人起来反抗,因被捕入狱。赖法国社会党人的运动,才得释放出来。他便回到瑞士,仍旧为平和为国际社会党努力运动。一九一五年的 Zimmerwald 大会中也有他活动,他在那里是极左派的领袖。

一九一七年四五月间,俄皇倒后,他很想回国,但协约国政府很反对他回俄国。亏得瑞士社会党人的计划,费了许多周折,才得经由德国回俄。随着他来的有一百多革命党人,其中有很多的社会革命党和少数派,著名的像 Axelrod、Marton 等亦都在内,他们是反对列宁和多数派的最有力的人物。他到俄都的那一天,陆海军人和一般人民举行了一次盛大的欢迎典礼,从此他的生涯就和俄国的大革命混在一处了。

二、托罗慈基(Trotzky)

托罗慈基本名 Bronstein(Lev Davidof,或作 Lev Davidovitch),因避政府的注意,变名称 Nicholas Trotzky,系借取第一次捕他的狱吏的名字。他父是一犹太信徒,他于一八七七年生于南俄 Kherson 省。十四岁入中学肄业,颇受同学青年革命思想的感化。十五岁被逐出校,一八九八年因"南俄工团"的关系第一次被法庭检举,在 Odessa 被捕,时才二十二岁。一八九九年十月十日判决流放西伯利亚四年,他住在 Verkholeusk 城,流放后之第三年,竟从此处逃走了。

一九〇五年 Khruatalev 被捕后,他继任彼得格拉工会苏维埃委员长,时年二十八岁。因此又被检举,一九〇六年十月十三日判决剥夺公权,终身放逐于属于 Tobolsk 的 Berezov 城。一九〇七年二月二十日,他又由此处逃往瑞士。他在瑞士或云在维也纳用俄德文发刊《蒲拉达》(Pravda)报,又办一世界通信社以宣传俄国革命的消息于世界,并将世界的新潮输入于俄国。一九一〇年展转至于德国,在此着了一部《俄国第一革命史》。后以革命的言行为德国官吏所忌,被捕入狱,至大战前三月始被释放,遂移居于奥京维也纳。是时战云日迫,奥社会党安多鲁博士虑他以俄人居此恐遭危险,劝他去此,乃赴塞尔维亚,至则战端已开,塞地且为奥兵次第侵入,遂复还瑞士。不久俄社会党人在巴黎发刊俄国社会党报名为《Noshellvo》，招他往任编辑，他又任《Golos》的编辑。时有法境俄军以反对战争有戕杀法国将校的事，法政府处俄兵以极刑，他很不平，乃作一文历数法政府的罪状，托法社会党某君致之法政府，因此又被逐出巴黎。

是时欲返瑞士，瑞政府又因与俄不和，拒绝入境。欲走西班牙，西政府亦不许入境，在巴鲁沙罗地方被拘，旋逐出境外。他在欧洲算是穷途了，乃决往美洲，在坎拿大被拘了些日子，革命后取道英伦返俄。

他的身材高而细长，眼光明锐，鼻作弓形，口甚大，乱蓬蓬的黑发，一点滑稽的山羊式的下髯挂在滑削的脸上。他有一种演说的才能，善作悲剧的作派，便利的口技，却能接近群众，精于德国的学问，操法语极流畅，亦少通英语。

他的著作，我所看见的有《多数派与世界平和》、《俄国革命史》和那同列宁合著的《无产阶级革命》三种，都有英文译本。他从前并不属于多数派，社会民主党分裂后他归于少数派，后来他又介于两派之间，自成一"托罗慈基派"（"Trotskyite"）。

三、蓝那查士基（Lunacharsky. Anatole Vassilievich）

蓝那查士基亦名Galerka，又名Voynov。家世很有声名，是一位莫斯苦瓦政治顾问的儿子。一八九九年以在莫斯苦瓦工人间宣传革命，为警察所探悉被控，一九〇二年五月十五日判决流放到Viatka城二年，受警察的监视。

一九〇四年他住在Kief地方，他在那里为社会党地方委员会会员。一九〇六年他又被控，一九〇七年一月初旬往柏林，对于俄侨发出一篇含有革命意味的论文，从此以后他便加入内外社会党人的运动，到处出席于各种会议，被派为法国国际社会党人机关报"Le Preletaire"的通信员。

蓝氏是劳农政府人物中的重要脚色。形容枯瘦，眼光温和而神秘，在他那和蔼的精神里艺术比意志力多，他是一个优美的理想家，是多数派里的教育家。

蓝氏于召还Gorki的事很尽力，现在Gorki在彼得格勒指导文学局，集合许多文学家从事于迻译William Morris与Ruskin的著作，以启发无产阶级。

蓝氏于缓和宗教界的反感亦很有力，因为他是一个希腊正教徒，他能在教堂内唤起共产党的运动。他曾演说过"假使基督复生于今日，他一定是一个共产党人"。

一九一七年，蓝氏听说莫斯苦瓦起了骚乱并有焚掠事，心里很难过，即提出一篇沈痛的文书辞人民委员会员职。其文如下：

"我刚才听由莫斯苦瓦来的人说那市中发生事变，Blessed Basil寺院及Assumption寺院尽毁于兵火。

现在那里搜藏了彼得格勒及莫斯苦瓦最贵重的美术珍宝的围城已遭毁灭了，那里有无量的牺牲。

凶烈的竞争已达于兽性的憎恨的级段。

将来是何景象？弄到什么地步？

我不能忍此，我的器小，我晓得我自己不能止此丧乱。

在那些驱人于狂的思想的重压之下活动是不可能的事。

这是我从人民委员会退出的理由。

我晓得此决定很重大，但我不能再留了。"

十一月三日他得了个好一点的消息，加以同志的挽留，不得不变更他的决定。他以公共教育委员的名义发了一篇恳切的请愿书。其文如下：

"朋友们，现在工人在此邦占绝对的优势了，天然的财产以外人民更承袭了伟大的文化的产业，宏丽的建筑物、博物院……全是人民的财产了。

所有这些东西，将以助我贫苦的同胞及其子孙变成新人……朋友们，我们须谨守这□民的财产。

你们曾骂那擅取他人货物的盗贼可羞，你们曾胁之以严罚，但是作人民的掠夺者，其可羞更加百倍。……固然你们是此邦的青年主人，就是现在你们很忙，有许多事要筹画，有许多事要作，你们亦该知道怎样保护你们美术的科学的财产。朋友们，现在莫斯苦瓦之所遭遇，是一个可怕的不能挽救的不幸内乱的结果，毁了无数的名城，焚了很多的宫室……人们在他们权利竞争中，毁了他们光荣的首都。

在这猛烈的竞争与破坏的战争中，作人民教育委员特别的悲伤，我们唯一的慰安，在于社会主义的胜利是一个新的较高的文化的渊源似的，在我实重负着保护人民的美术的财产的责任。

知我自己不能继续主持我所无权的职司，我便提出我的辞意，我的同事们就是别的人民委员会员，觉得我的辞职不能允许，我于是在你们寻得一位胜我的继任者代我以前，只得暂时留职。

但我求你们，朋友们，给我以你们的援助，为你们和你们的子孙保持我们祖国的美术，作人民的财产保卫者。就是那最后有教育的他亦曾不知不识的保全到那样长久，即此可以恍然大悟艺术是怎样伟大的一个快乐强健明慧的泉源。市民们，守住我们国民的财产！"

看这两篇沈痛的文告，已可以想见他的人格了。

四、布哈林（Bucharin）

布哈林是一个司法官的儿子，受过优良的教育。他并不是列宁的传话机，他在多数党里保有独立的地位，而未尝任过有责任的职守。在多数派中为反对 Brest 和约的主要人物。关于多数党的运动作过许多很有价值的小册子，那有名的《共产党政纲》就是其中之一。把多数党的真目的真精神都赤裸裸的表现出来了。他还不到四十岁，身躯短小，富有勇敢，他在学说上理想上比列宁还趋于极端。

五、康门聂夫（Kamenoff）

康门聂夫在多数派里亦是一个重要的人物。年才三十七岁，须髯尽黑，他的形容比他的实在年纪还老些，和他的多数同志一样亦是个犹太人。他的真名为 Rosenfeldto。他是富家子弟，曾卒业于莫斯苦瓦大学。在学生时代已具社会党人的倾向，与多数俄罗斯学生一样，在二十岁以前即与警察成为仇敌。他是派往 Brest 代表团中的一人，作过一种书，论那争议最多的和约。Brest 和约成后他被任为驻奥京（维也纳）的多数派公使，但因为芬兰人所捕未能赴任，芬人把他置之监狱直到一九一九年七月才释放出来，回国后被选为莫斯苦瓦苏维埃会长。他为人尚学理不尚血气，他的主张比他多数同志温和的多。

六、几诺维也夫（Zinovieff）

几诺维也夫于一八八三年生于 Ukraine。幼时即从列宁，是列宁最密切的朋友，直到如今未曾分离的伴侣，在旧时帝政之下，他同别的多数派领袖一样受过监禁的苦楚，释放后即逐出国外。战前十年间他为多数派中央委员会很尽力的会员中的一人，作了党中的书记好几年。大战初起时，他同列宁在 Galicia 攻击交战国双方的军国主义甚力。从一九一四年至三月革命，他同列宁在瑞士刊行《社会民主党报》，责备那些助军国主义张目并那不极力抵抗他军国主义的社会党人不遗余力。后来在 Zimmerwald Berne 和 Quintal 各处会议都有他出席，与列宁同代表俄罗斯。前年三月多数派政府迁到莫斯苦瓦，他留守彼得格勒为彼方的首领。他身材短小，头及前额均甚大，一见知为聪慧的人物。他痛恨英国人，对于工人常说英国是永不能与俄罗斯调和的国。

七、斯佛德洛夫（Svordlov）

斯佛德洛夫，犹太人，一八八五年在 Nijni-Novgorod 生，受过普通中学的教育，后在一药铺里为化验师。一九〇二年他第一次被捕拘留两个星期，时年才十七岁，因为他参与学生的示威行列。一九〇三年受警察监视，一九〇七年九月二十七日被判决监禁二年，好容易出了监狱，一九〇九年十二月十三日他又因参与一个被禁止的会议被捕，并被判决流逐边远省分，因为健康不良，于一九一〇年四月二日被许出国，以后又在俄国被捕，一九一一年五月五日判为流放 Narinsky 省四年，一九一二年十二月七日从那里逃走了。他曾被选为劳兵会中央行政委员会即是全俄苏维埃会议的议长，如果列宁的人民委员会长的地位等于内阁总理，他的地位便等于共和国的大总统。据去年多数派传出的无线电报，他已经逝世了。

八、齐捷林（Tehicherine）

齐捷林系贵族出身，承袭相当的财产，后来作了社会党员自愿弃之。少年时代曾为名誉政治顾问，又在外交部当过书记，不久他便辞去他不愿作的职务，于是献身于社会主义者的运动，与他别的同志一样曾被放逐到各处。一九〇七年他在柏林为柏林社会民主党机关部中央委员会员，在他在那里宣传社会主义于侨居当地的俄人间，他不能逃于普鲁士警察的严重的监视。一九〇八年在 Charlotienbvrg 被捕，发见出来他有八十多个记号作他的变名，遂被逐出于普鲁士。后来他往 Geneva。大战初起时他在英国，与英社会党有极密切的关系，终为英国官吏所囚禁。一九一七年十二月回俄。Brest 和约成后，他继托罗慈基任外交委员。他有语言学的天才，通英法德文字极精，旦夕都在外交部公事房阅电报文书精勤不倦，现年的四十岁。他在多数派占高级位置的原故，在于政治才能的方面少，在于人格纯正信仰坚定的方面多。他身躯短小，两肩低垂，眼小面赤，须发作砂色，不修仪饰。

九、喀拉罕（Karachan）

喀拉罕，Armenia 人，主张排斥土尔其人，与中欧诸国没有好感情。他在多数派中属于相信笔墨比刀剑还有力量的一类，有许多外国多数派的军队在他保护之下，把许多小册子翻成各国语言了。刊行了一种英语日报名曰"The Call"，志在分布于驻北部俄罗斯的英国军队。他的仪表很有丰采，须髯修整，衣装都丽，长于辞令，接待外宾，都是他的职任，是多数派人民委员中最漂亮的脚色，助齐捷林办理外交很有成绩。现年三十三岁。

十、诺格海音（Noghine）

诺格海音于一八七八年一月二日生，在俄国社会党中久负重望。一八九八年十二月十六日他在彼得格勒初次被捕，流放于 Poltava 省，刑期三年。一九零零年八月六日逃去亡命于英，十月一日返俄，又在彼得格勒被捕，判决流放于西伯利亚 Yeniseisk 省。一九零三年四月二十日，他从那里又逃走了。后来他变名来到于 Nikolaief 地方又被捕，流放于 Archangel 省。一九零五年八月十日，又从这里逃走了。是年十月一日，他又因参加工厂工人本部派出的工联代表会议在莫斯苦瓦被捕，判决三年监禁。一九零八年八月出狱，返莫斯苦瓦参与合作制度会议。八月十七日又被捕，流放于西伯利亚境内 Tobolsk 地方北部四年。一九零九年一月他又从那里逃走，此后他便出国了。后来回到莫斯苦瓦作宣传运动，又被捕流放到 Tobolsk。一九一〇年八月二日，他又从这里逃走。一九一一年他在 Tula 地方作宣传运动，是年三月二十五日又被捕了。这是他从前的历史。劳农政府成立后，他被任为商务及产业委员。

十一、斯佛卓夫（Svortzov）

斯佛卓夫是一师范院卒业生，曾充过教员。一八九五年因制造炸药材料，以天诛主义者第一次被拘讯，三年间受警察监视。一八九九年又因在工人间作宣传运动在 Tual 被捕，一九〇二年流放到西伯利亚东部三年。一九〇五年期满回来又因参与革命的示威运动在莫科苦瓦被捕，释放后一九〇八年又被捕，不久又释放。一九一一年二月十八日又被捕，宣告流放于 Astrakhan 省三年。劳农政府成立后，被任为财政委员。

十二、亚威洛夫（Avilof）

亚威洛夫，人都知道他叫 Gliebov。从前作过印刷工人，一九〇七年他因宣传革命处三月监禁的刑罚，自是他便作了莫斯苦瓦秘密社（The Secret Society）的会员，后来逃往外国，应同社的要求，出席于意大利中北部 Bologna 学校听煽动家和宣传家所授的课程。劳农政府成立后为邮电委员。

十三、德儒加什维理（Dingashvili）

德儒加什维理是 Georgia 人。执过簿记业，以宣传革命被放于 Vologda 境内。一九〇八年九月二十九日逃走又被捕又逃去又被捕。一九一二年，判决流刑三年，是年九月一日又逃走。劳农政府成立后，曾为国籍委员。

十四、李果夫（Rikof）

李果夫一八八一年生于 Saratof，长育于正教教堂，作过外国语翻译员。一九〇八年被剥夺了居住国内的权利，但许他出国，后又回国。一九一〇年二月一日流放于 Archangel 省。一九一〇年十二月八日由 Pinega 城逃走，不久又被捕，流放于 Marunsk

省。一九一四年九月二十日又从那里逃走。劳农政府成立后,曾充内务委员。以上所述,都于建设劳农政治为比较的重要人物,其余的人不更赘述了。

(《新青年》第九卷第三号,1921年7月1日,署名 李守常)

1 日

55.《劳农俄国的电气化》(《新青年》第九卷第三号,7月1日)

《新青年》第九卷第三号,刊登邓生译《劳农俄国的电气化》,如下:

劳农俄国电气化委员会的会长克尔柴诺夫斯基工程师(Engineer Krgijanovsky)对访问的人详述电气化委员会的事业,以下便是他的谈话。

国家电气化委员会现在的职务中,包括中央执行委员会所担负的组织事务。对于由气化的详细计划早已征集。并且已经画全国为八区,规定电气化的巨大计划。

和实施电气化相关连的问题,就是如何方可免除现在国内的运输不便以及食粮和燃料的短少。担任解决这些问题的专门家现已研究出一个结论,就是若引用了电气站和电气转接台的制度,使可以便得改造俄国经济制度的全身这一件事,有了个坚固的基础。我们细细考查这问题之后,已经决定,在此后的十年里,至少要在欧属俄罗斯境建筑二十七个大电气站,西部西伯利亚和土耳其属要有三个,而且其中的二十八个电气站一定要是一百五十万基罗瓦德的大站,用水力发电的是五十万,用燃烧发电的是一百万。

我可以指出,从前我国尚是资本主义的时代,已经想采用我们要用的电气化计画。在一九一八年的时候,莫斯科和彼得格勒已经建立第一个的大电气站,这电气站已经是欧洲式了。在大战之前,早就有电气化的计画,可知这个理想实在不是新的理想。但现在呢?我们有更加适宜的情形可以促成电气化的发展罢了。资本主义虽能计画实行电气化,但同时也是成功上的妨碍。因为土地既尚在私有权之下,便不能广为利用瀑布去办水力发电,而且也不能尽量建立电气站。到十一月革命,就把这些阻碍统统扫净,可以立刻解决全俄国内的电气化问题了。

既将那关连于电气化的经济生活的各方面都分析之后,我们不得不对于运输问题下特别的注意了。我们所有燃料的来源,汽油以及煤,都是和销[消]费中心相距至二千以全三千的俄里。不但如此,便是消费省分的粮食也要从这处的黑士(指煤)省分取米。一看了这种情形,显然可见每逢一次运输上的扰乱,就成了煤与食粮的恐慌。所以运输大的难点,应得我们加以极大的注意。

我们对于这情形,先指定一组专门家着手去解决铁路电气化这个问题。研究的结果,得了一个结论,就是要使运输事业电气化,先须解决两个根本问题。这两个"根本问题:一是在纵的方面,必需使莫斯科-库次克铁道(Moscow-Kurak rail way)电气化了,并且分枝到多纳河流域(Donets Bosin)的西部;一是在横的方面,必需使南多纳河流域能藉电气转接台的力量,经过伯拉夏卡列伐(Bclaya Kalitva)站去和柴立省(Tsaritsin)接连,因此救济了南多纳流域的铁道雍塞病,而使多纳的煤块能出向伏尔加河流域去。

我们心中的电气化计划虽是那样大规模的,但是我们对于已有的电气也加以相当的注意,而且竭尽我们的能力去把他们整列起来,组织起来,并且使他们社会化。所以我们极广泛的去利用已有的电站,我们废止了分电站做普通用及特别用两组的规定,我们照电站的价值分为几个等级,并且把所有的电站连合为一体,以立统一国家电气制度的基础。

至于大规模电气化实施的程序,我们现在已做了下面的几件工作:我们把大战前余下的唯一的大电气站——所设国家电气站的——大大地扩充了一下。我们在这电气站里添了一个有五千基罗瓦得电力的新机,新的大汽锅,和一切必要的装置。现在这电气站可以供给二万基罗瓦德的电力了,从前只有一万基罗瓦德。同时我们又大规模地试验,用轻气炼煤法制造机器煤块。据去年试验的结果看来,我们可望在最近的将来实行煤泥制造的革命。在煤泥出产地带,已经建筑了大站,这是将来分区大站的锥[雏]形,在煤泥制造和建筑工厂、电站以及营房等等事业,都有大进步。

同时,我们建设跨于乌卡河(Oka River)的卡西斯卡伐(Kashiskava)区站,也已很快的进行工作了,这一个站的位置是在经过莫斯科煤区的两条铁路底附近,离莫斯科约有六十俄里,这一个电站将有在四万基罗瓦德以上的电力,建筑这个结的工作,正在很好的进行中,粗大的一部分工作已经完成,附属的小工作也做好了不少,尤关紧要的工作,如水的供给,以及免使建筑工人在机器房上行走等等难问题,也都解决做好了。我你希望这一个站能在十二个月以至十八个月的时间内完工。

除了这三个站以外,建筑其他各站的预备工作,也已经开手了。譬如,在邻近伊凡诺夫,伐纳省斯基(Ivanovo Vognesensk)的地方建筑的泰柯思卡夏(Taykorskaya)区站也已经动工了。近彼得格勒的地点,已经动工在纳伐河(Nava River)旁建立一个区站,一过站就用从前乌金斯基工厂(Uikinsky factory)已有的一部分屋,大约一年以至一年半的时期内一定可以完工了。但是最重要的工作却是在复尔克霍甫河(Volkhov R.)上建筑有八万匹马力的轻气站(hydraulie station)和在西佛河(Svir R.)上建筑有十四万匹马力的轻气站这两件事。现在的计划是要在西佛河站先造成了两个轻气机,在复尔克霍甫河站先完成一个。据复尔克霍甫站的负责工程师说,大概一九二四年时都可以完工。此外提议要建筑的站有以下的几个近尼斯尼,诺笑古罗(Nighni-Novgord)的煤尼区,近西士来(Sizran)的加西波拉(Kashpura)尼片石县,以及多纳区的西脱罗笑加(Shterovka Urale)附近。在乌拉尔(Kislovak)正进行的工作就是在开思罗笑思克(Cheliabinak)诸矿建筑区站。还打算先在乞利亚平斯克(Yegorshin)诸矿及夷哥新(Yegarshin)白煤矿等处建筑电气站,在丘沙伐夏河(Chusoraya R.)建筑轻气机厂。

(《新青年》第九卷第三号,1921年7月1日)

1 日

56.《劳农俄国的妇女解放》(《新青年》第九卷第三号,7月1日)

《新青年》第九卷第三号,刊登山川菊荣作,李达译的《劳农俄国的妇女解放》,如下:

一 革命与妇人底活动

"面包!面包!大声直呼,拥到凡尔赛离宫引起大革命的导火线的,是法国无产阶级的妇人;俄国革命也是这样,最初开幕的也是些妇女们。

一九一七年三月九日,是社会党规定为"妇人日"的一天,这一天彼得格勒的劳动妇人,因为生活费用暴腾,行了一个大示威运动,来要求面包,于是给了一个大革命勃发的机会。近来三月九日这一天,成了俄国革命的纪念日了。

帝制倒坏以后,劳动妇人对于革命的活动,并未停止,而且反对那违背无产阶级和联合国及绅士间握手的克伦斯基政府,并且反对该政府的主义和主张。

一九一七年六月九日,在各劳动妇人团体机关杂志编辑部指挥之下,行了第一次反对战争的大示威运动的也是他们。又,这一年五月里,彼得格勒浣衣女工人四千人,干了一次同盟罢工。当时彼得格勒市浣衣女工会会员只有六百名,全体也加入了。这次罢工,劳动者方面虽没有完全得胜,可是他们罢工的主要目的,在将洗衣工场收归市有,劳动者自身当然有管理权的——他们这个目的在罢工终止后不过几个月就有几处工场实行了。

一九一七年十一月,诱发多数派的反动——真正的无产阶级革命〈一〉的一大刺激物,也是彼得格勒各大工场中织维女工人的同盟罢工。这些女工人去了工场,成群结队,拥到市内来,煽起了彼得格勒市无产者革命的烽火。

劳农会中最初就有妇人加人了。无论什么地方,劳动妇人总是加入多数派,支持劳农会左翼的势力。三月革命与十月革命之间,彼得格勒市,发行了社会主义的妇人新闻,继续办了一年之久。

一九一八年四月,莫斯科市及附近地方开了一个妇人大会,讨论食粮问题,生活费,儿童保护等问题,通过了重要的决议案。

这一年的十一月,开了一个妇人大会,这大会是代表彼得格勒市和北部各自治国十万劳动妇人的。有五百代议员会同起来讨论母性保护和失业保险等问题,通过了重大的决议案。

十一月革命之后,亚历山大郭伦泰做了社会人民委员,列入劳农政府最高执行委员会,几诺维夫人勒尼拉做了几诺维所主办的北部自治团的社会委员,教育人民委员卢那查尔士的夫人,做了儿童殖民地等事务的主任,这儿童殖民地,乃是为劳动者儿童谋利便,兼管家庭和学校和运动场的事务的。此外通全国无数万劳动妇人,都尽力教育和社会事业。就是旧时代的上流妇人为学校和儿童殖民地等事出力的也不少。

大战之中热心爱国的中流妇人所组织的决死队,是两百多天真烂漫的女子组成的，这团体为支持第三阶级革命受了利用，多数派得势后同时解散了。至说赤卫军中不过没有特别的妇人队为止，而妇人当兵的很多，这是实事。

多数派下总动员令的时候，劳动妇人都愿争人拥护的革命的军队。政府把他们分配各种军队送到战场里去。无产者军队中这些女军人和男性战友一样奋勇攻击那破坏革命的人。这些事都在沉默之中干的。在俄国说起来，妇人打仗已是平常的事，并不成为问题，而且也没有特别称赞他们的勇气的必要了。

更有很多妇人投到军队里做非战斗员，而尤以办卫生事务的多，无虑数万人。他们受了充分的训练之后，附属在卫生队里送到战场和野战病院去，或在内地充当看护妇。他们的勇气实可惊异，战争还没有终止的时候，他们在炮火中出入战场，运回那负伤的军人，救护那些武装兄弟们的生命。

妇人兵士多在后方勤务。无论在兵站部，输送部，司令部，邮政局等等地方，无不有妇人服务的。他们为支持无产阶级共和国之故，不惜一切努力和牺牲。尤其以赤卫军内部的启蒙运动和宣传事业，差不多归妇人独占了。赤卫军中不单是有图书馆读书室，而且因为要深深的了解社会主义，队里常常集会讨论讲演的。妇人就利用这个机会，把那为实现社会主义而战的赤卫军的光荣和责任，印入到兵士的头脑中，继续的鼓舞激励他们。

住在彼得格勒、阿德兹撒、萨马拉各大都会的妇人，给了防御那些都会的机会。劳农俄国陷入危险的时候，他们曾经下了妇人的动员令。他们主要目的就是代替出征的男子做事，其中也有到军队里荷枪调练，危急之际，他们为保护自己的乡土，有不少流了最后的血液。

妇人按着自己的能力受军事上的训练。共产党的女党员，与男子同受军事训练，已经成了义务了。男女兵士武装军队，每礼拜一两次，进到地方练兵场学习射击并受别的训练。称为"普通军事教练会"的劳动团体之中，加入的妇人有数百之多。五月一日那一天，劳动义勇军队之中，有一队妇人兵队，受了很好的教练。这"普通军事教练会"的女会员，当守备都会之任，这些都会中，妇人兵士每日都可以看得见，一点儿也不奇怪。妇人也可以入士官学校当士官。一九一九年的秋天，劳动妇人义勇军出身的最初将校，开始送到战线去了。

俄国劳动妇人，用高尚的感情，和无限的热诚，和谦逊的美德，履行自己的义务。他们当着无产者国家遭到危险的时候，忍冻受饿，忘了穷乏，舍弃一身一家的私事而不顾。他们对于战胜资本阶级所得的结果，即是他们推倒资本制度得来经济上政治上的自由，决不肯让敌人夺去的。他们决不甘忍受回反到以前的境遇，让那劳动妇人的奴隶状态的专制主义把他们压迫在铁锁之下。他们所以牺牲身[生]命保护无产者共和国的原因，就在这些地方。一九一九年，狄诺勃夫在北部自治团劳动妇人大会里有一段演说道："若没有劳动妇人的援助，我们的革命决不会成就的。若没有那些劳动妇人在危险时期内同我们一致作战，恐怕离革命还辽远呢！这是男子们要记忆的事情。"

二 母亲与儿童之保护

"家庭破坏""妇人国有"这两句话，也算是多数派震骇世界的重大"罪状"了。实在说起来，要晓得多数派对于家庭与妇人办了的事情，是很有兴味的问题。所以我们最先就要晓得，那与妇人生活最有密切关系的政治机关，即社会人民委员会的职务。

社会人民委员会是劳农政府的一部，是全俄罗斯一切社会事业的枢轴。各地方劳农会中附有社会委员会地方部，与中委员会联络，实行所布告的事务，各各[个]分担各地方的事务。

劳农政府掌握政权以后，同时把一切个人的或半官的慈善事业都废止了，所有一切不能劳动的人都由国家担负扶养的义务了。依一九一八年一月三十日社会人民委员会的布告看起来，凡是劳力谋生的人，若遇暂时的或永久的不能劳动，即是老衰、疾病、伤害、妊孕与非由自己过失而陷于失业的人，以及没有适当保护者的儿童，一概都有受国家保护和扶养的义务。受伤害病者不收医药等费。

依哥伦泰所记，下列各部门都算入社会人民委员会重要部门之中。

一、儿童局　凡是没有保护者的儿童，即孤儿、弃儿、乳乞丐、淫妇之子，以及依法律被剥夺亲权者(即犯罪人、酗酒人等)之子，和三种病的儿童等，都由儿童局担负保护之任。上面所说病的儿童的第一种，就是有道德的缺陷的人，即适用一九一八年一月十八日之法律而犯罪之儿童(俄国少年裁判已依此法律废止，犯罪之儿童，委社会委员保护)。第二种就是有智识的缺陷的人，第三种就是有肉体的缺陷的人。儿童局设有养育院、儿童自治团、儿童 home 等，为儿童设代用的家庭。在 home 和养育院中，以儿童的劳动和独立为根本的主义。达于一定年龄之后，此类儿童也和寻常儿童一样，都要进学校。儿童在十七岁以前都要住在这种 home 里，十七岁以后，任其自由行动，此后国家亦负保护义务。一九一九年一月一日，委社会人民委保护的儿童达十万人，包有儿童 home 千五百个，现在想必更增多了。

二、母亲及乳儿保护局　此局掌管保护产妇及乳儿的事务。体力劳动的妇人通产前产后十六周间，他种职业妇人十二周间，可以免除劳动而仍得照原额领取工钱。分配妊妇的面包分量可以增加，医药无费。通各[过]〈都〉鄙收容妊人妇的妇 home 设立的很多。妊妇在这种 home 里可以依照自身健康程度做轻便的工作，又可以单单的休养，并授育儿的智识。分娩之时则入国立产育院，尽俄国现状所许可的范围以内，给与优良的食物和补助金，又有好医生和产婆看护妇，殷勤看视，可以安心分娩。此处待遇绝对平等，无论何人之子都一样贵重都一样受国家保护。

产后三星期之间，产妇与小儿收容于专门家监督的乳儿院中，在院中可以育儿至三个月之久。若产妇想在自家分娩哺有，那么照前面所说的不特产前产后免除劳动，并且在授乳期内，劳动时间短缩为四小时，并且有权利请求经济上之补助以及特别分给肉类牛酪等物。

各处又设有官立诊病所，凡有乳儿的母亲，都负有一种义务，在定期内带领小儿赴所检验身体，验知儿童的健康和成长的状况，领受育儿上必要的注意和教训。母亲及乳儿保护所，于工场等处设有托儿所，与供给授乳的休息室。在夏季时，农村中也设有此种托儿所。乳儿保护局在此种处所设立榨牛乳的工厂，把纯良的牛乳配给劳动阶级的母亲和小儿不收费用，而且对于儿童所用牛乳，更注意监查的。无母的乳儿，收容于乳儿院，由专门家监督，用牛乳成人乳哺有。

莫斯科母亲及儿童保护局中，附有常设的育儿展览会，凡自妊孕以及产前产后，乳儿期，幼稚儿时代所有关于母亲及儿童心身一切注意事项，都用图画或模型或详细的说明，无大无细，网罗无遗，大可以启发育儿的智识。例如将妊李中胎儿发育的各时期用图描写出来，供妊妇参考，自遗传和饮酒对于胎儿所被之影响为始，优生学上种种原则和统计，都用图解和说明书表示出来。又适于妊妇的卫生衣服样本，分娩时所有用具和卫生材料，都一一陈列，以及应行注意事宜，都一样的用艺术详细明白表示出来。又健康之时和患病之时所有儿童生活各方面，都用图描出，作为模型，表明健康儿童和患病儿童在各时期中发育之大小，所有儿童的病态及其显著的征候，可以一望而知。又用艺术的方法把蝇类传染病菌的径路图解出来。儿童用器具、玩具、食物、衣服等类陈列之旁，都附解说批评其利害。此育儿展览会又设有电影戏部为附属事业，简易的说明母亲及儿童保护局的职分。儿童展览会的陈列品，后来渐次增加力图完备。社会人民委员和教育人民委员互相联络，办理此项事宜。

幼稚院制度普及于全国，四岁至八岁的幼儿，都在院中哺育。但四岁至六岁之儿童入院与否，可以自由，而六岁至八岁之儿童，就有必须入院的义务，上级生受习轻易的学课，以为小学教育的准备。可是在现时的俄国，母亲和儿童保护的设备，还不能十分增加，其原因有二，第一就是经济困难，第二就是缺乏熟练的育儿人。所以教育委员和社会委员都很努力的设立哺育者讲习所，养成此项人才。多数派执政以来，很尽于保护母亲及儿童的事务，所费之款亦甚多。极端的穷困和艰难，是帝制和资本主义的遗产，同时又是欧战和封锁的结果，然而俄国的无产阶级人民，却为保护母亲和未来的国民却不惜牺牲一切，这是很可佩服的一件事。

三、废兵局 废兵局的任务，系应废兵能力的大小分配工作的。

四、养老局 一九一九年受此局保护的老人有六万五千，其后大见增加。

五、扶助费局 此局掌理支出对于失业者及赤卫军家族之扶助费。在俄国中凡一切五十五岁以上的男子和五十岁以上的女子，有当受扶助费之权利，这是社会人民委员的布告所认定的，照俄国现时经济状态而言，虽然不能即时实行，而在事实上只有不能劳动的人单受此局保护，取得衣食。

六、临时扶助局 受此局临时补助的老穷兵卒达四十万人。此外为授职业于贫民起见，又由此局开设各种工场，又免费的食堂，和住宅和寄宿所。此局为救济白卫军占领地带之避难人民，几有日不暇给之势。

七、反革命牺牲者救济局 此局专救济因反革命受损失的势农会和共产党内部的劳动者以及随同共产党入国的外国亡命客，为他们设有种种农业自治团。在他们未得工作之先，由此局领受扶助费。

以上各局之外，还有掌理廊清乞丐和娼妓的局，分为种种小部门。在一九一八年时，有二百五十万的废兵，有七百万的伤病兵，更有三十五万因战争产生的孤儿，有二十万的盲人、哑子和聋人，此外更有多数疯癫、白痴和犯罪的人，都受社会委员保护以谋生活。在一九一八年的后半期，社会委员为办理此项事业，曾费出六亿卢布，一九一九年前半期的预算为二十亿卢布。

在克伦斯基时代，曾为社会大臣的伯爵夫人巴尼那，她是个富足而且贤明的好社会改良家，能使列宁也赞叹她是"一个最伶俐的资本主义拥护者"，她是与帝制时代的俄国继续奋斗的自由主义者。她对于政治运动和慈善事业不惜耗费私财，因此大受一部分劳动者和贫民所崇拜，只是她的思想习惯，原是贵族的，到底不与劳农政府相容，到十一月革命之时，她就失掉了原有的地位，这时候，她曾经使嗾部下的吏员实行同盟怠业之举，都重要的书类，锁钥和巨额的公金和隐匿了。若以她的经验和手腕援助新政府很能尽力，可是她为破坏者的政府却弄了许多手段的。

劳农政府成立之后，代巴尼那的人是郭伦泰。郭伦泰就职后，立即在部内开大会议，连最下级的雇用人都要求出席。席上她说俄国财政状态濒于危机，为社会事业所残留的基金极少，所以无论何人不能充分领得他所应受的报酬，列宁杜洛基和她自己以及一切人民委员的月薪不过五十元，她把这些话说明，要求部下的给以牺牲的援助。以前年薪二万五千卢布职业的救济家，因此受了大打击。他又说以后要常常开会要求一切雇员出席，并说无论专门家或洒扫妇人的话，都一样的尊重，她这种话越发使人惊愕起来。巴尼那常把郭伦泰看做仇敌，听着郭伦泰这一番话，她说："听说那没有办法的郭伦泰夫人，当开会的时候，唤小使坐在旁边。这种办法对么？小使一流人都懂社会改良的话么？"

巴尼那和郭伦秦的差异——即第三阶级的社会改良和劳农政府的社会施设之间的差异——单就这一事看起来，就很容易窥察出来。就是前者是施恩惠于人民的，后者是认定人民的权利的。

三 结婚制度

劳农俄国于一九一八年一月卅日制定婚姻法。这婚姻法的制定及其内容，对于妇人国有的谣言给了最决定的反证。

男女关系，纯然是个人间的私事，不是国家和社会所应干涉的问题，这是许多社人主义者所相信的。漫说是妇人国有，就是制定婚姻法确立自由意志绝合的一夫一妇婚制这件事，也招了一部分人激烈的反对，说是国家侵越权限了。对于这种反对也有一个解答：

就理想上说，很希望男女关系不受外的拘束，不受法律的支配，但这种制度，要在社会主义制度永久确立以后的社会方能实现的。在现时由资本主义到社会主义的过渡期内，什么标准和原则都未确定，人民保守的习惯，不易打破，表面虽似乎急进，其实反以维持现状逆行时势为便的。俄国无产阶级革命，是在中产阶级革命中途挫折，而与主建时代传统思想开始妥协的时候发生的，所以无产阶级的使命，应当继承中产阶级之后打破那封建时代的思想和习惯。就是现在的俄国负有一种任务，连同资本主义和资本主义以前的制度习惯都要扫灭的。

然而有一部分急进的人，以为婚姻法没有制定的必要，宗教的结婚听本人自愿，可以不去干涉。话虽如此，而现在的俄国的婚制只有向来的教会结婚一种。教会和宗教都是教人崇拜天上人间的权力，和科学的社会主义思想不能并立，而尤以俄国教会，简直与皇室不能分立，教会的势力就可说是旧思想旧制度的势力。所以成就革命的最大急务就在打破教会的势力，要和教会奋斗，就有另建新理想新标准的必要。新婚姻法不单是驱逐人民中所有教会和宗教势力的武器，同时又是革命的，又是社会主义的。这新婚姻法，在法律上实现男女的绝对平等，在资本主义到社会主义的过渡期内，给妇女们最大限度的自由，离婚容易办到，夫妇的权利和义务平等，因此打破旧婚制，同时又作成将来更自由的男女关系的基础。

依据新婚姻法，唯有经过民法上手续的结婚，方发生夫妇的权利和义务，而惯例的宗教结婚，一切都失其效力。

婚姻年龄，男子十八岁，女子十六岁。

想结婚的男女，预先到所管的官厅去，用口头或书件，通告结婚的意旨。官厅若判明这两人没有法律上的障害，当着两人来厅的时候，把他们的婚事登录好了，就给与婚姻证明书。

要结婚的男女，若是重婚，或互为直系尊卑，或为异父同母，异母同父的兄弟姊妹之时，不许结婚，就是万一许可了，若把事实判明即为无效。又未经一方之应承，或应承而在人事不省之状态，或强制成婚，这类婚姻，也作无效。

夫妇用共同之姓，或用夫姓，或用妻姓，或用二人合姓均可。

夫妇有同居之义务，关于财产之权利，各有区别，夫妇不得互相承受遗产。死者遗产中劳动必要器具等物，得分配于亲类。

夫妇互负同等扶养之义务，一方陷于不能劳动状态之时，他方必须赡养。若对手方面没有扶养资力，则由国家任其责。

夫妇合意离婚或仅一方有离婚希望，均成为离婚的理由。双方意思互缺一致之时，则成诉讼。一切地方裁判所，为谋处理解除婚姻的诉讼起见，至少每礼拜规定定时一次。

又依亲族法，凡是结婚而未通知于官厅之双亲所生之子，与已通知于官厅之双亲所生之子，有同等之权利。未婚妇人怀妊之时，至少要在三个月以前，对于住在地之民事登记所，将受孕时期，及孕儿之父亲的住所一一通告。有夫之妇而与夫以外之男子交接受孕时亦同。登记所接受此项通知时，须将此事实通知该孕妇所指定为父亲之男子。若此人不承认为实事时，在两礼拜以内有起诉之权利。若此人认为实事之时，裁判所要命令他分担怀胎分娩及扶养小儿各项费用。若与此妇人有关系不止一人之时，裁判所也命令他们共同担任此项费用。父母协同行使亲权。但至男儿十八岁，女儿十六岁之时为止。关于儿女诸事，概由父母合意办理，意见若不一致，双方出席法庭由裁判所决定。

父母分居时，未成年的子女，应与谁同住，又离婚时子女应用谁姓，一切由父母合意决定，意见若不一致，则诉于裁判所。

父母有扶养不能劳动之子女的义务，子女有扶养不能劳动之父母的义务。但受政府扶养时，不在此限。

子女对于父母之财产，父母对于子女之财产，并无权利。

离婚之时，父或母谁应养育子女，养育费如何分配等事，依父母双方协议决定。双亲关于子女教养的协定，若遇与子女的利益不相一致之时，裁判所有向该父母请求法律规定之扶养费。裁判所当决定分配子女扶养费之时，须要考虑子女有无受照料的必要，又子女之母亲或因受孕不能劳动，以及父母收入的多寡和劳动能力的大小，须均加以考虑的。

依以上所述显然可以知道的，劳农俄国的新婚姻法和[的]特色有四：一，立在男女同权基础之上；二，专以当事人意思为结婚离婚之条件；三，私生子的制度完全废止；四，父母两方之亲权平等。

资本主义的社会里，女子常受父母及夫和监护人所监督，不能自主。结婚这种重大事情，女子的意思毫不受尊重的。而尤以没有劳动能力缺乏职业的机会的结果，不得不把结婚当作唯一的生活手段，就是违反了自己的意思，也要继续他的生活了。又亲权专属于父，女子对于自己所生育的儿女并无权利，离婚之时非将子女留归其父不可。但是劳农俄国的妇人却不是这样，完全脱离了那一切不合理的拘束了。她的身体若是健康，无论什么职业在她可以做得到的都可以做。若因失业、妊孕、病痛等事不能劳动，就有受国家扶养的权利，为劳动生活谋利便，就有公共寄儿所，这种寄儿所，并不是资本国里慈善家所造的那样小猪栏的托儿所，这乃是由国费办成的，有熟练的医生，看护妇和保姆当保护之任，可说是儿童的乐园，我们应当记忆的。现时俄国妇人，经济的精神的完全得以独立，可以结成一种除自己爱情和良心以外并无烦恼的纯洁的夫妇关系。

资本主义与社会主义的根本不同之点，就是前者是利益本位、金钱本位，后者是人的本位。新俄国的立法——纵令在过渡时代迫于必要不能称为十分彻底的社会主义立法——和资本国的立法，其间相异之点，简直可用这种质本的相异点说明出来。

四　家庭劳动之社会化

劳农政府妇人解放的两大计划，就是母性保护和家庭劳动的社会化。资本主义社会之下，妇女唯一的天职是做母亲，所以不欢喜妇人的社会的生活。不单是对于她做母亲这件事没有报酬，而且当着因做母亲而不能劳动的时期内，连她的职业和独立都要夺去，使她不得已仰社会或他人的恩惠谋生。所以在这种社会中，女子在专做母亲的范围以内，她的经济独立，在原则上是不可能的。而劳农俄国，却不甘于承认为母是妇人的一个天职，而且有进一步的设备，使妇人安然愉快得以完成她的职分。

单是这样，还不充分。现时那样原始的家庭劳动，消耗主妇的时间和精力，妨害她的自由活动和发达，这种劳动若不废除，妇人若不免去烦琐的家事，真正的解放【是】不能实现的。

把现在的家庭和百五十年以前的家庭比较起来，家事自然是减少许多。譬如在我们祖母的祖母的时代，纺纱、织布、染色、缝衣等事，一切都是家妇的主要家务，但在今日除裁缝外，一切都有专门的工人经营。就是裁缝一项，在现时比在我们母亲的时代,也没有那样重要,因职业为生活的妇人增加,没有闲工夫去做裁缝,而且不以自己做裁缝为利益的人也多了,这是显然的事实。而尤以现时都会中的家庭,有煤气、电气、自来水的便利,家事越容易办理,生产方法进步,普通的生产物多用廉价供给,从前认为主妇所必要的个人的生产,到现在已不觉得必要,而且变为快乐了。今日的家庭已不生产专以消费为职务了。

这样的变化,都是资本主义产生出来的结果。此外洒扫洗灌、食物调理等主妇应做之事,都改为生产和劳动的组织,为全国民劳动为全国民生产,这种社会若是实现,无论何时都可由妇人手里分离出来。就是在现时那些能够分充分利用文明利器的富有阶级,已经照这样实行了。社会主义更进步,就是把那一部分人独占的利便,给全国【人】民解放出来。

劳农政府在经济状态所能做到的范围以内,要用很低廉的价值,或者不收费,尽将优美的食物供给于公设食堂,要力谋这种食堂的普及和完备,个个主妇的劳告和个别的家计法的不经济,都除去了。"洗衣和别的事,都是这样。劳动妇人早已不埋身在污秽物的当中作工,袜子、衬衣都无须修理。她每礼拜只要把那污秽物和破裂的东西送到洗衣处和修缮处,等下礼拜去领回来就好了。所以劳动妇人并不像在资本主义支配之下那样耗费晚间的余闲,做无限制的苦工,现在尽可以读有用的书、做娱乐的事情了。"这是郭伦泰的话。

又先前在资本主义之下教育的任务,也是由父母移到社会的手中的。儿童达到就学年龄,到学校去受教育。可是儿童衣食住的费用,和在学校就学时间内的照料,还是归父母私人担负的。所以劳动阶级的父母没有余力供给能使自己的儿童就学。无产阶级大部分的子弟,不满十岁就要开始过劳动生活,所谓国民教育不过是一纸空文。不特如此,而且得工资做工的父母,不过在晚间归到家里睡,对于儿童精神上肉体上的发达丝毫不能注意的。所以在资本主义之下,为父母的觉得子女是一种重担负,子女是子女,被置在无保护者的状态。

劳农俄国对于这一点,大加改革。社会人民委员会和教育委员会,关于教养子女的事情,努力减轻父母的劳力和经济的负担。婴儿院,托儿所,幼稚园,儿童home,儿童殖民地,医疗院,儿童静养所,儿童食堂,学校的无费备餐,教科书,温暖衣服,靴子及发给不收费的必要品等项,一切都为实行此种目的方设备的。

劳农政府照这样把那妇女最重大的扭[担]负,即家事和育儿诸事,概收归国家办理,面[而]社会去担负责任。各别的家计法和育儿法生出来的劳力滥费和不经济一概免除,同时使妇人专心做适应个性的事情。

世人轰传的多数派一个凶恶的罪状,即所谓"破坏家庭"的本体,就是以上所述的。家长做本位的旧家族制度之解体,是资本主义发生以后的事实。劳农俄国认定这种事实,要建设种新制度,代替那早已失掉保护个人的力量的家族制度。关于这一点,郭伦泰有一个说明。

劳动阶级做母亲的妇女们,尽可安心。社会主义的社会并不是要从人家父母手里抢去子女,也不是要从母亲怀里夺取婴儿,什么灭亡现在的家庭要诉诸暴力的事,全然没有这样想法的。旧家族制度正在解体了。所有家庭劳动,在先前是使家庭当作社会单位的支柱,到现在都社会化了。把家事看得重要的时代也过去了。关于子女的事,也是一样,无产阶级的父母,早已不能去照料他们,教养他们,子女和父母同是一样的苦痛。

所以劳农俄国向无产阶级的男女说:"你们年纪青,你们互相爱,你们有生活于幸福的权利,你们要享乐你们的生活,勿要逃避幸福,不要回避结婚,虽然在资本主义之下,结婚是劳动者的【枷】锁。你们青年强壮的人不要害怕,你们要为国家造些新劳动者、少国民出来,劳动者的社会要求新劳动者,你们对于你们子女的未来不要耽忧,你们的子女不会知道冻、不会知道饿的。像资本主义社会里那样,把小儿们抛弃使遭逢不幸的事是没有的。小儿们一生下地来,劳动者的国家就连同母子,一并扶养,殷勤照料。小儿们受劳动者的祖国扶养和教育,但这祖国却并不是从父母手里将小儿夺去的。劳动者的社会虽然负有教养儿童的一切义务,而为父的仍有为父的喜悦,为母的仍有为母的满足,意会并没有夺情的事实。"

照这样看来,那些用暴力破坏家庭,用强制力分割母子爱情的话,还说得上吗?事实是逃不过去的东西。旧家族制度的时代业[已]经过去了,这并不能归咎劳动者的国家,这是新社会状态的结果。家庭使妇人从生产的事业分离起来,所以对于国家已没有必要了。又育儿诸事,在以前是家庭的任务,现在渐渐移到社会上去,各个人可以不去干了。我们眼看见旧家族制度废址之上,有全新的男女关系的新制度生出来了。这是爱情和友爱的结合,即是都自由、都独立、都平等、都为劳动者的新社会中同人的结合。妇人早不要做家庭的奴隶了,家庭之中已没有什么不平等了,女子纵然为丈夫所弃,也没有拥抱子女彷徨歧路的害怕了。劳农俄国的妇人,不倚靠丈夫,倚靠自己的工作。养她的人不是丈夫,是自己强壮的腕膊。对于儿童的命运全不要耽忧,劳动者的国家,负担对于儿童的责任。以前结婚是把家庭生活弄黑暗了的一切物质的要素和金钱上的打算,现在的结婚却把这些弊端除净了。以后的结婚是互相信互相爱的两个灵魂高尚的结合,这种结合对于男女劳动者,约定有一种最完全的幸福和最大的满足,凡是能够自己觉悟,能够自觉自己境遇的人都能享受的。以前是奴隶的结婚,现在是用友爱确定的自由结合,这就是新劳动者的国家要替男女们提供的。古时奴隶的两性关系,并不如现时这样是爱人又是朋友的自由公正的结合,这时候,人类的污辱,压迫劳动者的一种可怕的弊害可以消灭的。

劳动者的国家,要求新的两性关系。做母亲的对于自己子女那种狭义的排他的爱情,要扩充起来,对于无产阶级一大家族中一切子女,都一样的用这种爱情去爱他们。使妇人隐忍屈从的旧结婚制度要倒坏了,义务权利都平等的劳动国中,两个人民用爱情和尊敬确定的"自由结合"要起来代替了。个人的利己的家庭消失了,一切劳动者都是兄弟,都是僚友的大劳动家庭要起来代替了。

我们要为那健康的含苞未放的儿童展开道路!我们要为那有自由感情自由爱情来追求人生娱乐的强壮青年展开道路!这两句话是劳农俄国的标语,我们在自由平等爱情的名义之下,希望男女劳动者、男女农民拿一种信念猛勇的去做改造事业,把人类社会弄得更完全、更正确，充分的保证各人有相当的幸福。

五　劳动妇人之觉悟

在资本主义之下的俄国妇人，不分中产阶级劳动阶级。都与一切政治的社会的生活会无关系。因为如此，所以女子的智识经验不如男子，一旦政权归无产阶级家里以后，我们要去多加于新使国事业的建设，总觉得有多大的困难。所以首先要后发劳动妇人，教他们了解这新事业，教他们晓得尽力做事。

因为适应劳动妇人的心理要行一种宣传，所以产出了妇人代表大会。这会是由一区或一市各工厂中妇人劳动总会所选出的妇人代表组织而成。这会方面是使劳动妇人精通劳农会事业，教他们晓得运用的教化机关，他方面又是劳农制度和妇人全体的联络机关。

妇人代表分为数个团体，附属各处劳农会行事，以前他们很尽力做的是社会部、劳动部、教育部、卫生部各方面的事情，他们监理产妇院、妇人及儿童 home、儿童游园地、小学校和别的学校公设食堂和庖厨所。分别说起来，他们所做的事，就是纠正产妇院 home 的秩序，监督并分配学校里的靴子和服物，补助劳动监督官提供材料，考察妇女和小儿劳动，是否严守规律——但俄国十六岁以下的少年男女禁止使用的。他们受了委任，组织普通病院、野战病院，看护病人和受伤的人，监督兵营。他们也参与警察事务，介绍妇女做一切生产的劳动。

劳农会中各部门，各设有讲习会，即如社会科、保姆科、赤卫军、看护妇、养成科、卫生科等类，因为要使那些妇人代表精通劳农会的职能，所以把他们编入各科里头去。同时在工场事务所作事的代表，也把自己和属于自己各部门所做的事，按一定时期报告于选举人，在工场里则组织警备委员会，探听劳动妇女的不平鸣和希望和他们的建议。

妇女代表们对于劳农会和共产党所行的一切运动，譬如燃料征发队，卫生队，食料队，救济负伤人，扑灭传染，地方宣传运动诸事，一概参加。代表会每月开会二次或三次。近来莫斯科和别的都市，都把代表选出的基础改小，每劳动妇人一十名，得选出代表一名。因此藉这代表会可以使劳动妇人全体相接近，劳农会的新势力也得确立了。

还有一个好行宣传的机会，就是各地方村郴年月或四月召集的无党派妇人大会，出席人数最多，最便宣传。宣传事业都籍文章和讲演举行，差不多一切共产党机关杂志，都设有劳动妇人栏。

革命以后妇人进步的猛速，无论何人都预想不到的。在革命的时候，真有阶级的自觉的劳动妇人，不过占少数，大多数有革命趣向的人，很缺乏明白的自觉和组织的。但到现在，能够精通某项事务的贤明的劳动妇人，增加得很多很多的。明干的宣传家和妇人记者，多数都由劳动阶级出身的。

劳动妇人的运动，已达到最广的范围，有很大的政治的劳力。彼得格勒、莫斯科、莫斯科附近地方伊瓦诺维、武阿奈逊斯克等地方，这类事业尤其发达。其中最富于阶级的自觉面最有组织的，莫过于彼得格勒的劳动妇人。此种运动，别处地方也很普及，成绩颇有可观。共产党全俄劳动妇人组织大会，出席的地方代表有二十八县之多，当时末[未]能出席的诸县，在共产党妇人部的地方，有乌拉尔、乌夫亚、阿连布克、阿斯特、拉坎各县。照这样看来，劳动妇人的运动，业已普遍全俄国了。尼古拉.布哈林有段话说：

把那纯粹无产阶级和农民的妇女之间所生的变化观察起来，最有趣味。先前被他人当做家畜看待的人，居然自觉起来，晓得自己也是人，也有同等的权利了。他们对于资本主义，对于资本家的压榨，对于所有一切奴隶制度，都加入斗争的队伍中了。劳动妇人和农村妇人开始参与农政了。他们参加于劳农会和种种执行委员会，达到有责任的地位在战场手执武器，从事看护，毫不足怪。中流劳动妇人和农妇，尤其活动谋运用社会的和护制度，保护妇人、母亲、儿童、老人、病人等人。他们照管产妇妊妇，在婴儿院北殖民地、职业绍介所、学校饭厅、公设食堂、吃茶所、病院、公立图书馆等处办事宣传共产思想普及一般智识。他们所办的事，多以这种运动为中心，他们在尽义务时重示理智和感情并行，用热烈的感情发挥新创造的能力，关于实际问题，具有丰用的党记革命以前并没听见讲过共产主义，多数都在党内的学校学会读书写字的妇人们，他们能够实现党内的理想，真是可欣赞的事情。革命以后，妇人的才能和精力，藉自由活动的利便，正如骤雨之后在日光中的植物一样的成长。这种新生活，使无产者和农家的妇人觉悟起来。使他们得着工作得着义务得经验和训练，使他们成了勇敢的战士，成为新社会中的共同劳动者。拥护劳农俄国的存在，维持他本然的发达，其间所必须经过的一切困苦和争斗，在现时想起来，这是很可惊叹的。多数派因为要粉碎那反动革命所籍以武器的资本主义精神，不得不继续战斗。国内经济的紊乱，惹起穷乏饥饿和病的各种不幸。虽然如此而劳农俄国却为灿烂的将来，为自由幸福的共同生活而战。无产阶级和农家的妇人，都加入战斗之中。要把这些妇人的活动，按日按月记录起来，究应从何处起至何处止方好，就难知道了。

现在莫斯科所开的哥萨克大会，就是表示妇女中觉悟的新个性的好证据。妇女与男子有同等的权利做代表参加此会。革命事促起他们觉悟，使他们为劳动者而战的战士。若在革命以前，这些妇人住在哥萨克的乡村，他们只看见他们的母亲和祖母所做过的家事，他们照管公园和田土。当时他们除了所住的小村的境界以外，全然不顾虑的。妇人们中若有一个到郡议会或县议会去傍听，就成了远近的嘲诮的种子。但是到了现在，他们自己去参加劳农会的讨论和决议，长途跋涉跑到莫斯科去，也不畏远。他们坐在向未见面的人的当中，发表意见，讨论决议。他们觉得和在自家的兄弟姊妹当中一样，议论大俄罗斯最重大的问题。有许多怜例[悧]的话句，贤明的建设，有思虑的质问，都是从农妇的口中发出来的。这事完全像梦样，然而是现实的。

劳农政府对于一切用手足头脑而创造的劳动者，给他们增进共同幸福和进步的机会，给他们面包、自由、威严、名誉，使他们营人的生活。不分男女都有共同动作的权利和义务，这是劳农俄国的法则。这种协同作业，无论工厂农村和行政，一概通行。帝制时代的妇女们与国家政治的生活全无关系。上流妇人做人的妻，做人的情妇，与国家问题全无关系。平民阶级的妇女与此相似，常用勇敢充满牺牲精神的俄国妇人,只有革命者之间过了充分的政治的生活。革命运动,女子也和男子一样都做成功了。不单是一个苏菲重女革命党如此,就是横死于断头台和牢狱和荒野的别的许多妇人,他们的操行也像铁石样,劳动阶级的妇女们,战死沙场的很多。可是和全体劳动阶级的人数比较起来,加入政治的斗争的妇人还算是少的。说起来,就是以前少数特出的妇人为那些被痛待的妇人奋斗的。只是到了后来,无产者十月革命就有很多数的劳动妇人和农妇都已觉慎伟大的理想了。

以上不过就我所得的材料,作个记述,确实排定劳农俄国妇女的状态。

要之,劳农俄国中,凡在政治、教育、经济、社会切方面,妇人与男子受同等的利,有平等的发达的机会。照这样的妇人解放,决不是否定女性,决不是压制妇人为的生活,那种周到的施设,世界良母贤委国家梦想都不到的。俄国的施设不过使女子男子一样,仅能力得满足,尽能力尽职务。把这种解放看作是女子的不幸的人,那是别例外,若对于此事觉得有趣味的人,一定是这样想的了,劳农俄国建国之始,为什把男女同权作为当然的事来认定呢?

在旧俄帝国当时,像欧洲各国那样以中流妇女为本位的妇女运动,差不多没有。唯其不是女权运动,而是革命运动,所以得今日这样的解放。一九一八年十月莫斯科第二次全俄无产妇人大会有一个决议:

劳动妇人的解放,与无产者全体解放的条件一致,所以我们除了无产者,一般的问题没有问题。现在正当社会革命发展之时,一切男女劳动者,都要尽全力争无产者的胜利。

过去前半世纪以来,为俄国民众解放运动牺牲的妇女的精神,实是如此。俄国无产者中,从前有苏菲亚、查斯里、菲克纳,现在有郭伦泰、斯比里、特诺巴尔巴诺,照这样看来,世人怎么能够说妇人先天劣弱,要抑压他们社会的活动,要把他们逐回厨房、儿童房、屋里头去吗?男和女都曾经做过奴隶。现在都自由了。我想俄国的革命,唯有无产者从赁银制度解放的当时,才是妇人从性的奴隶制度解放之时,这是我极力要对世人说的话。

(《新青年》第九卷第三号,1921年7月1日)

3 日(星期日)

57.《列宁之国家主义谈》(《晨报》,7月3日)

《晨报》刊登作霖译《列宁之国家主义谈》(1971年7月19—20日,《广东群报》转载)。摘录如下:

列宁说:一般中等阶级的分子,在俄国都是占有优越的地位,所以国家资本主义——就是在资本主义的基础上,受国家的统治和管理之有组织的生产——乃是代表俄国的一大进步……

……进步到一种国家的资本主义，不能说是回转到旧日的地位去的。实在说起来这是一种合法的进步，达于技术上和经济上较为完善之出产的方法。

……

武力的共产主义，以征集食物和其他政策于战阵上贡献吾人以极大的胜利。在这个主义里头是含有一个目的的，但是，现在可是不能够应付那一班平民的要求了。

欲使那班平民能够限制俄国的中等阶级，那么，他的正当的政策，就是以面包来交换工业的出产品。只有这个政策能够使社会主义的基破日臻强固，能够得到胜利。

我们想禁止私人贸易的发展，但是因为有几百万的小制作家的原故，所以私人的贸易，是不可免的事情。想把这种贸易禁绝，在经济上说起来，实在是不可能的。

因此，我们唯一的合理的政策，就是不禁绝资本主义，不过引导他到国家的资本主义的道上罢了。

这种办法，在经济上说，是可能的；……

(《晨报》，1921年7月3日)

7日（星期四）

58.《资本主义世界和共产党的世界联盟》(《共产党》第六号，7月7日)

《共产党》第六号刊登《资本主义世界和共产党的世界联盟》，全文如下：

——第三国际共产党第二次大会的宣言——

一九二〇年七月十七日三十五国的代表会于彼得格勒的共产党世界联盟的第二次大会，会期又自七月二日在莫斯科会议延长到八月七日。这会议的宗旨是对于世界联盟的地位求一个明确的观念，对于已往的事追思审察一番，对于将来的奋斗划定一个大概方针。

共产党的世界联盟的全世界大会，深信他的目的是光明正大，他的方法是不错的，所以齐心发这篇宣言向全世界男的女的劳动者说话。"译者按：共产党的世界联盟与第三国际与第三国际共产党三者，是一样。"

【一】凡尔赛和会后的国际关系

全世界的有产阶级现在都在惶恐踌躇地回望那刚过去的大好时光了。一切国际的和国内的关系的基础都已经被推翻被摇动了。含着危险的警告的漫漫黑雾使得资本主义世界的前途黑暗悲惨。因为自从帝国主义的战争暴发以后，做着国际均势与武装和平底基础的旧式同盟制度和互相保护制度，已经破坏了。凡尔赛的和会再也建不起无论什么可以代替他的新的调停法子。

俄罗斯，奥，匈联邦和德意志，都相继而脱出全世界的赛跑竞争以外了。有几个从前是强国的国家,自己也曾在世界的掠夺竞争中挨过一分的,现在变为被掠夺被驱逐的国家了。联军中各战胜的帝国主义者的前面,现在有一个新而且大的殖民侵略的市场自己开辟起来了,这市场,从来因河的这一岸起,包括欧洲中东全部,高跻远张,甚至于跨到太平洋。刚果,叙利亚,埃及,或墨西哥,怎么可以和俄罗斯的草原,森林,山乡,加上德意志的有训练的劳动能力比较呢?战胜国的殖民【地】新政策已经打好计画了;推翻俄罗斯的劳工共和国,劫掠俄罗斯的生原料,用德国的煤和强迫德国的劳动者去制造这些原料——用谁来监督这些事呢?就用德国的资本家做武装的监督官,就用他们收集这些造成的产物和产物所得的利润。"支配全欧"哪,这是德意志帝国主义当战胜协约国,举国若狂的时候所促进的,现在转被胜利的协约国承袭去了。因此,所以德意志帝国的败北的流氓要被协约国统治者审问的时候,他们一定是被他们最高议会中的裁判官所审问无疑的。

但是战胜国的军营中居然也有战败党。

法国是为人作嫁的。爱国心狂热的胜仗的烟雾把法国的有产阶级熏糊涂了,他们自以为做了欧洲的盟主。其实法国是从来没有像今天一般的丧失主权,受更强的英美政府支配。法兰西现在竭力筹划比利时的工业和军事政策,顺手就把他那弱小的邻国变成自己的一个属省了。但是他自己和英国的关系恰恰就是一个大些的比利时。英国的帝国主义者从来就已把法国的投资家关在划定给他们的区域内活动了,他们用这种方法引导英国和欧洲劳动者的怨毒的锋芒转向法国人身上。法兰西的垂死的残破的势力差不多是暂时的而且可笑的。这种事实,或迟或早,是连法兰西的社会义士们心中都要深深地贯刺进去的。

意大利在国际关系的天枰上分量更轻了。因大战而失了国际的均势地位,煤被夺,粮食被夺,生原料又被夺,意大利的有产阶级虽然满心希望充分实现掠夺和暴行的权柄,现在就是要想在英国所规定给他的殖民区域内试试,也是不能够了。

日本呢,资本主义的反响在他那封建制度的外壳内膨胀,一个猛烈的革命是朝夕之间的事,虽然他在国际关系内站着优先地位,他那帝国主义者的雄心是已经暗中麻痹了。

由此可见,全世界现在只剩了两大势力:英国,美国。

英国的帝国主义一举而胜俄国的大皇帝主义的对敌,再举而胜德国竞争的约束。英国的军事能力已达到顶巅。英国的属地像带子一般包围了大陆。他把芬兰,爱爽尼约(Golhonia),和拉德维亚(Eatvin)收归了他的掌握,因此,瑞典与挪威最后的一点自主权也被夺而波罗的海无异变成了不列颠海港了。他在北海可以独自称雄。他那南非洲,埃及,印度,波斯,以及阿富汗等处的霸权已经变印度洋为不列颠的湖沼。他那海上的势力也足以使他做全球的主人。所差的只有西半球一个金钱共和的美国,北半球一个劳农共和的俄国,还和他鼎足峙立。

合众的美国,自经一次大战,已经完全抛弃了向日的"孟罗主义"了。孟罗主义——"亚美利加是美国人的亚美利加"——是毛羽新丰的民族资本主义的信条,可是现在已经换上了帝国主义的口号——"全世界是美国人的世界"!了。美国趁这一场大战,打劫火烧场,他先利用着江山尽染了血渍的欧洲做了许多商业和工业的投机买卖,然后直接加入战争,在毁坏德国的事中占一个重要地位,现在,无论欧洲或全世界的政治中何等问题,线索都在他手里了。

他扯起了"国际联盟会"的旗帜,想要到欧洲这方面来扩张政策,他要想把全欧洲和此外全世界大大小小的他民族统用联盟的基础编排起来,去驾在他那黄金的宝辂(借用,意思是指皇者所乘的车子)上,而美国政府高坐华盛顿,执总□,挥长策,驾驭全球。实质言之,"国际联盟会",除了"洋济公司"(Yankee and Go.)的全球垄断而外是没有东西的。

大美国的总统,平民思想的大预言家,走下他那"西奈之山"(Mt. Sinai),挟了十四条诫命来征服世界了。股票投机家,官吏,和生意人,听了这种新的纶音福旨一点也没有感动。倒是那批柯祖基的炉子上烘焙出来的欧洲"社会主义者"差不多得了宗教的灵感,紧跟了威尔逊的约箱(犹太人放圣约书的箱子)手舞足蹈,高兴得像大卫王(犹太的一个王)一样。

可是一接触到实际情形以后,这位美国使徒(耶稣的十二门徒叫作使徒——指威尔逊)方才晓得,美国的买卖中,金钱的利息固然不坏,可是英国仍旧握着一切海道线的纲领,这些海道线是有把各民族连结或分割的力量的,因为英国的海军比美国强,海底电线此[比]美国长,而且劫掠世界的经验比美国丰富。还有一个俄罗斯的苏维埃和共产主义,也是和威尔逊的仪仗行列作梗的。所以这位亚美利加的救主(指威尔逊)就愤愤然弃捐了那个已变成英国外交局的国际联盟,而离开欧洲了。

虽然如此,美国帝国主义的第一步被英国所挫,而以为美国就此甘心回去自己锁在那孟罗主义的铁柜里面不出来,是小孩子的思想。决不是如此的。美国现在要把中心点设在北美,自己建起他的国际制度来了;共和同民主两党现在都赞成混一全美把中美南美一切小民族都变成殖民属地,来和英国的国际联盟对抗的政策。他们打算用一个海军政策来达到这目的,这计画若是实现,三五年之后美国将有一个超过英国的海军。这是英国帝国主义生死存亡的问题,相争的结果,是这两个大灵神中闹狂怒也似的造船竞争和一个不差似这样狂怒的石油竞争。

法兰西本来是想要在英美两国中间做和事老的,不料自己竟也像其余的小游星一样,反被吸收入大不列颠的轨道中去了,现在他背了这个国际联盟会木[末]梢,心里累得不堪,他又想要搦起英美两国的仇恨来释放自己。

由此可见,世界列强现在是正在准备一片卷土重来的世界风云的战场。

这次的大战不但不会使弱小民族得着自由,反把那些巴尔干半岛上的许多民族,不问是战胜者战败者,一□脑儿加以破坏和奴役,而且把欧洲好些地方都变成了巴尔干。那些战胜的国家被他们的帝国主义的利益所鼓动,采用了分割战败强国为许多小民族国家的政策。这政策是一丝一毫没有那所谓民族自决的意味的:帝国主义最恨的是民族界限,连强大民族自己的国家都仇恨的。新兴的许多资产阶级的小国不过是帝国主义的副产物,他产生了一大批小民族,如奥斯德利亚,匈加利,波兰,瓦哥斯拉夫,波希米亚,芬兰,爱桑尼亚,拉德维亚,列萨尼亚,亚门尼亚,乔奇亚等,有些是公然受压迫的，有些是面子上算为保守国的，其实都是被当为敌国看待，不过是帝国主义为了自己而暂时建设起来做他的支柱罢了。帝国主义在这些小民族国家里面，用他的银行，铁道，和煤矿垄断权等吮吸脂膏，使他们呻吟喘息，苟延残生于不可一日忍的经济与政治的艰难和无穷期的争夺与流血战争之下。

波兰重建国家，是第一次革命爆发时革命的民主党的计划，也是万国第四阶级的企图，但是现在被帝国主义来利用以作压倒革命的用途了，而且波兰的"平民主义"，始创者伏尸于欧洲的濠堑之间，而今日被英法的强盗的杀人的手举起来当做肉盾当做血污的兵器去攻打全世界第一回实现的第四阶级共和国了，这是何等痛心的运命的嘲笑的啊！

"平民主义"的巨哥斯拉夫也同样的把自己卖给了法国资本家，组织白卫军来反对苏维亚俄罗斯和匈加利了。

匈加利的第四阶级，悲歌慷慨，踊起于中部欧洲的经济与民族的混乱状态中，涌现在"苏维亚联盟"的大道上，要想从这独一无二的自救方法中解放他们自己，却被欧洲先进国资本主义的反动力，趁着他们自己国内的第四阶级被他的党会引上错路因而对于社会主义的匈加利和对于自己都不能尽责任的时候，联盟起来压倒了。

波达百斯德的苏维埃政府是被那班社会阴谋家帮同着推倒的，这班阴谋家掌了三天又半的大权，自己又被那班残忍胜过柯尔恰克，台尼金，仑奇尔（Wnangel）以及其他同盟军帅的反革命的乌合暴民推倒了……但是虽然暂时被人压倒苏维埃的匈加利在中部欧洲的劳动者中间毕竟像一道冲霄的烽火。

土耳其人不愿顺从伦敦的霸王们所掷给他们的丢脸的缔和条约。英国要施行他们的威令就把希腊来武装了，推他去打土耳其。于是和土耳其就有一番互相毁坏，而巴尔干半岛与小亚西亚的边境就糜烂不堪了。

亚们尼亚在攻打土耳其同盟军中的地位仿佛是比利时在对德战争中和塞尔比亚在对奥匈联邦战争中一样。当亚们尼亚国家——没有界线也没有维持存在的手段的国家——成立以后，"国际联盟会"把他的管理权送给美国；威尔逊不要，因为亚们尼亚的土地内是既不产石油又不产白金的。"独立"的亚们尼亚现在一天比一天飘摇了。

这些新兴的民族小国家是差不多个个有他自己的烦恼，他自己内部的民族溃伤的。

同时，在那些胜利的国家内部，民族的争斗暗潮也达到最高点了。英国的有产阶级，假冒着全世界各民族的保护者，连他们自己家里的爱尔兰问题都解决不下。

在殖民地中间，民族的问题是尤其重大了。埃及，印度，波斯，都被内部的民族问题动摇着。殖民地的劳动者现在都采用欧美先进劳动者的苏维埃同盟的信条了。

官场派的，民族主义的，文明的有产阶级的欧罗巴——自从他从大战和凡尔赛和议中透出头来以后——变成了疯人院了。那些细小的国家是人工的被斩去四肢的，对内财政竭蹶，对外因争夺海港，州县和小村落而开战。他们去找大些的国家来保护，而这些大国间自己的相互争端也是一天比一天剧烈着。意大利和法兰西变成仇敌，一旦德国抬得起头来的时候是要和德国夹攻法国的。法国妒忌英国到要疯了，若火烧全欧洲能使他恢复失去的利益,他是毫不迟疑要干的。英国得法国的帮助现在在欧洲据着一个混乱的重要地位,要使别人不能干涉他和美国争霸的策略。美国让日本去专顾东部西伯利亚一面的侵略,他自己好腾出工夫来整理海军——英国若不赶趁一九二五年以前来和他较量——他的力量是要超过英国的。

法兰西的有产阶级人物马沙尔,福煦将军,他对着现在这种国际关系说了一句不详的话,他说,将来的战剧是要从此番战剧的终结的所在继续演起的;将来的武器是飞行机,机关炮,来福枪将不用而专用机关枪,刺刀将废去而专用手榴弹。

欧,亚,美,非,澳,五大洲的工人和农人们呀!这就是你们死去十兆,受伤和残废二十兆的代价所换到的成绩!

二　经济的地位

同时,人类的破坏还在继续上前哩。

大战机械地毁坏了全世界的经济束缚,这种经济束缚的发展是资本主义最大战利品中的一个。英国,法国,意国,一九一四年和中部欧洲与近东分离了,到了一九一七年——和俄国也分离了。

当那毁坏了全人类几世几年的一切积蓄的大战时期内,因机器的发明而到最低度,专用在改变生原料为货品所必不可少的所在的人工,都专用于制造武器和破坏的器械了。

在经济界的基本事业中,就是在那些我们必须直接和悭吝的自然界斗争,也就是说必须从地球的腰包里挖掘采取出来的燃料和生原料事业中——出产是有一天退步一天。战胜的协约国和凡尔赛和约并不反抗那经济上腐败紊乱之源的经济手段,不过把他的形式和方向改变一下。他们封锁苏维埃俄罗斯,他们制造政治战争去扰乱他那富饶的边鄙省分,他们这种行动已经而且还在使人类全体受到无穷的损失。第三国际共产党联盟敢向着全世界说这句话:——俄国若有最少量的技术上的扶助,在苏维埃所创立的情形之下,这个地方一定能产出二三倍于从前专制俄国时所供给欧洲的生活必需品和生原料。英法的帝国主义不但不这样办,反而逼迫这劳工的共和国把全力转过方向来用在防御的事情上。因为要断绝俄国的燃料的根源,所以英国狠命用爪抓住那个煤炭之源——巴古,那边燃料的产额是非常小非常小的。东奈支(Donetx)地方最富的煤田一次一次的被协约国的自卫军队蹂躏扰乱着。法国的技师和工程队在勤勤不息地拆毁俄罗斯的铁路和桥梁。日本在东部西伯利亚,劫掠着破坏着到了今天了。

德国的工艺和德国的生产能力高强的劳工呢——这些生产复兴中最重要的原素,自从凡尔赛和议以来已经比在战争时期内更加消乏了不少了。协约国的措置实在不合情理。既然要他们拿出钱来怎么好叫他们不做工。既然要他们做工怎么好教他们的生活那么困苦。让残废的,荒凉的,精疲力竭的法国人活起来,就是让他有反抗的机会。福煦将军使德国永远处在军队的夹钳的压力之下,使他永远不能复活策——是从怕德国人报仇的心理来的。

德国是不用讲了。供少求多是一般的现象。就是法国和英国,他们的商业的天秤也是低降的。法兰西的国债已经达到三百兆法郎之数了。法国的反动的议员高丁德维兰纳有一句活[话]是不能不说起的。他说，这数目中间的三分之二是因为中饱，偷窃和一般的混乱拖欠起来的。

重建战事中所破坏的法兰西地方的工程，所需的经费不过是这荒凉的大海中间的一滴。而救济这荒凉超不过的障碍，便是缺少燃料和生原料和劳动能力。

法兰西要的是黄金。法兰西要的是煤炭。法兰西的有产阶级指着那些战死者葬地中间的无数坟墓，要求这些坟墓的代价。德国非赔偿不可啊！我们不要忘记，福煦将军所有的黑奴是已经够足去占据德国各都市的。俄罗斯非赔偿不可啊！因为要使俄国人懂得这句话，法兰西的政府不惜化几兆兆的金钱去毁灭俄罗斯；这笔钱原来是收聚起来打算恢复法国的钱。

希望多少完全取消战时债项而减轻法兰西人民租税负担的万国经济协会，没有开成功；——美国对于把十兆兆英镑送给欧洲做这项事，不表示一点愿意的意思。

纸币滥发的趋势愈趋愈恶。在俄国，纸币的滥发和币价的跌落，是连着一个有秩序的共产的产品分配和一个归于这一类的付价法同时并进的，所以不过是商品货币的生产制度慢慢死灭的结果，但是在资本主义的国家里面，纸币滥发不过证明经济紊乱的状况是在日益进步，终局的不可免避的大破产日期是在日益接近罢了。

协约国的会议，踏勘遍了欧洲地面，想要忽然发现一个财源。他们唱着大战中死去的人口数目到处要求赔偿。这个巡行的"死人交易所"，一个每两星期开会讨论那德国所难于交付的贡款中，法兰西究竟该得百分之五十还是该得百分之五十五的交易所，正是那个大名鼎鼎的欧洲的"组织"的极好模型。

当大战时期内资本主义已经变了相了，做着经济利润的基础的那个生产过程中系统的提取剩余价值的制度，在那批做惯着以国际掠夺为基础的投机事业，一两天内二倍三倍的加增他们的资本的有产阶级看来，是太简单了。

有产阶级已经失去了从前的某种偏见，而得到了一种从前所没有的习惯。大战已经使他做惯封锁整个国家的粮食进口，飞行掠夺，焚烧城市和村落，有意散布霍乱症秆状微菌，用外交的皮包运输炸药，假造敌国的纸币和债票，行贿赂，空前未有的广布侦探和奴隶买卖等事情□媾和成功了以后，战争的方法变成营业的方法了。大规模的营业活动现在是和国家行动融合为一的了，那国家是像一队执着种种凶暴武器的强盗一般。公共的生产基础愈变狭小。获利的法子愈显得狂暴，残忍，横行无忌。

抢呀！夺呀！这是资本主义政策的最后的一句话，已经不是自由营业和保护政策的当时面目了。罗马尼亚的强盗掠夺匈加利运了许多火车龙头和金戒指出来，这是一个极好的材料可以象征路易乔治和米勒兰的经济哲学。

中产阶级的国内经济是怎样呢？国内的经济政策有一个特著的现象，便是徘徊于一方面的国家掌理，重行组织——这是战时兴起的制度，和他方面反抗国家干涉的运动而牵扯势力的中间。法国国会现在正是很敏捷地来组织一个全国铁道"综合管理"，而同时不妨碍私立铁道公司的利益的办法了。但是"国有"和国家干涉究竟是倾向于限制私产的，各家资本主义的报纸便拼命反对。

美国的铁道自从战期内变更了一番组织，再加以战后取消国家管理以后，情形愈变恶劣了。同时，共和党答应了担保经济生活不致为不自然的国家干涉所扰乱。一方面，那个老的看门狗，美国工会的首领，沙莫尔孔巴斯（Snmuel Gonpers）又在鼓动起一个有力的反对铁道国有的主张，这铁道国有，据一班盲目盲心的改革家说，是万应灵丹。其实，国家乘乱打劫，强取硬夺，不过使这已到腐败时期的资本主义生产制度更加扰乱。把主要的生产的生产事业运输事业，由个人的资本家手里转移到"国家"手里，就是说转移到有产阶级的国家，最有权力最贪心的资本主义托辣司手里，并不是消除罪恶的根源，不过是把罪恶团结起来罢了。

物价的低落和交易票价的升涨，不过是继续紊乱所生起的肤浅的一时情形。物价的涨落是不能影响到基本事实的，基本的事实是生原料缺乏和生产力衰落。自从大战时一次紧张过甚以后，工人们的工作精神已经不如战前，而且工人们也不能在战前的工作状况之下劳动了。他们累年血汗劳动所产出的物品，战场内几小时就毁坏净尽，一班操纵经济的党徒的豪赌的兴致，因战场枯骨和废墟的增加而益益放纵——客观的历史所给的这种教训，是无论如何不能使工银奴隶制下面的劳动阶级奋发效忠的。

有产阶级的经济学者和经营家，现在都说有一个"懒惰的潮流"经过欧洲，淘[掏]空欧洲将来经济界的基础。一般雇主现在都想把一点特别好处许给劳动阶级中的上层工人，希图挽救。可是那是不中用的！要复活工人的生产力，要增加工人的生产力，必须拿出十全的保障来给工人们看，使他们知道下下铁锤打在砧上是要增加他自己的福利和光明，而没有把他逐出人类以外的危险。能使他实地感到这种确信的，只有社会革命。

生活费用的增高是各国革命动因的主要原素。法兰西意大利德意志的有产阶级都想用慈善事业的手段，消弭物价腾贵所惹起的荒凉，阻止罢工运动的生长。对于农民阶级所化的一部份劳动能力呢，债台百级的国家任意用不诚实的投机而且窃用他自己的公款，用尽能力去阻碍和平时期来到，这算是一种报酬。虽然有一部分的劳动者战后生活的标准，似乎比战前高一些儿。但这种事实和资本主义国内的实际的经济地位是无关系的。不顾将来专顾现在确能得到一种暂时的功效。不过这种空洞的办法，要使将来生出挽救不来的荒凉和困穷，这也是一定的结果。

美国怎样呢？"美国是人类的希望"的都尔各德这句话，是被法国有产阶级借了米勒兰的口重说过了，他这样恭维美国人，是希望美国政府取消法国有产阶级所欠的债，虽然他自己从来没有这样做过。但是美国政府是没有能力引导欧洲出这个经济的绝路的。六年以来，美国的生原料已经用尽了。用了他的资本去供应欧洲的需要，他的各种工业基础的范围已经狭小了。欧罗巴的移民入美，已经停止。反流的移民出美，夺去了美国工业几十万德意波兰西尔屏波希米工人；这批人都是被战争的动员抽调回去，或看见得了新祖国被吸引回去的。生原料和劳动能力的缺乏，悬挂在这新共和国头上；因为这缘故所以美国的第四阶级现在改变战斗的方法，渐渐采取新式的革命行动了。美国现在是很快的要"欧化"了。

连中立各国也逃不去战争和封锁的影响的；像连通器中的流质一样——凡是内部

互相通连着的国家,不论大小,不论加入战争或守中立,不论战胜战败,都要交互流注以达于一个一致的水平面的——一个贫乏,饥饿,和衰落的平面。

瑞士的生活是从手到口,一点点看不见的事也要摇动他的安宁。

斯坎的拿维亚黄金水流,但是也解决不了食的问题。煤是要脱下帽子低声下气地一点一点向英国求乞来的。欧洲虽然饥饿,脑威的渔业尚且经过了一次空前的大险象。

西班牙因为人和马被法国汲取了许多,所以食的问题现在屡濒于极危险的地位。这种现象使饥饿的群众罢工,使国内屡起风潮。

有产阶级深深□望于农业地带。有产阶级的经济学宣言说农民的幸福已经非常进步了。但这不过是一种幻觉。当战争期内,各国的经商的农民确是得了一些好处的。他们得高价售去了他们的农产品,而且他们在汇兑价昂时所欠的债现在可以用低价的汇兑偿还了。这是他的便宜的地方。但是要晓得农业经济的全体,已经在战期内被毁坏被紊乱的了。农业现在狠需要制造品,这种货品的价格已经比例于汇价的低落而升涨了。国家的租税也不知已经重了多少倍,农夫们人人都怕他的生产品和土地全要被租税吞噬去。他们对于战争的结果所生的不满意是要常常增进的,而且因为他们是一种永久的军队,小的农民已经有许多不快的惊慌给有产阶级了。

欧洲的经济状况的恢复,他的行政官们说得那么有把握,实在是一个谎。欧洲是破产了,全世界要随着他破产。

资本制度的救济策是穷的了。帝国主义的政策也不能消灭贫乏,却是因为他抢掠存蓄的东西,反是以使贫乏更紧迫。

生原料和燃料是国际的问题。只有站在系统的,社会主义生产的基础上才可以解决他们。

国债是必须取消的。劳动和劳动的产品必须脱离世界的财阀的掌握,再不胡乱给他利用。这财阀是非推倒不可的。一切想要把这生产系统的全体横分界限的国界,是非扫除不可的。协约国中的帝国主义者的最高经济委员会必须被全世界第四阶级的最高经济倭[委]员会来代替,然后人类一切经济之源才可以收一种集中利用之效。

要使人类得到生存的机会,破坏帝国主义是最最要紧的事。

(《共产党》第六号,1921年7月7日)

10日(星期日)

59.《劳农俄国东方政策之成功》(《东方杂志》第十八卷第十三号,7月10日)

《东方杂志》第十八卷第十三号刊登T的《劳农俄国东方政策之成功》,全文如下:

劳农俄国之东方政策,其初全恃武力,后经种种挫折,又惧于英国之威胁,乃翻然改图，与英国缔结通商条约。一面竭力宣传其平等之思想，披沥其无侵略欲之真心，冀与近东民族，日就融洽；一面提示英法意各国之利权增殖政策，激起其反感，于是近东各国，尝以鲍尔希维主义为危险可惧者，今则多被其感化，倒戈以迎之矣。土耳其……凯末尔另设安哥拉政府与李宁互相提携，于一九二〇年拟就草约。本年二月二十五日两政府又各派代表，在莫斯科会商，实行订立，关系至为密切，此为俄国近东发展之第一成功。其时俄国外交总长姬采林之演说辞，劈头即曰："土耳其与俄国之劳动者，为谋自由与独立，不可不结亲善之交情，共负责任，使世界自由理想，早达实现之一途。"凯末尔继之，略谓："俄土二国，昔为仇敌，今当觉悟。土耳其已了解经济的征服之可惧，愿与俄国以同一之利害关系，对经济征服者宣战。"细味其言，可知其对于英法之近东发展，深含同仇敌忾之心也。其次如俄波条约，亦与俄国以极大之利益，条约内容，节录如下。

第一条及第二条大意为俄国社会主义联邦苏维埃共和政府，照一九一八年一月及一九一九年六月所声明，将贪欲狞恶之旧俄帝国，完全覆灭。凡与波斯及与波斯有关之第三国所订一切侵略的条约协定等，均无条件废弃之。凡盗夺近东及中东人类利益之欧洲诸国，及有危及他国独立之各种政策，均须排斥。第四条，两缔约国各自之政治组织，有采定之自由，不得干涉内政。

第五条，两缔约国有次之三项义务：

一、二国在领土内，不得组成以危害他国为目的之团体。（动员武装计画当然严禁）

二、有上述目的之个人团体或国家军队，不使通过二国之领土内。

三、二国倾其全力，以阻止上述侵害国防之第三者之存在及发动。

第六条，有侵害俄国之第三国军队，欲通过波斯，而波斯防止力认为不足时，俄国军队得有自由进出波斯以为准备之权利。惟危险既去，即须撤退。

第八条，俄国认定旧帝王时代以政治的笼络波斯为目的之借款为不正当，全数废弃。其在波斯岁入上之担保，当然同时放弃。

第十九条至二十二条，二缔约国从速研院恢复通商之最良方法，缔结通信交通之新条约。同时议定派遣常驻外交官及其他事项，观于上之条约，李宁政府对于波斯为种种之让步，尊重其领土权，放弃其在波斯之种种权利，使波斯得重为完全之独立国，似是为波斯计，实则俄国即得有极大之利益二。（一）缔结第五条之攻守同盟，使近来欲侵略俄国之第三国，得在波斯之西南国境，豫行防阻。现驻波斯之英国军队万一有对俄行动，亦当深感不便，蓝格尔将军及台尼金等之计画，在近东中东有再发之危险，亦可预防。故劳农政府之国防，异常巩固。（二）得在小亚细亚建设通路，免除封锁之苦况，安定经济的立国之前途。若再就其与阿富汗立国所订立之条约观之，更可证明此点之利益与其抱负也。

阿富汗位于印度与波斯间。实隐隐有支配中东形势之地理上关系，为古来英俄二国争攘之要道。既与李宁订结左列之条款，则于俄国之发展，及英国对印度之政策，均当生极重要之新现象焉。

第一条，两缔约国互承认其为独立国家，缔结正当之外交关系。

第二条，两缔盟国不得与第三国缔结有与任一方之利益相背驰之各种政治上或军事上之协约。

第三条，两缔盟国之公使及领事依国际法之常例，平等享有外交上之特权。

第六条，阿富汗商品及阿富汗人输运外国商品得自由通过俄国，俄国不征捐税。

第七条，两缔盟国依从自由独立及民族自决之原则，公认东方诸民族之自由。

第八条，由上条之结果，当然承认白卡拉（土耳其斯坦）姬白（为土耳其斯坦之一部）二国之独立。

第九条，前为俄领之阿富汗境内地方，依地方民族之公意，让渡与阿富汗国。

第十条，俄国为谋二国交情之亲密，对于阿富汗国应与以次列财政上或其他之助力。

一、每年补助一百万卢布，无利息无期间。

二、建设克细亚、泼拉得、康达尔、卡蒲尔间之电线。

三、俄国政府依阿富汗之请求，无论何时，得供给技术上或其他之专门人材。

据此条约，则阿富汗王国确受俄国唯一之指导。英国在此地方之势力，当为俄国驱除殆尽。而第二条之意，即以明示印度之国境，尔后必使与俄国直接也。

如上所述，可知李宁政府在近东中东方面，已得有极大之成功。此与俄国复活之前途，必大有关系，而亚细亚政策亦必有多端改动，可预言也。

(《东方杂志》第十八卷第十三号，1921年7月10日，署名T)

8月
25日（星期四）

60.《新思想与新文艺-鲍尔希维克下的俄罗斯文学》(《东方杂志》第十八卷第十六号，8月25日)

《东方杂志》第十八卷第十六号刊登了愈之的《新思想与新文艺-布尔希维克下的俄罗斯文学》，全文如下：

▲著名文艺批评家的论文 ▲现今俄罗斯文坛的寂寞
▲未来派诗人与劳动作家 ▲小说坛的两部代表著作

近出的"Tvorchestvo"（莫斯科苏维埃出版社的月刊）里，有著名文艺批评家福栗许(V. M. Fritche)对于最近俄国文学的批评论文。他对于俄国革命后的文艺发展状况，提出三个问题来：

(1)现今俄国文学的背景怎样？

(2)现今俄国文学里有特殊的作品没有？

(3)有望的新进作家已出现了吗？

最足以引起我们的注意的,便是上面的第一个问题。因为现在有许多人都说,"在劳动专政的空气里,文学艺术的发展和繁荣,是不十分适宜的"。——便像罗素也是这么说。还有些人,更说得坏些,便道劳农政府是怎样的虐待知识阶级;文学家艺术家在俄国怎样的忍饥挨饿;所谓红色诗歌,所谓劳动艺术,又是怎样怎样的不堪入目。因为这样。所以无论什么人,对于新俄国文学艺术发展的真相,都很想知道一点的。

福栗许的话是怎样的呢?他以为在革命进行劳动专政的几年来,文学的发展和生长,——从一般的情势看来——确是不十分佳妙。但是这个却不能归咎到无产阶级的身上。因为俄国的诗人文学家,向来是处于资产阶级政治的环境内。一九〇五年的第一次革命,完全是政治性质的革命,那时资本家与地主崛起,掌握俄国的政权。于是资产阶级的开明政治,印入一般文艺作家及智识阶级的心里,资产阶级的文艺作品,骤然大盛。到了十月革命,无产阶级的革命,社会主义的革命发生后,那一类文学家都被推翻在旧世界的灰烬之下。社会革命的成功,自然不免引起资产阶级的文学家的仇怨。他们宁愿逃亡国外,不愿意吸劳农共和国的空气,这是怪不得他们的。有几个仇恨劳农政治的作家,现在多已不在人世了。其中如安得列夫(Leonid Andreyoff)是资产阶级的著作家当中最著名的一个,他已因心脏衰弱在芬兰病死了。旁的几个人,大概都安安稳稳的住在外国。"资产阶级的空气如何适合于他们的创作,我们不知道。我们只知道安得列夫是因为著那部《萨丁日记》(Satan's Diary)积劳而死的呵。"

此外还有几个著名的作家呢,他们虽然依旧住在本国,但是他们在文学的宝库内,绝对没有丝毫的供献。有的表同情于那些逃亡国外的同志,不声不响的隐匿国内,只希望旧制度复活。有的见了新政府的种种设施,弄得莫明其妙,把他们的创作力完全失去。更有一类人,却是同情于现政府的,但是因为他们替苏维埃劳农会服役,忙得不得开交,便也没有从事创作的余闲了。

因为这样,所以在一九一七年以前名著一时的几个文学家,到了革命以后,都噤若寒蝉,不但没有特异的作品,连那平凡的作品也没有。在革命以后俄国文坛里,最活动的,只有那一班未来派作家。他们不但肯赞助新政府,而且用了他们的琴弦,弹奏新的情调,用了他的诗和戏剧,表现革命的情绪。现在俄国文坛中的几个老前辈死的死了,逃的逃了,隐匿的隐匿了。现在执诗坛的牛耳,戴诗人的桂冠的,只是几个年少气盛的未来派作家罢了。

还有属于德模克拉西团(Camp of Democracy)的一群诗人和文学家则以无产阶级评论为中心,这是全俄苏维埃教育部的一种出版物。这一群诗人及作家,都自称无产阶级。但在实际上,却只有少数乃是劳动者。这一群作家中,有几个是在革命以前久已著名的,如 Gerasimoff(或 Mashiroff)、小说家 Bessalko 及 Sivatcheff 等。但从十月革命以后又加入了一班新人物,如 Gasteff, Alexandrovsky, Kazin, Nikolaeff, Arsky, Kiriloff, Malashkin, 农夫 Kluoff, Orehin 等,在革命前大都没有人知道他们,但是现在他们都成为第一流作家了。

在上面这一群作家,所产出的文学作品里——据福栗许说——至少有两部小说,

"虽然不能算是杰作,却是很值得注目。"一部是自传体的小说,是一个劳动作家伊凡诺夫(B. ivanoff)所著,书名是叫《过去的回忆》里面记着俄国改革时期的情形,从农奴时代起,到一九〇五年的俄国劳动运动止。更有一部是叫《黄鬼》,描写一个剥削农民的富翁,弄得众叛亲离,甚至连那受过革命思想的儿子,也不愿意和他接近了。

剧本文学一方面,也是这样。据这位文艺批评家说:只有两种剧本,是"适合于劳农剧场的演奏的。因为这两种脚本,在艺术上,在宣传的目的上看起来,都要算是上等的作品。"

但是新俄国的文学创作,最丰富的,却要算是诗的一方面。即"如 Clistoff 所作的散文诗,以及 Koirilloff, Gerasimoff, Philipchenko 等人的诗歌,在俄国文学的宝库内,在俄国文学史上,将有永久不朽的价值,这是毫不用疑的了。"

福栗许的最后结论是说:

"总而言之,我们应该说,自从无产阶级专政以后的三年中,我国的文学创作的收获,确是不十分丰富——从实质上看来,也并没有出色的地方。但是三年只不过是个短促的时间,而就俄国现在的情势,——经济生活的颓坏,内乱的迭起,老年的垂死,幼孩的养育不良,——这一种情势,在文艺创作上,也决不是没有影响的呵!"

"法国大革命的时期内,文艺收获,能比现在的俄国,更丰富些吗?"

"我国文学的开花季,也许眼前快要到了罢。"

(《东方杂志》第十八卷第十六号,1921年8月25日,署名 愈之)

8月

61.《苏维埃研究》(著作,信息)

三川均著,王文俊译《苏维埃研究》出版。

9月
24日(星期六)

62.《苏维埃俄罗斯之经济问题》(《晨报》,9月24、29日—10月1日,10月26日—11月6日)

至11月6日,《晨报》刊登瞿秋白的《苏维埃俄罗斯之经济问题》,如下:

(一九二一年五月十二日至六月十五日)
协作社、货币制度、工钱制度、自由商业
共产党政府自从重开自由之商业及实行物产课税以来,经济上发出许多新问题。记者第十三封通信已经记述关于协作社的三个命令。这协作社的组织,就是过渡时期中经济改造的机关,——和自由商业并行,而且协作社的权限,亦加以扩充了。

因自由商业既开,消费协社为供给机关,要和农民交易货品,于是货币制度不得不重新改良。以前没有自由商业,有所谓市价,劳农政府的纸币,不过是一种工券,或者是政府与农民交易食粮的纸票,并没有准备金,并不兑现的,因此劳农纸币的价值低落得不堪。再者,一切事务都由政府专卖。有种种限制购买的条件,购买者虽有纸币而不得购,所以纸币更不值钱了。现在政府要经由协作社以工业品换农民的食粮,以及私人或公共团体间的交易,必须有交易的媒介品,何况工业既缺乏得不堪,不得不用金钱来暂时代替。工业品既缺乏,各市场上的交易现在是用的纸币,投机者(奸商)利用供给的缺乏及需要的增高,胡闹的提高市价,于纸币价值的跌落,从自由商业复兴以来,更俞趋愈下。何以有如此现象呢?因为(一)纸币无保证,农民不信,奸商有所借口;(二)协作社的组织及功能尚未完备,私人交易中,极容易发生奸商朋比为奸的弊病。对付方法就是:第一,组织整顿协作社,第二,曾[增]铸新的货币——硬币。

第一办法已有明令,政府现在只要着手进行,政府机关报上正在讨论这个问题。一九一九年协作社经营交易事业,已经试办,因各组织太小,全国协作社代表到三千人以上,不便于集权的制度,"中央的"管理力太弱,发生种种弊病(此事的经过,记者因尚未得详细的材料,不能详记,抱歉得很)。所以由他们的观察点看起来,这次整顿协作社,应当顾全"消费者的工人及生产者的农民"之利益,把工人阶级好好的组织起来,组织一整个的集中的团体,消费协社。政府容易监督,容易支配。共产党的行政本是取集权主义的,所以暂时允许自由商业,亦是过渡的办法而已。

第二办法亦在讨论中。俄国财政并不因纸币低落,而受影响。财政上所以有不良的地方,却因为一切电灯电话等公共事业都免费之后,不算在收入支出里面,各部机关消费的数量就容易不经心了,然而这不过是小弊病。现在既实行了物产课税法,政府从农民所得的收入减少了一大半,要用工业品或金钱去与农民交易,才能补充收入的不足。而农民不信任不兑现的纸币,所以央计要想印铸新硬货。一方面日常需要品仍归政府专卖,利用协作社,渐渐地取消私人的经济单位,而且可以维持国家支出的过量。

工钱制度,前已定于纸币之外,加发工人自己做的生产品,以便工人和农民交易。现在已进一步着手于详细的办法。现在政府中有一种提议,拟由政府筹备"预支金"(或货币或物产),交工人消费协社之临时委员会(因全国消费协社总会尚未成立),以备交易农产品及其他物品,作为基金,用以做报酬工人的工值。工人及政府职员分做两种:(一)能生产者;(二)不能生产者。能生产者得工值全分,都另有生产品的报酬,不能生产者所得全分工值,分作三分,货币、食粮及工业品。然后凡出产品的报酬,加以详细的核算,由职工联合会的监督,移交工人消费协社之临时委员会。

凡此都是自由商业实行后之相当办法,经济问题的解决,尚在未定之中,记者还要细加研究,再作报告。

莫斯科一九二一年五月十二日

"苏维埃政府之国家的资本主义"——列宁
财政改良问题之讨论——货币制度

社会改造的中心问题在于经济组织之整顿，推翻旧的，创造新的。俄罗斯革命的价值就在于他经济改造政策的适当与否而定。俄国工业程度及无产阶级的组织在战前本是落后的，所以当俄国布尔塞维克革命起时，各国无不惊骇，引为奇事。记者于《共产主义之人间化》一篇中已经论及俄国经济组织的实况，共产主义之理论及共产党在俄国实行其理想之办法。

自第十次共产党大会之后，食粮课税及自由商业令随即公布，苏维埃以前的经济政策随之而变，这是时势之所要求。于县自由商业问题、协作社问题、工资率问题、货币制度问题，——这是关于经济的，——食粮委员会及协作社的权限问题、国外通商委易会及财政委员会征集管理硬货的权限问题、最高国民经济苏维埃的改组问题并及于职工联合会问题，——这是关于行政的，——一时都成舆论中及官厅里的谈资。前日(五月十七日)全俄国民经济苏维埃大会及全俄职工联合苏维埃第四次大会都已开会了。这两会中，是要解决俄罗斯的经济问题的。列宁于此时(五月十八日)乃在莫斯科苏维埃及共产党莫斯科省会机关报《共产主义的劳动》上发表一篇文章，很有趣味，题目：《苏维埃制度中之国家的资本主义》。

行自由商业制，就不能免资本主义的发展。如今所当讨论的问题，就全在于"以国家资本主义之舵把持定不可免的资本主义发展方面，便于不远的将来，变此国家资本主义为社会主义。"第一当先知苏维埃制度中实际上国家资本主义将是什么。

最简单的，苏维埃当局所"着手"于国家资本主义者——就是租借地。苏维埃制下之租借地是什么？这就是因反对小私有财产的(宗族制的及小资产的)阶级，苏维埃的无产阶级的国家当局与"国家资本主义"所订的协约，所结的同盟。租借者是资本家。租借者办租借地纯是资本主义式的，他愿与无产阶级政府订协约是为着要获得厚利。于苏维埃当局有利的，却在生产力的发展，及出产品的增多。我们有几百个工业者、矿业者、林业者。我们不能工作——机器不够，食粮不够，运输不便。因此同样的原因，别种的事业我也办不好，因大企业办不好，而小松有财产阶级的力量处处发现：近郊的(随后全数的)农业坠落其生产力，他们对苏维埃当局的信任心渐失，朋比为奸的小投机事业发生(这是最危险的)。苏维埃政府"着手于国家资本主义"而倡租借地，以大生产敌小生产，以先进的生产敌落后的、以机器的生产敌手工的，在我们自己的手里增加大工业的数量，增加国家管理经济的力量，与小资产式而无政府的经济状态取得均势。

租借地为国家资本主义形势之一，比之其他苏维埃制度中的国家资本主义之形式，似乎是简单明了正确而具有顺序的办法，此中困难确是有的。然而比之着手、发展、辨到国家资本主义之其他形式，这样的困难还算是最小的。

政策上最要紧的一点，就是要会适用租借地政策的原则于其他国家资本主义的形式，自由商业、地方交易等类。——租借地—[——]其一。

我们再论协作社。物产课税令既公布，不得不急急扩充协作社的"自由"及其权限。协作社亦是国家资本主义形式之一，然较不简单、较不正确、较无顺序，而较杂乱，小生产者的协作社不免发生资产的资本主义关系，助这种关系的发展，为资本主义化的第一步计划。苟有小生计者的发现，及货物交易的可能，这就是不可免的，而且不能有别种现象发生。故所谓协作社的自由与权限，在俄国的经济状态中，就是所谓资本主义的自由与权限。

然而"协作社的资本主义"（以别于私人经济的资本主义），在苏维埃政府之下，与国家的资本主义同其性质，因此现在对于我们是有益的。售卖纳税所余食粮之自由愈扩充，我们愈当努力，使资本主义的这种发展，趋向于协作社的资本主义。协作社的资本主义，像是国家的资本主义，因为有他就容易统计、监督、管理，以及订立国家（在此为指苏维埃的国家而言）及资本家之间的"契约的关系"。协作社，是商业的一种形式，比私人的商业有益处，因为他容易联合，组织几百万的人民，而这一点就是将来由国家资本主义过渡于社会主义之中紧要关头。——协作社—[——]其二。

现在再论第三个国家资本主义的形式，国家对待资本家如对待商人，使他出卖国家的出产品，收买小生产者的出产品而付以"委办利息"。——商人—[——]其三。

次论第四形式，国家以国有建筑品，或国有产业，或国有森林土地之类出租于企业家的资本家，出租契约当与"租借地"条约最相像。——企业家—[——]其四。

这后述两个国家资本主义的形式，我们还绝没有人论到，没有人注意。这是因为我们怕看"微小的真理"，而太常常自己走入"好高的自欺"。我们时常迷惑于"我们"由资本主义过渡于社会主义，而忘记了我们自己的真确的"我们"。（所谓"我们"是谁？）"我们"——是先觉无产阶级的先进，我们直接走向社会主义；然而先进之辈不过是无产阶级的一小部分，而无产阶级又是全数人民中的一小部分而已。"我们"要能解决直接实行社会主义的问题，必须先明白，由未到资本主义的经济关系时，过渡于社会主义的政策，当用何种间接的方法态度。这是问题中的要点。

在最近期间应当会想着适宜于容易从宗族制的小生产过渡于社会主义之间接的关系。

记者新近见着德外交部驻俄经济调查员史德雷经济博士，他对我说，在战前很研究俄国的工业，以现在比起来，革命的破坏真可惊骇。大工业几乎已等于零，所谓社会改造，可以推翻资本家、私有财产者，而不可以推翻资本（机器材料等）的本身，再加以工人管理而工人又没有相当的智识及道德程度。现在据列宁说来，确亦已知重造资本为必要了，——还得顺他自然的发展，而因势利导之。

前一通信已经说及劳农政府有重新恢复货币制度之说。现行所谓"苏维埃钱"，其实并非货币，既不兑现又无保持信用的能效，票面本只当"统计券"字样。如今因国内外商业恢复财政亟须整顿，又值职工联合会开大会要议及自由商业、协作社等问题，所以一两星期以来讨论财政改良的非常之多。现虽尚未告结束，且记一记大概。

原来苏维埃政府于最初所谓社会主义之过渡时期中，收入与支出之增长一部分（如农工业品之继续出产而供国家使用者）直接以出产品计算。其余一部分（如已制造成的物品，仅移转位置者，家俱等类，或如房屋，仅须取分配法而非本人消费者）概暂时以"金钱的形式"行之。而卢布价格之低落，却是因为国家尽量多发纸币，即国家所费"金钱"之额超过于人民归还国家之数。革命时支出自然倍增，而在处理社会主义的新经济上尤甚。因此纸币发行额就在于国家收入及支出相抵之数。于是：

纸币发行额＝支出－收入

现在自由商业及协作社交易复兴之后，财政的流通，更加需要，而这种弊症也更加显著，整顿货币流通的现状，就是要使发行额等于零。自然只有减少支出增加收入的一法。减少支出，唯有扩充社会主义的经济，以物产作工资等。其余一个办法就在设法增加收入。劳农政府财政状况既是如此，现在正值各种经济问题的紧急问题，对于这一问题有许多提案不外下列四说：

（一）课税法，（二）信用机关法，（三）金类通货法，（四）有证纸币法。

一，课税办法，此说要以课税而收回纸币，同时收入增加，发行额减少。就是设种种课税法去吸收人民的纸币，使课税所得足以盖过发行额。然俄政府每年所发纸币额数超过五倍，要使课税所得能盖过这五倍的数目岂非一为难事。如直接税则全国资本都受极大影响。可以用间接的课之于已用物产报酬之工业上，转嫁于农民，附以极重税税率，固然可以。农民以高价得工业品，即交易食粮而纸币折算起来，价越低落，政府可以利用纸币之低落而收回他，另发新币。然而现在城市中所有工业品太少，无所用其课税，农民纸币虽多，有购买力，而政府没有货物，仍旧没有办法，所以这一说恐怕不能实现。

二，信用机关，有人说，可以在全国广设各种信用机关，各储蓄银行之类，然而即使储蓄银行办得好，能吸取全国纸币之半数，财政仍旧不能整顿的，为什么呢？现在市面上流通的纸币，本不嫌他太多，而只可惜他本身的信用早已没有了。发行者是国家，国家财产在这社会主义过渡时代，另呈一特别现象。况且并非信用生货币的价格，乃是货币的价格立信用的。虽有信用机关，而所收无信用的货币决不因此而生信用的。协作社本有向社员征募公债的办法，然至今也未见纸币价格增高，——就是一个证据。

三，金类的通货，这问题亦不容易，一般人都信政府将发行银币以为纸币的准备金，然而据《经济生活》报上推测，以国家收入支出不能相抵，如永久是发行额超过收回的数量，虽有硬货也是无用。纸币的信用仍旧不能立。那不是徒费一番铸造的功夫，金银的数量么？况且如说铸银币，俄国本非出银的国家，须用银是要靠入口的，如何有能力发行到相当的数量之银币呢？

四，有证纸币，所谓有证纸币是仿通常纸币自由兑换金银硬货，不加限制的办法，想使现在纸币，虽不能限制兑换硬货，而可以使国家负其责任，自由兑换国家的产品，拿着纸币，可以随时随地，依定额，取得货物。那时纸币就有保证了。然提此案的人究不能指出无限制兑换的可能。既不能无限制兑换，就是有些保证，也不中用得很。

这四种办法都很困难，不易解决。至今财政问题还在磋议之中，据劳动委员长史美德的意见,"根本解决只有振兴农工业,增加实际上的富力,才作得到。革命时发行纸币是可能的,然纸币价之低落也遵一定的法则。所以在现在俄罗斯这种经济状况之中的财政问题,另有一种特别的意义。卢布价格,一九一八年时,大约一旧卢布值百新卢布,到现在要有一万卢布才抵得上一旧卢布的价值。价格的低落到如此,所谓'卢布',早已失其本位的资格了,所以现时无论何种办法,决不能根本解决。只可以想几条临时救急的办法而已。"这是劳农政府现在的财政问题,我们且看下文如何。

莫斯科 一九二一年五月十九日

三大会之经济政策决议案

前一函关于"食粮课税法","小工业之非集权制","自由商业"等,已就理论及事实略加说明。俄劳农政府的新政策从第十次共产党大会之后,原是零星片断逐渐以法令公布实行的,现在(一)则因政策的进行渐趋于明显,范围亦渐扩充,应当有一总括的规定,以为行政的标准,——所以召集第四次全俄国民经济苏维埃大会及全俄职工联合会大会;(二)则因新政策的进行太骤,而内容太曲折,很引起党内党外一般人的疑虑,应当有一郑重的声明,解释着新政策的意义及其与共产党党纲的关系,——所以提前召集全俄共产党会议。现在这三大会的经济政策议决案都已公布了。记者前几次通信所述,可以借此作一结束。至于新政策的成绩如何,且待三四月后,俄国实际生活上的经济状况到如何地步,那时自然可以知道。

(一)全俄国民经济苏维埃大会及全俄职工联合会大会联席议决案(并有"劳动国防苏维埃"的代表列席表决):

"最高国民经济苏维埃之新经济政策"

这一议决案,内容大约如下:"以'食粮课税法'代'食粮均配法'之令,就是苏维埃政府所应当采的发展农业及保证大工业的新经济政策之表示。食粮、原料、燃料来源之缺乏,使苏维埃政府不得不特别注意于提高农业的生产力,以达到增加需要品的生产,发展大小工业的目的。因此不得不先定处理食粮、供给、交易、劳动力之具体办法。……"这是总叙,下分五节:

(1)国有工业

一,国有工业仍为国民经济之基础。

二,国有工业发展当赖企业之改良,劳动生产力之增加,供给及统计方法之改革。燃料、五金、矿产等原料之准备,运转之改良,机器及一切工具之制造,乃为国民经济之必要条件。然欲实行上述各计划,必先使工人之供给条件有如此之可能性;工力之改良乃现今最要之职务。工人职员之数,当即速裁减,同时即可改良所余工人之供给品。所有国家的资本,当全用于发展国有工业。

(2)小工业及手工业

三,国家专利及于一切最必要之原料,禁止自由市场,大足妨碍小工业及手工业之发展。现时小工业及手工业之发展,颇足以助农业之发展,如农具制造、修理等,尚非国有大工业能力之所及。故当另行设法,使小工业及手工业得充分发展。

四，小工业及手工业之自由筹备原料以应其生产需要之权，由最高国民经济苏维埃及其他经济机关协定之。

五，小工业及手工业得自由出卖其制品及承受定购。

六，国家定购小工业者及手工业者之货物时，完全依契约的形式行之，若在特别状况中，小工业及手工业者有承受国家定货之义务。国家定货之义务的承办均由各地国民经济苏维埃办理。

七，各地方国民经济苏维埃当整顿手工业者而组织之，并发展其团体，此不妨碍政府之生产计划，可利用大工业或中工业，以助其组织。

八，小企业、手工企业、职业协作社之登录办法，当集中于国民经济苏维埃，且当特别注意于发展职业协作社。

（3）需要品之生产

九，军事状况中，中央政府一方面注全力于军需品之制造，一方面占运输机关及主要工业为军用。因此人民之日常需要品，仅居生产计划中之第二地位。现今则当以农民工人之需要品为前提。必需筹备国家的"货物基金"，以备与农民交易纳税所余之食粮。故除燃料之采取及筹备，及主要工业之提倡外，凡普通的需要品如食盐、纺织工业、皮革工业等，苏维埃政府当竭力保护之。

（4）物产的货物交易

十，自由买卖之权既实行，工业原料之筹备制度当完全改订；筹备原料之法令当以货物交易行之，或向生产者购买。

十一，前行食粮均配法时之"法定价格制度"今当废止。每一区域均当有货物的平价，国家亦根据此平价筹办食粮及原料，付农民以相当之交易品或生产品。货币的价值由国家机关规定之，于发给农民货物及向市场或生产者购买原料时同等通用之……

十二，原料之筹备当取"非集权制"之办法。食粮委员会为筹备原料之库藏机关，交易用之原料之筹备，当集于协作社机关，直接由最高国民经济苏维埃监督之。

十三，工厂得向农民私人或协作社以契约定购食粮，但不当因此减少国家的生产。

（5）企业之出租

十四，最高国民经济苏维埃及其地方机关，准以企业出租于私人、协作社、共同劳动社。其条件由最高国民经济苏维埃指令规定，人民委员苏维埃批准之。

（二）全俄共产党会议议决案：

"新经济政策"

共产党会议本以解新经济政策的疑点及规定经济行政的原则为目的。共产党中有一部分人以为新经济政策废"食粮均配法"不过是暂时的办法，因为农民反抗，所以借此暂时缓和他们的感情罢了，有一部分以为自由商业及小工业出租制不是社会主义国家中所应当行的。此次会议，列宁详加解释："俄国现在并非已经成功的社会主义国家，而是正要努力用适当于俄国现时的经济组织之办法，以达过渡于社会主义之目的，所以新经济政策是在此特定时代(现时)中经常的办法。"这是新经济政策决议中最注重的一点。其次，以发现现行经济政策有因太集中而发生的弊病(官僚主义)，办事太迟缓，故政策中注重于改革全国集中的计划为地方的计划——即以按各地方的经济状况立适当于一地方的全体计划为标准。这是新经济政策的行政原则。现在议决案既已为党员完全承认，以后经济政策的进行，就要按照这原则去办。议决案共十二条，兹特译如下(可与前函参观)：

一，新经济政策，为党员及政府职员所当认真办理之根本政策。此一政策为现在时代中经常的办法。

二，新经济之要点为货物交易。农民工人间之正当的相互关系，于此由资本主义至社会主义之过渡时代时，两阶级经济联合之巩固的形式，除"农工业间有制度的货物交易或生产品交易"外，无由建立。实行货物交易，一部分亦以奖励农业之故。……

三，以协作社为货物交易之根本机关，承认食粮委员会与协作社订立契约，并付以第一次之货物交易基金，令其执行国家机关所委办事宜而受其监督——为正当之政策，务使协作社得充分发展小工业。保持协作社之信用。货物交易事宜集中于协作社之手，以防止货物交易中之无政府状态(各回避国家之监督等)。从此可不侵犯正当的自由商业，研究市场。

四，维持私人的协作社的企业，此等小企业本可暂不求国家供给其食粮燃料及原料。国家企业可出租于私人、协作社、共同劳动社、公司等。地方经济机关有自由订立契约、出租企业之权，不必预得高级机关之允许。但必呈报劳动国防苏维埃。

五，审查工业之生产计划，有必要时，当以日用需要品及农民家用品之制造为标准。扩充各大企业之独立建议，管理财政的或物质的富源，均由国民经济苏维埃批准之条例规定之。

六，发展物产报酬法之制度，实行集产供给法之试验。试行更正当之食粮分配法，以达提高劳动生产力之目的。征集发明节省工力机器、原料燃料、房屋等方法之提议。严禁浪费等弊。

七，征收食粮税以速而无遗为原则，当整顿征收机关。欲达此目的，必以共产党之特权保证食粮机关。(食粮机关之重要职务，全由共产党人任之)，食粮机关仍保存其集权制。

八，今年度预定计划之大纲常如下：以食粮课税法及货物交易法所收食粮，不当少于四万万铺德，以为振兴大工业及实行电气化计划之基础。

九，(略)

十，中央机关对于地方机关之建议，当切实注意维持，而负特别之责任。由本会议(共产党会议)中之全俄中央执行委员会职员提出于最近之行政期会，拟定关于此项之法令公布之。

十一，本会议委托共产党中央委员会及其他党务机关努力宣传解释新政策之意义于人民。

十二，全体党员当极力注意于研究解释中央地方之各种经济建设上之实际经验。——于报纸上，会议席上，不论其为苏维埃机关、为党务机关、为职工联合会机关，此后均当特别注意于此。

莫斯科一九二一年六月七日

国民经济苏维埃职工联合会两大会中之两大问题

劳农政府经济政策的大纲，前篇通信已经详述。这次大会中还有许多零碎问题，其中最要紧的就是：国民经济苏维埃全俄第四次大会中之最高国民经济苏维埃改组问题，及职工联合会全俄第四次大会中之工资率问题。

一，最高国民经济苏维埃改组问题

第十次大会（共产党）所决议的职工联合会问题，本有职工联合会与国民经济苏维埃共同协办经济事业之原则。现在他们所议就是根据此原则而讨论怎样避去两机关办事重复之弊。本来职业联合之建设和经济的建设关系非常密切。职工联合会的经济部就在这一点特别注意。而想由两机关之联合假手于经济部以达发展新经济的目的。不过去年的经济事业，都因机关草创，没有统一的经济计划，所有成绩不好，经济计划既不统一，各类统计预算都有些紊乱。例如去年十二月及今年一月间彼得堡工厂停闭者六十四，这就是因为燃料缺乏之故。燃料之所以缺乏，不外乎统计不精密，分配计划与需要不相符合的缘故。劳农政府有鉴于此，新经济政策决计废旧式的中央集权制而采新式的中央集权制。新式的中央集权制有一个原则，就是："指导之权归于中央，管理之权归于地方。"这一层记者已于上两次通信提及，列宁的理论中亦已有此大意。按新经济政策，凡各种实业之生产计划，一面由地方的国民经济省苏维埃交职工联合会省苏维埃之经济部，于联席经济会议中讨论后，转达各工厂，使各企业的分股会议研究实行；一面待各工厂实际经验之后，再由职工联合会之经济部，还达于国民经济苏维埃。如此，一切燃料、食粮、工力、技术之供给都能符合各企业事实上的需要，以前命令式的经济计划决计废止。

因经济行政的方针既改，经济机关的组织也应有相当的变更。

劳农政府经济机关的组织已屡次按实际上的经济变更过几次。最初按经济的类别分设许多经济的人民委员会，而与"最高国民经济苏维埃"的关系不其密切。又因"最高国民经济苏维埃"事实上不能统一集中各种经济事业，于是发生许多委员会、总数目近九十。这种制度，等到和平的建设时代，无论如何行政上总觉不便利。所以到第八次苏维埃大会时（一九二〇年十二月）议决设立"劳动国防苏维埃"，统理全国经济行政，监督各人民委员会（经济的），并于其下设、国家计划委员会，掌全国经济计划。其时已经有经营"有计划的"经济事业的趋向。半年以来，以前的各种经济的小委员会之权限已大缩小，有合并的，有裁撤的。这是第一期的变更。

现在到了第二期了。据这一次全俄国民经济苏维埃第四次大会预定的新组织如下——其改组的方针仍不外乎组成合乎更有系统更有计划的经济行政之组织：

最高国民经济苏维埃分作五个职务部：（一）管理组织部，（二）生产技术部，（三）统计预算部，（四）供给分配部，（五）财政部。以前属于最高国民经济苏维埃之

"物质使用委员会",现在改作劳动国防苏维埃的一机关,专掌全国各种实业原料的分配数量。现在新立的最高国民经济苏维埃中之供给分配部,就可以完全按照劳动国防苏维埃中之物质使用委员会所定表册分配。这五部之下分设十五种工业的总管理处(如五金制造工业、燃料采取工业、矿业、化学工业等类),以代以前的六十种物产总委员会及中央会等。最高国民经济苏维埃经由这些机关可以管辖全国的制造工业及采取工业,而没有以前的手续繁琐办事迟钝等弊病了。

旧制度的弊病在于机关太多,某某总委员会、某某办公处、某某委员会某某部等,互相没有一有系统的关系。从有最高国民经济苏维埃之后,不多时便应行政上的需要,又分许多经济的人民委员会,如交通人民委员会、农业人民委员会、食粮人民委员会等,最高国民经济苏维埃于实质上遂成为"工业人民委员会"的性质。所以又立一"劳动国防苏维埃"总其成,掌全国一切经济事业的总计划。然而初办的时候,一方面不能立刻统一——因各人民委员会之外还有种种小经济机关,如上所述,一方面中央集权,集其所不当集,而不集其所当集,所以成效不著,现新经济政策中之经济行政方针更进一步,扩充这经济最高机关——劳动国防苏维埃——之指导权,使事实上取集权之利益。就是:一方面劳动国防苏维埃当负经济事业的指导之责任,建立全国统筹的经济计划;一方面地方机关扩充其管理权,各省经济计划,须依当地实际上的经验,由本省各种地方经济机关之联席经济会议讨论研究,实行这种计划之方法,得由此提议于中央或相机执行。从此各国民经济省苏维埃不仅只是最高国民经济苏维埃的地方执行机关,而成了实行全国经济计划的一分部机关了。

最高国民经济苏维埃的改组问题的大概是如此。

二、工资问题

俄劳农政治下的工资问题是社会主义中最有意思的问题。其大略已零星见于历次通信,现在全俄职工联合会第四次大会又有一新议决案。这议决案的内容颇有研究的价值。而工资率的改变,原因亦在于食粮课税法的实行,自由商业的开放。记者于前此通信记及物产报酬法时已略提及。现在可以作一综合的报告。

第十八号莫斯科通信所记留夺夫之报告中已经说及现行工资率不能满足工人的希望。金钱的报酬不能给工人生活必需的最少限度,这是必要的维持生活费及恢复工作能力所不可缺。职工联合会所拟办法——物产报酬法——还没有很大的成效,因为食粮的困难的原故。现在自由市场及小手工业的发生,使职工联合会更加了双重的责任:要使工资更得实际上的意义并保存大工业不使涣散,必须使工人能得最小限度之生活必需的食粮及其他日用品,报酬当与所费于工作的劳力相当。如此,才能使工人直接感觉着生产力增高的利益,知道生产力增加,"口粮"也随之增加。现在这次会议中大多数的意见,对于工资率问题,都承认"必须改个人的供给为集合的供给法"一原则。然而因食粮、燃料、原料之来源缺乏,不能得相当的数量供给各企业,所以暂时还不能实行。只能暂且就振兴大工业所不可缓的几种企业,先行着手。现行工资率制度,必须修正,以改善工人的物质生活状况。第一件,工资制度当使简单。再则就各地情形,地方职工联合会机关及各职业联合当有修正各类工资率之权,减少工人人数,改良物产报酬及分配之方法,都按当地的情形去办,职工联合会机关可以在生产上大有供献。所以俄国政府最应当注意的就是:为工人筹备"货物交易基金",使自由商业制度下工人生活状况不至于受小资产阶级剥削而更坏,并且维持住大工业,以为无产阶级的根据。(如照市场的物价算,要付给工人最小限度的生活费,必须增工资百分之五十至六十才够。)工资率问题的意义是如此,现在译其议决案如下:

一,工资率政策与苏维埃政府之更改经济政策(食粮课税,自由交易)有密切的关系,必先注意于保障大工业及其中工业的无产阶级。

二,纸币购买力之大跌落即为工资之物产化之过渡,确定之,即以国家对于工人之"物质供给"代"金钱供给",满足工人阶级之需要而实行发展生产力之相当职务。生产力之发展可实现于生产集权制及工厂之集合供给制度下(取消工票制度,而实行以生产结果相当的数量为供给)。

三,然此制度不能速行,因国家穷乏故。食粮来源为之限制,职工联合会机关能力甚薄弱,且因种种困难情形不得不改变供给计划,故必维持暂时停工之工厂及其工人之生活,以保存无产阶级之"阶级的能力"。

劳农政府之"农民政策"——新经济政策与人民之舆论

劳农政府最近的新经济政策主要地方全在于所谓"农工之关系",最显著的就是食粮课税法,——这是农工协调的一大标帜。原新的社会主义共和国——俄罗斯——共产党政府,为什么不能即刻实行生产品(农业、工业一概在内)公有制,以前的均配法不得不废,自由商业不得不开放,小工业手工业将用非集权制去办(出租),平等的工资率要改,货物交易要假手于协作社,除以革命战争、内乱之故,经济窘急,须亟振兴大工业,而不得不用此种奖励农工增加生产力之新政策为解释外,我们还可以发见一纯粹的经济上的原因:就是"俄国是小农经济的国家"。于小农经济的国家里实行社会主义。其势小农为资产阶级,和工人——无产阶级之间利益必相冲突,而农民对于社会主义的改造绝不感其兴趣,反觉和他经济地位不相容的政策不能忍受。于是所谓"农工之关系"不得不重新整顿,自然要用这种相当的过渡的新政策。这种理论已经见于列宁之《论食粮课税法》(通信第二十)。既然如此,我们就可以知道,新经济政策的意义,却在其为对待"农民政策"之新变旧。要知道他"变更的"意义,当先知道十月革命后劳农政府历来对待农民的政策。

社会主义革命的意义在于经济改造。俄罗斯之经济改造,其要点就在于农业经济,为全体经济命脉之所在。劳农政府对待农民的政策是农业经济改造的步骤。所以我们必得考察劳农政府之农民政策,然后能明白现时的新经济政策,然后能明白"社会主义俄罗斯"之经济问题,然后能明白"俄罗斯的社会革命之意义"。

因此记者于食粮课税法虽已多所记述,现在要暂时结束这篇"俄罗斯之经济问题";不得不再详细考察农民政策,以当结论。

记者访问莫斯科各界对于新经济政策的意见,取其关于农民政策者,又搜集许多材料,有政府公报上的,有非公报上的,匆促研究编纂,得一大概的劳农政府之农民政策史及其最近之倾向如下：

一九一七年两次革命都靠了农民才成功的。农民人数居全俄百分之八十，群众运动的力量非常伟大。十月革命以"农民均分土地"为口号，所以大得农民的同情。劳农政府的成立虽说是工业的无产阶级之革命之胜利，形式上固然革命都在城市中发端的，然而革命时所之军队中农民非常之多（见杜洛次基《十月革命》）。不得他们的同情决不能成就此"社会革命"的伟业。农民因共产党（那时还叫"布尔塞维克"）以推翻地主为标帜，大家兴高采烈的去帮助他们。政府成立之后，反革命派屡次骚扰，还不是农民替他们平定的吗？例如犹干尼次白党起事后当地的农民因他们想收回地主的土地，利害关头（这又是马克思的唯物观了）自愿身无寸铁，肉搏相击。也足见劳农政府的维持一大半靠在农民身上。——只要是政府（无产阶级的）与农民利害相共的时候。

劳农政府既能利用农民而成立，以后的社会改造事业也非特别注意于农民不可。

然而共产党是马克思派，依马氏学说农民是小资产阶级。共产党决不信任农民能了解社会主义的建设，因此共产党和农民的联合，为期甚短。共产党既得政权后注全力于工业的社会主义的改造，与城市的资产阶级奋斗。共产党最初的建设事业，并不曾和农民共同工作。农民完全用自己的力量取得土地。农民对于不劳而食的地主制度，积怨极深，至此一发不可收拾。因此一时间的纷乱，凡近于地主的农民，当即攫得大部分的土地，分取他的牲口及家具，而不顾远于地主的农民却一无所得，当时土地的分配，还没有来得及订定详细的有系统的计划。所以最初期土地并不均匀。少得者要求多得者分割土地。于是误会以起，而农民间就互有纷争。再则土地的肥瘠不同，农民又有要求每年重行分配一次的。总之此一时期中（一九一七年十月——一九一九上半年），农村经济没有能得正当的发展。

（一）农民建设会。如此一直到一九一九年，劳农政府才有功夫审计已公布之"土地国有法"，而想审定农村经济的原则。因此立一农地建设会，以分配土地为职务。而一时因能力不足，方法不良，照当时的情形看起来，据一共产党说，非二十年不能成立一"农地建设会"（于一定区域中，按土地的肥瘠燥温分均等第，以便工作之机关）。

一九一九年分完土地五十万俄亩，一九二〇年末还只分完四百五十万俄亩。全俄农地共一万零三百万俄亩。以前七千二百万俄亩属之于农民，二千四百万俄亩属之于地主。十月革命后，地主的土地完全分散。农民管理的土地已居全数百分之九八，其中土地之面积及等第都是不均匀的。即使农地建设部工作加倍赶快，也非得十年不能使农村经济中土地分配有正当的组织。这就是土地问题，再难解决的一点。革命后农民每人平均所增土地的数量太少。最多的如彼得堡省，每农民平均增加一俄亩之"百分之七十七"。最少的如沃菱薄尔葛省，每农民平均只增加一俄亩之"千分之七"。总平均起来，欧俄农民每人只添得一俄亩之"百分之一九·五"，从这样看来，俄国农地问题事实上确有不能立时解决的难处。

农民政策不但要注意于"农地建设"，更须注意人口的疏密，而应特别注意者尤在于人口的迁移。移民政策之良否，于农村经济上关系非常重大。"革命"的命运全靠在他身上。况且农业生产力大有影响于大工业的发展，这是列宁不惮烦言的解释的。

（二）贫农委员会。共产党最初只顾及城市中的工人，对待农村的态度就冷淡得多。这是因为共产党知道农民大多数是仇视社会主义的，非以强逼手段不能使他们依"新原则"，改组他们的经济。依共产主义，当先分析农民间的阶级，取其中之有社会主义精神者，认定为农村经济中的主干，由"他"去行农村然的革命。因此共产党认定农民中之最贫困者，绝无生产工具及土地，即有亦极少。这种人叫作"贫农"（Begnota）于各农村间组织"贫农委员会"。贫农委员会在乡间所掌职权很大，一切赏罚都归他管。后来因贫农委员会权势太甚，引起农民的反感，使执政党受其恶名，于是不得不取消。——这不过是人材问题，然而也是行政上的一种经验。于是共产党又用分析阶级的方法，设立"农村经济公社"，去改造农村经济。

（三）农村经济公社。共产党设立之农村经济公社（La Commune d'economie rurale）由政府办理，想在最短时期间，改个人的农村经济为集产的农村经济。"公社"受国家的维持，由国家供给器械、经费、种子，一切可以尽量取用，享用最膏腴的土地，不负国家的各种义务，处于特权者的地位，共产党本想大多数的农民加入，然在事实上却有困难。"农村经济公社"是一种理想的高等的农村经济的形式。所需的必要条件，与四围平常的农村耕作绝不相同，他是一种共产主义的经济制度。公社社员须有相当的知识程度，社会性的习惯，组织方法，个人利益与公共利益之合一，高等生产力——凡此都是公社社员的必具条件。而事实上公社社员的程度，相差还太远，因要取智识较高的人民（共产党称之谓中农），因贫农委员会的经验发见他们知识太低的原故，所以改变的办法，社员之中竟混入大半数的城市居民和农业绝无关系的，这些人因避城市困苦生活而去的，能劳作的很少。而且国家办公社，经保养"温室植物"似的，竭力设法保障卫护他。公社社员处此优遇的地位，遂为农民所嫉视，社员取得农民最膏腴的田地、良美机器，而不大十分愿意工作，因此共产党政府费了狠大的经费所得成绩很少。一九二〇年上半年的统计三十七省共有一千五百二十六公社，然而农民不愿意加人公社，或简直不了解"不"加入，这并不足为否认农业集产制的证据。

（四）集产经济。十月革命前，人已大家公认农村经济不与其他经济联合，绝对不能得相当的发展的。因知单独经济力量太薄弱，所以农民于十月革命前即已进行协作社，几无一"劳动农村"（以别于地主）【不】设有协作社的组织，农村经济协作社于各种农村经济的实业上都已渐渐的社会化了，确有社会性的习惯，足以为集产形式的经济之基础。然而农村的智识程度，及其客观的经济条件，还不够。不能办高等的经济制度。各公社之类，改革太骤，进行太速，共产党办"公社"却使农民太注意于其他的集产经济制。下表为现时农业集产制之发展状况：（统计共二十九省）

670

表一

	1919年2月15日	1919年4月1日	1919年10月1日	1920年夏
1. 公社	1,412	1,527	1,746	1,396
各种总数之百分比	百分之100	百分之70.4	百分之29.2	百分之16.4
2. 共同劳动社	——	645	3,569	6,233
各种总数之百分比	——	百分之29.6	百分之59.7	百分之73.5
3. 共同耕种社	——	——	665	869
各种总数之百分比	——	——	百分之2.1	百分之1.1
总数	1,412	2,172	6,980	8,488

这一表可见农民最爱组织的集产经济制还是"农村经济共同劳动社"（俄经济制，十九世纪时已经很盛行，是一种合伙工作的团体，有种种形式；出产品合伙计公分，或以出产品合伙经商、耕种、捕鱼、小手工业、牛奶牛油坊、磨坊等类都有这种组织，俄文谓之"Artel"。）由表上看见革命后"公社"办法稍有不妥而衰落下去的时候，共同劳动社却正兴旺起来。——公社之数减而共同劳动社之数骤增。共同劳动社的经济组织也比公社巩固，而且公社社员大多数来自城市，而共同劳动社社员都是农民。

（五）苏维埃经济当发见"公社"不足以吸取多数农民，而有显然的影响于农村经济——一方面引起仇视，一方面如共同劳动社又有小资产阶级的意义，——共产党又另想一新法去处治农村。共产党说，如农村经济常处于守旧的状态之中，不能依社会主义的原则改造，就应当速以国有的国家的经济代个人的经济，变独立生产的农民为无产阶级，使他们工作于国家经济之中。于是又为经济"苏维埃经济"的组织，共产党想借此取农村经济为国有。苏维埃经济先又取旧地主的田地来耕种（以前此田地已分给小农而归入他们的经济组织了）。苏维埃经济所需牲口农具完全由政府供给，完全官办，其余农民暂时置于第二等。此中不幸苏维埃经济的主任往往有旧地主混入。当初共产党对苏维埃经济希望很大，以为可以设立成"食粮工厂"了，从此可以靠他供给城市人民，而使国家与小农经济脱离关系，这种希望到现在还没有能达到。一九二〇年七月一日的统计，已设的"苏维埃经济"共有二千九百六十三处，所费经费已很多。苏维埃各经济共有一百五十四万俄亩土地。分为三等（地土平均相等，此以内部组织及所供给之牲口农具为区别）：（一）管理供给最良之苏维埃经济，（二）次等管理供给之苏维埃经济，（三）无管理及供给仅有组织之苏维埃。第一等共九百八十七处，第二等共九百八十九处，第三等共九百八十七处。田地之分配如下（下列两表都据总数计算）：

表二

普通农场	农宅	囤	囵	耕地	草地	牧场
1,543,258	18,200	25,548	8,396	714,902	34,422	196,093

表三　工力分配如下

经常工人	职员	家族人数	马	牛	骆驼	小牛
88,662	11,596	82,152	26,087	9,551	1,192	5,956

我们看这表，第一先见职员人数的众多。每六工人当一职员。平均每一苏维埃经济，有田地五百二十俄亩，工人二十二，马九，又可见牲口的不够。然而我们再看一看每一区域每一工人所耕处，更觉可惊，第六区（Tsaritseinsky 及 Astrahansky 省）每二十八亩一工人，每四十一亩一马。第四区（Tambowsky、Ossowsky、Kursky、Moronejsky 省）第五区（Nejegorodesky、Kazansky、Penzensky、Simbirsky、Samarsky、Saratowsky 省）平均每二十亩一工人，每三十三亩一马。（此处所言亩数皆指俄亩，下同）。最好的是北部俄罗斯，每四亩一工人，每七亩一马。

由此看来，国家所有农地工作者（"经常工人"）人数太少，工力不足。不得不要求农民出"经济力"帮助，这国家垦耕公司苏维埃经济才能发展他的事业。劳农政府于是必用强逼办法：如农民对苏维埃经济的劳动义务法、农民义务供给牲口法等，这也无足怪了。苏维埃经济各区（并几省为一区）工力的分配如下表：

表四

	每一工人所耕亩数	每马所耕亩数
第一区	七亩	十四亩
第二区	五亩	十亩
第三区	八亩	十七亩
第四区	二十亩	三十亩
第五区	二十亩	三十七亩
第六区	二十八亩	四十一亩
第七区	十六亩	十九亩
第八区	四亩半	十九亩
第九区	四亩	六亩

［因工人（农地工作者）及牲口不足，取农民牲口，使农民工作，而农民不愿，至于如汤薄夫斯基省四用军队以武力强迫。］

这共产党所谓"食粮工厂"的工作怎样的进行呢？苏维埃经济共有耕地七十一万四千俄亩。一九二〇年下种者只有十八万俄亩，此外八万七千亩"休耕田"（记者按：俄田分三种，春种秋收者谓之春田。秋种春收者为秋田。隔年休种者谓之休耕田。往往一区域分三种田，每年使三分之一之田休息不下种，而仅稍加肥以养地力。如此三年轮种一遍）。以耕垦而论，已垦者有二十六万七千亩，居全数三分之一有余。这已是处于最优遇的条件之下的了。

"苏维埃经济"其余之三分之二的耕地，暂时受国家的供给维持，却还没垦。共产党政府下令催促农民，务必筹备下种。其实国家所办尚且如此，其余更有事实的困难。

现在当再看这"食粮工厂"——苏维埃经济——的成绩如何：

表五　一九二〇年之收获　　　　　　　　　　　　　　　以铺德为单位

秋麦	小麦	大麦	亚麻	马铃薯	干草	谷米
670,160	622,712	1,348,350	30,820	5,032,500	7,061,600	95,576

总计所得食粮（亚麻、干草及马铃薯等广义的农产品除去），谷物共二百十九万铺德，其中除出预备来年的种子六十九万六千铺德外，只剩得一百四十九万六千铺德可以供给需要。苏维埃经济中的人口（工人、职员及其家族）共十五万八千人，如均分所余食粮，每人只能得八铺德有余（其实还不到八铺德，因为职员经手时有回扣）。一人一年非十五铺德不够，只就没有余剩供给徒然了。所费于机器上的几百万万卢布国家枉费。

干草成绩亦不很好，每年一头牲口，照总收入七，〇六一，六〇〇算来，只能五十三铺德干草，五十五铺德生草（生草总数七，三六七，〇〇〇）。这更大不够，苏维埃经济中只可减少牲口数目。或者搀和杂料喂养他们。

牲畜事业在这种"食粮工厂"里的成绩又如下表：

表六

	牡牛	牝牛	小牛	小马
四十省	2,279	38,266	18,481	2,334

苏维埃经济共有二，九六三处，平均每处仅有牝牛十三头，牡牛"十分之九"头。

共产党既经此次经验，知道苏维埃经济没有希望，一九二〇下半年乃改用新法，依照社会主义的原理的："种子公会"。

第六，种子公会。"食粮工厂"的试验既没有成功。劳农政府乃下令直接由国家整顿农民的经济。这一命令的意义，就是：完全取消个人的农民经济之独立性，一切田地工作都变成对于国家应尽的义务。种子由国家管理，其余一切，政府均须参与监督。"赏勤罚惰"的法律公布。因设"种子公会",除监督农田播种,不使有尺寸荒地之职权外,并有享用"所有"牲口及农具之权。农民的自由经济至此大受束缚,因要督促生产力增进之故。

然而牲口减少,农具破坏,一时亦不能即见成效。且人工缺少,肥料难得,农民虽要工作,而事实上十分困难。因此政府的督促,往往仅仅垦开地土,亦不加肥料。种子管理既在政府手里,还当用心"及时"分发,不然就恐怕误事。农民本他们小资产阶级的心理,不喜欢政府侵犯他们的"自由"、"独立"。所以最近的政策也多少引起些反感。记者到莫斯科时,正是实行种子公会政策的时候,也常常听外省来的人讲起此事。所以最困难的一点,还是阶级利益不相容的一点——如列宁所说。

总之,共产党之一切农民政策,如上所述,有两个原则,(一)不信任农民的小资产阶级之心理,以"非督促之向社会主义的经济改造"为第一原则;(二)经济窘急,极力设法增加农业生产力,以"搜取食粮于乡间"为第二原则。

最近的变更经济政策——食粮课税法——仍是本这两原则进行。食粮课税法,已见历次通信,共产党第十次大会,最近之共产党常例会议(公布新经济政策议决案的),及全俄国民经济苏维埃大会与全俄职工联合会大会上之理论,列宁之意见,都看得出来,读者请检阅参考。

除这两经济上的原因外,缓和农民感情也是一大原因。西伯利亚农民常起反抗,塞马腊田、沃木司克国,农民叛乱掠夺公家食粮车,火车因此不通了数星期。(四月底)所以列宁的新经济政策行政方针是:"最短期内收尽食粮税,勿使扰骚农民。"自由商业也因此开放的。

所以最近新政策"食粮课税法",可算出于农民阶级的要求的。况农民政党"社会革命党"早有这提议,不过非政府党没有自由言论之权,不深考察,不能知道,所以大家没有注意。"食粮课税法"或将为劳农政府最良最后之农民政策了。

劳农政府之农民政策大概如此。

莫斯科一九二一年六月十五日

(《晨报》,1921年9月27日—10月1日,10月26日—11月6日,署名 瞿秋白)

27日(星期二)

63.《社会主义研究》介绍(上海《民国日报》副刊《觉悟》,9月27日)

上海《民国日报》副刊《觉悟》介绍《社会主义研究》。全文如下:

山川均先生,是现在日本社会主义者中第一个有研究的人。他对于各派社会主义,都研究很深,而尤以共产主义为最。近来日本社会主义论坛上,差不多继续活动的,只有他一个人。

他在病里如此奋斗，实在令人佩服。

山川菊荣先生，不但是日本特出的女社会主义者，恐怕也是世界稀有的女社会主义者。伊底始终一贯，富有研究，为一般人所佩服，尤其为一般社会主义青年所仰慕。

《社会主义研究》，就是由这样的两夫妻所编辑的。彼是一种月刊，每月一日发行。彼在一九一九年四月创刊。现已出至第四卷第二号（今年九月号）。彼底销场，一天好似一天，近来已增至一万多部，为社会主义杂志中底最有力者。最近八月号，因为有一篇列宁底世界的名著《社会革命底建设的方面》（三万多字），竟不到三五天就卖完再版，实在是一件空前的事。彼底材料，一期有一期底特色，很可以供我们底研究，所以我很愿意把彼介绍给大家。

我现在把彼今年所出版各期底要目，抄在下面：

一、二月号

（一）劳农俄国底妇人解放（山川菊荣）；

（二）列宁底妇人论；

（三）齐诺维夫底"妇人和革命论"；

（四）劳农俄国底代表的三妇人；

（五）俄国婚姻法。

二、三月号

（一）考茨基底"劳农政治论"（山川均）；

（二）马克斯底唯物史观和绅士阀学者底唯金史观；

（三）劳农治下底克鲁泡特金；

（四）克鲁泡特金底年表及著作年表

三、四月号

列宁底生涯及事业（山川均）

四、五月号

（一）俄国底无产阶级革命和农民（山川均）；

（二）农村革命底进化；

（三）列宁底农村革命论；

（四）俄国土地法。

五、六月号

（一）驳贺川丰彦底"过激派之苦境"（山川均）；

（二）产儿制限论和社会主义（山川菊荣）；

（三）德国共产党底农民运动纲领；

六、七月号

（一）无产阶级底哲学（山川均）；

（二）罗素和唯物史观（山川均）；

（三）巴黎自治团；

(四)英国独立劳动党和土地国有案。
七、八月号
社会革命底建设方面(列宁著,山川均、山川菊荣同译)
八、九月号
(一)社会主义底进化(山川菊荣译);
(二)科学社会主义和行动的社会主义(山川均);
(三)俄国宪法全文;
大家看了以上的目录,也就可以推测彼底内容了。现在再把出版地方及价钱写在下面:
"日本东京大森入新井町,平民大学出版部"
(一部三十钱、半年一元七十钱、一年三元三十钱)
我想买这一种,比买《改造》《解放》要好得多了。

(上海《民国日报》副刊《觉悟》,1921年9月27日 署名C.T)

10月
5日(星期三)

64.《劳农俄国之观察》(《晨报》,10月5日—7日)

至7日,《晨报》刊登俞颂华的《劳农俄国之观察》,如下:

政治上成功与失败之主因

俄国的人民很富于宗教性,宗教制度固然没有打破,家族制度也还存在,所以在他消极的理想方面说来,也可以说劳农政府的理想尚未实现。现在劳农政府已放弃从前所施行取消租税制度和金钱制度的政策而改行国家资本主义了。在共产党说来,改行国家资本主义就是达到他们理想的目标的过渡办法,但是他们革命后何不立刻行国家资本主义,而必待今日始改变方□呢。这还不是他们以前所做的没有成功的明征吗。所以我敢说劳农政府的理想在消极的方面也没有成功,换一句话讲,在消极的方面也失败了,但是他们是有理想的,虽失败也是光荣的,此较盲行而失败,或觉偶尔成功的政府总好些。劳农政府最注意的是经济上的改造,而取消租税制度和金钱制度在共产党党纲上又有明文发表,何以租税与金钱制度到底打破□?这是很简单的,就是因他们分配政策失败的缘故。他们分配政策何以失败得厉害呢?其最大的原因我以为有两个的。(一)俄国自从大革命后,又经过了许多战争,生产机关和交通机关都破坏太甚,自己没有能力去恢复,以致物资缺乏,食物不足,虽有分配机关,不能使人取得其所需。(二)世界各强国都反对劳农政府〈劳农政府〉在外交上所处的地位,差不多都同大战时期中德国政府在外交上处于完全孤立的地位一样,丝毫得不到各大强国物质上的援助。从前德国铁血宰相的理想所以成功,虽因其武力煊赫。其实未始非得力于他的外交失败，也是战争之一因。劳农政府对于反革命派所用的武力，虽没有失败，但他的外交我却不能说他大败。因为这两个原因以及其他原因，所以劳农政府对内的经济政策失败了，而俄国国民衣食不足，也困苦到极点。

他们经济政策失败的最大原因，我已说过了，现在我再要追求俄国共产党当初革命成功的原因，报告于诸君。大凡在一个政治极腐败的国家，激烈的革命是免不了的。政治愈腐败，国民革□□□□愈□富，这是一定之理□□□人非□木，又是爱□的政治的动物，感受了政治的痛苦，没有不想于政治下除旧布新的。俄国帝政时代政治的黑暗腐败是大家知道的，所以俄国国民革命的感想很热烈，容易趋于极端。旧俄皇室推翻之后，克伦斯基的政府尚不能满足一般国民的希望。共产党当初只有十万党员，纪律极严，党员都一心一德而有牺牲的精神，并且又有中坚人员规画一切，所以十月革命之后，共产党的势农政府就成立。能够再进一层的干破坏事业，把反对党打败，所以我以为共产党在俄国革命成功最大原因，即一因俄民富于革命的感情，一因共产党纪律森严，且于中坚人物。目前俄国共产党党员接〈最〉近的统计有七十八万左右，但是新党员中很有许多不良分子，以后共产党的精神是否象从前一样的好，我却不敢预言了。我□忆中国革命以前的同盟会，精神异常发皇，黄花岗七十二烈士的牺牲精神，至今尚在国人之心目中，一到民国时代，改成了国民党，当时到处都有国民党员，而国民党就因此渐渐无力，后来竟被袁世凯一纸命令解散，党员也大少了。俄国共产党的分子，现在也渐复杂了，所以我不敢担保他以后的精神是否不渐渐颓坏，良亦末可知。从这一点看来，可知在政治腐败的国家，只要有同心同德的十万人的团体，就干破坏事业而有余，而在改革之后，要在内政外交上的设施一步不差，狠顺利的成就建设事业，却是一件极不容易事。

劳农政府成败的原委，已简单的讲过了，现在再将最近中俄关系与俄的情况报告于诸君。

劳农政府积极消极的理想是否带有危险性，我们今天不必讨论，但列宁最近变了方针，改取国家资本家的主义了，纵使他们原来的党纲带有危险性，而现在却没有什么可怕了。我记得一千九百十六年七月日俄两国关于双方在中国的利益订了一个秘密的军事同盟的盟约，劳农政府成立之后，即把他全部公表，日本野心便暴露于世界，可见他们首先破坏世界国际间秘密外交之恶例，而对于中国毫无恶意毫无野心。我这一次到俄国见劳农政府外交委员会加拉亨氏，他于谈说中表示他对于退还赔款，退回旧俄帝政时代俄国所侵略中国的权利的诚意。我觉得劳农政府对于中俄非但无恶意且又表示善意，所以我个人却希望农劳〔劳农〕政府本其国家资本主义为俄民造福，并且我希望我们中国国民与他们表示亲善之意。但是俄国极不幸，东俄伏尔茄与唐河流域大旱为灾，且又恶疫流行，据劳农政府最近发表饥民之数有一千八百万之多，将来秋收若再失败，前途更不堪设想。德国美国已著手预备救济俄民，诸君在报上想已见过。俄国国民可以说困苦到极点了，俄民如此困苦，在俄华侨当然也同样的困苦。欧俄华侨的人数，因无精确的统计，我不知道，但据莫斯科华侨联合会里的办事员说，华侨在欧俄者约有二万以上，在欧俄东南一代，即目前灾荒最甚之区，但是交通不便，俄国车头不足，燃料缺乏，要从铁路回国，却极困难。我在莫斯科的时候，华侨联合会会长陈君对我说，现在欧俄华侨亟愿回国者，约有三分之二以上，如果领事能向劳农政府办妥交涉，设法车辆送回华侨，固然最好。但是大批华侨都由铁路回国，也非易事，最好希望政府设法一二艘船，放到利茄海口，载华侨回去。三个月以前，欧俄华侨要想回国者已有三分之二以上，目前东俄大旱大疫，恐怕十分之八九都要想回国了。德是战败国，对于救济在俄境德侨与救济俄民尚且已在欧洲里积极进行，我们中国曾参加大战，名义上是战胜国之一分子，若既不能去救济俄民又不能救济在俄华侨，则真未免可耻极了。所以我盼望国内的人，与在海外的国人都要对于这个问题，加以相当的注意呵！

　　劳农政府在这个时候，真实又遭逢了一个很大的难关。我虽不敢预料他一定能够渡过这难关，但俄国的事情，往往是不可思议的，有出人[入]莫斯科之外者，或者劳农政府竟然能渡过这难关，亦未可知。不过我所敢言的是劳农政府若竟然渡过了这个难关，而行国家资本主义，则其基础便容易稳固，未始非俄国国民祸中之福。因为俄国国民太苦了，若是有反革命，必多纷扰，加重他们的痛苦。

　　我关于俄国问题所想要说的话尚多，今天时间不够了，不能再多说了，不过我对于今天到会诸公有两种特别的希望，不能不对诸公再有一言。诸公中研究医工的是居最大多数，中国将来是否有革命，我不敢知，但按目前的时局而论，好像在那里播革命的种子，我对于诸公消极的希望，就是中国将来若不幸而再有革命，诸公中研究工业的总要竭力设法，使我们中国的人民不要像俄民这样受物资缺乏，食料不足种种最大的痛苦，研究医学的总要设法预防，像俄国那样的疫病，使他永不发生于中国。世界扰扰，将来欧美是否不免剧烈的社会革命，我不敢知，但我对于诸公却不能不再有一种积极的希望，就是希望诸公将来使我们中国的医工非常发达，俾地球上将来无论那一处要是发生了灾荒疫病，中国国民便可首先以食料物资，药材救济世界上的灾民，表示我们中华民族，博爱的精神，我谨馨香稿祝诸公将来能副我区区这两种希望呵？

　　（附注）对于劳农政府的观察，各人观点不同，故意见亦各异，我所说的是我旅游俄国之后，我个人对于劳农政府的意见，如有说差的地方，请诸君教正，诸君如要知道劳农政府的国家资本主义，可读七月号一卷一号英国劳动日刊中所载列宁著的田税的意义一篇文章。

（《晨报》，1921年10月5日—7日，署名 俞颂华）

11月
10日（星期四）

65.《苏维埃俄国下的艺术》(《东方杂志》第十八卷第二十一号，11月10日)

《东方杂志》第十八卷第二十一号发表松山的《苏维埃俄国下的艺术》，摘录如下：

▲左倾艺术家的初初得势
▲与各工团并立的艺术家
▲未来与立方两派的衰颓
▲俄国现在的艺术的情形

关于论鲍尔希维克之下的艺术的文字，已经很多了；但由别国人的意见来观察，论调很容易纷歧；论他种关于鲍尔希维克的事情也是如此。所以梭科罗夫（Boris Sokoloff）的意见，很可以供一读了。梭科罗夫原是俄国的一个新闻记者，近日新离本国，曾给捷克京城柏拉格的 Volia Rossii 报作一篇论文，将三年来在鲍尔希维克治理下的俄国艺术的历史，分作三期。第一期是

"有一种抗议反对学院主义；一种抗议反对艺术中的常规及时机主义；一种抗议反对一班学院派的老艺术家的势力，他们虽在那时已长久没有创作，但他们的一种权力却依旧还在。最后的抗议，便是年少的反对老的，饥饿和初出手的反对丰满及老成的。

"并且既推倒旧势力，握得学院及艺术学校，引进一班年少而且偏近于'左倾'的艺术家之后，在这鲍尔希维克的大革命的第一年之下，俄国的艺术界逐经过一个狂热而且剧烈要求的时期。在这个特别而且大改革的创造的潮流下面，属于各种倾向的各派的艺术家都有。有写实派，印象派，但其中最占多数的却是未来派与立方派。而且其中原故，很容易了解：因为他们愈倾向于'左倾'的，则在艺术中的改革也最多。于是而'左倾'的艺术家，就是这班未来派及立方派的地位，渐渐得了稳固。一切地方，凡艺术的领地上占重要的，尽被最明著'左倾'派所充塞这班人便是那未来派泰德林（Tatlin），斯覃培葛（Steinberg），以及许多别人。其实这些艺术对于共产主义是完全相远的，他们之所以能够起来，全因为他们'左倾'的倾向，他们的艺术中的近代主义的缘故。在他们的掌握之中的是陈列所，展览所，而且尤其重要的，便是财帛，钱物。

"政府以大多数的卢布给予这班艺术家。当在这苏维埃政府革命的第一年里，定造半身像大约有一百个，这些半身像几乎都是交给少年的艺术家及雕刻家去造作。在一九一八年，当这十月里大革命的纪念日的时候，有许多卢布给予艺术团体，以供莫斯科及彼得格拉两城的装饰。

"而且更有必须说明的，便是如愈将半身像及纪念物托之于这'左倾'的艺术家；那陈列所便也几乎全收'左倾'的艺术家的绘画了。"

但是未来派和立方派的地位都是短暂的。鲍尔希维克政治有自己的一种主见，便要用这种主见的方式去模范艺术。这种情形，可以从一九一九年莫斯科劳农会会长喀美纳夫的语气上看出来。他的论调，由梭科罗夫引用如下：

"这一种愚昧的演技也够了！劳农政府必须决然的停止那给予未来派立方派想像派——这班乖张的艺术家——的一切供给，他们不是劳动社会的艺术家，并且他们的艺术不是我们的。他们是中等社会的堕落，中等社会的退化里的产物。我们所需要的

劳动社会的艺术，是要使工人农人可以理会的，对于他们是亲近的。这样的艺术我们必须创造，而且我们也要创造。"别有一个鲍尔希维党人，他批评美术的意见是如此说：

"中等社会的艺术必当消灭。那些只能造作和勤于他们所谓美的艺术家，也必须消灭。有些别的艺术家属于将来的劳动社会的，这等作品是比较的重大。他们可以造出艺术的工作来这些艺术家必须写出为劳动社会所需要的。今天绘的是图，明天便画广告招贴或标记。都是应着需要而造作。并且只有这样的艺术家为现在的自治团体所需要。因为他们能尽一社会上的有用的职务。也只有这样的工作，能使艺术家的地位与社会上的各种工团——鞋工，木匠，裁缝工相并立。

"因这些理论的结果（著者接续说）遂起一种奋争，是一种不可免的，反对中等社会的艺术的奋争。未来主义与立方主义既公然被说为中等社会的寄生者，他们的势焰于是遂消灭。他们的信用和费用既被废止，而且一切对于非劳动的艺术的补助金一律裁撤了。到了一九一九年，因是遂也不能再有像一九一八年所建立一样的大理石或铜制的半身像及纪念物。黏土制的则不久便渐渐剥落破灭。并且只有这三二个用大理石制的纪念物，可以留为当时的遗迹罢了。但这班近时新兴的艺术家，不久又陷于贫苦，于是不能不向各种机关上担任抄写打字的职务，因为在那里做事，比较得温暖，而且食品也比较得丰富。只有那一班善于描画广告招贴的，他们才算染了当时代的实际的精神，而且也只有这班人得着多量的补助。在那时候一个市街布教的广告的报酬，比一张名画或一件雕刻要多四五倍。

"苏维埃政府在那时候已试将特有的艺术创造出来。指出一种的鉴识，指定一个特种的状况，以及艺术的领域这愿望是在要得一种艺术的作品，使劳动社会得能理会的，这……在艺术里是归向自然主义，在欲望里是将实际问题与艺术合并起来。他从招贴广告的朴素的质地里呼起生命来。"到了一九二〇年，俄国的艺术进了第三期："一九二〇这一年，俄国的美术呈一种奇异的混乱状态。那班未来派及立方派在大革命的初年本极其发达的，到现在已经沉默……在从前有许多的集会以及讨论，现在已经没有。无论在莫斯科或彼得格拉已没有什么展览会了。人不听到有'左倾'的艺术家的新图画，近代雕刻家的新作品了。他们因为不当意于苏维埃的改革及其政治，于是遂在当时的苏维埃唯物主义重空气下消亡。他们不能断绝他们固有的个人主义，因为从大体上说来他们实在是相信个人主义的。这便是他们所以属于个人主义的理由——在别一意义上说来，也便是他们所以不是个人主义的理由。

"劳动社会的艺术，这不过残留着虚幻的梦罢。如在他国或在别的时候，除却在俄国那劳动社会也许与人民交往得如是密切，而并没有什么和他们殊异。及分占他们的风尚，劳动社会的艺术的编制是显然困难的。对于这种意见，苏维埃政治也有同意。后来略略经过辩论，卢那凯斯基也便赞同。并且在这第二十年的时候引起这'无产阶级之文化'的清理，在各种组织里，他们要想创造一种劳动的，他们自己的等级培养，从这里产出他们的艺术，他们自己的剧场。"

……

梭科罗夫继续说：

"并且那时候劳动艺术并没有所表现。没有展览物，绘画，雕刻可以认作是由这'劳动社会'里来的……别一面说，有许多的展览物，是有趣味而且多方面的……但是这些东西大部分尽是前几年的制作品，不过现在才完成罢了。最足以惹人注意，便是那些展览物里并没有'改革。'这是并不表出，这也并不反省到……鲍尔希维克运动里的二三个劳动者的领袖以为拢总这些展览物是可以夸口的。"

著者将如下的话来总结：

"并且现在，在俄国艺术生命的薄暗中，从高声的言语里，从许多的梦里，从黏土的半身像里，那里有散乱的希望及水浸的座脚留存在都城的街道中间。"

（《东方杂志》第十八卷第二十一号，1921年11月10日，署名 松山）

66.《第三次国际共产党大会之经过及各国劳动运动之现在地位》
（《东方杂志》第十八卷第二十一号，11月10日）

《东方杂志》第十八卷第二十一号，刊登了W的《第三次国际共产党大会之经过及各国劳动运动之现在地位》，全文如下：

代表国际革命的劳动运动之第三国际即共产党国际，自本年六月二十三日至七月十二日，开第三次国际大会于莫斯科。本届大会提议事项之最重要者，厥为二十一条款之修正案。所谓二十一条，乃去年共产党国际第二次大会所通过之信条。凡各国社会党及劳动组合，须遵守二十一条，始得加入第三国际。此二十一条（原文详见第十一号世界新潮）限制甚严。规定凡加入第三国际之各党，须一律改称为共产党，须一律用公开的及秘密的宣传方法，以推翻各国资本阶级之政府，且尤必将党中属于机会主义之妥协分子，悉行摒逐。此二十一条决议案通过后，在此一年来，各国社会党，内部几皆不免于分裂，其中妥协分子与急进分子各自分道扬镳。因之使共产党之国际运动，遂生无数阻力。盖自第三国际宣布极端严酷之党纲后，有许多温和社会党，向来表同情于劳农政府者。今则因第三国际不能相容，遂反立于反动之地位。因此在此次大会中，有数国代表提议，修改二十一条。以便减削温和派之仇视。此议案提出后，出席之三百名代表，剧烈辩论，计历四日之久。俄国代表李宁、脱落斯基、赖台克（Karl Radek）及第三国际理事长徐诺维夫（G. Zinoviev）皆反对修正。代表中有谓俄国共产党既主张极端不妥协的策略，何以在俄国国内，则屡次采用缓和的政策，以谋保持其政府地位，特举以相诘。脱洛斯基氏之答辩，则殊甚巧妙，彼谓在第四阶级已握得政权之国家，为行政之顺利计，采用缓和的策略，自属无妨。惟第四阶级未握政权之国家，则尚处革命时代，故必须采严酷的策略。标鲜明之旗帜，以免以假乱真云。李宁亦在会场演说，谓劳动政府为谋重建工业计，在一方面自不得不与资本国谈判，并输入外资，让与开发权利。然在他方面，则共产党仍积极准备世界的大革命。

俄国共产政府决不愿与一切自由主义者民主主义者协商。盖今之反动派，皆以自由民主为护身符故也。李宁更谓鲍尔希维党对于门希维党及社会革命党必须继续作战。当时听众皆大声喝采，立时通过李宁之提案，修正二十一条，遂亦遭多数否决云。

此外大会更通过赖台克所起草之世界的宣传运动案，主张联合加入第三国际之各党。同时在各国从事大规模之宣传运动，徐诺维夫氏则一致投票赞同，当选连任为理事长焉。

与第三次国际共产党大会同时在莫斯科开会者，则有国际劳动组合议事会（系第三国际之附属机关）之第一次大会。于七月三日开始，历时半月，到会各国代表二百人，又有共产党青年会大会（Communist Young People's Societies）到会代表一百五十人。又妇女共产党国际（Communist Woman's International）亦于六月十八日在莫斯科开会，历时五日，选举德国著名共产党国会议员谢德金（Clara Zetkin）女士为理事长，到会代表八十七人，代表二十八国籍云。

兹更就目前国际社会运动之各机关，及各国际社会党之倾向。一陈述之，自世界大战俄国革命后，社会党之国际机关，已分裂而为三个（参看本志十七卷八号世界新潮）即（1）第三国际即共产党国际；（2）第二国际即战前遗留之旧国际；（3）国际社会党实行团（International Working Group of Socialist Parties）。此团于今年二月在维也纳组织成立，亦称为"二个半国际"。因其主张介于第二国际与第三国际之间故也。此就劳动阶级之政治活动之国际机关而言也，至就经济活动即劳动组合之国际机关而言，亦已分裂为二。其一设于莫斯科，有组合员一千万人；其一为国际劳动组合联合会，则较为温和。其事务所设于荷兰京城亚姆斯特丹，组合员二千七百万人，国际青年会亦然。莫斯科之共产党青年会，较为急进。而今年五月在亚姆斯德丹成立之青年劳动者国际（Younng Workers' International）则较温和。然此外各国尚有许多独立之社会党及劳动组合，不加入任何之国际团体焉。

各国社会党及劳动组合，有属于急进的第三国际或共产党国际劳动组合者，有属于温和的第二国际或国际劳动组合联合会者，亦有居中立地位并未属于任何国际机关者。兹就各国情形分述如次。国际劳动运动之现势，及第二国际与第三国际之强弱，于此即不难概见矣。

英国　英国工党至今仍属于第二国际。惟工党中之急进分子即独立工会党。则会声明脱离第二及第三国际。加入维也纳之二个半国际。因此独立工党中，有一小部分，脱离该党而与附属第三国际之下之勃列颠工党结合。本年六月，全国工党大会提出动议案，主张与共产党联络。嗣以四百十一万五千票对二十二万四千票之多数，否决全案。又苏格兰劳动组合大会于本年四月间，以至少之法定多数，通过加入莫斯科国际案，惟就勃列颠劳动组合之全体而论，则尚未得谓为已完全脱离亚姆斯特丹之联合会云。

德国　社会民主党（普通称为多数社会党）至目前仍属第二国际。该党计在国会中占有一百零八议席。在内阁中，有数名阁员，独立社会民主党则系属于维也纳国际。在国会亦有六十一议席。又去年十月自独立民主党分裂而成之联合共产党，则属于莫斯科国际，在国会占二十四议席云。此外又有共产工党，则系多数反对议会活动之极端派所组合而成，去年曾加入第三国际。嗣因联合共产党提出抗议，本届第三国际遂决定令该党与联合共产党合并，并放弃其排斥议会活动之主张。共产工党不允与联合共产党合并，遂退出第三国际，诋之为改革派之机关云。至有组合员八百五十万之德意志劳动总同盟，则仍属亚姆斯特丹之国际机关。惟势力较小之劳动组合，则亦有加入莫斯科国际劳动组合者。

俄国 在俄国握有政权之共产党即鲍尔希维派系属第三国际。惟社会革命党及社会民主党（即门希维派）则属于维也纳之二个半国际，有组合员六百万之俄罗斯劳动组合，现为国际劳动组合议事会之领袖。此外与莫斯科政府有关系之各劳农共和国。如乌克兰、阿才倍疆、乔治亚、亚美尼亚等，则其情形，殆悉与俄国相同。

波兰 波兰社会党（现总统批尔苏特斯基亦为党员之一）闻现已决定脱离第二国际。请求加入维也纳国际，该党过度倾向国家主义，因此有一部分强有力之党员，脱离该党，别组波兰共产党，以加入莫斯科第三国际，波兰劳动组合之大部分拥护亚姆斯特丹，惟亦有一小部分加入莫斯科，颇强有力焉。

西班牙 西班牙社会党（在国会中有六议席）在本年四月之大会中以八千八百零八票对六千零二十五票之多数，否决接受莫斯科党纲，现该党未入任何国际机关，惟一部分党员。则于大会时脱离该党，加入西班牙共产党焉，至劳动总同盟现尚未与亚姆斯特丹脱离关系。此外各种劳动团体，则多少带有无政府主义之色彩金属工人组合则已投票决定加入莫斯科矣。

比利时 比利时工党有党员六十二万人，国会议员多名，内阁阁员四名，势力非常伟大，至今仍属第二国际。自本年五月间之大会后，约克毛台氏（Jacquemotte）所领袖之一部分，退出该党，别组共产党，以与去年所创且为莫斯科国际所承认之比利时共产党对抗。又比利时劳动组合，除基督教劳动组合外，皆属于亚姆斯特丹之国际劳动组合云。

荷兰 荷兰社会民主工党于一九二一年大会中，以大多数票决，仍行隶属第二国际。此外荷兰共产党属于第三国际。惟势力甚为小弱，荷兰劳动组合有倾向社会党者。有独立者，有倾向基督教社会党者，倾向社会党者属于亚姆斯特丹，倾向基督教社会党者，则属于莫斯科之基督教国际劳动组合云。

卢森堡 卢森堡虽为一渺小之大公国，然其国内劳动运动，亦呈四分五裂之象，有一社会民主党，又有一共产党，后者乃属第三国际者也。

斯干狄那维亚 本年三月间，瑞典左翼社会党大会投票，以一百七十三对三十四票之多数，接受莫斯科党纲，易名为瑞典共产党，其中反对派则退出会场，别组瑞典独立社会党，加入维也纳之二个半国际，此外握有政治势力为前国务总理白兰汀（Hjalmar Branting）所领袖之瑞典社会党，则仍属第二国际。又瑞典劳动组合之左翼分子，已加入莫斯科之国际劳动组合议事会，在挪威则旧工党中之多数党已接受莫斯科党纲，惟对于改换党名一节，声明除外。但称为第三国际之支部云，少数党则组成社会民主党，国会中工党议员，大多包罗其中。丹麦社会党势力极大，几【乎】可以左右政局，现仍隶第二国际，惟少数之共产党及劳动组合之左翼，则已决定加入第三国际矣。

芬兰 芬兰社会党在国会二百议席中占有八十议席，然至今并未加入任何国际团体，劳动组合同盟亦然，惟有一秘密之共产党，则加入第三国际云。

立陶宛 社会党加入维也纳之二个半国际。

莱多维亚 莱多维亚社会民主党拥护维也纳国际，惟为政府所禁遏之共产党，则属第三国际。

美国 亚美利加社会党与亚美利加劳动总同盟均于本年六月开会，反对加入任何国际机关，向来之两共产团体，现已并合为一共产党，接受莫斯科二十一条件。至本年六月，更有一共产党在都拉多(Toledo)开创立大会，主张政治的煽动，而反对二十一条中之不合法的宣传。至七月间，亚美利加劳动联盟亦召集创立会，为公开的宣传运动，又社会工党势力本不甚大，亦并未加入任何国际 I.W.W 即世界工业劳动者同盟，则已加入莫斯科国际劳动组合云。

墨西哥 墨西哥劳动运动极为混杂，莫辨真相，急进派煽动甚形剧烈。所谓墨西哥劳动总同盟，与亚美利加劳动总同盟结合，而成大亚美利加劳动总同盟，此外少数急进分子，则加入 IWW，政党则有工党，大体拥护总统阿白利贡氏(Obregon)。社会党为阿尔伐拉都(Salvador Alvarado)所领袖。共产党则其国际的色彩，亦未甚分明。

阿根廷 阿根廷社会党已脱离第二国际，然亦未加入第三国际，共产党则已接受莫斯科党纲，劳动组合中之多数派加入亚姆斯特丹，少数派则带无政府主义色彩焉。

智利 社会党已决定加入莫斯科国际，且在本年三月间第一次在国会获得议席。

乌拉圭 社会党已加入第三国际。

加拿大 劳动组合大部分加入亚姆斯特丹之国际联合会，政党则皆为独立的。

澳大利亚 除少数共产党外，工党及劳动组合均未加入第三国际。

南非 南非劳动运动中极端分子已组立共产党，接受莫斯科二十一条件。温和分子则仍隶工党，又开浦劳动组合总同盟则已加入第三国际矣。

巴力斯坦 西亚新兴国巴力斯坦共产主义之传播亦极广，旧时之犹太社会党中急进分子。近已组织共产党，而加入维也纳之二个半国际云。

(《东方杂志》第十八卷第二十一号，1921年11月10日，署名W)

19日(星期六)

67.《列宁述现在应取方针·共产党之第二次退步》(《民国日报》，11月10日)

《民国日报》刊登《列宁述现在应取方针·共产党之第二次退步》，如下：

华俄社十一月十四日莫斯科电 列宁对于俄国革命第四周年纪念日，在真理报上发表一文，详述共产党改变方针之理由，今录如下：

"目前吾人于解决最重之经济建设问题时，当以渐进而谨慎之方法，援助改造者，盖真正革命之唯一而绝大之危险，即为采取最易成功之革命手段中，常忽视当时之环境，仅采革命手段而得来之胜利大世界革命。其将毫无依从，可断言也。吾人所采革命程序，如取练然，在相当时期中，当认定一相当之环而紧握之，使不失全练。然后再谋取其他一环。今日俄国所应择之环，厥为由国家管理之国内私人交易之发展。吾共产党为国家无产阶级之掌执政权者，当尽全力之紧握此事业史练上之一环，而为一九二一年至一九二二年社会主义建设之过程。苟吾人现今能获得此练环者，吾人□可断言将来能获得其全练。虽此事颇觉离奇，然目前在事实上，实无其他方法，足使为社会主义与社会经济之关系基础者。吾人前已退步为国家资本主义，但所退者尚不甚远，今日吾人又退步为国家管理之商业矣。然此尚在安全范围以内。……吾人苟能完全根据良心之主张，用一致不二之精神，摒除私见，以实行此次之退步，则吾人能以停止此举，而开始吾人胜利进行之期，当不远也。"

(《民国日报》，1921年11月10日)

25 日（星期五）

68.《俄国近时的经济地位》(《东方杂志》第十八卷第二十二号，11月25日)

《东方杂志》第十八卷第二十二号，刊登惟志译俄国 N. Lenin（即列宁）著的《俄国近时的经济地位》，全文如下：

序言

农业税的问题，近时很惹起人家注意，成为重要的一个讨论题目了。因为在现代的时局下面，他确是重要政策问题的一个。但我们去考察他，不要管他的"日常局面"，只从原理上去求解释；换句话说，便是推求他怎的能够在现时政策中，算得具体的，实际的计划；这一定是很有益的。

我曾经说过："国家资本主义是我们苏维埃共和国现状进步中的一段阶梯。要是我们能够在六个月以内把国家资本主义建设起来，那便是很好的一桩事，可以确实保证一年以内社会主义也能树立，而且操着必胜的优势。"

我料定一般人听了这番言语，就要大声痛骂：什么！在苏维埃社会主义共和国，资本主义的演进，可说进步中的一段阶梯吗？……他不是社会主义的蠹贼吗？

我们应得考察的，正是这一点。

第一，我们应该分析从资本主义向社会主义演进的性质，应该明白我们社会主义苏维埃共和国的权利和基础从那里得来。

第二，我们须认定社会主义的大敌，乃是国内小资本主义（小资本家）的经济状态，和小资本主义思想；须替没有明白这事的人指摘他谬误之处。

第三，苏维埃国家和资本主义国家的区别，我们应得有适当的理解。

以下便请考察这三点。

现时俄国的经济层次

考察俄国的经济，据我推想；不会有一个人敢否认他含有过渡的性质的。所谓"社会主义苏维埃共和国"的名字，只是表示苏维埃的决心，希望那向社会主义的演进必得实现，决不能说现在的经济秩序，已算得社会主义，否认这话的人，据我推想，在共产主义者当中，也恐怕是不会有罢。那么，过渡二字的意义是怎样呢？把他用在经济上面，能有一种分子，"一部分是资本主义，一部分是社会主义"的，存在现在的制度中吗？这事谁也都承认有的，可是谁也没有考察过现在俄国的种种社会经济层次，竟有许多种类的分子。这就是问题中很难解决的事情了。

我且把这种分子列举出来：

一，家长的，即程度极幼稚的农民生产；

二，小商品生产；（许多卖谷物的农民，包含在内）；

三，个人资本主义；

四，国家资本主义；

五，社会主义。

俄国是极大而且善于变化的国家，把这种社会经济层次种种各别的模型，都混入在里面。现在的特殊情状；正是从此出来。

现在的问题，是（这等社会经济层次当中）那个分子最占优势。在小农民当中，除了小资本家的思想，别的难得顺行，这是很明白的。农民的多数，——他们当中的大多数，是小商品生产者。我们国家资本主义的外壳，（谷物专卖，工业者，商人，和资本家的协同组合管理）是给投机人所破坏的，投机的主要品物，便是谷类。

剧烈的争斗，正在这一方面进行呢。但这个争斗，是在那个的中间啊？是在我上面所列举的第四第五两个分子中间吗？这一定不是的。原来这不是国家资本主义和社会主义间的争斗，乃是小资本家及个人资本主义对于国家资本主义及社会主义的争斗。小资本家是不管什么国家资本主义，和国家社会主义的，他不管什么情形，只是一味的反抗国家的干涉和管理罢了……

从经济方面讲，国家资本主义比我们现在的经济制度程度要高得多。这是第一点。（可注意）第二，国家资本主义对于苏维埃政府，并没有可怕的地方，因为苏维埃国家是保证劳动者和贫民的权力的。

德国的国家资本主义

要使这问题格外明了，我可先举出国家资本主义具体的一个例来。这例谁也都晓得的，便是德国。在德国，近代式的，大规模的，资本家的技术，和系统的组织，很来得发达，完备；但他的后面，还跟着一个贵族的有产者的帝国主义。若把这军国的，贵族的，有产者的，帝国主义的国家，用别的国家——社会型和他不同的，阶级内容和他不同的，苏维埃的即无产者的国家——来替换，我们便可得着能产生社会主义的各条件的总和了。

社会主义，若是没有用最近科学知识建设的大规模的资本家的技术，若是没有系统的国家组织，使无数人民，对于生产物的生产和分配，在同一标准下面，受到严密的监护，那是断然不能实行的。我们抱马克思主义的人，常常谈说这事；至于对那班不会懂得的人，像无政府主义者和大部分的社会革命党，议论这事，那就对牛弹琴，连一分钟时间也不必空费了。

不单如此，若是国家没有受无产者的支配，社会主义也就不能实行。这也是很纯粹的一个前提。历史是正在很奇特的方式进行：一九一八年，国际的帝国主义，像一卵生二雏一般的产生了两个社会主义。德国和俄国都是这年产生的，一个具有明白的，实体化的，经济的条件和产业的，社会的诸条件；一个具有必要的政治的诸条件，他们为的都是社会主义。

德国无产者的革命，倘使一朝得着胜利，那么，帝国主义的外壳全部，就可以很快的很容易的推倒破坏：（可惜这外壳是用最精良的钢铁制成，恐怕不论那支"雏鸟"都破他不开罢）毫不困难的或者困难很少的——这所说困难，自然不是狭义的，须从世界历史来观察才好——达到世界社会主义的胜利了。

国家资本主义是到社会主义去的通路

……现今在俄国占势力的，正是小资本家的资本主义；从他出发，只有一条道路，可以经过中间的一个驿站，便是所称为生产及分配的国民的计算和管理的，行到国家资本主义及社会主义的共通方面去。不明白的人，往往要陷入不可拔的错误，或者见不到事实，或者见不到事实的真面目，或者因为"资本主义和社会主义"中间有抽象的矛盾竟把自己限住，永远走不到我们现在所经过时期中的具体的形态和阶梯。

所以照俄国现在的经济地位看来，还没有经过国家资本主义及社会主义的共通地方——即国民的计算和管理，要想前进一步，断然不能；因此，那些对于"向国家资本主义进行"一句话引起恐惧，吓了自己，还吓别人的，在理论上，真是绝对的愚蠢，反使人家迷却正确的进行路程，实际上又要把我们牵回到小规模的个人资本主义去了。

我把资本主义的价值，评定得这么"高，"并不是从今日开始；在鲍尔希维克未得权力以前，已经说过，今请从一九一七年脱稿一部书，书名叫《威胁的变乱和对付方法》的当中，摘引以下的文句，告诉读者：

"推倒贵族的资本家的政府，设立革命的民主的政府——便是为着要打破一切的特权，和实现最完全的德模克拉西，不惜用革命方法的政府，——来代替他。这样，就可以见得国家独占的资本主义，在真的革命政府之下，便要成为往社会主义去的一段避免不得的阶梯。

"……因为社会主义不是别的，不过从国家独占的资本主义再进一步罢了。

"……国家独占的资本主义，是社会主义的最完全的物质的一种预备；他是通社会主义的门户；他是所称为'历史'的阶梯当中的一段，这一段阶梯和称为'社会主义'的一段阶梯中间，没有第二段可以存在。"（二七到三八页）

读者可以明白，这是在克伦司基(Kerensky)时代写的；所以我在那里没有讲到"无产者的执掌政权"没有讲到社会主义的国家；只限于讲述"革命的德模克拉西"罢了。从上文一看，我们在这政治上的阶梯越爬得高，我们苏维埃国家无产者执掌政权的时期就越近，我们对于"国家资本主义"就更加不必恐怖，不是很明显的事吗？无论物质的，经济的，产业的那方面，我们都没有达到社会主义的门户，并且除却这一处没有达到的门户，就没有第二条路可以通到社会主义，这也是极明显的。

农业税和军国共产主义

一九二一年春季，为了要改善农民的状态，提高他们的生产力，迫得我们绝对的不能不采用例外的处置。

为什么改善农民的状态，却不改善劳动者的状态呢？

因为改善劳动者的地位，少不得要有食品和燃料。……所以最先要有直接而且适当的手段，来提高农民的生产力。除了变更我们的食料政策，便不可能；这变更的一种，是采用农业税，——这税支付以后，至少和地方的自由交易作伴——代替食料的强制征收。

用农业税代替强制征收，他的本质怎样呢？

农业税是要使生产物能实现适当的社会主义的交换；那时因为一时极端的必要，和荒废，战争，不得已采用了特殊的"军国的共产主义，"农业税便是从他过渡而来的一个形态……"军国的共产主义"的特点，就是我们在实际上的确向农民索取生产的剩余，有时还把他们自己绝对必要的部分也夺了来喂养军队和劳动者。有时我们只凭着信用，用纸币交换，取得他们的生产物。因为在荒废的小农国，要打破地主和资本家，除此以外是没有别的方法了。……

但是从军国的共产主义树立以后，所得利益的真实范围，也必须明白才好。军国共产主义在战争及荒废状态，固属必要，可是他不会适合而且不能适合无产者政策的诸问题。他是一时的处置。无产者要在小农国执掌权柄，他们适当的政策是用着农民所必要的工业品，去和农民交换谷物。只有这个政策可以满足无产者的要求，也只有这个政策可以巩固社会主义的基础，使他达到完全的胜利。

农业税便是向这个政策的一种演进。我们现在仍旧在荒废状态中，并且被战争的负担(从前是怎样狂暴，将来又恐怕为着资本家的贪欲和忿怒再爆发开来。)压得很利害，因此我们要交换必要的谷物全部，却不能得有十分充足的工业产物，交给农民。换句话说，就是我们不得不采用农业税，将劳动者的武装所需的谷物的最少量，用租税的形状收取，其余仍旧用着工业上的生产物去交换是了。到这里我们更须联想到现在我们正在穷乏和荒废里面，不能设立大规模的国家社会主义的工场生产。因为要做这样大规模的生产，必须在大工业的中心地，先有谷物和燃料的大贮藏，遇着有老旧破坏的机器，必须用新机械去替换。这事一时不能完全成功是可以从我们的经验去证明的。而且无论那个最富有最先进的国家，若从帝国主义的战争惹起破坏之后，总须经过很长的时期，才得解决这个问题，也是很可以明白的。那末，照现在的情形，也只有在某种范围以内，协助小工业——不用机械；无须政府先有原料，燃料和食品的大贮藏；而且对于农业，能够给与一定的协助，增高他的生产力的——的再兴罢了。

这样试验以后，结果怎样呢？不消说，在根本上，我们必定得到某种程度的自由贸易(只限于地方的)，使小资本家和小资本主义得以复活。这是毫无疑义的，瞒着人家反要被人家笑话的。

于是我们就被人质问了——这是必要的吗？这是不错的吗？这里没有什么危险吗？

……请看我一九一八年五月所说各种社会经济层次的分子。(构成部分)这五段的阶梯，或者说五层的构成部分，他们的存在，是不能否认的。在小农国，那小农的一层，就是半家长半小资本家的一层，尤其占着优势。至于小工业的发达，因为我们应许他们的生产物可以交易，那便是含有使小资本主义和小资本家发达的意义。这是不可抗辩的真理，是经济学上最初步的真理，虽是街上行走的普通人民，也会从他日常的经验观察确实晓得的。

社会主义的无产者，对着这样的经济事情，应该采用什么方法呢？最有希望和最"正当"的政策，自然是将小农所必要的工业生产物，都在大规模的社会主义工场中去生产，然后把他和小农所生产的谷物原料交换。这原是我们最初所希望实行的，可是我们能够供给各种必要生产物的时期，还离得太远，至少也须等到国中电气化的事业定成以后才可以实行哩。

那么，我们应当做的还剩着什么事呢？我们对于不经过国家之手的私下交换，即商业，即资本主义，不能完全禁止或防止他的发达，他和无数小生产者的存在，同是避免不得的。若是有人要想实行这个防止政策的，便是愚蠢，便是自杀。因为有经济上的不可能，所以是个愚蠢政策，因为实行他的党派，自己便要瓦解，所以是个自杀政策。许多的共产主义者，对于这个政策，要掩饰他们在"思想上，言论上，行为上，"所犯的过失罪，尽可不必。我们正应该订正这个过失啊。……

或者(这是唯一可能的，而且是实际的政策,)我们竟可以把防止及禁止资本主义的发达一事废止，竭力领他到国家资本主义的一条路上去。这在经济上是可能的，因为国家资本主义，普通只以有自由贸易和资本主义的要素为限，不论什么地方，不拘什么形状，什么范围，都可以存在的。

向社会主义的演进

……"我们"是前驱者，是无产者的前进队，正直接的往社会主义进行；但这个前进的一队，不过无产阶级的一小部分，无产者又不过全人口的一小部分。"我们"要解决向社会主义直接演进的问题，应该先晓得从"前期资本家"(Pre—capitalist)的关系演进到社会主义，应得采用什么样的一种间接方法。这却是问题中的一个难关。

像那样遍行俄国的"前期资本家"的关系状态，要他往社会主义直接演进，果然可以实现吗？是的，只要具有一种条件，——就是可惊的科学劳动所完成的——便可达到某种程度。这条件，便是电气化。但这个条件我们早已说过至少须经过数十年的长久；若要缩短这期间时，且候着英国德国美国等无产者的革命得着胜利罢。

在最近的将来，我们对于从家长制度及小工业向社会主义很容易演进的间接的连锁，应得考察一下。我们太喜欢说"资本主义是害恶的，非社会主义不可"的话了，这种议论，把现存各种社会的经济层次，弃却不讲，只取了其中的两种，那就错了。

资本主义和社会主义相比，自然是一种害恶，假使和中世的遗制，小工业，及被官僚主义束缚的小生产者相比，他却是一个庆福。从小生产向社会主义的直接演进现在还未能实现，在这范围内，某程度的资本主义，实是小规模的生产及交换的第一产物，是不能避免的。在这范围内我们还得利用资本主义，（最著的是领他到国家资本主义的路上去）作为小生产和社会主义中间的间接连锁，作为可以增高我国生产力的手段方法呢。

这一篇载在本年七月的"Soviet Russia"里面；日本河上肇所著的社会问题研究里曾把他译出，现在这一篇是根据河上肇的译文重译的。他节去的地方，我们也不曾补译。河上肇在译文后边还加了一段问答体的按语，颇有价值，所以把他一并译在下面：——

A 你看了这篇论文发生什么感想。

B 有好多种呢。

C 请告诉一二种给我听。

B 第一，便是俄国现在还在过渡期的一句话。换句话说，现在的俄国，不论社会主义或是共产主义，都没有达到。我从前曾做过关于劳动的苦痛一篇论文，其中引用马克思一封信里的话，想来你也看到了。据马克思的意见，从资本主义到共产主义，分为三段路程：第一，是资本主义到共产主义的过渡期，第二，是共产主义的半成熟期——即社会主义时代，——第三，才达到共产主义的完成期。俄国的共产主义者恰好像马克思信内所说，依次实现，但现在还属于过渡期，是很明白的。可惜世人终有不少的误解罢。

A 误解了什么呢？

B 俄国的革命家，自己号称共产主义者，从外人看去，似乎在俄国是素来实行共产主义的了，——并且说他们有非此不为的气象。但若一看俄国的现状，才知她不论共产主义不论什么都不对，所以俄国的革命，实在是着着失败的。

A 这样批评有什么根据呢？

B 着实多呢，不讲别的，单李宁的话，便可晓得：——"所谓社会主义苏维埃共和国的名字，只是表示苏维埃的决心，希望那向社会主义的演进，必得实现，若像现在的经济秩序是断不能说他已是社会主义的。

A 为什么又有"我们还没有达到社会主义的门户"一句话呢？

B 那是不错的。对于这一点若是还没有了解，要想观察俄国的现状就要把那历史的意义完全误解了。

A 李宁的论文当中处处说着"我们共产主义者""我们马克斯主义者，"始终不肯说"我们过激派。"在日本却总是过激派过激派的叫他，这是什么原因？

B 所谓过激派，是我们熟称的名字。和我们从前称西洋人做"毛唐"的一样。在世界上，自己称毛唐人的民族，又那里会有呢！

A 对于李宁的论文，你还有什么感想，请告诉我。

B 第二种要考察的，便是经济组织即经济关系的并存性。我很想把这个问题，做一篇论文，只是没有工夫。

A 怎样叫做经济关系的并存性？

B 这个意见是说各样的经济关系，不论什么时代，总是并存。据我考察，现在时候，总留着过去的残滓，也一定含有将来的投影的。讲到经济组织，在某时代的经济社会，虽然有一个一定的经济组织做了原则，但同时在一方也必有在过去时候曾占势力的经济组织的遗物留着，而在他方，又必怀有将来可生的经济组织的孕妊了。像这样各异的经济组织在同时代同社会并存，实是普通的现象。我便给他定一个名称叫做"经济组织或经济关系的并存性。"

A 那么，现在的日本可有资本主义以外的经济组织，和资本主义的组织相并同行呢？

B 有的，不要说别的，单从共产主义考察，现在的日本，到处正行着共产主义呢？

A 那里有这一回事！共产主义，不是现在所严厉取缔的危险思想吗？那里见到实行呢？

B 没有一处不盛行着。将来我要把他都写出来。一家内部的家族同志，也都在实行共产主义啊！

A 是的，这话曾经听到过了。（见社会主义研究二十四号）

B 那么，从别一方面取一个例，譬如道路。你总晓得共产主义消费的原则，是"各人满足各自的欲望；"现代使用道路，不是全然适用共产主义的原则吗？你今天到我这里来，须要行过道路，并没有出一文钱的行路税，归去时候，也是这样。你不归家任意往那里步行，也可以。便是通夜的走着，也不教你出一文钱的税。这就是照着文字上"各人满足各自的欲望"来使用道路了。不但道路，小学校也是这样。不论那个人生了小孩，到学校读书，不论什么时候，总是应许你的。可见他也是共产主义的一种了。

A 不错。

B 现在再说资本主义的关系，在古时候已经存着。

A 这恐怕是在时代以后意想出来罢。请看近来荒畑氏翻译的财产的进化。劈头便说："经济学者，以为在现代的财产形式中最占优势的资本，必可永存，定为公理。他们证说资本和世界同时起原，并可无始无终。这个可惊的主张用所有经济学书来证明，如说野蛮人有两张弓，把一张借给别人，却就要分他所猎得的野兽。是太自信太反覆背谬了。你也是个"经济学者，"一定晓得这一回事。但我们确已证明——"自作农夫及其家族耕作的田亩，猎人的铳，木工的刨，锤等，固然是财产，却不是资本家的财产。因为这些不是从别人的剩余价值抽出来应用的,是所有者自己利用的器具。所谓资本,乃是和"不劳动而获"的一句话,密接不离的。"

　　B　见解是不错的。但我对于社会主义者中间的许多议论,亦颇有心得。我以为过于极端的考察资本的历史性,便要陷于极端的谬误。结果便要说资本是从十七八世纪的时候发端。那是错了。社会主义者所说的意味的资本主义实已从古存在。我现在把这个问题来考察。

　　A　便请论证这一点罢。

　　B　说来很长。学问的论证,且等异日,现在只好大体的讲述一番。在幼稚的经济社会,以捕鱼畜牧为生活的种族,便将渔具家畜视为有资本性。这是他们适应地方的自然环境之故。假使没有一定的渔具和家畜,此外就没有求得生活资料的方法,在这个时候,他们的渔具家畜,若是被一部分的人霸占起来,那些被剥夺了生产手段的人,除却卖自己的劳动力以外,更没有别的方法。恰和今日的资本家对货□劳动者的关系一样,都是发生于生产手段的所有者和非所有者的分别罢了。但在这种族中,奴隶制度是不行的。因为这不是他们所必要。反过来说,以农业为生活的种族,生活于土地富有的地方,谁也可以利用土地的生产手段,自己谋独立的生活,自然没有人肯去卖自己的劳动力。假使不用暴力强制去压服他人叫他人做奴隶,自己就没有不劳的利益可得。可见奴隶制度便是在这样的时代,社会中实行的啊。

　　A　这个我已经明白,可以不必再说了。但这问题研究和李宁的论文有什么关系呢?

　　B　现在俄国有怎样多的"社会经济层次"并存着,一看李宁的论文,便可晓得。但这并不是现在俄国的特征,不论那一国都是这样。水的流动不知不觉的跟着容器的形状变化。"旧袋不能盛新酒,"我看各国也快要先后变化罢。

(《东方杂志》第十八卷第二十二号,1921年11月25日)

12月23日(星期四)

69.《列宁最近之演说》(《顺天时报》第六千四百一十九号,12月23日)

《顺天时报》第六千四百一十九号刊登《列宁最近之演说》,报道了列宁推行新经济政策的一些情况,全文如下:

　　二十一日发浦潮特电　列宁最近在文化宣传机关会议□上演说云:"吾人预划和平时建设共产乃系误解,国民战争使政策变更无□在资本主义与认许外国利权。新经济政策之下居民可□□行之,资本主义可放逐。共产党其如何优势之战有□吾人之胜败吾人不可不唤起□人之私有欲,不然则俄国当死灭一时,得百分利益之外国人及利权获得者,与吾人共支配产业诸于学位等之经营管理终时,诸君不得实行共产经营救□

国之道，只在□□之产业政治的、发达之障害即在口，说共产主义无学说□管窥之崇拜云云(东京二十一日电)

(《顺天时报》第六四一九号，1921年12月23日)

25日(星期六)

70.《俄国苏维埃制度之真相》(《东方杂志》第十七卷第二十四号，12月25日)

《东方杂志》第十七卷第二十四号刊登了W的《俄国苏维埃制度之真相》，全文如下：

俄国革命后，其政治上最为世人所称道者，厥惟苏维埃制度，以苏维埃制度排斥以地域为单位之议会制度，改以职业为单位。能使少数阶级不至操纵选举权故也。然英国工党代表于本年入俄，调查苏维埃真相，颇多不满。罗素于回俄后所作一文，对于俄国苏维埃制度，亦复怀疑。此凡研究俄事者所最宜注意之一端也。有英国工党游俄代表团书记盖斯德博士(Dr. Guest)者，亦于泰晤士报著文力言苏维埃制度之缺点，谓一切选举皆受共产党之操纵，非共产党则不能当选，即当选亦不能出席。今译其所举事实如下。

(一)在许多之都市中，凡反对多数党(即鲍尔希维克党)者均禁止推出候选人。

(二)一九一八年七月十五日之 Izvestia 报纸，公布命令，禁止除多数党以外之其他社会党候选人当选为中央执行委员会会员。

(三)一九一八年十二月，佛台力斯克(Witelisk)地方，发生相同之事实。

(四)一九二〇年四月中在佛台力斯克苏维埃中当选之少数派(即门希维克派)议员，被驱逐不准列席。

(五)塔许干德(Tashkent)亦发生相同之事，其少数党议员被逐理由则谓(一)在多数派革命时，少数派未曾加入；(二)因匈加利革命乃受社会革命党陷害之故。

(六)吐拉(Tula)勃赖安克(Briank)白薛宗(Bersitza)优罗斯拉夫(Yaroslav)等地之苏维埃，因非共产党故，遭全体解散。

(七)尼古拉夫(Nikolaieff)地方之苏维埃中，少数党议员被驱逐出席，因其不允投票举李宁为名誉会长之故。

(八)一九二〇年二月莫斯科举行选举时，反对党禁止提出候选人名表，惟少数之店铺工厂。共产党已拥有势力者则否。反对党之选举文字及选举广告，及公共集会，概在禁止之列。凡工厂选举之倾向反对党者，则以封闭威吓之。

据盖斯德博士之考查，俄国一切投票法，均于公共集会中，用举手法表明之。选举会由地方苏维埃委任之专门选举委员会布置一切。会长由地方苏维埃任命之。故地方苏维埃实际上有操纵选举之权力。

据盖斯德氏之调查，凡俄国所谓苏维埃，所谓人民委员会，所谓劳动组合，所谓协济会，殆皆已成为官办性质（Bureaucratic）有裘金斯奇（Dzerkinsky）所领袖之暗探制度，及脱洛斯基所领袖之军队，以弹压于其后，故真正民意，乃无由宣泄。苏维埃制度之真相，不过如是，与外间所推测者，实大不同，其说殊足与罗素之论，互相参证也。

(《东方杂志》第十七期第二十四号，1921年12月25日，署名W)

71.《布尔塞维克底思想——在北京女子高师学生自治会讲演廷谦笔记》(《东方杂志》第十七卷第二十四号，12月25日)

《东方杂志》第十七卷第二十四号刊登了罗素的《布尔塞维克底思想——在北京女子高师学生自治会讲演廷谦笔记》，全文如下：

今天要讲的题目。是布尔塞维克（Bolshivik）底思想。在这讲演中所着重的地方。是他底思想和目的。至于实行上的成绩如何。暂且不表。

我们人类底志向。约略可分两种。

（一）有意识有目的。而预计其结果之成败胜负者。（二）有意识有目的。而不预计其结果之成败胜负如何者。今天讲的，是布党底精诚的志愿和其目的，并不是来说彼底结果。

据平常反对塞尔布维克的人底见解。简直把布党说的是极坏极坏的了。且以为从古以来的作恶者。也没有和布党那样深的罪恶。反对这种主义的人，自己却以为是没有过错的。我现在也不说布党是完全没有坏处的。因为一种主义或是一个团体。必是有好的地方或不好的地方。固然不能完全都是好处，也不能完全都是坏处的。但人家所最反对布尔塞维克的地方。正是布党最高尚的和最好的地方。如果布尔塞维克把所招人反对的最好及最高尚处。着实地行下去。确是一种很好的事。所以现在我们可以说布尔塞维克之所以为人所恨招人反对者。并不是因为布尔塞维克底罪恶和不好的地方。却正是为布尔塞维克底功德及好的地方。因为布尔塞维克中的罪恶和坏处。世上完全统有的。他底好处。却为世上所没有的。这种好的地方。固然是很好的。而且还是很新奇很有趣味的。

外人译布尔塞维克底意义为"多数党"，为"过激派"。其实都不是原来的真意。是因为不了解他们底思想和疾视他们。所以才如此说的。布尔塞维克中最重要的观念。就是"公理"。以为如男女间的关系，国际间的关系，经济上的关系，社会间的关系。……一切都应该是公公平平地来讲公道的。我们普通来说一个"公理"，是很平常的事。且看去也仿佛是很容易做到的。但如果要真正实在地来讲公道。就是一种革命的观念。就是要来革命。从社会上历史底沿革看起来。社会间的制度。都是很不讲公道的。不平等的地方很多。若真是要来讲公理。就不得不把旧社会中遗传下来的些不平等制度。完全破坏。完全打消。等改革以后。来重新组织一个公道的。但社会上的情形。照历史的看起来。都是少数的贵族和资本家占势。都是不公道的。

世上不公平的事虽多。依布尔塞维克主义的人说。最不公平的地方且最重要的。是经济制度底不公平。社会上的事。如政治、美术……无一不是受经济底支配的。如经济制度有了改变。世上的事就都有了变动。经济变动是由于机械底改变。如资本家占有了机械以后。小资本家渐渐地都被彼吸收了去。劳动者就日渐加多。富的越富。贫的越贫。社会上贫富悬绝。就发生了阶级。所以照布党底人说。最不公道的。就是世上人的贫富不均。和那生而富的及生而贫的。要是他底先人。给他赚下些资财。他生下来就成富翁。就变了贵族。若是没有给他赚下的。那就生成是一副穷骨头了。不管他是贫是富。总应自己以精力去换。无论他是怎样的得来的。总应以本人底能力。但是现在这种无能力的。只要生在富家。就是很安逸的。有能力的若生在贫家。却总是一生受罪吃苦。所以这就是一种很坏的制度。很不公平的一件事。话虽如此。要修正却是很难办到的。如果要打消这种制度。就得实行共产主义。

如有人比我富。比我阔绰。我就觉着这是一种很不应该的事情。这理也是很容易明白的。但要说是我不应该比人富的。这就费解了。也就很不容易的了。其实依"公理"来说。是一样的道理。人比我富是不该。我比人富也是不当的。据社会主义者说。富人底财产。固应当分给穷人的。但我富了。也一定应当分资产给他们的。

如现在我们在这屋内的人。可以说比较的终是富些的。终是所谓上等社会的人。若要来实行共产主义。也许大家都要受点损失。不过虽是在物质上受了损失。在精神上却得了好处了。要仔细一想。就可知所得远过所失。为着将来社会底福利上。发展上及人类的精神上……都有莫大的利益。还当来实行共产主义才好。

在现在俄国布尔塞维克政治之下。是完全废除了经济上的阶级。人人都是要来作工的。以现在的中国、美国……各国看来。对于阶级这一层。看惯了也许不甚理会的。就如我们的坐人力车吧。我们看车夫。却为什么是要来拉我们坐车的。为什么我坐在车上他在地下跑着拉的。他为什么不当来坐在车上叫我们拉的。我们为什么不也一同去拉。怎么我坐了车上是很安逸的。他却要这样的苦呢。我恐怕对于这些都未曾注意。在布尔塞维克之下。是把一切阶级制度打消了。以为人人都是一样的。都应当作工的。

现在俄国布党中。只有一个阶级的。并没有什么不平等的和不一样的地方。所以凡关于交换智识及一切互助的同情。都很容易办到很容易发展的。如要有了阶级制。一切就都很隔膜的了。凡感情上学术上思想上的发展。都为社会制度所束缚。大家都抱了阶级观念。感情上也就不易融洽了。再如所说的贵族。资本家还要雇下许多人。来侍奉他。一定还要叫他们来色笑承欢地谄谀他。人和人当中的关系。就和是两样的似的。有许多的感情、思想。也都是很隔膜的。好像有一阶级的人。就不配受这阶级中的福利似的。假如能和俄国布党底情形一样。只有一个阶级。就好的多了。如常人因境遇不同的关系。而感情上思想上也就不同了。在俄国只是一个阶级的。也没有什么不同的境遇。所以凡是感情上思想上。也都很融洽的。一人有了什么喜怒哀乐的事发生。别人也都是喜怒哀乐的。若要有了阶级。人家底事。就以为和我是不相干的。你所喜欢的。就许我是不高兴的。你所悲的。我看去是以为很高兴的。凡这些希望、志愿、思想……的一切。都是不能互表同情的。且从中或发生了种种的误会。

再举一个社会上只有一个阶级的好处底例。如社会上有了阶级。那阔绰些的人。说能享得一种特殊的利益。且能受人底恭维。要不是阔绰些的。既享不上利益。且许叫别人很看不起的。因这个关系。穷的人要装腔作势来做体面。富的人是穷奢极欲来做排场。你想比我阔。我想比你的更阔。外表上都弄得极华美。大家都拿这种阔绰来比赛来竞争。为了这些虚荣的关系。竟不知消耗了多少思想、能力、金钱等等。来装这外表底阔场面。虽然如此。人家不知道他底细的。外面一看。也许信他夸奖他。但是未必能信。要不信时。知道了他底穷抖。也许恨了他骂了他呢。

这种以阔绰来比赛来竞争。要作虚场面的情形。依理说起来。可算是荒谬已极的了。不知道中国的情形是怎样。在英国、就是小孩子的入学堂。也是要选择个贵族些的。才叫他去入。为好叫人来恭维称道。如穿衣咧。只要是华美些的。叫人看来场面些的。穿上就是。那冷咧热咧。反不去管他。只要看去好看阔绰就是了。吃饭咧。或是常时或是请客。只要把菜摆的多多的。体面儿些就行。那适口不适口。可吃不可吃。却就置于度外了。嫁娶咧。只要把妆匣摆着多多的弄得辉煌点。外面看去好看些。其余适用不适用。经济不经济。也就不问了。凡处处地方。只要有了装阔的机会。就要装腔捏势地来作体面。就是人死了以后。还要来作体面。还是不肯歇手。终要穷奢极欲来装场面。就是自己没有钱来装体面。还要借了钱欠了帐来做。为好露体面。这种虚荣。能使社会上的交际一切都陷于虚诈。又费了无量的精神金钱等等来比赛这些事。不单是穷人要这样装虚场面。即富人还要养了许多的人。来替他抖威风。忍叫这般人来给他作寄生虫。把一切有用的东西。都虚耗到无用的地方。要是能把这种阶级打消了。只是一个阶级。大家都是一样的。就可免除这个互相竞争装阔的弊病。把心力都用在公益事业上。大家协力地来互助了。所以赶紧得把这种阶级打消。好到那互助互爱的境域上去。

假如有了共产制度。除了老幼及疾病残废的以外。人人底生活。都是要靠作工的。都是要来作工的。大家就都是一样的了。就都是平等的了也没有什么富者是尊贵的安逸的。贫者是卑贱的劳苦的了。就是连贫富也分不出来了。且能打消了许多鬼鬼祟祟的心算。因为社会中人与人底关系很简单。也就无须存心算计了。此等意味。不仔细想去。未必以为是最好的。其实是比旧社会的高尚得多了。现在社会上的制度。是为有势的人加势的。对于普通的常人。都是无理相待的。社会上底利益。是都被少数有势的人霸占了去。只要是一个阶级。就能把这些弊病都打消了。所有的福利大家也公有了。

社会间不仅是贫富不均的不公。就是男女间的不平等。也是如此的。据我想起来。除了共产主义以外。就不能给女子以应享的权利及应得的位置了。在俄国男女间的关系。可说是比世界上哪一国男女间的情形也好。虽也许是俄民底天性如此。却也因为是布尔塞维克底好处。但要除了共产制度。此外便再没有比这个好的经济制度。

可以使男女平权的了。

无论在什么经济制度之下。女子想要得经济上的公道。往往是很难的。因为平常的婚嫁制女子在经济上的位置。定是在男子之下的。在这种私产制度之下。妇女底经济。终是难以独立的。因女子底经济不能独立。就要完全靠了男子来生活。所以位置上也就不能平等了。要是在共产制之下。女子底经济生活。就都可以独立了。

有了共产制。男女就可以一样的了。无论作什么事。也都不自私自利了。大家都是为着公益事业来尽义务。所以对于社会。也稍为接近些。也能有较广一点的社会观念了。既不拘于自身少数的事而个性也可乘此发展。有此精神。也可以有了新道德的发现。近来世上的道德。已经是得了肺痨症了。如能照这种主义行下去。就可有新道德产生。来替代这种肺痨症的旧道德。

俄国现在的情形。虽不见佳。这种主义。虽有失败。是因为他们时常有战争。科学底知识欠缺。经济上的困难。实业底不发达。又因为了外国底反对。一切都不去供给他们。要使他们感了极大的痛苦。引起他们内部的反响、使人不信仰他们。好来破坏这种主义。不许他们自由发展。所以我希望世界上的文明各国。应当有来辅助他们的好意。才能保守自古传下来的文明。我更希望世上个个文明国。都应当以这种大好新主义来实地试验。

(《东方杂志》第十七期第二十四号，1921年12月25日)

72.《社会主义发达的经过》(《东方杂志》第十七卷第二十四号，12月25日)

《东方杂志》第十七卷第二十四号刊登录自《求是杂志》日本堺利彦原著，丹卿译的《社会主义发达的经过》，全文如下：

在欧洲中世纪的封建制度下面，近世的产业，已渐渐发达，商工阶级也跟着抬起头来。德意志的宗教改革，英吉利的革命，法兰西的大革命，都可说是商工绅士阀反抗封建贵族的一种运动。

当时的贵族，不仅只压伏商工阶级，并且压伏人民全体，加以掠夺，所以商工绅士阀的反抗运动，表面上概假仁假义的，装着代表人民和贵族宣战，思想家如卢梭等。盛唱着自由平等，也为的是这个原故。实实在在的所谓自由平等，仍然不过是商工阶级所要求的自由平等，试看法兰西革命成就，资本家的民主共和制度建设，多数人民的贫困疾苦，反更见加甚。革命以前的理想，毫不能够实现，就可以晓得了。因此一八〇〇年以后，又有对此不平，并且表示一种新希望的社会主义者出现。圣西门、佛利耶、俄温等是已。

这三个人，有说他是空想的社会主义，其实是如右边所说的，因历史发达的结果而产生的，一个劳动阶级的利害代表者。从他的优秀头脑中间，抽出一个特殊的理想，想用他的理想来救世。所以都立了完全的社会组织的方案，苦心孤诣的传播，并且设模范的实例,想引起全世界的人,同他一样的来实行。后人说他们是空想,也就为此。

圣西门是法国的贵族出身,他的思想的大略,就是想把国有财产来替私有财产,使人人应着他的才能劳动,照着劳动的效果受报酬,用着军队式的方法建设社会。佛利耶是法国耳塞的商家出身,想出一个法兰鸠的生活方式。法兰鸠就是社会组织的单位,住在一个法兰斯迭尔的大建筑物里面,结成一个有一平方利格的土地的大家族。俄温是英国的资产阶级出身,自己起一个理想的大纺织工场。后来又到美国,建了一个新村,实验他的共产主义。

这三大空想家,虽抱着伟大思想,然而总是同一失败。不过失败以后,思想依旧留传。法国的蒲鲁东加柏,德国的瓦特灵格,俄国的巴枯宁等。都受了他们的影响,成为共产主义者,在法比瑞士等国,试种种的宣传。

这个时候,马克斯和茵格尔斯也出来了。他们两个人,元来是德国号称青年黑智尔的学徒,取了黑智尔哲学的进化思想。舍去他的精神主义,建设新物质主义,批判三大空想家的共产主义。马克斯被德国放逐,亡命到巴黎,研究圣西门和佛利耶的学说。茵格尔斯久住在英国,受了俄温的感化。一八四三年以来,他们两个人,就同心一体的,创立近世科学的社会主义。从此以后,社会主义已经不是偶然从头脑中间发见出来的,是从历史经过发达来的两阶级。就是资本阶级和劳动阶级互相斗争所产生的必然的结果。社会主义的事实,也就早已不是考索拟造完全的社会组织。和从前空想家同样,应探究促这两阶级发达的经济事实。且在经济条件的里面,发见使他们争斗终结的方法。一八四八年,马克斯和茵格尔斯,合做的共产党宣言书发表。对于当时在法英比等国共产主义的劳动者团体、共产主义同盟、新兴一个理想和运动的方法。所谓"由来一切社会的历史,都是阶级斗争的历史""请万国劳动者团结"有名的两句话,就是这个宣言首尾的两句。在这新理想方针的下面,蒲鲁东、瓦特灵格、加柏等的理想,都被排斥了。

共产主义同盟,后来自然解散。一八六二年,欧洲劳动者作成同盟的计划又兴起来。一八六四年,有名的万国劳动者同盟成立,普通称 International。当这同盟创立的时候,马克斯派和意大利的马集尼派,惹起了激烈的竞争。结局马克斯派的阶级斗争说占了胜利。从此以后,International 成了瓦德英法比瑞意西等国强大的劳动同盟。一时各国政府,没有个不惊骇的。然而同盟的内部,常有马集尼派、蒲鲁东派、和马克斯派的竞争。后来巴枯宁派新得势力,又成了马克斯和巴枯宁的一大竞争。最后巴枯宁派克鲁泡金出来,大为活动。International 在英国,不过为劳动组合。在德国,就是社会民主党。在南欧变成了无政府主义。也是因为这个原故,内部不一致,和一八七〇年巴黎的康曼(巴黎市的行政区域)暴动的反响。一八七七年 International 又自然的消灭了,和这同盟相前后,各种社会主义运动在各国内一齐起来。最初是德国拉萨尔的运动。马克斯住在伦敦,因为要完成他的学说,专心从事资本论的著述。他的门下青年里卜克耐希特回德国,和巴巴尔同起新运动。后来又和拉萨尔派并合,作成社会民主党的基础。

万国社会党大会,从一八八九年开幕,闲二三年。开会一次,所谓第二 International 即是。然大会中继承巴枯宁克鲁泡金的系统。带着无政府主义的倾向一派，和马克斯派，依然不断的论争。因为各国社会党发达，马克斯派渐渐握了大权。同时各国社会党，争向议会选出多数议员，名叫议会政策。劳动组合的团结还微弱，政府的压迫又猛烈。这个政策，也是必然结果，社会党的多数，因此丧失了从来革命的气概，和绅士阀各政党提携。徐徐的谋起改良来。

理论表明这个倾向有修正派的学说，因为独立社会民主党的纲领，固执阶级斗争说。不能融通，修正派遂主张修正。一八九九年，伯伦斯坦因著书，力明他们的主张。绅士阀的经济学者惊喜。齐喝马克斯学崩坏。比这时稍前，绅士阀的学者间，已有所谓从康德哲学里面见出社会主义一种的议论流行。就是社会主义的道德化温和化的运动。对于革命的社会主义一种诱惑运动，妨害运动，防卫运动。修正派的主张，恰投合他们的心理。他们见了就极力称赞社会主义，说他已经进步到健全的路上。所谓康德的社会主义化，社会主义的康德化，也就是证明这个事实。

因此各国社会党内，和万国社会党大会，又有正统马克斯派和修正派的争端大致讲来。修正派（就是温和派、调和派、妥协派、软派）渐渐的占优势，称为硬派称为正统派的，实际上也就不得不取渐进改良主义。于是反对议会政策，主张直接行动的一派，又抬起头来，法国 Syndicalism（工团主义）就是这派的代表。

所谓 Syndica 的这句话，元来就是劳动组合的意义。法国到一八八四年，劳动组合法律上还没公认。这些劳动组合，起初分做两派，一派是改良的组合，一派是革命的组合。从廿世纪初年起，后一派渐渐的支配法国全部劳动运动。就是工团主义的运动，工团主义有无政府主义的倾向，且受了柏格森哲学的影响，取一种特殊的态度，名叫少数精锐主义，本能的活动主义。事实明白，毫没有可疑的地方。然而他们的多数，却说他们的主张，是马克斯主义的正当发展。阶级斗争说的必然归结，总之工团主义。可以认他做正统马克斯派的左端修正派，和右端修正派，恰恰对峙。又可以说他是劳动者直接行动的社会主义，和议会政策的社会主义。刚刚反对，社会主义的分化。犹不止此，这次大战争的结果，社会党国际的团结完全破坏。各国内又有主战派和非战派的争斗。主战派妥协的态度，比从前更加明白，非战派也固执他们革命的态度，毫不相下。当这个时候，俄国忽然起了革命，于是有所谓鲍尔雪维克一种社会主义的新形态发生。鲍尔雪维克标榜劳动阶级的独裁政治，排斥和资本家阶级的妥协，树立了苏维埃政府，说他是无政府主义。固然极无意识，但是和工团主义，不无共通之点，攫取国家的政权，断行劳动阶级的独裁。一切政治的倾向，虽和工团主义全然不同。以纯粹劳动者作本位，与夫劳农会组织的形态。两者间大有相似之点。然而里宁和脱洛茨基却以严正马克斯派自任。

在战时中，英国的基尔特社会主义，渐渐有了势力。这种主义可说他是国家社会主义和工团主义的折衷，又可说他是英国式的工团主义。他们主张扩张劳动组合作成和中世基尔特相似的一种独立生产者组合，就是国民的基尔特。把一切产业经营权，都握在一手，和国家协同处理全般的事务。认生产者的特权，作成组合，共同管理产业。工团主义也如此主张，别认国家的存在。当作消费者利害代表，和他协同经理一切，方是基尔特折衷的主义。据我推测，将来英国劳动界，定被基尔特社会主义的思想所风靡。

照目前的情形看起来，俄国鲍尔雪维克的支配，是决不致有动摇的。实际上对于国内资本家阶级的余势，对于国外各资本家的政府，虽稍稍的让步妥协，然而劳动独裁政治的形式，决不致被破坏。德国社会民主党多数派的(和资本家提携的)政府，仍然继续这个政府。可说他就是修正派的天下对抗他的有独立社会党和斯巴尔达卡斯团。斯团和鲍尔雪维克完全取同一的态度。独立社会党虽赞成苏维埃组织，赞成劳动独裁政治不过还是在消极的，想利用议会政策的、折衷的立场。在法国战时中，爱国的社会主义，大得势力。近来社会党全体，又左倾硬化起来，克勒们沙前在议会，盛批难社会党首领的过激化，可以证明，英国还没有受鲍尔雪维克直接的影响，劳动党和雷德佐治政府分离以来，渐渐表示硬化的态度。劳动组合受基尔特社会主义的影响。内部里面革命的气势，已一天一天的澎涨起来。意大利最近总选举的结果，社会党成了最大多数党，并且明明白白的示过激的倾向。北美合众国，从来的社会党，已分裂成国民的社会党和共产党。共产党纯然和鲍尔雪维克一样。革命的劳动团体如 IWW，可以说他是美国式工团主义。现在又变成美国式鲍尔雪维克主义。此外如瑞典，浦兰清格已组织社会党内阁，都是可注目的现象。

再说到社会主义的国际团体，现在也复活起来了。战时中有第二 International 复活的计画，打算在斯脱克霍尔姆开大会。未到实现，就中止了。战后开了一个大会，但是极不完全，不能够网罗各国各党派。鲍尔雪维克、斯巴尔达卡斯团、战时中非战派的多数，概行没有到会。又瑞士意大利等国，也没有参加。今年第三回大会，已拟定在乌耶罗洛。德国独立社会党等，都决议拒绝加入。同时又有反对第二 International 组织第三 International 者。

战时中非战派的社会主义者，曾经两三度为国际的会合。他们的后身，就是第三 International，又就是在莫斯科组织的国际共产党。从实质上讲起来，并可说他是鲍尔雪维克的国际共同团结。然第三 International 无论那一方面，还没有成功的希望。

德国的独立社会党，以第二 International 失了革命的社会主义的性质。把他当做一个无益有害的团体，但是他们还没有径直赞成鲍尔雪维克的国际共产党，并且打算纠合各国革命的社会主义诸派。另成立一个新第三 International，这两种三种国际团结运动，当怎样归着呢。又各国社会党和劳动党，怎样的变化推迁呢，在今日，还不敢轻下断语。

(《东方杂志》第十七卷第二十四号，1921年12月25日)

12 月

73.《劳农会之建设》(著作(目录，全文)，12月)

人民出版社出版列宁著，李立译《劳农会之建设》(今译《苏维埃政权的当代任务》)，共54页，定价1角6分。目录：第一章 劳农政府底问题；第二章 资本阶级革命与社会主义革命底差异；第三章 多数主义底进化；第四章 管理问题；第五章 对于资本主义斗争的新局面；第六章 专门家底需要；第七章 专门家底报酬；第八章 劳动者要学习管理问题；第九章 为计算和管理而斗争的意义；第十章 高度的劳动生产力；第十一章 社会主义与竞争；第十二章 反革命是难免的；第十三章 实效与劳工专政；第十四章 民主主义与独裁政治；第十五章 过渡期；第十六章 革命的三个时期；第十七章 劳农会组织底性质；第十八章 社会主义与过去的秩序；第十九章 结论。

全文：

第一章　劳农政府底问题

感谢平和——虽然是压迫的而且不确实的平和——俄罗斯劳农共和国在一定时期内总算是能够对于社会主义革命底最困难最重要的方面，即是对于组织的问题，尽过大努力了。

这个问题，在一千九百十八年三月二十九日通过于莫斯科临时劳农大会的第四项决议（这一项是力述举行劳工自治打破混乱状态的）中，已经对一切无产的劳工阶级面前，明白的详细的提出了。

俄罗斯劳农共和国所获得的平和，何以是不确实的平和呢，其原因当然不是因为俄国要开始为军事行动。除了资本阶级反革命主义者和他们的援助人（少数党及其他）以外，凡是有知觉的政治家，梦想也不到要再开始为军事行动的。所以这平和不确实的原因，就是因为在那些拥着大兵围绕俄国东西方面的帝国主义国民之间，那些军国主义的党派大有占优胜的气势；而他们所以能占优势的原因，都是因为俄国的微弱引诱了他们，还有一些反社会主义的资本家唆使他们这样做的。

在这种形势之下，我们的平和底真实无妄的保障，只有各帝国主义国家相互对敌方能成就。我们想起这种不可恃的保障，就可以知道我们社会主义劳农共和国的国际地位是很脆弱的而且是陷在危险状态的了。所以我们一定要好好的利用现时因国际的形势所得的休养，用全副能力把俄国全社会组织在战争中所受的大疮痍治好，经济的把全俄国恢复起来。若没有这种恢复，我们的抵抗底能力，就不能有多大的进步。

所以我们若要把我们当面的组织问题解决成功，就应该对于西欧的社会主义革命有重要的贡献。

所以要完全解决这最紧要的组织问题底根本条件，第一做政治指导的人（即俄国共产党员），其次做劳动阶级代表的人，都要完全了解先前资本阶级革命和现时社会主义革命两者间的根本不同之点才好。

第二章　资本阶级革命与社会主义革命底差异

资本阶级革命时劳动者主要的任务，就是干消极的破坏事业——破坏封建制度和王政底事业。至于组织新社会底积极的建设事业，却是那少数有财产的的资本阶级经营的。这些少数有财产的人虽然受了劳动者和贫农底抵抗，可是比较容易的把这建设事业做成功了；而其所以能够容易成功的原因，不单是被掠夺的民众，因为没有组织，没有智识的缘故而抵抗资本家的力量太弱，而且无政府的资本主义社会的基本组织力，因为国内国际市场发达的广大可惊，已经得着准备了。

但是当着社会主义革命的时候（一九一七年十一月七日我们干的俄国社会革命也是这样），无产阶级和服从指导的贫农底第一任务，就是一些积极的建设的事业，在创造一个树立新关系的复杂细密的网；这新关系就是关系于几百万民众生活资料底生产和分配的。这种革命，全靠着多数人民，尤其是靠着多数劳工有独创的历史的创造的活动方能圆满的成就。所以社会革命的胜利唯有无产阶级和贫农显出充分的自觉，理解，牺牲，和不屈的精神来方能得到的。我们现在虽然创造了国家的新模型（劳农议会）使被压迫的民众得到活泼的参与新社会自由建设事业的机会，但还不过是解决困难事业的一少部分罢了。主要的难事，还是在经济的领域之内：就是增高劳动的生产力；确立生产和分配底严密一致的计算和管理；实际的使生产物成为社会化。

第三章　多数主义底进化

多数党——就是俄国现在的政府党——底进化，把现时所有的危机底性质，很明了的表示出来了；这危机就是造成现时政治的形势特质，要求劳农会的权力采取新的方向的——这就是说对于新问题适用新法则来解决。

凡是一个勃兴的党派底第一问题，就是要说明他们的党纲和政策底正当使多数民众信服。这事就多数党说起来，在帝政时代，在捷尔诺夫（TCHERNOV）捷勒特里（ZERETELLI）和克伦斯基（KERENSKY）柯西金（KOSHKIN）妥协的时代，都是很重要的事业。这个问题在现在虽然还没有解决，而大体上，对于俄国多数劳农总算是已经决定了。俄国多数劳农都表同情于多数党，这一层可以明了的由莫斯科最近的劳农大会看出来。

多数党第二个问题就是获取政权，压服掠夺者的反抗。这个问题现在还没有解决，我们不能不顾及的，因为一方面有王党和立宪民主党（CADETS），他方面有和他们呼应追随的少数党和社会革命党的右翼，彼此时相结合要推倒劳农会的权利。但就大体上说，这种因为掠夺者底反抗而发生的问题，在一九一七年十一月七日到一九一八年二月波卡耶夫斯基（BOGAJEVSKY）降伏之时，已经解决了。

第四章　管理问题

我们现在就要处理第三个问题了，这是最紧要的现时的特殊问题，就是俄国产业的组织。这个问题自从一九一七年十一月七日以来，我们早就处理过，解决过了；但是以前因为掠夺者肆行反抗，公然谋乱，所以管理的问题还没有成为主要的中心问题。

但是到现在，这个问题就成了中心问题了。我们多数党已经得到俄罗斯的信服了。我们为了贫苦人把俄罗斯从富人手里夺过来，为了劳动者把俄罗斯从掠夺者手里夺过来。所以我们现时的任务就是管理俄罗斯。而现时特别的困难事情，在于理解那由取信人民，而力服掠夺者的问题移到管理问题底过渡时期的特性。

在全世界历史上，社会党首先已经完成，夺取权力压服掠夺者的事业，而着手于管理的问题了。所以我们必须有效的解决这社会主义革命底最困难最有希望的问题。我们又不可忘记我们的成功，除了使民众信服和克服内乱的能力以外，还要依靠我们组织的能力的。这就是顶难的问题了。所谓顶难的问题就是说要把几百万民众经济的根基组织在新的基础之上。但是这也是最有希望的问题，为什么呢？因为只有在这个问题解决之后，我们才能够说：俄罗斯不单是变成了劳农共和国，而且变成了社会主义共和国了。

上面所述的受动的形势，都是因为极端压制的不确实的平和和纷扰，失业，饥馑等事产生出来的；而这种种原因又是战争和资本阶级（由克伦斯基和他的支持者，即如少数党和社会革命党右翼所代表的）统治的结果遗传下来的。这种受动的形势，其必然的结果，把劳动的民众弄得精疲力竭了。疲乏的民众，势不得不要求休息。因为这样，所以我们现在必须解决的紧急问题就是：恢复因战争和资本阶级管理所破坏的生产力；疗治那因为战争，投机，和资本阶级谋恢复掠夺权力底企图而受的疮痍；经济的把国家恢复起来；维持根本的秩序等事。在今天虽然资本阶级和少数党和社会革命党右翼底反抗没有多大关系，但若是我们不把这些社会生活的根本问题实际解决下来，这劳农会底权力就不能使俄罗斯确实的推移到社会主义去。这种话虽然似乎僻论，但把前面所述的实际的受动形势看起来，却是毫无可疑的事实了。我们现在鉴于现时特殊的实际上的形势，劳农会底权力和关于土地社会化，劳工管理产业等项底法律的关系，我们可以说把这些根本问题实际解决，就是已克服到社会主义第一步的组织上底困难的意思。

"保存精确诚实的计算；经济的做事；不要游荡；不要偷窥；操作时遵守严格的规律。"这几句口号，当着资本阶级用来遮掩掠夺阶级统治的时候，革命的无产阶级听了不过付之一笑；但是到了现在，资本阶级已被推倒，这几句话就变成我们最紧急重要的口号了。所以一方面，劳动民众，若把这些口号在实际生活上实现起来，实是救济这被帝国主义战争和帝国主义者（克伦斯基就是首领）所蹂躏的俄国底唯一条件；而在他方面，由劳农会的权力用他的法则，根据法律把这些口号在实际生活上实现起来，又是社会主义占最后胜利的必要而且适当的事情。但是这种理由，在那些反对实行这种"平凡的""琐碎的"口号的人是不能理解的。在我们的农业国里，专制政治倒坏之后不过一年；脱离克伦斯基派支配之后不过半年；还残留着许多无觉悟的无政府主义，这都是长期的反动战争所演出的野蛮和狂暴助长而成的；此外还有许多失望和无目的的忿怒之气，堆积在这一国之内。此外若再把资本阶级的奴隶——少数党和社会民主党右翼——施行的背信政策加入计算起来，那么，要改变民众的气质使他们干有秩序的，不间断的，有规律的劳动，就不得不要最好的最有觉悟的劳农底坚忍不拔的努力，这是很明白的了。所以唯有靠无产阶级和准无产阶级成就了这种变化，然后才能够完全战胜资本阶级，战胜最顽固的多数农村资本阶级。

第五章　对于资本主义斗争的新局面

我们已经战胜了资本阶级,但是还没有绝灭资本阶级,并且也没有完全克服的。所以我们对于资本阶级的斗争,要进到更新而且高的形态。所以我们必须由继续收没资本阶级的单纯问题转到更为复杂困难的问题——这问题就是要造出不许资本阶级存在并不使其从新发生的状态。这个问题非常复杂,若不解决,社会主义就不能实现。

把我们的革命和西欧的革命比较起来,我们现在所达到的境界和一七九三年及一八七一年法国革命所达到的境界很相近似的。不特如此,我们还有可以夸口的事实,我们所到达的境界比法国革命所到达的境界更为进步。为什么呢?我们在全俄国已经树立了较高级的国家的形态,就是劳农的统治。但是我们对于这些成就决不能满足,因为我们仅只踏出到社会主义的一步,而且在这方面还没有什么确实成就的事业。

确实的重要事业,就是组织严密一致的生产和分配底计算和管理。但是我们对于已经从资本阶级夺得的生产的门类和事业,现在还没有实行计算和管理的。这种事业若不办到,社会主义建设的第二必要条件——即增加全国的劳动生产力——就不能完备了。

所以现时的问题并不是用"继续攻击资本主义"底单纯公式所能够精密的下定义的。因为我们现在没有征服资本主义,而对于劳动者底仇敌又绝对继续攻击的必要,所以上面所说的定义恐怕不的确;而且因为要使最后的攻击成功,在现时实有"中止"攻击的必要,所以上述的定义并没有考虑现时的特殊形势的。

这种事实,就把我们在反对资本主义战争中所处的地位和得胜军队所处的地位比较一下,也可以明了的。得胜的军队,譬如就是占领了敌人的版图一半或三分之二,可是因为要补充增加军需品的供给,修理或改善通信线,以及筑造新军需仓库教养后备军等事,也有不得已[以]"中止"攻击的。在这种形势之下,战胜军底暂时中止攻击,实是夺取敌人其余部分底版图——即是要得完全胜利——的必要手段。所以若是有人不能理解"中止"攻击资本主义的事实是由于刻下受动的形势使然的,像这种人就毫不能理解现时的大势。

我们在这里说"中止"攻击资本主义的话,自然不过是比喻的说法。就普通的战争说,可以发出一个中止攻击的平常命令,可以停止前进的军事行动。但是就反对资本主义的战争说,这前进的行动就不能停止,并且也不能反对没收资本的。我们现在要考虑的问题,就是怎样变更我们政治的经济的建设底基础。先前的重要事业,是没收资本家资产的政策。现在的重要事业就是把已经从资本家手里夺来的事业来组织计算和管理的计画。

若是我们还照先前一样继续没收资本,那么,我们就必定要归于失败。我们建立无产阶级计算和管理的计画,是和"没收掠夺者"的事业并行不悖的,这一层凡是有思想人都能明了。所以我们现在若是尽全力树立计算和管理的组织,我们就可以匡正我们的缺点,制胜对资本主义的"战争"。

然而我们承认我们有应当克服的困难,不就等于承认已经犯了什么过失吗?这决不是的。我们再可以用一个军事上的例子来说明。譬如我们若是只用轻骑兵队可以把敌人击退的时候，我们就只用轻骑兵队好了。但若我们追击敌人只能达到某处不能告厥成功，那吗，把重炮队运来追击敌人逾越某处以告成功，也是必要的事情。所以我们虽然承认有运用重炮兵打破难关的必要，却不能说轻骑兵队胜利的进攻是错误。

我们组织"赤卫军"攻击资本主义，常常受了那班资本家走狗的非难。这种非难荒谬绝伦，他们真是名称其实的铜臭的走狗！组织"赤卫军"攻击资本主义，乃是绝对的适应当时形势而行的。第一，当时的资本主义者有克伦斯基克兰斯诺夫(KBANSNOV)沙平可夫(SAUINKOV)哥兹(GOTZ)杜托夫(DUTOV)波卡耶夫斯基等人先后发起了军事上的反抗。军事上的反抗只有用军事的手段来压服他，于是"赤卫军"在历史上分担了最贵重的最伟大的使命——把被掠夺的劳动者从掠夺者的压迫中解放出来的使命。

其次，我们在当时不重在把管理的方法代替镇压的方法，因为人民管理的技术，不是生来就有的，乃是由经验得来的。在先前我们没有这种经验。我们现在得到了！

第三，我们在当时还没有各科的专门家供我们自由使用，为什么呢？因为他们或是在波卡耶夫斯基一派的指挥之下正在打着仗的，不然，他们就用怠工手段来行那有组织的顽固的消极的反抗。

有以上三种大原因，我们所以要组织赤卫军攻击资本主义的事实不难明白了。但是有人要问：用"赤卫军"攻击资本主义，固然是应付环境的适当方法，但除此之外就不会有别的战斗资本主义的方法吗？这种想法也未免太笨拙了。我们虽然用轻骑队战胜了，而供我们自由使用的重炮队也是有的。我们已经用镇压的方法战胜了，我们又可以用管理的方法战胜的。形势改变了，我们战斗资本主义的方法也不得不改变。我们不反对"赤卫军"镇压沙平可夫派和格格西可利派(GEGECHKORIS)，也和不反对"赤卫军"镇压资本家反动革命是一样的。我们不要迂阔，我们应该注重这"赤卫军"的法则。

第六章　专门家底需要

到现在，"赤卫军"的攻击底时期大概已经完了(并且得胜的完了)，最紧要的事业，就是用无产阶级国家的权威来利用资本阶级的专门家，铲除资本阶级使不至再发生出来。

现在是发展底特殊时代，我们要确实的打破资本主义，必须按着这时期的特殊形况适用斗争的形式。

没有各科的专门家(譬如工业人材)的指导，就不能够推移到社会主义去的。因为社会主义要求有自觉的民众运动，在资本主义所已成就的基础上实现更高度的劳动生产力。社会主义必须由自己所有的法则，具体的说，就时由劳农议会的法则来成就这种向前进的运动的。然而专门家因为使他们所以成为专门家的社会生活底环境之关系，他们明明是属于资本阶级的。若是我们掌握权力，迅速解决了全国计算和管理底组织问题(这事因为战争和俄国的退化，在先前未能解决的)，那么，我们压服了资本家的同盟怠工，就可以由一律的计算和管理，使资本阶级的专门家完全听命。但是建立计算和管理的计画延搁太久了，所以我们虽然压服了同盟罢工，却还没有造出可以自由使用资本阶级专门家的环境。现在有许多实行怠工的人虽然陆续到来为我们操作，而最良的组织者和最大的专门家归国家使用的时候却不外两种方法：一是资本阶级的办法（支给高等薪俸），一是新无产阶级的办法（就是创造一种引起专门家自然而然来入伙的实行计算和管理底环境）。我们现在迫不得已采用旧式资本阶级的方法，对于资本阶级的大专门家不得不支给最高额的酬劳费。凡是熟悉这种事实的人都理解这种办法的，但无产阶级国家采用这种旧政策的旨趣，这些人都不能充分考虑了。这种政策是一种妥协，和巴黎自治团的原则，和一切无产阶级统治的原则相反的。为什么呢？因为无产阶级统治是要求把支给专门家的薪俸减到平均劳动者底报酬的标准，不单是用空言打破"竞争位置"的事实，并且要靠实行来打破的。

而且采用这种政策底意思，并不仅是在某范围内，在某程度上中止攻击资本主义（因为资本主义不是金钱的量乃是一定的社会关系），实在是我们社会主义劳农国家一步的退让，这种政策从最初的时候为始，就宣言要实行把高额的薪俸减到平均劳动工钱的标准的。

我们这种同意的让步，在那班资本家走狗——尤其是少数党和社会革命党右翼底宵小之徒——看起来，当然要嘲笑我们的。但这种嘲笑我们可以不理。我们要研究这最难而新的到社会主义之路底特质，不要隐藏我们底过失和弱点。我们要迅速的匡正我们底缺点。用最高薪俸诱用资本阶级专门家是一件违反巴黎自治团原则的事实，我们若是把这种事实对民众隐藏起来，那么，我们就会把我们自身堕落到和那专尚诈伪施行统治的资本阶级政治家一样的水平线去了。所以我们要把怎样让步的事实对大众公开出来，共同讨论救正缺点的方法和手段，方算是教育民众学习经验和民众共同学习建设社会主义底道理。在历史上无论怎样军事的战役没有胜利者不犯过失，不演出局部的失败，不在某种时机暂时后退。至于我们所干的对抗资本主义的战争，较之最难的军事战争更难百万倍，若是因为暂时局部的退让而遽抱悲观，那就是愚陋可耻了。

第七章　专门家底报酬

我们把这个问题从实际的方面考察一下。我们假定俄罗斯劳农共和国要尽能力从速谋全国经济上的恢复，必须要有对于各种科学部门有技俩有实地经验的一千名第一流学者和专门家来指挥民众的工作。我们又假定对于这一千名专门家每年支给二万五千卢布。再假定这项金额达到二倍（因为要特别迅速的用好成绩完成最重要的组织上技术上的任务，要提出赏金）或至四倍之多（因为要用高额薪俸招聘几百外国专门家）。照这样要依最新的科学和技术组织民众的劳动，这一年所需要的五千万卢布或一亿卢布的费用，劳农共和国能不觉得这笔费用太大而难于担负吗？这当然不是这样的。大多数有自觉的劳动者和农民，都会从实际生活上知道我们因进步迟缓不得已才牺牲几千万卢布，知道我们这些组织和计算和管理还没有达到可以使那班资本阶级智识阶级底"大家"自由和我们共事的程度,而承认这笔费用的。

固然这个问题还有另一方面的。高额薪俸在劳农会上在劳动者上生出恶影响,乃是不可争议的事实。急剧的革命能使若干冒险家和强盗潜入劳农会和那班无能而且无诚意的委员变成取贿的大家,这是必有的事。但是一切有思想的忠实的劳动者和农民,就要赞成我们,而对于我们不能即时扫除资本主义恶劣遗传的事实也要表示同意;劳农共和国只有靠我们的组织,靠增高我们的规律,靠除去保存资本主义的游民和寄生虫和市侩,才能够免去这五千万或一亿卢布的"贡税"——这笔贡税因为民众由下而行的组织和计算底程度低的原故才支出的。若是有识见的有进步的劳动者和农民能够借劳农会的机关自己组织自己训练,能够在一年之内立定劳动的规律,那么,我们在一年内就可以凭着这成功的程度在劳动者和农民之间创造劳动规律和组织,把这笔贡税免掉的。我们劳动者和农民,越是迅速的利用资本阶级专门家学习良好的劳动规律和高等技术,我们越能迅速的把这支给专门家的贡税除去。

第八章 劳动者要学习管理问题

在无产阶级指挥之下,我们的组织事业和关于生产分配底国家计算与管理的事业,明明是在收没掠夺者底事业之后办理的。我们要了解现在的特殊形势,要了解因特殊形势发生的劳农会底问题,我们必须要了解上面所述的情形。对于资本阶级斗争的重心,现在移到计算和管理底组织上来了。我们必须考察了这一层,才能正确的决定下列各事:如银行国有;外国贸易独占;货币底国家管理;由无产阶级地位看来可以满足的财产税和收入税底课取;义务劳动底实行等事。

在这些范围(顶重要底范围)里,我们关于社会主义的改良之点,进步很迟缓的;我们进步迟缓底理由,没有别的,就是因为一般计算和管理还没有充分的组织。这个问题自然是一个顶困难底问题,战争产生了经济上底混乱状态,这问题底解决很费时日的。而且还有不能看落的事情,现在底资本阶级——尤其是多数小的农村资本阶级——他们要妨害管理底组织,给了我们许多烦闷,譬如他们要得到投机和经营投机商业底机会,就来妨害谷米底专卖。现在我们已经宣告的事务,还没有充分的实现出来;所以现在底重要问题,就是要聚会全副精力去实现那已经定为法律而又未见诸实事的改革计画。

我们因为更要继续把银行收归国有并且要使银行变成社会主义治下底社会的薄记之中心,我们首先务必要增加人民银行底支店,吸收存款,使公众易于存款易于提金,除去恐慌底危险,把狡诈之徒查出处罚。我们首先要完成这个极简单的事业,把我们所已得的好好组织起来,然后才准备干那更复杂的事情。

我们现在要把已经实施底谷物皮革等国家专卖事业改良整顿,以便好预备对外国贸易底国家独占计画。若没有这种独占计画,我们除了支付"贡税"之外,就不能免去外国底资本。社会主义建设底可能与否,全靠我们能不能在这过渡期内略微支出些贡税来利用外国资本,以保证国内经济的独立。

我们现在对于征收普通租税和特别的财产税收入税一项事业,进步也非常迟缓的。对于资本阶级课税的一事,在原则上的确是很好的政策,无产阶级当然赞成的;这种课税表明我们在这一点也是和我们为了穷人从富人手里抢出俄国底法则相接近,比管理底法则还要接近些。但是我们因为要求强固,更求我们底地位确实,我们就必须采取前面所述的法则;即我们就要确实的正规的征收财产税和收入税来代替对于资本阶级底强制征税,因为财产税和收入税对于无产阶级国家更有利益,而且要求我们有最大的组织和很好的正规的计算和管理。

义务劳动实行底迟缓,实是另外的一个证据;这证据是因为现在最紧要的问题确是预备的组织事业,而这预备的组织事业就是一方面要保护我们底利益,一方面要准备战争来"围攻资本"而"使资本降伏"。所以义务劳动底实行马上就要开始了,但是这种实行要缓缓的并且要大加注意,由实地的经验按着步骤进行的;至于义务劳动底实行首先当然要从富人做起。对于资本阶级(农村资本阶级在内)推行劳动证书和消费预算书底制度,这事实于完全包围敌人底计画上,于创设生产和分配底真实的计算和管理计画上,要算是一步长足的进步。

第九章 为计算和管理而斗争的意义

国家——即是掠夺并压迫人民底机关——把人民憎恶国家底念头以及对于和国家有关系的一切事物底疑虑,都当作遗产,留下来给我们了。要扫除这种感情,实是一件很难的事业,只有劳农会能够制服他;但是劳农会虽能制服这种感情,却也要很久的时期和最大的忍耐,方能办到。这种遗产,在计算和管理底问题——这是推倒资本阶级以后为社会革命底根本问题——上,有一种顶困苦的影响。在地主和资本阶级推倒之后,必须经过许久的时期,人民才开始觉悟到他们自身真正得了自由,他们才能了解——不是从书本上得到的了解,要从自己在劳农会中所得的经验而来的了解——生产和分配非经国家的计算和管理,他们的权威,他们的自由,就不能持久,而且要回复到资本主义底束缚去的。

一切资本阶级底习惯和传说,尤其是小资本阶级底习惯和传说,也都是反对国家的管理,把"神圣的私有财产"和"神圣的"私人企业,视为不可侵犯的。

无政府主义和无政府的工团主义,是资本阶级的倾向,和社会主义,和劳工专政,和共产主义,都不相容的;像这种马克思派底信条如何的确的话,现在已是非常明了了。现在底斗争,就是因为要使劳农国家的计算和管理底观念灌输到民众之中,就是因为要把这观念实现出来,就是因为要使民众和那可诅咒的过去——即民众惯于把获得衣食的工作当作"私事",把买卖看作是"只于一己有关系"的过去——断绝关系。这个斗争是有历史意义的最重大的斗争,是社会主义的自觉对于资本阶级无政府主义的"自由"底斗争。我们已经制定了劳动管理的法律,但是这种法律,不过只是开始要实现或者单是要贯彻无产阶级民众底自觉。生产和分配底计画不能成立,就是到社会主义第一步底致命的障碍;计算和管理不加注意,就不啻直接帮助德国人和俄国人的柯尼洛夫(KORNLLOV);因为柯尼洛夫这流人,只有在我们计算和管理底问题没有解决的时候,能够推倒劳动者底威权,而且他们现在得到农村资本家和立宪民主党和少数党和社会革命党右翼底援助，正在监视我们，等待机会。像这些事情，在我们底计画中还不见得怎样重要，而且已进步的劳动者和农民，还没有充分的考察，没有充分的议论的。若是劳动管理不能成为事实，若是已进步的劳动者不能对于那班违反或漠视这种管理的人，行有效的猛烈的战斗，那么，我们就不能从劳动管理的第一步达到社会主义的第二步——就是不能由劳动者来整理生产事业。

　　社会主义国家底组成，就是生产和消费自治团底组织纲；这些自治团，能够保持生产和消费底确实的计算，而且又能节省劳动，同时又能增加生产力，能使劳动日缩至七小时或由七小时降为六小时以至于六小时以下。所以关于谷物和谷物底生产——及其他一切必要品底生产——底严格的，一般的，完全的计算和管理若不成立，就不会成功的。我们继承资本主义传下来的一种民众的组织，这组织能够容易移到民众分配底计算和管理——即消费协社。消费协社在俄国虽然还没有发达到各进步国的一样的程度，但是会员却达到千万人以上。最近发表的关于消费团体底布告，十分重要，把社会主义劳农共和国当面问题底特殊形势，明了的表示出来了。

　　这个布告是赞成资本阶级底协社，并且赞成站在资本阶级地位底劳动者底协社的。首先应当注意的事情，这些协社底代表不单是加入了这布告底讨论，而且实际上还会投票决定的，因为那些遭了他们底大反对的部分，都经削除了。其次是关于原则上底妥协，就是：自由加入消费协社一事，因为要使一定地方底全体人民在唯一的消费协社中结合的，这个原则从无产阶级底地位看起来，本是很彻底的原则，劳农政府也把他放弃了。这个消灭阶级的唯一的社会主义原则底放弃，容许劳动阶级消费协社底存在。就这种情形说，他们称为"阶级"消费协社，（就是服从资本阶级底阶级的利益底意思）。末了，劳农政府完全把资本家进出协社管理之外底提议，也显然的遭了挫折，只好单单把握那资本主义商工业上企业底所有者来管理了。

　　若是由劳农会而行动底无产阶级，能够完满的建设了全国底计算和管理，就无须照上面所说的那样妥协了。我们无须资本阶级协社底援助，我们无须对纯粹资本阶级底原则让步，（资本阶级底原则是强使劳动资本两阶级底消费协社对立，不使资本阶级底协社服从，不使两种协社融和的）可以由劳农会底食粮局，由食粮局底供给机关，把一切人民在无产阶级所指挥的一个消费协社中结合起来了。

　　劳农政府，这样的和资本阶级消费协社妥协，对于现时发达底阶段具体的确定了特殊行动底方式和战术上底问题。这就是指挥资本阶级的分子，利用他们，实行某部分的让步，因此造出前进运动底状态；这种前进运动比我们最初所设想的还要迟；但是同时本垒和通信线保护得当更为坚固，占领底地位当更善于防御，前进运动亦因而更增确实了。劳农会现在能够（并且应该）用下述很简单实在的试验测定社会主义建设底成功："消费协社达到可以包容全体人民底状态底发达，实际上究竟包容若干社会团体（如自治团，村落，市区等）进到什么范围？"这就很容易看出来了。

第十章　高度的劳动生产力

　　在一切社会革命之中——在无产阶级已经解决了获得权力底问题之后，而且按着这收没者底收没和反抗底镇压等问题已经解决的程度——必要的事业，首先要移到创造比资本主义更高级的社会制度底根本问题。这就是要增高劳动生产力，以及和这事有关联的事，即是改良劳动组织。我们劳农政府，因为历次战胜了那从克伦斯基时代到柯尼洛夫时代底剥削者的原故，当着我们可以尽全力对付这问题底时候，我们早就站在这种地位了。而且在这里立刻可以明了的，我们虽然能够在几天之内攫取中央国家的权力，虽然能够在几个礼拜之内压伏那军队底反抗和那剥削者在僻远地方干的同盟怠工，至于增加劳动生产力问题彻底的解决，至少也要费几年的光阴（特别的时候还要在经过最悲惨的破坏的战争之后几年呢）。所以这种事业底实在的性质纯粹依客观的状态决定的。

我们要增加劳动生产力，首先要保存大工业底物质的基础：譬如燃料，铁，机械和化学工业等生产底发达之类。俄罗斯劳农共和国现在站在一个有利益的地位，就是在 BREST-LITOVSK 讲和之后，依然有很大的天然宝库；有矿山底大宝库在乌拉尔（URAL）地方；有燃料底大宝库，在西部西伯利亚有硬炭，在高加索和东方地方有石油，在中部俄罗斯有泥炭；又有木材，水力，和化学工业原料品（在 KARABUGAZ 地方）等大富源。若用最大的工业方法把这些富源利用起来，就可以具备一个生产底空前发达底基础。

高级的劳动生产力，第一要依靠于民众教育和文化程度底进步。这种进步现在是用非常的速度进行的，但是这种地方，在那班被资本阶级的习惯弄昏迷了的人是不懂的，而且他们也不能够理解一般民众因为劳农组织底庇荫，充满着光明的创造的热望。其次，经济的进步，又依赖着劳动者高级的训练，高级的练达，和劳动底能率和强度，及其最良的组织。

在这一方面我们的地位是特别的坏，而且绝望——若是我们相信那班被资本阶级所威吓或被买收的人底说话。这些人不能理解无论在过去或在将来，当革命的时候没有拥护旧制度的人不对于革命时无组织无政府底状态痛哭流涕的。至于在刚才克服那极野蛮的压迫底民众之中，深刻广泛的不安和扰乱固然是有的；新劳动规律基础底发达，当然是一个长久的过程；而且在地主和资本家未经制伏以前，这种发达当然是不能开始进行的。

但是我们若不受那班资本阶级和资本阶级智识分子所流布的失望（他们对于维持特权底失望）所感动，我们决不要隐藏那显然的缺点。反之，我们还要暴露他们底恶迹，而且要利用劳农会和他们战斗；因为社会主义底成功，若没有无产阶级自觉的规律战胜本性的小资本阶级底无政府状态，就不能办到；因为本性的小资本阶级底无政府状态，确是能够使克伦斯基主义和柯尼洛夫主义复兴底保障。

俄国无产阶级最有觉悟的先锋队，现在已经转到增进劳动规律底问题来了。例如金属工组合中央委员会和劳动组合中央会议，已经着手决定各自底政策和法律草案了。这些事业，都应该尽全力来援助促进的。我们应当即时推行于细小的工作，而且要试用到实际上去。我们应该要把 TAYLOR 制度种种科学的进步的暗示试验出来；我们应该把要这报酬和生产底总额或者和铁路水道底开发的效果等等比较一下。

俄国人和各进步国底劳动者比较起来，算是贫苦的劳动者；这种事在"沙"底制度和封建主义底遗物之下，也是不得不然的。学习怎样做？这是劳农政府要用一切明了的意义对民众公开底问题。在这种地方，这资本主义最后的话"TAYLOR"制度——和资本制度一切进步的方法一样的——是把资本阶级剥削底残忍行为和许多最有价值的科学上底造诣在一起结合的；所谓科学上的造诣，就是工作时分析机械的运动，除去多余的无益的运动，决定最正确的工作方法，采用最好的计算和管理制度等事。劳农共和国必须采用这个范围内科学上工艺上种种有价值的进步的事业。社会主义实现底可能与否，看我们能够把劳农统治劳农管理底组织和最近资本主义底进步方法结合与否以为定。我们在俄国要开始为 TAYLOR 制度底研究和教练，及其系统的试验和适应。所以我们当着增加劳动生产力底时候，同时要考察从资本主义到社会主义的过渡期中底特性；这过渡期底特性，一方面要求设置社会主义的竞争制度底基础；一方面要求强制力底使用，而后劳工专政底标语，方不至为那过于温和的劳工政府底实验所挫折了。

第十一章　社会主义与竞争

资本阶级对于社会主义最喜欢传播底一句矛盾的假话，就是说社会主义者否认"竞争"底价值。而不知打破阶级，打破民众奴隶的服从，开始为民众全体展开竞争底机会的，只有社会主义。而且经过资本阶级共和底形式的民治，而使劳动民众实际参预[与]管理事业，开始扩张竞争底基础的，也只有劳农会底组职。只是这个竞争在政治范围内的比在经济范围内的易于成就，而就社会主义底成功上，经济上底竞争较为重要。

我们在这里采取公开事业当作奖励竞争底一个手段看待。资本阶级底共和政治只是形式上设置"公开事业"，实际上把新闻隶属于资本，把有趣的政界琐事取悦于民众，把工场和商业交易等事中底事变隐藏起来，譬如把"神圣的财产权"当作营业秘密之类。至于劳农会却废止商业底秘密而踏入新的道路，并未曾利用公开事业，增进经济竞争底利益的。所以我们必须有系统的尽力压迫那完全不正直而且傲慢诽谤的新闻，另行创造一种新闻，不把政界琐事取媚民众，愚弄民众，而唤起民众对于日常经济问题底注意，并且帮助民众慎重的研究这问题。每个工厂每个农村，都是一个生产和消费底自治团，都有自由应用劳农会一般法规底权利和义务（不是蹂躏法规底意思，乃是把这些法规在种种形式上实行出来的意思），都有自由解决生产和分配底计算问题底权利和义务。但是这种事体，在资本主义之下是工业的资本家或地主底私事；而在社会主义之下就不是私事而是最重要的国事了。

促进各自治团体底竞争，立定面包衣物等物生产过程底报告和布告，改变干燥无味的官僚式报告成为活泼的实例（无论好或坏），这种事业是广大的困难的而又是有望重要的事业，我们现在已经勉强的着手了。在资本主义生产制度之下，各个体底实例（例如生产者底团体）底意义，是极端受限制的，而且不过是小资本阶级底幻想，梦想资本主义可以由模范的好制度底影响而改良的。但是政治的权力一朝归到无产阶级手里之后，收没者被收没了之后，形式就根本的改变了；于是，（最有名的社会主义者常常指出的）实例底力量，就开始民众受影响了。所以模范的自治团，应该而且必须要训练，教导，鼓励那后进的自治团。新闻杂志也应该当作社会主义建设底武器努力活动，把模范自治团底成绩详细公布出来，把那成功底原则和经济底方法研究出来，同时，把那固守"资本主义习惯"（譬如无政府状态，游惰。纷扰，投机等习惯）底自治团列入黑表之中。在资本主义之下，统计都归政府底雇员和少数专门家之手，我们现在要把这些统计收为民众底东西，要使这些统计成为民众化，然后劳动者才能自己知道怎样的工作，知道需要若干的工作，知道他们能够得到若干的休息。照这样，将各种不同的自治团体事业底成绩比较起来，就要成为一般的有兴趣和研究底题目了。于是优秀的自治团体，就可以即时的得到报酬了（譬如缩短某时期内底劳动日，增加工钱，给与多量的文化上或历史上底利益和实物等等）。

第十二章 反革命是难免的

一个新阶级带着社会指导者底任务在历史的舞台上出现底时候，一方面总不免有激动，斗争，和暴动底时期；他方面总不免有因为选择新方法适应新环境而生的过失，经验和狐疑不定底时期。以灭亡的封建贵族对于那征服了他们而又代替他们底资本阶级复仇，不但是要用阴谋来谋暴动和复古，而且要嘲笑那班"傲慢的暴发者底"无能，拙劣，和错误，因为他们没有当国王候贵族底教养就要操纵国家的枢要；柯尼洛夫克伦斯基哥兹马尔托夫（MARTOV）和别的资本阶级道德或资本阶级怀疑底英雄等，对于俄国劳动阶级要掌握权力底傲慢的企图，其态度也是很相似的。

新的社会阶级——会为缺乏和愚陋所压迫所制服的阶级——要习熟了新的形势，能够考察一切事物，整理自己底工作而产出自己底组织者，当然要经过许多年月的。指导革命的无产阶级底党派，不能够得到组织几百万几千万市民底大事业底经验，这是明明白白的道理；而且就是要改变从来运动底旧习惯，也是要经过许多时期的。但是这也不是不可能的，若是我们明白懂得这变化的必要，具有一个成事底确实的决心，具有追求这大而且难的目的的忍耐心，我们就可以成就的。在那没有掠夺他人底劳动的劳动者和农民底"民众"之中，组织的天才是很多很多的；他们被资本主义所压迫所破坏所弃掷的，正不知多少；我们现在还不知道要怎样寻觅他们，怎样鼓励他们，怎样重用他们底方法。但是我们要用全幅革命的热心去学习，我们一定可以学会的，这种热心若是没有，革命就不能得胜利了。

历史上没有一个深刻而有力的民众运动，能够免去无谓的牺牲；无经验的改革家，已经被那班冒险家，市侩，呐喊者所劫持了；已经有迟钝的纷扰和不必要的骚乱了。个个"首领们"都想即时做成许多事，但是一件事也不能够完成的。大老森林伐倒的时候，从比洛拉梭夫（BIELLORUSOFF）到马尔托夫底资本阶级猎犬，见了那偶然无用的木片就要狂吠，我们就让他们狂吠罢。那就是龙犬要狂吠底事情。我们要前进，要用非常的注意和忍耐，发现真的组织者；这真的组织者有正直的心思和实际的感觉,在劳农组织之下,具有对于社会主义的忠诚,具有冷静的组织多数民众有效力的一致的共同事业底能力。唯有这样的人,经过多次实验之后,从最单纯的事业到最困难的事业,能够进到指挥民众劳动,指挥管理底重要的地位。但是现在我们还未曾学习这件事,我们将来总要学习的。

第十三章 实效与劳工专政

最近(莫斯科)劳农大会,主张把创造"有效力的组织"和高度的规律,作为目下最重要的问题。现在这些决议,无论什么人都愿意维持的。但是还没有人知道这些决议案底实现,是要用强制,而且是要用专政底形式上的强制的。而且,就是那些揣想着从资本主义到社会主义底过渡,没有强制和专政是不可能的这种事情,也是最愚钝最矛盾的机会主义了。马克思学说早已确实的批评了小资本阶级民主主义的无政府主义的诞妄。一千九百十七八年底俄国,明了的具体的有力的把马克思学说证明了,除了那班蠢得没有希望的或者决心蔑视真理的人以外,在这种地方绝不会还有错误的。柯尼洛夫专政呢(若把柯尼洛夫看做卡勃那克 CAVAIGNAO 将军底时候),无产阶级专政呢,就那在异常困难期中经过异常迅速的发达底国家,而且因为最可恐怖的战争产出的混乱所苦闷的国家看起来,除了这两种专政以外,没有别的可以代替的法子。两者以外,所有一切中间的法子,那班资本阶级或小资本阶级民主主义者,因为要欺骗人民,都提议过了;那班资本阶级,不站在一个地位上主张真理,而且公然宣言他们要一个柯尼洛夫;那班小资本阶级民主主义者,即如捷尔诺夫捷勒得里马尔托夫一流人,他们空谈民主主义的联合,空谈民主主义底专政,空谈单一民族主义底外貌和同样的无聊话。那批人不知道从一九一七年到一九一八年底俄国革命以来,中间的法子早就不能采用了,这类人只好当作失望的人看待,不得不撇开了。

但是从别的方面看起来,由资本主义到社会主义底过渡期内,独裁政治底必要,实有两个重大的理由,这是不难知道的。第一,对于那班剥削者底反抗,若没有峻严的压制,就不能征服并破坏资本主义。因为那班剥削者的资本家底财富和他们在组织上智识上底优点,不能即时递夺,所以他们在这个长时期内,总要图谋推倒这可恶的(在他们看起来)贫民底权威。第二,一切大革命,尤其是社会主义革命,纵使没有对外战争,但没有对内战争,是不能想象的;无数千万的人由一方面到他方面的犹豫和去就,以及最大的不安,不定,和混乱底状态,总是难免的。旧秩序下腐败的分子,必居多数,而且和小资本阶级关系很切(因为每个战争和恐慌底牺牲者,都是小资本阶级),在这个变化中间,他们当然要打内商量的。于是这些腐败底分子,除了犯罪,奸猾,贿赂和投机等事以外,就没有别的表现。要想免除这种事情,只有用时间和铁腕。

历史上决没有一个大革命不是民众有本能的觉悟而表示当场杀贼底决心的。先前许多革命所生的烦闷,就是民众革命的热心不能持久;因为这革命的热心是使民众注意并增加元气来严峻的压迫那腐败分子的。这种革命热心所以衰减的社会的阶级的原因，就是因为无产阶级底疲弱；因为无产阶级是唯一的阶级，（若是相当的多数而有自觉有训练的时候）能够引动大多数被剥削的劳动者（若用极简单极普通的话说，即是大多数的穷人），能够在长时期内支持那完全压服一切剥削者和腐败分子底权力。

一切革命中这种历史的经验——一般历史的政治的经济的课程，都被马克思用的简单，锐利，正确，明快的公式"无产阶级专政"概括完了。俄国革命，已经正确的接触到这个普通历史的问题，这种事实已经由劳农组织在俄国各种民族间占了胜利的一事证明了出来。因为劳农统治，不过是无产阶级专政底有组织的形态，是在民主主义中觉醒转来要独立的干与国家管理底进步阶级底专政；几十百万被剥削的劳动者，能够由他们底经验，知道这有训练的有阶级觉悟的无产阶级前卫，确是他们最可信赖的指导者。

但是"独裁政治"是一句伟大的话。伟大的话，就不要乱用。独裁政治，是一个铁的统治，具有革命的勇敢，敏速，和严峻来镇压剥削者，也和镇压贼寇（即无赖之徒）是一样。但是我们的统治过于温和，与其说是铁，毋宁往往与油灰想似。我们不可一刻忘记资本阶级和小资本阶级底环境是从两方面来反抗劳农统治的。一方面用外部的压迫来反抗，譬如用沙平可夫哥兹格格可里柯尼洛夫一派人所用的方法；用阴谋，暴动，和丑恶的"观念的"反对论；或者在立宪民主党，社会民主党右派和少数党底新闻上流布虚伪和诬陷底记载。其次在别的方面，这种资本阶级和小资本阶级的环境，就努力行内部的压迫，利用腐败分子和一切弱点，来行贿赂，来增加训练底缺乏，增加放纵和混乱底程度。军事的镇压资本阶级的计画终了的时候，小资本阶级底无政府倾向，于我们更为危险。这些倾向，单单用宣传和议论，用竞争底组织用组织者底选择是不能克服的；他们也必须用强制才能克服的。

在这个范围内，劳农统治紧要的问题，由军事的镇压变为政治——镇压和强制，往往不是当场射杀而以审判来对付。在这一点，革命的群众，在一九一七年十一月七日以后，已经走上正当的道路，证明了革命底生气；他们在资本阶级民主主义的司法机关废止底法令未公布以前，已经组织了他们劳动者和农民底裁判所。但是我们革命的人民的裁判所，却是非常微弱的。这是因为人民对于裁判所不隶属于劳动者那样的思想（由地主和资本阶级底制度遗传下来的思想）现在还没完全消灭。而不知裁判所是引起一切穷人参与政治的机关（因为裁判所的活动，是国家政治底一个机能），裁判所是无产阶级和最贫苦农民底一个统治机关；裁判所是规律上训练底手段；这几点他们都没有充分想到的。还有对于极简单极明了的事实缺乏辨别的，这种事实就是：若是俄国底不幸是饥馑，是失业，那就不是热心底奋发而所能制服的，而能够制服的，唯有组织和训练，为人类增加面包底生产，为工业增加燃料底生产，把这些生产品在适当的时机内运输起来，好好的在正当方法上分配。所以对于饥馑和失业的苦痛底责任，就落在那在在种种事业上违反劳动规律的人底身上。像负着这种责任的人，就要发现他，审判他，严重的处罚他。在现时我们要强硬的和他战斗的那种小资本阶级底环境，就是表明他们不了解在饥饿，失业，和组织规律的废弛之间的政治上经济上的关系。这就是小资产家所固守的"只要自己能够尽量得到利益,就不关紧要"底思想。

小资本阶级环境反对无产阶级组织底斗争,用特别的力量在铁道工业上表现出来,因为铁道工业把那资本主义所创造的经济的关系,显现得颇为明了。"官吏"的分子有怠工的,有不是适任的;而无产阶级最良的分子,却为规律奋斗。这两种分子之间,当然也有许多狐疑不定的,也有微弱的,他们不能抵抗投机,贿赂,和私利的诱惑,把那为救济饥馑和失业而需要的无间断的工作的产业消耗了。

在这个基础上关系于最近发布的铁路底管理布告即许可各个管理者有独裁(即无限制度的)权力的布告,又发生特殊斗争了。意识了小资本阶级的放纵的(大部分或许是无意识的)代表,以为许可各个人以无限的(即独裁的)权力,是违背委员管理底原则,违背民主的原则和别的劳农统治原则的。所以他们反对有些社会民主党左派分子,用一种平常的煽动民众的运动,反对这种独裁的布告,申诉于那求私利的小资本阶级底欲望和恶劣的本能。这是含有真实重大意义底问题。第一是一般原则上的问题,赋有无限权力的各个人底任命,即是独裁者底任命,是和劳农统治的根本原则相一致的;第二,这种情势(叫做先例也可)和现时期内劳农统治底特殊问题之间,究【竟】有何种关系?这两个问题都是有考究的价值。

第十四章　民主主义与独裁政治

个人底独裁政治,在革命运动底历史上,往往成为革命的阶级独裁政治实现的方法和表现,这是历史上无容争辩的经验所证明的。个人底独裁政治,当然是和资本阶级民主主义相适合的;但是这一点,在那班资本阶级批评劳农统治的人,和他们小资本阶级的同伴,却弄得很巧妙的。一方面,他们说劳农统治紊乱不合理,把"劳农统治是高级的民主主义的形式甚至是民主主义的社会主义形式底发端"那些我们所有的一切历史上的比较和理论上的证据,却留心避开不说的。另一方面,他们又向我们要求比资本阶级民主主义更高级的民主主义,他们说:"个人的独裁政治和你们多数党(是社会主义者不是资本阶级)民主主义的原则,和劳农会民主主义的原则,绝对不能两立的。"

这种话,是很贫弱的议论。我们若不是无政府党,我们必须承认国家底必要;国家就是从资本主义到社会主义底过渡期底强制力。强制的形式,是由特别的革命阶级发达底程度决定的;其次是由特别的环境决定的,譬如经过长期的反动的战争之后;其次是由资本阶级和小资本阶级底反抗的形式决定的。所以在劳农会(社会主义的)民主主义和个人独裁的权力使用的原则上,并没有什么矛盾的。无产阶级独裁政治和资本阶级独裁政治的区别,就是:无产阶级独裁政治是被剥削的大多数攻击剥削的少数而且在这攻击之中,无产阶级底独裁,不单是由被剥削的劳动群众来成就的,乃是由一种可以唤起民众创造有历史意义的事业而构成底组织去成就的。劳农会就是这种组织。

由现时特殊的问题上看起来，关于个人独裁的权力底意义上第二个问题，我们必须这样说：一切大机械工业（是物质的生产底泉源和社会主义的基础）必要有指导几千百万人共同工作底绝对而且严格的意思一致。这种意思一致底必要，从工业上经济上历史上底见地看起来，非常明了，凡是研究社会主义的人，往往认定这是必要的条件。然则我们要怎样才能得到严格的意思一致呢？就是要几千人底意思服从一个人底意思才能得到的。

这种服从，若是参与共同操作的人有理想的觉悟而且受过训练，那就和服从合唱队队长温和的指导是一样了。若是他们没有理想的训练和自觉，那么，这个指导还是要采用独裁政治的形式。无论采取什么形态，若要使那在大机械工业制度上组织底劳动过程弄成功，众人底意思，绝对的要服从一人底意思。这事在铁路上，尤有两重的真理。从政治问题到别的问题（在外观上和第一问题不相类似的）底过度，实是构成现今时期底特征的。革命，恰好把那强迫大众服从的，最旧最强最重的锁链破坏了。但是到了今天，这同样的革命（实在为了社会主义的）又要求群众绝对服从于劳动过程底指导者一人底意思了。这种变化，当然不是一刻所能成功的。这种变化，唯有在大骚乱和危机和复旧之后，才能实现的；这种变化，唯有那引导民众到新秩序的先锋队大努力活动之后才能实现的。这种道理，在那班爱娱乐的，害了神经病的 NOVAYA, ZHIZN VPERIOD, DIELO NARODA, NASH VIEK 的人，完全不懂的。

第十五章　过渡期

我们试把劳动群众普通的平常的模范者底心理和他客观的物质的社会生活状态比较一下。他在十一月革命以前，从没有看见过有产阶级曾经为劳动者牺牲了什么真有价值的东西。他不相信他能够得到常常约定的土地和自由；他不相信可以得到平和；他不相信资本阶级肯牺牲那"大俄罗斯主义"底利益，肯破坏那列强间底秘密条约；他不相信资本和利润可以放弃的。这些事，他在一九一七年十一月七日之后就实现出来了。（这时候，他用自己的力量把这些取回来的，而且用力量保护这些而反对克伦斯基、哥兹格格、可里杜托夫和柯尼洛夫的）。照这样，他们在一定时间内，就当然要集中一切注意，一切思想，一切能力到一个方向，去得到呼吸自由，伸张如意，取得他能够得到而又为那些已推倒的剥削者所拒绝底生活上眼前的利益。乱取，乱攫，乱夺都是不可以做的，若是做了就要起大混乱的，就要破灭的，就要回复到柯尼洛夫时代的；像这些事情，人民底代表者都要觉悟才好，单是理解和确信，都是不行的。要做到这一层，当然要经过多少的时日。一般劳动者民众环境底变化（而且心理上底变化），现在已渐渐开始了。所以对于被剥削阶级希望解放底热望给以有意识的说明的我们共产党员，应该完全了解这种变化和这种变化的必要，应该站在那些寻求出路的柔弱的民众面前，引导他们到正路，到劳动规律底正路，一面调和开会解决工作条件底问题，和工作时要绝对服从劳农会指导人独裁底意志的问题。

从小资本阶级利己主义出发，只看见混乱骚扰和怒号的资本阶级和少数党等人，他们嘲弄"集会"，甚至谩骂的。而不知没有"集会"，这被剥削的群众，就不能经过那为剥削者所强制的训练而达到自觉的自发的训练。"集会"是劳动者真正的民主主义，使他们得到自由，使他们觉悟到新生活，实是扫除毒蛇(剥削者，帝国主义者，地主，资本家)树立他们自己的秩序底第一步；而这种秩序又根据他们劳农会底原则，不是外国人和贵族和资本阶级底统治。劳动者反对剥削者底十一月的胜利，在以前实是必要的；因为劳动者有一个长时期对于自己底新生活状态和新问题，行基础的讨论，要确实保证可以达到高级的劳动规律，要同化于无产阶级专政底必要观念，工作时要绝对服从劳农统治代表者个人的命令等事。

这个变化，现在已经开始了。

第十六章　革命底三个时期

革命底第一个问题，我们已经完满的解决了。我们已经看见劳动阶级自身完满解决的基础条件，即是他们已经一致努力打破了剥削的资本阶级了。譬如一九〇五年十月，和一九一七年三月和十一月底时期，都是有普通的历史的意义的。

革命底第二个问题，我们也完满的解决了：即是那班最下层的社会阶级，先前为剥削者所虐待，直到一九一七年十一月革命后才得到自由去打破他们，并且决定自己的方向，依自己所信，调节自己的生活的。我们从过去到现在唤醒他们奋发他们底事业，现在已经做到了。最受虐待最无训练的劳动群众"集会"底事情，和他们加入多数党底事情，和他们到处组织劳农会底事情，这些都是属于革命底第二大阶段底事情。

我们现在达到第三个阶段了，我们的利益，我们的布告，我们的法律，我们的计画，都是要由坚固的日常劳动规律底形式来保存的。这是最困难而且最有望的问题，因为这问题底解决可以使我们得到社会主义。所以我们要知道劳动阶级对付一切束缚底猛烈的热心的破坏，同时要知道工作中铁似的规律和工作中绝对服从于劳农会指挥者一人底意思。

我们以前还没学习这件事，但是现在要学习了。

资本阶级剥削底复活，已经由柯尼洛夫、哥兹杜托夫、格格可里、波卡耶夫斯基等人威吓过我们了。但是这个同样的复活，现在又在相异的形式中来威吓我们了；所谓相异的形式，即是小资本阶级放纵无政府底环境，用许多平常琐屑的攻击底形式来反对无产阶级规律的。这种小资本阶级无政府底环境，我们必定要克服他，而且应该克服他。

第十七章　劳农会组织底性质

劳农会民主主义(即是在他的具体的特别的应用上底无产阶级民主主义)底社会主义的性质，第一是把资本阶级除外，只给劳动者以选举权；第二是扫除关于选举上一切官僚的形式和限制，民众自己决定选举底时期和顺序，有将代议员解职的完全自由；第三，劳动者(工业的无产者)底最优美的群众组织构成了，使他们能够指导被剥削的群众，引起他们自动的关于政治生活，由他们自己的经验，在政治上把他们训练起来。照这样做下去，事实上，就可以使全体民众开始学习管理方法并且开始管理了。

这就是俄国现在试行的民主主义底主要的显著的特征，而且这是较高级的民主主义底标型，脱去资本阶级底邪说，实是达到社会主义的民主主义，达到那国家开始终了状态的要道。

照这样，这纷扰的小资本阶级底混乱状态，就不得不在劳农会上留下痕迹了。(至于那种混乱状态，无论在那一个无产阶级革命时，多少总要发生的，只是在我们的革命中，因为俄国有小资本阶级的特别情形，而且因为俄国进步迟缓和反动战争底结果，所以这种混乱状态在俄国表现得特别有力)。

我们现在要不停留的去发达劳农会的组织和劳农统治。因为现在发生一种诱引劳农会会员变为"议会主义者"或变为"官僚"底倾向。所以我们要使劳农会底会员实际的参预管理，然后这种倾向方能制服的。劳农会底各部门渐渐和人民委员会归并的地方也多了。我们的目的，就是要使贫穷阶级全部人员都实际的参预管理。达到这目的底不同的步骤(越不同越好)，都是要留心的记录，要研究，要分类，要根据许多证明，而且要公认的。劳动者在八时间生产工作完了之后，对于国家底义务都更能自由尽力，这是我们的目的。要推移到这种状态，本是特别困难的事，但是也只有照这样做去，社会主义方能确实的实现。这种变化底新奇和困难，当然惹起许多步骤，说起来就是当然免不掉在黑暗中造出许多的错误和怀疑。但是没有这个，急进的运动就不能成就。有许多自称社会主义者底见解，说俄国现时的形势是独创的，溯其原因，是因为人民往往把资本主义和社会主义对立起来，而且他们很奥妙地引用"跳跃"一句话，所以他们才有这种见解的。(因为有些人很奥妙地引用恩格斯"从缺乏的王国跳跃到自由的王国""A LEAP FROM THE KINGDOM OF NECESSITY TO KINGDOM OF FREEDOM"的话作根据的)。殊不知社会主义前辈是因为指示历史的变化底危机才引用"跳跃"这句话的，而且所谓"跳跃"也是指十年或十年以上的时期说的。这种意义，在那班只在书本上学习社会主义，没有真正的彻底的考察过的，大部分社会主义者，是不能理解的。所以在那时候有许多悲悼那已经灭亡的人，譬如：第一次是悲悼宪法会议的，第二悲悼资本阶级底规律的，第三是悲悼资本阶级底秩序的，第四是悲悼有教育的贵族的，第五是悲悼帝国主义的"大俄罗斯"的，这一切人都出自所谓"智识分子之间"，也是当然的道理。

第十八章 社会主义与过去的秩序

大"跳跃"时代底关系怎样呢，这事在下面几句话中包括的。就是：旧秩序的断片比新秩序的萌芽堆积得更快，所以要求有一种在发达的路程上能够辨别最重要的东西底能力。所以要使革命成功，就有一个历史的时期，尽力多破碎一些断片，即是尽力多破坏一些旧制度；破坏之后又有一个时期，这时候破坏完了，又要做那扫除断片,即是资本阶级革命家所说的"厌倦"的一种"无聊"工作。此后还有一个时期,这时期中,最重要的就是要慎重看护那在尘芥未经扫除的地面之上破片之下底新生的萌芽。

单单是革命家,单单信奉社会主义即普通的共产主义者,还是不充分的。一个人无论在什么时候,总要寻觅那锁链上某特定的环,并且要用全力把这个环拿住不让他滑去,准备要拿住第二个环。历史上事变的锁链底环,其顺序,其形式,其联络,其区别,一切都没有铁匠所造的普通链环那样简单明了。

劳农会消除官僚的腐败底效果,由劳农会和人民(即被剥削的劳动者)间坚实的结合确定的,由这种结合底屈挠和弹力确定的。在最民主的资本主义共和国中,资本阶级底议会,贫穷人决没有把他当作"他们的"制度看待的。至于劳农会乃是为劳动者和农民底群众的制度,是"他们自己的",决不是和他们没有关系的。谢致孟式和略相类似的马尔托夫的近代"社会民主主义者",他们也和六十年的杜尔格奈夫(TURGENEV)爱好君主的贵族的宪法而反对 DOBROLUBOV TCHERNYSHEVSKY 底农民民主主义一样,来反对今日的劳农会,而爱好那上流的议会的。

劳农会和劳动阶级接触的结果,造出代表解职底特殊形式,造出由民众而行的管理方法,这些事在现在都要努力去发达的。譬如,(劳农会底选举人和代表者在某方面讨论,监督劳农会当局底活动的定期集会的)教育人民委员会,都有十分的同情和维持的价值的。我想人再没有那样愚陋,要把劳农会当作固定的自满的制度的。我们越是强硬主张严峻坚强的统治和个人的操作,去实行那一定期间内属于纯粹执行事务底一定事业,那么,我们若要消除那使劳农会腐败的可能性,要刈除官僚主义的杂草,就越发需要群众管理底形式和方法。

第十九章　结论

一个非常重大艰难危险的国际地位,现在是处于转换的时期,即是要等待西欧尚未实现的革命爆发起来。在这个国内,我们正在经过的时期,所做的事业,是徐徐的建设事业,用严峻的长远的坚忍的斗争,励行无产者底规律,对付小资本阶级底放纵和无政府状态。简单的说,这就是社会主义革命中现时阶段底特征。这就是历史事变的锁链的环,即是在我们要用光荣拿到第二个环(即是由世界无产阶级革命底特殊光荣来牵引我们的)以前,要用全力抓住的特定的环。

"慎重"!"退避"!"徐徐建设"!"待时"!"严厉"!"严格的训练"!"攻击放纵"!等等,都是现时特殊形势产出来的标语。我们现在把这些标语和革命家平常的共通的观念比较一下。这种话,在有些革命家听了就要发义愤攻击我们忘记了十一月革命底事实,攻击我们和资本阶级专门家妥协,和资本阶级妥协,和小资本阶级倾向妥协,和改良主义及其他等等妥协;照这样,也算是奇怪吗?

这些"激烈革命家"底困难就是这样:就是那班因最良的动机行动而且绝对忠实于社会主义的人,也不能了解那后进国家必须经过的特殊的而且"特别不愉快的"境地；所谓后进国，就是曾被反动的和不幸的战争所扰乱而社会革命比先进国早日实现的后进国。他们当着困难的过渡期中困难的瞬间，缺乏了确实的态度。社会革命党左派分子对于本党行这种"公式"的反抗，也是当然的。在团体和阶级底模型中，个人底例外事情，本来是有的，而且也是应有的，但是社会的模型，依然存在。在小资本阶级比纯粹无产阶级占多数的国家中，无产阶级的革命家和小资本阶级革命家之间的差异，往往表现得非常明了。小资本阶级革命家当着事机转换的时候，总是退缩逡巡的。他们经过一九一七年三月是一种激烈革命的态度，到五月间就讴歌"联立内阁"；到七月间又恨多数党，说他们"好冒险"；到十一月初，就和多数党分离；到十二月就支持多数党；最后到一九一八年三四月，他们就嗤人以鼻，他们说："我不是那种赞美有机的事业，赞美实际主义，赞美渐进主义的人。"

这种人物是小资产家出身的，他们受了战争的惨祸。遭了破产，又为稀有的饥馑和混乱所苦，所以发狂了；他们神经错乱，寻觅出路，要求救济；一方面要信赖要维持无产阶级，一方面又觉得失望，好像徘徊岐[歧]路，不知去就。所以我们要明白了解并且要切实记忆，在这种社会基础之上是不能建设社会主义的社会的。能够指导劳动的被剥削的民众的，只有一个阶级，就是勇往直前，虽然遭遇最困苦艰难的危险时期也不沮丧不绝望的阶级。所以我们不需要那种神经徜恍的暴发。我们所需要的，是无产阶级铁甲军底整齐的前进。

12月

74.《讨论进行计划书》(著作出版信息，12月)

人民出版社出版，列宁 著，成则人(沈泽民)译的《讨论进行计划书》(今译《论无产阶级在这次革命中的任务》(四月提纲))，共27页，定价1角。目录：一 运动的预计；二 对于革命中产阶级问题的建议。

75.《共产党底计划》(著作，目录)

人民出版社出版布哈林著，太柳译《共产党底计划》，共112页，定价大洋3角。目录：一、资本制度之罪恶；二、打破资本主义；三、共同生产和共同分配；四、无政府主义和共产主义；五、用无产阶级专政达到共产主义；六、劳农共和和有产阶级共和；七、劳农阶级的自由有产阶级的抑制；八、银行作为劳动者的公共财产(银行国有)；九、劳动人民的大工业(工业国有)；十、国有土地的共同耕种；十一、实业上的劳工管理；十二、工作者得食；十三、出产品的适当分配，商业利润和投机事业的废除，消费公团；十四、劳工和穷农的劳动训练；十五、金钱权力的终了；十六、俄国有产阶级和帝国主义国家通商的禁止(国有国际贸易)；十七、经济解放后的智识阶级；十八、武装人民；十九、万国的解放;二十、结论。

本年

76.《赞 lenin》(《曙光》第二卷第二号,1921 年)

《曙光》第二卷第二号刊登高尔基著,宋介译的《赞 lenin》,摘录如下:

> 据我看 Vladimir Ilytich Lenin 之为人,精力非常强大,若没有他坚卓雄伟的精神,鼓荡全俄人民,俄罗斯革命断不能有今日。……
> Lenin 的意志和历史,表现一种恐怖事业,将历来俄罗斯的散乱、混浊、黑暗,腐败彻底廓清。但我看 Lenin 是造成俄罗斯社会大变之导火线,更是世界革命之急先锋。他的意志之可怕的势力,与猛烈之冲击,改造了一个俄罗斯,更进一步言之,是乃摧坚陷锐的攻城铁车,将以打倒西方资本国家之柱石,推翻东方专制帝国之故宫。
> ……
> 我见他在一个工人会场上演说,他吐极简单的名词说话,用铁一般的舌锋,斧一般的论理,但虽于他这种通俗的演说中,我也永远没听见他有鄙俚煽惑的话与粉饰的巧言。他有常说的一句话,必须铲除人类社会的不平等的根柢,想法完满吾人之事业。古代真理,经他拿艰涩挺卓的语气重说出来,人往往觉得他于那个道理上,有不可动摇的信仰。人觉得他的信仰非常稳固,——这种热烈的信仰,只是一个热烈的社会主义者,并不是一个玄学家或幻术家。
> 我看 Lenin 似乎于个人的权利,极不注意,他只用心于政党,群众,国家。且他于这些事,有先见之明与经验的思想家之直觉的天才,因为他很喜欢读书求理,所以他的思想快活,清明。
> Lenin 生平最大之志愿,就是人类幸福。因为这个所以他面前闪闪灼灼有一个美之将来,和前进之庄严华丽的乐土,不过他还未捉摸得住。然而他为此已经牺牲他的精力,抛却人生一切快乐,没有大勇的人,那能如此。他是一个理想家,且他只知有一个理想,所以这一个单纯的理想——全世界人类幸福之理想——不惜竭毕生之力,以奔赴之。

(《曙光》第二卷第二号,1921 年)

77.《苏维埃俄罗斯的现在》(《曙光》第二卷第二号,1921 年)

《曙光》第二卷第二号刊登《苏维埃俄罗斯的现在》,摘录如下:

> 苏维埃俄罗斯现在正是美观的时期……到了苏维埃俄罗斯的境内好像进了一个富庶而有秩序的境界一般。各处的禾苗青葱茂盛,烧木工厂时时的放起烟来,人民的景

象更是有意思的很,——没有着华服的,也没有着破衣的,没有过于饱暖的,也没有像是受苦的。最重要的是那些小孩子!这个国家简直是专为小孩子设的。在各个城里,在各个村里,都有小孩子的餐堂,他们吃的饭比较成年人吃的又好又多……

工厂的工人有两星期的假期,工资都是如数的获得。工人中的游行者遍历各城,瞻览国光,他们的伙伴都是互相敬爱的……

……

港口的封锁已经告终了。长的火车从 Peval 海港缓缓的行来,满载着农器和各种机器,并且从各处来的火车,大凡能以通入俄国的都载着外国的客人,劳动的和社会主义的代表,全欧的共产主义者,工团的社会主义者,无政府主义者,新闻记者和各派异想家,都来了。而最有趣味的是赴第三次国际会议的第二次会议的代表,这种会议直开到七月底。现在世界上所有的劳动革命者都萃集于俄罗斯了。已经到俄的代表是美、法、德、英、意、瑞士、Bulgaria、罗马尼亚、匈牙利、奥大利、墨西哥、澳斯大利亚、阿根廷、波斯、印度、阿富汗、中国、朝鲜、日本、南非洲、土耳其、阿门尼亚、荷兰各国的代表。……

(《曙光》第二卷第二号,1921 年)